Adolf Noreen

Altnordische Grammatik II

Altschwedische Grammatik

Adolf Noreen

Altnordische Grammatik II

Altschwedische Grammatik

ISBN/EAN: 9783965065277

Auflage: 1

Erscheinungsjahr: 2021

Erscheinungsort: Treuchtlingen, Deutschland

© Literaricon Verlag UG (haftungsbeschränkt)

www.literaricon.com

Alle Rechte beim Verlag und bei den jeweiligen Lizenzgebern. Dieser Titel ist ein Nachdruck eines historischen Buches. Es musste auf alte Vorlagen zurückgegriffen werden; hieraus zwangsläufig resultierende Qualitätsverluste bitten wir zu entschuldigen.

Printed in Germany

ALTNORDISCHE GRAMMATIK II.

ALTSCHWEDISCHE GRAMMATIK

MIT EINSCHLUSS DES ALTGUTNISCHEN

VON

ADOLF NOREEN.

HALLE.

MAX NIEMEYER.

1904.

Vorwort.

Eine altschwedische grammatik im eigentlichen sinne fehlte bis jetzt, denn Rydqvists grundlegendes werk, Svenska språkets lagar 1850 ff., ist am ehesten ein räsonnierendes wörterbuch zu nennen. Unter solchen umständen ist es ziemlich selbsteinleuchtend, dass die vorliegende arbeit, wiewol sie mich seit mehr als zwanzig jahren beschäftigt hat, dennoch etwas lückenhaft ausfallen musste, dies besonders in folge des weitschichtigen materials. Wenn jedoch dieser erste versuch mir einigermassen gelungen ist, so verdanke ich dies in nicht unbeträchtlichem grade meinen ausgezeichneten kollegen Kock und Söderwall, deren untersuchungen mir auf schritt und tritt zu nutzen gekommen sind.

Da die altschwedische grammatik dem grossen publikum noch so ziemlich eine terra incognita sein dürfte, war mir eine gewisse ausführlichkeit geboten, ja unvermeidlich, um so mehr als die altschwedische sprache ja in sehr viele dialekte zerfällt, von denen keiner auf kosten des anderen hier bevorzugt werden durfte. Auch habe ich, bei einem werke wie dem vorliegenden, es als meine pflicht betrachtet die aufstellungen und behauptungen durch zitate aus den quellen zu begründen. Leider ist es mir dabei oft unmöglich gewesen, die von Söderwall in seinem wörterbuche verwendeten abkürzungen der betreffenden quellen beizubehalten, da sie nicht nach handschriften, sondern nach den — oft vieles zeitlich heterogene zusammenwerfenden — ausgaben eingerichtet sind. Beim zitieren habe ich die rein orthographischen eigentümlichkeiten der jeweiligen belege nur dann genau wiedergegeben, wenn etwas besonderes darauf ankommt. Ebenso sind dabei die wörter oft im nom. statt in kas. obl. oder im inf. statt in finiter form angeführt worden, wo dies ohne irgendwelchen schaden geschehen konnte.

Da ja etwa zwei drittel dieses buches schon seit mehreren jahren gedruckt vorliegen, sind natürlich jetzt sehr viele nachträge notwendig geworden. Hie und da wäre gar eine durchgreifende umarbeitung eigentlich geboten, wozu doch diese nachträge natürlich nicht den geeigneten platz bieten. Einstweilen kann ich betreffs meiner jetzigen auffassung gewisser allgemeiner fragen (z. b. des umlautes) auf die bezüglichen partieen meiner neuerdings erschienenen Altisländischen grammatik, 3. aufl., sowie auf die demnächst erscheinende 2. aufl. meines Abrisses der altisländischen grammatik verweisen.

Die häufigen verweisungen auf mein Altschwedisches lesebuch passen sowol zu der eben erschienenen 2. aufl. wie zu der 1. aufl. dieses buches.

Herzlichen dank habe ich zum schluss abzustatten teils meinem freunde O. v. Friesen, welcher mir beim ausarbeiten des die runeninschriften behandelnden anhangs sehr viele wertvolle mitteilungen betreffs der exakten lesung der inschriften gegeben hat, teils herrn cand. phil. A. Grape, der die zusammenstellung des umfangreichen und mühsamen registers zu übernehmen die güte hatte.

Uppsala, 1. März 1904.

Adolf Noreen.

Inhalt.

Seite

Einleitung § 1—12 1

Lautlehre.

I. Abschnitt: Einleitendes über schrift und aussprache 29
  Kap. 1. Die runen § 13—16 29
  Kap. 2. Das lateinische alphabet § 17—57 33
    I. Aussprache der vokalzeichen § 18—27 34
    II. Aussprache der konsonantenzeichen § 28—52 38
    III. Phonetische übersicht § 53—57 46
II. Abschnitt: Die sonanten 54
  Kap. 1. Gemeinaltnordische lautgesetze § 58—95 54
    A. Qualitative veränderungen § 59—86 54
      I. Umlaut § 59—75 54
        a) Verschiebung durch palatalisierung § 59—64 54
          1. *i*-umlaut § 59—63 56
          2. *R*-umlaut § 64 60
        b) Verschiebung durch labialisierung § 65—75 61
          1. *u*-umlaut § 65—68 61
          2. *w*-umlaut § 69—71 65
          3. Nochmalige labialisierung der umgelauteten vokale
            § 72—74 70
      II. Brechung § 75—79 72
      III. Entwicklung der urn. diphthonge § 80—82 75
      IV. Sonstige veränderungen § 83—85 80
    B. Quantitative veränderungen § 86—95 84
      I. Dehnung starktoniger vokale § 86—89 84
      II. Kürzung § 90—91 85
      III. Hiatuserscheinungen § 92—93 87
      IV. Synkope § 94—95 89
  Kap. 2. Altschwedische lautgesetze der starktonigen silben § 96
    bis 133 90
    A. Qualitative veränderungen § 96—128 90
      I. Palatalisierung § 96—106 90

Seite
- a) Progressiver i-umlaut § 96—100 90
- b) Regressiver i-umlaut § 101—102 93
- c) Sonstiges § 103—106 95
- II. Labialisierung § 107—112 99
  - a) Umlautserscheinungen § 107—109 99
  - b) Sonstiges § 110—112 103
- III. Depalatalisierung § 113—117 105
- IV. Delabialisierung § 118—121 111
- V. Entwicklung der alten diphthonge § 122—126 113
- VI. Sonstige erscheinungen § 127—128 118
- B. Qnantitative veränderungen § 129—133 122
  - I. Dehnung § 129—130 122
  - II. Kürzung § 131—133 123
- Kap. 3. Altschwedische lautgesetze der schwachtonigen silben § 134—162 124
  - A. Qualitative veränderungen § 134—150 124
    - I. Vokalharmonie § 134—139 124
    - II. Vokalbalanz § 140—143 127
    - III. Umlautserscheinungen § 144—145 134
    - IV. Sonstiges § 146—150 135
  - B. Quantitative veränderungen § 151—158 139
    - I. Kürzung § 151—152 139
    - II. Schwund § 153—158 140
      - a) Hiatuserscheinungen § 153—154 140
      - b) Sonstiges § 155—158 143
  - C. Svarabhakti § 159—162 146
- Kap. 4. Vokalwechsel aus urgermanischer zeit stammend § 163—180 151
  - I. Spuren speziell urgermanischer lautgesetze § 163—168 . 151
    - a) Umlautserscheinungen § 163—165 151
    - b) Sonstiges § 166—168 155
  - II. Spuren indogermanischer lautgesetze § 169—180 156
- Kap. 5. Etymologische übersicht § 181—220 167
  - I. Die sonanten der starktonigen silben § 181—210 167
    - a) Einfache vokale § 181—198 167
    - b) Diphthonge § 199—210 170
  - II. Die sonanten der schwachtonigen silben § 211—220 .. 171
- III. Abschnitt: Die konsonanten 174
- Kap. 1. Gemeinaltnordische lautgesetze § 221—255 174
  - A. Qualitative veränderungen § 222—231 174
    - I. Wechsel der artikulationsarten § 222—226 174
    - II. Wechsel der artikulationsstellen § 227—231 176
  - B. Quantitative veränderungen § 232—242 178
    - I. Regressive assimilation § 232—235 178
    - II. Progressive assimilation § 236—238 181
    - III. Dehnung vor halbvokalen § 239—240 184
    - IV. Kürzung § 241—242 185

Inhalt.

	Seite
C. Schwund § 243—253	186
D. Sonstiges § 254—255	193
Kap. 2. Altschwedische lautgesetze § 256-339	194
A. Qualitative veränderungen § 256—283	194
I. Wechsel der artikulationsarten § 256—270	194
a) Die stimmhaften spiranten § 256—258	194
b) Die stimmlosen spiranten § 259—261	198
c) Die stimmhaften explosivæ § 262—264	205
d) Die stimmlosen explosivæ § 265—267	206
e) Die liquidæ, nasale und halbvokale § 268—270	209
II. Wechsel der artikulationsstellen § 271—283	212
a) Die labiale § 271—273	212
b) Die dentale (interdentale und alveolare) § 274—277	214
c) Die palatale und velare § 278—283	216
B. Quantitative veränderungen § 284—305	221
I. Regressive assimilation § 284—290	221
II. Progressive assimilation § 291—295	225
III. Sonstige konsonantendehnung § 296—301	228
IV. Kürzung der geminaten § 302—305	234
C. Schwund § 306—324	236
D. Einschub § 325-336	256
E. Metathesis § 337—339	263
Kap. 3. Konsonantenwechsel aus urgerm. zeit stammend § 340—346	268
I. Spuren speziell urgermanischer lautgesetze § 340—344	268
II. Spuren indogermanischer lautgesetze § 345—346	273
Kap. 4. Etymologische übersicht § 347—380	274
I. Die stimmlosen explosivæ § 347—352	274
II. Die stimmhaften explosivæ § 353-358	275
III. Die stimmlosen spiranten § 359—365	276
IV. Die stimmhaften spiranten § 366—368	277
V. Die nasale § 369—374	277
VI. Die liquidae § 375—378	278
VII. Die halbvokale § 379—380	278

Flexionslehre.

I. Abschnitt: Deklination	280
Kap. 1. Deklination der substantiva § 381—441	280
A. Vokalische stämme (starke deklination) § 381—413	280
I. *a*-stämme § 381—396	280
a) Reine *a*-stämme § 382—389	281
b) *ja*-stämme § 390—393	293
c) *ia*-stämme § 394—396	295
II. *ō*-stämme § 397—404	298
a) Reine *ō*-stämme § 398—400	298
b) *jō*-stämme § 401—402	302
c) *iō*-stämme § 403—404	303

	Seite
III. *i*-stämme § 405—409	304
IV. *u*-stämme § 410—413	310
B. *u*-stämme (schwache deklination) § 414—428	314
I. *an*-stämme § 414—420	314
II. *ōn*-, *ūn*-stämme § 421—426	320
III. *īn*-stämme § 427—428	325
C. Übrige (konsonantische) stämme § 429—441	326
I. Einsilbige stämme § 429—435	326
II. *r*-stämme § 436—438	329
III. *nd*-stämme § 439—441	332
Anhang I. Präpositionen § 442—447	334
Kap. 2. Deklination der adjektiva § 448—469	337
A. Starke deklination § 448—457	337
a) Reine *a*-, *ō*-stämme § 449—455	338
b) *ja*-stämme § 456—457	348
B. Schwache deklination § 458—465	349
a) Flexion des positivs und superlativs § 458—460	349
b) Flexion des komparativs § 461—463	352
c) Flexion des präsenspartizips § 464—465	353
C. Komparation § 466—469	355
Kap. 3. Bildung der adverbia § 470—478	362
A. Der positiv § 470—474	362
B. Komparation § 475—478	371
Kap. 4. Zahlwörter § 479—500	376
A. Kardinalzahlen § 479—488	376
B. Ordinalzahlen § 489—495	382
C. Sonstige numeralia § 496—500	385
Kap. 5. Pronomina § 501—525	388
1. Persönliche § 501—504	388
a) Ungeschlechtige § 501—502	388
b) Geschlechtiges § 503—504	389
2. Possessiva § 505—507	391
3. Demonstrativa § 508—511	392
4. Relativa § 512—517	409
5. Interrogativa § 518—521	412
6. Indefinita § 522—525	416
II. Abschnitt: Konjugation	426
A. Tempusbildung § 526—557	426
I. Starke verba § 526—545	426
a) Ablautende verba § 526—540	426
Klasse I § 526—527	426
Klasse II § 528—529	428
Klasse III § 530—534	430
Klasse IV § 535—536	435
Klasse V § 537—538	438
Klasse VI § 539—540	441

Inhalt.

	Seite
b) Reduplizierende verba § 541—545	444
II. Schwache verba § 546—553	450
a) Erste schwache konjugation § 546—547	450
b) Zweite schwache konjugation § 548—549	452
c) Dritte schwache konjugation § 550—552	455
d) Vierte schwache konjugation § 553	462
III. Verba präterito-präsentia § 554—557	467
B. Endungen § 558—570	470
I. Aktivum § 558—569	470
a) Infinitiv § 559—460	471
b) Präsens indikativ § 561—562	471
c) Präteritum indikativ § 563	474
d) Konjunktiv (optativ) § 564—565	476
e) Imperativ § 566	478
f) Participium § 567—569	478
II. Medio-passiv § 570	480
Anhang II. Wichtigere runeninschriften	481
Nachträge und berichtigungen	503
Register	508
A. Literarische wörter	508
B. Runische wörter	628

Verzeichnis wichtigerer abkürzungen.

A 49. I = Cod. Holm. A 49 ältester teil (s. § 7, 32), bei Söderwall durch teils Ansg., teils Barlaam (Prosadikter 3—110), teils Gr. Cod. D bezeichnet.
Aarbøger = Aarbøger for nordisk oldkyndighed, Kopenhagen 1866 ff.
Abriss = Abriss der altnordischen (altisländischen) grammatik von A. Noreen, Halle 1896.
adän. = altdänisch.
afr. = altfrisisch.
ags. = angelsächsisch.
agutn. = altgutnisch.
ahd. = althochdeutsch.
aind. = altindisch.
air. = altirisch.
aisl. = altisländisch.
Akc. = Språkhistoriska undersökningar om svensk akcent af A. Kock, Lund 1878—85.
allg. = allgemein.
an. = altnordisch.
anal. = analogisch.
An. gr. I, resp. I³ = Altnordische grammatik I. Altisländische und altnorwegische grammatik von A. Noreen, 2. aufl. Halle 1892, resp. 3. aufl. Halle 1903.
Annaler = Annaler for nordisk oldkyndighed, Kopenhagen 1836 ff.
anorw. = altnorwegisch.
Ant. ak. handl. = Kongl. vitterhets historie och antiqvitets akademiens handlingar, Stockholm 1893.

Ant. tidskr. f. Sv. = Antiqvarisk tidskrift för Sverige, Stockh. 1864 ff.
Arkiv = Arkiv for (för) nordisk filologi (s. § 12, a).
aruss. = altrussisch.
as. = altsächsisch.
aschw. = altschwedisch.
asl. = altslavisch.
beisp. = beispiel.
Beitr. = Beiträge zur geschichte der deutschen sprache und literatur, Halle 1874 ff.
bes. = besonders.
Bezz. Beitr. = Beiträge zur kunde der indogermanischen sprachen, hrsgg. von A. Bezzenberger, Göttingen 1877 ff.
Bil = Cod. Bildstenianus (s. § 7, 28), bei Söderwall Bil und Pa.
Bir = Cod. Holm. A 5 a der Revelationes St. Birgittæ (s. § 7, 25), bei Söderwall Bir 2 und 3.
Bir. A. = die authographischen aufzeichnungen St. Birgittas (s. § 7, 19), bei Söderwall Bir Avt.
Biæ = das Biærkoa-gesetz nach Cod. Holm. B 58 (s. § 7, 12), bei Söderwall BjR.
Bm = Cod. Bergmanianus (s. § 7, 26), bei Söderwall Bo 1—256, Gr 259 bis 325 und Bir. 4: 123—31.
Brate, Lj. = Äldre vestmannalagens ljudlära af E. Brate, Stockh. 1887.
Brugmann = Grundriss der vergleichenden grammatik I, 2. aufl., Strassburg 1897.

Verzeichnis wichtigerer abkürzungen.

Bu = Cod. Buræanus (s. § 7, 18).
Böj. = Dalalagens böjningslära af E. Brate, Stockh. 1890.
Corpus = Corpus juris sueogotorum antiqui, ed. (Collin und) Schlyter 1827 ff.
d. = deutsch.
D 4 = Cod. Holm. D 4 (s. § 7, 30), bei Söderwall Fl, Al, MD 92—107, 177—199, Iv, Lg 1: 1—44, 89—96, Fr, IISH xvii, 19—22, Prosadikter 113—172, 249—288.
Da = das Dala-gesetz (s. § 7, 13), bei Söderwall VML I.
dal. = der dalekarlische dialekt des neuschwedischen.
Di = Cod. Skokl. der Didriks-saga (s. § 7, 40).
dial. = dialektisch.
Dipl. = diplom. — Die nebenstehenden zahlen geben das datum der betreffenden urkunde an.
engl. = englisch.
F. B. = Finländska bidrag till svensk språk- och folklifsforskning, Helsingfors 1894.
finn. = finnisch.
G (I, II) = Cod. Holm. des Guta-gesetzes (s. § 11, 2).
G. a = Cod. AM. des Guta-gesetzes (s. § 11, 3).
gem. = gemein.
germ. = germanisch.
geschr. = geschrieben.
gespr. = gesprochen.
gew. = gewöhnlich.
GO = die grosse sprichwörtersammlung des Cod. Ups (s. § 7, 33).
got. = gotisch.
Grundriss¹, resp.² = Grundriss der germanischen philologie hrsgg. von H. Paul, 1., resp. 2. aufl. Strassburg 1891, 1892, resp. 1897 ff.
H = das Hälsinge-gesetz (s. § 7, 15), bei Söderwall Hels L.
hdschr. = handschrift.
Hufvudepokerna = Hufvudepokerna af svenska språkets utbildning af K. F. Söderwall, Lund 1870.
I. F. = Indogermanische forschungen hrsgg. von K. Brugmann und W. Streitberg, Strassburg 1891 ff.
inschr. = inschrift.
JB = die handschrift Jöns Buddes (s. § 7, 38), bei Söderwall LfK 215—287 und Lg 3: 519—584.
kaschw. = klassisches altschwedisch.
Kasusformerna = Några anmärkningar öfver de svenska kasusformerna under medeltiden af K. F. Söderwall, Lund 1865.
Kg. St. = Undersökningar öfver språket i skriften Um styrilse etc. af C. J. G. Landtmanson, Uppsala 1865.
Klockhoff = Relativsatsen i den äldre fornsvenskan af O. Klockhoff, Karlstad 1884.
Kock, Lj. = Studier öfver fornsvensk ljudlära af A. Kock, Lund 1882, 1886.
komp. = komparativ.
kons. = konsonantisch.
KP = die Kopparberger-privilegien (s. § 7, 11), bei Söderwall SD 5 : 636—639.
KrL = Cod. Reg. des landrechts könig Kristoffers (s. § 7, 34), bei Söderwall KrLL.
KS = J. Bures ausgabe der "Konunga styrilse" (s. § 7, 29).
KS. fr = das fragment der schrift 'Um styrilse' (s. § 7, 29), bei Söderwall KS Fragm.
L. = Run-Urkunder af J. G. Liljegren, Stockh. 1833. — Die nebenstehenden zahlen geben die nummern der sammlung an.
Landtmanson, Bu = Om ordböjningen i den svenska fornskriften Codex Bureanus af C. J. G. Landtmanson, Lund 1875.
lapp. = lappisch.
Larsson, Lj. = Södermannalagens

språk I, Ljudlära, af R. Larsson (in Ant. tidskr. f. Sv. XII, 2), Stockh. 1891.
lat. = lateinisch.
lehnw. = lehnwort.
Leseb. = Altschwedisches lesebuch von A. Noreen, Hallo 1894; 2. aufl. Upps. 1904.
Linc. 39 = Cod. Lincopensis 39 fol. (s. § 7, 41), bei Söderwall LfK 3—212, Lg 1: 217—222, 291—294, 331—336, 399—400, 435—442, Lg 2: 660—675, Lg 3: 64—69, 154 bis 196, 262—342, 386—480, 585 bis 727 und BK.
lit. = literarisch.
litau. = litauisch.
Ly = Lydekinus (s. § 7, 3), bei Söderwall VGL III.
MB. I = Cod. Reg. des Pentateuchkommentars (s. § 7, 31), bei Söderwall MB 1: 1—509.
MB. II = Cod. Holm. des Pentateuchkommentars (s. § 7, 44), bei Söderwall MB 2: 1—370 und 1: 525—563.
MEL = Cod. AM. des landrechts könig Magnus Erikssons (s. § 7, 17), bei Söderwall MELL.
mengl. = mittelenglisch.
MET = das testament könig Magnus Erikssons (s. § 7, 10), bei Söderwall SD 5 : 561—568.
mhd. = mittelhochdeutsch.
misl. = mittelisländisch.
mndd. = mittelniederdeutsch.
mndl. = mittelniederländisch.
mschw. = mittelschwedisch.
Månadsblad = Kongl. vitterhets historie och antiqvitetsakademiens månadsblad, Stockh. 1872 ff.
n. = neben.
ndän. = neudänisch.
ndl. = niederländisch.
ngutn. = neugutnisch.
nhd. = neuhochdeutsch.
nisl. = neuisländisch.
nnorw. = neunorwegisch.

north. = northumbrisch.
nschw. = neuschwedisch.
O (I, II u. s. w.) = Cod. Oxenstiernianus (s. § 7, 23), bei Söderwall Bir Dikt und KL.
obl. = obliquer kasus.
Ordspr. = Ostnordiska och latinska medeltidsordspråk I af A. Kock och C. af Petersens, Kopenh. 1889—94.
ostn. = ostnordisch.
P. I = Cod. AM. der ältesten altschwedischen postille (s. § 7, 24), bei Söderwall MP 1.
PM = die originalhandschrift Petrus Magnis (s. § 7, 42), bei Söderwall PM, LB 9 und MD 443—445.
Ringen i Forsa = Rune-indskriften paa ringen i Forsa kirke af S. Bugge, Kristiania 1877.
Rk. I = die haupthandschrift der Erichs-chronik (s. § 7, 37).
Rk. II = die originalhandschrift der Karls-chronik (s. § 7, 35).
rschw. = runenschwedisch.
Rv. = Runverser af E. Brate och S. Bugge (in Ant. tidskr. f. Sv. X), Stockh. 1891.
Rydq. = Svenska språkets lagar af J. E. Rydqvist, Stockh. 1850—70.
Sdm = die haupthandschrift des Södermanna-gesetzes (s. § 7, 6), bei Söderwall SML.
Sdm. fr = das Göttinger fragment des Södermanna-gesetzes (s. § 7, 8).
selt. = selten.
Siljestrand = Ordböjningen i Västmannalagen af K. Siljestrand 1, II Linköping, III Uppsala 1890—93.
SK = Cod. Skokloster des Småländischen kirchenrechts (s. § 7, 20), bei Söderwall Småll L.
Sp = die hand J. Spegelbergs im Cod. Holm. D 2 (s. § 7, 43), bei Söderwall Rk. 3: 213—230 (untere hälfte) und MD 313—380, 419—421, 443—450.

Verzeichnis wichtigerer abkürzungen.

Sprh = Undersökningar i svensk språkhistoria af A. Kock, Lund 1887.
ST = die handschrift des Seelentrosts (s. § 7, 27).
St = die haupthandschrift des stadtrechts könig Magnus Erikssons (s. § 7, 22), bei Söderwall Stads L.
st. = statt.
Su = die haupthandschrift des Horologium H. Susos (s. § 7, 39), bei Söderwall Su 2—380.
sup. = superlativ.
Sv. etymologier = Svenska etymologier af A. Noreen (in Skrifter utg. af K. Hum. Vetenskapssamfundet i Upsala V), Upps. 1897.
Sv. fornm. tidskr. = Svenska fornminnesföreningens tidskrift, Stockh. 1872 ff.
Sv. landsm. = Nyare bidrag till kännedom om de svenska landsmålen ock svenskt folklif, Stockh. 1879 ff.
Söderberg, Lj. = Forngutnisk ljudlära af S. Söderberg, Lund 1879.
Tidskr. f. Fil. N. R., resp. 3. R. = Nordisk tidskrift for Filologi (og Pædagogik), Ny Række, resp. Tredie Række, Kopenh. 1874 ff.
Tidskr. f. Phil. og Pæd. = Tidskrift for Philologie og Pædagogik, Kopenh. 1860 ff.
Torin = Westergötlands runinskrifter af K. Torin, I—IV, Lund 1871, 1877, Stockh. 1888, 1893.
U = die haupthandschrift des Upplands-gesetzes (s. § 7, 4), bei Söderwall Upl L.
U. fr = der im Cod. Ups. L. 49 enthaltene abschnitt des Upplandsgesetzes (s. § 7, 15).
U-omlj. = Några anmärkningar om U-omljudet i fornsvenskan af S. Söderberg, Lund 1890.
Uppsalastudier = Uppsalastudier tillegnade Sophus Bugge, Upps. 1892.

urg. = urgermanisch.
Urg. lautl. = Abriss der urgermanischen lautlehre von A. Noreen, Strassburg 1894.
urn. = urnordisch.
urspr. = ursprünglich.
Ve = Cod. Verelianus (s. § 7, 36), bei Söderwall Va, LRK, Pa (Tung), MD 382—384 und AS 48—50 (58 bis 60).
westn. = westnordisch.
Vg. I = die vollständige handschrift des älteren Västgöta-gesetzes (s. § 7, 1), bei Söderwall VGL I.
Vg. II = die haupthandschrift des jüngeren Västgöta-gesetzes (s. § 7, 12), bei Söderwall VGL II, 113 ff.
Vg. II K = der kirchenrechtliche abschnitt des jüngeren Vestgötagesetzes im Cod. Holm. B 6 (s. § 7, 21), bei Söderwall VGL II, 78—113.
Vh = die Vidhemer aufzeichnungen (s. § 7, 5), bei Söderwall VGL IV und Småstykker s. 66 ff.
Vm = die haupthandschrift des Västmanna-gesetzes (s. § 7, 9), bei Söderwall VML II.
Zetterberg = Bjärköarättens ljud- och böjningslära af F. Zetterberg, Upps. 1893.
ZfdA. = Zeitschrift für deutsches Alterthum, Leipzig u. Berlin 1841 ff.
ZfdPh. = Zeitschrift für deutsche Philologie, Halle 1868 ff.
Ög = die vollständige handschrift des Östgöta-gesetzes (s. § 7, 14), bei Söderwall ÖGL.
Ög. fr. I = das Arnamagnæanische fragment des Östgöta-gesetzes (s. § 7, 7).
Ög. fr. II = das Stockholmer fragment des Östgöta-gesetzes (s. § 7, 16).

ALTNORDISCHE GRAMMATIK II.

ALTSCHWEDISCHE GRAMMATIK

MIT EINSCHLUSS DES ALTGUTNISCHEN

VON

ADOLF NOREEN.

ERSTE LIEFERUNG
(EINLEITUNG, SONANTEN).

HALLE.
MAX NIEMEYER.
1897.

Einleitung.

§ 1. Altschwedisch (aschw.) nennt man die schwedische sprache von ihren anfängen (um 800) bis zur reformation. Das sprachgebiet umfasste zu dieser zeit zunächst das jetzige Schweden mit ausnahme der landschaften Schonen, Halland und Blekinge, wo altdänisch, Bohuslän, Särna und Idre (in Dalarna), Jämtland und Härjedalen, wo altnorwegisch, sowie Lappland und zum teil Norrbotten, wo lappisch (und wol auch ein wenig finnisch) gesprochen wurde; ferner grosse küstengebiete in Finnland, Esthland und Livland mit deren inseln (wie Åland, Dagö, Ösel u. a.); endlich auch — vom ende des 9. bis zum anfang des 11. jhs. — einige kleinere gebiete im inneren Russland. Vgl. übrigens Noreen, Grundriss[2] I, 518, § 1 und 536, § 16.

Anm. Der einheimische name der sprache war während des mittelalters gewöhnlich *vārt māl* 'unsere sprache', bisweilen auch *swænska* 'schwedisch'; belege bei Rydq. IV, 161 f.

§ 2. Das altschwedische entstammt der urnordischen (urn.) muttersprache, über welche s. Noreen, An. Gr. I, §§ 3—7; Grundriss[2] I, 519, §§ 2—4. Unter den altnordischen sprachen bildet es mit dem altdänischen zusammen die ostnordische (ostn.) gruppe, über deren hauptmerkmale im gegensatz zu der westnordischen s. An. Gr. I, § 8; Grundriss[2] I, 526 f., § 7.

§ 3. Erst im 13. jh. sondern sich die beiden altnordischen sprachen in mehr merkbarer weise von einander ab. Die hauptunterschiede des altschwedischen und altdänischen (adän.) unter einander, wie sie in den ältesten literarischen quellen hervortreten, sind:

§ 4. Einleitung.

1. Die endung *-r* im nom. sg. der substantive ist im aschw. der regel nach erhalten, fehlt aber im adän., z. b. aschw. *kalver*: adän. *kalf* kalb.

2. Der konjunktiv wird im aschw. noch, im adän. aber nicht mehr flektiert, z. b. von aschw. *kōpa*, adän. *kōpæ* kaufen präs. konj. aschw. sg. *kōpe*, pl. 1. *kōpom* (oder *kōpin*), 2. *kōpin*, 3. *kōpe* (oder *kōpin*): adän. sg. und pl. 1—3 *kōpæ* (oder *kōpe*, *kōpi*).

3. Die 2. pl. des indikativs (und konj., vgl. 2 oben) endet aschw. auf *-in*, ist aber im adän. mit der 3. pl. zusammengefallen, z. b. aschw. *ritin*: adän. *vitæ* (oder *rita*) wisset.

4. Adän. geht (anfangs nur im inlaut) nachvokalisches *k*, *p*, *t* allgemein — aschw. aber nur ganz ausnahmsweise — in *g*, *b*, *d* über, z. b. aschw. *āka*: adän. *agæ* fahren; aschw. *lōpa*: adän. *lōbæ* laufen; aschw. *æta*: adän. *ædæ* essen.

5. Adän. — aber nicht aschw. — geht in- oder auslautendes *gh* in vielen fällen in konsonantisches *u* über, z. b. aschw. *lagh*: adän. *lau* gilde.

§ 4. In der geschichte des altschwedischen unterscheidet man passend drei perioden:

1. Von dem ersten auftreten der aschw. oder doch ostn. spracheigentümlichkeiten — um 800 — bis zur entstehung einer in aschw. sprache mit lateinischen buchstaben abgefassten literatur im anfang des 13. jhs. Diese periode zeigt noch eine sprachform, die anfangs natürlich gar nicht, später nur sehr wenig von dem ältesten adän. abweicht. Nach der weitaus wichtigsten quelle — den runeninschriften — nennen wir die sprache dieser zeit (in runden zahlen etwa 825—1225) runenschwedisch (rschw.).

2. Von der ersten hälfte des 13. jhs., bis in die zweite hälfte des 14. jhs., zu welcher zeit die schriftsprache, in zusammenhang mit deren ausbildung zu einer für das ganze damalige Schweden gültigen „reichssprache", eine durchgreifende umbildung erfährt, welche sich nicht nur in der orthographie zeigt — indem z. b. der alte buchstabe *þ* durch *th* und *dh*, je nach der aussprache, ersetzt wird — sondern noch mehr in den lauten und formen, was ohne zweifel dem überhandnehmenden einfluss der massgebenden dialekte in Öster-

§ 4. Einleitung.

götland, Södermanland und Uppland zuzuschreiben ist und die bisher in der literatur deutlich ausgeprägten dialektischen differenzen nachher immer weniger in der schrift hervortreten lässt. Ferner zeigt diese periode betreffs des wortschatzes noch einen verhältnismässig rein altnordischen charakter, dies in schroffem gegensatze zu der folgenden, welche seit dem regierungseintritt (im jahre 1364) deutscher und dänischer fürsten in folge der vielen fremdgeborenen beamten sowie besonders des überhandnehmenden einflusses der hanseatischen kaufleute die sprache immer mehr und mehr mit niederdeutschen und dänischen elementen versetzt. Andererseits mögen von sprachlichen neuerungen, die den unterschied vom runenschwedischen deutlich hervortreten lassen, folgende besonders hervorgehoben werden: der übergang von starktonigem *ia* in *iæ* (s. § 96); der zusammenfall des palatalen R und des dentalen r in r; die entwickelung eines svarabhaktivokals vor auslautendem (oder antekonsonantischem) r nach konsonanten (s. § 160, 2. b); die entstehung des suffigierten artikels. Die sprache dieser zeit (in runden zahlen etwa 1225—1375) — deren wichtigste quelle die sprachlich wie inhaltlich so hervorragenden aschw. gesetzbücher ausmachen — wird als das **klassische altschwedisch** (kaschw.) oder frühaltschwedisch bezeichnet.

3. Von der zweiten hälfte des 14. jhs. bis zur reformation (1527), die auch in sprachlicher hinsicht einen wendepunkt bezeichnet, indem der leitende reformator Olavus Petri seit dem jahre 1526 seine in die weitesten kreise dringenden schriften publiziert, welche nicht am wenigsten sprachlich von durchgreifender bedeutung wurden. Am merkbarsten dürfte dies — abgesehen von der nur die orthographie betreffende einführung der buchstaben *å, ä, ö* — in betreff des wortvorrats und der wortbildung sein, indem der dänische einfluss systematisch zurückgedrängt wird, während die hochdeutschen — also nicht mehr überwiegend niederdeutschen — einwirkungen (durch Luther) eher zunehmen. Von neuerungen, die den sprachgebrauch (der jetzt deutlich ausgeprägten reichssprache) dieser periode gegenüber demjenigen der früheren charakterisieren, mögen erwähnt werden: der übergang von *io* in *iö* (§ 98); die entwickelung des langen *a* zu offenem *o* (nschw. *å*; § 110); die aufgabe der alten verbindung von kurzem

vokal mit folgendem kurzen konsonanten durch dehnung entweder des vokals (§ 130) oder des konsonanten; der ersatz des relativpartikels *œr* durch *sum, som*; die ausbildung des präpositiven artikels *þœn* oder *hin*. Wiederum können als sprachveränderungen, die den beginnenden übergang zum neuschwedischen (nschw.) kennzeichnen, hervorgehoben werden u. a. die (in der schrift gewöhnlich nicht zum ausdruck kommende) verstummung eines anlautenden *h* vor konsonantischem *i* und *u* (*w*); die einführung der pluralendung *-r* (oder etwas später *-n*) bei vokalisch auslautenden neutralen substantiven; der ersatz der 1. pl. durch die 3. pl.; die auf niederdeutschem einfluss beruhende entstehung der verbalsubstantiva auf *-ande, -ende*, z. b. *sittiende* (das) sitzen; der ebenfalls auf niederdeutschem einfluss beruhende austausch der adverbialendung *-ligha* gegen *-lig(h)en*, z. b. *skœlighen* billigerweise. Die sprachform dieser zeit (in runden zahlen etwa 1375—1525) — deren hauptsächlichste quelle eine übersetzungsliteratur, vorwiegend geistlichen inhalts, ist — nennt man **mittelschwedisch** (mschw.) oder spätaltschwedisch.

Zur charakteristik dieser sprachperioden vgl. übrigens Grundriss[2] I, 538, § 17.

§ 5. **Die quellen und denkmäler des aschw.** (mit ausschluss des altgutnischen, über dessen denkmäler s. §§ 10—11) sind dreierlei art:

A. **Lehnwörter**, die aus dem aschw. in fremde sprachen hineingekommen sind. Eine sehr alte, wenn auch wenig ausgiebige quelle dieser art sind die **russischen** wörter, welche hauptsächlich bei der gründung des russischen reiches (im jahre 862) durch die Schweden ins altrussische eindrangen. Es sind fast ausschliesslich personennamen, welche — zum teil durch altrussische lautgesetze umgemodelt — meist in zwei urkunden von 911 und 944 vorkommen, aber natürlich im allgemeinen die aschw. sprache des 9. jhs. repräsentieren. Solche sind z. b. *Igor* (aschw. *Ingwar*), *Rurik* (aschw. *Rōriker* Rodrich), *Olga* (aschw. *Hiælgha*, gleich aisl. *Helga*) u. a., die aber bald fast alle ausser gebrauch gerieten. Seltener sind andere wörter (als personennamen), zum teil noch im jetzigen russisch oder andern slavischen sprachen fortlebend, wie z. b. *chrat* (aschw.

adj. *hvater*) kecker kerl. — Allen aschw. sprachperioden gehörig, wenn auch im einzelnen oft schwer datierbar, sind die finnischen wörter aller art, welche aus dem aschw. und vorzugsweise dessen transbaltischen dialekten entlehnt worden sind. Verhältnismässig spät dürften dagegen die aus den nordschwedischen (oder durch finnische vermittlung aus den transbaltischen) dialekten stammenden lappischen entlehnungen sein, was daraus zu erklären ist, dass die berührungen der Lappen speziell mit den Schweden im allgemeinen kaum weiter als bis 1300 zurückreichen.

Anm. Vgl. V. Thomsen, Ryska rikets grundläggning, Stockholm 1882 (bes. s. 114 ff.) und Historisk tidskrift 1883, beilage; S. Bugge, Arkiv II, 164 ff.; F. Tamm, Slaviska lånord från nordiska språk (in Upsala universitets årsskrift), Ups. 1882. — Thomsen, Ueber den einfluss der germ. sprachen auf die finnisch-lappischen, Halle 1870 (bes. s. 115 ff.) und Berøringer mellem de finske og de baltiske sprog (Vidensk. selsk. skr. 6 række, histor. og philos. afd. I, 1), Kopenhagen 1890 (bes. s. 27 ff., 150 f.); K. B. Wiklund, Lule-lappisches wörterbuch, Helsingfors 1890, und Laut- und formenlehre der Lule-lappischen dialekte (in Göteborgs k. vetenskaps och vitterhets samhälles handlingar, Ny tidsföljd XXV), Sthlm. 1891; J. K. Qvigstad, Nordische lehnwörter im Lappischen (Christiania Vidensk. selsk. forhandlinger 1893, no. 1), Chra. 1893.

§ 6. Die zweite quelle des aschw. sind

B. Runeninschriften, welche in grosser menge — nahezu 2000, wenn man die altgutnischen (s. § 10) mitrechnet — von den landschaften Småland und Öland im süden bis nach Ångermanland im norden zerstreut sind. aber weitaus häufigst in Uppland (fast die hälfte der ganzen anzahl), dann in Södermanland (gegen 300) und Östergötland (mehr als 200) auftreten. Dem inhalt nach sind sie meistens zum andenken verstorbener verwandter abgefasst worden, nicht selten (etwa anderthalb hundert, alle aus der zeit vor 1200) metrisch, wenigstens zum teil. Ihr alter ist höchst verschieden, indem inschriften aus allen jahrhunderten des aschw. vorhanden sind, wenn auch die meisten dem 11. und 12. jh. gehören (was jedoch von den agutn. nicht gilt, s. § 10). Diejenigen, welche jünger als die ältesten handschriftlichen quellen sind, können natürlich in sprachlicher hinsicht nicht sehr von belang sein. Um so wichtiger sind die aus vorliterarischer zeit stammenden, als welche die hauptsächliche, ja fast einzige (vgl. § 5) sprach-

§ 6. Einleitung.

quelle dieser zeit sind. Unter diesen inschriften mögen einige von den wichtigeren hier besonders erwähnt werden: Aus der zeit 850—900 stammen die inschriften von **Sparlösa** (die ältere zeile) in Västergötland, **Ingelstad** (Eneby kirchspiel) in Östergötland und **Gursten** in Småland. Um 900 datieren die von **Kälfvesten** und **Rök** in Östergötland, letztere sowol das in allen beziehungen wichtigste rschw. denkmal, wie überhaupt die längste runeninschrift der welt mit mehr als 750 runen. Dem 10. jh. gehören die von **Bjälbo** (die ältere inschrift) und **Högby** (wahrscheinlich die bekannte schlacht bei Fyrisvall erwähnend) in Östergötland, **Kärnbo** und **Kolunda** (die ältere inschrift) in Södermanland, **Hereued** (jetzt Dagsnäs) und **Täng** in Västergötland sowie die in historischer hinsicht so wichtige von **Vedelspang** (oder Louisenlund) in Schleswig, wo schwedische eroberer verewigt werden (spätestens um 950). In die erste hälfte des 11. jhs. fallen die (eine) inschrift von **Yttergård** (die wahrscheinlich Knut den grossen erwähnt) in Uppland und die (gegen 20) ritzungen des **Asmundr Karasun** in Uppland und Gästrikland. Um 1050 datieren die (etwa 20) inschriften in Södermanland, Uppland, Västmanland und Östergötland, welche zum andenken der gefährten des nach osten als heerführer gegangenen „Ingwar" verfasst worden sind, und von denen die interessantesten die (eine) inschrift von **Gripsholm** und die von **Tystberga** in Södermanland sein dürften. Gleichzeitig sind die (etwa 20) sprachlich nicht besonders ausgiebigen ritzungen „Bali's" (d. h. wol Balle's) in Uppland und Södermanland. Vielleicht etwas später ist die (vom könig Hakon veranstaltete) von **Hofgården** in Uppland. Aus dem ende des 11. jhs. stammen die (mehr als 30) wenig bedeutenden inschriften in Uppland, Södermanland und Gästrikland, welche von „UbiR" (d. h. wol YbbiR), dem produktivsten aller uns bekannten aschw. ritzer, herrühren, und von denen am meisten erwähnenswert die von **Sjusta** (wo ein sonst unbekannter könig Olaf in Russland namhaft gemacht wird) in Uppland ist. Dem anfang des 12. jhs. gehören die fünf mit „stablosen runen" geschriebenen inschriften in Hälsingland, unter denen die umfangreiche, ca. 340 runen enthaltende inschrift von **Malstad** die wichtigste ist. Gleichzeitig oder etwas späteren

§ 6. Einleitung.

datums ist die aus derselben gegend stammende inschrift von Forsa, das älteste skandinavische rechtsdenkmal und zudem von ziemlich bedeutendem umfang (245 runen). Um 1150 datiert die inschrift von Skärfvum in Västergötland. In das 11. oder 12. jh. fallen ausserdem die folgenden interessanten inschriften: die von Nälberga (oder Nålberga), die (eine) von Grinda (in metrischer hinsicht höchst interessant), die (eine) von Turinge und die beiden von Tjufstigen in Södermanland, die von Nöbbele, Forsheda und Rösås in Småland, die von Gårdby auf Öland, die (steinerne) von Saleby (jetzt Dagsnäs) in Västergötland und die von Sälna (jetzt Skånelaholm) in Uppland. Von späteren inschriften sei hier nur die selbstdatierende glockeninschrift von Saleby in Västergötland aus dem jahre 1228 erwähnt. — Vgl. übrigens den anhang.

Anm. Sammlungen der aschw. runeninschriften bieten vorzugsweise: J. Göransson, Bautil, Sthlm. 1750 (wichtig, besonders weil mehrere von den dort enthaltenen inschriften jetzt verloren gegangen sind); J. G. Liljegren, Run-Urkunder, Sthlm. 1833, auch als beilage zu Svenskt diplomatarium I, Sthlm. 1834 (die vollständigste sammlung, aber ohne abbildungen, nur transskribierten text bietend und vielfach nicht zeitgemäss); R. Dybeck, Svenska run-urkunder I, II, Sthlm. 1855—9 (gewöhnlich als „Dyb. 8°" zitiert) und Sverikes runurkunder I, II, Sthlm. 1860—76 (gewöhnlich als „Dyb. fol." zitiert) bieten nur inschriften aus Uppland und Södermanland (dies nur Dyb. 8°); K. Torin, Westergötlands runinskrifter I—IV, Lund 1871, 1877, Sthlm. 1888, 1893, beilagen zu Westergötlands fornminnesförenings tidskrift (h. III mit beiträgen von Bugge); C. F. Wiberg, Gestriklands runstenar I, II, Gefle 1865, 1867; L. G. Wiede, Östergötlands run-urkunder in Östergötlands fornminnesförenings tidskrift I, Sthlm. 1875 (ohne abbildungen, nur transskribierten text bietend und nicht selten unzuverlässig); C. A. Klingspor und P. J. Lindal, Upplands fornminnesförenings tidskrift I, II, Sthlm. 1871—6, 1877—1890 (wenige abbildungen und fast nur transskribierten text bietend, oft nicht ganz zuverlässig); S. Boije, 'Runforskningar i Södermanland' in Sv. fornm. tidskr. V, Sthlm. 1882—4 (fast nur berichtigungen zu früheren lesungen; wichtig); S. Söderberg, 'Runologiska och arkeologiska undersökningar på Öland' in Ant. tidskr. f. Sv. IX, 2, Sthlm. 1887 (fast nur berichtigungen zu früheren lesungen); C. Säve (und G. Stephens) 'Some runic stones in northern Sweden' in Nova acta reg. societatis scient. Upsal. Ser. III, Upsala 1878, bietet inschriften aus Medelpad, Hälsingland und Gästrikland; E. Brate und S. Bugge, 'Runverser' in Ant. tidskr. f. Sv. X, Sthlm. 1891, behandelt alle — wirklich oder nur vermeintlich — metrischen inschriften mit ausführlichem kommentar (ohne abbildungen; sehr wichtig). Ein gesamtwerk, alle aschw. runeninschriften nach erneuter untersuchung allseitig und zeitgemäss behandelnd, wird von der schwedischen 'Antiquitätsakademie' vorbereitet. —

§ 7. Einleitung.

Betreffs weiterer literaturnachweise (besonders zu den einzelnen inschriften) s. den anhang. Vollständige bibliographie für die zeit 1801—1874 bei Montelius, Bibliographie de l'archéologie préhistorique de la Suède, Sthlm. 1875; fortgesetzt von demselben für die zeit 1875—81 in Sv. fornm. tidskr. III, 187 ff., 299 ff., IV, 181 ff., V, 102 ff.; für die zeit 1881 ff. siehe die bibliographischen mitteilungen im Arkiv I ff.

§ 7. Die letzte und wichtigste quelle des aschw. sind

C. Handschriften, von welchen die bis zu unserer zeit erhaltenen sämtlich mit lateinischem alphabet geschrieben sind, indem von einer einstigen — jedenfalls nicht sehr bedeutenden — runenliteratur jetzt nichts bewahrt ist (s. anm. 1; vgl. jedoch § 11). Die ältesten literarischen erzeugnisse Schwedens (königliche und bischöfliche briefe, von denen die ältesten noch erhaltenen c. 1167 datieren) bedienen sich der lateinischen sprache und teilen daher nur ausnahmsweise eine isolierte aschw. glosse (am häufigsten orts- oder personennamen) mit. Eine literatur in schwedischer sprache ist erst im 13. jh. entstanden, und von noch erhaltenen aschw. handschriften gehört die älteste erst dem ende dieses jhs. Als in sprachlicher hinsicht besonders wichtige hdschr. mögen hier erwähnt werden:

I. Dem klassischen aschw. gehören:

a) Aus dem ende des 13. jhs. und der zeit um 1300:

1. Die einzige vollständige hdschr. des älteren Västgöta-gesetzes (mit einigen geographischen, juridischen u. a. zusätzen, z. b. dem statute bischof Brynulf's vom jahre 1281), Cod. Holm. B. 59 erste hand, aus der zeit 1281—1290; hrsgg.[1]) (photolithographisch) von A. Börtzell und H. Wieselgren, 'Væsgøta laghbok', Sthlm. 1889. Zur textkritik s. Noreen, Arkiv V, 385 ff., VIII, 176 ff.; K. H. Karlsson, ib. I, 385 ff.; I. Flodström, Tidskr. f. Fil. N. R. IV, 60 ff. Uebersetzungen (nicht ganz zuverlässige) von Otman (nschw.) und Beauchet (französische) s. Leseb., s. 113, 1. Textauszug mit normalisierter orthographie ib. 1. Wird im folgenden als 'Vg. 1' zitiert.

2. Ein kleines bruchstück des älteren Västgötagesetzes in der königl. bibliothek zu Stockholm, wahrscheinlich von einem anorw. (oder aisl.) schreiber herrührend und daher

---

[1]) Es werden hier und im folgenden nur die in erster reihe massgebenden ausgaben angeführt.

§ 7. Einleitung.

stark norvagisierend: hrsgg. von H. E. Klemming in Småstycken på forn svenska, Sthlm. 1868—81, s. 99 ff.

3. Lydekini auszüge aus und zusätze zu dem jüngeren Västgöta-gesetze, Cod. Holm. B 59 zweite hand; hrsgg. von Klemming in Småstycken. s. 179 ff. Zit. 'Ly'.

4. Die haupthdschr. des Upplands-gesetzes, Cod. Ups. L. 12, aus dem jahre 1300; hrsgg. von C. J. Schlyter. Corpus juris sueogotorum antiqui III, Sthlm. 1834. Auszug Leseb. II. Zit. 'U'.

b) Aus der ersten hälfte des 14. jhs.:

5. Verschiedene, die landschaft Västergötland betreffende juridische, geographische und historische aufzeichnungen (nebst einigen glossen) eines priesters aus Vidhem, Cod. Holm. B 59 dritte hand, aus dem jahre 1325; hrsgg. (photolithographisch, aber nicht ganz vollständig) von Börtzell und Wieselgren a. o. (s. 1 oben), wozu (das fehlende bei) H. S. Collin und C. J. Schlyter, Corpus I, 316, sowie M. Lorenzen, Småstykker udgivne af Samfund til udgivelse af gammel nordisk litteratur, Kbh. 1884—91, s. 66 ff. Auszug Leseb. III. Zit. 'Vh'.

6. Die haupthdschr. des Södermanna-gesetzes, Cod. Holm. B 53 erster teil, etwas nach 1327 geschrieben; hrsgg. von Schlyter, Corpus IV, Lund 1838. Auszug Leseb. IV. Zit. 'Sdm'.

7. Ein kleines fragment des Östgöta-gesetzes, Cod. AM. 1056, 4°, fragm. V; hrsgg. von Schlyter in Corpus XII, cvi f. Leseb. V. Zit. 'Ög. fr. I'.

8. Ein kleines fragment des Södermanna-gesetzes in der seminar-bibliothek zu Göttingen; hrsgg. von K. Maurer, Ein neues bruchstück von Södermannalagen, München 1894 (in Sitzungsberichten der philos.-philol. und der histor. classe der k. bayer. akad. d. wiss. 1894, heft III, s. 427 ff.). Zit. 'Sdm. fr'.

9. Die haupthdschr. des Västmanna-gesetzes, Cod. Holm. B 57 älterer teil; hrsgg. von Schlyter, Corpus V, p. II, Lund 1841. Zit. 'Vm'.

10. Das testament könig Magnus Eriksson's vom jahre 1346 im reichsarchiv zu Stockholm; hrsgg. von B. E. Hildebrand in Diplomatarium suecanum V, 561 ff., Sthlm. 1858—65. Zit. 'MET'.

§ 7. Einleitung.

11. Die **Kopparberger-privilegien** könig Magnus Eriksson's vom jahre 1347 im archiv des berggerichts zu Falun; hrsgg. von Hildebrand, ib. V, 636 ff. Leseb. VI. Zit. 'KP'.

12. Cod. Holm. B 58, nach 1345 geschrieben und enthaltend: teils a) die einzige einigermassen vollständige **hdschr. des jüngeren Västgöta-gesetzes** (mit vielen zusätzen), hrsgg. (nicht ganz vollständig) von Collin und Schlyter, Corpus I, p. II (erst von s. 113 ab), Sthlm. 1827; zit. 'Vg. II'; teils b) die einzige vollständige hdschr. des „Biærkoa"-gesetzes (= stadtrechts, in casu der stadt Lödöse), hrsgg. von Schlyter, Corpus VI, p. III, Lund 1844. Zit. 'Biæ'.

c) Um 1350 datieren:

13. Die einzige hdschr. des **Dala-gesetzes**, Cod. Holm. B 54 ältere hand; hrsgg. von Schlyter. Corpus V, p. I, Lund 1841. Auszug Leseb. VII. Zit. 'Da'.

14. Die einzige vollständige hdschr. des **Östgöta-gesetzes**, Cod. Holm. B 50; hrsgg. von Collin und Schlyter. Corpus II, Sthlm. 1830. Auszug Leseb. VIII. Zit. 'Ög'.

15. Cod. Ups. L. 49, umfassend teils a) die einzige (und defekte) hdschr. des **Hälsinge-gesetzes**, hrsgg von Schlyter, Corpus VI, p. I, Lund 1844; zit. 'H'; teils b) einen abschnitt des Upplands-gesetzes, unediert; zit. 'U. fr'. Die ganze hdschr. scheint von einem adän. schreiber herzurühren (mitteilung des herrn phil. cand. O. Hultman) und ist daher ziemlich stark danisierend.

16. Ein grosses fragment des **Östgöta-gesetzes** in der königl. bibliothek zu Stockholm; hrsgg. von Klemming in Småstycken (vgl. 2 oben), s. 81 ff. Zit. 'Ög. fr. II'.

17. Die haupthdschr. des **landrechts könig Magnus Eriksson's**, Cod. AM. 51, 4° erste hand; hrsgg. von Schlyter, Corpus X, Lund 1862. Auszug Leseb. IX. Zit. 'MEL'.

18. Das **Codex Bureanus** genannte, grosse bruchstück der grössten aschw. legendensammlung, Cod. Holm. A 34, sicher nach 1340 geschrieben; hrsgg. von G. Stephens, Ett fornsvenskt legendarium I, 3—16, 17—31, 49—52, 54—65, 70—9 (72—9 besser bei Klemming, Svenska medeltidsdikter, Sthlm. 1881—2, s. 3—6), 99—103, 128—157, 165—210, 395—8, 401, 402, 415—22, 489—535, Sthlm. 1847. Auszug Leseb. XII. Zit. 'Bu'.

§ 7. Einleitung. 11

d) Der zeit 1350—1375 gehören:

19. Zwei kleine bruchstücke von St. Birgittas autographischen aufzeichnungen ihrer revelationes in der königl. bibliothek zu Stockholm, wahrscheinlich aus den jahren 1360 und 1367; hrsgg. von Klemming in Heliga Birgittas uppenbarelser IV, 182 ff. (photolithographisch von E. Hildebrand, A. Börtzell und H. Wieselgren in Svenska skriftprof I, nr. 33, Sthlm. 1894) und 177 ff., Sthlm. 1862. Das erste bruchstück Leseb. XIII. Zit. 'Bir. A'.

20. Die ältere hdschr. des Småländischen kirchenrechts Cod. Skokloster 155, 4° (im reichsarchiv zu Stockholm), älteste hand des codex; hrsgg. von Schlyter, Corpus VI, p. II, Lund 1844. Zit. 'SK'.

21. Cod. Holm. B 6, älteste hand, bietend teils a) zwei grosse und zwei kleine bruchstücke des jüngeren Västgöta-gesetzes nebst zusätzen, hrsgg. nur das erste bruchstück (der kirchenrechtliche abschnitt des jüngeren Västgöta-gesetzes) von Schlyter in Corpus I, 78—113; zit. 'Vg. II K'; teils b) das landrecht könig Magnus Eriksson's, unediert.

22. Cod. Holm. 78, älteste hand, bietend teils a) den kirchenrechtlichen abschnitt des Upplands-gesetzes, unediert; teils b) die haupthdschr. des stadtrechts könig Magnus Eriksson's, hrsgg. von Schlyter, Corpus XI, Lund 1865. Zit. 'St'.

II. Dem mittelschwedischen gehören:

a) Aus dem ende des 14. und der ersten hälfte des 15. jhs.:

23. Die grosse, Codex Oxenstiernianus genannte miscellanhdschr. (geistlichen inhalts) der königl. bibliothek zu Stockholm, von acht schreibern (O. I—VIII) teils im jahre 1385, teils etwas später verfertigt; hrsgg. (das meiste) von Klemming, Klosterläsning, Sthlm. 1877-8 und in Heliga Birgittas uppenbarelser IV, 215—76. Zur textkritik vgl. Söderwall in Ant. tidskr. f. Sv. VI, 4, s. 10 ff. Unediert sind einige Revelationes St. Birgittae (O. IV) und ihre Vita abbreviata (O. VI). Auszug (aus O. II) Leseb. XIV. Zit. 'O' (nötigenfalls 'O. I, II' u. s. w.).

24. Cod. AM. 787, 4° aus dem anfang des 15. jhs., die

verkürzte redaktion der ältesten aschw. postille und ein bruchstück eines mirakelbuches enthaltend; hrsgg. nur jene von Klemming, Svenska medeltidspostillor I, Sthlm. 1879. Auszug Leseb. XV. Zit. 'P. I'.

25. Die haupthdschr. der aschw. übersetzung von den 8 büchern Revelationes St. Birgittæ, Cod. Holm. A 5a; hrsgg. nur buch 4—8 von Klemming, Heliga Birgittas uppenbarelser II, III, Sthlm. 1860, 1861. Zit. 'Bir'.

26. Codex Bergmanianus der universitätsbibliothek zu Lund aus der zeit c. 1420, geistlichen inhalts; hrsgg. von Klemming in Bonaventuras betraktelser öfver Christi lefverne, Legenden om Gregorius af Armenien, Sthlm. 1860, s. 1—325, und in Heliga Birgittas uppenbarelser IV, 123—31. Zur textkritik vgl. Söderwall in Ant. tidskr. f. Sv. VI, 4, s. 13 ff. Zit. 'Bm'.

27. Die einzige vollständige hdschr. des Seelentrost's in der königl. bibliothek zu Stockholm aus der zeit c. 1430; hrsgg. von Klemming, Sjålens tröst, Sthlm. 1871—3. Auszug Leseb. XVI. Zit. 'ST'.

28. Codex Bildstenianus der universitätsbibliothek zu Uppsala, die einzige vollständige hdschr. der grossen legendensammlung (vgl. 18 oben); hrsgg. (nicht vollständig) von Stephens in Ett forn-svenskt legendarium I, II, Sthlm. 1847. 1858, und in S. Patriks-sagan, Sthlm. 1844, s. 1—23. Zit. 'Bil'.

29. Das fragment der schrift 'Um styrilse kununga ok höfþinga' in der königl. bibliothek zu Stockholm aus der zeit c. 1435; hrsgg. von Klemming in Småstycken, s. 11 ff. Leseb. XVII. Zit. 'KS. fr'. — Die jetzt verlorene (vielleicht jüngere) haupthdschr. ist von J. Bure, 'En nyttigh bok om konnunga styrilse', Sthlm. 1634 herausgegeben. Zit. 'KS'.

30. Die grosse und wichtige miscellanhdschr. Cod. Holm. D 4, überwiegend romantischen inhalts und von mehreren händen geschrieben, unter denen die älteste vielleicht schon vor 1400, die jüngsten sicher nach 1430 datieren. Hrsgg. (das meiste) von Klemming, Flores och Blanzeflor, Sthlm. 1844, Konung Alexander, Sthlm. 1862. Svenska medeltidsdikter, Sthlm. 1881—2, s. 92 ff., 177 ff., 185 ff., Prosadikter från medeltiden, Sthlm. 1887—9, s. 113 ff., 249 ff.; J. W. Liffman und G. Stephens, Herr Ivan lejonriddaren, Sthlm. 1845—9, Ett forn-

§ 7. Einleitung.

svenskt legendarium I, 31—44, 89—96; J. A. Ahlstrand, Hertig Fredrik af Normandie, Sthlm. 1853; Handlingar rörande Skandinaviens historia XVII, 19—22, Sthlm. 1832. Unediert sind einige stücke geographischen (die landschaft Västergötland betreffenden, vgl. 1 und 5 oben) und geistlichen (Speculum missae, bruchstück des Lucidarius, VII sacramenta) inhalts. Auszüge Leseb. XVIII—XXI. Zit. 'D 4' (nötigenfalls 'D 4. I, II' u. s. w.).

31. Die ältere hdschr. des Pentateuch-kommentars, Cod. Reg. Thott. 4, 4⁰; hrsgg. von Klemming in Svenska medeltidens bibelarbeten I, 1—509, Sthlm. 1848. Zur textkritik vgl. Söderwall, Ant. tidskr. f. Sv. VI, 4, s. 5 ff. Auszug Leseb. XXII. Zit. 'MB. I'.

32. Der grossen miscellanhdschr. (überwiegend geistlichen inhalts) Cod. Holm. A 49 ältester teil, spätestens im jahre 1442 geschrieben; hrsgg. von J. H. Schröder in Scriptores rerum svecicarum II, I, 177—257, Upsala 1828, und Klemming in Prosadikter, s. 3—110. Zit. 'A 49. 1'.

33. Die grosse sprichwörtersammlung im Cod. Ups. Palmsköld. 405; hrsgg. von A. Kock und C. af Petersens, Östnordiska och latinska medeltidsordspråk I, Kbh. 1889—94. Zur textkritik und übersetzung s. Kock, ib. II, Kbh. 1892 und Wadstein, Sv. landsm. XI, 6. Auszug Leseb. XXIII. Zit. ·GO'.

b) Aus der zweiten hälfte des 15. und dem anfang des 16. jhs.:

34. Die haupthdschr. des landrechts könig Kristoffer's, Cod. Reg. g. s. 1209, aus der zeit c. 1450; hrsgg. von Schlyter in Corpus XII, 3—397, Lund 1869. Zit. 'KrL'.

35. Die originalhdschr. der Karls-chronik, Cod. Holm. D 6, im jahre 1452 oder möglicherweise ein wenig später von 10 verschiedenen schreibern verfertigt (und daher sprachlich sehr ungleichmässig); hrsgg. von Klemming, Svenska medeltidens rimkrönikor II, Sthlm. 1866. Auszug Leseb. XXIV. Zit. 'Rk. II'.

36. Die grosse, Codex Verelianus genannte miscellanhdschr. (überwiegend romantischen und historischen inhalts) der königl. bibliothek zu Stockholm, 1457 datiert; hrsgg. zum teil von Klemming in Prosadikter, s. 353 ff., Svenska medel-

tidsdikter, s. 382 ff., Namnlös och Valentin, Sthlm. 1846, Svenska medeltidens rimkrönikor I, 215 ff., Sthlm. 1865, und Stephens, S. Patriks-sagan, s. 27 ff. Das weitaus meiste unediert. Auszüge Leseb. XXV und XXVI. Zit. 'Ve'.

37. Der grossen miscellanhdschr. (überwiegend historischen inhalts) Cod. Holm. D 2 ältester teil, aus der zeit 1470—1480 und enthaltend teils a) ein noch unediertes bruchstück einer mschw. transskription der Guta-saga (vgl. § 11. 2); teils b) die haupthdschr. der Erichs-chronik, hrsgg. von Klemming, Sv. medelt. rimkrönikor I, 1—155. Auszug Leseb. XXVII. Zit. 'Rk. I'.

38. Die miscellanhdschr. (geistlichen inhalts) Cod. Holm. A 58, in den jahren 1487—91 von dem mönche Jöns Budde (oder Ræk) zu Nådendal in Finnland geschrieben; hrsgg. von O. F. Hultman, Jöns Buddes bok. Helsingfors 1895. Auszug Leseb. XXVIII. Zit. 'JB'.

39. Cod. Holm. A 4 aus dem ende des 15. jhs. und enthaltend teils a) ein noch unediertes gespräch Christi mit einem sünder; teils b) die haupthdschr. der ausführlicheren übersetzung des Horologium æternæ sapientiæ von Heinrich Suso, hrsgg. von R. Bergström in H. Susos Gudeliga snilles väckare, Sthlm. 1868—70, s. 2—380. Zur textkritik vgl. Söderwall in Ant. tidskr. f. Sv. VI, 4, s. 15 ff. Zit. 'Su'.

40. Die haupthdschr. der Didriks-saga, Cod Skokl. 115—6, 4⁰ (im reichsarchiv zu Stockholm), zweite und dritte hand, aus dem anfang des 16. jhs.; hrsgg. von G. O. Hyltén-Cavallius, Sagan om Didrik af Bern, Sthlm. 1850. Auszug Leseb. XXXII. Zit. 'Di'.

41. Die grosse miscellanhdschr. (geistlichen inhalts) Cod. Linc. 39 fol., um 1514 oder etwas später geschrieben; hrsgg. von Stephens (und Dahlgren) in Ett forn-svenskt legendarium I. 217—22, 291—4, 331—6, 399 f., 435—42, II, 660—75, III, 64—9, 154—96, 262—342, 386—480, 585—727, Dahlgren in Skrifter till läsning för klosterfolk, s. 3—212, und C. Annerstedt in Scriptores rerum svecicarum III, II, s. 207—16. Ups. 1876. Auszug Leseb. XXXIII. Zit. 'Linc. 39'.

42. Die originalhdschr. der verschiedenen übersetzungen und bearbeitungen (juridischer, technischer und medizinischer

§ 7. Einleitung.

werke) bischof Petrus Magni's, Cod. Line. J. 8, aus dem jahre 1522; hrsgg. zum teil von Hyltén-Cavallius, Peder Månssons strids-konst och strids-lag, Sthlm. 1845, und Klemming in Läke-och Örte-böcker. s. 411—44, Sthlm. 1883—6. sowie in Svenska medeltidsdikter, s. 443—5. Auszug Leseb. XXXIV. Zit. 'PM'.

43. Cod. Holm. D 2, zweite hand (diejenige des priesters Johann Spegelberg) aus dem jahre 1523. und verschiedene stücke historischen und romantischen inhalts bietend; hrsgg. (nur das wichtigste) von Klemming in Svenska medeltidsdikter, s. 313—80, 419—21, 443—50, und in Sv. medelt. rimkrönikor III, 213—30 (die untere hälfte der seiten), Sthlm. 1867—8. Auszug Leseb. XXXV. Zit. 'Sp'.

44. Cod. Holm. A 1 aus dem jahre 1526 und enthaltend den Pentateuch-kommentar sowie sieben von Nicolaus Ragvaldi, Jöns Budde und einem unbekannten aus der bibel übersetzte bücher; hrsgg. (die letzteren) von Klemming in Svenska medeltidens bibelarbeten II, 1—370, Sthlm. 1853 (der kommentar nur in auszügen, ib. I, 525 - 63). Zur textkritik vgl. Söderwall in Ant. tidskr. f. Sv. VI, 4, s. 8 f. Zit. 'MB. II'.

Uebrigens mögen als in sprachlicher hinsicht besonders wichtig auch die diplome hervorgehoben werden, welche in grosser menge seit 1343 das ganze mittelalter hindurch vorkommen, wenn auch erst gegen 1370 das schwedische als urkundensprache gewöhnlicher als das latein wird. Hrsgg. von J. G. Liljegren, B. E. und E. Hildebrand, Diplomatarium suecanum I—VI, 1, Sthlm. 1829—1878; C. Silfverstolpe, Svenskt diplomatarium från och med år 1401, I—III, Sthlm. 1875 bis jetzt; C. G. Styffe, Bidrag till Skandinaviens historia I—V, Sthlm. 1859—84; A. I. Arwidsson, Handlingar till upplysning af Finlands häfder I—IX, Sthlm. 1846—57; V. G. Granlund, Gustaf I:s registratur I—IV, Sthlm. 1861—8; R. Hausen, Registrum ecclesiae Aboensis, Helsingfors 1890. und Bidrag till Finlands historia I. Hf. 1881—3; E. Grönblad, Nya källor till Finlands medeltidshistoria I, Kph. 1857; O. S. Rydberg, Sveriges traktater I—IV. 1, Sthlm. 1877—95; H. Hildebrand, Stockholms stads jordebok I, II, Sthlm. 1876, 1889, und Stockholms stads skottebok, Sthlm. 1889; Klemming, Skråordningar, Sthlm. 1856; E. Hildebrand und O. Alin, Svenska riksdagsakter I,

§ 7. Einleitung.

Sthlm. 1887; L. F. Rääf, Samlingar och anteckningar till en beskrifning öfver Ydre härad I—IV, Linköping und Örebro 1856—65; C. G. Kröningssvärd und J. Lidén, Diplomatarium dalekarlicum I—III, Sthlm. und Falun 1842—6, mit Supplement. Sthlm. 1853; J. Hadorphius, Några gambla stadgar, beilage zu Biärköa rätten. Sthlm. 1687. und Then andra delen til rijmcrönikorne hörande. Sthlm. 1676; ferner in Handlingar rörande Skandinaviens historia I—XL, Sthlm. 1816—60 und Historiska handlingar 1—X, Sthlm 1861—81, u. a. m.

Anm. 1. Ueber etwaige aschw. runenhdschr. s. L. F. Leffler in Nordisk tidskrift utg. af Lett. fören. 1879, s. 603 ff. und Sv. Landsm. VI, cii (wo die bisher allgemein als ein aschw. denkmal aufgeführte Marienklage wol mit recht dem adän. zugewiesen wird).

Anm. 2. Ueber die aschw. literatur s. vor allem H. Schück, Svensk literaturhistoria I, Sthlm. 1890 (wo auch s. 70 ff., 205 ff. ein fast vollständiges verzeichnis einschlägiger arbeiten gegeben ist) und Illustrerad svensk litteraturhistoria I, Sthlm. 1896, sowie desselben u. a. aufsätze in Samlaren, tidskrift utg. af Sv. literatursällskapet I—XVIII, Ups. 1880 bis jetzt. Eine knappe übersicht bietet derselbe verfasser im Grundriss II, 1, 143 ff.

Anm. 3. Ein vollständiges verzeichnis der aschw. textausgaben fehlt bis jetzt und wird nur unzureichend durch folgende bibliographien ersetzt: für die zeit 1862—73 in Germania, hrsgg. von Bartsch VIII ff., 1863 ff.; für 1874—80 in Tidskr. f. Fil. N. R. I ff., 1874 ff.; für 1881 bis jetzt in Arkiv I ff., 1882 ff. Vgl. auch das quellenverzeichnis bei Söderwall, Ordbok öfver sv. medeltids-språket I.

Anm. 4. Die hdschr. sind vorzugsweise in folgenden sammlungen aufbewahrt: 1. Die königl. bibliothek zu Stockholm (Holm.). 2. Die universitätsbibliothek zu Uppsala (Ups.). 3. Die Skokloster-sammlung (Skokl.), im reichsarchiv zu Stockholm deponiert; katalog (schlecht) von Schröder in Handlingar rörande Skandinaviens historia XII—XV. 4. Die gymnasialbibliothek zu Linköping (Linc.); katalog (nicht vollendet) von P. Kylander in Linköpings bibliotheks handlingar I, II, Linköping 1793, 1795. Uebrigens bieten grosse diplomsammlungen vorzugsweise: 5. Das schwedische reichsarchiv zu Stockholm (RA.); kataloge für die zeit 1351 bis 1400 (von N. A. Kullberg), Svenska riks-archivets pergamentsbref I, II, Sthlm. 1866, 1868, und C. G. Malmström, 'Sv. riksarkivets pappershandlingar' in Meddelanden från sv. riksarkivet III, 87 ff., Sthlm. 1887. 6. Das Delagardiesche archiv in der universitätsbibliothek zu Lund; katalog von P. Wieselgren in Delag. archivet IV, 165 ff., Lund 1844. 7. Das rathausarchiv zu Stockholm; katalog (von S. Bergh) in Meddelanden från sv. riksark. XIII, 295 ff. 8. Die gymnasialbibliothek, die sammlungen der Södermanlands fornminnesförening und das rathausarchiv zu Strängnäs; katalog von V. Örnberg in Bidrag till Södermanlands äldre kulturhistoria VII, 113 ff., 150 f., Ups. 1889.

§ 8. Dialektunterschiede sind schon im rschw. unleugbar vorhanden, wiewol die inschriften dies verhältnis zum grössten teil verhehlen durch ihre höchst mangelhafte lautbezeichnung, die ja sehr verschiedene laute durch dasselbe zeichen (z. b. *o*, *u*, *y* und *ǫ* durch die *u*-rune) ausdrückt. Nichtsdestoweniger kann man wirklich einiges hierhergehöriges ermitteln. So z. b. zeigt ein vergleich der verschiedenen 'Ingwar-inschriften' (s. § 6), dass um 1050 die sprache der landschaft Uppland von derjenigen Södermanland's u. a. in folgenden punkten abweichend gestaltet war: 1. Der nasalierte *a*-laut (*ą*) war dort mit dem unnasalierten zusammengefallen, hier als besonderer laut noch erhalten. 2. Acc. sg. m. von 'dieser' heisst dort *þina* (d. h. *þenna*) oder *þinsi* (d. h. *þense*), hier *þąnsi* (d. h. *þąnse* oder *pǫnse*) oder *þinsa* (d. h. *þensa*). 3. Das indeklinable pronomen relativum lautet dort *is* (d. h. *es*), hier *eʀ*. 4. Prät. sg. ind. dort *uas*, hier *uaʀ* 'war'.

Wiederum in der literatur werden die dialektunterschiede sehr vermindert durch die bald wachgerufene tendenz eine allgemeine reichssprache zu schaffen, sowie durch die weit überwiegenden literaturbeiträge gewisser provinzen (vor allem Östergötland's) und den aus diesem verhältnis mit notwendigkeit herfliessendem übermächtigen einfluss dieser landschaften auf die höhere sprache. Nur ein dialekt tritt in der schrift scharf hervor und zwar derjenige der sowol geographisch wie politisch etwas abseits gelegenen insel Gottland, deren mundart aber so wesentlich von dem aschw. des festlandes abweicht, dass man mit vollem recht durch die bezeichnung **altgutnisch** (agutn.) diesen dialekt als eine gewissermassen besondere sprache anerkannt hat (s. weiter § 9).

Von den mundarten des festlandes sind in der kaschw. literatur wenigstens die folgenden ziemlich deutlich ausgeprägt:

a) Vor allem der dialekt desjenigen teiles der provinz **Västergötland**, dessen sprache durch Vg. I, Ly, Vh, Vg. II, Vg. II K und (wenn auch nur zum teil, weil abschrift eines Stockholmischen originals) Biæ repräsentiert wird und gewissermassen eine mittelstellung zwischen dem aschw. und dem anorw. einnimmt, wenn auch jenem näher stehend. Fast alle punkte, worin die mundart von dem sonstigen aschw. abweicht, sind nämlich ebenso viele übereinstimmungen mit dem anorw. Solche sind u. a. 1. Die übergänge $i>e$ und $u>o$ in endungen und ableitungssilben finden nur nach einem in der vorhergehenden silbe stehenden e-, o- oder ø-, zum teil auch langem a-laut statt (s. g. 'vokalharmonie'), z. b. 3. sg. präs. ind. *hēter* 'wird genannt', part. prät. *boren* 'geboren', dat. sg. ntr. *gōþo* 'gutem', 3. sg. präs. konj. *bōte* 'büsse', 3. pl. prät. ind. *vāro* 'waren', aber z. b. dat. sing. *guþi* 'Gott', 3. pl. prät. ind. *gripu* 'griffen' u. s. w. (s. weiter § 137, § 139 und vgl. An. gr. I, § 124, 2 und § 125, 2). 2. Oft steht *o* in der wurzelsilbe gegen sonstiges aschw. *u* (vgl. § 163, 2), z. b. *odder* (aschw. *udder*, anorw. *oddr*) 'spitze', *roten* (aschw. *rutin*, anorw. *rotenn*) 'faul'. 3. Häufiger als sonst zeigt sich *i*-umlaut z. b. in formen wie dat. sg. *dæghi* (aschw. *daghi*, anorw. *dægi*) 'tag', *sæker* (aschw. *saker*, anorw. *sækr*) 'schuldig', nom. acc. pl. ntr. *bǣþi* oder *bǣþin* (aschw. *bāþe*, *-in*, anorw. *báðe*, *-en*) 'beide', part. prät. *dræghin* 'gezogen', *slæghin* 'geschlagen', *gængin* 'gegangen' (aschw. *draghin*, anorw. *dræginn* u. s. w.); abweichend auch *fingin* (aschw. *fangin*) 'bekommen'. 4. Der übergang (s. § 104) $ǫ>o$ vor *r* und *l* (oder auch die verdrängung des *u*-umlautes) ist noch nicht überall durchgeführt, z. b. nom. acc. pl. *born* Ly, Vg. II (aschw. *bɐrn*, anorw. *bǫrn*) 'kinder', *bolker* Vg. I, II (aschw. *balker*, anorw. *bǫlkr*) 'abschnitt', *borker* Ly (aschw. *barker*, anorw. *bǫrkr*) 'baumrinde'. 5. Assimilation von *mp*, *nk*, *nt* zu *pp*, *kk*, *tt* tritt häufiger als im sonstigen aschw. auf, z. b. *roppa* Vg. I (aschw. *rumpa* 'schwanz', *brækka* Vg. I, II 'brink', *rætter*, *ritter* Vg. I (aschw. *vinter*, anorw. *vetr*) 'winter'. 6. Dat. pl. des mit suffigiertem artikel flektierten substantivs endet wie im anorw. auf -*unum*, -*onom*, nicht wie im sonstigen aschw. auf -*umin*, -*omen*, z. b. *arvunum* Vg. I 'den erben', *bōndonom* Ly 'den bauern'. 7. Die 3. pl. konj. hat (in Vg. I ausschliesslich, in Vg. II überwiegend) die endung -*i*, -*e* gegen das im sonstigen aschw. (überwiegend) übliche -*in*, -*en*, z. b. *mǣli* 'sprechen'. 8. Infinitivformen wie *bræsta* Vg. I, II 'bersten', *rænna* Vg. I 'laufen', *slæppa* Vh 'entschlüpfen' gegen sonst fast allein gebräuchliche *brista*, *rinna*, *slippa* (anorw. *bresta* u. s. w.) 9. Präteritiformen wie *fæl* Vh (abweichend auch *fal* Vg. I) 'fiel'. *hælt* Vg. I 'hielt' gegen sonst. kaschw. *fiol*, *hiolt* (aber anorw. *fell*, *helt*). 10. Viele einzelne dem sonst. aschw. fremde, aber im anorw. übliche wörter wie z. b. *bikkia* hündin, *dæk* (anorw.

§ 8. Einleitung.

dǫkk) grube, dø̄gher (anorw. døgr) tag und nacht, flæt, flat (anorw. flæt) haus, grun (anorw. grunr) argwohn, hwin kleiner dieb, hūsl abendmahl, liūri (anorw. lióri) dachöffnung, man sklave, sund schwimmen, særþa (anorw. serða) stuprare, vätter eidleister u. a. m.; vgl. auch das sonst nur in H (s. f unten) belegte apter 'zurück' (aschw. selten atter; statt dessen gewöhnlich āter).

b) Weniger eigentümlich ist derjenige dialekt der landschaft Västmanland, dessen hauptsächlicher repräsentant Vm ist. Es sei hier folgendes hervorgehoben: 1. Die übergänge $i > e$ und $u > o$ finden jener (der regel nach) nur in offenen, dieser aber in allen endungs- und ableitungssilben statt, z. b. skaþe 'schaden', æro 'sind', acc. sg. faþor, aber nom. sg. faþir 'vater' (s. weiter § 142 anm. 4 und § 143 anm. 2). 2. Der wechsel $\varrho : u$ vor gg ist gewöhnlich zu gunsten des o ausgeglichen (s. § 109), z. b. hogga (neben hugga wie sonst; vgl. jedoch c und g unten) 'hauen'. 3. Schwachtoniges a scheint vor m in o überzugehen (s. § 145 anm.), z. b. līkome (aschw. līkame) 'körper', präfix iom- (aschw. iam-, iæm-) 'eben-'. 4. Das aus au entstandene ō verwandelt nicht wie in gewissen anderen dialekten (vgl. z. b. d, 3 unten) ein vorhergehendes g, k zu gi, ki, z. b. cᴐp 'kauf' gegen k(i)ænna 'kennen' (vgl. Da kø̄p : kiænna, s. c unten). 5. wr wird zu rw oder rwr, z. b. rw(r)anger (engl. wrong) 'verkehrt'. 6. Die zahlwörter fiōre 'vier', fiorþe 'vierte' stehen gegen sonstige fiūre u. a., fiærþe u. a. 7. 'Sieben' weist die eigentümliche form siūgh auf. 8. Mehrere eigenartig gebildete pronominalformen wie nom. sg. f., nom. acc. pl. ntr. þæsson oder þæssom 'diese', ængon 'keine', hwarion 'jede' statt þæssin u. s. w.

c) Der vorigen nahe verwandt ist diejenige mundart in Dalarna, welche durch Da vertreten ist und mit jener die punkte b 2—4, 6 und 8 gemeinsam hat. Eigentümlicher ist derjenige dialekt derselben landschaft, welcher in KP vorliegt und dessen hauptsächliches characteristicum ist, dass in endungen und ableitungssilben a und ein daraus entwickeltes æ je nach der quantität (kürze : länge) der vorhergehenden silbe mit einander wechseln (s. g. 'vokalbalanz', s. § 141), z. b. hava 'haben' : gangæ 'gehen'; ein wechsel, dem in dem jetzigen dialekt des nördlichen teiles der landschaft der gegensatz -ᴅ : -a entspricht (s. § 152).

§ 8. Einleitung.

d) Einer gegend der landschaft Uppland, deren sprache durch U und zwei andere alte hdschr. des Upplandsgesetzes (cod. Holm. Schildener vor 1350 und Holm. B 52 um 1350) repräsentiert wird, ist u. a. folgendes charakteristisch: 1. Kurzes *a* ist in allen schwachtonigen endungs- und ableitungssilben zu *æ* geworden (s. § 141 anm. 1), z. b. *faræ* 'fahren', *haræudi* 'habend'. 2. Nicht nur starktoniges *io*, sondern auch *iō* (sekundäres sowol wie altes) ist in *io*, resp. *iø* übergegangen (s. § 98 und 99), z. b. *iørþ* (sonst *iōrþ*) 'erde', *hiøn* (sonst *hiōn*) 'hausgenosse'. 3. Das aus *au* entstandene *ø* verwandelt vorhergehendes *g, k* zu *gi, ki*, z. b. *kiøp* 'kauf'. 4. Die form *iæk* 'ich' ist (wenigstens in U) die allein gebräuchliche (sonst seltener als die form *iak*).

e) Diejenige gegend der landschaft Småland, welche durch SK vertreten ist, zeigt u. a. folgende eigentümlichkeiten: 1. Dehnung des kurzen *a* vor *mb, nd* (wenn es aisl. *nd*, nicht *nþ*, entspricht) und *rt* (wenn vokal folgt), z. b. *laamb* 'lamm', *huand* 'hand', **vaarta* (jetzt *várta*) 'warze' (s. weiter § 129). 2. In schwachtonigen endungs- und ableitungssilben bleibt *a* nach kurzer silbe, wechselt dagegen nach langer mit weit häufigerem *æ* ('vokalbalanz' s. § 141; auf dieselbe weise in der von einem Småländischen abschreiber herrührenden hdschr. MEL auftretend), z. b. *kona* 'weib', aber *bondæn* (*bondan*) 'den bauer'; diesem wechsel entspricht in mschw. urkunden (z. b. Styffe, Bidrag etc. V, nr. 86, 99, 164, 319, 329) der gegensatz *-o : -a*. 3. Die pronominalformen sg. nom. *høn*, acc. *høna* statt *hōn* (*hun*), *hana* (*hōna*) 'sie'.

f) Der durch H vertretene dialekt der landschaft Hälsingland ist wenigstens insofern vom sonstigen aschw. abweichend, als der wortschatz mehrfache übereinstimmungen mit dem anorw. zeigt, z. b. *afrokias* (anorw. *afrǿkiaz*) 'versäumt werden'. *āri* (vgl. anorw. *ǫrr, ár-maðr*) 'bote, dienstmann', *lifrakn* (vgl. anorw. *lífðarrápn*) 'schutzwaffe', *ræzla* (anorw. *rœzla, væizla*) 'bewirtung'; vgl. auch die form *apter* (s. oben a 10).

Am wenigsten bemerkbar sind dialekteigentümlichkeiten in denjenigen denkmälern, die aus den provinzen Södermanland und Östergötland stammen, dies zum teil ohne zweifel darauf beruhend, dass — wie gleich oben (vgl. auch § 4, 2)

§ 8. Einleitung.

angedeutet worden ist — eben die mundarten dieser landschaften (und, wenn auch weniger, Upplands) bei der bildung und entwicklung der im werden begriffenen reichssprache einen massgebenden einfluss ausübten. Doch dürfte man wenigstens folgende zwei aus diesen gegenden stammende dialekte als einigermassen deutlich hervortretend ansehen können:

g) Die durch Sdm und zum teil (vgl. a oben) Biæ vertretene mundart in S ö d e r m a n l a n d zeigt u. a. folgende charakteristische züge: 1. In endungs- und ableitungssilben wird *a* zu *æ* nach palatalen vokalen in der vorhergehenden silbe ('vokalharmonie' s. § 135), so dass *æ* regelmässig nach *y-*, *æ-* und *ø*-lauten (so auch mschw. in Ve), ausserdem alternativ in Sdm nach *ē* und nach *i*-lauten (in Biæ auch nach anderen vokalen) steht, z. b. *fyllæ* 'füllen', *skæræ* 'schneiden', *dømæ* 'richten', aber *gamal* 'alt', *ūtan* 'ausser'. 2. und 3. = b) 2 und 4 oben; jenes auch in Sdm. fr.

h) In Östergötland ist der am meisten ausgeprägte dialekt derjenige, welcher durch Ög. fr. I, II und Bu vertreten wird. Man bemerkt hier vorzugsweise folgendes: 1. Die übergänge *i > e* und *u > o* finden überall ausser nach kurzer, haupttoniger silbe statt ('vokalbalanz' s. § 142, 1), z. b. *møþer* 'mutter', dat. sg. *folke* 'volke', *kyrkio* 'kirche', aber *faþir* 'vater', dat. sg. *guþi* 'Gott', *tiughu* 'zwanzig'. 2. Auslautendes, nachvokalisches *-r* (wenn es urn. ʀ, nicht *r*, entspricht) ist in den weitaus meisten fällen (in Ög. fr. I ausnahmslos) geschwunden, z. b. nom. pl. *hæsta* statt *hæstar* 'pferde'. 3. Die pronominalform *nākwar* statt *nōkor*, *nōkar* u. d. 'irgend einer'. 4. Die konjunktion 'dass' heisst *æt* (jedoch nicht in Bu) statt *at*. Dieser mundart sehr nahe stehen einige denkmäler aus derselben provinz, welche für die entstehende reichssprache von grundlegender bedeutung gewesen sind, z. b. Ög und noch mehr (vgl. jedoch e 2 oben) MEL, in welchen hdschr. wir fast ganz dieselben eigentümlichkeiten wiederfinden, also: den übergang *u > o* in derselben ausdehnung, den schwund des *-r*, die form *nākwar* (Ög., *nākar* MEL), die form *æt* (MEL, aber Ög *at*). Nur in betreff des überganges *i > e* finden wir die wichtige abweichung — welche auch das hauptcharakteristicum

§ 9. Einleitung.

der reichssprache (wohin die meisten mschw. denkmäler gehören) ausmacht — dass *i* in allen geschlossenen silben bleibt, also *mōþir* 'mutter' gleich *faþir* 'vater' (vgl. § 142, 2).

In wie weit die ohne zweifel eigentümlich entwickelten aschw. dialekte in Finnland, Esthland und Livland von der muttersprache abweichend gestaltet waren, ist infolge mangelnder quellen nicht wol möglich zu bestimmen. Jedoch ist aus den ziemlich umfangreichen aber noch nicht hinlänglich untersuchten finnländischen quellen (vorzugsweise aus diplomen u. a. d. bestehend, vgl. § 7, ende) der mschw. zeit wenigstens so viel ersichtlich, dass in der zeit 1420—1490

i) vielen diplomen aus Finnland sowie dem von JB repräsentierten (finnländischen?) dialekte u. a. folgendes charakteristisch war: 1. Auch schwachtoniges *ia* wird zu *iæ* (s. § 144), z. b. *viliæ* gegen sonstiges *vilia* 'wollen'. 2. In endungs- und ableitungssilben wird ausserdem *a* zu *æ* nach einem *y*- (jedoch nicht einem aus älterem *i* entstandenen), *æ*- oder *o*-laute in der vorhergehenden silbe ('vokalharmonie'), z. b. *fyllæ* 'füllen', *væghæ* 'wiegen', *gōmære* 'verhehler', aber *fynna* 'finden', *koma* 'kommen' u. s. w. (§ 135).

Anm. Vgl. Kock, Lj. s. 125 ff., 310 ff., 489 ff. und die daselbst s. 490 note zitierte literatur; Leffler, Om v-omljudet (in Upsala univ. årsskrift 1877), s. 37, 55, 76; Karlsson im Arkiv V, 166 f.; Beckman ib. IX, 92 ff.; Hultman, Jöns Buddes bok, s. VI f.

§ 9. Das altgutnische ist seiner sprachform nach dermassen eigentümlich, dass es sich von der ältesten literarischen sprachform des sonstigen aschw. und des adän. mehr unterscheidet, als diese beiden sprachen von einander verschieden sind. Dem agutn. in seinem gegensatze zum eigentlichen aschw. ist folgendes vorzugsweise kennzeichnend (vgl. Söderberg, Lj.):

1. Die alten diphthonge sind nicht wie im sonstigen aschw. (und adän.) kontrahiert worden, z. b. *stain* (aschw. *sten*) 'stein', *auga* (aschw. *ōgha*) 'auge', *droyma* (aschw. *drōma*) 'träumen'. Nur vor geminiertem konsonanten sind *ai* und *au* zu *a* vereinfacht worden, z. b. m. *ann* (aschw. *en*, aisl. *einn*) zu f. *ain* (aschw. *ēn*) 'ein', ntr. *datt* (aschw. *dot*, aisl. *dautt*) zu m. *dauþr* (aschw. *doþer*) 'tot'.

§ 10. Einleitung.

2. Aus dem alten diphthong *iū* — welcher im sonstigen aschw. (und im adän.) nach *r* und kakuminalem *l* zu *ȳ* kontrahiert wird, sonst aber bleibt — ist ein triphthong *iau* entwickelt worden, z. b. *fliauga* (aschw. *flȳgha*, aisl. *fliúga*) 'fliegen', *biaupa* (aschw. *biūpa*) 'bieten'.

3. Ans *œ*- und *ǿ*-lauten sind *e*-, resp. *y*-laute geworden, z. b. *lengr* (aschw. *længer*) 'länger', *mēla* (aschw. *mǣla*) 'reden', *yx* (aschw. gewöhnlich wie im aisl. *øx*) 'axt', *dȳma* (aschw. *dø̄ma*) 'richten'.

4. Kurzes *o* ist, ausser vor *r*, in *u* übergegangen, z. b. *fulc* (aschw. *folk*) 'volk', aber (wie im aschw.) *borp* 'tisch'.

5. Unumgelautete formen stehen gewöhnlich *u*- oder *w*-umgelauteten im sonst. aschw. gegenüber, z. b. *havup* (aschw. *hovup*, aisl. *hǫfoþ*) 'kopf', *hagga* (aschw. *hugga*, alt auch *hogga*, aisl. *hǫggua*) 'hauen'.

6. Anlautendes *w* schwindet (wie im aisl.) vor *r*, z. b. *raipi* (aschw. *vrēpe*) 'zorn'.

7. Die schwachen femininen auf -*a* enden im g. sg. auf -*ur* (im ersten gliede einer zusammensetzung jedoch fast immer -*u*-), z. b. *kirkiur* (aschw. *kirkio*) 'kirche'.

8. Einzelne pronominalformen wie *hān* (aschw. *hōn, hun*) 'sie', *menn, penn, senn* (neben *minn, pinn, sinn*) 'mein, dein, sein', *pissi* (aschw. *pænne*, aisl. *pesse*) 'dieser', acc. *pinna* und *hinna* oder *hissan* 'diesen', ntr. *pitta* und *hitta* 'dieses'.

9. Einzelne verbalformen wie *ir* oder *ier* (aschw. gewöhnlich *ær*) 'ist', *al*, pl. *ulu* (neben *scal, sculu*) 'soll, sollen'.

§ 10. Die denkmäler des agutn. sind zweierlei art:

A. Runeninschriften, welche zu einer anzahl von mehr als 200 aus allen jahrh. des agutn. vorhanden sind, wenn auch wol die meisten der mschw. periode gehören, also jünger als das hauptdenkmal der agutn. literatur (s. § 11) und somit von verhältnismässig geringem interesse in sprachlicher hinsicht sind. Um so wichtiger sind einige der rschw. periode gehörige inschriften, unter denen die von Tjängvide aus dem 10. jahrh. vielleicht die älteste ist. Sehr ausführlich (mit mehr als 300 runen) ist die vielleicht etwas vor 1100 datierende inschrift von Hauggrän. Etwa gleichzeitig sind die beiden (jetzt nicht mehr im original erhaltenen) inschriften von Stainkumbla und nur wenig jünger die drei von Sjonhem. Die umfangreichste agutn. inschrift (431 runen enthaltend) und nächst der Röker-inschrift (s. § 6) die längste, die es überhaupt gibt, ist eine, welche zwar sich in Dänemark befindet, aber aus Gottland stammt, nämlich diejenige auf dem taufsteine zu Åkirkeby auf Bornholm, etwas nach 1200 zu stande gekommen und das leben Jesu behandelnd. Die älteste selbstdatierende agutn. inschrift ist die von Vallstaina aus dem jahre 1326. Von noch späteren seien hier nur erwähnt die beiden langen von Lye (mit mehr als 200, resp. 250 runen) aus dem jahre 1449. — Vgl. den anhang.

Anm. Vgl. ausser was schon § 6 anm. verzeichnet ist: C. Säve, Gutniska urkunder, Sthlm 1859 (ohne abbildungen und nur transskribierten text bietend); Wimmer, Døbefonten i Åkirkeby kirke, Kbh. 1887 (in allen beziehungen vorzüglich); H. Hildebrand in Månadsblad 1887, s. 179 ff. (wichtig für die datierungen der inschriften); S. Söderberg in Öfversigt af filologiska sällskapets i Lund förhandlingar 1881—1888 (Lunds univ. årsskrift 1890), s. 9 ff. (teilt fünf neuentdeckte, kleine inschriften mit).

§ 11. Die andere quelle des agutn. sind

B. Handschriften, von denen zunächst zu erwähnen ist:

1. Ein jetzt verlorenes Kalendarium aus dem jahre 1328, mit runen geschrieben und zwar die einzige schwedische runenhdschr., die wir mit sicherheit kennen (vgl. § 7 anm. 1); hrsgg. (schlecht) von O. Worm in Fasti danici, Kbh. 1626, s. 100 ff. (danach — aber teilweise nur in transskription — von Liljegren in Runurkunder s. 270 ff.), wozu Wimmer, Døbefonten s. 62 ff. zu vergleichen ist.

Sonst ist aus der kaschw. zeit nur noch eine einzige (und zwar mit lateinischen buchstaben geschriebene) hdschr. aus der zeit ca. 1350 vorhanden, nämlich:

2. Die haupthdschr. des Guta-gesetzes nebst dessen sagengeschichtlichem anhang (der s. g. Guta-saga) — welcher so wie kapp. 62, 63 und 65 des gesetzes ein etwas späteres original als das übrige voraussetzt — Cod. Holm. B 64; hrsgg. (mit übersetzung ins nschw.) von Schlyter, Corpus VII, 3—104, Lund 1852. Auszug Leseb. X, XI. Zit. 'G' (nötigenfalls werden die älteren und jüngeren partien als 'G. I', resp. 'G. II' unterschieden).

§ 12. Einleitung.

Der mschw. periode gehören nur:

3. Die jüngere hdschr. des Guta-gesetzes (ohne die Guta-saga, aber) mit sechs der älteren hdschr. fremden zusätzen, Cod. AM. 54, 4°, eine im jahre 1587 verfertigte abschrift einer jetzt verlorenen hdschr. aus dem jahre 1470; hrsgg. nur die zusätze von Schlyter in Corpus VII, 104—12. Zit. 'G. a'.

4. Ein statut der gilde St. Katharinæ zu Björke, dessen original leider jetzt verloren gegangen ist; hrsgg. nach einem abdruck aus dem jahre 1716 von Klemming in Småstycken på fornsvenska, s. 149 ff.

Anm. Einzelne agutn. wörter und phrasen bietet ein im reichsarchiv zu Stockholm aufbewahrtes einnahmebuch für Gottland während der jahre 1485—7; s. W. Molér, Bidrag till en gotländsk bibliografi, Sthlm 1890, s. 28, nr. 193, woselbst auch (bes. s. 32 ff.) mehrere die insel Gottland betreffende diplome u. a. angeführt werden, die einzelne agutn. wörter enthalten dürften.

§ 12. Als hilfsmittel für das studium sind folgende arbeiten vorzugsweise hervorzuheben:

a) Laut- und flexionslehre:

Das ganze gebiet behandelt J. E. Rydqvist, Svenska språkets lagar I und II (flexionslehre) Sthlm 1850—1860; IV (lautlehre) ib. 1868—70. Eine ihrer zeit grundlegende arbeit und noch jetzt ein hauptwerk durch seine reichen materialsammlungen; sonst aber in vielen beziehungen durchaus veraltet (bes. die lautlehre).

Eine kurzgefasste geschichtliche darstellung gibt A. Noreen im Grundriss[2] I, 554—77, 587 ff.

Einzelne partien behandeln ausführlicher u. a. A. Kock, Studier i fornsvensk ljudlära, Lund 1882, 1886 (äusserst wichtig); Undersökningar i svensk språkhistoria, Lund 1887; Språkhistoriska undersökningar om svensk akcent, Lund I 1878, II 1884—5; K. F. Söderwall, Några anmärkningar öfver de svenska kasusformerna under medeltiden, Lund (univ. årsskrift) 1865. Vgl. ferner verschiedene, zum teil sehr wichtige abhandlungen von N. Beckman, S. Bugge, A. Kock, L. F. Leffler (Läffler), M. Lundgren, A. Noreen, A. Schagerström, F. Tamm, E. Wadstein u. a. in vorzugsweise folgenden zeitschriften: Antiqvarisk tidskrift för Sverige, Stockholm 1864 ff.; Nordisk tidskrift for

§ 12. Einleitung.

filologi (og pædagogik), Ny række, Kopenhagen 1874 ff.; Nyare bidrag till kännedom om de svenska landsmålen, Sthlm 1879 ff.; vor allem aber Arkiv for nordisk filologi I—IV, Christiania 1882—8, V ff. (= Arkiv för nord. fil., Ny följd I ff.), Lund 1889 ff.

Einzelne literaturdenkmäler (über die einzelnen runeninschriften s. den anhang) werden u. a. in folgenden arbeiten eingehender behandelt:

Biæ von F. Zetterberg, Bjärköarättens ljud- och böjningslära, Upsala 1893.

Bu von C. J. G. Landtmanson, Om ordböjningen i den svenska fornskriften Codex Bureanus, Lund 1875 (jetzt nicht mehr zeitgemäss).

Da von E. Brate, Äldre Vestmannalagens ljudlära, Ups. (univ. årsskrift) 1887 (wichtig); Dalalagens böjningslära, Stockholm (Gymnasialprogramm) 1890.

G von S. Söderberg, Forngutnisk ljudlära, Lund (univ. årsskrift) 1879; vgl. dazu Noreen in Sv. landsm. I, 691 ff.

GO von A. Kock in Östnordiska och latinska medeltidsordspråk I, 41 ff., Kopenhagen 1894.

KS von C. J. G. Landtmanson, Undersökningar öfver språket i skriften Um styrilse etc., Ups. (univ. årsskrift) 1865 (jetzt nicht ganz genügend); K. F. Söderwall, Studier öfver konungastyrelsen, Lund (univ. årsskrift) 1880.

Sdm von R. Larsson, Södermannalagens språk I, Ljudlära, Sthlm 1891 (in Ant. tidskr. f. Sv. XII, 2).

Sdm. fr. von R. Larsson im Arkiv XIII, 53 ff.

SK von E. Björkman, Smålandslagens ljudlära (in Sv. landsm. XI, 5) 1896.

Vg. I von K. T. Melin, Öfversigt af substantivens böjning i äldre Västgötalagen (Gymnasialprogramm von Skara), Lidköping 1889 (ziemlich unbedeutend).

Vm von K. Siljestrand, Ordböjningen i Västmannalagen I—II Linköping 1890—1, III Upsala 1893 (sehr umfangreich).

Ög von F. Tamm, 'Anmärkningar till Östgötalagen' in Uppsalastudier s. 25 ff., Ups. 1892 (sporadische bemerkungen).

b) Stammbildungslehre:

Eine zusammenfassende und einigermassen erschöpfende darstellung gibt es noch nicht. Ganz unzureichend ist der

§ 12. Einleitung.

versuch J. E. Rydqvists, Svenska språkets lagar V, Sthlm 1874. Einzelnes bieten: F. Tamm, Om fornnordiska feminina afledda på *ti* och på *iþa*, Ups. (univ. årsskrift) 1877, und besonders E. Hellqnist, Bidrag till läran om den nordiska nominalbildningen (im Arkiv VII, 1 ff., 97 ff.), Lund 1890.

c) Syntax:

Eine kurze, aber gute übersicht des ganzen gebietes liefert K. F. Söderwall in Hufvudepokerna af svenska språkets utbildning, Lund 1870, s. 32 ff., 67 ff. Einzelne partien behandeln: E. Schwartz, Om oblika kasus och prepositioner i fornsvenskan före år 1400, Ups. (univ. årsskrift) 1878 (ausführlich); O. Klockhoff, Relativsatsen i den äldre fornsvenskan, Karlstad (Gymnasialprogramm) 1884 (kurz und bündig); B. J. Bergqvist, Studier öfver den konditionala satsfogningen i fornsvenskan, Lund 1884; K. Ahlén, Verbets syntax i den äldre fornsvenskan, Örebro (Gymnasialprogramm) 1883 (unbedeutend).

d) Metrik:

Für die rschw. periode s. E. Brate, Ant. tidskr. f. Sv. X, 1, s. 368—400 (vgl. Bugge in Vitt. Hist. o. Ant. Ak.s handl. XXXI, 3, s. 62 ff.); für die kaschw. periode E. H. Lind, Om rim och verslämningar i de svenska landskapslagarna, Ups. (univ. årsskrift) 1881, vgl. E. Brate, Fornnordisk metrik, s. 50 ff., Ups. 1884. Für die mschw. periode gibt es noch keine einigermassen erschöpfende darstellung; einzelnes bieten C. Rosenberg, Nordboernes åndsliv II, 408 ff., Kph. 1880; 'To nordiske versarter' in Nordisk tidskrift 1883; E. von der Recke, Dansk verslære, s. 74 ff., Kph. 1885; J. C. H. R. Steenstrup, Vore folkeviser, s. 113 ff., Kph. 1891; A. Kock, Östnordiska och latinska medeltidsordspråk I, 112 ff., Kph. 1894.

e) Wörterbücher:

Für die rschw. periode fehlt noch ein einigermassen taugliches hilfsmittel, indem U. W. Dietrichs Runen-sprachschatz, Sthlm 1844, nur als register zu Liljegrens Run-urkunder (s. § 6 anm.) einigen wert hat. Ein sehr gutes wörterbuch für fast die ganze kaschw. periode ist C. J. Schlyter, Ordbok till samlingen af Sveriges gamla lagar, Lund 1877, besonders wenn man des verf.s (auch lateinisch abgefasste) spezialglossare zu den verschiedenen teilen des Corpus vergleicht. Für die

§ 12. Einleitung.

mschw. periode hat man die ganz hervorragende leistung von K. F. Söderwall, Ordbok öfver svenska medeltids-språket I (A – L) Lund 1884—90, II (bis jetzt M—S) ib. 1891 ff.; hier wird auch das kaschw. insofern berücksichtigt, dass sowol die von Schlyter nicht behandelten kaschw. literaturdenkmäler glossiert worden, wie auch sämtliche bei Schlyter vorkommenden stichwörter wenigstens verzeichnet sind. Bis dies werk vollendet vorliegt, ist für die meisten fälle ein einstweiliger behelf gegeben durch J. E. Rydqvist, Svenska språkets lagar III, Sthlm 1863, VI (von Söderwall hrsgg.) ib. 1883, hauptsächlich ein erschöpfendes register zu den übrigen teilen dieses werkes.

Die einheimischen personennamen verzeichnet (mit reichlichen belegen) und erläutert M. F. Lundgren, Personnamn från medeltiden (in Sv. Landsm. X, 6), Sthlm 1892 ff. (bis jetzt A—Li); für die entlehnten s. Rydq. III u. VI. Vgl. auch das reichhaltige register in (N. A. Kullberg,) Svenska riks-archivets pergamentsbref III, 169 ff., Sthlm 1872. Für die ortsnamen hat man fast nur die register ebendaselbst III, 1 ff. und im Diplomatarium suecanum III—V, sowie Svenskt diplomatarium I—III; vgl. aber auch das treffliche werk von C. G. Styffe, Skandinavien under unionstiden, 2 aufl., Sthlm 1880.

f) Lesebücher für anfänger:

Die einzige chrestomathie ist A. Noreen, Altschwedisches lesebuch mit anmerkungen und glossar, Halle 1892—4.

Normalisierte texte (ohne glossar) bieten nur: Für Vg. I E. Schwartz und A. Noreen, Äldre Västgötalagen, Ups. 1876 (jetzt ziemlich veraltet); für G und G. a C. Säve, Gutniska urkunder, Sthlm 1859 (nicht mehr zeitgemäss); für KS R. Geete, Um styrilsi kununga, Sthlm 1878 (mit einem knappen wörterverzeichnis; teuer und nicht ganz befriedigend).

Anm. 1. Die sonstige hier in betracht kommende literatur verzeichnen die § 7 anm. 3 erwähnten bibliographien.

Anm. 2. Ueber die geschichte des aschw. sprachstudiums s. Noreen, Aperçu de l'histoire de la science linguistique suédoise (in Le Muséon II und separat), Louvain 1883, und in aller kürze 'Scandinavian languages' in Encyclopaedia Britannica XXI, 371 f. von demselben verf.

Anm. 3. Ueber die in dieser einleitung erörterten fragen vgl. im allgemeinen meine darstellung im Grundriss² I, 518 ff.

Lautlehre.

I. Abschnitt.
Einleitendes über schrift und aussprache.

Kap. 1. Die Runen.

§ 13. Ueber das ältere, längere oder germanische runenalphabet von 24 zeichen s. An. gr. I, § 17—18. Diese runenreihe zeigt unter aschw. inschriften nur die von Rök, wo 2½ zeile ein alphabet aufweist, das in allem wesentlichen mit dem aus den urn. inschriften bekannten stimmt, wenn auch ein paar runen ganz eigentümliche formen bieten; andererseits kommen auch einige übereinstimmungen mit dem jüngeren alphabete betreffs sowol der form wie der bedeutung der runenzeichen vor. Näheres hierüber bei Bugge in Vitterhets Historie och Antiqvitets-Akademiens handlingar XXXI, h. 3, s. 40 ff., 69 ff., Sthlm 1888.

§ 14. Betreffs des jüngeren, kürzeren oder nordischen runenalphabetes von 16 zeichen vgl. An. gr. I, § 19—20. Dieser runenreihe bedient sich die hauptmasse der aschw. inschriften, von denen jedoch mehrere durch verschiedene eigentümlichkeiten ihrer runenformen eine besondere stellung einnehmen. Besonders wichtige abweichungen zeigen:

1. Die s. g. Rökergruppe, ein dutzend inschr., welche in typologischer hinsicht mit den inschr. von Jäderen (in Nor-

wegen) und der insel Man nahe übereinstimmen. Hierher gehören u. a. die (§ 6 erwähnten) inschr. von Ingelstad, Gursten, Kälfvesten, Rök, Kärnbo und (s. § 9) Tjängvide. Eine besondere variation innerhalb dieser gruppe zeigt die inschr. von Forsa (s. § 6), was durch ihr material (eisen) und die eigentümliche art, auf welche die runen darin angebracht worden sind, bedingt ist. Aus den runenformen der Forsaer inschr. sind entwickelt (wenn auch schon früher belegt) die in typologischer hinsicht weit unursprünglicheren formen der

2. Gruppe der stablosen runeninschriften, fünf (zum teil nicht mehr erhaltenen) inschr. aus dem nördlichen Hälsingland, von denen die (§ 6 erwähnte) inschr. von Malstad besonders hervorzuheben ist. Diese höchst eigentümliche abart der runenreihe wird oft als 'Hälsingerrunen' bezeichnet.

Anm. Vgl. Bugge a. a. o. s. 78 f., 110; Ant. tidskr. f. Sv. V, 106 ff.; Ringen i Forsa, s. 6 f., 35 ff.; Wimmer, Die runenschrift, s. 289 ff.

§ 15. Betreffs des lautwertes der verschiedenen zeichen des jüngeren runenalphabetes sind zunächst folgende allgemeine bemerkungen zu machen: 1. Länge wird der regel nach weder bei konsonanten noch vokalen bezeichnet, z. b. *trutin*, d. h. *dróttinn*. 2. Die nasale werden gewöhnlich nicht vor *b*, *k* (was diese auch bezeichnen mögen) ausgeschrieben, z. b. *kubl* = *kumbl*, *liki* = *længi*; dagegen vor *t* herrscht grosses schwanken ausser in der Rökergruppe, wo immer *nt* geschrieben wird, z. b. *la(n)t* = *land*. 3. Nasalität eines vokales wird nur bei *a* (so lange ein nasal gesprochenes *a* in der lebendigen sprache vorhanden ist) bezeichnet und zwar durch eine besondere *ą*-rune. 4. Die *i*- und *u*-umgelauteten vokale werden gewöhnlich, besonders in älteren inschr., ganz wie die unumgelauteten, aus denen sie entstanden sind, bezeichnet (s. bei *u*, *ą*, *a* unten). 5. Homorgane stimmhafte und stimmlose konsonanten werden gewöhnlich durch dieselbe rune wiedergegeben (s. bei *f*, *þ*, *k*, *h*, *t*, *b* unten).

Ueber die aussprache der einzelnen runen — *f u þ ą r k, h n i a s, t b l m R* — ist zu bemerken (vgl. die darstellung der aussprache der in den ältesten adän. denkmälern gebrauchten runenreihe bei Wimmer, Die runenschrift s. 315 ff.):

§ 15. Die runen.   31

f bezeichnet vor *t* (*s*, *k*) und im anlaut (ältest bilabiales, dann dentilabiales) *f*, sonst *v* (bil., also *ƀ*, dann dentil.), z. b. *aft, faþir, lifiʀ*. Auslautend bezeichnet *f* in einigen von den ältesten inschr. noch *f*-laut (z. b. Rök *tualf* 'zwölf', aber *ub* 'über'), sonst aber *v*-laut; vgl. *b* unten.

u bezeichnet vor vokal (gewöhnlich) *w*, d. h. konsonantisches *u*, sonst (sonantisches, kurzes oder langes) *u*, *y*, *o*, *ø*, selten *ǫ*, z. b. *uas*; *ut* (d. h. *ūt*); *bu* (*bȳ*); *bruþir* (*brōðir*); *bruþr* (*brøðr*); *ut* (*ǫnd*).

þ bezeichnet vor oder nach stimmlosem konsonanten sowie anlautend *þ*, sonst *ð*, z. b. *raisþi* (*ræisþi*), *þuriʀ* (*þōriʀ*); *uarþ* (*warð*).

ą bezeichnet ältest (kurzes oder langes) nasaliertes *a*, *æ*, *ǫ*, später — seit c. 1050 immer häufiger, allgemein um 1200 — (k. oder l.) unnasaliertes oder nasaliertes *o*, seltener *ǫ*, z. b. *stą(n)ta* (*stąnda*); *trąki* (*drængi*); *braþur* (*brōður*); *faþur* (*fǫður*).

k bezeichnet sowol *k* und *g* wie, besonders in älteren inschr. (vgl. bei *h* unten), die stimmhafte spirans *ȝ*, z. b. *kunukaʀ* (*kunungaʀ*); *likia* (*liggia*); *tikiʀ* (*tiȝiʀ*).

h bezeichnet anlautend vor sonanten *h*, vor konsonantischem *i* und *u* wenigstens in den ältesten inschr. wol die stimmlose spirans *ch* (später auch hier *h*), vor *l*, *n*, *r* die entsprechenden stimmlosen laute (vgl. An. gr. I, § 38, 3), in- und auslautend, besonders in jüngeren inschr. (vgl. *k* oben), die spirans *ȝ* oder *j*, z. b. *hakun* (*Hākun*); *hialbi* (*hialpi*), *huar* (*hwar*); *hnuki* (*hnakki*), *hraiþulf* (*Hræiðulf*); *rahnfriþ* (*Raȝnfrið*).

i bezeichnet vor vokal (gewöhnlich) konsonantisches *i*, sonst sonantisches (k. oder l.) *i* und *e*, etwas später auch *æ*, z. b. *hialbi* (*hialpi*); *i* (*ī*); *in* (*en* oder *enn*), *lit* (*lēt*); *iftiʀ* (*æftiʀ*), *kuin* (*kwǣn*).

a bezeichnet unnasaliertes, später auch nasaliertes (s. § 128) (k. oder l.) *a*, *æ*, *ǫ*, z. b. *faþi* (*fāði*); *akla(n)t* (*Ængland*); *hakua* (*hǫggwa*).

t bezeichnet *t* und *d*, selten *ð* (vgl. *þ* oben), z. b. *þat*; *trąki* (*drængi*), *strąntu* (*strandu* oder *strǫndu*); *fatur* (*faður* oder *fǫður*).

b bezeichnet *p* und *b*, in den inschr. von Rök und Kärnbo auch *ƀ*, z. b. *hialbi* (*hialpi*); *burin* (*burinn*); *ub* (*oƀ*), *nabnum*.

§ 16. Die runen.

ʀ bezeichnet ein palatales *r* (vgl. An. gr. I, § 18), selten (k. oder l.) *e, æ* oder *i* (zur erklärung s. Wimmer, Die runenschrift s. 244), z. b. *iʀ* (*eʀ*), *uaʀ* (*uaʀ*); *lʀt* (*let*); *trʀk* (*drængʀ*); *irfʀkʀ* (*ærvingi*).

l, m, n, r, s bezeichnen dieselben laute wie die entsprechenden lateinischen buchstaben der aschw. literatursprache. Beispiele sind überflüssig.

Erwähnenswert sind auch folgende digraphen:

ai bezeichnet *œi* (agutn. *ai*), etwas später auch (k. oder l.) *e* und *æ*, z. b. *stain* (*stœinn*, später *sten*); *þaikn* (*þegn* oder *þægn*); *hailka* (*hælga* oder *helga*), *aiftiʀ* (*æftiʀ*).

au bezeichnet *ǫu* (agutn. *au*) und *oy* (agutn. *oy*), etwas später auch (k. oder l.) *o, ǫ, ø*, z. b. *austr*; *fraustain* (*Frøystœinn*); *faulk* (*folk*), *trau* (*trō*); *haukua* (*hǫggwa*), *fauþur* (*fǫður*); *auftr* (*oftr*).

ia bezeichnet nicht nur *ia, iæ, iǫ*, sondern auch, wiewol seltener, *e* und *æ*, z. b. *ian* (*en* oder *enn*); *miarki* (*mærki*).

§ 16. Wegen der jüngsten oder punktierten runen (23—26 zeichen) vgl. An. gr. I, § 21 und besonders Wimmer, Die runenschrift, s. 352 ff. Sporadisch schon um 1000 auftretend, werden sie erst um 1200 allgemein gebräuchlich; so z. b. in der Salebyer inschr. aus dem jahre 1228 (s. § 6). Somit bedient sich nur die minderzahl der aschw. inschr. dieses runenalphabetes (über dessen handschriftlichen gebrauch s. § 7 anm. 1 und § 11, 1). Von den 10 neu hinzugekommenen typen sind die zeichen für *z, œ* und *o* durch differenzierung der alten *s-, a-* und *ą-* (*o-*)runen entstanden; die zeichen für *d, e, g, p, y* und die nicht sehr gebräuchlichen für *đ* und *v* durch punktierung der *t-, i-, k-, b-, u-, þ-* und *f-*runen geschaffen worden, wobei jedoch zu merken ist, dass die punktierten typen anfangs immer und auch später dann und wann in ganz derselben bedeutung wie die entsprechenden unpunktierten typen gebraucht wurden. Charakteristisch für dieses jüngste runenalphabet ist auch, dass die alte *ʀ*-rune als alternatives *y*-zeichen (neben dem punktierten *u*) vorkommt.

Anm. 1. Mehrere verschiedene arten von geheimschrift kommen ausser den schon erwähnten runenalphabeten vor, worüber s. J. G. Liljegren, Runlära s. 49 ff., Sthlm 1832; L. F. Leffler, Ant. tidskr. f. Sv. VI, nr. 2;

§ 17. Das lateinische alphabet.

Bugge ib. V, 80 ff., Vitt. Hist. o. Ant. Ak.s handl. XXXI, 3, s. 52 ff., 55 ff. (vgl. Wimmer a. a. o. s. 238 f.).

Anm. 2. Über die entwicklung der runenschrift s. vor allem L. F. A. Wimmer, Die runenschrift, Berlin 1887 (vgl. auch die übrigen An. gr. I, § 21 anm. zitierten arbeiten).

Kap. 2. Das lateinische Alphabet.

§ 17. Wie schon oben (§ 7) gesagt, begann man erst im 13. jahrh. die aschw. sprache in lateinischer schrift aufzuzeichnen. Um den bedürfnissen der aussprache genüge zu leisten wurde dabei aus dem runenalphabete das zeichen þ beibehalten und erst im mschw. allgemein je nach der verschiedenen aussprache durch die digraphen *th* und *dh* ersetzt. Um die spirans ʒ wiederzugeben bediente man sich im allgemeinen des digraphen *gh* (wie im mschw. des *ch* um den entsprechenden stimmlosen laut zu bezeichnen), und für die laute *æ, ø* wurden *a', o'*, spät mschw. auch *å, ø* (beides im folgenden durch *æ, ø* wiedergegeben) verwendet. Aus dem anorw. (in letzter hand dem ags.) entlehnte man *y* und das nur im kaschw. dann und wann gebrauchte ð (s. § 31 anm., § 51 anm. 2). Erst im späteren mschw. zeigt sich das neu geschaffene *å* (s. § 18 anm. 2) als zeichen für langes offenes *o*.

Die orthographie ist in verschiedenen hdschr. sehr verschieden, oft in derselben hdschr. sehr inkonsequent. Von der sonstigen aschw. orthographie weichen die agutn. hdschr. ziemlich scharf ab durch u. a. folgende eigentümlichkeiten: 1. *æ* und *ø* fehlen natürlich ganz, da ja die betreffenden laute im agutn. nicht vorhanden sind (s. § 9, 3). 2. Normaler weise werden *c* für velares *k*, *f* für inlautendes *v* (vgl. das aisl. und anorw.), *g* für *gh* und *u* für *w* (vgl. das aisl. und anorw.) gebraucht. S. übrigens §§ 22, 2; 29; 33, 2; 34, 2, c und d; 42.

Das normal-alphabet, dessen wir uns, die besten hdschr. der kaschw. (unter berücksichtigung der mschw.) periode — ausser betreffs der quantitätsbezeichnung bei den vokalen (s. § 27 mit anm. 1) — folgend, in dieser grammatik bedienen, ist: *a ā b* (agutn. *c*) (mschw. *ch*) *d* (mschw. *dh*) *e ē f g gh h i ī k l m n o ō p* (agutn. *q*) *r s t* (mschw. *th*) *u ū v w x y ȳ z þ æ w̄ ø ō̄*. Über den lautwert dieser zeichen s. unten.

Anm. 1. Über die orthographie der aschw. hdschr. s. vorzugsweise die § 12, a) zitierten arbeiten, besonders Rydq. IV und Kock, Lj., ausserdem die wichtigen einleitungen zu Schlyter's textausgaben im Corpus I—VII, X—XII (mit faksimilen der betreffenden hdschr.). Ein treffliches paläographisches hilfsmittel ist E. Hildebrand, A. Börtzell und H. Wieselgren, Svenska skriftprof I, Medeltiden, Sthlm 1894), photolithographische faksimilia (nebst transskribiertem text) von 19 aschw. hdschr. enthaltend (nr. 10, 11, 13, 16, 17, 21, 23—25, 27, 29—35, 37, 39 der betreffenden publikation).

Anm. 2. Die bisherigen aschw. textausgaben, wörterbücher und grammatischen abhandlungen folgen im allgemeinen genau der orthographie der hdschr. Nur ist zu rügen, dass die laute *œ* und *ø* von einigen herausgebern durch die nschw., dem aschw. durchaus fremden, zeichen ä und ö wiedergegeben worden sind.

I. Aussprache der vokalzeichen.

§ 18. *a* bezeichnet kurzes offenes *a*, z. B. *falla* fallen, *taka* nehmen; *ā* bezeichnet im agutn. den entsprechenden langen laut, im sonstigen aschw. aber zunächst und zwar in der kaschw. periode langes geschlossenes *a*, mschw. dagegen den daraus entstandenen langen offenen *o*-laut, z. b. *tār* thräne.

Anm. 1. Dass *ā* — ausser im agutn. — von *a* qualitativ verschieden war, geht teils aus dem verschiedenen vokalharmonischen einfluss der beiden laute in gewissen hdschr. (Vg II und Biæ, s. § 137 und 139), teils aus deren verschiedener entwicklung im mschw. (s. § 110) hervor.

Anm. 2. *ā* wird in mschw. hdschr. zwar gewöhnlich durch *a* oder *aa* (s. § 27 anm. 1) wiedergegeben, ziemlich oft aber auch — der aussprache gemäss — durch *o* (gegen 30 beisp. aus Rk II, I, JB, Di, Sp u. a. hdschr. s. Leseb. s. 81 ff., z. b. 81, 6; 82, 6; 87, 4; 102, 14; 111, 5). Spät und selten tritt das nschw. zeichen *å* auf (beisp. s. Leseb. 97, 27; Klemming, Läke- och örteböcker, s. 121, 2 und 125, 31; Schlyter, Corpus XII, s. vi, x und xvi). Noch seltener ist *aå* (s. Historia Trojana hrsgg. von R. Geete, Sthlm 1892, z. b. s. 125, 28; 127, 3; 255, 10; 282, 1).

§ 19. *e* bezeichnet kurzes, *ē* langes geschlossenes *e*, z. b. *bōnde* bauer; *elder* feuer, *vēt* (ich) weiss.

Anm. Im späteren mschw. bezeichnet *e* in schwachtonigen silben denselben reduzierten vokal unbestimmter klangfarbe wie im nschw. in entsprechender stellung (vgl. nhd. *e* in *gabe, mutter, vogel* u. dgl.), z. b. *bōnden* der bauer, *modherne* mütterliche seite (s. weiter § 149 und 150).

§ 20. *i* hat dreifachen lautwert:

1. Kurzes sonantisches *i* vor konsonanten und im auslaut, selten vor vokalen, in welchen stellungen *i* den entsprechenden,

§ 21—22. Aussprache der vokalzeichen.

aber wol etwas mehr geschlossenen (s. Kock, Lj. s. 461), langen laut bezeichnet, z. b. *lira* leben, *finna* finden; *bīta* beissen, *ī* in, *dīa* saugen.

Anm. 1. Die hdschr. haben nicht selten *j*, z. b. G oft im auslaut; besonders oft wird das wort ī so geschrieben (z. b. gewöhnlich in U, Sdm. fr und SK; häufige beispiele aus dem mschw. s. Leseb. s. 47 ff.). Sporadisch kommt auch *y* (z. b. Leseb. s. 21 ff. in den noten, s. 55, 9, 12 f., 17 f.) vor; vgl. auch § 27 anm. 1, § 108 anm. 4 und 5.

2. Konsonantisches *i*, im kaschw. gewöhnlich vor vokalen (vgl. jedoch 1 und 3), sonst nur in den seltenen verbindungen *ei, oi, æi, øi*, agutn. auch *ai*, z. b. *iak* ich, *rælia* wählen, *boia* fessel, *sæian* feines wollenzeug, agutn. *gait* geiss.

Anm. 2. Die hdschr. haben bisweilen *j*, z. b. Rk I gewöhnlich (andere beispiele s. Leseb. 81 f., 84 f., 93 ff., 98 f.). Hie und da steht auch *y*, z. b. regelmässig in starktoniger silbe in KP, intervokalisch in D4 (s. Leseb. s. 21, 36; 22, 14 f., 21, 23 etc.; 72, 21 f., 30 etc.; vgl. auch s. 13 ff. die noten, s. 107 ff.). Sehr selten kommt ein vereinzeltes *e* vor (s. Rydq. IV, 48).

3. Spirantisches *j*, im kaschw. nur anlautend vor vokal in lehnwörtern, z. b. *Iesus, Ierusalem*, und in den partikeln *æi* 'nicht', *næi* 'nein'; mschw. ausserdem wahrscheinlich in allen fällen, wo es im kaschw. kons. *i* bezeichnete (s. 2 oben), nur nicht nach tautosyllabischem kons. (z. b. *hiælpa* helfen).

Anm. 3. Die hdschr. haben anlautend vereinzelt *g* (s. Rydq. IV, 55 f., 265); in anderen stellungen nicht selten *gh* (z. b. Leseb. 19, 11, 24 etc., 29, 14, 16 f. etc.), *ghi* (s. Rydq. IV, 266), *g* (z. b. Leseb. 43, 11 ff.) oder *gi* (Leseb. 43, 15), selten *igh* (Leseb. 1, 13, 16 etc., 40, 9), *ig, ijg, ij* oder *y* (im mschw. öfter, s. Leseb. s. 45 ff.).

§ 21. *o* bezeichnet kurzes, *ō* langes geschlossenes *o*, z. b. *horn* horn; *bōt* busse. In den wenigen fällen, wo *o* einem aisl.-anorw. *ǫ* entspricht, bezeichnet es wahrscheinlich ein kurzes offenes *o*, z. b. *hovuþ* haupt, *hogga* hauen. Ueber langes offenes *o* in *siōr* see u. a. s. § 99.

§ 22. *u* hat zweifache geltung:

1. Kurzes sonantisches *u* im agutn. vor konsonanten und im auslaut, selten vor vokalen, im sonstigen aschw. in allen stellungen; *ū* bezeichnet den entsprechenden langen laut; z. b. *dugha* taugen, *fulder* voll; *sūpa* saufen, *nū* nun, *frūa* frau.

Anm. 1. Die hdschr. haben statt *u* im anlaut gewöhnlich (regelmässig z. b. in Sdm, Ög. fr. I, Sdm. fr, KP, Da, Biæ, MEL, G, Bu, Bir. A,

§ 23—25. Aussprache der vokalzeichen.

St, SK, O, P.I, ST, KS. fr, D4, MB.I, GO, RK.I, JB, Di), sonst selten *v*;
selten ist auch *w* in dieser bedeutung (z. b. bisweilen in Da, oft in Linc. 39
und PM). Über *w* in der bedeutung *ū* s. § 27 anm. 1. Ausserdem wird
w dann und wann statt der verbindungen *vu, uv, uru* gebraucht (Rydq.
IV, 254; Brate, Lj. s. 62).

2. Konsonantisches *u* nur im agutn. in der verbindung *au*
sowie zwischen tautosyllabischem konsonanten und vokal, z. b.
auga auge, *huer* wer.

Anm. 2. G. a schreibt *w*, G.I sehr oft *v*.

§ 23. *y* hat ebenfalls zweifache geltung:

1. Kurzes sonantisches *y* vor konsonanten und im auslaut,
selten vor vokalen; *ȳ* bezeichnet den entsprechenden, aber wol
etwas mehr geschlossenen, langen laut; z. b. *fylla* füllen, pl.
lytir lose; *lȳsa* leuchten, ntr. *þrȳ* drei, *flȳa* fliehen.

Anm. Die hdschr. haben sehr selten *u* (Söderberg, Lj. s. 5 note)
oder *ui* (nur in lateinischen urkunden der rschw. periode, s. Rydq. IV, 87
ote).

2. Konsonantisches *y* zwischen tautosyll. kons. und vokal
(nur kurzem oder langem *o, u, ø*), sowie in der agutn. verbindung
oy, z. b. *syū* sieben, *myolk* milch, agutn. *oy* insel.

§ 24. *æ* bezeichnet kurzes, *ǣ* langes *ä*, z. b. *vægher* weg,
ærva erben; *knǣ* knie, *mǣla* reden.

Anm. Lateinische urkunden der rschw. periode verwenden in dort
zitierten aschw. wörtern regelmässig *e* (Rydq. IV, 473), das auch in einigen
von den ältesten aschw. hdschr. (wol durch lateinischen einfluss) ziemlich
oft gebraucht wird (besonders im zahlwort *sæx, sex*, vgl. lat. *sex*), z. b.
in Vg.I (sehr oft, besonders im ersten abschnitt), Sdm (besonders im früheren
teil, s. Larsson Lj., s. 11 ff.), Biæ (Zetterberg, s. 3 ff.), Da (Brate Lj., s. 5 ff.),
sonst aber selten ist (s. Rydq. IV, 37). Nicht selten kommt in Vg. l (vereinzelt
auch in Ly) *e'* (nicht *é*! vgl. aisl. *ę*) vor, worüber s. Noreen, Arkiv VIII,
176 ff.; ebenso in einer mschw. hdschr. von 1387 (s. Schlyter, Corpus XI,
s. v.) Vgl. übrigens § 17 oben.

§ 25. *o* hat zwei etwas verschiedene lautwerte:

1. *o, ō* bezeichnet in gewissen aschw. dialekten (s. § 8,
b, c, g; vgl. dagegen d) kurzes, resp. langes offenes *ö*, wenn es
einem aisl.-anorw. *au* entspricht, z. b. *nøgya* (aisl. *nauþga*)
nötigen; prät. *skøt* (aisl. *skaut*) schoss.

§ 26—27. Aussprache der vokalzeichen.

2. ø, ǿ bezeichnet kurzes, resp. langes geschlossenes ö in allen übrigen fällen, z. b. *øx* (aisl. *ox*) axt, *fiøl* (älter *fiol*) fiel; *bǿta* (aisl. *bóta*) büssen, *kǿra* (anorw. *køyra*) treiben.

§ 26. Nasalität, tonstärke und tonhöhe der vokale werden (in den hdschr. nie und daher auch) in dieser grammatik der regel nach nicht bezeichnet; nötigenfalls soll die stelle des haupttones (s. § 57, I) durch einen neben dem haupttonigen sonanten gesetzten accent (´) bezeichnet werden. Den reduzierten lautwert, welcher ohne zweifel sowol dem in § 19 anm. erwähnten "*e*-vokal" wie auch den svarabhaktivokalen (s. § 160 bis 162) zukommt, bezeichnen wir ebenfalls gewöhnlich nicht, nötigen falls aber durch ein unter den vokal gesetztes pünktchen, z. b. *daghęr, daghạr* u. s. w.

§ 27. Länge wird hier, so oft sie überhaupt bestimmbar ist und nicht die spezielle schreibung der hdschr. nachgeahmt werden soll, durch ein über den vokal gesetztes strichlein (¯) ausgedrückt. Die im späteren kaschw. und im mschw. eingetretenen veränderungen der älteren quantitätsverhältnisse werden hier der regel nach nicht in der bezeichnung berücksichtigt.

Anm. 1. Länge wird in aschw. hdschr. nie durch accentzeichen angegeben (über das vermeintliche *é* in Vg. I s. § 24 anm.; über zweimaliges *ó* in einer lateinischen urkunde s. Kock, Lj. s. 329 note). Dagegen kommt nicht selten, aber in keiner hdschr. konsequent durchgeführt (wenn auch fast alle etwas umfangreichere hdschr. wenigstens einige hierher gehörige beispiele bieten), doppelschreibung des betreffenden vokalzeichens vor, jedoch fast nur in geschlossener silbe oder im auslaut, z. b. *aar* jahr, *gaa* gehen. So z. b. häufig in Sdm, Da, MEL, SK, andererseits selten in U, Vm, Ög, Biæ, G, nie in Ög. fr. I, KP, Bir. A. Neben *ii* und *uu* stehen in derselben bedeutung die häufiger vorkommenden *ij* (z. b. oft in SK und D4, s. Leseb. 58, 12 f. etc., 72, 26, 29 etc.), *j* (s. § 20 anm. 1) oder *y* (z. b. in ST; s. auch § 108 anm. 4 und 5), resp. *w* (z. b. oft in SK, P. I, D4, Ve, bisweilen in St und ST, s. Leseb. 50, 9; 51, 4; 53, 6; 64, 28ff. etc.; 70, 19, 25 etc.; 72, 31f.; 83, 8, 16, 34f.; 84, 5, 11 etc.). Vgl. Rydq. IV, 32 ff., 43 f. u. s. w. pass.; Kock, Lj. s. 1 ff., 344; Brate, Lj. s. 68 ff.; Larsson, Lj. s. 139 ff.; Zetterberg, s. 44; Söderberg, Lj. s. 5; Björkman, Sv. landsm. XI, 5, s. 46 ff.

Anm. 2. Das hie und da in den hdschr. vorkommende ı hat keine andere bedeutung als sonstiges *i*. Ebenso ist das nicht ganz seltene zeichen *ẏ* mit *y* gleichwertig (Rydq. IV, 117).

II. Aussprache der konsonantenzeichen.

§ 28. *b* ist etwa wie im deutschen auszusprechen, z. b. *brōþir* bruder, *lamb* lamm.

§ 29. *c* bezeichnet im agutn. den velaren *k*-laut (über dessen bezeichnung vor konsonantischem *u* s. § 42), z. b. *calla* rufen, *sic* sich, *gutniscr* gottländisch.

Anm. Die hdschr. haben oft *k* (so G. a gewöhnlich) oder *ch* (vgl. Söderberg, Lj. s. 35).

§ 30. *ch* bezeichnet im mschw. wahrscheinlich den deutschen *ch*-laut in *ach* u. dgl. (s. Kock, Lj., s. 82 ff.), z. b. *doch* doch, *aldrich* nie.

§ 41. *d* ist wie im deutschen auszusprechen, z. b. *dragha* ziehen, *giœlda* bezahlen, *hand* hand.

Anm. Einige alte hdschr. schreiben (in übereinstimmung mit einigen runenschr., s. Bugge bei Torin III, 26) selten *þ* nach *l* und *n*; so Vg. I, Ly (diese beiden auch, wiewol sehr selten, im anlaut), Sdm, s. Rydq. IV, 285 f., Larsson, Lj. s. 102. Etwas häufiger ist in derselben stellung *ð*; so Vg. I, II (hier bisweilen auch im anlaut), Vh, Sdm (in dieser hdschr. gewöhnlich, wenn die verbindung im silbenauslaut steht), Biæ (hier auch ein paar mal im anlaut), s. Rydq. IV, 293, Larsson, Lj. s. 99 ff., Zetterberg, s. 33. Am häufigsten ist *ð* in Da, wo es im silbenauslaut öfter als *d* gebraucht wird, s. Brate, Lj. s. 47 ff., 53.

§ 32. *dh* bezeichnet im mschw. (vgl. § 51, 2) die stimmhafte (inter)dentale spirans *ð*, z. b. *bidhia* bitten, *hafdhe* hatte, *ordh* wort.

Anm. Die hdschr. haben selten *th* (z. b. bisweilen in Bil) oder *d*. Der anfang von O. V hat noch konsequent *þ*. — Über die bezeichnung des anlautenden *ð* s. § 46 anm. 2.

§ 33. *f* hat zweifachen (aber in beiden fällen dentilabialen) lautwert:

1. *f*-laut anlautend und vor *k*, *s*, *t* sowie geminiert (nur in lehnwörtern vorkommend), z. b. *fä* bekommen, *þæfka* kosten, *gifs* wird gegeben, *haft* gehabt, *offra* opfern.

Anm. 1. Die hdschr. haben im kaschw. sehr selten, im späteren mschw. häufig anlautend *ff*; so regelmässig z. b. Cod. Holm. B 92 b (Leseb. s. 99 ff.) und Sp. (Leseb. 109 ff.). Nicht selten ist *ff* vor *t* im mschw. (s. Leseb. s. 81 f., 99 ff.). Der späte Cod. Holm. A 9 hat vor *s* bisweilen *fh* (Rydq. IV, 251).

§ 34. Aussprache der konsonantenzeichen.

2. *v*-laut in übrigen stellungen (d. h. auslautend und inlautend vor anderen kons. als *k, s, t*; agutn. auch inlautend vor sonanten), z. b. *līf* leben, *hafþe* hatte, *afl* stärke, *kræfia* fordern, agutn. *hafa* haben. Vgl. § 47.

Anm. 2. Die hdschr. haben häufig *ff*; so sehr oft Vm, regelmässig U (auch Cod. Holm. Schildener) und die meisten mschw. hdschr. (s. Leseb. 9 ff. und 51 ff.) Vor kons. *i* steht bisweilen *u, v, w* (so regelmässig in Da), *fw, ffw*, vor andern kons. selten *u, v, w* (Rydq. IV, 245 f., 248); Cod. Holm. A9 hat bisweilen auslautend *fh* (vgl. anm. 1). Selten hat G *u, fh* oder *w* (s. Söderberg, Lj. s. 39 f.).

§ 34. *g* hat sehr mannigfache geltung:

a) Tönender verschlusslaut (*g*) anlautend, geminiert und nach *n*:

1. Palataler vor palatalen vokalen (d. h. *e, i, y, æ* und geschlossenem *ø*), z. b. *gēsl* geissel, *giva* geben, *giūta* giessen, *liggia* liegen, *gyrþa* gürten, *gæster* gast, *gōþa* gut machen, *gōma* bewahren. Da schon im etwas späteren kaschw. das palatale *g* zur affrikata *gj* (im mschw. wol zu *dj* entwickelt; im späteren agutn. wieder zu *g* zurückgegangen) wurde, während die orthographie unverändert blieb, so ist dann dem *g* dieser veränderte lautwert unterzulegen.

Anm. 1. Die affrikata wird in den hdschr. nicht selten vor *æ* und *ø* durch *gi* (selten *gy*, vgl. § 20 anm. 2) wiedergegeben; so regelmässig in U, sonst sporadisch z. b. in Sdm (nie vor *ø*, aber sowol vor *æ* wie vor einem damit gleichwertigen *e*, s. § 24 anm.), Da (nur vor *æ*), Biæ. In G wird sehr oft *gi* vor dem aus *w* entstandenen *e*-laut (nie aber vor dem einem *ø* entsprechenden *y*) geschrieben. Vgl. Rydq. IV, 263; Brate, Lj. s. 17; Larsson, Lj. s. 25; Zetterberg, s. 10; Söderberg, Lj. s. 30 f.

2. Velarer in den übrigen fällen, z. b. *gamal* alt, *grīpa* greifen, *gōþer* gut, *guþ* gott, *gōt* goss, *sang* gesang, *hugga* hauen.

Anm. 2. Die hdschr. haben bisweilen *gh* auslautend nach *n*; so regelmässig KP und GO (s. Leseb. 21, 22; 23, 13 f.; 24, 1, 14; 25, 8; 78, 27). Sehr selten ist dagegen *ngh* im inlaut. Indessen dürfte *ngh*, wenigstens im auslaut, eine veränderte aussprache der verbindung *ng* (nasal mit folgendem verschlusslaut > nasal ohne folg. verschl.) angeben; vgl. § 40 anm. 2 (andererseits Brate, Lj. s. 57 u. Kock, Tidskr. f. fil. N. R. VIII, 293), Rydq. IV, 260.

b) Velarer nasal (*n*) inlautend vor *n*, z. b. *ragn* wagen, *gagna* nutzen, *lugn* ruhe.

Anm. 3. Wo *ghn* oder *ngn* statt *gn* geschrieben wird, sind im allgemeinen zwei andere aussprachen (*ɣn* und *vgn*) vorauszusetzen, s. § 35, a und § 40 anm. 2.

§ 35—37. Aussprache der konsonantenzeichen.

c) Stimmhafte spirans (*j*, *ʒ*, jenes vor palatalen vokalen, dieses vor velaren) nur im agutn. nach vokalen, *l* und *r* (ausser vor *s* und *t*, s. unten d), z. b. *þigia* schweigen, konj. *fylgi* folge; *dagr* tag, *sarga* verwunden, *helg* weihe.

Anm. 4. Die hdschr. haben oft *gh*, s. Söderberg, Lj. s. 35.

d) Stimmlose spirans ("*ich*-, resp. *ach*-laut") nur im agutn. Nach vokalen, *l* und *r*, wenn *s* oder *t* folgt, z. b. gen. *dags* tages, *segt* gesagt.

§ 35. *gh* hat ebenfalls mehrfache geltung:

a) Stimmhafte spirans (*j*, *ʒ*) nach vokalen, *l* und *r* (ausser vor *s* und *t*, s. unten b):

1. Palatale (*j*) vor palatalen vokalen (*e*, *i*), z. b. *hælghe* der heilige, *draghit* gezogen, *sæghia* sagen.

Anm. 1. Die hdschr. haben bisweilen *g*, *i*, *y*, *igh*, *ghi*, selten *ij*, *ijh*, *ygh*. Vg. I, II schreiben einigemal nach analogie der runenschr. *h* (s. Rydq. IV, 262 und vgl. § 15).

2. Velare (*ʒ*) in übrigen stellungen, z. b. *lagh* gesetz, *dragha* ziehen, acc. *hælgha* den heiligen, *sargha* verwunden.

Anm. 2. Die hdschr. haben bisweilen *g*; Vg. I, II selten *h* (vgl. anm. 1).

b) Stimmlose spirans (*ch*-laut) nach vokalen, *l* und *r*, wenn *s* oder *t* folgt, z. b. *daghs* tages, *saght* gesagt.

§ 36. *h* hat dreifachen lautwert:

a) Hauchlaut (*h*) vor sonantischen vokalen, z. b. *hæster* pferd, *hūs* haus; später vielleicht auch vor kons. vokalen (vgl. unten b).

b) Stimmlose spirans (*ch*-laut) wenigstens in älterer zeit vor kons. vokalen (*i*, *u*):

1. Palatale ("*ich*-laut") vor kons. *i*, z. b. *hiærta* herz.

2. Velare ("*ach*-laut") vor kons. *u*, z. b. *hwat* (agutn. *huat*) was.

§ 37. *k* hat zweifache geltung:

1. Palatales *k* vor palatalen vokalen (s. § 34, a, 1), z. b. *sken* schein, *kista* kiste, *kiurtil* kleidung, *þækkia* decken, *kyn* geschlecht, *kænna* kennen, *kœva* niederdrücken, *køra* treiben.

§ 38. Aussprache der konsonantenzeichen.

Da schon im etwas späteren kaschw. das palatale *k* zur affrikata *kch* (mschw. wol zu *tch* geworden; im späteren agutn. wieder zu *k* zurückgegangen) wurde, während die orthographie unverändert blieb, so ist dann dem *k* dieser veränderte lautwert unterzulegen.

Anm. 1. Die hdschr. haben bisweilen *ch* (so G. II nach *s*), selten *c* (so G. I gewöhnlich nach *s*) oder *gk*; s. Rydq. IV, 267, 280, 303, Kock, Lj. s. 110, Söderberg, Lj. s. 35. Die affrikata wird nicht selten vor *æ* und *ø* durch *ki* (selten *ky*, vgl. § 20 anm. 2) wiedergegeben; so regelmässig in U, sonst sporadisch z. b. (nur vor *æ*) in Vg. I, Sdm, Da, Biæ. In G wird sehr oft *ki (ch, c)* vor dem aus *æ* entstandenen *e*-laut geschrieben. Vgl. Rydq. IV, 274 und die § 34 anm. 1 zitierte literatur.

2. Velares *k* in übrigen stellungen (vgl. jedoch § 29 und § 42). z. b. *kasta* werfen, *kræfia* fordern, *sak* sache, *kwælia* quälen, *kōpa* (offenes *ọ*) kaufen.

Anm. 2. Die hdschr. haben sehr oft *c*, das besonders nach *s*, vor *l*, *r*, *t* (und *o*, *ø*) sowie in einzelnen wörtern (z. b. *oc* und, *sic* sich) äusserst häufig ist (vorzugsweise im kaschw., z. b. Vg. I, Sdm, Da, Bu, SK), s. Kock, Lj. s. 51ff.; Larsson, Lj. s. 114ff.; Björkman, Sv. landsm. XI, 5, s. 37. Bisweilen kommt *ch*, selten *gk* oder *ghk* vor, s. die anm. 1 zit. lit. Vor kons. *u*-laut steht weit überwiegend *q*, s. Rydq. IV, 251. Auslautend steht mit einer gewissen regelmässigkeit *kh* in GO, s. Kock, Tidskr. f. fil. N. R. VIII, 292.

§ 38. *l* hat zweifache geltung:

1. Dentales *l* anlautend, geminiert und in schon urn. verbindung mit einem dentalen konsonanten, z. b. *liūgha* lügen, *falla* fallen, *slā* schlagen, *vald* gewalt. Auslautend nach stimmlosen konsonanten, z. b. in *hasl* hasel, ist dies *l* im kaschw. wahrscheinlich noch (wie im aisl.-anorw.) stimmlos, im mschw. dagegen wol im allgemeinen schon stimmhaft geworden (vgl. § 161 anm.).

Anm. 1. Die hdschr. haben bisweilen *ll*, s. Beckman, Sv. landsm. XIII, 3, s. 54f.; Larsson, Lj. s. 143; Björkman, Sv. landsm. XI, 5, s. 52f.

2. Ein kakuminaler, zwischen *r* und *l* schwebender, laut ("dickes *l*") in übrigen stellungen, z. b. *klỹva* spalten, *flygha* fliegen, *tala* sprechen, *ol* bier, *hwalper* junger hund, *balker* abschnitt, *vælia* wählen, *valde* (urn. *waliðē) wählte.

Anm. 2. Vgl. Kock, Sv. landsm. II, 12, Lj. s. 464ff.; Noreen, IF. IV, 320f.

§ 39—41. Aussprache der konsonantenzeichen.

§ 39. *m* wird wie im deutschen ausgesprochen.

§ 40. *n* hat dreifache geltung:

1. Velare (*ŋ*) vor *g*, *k*(*x*), z. b. *siunga* singen, *sang* gesang, *sænkia* senken, *kununx* königs.

Anm. 1. Die hdschr. haben bisweilen *ng*, z. b. Bu und GO nicht selten vor *g* (vgl. Rydq. IV, 333, Kock, Tidskr. f. fil. N. R. VIII, 293, Larsson, Lj. s. 109), Ög und MEL regelmässig vor *x*. Schreibungen wie *siuga* oder *siugga* (Rydq. IV, 332 f.; besonders oft in Bu) dürften darauf beruhen, dass der schreiber den über die zeile gesetzten, den nasal ausdrückenden strich übersehen hat (vgl. jedoch den in der konsonantenlehre zu erörternden lautgesetzlichen übergang *ŋg* < *g*), s. Leffler, Om *v*-omljudet, Ups. (univ. årsskrift) 1877, s. 34 note.

Anm. 2. Die buchstabenverbindung *ng* bez. sonach gewöhnlich *n* + *g*. Nur wenn dieser lautkomplex vor einem *d*, *n*, *s*, *t* oder (dialektisch) im auslaut sein *g* verliert, muss *ng* als zeichen für nur *ŋ* auftreten, z. b. *længd* (*lævd* oder *længd* auszusprechen) länge, acc. *fangnan* (auch *fagnan* geschrieben, s. § 34, b) gefangenen, *þings* dings, *þungt* schwer, *þing* (auch *þingh* geschrieben, s. 34 anm. 2) ding. Ebenso wenn der durch *gn* (s. § 34, b) bezeichnete komplex *ŋn* vor kons. oder im auslaut sein *n* verliert, z. b. *gang* (d. h. *gaŋ*, statt *gagn*, d. h. *gaŋn*) nutzen, gen. *gangs* (*gagns*). — In diesen fällen wird ausnahmsweise der laut *ŋ* (statt durch *ng*) durch *ngh* (so regelmässig in KP, s. Leseb. s. 21, 25; 23, 29), *gn*, *kn* (*nk*, *nc*) bezeichnet.

2. Dentale (*n*) anlautend, geminiert und in schon urn. verbindung mit einem dentalen konsonanten, z. b. *nū* nun, *kænna* kennen, *sniō* schnee, *hand* hand. Auslautend nach stimmlosen konsonanten, z. b. in *vatn* wasser, ist dies *n* wahrscheinlich noch (wie im aisl.-anorw.) stimmlos und erst im späteren mschw. stimmhaft geworden (vgl. § 162, b mit anm.).

3. Alveolare ("supradentales *n*") in übrigen stellungen, z. b. *knūter* knoten, *Danir* Dänen, *son* sohn, *vænia* gewöhnen, *rande* (urn. *wanidē*) gewöhnte. Ueber dies *n* im auslaut nach stimmlosen konsonanten, z. b. in *vapn* waffe, gilt das oben 2 über dentales *n* in derselben stellung bemerkte.

Anm. 3. Vgl. zu 2 und 3 Kock, Arkiv IX, 260 ff.

§ 41. *p* ist wie im deutschen auszusprechen, z. b. *pīna* peinigen, *up* hinauf, *hiælpa* helfen.

Anm. Auslautend wird in GO überwiegend *ph* geschrieben, s. Kock, Tidskr. f. fil. N. R. VIII, 292.

§ 42. *q* bezeichnet im agutn. velares *k* vor konsonantischem *u*, z. b. *quam* kam, *nequar* irgend einer.

§ 43. *r* hat wahrscheinlich (vgl. anm. 2) überall denselben lautwert und zwar den eines alveolaren *r*, z. b. *rīþa* reiten, *værk* werk, *faþir* vater, *siter* sitzt.

Anm. 1. Die hdschr. haben selten ʀ (so nicht ganz selten Sdm und KrL, aber nur anlautend), vgl. Rydq. IV, 326, Larsson, Lj. s. 129.

Anm. 2. Ob der unterschied der beiden im rschw. durch *r* und ʀ bezeichneten *r*-laute in einigen aschw. dialekten noch in literarischer zeit bewahrt ist, und das *r* der hdschr. also zum teil zweifache geltung hat, bleibt unsicher; vgl. Brate, Lj. s. 85 f., 94.

Anm. 3. Nach *r* und kakuminalem *l* (s. § 38, 2) bezeichnen die buchstaben *d, l, n, s, t, þ* (*dh*) eher alveolare („supradentale") als rein dentale laute. Wenigstens in mschw. zeit verstummen in gewissen dialekten das *r* und das *l* in den genannten verbindungen; da aber die orthographie im allgemeinen unverändert bleibt, bekommen also die gruppen *rd, rl* u. s. w. zum teil den lautwert einheitlicher laute (alveol. *d, l* u. s. w.).

Anm. 4. Im agutn. ist *r* auslautend nach konsonanten und interkonsonantisch wahrscheinlich sonantisch, s. § 160, 2, b mit anm. 2, 3 und 6.

§ 44. *s* ist wie im deutschen auszusprechen, z. b. *siū* sieben, *faster* fest, *īs* eis.

Anm. Die hdschr. haben selten *þ* (z. b. Ög mehrmals *syþkini* geschwister), *z* (auch im anlaut, s. Söderwall, Ordbok II, 296 ff., 307), *ps* (nur anlautend, s. ib. II, 296, 300), *sz, zs*. Das in drei hdschr. des stadtrechtes nicht selten vorkommende *sc* (sowie in Sdm. fr. einmal *sk*) statt *s* vor *l* soll vielleicht *sch*-laut angeben (s. Rydq. IV, 305; Kock, Lj. s. 68). Über *z* = *st* s. § 50 anm. 2.

§ 45. *t* ist wie im deutschen auszusprechen, z. b. *taka* nehmen, *āter* zurück, *ūt* hinaus.

Anm. Mehrere hdschr. haben, besonders im auslaut, sporadisch *th* (z. b. Vg. I, II, Ly, Vh, Sdm, Da, St, Bil), s. Rydq. IV, 296, Brate, Lj. s. 56, Larsson, Lj. s. 131 f. Sehr selten kommt in übereinstimmung mit gewissen runeninschr. (s. Bugge bei Torin, III, 26) *þ* statt *t* vor (z. b. in G, s. Söderberg, Lj. s. 39). Über *z* = *st* s. § 50 anm. 2.

§ 46. *th* bezeichnet im mschw. (vgl. § 51, 1) die stimmlose (inter)dentale spirans *þ*, z. b. *thing* ding, *thwingya* zwingen, ntr. *thrȳ* drei.

Anm. 1. Der anfang von O. V hat noch konsequent *þ*.

Anm. 2. Wo (in pronominen und pronominellen adverbien) anlautendes ð mit þ in der aussprache wechselt, steht fast ausnahmlos *th* (sehr selten *dh* oder *d*), auch wo die aussprache mit ð vorliegt, z. b. *thū* (d. h. *þū* oder *ðū*) du, *thæn* der, *thær* dort.

§ 47. *v* bezeichnet (die stimmhafte dentilabiale spirans) *v*, z. b. *varþa* werden, *hava* haben, *ærva* erben. Vgl. § 33, 2.

Anm. 1. Anlautend steht in den hdschr. sehr oft *w*; so regelmässig in U, Vh, Sdm, Sdm. fr, Vm, Da, G. II, SK, St, ST, KS. fr., D 4, MB. I, GO, Ve, Rk. I, Di, Linc. 39, PM. Selten ist *u*; regelmässig in Ög (Sdm bisweilen U anlautend). Sehr selten kommt in übereinstimmung mit gewissen runeninschr. (s. Bugge bei Torin III, 25) *f* vor, z. b. in Vg. I, Ly.

Anm. 2. Inlautend steht oft *w*; so regelmässig in U, Vh, Sdm, Sdm. fr, Vm, Da, Biæ, MB. I, GO, Rk. I. Häufig ist auch *u*, regel in Ög, Ög. fr. I, II, KP, Vg. II, MEL, Bu, KS. fr; ausserdem steht in vielen hdschr. *u* nur als anlaut eines späteren kompositionsgliedes (vgl. Kock, Lj. s. 3 ff.). Schon in kaschw. treten neben häufigerem *v*, *w* oder *u* in gewissen hdschr. (z. b. U, Sdm, Vm, Vg. II, Biæ) *fv*, *fu* (so schon fast regelmässig in SK) *ffv* oder *ff* auf, anfangs jedoch nur in solchen fällen, wo in nahe verwandten formen oder wörtern der *v*-laut bald auslautend (dann regelmässig *f* oder *ff* geschrieben, s. § 33, 2 mit anm. 2), bald inlautend (*v*, *w* oder *u* geschrieben) stand; demnach ist z. b. dat. *arf(f)ve* (*arfue*) eine schon früh auftretende kompromiss-schreibung statt *arve* (*arue*) nach *arf(f)* 'erbe', während z. b. *arvoþe* 'arbeit' erst spät und selten die schreibung *arfvoþe* zeigt. Solche schreibungen werden im mschw. ganz gewöhnlich; so ist *fv* regel in ST, *fu* in P. I, *ffv* in Linc. 39 und PM, *ffu* in Ve, JB, Di und Sp; in D 4 haben gewisse teile *fu*, andere *fv*, noch andere *ffv*. Ganz ausnahmsweise kommt *uu* vor; oft in Cod. Holm A 9 *fhw* (s. Rydq. IV, 251). Regel ist (wie im aisl. und agutn., s. § 33, 2) *f* in Bir. A, sonst sehr selten (s. Rydq. IV, 248).

Anm. 3. Über *w* als zeichen für *vu*, *uv*, *uvu* s. § 22 anm. 1.

§ 48. *w* bezeichnet konsonantisches *u*, z. b. *swæria* schwören, *hwat* was, *kwinna* weib, *Iōwan* Johann. Vgl. § 22, 2.

Anm. Die hdschr. haben oft *u*; so überwiegend Vg. I, regelmässig Ög, MEL, Bu, Bir. A, KS. fr, Sp. Auch mehrere hdschr., die sonst regelmässig *w* gebrauchen, haben jedoch *u* nach *q* (vgl. § 37 anm. 2); so z. b. U, Sdm, Ög. fr. I, SK, St, P. I. Übrigens ist *u* nach *h* ziemlich häufig, s. Kock, Lj. s. 1 ff.; Björkman, Sv. landsm. XI, 5, s. 40. Selten und sporadisch ist *uu*.

§ 49. *x* bezeichnet wie im deutschen die lautverbindung *ks*, z. b. *væxa* wachsen, *ox* axt.

Anm. Die hdschr. haben bisweilen *gx*, *ghx*, *kx*, *xs*, seltener *ks*, *cs*, *gs*, *ghs* (s. Rydq. IV, 282 f., Zetterberg, s. 41, Söderberg, Lj. s. 34). Einigemal

§ 50—51. Aussprache der konsonantenzeichen.

kommen sogar *z* (z. b. Bu *daz = dax* 'tages'), *gz* (z. b. Vg. I *attungz*, Da *þiþiungz*, Vg. II *almænningz*), *ghz* (z. b. Ög *høghz*), *gzs* (z. b. Vg. I *vægzs = væx* 'wächst') vor; vgl. An. gr. I § 206 anm. (wo dieselbe orthographische eigentümlichkeit in Cod. AM. 655, 4°, III erwähnt wird), Zetterberg, s. 42 und § 50 anm. 1 unten.

§ 50. *z* bezeichnet wie im deutschen die lautverbindung *ts*, z. b. *gōz* güter, *gōzl* verbesserung, *uplænzk* uppländisch, *ælzter* ältester, *bæzter* bester, *danz* tanz.

Anm. 1. Die hdschr. haben nicht selten *dz*, *tz*, *þz*, *zs*, seltener *ts*, *tzs*, *þzs*, *dhz*, *c*, *zc* (s. Rydq. IV, 281, 306, 308; Kock, Lj. s. 429, 432, 543; Larsson, Lj. s. 135 ff.; A. Andersson, Om J. Salbergs Grammatica, s. 37 note). Einigemal kommt sogar *x* vor (vgl. *z* statt *x* § 49 anm.), z. b. Vg. I 2-mal *fornæmix*, Sdm *bolstax*, 2-mal *pingix* (vgl. anm. 2), Bil. *hexlom*, Cod. Ups. Benzelianus 19, 4° *manx*.

Anm. 2. In einigen wörtern steht *z* neben oder statt etymologisch berechtigten *st*, z. b. *syzkin(e)*, *sizkin* neben *sys(t)kine* geschwister (mit *z* immer in Sdm, sporadisch z. b. in U, Vg. II, MEL; auch im anorw. kommt bisweilen *z* in diesem wort vor), *gnizla* neben *gnistlan* (vgl. aisl. *gnista*) knirschen, *stekamæz* (mndd. *stekemest*) dolch, *thizil* (in H *þithstil*!) neben *thistil* distel, *pingiz* (so allgemein) neben seltenem *pingste* (aus mndd. *pinkest*, resp. *pinxte*) pfingsten. Da eine metathesis hier kaum anzunehmen ist, scheint *z* in diesen fällen eine orthographische variante zu *st* (oder vielleicht *s*) zu sein; vgl. das in einigen runeninschr. statt *st* auftretende *ts* (s. Rv. s. 216 note).

§ 51. *þ*, welches zeichen fast nur im kaschw. vorkommt (vgl. § 32 mit anm. und § 46 mit anm. 1), hat zweifache geltung:

1. Stimmlose (inter)dentale spirans (anorw. *þ*) anlautend sowie im inlaut vor *k*, z. b. *þing* ding, *þwinga* zwingen, *iþka* betreiben.

Anm. 1. Späte kaschw. hdschr. haben in übereinstimmung mit den mschw. *th*; so regelmässig SK, Vg. II K und St, sporadisch diplome seit 1344. Sehr selten ist *d* (z. b. einigemal in Vg. I und Ly), s. Rydq. IV, 385.

2. Stimmhafte (inter)dentale spirans (anorw. *ð*) in übrigen stellungen, z. b. *lēþa* leiten, *haþþe* hatte, *dygþ* tugend, *orþ* wort.

Anm. 2. Alte hdschr. haben bisweilen (wie die anorw.) ð, z. b. regelmässig Cod. Reg. Havn. n. s. 2237 des Südermannagesetzes, sehr oft Vg. I (im statute Bryniulfs), Vh (neben ebenfalls mehr oder minder häufigen ðh, ðþ, d, dh, dð, dþ und þ), Sdm (nur in der ersten hälfte), bisweilen Vm. Selten und sporadisch sind *d* und *z* (z. b. in Vg. I und

Og), s. Rydq. IV, 285, 290, 307; Larsson, Lj. s. 99, 103 f.; Siljestrand I, 41 note; Kock, Lj. s. 443 f. Späte kaschw. hdschr. haben teils *th*, z. b. regelmässig SK und Vg. II K, teils (wie die mschw.) *dh*, z. b. regelmässig St.

Anm. 3. In pronominen und pronominellen adverbien vertritt anlautendes *þ* bald den laut *þ*, bald den damit wechselnden laut *ð* (vgl. § 46 anm.), z. b. *þū* du, *þæn* der, *þær* dort.

§ 52. Länge wird hier durch doppelschreibung des betreffenden konsonantenzeichens ausgedrückt, aber nur in intervokalischer stellung (dann aber auch wenn der zweite vokal konsonantisch ist) sowie auch in übrigen stellungen bei *f* in lehnwörtern, z. b. *falla* fallen, *kænna* kennen, *liggia* liegen (agutn. *hagguin* gehauen), *offra* opfern; vgl. dagegen z. b. *fal* (aisl. *fall*) fall, *up* (aisl. *upp*) hinauf, pl. *falnir* (aisl. *fallner*) gefallene, *alt* alles.

Anm. 1. Statt *gg* kommt bisweilen *gh* (z. b. oft anlautend in GO) oder *ggh*, selten *kg*, *kgh* (beides z. b. in Vg. II) oder *k* (z. b. in Bir. A) vor, s. Rydq. IV, 267, Brate, Lj. s. 57, Larsson, Lj. s. 112 f., Kock, Tidskr. f. fil. N. R. VIII, 293, Arkiv XI, 338, Zetterberg, s. 34 f. Statt *kk* stehen hie und da *ck* (z. b. gewöhnlich in Sdm und SK), *cc*, *cch*, *kc*, *kch*, s. Rydq. IV, 280. Statt *ll* kommt im mschw. (seit der assimilation *ld* > *ll*) einigemal die umgekehrte schreibung *ld* vor. Statt *ss* kommt dann und wann *sz* oder *z*, selten *sc* vor, s. Rydq. IV, 306, Kock, Lj. s. 426 ff., 440, 543, Skandinavisches archiv I, 49 ff.

Anm. 2. Die hdschr. haben oft doppelschreibung um länge wiederzugeben auch in andern als den oben angegebenen normalfällen, besonders im auslaut; so z. b. oft U und G (auslautendes *ll* regelmässig als bezeichnung des dentalen *l* — s. § 38 anm. 1 — in Sdm und wol Ög), s. Rydq. IV, 348 ff.; Kock, Lj. s. 413 ff., 433 ff.; Brate, Lj. s. 71 ff.; Larsson, Lj. s. 142 ff.

Anm. 3. Bisweilen verwenden die hdschr. doppelschreibung in fällen, wo länge kaum anzunehmen ist, z. b. wenn in Sdm und Da oft *nn* zwischen konsonanten (*k*, *r*, *g*, *t*) und vokal geschrieben wird; s. Brate Lj. s. 73, Larsson, Lj. s. 145. Über *ll* vgl. § 38 anm. 1 und § 52 anm. 2.

Anm. 4. Einige hdschr., vor allen Bu (z. b. Leseb. 40, 12; 41, 2) und Bir. A (die betreffenden häufigen beispiele sind im Leseb. 43 ff. durch normalisirung entfernt), unterlassen nicht ganz selten die doppelschreibung auch bei intervokalischer stellung der konsonantischen länge; vgl. (zum teil) Rydq. IV, 259, 300, 350.

III. Phonetische übersicht.

Das altschwedische lautsystem war also — mit den jetzt erörterten normalalphabete ausgedrückt — folgendes:

§ 53—54. Phonetische übersicht.

§ 53. Sonanten (nur vokale):

Ohne labialisirung:

	Velare oder hintere		Mittlere		Vordere
(agutn. a $\bar{a}$)		off. a	$œ$ $\bar{œ}$	e $\bar{e}$	i $\bar{i}$

Labialisierte:
  geschl. $\bar{u}$
  off. o (mschw. $\bar{a}$)   off. $ǫ$ $\bar{ǫ}$
  geschl. o $\bar{o}$ geschl. $ǫ$ $\bar{ǫ}$
  u $\bar{u}$ .... y $\bar{y}$

Anm. Über einstigen sonantischen r, l, n s. § 160 anm. 6, § 161 anm. und § 162, b mit anm.

§ 54. Konsonanten:

	Labiale	(Inter-)dentale	Dentale	Alveolare (vgl. § 43 anm. 3)	Palatale	Velare
Halbvokale:	w (agutn. u); y	—	—	—	i; y	—
Liquidæ:	—	—	l ll	l; r rr	—	—
Nasale:	m mm	—	n nn	n	—	n vor g, k / g vor n / ng sonst
Spiranten: stimmhafte:	r anl. und inl. vor vok. / f ausl. und inl. vor kons. (agutn. auch inl. vor vok.)	$þ$ (mschw. dh)	—	$þ$ (mschw. dh)	gh (agutn. g) i in lehnw. u. mschw.	gh (agutn. g)
stimmlose:	f ff	$þ$ (mschw. th)	s ss ($z = ts$) ($x = ks$)	s	h vor kons. i	h vor kons. u (mschw. ch)
Explosivæ:						
stimmhafte:	b bb	—	d dd	d	g gg	g gg
stimmlose:	p pp	—	t tt ($z = ts$)	t	k kk ($x = ks$)	k (agutn. c; q vor kons. u) kk (agutn. cc) ($x = ks$)

Hierzu kommen der hauchlaut *h* und das kakuminale *l*. Uber stimmlose *l*- und *n*-laute s. § 38, 1, § 40, 2 und 3.

§ 55. Diphthonge, d. h. verbindungen von einem sonantischen mit einem konsonantischen vokale, kommen im agutn. häufig, im sonstigen aschw. ziemlich selten vor. Sie sind zweierlei art:

1. Fallende, die mit dem sonanten anfangen: agutn. *ai, au, oy*; im sonstigen aschw. nur die seltenen (und dem agutn. fast ganz fremden) *ei, oi* (nur in lehnwörtern), *œi, øi*.

2. Steigende, die mit dem konsonanten anfangen:

a) Kurze: *ia, io, iu, iœ* (fehlt im agutn.), *iø* (fehlt im agutn.), dialektisch auch *iy*, ausserdem agutn. *ie*; ferner *wa* (agutn. *ua*), *wi* (agutn. *ui*), *wœ* (fehlt im agutn.), ausserdem agutn. *ue*; endlich dialektisch *yo, yu, yø*.

b) Lange: *iā, iō, iū* (fehlt im agutn.), *iǣ* (fehlt im agutn.), *iø̄* (fehlt im agutn.), dialektisch auch *iȳ*, ausserdem agutn. *iē*; ferner *wā* (agutn. *uā*), *wē* (agutn. *uē*), *wī* (agutn. *uī*), *wǣ* (fehlt im agutn.); endlich dialektisch *yō, yū, yø̄*.

Anm. Triphthonge, d. h. verbindungen von einem sonantischen mit zwei konsonantischen vokalen, kommen nur im agutn. vor, nämlich *iau* und die seltenen *uai, uei*.

§ 56. Was die quantität betrifft, so treten — wie wir schon aus § 53 und § 54 ersehen haben — sämmtliche vokale sowol als kürzen wie als längen auf (*a* jedoch nur im agutn., während im sonstigen aschw. *a* und *ā* qualitativ verschiedene sind, s. § 18 mit anm. 1; vgl. auch § 20, 1 und § 23, 1); von den konsonanten kommen alle explosivae (ausser den alveolaren, welche nur kurz sind), ferner dentales *n, l* und *s*, endlich *f, m* und *r* sowol kurz wie geminiert vor, während den übrigen die gemination abgeht.

Wenn wir im folgenden von **langer** oder **kurzer stammsilbe** sprechen, so ist hier (im gegensatz zu An. gr. 1 § 49) mit jenem ausdruck eine solche silbe gemeint, wo entweder ein langer vokal (oder ein diphthong) oder ein kurzer vokal vor zwei folgenden konsonanten (also in geschlossener silbe) steht, z. b. *ēgha* (agutn. *aiga*) besitzen, *boa* wohnen, *halda* halten; mit

§ 57. Phonetische übersicht.

diesem ausdruck dagegen eine solche, wo ein kurzer vokal vor nur einem konsonanten (also in offener silbe) steht, z. b. *fara* fahren.

§ 57. Über die aschw. (exspiratorische) betonung ist bis jetzt folgendes ermittelt worden (s. vorzugsweise Kock, Akc. II, 311—86, 394—403, 432—50, 496 f., Lj. s. 140 f., 226—32, 271, 297—310, 367 ff., Sprh. s. 48 f., 55 ff., 62 f., Arkiv IV, 165 f., V, 67 f., 74; Noreen, Arkiv I, 172 f., Grundriss[2] I, 565 ff.).

Eine silbe kann entweder haupttonig, stark nebentonig, schwach nebentonig oder endlich unbetont (mit 'unton' versehen) sein. Die haupttonigen und stark nebentonigen silben fassen wir als starktonige, die andern als schwachtonige zusammen.

I. Der hauptton ruht der regel nach:

A) In zusammengesetzten wörtern auf der wurzelsilbe des ersten gliedes. Jedoch gibt es sehr viele wörter mit einsilbigem erstem gliede, bei denen die wurzelsilbe des letzten gliedes den hauptton trägt. Solche sind:

1. Eine ganze menge von zusammensetzungen, deren erstes glied ein präfix oder eine partikel ist, und zwar besonders:

a) Alle mit den präfixen *be-* 'be-', *of-* 'allzu' und *œm-* 'ebenso', die meisten mit *for-* 'ver-' (aber nicht mit *for-* 'vor-') sowie viele mit *and-* 'gegen', *mis-* 'miss-', *ō-* (*ū-*) 'un-' und *unt-* 'ent-' zusammengesetzte wörter, z. b. *bevísa* beweisen, *ofstárker* allzu stark, *œmgǿþer* ebenso gut; *forvárþa* vergehen; *anzwára* erwiedern, *miskúnd* erbarmung, *omák* ungemach, *untfá* empfangen.

b) Viele mit den partikeln *ā* 'an', *af* 'ab', *at* 'bei', *bort* 'weg', *fram* 'hervor', *in* 'hinein', *til* 'hinzu', *um* 'um', *up* 'hinauf', *ūt* 'hinaus' und *vœl* 'wol' zusammengesetzte, besonders verben (und verbalsubstantive oder -adjektive), z. b. *āfínna* erfinden, *afskǽra* abschneiden, *atskília* unterscheiden, *bortgá* weggehen, *framfǿra* vorführen, *inlḗþa* einleiten, *tilgá* geschehen, *umvǽnda* umkehren, *upslúka* verschlingen, *ūtgrúnda* ergrübeln, *vœlsígna* segnen.

2. Mehrere einzelne fälle wie z. b. *almǿghe* das (ganze) volk, *buþórþ* gebot (Gottes), *dōmstól* gericht, *endrǽkt* eintracht, *hofmán* hofmann, *rīsdómber* weisheit, *falskhḗt* falschheit, *armǿþ*

§ 57. Phonetische übersicht.

armut, *vinskáper* freundschaft; *mēnlōs* unschädlich, *rœtris* gerecht, *selíker* (und sogar *slíker*) solcher, *sorghfúlder* kummervoll; *hughswála* trösten, *ransáka* haussuchung vornehmen, *ōþmiúka* demütigen; *œllívu* (neben *ǽllevo*, *ǽllovo*) elf. Viele oder die meisten der hierhergehörigen wörter haben schwankende betonung, sodass alternativ das erste glied haupttonig sein kann, was mit der zeit immer gewöhnlicher wird. Mit hülfe teils der aschw. metrik, teils der nschw. aussprache, teils der lautlichen verhältnisse — wie sie im folgenden erläutert werden — können wir z. b. durch folgende doppelformen wenigstens das einstige vorhandensein dieser schwankenden betonung konstatieren: *brúþlop* (*brýllop*) : *brūþlá̂p* (*brulá̂p*) hochzeit, *múllogh* : *mullá̂gh* handfass, *húsprēa* : *hosprḗa* hausfrau, *hústro* : *hostrū́* ehefrau, *bílǣte* : *belǣ́te* bild, *þóliker* (nschw. dial. *tåkken*) : *þylíker* (nschw. *dylík*) solcher, *líkame* : *likámi* (mschw. *lekáme*) körper, *nābō* (nschw. alt *nábo*) : *nabṓ* (nschw. *nabo*) nachbar u. a. m. Besonders häufig sind solche doppelformen bei namen, z. b. *Gōtstaver* : *Go(t)stáver*, *Þórlāker* : *Þorlǣ́ker*, *Ǿþælver* : *Oþǽlver* u. s. w.

B) In einfachen wörtern auf der wurzelsilbe. Jedoch ist in vielen fällen die ableitungssilbe haupttonig, nämlich:

1. Alle lehnwörter auf *-ēra*, *-inna* und *-issa* haben haupttonige pænultima, diejenigen auf *-erī* und *-nǣr* haupttonige ultima, z. b. *hantéra* hantieren, *kēsarínna* kaiserin, *abbadíssa* äbtissin; *fiskerī́* fischerei, *konstenǣ́r* künstler.

2. In vielen mit *-ing-* und *-ung-* (vielleicht auch in den mit *-ind-*, *-und-*) abgeleiteten wörtern ist diese silbe wenigstens alternativ haupttonig, z. b. *twilínger* zwilling, *pæninger* neben *pǽnninger* pfennig, *brylánger* neben *bróllunger* geschwisterkind männlicher seite.

3. Einzelne wörter (von denen viele schwanken), z. b. *vaþúr* widder, *mæniskia* neben *mǽnniskia* mensch, *fiǽnde* neben *fiande* feind, *alrégh* (z. b. in ST) neben dem gewöhnlichen *áldrigh* 'nie'. Besonders gehören hierher eine menge von lehnwörtern, z. b. *bismán* handwage, *kapelán* kaplan, *pilagrímber* pilger u. a. m.

II. Starker nebenton tritt in folgenden fällen auf:

§ 57. Phonetische übersicht.

A) In zusammengesetzten wörtern auf der wurzelsilbe des nicht haupttonigen gliedes. Jedoch gibt es nicht wenige fälle, wo die betreffende silbe schwachtonig ist. Solche sind:

1. Der suffigierte artikel ist stets schwachtonig (die einsilbigen formen unbetont), z. b. *bōkin* das buch, *barnit* das kind, *konunxins* des königs, *næmdinnar* des ausschusses, *stōlenom* dem stuhle.

2. In wörtern, denen das gefühl der zusammensetzung abhanden gekommen ist, sinkt das nunmehr einer ableitungssilbe gleichgestellte nicht-haupttonige glied gewöhnlich bis zur schwachtonigkeit. Einige beispiele von derartigen ersten gliedern bietet I, A, 2 oben. Als beispiele von derartigen letzten gliedern mögen hier angeführt werden: *hwīl(i)kin* welcher, *þōlikin* (mschw. *tholkin*) solcher, *ūsikia* (nschw. *åska*) donnerwetter, *lǣript* (nschw. *lärft*) leinwand, *vær(u)ld* welt, personennamen wie *Ēr(i)ker*, ortsnamen wie *Nybyle* (nschw. *Nybble*), *Nōr(e)ghe* u. a. m. Oft stehen formen mit starkem und schwachem nebenton (oder gar unton) nebeneinander, z. b. *vindōgha : -ogha* fenster, *hūsfrū : -fro* oder *hūstrū : -tro* ehefrau, *nōthūs : nōtos* viehstall, *ōsæl : ūsal* elend, personennamen wie *Þorfaster : -vaster, Ingelōgh : -logh* u. dgl.

B) In einfachen wörtern in folgenden fällen:

1. Wenn die stammsilbe kurz (s. § 56) ist, hat die unmittelbar folgende silbe starken nebenton (der jedoch im kaschw. schon in einigen, im mschw. in den meisten dialekten zu schwachem nebenton reduziert worden ist), z. b. *koma* (alt *komā*, rschw. noch *kumą̄*) kommen, pl. *vinĭr* freunde, pl. *gatŭr* gassen, prät. *talăþe* redete, *kolăre* köhler u. s. w. Hievon gibt es jedoch folgende ausnahmen:

a) Der svarabhaktivokal ist immer unbetont, z. b. *dagher* tag, *siter* sitzt, pl. *fæþer* väter.

b) Einige zweisilbige wörter, die oft proklitisch oder enklitisch, also unbetont stehen, haben gewöhnlich, auch wenn sie betont gebraucht werden, keinen nebenton auf der ultima, z. b. *yvir, ivir* über, *fore* für, *huro* wie, *gonom* durch, *mæþan* während.

§ 57. Phonetische übersicht.

2. Wenn die stammsilbe lang ist, hat die folgende silbe nur in folgenden fällen starken nebenton:

a) In ableitungen auf *-ind-* (vgl. oben I, B, 2), *-īne, -ing-, -isk-, -ist-, -und-, -ung-* und *-œrne* hat wenigstens im kaschw. gewöhnlich diese silbe starken nebenton, z. b. *sannind* wahrheit, *fæþrīne* väterlicher seite, *drotning* königin, *iūþisker* jüdisch, *þiænist* dienst, *āttunde* der achte, *kōpunger* stadt, *mōþœrne* mütterliche seite. Von den zahlwörtern (ursprünglich zusammensetzungen) auf *-tān* haben die meisten nebenton, z. b. *sæxtān* sechszehn, aber nicht *siūtān* siebzehn, *atertān* achtzehn und *nītān* neunzehn. Die ableitungen auf *-and-* (und *-ast-*) schwanken sehr, so dass neben partizipien mit nebenton wie *ēghande* 'besitzend' stehen solche von 'verba pura', die keinen nebenton haben, z. b. *sēande* sehend, *flȳande* fliehend; neben *fræmmande* 'fremd' mit nebenton stehen mit oder ohne solchen *fīande* (vgl. *fiænde* oben I, B, 3) feind, *þūsand* tausend. In mehreren von diesen fällen geht der starke nebenton im mschw. in schwachen über oder schwindet ganz; so besonders in wörtern auf *-ande, -inde* und *-ist*.

b) In einzelnen wörtern wie z. b. *hēmul* von rechtswegen gestattet, *biskuper* bischof, *āpinia* äffin, *arvuþe* arbeit, gebühr, unter umständen auch *annar* ander.

III. **Schwacher nebenton** kommt in folgenden fällen vor:

A) Als späterer ersatz eines ursprünglich starken nebentones oder sogar haupttones. Beispiele s. oben.

B) In einfachen wörtern mit langer stammsilbe hat die folgende silbe regelmässig schwachen nebenton (sofern sie nicht nach II, B, 2 oben stark nebentonig ist), z. b. *siunga* singen, pl. *gæstir* gäste, pl. *tungor* zungen, prät. *kallaþe* rief, *fiskare* fischer u. s. w. Hievon sind jedoch auszunehmen folgende fälle, wo jedweder nebenton fehlt:

1. Der svarabhaktivokal ist unbetont, z. b. *ralder* gewählt, *brȳter* bricht, pl. *broþer* brüder.

2. Zweisilbige komparative haben in der regel unbetonte ultima, z. b. *starre* grösser, *yngre* jünger, *færre* weniger, *bætre* besser. Schwachen nebenton haben jedoch *flēre* zahlreicher und *mēre* grösser.

§ 57. Phonetische übersicht.

3. Einige zweisilbige wörter, die oft unbetont (proklitisch oder enklitisch) stehen, haben gewöhnlich, auch wenn sie betont gebraucht werden, unbetonte ultima, z. b. *undir* unter, *œptir* nach, *bāþe* sowol, *hwarke* weder.

4. Einzelne wörter haben wenigstens alternativ unbetonte ultima wie z. b. *nīo* (nschw. *nie*) neun, *tīo* (nschw. *tie*) zehn, *ūsal* (nschw. *usel*) elendig (vgl. II, A, 2 oben) und in gewissen stellungen *annar* ander (vgl. II, B, 2, b oben).

5. Wenn der haupttonigen silbe eine unbetonte vorsilbe oder ein proklitisches wort vorangeht, fehlt der nebenton, z. b. *hantéra* hantieren, *fiǽnde* feind; mschw. *medh alla* ganz (aber *allo* allem), *over éna* überein (: *éno* einem) u. a., s. § 148, § 154, I, C, 3, § 156, 2, a.

VI. Unbetont ist eine silbe in allen übrigen fällen; natürlich auch die wurzelsilbe proklitisch oder enklitisch gebrauchter wörter, z. b. *ike* (neben betontem *ékke* > *ikke*) nicht, *leta* (neben betontem *lǣta*) lassen u. s. w.

II. Abschnitt.
Die sonanten.

Kap. 1. Gemeinaltnordische lautgesetze.

§ 58. Das urnordische besass zur zeit seiner ältesten denkmäler fünf sonanten: *a, e, i, o, u*, welche sowol kurz wie lang, nasaliert wie unnasaliert auftraten. Zwei von ihnen, *i* und *u*, kamen auch als konsonanten vor und bildeten dann in verbindung mit einem vorhergehenden (*u* auch — und dann durch *w* bezeichnet — mit einem folgenden) *a, e* oder *i* fallende (resp. steigende) diphthonge: *ai, au, eu, iu* (*wā, wē, wī*).

Anm. Des seltenen urnord. diphthongs *eo* wird im folgenden keine rechnung getragen, weil er für das aschw. von keinerlei bedeutung ist (vgl. jedoch § 82 anm. 1).

Die entwicklung dieser laute bis zur zeit der ältesten aschw. denkmäler wurde durch folgende lautgesetze bestimmt.

A. Qualitative veränderungen.
I. Umlaut.
Über den begriff umlaut im an. s. An. gr. I § 61 mit anm.

a. Verschiebung durch palatalisierung.
Über die voraussetzungen und arten dieser umlaute s. An. gr. I § 62, wozu jetzt Abriss § 1, 1 und 2 zu vergleichen ist.

1. *i*-umlaut.
§ 59. Die fälle sind:

1. $a < æ$ (agutn. *e*, s. § 105), z. b. *kætil* (got. *katils*) kessel, *tælia* zählen zu *tal* zahl, *hælder* (got. *haldis*) lieber.

§ 59. *i*-umlaut. 55

2. *ā* > *ǣ* (agutn. *ę̄*, s. § 105), z. b. *mǣlir* spricht zu *māl* sprache, präs. *lǣter* (got. *lētis*) zu *lāta* lassen.

3. *o* > *ø* (agutn. *y*, s. § 106, 1), z. b. pl. *sønir* zu *son* sohn, *førre* früher zu *for* vor, *følghia* folgen u. a. m., s. Brate, Lj. s. 36 ff.

Anm. 1. Ueber den scheinbaren umlaut *o* > *y* s. An. gr. I § 63 anm. 1.

4. *ō* > *ȫ* (agutn. *ȳ*, s. § 106, 1), z. b. *bȫtir* büsst zu *bōt* busse, *sȫkia* (got. *sōkjan*) suchen.

5. *u* > *y*, z. b. pl. *synir* zu *sun* sohn, *dylia* verhehlen zu *dul* verbergung, *fylla* (got. *fulljan*) füllen.

6. *ū* > *ȳ*, z. b. *hȳsir* beherbergt zu *hūs* haus, *sȳra* säure zu *sūr* sauer.

7. *ǫ* (über dessen entstehung s. § 65, 1) > *ø*, z. b. *ørtogh* (*ørt*- aus **aruti-*, ahd. *aruzzi* erz nach Lidén bei Larsson, Lj. s. 49) ¹/₂₄ mark, *høfþinge* (neben *hofþinge*, aisl. *hǫfþinge*, worüber vgl. § 60 und 61) 'häuptling', der ortsname *Skøþve* (*Skǫðvī < **Skaðu- wīh-*), die mannsnamen *Høþir* (**Haðu-wīh-*?), *Ølvir* (**Alu-wīh-*? neben *Alvir*, ahd. *Alawīh*; aisl. *Ølver*).

8. *ǫu* (über dessen entstehung s. § 81, 2), das im agutn. als *au* (s. § 123, 1), im sonstigen aschw. als offenes *ȫ* (s. § 123, 2) auftritt, > *øy*, das agutn. zu *oy* (s. § 126, 1), sonst zu geschlossenem *ȫ* (s. § 126, 2) geworden ist, z. b. *løsir*, agutn. *loysir* löst zu *lȫs*, agutn. *laus* los; *hȫra*, agutn. *hoyra* (got. *hausjan*) hören.

9. *ia* (nach § 76, 1 entstanden) > *iæ > *æ*. Beispiele, wie der eigenname *Ærlinger* zu *iarl* häuptling, sind sehr selten, weil *ia* nur durch analogische übertragung oder in späten ab- leitungen vor einem *i* der folgenden silbe stehen kann (s. § 164).

10. *iu* (nach § 76, 2 entstanden) > *iy > *y*. Beispiele sind selten wie prät. *byggi* (in Da; rschw. *buki* oft) 'wohnte', das wol dem anorw. prät. konj. *byggi* zu ind. *biuggi* (An. gr. I § 430) gleichzustellen ist; *ykil* aus *iukil, kompromiss von *iukul (wie im nnorw.; vgl. aisl. *iokoll*) und *ikil* (s. § 79 anm. 1) eiszäpfchen; *fyr-*, *fæmtyghi* vier-, fünfzig aus *tiughi*, kompromiss von pl. acc. *tiughu* (anal. auch *tyghu*) zwanzig und nom. *tighir* anzahl von zehn (s. Kock, Tidskr. f. Fil. N. R. VIII, 290 f.).

§ 60—61. *i*-umlaut.

11. *iū* (nach § 82; agutn. *iau* s. § 122, 1) > *iȳ* > *ȳ*, z. b. *lȳsir* leuchtet zu *liūs* licht, präs. *bȳþer* (got. *biudis*) zu *biūþa* bieten.

12. *wa* > *wæ* (agut. *ue*, s. § 105), z. b. *kwælia* quälen neben prät. *kwalde*.

13. *wā* > *wǣ* (agutn. *uē*, s. § 105), z. b. *kwǣmber* (ahd. *biquāmi*) passend.

Anm. 2. Die umlaute der überhaupt seltenen *io* und *iō* sind nicht zu belegen.

§ 60. Der umlaut findet nur in starktoniger silbe statt — also auch in stark nebentoniger silbe, z. b. *ūtlænzker* ausländisch (zu *land* land), *faþærne, mōþærne* väterliche, resp. mütterliche seite — dagegen nicht in schwachtoniger, also weder in schwach nebentoniger silbe, z. b. die eigennamen *Ingemār, -mar* zu *mǣr* berühmt, *Styrkār, -kar* zu *kēr* lieb, noch weniger in unbetonter silbe, z. b. *ūsal* (vgl. § 57, III, B, 4) elendig zu *sǣl* glücklich, *mæþan* (got. *miþþanei*; vgl. § 57, II, B, 1, b) während. Da indessen (nach § 57, II, A, 2 und B, 2, a) oft starker und schwacher nebenton mit einander wechseln, entsteht demzufolge nicht selten ein wechsel zwischen umgelauteten und nicht umgelauteten formen, z. b. *væryld* : *vær(u)ld* oder *værald* : *værald* welt, pl. *fiænder* : *fiander* feinde, *skapære* (vgl. got. *-areis*) schöpfer : *dōmare* richter (dann durch ausgleichung sowol *skapare* wie *dōmære*), agutn. *filēþi* : aschw. *fǣlaþe* (zu aisl. *láþ* besitz) viehstand. Ebenso entstehen natürlich doppelformen, wo hauptton und unton (nach § 57, I, A, 1, a und 2 sowie B, 2 und 3) wechseln, z. b. *pænninger* : *paninger* (z. b. Leseb. 45, 6; analogisch *panninger* und *pæninger*) pfennig, *bryllop* : *brulop* hochzeit, *Bryniolver* (*Brunuwulfʀ, vgl. jedoch § 92, a) : *Brunulver* (durch kontamination *Brynulver, -olver*; vgl. aisl. *Bryniolfr* : *Brunolfr*), oder in bald (und zwar gewöhnlich) proklitischen, bald betonten wörtern wie *ym* (Leseb. 23, 9; ags. *ymb*): *um* (aisl. *umb*) um, rschw. *ind* (d. h. *ynd*; Rök): *unt* (d. h. *und*; aisl. *und*) unter.

§ 61. Dass *i*-umlaut nicht durch ein zur zeit des umlauts haupttoniges *i* bewirkt wird, ist klar (vgl. § 57, 1); also z. b. *oflitin* zu klein. Dagegen ist es noch nicht ausgemacht, in welcher ausdehnung ein stark nebentoniges *i* umlaut hervor-

§ 62. i-umlaut.

rufen kann. Zwar scheint in einfachen wörtern der umlaut lautgesetzlich einzutreten, z. b. pl. *synir* zu *sun* sohn, *kœtil* kessel, *ypin* offen, und ausnahmen wie prät. konj. *buþi* (anorw. *byði*) böte und die nebenformen *Katil* (als personenname; ziemlich selten), *upin* können als analogiebildungen nach präs. konj. (s. Grundriss² I, 640), dat. sg. *Katle* und dat. sg., pl. *upnom* aufgefasst werden. Aber andererseits zeigen zusammengesetzte wörter fast nie umlaut, was allerdings in den meisten fällen nicht lautgesetzlich zu sein braucht, indem z. b. *fāvizker* 'unverständig' entweder eine analogiebildung nach sonstigem *fā-* 'wenig-' sein kann oder auf einer betonung *fāvizker* (s. § 57, I, A, 2) beruhen. Dagegen in fällen wie z. b. *þōliker* (aus *þŏ-līker*) 'solcher' muss der unumgelautete vokal lautgesetzlich sein, da weder association mit dem nur ein mal belegten dat. sg. ntr. *þō* anzunehmen ist, noch das *i* je haupttonig gewesen sein kann (vgl. mschw. mit synkope *tholker*). Wo ausnahmsweise ein erstes glied einer zusammensetzung umlaut zeigt, dürfte die erklärung darin liegen, dass das zweite glied schon zur zeit des *i*-umlautes schwachtonig geworden war, z. b. nom. acc. ntr. *bǣþe* (*bā-þiu*, ahd. *bēdiu*) beide, *ǽnlite* (Leseb. 51, 11, 14) neben *an(d)liti* antlitz, *ǽntime* : *án(d)tīme* erntezeit, mehrere personennamen wie *Helbiorn* : *Hol(m)biorn*, *Þyrbiorn* (*-gils*, analogisch auch *-ger* u. a.): *Þorbiorn*, *Gyþbiorn* : *Guþbiorn*, *Gȳriþ* (wenn nicht vielleicht aus *Gyrðrīð* wie *Giuriþ* aus *Giurðrīð*, vgl. § 127, 2) : *Guþriþ*, *Hoþir* : *Haþir*, *Olvir* (aisl. *Øluer*) : *Olvir*, der ortsname *Skoþre* : *Skaþrī* (vgl. wegen der drei letzten § 59, 7), agutn. *þoyggi* (anorw. *þoyggi* aus *þau-gi*) 'jedoch nicht'. Wiederum erklärt sich ein fall wie das eben besprochene *þōl(i)ker* — nicht *þȫl(i)ker* — wol so, dass zur zeit des umlautes die das *i* (*ī*) enthaltende silbe noch stark nebentonig war.

Anm. Über diese schwierige und bei weitem noch nicht ausdebattierte frage s. An. gr. I, § 65; Wadstein, Sv. landsm. XIII, 5, s. 24ff., Beitr. XVII, 423, Der umlaut von A bei nicht synkopiertem U im anorw. (in Skrifter utgifna af Humanistiska Vetenskapssamfundet i Upsala III, 5, Ups. 1894), s. 5; Kock, Beitr. XVIII, 459 f.

§ 62. In der historischen entwicklung des *i*-umlautes scheinen mehrere verschiedene perioden zu unterscheiden sein (vgl. An. gr. I, § 66; Grundriss² I, 562 ff.; Kock, Beitr. XVIII, 417 ff.,

§ 63. i-umlaut.

Arkiv XII, 249 ff.; andererseits Wadstein, Beitr. XVII, 412 ff.) und zwar:

1. Eine zeit, wo umlaut nur durch ursprünglich (d. h. in urn. zeit) unbetontes und daher in der späteren sprache synkopiertes *i* bewirkt wurde, z. b. *gæster* (aus *gæstʀ*, urn. *ʒastiʀ*, vgl. got. *gasts* mit synkopiertem *i*) gast.

2. Eine zeit, wo umlaut nur durch ursprünglich betontes (neben- oder gar haupttoniges) und daher später — wenn auch als schwach nebentoniger (oder gar unbetonter) vokal — bewahrtes *i* bewirkt wurde, z. b. *formǣle* (aus **-māli*, vgl. got. *faúramaþli* mit erhaltenem *i*) vorbehalt.

Da ein in der späteren sprache synkopiertes *i* — wol je nach dem es ursprünglich unbetont oder schwach nebentonig (also erst später zur unbetontheit herabgesunken) gewesen ist — teils schon in jener ersten periode (und dann umlaut bewirkend), teils erst in dieser zweiten periode (und dann ohne umlaut hervorzurufen) schwand, so stehen in scheinbar gleichartigen fällen umgelautete und unumgelautete formen einander gegenüber. So erklären sich fälle wie z. b. *bryllop* (aus **brūðihlaupa*, vgl. got. *brūþ-faþs* mit synkopiertem *i*) hochzeit: *drótsœte* (aus **drohti-setč*, vgl. got. *draúhti-witōþ* mit erhaltenem *i*) truchsess; *dǿmde* (**dōmiðē*, vgl. ahd. *tuomta*) richtete: *talde* (**taliðē*, vgl. ahd. *zelita*) erzählte; *eternǿtla* (**-natilō*) brennessel: pl. *katlar* (**katilōʀ*) kessel; agutn. *ertaug* (anorw. *œrtug*; *œrt-* aus **ariti-*, ahd. *erizzi* erz nach Lidén): aschw. *œrtogh* Ly. $^{1}/_{24}$ mark u. a. m.

3. Eine zeit, wo kein umlaut mehr eintritt, also z. b. nicht von einem *i* bewirkt wird, das aus einem noch in der zweiten *i*-umlautsperiode vorhandenen *ai*, *e*, *ē*, *œ*, *ǣ* entwickelt worden ist. Daher steht kein umlaut in fällen wie *havir* (got. *habais*) hast, *valdir* (got. *walideis*) wähltest, *bōkin* (aus *bōk en*) das buch, *asikia* (aus **ækia*) donnerwetter u. dgl.

§ 63. Ein durch den umlaut hervorgerufener wechsel zwischen umgelautetem und unumgelautetem vokal innerhalb einer gruppe von nahe verwandten wörtern oder formen ist sehr häufig durch analogische ausgleichung aufgehoben worden, so dass bald jener, bald dieser vokal durchgedrungen ist, bald

§ 63. *i*-umlaut.

doppelformen entstanden sind. So findet man z. b. (das nähere s. in der flexionslehre):

1. Nur umgelautete formen in *færþ* (**farði-*), gen. *færþar* statt **farþar* fahrt; *sōter* statt **sōter* (**swōtu-*; vgl. *Sōte* als name. s. Lundgren, Uppsalastudier s. 18f.) nach acc. *sōtan* (**swōtia-*) süss; *kēr* statt *kār* (wol aus lat. *cārus*; vgl. *Kāre* als name) nach acc. *kēran* lieb, u. a. m.

2. Nur unumgelautete formen in präs. *giūter* statt **gȳter* (aisl. *gýtr*, got. *giutis*) nach inf. *giūta* giessen; *farin* statt **færin* nach dat. *farnom* gefahren; *hǣrutter* nach einstigem **hǣritter* (ags. *hǣrehte*) greis, u. a. m.

3. Umgelautete formen neben den lautgesetzlichen unumgelauteten in pl. *kætlar* neben *katlar* nach sg. *kætil* kessel; dat. *ypnom* neben *upnom* nach nom. *ypin* offen; *syþer* neben *super* südwärts nach komp. *syþre* südlich(er); *lǣta* neben *lāta* lassen nach präs. *lēter* lässt; agutn. fem. *bēþar* neben aschw. *bāþar* nach ntr. *bēþi* (*bǣþe*) beide; *fæþærne* neben *faþærne* nach dem gleichwertigen *fæþrīne* väterliche seite; *ærmber* neben *armber* arm nach *ærm* ärmel; *ærf* neben *arf* erbe nach *ærva* erben; *ærvoþe* neben *arvoþe* nach **ærviþe* (aisl. *erfeþe*) arbeit. Bisweilen ist der ursprung der analogiebildung schwer zu entdecken. *Synno-* neben *sunno-dagher* sonntag erklärt sich wol aus einer einstigen flexion wie im got. *sunnō* : dat. *sunnin* sonne (vgl. lat. *virgō* : *virginis* u. dgl.). *Synder, sunder* 'entzwei' entsprechen wol ahd. *suntir*, resp. *suntar*. *Koværne, køfræn* neben aisl. *kofarn* schoosshund setzen ohne zweifel eine ursprüngliche doppeltheit **kofærne, *køfrīne* (vgl. *faþærne, faþrīne* oben) voraus.

4. Unumgelautete formen neben den lautgesetzlichen umgelauteten in pl. *bönder* neben *bønder* nach sg. *bönde* bauer; *upin* neben *ypin* nach dat. *upnom* offen; präs. *lāter* neben *lēter* nach inf. *lāta* lassen; ntr. *bāþe* neben *bēþe* nach fem. *bāþar* beide; *inlanzker* neben *-lænzker* heimisch nach *land* land; *ullin* neben *yllin* wollen nach *ul* wolle; *fulla* neben *fylla* füllen nach *fulder* voll; *liūsa* neben *lȳsa* leuchten nach *liūs* licht; *lūna* neben *lēna* leihen nach *lān* leihe; *liūte* neben *lȳte* fehler nach *liūter* fehlerhaft; *þiūft* neben *þȳft* diebstahl nach *þiūver* dieb; *bliūghþ* neben *blyghþ* scham nach *bliūgher* schamhaft.

§ 64. R-umlaut.

2. R-umlaut.

§ 64. Dieser umlaut kommt nur sporadisch (vgl. An. gr. I, § 69) und selten vor. Die fälle sind:

1. $a > æ$ (agutn. e § 105), z. b. prät. *vær* Vg I, Vh, Ög (rschw. *uaʀ*) neben gewöhnlichem *var* 'war'. Agutn. **ker* (got. *kas*) neben *car* (aschw. *kar*) gefäss wird durch das ngutn. *kær* bewiesen. Dem aisl. *gler* entspricht immer *glar* (oder das deutsche lehnwort *glas*) glas.

Anm. 1. Unsichere beispiele sind: *kæralde* geschirr, das von einer i-umgelauteten nebenform **kærilde* (nschw. *käril*) beeinflusst sein kann; *hæri* Vg. I, Ög neben gewöhnl. *hari* hase, *mærgher* mark und agutn. *bera* entblössen (vgl. ngutn. *bær*, aschw. *bar* nackt), wo ablaut vorliegen kann (s. An. gr. I, § 68 anm. 1), wie wol in *græs* gras, das kaum eine kontamination von *gras* Vg. I und einem nicht belegten **grær* ist.

2. $\bar{a} > \bar{æ}$ (agut. $\bar{e}$, s. § 105), z. b. *twǣ(r)* Vg. I, II (agutn. *tuēr*), neben *twā(r)* 'zwei' und wol auch *twiswǣr* (ahd. *zwirōr*) 'zweimal', *þriswǣr* (ahd. *drirōr*) 'dreimal' neben *-wār* (*-war*). Gegen aisl. *i gǽr, fǽr, lǽr, mǽr* stehen nur *i gār* gestern, *fār* schaf, *lār* schenkel, *mār* (wol adän. lehnwort) mädchen.

Anm. 2. Unsicher ist nom. acc. pl. *þā(r)* neben *þā(r)* 'die', das von *þæn* 'den', *þæt* 'das' u. a. beeinflusst sein kann. Ebenso Vg. I *sær* (neben *sā* und gew. *sā*) 'der, er', das dem ags. *se* entsprechen kann (vgl. rschw. *siʀ* L. 868).

3. o (nach § 84, 1, b und anm. 7 entstanden) $> ø$, z. b. das privativ-präfix *ør-* (got. *uz-*) neben *or-* und das präfix *tør-* (got. *tuz-*) Bu neben *tor-* 'schwer'. Gegenüber aisl. *koro, korenn* stehen nur mschw. *koro* wählten, *korin* gewählt, die vielleicht vom deutschen beeinflusst sind.

4. $\bar{o} > \bar{ø}$ (nach § 84, 2, c entstanden) $> \bar{ø}$, z. b. *ør* Vg. I neben gewöhnl. *ōr* 'aus'.

Anm. 3. Unsicher sind *kör* Rk. II (sonst *kōr*, s. § 84 anm. 5; vgl. aisl. *kør, kǿr*) wahl, das vielleicht von dem mhd. *kür* entlehnt sein kann, und nom. acc. pl. *þǿr* Vg. II neben *þār* 'die', das zwar got. *þōs* entsprechen, aber auch eine analogische umbildung nach ntr. *þo* (aisl. *þau*) sein kann.

5. $\bar{u} > \bar{y}$, z. b. agutn. *ȳr* (aschw. *ūr*, aber im nschw. dial. von Dalarna *yr*) 'aus'. Aschw. **kȳr* neben *kō* kuh wird durch dal. *tjȳr* bewiesen.

6. $ǫu > øy$ (woraus aschw. $\bar{ø}$, agutn. *oy* s. § 126), z. b. agutn. *oyra* (anorw. *øyra*, got. *ausō*; aschw. *ōra* ist zweideutig, weil *n*

§ 65. *u*-umlaut.

auch *ǫu* vertreten kann, aber die nschw. diall. von Dalarna und Burträsk setzen die umgelautete form voraus) 'ohr'. Agutn. *royr (anorw. *røyrr*, got. *raus*; aschw. *rȫr* ist zweideutig) rohr wird durch das ngutn. *royr* bewiesen.

7. *iū* > *ȳ*, z. b. *dȳrganga* Dipl. 1345 (1 mal) jagd neben *diūr* tier.

b. Verschiebung durch labialisierung.

Über die voraussetzungen und arten dieser umlaute s. An. gr. I, § 70, wozu Abriss § 1, 3 und 4 zu vergleichen ist.

1. *u*-umlaut.

§ 65. Die fälle sind:

1. *a* > *ǫ* (über dessen weitere entwickelung s. § 74, § 104 und § 109), z. b. rschw. *au(n)t, u[n]t* (d. h. *ǫnd*) seele; rschw. *Suarthaufþi, -hufþi, -hafþi* (d. h. *hǫfði*), lit. *Knaphofþe* mannsnamen; *hofþa* (aisl. *hǫfða*) anfangen, *hofþinge* (vgl. § 59, 7) häuptling, dat. rschw. *þaum, þum* (d. h. *þǫm*), lit. *þom* (< *þammu, got. *þamma*) dem, den; *ox* Vg. I einmal (aisl. *ǫx*, ahd. *acchus*) axt, *trol* (aisl. *trǫll*, s. § 111 anm. 4) zaubergeist; *ortogh* (ort- aus *arut, ahd. *aruz* erz nach Lidén) Vg. I, II, U, MEL und öfter (z. b. Leseb. s. 99—101 pass.) $^1/_{24}$ mark; nschw. *Holdo* ein mannsname (mit lateinisierter endung; aisl. *hǫlþr* freier grundbesitzer). Sonstige beispiele s. die eben zitierten paragraphen und § 68, 3.

2. *ā* > *ǭ* (über dessen weitere entwickelung s. § 73, § 74 anm. und § 99), z. b. rschw. *saul, sal* (aisl. *sǭl*) seele; beisp. aus nschw. dialekten s. Hultman, F. B. s. 239, 247. Sonstige beispiele s. die eben zitierten §§.

3. *e* > *o* nur wo *e* wegen des mangelnden haupttones nicht gebrochen werden konnte (s. § 76, 2), z. b. mannsnamen wie *Ā-, An-, Guþ-, Kætil-born*, wonach analogisch auch das simplex *Born* neben *Biorn* (< *Bernuʀ); ferner acc. sg. *kyndils-, kirk-, Mario-mosso* (s. Siljestrand I, 144) zu nom. *-mæssa, -messa* (s. § 113 anm.; vgl. auch ohne umlaut *mæsso-bok* u. d.) messe.

4. *i* > *y* nur unmittelbar nach bilabialen konsonanten und wol nicht in allen dialekten durchgeführt, weil sämtliche beispiele nebenformen mit erhaltenem und in den meisten fällen häufiger als *y* auftretendem *i* zeigen, was nicht überall durch

§ 65. u-umlaut.

die annahme von ausgleichung (s. § 68) erklärt werden kann, z. b. *byskuper* (und durch fremden einfluss *biskuper*) bischof, acc. *bykkio* zu nom. *bikkia* (analogisch *bykkia*) hündin, dat. *myklum* zu *mikil* (häufiger *mykil*) gross, *spynum* (z. b. Leseb. 93, 16, 22) zu *spini* (*spyni*, z. b. Leseb. 93, 21 ff. 5-mal) zitze, mschw. *smydher* neben *smidher* schmied. Ob (das einst bilabiale) *f* dieselbe wirkung ausgeübt hat im seltenen *fyghur*- (neben *fighur*) vier-, gen. pl. agutn. *fygura* (aisl. *figurra*)?

5. $\bar{\imath} > \bar{y}$ nur unmittelbar nach bilabialen konsonanten, z. b. gen. dat. acc. (analogisch auch nom.) sg. *bȳ* (< *bȳju*, s. § 153, 4) zu dem fem. *bīa* (dal. und ahd. *bīa*) neben dem ntr. *bī* (analogisch auch *bȳ*) biene, *amȳobarn* kebskind zu *amīa* kebse.

6. *wa* > *wǫ* (über dessen weitere entwickelung s. § 72), z. b. rschw. *uaurþr, uarþr* (aisl. *vǫrþr*) neben durch ausgleichung entstandenem kaschw. *varþer* (vgl. aisl. gen. *varþar*) oder *verþer* (vgl. aisl. dat. *verþe*) wacht, mschw. *rogn* (möglicherweise aus dem adän.) neben *ragn* wagen; ferner nschw. (alt) *gräs-väll*, dial. *voll* (aisl. *vǫllr*) neben aschw. *valder* feld, dial. *vott* (isl. *vǫttr*) neben aschw. *vanter* handschuh. Sonstige beisp. s. § 72.

7. *wā* > *wǭ*, das nach § 73, 1 zu *wō*, woraus dann *ō* wird, z. b. *hōro* (Leseb. 41, 16) 'wie' zu *hwār* welcher, dat. *ōndum* zu *vānder* (anal. *ōnder*) schlecht, 3. pl. prät. ind. *kōmo* (agutn. auch *quāmu* zu sg. *quam*) kamen, *sōvo* (agutn. anal. *suāfu*) schliefen, *vōgho* (statt *ōgho* nach dem inf. *vægha* oder vielleicht aus dem mndd.) wogen, mschw. *sommo* (< kaschw. *sōmo* nach § 132) schwammen; ferner (alt) nschw. *vōfvo* (wie aschw. *vōgho* zu beurteilen) woben, *grōdo* sangen, dial. *kōa* (aschw. *kōpa* neben *kāpa*, beides durch ausgleichung der flexion *kwāpa*, obl. *kōpo*) harz, *kangerō* (anorw. *kangur-váfa*, obl. *-ófo*) spinne.

8. *we* > *wo*, woraus dann *o*. Nur ein paar sehr unsichere beispiele: *sofn, somn* (aisl. *sofn* neben *suefn*, worüber s. An. gr. I § 71 anm. 3) neben *sompn* (nach *sova* schlafen), *symn* schlaf und der nur einmal belegte nom. pl. *kwor* Rk. 11 (vielleicht durch reimnot hervorgerufen) statt *kor* (got. *qaírrus*) nach dem häufigeren *kwær* ruhig (oder nach § 104 aus *kwor* zu der häufigeren nebenform *kwar*).

9. *wi* > *wy*, woraus dann *y*, z. b. *syll* (*swillu*, gen. *swillar*, wonach aisl. *suill*) schwelle, *systir* statt *suistir* nach obl. *systor*

schwester, *þyril* (ahd. *dwiril*; s. weiter An. gr. I § 71, 7) quirl, *torþyvil* (ags. *tordwifel*) mistkäfer, *ymumaþer* Vg. II benebelter mann zu aisl. *vima* unwolsein, *ysǣld* durch ausgleichung einer flexion *ysuld (s. § 74), gen. *visaldar (vgl. einerseits aisl. *resǫlþ*, *-alþar* elend, andererseits dal. *wisæll* elendig) und anschluss an das synonyme *væsǣld* elend, mschw. *vydher* neben *vidher* nach dat. acc. pl. *yþum, *-u* holz, rschw. (Rv. s. 122) dat. pl. *sukum* (d. h. *sykum*) zu *swik* betrug.

10. *wī* > *wȳ, woraus dann *ȳ*. Nur ein paar etwas unsichere beispiele aus alter zeit: dat. sg. ntr. *þȳ* wol aus *þwīu (vgl. einerseits aisl. *þui*, andererseits ahd. *diu*) 'dem', rschw. *iɢold* (d. h. *ȳghold*) Rök aus *wīɢ-old (**-aldu*, s. § 74) kriegsvolk. Aus dem nschw. gehört hierher dal. *kȳa* viehhürde, durch ausgleichung einer flexion *kwīa (vgl. aisl. *kui*), obl. **kȳ(u)* entstanden.

§ 66. Der umlaut findet nur in starktoniger — also auch in stark nebentoniger (beisp. s. § 65, 1 und 3) — silbe statt, dagegen nicht in schwachtoniger. Scheinbare ausnahmen erklären sich nach § 74, § 91, 7, a und § 165.

Anm. Der umlaut wird wahrscheinlich nur durch schwachtoniges *u* bewirkt, was jedoch das unzureichende material nicht ganz sicher feststellen lässt. Vgl. über diese schwierige frage An. gr. I § 77; Wadstein, Sv. landsm. XIII, 5, s. 24 ff., Der umlaut von A &c. (s. § 61 anm.), s. 3 ff.; Kock, Sv. landsm. XII, 7, s. 25 ff., Arkiv X, 326 ff.

§ 67. In der historischen entwicklung des *u*-umlautes sind wahrscheinlich zwei verschiedene perioden zu unterscheiden (vgl. An. gr. I § 78; Grundriss[2] I, 562 ff.; Söderberg, U-omlj. s. 1—46 ff.; Kock, Sv. landsm. XII, 7, s. 3 ff., Arkiv X, 288 ff.; Bugge, Kongl. Vitterhets &c. Akademiens handlingar XXXI, 3, s. 47; andererseits Wadstein, Fornnorska homiliebokens ljudlära, s. 43 ff., 153 note, Sv. landsm. XIII, 5, s. 3 ff.) und zwar:

1. Eine zeit, wo umlaut nur durch ursprünglich (d. h. in urn. zeit) unbetontes und daher in der späteren sprache synkopiertes *u* bewirkt wurde. Daher steht z. b. in der Rökerinschr. dat. (?) sg. *hosli* (d. h. *họsli* aus *hasulē, vgl. lat. *corulus* < *cosulus) hasel neben acc. (?) sg. *strantu* (d. h. *strandu*) ufer u. a. m. (s. Kock, Ark. X, 345 ff.). Wie im aisl.-anorw. so ist auch im aschw. nicht *i*, *ī* (wol aber *wi*, *wī*) von diesem umlaut betroffen worden.

2. Eine zeit, wo umlaut nur durch ursprünglich betontes und daher später bewahrtes *u* bewirkt wurde. Dieser jüngere umlaut tritt zwar sowol bei *i, ī* wie bei *a, ā* und *e* ein, ist aber im ostn. — im gegensatz zum westn. — immer durch die nähe gewisser konsonanten bedingt, indem *a* nur nach postkonsonantischem tautosyllabischem *w* umlaut erleidet (beisp. s. § 72); *ā* nach *w* (beisp. § 65, 7) und wo es nasaliert ist (beisp. § 73, 2); *e* wenigstens nach *m* (beisp. § 65, 3); *i* und *ī* nach allen bilabialen konsonanten (beisp. § 65, 4, 5, 9 und 10). Dagegen regelmässig z. b. gatur (aisl. *gǫtor*) strassen, *stapul* (aisl. *stǫpoll*) turm, *harund* (aisl. *hǫrond*) fleisch u. s. w.

Anm. 1. Eine ausnahme wie rschw. acc. sg. *faupur, fupur* (z. b. Forsheda, Täng), *fapur* (d. h. *fǫður* wie im aisl.) dürfte als kontamination von den lautgesetzlichen nebenformen *faupr* (d. h. *fǫðr* wie im aisl.) und *fapur* (wie im anorw.) zu erklären sein. Über den noch ziemlich dunklen mannsnamen rschw. *Usur(ʀ), Ạsur* (aisl. *Qzorr*) neben *Asur*, in der literatur *Azur, -or, -ar, -er, Answar* (vgl. adän. runisch *Ạntswar*) s. Rv., s. 18 f. note; Kock, Sv. landsm. XII, 7, s. 16 f., Arkiv X, 304. Auf die nur einmal belegte schreibung *Ogmund* (zu dem mannsnamen *Aghmunder*) ist wol nichts zu geben.

Anm. 2. Ob dialektisch der jüngere *u*-umlaut auch im aschw. in anderen fällen als den unter 2 oben angegebenen eintreten konnte, bleibt sehr unsicher; vgl. Kock, Arkiv X, 322 ff.

§ 68. Ein lautgesetzlich entstandener wechsel zwischen verwandten formen mit und ohne umlaut ist gewöhnlich durch ausgleichung beseitigt worden, sodass bald der umgelautete, bald der nicht umgelautete vokal durchgedrungen ist, bald doppelformen entstanden sind. So findet man z. b. (näheres in der flexionslehre):

1. Nur umgelautete formen in *syll, systir* u. a. (s. § 65, 9); *horup* statt **harup* (vgl. 2 unten) nach dat. *hoffe* haupt u. a. m.

2. Nur unumgelautete formen in agutn. *hafup*, dat. *haffi* statt **hǫffi* (vgl. 1 oben) haupt; aschw. *hargher*, dat. *harge* statt **harugher*, dat. **horghe* (noch ein paar mal dat. pl. *horghum* aus dem kaschw. belegt) opferstätte; *hasl* (f., älter m. wie im aisl.), dat. *hasl* statt **hasul*, dat. *hosli* (so noch rschw., s. § 67, 1) hasel; die mannsnamen auf *-faster* statt **-foster* nach gen. *-fastar* (noch rschw. *Uifostr*, d. h. *Wéfastr*, aber gen. *Kuffastaʀ*, d. h. *Gudfastaʀ*; vgl. Uppsalastudier s. 16); ferner *axl* achsel, *hal(l)*

§ 69. *w*-umlaut.

saal, *sak* sache, *galter* eber, *katter* katze, *lagher* nass u. s. w. in grosser menge gegenüber aisl. — und wol einst aschw. — *ǫxl, hǫll, sǫk, gǫltr* u. s. w. nach gen. *axlar, hallar* u. s. w.

3. Doppelformen in *borker* Vg. II, sonst *barker* (nach gen. *barkar*) rinde; *bolker* Vg. I, II, Ly, sonst *balker* abteilung; *bolder* (s. § 111 anm. 4), gew. *balder* ball; nom. pl. *born* Ly, Vg. II, sonst *barn* kinder; *rost* Ög, Bm, *rast* halbe meile (vgl. aber Wadstein, Fno. homiliebokens ljudlära, s. 47); *logh-man* Dipl. 1344, *lagh-maþer* rechtsmann; die mannsnamen *Hofþe, Hafþe* (vgl. 1 und 2 oben) und *Hogne* (ahd. *Haguno*), *Hagne* (ahd. *Hagano*); *sys(t)kin, sizkin* (s. § 50 anm. 2) durch kontamination von den lautgesetzlichen *sys(t)kon* und *swistkin* (vgl. § 65, 9 und Kock, Arkiv IX, 333) u. a. m.; vgl. noch dal. *okkul*: aschw. *ankul* fussknöchel, dal. *trost* (aisl. *þrǫstr*): nschw. *trast* drossel u. a. m.

Anm. Dass formen, die den zu erwartenden umgelauteten vokal *ǫ* zeigen, in der aschw. literatur überhaupt ziemlich selten auftreten, dürfte möglicherweise nicht nur nach 2 oben zu erklären sein, sondern vielleicht mit Hultman, F. B. s. 94 ff. aus einem gewissen aschw. dialekten eigenen lautgesetz, wodurch *ǫ* schon vorliterarisch zu *a* zurückverwandelt worden ist.

2. *w*-umlaut.

§ 69. Die Fälle sind:

1. *a* > *ǫ* (über dessen weitere entwicklung s. § 74, § 104 und § 109), z. b. rschw. *haukua* (d. h. *hǫggwa*), kaschw. *hogga* hauen, vgl. aus dem nschw. dal. *sokk* (aisl. *sǫkk*) sank, *togg* (aisl. *tǫgg*) kaute. Weitere beispiele s. §§ 74, 104, 109 sowie § 71, 1 und 3.

2. *ū* > *ǭ* (über dessen weitere entwicklung s. § 73, § 74 anm. und § 99). Hierher wahrscheinlich *siör* (*siāwR, vgl. aisl. gen. *siáfar*) see, *sniör* schnee, *sliör* stumpf, *miör* schmal; vgl. An. gr. I § 72, 2 und Hultman, F. B. s. 121 note. Weitere beisp. s. die eben zitierten §§.

3. *e* > *o*, nur wo *e* wegen des mangelnden haupttones nicht gebrochen werden konnte (s. § 76, 2). Hierher wol *køt* fleisch, aus zusammensetzungen — wo es die regelmässige form ist — wie *køkøt* rindfleisch oder *køtmáter* (vgl. § 57, I, A, 2) fleischspeise losgelöst, dann auch als simplex neben *kiot* (nach § 76, 2 aus **ketwa*) gebraucht; s. Wadstein, Fornnorska homiliebokens

§ 69. *w*-umlaut.

ljudlära, s. 150 note. Auf dieselbe weise stehen *smør* neben seltnerem *smior* butter und *mol* neben weit häufigerem *miol* mehl.

4. *i* > *y* (über dessen weitere entwicklung s. § 127, 1), z. b. *trygger* (got. *triggws*) sicher, *myrkia* (aisl. *myrkua*) dunkel werden, *myrker* (as. *mirki*) dunkel, *bryggia* (*bryggwa, ags. *bréowan*) brauen, *ryggilse* betrübnis (vgl. aisl. *hryggua* betrübt machen), *smyria* (aisl. *smyrua*) schmieren, *rynkia* (aisl. *hrøkkua*) falten, *skrynkiotter* (vgl. ags. *scrincan*, unorw. *skrøkka* runzeln) runzelig; ferner nschw. *töre* < *tyre* (aisl. *tyrue*) kien. Weitere beisp. s. § 71, 3 und § 127, 1.

5. *ī* > *ȳ*, z. b. *blȳ* (ahd. *blio*, *-wes*) blei; ferner nschw. dial. *mȳl* (aisl. *mýll*, *mýell*, *mýfell*) ball. Weitere beisp. s. § 71, 1 und 3 mit anm.

6. *œ* (s. § 59, 1) > *o*, z. b. rschw. *kaurua* (d. h. *gørwa*, mhd. *gerwen*), kaschw. *gora* machen zu *gor* (aisl. *'gørr*, acc. *-nan*) gemacht, *sløkkia* (aisl. *slokkua*) neben *slœkkia* (worüber vgl. § 72, 3) auslöschen, *ox* (vgl. got. *aqizi*) axt, präs. *hogger* (aus *haggwiR neben anal. *hogger*) zu *hogga* hauen, *dyggia* (aus *doggia nach § 106, 2, a; aisl. *doggua*) feuchten; nschw. *snygg* < *snogger (aisl. *snøggr*) reinlich.

Anm. 1. In einigen von diesen fällen ist *o* vielleicht eher als *i*-umlaut von *ǫ* (s. 59, 7) aufzufassen; vgl. An. gr. I § 72 anm. 8.

7. *œi* (s. § 80, 2) > *oy*, das agutn. zu *oy* (s. § 126, 1), sonst zu geschlossenem *ō* (s. § 126, 2) geworden ist, z. b. in zusammengesetzten ortsnamen *Sō-* (got. *saiw-*, wie aisl. *ey* 'immer' dem got. *aiw* entspricht) See-, *frō* (got. *fraiw*) same; nschw. *snō* (ngutn. *snoy*, got. *snaiws*) schnee, *slō* (ngutn. *sloygur*, wäre got. *slaiws) stumpf; nschw. (alt) *ökia* (aschw. *økia — aisl. *eykua, urn. *aikwiōn — neben *ēkia*, aisl. *cikia*, s. weiter § 72, 3) kahn (aus eiche).

Anm. 2. Hierher gehört wol auch *öpla* (anorw. *oyðla*; unorw. *cila* aus *aipwilōn: *-ulōn*, vgl. ags. *āð-e.re*; dagegen scheint aisl. *eðla* dem as. *ewith-essa* und ndän. *ogle*, nschw. dial. *ögl* dem ahd. *egid-ehsa* irgendwie zu entsprechen) eidechse.

8. *wa* > *wǫ, über dessen weitere entwicklung s. § 72, woselbst die einschlägigen beispiele angeführt sind.

§ 70. *w*-umlaut.

9. *wi* > *wy, woraus dann *y*, z. b. *tyswar* (ahd. *zwirō*) zweimal.

10. *wī* > *wȳ, woraus dann *ȳ*. Nur ein etwas unsicheres beispiel: *ȳkiæ āt* SK hinzutreten (aisl. *ýkua, víkia*) neben *vīka* (anorw. *víka*) sich wenden (s. Kock, Förklaring af fornsvenska lagord, s. 16 ff.).

Anm. 3. Wie der *u*-umlaut (s. § 66) findet auch der *w*-umlaut nur in starktoniger — also auch in stark nebentoniger (beisp. s. 3 oben) — silbe statt. Vgl. z. b. starkton. aisl. *ey* (got. *aiw*): schwachton. aisl. *ei*, aschw. *ē* 'immer'.

§ 70. Auch in der entwicklung des *w*-umlautes dürften zwei verschiedene perioden zu unterscheiden sein (vgl. die § 67 angeführte literatur) und zwar:

1. Eine zeit, wo umlaut nur von einem — durch die synkopierung des einst auf das *w* folgenden vokals — tautosyllabisch gewordenen und daher geschwundenen *w* bewirkt wurde. Zu dieser zeit also stand noch neben dem nom. *hǫgg (urn. *haggwa) hieb der dat. *haggwe (urn. *haggwē), ein wechsel, welcher später durch ausgleichung (s. § 71) agutn. *hag, haggi* (aschw. dagegen *hog, hogge* nach 2 unten) ergab. — Wenn dieser ältere *w*-umlaut nie bei einem dem *w* unmittelbar vorhergehenden kurzen (und erst später durch den schwund des *w* lang gewordenen) vokal auftritt, so beruht dies verhältnis darauf, dass in diesem falle die synkope des auf *w* folgenden vokals erst in der nächsten periode (s. 2 unten) stattfand. Daher ohne umlaut z. b. *strā* (*strawa, ahd. *strao, -wes*) stroh, *fā* (vgl. got. pl. *fawai*) wenig, *dānar-arf* (**dawan-*, vgl. got. *dwan* sterben) heimgefallenes gut, *trǣ* (aus **trē̆*, *trewa, aisl. *tré*, got. *triu, -wis*) baum, *Signī* (ahd. *-niwi*) ein frauenname u. a. m.; s. Kock, I. F. V, 153 ff.

2. Eine zeit, wo umlaut nur von einem — wegen der nicht-synkopierung des auf das *w* folgenden vokals — heterosyllabisch gebliebenen und daher einstweilen bewahrten (wiewohl später meistens analogisch entfernten) *w* bewirkt wurde. Dieser jüngere umlaut ist im ostn. — im gegensatz zum westn. — durch die nähe gewisser konsonanten bedingt, indem er allgemein (vgl. aber anm. 2 unten) nur nach postkonsonantischem tautosyllabischem *w* (beisp. s. § 69, 6 und § 72)

§ 71. *w*-umlaut.

sowie vor velaren und zwar vor *ggw* (z. b. *haukua* § 69, 1, *togga* § 71, 1, *bryggia* § 69, 4, *dyggia* § 69, 6), *k(k)w* (z. b. *nökwar* § 73, 2, *ỹkorne* § 71 anm., *ökia* § 69, 7, *ỹkiœ* § 69, 10, *slokkia* § 69, 6), *ngw* (beisp. s. § 109) und *nkw* (beisp. s. § 69, 4) eintritt. Dagegen regelmässig z. b. *raþve* (aisl. *vǫþve*) muskel, *staþva* (aisl. *stǫþua*) festsetzen, *Ivar* ein mannsname, *ǣre* lebenszeit u. a.

Anm. 1. Eine ausnahme wie *þryswar* neben *þriswar* 'dreimal' dürfte auf anschluss an *tyswar* 'zweimal' und *þrỹ* 'drei' beruhen, gleichwie seinerseits *tyswar* nach *þriswar* die form mschw. *tiswǣr*, nach dem präfix agutn. *tuī-*, aschw. *twē-* wiederum die formen *twiswǣr*, mschw. *twesiwǣr* angenommen hat. Der noch nicht hinreichend erläuterte mannsname rschw. *Saului* (d. h. *Sǫlwi*), *Sulfi*, lit. *Solve* neben *Salve* (aisl. *Sǫlve*, kurzname zu *Sǫluer* < *Sǫl-wēr*, s. Lind, Arkiv XI, 270 f.) gehört wahrscheinlich nicht hierher, sondern zu § 68, 3, indem *Solve* (*Salu-wīhaʀ*) sich zu *Salve* (ahd. *Selwich*, *Sali-wīhaʀ*) verhält wie z. b. ahd. *Salu-man* : *Seli-man* (und ags. *salor* : ahd. *seli*, s. Noreen, Uppsalastudier, s. 201 f.); ebenso steht aschw. *Olvir* (und *Ølvir*, s. § 61 und § 104) neben *Alvir*. Über die unklare schreibung rschw. *Haąsui* (d. h. *Hǫswi?*) neben *Hasui* ein mannsname (vgl. aisl. *hǫss* grau) s. Kock, Sv. landsm. XII, 7, s. 17.

Anm. 2. Ob der jüngere *w*-umlaut in einigen dialekten auch in anderen fällen als den oben 2 angegebenen eintreten konnte, ist unsicher. Wiederum ist es auch unsicher, ob im agutn. überhaupt dieser umlaut vor velaren konsonanten stattfand, denn formen wie *hogguin* (aisl. *hǫgguenn*) gehauen, *nequar* (aisl. *nokkuarr* und *nekkuarr*) irgend ein, *stinqua* (aisl. *stokkua*) springen, ngutn. *bregga* brauen u. a. sind sonst nur durch zum teil sehr komplizierte ausgleichungen zu erklären (vgl. § 71).

§ 71. Ein lautgesetzlich entstandener wechsel zwischen verwandten formen mit und ohne umlaut ist gewöhnlich durch ausgleichung beseitigt worden. Man findet z. b. (näheres in der flexionslehre):

1. Nur umgelautete formen in *hog*, dat. pl. *hoggum* statt **haggum* (das — vom agutn., s. § 70, 1, abgesehen — einmal mschw. belegte *hag* dürfte nur schreibfehler sein); *togga* (**tǫggwa*), 1. pl. präs. *toggum* st. **taggum* kauen (vgl. *tagger* zahn, stachel); nom., dat. *blỹ* st. *blỹ*, *blīve* blei u. a. m.

2. Nur unumgelautete formen in *arf* statt (wie im aisl.) **ør* nach gen. *arvar* (aisl. *ǫruar*) pfeil; *fal* (aisl. *fǫlr*) falb und *rasker* (aisl. *rǫskr*) rasch nach acc. *falan*, *raskan* (einst **falwan*, **raskwan*, aisl. *fǫluan*, *rǫskuan*); dat., acc. *iþer* (aisl. *yþr*) euch) nach gen. *iþar* (**idwar*, aisl. *yþuar*) euer; *Ingwar* (aisl. *Ynguarr*)

§ 71. *w*-umlaut.

nach *Inge* (vgl. aisl. *Inge-biǫrg*, *Ingunar-freyr*) u. a. personennamen; nschw. *nakwidher* (aisl. *nokkuepr*, vgl. adän. *noghœn*) nach *nakudher* nackt; nschw. *sparf* (aisl. *spǫrr*) nach pl. *spar(f)-var* (aisl. *spǫruar*) sperling. Aschw. *tīsdagher* (aisl. *týsdagr*) dienstag setzt eine dem aisl. *tír* (neben lautges. *Týr*), dat. *tífe*, pl. *tífar* entsprechende ausgleichung voraus. *Kwiker* (aisl. *kykr*, *kuikr*) lebendig, *sanger* (aisl. *sǫngr*) gesang, *prang* (aisl. *þrǫng*) bedrängnis, *pranger* (aisl. *þrǫngr*) eng, *tagger* (s. 1 oben und gleich unten) zahn, stachel sind wie agutn. *hag* (s. 1 oben) zu erklären, d. h. vor dem eintritt der jüngeren *w-* und *u-*umlaute wurde der wechsel **kykr* (aisl. *kykr*), dat. **kwik(w)um* (woraus aisl. *kuikr*), acc. *kwikkwan* (rschw. *kuikuan*) zu *kwikr*, *kwikum*, *kwikkan* ausgeglichen. Vgl. noch aus dem nschw. *nagga* (: aisl. *hnǫggua*, wie agutn. *hagga* : aisl. *hoggua*) stossen, stechen, das ablautend sich zu dal., nnorw. *negga* und aisl. präs. *hnyggr* (vgl. das subst. aisl. *hnǫggr*, nnorw. *nagg* : *negg* : *nygg* stoss, stich) verhält wie aschw. *togga* : dal. *tegga* : aisl. *tyggua* kauen und aschw. *tagger* : nnorw. *tegg* : *tigg* stachel.

3. Doppelformen in *gor* (aisl. *gǫrr*) Vh neben *gar* G u. a. nach formen wie acc. sg. f. *garwa* gemacht; *dog* (aisl. *dǫgg*) MB. I, sonst *dag* tau; *siōr*, agutn. *siār* see; *Lyng-* (*lingwa) neben *Ling-* (*lingu, vgl. nschw. *lingon* preiselbeere) in ortsnamen zu aisl. *lyng*, *ling* heidekraut; *stynger*, *stinger* stich; dat. *yprom* KP (Leseb. 24, 22), *iprom* zu *ipar* euer; *prysk(i)a* *priska* (aisl. *þryskua*, *þriskia*) dreschen aus urspr. präs. sg. *prysker* (*þriskwiʀ), pl. *þriskum*, wozu *thryskule* : *þriskulde* schwelle; *pykla*, *pikla* 'oft' zum adj.-stamme *þykkwa-* (aisl. *þykkr*), *þik(w)u-* dick; *klȳ* (ahd. *klīwa*), *klī* kleie; präs. *spȳr* (got. *speiwis*) zu *spīa* (anal. statt *spīwa), dann (mit noch näherem anschluss an das präs., vgl. aisl. *spýia*) *spȳ*; *gora*, *gœra* (aisl. *gorua*, *gerua*) machen u. a. m. Ferner noch nschw. *ökia* (s. § 69, 7) : aschw. *ēkia* kahn aus urspr. nom. *oykwa, obl. *œwiku; nschw. *hybb(e)le* (aisl. *hýbýle* zu got. *heiwa-*) hütte : aschw. *hīskaper* (vgl. aisl. *híbýle*, s. An. gr. I, § 79) familie; dal. *logg* (aisl. *lǫgg*) kimme : aschw. *lagg-are* wer kimmen macht; dal. *snogg* (aisl. *snǫggr*) fein : nschw. *snagg-hårig* mit kurzem haar. Vgl. übrigens Söderberg, U-omlj. s. 18 = 63 ff.

Anm. Die dreiheit *īkurni* Ly, *-orn(e)* Sdm, G, MEL u. a., *ykorn(e)* U, Vm, Rk. I u. a., *ekorne* Sdm, Da u. a. eichhorn erklärt sich folgendermassen:

§ 72—73. Nochmalige labialisierung der umgelaut. vok.

Wie neben *aikurn- in ahd. eichorn, nnorw. eikonn, aschw. ekorne steht *aikwern- in ags. áewcorna, so stand einst neben dem durch wurzelablaut gebildeten *īkurn- in aschw. īkorne auch ein *īkwern-, woraus aschw. *ỹkwærne werden musste; durch den einfluss der form īkorne wurde dies· *ỹkwærne zu ỹkorne umgebildet.

3. Nochmalige labialisierung der umgelauteten vokale.

§ 72. Postkonsonantisches $w\varrho$ wird vor (erhaltenem) u oder w der folgenden silbe zu wo, woraus dann o, z. b. koster neben kwaster und kwæster zweig, ast durch ausgleichung einer u-stamms-flexion (die bei dem entsprechenden, durch ablaut gebildeten aisl. kvistr thatsächlich belegt ist) sg. nom., acc. *kwǫstr, *kwǫst (nnorw. kvost), sg., pl. gen. *kwastar, -a (aschw. kwaster), sg. dat., pl. nom. *kwæsti, -ir (aschw. kwæster), pl. dat., acc. *kostum, -u (aschw. koster, ndän. kost); durch kontamination von kwǫst- und kost- entsteht ferner nschw. dial. käst (mschw. kaasth PM geschrieben). Ebenso nschw. sopp (aisl. soppr neben suoppr) pilz; vgl. ndän. sort nach sortum, -u zu adän. swart schwarz. Ferner nschw. dial. solva (ahd. swalawa, ags. swealwe) schwalbe neben nschw. svala, aisl. svala, das (wie gatu statt *gǫtwa, got. gatwō u. a., s. An. gr. I, § 79 anm. 2) vor dem eintritt des jüngeren u-umlautes zu obl. *swalu analogisch neugebildet ist; nachdem dies (im westn., durch einfluss des nom., als anorw. svalu, aisl. svǫlo erhaltene) *swalu durch den jüngeren u-umlaut zu *swǫlu und dies nach § 72 zu *solu (wozu nschw. dial. såla) geworden ist, entsteht durch kontamination von nom. *swala, obl. *solu endlich dal. sala.

Anm. Wenn agutn. hurvi(t)na 'wo auch immer' mit aisl. horvetna (neben dem nach huar 'wo' aufgefrischten huarvetna) auch formell identisch ist, so ist für jenes eine ursprüngliche betonung *hrǫrvi'tna (s. § 57, 1, A, 2) anzunehmen, und nachdem dann die urspr. stark nebentonige erste silbe schwachtonig geworden war, wurde sie (vor dem übergange $w\varrho > wo$) nach § 74 behandelt. Ob das sehr seltene hut (und hutske) Ög statt hwat was (hwatske weder) ein ebenso entwickeltes *hutvitna (aisl. hotvetna was auch immer) voraussetzt, aus welchem es losgelöst wäre wie vielleicht agutn. hur statt aschw. hwar 'wo' aus hurvitna, bleibt unsicher.

§ 73. ϱ wird zu (geschlossenem) $ō$ in folgenden stellungen:

1. In der verbindung $w\varrho$; beispiele s. § 65, 7.

§ 74. Nochmalige labialisierung der umgelaut. vok. 71

2. Wo es — durch den einfluss eines einst oder noch vorhandenen, nachfolgenden oder vorhergehenden nasal (s. An. gr. I § 50) — nasaliert ist, z. b. ōl (aus *ą̄hlu < *anhlō, gr. ἀγκύλη) riemen, p̨ōtter (*p̨āhtuʀ, ahd. dāht) neben p̨ātter nach gen. p̨āttar docht, faden, hōs bei (got. hansa gesellschaft, finn. lehnw. kansa bei, mit), ōsmunder (nisl. ásmundr zu aisl. óss, áss, germ. ansuz gott, also eigentlich 'gottesgabe') roheisen, prät. pl. nōmo neben anal. nāmo zu nima nehmen, hōn neben agutn. hān (nach dem acc. hāna gebildet, wie umgekehrt aschw. acc. hōna nach hōn) sie, dat. sg. m. hōnom neben hānom ihm, nōk(w)ar neben nāk(w)ar (*nākkwarr < *naitkhwarʀ, s. An. gr. I § 57, 4, a) irgend ein; vgl. noch nschw. dial. ōn (aisl. ón, ván) hoffnung, spōn (aisl. spónn, spánn) span, slō (*slą̄hu < *slanhō 'schlange') blindschleiche.

Anm. Ein durch ersatzdehnung aus ǫ enstandenes ǭ hat dieselbe entwicklung, z. b. die personennamen m. Ōlāver (aisl. Ólæifr, Áleifr aus *Anulaibaʀ, air. lehnw. Amlaib, ags. Anláf), f. Ōlof (vgl. § 75 anm.).

§ 74. ǫ wird, wo es durch akzentreduktion schwachtonig geworden ist, zu (geschlossenem) o und dann dies zu u (das nach §§ 139, 143 mit o wechselt), z. b. rschw. izolđ (d. h. ȳghold s. § 65, 10) kriegsvolk zu aisl. ǫld generation, kaschw. forp̨um, -om (got. faúr p̨amma) ehedem zu p̨om dem (§ 65, 1), huvup̨ (anorw. hufuđ, urspr. schwachtoniges glied einer zusammensetzung) neben hovup̨ (aisl. hǫfop̨) und agutn. hafup̨ (vgl. § 68, 1 und 2) kopf, nom. sg. f. (dann auch m.) nākur, -or (aus *-hwǫr) zu nākwar (aus *-hwarr) irgend ein, ennor neben enhwar (vgl. aisl. einnhuerr) irgend ein, væruld (aisl. noch verǫld) neben værald (vgl. aisl. gen. veraldar) welt, hinnugh neben -vagh (vgl. § 173 anm. 1) dorthin, daghurp̨er frühstück und nātorp̨er abendmahl neben -varp̨er (vgl. § 117 anm.), die mannsnamen auf -ulder (z. b. Gunnulder, Ingulder) neben -valder (z. b. Ingvalder, Ragnvalder) und -vælder (z. b. Ragvælder) aus urspr. nom. *-vǫldr, gen. -raldar, dat. *-væ̨ldi (s. Uppsalastudier, s. 19 f.), auf -urp̨er, -varp̨er, -værp̨er (z. b. Sighurp̨er, Halvarp̨er, -værp̨er) aus *-vǫrđr (rschw. uaurp̨r, s. § 65, 6), -rarđar, -værđi, auf -uster, -vaster, -væster (z. b. Oruster, -æster, Avaster, -æster) aus -fǫstr, -fastar, *-fæsti (s. Uppsalastudier, s. 15 f. und oben § 68, 2), p̨ræskulle (aisl. p̨rǫskoldr, -uldr neben p̨reskǫldr, -aldr) schwelle sowie Azur, -ar, -ær aus *-vǫrr.

-varar, *-væri und der frauenname *Gunnur* (aisl. noch *Gunnvǫr*), *-ar* aus *-vǫr*, *-varar*. S. Noreen, Arkiv VI, 307.

Anm. Ein durch kürzung aus ǭ entstandenes ǫ hat dieselbe entwicklung, z. b. der frauenname rschw. *Alauf* (aisl. *Álǫf* aus *-lǫ́f* < *-lābu* < *-laibu*), kaschw. *Ōluf*, *-of* (vgl. § 73 anm.), nom. sg. f., nom. acc. pl. ntr. *ūsul* (vgl. aisl. *vesǫl*, *-sol* zu *vesall*, anorw. auch *vesáll*, s. An. gr. I § 121, 1 und § 357 anm. 3) elend, *ærvoþ*, *-uþe*, *-aþe* (vgl. anorw. *ǫrfuð* aus *-ǫ́ð* < *-āðu* < *aiðu*, s. An. gr. I § 121, 6) arbeit und vielleicht (vgl. § 112 anm. 1) *ambut*, *-ot* (neben *ambat* durch ausgleichung von urspr. nom. *ambǫ́tt*, gen. *ambāttar*; vgl. ahd. *ambaht*) sklavin.

II. Brechung.

§ 75. Über den begriff und die arten der brechung s. An. gr. I § 88. Demnach sind die beiden fälle:

1. Durch *a*-brechung wird *e* (zunächst zu dem fallenden diphthong *ea*, dann) zu dem steigenden diphthong *ia*, z. b. *hialpa* helfen, *hiarta* herz, *tialdra* (in einem lat. dipl. aus 1225 *teldra*) grenzstein, *sialver* (*selbaʀ*) selbst, *iak* (*eka*) ich, *tiald* (*telda*) zelt.

2. Durch *u*- und *w*-brechung wird *e* (zunächst zu dem fallenden diphthong *eu*, dann) zu dem steigenden diphthong *iu*, welcher dann, ausser vor einem in der späteren sprache erhaltenen *u* oder *i* der folgenden silbe (s. Kock, Arkiv XI, 323), zu *io* übergeht, z. b. *tiughu* zwanzig, *fiughur* ntr. vier, der mannsname *Iuwur* (aisl. *ioforr*), dat. pl. *fiunom* (< *fenum*) Bir zu gen. pl. *finna* (wie aisl. gen. pl. *kuinna* gebildet), wonach nom. sg. *fin(n)a* finne; aber *miok* sehr, *i fiorþ* im vorigen jahre, *hiorter* hirsch, *miolk* milch. Durch ausgleichung eines lautgesetzlichen wechsels *iu* : *io* können doppelformen entstehen wie z. b. *kiutliker* KS: *kiotliker* (< *kiotliker*, s. § 98) fleischlich zu *kiot* fleisch; *iurþrīki* Vh (Lesch. 13, 3, 5, 9, 15): *iorþrike* erdreich zu *iorþ* erde; *fiuþæ[r]tigher* (< *fiudr-*, got. *fidur-*) Vm: *fiopertiogher* eine anzahl von 40 enthaltend; *fiurþonger* Vm : *fiorþonger* (nach *fiorþe* Vm vierte) Vm, Da viertel (vgl. § 118); *tiugher* (nach dat., acc. pl. auf *-um*, *-u*) anzahl von zehn: nschw. *tjog* (vgl. das eben angeführte *fiopertiogher*) anzahl von zwanzig; *piukker* (nach dat. u. a.) : *piokker* dick; prät. pl. *fiullo* fielen, *hiuldo* hielten : *fiollo*, *hioldo* nach sg. *fioll*, *hiolt* (und *fiull*, *hiult*, dem pl. nachgebildet statt urspr. *fiel*, *hælt*, wie umgekehrt aisl. pl. *fello*, *heldo* sich

nach dem sg. *fell*, *helt* gerichtet haben; nschw. dial. *juling* (< *hiurþinge) neben alt nschw. *hiordinge* hirt nach aschw. *hiorþ* herde. Über die weitere entwicklung des *iu, io* s. § 100, resp. § 118 und § 98, wo auch weitere beispiele.

§ 76. 1. Die brechung unterbleibt unmittelbar nach *l, r, v* oder *w* sowie vor heterosyllabischem *h*, z. b. *læsa* lesen, *vraka* treiben, *værþa* werden, *swælta* hungern, *sēa* sehen (vgl. dagegen obl. *siātta* aus *siahta < *sehtan sechste).

2. Die brechung scheint nur in haupttoniger silbe stattzufinden. Daher stehen einander gegenüber z. b. *iamn* eben: *æmvǽl* (s. § 57, I, A, 1, a; aus *ebn-) ebensowol, *giald* geldsumme: *ingeld* (Leseb. 33, 11; 34, 24) einkunft; der mannsname *Ingiálder*: *Ingelder*; *diarver* dreist: -*derver* in mannsnamen wie *As-*, *Sighderver*; *biorn* bär: -*bern* in mannsnamen wie *Ā-*, *Frā-*, *Þor-*, *Ōþbern* (vgl. § 57, I, A, 2). Vgl. noch § 65, 3 und § 69, 3.

§ 77. Wo lautgesetzlich innerhalb eines paradigmas formen mit *a*- und mit *u*- (*w*-)brechung neben einander standen, ist fast immer ausgleichung eingetreten, sodass bald jene, bald diese vokalisation durchgedrungen ist, bald doppelformen vorkommen:

1. Nur *ia*-formen, z. b. *hialp* statt *hiolp nach gen. *hialpar* hülfe; pl. *stiarnor* (statt *stiurnur) zu sg. *stiarna* stern.

2. Nur *io*- oder *iu*-formen, z. b. *hiorþ*, gen. *hiorþar* statt *hiarþar herde; gen. pl. *tiugha* (statt *tiagha, wonach dal. *tiæg*) nach dat. *tiughum* zu *tiugher* (statt *tiogher, s. § 75, 2) anzahl von zehn.

3. Doppelformen, z. b. *fiorþer, fiarþer* aus urspr. nom. *fiorðr*, gen. *fiarðar* meerbusen, bucht; *fiol, fial* brett; der mannsname *Biorn* : *Biærn*; ortsnamen wie *Biork* : *Biærk-ō*; *iorþa* : *iarþa* Ly beerdigen. Vgl. weiter die flexionslehre. Durch kompromiss zwischen *Iurunder* (*Iorunder*, aisl. *Iorundr*) und (dem nur im adän. belegten) *Iarander* erklärt sich wol der mannsname *Iarunder* (und mschw. *Ioran* aus **Iorander?*).

§ 78. Wo lautgesetzliche formen mit und ohne brechung wechselten, hat ebenfalls fast immer ausgleichung stattgefunden:

§ 79. Brechung.

1. Nur gebrochene formen, z. b. *tiald*, dat. *tialde* statt *telde zelt; *bialke* statt *belke nach obl. *bialku* balken.

2. Nur ungebrochene formen, z. b. *gælla* (aisl. *gialla*) gellen nach konj. *gælle* u. a.

3. Doppelformen, z. b. *biargh* : *bærgh* berg; *fiat* : *fæt* spur; *miarþe* : *mærþe* reuse; *biarter* : *bærter* hell; adj. *fiarre* : *færre* (danach adv. *færran* statt *fiarran*) fern; *siätte* (danach *siax* statt *sæx* sechs): *sǣtte* sechste; *stiala* : *stæla* stehlen u. a. m. (s. die flexionslehre und Rydq. IV, 120 ff.). Hierher auch fälle wie *urfælder* und -*fialder* nach dem simplex *fialder* privater grundbesitz, *ingeld* und -*giald*, *þorbern* und -*biorn* u. d., s. § 76, 2.

Anm. 1. Bisweilen kann der neben dem gebrochenen stehende ungebrochene vokal durch *u*- oder *w*-umlaut zu *o* geworden sein, s. § 65, 3 und § 69, 3; bisweilen wiederum durch urgermanischen *i*-umlaut (s. § 164) zu *i* verwandelt, z. b. *giata*, *gæta* und (nach dem präsens) *gita* bekommen; *giaf*, *gæf* (nach *gæva* geben), *gif* (nach *giva* geben) gabe; *siaghl*, *sæghl*, *sighl* (nach *sighla* segeln) segel; *skial*, *skæl*, *skil* (nach *skilia* scheiden) unterschied; *snialder*, *snælder*, *snilder* (nach *snille* klugheit) klug; *spiall*, *spill* (nach *spilla* schaden) schade; *tiugher*, *tigher* (nach dat. *tighi*, nom. pl. -*ir*) anzahl von zehn; *iukul (s. § 59, 10), *ikil* eiszäpfchen; die mannsnamen *Siugh*- und *Sighurþer*, *Sigh*- und *Sighus* (aisl. *Sigfúss*). Bisweilen endlich kann der ungebrochene vokal sowol *w*- wie *i*-umgelautet sein, z. b. *myrker* (*mirkwi-) neben mschw. *miorker* (kaschw. *miorke; vgl. aisl. *miorkue* : *myrkue* dunkelheit) dunkel; adv. *þykla* 'oft' neben *þiokker* dick.

Anm. 2. Andererseits können bisweilen die brechungen *ia* und *iu* durch den jüngeren an. *i*-umlaut zu resp. *æ* und *y* geworden sein. Beispiele s. § 59, 9 und 10.

Anm. 3. In fällen wie *sældan* selten, *gærna* gern neben *sialdan*, *giarna* beruht wol der ungebrochene vokal zum teil auf mndd. einfluss (*selden*, *gern*).

§ 79. Auch in der geschichte der brechung dürften — wie bei den umlauten — zwei verschiedene perioden zu unterscheiden sein (s. Söderberg, U-omlj. s. 50 f. = 95 f.):

1. Eine periode, wo brechung nur durch ein in der späteren sprache geschwundenes *a* oder *u* (*w*) bewirkt wurde. Zu dieser zeit also stand z. b. einem nom. sg. **teu₃(u)ʀ* > *tioghr (nschw. *tjog*) ein dat. pl. *teᵹumʀ > *teghum (wonach aisl. nom. sg. *tegr*) gegenüber.

2. Eine periode, wo brechung nur durch ein in der späteren

sprache erhaltenes *a* oder *u* (*w*) bewirkt wurde. In dieser zeit also wurde der dat. pl. **teghum* zu *tiughum* (wonach aschw. nom. sg. *tiugher* anzahl von zehn).

III. Entwicklung der urn. diphthonge.

§ 80. *ai* wird zunächst in doppelter weise entwickelt:

I. In *ā* (woraus durch *i*-umlaut *ǣ* § 59, 2) kontrahiert in folgenden stellungen:

1. Vor (später geschwundenem) *h*, z. b. rschw. *fāþi* (urn. *faihiđo*) schrieb, kaschw. *ā* (urn. *aih*) besitze, *lān* an-, darleihe (*lēn* lehn ist d. lehnw.), *māke* (zu aisl. *már*, ahd. *mēh*) möve, *rā* reh, *sāld* (*sald* § 90, 1) eimer zu *sār* (litau. *saīkas*, s. Lidén, Uppsalastudier s. 81 f.) zuber, *slān* schlehe, *tā* zehe.

2. Vor (ursprünglichem) *r*, z. b. *ār* (finn. *airo*) ruder, *ārla* (*arla* § 90, 1; zu got. *air*) früh, *sār* (got. *sair*) wunde, *sār* (lapp. *sairas*) verwundet, *skǣr* (**skairi-*, vgl. got. *skeirs*) hell, *ǣrna* (got. *airinōn*) neben anal. *ārna* (nach **ār*, got. *airus* bote) auswirken.

Anm. 1. Vor rschw. *ᴿ* (kaschw. *r*) bleibt einstweilen der diphthong, weshalb kaschw. (nach § 124, 2) *ē* steht, z. b. *ēr* (got. *aiz*) bronze, *mēre* got. *maiza*) grösser; *lēra* lehren, *ēra* ehre sind nämlich d. lehnw. Unklar ist dagegen der erhaltene diphthong vor urspr. *r* im rschw. namen (gen. sg.) Airnaᴿ Rök sowie im mschw. *ērna* (schlechte orthographie? oder einfluss des mndd. *ernen*?) neben *ǣrna*, *ārna*.

3. Vor heterosyllabischem *w*, z. b. *hā-* (**haiwa-*, vgl. batavisch *Haeva* 'gattin' und got. *heiwa-*; s. Siebs, ZfdPh. XXIV, 461, Brate, Arkiv IX, 134) in *hāsskaper* Ög familie, wirtschaft, *lǣrikia* (mhd. *lēwerich*) lerche, *Sǣ-* (**saiwi-*, got. *saiws*) See- in ortsnamen, *ǣ* (vgl. got. acc. pl. *aiwins*) oder *ā* Vg. I, Ög u. a. (vgl. got. d. pl. *aiwam*) immer, *ǣve* (vgl. got. *aiweins*) lebenszeit; ferner der rschw. mannsname Uamuþᴿ (d. h. Wāmōþᴿ, vgl. finn. *vaiva* weh) Rök. Unsicher ist *haraþ* (*hāraþ*?), -*eþ* Vg. I (z. b. Leseb. 6, 29), Ly, Dipl. 1402 u. a., sonst *hær(r)aþ*, -*eþ* (aisl. *heraþ*, anorw. *hærað*) 'bezirk', das vielleicht zu *hær* 'heer' gehört und nach § 60—63 zu erklären ist.

Anm. 2. Tautosyllabisches -*aiw* wird (über -*æiw*, s. unten II) zu -*øy*, woraus agutn. -*oy*, aschw. -*ō*. Beispiele s. § 69, 7.

§ 80. Entwicklung der urn. diphthonge.

Anm. 3. Rschw. *sal, saul* 'seele' ist ags., die nebenform *sil* mudd. lehnw. (s. Brate, Uppsalastudier s. 6 ff.). Aus dem d. stammt auch kaschw. *vē* weh.

4. In stark nebentoniger silbe (s. § 57, II) und zwar:

a) Vor dem haupttone (vgl. § 57, 1, A, 2), z. b. *nāk(w)ar* (vgl. § 73, 2) irgend ein, der mannsname *Swānaldcr* (zu aisl. *Sveinn*) und das erst nschw. belegte adv. *skaffōttes* aus *skāffōtis* (vgl. ags. *scáf-, scáfót*) 'schief mit den füssen liegend' (zu aisl. *skeifr* schief).

Anm. 4. Über *bāþir* beide s. An. gr. I § 57 anm. 3. *Vrassvili* Vg. I neben *vrēz-* und *vræsvili* (s. II, 2 unten) zorn ist vielleicht nur ein schreibfehler statt *vræss-*.

b) Nach dem haupttone, z. b. in den zahlreichen mannsnamen auf *-lāver* neben (einst) haupttonigem *-lērer* (*-laibuʀ*, aisl. *-leifr*), *-lāker* neben *-lēker* (aisl. *-leikr*), *-stān* neben *-stēn* (aisl. *-steinn*), *-āmber* neben *-ēmber* (ahd. *-heim*) wie *Ōlāver, Þorlāker, Halstān, Onāmber*; ferner z. b. *Asgār* neben *-gēr* (aisl. *Ásgeirr*), *Ōvāgher* neben *Ōfēgher* (aisl. *Ófeigr*), rschw. (agutn.) *Sihrafʀ* (d. h. *Sigrāfʀ*) neben *-raifʀ* (aisl. *reifr*), kaschw. *forrǣþe* (*-aiþia*; Leseb. 4, 12) neben *-ēþe* (Leseb. 4, 17; zu aisl. *eiþr*) früherer eid, der ortsname *Sundāþ* oder *-ǣþe* neben *Sundhēþ(e)* zu *hēþ* haide, mschw. *ærvādhe, -a* arbeit, *-en* und mit später verkürztem *ā* z. b. *afraþ* neben *-rēþ* abgabe (zu aisl. *afreiþa* abtragen), *navar* (vgl. ahd. *nabagēr* < *-ʒaizaz*) bohrer, der mannsname *Ivar* (air. lehnw. *Imhair*) neben *Ivir* (aus *Iwēʀʀ*).

Anm. 5. Wol aus den zahlreichen zusammensetzungen losgelöst ist *klǣþe* kleid und vielleicht *tāgher* Sdm. fr. neben *tēgher* ackerbeet. Ags. lehnw. ist *sāpa* seife und vielleicht *bāter* boot. Unklar sind *þrāva, þrǣva* neben nschw. *trēfva* (aisl. *þreifa*) tappen und (trotz einerseits Falk, Arkiv VI, 114 note, andererseits Kock, ib. IX, 165 f.) *hās* neben *hēs* heiser.

II. Zu *œi* (vgl. § 59, 1) in übrigen starktonigen (vgl. anm. 8 unten) stellungen. Über die spätere entwicklung dieses diphthongs s. § 124. Gemeinaltnordisch sind ausser dem schon (§ 69, 7) behandelten *w*-umlaut folgende vorgänge:

1. Wo *œi* durch den schwund eines (schon in urn. zeit) auslautenden *ʒ* in den auslaut tritt, wird es zu *ē* (woraus aschw. *ē*, s. § 114, 1) kontrahiert, z. b. *prās. iē* Biæ (got. *aiγ* neben *aih*, aschw. *ǟ* nach 1, 1 oben; s. Lüffler, Arkiv IV, 191 f.), mit anal. präsensendung *ǣr* Ly, SK neben gew. *ægher*, wo *gh* aus dem

§ 80. Entwicklung der urn. diphthonge. 77

inf. ēgha (aisl. eiga) oder anal. (nach präs. ǣ, resp. ā) ǣgha, āgha 'besitzen' entlehnt ist. Ebenso setzt wol prät. stǣgh 'stieg' Biæ, Bu und Cod. Holm. A 54 ein älteres *stǣ (aisl. sté neben steig, aschw. stēgh) mit aus dem pl. stighum entlehntem gh voraus (s. Tamm, Arkiv II, 345). 2. Vor einer tautosyllabischen oder durch synkope entstandenen konsonantengruppe oder geminata (vgl. § 90) wird œi zu e (woraus aschw. œ, s. § 113), z. b. flæsk (schweine)fleisch, mæst (agutn. mest) am meisten, sup. flæstęr (agutn. flestr) zu flēre (agutn. flairi, aisl. fleire) mehrere, œnkia wittwe und œnkil (vgl. got. ainakls 'verlassen') wittwer, der mannsname Hǣlghe oder (mit in g. d. a. entstandener brechung, s. § 78, 3) rschw. Healgi, kaschw. (latinisiert) Hielgo (aruss. entlehnt Oleg mit dem fem. Olga, s. Arkiv I, 171; anorw. Hiælgi) 'der heilige', ælliru (got. ainlif) elf, nschw. skädda (*skaiðiðōn zu aisl. skeiþ scheit, s. Hellquist, Språkv. Sällsk. i Upsala förhandl. 1891—1894, s. 83 ff.) buttfisch. In den weitaus meisten fällen kommen durch ausgleichung entstandene doppelformen mit œ und ē (agutn. ai, aisl. ei) neben einander vor, z. b. bæskęr und bēskęr (aisl. beiskr nach a. beiskan u. a.) bitter; ebenso bei fœtme (zu aisl. feitr fett) fettigkeit, frœst aufschub, hæl (aisl. heill) glück, hælsa (aisl. heilsa) grüssen, hæm(p)ta (aisl. heimta) holen, hæster (s. § 93, 1) pferd, hæzla (so aschw., aber agutn. haizla) feierliche ankündigung, hæþne (aisl. heiþne) heidentum, rænsa (aisl. hreinsa) reinigen, die mannsnamen Stænkil (z. b. Leseb. 13, 33; aisl. Steinkell), Swœn (aisl. Sueinn), adv. sœnna (aisl. seinna) später, rǣzla (so aschw., aber agutn. vaizla) bewirtung, œgn eigentum, œgna eignen, œkke nicht(s), œn ein(er), œnge (ahd. einag) einzig, œngin kein, œnkom (aisl. einkom) besonders u. a. m.; vgl. nschw. gränsle (grensle) rittlings zu aschw. grēn verzweigung, gäspa (aus *gæpsa wie aschw. gēspa, aisl. geispa aus *gæipsa zu aisl. geipa schwatzen) gähnen, ärg (erg) kupferrost zu aschw. ēr (s. anm. 1 oben). In vielen fällen ist das lautgesetzliche œ nur ausnahmsweise (neben gew. ē) belegt, z. b. bǣzl O oder mit metathęsis bǣlz (agutn. baizl, aisl. beisl, beils) gebiss, hæl (aisl. heill) Ly u. a. ganz, der mannsname Hǣmfaster zu hēm heimat, hæþer (aisl. heiþr) ehre, lækmaþer (aisl. leikmaþr) U u. a. laie, prät. uprǣste (z. b. Leseb. 47, 7) und part. uprǣstęr Bu zu uprēsa (aisl. reisa) aufrichten, stæktęr P. I u. a. zu stēkia braten, stænka

§ 81. Entwicklung der urn. diphthonge.

MEL steinigen, *sænka* (aisl. *scinka*) Bir, P. I verspäten, *vræþer*, g. *wræz* (aisl. *reiþr*) Vg. I, Biæ, MEL (anal. a. *vræþan* Bu) m. m. zornig, *ældęr* (aisl. *eldr*, aber ags. *æled*, aschw. *ēleþer*, gew. *ēlder*) feuer, *æþer* (aisl. *eiþr*) U, Ly m. m. In anderen fällen ist das anal. *ē* alleinherrschend geworden, z. b. *rēn* (aisl. *hreinn*) rein u. a. m.

Anm. 6. Umgekehrt steht in vielen fällen durch kompromiss ein anal. *ǣ* neben lautges. *ē*, z. b. *hǣlagher* (nach a. *hælghan* u. a.) neben *hēlagher* heilig; ebenso bei *lǣta* (nach prt. *lǣtte*; aisl. *leita*) suchen, *mǣre* (nach sup. *mǣster*; aisl. *meire*) grösser, *ǣghin* (aisl. *eigenn*) u. a. Selten sind diese *ǣ*-formen (neben gew. *ē*) in fällen wie a. *brǣþan* P. I (nach n. *brǣþer*, ntr. *brǣt*) breit, *bǣn* (nach g. *bæns*, zusammens. *bænbrutin* u. dgl.) bein, *bǣþa* (aisl. *beiþa*) Vm, O m. m. bitten, *dǣl* teil, *flǣre* U, MEL mehrere, *fǣta* (z. b. Leseb. 78, 33; aisl. *feita*) das fette, *gǣt* geiss, a. *hǣtan* (Leseb. 84, 3) heiss, *hǣþin* MEL (z. b. Leseb. 34, 32), O heidnisch, *lǣþa* Vg. I (z. b. Leseb. 2, 19), Bu m. m. leiten, *rǣþa* Vg. I (vgl. Leseb. 62, 30) bereiten, *swǣpa* A 49 einhüllen, *sǣnast* (nach komp. *sǣnna*) Bir am spätesten, präs. *vǣt* (nach 2. sg. *væst*) Vg. I, U, Vm weiss, *vǣtir* (aisl. *veiter*) Vg. I zufügt, *ǣk* eiche u. a. m. Andererseits giebt es fälle, wo ein kurzes *æ* dem *ē* gegenüber alleinherrschend geworden ist, z. b. *læsta* (lat. *lædere* < *laizd*-) verstümmeln nach prät. *læste*, part. *læster*; adv. *særlæstom* zu got. *laists* spur, nschw. *läst*, aisl. *leistr* (Brate, Böj. s. 15) fuss.

Anm. 7. Unklar ist *frēsta* (aisl. *fresta*) neben *frēsta* (aisl. *freista*) versuchen. Ob jenes aus *fraisatjan* (vgl. got. *fraisan*), dieses aus *fraistōn* (vgl. got. *fraistō-bni* entstanden ist?

Anm. 8. Über die behandlung des diphthongs *ai* in urspr. schwachtonigen silben s. § 91, 2.

§ 81. *au* wird ebenfalls zunächst in doppelter weise entwickelt:

1. Zu *ō* kontrahiert vor *h*, z. b. *þō* (got. *þauh*) jedoch, rschw. *flu* (d. h. *flō*, got. *þlauh*) floh.

1. Zu *ǫu* (vgl. § 65, 1) in übrigen starktonigen (vgl. anm. 3 unten) stellungen. Über die spätere entwicklung dieses diphthongs s. § 59, 8, § 64, 6 und § 123. Gemeinaltnordisch ist ausser den schon (§ 59, 8 und § 64, 6) behandelten *i*- und *R*-umlauten folgender vorgang (s. Kock, Ake. II, 328 ff., Arkiv IX, 139 und die daselbst zitierte literatur; Wadstein, Tidskr. f. Fil. N. R. X, 231):

Wo die silbe zur schwachtonigkeit niedersinkt, wird *ǫu*, wo nicht association den diphthong erhält, zu *o* (dial. und selten *u*) und zwar:

§ 81. Entwicklung der urn. diphthonge. 79

a) Vor dem haupttone, z. b. *brot* U (*brut* Vg. II) oder mit metathesis wegen der schwachtonigkeit *bort* (*burt*, z. b. Leseb. 43, 17; 44, 27) neben *brōt* Vg. I 'weg', aus den zahlreichen zusammensetzungen (s. § 57, I, A, 1, b) gelöst und urspr. mit dem subst. *brōt* (aisl. *braut*) identisch; *dozdrūp* Vm, Biæ totschlag, *dozōker* Vg. II todeskampf zu *dōper* (aisl. *dauper*) tod; *Go(t)starer* neben *Gə̂tstarer* Gustav; *loghadagher* (alt nschw. *logerdag* 1538, nschw. dial. *lōrda*) neben *lə̄'gha(r)dagher* (aisl. *laugardagr*) sonnabend; *loghokarl* neben *lə̄'ghokarl* bader zu *lə̄gh* (aisl. *laug*) bad; *ok* (*uk* Dipl. 1316 und ngutn.) aus rschw. *auk* und, auch; der name *Opælver* neben *Øpælver* (vgl. anorw. *Oðfinnr* neben *Auðfinnr*); *skotkonunger* (einmal *skut-*) neben *skutkonunger* 'könig der noch schosskind ist' und *skutrū* Da 'grenzzeichen im winkel des hofes' neben gew. *skō'trū* zu *skōt* (aisl. *skaut*) schoss, winkel.

b) Nach dem haupttone, z. b. *brūplop* neben *bru(l)lə̄'p* (aisl. *brullaup*) hochzeit; die ortsnamen *Falukoponger* Vg. I neben *Falukə̄'punger* und *Lynkopunger* neben *Lin(g)kə̄'punger* (vgl. aisl. *kaupangr* stadt); ? pl. *ləsorar* neben *-ə̄'rar* (aisl. *aurar*) bewegliche habe, anal. auch simplex *ōre* Vg. I, II, Ly, Vm, Biæ m. m. neben *ə̄re* (aisl. *eyrer*) ¹/₈ mark (s. Kock, Arkiv XII, 88; vgl. aber Zetterberg, s. 15); *mullogh* (*mollugh* Dipl. 1483) neben *mullə̄'gh* handfass; der ortsname *Uphogha* (*-hugha* Sdm) zu *hōger* (aisl. *haugr*) hügel; *ralruf* Ög (ntr. wie adän., anorw. *valrof*, ags. *wælréaf*; vgl. rschw. fem. pl. *ualraubaʀ* Rök) leichenplünderung; *vindogha* neben *-ə̄'gha* (aisl. *vindauga*) fenster; *ortogh* (*-tugh* Ög m. m., *yrtugh* Sdm m. m., anorw. *ertug*) neben *ortə̂gh* Vg. I, II, agutn. *ertaug* ¹/₂₄ Mark; ferner die zahlreichen personennamen auf *-goter* (*-guter*) neben *-gə̂ter* (aisl. *-gautr*), *-logher* (*-lugher*) neben *-lə̄gher* (aisl. *-laugr*) und *-logh* neben *-lə̄gh* (aisl. *-laug*) wie z. b. *Algoter*, *-guter*, *Asgoter*, *-guter*, *-gə̂ter*, *Gunlogher*, *Hærlogher*, *-lugher*, *-lə̄gher*, *Aslogh*, *Ingelogh*, *-lə̄gh*.

Anm. 1. Von obigen beispielen sind mehrere (besonders solche, wo nebenformen mit *u* vorkommen) vielleicht eher durch ablaut (s. § 170 und Urg. lautl., s. 93 f.) zu erklären. Zu *brot, brut* (auch *burt*, später *bort* nach § 120) vgl. aisl. *brott* (schwerlich aus *braut*) 'weg'; zu *Got-, -goter, -guter* vgl. aisl. *Gotar* Goten, *got(n)ar* männer, aschw. *Gutar* einwohner von Gotland, nnorw. *gut* knabe; zu *-hogha, -hugha* vgl. aschw. *Hugha, Hoghaby* ortsnamen, *hogher?* hoch, aisl. *Hugleikr* mannsname, *hugr* (hoch)mut; zu *-logher, -lugher* vgl. aschw. *loghi, lughi*, aisl. *loge* lohe (neben *leygr* wie

80 § 82. Urn. diphthonge. § 83. Sonstige veränderungen (*i* > *e*).

Háloga-land neben *Háleyger*); zu *-ruf* vgl. aisl. *rof*, aschw. *ruf* reissen, bruch; zu *skot-, skut-* vgl. aisl. *skot-* vorsprung, *skutr* steven; zu *-togh, -tugh* vgl. aschw. *tugh*, aisl. *tog* seil (neben *taug* wie aschw. *ortogh* neben *agutn. ertaug*, d. h. **ert-taug* 'erzdraht' als geld gebraucht).

Anm. 2. Wahrscheinlich d. lehnw. sind *Kōpman* (mndd. *kōpman*), *kætilōdh, -hōt* (mndd. *kettelhōt*), *'til overlops'* (mndd. *overlōp*) neben *Kopman* ein mannsname, *kætilhōp* eisenhut, *ivirløps* überschlüssig. Vermutlich nur schreibfehler ist *ostbytta* Biæ (statt **ōst-*, vgl. aisl. *austker*) schöpfeimer.

Anm. 3. Über die behandlung des diphthongs *au* in urspr. schwachtonigen silben s. § 91, 3.

§ 82. *eu* und *iu* werden beide spät und vielleicht einzelsprachlich in starktonigen silben (vgl. anm. 2 unten) zum steigenden diphthong *iū* (über dessen spätere entwicklung s. § 122), z. b. *liūver* (urn. *-leubaʀ* Skärkind), fem. *liūf* (urn. *liubu* Opedal) lieb, *siūker* (got. *siuks*) krank, *kiūsa* (got. *kiusan*) entzücken.

Anm. 1. Durch eine frühe dialektische spaltung tritt in gewissen gegenden des nordens statt *iū* vielmehr *iō* ein, bald wie im aisl. nur vor gewissen konsonanten, bald wie im dal. in allen stellungen. Aus solchen dialekten (oder vielleicht aus urnord. *eo*, s. § 58 anm., § 163 anm. 3) stammt wol das im aschw. ganz ausnahmsweise auftretende *iō*, z. b. *tiōper* (wozu das verb *tiōpra*) Vm., *tiōper* spannstrick, *skiōter* Dipl. 1344, MB. I, D 4, Rk. I, *skiūter* schnell, *liōrer* (dies oft), *liūver* lieb, *liōr* oder *liōmber*, *liūmber* lau, rschw. mannsnamen auf *-niōtr* (s. Rv., s. 37).

Anm. 2. Über die behandlung dieser diphthonge in schwachtonigen silben s. § 91, 5.

Anm. 3. Entsprechend werden *ia* und *io* (in lehnwörtern) zu *iā*, resp. *iō*, z. b. *þiāna* (as. *thianōn*) dienen, rschw. *siul*, d. h. *siōl* (as. *siola*) seele; s. § 118 mit anm. 2.

IV. Sonstige veränderungen.

§ 83. Ein übergang *ĭ* > *ĕ* tritt in starktoniger silbe, ausser wo in der folgenden silbe *ĭ* oder *j* noch in urn. zeit steht (vgl. Lindgren, Sv. landsm. XII, 1, s. 154 ff.; Lidén, Uppsalastudier, s. 80 f.), in folgenden fällen ein:

1. *i* wird zu *e* (aschw. *æ* § 113) in folgenden stellungen:

a) Vor einem durch assimilation geschwundenen nasal, z. b. *klepper* klöppel neben *klimper* klumpen, *brækka* neben *brinkia* (durch kontamination *brikka*) brink, *vætter* Vg. 1 neben *vinter* (kont. *ritter* Vg. 1) winter.

§ 83. Sonstige veränderungen von Ĭ.

Anm. 1. Bisweilen ist *e* durch anal. *i* ganz verdrängt worden, z. b. imperat. *stik* nach inf. *stinga* stechen, *drik* (aisl. *drekk*) trinke nach präs. *drikker* (*drinkiʀ; umgekehrt aisl. *drekkr* nach dem inf. *drekka*). In *kriplinger* (vgl. aisl. *krepp-hendr*) neben *krimplinger* krüppel ist *i* wegen des folgenden *i* lautgesetzlich.

b) Vor heterosyllabischem *ʀ*, z. b. 3. pl. (urspr. starktonig) *ęru*, agutn. *ieru* (vgl. § 98 anm. 2; aisl. *ero*, urg. *izunþ, s. Brugmann II, 908) neben (urspr. schwachton.) agutn. *iru* 'sind'.

2. *i* wird zu *ē* (aschw. *ǣ* ausser vor vokal, s. § 114, 1) in folgenden stellungen:

a) Vor (später geschwundenem) *h*, z. b. *vǣtter* neben agutn. *vītr* (aus formen mit *i* in der endung) wicht, *frēt* (aisl. *frétt*) nachricht, subst. *rētter* (aisl. *réttr*) recht, *stǣtta* (vgl. aisl. *stétt*) steige, *vǣt* (aisl. *vétt-* zu *víg* kampf) totschlag. Vgl. mit lautges. *ī*, z. b. präs. *sīr* (*sihiʀ) siehst, sieht (neben *sēr* nach inf. *sēa*, wie umgekehrt inf. *sīa* nach dem präs.); *īl* (< **jihil-*) neben *ēl* (< *jihl) windstoss; vgl. dal. *raita* (*rītta < *rihtian) aufrichten (neben aschw. *rētta* nach *rētter* aufrecht, wie *slētta* schlichten nach *slētter* eben).

Anm. 2. In obigen beispielen kann das *e* (> *ę̄* > *ǣ*) auch zum teil durch urg. *a*-umlaut (s. § 163, 1) erklärt werden. — Über den diphthong *ai* s. § 80, I, 1.

b) Vor einem mit ersatzdehnung geschwundenen nasal, z. b. a. f. *þrē* (got. *þrins*) drei, *fǣm* fünf (rschw. noch *fim* Rök, d. h. *fēm* statt *fēf, got. *fimf*, nach *fimpte fünfte, das seinerseits nach *fǣm* zu *fǣmpte* umgebildet worden ist). Vgl. mit lautges. *ī* z. b. *mīl* (*minþila, ahd. *mindil*; vgl. aisl. *mél* aus *minþla) mundstück des gebisses; mit lautges. *i* in schwachtoniger silbe präpos. *i* (dann auch starktonig *ī* nach § 87) 'in'. Bei wechselnder betonung entstehen doppelformen wie bei dem präfix (urspr. starktonig) *sǣ-*, (urspr. schwacht.) *si-*, *sī-*, (got., ahd. *sin-*) 'allgemein, immer', z. b. in *sǣvinter* langer und strenger winter, aber *sīval* ganz rund.

c) Vor tautosyllabischem *ʀ*, z. b. *mǣr* (aisl. *mér*, urn. *meʀ* Opedal, got. *mis*, ahd. *mir*) mir, *þǣr* dir, *sǣr* sich (dativ) neben den urspr. schwachtonigen (dann auch starktonigen und gedehnten) nebenformen agutn. *mīr*, *þīr*, *sīr*; vgl. 3. sg. aisl. *ér* (s. Larsson, Ordförrådet s. 358, 361; gew. *es* oder nach dem pl. *er*) neben agutn. *ir* 'ist'.

§ 84. Sonstige veränderungen von ŭ.

Anm. 3. Urspr. langes ī wird von dem übergang nicht betroffen, z. b. aschw., agutn. vīr (got. weis) wir, īr ihr. Aisl. vér, ér setzen daher wie ahd. wir, ir kurzvokalische formen voraus (s. Brugmann II, 810).

3. ī wird zu ē (aschw. ǣ ausser vor vokal, s. § 114,1) in folgenden stellungen:

a) Vor (später geschwundenem) h, z. b. fǣl (aisl. selt. fél, ahd. fīhala; spät mschw. fīl ist wol aus mndd. vīle entlehnt) feile, lēa (got. leihvan) leihen, lǣtter leicht, tēa (got. teihan) zeigen, twǣ- und (urspr. antevokalisch) twē- (aisl. tué-, got. tweih-; aisl., agutn. tuī- entspricht ags. twi-, ahd. zwi-) zwei-, twǣni Vg. I, Vh (got. tweihnai) zwei, rǣ (zu got. weihs heilig) neben vī (aus lokativ *wīhi) heilige stätte, pǣtter neben dal. tīt (mhd. dīhte) dicht. Vgl. mit lautges. ī, z. b. pīstil (aisl. pīsl, ahd. dīhsila) deichsel, nschw. tīta (*tīhtiōn) meise zu dal. tēta (*tīhtōn) zwitschern.

b) Vor geschwundenem nasal, z. b. lǣrœpt (agutn., aisl. lérept) neben aisl. líript (durch kombination aschw. lǣript) leinwand zu līn lein.

§ 84. Ein entsprechender übergang ŭ > ŏ tritt in starktoniger silbe, ausser wo in der folgenden silbe ī oder j noch in urn. zeit steht (in welchem falle ŭ nach § 59, 5 und 6 zu ў wird), in folgenden ganz analogen fällen ein:

1. u wird zu o in folgenden stellungen:

a) Vor einem durch assimilation geschwundenem nasal, z. b. roppa neben rumpa schwanz, pokke neben agutn. punki (durch kontam. aschw. pukke) unehrerbietigkeit, oker (wegen schwachtonigkeit aus *okker, aisl. okkr, kontam. von *okk, got. ugk und *ykkr, got. ugkis) uns beide. Vgl. mit lautges. y, z. b. krypplinger krüppel zu krumpin krüppelig, pykkia dünken, drykker (*drunki-) trunk, forstytta verkürzen zu stunter kurz u. a. m. (s. Kock, Arkiv XI, 315 ff.).

Anm. 1. Vielleicht bleibt u vor einem u der folgenden silbe (so Kock, a. a. o.), z. b. okkar (got. ugkar) uns beiden zugehörig, aber fem. ukkur neben (eventuell analogischem) okkor. Jedenfalls ist prät. pl. drukku 'tranken' nicht lautges., sondern nach sg. drak umgebildet statt *drunku, wie part. prät. drukkin statt *drunkin, welche form tatsächlich dem verb drunkna 'ertrinken' zu grunde liegt.

§ 84. Sonstige veränderungen von u.

b) Vor heterosyllabischem ʀ, z. b. 3. pl. prät. *koro* (aisl. *køro*, vgl. got. *kusun*) wählten, part. *korin* (aisl. *kørenn*, vgl. got. *kusans*) gewählt.

2. *u* wird zu *ō* in folgenden stellungen:

a) Vor (später geschwundenem) *h*, z. b. *drōtsæte* truchsess, *lō* luchs, *sōt* sucht. Vgl. mit lautges. *ȳ*, z. b. *sȳta* (**suhtian*) besorgen.

Anm. 2. In obigen beispielen kann das *o* (> *ō*) auch zum teil durch urg. *a*-umlaut (s. § 163, 2) erklärt werden.

Anm. 3. Das konsonantische *u* in den diphthongen *eu, iu* wird von dem übergang nicht betroffen, z. b. *liūs* licht, *liūre* lichtöffnung (zu got. *liuh-aþ* licht); vgl. § 82. Über den diphthong *au* s. § 81, 1. — Vor *s* geht *h* so früh in *k* über, dass es keinen übergang bei vorhergehendem *u* bewirken kann, z. b. *uxe* (got. *aúhsa*) ochs.

b) Vor einem mit ersatzdehnung geschwundenen nasal, z. b. präfix *ō-* neben urspr. schwachton. (s. § 57, I, A, 1, a) *ū-* *un-*; d. a. pl. *ōs* (z. b. Leseb. 47, 16) neben urspr. schwachton. *ūs* (got. *uns*), durch kontam. von *ōs* und **yss* (got. *unsis*) auch *os(s)* und *us(s)* (beides nach § 90, 3 und § 112 aus **ōss*) uns; *ōsk* neben *ūsk* (nach **unskian* > *ȳskia* wünschen, wie umgekehrt nach *ōsk* die verbalform *ōskia*, wonach dann die substantivform *ōsk*) wunsch; *tōft* Vg. I (*topt* Vg. I, II) neben *tompt* (kontam. von *tōft* und **tumpt*, ahd. *zumft*) bauplatz; (*fram*)*fōs* (ahd. *funs*) neben *fūs* (nach **funsian* > aisl. *fȳsa* begierig machen, *fȳse* begierde u. a.) eifrig; *þōrsdagher* (ags. *þunresdæg*) donnerstag neben *Pyrgils, Pūrir* (anal. *Porgils, Pōrir*) mannsnamen (vgl. aisl. *Þórr : Þuríþr*, adän. *Thōr : Thȳri*).

Anm. 4. Vielleicht bleibt *u* als *ū* vor einem *u* der folgenden silbe, was das (konstante) *ū* in *ūsal* (neben *ōsæl*) 'elend', dem fem. und ntr. pl. *ūsul* (vgl. oben anm. 1 über *okkar : ukkur*) nachgebildet, erklären würde.

Anm. 5. Ags., resp. mndd. lehnw. ist *hūsl* (got. *hunsl*) sakrament, *dust* (ahd. *dunst*) staub.

c) Vor tautosyllabischem ʀ, z. b. präpos. *ōr* (*ør* s. § 64, 4; got. *us, uz-*) neben urspr. schwachton. *ūr* (agutn., dal. *ȳr* s. § 64, 5) aus, *snōr* (nnorw. *snōr* < **snuz-*; vgl. mengl. *snēsen* < **sneusan* niesen) nasenschleim. Vgl. noch anm. 7 unten.

Anm. 6. Unsicher ist *kōr* (*kør* § 64 anm. 3) wahl, das vielleicht mndd. lehnwort ist.

§ 85. Sonstiges. § 86—89. Dehnung starktoniger vokale.

Anm. 7. In schwachtonig gewordenen silben unterbleibt die dehnung (oder tritt früh kürzung ein), z. b. die präfixe *or-* (*or-*, got. *uz-*) und *tor-* (*tor-*, got. *tuz-*), s. § 64, 3.

Anm. 8. Urspr. langes $\bar{u}$ wird von dem übergang nicht betroffen, z. b. dal., aisl. *kȳr* neben a. *kū* kuh (vgl. § 83 anm. 3). Ebenso das *u* der diphth. *eu*, *iu*, z. b. *diūr* (got. *dius*) tier; vgl. § 82 und anm. 3 oben.

3. $\bar{u}$ wird zu $\bar{o}$ vor (später geschwundenem) *h*, z. b. *ōtta* (got. *ūhtwō*) frühe morgenzeit, *þōtte* (got. *þūhta*) dünkte, *stēnþrō* (ags. *þrúh*) steinsarg; vgl. *mōghe* schar, durch kontam. von *$m\bar{o}e$ (ags. *múha*) und *mūghe* (aisl. *múge*, ags. *múʒa*), s. Urg. lautl. s. 179.

Anm. 9. Von $\bar{u} > \bar{o}$ vor geschwundenem nasal fehlen zufällig beispiele.

§ 85. Wegen der übergänge $\bar{e} > i$, $\bar{o} > a$ und $\bar{o} > u$ in schwachtonigen silben s. § 91, 4 und 7.

B. Quantitative veränderungen.

I. Dehnung starktoniger vokale.

§ 86. Sog. ersatzdehnung tritt ein, wo unmittelbar nach dem vokal ein konsonant schwindet ohne sich einem folgenden zu assimilieren, z. b. *gās* gans, *ō-*, *ū-* un-, *fē* vieh. Ebenso einst in (später gewöhnl. schwachtonig gewordenen) endsilben nach kurzer stammsilbe wie z. b. *komā* (später *koma*) kommen; vgl. § 57, II, B, 1.

§ 87. Jeder auslautende vokal wird gedehnt, z. b. *sā* 'der', f. *sū* aus schwachton. *su* (got. *sō*, s. § 91, 7, a), a. sg. f. *þā* (got. *þō*, s. § 91, 7, b) 'die', *þū* du.

§ 88. Vor tautosyllabischen konsonanten tritt dehnung in folgenden fällen ein:

1. Vor (später zu *tt* assimiliertem) *ht* bei allen vokalen, z. b. *ātta* acht, *rētter* recht, *dōtter* tochter.

2. Vor tautosyllabischem *n* nur bei *i* und *u*, welche (über *e*, *o*) zu *ē* und *ō* werden. Beispiele s. § 83, 2, c und § 84, 2, c.

§ 89. Ueber *eu*, *iu* > *iū* s. § 82.

II. Kürzung.

§ 90. Vor einer tautosyllabischen oder durch synkope entstandenen konsonantengruppe oder geminata wird ein (urspr. oder nach § 80, I, § 83, 2, § 84, 2, § 86 und § 88, 1) langer vokal gekürzt. Jedoch wird sehr oft durch assoziation mit formen, wo die genannten bedingungen nicht vorhanden sind, die länge erhalten. Beispiele:

1. $\bar{a} > a$ wie in *han* (aisl. *hann*) er, g. *hans* seiner neben d. *hānom* ihm, *hwarke* (aisl. *huártke* nach *huárge*) weder, *sargha* verwunden zu *sār* wunde, *halka* schlüpfrigkeit zu *hāl* schlüpfrig, *arla* (anal. *ārla* zu aisl. *ár*) früh, ntr. *fat* D 4 (*fāt*, aisl. *fátt*) mangelnd zu *fār* gering, *nat* (*nāt*) nacht, *vapn* (*vāpn*) waffe, *vapmāl* kleiderstoff zu *vāþ* stück zeug; vgl. noch nschw. *ramsa* reihe (zu aisl. *ræma* riemen), *skaffōttes* (s. § 80, I, 4, a).

2. $\bar{\imath} > i$ wie in *min* (aisl. *minn*) mein, *þin* dein, *sin* sein neben f. *mīn* u. s. w.; *litle* der kleine zu *lītin* klein.

3. $\bar{o} > o$ wie in *drotning* königin zu *drōtin* (aisl. *dróttenn*) herr, *os* (aisl. *oss*) neben *ōs* (anorw. *ós*; vgl. § 84, 2, b) uns, *got* (aisl. *gott*) neben anal. *gōt* (woraus später *gut* § 112) zu *gōþer* gut, *topt* (s. § 84, 2, b) bauplatz, namen wie *Þorkil* zu *Þōr*.

4. $\bar{u} > u$ wie in *brullop* hochzeit zu *brūþ* braut, ntr. **skiutt* > *skyt* (§ 100) zu *skiūter* hurtig.

5. $\bar{y} > y$ wie in *ymse* neben *ȳmis-* wechselnd, *bryllop* hochzeit zu *brūþ* braut, pl. *lys* (aisl. *lýss*), *mys* (aisl. *mýss*) zu *lūs* laus, resp. *mūs* maus.

6. $\bar{æ} > æ$ wie in g. *hænnar* ihrer, d. *hænne* ihr neben *hānom* ihm, pl. *gæs* (aisl. *gǽss*) zu *gās* gans, *sæl* (aisl. *sǽll*) glücklich.

Anm. Über die analoge behandlung des diphthongs *æi* s. § 80, II, 2.

§ 91. In schwachtonigen silben werden alle langen vokale und diphthonge in der weise reduziert, dass sie samt und sonders zu *a*, *i* oder *u* werden und zwar: $\bar{a}$, *au* zu *a*; $\bar{e}$, $\bar{\imath}$, *ai* *eu*, *iu* zu *i* (das später nach §§ 137, 142 mit *e* wechselt); $\bar{u}$ zu *u* (das später nach §§ 139, 143 mit *o* wechselt); $\bar{o}$ nach besonderen regeln zu *a* oder *u* (*o*). Also beispielsweise:

§ 91. Kürzung.

1. *ā* > *a* in schwachtonigen (wiewol oft früher stark nebentonigen) zusammensetzungsgliedern, teils vor dem hauptton, z. b. *nabō'* neben *nā'bō* (aisl. *nábúe*) nachbar, der ortsname *Skanō'r* neben *Skā'nē* Schonen; teils nach dem hauptton, z. b. *afraþ* (aisl. *afraþ* und *-rāþ*; vgl. § 80, I, 4, b) abgabe, a. pl. m. *bāþa* beide zu *þā* die, *ēlaker* neben *-lāker* (dal. *iœlåk*; mit starkem nebenton) schlecht, *hǣraþ* (vgl. ahd. *hīrāt*) bezirk, *ūsal* (zu got. *sēls*) elendig, die mannsnamen *Ingemar*, *-mār* (nschw. dial. *-mår*), *Ivar*, *Ōlaver*, *-lāver*, *navar* bohrer (über die drei letzten vgl. § 80, I, 4, b). Vgl. An. gr. I, § 121, 1.

2. *ai* > *i*, z. b. 3. sg. präs. konj. *binde* (got. *bindai*) binde, n. pl. m. *blindir* (got. *blindai*) blinde, *bāþir* (got. *bai þai*, vgl. An. gr. I, § 57 anm. 3) beide.

3. *au* > *a*, z. b. *ātta* (got. *ahtau*) acht, g. sg. *sonar* (got. *sunaus*) sohnes. Hierher wol auch rschw. *ak* 'und' neben *auk* 'auch' (Kock, Om några atona, s. 17 note; anders, aber kaum richtig, Rv. s. 119).

4. *ē* > *i*, z. b. *valdir* (got. *walidēs*) wähltest, mannsnamen wie *Ivir*, *-ēr* (vgl. § 80, I, 4, b), *Kœldir* (vgl. aisl. *Hampér*, *-dir* u. dgl.), *hǣriþ* (zu *hǣraþ*, oben 1, wie ags. *hiered* zu ahd. *hīrāt*) bezirk.

5. *eu*, *iu* > *i*, z. b. *ōre* (aus lat. *aureus* entlehnt) ¹/₈ mark, d. sg. *syni* (alt *synī*, s. § 57, II, B, 1; ahd. *suniu*) sohn.

6. *ī* > *i*, z. b. *gœstir* (got. *gasteis*) gäste, *hirþe* (got. *hairdeis*) hirt, *likāmi* neben *li'kame* körper, *þō'likin* (mschw. *tholkin*) solcher zu *liker* gleich, namen wie *Rōriker* (aisl. *Hrǿrekr*, ags. *Hrédríc*) Roderich.

7. *ō* wird in zweifacher weise entwickelt:

a) Zu *u* vor *m*, vor (erhaltenem oder geschwundenem) *u*, *o* der folgenden silbe und in unnasaliertem auslaut, z. b. d. pl. *tungom* (got. *tuggōm*) zungen, 3. pl. prät. ind. *kalloþo* Bu, Bil (aisl. *kǫlloþo*, got. *-ōdun*) nannten, *at ēnost(o)* Bu, O (vgl. got. superl. auf *-ōsts* 'einzig und allein', d. sg. *iorþo* erde, d. sg. ntr. *blindo* blindem.

Anm. Fälle wie *kallopo* und *ēnost(o)* sind äusserst selten und ausser den schon angeführten beispielen bisher nur durch *fulkomnoþo* Bu 'voll-

§ 92. Hiatuserscheinungen.

kommneten' und *hannoþo* Bu 'behandelten' belegt. Sonst ist durch einfluss der übrigen formen des paradigmas *a* statt *o, u* eingeführt worden, also *kallaþo* nach sg. *kallaþe, ēnast(o)* nach nom. *enast* u. s. w.

b) Zu *a* in übrigen stellungen, z. b. pl. *rūnar* (urn. *runoʀ*) runen, prät. -*aþe* (got. -*ōda*), komp. -*are* (got. -*ōza*), superl. -*aster* (got. -*ōsts*), *tunga* (got. *tuggō* aus -*ōn*) zunge. Ebenso bei dem nach § 81, 1 oder § 84, 3 entstandenen *ō*, z. b. (*æn*) *þā* 'jedoch', nach § 87 aus schwachton. *þa (im aisl. *enda*) gedehnt, neben (*æn*) *þō* (got. *þauh*); d. sg. pl. *þœmma* (vgl. got. *þammūh* und aisl. *þeima* aus *þaimūh) diesem, -n, *hǣrna* (got. *hēr nūh*) eben hier.

8. *ū > u*, z. b. pl. *tungor* (ahd. *zungūn*) zungen, *nōtos* viehstall zu *hūs* haus, *brulō'p* hochzeit zu *brūþ* braut.

9. *ȳ > y*, z. b. der ortsname *Nȳbȳli > -byli (> bili* § 101 anm. 2, nschw. *Nybble*).

III. Hiatuserscheinungen.

§ 92. Wo durch schwund intervokalischer konsonanten, durch zusammensetzung oder sonst ein **kurzer vokal** mit einem folgenden (kurzen oder langen) zusammentrifft, wird — sofern nicht synkope nach § 94 eintreten soll — der hiatus in folgender weise beseitigt:

a) Wenn die vokale gleich sind, wird der schwächer betonte elidiert, z. b. der mannsname *Bryniulver* (aisl. *Bryniólfr*), vielleicht (vgl. jedoch § 60) aus *bryniu ulver* 'wolf der brünne'; agutn. *gutnalþing* aus *Gutna alþing* die allgemeine rechtsversammlung der einwohner Gottlands, *þaigin* aus *þa (s. § 91, 7, b) + *aigin 'jedoch nicht', *vitorþ* (aisl. *vitorþ*) neben aschw. *vitu orþ* beweisungsrecht.

b) Wenn die vokale nicht gleich sind entsteht ein diphthong und zwar ein fallender, wenn der erste vokal *a* ist, sonst ein steigender. Belegt sind folgende fälle:

1. *a + u > au*, z. b. *hōker* aus *haukʀ (aisl. *haukr*, ahd. *habuh*) habicht, *hōþingi* (*habuðingē) Ög häuptling, dat. *hōþe* (*habuðē) Sdm haupte.

2. *e, i + u > iu* (vgl. § 82), z. b. *siu* (got. *sibun*) sieben,

§ 93. Hiatuserscheinungen.

biūr biber, ntr. *þrȳ* aus **þriū* (s. § 122, 2, a; aisl. *þriú* aus **þriju* < **þrijō* § 91, 7, a, got. *þrija*) drei.

3. *u + ī > wī*, z. b. rschw. (agutn.) *Ruþuisl*, d. h. *Rōþwīsl* < **Hrōþu-[ʒ]īsl* ein mannsname; vgl. aisl. *Boþuarr* aus **Baðuharr* u. dgl.

§ 93. Wo ein langer vokal mit einem folgenden (kurzen oder langen) zusammentrifft, bleibt einstweilen der hiatus in den meisten fällen (über die spätere entwicklung s. §§ 153, 154). Nur in folgenden fällen entsteht ein diphthong nach dem § 92, b angegebenen prinzip:

1. *ā + i > ai* nur wo *i* in urspr. unbetonter und daher nach § 94 synkopierender silbe steht. Demnach entwickelt sich ein urn. **hą́hi`staʀ* hengst durch *\*hą́istʀ* zu aschw. *hæister* (geschrieb. *heisth* Dipl. 1401) > *hæster*, während dessen pl. *\*hą́`histö`ʀ* durch **haistaʀ*, **hæistaʀ* zu *hestar* wird, wonach sg. *hester* (Vg. I, Sdm (und nschw. dial.), wie schon früher zu **hæistaʀ* (und dat. sg. **hæiste*) ein sg. **hæistʀ*, woraus nach § 80, I, 2 die gewöhnliche form (*histʀ* Rök, d. h.) aisl. *hestr*, aschw. *hæster* pferd neu gebildet worden ist. Wie *hǣ(i)ster* zu *hester* verhalten sich *hǣl* (aus **hǣill*, urn. **hąhilaʀ*) : *hēl* Sdm, Vm u. a. pflock, *þrǣl* : *þrēl* Vg. I, Ly sklave, *nǣst* : *nēst* Vg I, Biæ u. a. (vgl. adän. runisch pl. *nistiʀ*, d. h. *nēsti^R*, L. 1442) nächst; vielleicht auch *sǣng* (aisl. *sǣing*) : *siang* nach g. sg. *siangar* (gebrochen aus **sengaʀ* < **sæingaʀ*) bett. Vgl. aisl. *þrell* neben *þrǣll*, *nestr* neben *nǣstr* (und durch kontamination *néstr*; anders Kock, Arkiv XIII, 166).

2. *ē, ī + a > ia* nur wo *a* stark nebentonig oder gar haupttonig ist, z. b. *fiánde* (später *fiǽnde*) neben *fi´ande* (vgl. § 57, I, B, 3) 'feind', mschw. *friæls* cod. Holm. A 33 (aisl. *frials*, anorw. *frēals*) aus **frēhalsʀ* < **frīhalsaʀ* (ahd. *frīhals*) nach § 83, 3, a 'frei' (neben gew. *fræls*, das auf anschluss an das verb *frælsa* < **friælsa* < **frēhælsa* < **frīhalsian* und dem subst. *frælse* beruht).

3. *ē, ī + ō, ū > iō, iū*, z. b. pl. *hiōn* (ahd. *hīwun*, got. **heiwōna*) ehegatten, hausleute; vgl. dal. *fiōs* (mit nasaliertem *ō*) viehhof aus **fēhōs* zu *hōs* (s. § 73, 2) 'gesellschaft', nschw. dial. *fiūs* viehstall aus **fēhūs* zu *hūs* haus.

IV. Synkope.

§ 94. Jeder urspr. unbetonte kurze vokal wird auslautend oder vor einfacher konsonanz (vgl. anm. 2 unten) synkopiert, und zwar:

1. In vorsilben, z. b. *granne* (got. *garazna*) nachbar), *lōt* (got. *lailōt*) liess, *slīker* (got. *swaleiks*) solcher. Vgl. An. gr. I § 131.

   Anm. 1. Über rschw. *ftiʀ, btir* neben *aftiʀ, iftiʀ* 'nach' s. Brate, Bezz. Beitr. XI, 182 und Bugge, Ant. ak. handl. XXXI, 3, s. 36 f. note.

2. In der ultima, z. b. a. sg. *stēn* (urn. *staina*) stein, *gǣster* (urn. *-gastiʀ*) gast, *fǣ* (got. *faíhu*) vieh. Vgl. An. gr. I § 132 mit anm.

3. In der pænultima, z. b. *fagna* (got. *faginōn*) grüssen, *ældre* (got. *alþiza*) älter, g. pl. *ōghna* (ags. *éagena*) augen. Vgl. An. gr. I § 133 mit anm.

4. In der antepænultima und ultima zugleich, z. b. d. sg. m. *bundnom* (got. *bundanamma*) gebundenem, a. sg. m. *valdan* (got. *walidana*) gewählten. Vgl. An. gr. I § 134 mit anm.

   Anm. 2. In pænultima und antepænultima tritt synkope auch vor antesonantischem *sk*, (*sp*,) *st* ein, wol weil diese verbindungen, die ja auch sonst oft (z. b. in der alliteration) mit einfacher konsonanz gleichwertig sind, tautosyllabisch zu der folgenden silbe gezogen werden, z. b. a. sg. m. *ænskan* aus *ænglskan* zu *ænglisker* (anal. *ænsker*) englisch, *kærstan* zu *kærister* (anal. *kærster*) liebst u. a. (s. die flexionslehre).

5. In enklitischen (einsilbigen) wörtern, z. b. *āk* (Leseb. 6, 13) ich besitze, rschw. *falk* Skärfvum ich verbarg zu aisl. *ek* ich; *slāss* aus *slā-seʀ* (got. *sis*) sich schlagen; rschw. *i[n]taþisk* L. 1254, d. h. *ændaðisk* 'endete sich', starb zu *sik* sich; rschw. *sas* L. 624 'welcher' aus *sā-es* 'der, welcher'; *hīt* hierher, *þīt* dorthin zu präpos. *at* 'zu' (s. Noreen, Arkiv VI, 373 f.); *swāt* 'sodass', *þōt, þȳt* (z. b. Leseb. 12, 15), *þīt*, agutn. *þaut* 'wiewol' zu konj. *at* (agutn. *et*) 'dass'; agutn. *þaun* 'jedoch' zu *en* 'aber'.

§ 95. Urspr. langer vokal in unbetonter silbe wird nur im ursprünglichen, absoluten und demnach auch unnasalierten auslaut synkopiert; dies wol weil in dieser stellung die nach § 91 eintretende kürzung früher als in übrigen fällen stattgefunden hat. Also z. b. 2. sg. imperat. *sōk* (got. *sōkei*) suche, a. sg. m. *æn, ēn* (got. *ainnō-hun*) einen.

Kap. 2. Altschwedische lautgesetze der starktonigen silben.

A. Qualitative veränderungen.

I. Palatalisierung.

a. Progressiver *i*-umlaut.

§ 96. *ia* (nach § 75, 1 und § 118 entstanden) wird zu *iæ* (> agutn. *ie* § 105) in gewissen gegenden schon vor 1100, wie aus rschw. *hielba* (d. h. *hiælpa*, aisl. *hialpa*) helfen, *bierg* (aisl. *biarg*) berg u. a. (Hauggrän; andere beisp. s. Rv. s. 23 note) hervorgeht; andererseits z. b. noch Åkirkeby *hiar* hier, *þiaþan* von dort, *giarþu* machten. Im kaschw. wird der übergang allgemein durchgeführt. Zwar kommt in Vg. I noch *ia* 7-mal so oft vor, aber schon Ög und Ög. fr. II haben regelmässig *iæ*, so wie G dem entsprechend *ie* (aus *iæ* nach § 105), ausser wo *ia* vor gewissen konsonantengruppen (s. § 129, 1) gedehnt worden ist, also z. b. *biærgha* retten, *miæta* messen, *fiæþer-* vier-, aber *giālda* bezahlen, *giārna* gern, *iārl* jarl u. a.; in Ög bleibt *ia* (gedehnt?) auch vor kakuminalem *l*, z. b. *stial* stiehlt. Andere hdschr. haben regelmässig *iæ* ausser im absoluten anlaut, wo sie entweder ausschliesslich (so Sdm und Bia) oder überwiegend (so U und Da) *ia* haben, was vielleicht auf eine in dieser stellung eingetretene spirantische aussprache des *i* beruht; also z. b. *fiæt* spur, aber *iamn* eben. Etwas spätere hdschr. haben der regel nach überall *iæ*; so MEL und SK. Nur *iæ* zeigt St und die mschw. denkmäler, ausser in dem urspr. schwachtonigen und also nicht hierhergehörigen *iak* (*iagh*) neben dem urspr. starkton. (im mschw. seltenen) *iæk* ich. Über *ia*, *iā* 'jawol' s. § 97. — Vgl. u. a. Kock, Arkiv V, 371 ff.; Tamm, Uppsalastudier, s. 25.

Anm. Bisweilen ist *ia* gegen obige regeln erhalten vor einem *a* der folgenden silbe, z. b. gen. *þiala* zu nom. *þiæli* Sdm frost in der erde; s. Kock, a. o. 378. — Über *ia* > *iæ* in schwachton. silbe s. § 144.

§ 97. *iā* wird zu *iǣ* (> agutn. *iē* § 105), dies aber wol erst um 1300 und später. Vg. I, Ög, Ög. fr. II und G haben noch nur *iā*, während spätere hdschr. gewöhnlich *iǣ* zeigen.

§ 98. Progressiver i-umlaut.

Einige denkmäler haben anlautend *iā*, inlautend überwiegend (so U, Sdm, Da) oder ausschliesslich (so Biæ) *iǣ*, z. b. *þiāna* > *þiǣna* dienen, aber *iākwǣþe* beifall. Mschw. steht fast nur *iǣ*, ausser in *iā* 'jawol' (und danach *iāka* bejahen; aber gew. regelmässig *iǣta*, aisl. *iáta*, versprechen), das auf sekundärer dehnung des urspr. schwachtonigen *ia* beruht (s. Lidén, Arkiv III, 236 f.); *diākn* neben gew. *diǣkn* diakon beruht natürlich auf einfluss des lat. grundwortes.

§ 98. *io* (nach § 75, 2 entstanden) wird zu *iø*, dies aber in den meisten dialekten erst um 1350 und später. Von den ältesten hdschr. zeigt nur U hie und da *iø*, z. b. *fiøl* fiel, *hiøg* prät. hieb, *kiøt* fleisch, *skiølder* schild; sonst tritt es erst in späten kaschw. hdschr. sporadisch auf, z. *miøl* Bu mehl, *miøþer* Vg II K met. Mschw. dringt *iø* allmählich durch, ausser vor *g*, *k*, *ʒ* und wo es vor gewissen konsonantengruppen (*ng*, *nk*, kakum. *l* + *s*, *rð*, *rt*, in GO auch *rn*) schon zu *iō* gedehnt worden ist, also z. b. *miølk* milch, *biørn* (*biōrn* GO) bär, *fiøl* brett, aber *hiøg* prät. hieb, *miok* sehr, *þiokker* dick, *siōnga* singen, *siōnka* sinken, *iørþ* erde, *hiørter* hirsch; vgl. noch nschw. *tjog* anzahl von zwanzig, *jolster* (aisl. *iolstr*) weidenbaum. Vgl. Kock, Lj. s. 481 ff., Beitr. XX, 117 ff.; Hultman, F. B. s. 121 note.

Anm. 1. Spät und dialektisch kommt *iø* auch in fällen wie *hiøg* (D 4, MB. I, II, Rk. II, Linc. 39), *thiokker* vor. Vgl. auch § 99 anm. — Über *io* > *iø* in schwachton. silbe s. § 144 anm. 1.

Anm. 2. Das verhältnis des agutn. zu dem betreffenden lautgesetz ist unklar (trotz einerseits Söderberg, Lj. s. 27, U-omlj. s. 9 note, andererseits Kock, Beitr. XX, 123 ff.). Gegen sonstiges *io* steht nämlich durchgehends *ie* (aber agutn. *iorþ* > *iōrþ* erde, ngutn. *tiokkur* dick, wie sonst). Zwar kann dies *ie* in einigen fällen durch *a*-brechung (nach § 75, 1, § 96 und § 105) entstanden sein, so dass z. b. agutn. *biern* bär, *mielk* milch dem aschw. *biærn* (s. § 77, 3), *miælk*, nicht *biorn*, *miolk* entsprechen, aber für fälle wie *fiel-* sehr, *miel* mehl, *smier* butter scheint diese annahme Söderbergs sehr bedenklich. Wiederum mit Kock einen übergang *io* > *iø* > *ie* zu statuieren ist deshalb kaum möglich, weil man (nach § 106, 1) ein aus *io* entwickeltes *iy* (nicht *ie*) erwartet, und besonders weil das betreffende *ie* schon vor 1100 bezeugt ist durch Hauggrän *kierua* (aisl. *giorua*) machen und *biern* (3-mal; so auch schon Sjonhem III) bär; wäre nun dies *ie* aus *io* entstanden, so wäre der umlaut *io* > *iø* im agutn. wenigstens 250 jahre früher als im sonstigen aschw. eingetreten. Am wahrscheinlichsten scheint mir daher ein irgendwie zu begrenzender übergang *io* > *ia* (vgl. § 115) > *ie* (§ 105).

§ 99—100. Progressiver *i*-umlaut.

§ 99. *iǭ* (s. § 69, 2) wird mschw. zu *iō*, dies aber erst nach 1400, z. b. *siō* see, *sniō* schnee, *sliō* stumpf, *miō* schmal aus kaschw. *siōr* (aisl. *siór*) u. s. w., wo *iō* eine offenere aussprache (*iǭ*) als sonst gehabt haben muss; s. Hultman F. B. 121 note.

Anm. Selten und dialektisch wird auch geschlossenes *iō* zu *iü*, z. b. in U: *hiōn* (sonst *hiōn*) hausgenossen und mit unurspr. länge *iörþ* erde, *hiörþ* herde (vgl. § 98); im mschw. *iōdhe* neben *iōdhe* (gew. *iūdhe*) jude, *siōnga* (oft in cod. Holm. A 29) singen, *i fiōrdh* (gew. *fiōrdh*) im vorigen jahre u. a. — Das allgemeine *Iønis* neben *Iōn* erklärt sich aus der verschiedenen quantität der grundformen *Io(h)a'nnes* und *Io'(h)an*. Das schon in den ältesten hdschr. auftretende adv. *skøt* (*skōt*, komp. *skōtare*, sup. *skōtast*) hurtig ist wegen seines alters (und seiner vokallänge) natürlich nicht mit Kock (Arkiv XI, 324) einem dem aisl. *skiótt* entsprechenden und nach § 98 entwickelten *skiott*, sondern mit T. E. Karsten (Studier öfver de nordiska språkens primära nominalbildnīng I, 110) dem aisl. *skeytt* gleichzustellen.

§ 100. *iu* (nach § 75, 2 und § 127 entstanden oder in lehnwörtern auftretend) wird ebenfalls um 1350 zu *y* (aus **iy*, vgl. § 59, 10), z. b. die ortsnamen *Iunabækker* > *Ynabækker* (> *Ønabækker* s. § 116) und (latinisiert) *Iuno-, Iunicopia* > **Yni-* > *Ønekōpunger* (neben *Ionacopia* > *Ionekōpinger* nach § 98 und **Iana-* > *Iænækopunger* nach § 96). Andere kaschw. beisp. sind *gynum* Ög (: aisl. *giognom* = aschw. *gonum* : aisl. *gognom*) durch, ntr. *skyt* (< **skiutt* § 90, 4) MEL, Bu ff. zu *skiūter* hurtig (vgl. jedoch § 106, 2, b), dat. *kyti* (< *kiuti*) Bu zu *kiot* fleisch, dat. sg. ntr. *gyru* Bu zu *gior* gemacht, 2. pl. imper. *gyrin* Bir. A (Leseb. 44, 1), konj. präs. *gyri* St zu *giora* machen. Mschw. beisp. sind noch *hiult* > *hylt* hielt, die personennamen *Iuliana* > *Yliana, Iurian* > *Yrian* (> *Ørian*; daneben *Iorien* > *Iorien*), *Iurius* (d. h. *Georgius*) > *Yrius*, der ortsname *Yrva* neben *Iærva* (aus **Iarva*, obl. **Iurvu* > *Yrvu*). Vgl. noch nschw. (alt) *mödh* < **mydh-* (**miuþ-*) neben *mjöd* (*mioþer*) met, dial. *Yror* aus aschw. *Iuwur* (s. § 75, 2). Wie bei *io* (s. § 98) unterbleibt der umlaut vor *g, k, ʒ* und dehnung bewirkenden konsonantengruppen; also z. b. *biug* gerste, *þiukker* dick, *tiughu* zwanzig, *siūnga* singen, *siūnka* sinken.

Anm. Über die — nicht auf umlaut beruhende — entwicklung des alten diphthongs (*iu* >) *iū* (s. § 82) zu *y* s. § 122, 2, a. Erst spät mschw. zeigt sich in südschwedischen diall. (wie heute) ein übergang *iū* > *iy*, bezeugt durch Cod. Holm. A 29, wo *liys* licht, *biydha* bieten, *siyk* krank u. a.

§ 101. Regressiver *i*-umlaut.

(s. Leffler, Om *v*-omljudet, s. 35 note, Ups. 1877) statt sonstigen *liūs* u. s. w.; ebenso bei durch sekundäre dehnung entstandenem *iū*, z. b. pl. präs. konj. *sȳngen* zu *siēnga* (s. § 99 anm.) singen.

b. Regressiver *i*-umlaut.

§ 101. *y* wird schon vor 1300 zu *i* vor einem *i* der folgenden silbe (s. Noreen, Arkiv I, 168 note; Kock, ib. IV, 163 ff.) und zwar:

1. Allgemein in nebentoniger silbe, z. b. *køtstikki* Vg. I stück fleisch zu *stykki* (anal. auch mschw. *stikki*) stück, präs. *misfirmir*: *-fyrma* misshandeln, dat. pl. *feanitium* aus dem viehstand gezogener nutzen: *nyt* nutzen, *ofdrikkia* trunksucht: *drykkia* trunk, *niþerþrikkia* niederdrücken: *þrykkia* drücken, pl. *iamn-, ō-skildir* gleich, nicht verwandt: *skylder* verwandt, *ōsini, -num* neben *ūsȳni, -niom* unglücklicherweise, *ørlighi* (aisl. *ørlyge*) krieg, agutu. pl. *nauþsinar* (aisl. *-syniar*) notfall. Durch ausgleichung steht oft *y* statt *i* und umgekehrt, z. b. dat. pl. *hēmkynnum, -kinnum* zu *-kinni* heimat.

Anm. 1. Wo ausnahmsweise *ȳ* zu grunde liegt, ist zunächst kürzung nach § 90, 5 anzunehmen, z. b. prät. *fænitte* zu *-nȳta* vieh ausnutzen.

Anm. 2. Derselbe übergang tritt auch in schwachtoniger silbe ein, z. b. *firir* für, *ivir* über, *þikkia* (Leseb. 44, 13) dünken neben urspr. starktonigen *fyrir, yvir, þykkia*. Wo ausnahmsweise *ȳ* zu grunde liegt, ist zunächst kürzung nach § 91, 9 anzunehmen, z. b. die ortsnamen *Nȳbili* (vgl. § 91, 9), *þigbili* zu aisl. *býle* aufenthaltsort; so vielleicht auch *firitighi* vierzig aus *fyri-, fȳriti'ghi*. Auch das nach § 106, 2 aus *ō* entstandene *y* wird von dem übergang betroffen, z. b. *fātikisfolk* arme leute zu *fātøker, -tyker* arm.

2. Dialektisch scheint der übergang sporadisch auch in haupttoniger silbe aufzutreten. So besonders in denkmälern aus Västergötland, z. b. Vg. I pl. *sillir* zu *syl* (kann auf ausgleichung des wechsels *swill : syll*, s. § 65, 9, beruhen) schwelle, *skildir* zu *skylder* verwandt, Vg. II *firri* frühere, *kindilmæssa* lichtmesse, *sizkin* (vgl. anm. 3) geschwister, Biæ präs. *biggir* baut, *mīþir* (durch dissimilation aus **mirþir*) zu *myrþa* morden, *til riggiæ* statt *ryggia* zurück u. a. m. Wo bisweilen in anderen denkmälern *i* statt *y* auftritt, ist es wol in nebentonigen zusammensetzungsgliedern oder sonst analogisch entstanden, z. b. *ipin* Ög offen nach *ippinbár* offenbar, *likkia* Vm, Da schliessen nach *ūterlikkia* zuschliessen, *filyhia* KS folgen nach *fulfilyhia* verfolgen, *biggia* (Leseb. 57, 14, 16) bauen nach *nȳbiggia* von

§ 102. Regressiver *i*-umlaut.

neuem bauen, *digdheliker, -ligher* (Leseb. 54—56 fünfmal) tugendhaft nach *ōdigdheliker* (Leseb. 55, 7) untugendhaft, *find* St fund nach *finna* finden, *ifrit* Bil überschüssig nach *ivir* über u. s. w.

Anm. 3. Über das nicht seltene *sizkin, siskane* geschwister s. § 68, 3. Über die wahrscheinlich nicht hierhergehörigen *klif*: *klyf, lif*: *lyf s. § 172 und § 178. Spät mschw. *krikke* krumstab stammt nicht aus kaschw. *krykkia* krücke, sondern aus alt nhd. *kricke*. Unklar bleibt *sisla* (Leseb. 59, 9, 11) statt *sysla* geschäft.

§ 102. *æ* wird ebenfalls schon vor 1300 zu *i* vor einem *i* der folgenden silbe (s. Kock, Arkiv IV, 171 ff.; VI, 19) und zwar:

1. In haupttoniger silbe nur vor *ǥj*, z. b. *þighia* (aisl. *þegia*) schweigen, *sighia* (aisl. *segia*) sagen neben *sæghia* nach präs. *sægher* (aisl. *segr*).

2. In nebentoniger silbe vor palatalen, z. b. *āsik(k)ia* donnerwetter aus *-ækia* (aisl. *ekia* das fahren), agutn. *vagnikil* wer auf wagen fährt, präs. konj. *tiki mæ'þ* Vg. II 'mitnehme' aus *tæki* Ly (nach ind. *tæker* Vg. I, aisl. *tekr*, wie umgekehrt ind. *tiker* Vg. I nach dem konj.; sonst *taki* und *taker* nach dem inf. *taka*), acc. *ōthikk(i)an* KS zu *ōthækker* widerwärtig; *anatt(w)iggia* entweder, *bāþet(w)iggia* sowol, *hwartiggia* weder zu gen. *hwæggia* (analogisch *t(w)iggia*) zweier, nschw. (alt) *thorvigge* donnerkeil zu aschw. *væggi, -e* keil, nschw. *argbigga* widerspenstiges weib zu dial. (und alt nschw.) *bägga* schafmutter (aschw. *bæggia zu *bagge* schafbock; nach Lidén); präfix *gin-'* (aus **gighn-'*, vgl. aisl. *gegn-*; beides kompromiss zwischen *gæghin > *gighin : dat. *gaghnum, anal. *gæghnum, *gighnum) 'gegen', präp. *ginum* (*gighnum, vgl. aisl. *gegnom*) 'durch', nschw. *ogin* (vgl. aisl. *ógegn*) ungefällig, vgl. noch adän. dat. *dozdighi* todestag neben aschw. *dæghi* (aisl. *dege*); aschw. *gāsa-, ruþer-, orna-vinge* zu nschw. dial. *väng* (nnorw. *veng*, vgl. aisl. *vængr*) flügel, vgl. noch adän. *iamlingi* ebenso lange zu *længi* lange.

Anm. Der übergang scheint auch nach k, g einzutreten. Beisp. wären mannsnamen wie rschw. *Brunki(ti)l*, kaschw. *þorkil* u. dgl. neben *Kætil* (vgl. nschw. *kittel* — aschw. *kætil* — kessel nach zusammensetzungen wie *kopparkittel* u. a.; nschw. *kitte* — neben *kätte*, aschw. *kætti, -e* — verschlag nach *kalfkitte*), *halfgirþi* Ög halber zaun zu *gærþi* eingezäunter platz. Unklar bleiben jedenfalls die lehnwörter *kirtil* (adän. *kertel*, lat.

§ 103. Sonstige palatalisierung (*ē* > *ī*). 95

cartilago) drūse und *kirvil* (mndd. *kervelde*, lat. *cerefolium* und *chærophyllum*) kerbel, wo der übergang in haupttoniger silbe stattgefunden zu haben scheint.

c. Sonstiges.

§ 103. *ē* wird in folgenden zwei fällen zu *ī*:

1. Das nach § 124, 2 aus *œi* entstandene (dem agutn. fremde, s. § 124, 1) *ē* wird während der ganzen literarischen zeit zu *i*, sobald es (nach §§ 131—133) vor doppelter konsonanz gekürzt werden soll, wiewol sehr oft durch den einfluss verwandter formen mit einfacher konsonanz ein *ē* oder *e* neben *i* auftritt (vgl. Kock, Sprh. s. 39 ff. und die dort zitierte literatur). Kaschw. beisp. sind *ēngin* (aisl. *einginn*) > *ingin* (schon Vg. I) kein, *ēkke* > *ikki* Vg. I ff. 'nicht', *gēsl* Vg. I > *gisl* Ög ff. geissel, *ēt* (aisl. *eitt*) > *it* MEL ff. ein, *gnista* (vgl. aisl. *gneiste*) Bu ff. funke, *ēn-* > *insamin* Vg. II. K einsam. Mschw. beisp., ebenfalls kronologisch nach ihrem auftreten geordnet, sind *Gēr-* > *Girmunder* ein mannsname, *hēlsa* > *hilsa* grüssen, *hēl-* > *hilbri(g)dha* gesund, *frēsta* > *frista* versuchen, *krista* (aisl. *kreista*) drücken, *ēlder* > *ilder* feuer, ntr. *hēt* > *hit* heiss, *Swērīke*, *-righe* > *Swirghe* Schweden, prät. *swittis* zu *swētas* schwitzen. Vgl. noch aus dem (älteren) nschw. *flisk* (aus mndd. *vlēsk*) schweinefleisch, *girs* (zu aisl. *geirr* stachel) kaulbarsch, *gispa* (aschw. *gēspa*) gähnen, *illak* (aschw. *ēlaker*) bös, *imma* (vgl. aschw. *ēmber*, aisl. *eimr*) dunst, *inkom* (aschw. *ēnkom*) besonders, *iskra* (aisl. *eiskra*) schaudern *rimsa* (zu aschw. *rēm* riemen) streifen, *sinka* (aschw. *sēnka*) verspäten, *svinn* (aschw. *swēn*, aisl. *sveinn*) knabe, *vifta* (aschw. *vēfta*, nnorw. *veifta* zu aisl. *veifa*) wedeln.

Anm. 1. Über nebenformen mit *œ* s. § 80, II, 2. Über *ē* > *i* in schwachtoniger silbe s. § 146, 1.

2. Das gemeinnordische *ē* (s. An. gr. I § 154) wird im agutn. wenigstens um 1200 (vgl. Åkirkeby *trī* unten) zu *ī* unmittelbar vor *a* und *u* (s. Noreen, Grundriss I, 476; Kock, Sv. landsm. X, 4), z. b. *sīa* (aschw. *sēa*) sehen, *frīadagr* (anorw. *frēadagr*, aschw. *frēadagher*) freitag; pl. *Svīar* die schweden kann sowol aschw. *Svēar* wie aisl. *Suīar* entsprechen. Durch ausgleichung steht bisweilen *ē* statt *ī* und umgekehrt, z. b. gen. sg. *fēar* nach *fē* vieh, *fīlēþi* viehstand nach *fīar u. a., gen. sg.

§ 104. Sonstige palatalisierung (ǫ > o).

knīs nach dat. pl. knīum neben ngutn. knē knie, Åkirkeby trī (nach *trīa, *trīum) neben ngutn. trē holz.

Anm. 2. Präs. konj. sī G. a neben sēi G entspricht aschw. si Ly, Sdm neben gew. sē(e) 'sei'.

Anm. 3. Über (auch aschw.) ē > i in schwachton. silbe s. § 153, 3.

§ 104. ǫ wird um 1300 zu o vor r (vgl. anm. 3) und kakuminalem l (s. Kock, Lj. s. 469 ff.), z. b. pl. born Vg. II 2-mal (aisl. bǫrn) > børn (schon Vg. I, Ly und Ög) kinder, borker Vg. II 1-mal (aisl. bǫrkr) > børker Vg. II rinde, gor Vh 1-mal (aisl. gǫrr) > gør Vg. I ff. (kann auch aisl. gørr entsprechen) gemacht, hor Sdm (aisl. hǫrr) lein, hørf Dipl. 1316 (nnorw. horv) egge, ørn Ly, Vg. II ff. (aisl. ǫrn) adler, før GO (aisl. fǫr) reise; ol Vg. I ff. (aisl. ǫl) bier, schmaus, møl (aisl. mǫlr) motte, Sølve (s. § 70 anm. 1) > Sølve ein mannsname, nschw. handsöl (aisl. -sǫl), urspr. pl. zu aschw. handsal trinkgeld.

Anm. 1. Über die, oft gewöhnlicheren, nebenformen barn, barker, gar, harf, Arn- (in zusammengesetzten namen), far, mal, Salve s. § 68, § 70 anm. 1, § 71.

Anm. 2. Nach dem einzigen beisp. agutn. ol bier zu urteilen ist der übergang dem agutn. fremd. Das einmalige ōl G. a und ngutn. hōr lein können sehr wol aschw. oder adän. lehnwörter sein.

Anm. 3. Vor den dehnung bewirkenden gruppen rt und (wiewol aschw. beisp. fehlen) rþ bleibt ǫ als ō, z. b. kaschw. ortogh (s. § 65, 1; über die nicht hierhergehörige nebenform ortogh s. § 59, 7) > mschw. ōrtogh 1/₂₄ mark; nschw. möl- 'durch und durch, ganz' aus *morþ (aisl. morþ < *mǫrgþ neben mergþ 'grosse menge' zu margr 'zahlreich'). Wo sonst im mschw. noch ǫ aufzutreten scheint, liegt wol entweder schreibfehler (z. b. einmaliges gorla MB. II statt gorla genau) oder ein nach § 74 aus ǫ entwickeltes o (u) vor, z. b. in den ortsnamen Væsthorgha, Horghum, Hurghum (adän. Horgh, aisl. hǫrgr).

Anm. 4. Dass (wie Kock, Arkiv IX, 262 f., X, 303 will) ǫ > ø auch vor "supradentalem n" stattfinde, ist aus dem unklaren hōn SK 'sie' (vgl. Björkman, Sv. landsm. XI, 5, s. 20) und dem noch rätselhafteren gønum 'durch' nicht mit irgendwelcher sicherheit zu erschliessen.

Anm. 5. Da gedehntes ǫ nicht zu ø̄ wird (s. anm. 3 oben), so ist kaum mit Kock, Lj. s. 470 f. anzunehmen, dass in ȫl (neben ōl, aisl. ǫl, s. § 73, 2 und An. gr. I § 73, 2) riemen urspr. ǫ wegen des folgenden l zu ø̄ geworden sei. Vielleicht ist ȫl eine i-umgelautete form (vgl. aisl. pl. spǿner zu spónn, gen. sg. nǿtr zu nótt, s. Gíslason, Udvalg s. 148), die sich zu ōl verhält etwa wie brȳþ- : brūþ, øx : ox u. dgl.

§ 105—106. Sonstige palatalisierung ($\breve{æ} > \breve{e}$, $\breve{ø} > \breve{y}$).

§ 105. *æ, ǣ* (sowol alte wie nach § 96 und § 97 entstandene) werden im agutn. ausnahmslos zu *e, ē,* z. b. adv. *lengr* (aschw. *længer*) länger, *stiela* (aschw. *stiæla*) stehlen; *mēla* (aschw. *mǣla*) reden, *tīēnista* G. a (*þiānista* G. I; mschw. *thīǣnista* dienst.

Anm. Im sonstigen aschw. tritt *e* für *æ* allgemein nur in schwachtoniger silbe ein, worüber s. § 147. Wenn auch in starkton. silbe *e* statt *æ* wenigstens in gewissen denkmälern nicht selten ist, so ist hierin meistens nur eine besondere lautbezeichnung zu finden, s. § 24 anm. Da aber in nschw. dialekten von Uppland und Norrland *æ* zu *ē* geworden ist und zwar in aschw. zeit (s. Lindgren, Sv. landsm. XII, 1, s. 62 f.), so dürften spuren hievon zu finden sein sowol in sporadischen schreibungen des U wie *ēt* (*ǣt*) geschlecht, *fēri* (*fǣre*) weniger zahlreich, *rēnæ* (*rǣna*) rauben wie in der konsequenten wiedergabe des *æ* vor *rþ* durch *i* (d. h. *ē*) in der norrländischen runeninschrift zu Forsa: pl. *lirþiʀ* die gelehrten, 3. pl. prät. *kirþu* zu *kǣra* durch klage gewinnen. Ferner scheint dialektisch *æ* zu *e* vor *nn* oder *n* + kons. (wie im anorw., s. An. gr. I § 85) geworden zu sein; so teils in einigen runeninschriften aus Östergötland (Rök *mōgmen*[*n*]*i*, auch geschrieben -*min*[*n*]*i* das ganze volk, aber *trą*[*n*]*ki*, d. *drængi* held), Södermanland (Gripsholm *tri*[*n*]*kila*, d. b. *drengila* mannhaft, aber *arni*, d. h. *ærni* dem adler; Tystberga *linki*, d. h. *lengi* lange, aber *meþ*, d. h. *mæþ* mit) und Uppland (L. 398 *min*, d. h. *men*[*n*] leute; L. 640 *tri*[*n*]*k*, d. h. *dreng* bursche), teils im västgötischen Biæ, z. b. *brenna* brennen, *tenda* zünden, *lenger* länger u. a. m. (19 *e* gegen 21 *æ*, s. Zetterberg s. 5). Über etwaige spuren eines südschwedischen überganges *iæ > ie* s. Kock, Tidskr. f. Fil. N. R. VIII, 299 f.

§ 106. *o, ō* (sowol altes wie nach § 123, 2 und 126, 2 entstandenes) werden zu *y, ȳ* in folgenden fällen:

1. Im agutn. treten die übergänge *ō > ȳ* und *o > y* ausnahmslos und zwar schon um 1100 ein, z. b. *brȳþr* (aisl. *brøþr*), schon Sjonhem II, brüder, *fȳþa* (aisl. *føþa*), schon Åkirkeby, gebären; *yx* (aisl. *ox*) axt, *yfri* (aisl. *øfre*) der obere.

2. Im eigentl. aschw. findet nur ein übergang *o* und (wo es vor konsonantengruppe gekürzt wird) *ō > y* statt und zwar erst seit etwas vor 1350 in folgenden fällen:

a) Ziemlich allgemein vor *k, g, ʒ, v* + kons., z. b. *ox > yx* Sdm, KP ff. axt, *slokkia > slykkia* MET, Bu ff. löschen, mschw. *dyggia* (aisl. *doggua*) feuchten, nschw. *snygg* (aisl. *snøggr*) geputzt; ebenso *rōkt > rykt* Vm ff. fürsorge, *rōkta > rykta* Da ff. besorgen, *dōghn > dyg(h)n* H, MEL, Bu ff. tag (und nacht), mschw.

§ 106. Sonstige palatalisierung ($\bar{o} > \bar{y}$).

krōkla > *krykla* krummstab, *ō(dh)kn* (vgl. aisl. *aujm*) > *ykn* wüste, *hø̄ghtīdh* > *hyktīdh* feier, *fātyker* (aisl. *fátókr*) arm, *dygher* (aisl. *dóyr*) tag und nacht, ntr. *tykt* zu *tøker* annehmbar, nschw. *ögla* neben *yggla* äugelchen, *ynkeliya* (aschw. *ōnkelīka*) erbärmlich. Die zumeist auf analogie beruhenden nebenformen mit *ø* sind in vielen von diesen fällen die häufigeren.

Anm. 1. Das schon in Ly und U belegte adj. *sykn* (*sȳkn?* oder zu got. *swikns* unschuldig?) neben *sōkn* (anorw. *sókn*) der gerichtlichen belangung frei (von tagen) kann wegen der nebenform *sukn* Sdm (vgl. § 112 anm. 1) und aisl. *sȳkn* (*sykn?*) kaum hierhergehörig sein, wie auch nicht *krykkia* neben *krōkia* krücke, indem jenes dem ahd. *krucka* (**krukjō*) entsprechen muss.

b) Vor anderen konsonantengruppen tritt *y* nur in nebentonsilbe ein, aber die fälle sind ziemlich selten und vielleicht dialektisch, z. b. *fōrning* > *fyrnī'ng* Vm mitgebrachte gabe, *brø̄plunge* (*brøllunge*) > *brylū'nge* Da, *bryplī'nge* U. fr. (*bry'llunge* U ff. dürfte von dem nahe stehenden *syslunge* beeinflusst sein) geschwisterkind männlicher seite, *iamskyt* Bu 'sogleich' zu *skō̄t* (s. § 99 anm.; anal. auch *skyt*, vgl. jedoch § 100) 'bald', *dyldȳlghia* Bm (noch alt nschw. *dōdō̄'llia* akzentuiert) gespenst (**døp dylghia*, vgl. aisl. pl. *dauper dolgar*, s. Kock, Tidskr. f. Fil. N. R. VII, 309), *Østra Gø̄tland* > *Østergytland* KrL Östergötland (-gylln), *ēterydhla* Su zu *ø̄pla* eidechse, *hyghȳnde* Linc. 39 neben *hø̄'ghinde* kissen (vgl. agutn. gen. pl. *hugu'nda* § 112, anm. 2 bequemlichkeit zu aisl. *hógynde*; also urspr. **hōzu'nd*, *-y'ndi* : *hø̄'zindi* und durch ausgleichung **hø̄zy'ndi*). Vgl. § 57, I, B, 2.

Anm. 2. Hierhergehörige beisp. mit urspr. kurzem $o > y$ sind sämmtlich etwas unsicher. *Hœrapshyfpinge* Vg. I, Dipl. 1401 statt *-hofpinge* rechtsmann dürfte (wie auch *hyfdhinge* O, Bm häuptling) seines alters wegen als von *huvup* (§ 74) abgeleitet anzusehen sein. *Kyrerne* Sdm statt *korerne* schooshund ist wol auf grund der nschw. dial. betonung *kyra'rn* hierher zu führen, wiewol das *y* auch einem **kyfrīne* (**kufrīni*-, vgl. § 63, 3) entstammen kann. *Yrtugh* Sdm ff. ¹/₂₄ mark dürfte eine kontamination von dem gew. *ortugh* und einem aus der form *ortø̄'gh* Vg. I, II (vgl. agutn. *ertaug*) entstandenen **yrtø̄'gh* sein. Dass *hyrfrō'* Dipl. 1316 leinsamen (zu *hor* lein s. § 104) und der ortsname *Skypræ'* (sonst *Skø'pre*, s. § 59, 7 und vgl. § 83, 3, a) den haupton auf der ultima gehabt haben, lässt sich nur vermuten. Ganz unklar bleibt der mannsname *Sylve* neben gew. *Solve* (*Solve*, *Salve*, s. § 104 und § 70 anm. 1).

Anm. 3. Auch in haupttoniger silbe steht ganz ausnahmsweise *y* statt *ō* vor doppelter konsonanz, z. b. ntr. *dyt* Dipl. 1402 zu *dø̄per* tot,

§ 107—108. Labiale umlautserscheinungen.

sörgha > syrgha Bil. (vielleicht mit urspr. y, denn vgl. aisl. syria neben saurr schmutz) beschmutzen, nschw. prät. hytte zu aschw. hōta (anal. hŷta P. I drohen, aschw. ōrsl > nschw. yrsel schwindel (anal. auch yr schwindelig, aschw. ōr). Eine erklärung fehlt noch.

Anm. 4. Ein übergang ō > ȳ nach k, g ist kaum aus einigen ganz vereinzelten schreibungen wie skykia (skȳkia? sonst skōkia) Biæ hure, kyn (kōn) KS gescheit, gyma (gōma) KS bewahren zu erschliessen. Über skȳr (skēr) Su gebrechlich, liederlich s. § 170.

II. Labialisierung.

a. Umlautserscheinungen.

§ 107. ē wird in einigen dialekten zu ȫ zwischen l und r (vgl. Kock, Arkiv X, 303), z. b. ortsnamen wie Klēva (zu aisl. kleif) > Klöva Vh, Lēvælta > Lövelta, Lēfgarþe > Löfgardhe, Lēfanger > nschw. Löfånger, Skatalēf > Skatalöf, Adhelēf > nschw. Adelöf; vgl. noch nschw. klöfver (mndd. klēver) klee, löfkoja levkoie.

Anm. 1. Stȫrel (mndd. stēvel) stiefel, Sēverin, Söfrin Severin, fēter GO fett, hēta (adän. hētæ) KS heissen, spät und selten rensa (adän. rensæ) neben rēnsa reinigen sind wol dän. lehnwörter. Die vereinzelten adv. ȫhomelt Dipl. 1422 unbefugt, hømlige Dipl. 1509 heimlich setzen wol eine entwicklung hēmal- > *himl- § 103 (vgl. adän. himmelig heimlich) > *hyml- § 108,2 (vgl. nschw. hymla gleich adän. hēmblæ verheimlichen und dän. hymsk gleich aisl. heimskr unverständig) > høml- § 116 voraus. Ganz unklar ist spēghil O, Bm neben spēghil spiegel.

Anm. 2. Man darf wol nicht mit Bugge (Rv. s. 224) und Kock (Arkiv VII, 305 f.) einen, dann jedenfalls gemeinnordischen oder gar urnordischen, übergang æ > ø vor f annehmen auf grund des vereinzelten falles optir II. (rschw. oft ufti_R, yfti_R u. dgl., ngutn. yttur, anorw. opter, adän. run. oft aufti_R, ufti_R) neben gew. æptir 'nach'; vgl. Noreen, Urg. lautl. s. 67. — Die doppeltheit mschw. invœrtis : -vortis Linc. 39 (vgl. adän. indvortis) inwendig beruht auf entlehnung des mndd. -wert (-werdes), resp. -wort (-wordes) -wärts; ebenso frœma(n)de : froma(n)de fremd auf mndd. vremede : vromede.

Anm. 3. Über e > ø in schwachtonigen silben s. § 136.

§ 108. i (ī, s. anm. 2) wird seit ca. 1300 zu y (ȳ) in geschlossener (durch ausgleichung dann auch in offener) silbe und der unmittelbaren nähe eines labialen konsonanten oder l, n, v, r (welche laute wol labialisiert waren); s. Noreen, Sv. landsm. I, 328; Kock, Sprh. s. 22 ff. Folgende fälle sind zu unterscheiden:

§ 108. Labiale umlautserscheinungen.

1. Zwischen zwei derartigen lauten tritt der übergang allmählich ziemlich allgemein ein. Kaschw. beisp. sind noch verhältnismässig selten und wol als dialektisch anzusehen, z. b. *brymsigna* Vg. I (*brim-* Vg. II, *prim-* SK) kreuzen (das taufkind), die (vielleicht von *byrghia* ernten, aisl. *byrgia* einschliessen beeinflussten) personennamen *Byrghir* (aus *Birghir*) U, Vh, Vg. II *Byrghitta* (*Bir-*) Vh, *mylder* (*milder*) Vh milde, *byrkerætter* (vgl. den stadtnamen lat. *Birca*) Dipl. 1337 stadtrecht, *hwyrra* (*hwirra*) Dipl. 1346 koppel, *byltogha* (*bil-*) KP geächtet, der ortsname *Brymsa* (*Brimsa*) Vg. II, *krymplinger* (*krimp-*) Bu krüppel, *fyrma* (aus lat. *firmare*) SK konfirmieren, *grynda* (*grinda*) SK umzäunen, *vyrdha* (*virþa*) St schützen. Mschw. sind die beisp. dagegen sehr häufig, z. b. *bryms* bremse, *brynna* brennen, *bynda* binden, *forswynna* verschwinden, *fynna* (z. b. Leseb. 86, 19; 90, 21; 93, 7; 95, 17) finden, *fynster* fenster, *glymbra* glänzen, *klyppa* scheren, *knyppe* bündel, *krympa* (nur mit *y*) zusammenziehen, *kryplinger* (vgl. § 83 anm. 1) krüppel, *mylter* milz, *myn* (z. b. Leseb. 90, 31; 91, 31; 93, 5; 95, 31; 97, 31; 103, 25, 27) mein, *myndre* (z. b. Leseb. 93, 32; 95, 4) kleiner, *mynnat* (Leseb. 82, 14) mitternacht, *mynska* (Leseb. 57, 31) vermindern, *nymber* nimmt, *pypra* meerrettig, *pyrte* (fast nur *y*; fi. *pirti*) rauchnest, *rynger* ring, *spylla* spillen; vgl. noch nschw. *mönja* (*mynia*, mndd. *minie*) mennig, *skrympa* (mndd. *schrimpen*) schrumpfen. Wenigstens in deutschen lehnwörtern darf der dem *i* vorhergehende konsonant auch *k* sein, z. b. *kyrsebær* kirsche, *kyrvil* (vgl. § 102 anm.) kerbel, *skynke* schinken, *skyrma* schirmen; vgl. noch nschw. *körtel* (*kyrtil*, vgl. § 102 anm.) drüse, *skyllpadda* (alt) schildkröte, *skyld* schild, *skymf* schimpf, *skymmel* schimmel, *skyldra* schildern. In fast allen obigen beispielen kommen jedoch nebenformen mit *i* vor, welche gewöhnlich die häufigeren sind und nur zum teil auf ausgleichung beruhen.

Anm. 1. Das schon in den aller ältesten denkmälern häufige *kyrkia* (Vg. I, Ly, Vh, II, Vg. II K und nschw.) neben *kirkia* ist wol wesentlich von ags. *cyrce* und gr. *κυριακή* beeinflusst. In den fast immer *y* zeigenden wörtern *grymber* (selten mit *i*, öfter mit *u* wie im dän.) grimm, *skrympla* (je einmal mit *i*, resp. *u* belegt) verhehlen ist *y* vielleicht am ehesten als *i*-umlaut des *u* anzusehen (vgl. § 171). Ebenso können *skymbel* (*skimbel*) dunkelheit und nschw. *skymt* (dän. *skimt*) flüchtiger schatten sehr wol zu ndän. *skummel*, nschw. *skum* dunkel zu stellen sein. Auch werden einige beisp. dadurch verdächtig, dass *y* hie und da als nur eine andere bezeichnung des *i*-lautes gebraucht wird (s. § 20 anm. 1).

§ 108. Labiale umlautserscheinungen. 101

Anm. 2. Nicht ganz selten tritt in derselben stellung ÿ statt ī auf, z. b. *klīver*, schon Sdm (wie in nschw. dial.) *klÿver* (aisl. *klífr*) klimmt, *vīn*, *vÿn* wein (vgl. nschw. dial. *svÿn* schwein), *pīl*, *pÿl* pfeil, *grīper*, *grÿper* greift u. a. m.; vgl. noch nschw. *styf* (mndd. *stīf*) steif. Da aber *y* noch öfter *ī* als *i* nur bezeichnet (s. anm. 1 und § 27 anm. 1), so sind kaum andere beispiele als sicher zu betrachten als die sehr wenigen, bei denen die nschw. aussprache den *y*-laut bestätigt; besonders verdächtig sind natürlich fälle, wo *y* in offener silbe steht, z. b. *pīna*, *pÿna* (überaus häufig in ST) pein.

2. Nur vor einem derartigen konsonanten ist $i > y$ ziemlich selten und nur sporadisch anzutreffen. Aus dem kaschw. sind beisp. sehr selten wie *tymber* Vg. I, II, U zimmerholz, *gypta* Vg. I verheiraten, *skylder* Ly abgesondert, *dyrvas* Sdm, St sich erdreisten, *skyl* Vg. II scheidet, alle gew. mit *i*. Mschw. ist *y* (neben häufigerem *i*) nicht besonders selten (wenn auch oft vielleicht nur von orthographischer bedeutung), z. b. *guzyvolagh* (-*zøva*- § 116; vgl. *gudsøf* Leseb. 83, 26 pate) kränkung der durch gemeinsame paten entstandenen verwandtschaft, *syfskaper* schwagerschaft, *gymstēn* edelstein, *skylnadher* (z. b. Leseb. 88, 18) unterschied, *styrna* anstarren, *styrdher* starr, *syn* (z. b. Leseb. 87, 24; 93—95 pass.; 98, 11; 102, 12; 103, 8) sein, *synne* (z. b. Leseb. 91, 22; 92, 30) sinn, *yl* (gew. *yl*, aber *iliar*! aisl. *il*) fusssohle, *ylla* schlecht, *ympa* impfen, *ynne* (z. b. Leseb. 92, 24) drinnen; vgl. noch nschw. *dynt* (alt *dint*) finnen, *dyrk* (mndd. *dirk*) dietrich, *syrsa* (alt *siressa*) heimchen.

Anm. 3. In wörtern, die besonders oft *y* zeigen, ist es fast immer zweideutig. So können *hymin* schon U himmel, *hymirīke* U, H ff. himmelreich und mschw. *hymil* himmel zu ahd. *humil* gehören; *sylver* Vh (> mschw. *sølver*) silber von ags. *sylfren* beeinflusst sein; *stylta* St (*stilta* Biæ; vgl. ahd. *stelza*) krücke und *styltinger* H krüppel zu nschw. *stulta* stolpern gehören; mschw. *hyrdhinge* hirt ein *hiurþingi* (zu *hiorþ* herde; vgl. *juling*, *hiordinge* § 75, 2 und *ykil* § 59, 10) voraussetzen; *dymber* dunkel und *dymba* : *dimba* nebel sich wie *dumber* : aisl. *dimmr* dunkel und aisl., aschw. *dymbil*- : dän. *dimmel*- dämpfer verhalten, also ablaut (s. § 171) aufweisen; ebenso *hylla* (nur *y* belegt; vgl. ags. *hyll* höhe) gegenüber aisl. und alt nschw. *hilla* erhöhtes brett. Über die oben erwähnten *guzyvolagh* und *syfskaper* vgl. § 176. *Begynna* (selten mit *i*) anfangen dürfte eine mischung von mndd. *beginnen* und *gunnen* (nschw. *gynna*) sein. *Kylt* (auch *kult* wie im anorw.) kolter ist natürlich von *kilta* (zu aisl. *kialta*, *kilting*) rockschoss zu scheiden (gegen Kock, Sprh. s. 23).

Anm. 4. *ÿ* statt *ī* in derselben stellung oder gar in offener silbe (vgl. anm. 2 oben) kommt zwar hie und da vor — z. b. *tÿme* (Leseb.

§ 109. Labiale umlautserscheinungen.

53, 10; 94, 2; 95, 4) zeit, *tyma* (Leseb. 87, 7, überaus häufig in ST) geschehen — dürfte aber nur orthographische bedeutung haben, indem *y* = *ij* ist.

Anm. 5. Nur nach einem der betreffenden konsonanten ist der übergang *i* (*ī*) > *y* zwar in schwachtoniger silbe sicher, worüber s. § 145; wo aber sonst *y* (*ȳ*) statt *i* oder *ī* in dieser stellung oder gar in offener silbe (vgl. anm. 2 und 4 oben) auftritt, ist es entweder nach § 65, 4 (wie *myþ-* neben *miþ-* aus urspr. *miþer*, dat. *myþium u. dgl. 'mittler') und 5, § 71, 3 oder durch ausgleichung (z. b. gen. *þryggia* Biæ statt *þriggia* nach *þry* drei und *tyggia* zweier) zu erklären, oder auch ist es nur orthographisch, wie wol in *fryþlōs* Ly friedlos, mschw. *flykke* (so gewöhnlich! aber aisl. *flikke*) stück fleisch und *bȳter* Vg. II beisst, mschw. *strȳdh* (Leseb. 55, 12, 18) streit; in offener silbe *skrȳa* (Leseb. 93, 22) schreien. Um so mehr ist dies anzunehmen, wo kein labialisierender konsonant in der nähe steht, z. b. *dygher* St gross, *ydka* (Leseb. 55, 9, 13) üben, *ydkeligha* (Leseb. 56, 31) unablässig; *y* Vg. I in, *syþan* Vg. I, Leseb. 88, 15 seitdem, *dyke* U, Vg. II graben, *ystad* (Leseb. 103, 34) steigbügel u. a. m.

§ 109. *o* ist schon vorliterarisch zu *u* geworden vor gemeinnordischem *ggw*, *k(k)w*, *ngw* (welche verbindungen nur vor *a* und *i*, *e* vorkamen). Durch ausgleichung nach formen, wo *o* vor *gg*, *k*, *ng* (ohne folgendes *w*) stand, kommen in den meisten fällen nebenformen mit *o* (d. h. *ǫ*) vor. Z. b. *hog*, gew. *hug* Vg. I ff. aus nom. *hǫgg, dat. *huggwi hieb; *hugga* (rschw. *hakua*, *haukua* — spät [*h*]*ukua* — gleich aisl. *hǫggua*) Vg. I ff.: *hogga* (nur kaschw.) hauen, *tugga* : *togga* kauen (vgl. *tagger* zahn), *gluggutter* (zu aisl. *glǫggr*) scharfsehend, *gnugga* (wol *ga-hnaggwan zu aisl. *hnǫggua*, vgl. nnorw. *gnugga* und *nugga*) : *gnogga* knirschen, nschw. *dugg* (aschw. *dog* MB. I) tau, *kugg* zahn am rade (zu aisl. *kǫggoll* spitze, nnorw. *kagg* zacken), *rugg* (alt neben *ragg*, aisl. *rǫgg*) grobe haare, *snugga* kurze tabakspfeife (zu aisl. *snǫggr* knapp); *skrok*, *skruk* Sdm, Vg. II, MEL aus *skrǫk, dat. *skrukkwi unwahrheit; *slonga* (wo *o* nach § 120 anm. 2 aus *u* entwickelt sein kann), nschw. *slunga* (aisl. *slǫngua*) aus *slungwa, gen. *slangu schleuder, *stunger* St u. a. (vgl. § 127, 1) stich, *sunga* Cod. Holm. A 33 (aisl. *sǫngua* oder nur schreibfehler) singen. Vgl. Kock, Lj. s. 476 f., Arkiv V, 96, X, 317; Lindgren, Sv. landsm. XII, 1, s. 72 ff.

Anm. Wo nebenformen mit *o* fehlen, kann möglicherweise das *u* ursprünglich sein, also z. b. *ruggötter* rauh eher zu dem gleichbedeutenden ags. *rūw-* als zu dem semasiologisch mehr abweichenden aisl. *rǫgg* gehören; ebenso vielleicht *gnugga* (wo *o* sehr spät ist, vgl. § 120 anm. 2) zunächst

§ 110—111. Sonstige labialisierung (*ā* > *ō*, *o* > *u*).

zu aisl. *gnúa* und nschw. *kugg* zu mhd. *kūwen* kauen (s. Noreen, Urg. lautl. s. 162). Sicher ist wol nschw. *snugga* schmarotzen dem aisl. *snugga* 'schielend spähen' gleichzustellen.

b. Sonstiges.

§ 110. *ā*, sowol altes wie nach § 129, 1 vor gewissen konsonantengruppen gedehntes, wird (ausser im agutn.) gegen 1400 — aber wol nicht gleichzeitig in allen dialekten — durchgehends zu offenem *ō* (über dessen bezeichnung s. § 18 mit anm. 2). Kaschw. ist der vorgang zwar schon um 1350 belegt, aber die beisp. sind ziemlich vereinzelt und wol nur dialektisch, z. b. Ög *swō* so, Bu *fōr* bekommt, *gōvo* gaben, *mōl* sprache, *þrōlynder* hartnäckig und mit unursprünglichem *ā* (s. § 129, 1) Da *hōlda* halten; um 1375 *bōter* kahn, *kōpa* kappe und mit unurspr. *ā klōnda* in anspruch nehmen (s. Schlyter, Corpus X, s. XIV). Seit 1400 werden derartige schreibungen immer häufiger, z. b. *kōpa* Bil, *swō* (Leseb. 63, 22) und *rō* rehe D 4, mit unurspr. *ā vōrdha* werden Bir (wo auch umgekehrte schreibungen wie *baara, kaana* statt *bora* loch, *kona* weib den übergang bezeugen; vgl. dass in mndd. lehnwörtern *ō* jetzt oft durch *aa* wiedergegeben wird, z. b. *fænikaal* fenchel, *haan* hohn aus mndd. *vennikōl, hōn*), *hōlda* MB. I, *gōngin* gegangen Rk. II (Leseb. 81, 8) u. a. m. s. § 18 anm. 2. Vgl. Kock, Lj. s. 407 ff.

Anm. Da der übergang auch in stark nebentoniger silbe eintritt, so findet er in gewissen dialekten auch statt in fällen wie *komō* kommen, *somōr* sommer, *lighōt* gelegen u. dgl. aus *komā* u. s. w. (s. § 57, II, B, 1; § 86; § 152); ebenso bei unurspr. *ā* wie in *fiōnde* Bm, MB. II u. a. feind, *frǣmōnde* MB. II fremd (s. § 57, II, B, 2, a; Kock, Sprh. s. 48 f.).

§ 111. *o* wird zu *u* in folgenden fällen:

1. Im agutn. schon vorliterarisch und in allen stellungen ausser vor *r*, z. b. *mulka* melken, *sufa* schlafen, *ustr* käse, *rus* pferd statt aschw. (und aisl.) *molka, sova, oster, ros* (aisl. *hross*). Dagegen z. b. *for-* ver-, für-, vor-, *ormbr* schlange, *torg* markt, *orka* vermögen u. s. w. Vgl. Söderberg, Lj. s. 16 f.

Anm. 1. Ob der übergang schon zur zeit der Åkirkebyer-inschrift durchgeführt worden war, ist aus dem verhältnis der einzigen dort vorkommenden beispiele, den beiden lehnwörtern *krus* (aisl. *kross*) kreuz und *ofr* opfer nicht zu ersehen.

§ 112. Sonstige labialisierung (*o* > *u*).

Anm. 2. Ein durch kürzung aus *ō* oder *ǫu* entstandenes *o* bleibt, wol weil zur zeit des überganges *o* noch nicht da war, z. b. *tolf* zwölf, *os* (*ōss* § 90, 3) uns, *ok* (§ 81, 2, a) und. Über *gut* (gleich aisl. *gótt*, nicht *gott*) s. § 112 mit anm. 2.

2. In den der aschw. reichssprache zu grunde liegenden dialekten erst gegen 1350 und nur vor den urspr. (d. h. nicht durch synkope entstandenen) verbindungen *ld, ll, lt*, also vor dentalem *l* (s. § 38, 1); vgl. Larsson, Lj. 32; Kock, Arkiv IX, 245 f.; Hultman, F. B. s. 120. Die meisten kaschw. denkmäler haben noch in dieser stellung *o*. Aber schon Sdm und Ög. fr. I zeigen durchgehends *u*; ebenso Da, Ög, SK (über die scheinbare ausnahme *trol* s. anm. 4) und das mschw. (vgl. anm. 3). Z. b. *guldin* (aisl. *goldenn*) bezahlt, *huld* (neben älterem *hold*) fleisch, *muld* (*mold* H) staub, *gul* (aisl. *goll*) gold, *kulle* (*kolle* Vh) hügel, *fulder* (< *fullr*; *folder* U, Vm s. § 163, 2) voll, *hulder* (*holder* Vg. I, Vh) hold, *tulder* (*tolder*) zoll, *kulder* (*kolder*) sämmtliche kinder einer ehe, *hult* (*holt*) hain, *bulter* (aus mndd. *bolt*) bolzen u. s. w.

Anm. 3. Wo im mschw. hie und da (z. b. Bil, D 4, MB. I) ein *o* auftaucht, ist dies teils dialektischer aussprache (z. b. *hold, kolder, mold*), teils dem einfluss des deutschen (z. b. *gol* oder *gold!*, *holder, folder, tolder*) oder des anorw. (z. b. *bolle* D 4 statt *bulle* tümmler) zuzuschreiben. Mschw. *volte* neben älterem *vulte* 'verursachte' ist vom inf. *vǫlda* (< *vālda* < *valda*, s. § 110) beeinflusst.

Anm. 4. Die noch im nschw. als *boll, troll* fortlebenden *bolder* (neben *balder*, s. § 68, 3) ball, *trol* zaubergeist entsprechen also den aisl. *bǫllr*, *trǫll* (während aschw. *trol* > *trul* gleich aisl. *troll* ist, s. Noreen, Uppsalastudier, s. 208, Svenska etymologier, Upsala 1897, s. 8; Kock, Lj. s. 488).

Anm. 5. Ob dialektisch *o* > *u* auch in noch anderen stellungen eingetreten ist (vgl. Larsson a. a. o.; Tamm, Uppsalastudier, s. 24; Hultman a. a. o.), bleibt bis auf weiteres unsicher; noch unsicherer die vermutung Kock's, Ordspr. I, 47.

§ 112. *ō* wird zu *u* wenigstens seit 1300 (und bis ca. 1400) bei kürzung vor konsonantengruppen sporadisch, aber wie es scheint vorzugsweise in nebentoniger (und gar unbetonter?) silbe, z. b. die vielen adj. auf -*utter* neben -*ōt(t)er* wie *blæsutter* Dipl. 1316 mit bless versehen, der ortsname *Ārus* Dipl. 1313, MEL ff. (aisl. *áróss*), -*ōs* zu *ōs* mündung, *brullunge* Da neben *brōllunge* U geschwisterkind männlicher seite (zu *brōþir* bruder), *gut* Da (Lesch. s. 26, 15) ff. (aisl. *gótt*; vgl. *got*, aisl. *gott*) gutes

§ 113. Depalatalisierung.

(anal. pl. *gūþ* Ly statt *gōþ* gute), *fuldiærver* Bu ff. dummdreist zu *fōl* thöricht. Ziemlich vereinzelte beisp. (die meisten gew. mit *ō*) aus dem mschw. sind: viele ortsnamen auf *-bulstadher* zu *bōlstaþer* (vgl. aber auch die seltene nebenform *būl* und ortsnamen wie *Nȳbȳle* u. dgl.) dorf, *fulska* thorheit, *gudhvili* wolwollen, *hūsbunde* hausherr zu *bōnde* bauer, *hæg(g)um(m)e* (aisl. *hégóme*) nichtswürdigkeit, *Iusse* (neben *Iosse* > *Iøsse*) zu *Iōan* Johannes, der ortsname *Lødhus* neben *Lyþōs* und *Lødhōse*, pl. *mudhgor* mutter und tochter zu *mōþir* mutter, *tutta* knocken machen zu *þōtter* docht, faden, *under* Ve, Rk. II m. m. (*ōnder* s. § 65, 7) schlecht. Vgl. Lindgren, Sv. landsm. XII, 1, s. 79 f.; Kock, Arkiv IV, 176 ff., VII, 184.

Anm. 1. Andere beisp. sind zweideutig. *Ambut* Vg. I ff. sklavin kann sowol nach § 74 anm. entstanden sein wie aisl. *ambótt* entsprechen; *us(s)* uns sowol von *ūs* und *os(s)* kontaminiert (s. § 84, 2, b) wie aus *$\bar{o}ss$ entstanden sein; nom. sg. *hun* Vg. I ff. (aisl. *hon, hun*) 'sie' aus *$hǫn$ < *$hǫ́n$ § 74 anm. oder aus *$hōn$ § 73, 2; ebenso *hus* (1-mal in einer norvagisierenden hdschr.) aus *$hǫs$ < *$hǫ́s$ oder aus *$hōs$ 'bei'. Ob *sukn* Sdm 'der gerichtlichen belangung frei (von tagen)' aus *$sōkn$ neben *$sǿkn$ (zu *sōkn* gerichtliche belangung) entstanden ist, bleibt sehr unsicher; s. § 106 anm. 1.

Anm. 2. Nach dem agutn. *gut* 'gutes' und ngutn. *uss* 'uns' zu urteilen ist der übergang auch im agutn. vorhanden (vgl. § 111 anm. 2). Dann dürfte auch der g. pl. agutn. *hugunda* bequemlichkeit als aus *$hōgu'nd$- (aisl. *hógynde*) entstanden angesehen werden können (vgl. § 106, 2, b).

III. Depalatalisierung.

§ 113. Gemeinnordisches *e* wird — ausser im agutn. — schon bald nach 900 durchgehends zu *æ*. Die allerältesten runeninschr. unterscheiden noch altes *e* und durch *i*-umlaut aus *a* entstandenes *æ*, z. b. Rök acc. *itu*, d. h. *etu* das essen, aber dat. *tra[n]ki*, d. h. *drængi* held; Högby *tribin*, d. h. *drepin* getötet, aber *eftiʀ*, d. h. *æftiʀ* nach. Aber in dem 10. jahrh. werden beide laute allgemein durch dieselbe rune (*i*, später *e* oder *a*) bezeichnet, was unzweideutig den übergang bezeugt; z. b. *þikn* (aisl. *þegn*, aschw. *þægn*) degen : *iftiʀ* (anorw., aschw. *æftir*) 'nach' Täng, *þign, nir* (got. *wair*, aschw. *vær*) mann : *iftiʀ, hifiʀ* (anorw. *hæfir*) 'hat' Härened, *þisi* (anorw. *þesse*, aschw. *þæsse*) diese : *tri[n]kiar* (anorw., aschw. *drængiar*) helde Bjälbo, *uerþa* (got. *wairþan*, aschw. *værþa*) werden : *betra* (anorw., aschw.

§ 114. Depalatalisierung.

bætra) besser Sälna, uerþa : kenilikt (zu aschw. kænna) kenntlich Nöbbele, uastr (anorw. vestr, aschw. væster) nach westen : A[n]klanti (anorw., aschw. Ænglande) 'England' Grinda, der mannsname Halgi (anorw. Helge, aschw. Hælghe): (H)a[n]kla[n]ti Rösås. Aus der literatur vgl. noch værk werk, hælt hielt u. s. w.

Anm. Wenn in oft proklitisch oder enklitisch gebrauchten wörtern e (nach § 147 entstanden oder urspr.) statt æ steht, auch wo das wort starktonig gebraucht wird, ist dies dem einfluss der schwachtonigen formen zuzuschreiben, z. b. þet (þæt) das, meþ (mæþ) mit, en (æn) noch, aber, wenn, mellom (mællom) zwischen u. s. w. Über sonstige schreibungen mit e s. § 24 anm.

§ 114. $\bar{e}$ wird zu $\bar{æ}$ oder æ in folgenden fällen:

1. Gemeinnordisches $\bar{e}$ wird — ausser im agutn. und einigen westlichen dialekten des festlandes — wenigstens vor 1200 zu $\bar{æ}$ vor konsonanten und im auslaut. Der unterschied zwischen altem $\bar{e}$ und dem umlauts-$\bar{æ}$ wird nicht nur in den ältesten inschr. gewahrt, z. b. Rök dat. uitua[n]ki, d. h. wēttwangi schlachtfeld, aber der volksname gen. Mari[n]ka, d. h. Mēringa; sondern noch ein paar hundert jahre später findet man dieselbe verschiedenheit der bezeichnung, z. b. Forsa rit, d. h. rētt recht, aber pl. þaʀ, d. h. þēʀ sie. Andererseits scheint eine schreibung wie Härened kuin, d. h. kwēn (aisl. kvén) weib zu beweisen, dass wenigstens in gewissen gegenden der übergang schon vor 1000 stattgefunden habe. Jedenfalls muss er überall älter sein als die entstehung des aschw. $\bar{e}$ aus gemeinnord. ei (s. § 124, 2), weil dies sekundäre $\bar{e}$ nicht den übergang mitmacht. Die literatur zeigt immer $\bar{æ}$, z. b. hǣr (aisl. hér) hier, mǣr (aisl. mér) mir, lǣript (aisl., agutn. lērept) leinwand, ǣl (aisl. él) schneesturm, vǣ (aisl. vé) heilige stätte, knǣ (aisl. kné) knie. Da aber $\bar{e}$ vor vokal lautgesetzlich bleibt, so tritt nicht ganz selten ausgleichung ein, z. b. präs. tēr, prät. tēþe nach inf. tēa zeigen, präs. sēr, part. prät. sēt (statt sǣt wie noch U, s. Leseb. 10, 12, und P. I) nach sēa sehen; umgekehrt bisweilen lǣa statt lēa leihen nach präs. lǣr, prät. lǣþe, gen. sg. fǣar statt fēar nach fǣ vieh, dat. pl. trǣom statt trēom nach trǣ baum, acc. f. þrǣa Vg. I statt þrēa nach þrǣ (§ 83, 2, b) drei.

Anm. 1. Lehnwörter treten mit æ oder e auf, je nach dem sie vor oder nach dem abschluss des überganges entlehnt worden sind. Daher z. b. bræf Vm (mndd. bref) brief, klænaþ MEL ff (mndd. klenade) kleinod,

§ 115. Depalatalisierung.

Pætar Peter, *præster* (mndd. *prēster*) priester, mschw. *berædha* (mndd. *beredeu*) bereiten, *skær* (mndd. *schēt*) geschieht, *spæghil* (mndd. *spēgel*) spiegel neben neu aufgefrischten *brēf*, *klēnadh*, *Pētar*, *prēster* u. s. w.; aber nur *lēbardher* (mndd. *lēbart*) leopard, *spē* (mndd. *spē*) hohn, *vē* wehe u. a.

Anm. 2. Nicht hierher gehören *nē* (agutn. *nai*) nein, *hēt* hiess, *grēt* weinte, *lēk* spielte, *lēt* liess, *rēþ* riet, welche (nach § 124, 2) aisl. *nei*, *heit*, *greit*, *leik, *leit*, *reiþ* (s. An. gr. I, § 429 und 432) entsprechen, während die nebenformen *næ* SK, *hæt*, *græt*, *læt*, *ræþ* (agutn. *rēþ*) nach obiger regel gleich aisl. *né*, *hét* u. s. w. sind. *Umvēla* U (Leseb. s. 10 note) neben -*væla* Sdm ff. (aisl. *véla*) sich womit beschäftigen dürfte nach § 105 anm. zu beurteilen sein. Unklar bleiben die vielleicht ebenfalls nicht hierhergehörigen *lē* (gen. *ha!*; aisl. *lé*, mndd. *lēhe*) sense und *lēkatter* neben *lækatter* hermelin. *Frædagher* Bu neben gew. *frē(a)dagher* (nach § 154, I, C, 1, a) freitag ist vielleicht von der nach 2 unten entstandenen nebenform *fræiadagher* beeinflusst worden.

2. Das nach 1 oben vor vokal erhaltene *ē* wird seit ca. 1350 zu *æ* vor einem hiatusfüllenden kons. *i*, z. b. *fē(i)ar* > *fæiar* Vg. II viehes, *Swē(i)ar* > *Swæiar* Bu die Schweden, *sē(i)a* > *sæia* St ff. sehen, *frē(i)adagher* > mschw. *fræiedagher*, *lē(i)on* > mschw. *læien* löwe, *spē(i)a* > nschw. *späja* spähen. Durch ausgleichung kann *ē* bisweilen erhalten sein, z. b. *sēia* nach prät. *sēr* sieht.

Anm. 3. Über das nicht hierhergehörige *blæia* in Vg. I s. § 125.

3. Das nach § 124, 2 aus *æi* entstandene kaschw. *ē* wird im mschw. ebenfalls zu *æ* vor antevokalischem *ghi* (jetzt als einfache spirans *j* ausgesprochen), z. b. *dēghia* > *dæ(gh)ia* grossmagd, *lēghia* > **læ(gh)ia* (anal. prät. *lægdhe* Bil) mieten; vgl. nschw. *mäj* mich, *däj* dich, *säj* sich aus mschw. *mēgh* u. s. w.?

Anm. 4. Über einen vermeintlichen übergang kaschw. *ē* > *æ* s. § 124 anm. 8, mschw. *ē* > *æ* s. § 115 anm. 3.

§ 115. *i* wird zu *e* (woraus später *ē* nach § 130, 2 und 129, 2) in folgenden fällen:

1. In offener silbe (vgl. Kock, Lj. s. 454 ff.) in den meisten gegenden (jedoch z. b. nicht im agutn., dal. und den finnländischen diall.) allmählich seit ca. 1400. Ältere beisp. sind sehr selten, wie *veþer*- Cod. Holm. B 56 (ca. 1350) wider-, *hælvete* Bu hölle, *ven* (wol nach den 2-silbigen formen) Bu freund, acc. *medhian* St nach nom. *medher mittlerer, *æmbete* St (noch Bu *æmbite*) amt, pl. *bedhiom* Dipl. 1389 nach sg. *bedher bitte. Seit 1400 werden die beisp. immer häufiger, z. b. *skrevadher* Dipl. 1401,

§ 115. Depalatalisierung.

skrevin 1405 geschrieben, *sedhan* 1404 seit, *hete* P. I hitze, pl *redhu* Bil ritten, *setir* GO sitzt, *fredhen* GO der friede, *sele* KrL siele, geschirr, part. *drēvit* Di getrieben; andere beisp. s. Leseb. s. 81, 8, 26; 93, 34; 95, 19; 105, 4; 107, 10; 109, 14; 110, 1. Um 1500 ist der übergang wol als in der reichssprachlichen rede durchgeführt zu betrachten, und die *i*-formen beruhen, sofern sie nicht rein orthographischer natur sind, zumeist auf ausgleichung, z. b. *līva* neben *lēva* leben nach prät. *lifdhe*, wie umgekehrt *lēfdhe* nach *lēva*.

2. In geschlossener silbe allgemein (auch im agutn.) und etwa gleichzeitig mit dem vorigen falle nur vor (dem reduzierten — s. § 43, 3 — *r* in) den verbindungen *rđ*, *rl*, *rn*, *rs*, *rt*, sofern diese nicht schon den übergang $i > y$ (§ 108) veranlasst haben. Kaschw. beisp. sind äusserst selten wie *herþinge* Ly, *herþe* Bu hirt; mschw. aber häufig, z. b. *hērdhe* ST, Bil, GO (Leseb. 80, 13) hirt, *sēvērdha* Su geringschätzen, *sērla* ST spät, *gērnas* ST verlangen, *kērna* Ve butterfass, *stērna* (aisl. *stirþna*) JB erstarren; nschw. *stel* (aisl. *stirþr*) starr, *gers* ($<$ *girs*, s. § 103, 1) kaulbarsch.

Anm. 1. Dialektisch tritt *e* statt *i* auch vor kakuminalem *l* ein. So besonders in Bu, z. b. *selke* (auch Dipl. 1334) seide, *selver* (auch PM u. a.) silber, *skelia* (auch Linc. 39, s. Leseb. 107, 31) scheiden, *tel* (z. b. Leseb. s. 40, 14; 41, 6, 37) zu, *velia* wollen. Vor anderen konsonanten ist *e* sehr selten und — abgesehen von Bu, wo z. b. *kerkia* kirche, *venstre* linke vorkommen — spät, z. b. JB *vetne* (Leseb. s. 93, 9) zeuge, Dipl. 1507 f. *bes(ko)per* bischof, Linc. 39 *met* meines, *skreft* schrift. Mschw. *mek* Dipl. 1401 ff., *megh* mich, *segh* 1409 ff. sich können nach § 147 aus *mæk*, *sæk* (s. anm. 3) entstanden sein.

Anm. 2. Eine sonderstellung nehmen G. I (nicht aber G. II) und G. a ein, indem sie *e* neben (wol analogischem) *i* vor doppelter konsonanz (nur geminata?) in den possessiven pron. zeigen, z. b. dat. sg. f. *þenni* deiner, gen. sg. m. *sens*? (gew. *sins* nach *sīnum* u. dgl.), gen. pl. *senna* (*sinna* G. II), acc. sg. m. *senn* (*sinn*), ntr. *sett* (*sitt*) 'sein'; vgl. Wimmer, Dobefonten s. 52. Möglicherweise ist *e* in *sett* nach § 83, 1, u lautgesetzlich entstanden und dann analogisch weiter verbreitet worden. Ob *senn* auch hie und da im rschw. vorkommt bleibt unsicher (s. Rv., s. 131 note).

Anm. 3. Die vermutung Kocks (z. b. Arkiv IX, 248 f.), dass ein aus *i* entstandenes *e* unter umständen weiter zu *æ* entwickelt worden wäre, ist bis jetzt nicht wahrscheinlich gemacht, wenigstens nicht fürs aschw. In den weitaus meisten fällen, wo *i* und *æ* wechseln, ist dieses aus gemeinnordischem *e* (nach § 113) entstanden. *Slipi* : *slæpi* schlitten, *vin* : *væn* freund u. a. erklären sich nach § 164 und 163, 1; *hilsa* : *hælsa* grüssen, nschw. *girs* : *gärs* kaulbarsch u. a. nach § 80, II, 2 und § 103, 1. *Hærdha*

§ 116. Depalatalisierung.

Rk. I verbergen (agutn. *herþa* hüten) und *hærþislōs* Vh nachlässig verhalten sich zu aisl. *hirþa* (mschw. *hyrdha* nach § 108, 2) und anorw. *hirðisleysa* nachlässigkeit wie *værþa* Vg. II schätzen, *værdhas* KS genehmigen, *værþe* Sdm wert, mschw. *sæværdha* geringschätzen (agutn. *sueverþr* verachtet) : *virþa* (> *vyrdha* > *vørdha*), aisl. *virþask*, aschw. *virþe* II, mschw. *sivirdha* (aisl. *suivirþr*). *Hærdhe* Dipl. 1506 hirt kann das mndd. *herde* sein. *Kærne* neben *kirna* butterfass entspricht aisl. *kiarne* neben *kirna*. *Færma* (neben *fyrma* SK) firmeln ist mndd. *fermen*. *Mæssa* : *missa* messe ist ags. *mæsse* : mndd. *misse*. *Mæþsumar* H sommerzeit um Johannis und *mæþalder* Bu mittleres alter sind wol von *mæþal* mittler beeinflusst. *Mæk* cod. Holm. B 52 (c. 1350) mich und *sæk* Dipl. 1409 sich sind wol von dat. *mær*, *sær* beeinflusst oder entsprechen den anorw. *mek*, *sek*. Unerklärt bleiben allerdings ein paar vereinzelte schreibungen wie *mæn*, *mæt* (vgl. anm. 2 oben) Dipl. 1401 'mein' und nschw. *särla* (nach alt nschw. *sädan* 'nachher'?) 'spät'.

Anm. 4. Die annahme eines aschw. überganges $\bar{\imath}$ > $\bar{e}$ vor *a* (Kock, Arkiv IX, 157 ff.) ist unstatthaft. Eher wäre eine derartige entwicklung (mit Flodström, Tidskr. f. Fil. N. R. IV, 64; Brate, Lj. s. 11 f.; Hultman, F. B. s. 140 note) irgendwie als gemeinnordisch zu statuieren auf grund der fälle anorw. *freadagr*, aschw. *freadagher* (ags. *frīʒædæʒ*, vgl. aber aschw. *hūsprea* hausfrau, nnorw. *husbreia*) freitag, anorw., aschw. acc. *þrea*, f. -*ar* zu *þrīr* drei, anorw., aschw. *sē*, aisl. *séa* (> *siá*; got. *sijau*) sei, die jedoch auch anders erklärt werden können.

§ 116. *y* (sowohl altes wie nach § 108 aus *i* entstandenes) wird allmählich zu *ø* allgemein vor *ð*, *ʒ*, kakuminalem *l, m, n, r, s* und *v*) ausser wo *y* vor gewissen konsonantenverbindungen (*mp, nt* und antesonantischen *mb, nd, rk, st*) gedehnt oder (nach § 127, 2) zu *iu* gebrochen worden ist; s. Kock, Arkiv IX, 50 ff., 235 ff. Vereinzelte beispiele zeigen sich schon etwas vor 1350 sind aber überhaupt im kaschw. ziemlich selten, z. b. *kølna* (aisl. *kylna*) schon um 1330 'darrhaus', *kølva* KP (Leseb. s. 24, 7) keule, *føl* H füllen, *bølghia* Bu welle; *frænzøme* Vm (aisl. *frændsyme*) verwandtschaft; *Størbiorn* Vh ein mannsname, *børþ* geburt, *børþe* bürde, *førma* (*fyrma* SK) fasten Vm, Da, *børia* MET anfangen, *ørt* MEL kraut, *bør* fahrwind, *mørk* finsternis Bu; *løn* (aisl. *hlynr*) Dipl. 1349 ahorn, *køn* MEL geschlecht, *mønster* Bu münster; *skøfla* Vm, MEL vergeuden; *brø(þ)løp(e)*, *brølløp* Sdm, MEL, Vg. II K aus *bryþløp* Sdm hochzeit; *tøswar* MEL zweimal. Mschw. wird *ø* zunächst vor *l*, alveolarem *n* und *r* durchgeführt (so schon in GO, s. Kock, Ordspr. I, 43), dann auch in den übrigen fällen, z. b. *sønder* entzwei, *lømska* (aisl. *lymska*) list, *brømsigna* (s. § 108, 1) kreuzen, *bøssa* büchse, *møghladher* schimmelig.

§ 117. Depalatalisierung.

Jedoch kommen die ganze periode hindurch nebenformen mit *y* vor.

Anm. 1. In mehreren dialekten tritt *o* auch in anderen stellungen ein. Daher z. b. schon im kaschw. *mokin* Vm (vgl. Leseb. s. 93, 15) gross, *stokke* MET stück, *nokil* Da schlüssel, *skotta* Dipl. 1350 schütze, *loktæs* II beendet werden; im mschw. *doft* c. 1450 staub, *inboggiare* 1505 einwohner, *kromplinger* Bil krüppel, *mont* 1460 münze, *lopta* Bir heben, *hotta* Dipl. 1402 hütte u. a. m. Bisweilen stammen wol jedoch die *o*-formen aus dem deutschen, z. b. *lofte* (mndd. *lofte*) gelübde, *rokte* (mndd. *rochte*) gerücht.

Anm. 2. Wo bisweilen in den aller ältesten denkmälern *o* neben *y* vorkommt, ist es wol nach § 59, 3 zu erklären, d. h. *o* ist *i*-umlaut eines neben *u* stehenden *o*, z. b. acc. pl. *løte* Vg. I zu *loter* (wie *lyti* zu *luter*) loos, *opin* U zu *opin* (wie *ypin* : *upin*) offen, *folla* Da füllen zu *folder* (wie *fylla* : *fulder*) voll. *Sompn* U schlaf entspricht natürlich dem aisl. *sofn* und ebenso wol pl. *noter* Bir nüsse, *ofre* U obere den aisl. *hnotr*, *ofre*. *Molna* Dipl. 1287, 1307 mühle ist wol aus mndd. *molne* (wie auch die nebenform *molla* aus *molle*) entlehnt. — Von obigen fällen genau zu unterscheiden sind diejenigen wo *y* nach § 106 aus *ø* (*o*) entwickelt ist.

§ 117. Über *œi* > *ai* und *oy* > *oy* im agutn. s. § 124, 1 und 126, 1.

Anm. Ein übergang *æ* > *a* ist vielfach angenommen worden, besonders von Kock, der ihn unter umständen vor *ð* (Bidrag till svensk etymologi, s. 5 note), *ʒ* (Arkiv XI, 142 ff.), *l* (ib. 141 f.) und *r* (Ake. I, 139 note, Sprh. s. 94 f.) statuiert. Am ehesten annehmbar wäre die ansicht, dass (wenigstens nebentoniges) *æ* zwischen *v* oder *w* und *r* zu *a* werde (vgl. Kock, Sprh. s. 66 ff. und Larsson, Lj. s. 8 ff.; dagegen Brate, Lj. s. 2 ff. und Lindgren, Sv. landsm.. XII, 1, s. 91). Aber sämmtliche beisp. sind unsicher, indem das *a* nach ausweis der verwandten sprachen ursprünglich sein kann und das daneben stehende *æ* entweder auf ablaut (s. §§ 171—3) oder *i*-umlaut (s. § 59, 1 und § 63) beruhen. Jenes kann der fall sein in folgenden wörtern: *hvart* : agutn. *huert* (aisl. *huart* : *huert*) wohin; *kvar* : *kvær* (z. b. Leseb. 76, 16; nnorw. *kvar* : *kverr*) ruhig; nschw. (dial. und als ortsname) *kvark* : aschw. *kværk* (nnorw. *kvark* : *kverk*) kehle, einengung; *kwarn* : *kwærn* (aisl. *kvörn*, gen. *kvarnar*, nnorw. *kvann* : *kvern*) mühle; *hulp-swarf* streifwunde und nschw. *svarfva* drechseln : aschw. *hulp-swærf* Sdm und *swærva* Ög schamvielen (aisl. *suarf* feilstaub, umkehrung, *suarfa* umkehren : *suerfa* feilen); *vara* sein und *sam-vara* beisammensein : *væra* und *-væra* (as. *waron* dauern : aisl. *vera* da sein); *handa-vark* Vg. I handarbeit, *niþings-vark* Vg. I frevel (wozu *værke* wie *virke* zu *værk*), *å-varka* Da beschädigen und *varknaþer* Ög arbeit : *værk* werk (vgl. as. *warhta*, *giwarht* : *wirkean* machen); *varþa* : *værþa* werden (lat. *vorto* : *verto* wende); *nat-varþer* (aus *nåttuǫrðr, gen. -*warðaʀ* ausgeglichen; noch in Vg. I flektiert *nåtorþer*, dat. *-varþi* wie aisl. *nótt-orþr*, -*verþe*) abendmahl : aisl. *verþr* (dat. *virþe*, anal. *verþe*; vgl. got. *wairdus*, as. *werd* wirt) speise; aschw. *varþer* Da, Vg. I

§ 118. Delabialisierung.

(z. b. Leseb. 2, 11; 6, 24; dazu *værþa* schätzen und *værþe* preis) : *værþer* (wozu *virþa* und *virþe* H) wert; *ovan-varþa* oben : agutn. *af and-verþu* von vorn (aisl. *ǫnd-orþr* < *-*wǫrð-* : *and-verþr* vorwärts gerichtet; vgl. as. *-wardes*, ags. *-weardes* : ahd. *-wertes* -wärts); *þwar* Sdm, Da u. a. : *þwær* quer (vgl. aisl. *þuare* querstange, *þuara* quirl : aschw. *þwæri* block, stock, s. Tamm, Uppsalastudier, s. 33). Dieses ist wiederum der fall in *hwar : hwær* (anorw. *huarr : huærr*) welcher; *swar* antwort, *swara* antworten und anal. *swaria* Vg. I schwören : *swær* Ly, *swæra* Ly, Vh (z. b. Leseb. s. 12, 26, 32 f.) nach *swæria* (aisl. *suar*, *-a : sueria*); dem mannsnamen *Swarkir* (< **Swark-wēʀ* Vh (Leseb. s. 14 note, 15 note) : *Swærkir* (zu aisl. *Sørkuer* wie aschw. *Skaþvī : Skæþve : Skøþve* u. a., s. § 61; vgl. noch aisl. *Hloþvér : Hleþver, Qlvér : Ølver* u. dgl.); *swarþer : swærþer* Vg. II, I (Leseb. s. 8, 11; s. Wadstein, Tidskr. f. Fil. 3. R. III, 11; aisl. *suǫrþr* : dat. *suerþe*) schwarte, fell; *var* : *vær* MB. II (aisl. *vǫrr* : agutn. *ver;* vielleicht ablaut wegen got. *wairilō*) lippe; *var* überzug und agutn. *lik-vari* hemd : aisl. *ver* (dat. pl. *veriom* zu got. *warjan*) bekleiden; vgl. aschw. *raþ* : aisl. *veþ*, *-iom* pfand u. dgl.) und *gang-vere(r)* kleidertracht; *vara : væra* Vg. I, Ly warnen (vgl. got. *war* behutsam : *warei* behutsamkeit); *garþ-vari* (am ehesten zu aisl., aschw. *vari* hut, acht) hofhund und *varia* (nach prät. *varþe*) Vg. I, II, Ly, Da : *væria* (anal. prät. *værþe* Vg. I, II, Ly) verteidigen (aisl. *skip-vere*, pl. *-veriar* matrose und *veria : varþe*); *varme* wärme und *varmber* warm : *værme* und *værmber* MB. II, D 4 (Leseb. s. 70, 28; aisl. *varmr : verme*); *varn* Ög : *værn* (aisl. *vǫrn : *vern* wie *bón : bén* u. dgl.) schutz; *varþa : værþa* Vg. I (z. b. Leseb. s. 7, 35), II hüten (vgl. aisl. *varþa* hüten : got. *wardja* wächter) und *varþer* (rschw. noch nom. *uaurþr*, d. h. *wǫrðr*) : *værþer* cod. Holm. B 56, Ög (aisl. *vǫrþr* : dat. *verþe*) wacht sowie dem damit identischen *-varþer* (-*orþer*, -*urþer* aus -**wǫrðr*) : *-værþer* in mannsnamen.

IV. Delabialisierung.

§ 118. *io* — durch brechung (§ 75, 2) entstandenes oder entlehntes — wird schon vorliterarisch (vgl. anm. 1) zu *ia* vor einem (erhaltenen) *a* der folgenden silbe (s. Brate, Uppsalastudier, s. 11 f.; Kock, Beitr. XX, 136 ff.), z. b. *fiætra* (< **fiatra* § 96, aisl. *fiotra*) fesseln. Durch ausgleichung entstehen doppelformen wie rschw. *siul*, d. h. *siōl* (aus as. *siola*; über die vokallänge s. § 82 anm. 3) : gew. und lit. immer *siāl* (> *siǣl*) nach gen. *siālar* seele, lit. *miolk* : selten *miælk* (agutn. *mielk*) milch, *fiorþe* Vm (**fioðrðe* zu *fioþer-* vier, got. **fidurda : fidur*) : gew. *fiarþe* (> *fiærþe*) nach obl. *fiarþa* vierte, präfix *fioþer- : fiæþer-* vier-, *giora* (nach präs. *gior*, prät. *giorþe*) : *giara* (*giæra*, wonach präs. *giær*, prät. agutn. *gierþi*, pl. Åkirkeby *giarþu*, Grinda *kiarþu*; aisl. *giorua*) machen, der mannsname *Iuwur : Iavur* nach dem einstigen pl. (aisl. *iofrar*). Oder auch dringt *ia* überall durch

§ 119—120. Delabialisierung.

wie in *fiælde* (aisl. *fiolþe*, obl. -*a*) menge, *fiatur* (*fiætur*; aisl. *fiotorr*, pl. *fiotrar*) fessel, *þiæþur* auerhahn, *fiæþur* (as. *fethara*) feder, *iætun* (aisl. *iotonn*) riese.

Anm. 1. Der übergang ist um 1100 belegt durch *sial* Sjonhem l 'seele', *kierua*, d. h. *giærwa* Hanggrän, *kiara*, d. h. *giara* Sjustad 'machen'. Das noch viel ältere prät. *kiarþu* Kolunda ist nicht beweisend, weil es eine kontamination von präs. *giorwa* und prät. *garþu* sein kann. Aber jedoch scheint *io* > *ia* schon um 900 bezeugt zu sein durch den acc. *fiakura*, d. h. *fiaʒura* Rök, der wol eine kontamination von ntr. *fiughur* und m. *fiaðra* (< *fioðra* < *feðura*) 'vier' sein muss.

Anm. 2. *þiāna* dienen, *piānosta*, -*ist* dienst sind wol eher ans as. *thianōn*, -*nust* als aus dem häufigeren *thionōn* entlehnt; über die vokallänge s. § 82 anm. 3. Ebenso ist *Iāhan* neben *Iō(h)an* Johannes schon auf deutschem boden entstanden.

Anm. 3. Über *o* > *a* in schwachtoniger silbe s. § 148.

§ 119. Über *ǫu* > *au* im agutn. s. § 123, 1.

Anm. Über einen eventuellen übergang *ǫ* > *a* s. § 68 anm.

§ 120. *u* wird seit etwas vor 1350 zu *o* (später > *ō* nach § 129) vor einem (reduzierten, s. § 43, 3; vgl. Kock, Arkiv IX, 246f.) *r* mit folgendem *ð*, *l*, *n* (*s*, wiewol beisp. zufällig fehlen) oder *t* sowie — vielleicht etwas später — vor kakuminalem *l* mit folgendem *d* (*n*, wiewol sichere beisp. fehlen), *s* oder *t*. Z. b. *sporþe* KP (Leseb. s. 21, 18) fragte, *smorþe* Bu schmierte, *orþu* G (*vorþo* Bu) wurden, *īkorn(e)* Sdm (*ȳkorne* schon U) eichhorn, *bort* G (aus *burt* Åkirkeby) hinweg, *fiortān* St vierzehn, mschw. *bordhe* begann, nschw. *torsmånad* (zu aisl. *þurþr* schwund) januar, *sorla* (nnorw. *surla*) summen; ferner *hollder* Bu (ntr. *holt* Bir, prät. *holde* O) verhüllt, mschw. *bolde* P. I geschwür, *dolde* verbarg, *dolsmāl* (kaschw. *duls-*) weigerung. Ebenso wird das *u* des nach § 127, 2 entstandenen brechungsdiphthongs *iu* behandelt, z. b. *lōsgiorþer* Da mit aufgelöstem gürtel, *giordha* O ff. gürten, *kiortil* O ff. rock, *skiorta* D4 ff. hemd; ? nschw. *mjölnare* (zu aschw. **miolna* aus *miulna* mühle) müller.

Anm. 1. Unerklärt bleibt die form *kurtil* G, Di neben sonstigem *kiurtil* > *kiortil*; ebenso das auffällig späte *burt* Bir. A, Bir, KS neben gew. *bort*.

Anm. 2. Dialektisch (vgl. viele nschw. dial.) tritt *u* > *o* auch vor *m*, *n*, *v* + kons. ein, z. b. *homper* Dipl. 1344 abwärts liegender acker, *konni* U könnte, *konno* könnten, *sonnodagher* sonntag Vm, der mannsname *Gonnar*

§ 121. Delabialisierung. § 122. Entwicklung der alten diphthonge.

Dipl. 1371. Mschw. sind solche beisp. nicht ganz selten, z. b. *iomfrū* jungfrau, *krompin* gekrümmt, *bronder* brunnen, *fonnin* gefunden, *hongra* hungern, *monker* (z. b. Leseb. 81, 28) mönch. Vor anderen konsonanten ist aber *u* > *o* immer sehr selten, z. b. *klobba* keule, *polrer* pulver, *tokt* (z. b. Leseb. 92, 30; 110, 27) zucht; das immer *o* zeigende *potter* (mndd. *putte*) pfütze scheint von mndd. *pot* topf beeinflusst worden zu sein.

Anm. 3. Über *u* > *o* in schwachtonigen silben s. §§ 139 und 143. Über *iu* > *io* bei aschw. brechung s. § 127 anm. 1.

§ 121. *ū* scheint unmittelbar vor *a* in *ō* übergegangen zu sein und zwar schon vorliterarisch; s. Kock I. F. II, 335 f., Hultman, F. B. s. 121 note (vgl. aber Urg. lautl., s. 32 ff. und Bremer bei Solmsen, Studien zur lateinischen lautgeschichte, s. 156 f.). Z. b. *bōa* (aisl. *búa*) wohnen, *brōa* (aisl. *brúa*) eine brücke bauen, *gnōa* (aisl. *gnúa*) reiben, *snōa* (aisl. *snúa*) drehen, *trōa* (aisl. *trúa*) glauben, pl. *skōar* (aisl. *skúar*) schuhe, pl. *landbōar* (anal. auch sg. -*bōe*, aisl. *búe*) pächter, acc. *trōan* (anal. dat. *trōm* u. s. w.; aisl. *trúr*) treu, gen. *brōar*, pl. -*a* (anal. nom. sg. *brō*, isl. *brú*) brücke, gen. *kōar*, -*a* (nom. sg. *kō*, aisl. acc. *kú*) kuh, *sōar*, -*a* (*sō*, aisl. acc. *sú*) sau.

Anm. 1. Über *io* statt *iu* in gewissen aschw. dialekten s. § 82 anm. 1.

Anm. 2. Über *y* > *i* s. § 101; *ō* > *e* in schwachtoniger silbe s. § 146, 3.

V. Entwicklung der alten diphthonge.

§ 122. *iū* (s. § 82) ist im rschw. als solches erhalten, im kaschw. aber folgendermassen behandelt worden:

1. Im agutn. vorliterarisch zu *iau* geworden, z. b. schon im runenkalendarium (s. § 11, 1) *iaul* (aschw. *iūl*) weihnachten, *siau* (aschw. *siū*) sieben, *þiaur* (aschw. *þiūr*) stier, in G *diaupr* (aschw. *diūper*) tief, *niauta* (aschw. *niūta*) geniessen u. s. w. Auffallender weise steht ntr. *þrȳ* drei, das also vielleicht nicht genau dem aisl. *þriú* entspricht.

Anm. 1. Nach Bugge (Ant. ak. handl. XXXI, 3, s. 17 und 59) wäre der vorgang auch im dialekte der Rökerinschrift durch *þiaurikʀ* und *iau* belegt. Es scheint aber etwas unsicher, ob diese formen wirklich da sind und den aisl. *Þióþrekr* Dietrich und *hió* hieb entsprechen.

2. Im sonstigen aschw. ist es in zweifacher weise behandelt worden:

a) In *ȳ* (wahrscheinlich mit der übergangsstufe *yū) kontrahiert, vorliterarisch nach postkonsonantischem *r*, z. b. *brȳta*

§ 123. Entwieklung der alten diphthonge.

(1-mal arkaisch präs. *briūtœr* U) brechen, *frȳsa* frieren, *gryn* graupe, *strȳka* (aisl. *striúka*) streichen, *þrȳ* (aisl. *þriū*) drei; seit ca. 1300 allmählich auch nach anlautendem *r* und nach kakuminalem *l*, z. b. *riūva* > *rȳva* Vg. I, U ff. reissen, *riūka* > *rȳka* U ff. rauchen, riechen, *fliūgha* > *flȳgha* Sdm ff. fliegen, *fliūta* > *flȳta* Sdm ff. fliessen, *klȳva* Sdm ff. spalten, mschw. *bliūgher* > *blȳgher* schüchtern (vgl. Kock, Sv. landsm. II, 12, Arkiv VI, 43 ff.). Jedoch kommen in diesen beiden fällen nicht selten mschw. beisp. mit *iū* bis um 1500 noch vor, z. b. *riūta* Su brüllen, *bliūgher* Linc. 39.

Anm. 2. Wo in sonstigen stellungen *ȳ* statt oder neben *iū* auftritt, ist es durch (lautgesetzlichen oder analogischen) *i*- oder *R*-umlaut zu erklären (s. § 59, 11; § 63; § 64, 7).

Anm. 3. Die annahme Kock's (Arkiv V, 380 note, VI, 43), dass dementsprechend *iā* und *iō* zu *ǣ*, resp. *ȫ* kontrahiert worden sind, ist unstatthaft; über die vermeintlich beweisenden *frœls* und *frō* (gegenüber aisl. *friāls* < *frials* und *friō*) s. § 93, 2, resp. § 69,7. Eher könnte man auf grund des finn. lehnwortes *karēlar* (lat. *careli* schon 1230 neben *cariali* 1250) einwohner von Karelen (finn. *Karjala*, aisl. *Kariála*) eine kontraktion *iā* > *ē* annehmen (vgl. Saxén, Sv. landsm. XI, 3, s. 57), was jedoch wol voreilig wäre.

b) Sonst erhalten, z. b. *biūþa* bieten, *siūker* krank, *smiūgha* schmiegen, *liūs* licht.

Anm. 4. Über *iū* > *iȳ* s. § 100 anm.; über *iū* > *yū* s. die konsonantenlehre; über *iō* neben *iū* s. § 82 anm. 1.

§ 123. *ou* (s. § 81, 2) ist im rschw. erhalten, in gewissen gegenden bis in das 12. jahrh., z. b. Forsa *auk* 'und', acc. pl. *aura* 'öre'; in anderen noch länger (nach ausweis der nschw. diall.). Aber schon vor 1200 zeigen sich spuren der für das kaschw. karakteristischen entwicklung, welche die folgende ist:

1. Im agutn. ist es (sicherlich schon vor 1200, vgl. § 124, 1) zu *au* geworden, z. b. *auga* auge, *laupa* laufen u. s. w. Vor geminata wird dies *au* (wol wenigstens um 1200, vgl. § 124, 1) zu *a* verkürzt, z. b. ntr. *datt* zu *dauþr* tot.

2. Im sonstigen aschw. wird es zu (offenem, woraus dann in vielen diall. geschlossenem, vgl. § 25, 1) *ō* kontrahiert. Schon vor 1200 finden wir rschw. *tuþr*, d. h. *dōþr* 'tot' Forsheda, *brutaʀ*, d. h. wol *brōtaʀ* (aisl. *brautar*) 'weges' Sälna; in lat. dipl. bald nach 1200 ortsnamen wie *Os(l)bū* 1216 ff. zu aisl. *austr*

§ 124. Entwicklung der alten diphthonge.

osten, mannsnamen wie *Gōti* 1238 (aisl. *Gaute*). In der lit. steht ausnahmslos *ō*, z. b. *ōgha* auge, *drōmber* traum.

Anm. 1. *Kloster* neben *klōster* kloster erklärt sich als aus mndd. *klōster* (resp. ags. *clauster*) entlehnt. Ebenso *lōp* (> *lop(p)* s. 133; mndd. *lōp*) neben -*lōp* (aisl. *hlaup*) lauf und *stōp* (mndd. *stōp*) pinte, becher neben nsv. *stöp* (aisl. *staup*) sturz.

Anm. 2. Später entlehntes *au* wird je nach den diall. verschieden behandelt, z. b. *Laurinz* Vg. I, U, *Lafrinz* Ög, *Larens* Sdm Laurentius, mschw. *laur-*, *lawur-* (> *laghur-*), *laverbær* lorbeere (zu lat. *laurus*).

§ 124. *œi* (s. § 80, 2) ist im rschw. ziemlich allgemein erhalten, in einigen gegenden wenigstens noch im 12. jahrh., z. b. Forsa gen. *aiku*, d. h. *œiʒu* eigentum; in anderen noch länger (nach ausweis der aschw. diall.). Aber in gewissen dialekten zeigen sich sehr früh (zum teil schon vor 1000) spuren der folgenden entwicklung, und zwar wird dann *œi*:

1. Im agutn. zu *ai*, das wenigstens um 1200 da ist, wie aus Åkirkeby *hailsas* sich grüssen, *þaiʀ* sie (nicht *heilsa, *þeiʀ, wiewol die inschr. ein besonderes *e*-zeichen hat) hervorgeht. Beisp. aus der lit. *bain* bein, *raiþi* (aisl. *reiþe*) zorn u. s. w. Vor geminata wird dies *ai* zu *a* verkürzt, dies ebenfalls wenigstens schon um 1200, z. b. Åkirkeby prät. *ladu*, d. h. *laddu*, zu *laiþa* leiten; aus der lit. sg. m. nom. acc. *ann*, f. dat. *anni*, ntr. acc. *att* neben dat. m. *ainum*, ntr. *ainu*, f. acc. *aina* 'ein', ntr. *bratt* zu *braiþr* breit, prät. *baddus* zu *baiþas* erbitten. Durch ausgleichung kann jedoch *ai* auch in dieser stellung vorkommen, z. b. part. prät. sg. nom. f. *raid* (ais. *reidd*) zu *raiþa* liefern.

Anm. 1. Die selten in G, oft aber (neben noch häufigerem *ey*) in der jungen hdschr. G. a vorkommenden schreibungen mit *ei* st. *ai* sind wol eher als eine germanisierende wie als eine archaisierende orthographie anzusehen. Da aber G immer *tueir* (z. b. Leseb. s. 37,2), *tueim* st. *tuair, *tuaim* (so in G. a neben *tueim*) 'zwei' hat, so ist wol dies dem einfluss der nebenformen *tuēr* (aisl. *tuær*, aschw. *tuǣr*, s. § 105), *tuem* (wahrscheinlich wie aisl. *þrem*, aschw. *þræm* gebildet) zuzuschreiben. Anders Kock, Sv. landsm. XI, 8, s. 46 f.

Anm. 2. Die annahme Leffler's (Sv. landsm. I, 274 f., 740 f.), dass agutn. *ai* aus urn. zeit als solches bewahrt wäre, wird widerlegt durch agutn. *flestr*, *mestr*, acc. sg. m. *helgan*, welche eine mittelstufe *œi* voraussetzen, s. § 80, II, 2.

Anm. 3. Das vereinzelte *hapin*, -*it* (Leseb. s. 36, 22; 39, 9) neben *haiþin* (z. b. Leseb. s. 39, 2) heidnisch dürfte kaum eine kürzung *ai* > *a*

8*

§ 124. Entwicklung der alten diphthonge.

vor *þn* erweisen (vgl. das konstante *haiþna* heidentum). Am ehesten ist es wol so anfzufassen, dass die urspr. flexion *haiþin* : dat. *heþnum (s. § 80, II, 2) zu *haiþin* : *haþnum* ausgeglichen worden ist, worauf *haþin* zu *haþnum* neu gebildet ist, wie aschw. *hǣþin* zu *hǣþnum* (s. § 80 anm. 6).

2. Im sonstigen aschw. zu *ē*. Dies zeigt sich in einigen inschr. aus Väster- und Östergötland schon vor 1000, z. b. Herened *stin*, d. h. *stēn* stein, *igi*, d. h. *ēʒi* (aisl. *eige*) nicht, Täng *stin*, *risþi*, d. h. *rēsþi* (aisl. *reiste*) richtete auf, Högby *stin*, *risþi*, *rist*, d. h. *rēst* (aisl. *reist*) ritzte, Bjälbo *stin*, *risþu*, *rist*. Für Småland, Uppland und Hälsingland ist *ē* vor 1200 erwiesen durch die inschriften von Forsheda, Rösås, Sälna und Malstad (während die ebenfalls aus Hälsingland stammende inschr. von Forsa noch den diphthong bewahrt), und wiewol die diphthongische aussprache noch heute in einigen entlegenen diall. erhalten ist, dürfte in den meisten gegenden das *ē* bald nach 1200 alleinherrschend geworden sein. So finden wir auch in den ältesten lat. dipl. mit -*hēm* 'heim' zusammengesetzte ortsnamen wie *Guthem* 1168 ff. (aber auch *Gutheym* noch 1250) und *Withem* 1250. In den ältesten kaschw. hdschr. findet man zwar hie und da vereinzelte archaische schreibungen mit *ei*, *ey* oder *œi*, am häufigsten in Sdm (jedoch nur in der ersten hälfte der hdschr.) und Vg. I, sonst äusserst selten (z. b. Lesch. s. 13, 1; s. übrigens Rydq. IV, 139); im allgemeinen aber steht durchgehends *ē*, z. b. *vēt* weiss, *ben* bein u. s. w. Wenn der diphthong noch in einigen mschw. hdschr. wie Bil und besonders den späten Rk. I (z. b. Leseb., s. 87, 6; 89, 5, 23; 90, 10; 92, 12) und Di hie und da auftaucht (vgl. Rydq. a. a. o.), so dürfte dies teils dialektischem, teils (wie wol in Di) anorw. einfluss zuzuschreiben sein.

Anm. 4. In schwachtonigen (vielleicht auch in stark nebentonigen) silben ist die kontraktion früher als in haupttonigen (starktonigen?) eingetreten, wie einige inschr. zeigen, welche *þiʀ* (aisl. *þeir*) sie, *þim* (aisl. *þeim*) ihnen (und *Þurstin*, aisl. *Þorsteinn*, wenn es nicht eher ein nach § 80, II, 2 entwickeltes *Þorstenn* ist) neben *stain* stein u. dgl. haben; s. Kock, Arkiv XI, 137 note.

Anm. 5. Auch in kaschw. (und mschw.?) zeit aufgenommene lehnwörter mit *ei* kontrahieren dies allmählich vor konsonanten zu *ē* (s. Kock, Sprh. s. 32 ff.), z. b. *reisa* > *rēsa* reise, *arbeide*, -*beit* > -*bēde*, -*bēt*, -*bēte* arbeit; aber *skalmeia* schalmei u. dgl.

Anm. 6. Über *ei* in der § 7, 2 erwähnten stark norvagisierenden hdschr. s. Leffler, Månadsblad 1879, s. 123 ff. Über nicht hierhergehöriges

§ 125—126. Entwicklung der alten diphthonge. 117

œi in sēia > sœia sehen u. dgl. s. § 114, 2, in dēghia > dœ(gh)ia grossmagd u. dgl. s. § 114, 3, in ēghi > ei, ēghi > œi nicht u. dgl. vgl. § 153 anm. 3.

A n m. 7. Eine spur der im dal. u. a. nschw. diall. vorkommenden weiterentwicklung dieses ē zu ie ist wol das vereinzelte bien Vm bein (wenn nicht einfach schreibfehler). Sicherer ist der nschw. dialektische übergang œin > œv durch venga Bm, Ve, Su, Linc. 39 neben rēna (aus mndd. weinen nach anm. 5 oben) jammern belegt; s. Noreen, Språkvetenskapliga sällskapets i Upsala förhandlingar 1882—1885, s. 104.

A n m. 8. Über die weiterentwicklung des ē zu œ vor ghi s. § 114, 3. Der von Kock (Tidskr. f. Fil. N. R. VIII, 297 ff.) angenommene übergang ē > œ vor dentalen ist unerwiesen. Die meisten beisp. erklären sich nach § 80, II, 2 mit anm. 6 (vgl. auch § 114, 1 mit anm. 1); hœta Vg. I, MEL (z. b. Leseb. 32, 31), Bil ist zu prät. hēt neu gebildet nach der analogie lœta : lēt lassen, grœta : grēt weinen u. a. (vgl. Lidén über aisl. háta Uppsalastudier, s. 86 note). Unerklärt bleiben allerdings einige vereinzelte œ-formen, wo jedoch nicht nur dentale folgen, z. b. hvœte U weizen, hœp Dipl. 1312 haide, hœmolikœ Vg. II privat, mschw. langlœdhis O weithin, rœdha bereitschaft, lœva überbleibsel neben gew. hvēte u. s. w.

§ 125. Antesonantisches ēi wird ganz wie œi behandelt (agutn. beisp. fehlen jedoch), z. b. lēa (aisl. hlēia; anal. auch präs. lēr statt *lēr, aisl. hlœ́r) lachen, blēa (aisl. wie noch einmal archaisch in Vg. I blœia) tuch. Spätere formen wie lēia Bu ff., mschw. blēia, klēia (aisl. klœia) reiben, jucken haben hiatusfüllendes i (vgl. § 114, 2 über spätes sēia).

§ 126. øy (s. § 59, 8, § 64, 6, § 69, 7) ist im rschw. ziemlich allgemein erhalten, in einigen gegenden wenigstens noch um 1100 (in anderen noch bis heute), z. b. namen wie Frøystin, d. h. Frøystēn oder -stenn Saleby (stein), Ketilau, d. h. Kœtiløy Turinge. Aber etwa gleichzeitig findet man spuren der folgenden entwicklung, und zwar wird dann øy:

1. Im agutn. vorliterarisch zu oy, z. b. oy (anorw. øy) insel, droyma (anorw. drøyma) träumen, oyra (anorw. øyra) ohr, oyri (pl. oyrar, vgl. anorw. øyrir, pl. aurar) 'öre', ⅛ mark.

Anm. 1. Die vereinzelte schreibung døyr stirbt in G. a hat wol nichts zu bedeuten (schreibfehler?). Die bezeichnung oi im runenkalendarium (z. b. moi, anorw. møy mädchen) ist wol lautlich mit sonstigem oy gleichwertig. Was aber ey in der Åkirkebyerinschr. (leysti, anorw. loysti erlöste) bezeichnet, ist unsicher. Dass es nämlich eine dem anorw. œy (aisl. ey aus au < ǫu, s. An. gr. I § 97 und § 96) entsprechende aussprache in einigen aschw. diall. gegeben hat, ist wol sicher, da z. b. dal. ēra ohr u. dgl. dies notwendig vorauszusetzen scheint.

§ 127. Altschwedische brechung.

2. Im sonstigen aschw. zu (geschlossenem) *o*, das wenigstens in nebentoniger silbe schon um 1100 belegt ist durch *Skanu*, d. h. *Skānō* (anorw. *Skánoy*) Forsheda 'Schonen', *Frumuntr*, d. h. *Frōmundr* (zu anorw. *Froy*-) Malstad ein mannsname. In den ältesten lat. dipl. finden wir mit *ō* 'aue, insel' zusammengesetzten ortsnamen wie *Øsiō* 1222—30, *Munzō* 1250? (neben *Munzei* 1200 statt -*oy* oder -*œy*, s. anm. 1 oben) und *skōting* (anorw. *skoyting*) 1222—30 schenkung eines ackerstücks. In der aschw. lit. steht ausnahmslos *ø*, z. b. *hǿra* (anorw. *hoyra*) hören, *lø̄sa* (anorw. *loysa*) lösen u. s. w.

Anm. 2. Kaschw. (und noch spätere) lehnwörter behalten, wenigstens antesonantisch, den fremden diphthong, z. b. *troia* Dipl. 1334 (mndd. *troie*) wamms, mschw. *sloiere* (mndd. *sloier*) schleier.

Anm. 3. Antesonantisches *oyi* wird regelmässig zu *ōi*, z. b. *dōia* (anorw. *doyia*) sterben, *gōia* (anorw. *goyia*) bellen, pl. *ōiar* zu *ō* insel, *mǿiar* zu *mø̄* mädchen. Durch ausgleichung entstehen formen wie *dø̄a* nach präs. *dø̄r* (anorw. *doyr*), *gø̄a* nach *gø̄r*. *Hūsfrø̄a* neben agutn. *hūsfroyia* (anorw. *hūsfroia*) hausfrau ist wol von der nebenform *hūsfrø̄* (anorw. *hūsproy*, gen. -*iar*; vgl. auch § 154, I, C, 1, b) beeinflusst. Auf dieselbe weise dürfte *blø̄a* sich zu *blø̄ia* tuch verhalten (vgl. § 154, I, C, 1, b über *blē* neben *blea*, aisl. *blǽia* § 125).

VI. Sonstige erscheinungen.

§ 127. Brechung eines kurzen *y* in *iu* tritt vorliterarisch in folgenden fällen ein:

1. Allgemein — ausser nach *r* (beisp. s. § 69, 4) — vor *ggw, ngw, nkw*, s. Wadstein, Forum. homilieb. ljudlära, s. 150 f., Lindgren, Sv. landsm. XII, 1, s. 129. Z. b. *tiugga* (aisl. *tyggua*) kauen, nschw. *njugg* (*hnyggw-, vgl. das ablautende ags. *hnéaw*, aisl. *hnoggr*) karg; kaschw. *siunga* (aisl. *syngua*) singen, *sliunga* (aisl. *slyngua*) schleudern, *sliunga* schleuder, *diunga* prügeln; *siunka* (got. *sigqan*) sinken, *stiunka* (got. *stigqan*) springen. Durch ausgleichung entstehen doppelformen wie *bygg* Vh neben gew. *biug* nach dat. *biuggwi (aisl. *byggue*) gerste, *stygger* : *stiugger* abschreckend, nschw. *skygg* : dial. *skiugg* scheu; kaschw. *Lyng-* : *Liung-* in ortsnamen zu *liung* (aisl. *lyng*) haidekraut, *stynger* : *stiunger* stich.

Anm. 1. Statt *iu* steht sehr oft *io*, das nur zum geringsten teil nach § 120 anm. 2 zu erklären sein kann, z. b. *biog, liong, sionka* u. s. w. In einigen denkmälern (wie Vm, MEL, Bu) steht vor *nk* ausschliesslich *io*,

§ 128. Denasalierung der nasalvokale.

vor *ng* aber überwiegend *iu* (s. Kock, Tidskr. f. Fil. N. R. VIII, 289). Nach Ög zu urteilen wäre *io* lautgesetzlich aus *iu* vor einem *a* der folgenden silbe entstanden, also z. b. *siungum, -in, sionga* singen, -et, -en (s. Tamm, Uppsalastudier, s. 24 f.).

Anm. 2. Agutn. ist (zufällig?) kein beispiel belegt, denn der ortsname *Leoncopungr* dürfte nur ein zitat aus dem eigentlichen aschw. (*Lionkōpunger* Ög) sein.

2. Sporadisch (am konsequentesten nach *g*, *k*) vor *r* + kons., jedoch nicht im agutn., s. Noreen, Arkiv VI, 333 ff., Kock, Skandinavisches archiv I, 20 ff. Dies *iu* wird später nach § 120 meistens zu *io* (*iō*, *io*). Z. b. *giurþa* (selten *gyrþa* wie im agutn.) gürten, der mannsname *Giurþer* (selten *Gyrþer*), mschw. *fǣgiurdhil, -giōrdhil* (aisl. *fégyrþell*) geldgürtel, *biurdh* (2-mal, sonst *byrdh* > *bōrdh*) geburt, 3. pl. prät. *miurd[h]o* (1-mal) zu *myrdha* morden, *skiōrdh* (1-mal, sonst *skyrdh* > *skōrdh*) schur; kaschw. *kiurtil* (aisl. *kyrtell*) rock, *skiurta* (agutn. *skyrta*) hemd; *kiurkia* Vg. I (mehrmals, z. b. Leseb. 2, 16; häufiger *kyrkia*) kirche, *diurka* (1-mal, sonst *dyrka*) verehren, vgl. nschw. dial. *stjørka* (< *stiorka* < *stiurka*, vgl. aschw. *styrker*) stärke, *jørke* (vgl. aschw. *yrknaþer*) arbeit; kaschw. *spiurs* Da (1-mal, sonst *spyrs*) wird gefragt. Dagegen nur *yrt* kraut, *myrker* (das 1-malige mschw. *miørker* ist wol mit dem aisl. *miorkuæ* aus *merkw-'dunkelheit' zu vergleichen) dunkel u. a. m.

Anm. 3. Vg. I und II zeigen auch spuren derselben brechung vor *l* + kons., z. b. *skiuld, skiulder, myulna* (aus *miulna) neben gew. *skyld* schuld, *skylder* verwandt, *mylna* mühle. Vgl. An. gr. I § 101.

Anm. 4. Da man wol manchmal eine aussprache wie *kiurkia* durch die archaisierende schriftform *kyrkia* wiedergab, erklärt es sich leicht als umgekehrte schreibung, wenn man bisweilen in Vg. I, II, II K und Vh auch etymologisch berechtigtes *iu* durch *y* bezeichnet findet, z. b. *kyrky* (oder *kiurky*, s. Leseb. 2 note) st. *kiurkiu, synætting* st. *siūnætting* u. dgl. Vgl. aber § 144 anm.

§ 128. **Übergang der nasalierten vokale in unnasalierte** wird allmählich durchgeführt, aber zu sehr verschiedener zeit in verschiedenen stellungen und gegenden, so dass z. b. die in der literatur vertretenen dialekte wol schon vorliterarisch die nasalierung aufgegeben haben, während sie dagegen im dal. noch heute in fast allen alten stellungen bewahrt ist (s. Noreen, Arkiv III, 1 ff.). Ursprünglich kamen im aschw. nasalvokale in ganz denselben fällen wie im altwest-

§ 128. Denasalierung der nasalvokale.

nordischen (s. An. gr. I § 50) vor. Über die relative chronologie der denasalierung kann, dank dem rschw. unterschied zwischen *a* und *ą* (s. § 15), wenigstens folgendes ermittelt werden:

1. Die nasalität schwindet früher bei schwachtonigem als bei starktonigem vokal, z. b. Täng *kuþan* (d. h. *gōþan*) guten neben *þąnsi* diesen; ebenso Rök *likia* (d. h. *liggia*) liegen, *stąnta* (d. h. *stąnda*) stehen neben *knuą* (d. h. *knoą̈?*) drücken, *fluą* (d. h. *floą̈?*) meerbusen, wo die ultima wol stark nebentonig ist (vgl. § 152 und An. gr. I § 116).

2. Früher nach als vor (erhaltenem) nasal, z. b. Rök *nabnum* (d. h. *nabnum*) namen, aber *strąntu* (d. h. *strąnda*) ufer; Herened *runaʀ* runen, aber *kuþąn* guten.

Anm. 1. Rök *mąþu* mann hat *ą* aus den übrigen kasus, wo *n* folgte, entlehnt.

3. Früher vor geschwundenem als vor erhaltenem nasal, z. b. Herened *kaurua* (d. h. *gorwa*) machen, aber *kuþąn*.

4. Früher bei kurzem als bei langem vokal, z. b. Högby *Asmu[n]tr* (d. h. *Asmundr*, aus *As-* verkürzt), aber *ą* (d. h. *ą́*) an; Sälna *ant* (d. h. *and*) seele, aber *ąnum* (d. h. *hąnum*) ihm und *ąns* (d. h. *hąns*, aisl. *háns*, s. An. gr. I § 395 anm. 1) seiner. Ebenso wenn auch nach dem langen vokal der nasal geschwunden ist, z. b. Nälberga *han* er, aber *þą* dann.

5. Früher — scheint es — nach *m* als nach *n*, denn Asmundr Karasun hat konsequent *markaþi*, *-þu* markte, *-en*, aber noch — trotz der schwachtonigkeit — *runąʀ* runen, *Kunąr* Gunnar, *stiną* (d. h. *steną*) steine, *þiną* (d. h. *þenną*) diesen u. a. m.

Zur absoluten chronologie ist zu bemerken:

a) Bei schwachtonigem vokal vor geschwundenem nasal ist — wie im anorw. (s. An. gr. I § 50 anm.) — nasalierung überhaupt nicht zu belegen, indem schon die ältesten rschw. denkmäler nur formen wie Rök *stąnta*, *likia*, Herened *kaurua* u. dgl. bieten.

b) Schwacht. vokal nach *n* zeigt noch nach 1000 hie und da nasalierung, z. b. bei Asmundr *runąʀ*, *Kunąr* u. a. (s. 5 oben),

§ 128. Denasalierung der nasalvokale. 121

Saleby I sinᶐ seine. Aber in anderen gegenden zeigt sich schon um 900 und später formen wie Rök pl. *runaʀ*, gen. *Kunaʀ* u. a., Kärnbo *þina*, Herened *runaʀ*.

c) Schwachton. vokal vor *n* ist vor 1000 noch oft nasaliert, z. b. Rök *faikiᶐn* (d. h. *fœighiᶐn*) dem tode verfallen, Herened *siþᶐn* nachher, *kuþᶐn* guten. Aber fast gleichzeitig ist Täng *kuþᶐn*, und später sind solche formen allgemein, z. b. Forsa *tuiskilan* (d. h. *twisgillan*) von doppeltem wert.

d) Starktoniger vokal nach nasal ist noch nach 1000 hie und da nasaliert, z. b. Sälna *mᶐ* mag, kann; ebenso L. 688 *kumᶐ* (d. h. *komᶐ*) kommen, wo die ultima stark nebentonig ist. Andererseits zeigt sich schon um 900 Rök *Mari[n]ka* (d. h. *Mœringa*) ein volksname, *knati* (aisl. *knátte*) konnte u. a.; vgl. auch *markaþi* bei Asmundr (s. 5 oben).

e) Starktoniger kurzer vokal vor (erhaltenem oder geschwundenem) nasal ist bis um 1000 allgemein nasaliert, z. b. Rök *ᶐnart* anderes, *samᶐn* zusammen, *trᶐ[n]ki* (d. h. *drœngi*) held, Kärnbo *lᶐ[n]k-* lang-, Herened und Täng *þᶐnsi* diesen, Vedelspang I *Ᾱsfriþr* (d. h. *Ǽsfriþr*) Estrid; selten sind zu dieser zeit denasalierte formen wie Högby *Halftan* Halfdan, *ai[n]taþis* (d. h. *œndaþiss*) starb, *Asmu[n]tr* Asmund. Nach 1000 ist nasalierung die ausnahme wie bei Asmundr Karasun *hᶐn* er, *hᶐns* seiner, *Asmuntr* oder Forsheda *þᶐnsi*, *Karþstᶐ[n]kum* (d. h. *Garþstangum*) ein ortsname, *Askihl* Eskil; dagegen denasalierte formen die regel, z. b. Nälberga *han* er, Sälna *ant* seele, Forsa *an* er, *Anunr* Anund.

f) Starkton. langer vokal vor (erhalt. oder geschw.) nasal scheint während der ganzen rschw. periode (und zum teil wol noch länger, wiewol die orthographie nunmehr keine aufschlüsse giebt) nasaliert gewesen zu sein, z. b. Rök *ᾱ* an, *Hᾱisl* (urn. *Hahaislaʀ*) ein mannsname, Herened *Ᾱsa* ein frauenname, Högby, Vedelspang I, Yttergård *ᾱ*, Forsheda *ᾱ*, *Skᾱnu* (d. h. *Skᾱnᴀ*) Schonen, Nälberga *þᾱ* dann, Sälna *ᾱnum* ihm, Forsa *ᾱ*, *tuᾱ* (got. *twans*) zwei.

Anm. 2. Nach Rök *Uamuþ* (d. h. *Wāmōþ*, ein mannsname) zu urteilen wird nasalierung nicht durch den anlautenden nasal eines späteren zusammensetzungsgliedes bewirkt.

§ 129. Dehnung.

Anm. 3. Wenn viele inschr., die nach c. 1050 entstanden sind, überhaupt nicht *ą* verwenden, sondern formen wie Rösäs, Grinda *a* 'an', Stainkumbla, Malstad *þa* 'dann' bieten, so braucht dieser umstand nicht denasalierung anzugeben, sondern nur dass die *ą*-rune ausser gebrauch geraten ist. Noch weniger darf man aus der verwendung der *ą*-rune als *o*-zeichen (s. § 15) schlüsse betreffs der denasalierung ziehen (vgl. Rv. s. 25 f. note).

B. Quantitative veränderungen.

I. Dehnung.

§ 129. Vor gewissen konsonantenverbindungen:

1. Kaschw. ist die dehnung vor *ng*, *rþ* und ursprünglichem (d. h. nicht durch synkope entstandenem, also aisl. *ld*, *nd*, nicht aber *lþ*, *nþ* entsprechendem) antesonantischem *ld*, *mb*, *nd*, z. b. Dipl. 1309 *laanger* (d. h. *länger*) lang, SK *gaangæ* gehen, *saanger gesang*, *ææng* wiese; Vg. I, II, SK *gaarþer* (s. z. b. Leseb. 2, 32) hof, Da *noor* statt *nor* nordwärts nach **noorþan* von norden her, MEL, SK *vaarþa* verantworten, SK *moorthare* mörder; Da *hōlda* (aus *hālda* s. § 110) halten, MEL *hæælder* lieber, SK *skwlde* sollte, *vaaldogher* gewaltig; SK *laamb* (neben *lamb*) lamm nach dat. **laambe* u. dgl. (vgl. D4 *kaamb* kamm, nschw. *vámb* wanst); SK *stwndæ* verlangen, *haand* (neben *hand*) hand nach gen. **haanda(r)* u. dgl., part. prät. ntr. *sæænt* zu **sæænda* senden, später *klōnda* (aus **klānda* s. § 110) in anspruch nehmen, vgl. mschw. *stōnda* stehen, *blōnda* mischen, *baand* band, *hiind* hinde, *aande* geist, nschw. *vánda* angst u. a. Vgl. Kock, Lj. s. 394 ff., Sprh. s. 45 ff., Arkiv IX, 62 ff.

Anm. 1. In gewissen (besonders südlichen) dialekten tritt dehnung auch vor antesonantischem *rt* und (wiewol aschw. belege bis jetzt fehlen) *nk* ein, z. b. Vg. II, 11 *boort* (*bort*) nach **boorto* 'weg', mschw. *Mōrten* neben *Martin*, nschw. *várta* warze (s. Wadstein, Sv. landsm. XIII, 4); nschw. *stánka* stöhnen, *kánka* etwas schweres tragen, pl. *skánkar* schenkel. In anderen diall. wird wenigstens *a* vor kakuminalem *l* + kons. gedehnt, s. Kock, Arkiv V, 373.

2. Erst frühmschw. (vor 1400) ist die dehnung vor *rn*, z. b. GO dat. sg. ntr. *boorno* getragenem, Su *koorn* korn, *toorn* turm (dialektisch aber schon spät-kaschw., z. b. Vg. II *baarn* kind, II *koorn* gerste). Gleichzeitig ist, wiewol aschw. belege noch fehlen, die allgemeine dehnung vor antesonantischem *rt*, wie

§ 130. Dehnung. § 131. Kürzung.

aus nschw. gegensätze wie *skjōrta* hemd : *kŏrt* kurz hervorgeht. Erst nach 1400 tritt dehnung vor *rl* und wol auch (wiewol aschw. belege fehlen) kakuminalem *l* + antesonantischem *d* oder *n*, z. b. mschw. *aarla* 'früh' (vgl. § 90, 1), *seerla* 'spät' (vgl. § 115, 2), nschw. *vālde* wählte, *dōlde* verhehlte, pl. *ālnar* ellen, *mōlnet* die wolke.

Anm. 2. Dialektisch tritt dehnung — und zwar vor 1400 — auch vor *rm*, *sk*, *st* ein (s. Kock, Arkiv IX, 71 f., 236), z. b. nschw. *orm* (mit geschlossenem *o*, das alte länge bekundet) schlange, *brosk* (mit geschl. *o*) knorpel, mschw. *ooster* (aisl. *ostr*) käse. Über eine mutmassliche dehnung vor (wenigstens antesonantischem) *mp*, *nt*, *rk*, s. Kock, Arkiv IX, 55 f., 63, 66 f.

§ 130. **Vor einfacher konsonanz** wird nur haupttoniger vokal gedehnt (vgl. § 133 und die konsonantenlehre):

1. In geschlossener silbe ist die dehnung erst spät kaschw. (nach 1350) mehr allgemein zu belegen, z. b. Bu *gaaf* gab, *soof* schlief, Vg. II K *broot* bruch, *loot* loos, *vaar* war, St *ook* joch, *ool* bier. Ältere beisp. sind sehr selten und vereinzelt, so dass sie wol entweder als schreibfehler (z. b. Vg. I *faar* fährt, *gaar* macht, Ly *loot* loos, *saak* sache) oder als frühzeitige dialektformen (z. b. Vm *taal* zahl, Dipl. 1349 *saak* sache, H *skaal* soll, MEL *kiip* zicklein) zu betrachten sind.

2. In offener silbe ist die dehnung erst spät mschw. (gegen 1500) sicher zu belegen, z. b. JB *klause* traube, aus anderen hdschr. *naakin* nackt, *droope* tropfen u. dgl. Jedoch zeigt die behandlung der endungsvokale, dass in einigen dialekten die dehnung schon vor 1450 eingetreten ist, z. b. ST *tyūgho* (kaschw. *tiughu*) zwanzig, MB. I *hēte* (< *hiti*) hitze. Andererseits bewahrt das agutn. die kürze wenigstens bis in die nschw. zeit (s. Söderberg, Lj. s. 31 f.) und in gewissen nördlichen diall. ist sie noch heute da.

Anm. Vor *m* ist die dehnung — ausser bei *a* — überhaupt ausgeblieben (vgl. § 132 und die konsonantenlehre).

II. Kürzung.

§ 131. **Vor geminaten und konsonantenverbindungen** wird langer vokal in folgenden fällen gekürzt:

§ 132—133. Kürzung. § 134. Vokalharmonie.

1. Kaschw. vor den meisten verbindungen (vgl. anm. 1 unten) und allen geminaten, auf die keine nebentonige silbe folgt, z. b. *færre* (aisl. *færre*) weniger zahlreich, *swænsker* (aisl. *suænskr*) schwedisch u. a., wo die schreibung mit *e* statt *æ* in Sdm die kürze erweist (s. Larsson, Lj. s. 16). Bei dieser kürzung wird oft die vokalqualität verändert, so dass *e* zu *i*, *ō* zu *u*, *ø* zu *y* (und im agutn. dementsprechend *ai* und *au* zu *a*) werden; beispr s. § 103, § 112, § 106, 2 (§ 124, 1 und § 123, 1).

Anm. 1. Vor *ng*, *rþ* und antesonantischem *ld*, *mb*, *nd* (dial. auch *nk*, *rt*), welche schon um 1300 dehnung bewirken (s. § 129, 1 mit anm. 1) tritt später einstweilen (vgl. unten) keine kürzung ein.

2. Mschw. auch vor den meisten derjenigen verbindungen, welche im kaschw. keine kürzung gestatteten (vgl. aber anm. 2 unten) und allen (alten oder neu entstandenen) geminaten, auch wenn nebentonige silbe folgt, z. b. acc. *skiold* (kaschw. *skiold* > *skiöld*), *skiol(l)*, dat. *skiolle* schild, wo der übergang *io* > *io* die (wieder eingetretene) kürze beweist (s. § 98).

Anm. 2. Vor *rdh*, *rl*, *rn*, antesonantischem *rt*, kakuminalem *l + d* oder *n* (einstweilen auch vor *ng* und anteson. *nk*, s. § 98; dial. auch vor *rn*, *sk*, *st* u. a.), welche auch in dieser periode dehnung bewirken (s. § 129, 2 mit anm. 2) tritt natürlich keine kürzung ein. Ebenso im allgemeinen, wo enge assoziation die länge erhält, z. b. prät. *sōkte* nach präs. *sōkir* sucht.

§ 132. Vor einem *m*, das im mschw. (ausser nach *ā*) gedehnt wird, erleiden lange vokale gleichzeitig kürzung. Beisp. s. die konsonantenlehre.

§ 133. In (stark) nebentoniger silbe tritt auch vor den meisten anderen konsonanten im zusammenhang mit deren dehnung kürzung ein. Beisp. s. die konsonantenlehre.

Kap. 3. Altschwedische lautgesetze der schwachtonigen silben.

A. Qualitative veränderungen.[1]

I. Vokalharmonie.

§ 134. Unter vokalharmonie versteht man die erscheinung, dass die vokalqualität der schwachtonigen silben nach der

---
[1] Über die nasalvokale s. § 128.

§ 135. Vokalharmonie.

qualität der angrenzenden starktonigen geregelt wird. Die aschw. vokalharmonie wirkt progressiv, ganz ausnahmsweise vielleicht auch regressiv (s. § 135 anm. 4, § 136 anm. und § 138 anm.) Sie ist nur dialektisch und hauptsächlich im kaschw. belegt. Dass auch ursprünglich stark nebentonige vokale in nicht zusammengesetzten wörtern gewöhnlich (vgl. aber § 135 anm. 2) der harmonisierenden umbildung ausgesetzt sind, beruht wol darauf, dass diese vokale in den betreffenden dialekten schon zur zeit der veränderung nicht mehr stark, sondern nur schwach nebentonig sind (s. § 57, II, B, 1; § 152). Wir behandeln im folgenden die einzelnen vokale der reihe nach.

§ 135. *a* wird in der regel zu *æ* nach (kurzem oder langem) *y* — ausser wenn dies nach § 108 verhältnismässig spät aus *i* entstanden ist — *æ* und *ø* in einigen denkmälern, von denen die wichtigsten Sdm, Ve (hier auch nach dem aus *ā* entstandenen offenen *o*-laut, s. § 110) und JB (hier besonders konsequent nach [altem] *y*) sind, z. b. *fyllæ* füllen, *bæræ* tragen, *dǿmæ* richten, aber z. b. *gamal* alt, *helgha* die heilige, *stova* stube, *utan* ohne. Ausserdem steht in Sdm auch *æ* neben fast ebenso häufigem *a* nach *ē* und *ī*, z. b. *lètæ*, -*a*, suchen, *innæn*, -*an* innerhalb. In einigen västgötischen denkmälern (Vg. I, II, Biæ und wol auch Ly, Vh) sind wenigstens spuren einer einstigen harmonie derselben art erhalten, indem hier *æ* regelmässig nach *æ* und *ø* (in Biæ auch nach *y*) steht, während nach übrigen vokalen *a* neben — zwar weit häufigerem — *æ* vorkommt. S. weiter Kock, Lj. s. 116 ff., 165 ff., Larsson, Lj. s. 56 ff., Zetterberg, s. 27.

Anm. 1. Statt des zu erwartenden *æ* steht in Sdm und Biæ in geschlossener silbe bisweilen (in Sdm besonders vor *s*) *e*, einigemal in Sdm vor *s* sogar *i*, was wol eine weiterentwicklung des *æ* angiebt; s. Kock, Arkiv VIII, 387, Zetterberg s. 28.

Anm. 2. Scheinbare ausnahmen mit *a* st. *æ*, wie z. b. *æghande* besitzer, *skyldaste* der am nächsten verwandte, erklären sich daraus, dass die suffixe -*and*-, -*ast*- noch stark nebentonig waren (s. § 57, II, B, 2, a).

Anm. 3. Auch einige hdschr., wo der wechsel *a* : *æ* hauptsächlich durch "vokalbalanz" geregelt wird, zeigen zum teil eine art vokalharmonie; so z. b. Sdm. fr und Da, worüber s. § 141 anm. 2.

Anm. 4. Möglicherweise ist ein durch regressive harmonie bewirkter übergang *a* > *æ* vor *æ*, *ø* anzunehmen bes. in solchen in Vg. II belegten fällen wie *fræmsighiæ* (aus -*sæghia* § 102, 1) aussagen, *frœmføra* vorführen, *læghmæli* gesetzlicher ausspruch, *sæklōs* schuldlos, *sænkænnæ* freifinden, *þængbrækkæ* gestade, *ælmænninger* allmende st. *fram-* u. s. w.; dies jedoch unter voraussetzung, dass das zweite glied dieser komposita haupttonig sein konnte, was nicht für alle diese wörter sicher gestellt worden ist (vgl. § 57, I, A, 1).

§ 136. *e* (das nach § 142 entstanden ist) wird in einigen mschw. denkmälern zu *o* nach *o, ō,* z. b. *ōmogholīker* unmöglich, konj. *goro* mache, *bøto* büsse, *dōmos* wird verurteilt, prät. *sōkto* suchte, dat. *ōn(n)o* der insel. So in ST (wo jedoch *e* zweimal häufiger als *o* ist), in Cod. Holm. 81 (c. 1450) und 82 (nach 1500); s. Schlyter, Corpus XI, s. xi und XII, s. cxi, Kock, Tidskr. f. Fil. N. R. VIII, 290 note.

Anm. Möglicherweise ist ein durch regressive harmonie bewirkter übergang *e > o* vor *o* in fällen wie Dipl. 1407 *holbro'gho* neben sonstigem *hæ'lbry(gh)dho* gesund, Dipl. 1466 *bodrörelse* betrübnis anzunehmen; vgl. Lindgren, Sv. landsm. XII, 1, s. 69 (anders Kock, Sprh. s. 30). Dann wäre wol auch ein entsprechender übergang *e > æ* vor *æ* in fällen wie P. I *spætælska* (vgl. mndd. *spetāl*) aussatz, KS. fr *bærætta* zurecht bringen (Leseb. 57, 21), etwa gleichzeitig Cod. Holm. A 54 *bækænna* bekennen, gegen 1500 Cod. Berol. germ. 726 fol. *bælæte* (vgl. § 142 anm. 10) bildnis zn statuieren. Vgl. § 138 anm.

§ 137. *i* wird in der regel zu *e* nach (kurzem oder langem) *e, o* und *ō* in allen wichtigeren västgötischen denkmälern der kaschw. zeit: Vg. I (wo jedoch in geschlossener silbe gewöhnlich *i* nach *e* steht), Ly (hier *e* gewöhnlich auch nach *a* und *ā*), Vh (besonders konsequent), Vg. II und Biæ (in diesen beiden *e* bisweilen auch nach *ā*, altem oder nach § 129 entstandenem), z. b. *hēter (-ir)* heisst, *boren* geboren, *bote* büsse (*salde* verkaufte, dat. *lāne* leihe), aber z. b. *ritni* zeuge, *undir* unter, *fyrsti* der erste, *hænni* ihr. Vgl. Kock, Lj. s. 152 ff., Zetterberg s. 29.

Anm. 1. Statt des zu erwartenden *e* steht (wenigstens in Vg. I und Biæ) nicht selten *æ*, worüber s. Zetterberg s. 29 f. (vgl. Larsson, Lj. s. 88 mit note und oben § 135 anm. 1).

Anm. 2. Auch einige hdschr., wo der wechsel *i : e* hauptsächlich durch vokalbalanz geregelt ist, zeigen teilweise vokalharmonie; so z. b. U, Sdm, Da, Ög und Ög. fr. I, worüber s. § 142, 1 mit anm. 2, 3 und 5.

§ 138. *i* wird in ST (sofern es nicht schon nach § 142, 2 zu *e* geworden ist) regelmässig zu *y* nach *y*, z. b. acc. pl. *syny*

§ 139. Vokalharmonie. § 140. Vokalbalanz.

söhne, *thykkyr* scheint, *hyllyst* huldigung, *mykyt* viel. Derartige formen kommen vereinzelt auch in anderen hdschr. (z. b. Ly, Bir. A, Bir, Bm, GO, Su, Linc. 39 u. a.) vor.

Anm. Möglicherweise ist ein durch regressive harmonie bewirkter übergang *i* > *y* in seltenen fällen wie Bil *hylbry'gdha* neben sonstigem *hi'lbri(gh)dha* gesund anzunehmen; die häufigen *bygynna* Ve u. a. beginnen, *mysthykkia* Bir, ST u. a. missfallen, können auch nach § 145 erklärt werden. Vgl. oben § 136 anm.

§ 139. *u* wird in der regel zu *o* nach (kurzem oder langem) *e, o* und *ø* (in Ly auch nach *a, ā*, in Vg. II wenigstens oft nach *ā*) in den § 137 genannten denkmälern, z. b. dat. sg. ntr. *ēno* einem, *borno* getragenem, *lōso* losem (präs. pl. *āgho* besitzen), aber z. b. *samu* demselben, *sīnu* seinem, *ungu* jungem, *fyrstu* erstem, *fældu* verurteiltem. Vor ᵛm ist die regel nur sehr unvollständig durchgeführt, indem zwar Vh regelmässig (wenn auch mit vielen ausnahmen) *-om* nach *e, o, ø* zeigt, während in Vg. I *-um* in dieser stellung etwas (wenn auch sehr wenig) häufiger vorkommt und in den übrigen hdschr. noch mehr vorherrschend sein dürfte. Vgl. Kock, Lj. s. 147 ff., Zetterberg s. 30.

Anm. Auch einige hdschr., wo der wechsel *u* : *o* hauptsächlich durch vokalbalanz geregelt wird, zeigen teilweise vokalharmonie; so z. b. U, Sdm, Sdm. fr und Da, s. § 143 anm. 3 und 6.

II. Vokalbalanz.

§ 140. Unter vokalbalanz versteht man die erscheinung, dass die vokalqualität der nicht haupttonigen silben nach dem grade der (exspiratorischen) betonung geregelt wird und zwar so, dass die schwachtonigen vokale eine offenere aussprache annehmen (*a, i, u* > resp. *æ, e, o*), während die stark nebentonigen ihre alte qualität bewahren. Die vokalbalanz wirkt gewöhnlich progressiv, d. h. in silben nach der haupttonigen oder in enklitischen wörtern, selten regressiv, d. h. in silben vor der haupttonigen oder in proklitischen wörtern. Während die vokalharmonie eine verhältnismässig seltene und nur dialektisch (bes. vestgötisch) vorkommende erscheinung ist, zeigt sich die vokalbalanz — wenigstens bei *i* und *u* — nicht nur in den meisten dialekten, sondern auch in der reichssprache (dagegen, ebenso wenig wie die vokalharmonie, im agutn.). Die veränderung ist nicht vor c. 1280 zu konstatieren, denn die in älteren (lateinisch abgefassten) urkunden vereinzelt vorkommenden aschw. wörter zeigen (mit ausnahme der in einigen diplomen aus der zeit 1164—1199 auftretenden, welche unerklärter weise ausser nach *g, k* häufiger *e* als *i* aufweisen) noch konsequent unversehrtes *a, i, u* (s. Rydq. IV, 17, Kock, Lj. s. 328 ff.), welchen standpunkt unter den kaschw. hdschr. noch z. b. Ög betreffs *a* und *u*, Vm u. a. betreffs *a* einnehmen.

Man unterscheidet, je nach dem umfang der erscheinung, zwei arten der vokalbalanz:

1. **Vollständige**, die sowol in geschlossener wie in offener silbe eintritt. Dies ist bei *u* — ausser vor *m* — das fast allein vorkommende und bei *a* das wenigstens bis jetzt einzig belegte.

2. **Unvollständige**, die nur in offener silbe stattfindet. Dies ist bei *i* das weitaus häufigste und bei *u*, wenigstens vor *m*, nicht selten.

Anm. Wenn ausnahmsweise (z. b. in U betreffs *a*, in Vm betreffs *i* und *u*) auch urspr. stark nebentonige vokale in nicht zusammengesetzten wörtern gewöhnlich (vgl. aber § 141 anm. 1) der veränderung ausgesetzt sind, so beruht dies wol darauf, dass diese vokale in den betreffenden dialekten schon nicht mehr stark, sondern nur schwach nebentonig sind (s. § 57, II, B, 1; § 152).

§ 141. Die balanz *a* : *æ* ist nur vollständig, indem jedes schwachtonige *a* zu *æ* wird in einigen kaschw. denkmälern aus der zeit ca. 1350—1375, von denen die wichtigsten KP (hier besonders konsequent) und SK (wo jedoch *a* neben *æ* nicht selten auftritt) sind, z. b. *gangæ* gehen, *blīræ* bleiben, *morþære* mörder, *biltoghæ* landflüchtig, *niūtæ* geniessen, *giældæs* bezahlt werden, *kopæ* kaufen, aber z. b. *fara* fahren, *giva* geben, *kolare* köhler, *kopar* kupfer, *bæra* tragen, *miætas* geschätzt werden u. s. w. Mehrere denkmäler, von denen besonders MEL (vgl. § 8, e, 2) hervorzuheben ist, zeigen spuren derselben regelung, indem sie zwar in der regel *a* auch in schwachton. silben aufweisen, aber daneben mehr oder wenig häufig *æ* vorkommt (während dies in stark nebentonigen silben fast nie auftritt), z. b. *gangα, -æ*, aber nur *fara*. Wiederum andere, wie H, haben — wol durch ausgleichung — zwar *æ* auch in (wenigstens urspr.) stark nebentonige silben eindringen lassen, dies aber weit weniger konsequent als in schwachtonige, also z. b. *gangæ*, selten *-α*, aber

§ 142. Vokalbalanz *i* : *e*.

farœ, oft -*a*, was wol auf eine einstige konsequente balanz hinweist. Vgl. Karlsson und Kock bei Kock, Lj. s. 310 ff.; Björkman, Sv. landsm. XI, 5, s. 25 ff.; Zetterberg, s. 31; Åström, Sv. landsm. XIII, 2, s. 37 note.

Anm. 1. Da in U konsequent (nicht nur *gangœ* u. s. w., sondern auch) *farœ* u. dgl. steht, während z. b. *sœxtān* und *sœxtœn* sechszehn, *afrāþ* und *afrœþ* abgabe, *talande* redend und *swarœndi* antwortend u. dgl. neben einander vorkommen (sowie nur *Ōlāver* Olaf, *sifskaper* verwandtschaft u. a.), so zeigt wol dies, dass in den fällen mit *œ*, nicht aber in den fällen mit *ā* die betreffende silbe schon zur schwachtonigkeit niedergesunken war. Vgl. § 140 anm., § 135 anm. 2.

Anm. 2. In einigen denkmälern ist mit der vokalbalanz eine mehr oder weniger durchgeführte vokalharmonie verbunden. So steht in Sdm. fr *œ* (das im typus *fara* nie vorkommt) fast immer nach *o*, überwiegend nach *e*, sehr oft nach *i*, nicht selten nach *œ*, selten nach *y*, fast nie nach *a*, nie nach *o* und *u*. In Da, wo normaler weise *a* auch in den schwachtonigen silben steht, ist das daneben mehr ausnahmsweise auftretende *œ* besonders nach *œ* beliebt (Brate, I.j. s. 42 f.)

Anm. 3. Da die meisten aschw. denkmäler überhaupt keinen übergang *a* > *œ* kennen, kann die annahme Kock's (Tidskr. f. Fil. N. R. III, 256, Några atona, s. 1 ff., Akc. II, 344, Lj. s. 534 f., Arkiv IX, 122 f.) nicht akzeptiert werden, dass das in gewissen proklitischen wörtern wie *þœn* 'der', *œn* (aisl. *en*!) 'aber, wenn, als' fast alleinherrschende, in anderen wie *œt* (agutn. *et*!) häufige und in vorsilben wie *œn-lite*, -*time*, *frœm-fōra* u. dgl. zwar seltene, aber auch in denkmälern mit konstantem *a* in schwachtonigen silben vorkommende *œ* aus *a* wegen schwachtonigkeit entstanden sei (s. auch Brate, Lj. s. 8; Lidén, Arkiv IV, 108 note). Über *þœn*, *œn*, *œt* s. § 173; *œnlite*, -*time* s. § 61; *frœm*- u. dgl. s. § 135 anm. 4. Von Kock nicht erwähnte schreibungen wie *frœ*, *œ*, *œf* statt *frā* von, *ā* an, *af* aus sind so äusserst selten, dass sie als blosse schreibfehler betrachtet werden müssen.

§ 142. Die balanz *i* : *e* ist:

1. Vollständig in einigen kaschw. (bes. östgötischen) denkmälern aus der zeit c. 1330—1360, besonders konsequent in Bu, z. b. *saghþe* sagte, *mōþer* mutter, *œngel* engel, *talaþe* redete, *riddaren* der ritter, aber z. b. *skari* schaar, *glœþi* freude, *faþir* vater, *himil* himmel, *komin* gekommen; fast ebenso regelmässig in Ög. fr. I (wo jedoch bisweilen *i* statt *e* in geschlossener silbe nach *i* steht, z. b. *kristin* christen) und II (wo bisweilen *i* in geschlossener silbe) sowie KP (hier jedoch gewöhnlich *i* in der genitivendung -*is*, z. b. *œrvuþis* arbeit, vielleicht weil *i* hier noch lang war); weniger regelmässig in Cod. reg. Havn. u.

s. 2237 des Södermannagesetzes (wo oft *i* statt *e*, auch in offener silbe). S. weiter Kock, Lj. s. 244 ff., 261 ff., 317 f.

Anm. 1. Eine tendenz zu vollständiger balanz nur vor *r* (seltener *n*) zeigt sich in Sdm (s. Larsson, Lj. s. 86 f.); ebenso in ST vor *n* (seltener *r*).

Anm. 2 Eine kombination von vollst. balanz und harmonie zeigt U, wo in urspr. schwachtonigen silben *e* nach *e, o, ø*, sonst aber noch *i* die regel ist; s. Kock, Lj. s. 155.

2. Unvollständig in mehreren kaschw. denkmälern, von denen die wichtigsten Sdm (späterer teil; vgl. anm. 5). Sdm. fr (hier ganz ausnahmslos durchgeführt), MEL, Bir. A und SK sind, z. b. *väþe* gefahr, *forste* der erste, *ræliande* wählend, konj. *grōe* keime, aber z. b. *skaþi* schade, *rīkit* das reich, *undir* unter u. s. w.; ebenso in den meisten mschw. denkm., sowol den ältesten wie O, P. I als einigen sehr jungen wie Su und noch (im wesentlichen) Linc. 39, wiewol schon c. 1500 das urspr. verhältnis in mehreren hdschr. wie Di und PM durch ausgleichung wesentlich zerstört worden ist. S. weiter Kock, Lj. s. 255 ff., 297 ff., Larsson, Lj. s. 69 ff., Arkiv XIII, 59; Björkman, Sv. landsm. XI, 5, s. 30 ff., 59 f.; Zetterberg, s. 31.

Anm. 3. Eine sonderstellung nimmt Ög ein, indem *i* hier noch oft in schwachton. silben erhalten ist und zwar: konsequent nach *ī* (z. b. *rīki* reich), sehr oft nach kurzem vokal (z. b. *uppe*, -*i* oben), oft nach palatalen (z. b. dat. *skōghe*, -*i* walde), nicht selten in mehr als zweisilbigen wörtern (z. b. *klokkare* klister, aber *mollari* müller) und auch sonst hie und da; s. Tamm, Uppsalastudier, s. 26 f. Auch II hat noch sehr oft *i* neben *e*, s. Kock, Lj. s. 320.

Anm. 4. Da in Vm (und zwei anderen hdschr. desselben gesetzes) *e* nicht nur im typus *väþe*, sondern auch im typus *skaþi* dem *i* gegenüber vorherrschend ist, so zeigt wol dies, dass in dem betreffenden dialekt die endsilbe auch in *skaþe* u. dgl. schon schwachton. geworden ist; vgl. § 140 anm. Dass aber in denselben hdschr. nicht selten *e* auch in geschlossener silbe — besonders vor (urspr.) einfacher konsonanz — steht, beruht wol auf ausgleichung. Vgl. Siljestrand 1, 40 ff., 90 f., 122, 137; II, 30; III, 100 ff., 112 f, 117.

Anm. 5. Eine kombination von unvollst. balanz und harmonie zeigt Sdm (früherer teil; vgl. 2 oben), wo *e* zwar regelmässig in unbetonten silben steht (z. b. *ærvinge* erbe), in schwach nebentonigen silben dagegen konsequent nur nach *e, o, ø* (z. b. *hvete* weizen, *bōnde* bauer, konj. *søke* suche), oft nach *a, u* (z. b. *väþe*, -*i* gefahr, *klæþe*, -*i* kleid), aber fast nie nach *i, u, y* (z. b. *rīki* reich, *uppi* oben, *yngri* jünger); s. Larsson, Lj. s. 83 ff. In Da ist zwar *i* auch in schwachton. silben noch das regelmässige; wenn aber daneben *e* sich zeigt, so geschieht dies besonders nach *e* und *ø*, s. Brate, Lj. s. 43 ff.

§ 142. Vokalbalanz *i* : *e*.

Anm. 6. Statt *e* steht bisweilen (z. b. hic und da in Sdm, Vm, GO) *œ*, worüber vgl. Larsson, Lj. s. 88; Kock, Arkiv XII, 248.

Anm. 7. Dialektisch nimmt auch ein durch späte verkürzung aus *ī* entstandenes *i* in der balanz teil, z. b. Bu, Bir. A *guþlekar* neben *guþlikar* göttlich u. dgl. (Leseb. 21, 19, 28; 105, 19, 27, 30; 106, 12 aus KP und Linc. 39).

Anm. 8. Über nur scheinbare ausnahmen von der balanzregel s. Kock, Lj. s. 247 ff., 297 ff., 366 ff. Wirkliche ausnahmen entstehen — ausser durch das hineinspielen der vokalharmonie (s. oben) — durch analogie, wie wenn *undi(r)* 'unter' und *œpti(r)* 'nach' sich nach *ivi(r)* 'über', resp. *firi(r)* 'vor' gerichtet haben, oder umgekehrt (in schriften mit vollst. balanz) *faþer* st. *faþir* vater nach *mōþer* mutter, *brōþer* bruder und *syster* schwester. Besonders oft richtet sich natürlich ein kompositionsglied nach dem simplex, z. b. *himirīke* himmelreich neben lautgesetzlichem *himerīke* nach *himin* himmel, *brūþgumi* bräutigam (neben lautges. -*gume*) nach *gumi* (s. Kock, Lj. s. 343 ff.). Lautgesetzlich sind dagegen fälle, wo die doppeltheit auf verschiedener betonung des kompositums beruht, z. b. *likame* (mit nebentoniger pænultima und also unbetonter ultima (neben *likámi* (mit haupttoniger kurzer pænult. und also stark nebentoniger ultima) körper, *ǽnlite* neben *anlíti* antlitz. Noch sei erwähnt, dass wo in schriften mit unvollst. balanz ein auslautendes -*e* durch späte enklise in geschlossener silbe zu stehen kommt, das *e* jedoch bleibt, z. b. *kænde-n* kannte ihn nach *kænde*; vgl. mit alter (d. h. vor dem eintritt der balanzregel durchgeführter) enklise z. b. *rīki-t* das reich trotz *rīke*.

Anm. 9. Die balanzregel gilt auch für enklitische wörter; also z. b. mschw. *mek* (*megh*) mich, *t*(*h*)*ek* dich, *segh* sich neben haupttton. *mik* u. s. w. Da der suffigierte artikel immer enklitisch (und zwar ganz unbetont) ist, so folgt, dass er zwar in schriften, welche die balanz entweder gar nicht oder nur sehr unvollkommen durchgeführt haben, sein *i* mehr oder weniger konsequent behält (z. b. in Vg. I und Ög immer, in Biæ fast immer, in Da und Vm gewöhnlich), aber in schriften mit vollst. balanz immer *e* zeigt (z. b. sowol acc. *synd-ena* die sünde, gen. *strīþ-enna(r)* des streites als auch nach kurzer haupttoniger silbe *skip-et*, -*en* das schiff, die schiffe), wiederum in schriften mit unvollst. balanz *e* in offener, *i* in geschlossener silbe aufweist (z. b. sowol dat. *fæþr-enum* dem vater als auch acc. *grav-ena* den grab, aber gen. *rīkes-ins* u. dgl.

Anm. 10. Die unvollständige balanz findet auch in (schwachtonigen offenen) vorsilben und in proklitischen wörtern (wiewol hier wegen des einflusses der haupttonigen formen mit vielen schwankungen) statt, z. b. MET *belǽte* (früher *bilǽte*) bild, mschw. *bestánd* (neben *bistand*) beihülfe, *bi-*, *betīdha* bei zeiten, *pri-*, *prestaf* marschallsstab; ebenso kaschw. *fore* neben selt. *fori* 'vor', konj. *maghe* (*moghe*, *mughe*) neben *-i* 'möge'. Dieselbe entwicklung findet natürlich statt, wo bisweilen ein schwachtoniges *ī* vor dem eintritt der balanz verkürzt worden ist, z. b. mschw. *lekámber* (neben *likamber*) körper; ebenso Vm *e forstonne* im anfang, Bir. A *e mœllan* in der mitte (mschw. *emōt* zuwider, *egēn* zurück) zu *ī* 'in'.

§ 143. Die balanz *u* : *o* ist:

1. **Vollständig** in mehreren kaschw. denkmälern aus der zeit c. 1330—1360, von denen die wichtigsten Ög. I, II (in beiden ganz ausnahmslos — ausser vor *m*, s. anm. 4 — durchgeführt) und Bu (über MEL und Bir. A s. anm. 4) sind, z. b. dat. *asko* asche, *mōþor* mutter, *allo* allem, 3. pl. prät. *lovaþo* verhiessen, *mantol* mantel, *værþogher* würdig, aber z. b. dat. *gatu* gasse, *faþur* vater, *tiughu* zwanzig, *diævul* teufel, *liþugher* ledig u. s. w.; ebenso (im wesentlichen regelmässig) in den meisten mschw. denkm., sowol alten wie O, P. I als jungen wie Su, Linc. 39, wiewol um 1500 es auch hdschr. giebt, wo das urspr. verhältnis zum guten teil zerstört ist. S. weiter Kock, Lj. s. 172 ff.; Zetterberg, s. 31.

Anm. 1. Im Cod. reg. des Södermannagesetzes und in II tritt noch oft in schwachton. silben *u* neben *o* auf, s. Kock, Lj. s. 318 ff.

Anm. 2. Da in Vm *o* nicht nur im typus *asko*, *mōþor*, sondern auch im typus *gatu*, *faþur* dem *u* gegenüber fast alleinherschend ist, so zeigt wol dies, dass in dem betreffenden dialekt die endsilbe auch in *gato* u. dgl. schon schwachtonig geworden ist; vgl. § 140 anm. S. weiter Siljestrand I, 44, 157 f. u. pass.; II, 28; III, 117.

Anm. 3. Eine kombination von vollst. balanz und harmonie zeigt U, wo (in urspr. schwachton. silben) *o* nach *e*, *o*, *o*, sonst aber noch *u* die regel ist; s. Kock, Lj. s. 149. Fast ebenso Sdm. fr, wo *o* immer nach *o*, *o* (bei *e* fehlen zufällig beisp.), oft nach *æ*, *i*, selten nach *a*, nie nach *u* steht; s. Larsson, Arkiv XIII, 59.

Anm. 4. In einigen denkm. mit vollständiger balanz, ist sie jedoch vor *m* unvollständig, also z. b. *landum* ländern gleich *laghum* gesetzen. So steht z. b. auslautendes -*um* ganz konsequent in Sdm. fr, MEL (vgl. anm. 5) und Bir. A, weit überwiegend im Cod. reg. des Södermannagesetzes. Ansätze dazu zeigen auch einige mschw. denkm. wie O, ST und eine partie von Bil, welche oft -*um* neben -*om* aufweisen. Dagegen ist derartiges -*um* in den für die vollst. *u* : *o*-balanz typischen kaschw. denkm. Ög. I, II und Bu zwar nicht unerhört, aber doch mehr oder weniger selten. Vgl. Larsson, Arkiv XIII, 59; Kock, Lj. s. 203 ff. — Unvollst. balanz vor *s* hat die genannte partie von Bil., wo man also zwar *apton* abend, *flaskor* flaschen, *flaskonne* der flasche, *kalladho* nannten u. s. w. findet, aber dagegen *kalladhus* wurden genannt, *foddus* wurden geboren u. a., s. Kock, Skandinavisches Archiv I, 31 ff.

2. **Unvollständig** (und zwar mit *u* vor allen konsonanten, vgl. anm. 4) ist die balanz mit grösserer konsequenz bis jetzt nur im Cod. AM. 51, 4° (des Småländischen kirchenrechts) c. 1375 belegt, z. b. *sinum* (aber natürlich *sino*) seinem, *annur* andere,

§ 143. Vokalbalanz *u* : *o*.

laghþus wurden gelegt u. a. (aber nur *morghon* morgen, *apton* abend, also wol vollst. bal. vor *n*). Fast denselben standpunkt nimmt SK ein, wo man ebenfalls *annur*, *laghthus*, aber doppelt so oft *-om* wie *-um* findet. Vgl. Björkman, Sv. landsm. IX, 5, s. 60 f. und 32.

Anm. 5. Dass SK vor *n* unvollständ. balanz hat, darf nicht aus gen. *klockunnæ* (aber natürlich *klocko*) der glocke u. dgl. geschlossen werden, denn auch sonst hie und da ist *u* vor inlautendem *nn* erhalten, z. b. MEL gen. *krōnunna*, dat. *-unne* (aber natürlich acc. *krōnona* und ohne artikel *krōno*) der krone gegenüber *morghon* morgen (analoge beisp. fehlen in SK); vgl. Kock, Sv. landsm. XIII, 11, s. 9.

Anm. 6. Eine kombination von unvollst. balanz und harmonie zeigt Sdm (bes. der spätere teil), wo *o* konsequent nur nach *e* und *o* (z. b. *reþo* ritten, *tōko* nahmen), sehr oft nach *ø*, selten nach *a*, *i*, *y*, *œ*, nie nach *u* steht; s. Larsson, Lj. s. 91 ff. In Da ist zwar *u* auch in schwachton. silben noch das regelmässige, aber daneben zeigt sich, wenn auch selten, *o* und dies dann bes. nach *o*, s. Brate, Lj. s. 45 f.

Anm. 7. Einige denkmäler, sowol solche mit vollst. als mit unvollst. balanz, zeigen *u* statt eines zu erwartenden *o* nach konsonantischem *i*, z. b. gen. *kirkiu* kirche. So konsequent Cod. reg. des Südermannagesetzes und SK, überwiegend Bir. A (z. b. Leseb. 44, 16 und 17), sporadisch auch andere denkmäler (s. Kock, Arkiv XI, 335 f.).

Anm. 8. Über nur scheinbare ausnahmen von der balanzregel s. Kock, Lj. s. 178 ff., 366 ff. Wirkliche ausnahmen entstehen — ausser durch das hineinspielen der vokalharmonie (s. oben) — durch analogie, wie wenn *tiu* (st. *tio*) zehn sich nach *tiunde* (mit stark nebentoniger pænultima) zehnte gerichtet hat, oder umgekehrt (in schriften mit vollst. balanz) acc. *faþor* st. *faþur* vater nach *mōþor* mutter (*brōþor* bruder, *systor* schwester) oder — wie in ST gewöhnlich — pl. *gator* gassen, *ladhor* scheunen u. dgl. nach *kyrkior* kirchen, *gātor* rätsel u. a. Besonders oft richtet sich natürlich ein kompositionsglied nach dem simplex, z. b. *hovuþsār* kopfwunde (neben lautgesetzlichem *hovoþsār*) nach *hovuþ* kopf, gen. *þvœrgatu* querstrasse (neben lautges. *-gato*) nach *gatu* strasse u. s. w. (vgl. § 142 anm. 8). Besonders oft kommt auch in gewissen mschw. schriften nach 1400 vor, dass durch ausgleichung der doppelheit *-um* : *-om* analogisches *-om* statt oder neben lautges. *-um* auftritt, z. b. *gatom*, *-um* gassen nach *gātom* rätseln u. a.; so z. b. in P. I, Bm, Su, Linc. 39 (s. Kock, Lj. s. 212 ff.).

Anm. 9. Die balanzregel gilt auch für enklitische wörter (vgl. § 142 anm. 9), z. b. *āre-no* dem jahre, *flokke-nom*, *-num* dem haufen. Da z. b. ST konsequent *stadh-enom* dem platze, aber *stigha-num* der leiter u. s. w. hat, ist dies verhältnis wol so zu erklären, dass der auf der ultima von *stigha* ruhende nebenton bei der enklise auf den artikel übertragen worden ist (wie ja jetzt im nschw. der fall ist) und so das *u* vor dem übergange bewahrt hat.

§ 144—145. Umlautserscheinungen der schwachton. silben.

Anm. 10. Die balanz findet auch in (schwachtonigen) vorsilben und in proklitischen wörtern (wiewol hier oft die haupttonige form einen konservierenden einfluss ausübt, gleichwie sie selbst auch dann und wann von der proklitischen beeinflusst wird) statt, z. b. Ög. I, Vm (immer), KP, Bu, SK (immer) und mschw. *som* aus *sum* 'welcher, wie, als', Vm und mschw. *om* aus *um* (so noch SK immer) 'um', Vm, H, Bu, SK und mschw. *mon* < *mun* 'wird', Vm, Bir. A und mschw. *op* < *up* 'hinauf', oft (bes. mschw., z. b. ST) *aro* sind, *mono* werden, *magho* mögen, *skolo* sollen, pl. *samo* dieselben u. a. statt *æru* u. s. w. Ebenso wo vor dem eintritt der balanz ein schwachtoniges *ū* verkürzt worden ist, z. b. *hospónde* (Leseb. 79, 35), *-bónde* (oft, z. b. Leseb. 105, 19) neben *hūsbōnde* hausherr, *hos-*, *hūsprēa* Vg. I, *hos-*, *hūströ*, *hos-*, *hūstrū*, *hos-*, *hūsfrū* chefrau (vgl. *hūsfro*, *-frū*, *hūstro*, *-trū* chefrau, *nötos*, *-hūs* viehstall).

III. Umlautserscheinungen.

§ 144. Palatalisierung: Dialektisch wird im mschw. *iæ* zu *iæ* (vgl. § 96), z. b. *viliæ* wollen, *liggiæ* liegen (aber *brista* bersten, *bidha* warten u. s. w.); so z. b. in Ve und JB (vgl. Kock, Lj. s. 128). Nach *g*, *gh*, *k* scheint dieser übergang sowol allgemeiner wie auch etwas früher eingetreten zu sein, und dies *iæ* ist (wol über *ie*, s. § 147) zu *e* weiter entwickelt worden, z. b. gen. pl. von personen- und ortsnamen wie *Hælsingia*, *-iæ*, *-e*, *Twlghia*, *-iæ*, *-e*, *Nærikiæ*, *-e* (schon MEL; *Nærke* Cod. reg. des Södermannagesetzes) oder *bæggia*, *-iæ*, *-e* beider, *twæggia*, *-iæ*, *-e* zweier, *an(nat)tiggia*, *-iæ*, *-e*, *-lingia*, *-iæ*, *-e* entweder, *stykkia*, *-iæ*, *-e* (Dipl. 1376; *stokke* schon MET) stücke. Wenn subst. wie *kirkia* kirche und verben wie *mærkia* merken u. s. w. fast ausnahmslos *ia* zeigen, so kann dies dem systemzwang und speziell dem einfluss sonstiger wörter auf *-ia* (wie *smipia* schmiede, *bæria* schlagen) zuzuschreiben sein. Andererseits kann jenes *e* in den meisten mschw. fällen zur not nach § 149, 1 erklärt werden.

Anm. 1. Schreibungen wie gen. *kirkio* statt *-io* kirche in einigen diplomen aus Finnland c. 1500 zeigen möglicherweise einen analogen übergang *io* > *iø* (vgl. § 98). Dagegen ist es kaum (mit Kock, Arkiv XI, 337 note) anzunehmen, dass der dritte zu erwartende übergang *ia* > *y* (vgl. § 100) durch schreibungen wie Vg. I, Vh *kyrky*, Vg. II K *kirky* belegt wäre; s. hierüber § 127 anm. 4.

Anm. 2. Über *y* > *i* vor *i* s. § 101 anm. 2.

§ 145. Labialisierung: Nicht selten wird in mschw. denkm. *i* (urspr. oder aus *ī* verkürzt) zu *y* unmittelbar nach labialen oder *l* (vgl. § 108 mit anm. 5 und Kock, Sprh. s. 27 f.).

§ 146. Qualitätsveränderungen bei kürzung.

So besonders in den präfixen *bi-* und *mis-*, z. b. *bylǣ'te* ST, Bil bild, *myskúnd* Bir barmherzigkeit. Andere beisp. sind *bysmán* JB (*bisman* aus russischem *bezmén*) schnellwage, *spytǣ'lsker* A 49. II aussätzig; *lyka'mi* ST (mehr als 100 mal) körper, *lykorǣ'l* ST gleichwol.

Anm. Unsicher ist, ob ein dialektischer übergang $a > o$ vor *m* durch Vm acc. *ñcoma* (neben *-ama*) körper, präfix *iom-* (neben seltnerem *iam-*; auch in Da einmal *iom-* neben gew. *iam-*) 'eben' belegt ist; s. Brate, Lj. s. 40.

IV. Sonstiges.

§ 146. Bei kürzung langer vokale wegen eingetretener schwachtonigkeit der betreffenden silbe finden folgende qualitätsveränderungen statt:

1. *ē* wird zu *i* (Kock, Sprh. s. 39; Noreen, Arkiv V, 390), z. b. *hwil(i)kin* welch ein, Ög *fiærmir* mehr in der ferne und *yrǣrmir* mehr nach oben (vgl. aisl. *firrmeirr, ofarmeirr*), mannsnamen wie *Holgir* (aisl. *Holmgeirr*) u. a. auf *-gir* neben *-gēr*; mschw. *Halstin* u. a. neben *-stēn* (aisl. *-steinn*), subst. auf *-liker* neben *-lēker* (aisl. *-leikr*) wie O, P. I, Bir *rēnliker* reinheit, ortsnamen auf *-im* neben *-ēm* aus *-hēm* (aisl. *-heimr*) wie *Visnim, Varnim*. Ebenso in proklit. und enklit. wörtern, z. b. Ly *þir* statt *þēr* (aisl. *þeir*) sie, Vg. I u. a. *igh* statt *ēgh* (aisl. *eige*) nicht.

Anm. 1. Nur scheinbar sind die übergänge $ī > e$ und $ū > o$, denn die betreffenden *e* und *o* sind durch vokalbalanz aus den durch kürzung entstandenen *i* und *u* entwickelt; beisp. s. § 142, anm. 7 und 10 (ende), § 143 anm. 10 (ende).

2. *ō* scheint wenigstens im kaschw. in *u* überzugehen; beisp. s. § 112 mit anm. 1.

Anm. 2. Über *ǣ > e*, *i* s. § 147.

3. *ō̜* wird zu *e*, selten *i* (s. Kock, Arkiv V, 96 note; Noreen, ib. VI, 329), z. b. *ępsere* Vg. II aus gew. *-sōre* eidschwur, *fäteker* SK, KS (später *-tegher*) neben *-tōker* arm, *nōren* Vg. II u. a. (wovon Vg. I *norœn* wol nur orthographisch verschieden ist; Cod. Holm. B 6 *nōrin*; aisl. *nórønn*, anorw. auch *nórenn*) norwegisch, ortsnamen auf *-e* neben *-ō̜* wie *Skāne* (Vg. I *Skāni*; aisl. *Skáney*) Schonen, *Āse* Bi:e; mschw. *Nybele* neben *-bōle*, *Lødhese* neben *-ō̜se*.

§ 147. Ursprüngliches (d. h. nicht durch vokalharmonie oder -balanz aus *a* entstandenes) *æ* wird zu *e*, selten *i*, z. b. *mēren* (*-in* Bm) neben *mērœn* 'aber', der name *Halden* (mschw. auch *-in*) neben *Halfdœn* (und *-dan*, worüber s. Lundgren, Sv. landsm. X, 6, s. 93); ebenso wo *æ* aus *ē* verkürzt ist, z. b. *hærepe*, *-ipe* neben *-ǣpe* bezirk, der name *Styrker*, *-kir* neben *-kār* (und *-kār*, worüber s. Lundgren, Uppsalastudier, s. 17 f.). Dieselbe entwicklung (aber ohne nebenformen mit *i*) zeigen pro- und enklitische wörter wie *eller* oder, *en* wenn, aber, als, *eptir* nach, *hennar*, *-e* ihr, *leta* lassen, *mep* mit, pl. *men* leute, man, *mellom*, *-in*, *-an* zwischen, *pen*, *pet*, *pes* der, das, des, *vel* wol u. a. neben *æller*, *œn* u. s. w. Solche schreibungen mit *e* kommen in grosser menge schon in den ältesten hdschr. vor, sind aber hier zum grossen teil zweideutig, weil *e* auch zeichen des *æ*-lautes sein kann (s. § 24 anm.); vgl. Brate, Lj. s. 5 ff., Larsson, Lj. s. 12, 15, Kock, Lj. s. 534 f., Zetterberg s. 4 ff., Björkman, Sv. landsm. XI, 5, s. 7, Rydq. IV, 37 f.

§ 148. *o* (wahrscheinlich nur unbetontes, nicht aber auch schwach nebentoniges) wird im mschw. (ganz vereinzelt schon im kaschw., z. b. in Cod. Holm. B 56 des Västmannagesetzes vor 1350 und Holm. 47 des stadtrechts c. 1375) sporadisch, aber fast ausschliesslich im auslaut und vor auslautendem *n*, zu *a* (neben welchem *o* auch in den betreffenden stellungen häufiger erhalten ist). Beispiele sind besonders: dat. sg. ntr. des suffigierten artikels wie *lande-na* dem lande, *folke-na* dem volke (z. b. bisweilen in A 49. I und gewöhnlich in Rk. II); dat. sg. ntr. des adj., wenn durch das hinzutreten einer proklitischen partikel der schwache nebenton geschwunden ist (s. § 57, III, B, 5), wie *medh rætta* mit recht (z. b. D 4, Rk. II und schon Holm. B 56 vor 1350) zu *ratto* rechtem, *medh alla* ganz und gar (D 4) : *allo* allem, *af nyia* von neuem (Rk. II): *nȳio* neuem, *til fulla* in vollem masse (Rk. I): *fullo* vollem, *over ēna* überein (D 4, Rk. I, II) : *ēno* einem, *at ēna* (Bir), *at ēnasta* (Bm) nur : *ēno*, *ēnasto* einzigem, *āt minsta* (Ve, Su u. a.) wenigstens : *minsto* wenigstem; 3. pl. prät. ind. (urspr. wol nur proklitisch vor haupttoniger partikel) wie *āta* assen, *slōgha* schlugen, *fiolla* fielen (D 4, Di, Linc. 39) aus *āto* u. s. w.; gen. sg. schwacher feminina in der komposition wie *frilla-barn* uneheliches kind, *kista-fǣ* kastengeld (schon Holm. 47) zu *frillo*

§ 149. Entstehung des reduzierten vokals. 137

kebsweib u. s. w.; ferner z. b. dat. pl. *hælghanom* zu *hælghon* die heiligen (Cod. Berol. germ. 726 fol., c. 1490), *Hākanason* oder *Hākanson* zu *Hākon*, *Kældarsson* zu *Kældor* (s. Lundgren, Sv. landsm. X, 6, s. 91 f., 157), *lēian* (Su) aus *lēon* löwe, *fram-*, *hovodhstūpa* kopfüber neben *stūpo*.

Anm. 1. Die seltenen fälle, wo auch schwach nebentoniges *o* zu *a* geworden zu sein scheint, dürften als analogiebildungen erklärt werden können, z. b. *borta* Bil. statt *borto* 'ausser hause' nach *hēma* 'zu hause', pl. *oghan* c. 1450 st. *-on* zu *ūgha* auge wie pl. *hiærtan* Bm zu *hiærta* herz, u. a. m. (s. Schagerström, Om svenska bär-och fruktnamn, Ups. 1884, s. 11 f.); vgl. nschw. *elfva* (aschw. *ællevo*) elf nach *fyra* vier und *átta* acht? oder wol eher weil das wort früher alternativ keinen nebenton hatte, was auch die synkope zu erheischen scheint (s. § 156, 2).

Anm. 2. Dass derselbe übergang auch in unbetonten vorsilben stattfinde, darf nicht aus ganz vereinzelten schreibungen (schreibfehlern) wie *farmā* Dipl. 1502 'vermögen' oder lehnwörtern wie *Ardan* Jordanes geschlossen werden. In fällen wie präfix *af-* (neben häufigerem *of-*) 'allzu', *farstova* (und *for-*) vorstube ist nach ausweis des anorw. das *a* schon alt und vielleicht gar nicht aus *o* zu erklären.

Anm. 3. In starktoniger silbe zeigt sich ein aus *o* entstandenes *a* wol nur in dem seltenen *datter* II, Codd. Holm. 46 und 47 des stadtrechts statt *dottir* (*dōtir*) tochter, was sicherlich als dänismus zu betrachten ist (vgl. § 7, 15). Einige fälle (wie das seltene *marghan* st. *morghon* morgen und das in PM nicht seltene *affwan* neben *aaffwan*, *owan* oben) dürften als umgekehrte schreibungen (vgl. § 110) aufzufassen sein. Auffallend bleibt das in Su und Linc. 39 äusserst häufige *skadha* st. *skodha* schauen, aber die variante *skaadha* (*skodha*) Su spricht auch in diesem falle für umgekehrte schreibung, umsomehr als in Su andere derartigen schreibungen wie *affta*, *baya*, *haffmodh*, *hagher*, *hapet*, *kamma*, *karsena*, *thag* st. *ofta* u. s. w. (oder umgekehrt mehrmals *hon* st. *han*) keineswegs selten sind; anders, aber schwerlich richtig, hierüber Kock, Sv. landsm. XI, 8 s. 3.

Anm. 4. Über diese schwierigen fragen vgl. Lindgren, Sv. landsm. XII, 1, s. 105 f. und die daselbst zitierte literatur; ferner Rydq. II, 257, IV, 19 f.; Kock, Akc. II, 500, Sv. landsm. XIII, 11, s. 24 note, Skandin. Archiv I, 40 note, ZfdA. XL, 193 f.; Brate, Uppsalastudier, s. 12; Beckman, Arkiv XIII, 3, s. 50, 52. Die bisherigen versuche den übergang lautgesetzlich zu begrenzen, sind jedoch sämtlich ohne namhaften erfolg geblieben.

§ 149. Im mschw. werden, je später um so konsequenter, in unbetonten (nicht aber schwach nebentonigen) silben nach dem haupttone *a*, *e*, *i* und *o* zu dem § 19 anm. und § 26 erwähnten, mit *e* (*ę*) bezeichneten, reduzierten vokal; s. Kock, Akc. I, 122 ff., Lj. s. 270, 361, Sprh. s. 103 f.; Noreen, Grundriss² I, 595. Die fälle sind also:

§ 150. Entstehung des reduzierten vokals.

1. *a* > *ę*, z. b. schon O. I *drāpare-nom* dem totschläger, P. I *pēlare-ns* des pfeilers, ST *keisare-n* den kaiser, JB, Su, Linc. 39 (z. b. Leseb. s. 105, 30) *hiōne-lagh* ehe. Ebenso in proklit. und enklit. wörtern, z. b. gen. *henne* O, Rk. I, II (kaschw. *hænnar*) ihr, *sidhen* Ve (z. b. Leseb. s. 82 f. 8-mal) 'dann' neben betontem *hænna, sidhan*.

2. *e* > *ę* kann infolge der mangelhaften orthographie nicht zum ausdruck kommen.

3. *i* > *ę*, z. b. O *riddaren* der ritter, ST *dōmaren* der richter.

4. *o* > *ę*, z. b. *kirkie-gārdher* D 4 (Leseb. s. 70, 19) friedhof, *lēge-folk* (Leseb. 99, 1) lohnarbeiter, *i afte(n)s* Di gestern abend (zu *afton* abend). Ebenso in proklit. wörtern wie *ginge* Ve gingen, *vāre* Di waren neben betontem *gingo, vāro;* bes. oft *æro* > *ære* sind (neben bet. *æru*).

Anm. 1. Auch andere vokale sind, wenn sie ausnahmsweise unbetont werden, derselben entwicklung heimgefallen, z. b. Bil *alskens* (und -*ins* Bil, MB. I, vgl. § 146, 3) allerlei zu *kon* (kaschw. *kyn*) art.

Anm. 2. Dialektisch kann dies *ę* vor *s* weiter zu *i* entwickelt werden, z. b. gen. pl. *thęris* aus *thęre(s)*, kaschw. *pęra* ihr; *i fastis* aus *i faste(n)s*, kaschw. **i fastons* in der vorigen fastenzeit.

Anm. 3. Hiervon genau zu scheiden sind die zahlreichen fälle, wo in danisierenden schriften *e* jeden schwachtonigen endungsvokal überhaupt vertreten kann, z. b. Sp *sammen* zusammen, *gamelt* altes u. a. (Leseb. s. 109 ff. passim).

§ 150. Spät mschw. (gegen 1500) werden auch schwach nebentonige *e* und *i* zu reduziertem *ę*, was wiederum wegen der orthographie nur bei *i* zum vorschein kommen kann (vgl. § 149, 2), z. b. Su *kristen* christlich, *kænner* kennt; so auch wo *i* im kaschw. noch stark nebentonig war, z. b. Su *syner* (kaschw. *synir*) söhne, Di pl. *gladhe* (kaschw. *glaþir*) fröhliche. Nur vor *s* (vgl. § 149 anm. 2) und *t* steht in mehreren schriften (z. b. Su, Linc. 39, PM) noch überwiegend *i*, z. b. gen. *snillis, -es* weisheit, *litilh, -eth* kleines; so auch im part. prät. (nicht sonstigen adj.) vor *n*, z. b. *bundin* gebunden, was wol dem übermächtigen einfluss der so häufigen neutralform auf -*it(h)* zuzuschreiben ist. Vgl. Kock, Lj. s. 264, 272 f.

Anm. Dialektisch kann dies ę vor m weiter zu u entwickelt werden (vgl. § 149 anm. 2), z. b. ortsnamen wie *Visnum* aus älterem *Visnim* (s. § 146, 1); zum teil anders hierüber Kock, Lj. s. 209, Akc. II, 335 f.

B. Quantitative veränderungen.

I. Kürzung.

§ 151. In wurzelsilben tritt kürzung eines langen vokals ein, wenn ein wort proklitisch oder enklitisch gebraucht wird, oder wenn es als zusammensetzungsglied wegen verdunkelung der urspr. bedeutung seinen starken nebenton gegen schwachen (oder keinen) vertauscht. Betreffs $\bar{e}, \bar{\imath}, \bar{o}, \bar{u}, \bar{æ}, \bar{ø}$ wird die kürzung durch die eintretende qualitätsänderung erwiesen; beisp. s. § 112 mit anm. 1, § 142 anm. 7 und 10 (ende), § 143 anm. 10 (ende), § 146, § 147. Bei $\bar{a} > a$ wiederum geht die schon kaschw. änderung der quantität aus der nschw. vokalqualität a (nicht $\hat{a}$, vgl. § 110) hervor, z. b. proklitisch *ia* ja, *þa* da, als, *lata* (dann auch haupttonig gebraucht, z. b. schon in Ög, s. Tamm, Uppsalastudier s. 25, vgl. auch Kock, Lj. s. 421) lassen, *nar* wenn, *var* (*hærra*) unser (Herrgott) u. a. neben betontem *iā*, *þā* u. s. w; ebenso im ersten zusammensetzungsglied, z. b. *varkunna* (aisl. *várkunna*) erbarmen, ortsnamen wie *Alinxā's* zu *Āle* (aisl. *Ále*; vgl. nschw. alt *Ālingsás* neben *Alingsás*), *Arbúgha* zu *ā* fluss; oder im zweiten, z. b. *rapmalskāpa*, *-lakan* kappe, laken aus grobem wollentuch neben *rapmāl* (vgl. nschw. *radmal* neben dial. -*māl*), *sæxtan* neben -*tān* sechzehn (vgl. nschw. dial. -*tan* neben sonstigem -*ton* aus *-tān) u. a.

§ 152. In stark nebentonigen endungs- und ableitungssilben bleibt einstweilen die länge, bis allmählich der starke nebenton zu schwachem reduziert worden (oder gar geschwunden) ist. Dann werden z. b. *farā* fahren, *skaþī* schaden, gen. *gatū* strasse zu *fara*, *skaþi*, *gatu* (vgl. § 57, II, B, 1). Diese reduktion ist in verschiedenen dialekten zu sehr verschiedener zeit eingetreten, wie aus den qualitativen veränderungen der betreffenden endungsvokale hervorgeht. Wo wie z. b. in U und Vm die formen *faræ*, *skaþe*, *gato* u. dgl. auftreten, muss kürze schon früh — wenigstens um 1300 — da gewesen sein (vgl. § 140 anm., § 141 anm. 1, § 142 anm. 4, § 143 anm. 2). Wo aber wie

§ 153. Hiatuserscheinungen der schwachton. silben.

in den meisten aschw. hdschr. die formen *fara, skaþi, gatu* bewahrt sind, ist wenigstens für die zeit von 1300 und wol etwas später länge anzunehmen (vgl. § 140 ff.). Wiederum muss in den weitaus meisten dialekten wie auch in der reichssprache die kürze wenigstens vor 1400 eingetreten sein, weil sonst ein noch vorhandenes *farā* hätte (nach § 110) in *farō* übergehen müssen. Dieser übergang hat aber nur in gewissen peripherischen dialekten (z. b. dal. und in gegenden von Småland und Finnland) stattgefunden, s. § 110 anm., Koek, Arkiv IV, 89 ff., Karlsson und Noreen, ib. V, 166 ff., Beckman, ib. IX, 92 ff. (vgl. auch Björkman, Sv. landsm. XI, 5, s. 14 f.).

II. Schwund.

a) Hiatuserscheinungen.

§ 153. Vorliterarisch tritt wie im westn. (vgl. An. gr. I, § 103 ff.) kontraktion bei hiatus in folgenden fällen ein:

1. Wo ein langer vokal mit einem folgenden kurzen gleicher qualität — wobei auch *i* mit *ē* und *u* mit *ō* gleichwertig anzusehen sind — zusammentrifft, werden sie zu einem langen von der qualität des ersteren kontrahiert, z. b. *fā* (got. *fāhan*) bekommen, acc. sg. m. *blān* (aisl. alt *bláan*) blauen; dat. sg. *knǣ* nach § 114 aus **knè* (aisl. alt *knée*) knie, präs. konj. *sǣ* MEL aus (schwachtonig als *se* erhaltenem, dann auch starktonig gebrauchtem) *sē* (aisl. alt *sée*) sei; dat. sg. *vī* aus **wīhi* heilige stätte, nom. pl. m. *frī(r)* aus **friiR* freie; dat. pl. *skōm* (aisl. alt *skóom*) schuhen, 1. pl. *trōm* glauben; dat. pl. *hūsfrūm* (aisl. alt *-frúom*) ehefrauen. Später, aber doch schon in den ältesten hdschr., treten häufig analogisch entstandene (oder erhaltene) hiatusformen wie *sei, brōum* u. dgl. wieder auf.

2. *ā + u* giebt *ā*, z. b. dat. sg. ntr. *grā* (aisl. alt *grǫ́o*) grauem, dat. pl. *ām* flüssen, *tām* zehen, *Alver* (rschw. *Aulfr* Yttergärd und L. 928) Adolf. Analogische (neu)bildungen wie *āum, tāom* u. dgl. sind sehr häufig.

3. *e + a* wird nur dann zu *ia* (mit konsonantischem *i*), wenn die verbindung schwachtonig geworden ist, wie in nicht mehr durchsichtigen zusammensetzungen, z. b. *forsia* haushälterin neben *forsea* (KS. fr *forsīa*, s. Leseb. 57, 17, 21, nach *sīa* sehen,

§ 154. Hiatuserscheinungen der schwachton. silben. 141

worüber vgl. § 83, 2, a) fürsorge, *āsia* besichtigung neben *āsēa* zusehen; s. Noreen, Arkiv VI, 383.

Anm. 1. Das seltene *friadagher* Dipl. 1336 (*friadagher* Leseb. 93, 31) neben gew. *frēadagher* freitag könnte unter voraussetzung, dass das zweite zusammensetzungsglied alternativ hanpttonig gewesen ist (vgl. § 57, I, A, 2 und Saxén, Sv. landsm. XI, 3, s. 21 note 2), hierher geführt werden.

4. $\bar{y} + i$ oder u und $\bar{æ}$ oder $\bar{ø} + i$ scheinen lautgesetzlich $\bar{y}$, resp. $\bar{æ}$, $\bar{ø}$ zu geben, aber beisp. sind sehr selten, wie *mȳl* (aisl. *mýell*) ball, dat. sg. *nȳ* neumond, 2. pl. *flȳn* neben *flȳin* (das sehr wol eine analogische neubildung sein kann) fliehet, obl. *bȳ* biene (s. § 65, 5, vgl. *kȳa* § 65, 10); *sǣng* (aisl. *sǽing*) bett, vielleicht auch *frǣnde* (aisl. alt *frǽinde?* s. Sievers, Beitr. XVIII, 410) verwandter; *Ø(i)nder* (aisl. *Eyvindr*) ein mannsname.

Anm. 2. Sonstige, nur scheinbare kontraktionen sind entweder nach § 154 zu erklären oder analogisch zu stande gebracht wie z. b. dat. sg. f. *rā(i)* U roher, *sē(æ)* Vg. I sehen, 1. pl. präs. *sē(o)m* O sehen, *dī(a)* D 4 säugen, dat. pl. *bī(o)m* Cod. Holm. A 33 (c. 1450) bienen, *bō(æ)* Vg. I wohnen, nom. pl. m. *myō(e)* D 4 schmale, *flȳ* Vg. I statt *flȳia* fliehen, dat. pl. *skȳm* O statt *skȳiom* wolken, *knǣm* Ög st. *knēum* knieen, *dō* Bu st. *dōia* sterben, dat. pl. *ōm* Bil st. *ōiom* inseln u. a. m., worüber vgl. Kock, Skandinavisches Archiv I, 42 ff.

Anm. 3. Wo durch schwund eines intervokalischen *gh* (s. die konsonantenlehre) ein sekundärer hiatus $i + i$ oder $u + u$ entsteht, tritt ebenfalls kontraktion ein, zunächst zu $\bar{\imath}$, $\bar{u}$, woraus dann wegen der schwachtonigkeit *i, u,* z. b. *fæmtī* Sdm, MEL aus *fæmtighi* fünfzig und das häufige *aldrī*, -*i* (-*e*), wol aus **aldrighi* (aisl. *aldrege*) 'nie'; *bruttumō* Ög aus *brūptughumō* brautführerin.

§ 154. Für die literarische zeit gilt folgendes gesetz: Ein unbetonter vokal wird in der unmittelbaren nachbarschaft einer haupt- oder nebentonigen synkopiert (nicht mit diesem kontrahiert); vgl. die zum teil abweichende auffassung Kocks, Skandinavisches Archiv I, 37 ff. Hierbei sind mehrere fälle zu unterscheiden:

I. Der unbetonte vokal steht n a c h dem stärker betonten und zwar:

A. In einer silbe, die schon von anfang an unbetont ist, was wegen der gemeinnordischen synkope unbetonter vokale (s. § 94) nur in lehnwörtern stattfinden kann, z. b. *prō(a)ster* (*prōster* könnte auch dem mndd. *prōst* entlehnt sein) probst, namen wie *Iō(a)n* Johann, *Mattī(a)s*, *Andrē(a)s*, *Mikā(e)l*.

§ 154. Hiatuserscheinungen der schwachton. silben.

B. Im anlaut enklitisch gebrauchter wörter und zwar:

1. Nach kurzem vokal (in diesem falle in übereinstimmung mit dem westn. und wol schon vorliterarisch, s. Noreen, Arkiv VIII, 144 f.), z. b. *kirkia-n* die kirche, *bogha-nom* dem bogen, *fōta-nna* der füsse, *ærinde-no* dem auftrage, *klæþi-n* die kleider, *Eriki-num hælgha* (Leseb. 11, 21) Erich dem heiligen, *rīþari-n* noch weiter (oder agutn. *flairi-n* noch mehr, vgl. aisl. *in meira*; s. Kock, Arkiv VI, 56 ff.), *aldrighi-n* (anorw. *aldrigin* und *aldrigi enn*; s. ib. IX, 161) noch nie, *hwarghi-n* nimmermehr, *þōghi-n* (agutn. *þoygi-n*, aisl. *en þeyge*, vgl. ib. XI, 125 ff.) aber jedoch nicht, Ve *villi-k* ich wollte, Ög *þōtti-t* es schien, mschw. *fṓrdho-t* führten es, kaschw. *kunu-nnar* des weibes.

2. Nach langem vokal, z. b. *rā-nni* (schon U) dem grenzzeichen, *brō-n* (schon U; aisl. *brú-en*) die brücke, *siō-n* (Bī̆æ u. a.; aisl. *sió-enn*) den see, *skȳ-t* ßir die wolke, *knǣ-n* ßir die kniee, *trǣ-t* Vg. II der baum, *ø-n* (schon U; aisl. *ey-en*) die insel neben (selteneren) durch analogie noch unversehrt erhaltenen formen wie *brōin*, *-enne*, *siōen*, *skȳit*, *trǣit* u. a.

C. In endungen, welche ihren einstigen nebenton verloren haben und zwar dies:

1. Wegen der stellung des betreffenden wortes als nicht haupttoniges zusammensetzungsglied, es sei

a) erstes wie z. b. *frē(a)dagher* II, Bu, Vg. II K ff. (das einmal spät mschw. belegte *frīdagher* dürfte nicht aus *friadagher* — s. § 153 anm. 1 — sondern aus mndd. *vrīdach* stammen) freitag, *trēagarþer* > *trǣgarþer* (schon U, Sdm; statt *trēgarþer*, nach *trǣ* umgebildet) garten, *fearmark* > *fǣrmark* Vg. I weideland, *Swē(a)rīke* (? s. § 169 anm.) Schweden, *kōrhūdher* (zu gen. *kōar-*) Di kuhhaut, *brō(a)kar* II brückenpfeiler, *bȳ(a)man* Vm dorfeinwohner; oder

b) zweites wie z. b. dat. sg. *fortū* (schon Vg. I; vgl. aisl. *túe*) dorfflur, *altarablē* Bil altarkleid zu *blēa* (anal. auch *ble* Vg. II) tuch, *ladhalō* D4 zu *lōe* dreschtenne, *landbō(e)*, pl. *-bō(a)r* Vg. I u. a. pächter, gen. sg. *Væxiō* MEL ein ortsname zu *siōa(r)* sees, *grābō* (vgl. aisl. *hǣrbúa*) wermut, *hūsfrø(a)* oder *hūs-*, *hostrø* (agutn. *hūsfroyia*, runisch *hustroya*; vgl. aber auch anorw. *húsproy*, gen. *-iar*) ehefrau.

§ 155. Aphæresis. § 156. Synkope.

2. Wegen proklitischer verwendung, z. b. mannsnamen wie *Bō Iōnsson* zu aisl. *búe* dorfbewohner.

3. Infolge der stellung nach einem proklitischen wort, z. b. *a(f) nȳ(a)* von neuem zu *nȳo* neuem (wie *af nȳia* : *nȳio*, s. § 148), *Iōar* (oder *Iōr* nach C, 2 oben) *blā* (aisl. *bláe*) 'I. der blaue', *Vīgher spā* (schon U; aisl. *spác*) 'V. der vorausschende'.

II. Der unbetonte vokal steht vor dem stärker betonten und zwar:

A. Im unbetonten auslaut, z. b. *aldrēgh*, *aldrēi* aus *aldre ēgh*, *ēi* 'nie', mschw. *thordhēi* wagte nicht, *aktadhēi* hütete nicht.

B. Im auslaut proklitisch gebrauchter wörter, z. b. *hælghanz* < *hælgha anz* des heiligen geistes, *Væstrārus* < *Væstra Ārōs* ein ortsname, *nēi* aus *ne-ēi nein, *upī* < *uppe ī* drüben in, *utī* > *ūte ī* draussen in.

C. In endungen, welche wegen der stellung des betreffenden wortes als zusammensetzungsglied ihren einstigen nebenton verloren haben, z. b. *oxnōker* Bir, Bil (sonst *yxna ōker*) ein paar ochsen, mschw. *dānarf* aus kaschw. *dāna arf* heimgefallenes gut.

Anm. Auch wo der hiatus erst durch schwund eines intervokalischen *h* entstanden ist, findet diese synkope statt, z. b. Ög *ærva-(ha)n* ihn erben, MEL *læggia-(ha)n* ihn legen, Vh *gorþe-(ha)næ* machte sie, mschw. *motte-(ha)nom* begegnete ihm, U, Vm *biþi-(ha)n* bitte ihn, Ög *firi-(ha)n* vor ihm, mschw. *sā-(ha)na* sah sie, *þȳ-(hæ)lder* (*þyller* Leseb. 44, 30) um so mehr; ortsnamen wie *Siōbō-(hæ)rādh* u. a. (s. Brate, Arkiv IX, 135).

b) Sonstiges.

§ 155. Aphæresis kommt ausser in dem schon § 154, I, B erwähnten falle nur anscheinend vor, im mschw. *pā* aus *uppā* auf, an, zu (dial. auch *punder* aus *upp under* unter, an der hand), das wol auf unrichtige zerlegung (*up pā* statt *upp ā*) der zusammensetzung und verselbständigung des abstrahierten *pā* beruht.

§ 156. Für die ganze aschw. zeit gilt folgendes synkopierungsgesetz (s. Noreen, Grundriss² I, 597 f.; vgl. Kock, Sprh. s. 54 ff.): Wo zwei unbetonte silben auf einander folgen, wird lautgesetzlich (wiewol oft analogische oder gelehrte einflüsse die durchführung des gesetzes verhindern) diejenige synkopiert,

§ 156. Synkope.

welche einer starktonigen am nächsten steht. Wir unterscheiden drei hauptfälle:

1. Die synkope tritt vor dem haupttone ein und zwar:

a) In vorsilben (dies nur bei lehnwörtern), z. b. kaschw. *Ben(e)dikter* Benedikt, *kap(e)lān* kapellan, *Magdalēna* > *Madlēn (woraus dann nach § 146, 1 mschw. *Mádlin*), *Nik(o)lās*; mschw. *fab(u)lēra* schwatzen, *fisk(e)rī* fischfang, *forrædh(e)rī* verrat, *kan(un)īker* kanoniker, *Katerīna* > *Kadhrīn* (> *Kádhrin*) Katarina, *kæt(te)rī* ketzerei, *skalk(e)rī* bosheit.

b) In oft proklitisch gebrauchten wörtern (deren synkopierte form dann auch haupttonig verwendet werden kann). Solche sind besonders konjunktionen wie kaschw. *hur(u)* Bu wie, *mæ(þa)n* Vg. I, II, U, Sdm, Vm, Ög (Leseb. 31, 35), MEL, Bu während, *si(þa)n* Da (agutn. *sen* Leseb. 37, 18) dann, nachdem, mschw. *bādh(e)* sowol; titel wie kaschw. *ku(nu)ng* Bu, Bir. A könig, mschw. *bisp* (aus *bissoper* Vm) bischof, *drozt(e)* truchsess, *mars(kal)k* marschall; aber besonders viele (vor)namen wie kaschw. *Brō(þi)r*, *Bæn(di)kt*, *Lar(en)s*, mschw. *Fa(dhi)r*, *Ion(i)s*, *Kæ(ti)l*, *Mat(ti)s*, *Mān(g)s* aus *Māgnus*, *Nil(i)s* u. a.

c) In schwachtonigen ersten zusammensetzungsgliedern, z. b. der ortsname *Bā(gha)hū's* (nschw. noch *Bohús* neben *Bòhus*).

2. Die synkope tritt nach dem haupttone ein und zwar:

a) In einfachen wörtern, die entweder urspr. fremdwörter sind wie kaschw. *El(i)sa*, *Phil(ip)pus* personennamen, mschw. *fōgh(o)dhe* vogt, *fyrken* (mndd. *věrcken* nach *fyra* vier umgebildet) vierichen; oder früher nebenton gehabt haben wie kaschw. pl. *nōrnir* (aisl. *nóróner*, vgl. § 146, 3) die norwegischen, *Nǣr(i)kiar* die einwohner von Närke, mschw. *fyl(i)skia* schmutz, pl. *pæ(nni)ngar* geld. Ebenso wo der nebenton in folge der stellung nach einem proklit. wort geschwunden ist, z. b. *i rīk(i)sins þiænistu* U im dienste des reichs.

b) In zusammengesetzten wörtern, denen das gefühl der zusammensetzung abhanden gekommen ist, was zum verlust des einstigen nebentones geführt hat, z. b. rschw. (Rv. s. 25, 317) *Uis(i)ti* = aisl. *Vésete*; kaschw. *an(nat)tiggia* entweder, *Er(e)ker*

§ 157. Synkope.

neben *Ērīker* Erich, *hingat* (aus **hinn-weg-at*) hierher, ortsnamen wie *Hiorst(aþ)um* Dipl. 1307, *hulkin* < *hūlīkin* und *hwīlkin* < *hwīlīkin* welcher, mannsnamen wie *Kœt(i)lbern* und *Kœ(ti)ldor*, *Norghe* aus dat. *Nōreghe* (agutn. *Nōrvegi*) Norwegen, *Ōl(a)ver* neben *Ōlāver* Olaf, acc. *sun(no)-* oder *syn(no)dagh* Vm, P. I, ST, resp. Vg. II K ff. sonntag, agutn. *þengat* (**þenn-weg-at*) dorthin; mschw. *Ēl(a)ver* neben *Ēlāver* ein mannsname, *fœdh(er)nes-* oder *fœ(dhe)rnesrīke* vaterland, *hwat(rit)na* was auch immer, *ladh(o)gārdh* viehstall, *mān(a)dagh* montag, *ō(dhe)nstagh* mittwoch, dat. *Væstrā'r(u)se* (dann auch nom. *Væstrārs*) ein ortsname, *særke* < *særøke* geschwür, *Swē-*, *Swēr(i)ghe* < *-rīke* Schweden, *þolkin* < *þōlīkin* solcher, *vær(u)ldin* die welt.

Anm. 1. Dass ein acc. sg. f. wie *sakina* die sache nie synkopiert, ist wol dem einflusse der übrigen kasus im sg. (bes. gen. *sakinnar*, dat. *sakinni*) zuzuschreiben. Dat. sg. *friþinum* u. dgl. ist nicht als *friþ-inum*, sondern als *friþi-num* zu zerlegen. Unerklärter weise bleibt unsynkopiert der nom. pl. von dem typus *mænninir* die männer, *bøtrinar* die geldstrafe; erst mschw. zeigt sich bisweilen — ebenfalls unregelmässig behandelte — formen wie *bøndẹrne* oder *bøndren* die bauern, worüber s. Noreen, Arkiv VIII, 142 f.

Anm. 2. Unklar bleiben — wie im westn. — die mannsnamen auf *-kæl* (aisl. *-kell*), *-kil* neben *-kitil* und *Kœtil* (s. § 102 anm.).

3. Die synkope tritt nach einer stark nebentonigen silbe ein. Beisp. sind selten, weil zwei unbetonte silben nach einander in dieser stellung überhaupt selten vorkommen. Hierher wol doch fälle wie Vm *almæ(nni)nger* oder *-ge* allmende, mschw. *ærkebis(ko)per* erzbischof, *fōdhermars(kal)ke* futtermarschall. Fälle wie *almæn(ne)lika* allgemein, *ātskil(le)liker* verschieden, *ōmogh(e)liker* unmöglich u. a. können unter annahme einer betonung *almǽnnelika* u. s. w. zu 2, b oben gehören.

Anm. 3. Über mschw. *frœnka* verwandtin st. des älteren *frœn(d)kona*, acc. mit suffigiertem artikel *-kon(on)a* s. Tamm, Etymologisk svensk ordbok s. 178, sowie Bugge, Arkiv IV, 120 f. note.

§ 157. Wo zwei unbetonte silben nach einer schwach nebentonigen stehen, wird ebenfalls regelmässig die erste unbetonte synkopiert, z. b. kaschw. pl. *boghanir* aus **boghaʀ-iniʀ* die bogen, *konunar* aus **konuʀ-inaʀ* die weiber, acc. sg. *dōttorna* aus **dōttur-ina* die tochter, dat. pl. *-onom* (z. b. *bōndonom* den bauern Ly, vgl. aisl.) oder *-omon* (z. b. *landomon* den ländern

§ 158. Synkope. § 159. Svarabhakti.

A 49) aus *-omom* (z. b. *mannomom* den männern A 49) < *-omnom* (z. b. *swēnomnom* den knaben, vor 1437) < **-um(i)num*, mschw. pl. *riddar(a)ne* die ritter u. dgl.

Anm. Über den nicht hierhergehörigen gen. sg. f. des typus *sak-innar* (gegenüber aisl. *sakar-ennar*) der sache s. die flexionslehre.

§ 158. Sonstige fälle sind nur spärlich vertreten:

1. Eine unbetonte silbe zwischen zwei starktonigen wird nur dann — sporadisch — synkopiert, wenn der betreffende vokal von zwei gleichen konsonanten umgeben ist, z. b. Da *āt(ta)tighi* achtzig, mschw. *al(la)lĕdhis* ganz und gar, *āttun(de)del* achtel, *fiǣr(de)del* viertel (vielleicht auch *ātskil(le)liker* — wenn mit *ī* — s. § 156, 3).

2. Unklar bleibt, warum die zahlreichen ortsnamen auf *-stapum* (dat. pl.) mit zweisilbigem ersten zusammensetzungsglied bald *a* (vgl. *Hiorstum* u. dgl. § 156, 2, b), bald *u* (so schon mehrmals im rschw.) synkopieren, z. b. *Gudnistum* : *Sōlastum*; andere beisp. bei Kock, Arkiv X, 335, wo jedoch, wol mit unrecht, *-stum* aus *-stam* hergeleitet wird.

3. Über eine nur gewissen dialekten eigentümliche spät mschw. apokope im absoluten auslaut (z. b. *bondren* aus *-ene* s. § 156 anm. 1) s. Beckman, Sv. landsm. XIII, 3, s. 21 ff., Lindgren ib. XII, 1, s. 152.

Anm. Unklar ist die nur als reim (z. b. Rk. I zweimal) vorkommende form mschw. *himmerik* st. *-rike* himmelreich.

C. Svarabhakti.

§ 159. Svarabhakti (d. h. entwicklung eines vokals aus dem stimmton eines stimmhaften konsonanten) kommt fast nur bei konsonantengruppen, die (gew. an zweiter stelle) *r*, *l* oder (seltener) *n* enthalten, wobei der svarabhaktivokal immer zwischen den beiden konsonanten und zwar vor postkonsonantischem, dagegen nach postvokalischem *r*, *l* (*n*) entwickelt wird. Auch das aus *R* enstandene *r* gibt nach vollzogenem übergang zu svarabhakti anlass.

Anm. 1. Äusserst selten tritt svarabhakti in *m*-verbindungen ein, z. b. rschw. *Sįmi/pr* L. 897 und vielleicht kaschw. *mọiok* Bu (zweimal) 'viel'.

Anm. 2. Dass ein anaptyktischer vokal zwischen *f* und *l* entfaltet werden könne, darf wol schwerlich mit Bugge (Rv. s. 361) aus dem seltenen

§ 160. Svarabhakti bei *r*. 147

rschw. *afataʀ* Gursten, *efitiʀ* L. 19, *ifitʀ* L. 478, *abitir?* L. 1069, *afitir,*
yfitiʀ (Tidskr. f. Phil. og Pæd. VII, 318), das mit dem ebenfalls dunklen
urn. *afatʀ* Istaby 'nach' zu vergleichen ist, geschlossen werden. Ganz
vereinzelt steht *uisitarla* L. 979 (schreibfehler?) neben sonstigem *uistarla*
d. h. *westarla* im westen.

Anm. 3. Ohne grund nimmt Kock (Sprh. s. 69 f.) eine entfaltung
von *i* zwischen *m*, *n*, *r* und *st* in gewissen superlativen an; vgl. dagegen
Schagerström, Arkiv IV, 344 ff. und die flexionslehre.

§ 160. In *r*-gruppen tritt svarabhakti in folgenden fällen ein:

1. Zwischen (postvokalischem) *r* und kons. nur ganz ausnahmsweise in einigen runeninschr. aus Uppland und Östergötland, z. b. *kariþu* L. 449, *kariþi* L. 1148 (statt *gærþu, -i*) machten, -te, *Karal* (s. Wiede, Östergötlands runurkunder 4) Karl. Eine kaschw. parallele hierzu bietet vielleicht das einmalige *hwaroio* Bu statt *hwario* jedem. Die qualität des svarabhaktivokals wird, wie man sieht, von dem folgenden oder — wenn es einen solchen nicht giebt — dem vorhergehenden vokal bestimmt (pl. *kariþu* ist natürlich vom sg. *kariþi* beeinflusst).

2. Zwischen kons. und *r* ist die erscheinung mehr oder minder gewöhnlich. Wir unterscheiden je nach der stellung der gruppe zwei fälle:

a) Das *r* steht vor vokal, welcher dann die qualität des svarabhakti-vokals bestimmt. Beisp. sind im rschw. häufig, bes. in inschr. aus Uppland und Södermanland, kommen aber fast nur im anlaut vor, z. b. *buru* statt *brō* brücke, pl. *byryþr* statt *brøþr* brüder, *turuknaþi* statt *dru(n)knaþi* ertrank, *Faraukiʀ* statt *Froygēʀ*, dat. pl. *kirikium* statt *grikium* griechen, *Hurulfr* statt *Hrōlfr* Rudolf, *Kirist* statt *Krist* Christ, *pirimstefr* (agutn.) statt *prīmstefr* runenstab, *Siktirikr* statt *Sightryggr*. Dagegen im kaschw. sind beisp. sehr selten; am häufigsten in Bu, wo z. b. acc. sg. m. *fagharan*, dat. *faghorom* schönen, -em u. dgl. vorkommen, sonst ganz vereinzelt (und vielleicht zum teil nach anm. 1 unten zu erklären) wie Sdm *hēþęræ* ehren, gen. pl. *dōþęræ* toten. Ebenso im mschw., z. b. Bil acc. sg. m. *dighiran* gewaltigen.

Anm. 1. Solche im mschw. nicht seltenen fälle wie O *ætirit* das gift,
ST *monstęrit* das kloster, KS *rædhęrit* das wetter gehören nicht hierher,
sondern beruhen auf anschluss an die (nach b unten entstandenen) unbestimmten formen *ætir* u. s. w.

10*

b) Das *r* steht vor kons. oder im auslaut. Hier zeigt sich svarabhakti im rschw. erst spät und selten (dann durch *i* bezeichnet, was wol einen *e*- oder möglicherweise *i*-laut angiebt). Noch Saleby II (1228) wird z. b. *uintr* winter geschrieben. Im agutn. tritt, wenigstens nach den wenigen denkmälern zu urteilen, auch später kein svarabhaktivokal ein (vgl. jedoch anm. 2), z. b. G *yfrsti* der oberste, *dagr* tag. Dagegen im sonstigen kaschw. ist er schon vorliterarisch entstanden (vgl. aber anm. 3). Dessen qualität wird in den meisten hdschr. nur ganz ausnahmsweise von dem vorhergehenden vokal bestimmt, aber in Ög. fr. I ist eine derartige vokalharmonie durchaus konsequent vorhanden, z. b. *gangąr* geht, *dighir* dick, *kombǫr* kommt, *sundųr* entzwei. pl. *systyr* schwester, *gœstęr* gast, pl. *brø̄þǫr* brüder. Sonst ist ein und derselbe vokal mehr oder weniger konsequent durchgeführt worden. Am häufigsten werden die folgenden gebraucht:

e ist das regelmässige in Ly, Sdm, Sdm. fr und Cod. Reg. n. s. 2237 desselben gesetzes, Cod. Holm. B 56 des Västmannagesetzes, MET, Vg. II, Ög. fr. II, MEL, Vg. II K, St; ferner in vielen, meist jungen, mschw. hdschr. wie D 4 (nur zum teil), MB. I, KrL, Rk. I, II, Ve, JB, Su, Di, Linc. 39, PM, Sp.

i ist nur in wenigen kaschw. hdschr., wie das fragment des Biærkoa-gesetzes (Cod. Holm. B 53 zweiter teil), Da und die jüngere hdschr. des Småländischen kirchenrechtes (Cod. AM. 51, 4⁰, zweite hand) durchgeführt. Um so häufiger ist es in mschw., besonders alten, hdschr. die regel; so z. b. in O, P. I, Bir, Bm, ST, Bil, KS. fr, D 4 (teilweise), A 49. I (mit *e* wechselnd), GO, MB. II.

œ ist nur kaschw., dann aber in vielen alten und wichtigen hdschr. die regel, wie in Vg. I (wo jedoch *e* fast ebenso häufig vorkommt), U, Vh, Vm (neben nicht seltenem *e*), KP, Biæ (nur doppelt so häufig wie *e*) und Ög.

a ist fast nur in Bu und Bir. A das regelmässige; sonst nur sporadisch nach *a*, z. b. nicht selten in Vg. I und Sdm (z. b. *ākąr* acker, pl. *æghandųr* besitzer u. dgl.).

Demnach steht, je nach den verschiedenen denkmälern, z. b. *fægherst, -irst, -ærst, -arst* (aisl. *fegrst*) am schönsten, *yverst, -irst, -ærst, -arst* (agutn. *yfrst*) oberst, *dagher, -ir, -ær, -ar* (aisl., agutn. *dagr*) tag u. s. w.

§ 161. Svarabhakti bei *l*.

Anm. 2. In der agutn. hdschr. G kommt nicht ganz selten *i* (und daneben je zweimal *a* und *u*) als svarabhaktivokal vor, s. Söderberg Lj. s. 46. In G. a steht zwar durchgehends svarabhakti (*i* und *e* gleich häufig), aber diese hdschr. ist zu jung um etwas für das agutn. beweisen zu können.

Anm. 3. Wenn nicht selten in Vm und KS, selten in U, Biæ u. a. der svarabhaktivokal fehlt, so ist wol dies nur als eine orthographische ungenauigkeit aufzufassen (eine möglichkeit, die sogar betreffs der agutn. hdschr. nicht ganz ausgeschlossen ist, vgl. anm. 2). Mit unrecht nimmt dagegen Kock (Akc. II, 427, Lj. s. 293, Tidskr. f. Fil. N. R. IX, 165) an, dass im allgemeinen gar kein svarabhaktivokal im aschw. vorhanden sei, sondern dass vielmehr das geschriebene vokalzeichen nur die klangfarbe eines silbenbildenden *r* angeben wolle (vgl. anm. 6).

Anm. 4. *u* ist nirgends als svarabhaktivokal durchgeführt, kommt aber in KS oft vor; sonst nur sporadisch, wie in Ög bisweilen nach *u*, z. b. *kunungur* könig, pl. *ortughur* eine münze u. a.

Anm. 5. *o* und *ø* kommen nur sporadisch vor, besonders nach vorhergehendem *o*, resp. *ø*, z. b. Vg. I pl. *ortoghor* eine münze, Bu *gōþor* gut, *nāþoghor* gnädig u. a.; II pl. *bēndør* bauern u. a. Auffallend ist das in Su und Linc. 39 regelmässige *faghor* schön; vgl. Kock, Lj. s. 295 f.

Anm. 6. Die in 2, b besprochene erscheinung erklärt sich daraus, dass *r* in dieser stellung einst (und zwar noch im älteren rschw.) sonantisch gewesen ist. Also ist svarabhakti konsequent nur bei sonantischem, nicht aber bei konsonantischem *r* entwickelt worden.

§ 161. In *l*-gruppen findet dem entsprechend svarabhakti statt:

1. Zwischen (postvokal.) *l* und kons. ganz ausnahmsweise in einigen runeninschr. aus Uppland und Östergötland, z. b. *ialibi* L. 708 statt (*h*)*ialpi* helfe, *Rulufʀ* L. 1150 statt *Rōlfʀ* Rudolf, *Krimuluf* L. 1139 statt *Grīmulf* ein mannsname. Eine kaschw. parallele bietet vielleicht das einmalige *hælaghat* Bu statt *hælghat* geheiligt. Die vokalqualität richtet sich also nach derjenigen der folgenden oder — wenn es eine solche nicht giebt — der vorhergehenden silbe.

2. Zwischen kons. und *l* ist die erscheinung etwas häufiger. Wir unterscheiden auch hier zwei fälle:

a) *l* steht vor vokal. Beisp. scheinen im rschw. ganz zu fehlen und sind auch sonst sehr selten und vereinzelt wie Bu gen. sg. *rēgholo* regel, dat. sg. *diævęle-nom*, gen. pl. *diævala* teufel, wo also die folgende silbe die vokalqualität bestimmt hat.

b) *l* steht vor kons. oder im auslaut. Rschw. und agutn.

§ 162. Svarabhakti bei *n*.

beisp. fehlen auch hier. Im kaschw. kommen nur vereinzelte fälle vor, in denen die qualität des svarabhaktivokals dieselbe wie bei *r* (s. § 160, 2, b), also eine verschiedene in verschiedenen denkmälern ist, z. b. U *bōkumbęl* handzeichen, Vm *lefsughęl* brot mit zukost, *stæghęl* rad zum radebrechen, Ög *stæghęldęr* gerädert, *dravęlsfuldęr* verwirrt, Bu *sighąlt* gesegelt, St *dobęl* würfelspiel; oder auch machen sich — wie bei *r* — vokalharmonische einflüsse geltend nach der oben 1 gegebenen regel, z. b. Bu *sighęlde*, *sighǫldo* segelte, -en, aber *fughųl* vogel. Im mschw. kommen zwar häufig schreibungen sowol ohne als mit svarabhaktivokal vor, aber diese sind jetzt so zahlreich, dass jene wol nur als orthographische archaismen zu betrachten sind (vgl. jedoch die anm). Wie bei *r* ist jetzt die vokalqualität in älterer zeit vorzugsweise *i*, später dagegen *e*, z. b. *nęghįlt* ST vernagelt, *foghįl* O vogel, *haghįl* Bir, -*ęl* MB. I schlosse, *avįl* Bm, GO, -*ęl* Rk. I ertrag, *dravįl* ST, -*ęl* Su unsinn (ausnahmsweise *foghǫl* Linc. 39 vogel u. dgl.).

Anm. Die in 2, b besprochene erscheinung erklärt sich daraus, dass *l* in dieser stellung einst (und zwar wol, wenigstens in den meisten dialekten, noch im älteren kaschw.) sonantisch gewesen ist. Damit stimmt überein, dass die auslautende verbindung *rl*, wo *l* immer konsonantisch gewesen ist, nie svarabhakti zeigt, z. b. *karl* kerl (vgl. aber rschw. *Karęl* § 160, 1). Ausserdem ist eine unerlässliche bedingung für das eintreten eines svarabhaktivokals, dass das *l* stimmhaft sei (vgl. § 159). Daher tritt in solchen fällen, wo *l* — auslautend nach stimmlosen konsonanten, s. § 38, 1 — stimmlos ist, einstweilen svarabhakti nicht ein, so dass z. b. ST *axl* schulter, *āzl* aas, *hōrsl* gehör neben *fughįl* vogel, *tūngįl* mond, *skavįl* gemüse u. a. zeigt (mitteilung des herrn kand. phil. S. Zetterström); ebenso noch GO *ręzl* schrecken neben *fughįl*, *avįl* u. s. w. (s. Kock, Ordspr. s. 46). Als später *l* auch in dieser stellung stimmhaft und dann auch sonantisch wird, tritt svarabhakti ein, z. b. *bęzęl* Rk. 1 gebiss (dialektisch schon früher, z. b. *bęzęl* Bir, ja ganz vereinzelt kommt im kaschw. *byrghsęl* Vm arbeit vor).

§ 162. In *n*-gruppen tritt svarabhakti weit seltener ein und zwar nur in folgenden (nur kaschw. und mschw.) fällen:

a) Zwischen kons. und (antevokalischem) *n*. Vereinzelte beisp. kommen in einigen kaschw. hdschr. vor, sind aber so selten, dass die möglichkeit blosse schreibfehler anzunehmen nicht ganz ausgeschlossen ist, z. b. Sdm *bupini* eingeladene, *dræpęne* erschlagene, Biæ *vitini* zeuge, Bu *bundąna* gebundene, *kristąna* (*kristine* Bil) christliche.

§ 163. Urgerm. *a*-umlaut.

b) Zwischen kons. und auslautendem (stimmhaftem und sonantischem, vgl. § 161 anm.) *n*. In betracht kommen zunächst nur die seltenen verbindungen -*fn* und -*ghn* (über *þn* s. die anm. unten), weil die übrigen entweder konsonantisches (so -*gn* d. h. *ŋn*, -*ln*, -*mn*, -*rn*) oder stimmloses (so -*kn*, -*pn*, -*sn*, -*tn*, s. § 40, 2 und 3) *n* enthalten. Es ist demnach nichts überraschendes, dass beisp. wie Vm *sǫvin* (anorw. *sofn*) schlaf, Vg. II *vaghin* wagen neben gew. *symn*, *vagn* (vgl. nschw. *sägen*, *sagen* neben *sägn* hörensagen aus aschw. *sæghn*, *saghn* neben *sægn*) äusserst selten sind. Erst nachdem im mschw. — wenigstens in einigen dialekten — *n* auch nach stimmlosen konsonanten stimmhaft und infolge dessen sonantisch geworden ist (vgl. die entwicklung bei *l*, s. § 161 anm.), tritt svarabhakti auch in fällen wie *lāsin* Dipl. 1405, -*en* PM lösegeld, *sōkin* Dipl. 1401, -*en* gemeinde, *vāpen* waffe neben häufigerem *lōsn* u. s. w. ein. Sehr selten kommen derartige beisp. auch im kaschw. vor, z. b. *sōken* Dipl. 1316, *vāpin* Da.

Anm. Da *n* in den auslautenden verbindungen -*þn* und -*tn* noch heute sonantisch ist, so dürften späte und vereinzelte schreibungen wie *vaten* (Leseb. 98, 16) gleich nschw. *vatten* nur orthographisch von dem gew. *vatn* 'wasser' verschieden sein, d. h. *en* bezeichnet in diesem falle nur ein sonantisches *n*.

Kap. 4. Vokalwechsel aus urgermanischer zeit stammend.

I. Spuren speziell urgermanischer lautgesetze.

a) Umlautserscheinungen.

§ 163. *a*-umlaut (s. Noreen, Urg. lautl. s. 20 ff., 18 ff.; An. gr. I, § 140 und 141):

1. *i* (ausser vor nasal + kons. oder wenn die folgende silbe konsonantisches *i* enthält) tritt vor einem *a* der folgenden silbe als *e*, woraus aschw. *æ* (s. § 113), auf, z. b. kaschw. inf. *væghα* neben part. prät. *vighin* Vm (vgl. anorw. *vega* : *viga*) erschlagen, mschw. *thwæna* neben *thwīna* (ags. *þwīnan*) sich abzehren. Ein lautgesetzlicher wechsel *æ* : *i* (je nach dem vokal der folgenden silbe) innerhalb einer gruppe von nahe verwandten formen ist nicht mehr erhalten, sondern entweder ist *æ* oder (häufiger) *i* durchgeführt worden, oder auch sind doppelformen

§ 163. Urgerm. a-umlaut.

entstanden wie *næpan*, analogisch *niþan* 'von unten' neben *niþre*, anal. *næþre* 'der untere', *væghande* totschläger neben *vighænzvākn* II mörderwaffe. Solche fälle sind ferner *slæþi* : *sliþi* Vm, Da, MEL (urspr. nom. *sliþi*, obl. *slæþa*) schlitten, *slæpa* : *slipa* schleifen, pl. *næþar* : *niþar* abnehmender mond, *ōþrævin* : *-þrivin* nicht zufrieden, *Stæk(aborgh)* ein ortsname : *stika* pfählen, *twæka* : *twika* bedenken tragen, *læ-ræft* JB : *-rift* leinwand, *twænne* : *twinni* II (< urg. *twiznai*) zwei, *þrænne* : *þrinni* Sdm drei und wol auch *hǣ-skaper* (aus *hewa-*, vgl. § 71, 3) : *hīskaper* (agutn. *hīskepr*) familie. Vgl. noch nschw. *lämna* : aschw. *lifna* übrig bleiben, nschw. *rämna* : aschw. *rifna* bersten, nschw. *häpen* : dial. *hippen* erstaunt u. a.

Anm. 1. Etwas unsichere beisp. sind *frælla* Vm : *frilla* kebsweib (vgl. aisl. *Hall-freþr* u. dgl. : *friþell* liebhaber?), *frœsker* MB. I (sonst *fœrsker*, mndd. lehnw.?) : *frisker* frisch, *ræf-ormber* flechte : *rif* reibung, *læpi* : *lippe*, *-a* Linc. 39 lippe, mschw. *spæk* (wahrscheinlich mndd. lehnw.) : kaschw. *spik* speck. Sicher deutsch sind *bæk* : *bik* (mndd. *pik*, *pek*, ahd. *bëh*) pech, *snæd* Di (mndd. *snede*) : *snidh* schnitt.

2. *u* (ausser vor nasal + kons. oder wenn die folgende silbe konsonantisches *i* enthält) tritt vor einem *a* der folgenden silbe als *o* auf. Der lautgesetzliche wechsel *o* : *u* ist hier oft (besonders in wörtern mit kurzer wurzelsilbe) bis in die aschw. literatur hinein erhalten worden, z. b. besonders oft in Ög, wo neben einander stehen nom. *kona* : obl. *kunu* weib, nom. *lof* : dat. *luvi* erlaubnis, pl. gen. *sona* : dat. *sunum* söhne(n), inf. *koma* kommen : konj. *kumi* und part. *kumin*, *doraþer* mit thür versehen : dat. pl. *durum* thüren (s. Kock, Tidskr. f. Fil. N. R. VIII, 295 f.; Tamm, Uppsalastudier, s. 24); ebenso U, Vm acc. *follan* : dat. *fullum* vollen, -m, SK *kona* : pl. *kunur* weib(er), Vm, Da *þomalfinger* : sonst *þumulfinger* daumen, ja noch Linc. 39 *hola* : obl. *hulu* höhle. Aber gewöhnlich ist der wechsel ausgeglichen worden zu gunsten des *o* (z. b. *fole* füllen, *kolver* pfeil, *sova* schlafen, *spor* spur) oder *u* (z. b. *gul* gold, *guþ* gott, *lugn* stille, *ul* wolle), oder auch — und dies ist hier der weitaus häufigste fall — sind doppelformen entstanden wie *kona* : *kuna*, *lof* : *luf*, *son* : *sun*, *koma* : *kuma* u. s. w. (s. anm. 2). Durch die § 111 und § 120 erwähnten lautgesetze wird aber diese doppeltheit im kaschw. oft um 1350, im agutn. gewöhnlich und meistens schon vorliterarisch, wieder vereinfacht.

§ 164. Urgerm. *i*-umlaut.

Anm. 2. Die wichtigsten wörter mit dem wechsel *o* : *u*, nach den auf *o*, *u* folgenden konsonanten geordnet, sind die folgenden, von denen die vorn besternten etwa gleich oft *o* und *u* zeigen. Die übrigen sind in ihrer häufigsten form aufgeführt; bei den hinten besternten ist die andere vokalisierung erst mschw. belegt. Kaschw. *odder; buþ, *luþa*, lūþgupe, ruþa (o erst nschw.) neuland, *skoþa, stuþ, suþ, *troþa; ugn (ogn, ofn, omn); bughi, *dogha, flugha*, fughl*, hugher*, lughi*, *rugher*, tugh*; bukker*, flokker, *lok gras, *lok deckel, *loka, lokka, *lokker, oker*, plokka*, *slukna*, stokker, uk (o erst in St) joch; bol rumpf, bulster, folk, fulder, gulf*, holmber, hul, huld, hulder, hult, kol, kulder, kulle, muld, mulin adj., *sārþole, skuli* m., *stolpe, þola, ulver (o selten und nur in namen wie *Bryniolver* neben gew. -ulver); *brūþgome, koma, soman* Vm, Di (*suman* Da) zusammen, *somar* (kaschw. gew. *u*), *sumber; alzkona (u nur Sdm), bruni*, *hunagh*, kona, *konunger, mon* (kaschw. gew. *u*), *son; drup, hop*, kropper*, lopt* (*u* nur Bu), *læropt* (kaschw. nur *u*) leinwand, *op(p)in, ops* Vg. I (*u* Vg. II), *opta** (*u* sehr selten), *stoppa* (kaschw. nur *u*), *topper* (*u* erst nschw.); *borgh* (*u* nur G. II und in namen wie *Ingeburgh* neben gew. -*borgh*), *borghan* (*u* Vg. I, G. II, Bil), pl. gen. *dura*, dat. -*um, fora* (*u* erst nschw.), *gor*, morghin, -on* (*u* sehr selten und nur kaschw.), *orf, spori* (*u* Bu), *s(w)orin, þora; blus*, *drusi*, hosa* (kaschw. nur *u*), *koster, *losna, luste, -er, mosi, *pusi*; *botn, brut* bruch, *floti, flut, luter, nut*, *oter*, *rotin, *skot, skir-, skærskuta, spot*; lof, oran* (*u* äusserst selten), *stuva, sufl** (*sughl*); *oxe; guziver* (*o* nur Da, s. Leseb. 28, 22); ferner die part. prät. der 2., 3. ablautsklassen, welche gew. *u* zeigen, und der 4. ablautsklasse, welche etwa gleich oft *o* und *u* haben. Mschw. (kaschw. unbelegt), *brodder, kodder; *knodha, ludhin, rudher* rost, *rodhna* v., *rugn* (*rompn*); *bokka, sukka; bulin, bulme, dol* adj., *gul* adj., *kolna, molin* s., *smula, sula; spuni* (*o* erst nschw.); *doppa, dopt, hoppa, *sopi; bora* v., *korra, skora; brusk* (*o* erst nschw.), *knosa; *broti* verhack, *īghilkutter, kotkarl, *sproti; *dovin, kofna.* Unsichere beisp. s. § 51 anm. 1.

Anm. 3. Derselbe wechsel ist einst bei dem urnordischen diphthong *eu : eo* vorhanden gewesen, scheint aber früh zu gunsten des *eu* ausgeglichen worden zu sein. Möglicherweise sind spuren des *eo* in einigen § 82 anm. 1 erwähnten fällen noch zu finden.

§ 164. Durch *i*-umlaut (s. Noreen, Urg. lautl. s. 14 f., An. gr. I, § 139, 1) ist *e* (aschw. *æ, ia, io, iu,* s. § 113 und § 75) zu *i* geworden vor einem (sonantischen oder konsonantischen) *i* der folgenden silbe, z. b. *vilia* wollen zu *væl* wol; *liggia* liegen zu *lægha* das liegen; *sitia* sitzen zu *sæta* das sitzen; *mikil* gross : *miok* viel; *birna* bärin : *biorn* bär; *Virþar* einwohner von *Værænd*; *gilde* abgabe : *gialda* bezahlen; *birke-* : *biœrk-* birk-; *þikla* (aus *-ila) oft : *þiokker* dicht; *hirþe, -inge* hirt : *hiorþ* herde (agutn. *herþa* hütten u. a.); *virþa* (analogisch *værþa*) schätzen und *virþe* (anal. *værþe*) wert : *værþ* s. und *værþer* a. wert; *kirna* : *kærne* butter-

§ 165. Urgerm. *u*-umlaut.

fass (über diese drei letzten vgl. § 115 anm. 3); *virke* (anal. *værke*) : *værk* werk und *værka* (anal. *virka*) arbeiten; präs. *brighþer* H : inf. *bræghþa* Vg. II (agutn. *bregþa* und anal. *brigþa*) vorwerfen; *miþ-* (anal. *mæþ-* H, Bu, s. § 115 anm. 3) und *miþil-* : *mæþal-* (anal. *miþal-*) mittel-, wozu der urspr. dat. pl. *millom* : *mællom* zwischen; agutn. *miþ* (ahd. *miti*) : aschw. *mæþ* (agutn. *meþ* Leseb. 39, 6; gr. *μετά*) mit und *mæþan* (agutn., selten mschw. *miþan*) unterdessen; präs. *sīr* (*sīhiʀ, s. § 83, 2, a; anal. *sēr*) : *sēa* (*sehan; anal. *sīa*) sehen. Viele beisp. einer durch ausgleichung entstandenen doppeltheit sind übrigens § 78 anm. 1 angeführt worden; noch andere sind z. b. *brista* (nach dem präs.) : *bræsta* Vg. I, II (agutn. *bresta*) bersten, *brist* : *bræst* mangel, *sighla* : *sæghla* Rk. I (nach *sæghl* segel) segeln, *snille* : *sniælle* Bir (nach *sniælder* verständig) weisheit, *vin* (ahd. *wini*) : *væn* (lat. *venus*) Rk. II, JB, Di, Linc. 39 (s. Leseb. 176) freund, *þriskulde* (vgl. *þriska* dreschen) : *þræskulli* Vg. I, II thürschwelle, gen. sg. *fīar* (nach dem dat. *fī < *fihi) Vg. II, Ög. fr. II, Cod. Holm. B. 55 des Västmannagesetzes (c. 1375) : *fēar* (*fehōʀ) viehes. In anderen fällen ist entweder *i* oder *æ* verallgemeinert worden.

Anm. Auf deutschem einfluss beruht der wechsel *i* : *æ* in fällen wie *sigher* : *sægher* Di, MB. II (vgl. mndd. *sege*) sieg und dem in keiner weise hierhergehörigen *frist* (mndd. *vrist*) : *fræst* (s. § 80, II, 2) aufschub. Ganz unklar ist das, jedenfalls nicht hierhergehörige, verhältnis von *gista* Vh (sonst *gæsta*; aisl. *gista*) gasten und *gistni(n)g* Vh u. a. (gew. *gæstning*) das gasten : *gæster* gast.

§ 165. Eine art von *u*-umlaut ist in so fern vorhanden, als urspr. *o* (nicht wie sonst zu *a*, z. b. lat. *quod* : aschw. *hwat* u. dgl., sondern) zu *u* (woneben aschw. *o* nach § 139 und § 143) geworden ist vor einem *u* oder *o* der folgenden silbe sowie unmittelbar vor (erhaltenem) *m* oder *w* (s. Noreen, Urg. lautl. s. 17, An. gr. I, § 117 und vgl. die oben § 91, 7, a erwähnte entwicklung des urn. *ō*), z. b. sg. nom. f. und pl. nom. acc. ntr. *annur* (*-or*), *iþur*, *uk(k)ur*, *gamul*, H *ēnsamun* zu *annar* ander, *iþar* euer, *ok(k)ar* (vgl. § 84 anm. 1) uns beiden zugehörig, *gamal* (vgl. Wadstein I. F. V, 12 f.) alt, *ensaman* (s. Noreen, Arkiv VI, 367) einsam; ferner pl. *hundruþ* H zu *hundraþ* hundert, 1. pl. wie *bindum* zu *binda* binden, dat. wie *blindum* neben acc. *blindan* blinden, der ortsname *Liūþguþuvi* Dipl. 1293 neben gen. *guþa* zu *guþi* tempelvorsteher (vgl. adän. runisch *Kuþumu*[*n*]*t* 'Gudmund' Helnæs zu *guþ* 'götter'), *aþruvīs*(*u*) Vg. I, Ly (aisl. *oþrovis*) anders zu acc. sg. f. *aþra* andere. Daneben stehen formen mit analogischem *a* wie *annar* Cod. Holm. B 56 des Västmannagesetzes (vor 1350), KS, *iþar* P. I, *gamal* GO, gew. *hundraþ*, *Lūþ-*, *Lȳþguþari* Dipl. nach 1300; ebenso umgekehrt bisweilen *u* (*o*) statt *a*, z. b. sg. nom. m. *annor* KS.

Anm. Unsichere beisp. sind pl. mschw. *sāton*:*sātan* henschober, MEL und mschw. *aldon* : mschw. (spät und selten) *allan* eichel, mschw. (O, Su u. a.) *siældon* : kaschw. *sialdan* 'selten', welche möglicherweise nach § 180, 3 zu erklären sind. *Apul*(*d*) Dipl. 1329, Cod. Reg. n. s. 2237 des Södermannagesetzes (c. 1340) ist sicherlich aus dem ags. *apulder* entlehnt, während das gewöhnliche *apal*(*d*) dem aisl. *apaldr* entspricht.

b) Sonstiges.

§ 166. *e* (aschw. *æ, ia, io, iu*) ist vor nasal + kons. zu *i* geworden (s. Noreen, Urg. lautl. s. 12 f., An. gr. I, § 139, 2), z. b. acc. sg. m. agutn. *þinna* (aschw. analogisch *þænna*, vgl. Lidén, Arkiv IV, 108) diesen zu aschw. *þæn* (as. *thena*) den; pl. *spinnar* O (wie aisl. *flotnar, gumnar* u. dgl. gebildet) zu *spæni* MB. II u. a. (aisl. *spene*), gew. durch kontamination *spini* zitze; *fin*(*n*)*a* (nach gen. pl. *finna) neben dat. pl. *finnom* Bir (s. § 75, 2) finne(n). Andere durch ausgleichung entstandene doppelformen sind *brinna* : *brænna* brennen, lodern, *rinna* : *rænna* Vg. I laufen, fliessen, gen. pl. *kwinna* : *kwænna* Vm zu *kona* (anal. *kwinna* Sdm u. a.; rschw. *kuina* L. 242 dürfte vielleicht eher als *kwena, got. *qinō*, aufzufassen sein) weib.

Anm. Ein unsicheres beisp. ist mschw. *sina* : pl. *syn*(*n*)*or* Bir, Di u. a. (sonst *sinur*) sehne(n), das zwar auf ausgleichung einer flexion *sinwa : pl. *synur* (< *sinnur § 100 < *senuʀ § 75, 2, vgl. ahd. *senwa*) : gen. *sinna beruhen kann; aber möglicherweise ist das *y* aus *i* nach § 108, 2 entstanden, in welchem falle der wechsel schon vorliterarisch zu gunsten des *i* ausgeglichen worden ist.

§ 167. Der seinem ursprunge nach noch ziemlich dunkle wechsel *ō* : *ū* (s. Noreen, Urg. lautl. s. 32 ff.) ist wenigstens in folgenden fällen (vgl. § 121) belegt: *rætsōles* Sdm (zu *sōl* sonne) : -*sylis* MEL, KrL mit der sonne (vgl. mschw. *ansȳlis* gegen die sonne); *bōl* (wozu *bōle*) : *būl* Dipl. um 1175 (wozu ortsnamen wie *Nȳbȳle* Dipl. 1285 u. a.) wohnort; *bō* (Vg. I, Vm je 1-mal *bō*, wol durch anschluss an *bole* und mschw. *bōning*) : *bū*

§ 168. Wechsel *u* : *w*. § 169. Erste ablautsreihe.

Vg. I, Rk. I (je 1-mal) wohnsitz (vgl. *bȳr* dorf); *lĭkstō* abgabe für begräbnisplatz (zu ags. *stów* platz) : *Stȳing* ein mannsname; *rōm* Dipl. 1505 (dal., nnorw. *rōm*) : *rūm* raum; vgl. nschw. *skom* (alt; dal., nnorw. *skōm*) : *skum* schaum.

Anm. Der entsprechende wechsel *ā* : *ī* (s. Noreen, Urg. lautl. s. 36) dürfte durch *rā* : agutn. *rī* pfahl und vielleicht mschw. *kleia* (aus *klẹa § 125, aisl. *klǽia*) : nschw. *klå̄a* jucken sowie *frǟls* Vg. I, Biæ, Cod. Holm. B 55 des Västmannagesetzes (vgl. *frälsa* Bu freimachen) : *friæls* (s. § 93, 2) frei; vgl. noch *frǟnde* (s. § 153, 4) verwandter zu aisl. *friá* lieben. Im letzten grunde dürfte dieser wechsel, gleichwie zum teil der oben erwähnte wechsel *ō* : *ū*, auf irgend welcher art von ablaut beruhen, also nicht hierhergehörig sein.

§ 168. Der urgerm. wechsel von antekonsonantischem *au*, *eu*, *iu* mit antesonantischem *aw*, *ew*, *iw* (vgl. got. *taujan* : *tawida* u. dgl.) hat zu gegensätzen wie den folgenden anlass gegeben : *strōia* streuen zu *strā* stroh, *døia* sterben neben *dāna* (vgl. aisl. *dáenn* tot) ohnmächtig werden, *mø̄* (aisl. spät *mey* nach den kas. obl.) und mschw. *mǟr* (vielleicht adän. lehnwort; aisl. *mǽr*) mädchen, *hø* gras neben agutn. *hāfal* hochsommer (vgl. aisl. *hǿ* nachgras, s. Lidén, Uppsalastudier, s. 94), *þȳ-* (aisl. *þȳ*) und *þī-* (wol in dem verschriebenen *þiþborin* Vm; aisl. alt *þír*) sklavin. Vgl. noch aisl. *þreyia* : aschw. *þrā* sich sehnen, aisl. *Signȳ* : aschw. *Sighnī* ein frauenname, nschw. *klösa* (vgl. dän. *klø*, aisl. *kleyia*, s. Gislason, Frumpart. s. 186) : aschw. *klā* kratzen.

II. Spuren indogermanischer lautgesetze ("ablaut").

§ 169. Die erste ablautsreihe (vgl. An. gr. I, § 142) lautet :

urg. *ī — ai — i* oder *e* (s. § 163, 1);

gemein-an. *ī — æi* (§ 80, II) oder *ā* (§ 80, I) — *i* oder *e*;

aschw. *ī — ē* (§ 124, 1; agutn. *ai* § 124, 2) oder *ā — i* oder *e* (agutn. *e*, § 113), z. b. *bīta* beissen : prät. *bēt* (agutn. *bait*) : pl. *bitu*, part. prät. *bitin* u. a. dgl. verben. Ferner hierher fälle wie *īkorne* : *ekorne* (s. § 71 anm.) eichhorn; *hwīte* Dipl. 1509 (dal. *waita*, -*e* < *hwīta, mengl. *whīte*; vgl. *hwīter* weiss) : *hwēte* (vgl. got. *hvaiteis*) weizen; *skīr* : *skēr* (§ 80, I, 2) hell; *hī-* (§ 71, 3) : *hā-* (§ 80, I, 3) : *hē̄-skaper* (§ 163, 1) familie; *vīgh* totschlag : *vighin*, *væghæ* (§ 163, 1) erschlagen; *āgrēper* Vm : *āgriper* (vgl. aisl.

§ 170. Zweite ablautsreihe. 157

grîpr) diebsgut; *hēter* heiss : *hiti* hitze; *fēter* feist : *fitma, -na*
feist werden u. a. m.

Anm. Ausnahmsweise kommt in dieser reihe vor der vokal nrg., an.
ē (Urg. lautl. s. 30 ff.) > aschw. *ǣ* (§ 114, 1), vor vokal *ē*. Beisp. sind prät.
wie *hǣt* (aisl. *hét*) zu *hēta* heissen; ferner *hǣr* (aisl., got. *hēr*) hier neben
hīt hierher; wol auch mschw. *sǣ*- neben *sī-vyrdher* und *sī-virdher* (ebenso
agutn. *srē-verþr* : aisl. *sui-virþr*) gering geschätzt. Zweideutig ist das *ǣ*,
ē in *Swǣ-rīke* Schweden (ursp. 'das eigene reich') und *Swēar* die Schweden
(urspr. 'die selbsteigenen') neben *Swīar* MB. I, Rk. I (2-mal, z. b. Leseb.
92, 34; über agutn. *Srīar* s. § 103, 2), aisl. *Suiþióþ* und *Suiar*; vgl. die
ablautende bildung *swēn*, aisl. *sueinn* knecht (urspr. 'zugehöriger, eigener').
Es kann nämlich zwar dem alten *ē* in anorw. *suédáe* (neben *suidáe*) von selbst
gestorben, aisl. *suéviss* selbstklug (?), got. *swēkunþs* (? neben *swikunþs*)
offenbar, 'selbstverständlich' entsprechen, aber auch ein sekundäres *ē* (wie
in dem erwähnten *swēn*) sein, dies durch ausgleichung einer ablautenden
flexion *Swīar* (anal. *Swēar*) : gen. *Swǣina (vgl. agutn. *Gutar* : *Gutna*, got.
abans : *abnē* u. dgl.) > *Swēna* (anal. *Swīna*; nur in ortsnamen wie *Swēna-*,
Swīnaþorp erhalten; vgl. *Swīnasund*, jetzt *Swensksund*), später *Swēa* (vgl.
Guta statt *Gutna* u. dgl.), z. b. in *Swēarīke* Sdm, Vm, Da u. a., woraus (s.
§ 154, I, C, 1, a) *Swērīke* Vg. I, U, Vh u. a. Ebenso kann die form *Swǣrīke*
U, MEL (Leseb. 32, 31), PM (Leseb. 108, 32) u. a. nicht nur ein altes, wie
aisl. *Sui-þióþ* gebildetes, *Swē-rīki voraussetzen — in welchem falle das
literarisch belegte *Swē-rīke* auf kontamination von *Swǣrīke* und *Swēa rīke*
beruhen kann — sondern auch eine umbildung der form *Swē(a)rīke* sein
durch anschluss an *swǣnsker* (aisl. *suensker*) schwedisch, das seinerseits
(nach § 80, II, 2) aus **swǣin(i)skr* (zu gen. *Swǣina wie agutn. *gutniskr*
zu gen. *Gutna* u. dgl.) entstanden sein kann. Schwierigkeiten bereiten
jedoch in beiden fällen die aisl. nebenformen *suǽnskr* (ob aus **swānisk*ʀ
< urn. **swainiska*ʀ nach § 80, I, 4, a; vgl. *mæniskia* mensch § 57, I, B,
3) und *sénskr* (nach dat. *sénskom* < *swǣnskum?).

§ 170. Die zweite ablautsreihe (vgl. An. gr. I, § 143)
lautet:

urg. *eu* (*eo* § 163 anm. 3) oder *iu* — *au* — *u, o* (§ 163, 2)
oder *ū*;

gemein-an. *iū* (*iō* § 82 anm. 1) — *ǫu* (§ 81, II) — *u, o* oder *ū*;

aschw. *iū* (agutn. *iau* § 122, 1) oder *ȳ* (§ 122, 2, a) — *ō*
(§ 123, 2; agutn. *au* § 123, 1) — *u, o* oder *ū*, z. b. *niūta* (agutn.
niauta) geniessen : prät. *nøt* (agutn. *naut*) : pl. *nutum* : part. prät.
nutin u. a. dgl. verben; oder *lūka* schliessen : prät. *lōk* u. s. w.
Ferner hierher fälle wie *siūþer* (aisl. *sióþr*) : *sȳþer* U (lat. *sūtus*)
geldbeutel, m. *skiūl* Sdm, Vm u. a. : *skȳl* U hocke, ntr. *skiūl* :

skūl Dipl. 1479 obdach, *blȳgher* (nisl. *bljúgr*) schlichtern : *blūghligher* Su (vgl. ahd. *blūgo*) schändlich, *skiūp* : *skup* oder *skop* (aisl. *skop* neben *skaup*) gaukelei, *Liūþguþuvī* : *Lūþguþavī* (vgl. § 165) ein ortsname, *miūker* weich : *mākia* (*møykia) weich machen, *trygger* (**triuw-*) treu : *trōster* (aisl. *traustr*) guter hoffnung seiend : *trōa* (aisl. *trúa*, vgl. § 121) glauben, *tiugga* (aisl. *tyggua* § 127, 1; aus **tiuw-*) : *togga* (*tugga* § 109) kauen, *liūgha* lügen : *lygn* lüge, agutn. *briaust* (aisl. *briōst*) : *brust* (got. *brusts*, s. Hultman, F. B. s. 204 f.) und aschw. *bryst* (selten *brust*) brust; vgl. aisl. *striūpe* : aschw. *strūpe* kehle, aisl. *striúgr* : aschw. *strūgher* neid, aisl. *briósk* : aschw. *brusk* knorpel. Weiter z. b. *dōver* (aisl. *daufr*) : *dovin* oder *duvin* schlaff, *blōter* weich : *blotna* oder *blutna* weich werden, *lōs* los : *losna* los werden (dazu wol *rǣt-losæ* Vg. I rechtswidrige versäumnis, *los-gyrþer* Vm mit aufgelöstem gürtel und *friþ-los* Vg. II friedlos, wenn nicht vielleicht blosse schreibfehler vorliegen), *rōþer* rot : *blōdh-rudher* ST blutrot und mannsnamen wie *Sig-rudher* u. dgl. (vgl. noch mschw. *rudher*, *rodher* rost, *rudha* karausche und *rudhna*, *rodhna* erröten), *rōker* (agutn. *raukr*, aisl. *hraukr*) garbenhaufen : *roka* aufmass geben (vgl. aisl. *hroke* aufmass und nschw. *ruka* haufen), *mȳr* (aisl. *maurr*) : *mȳr(a)* ameise, *lōker* lauch : *lok* oder *luk* gras, *skōr* (nnorw. *skoyr*) : mschw. (Su 1-mal) und nschw. dial. *skȳr* liederlich, *frōst* (ngutn. *fraust*) : *frost* kälte, *Gōtar* einwohner von Väster- und Östergötland : *Gutar* einwohner von *Gotland* (vgl. § 81 anm. 1), agutn. *ōloyfis* : Da *oluvis* ohne erlaubnis. Wenigstens zum teil d. lehnwort ist *orlōgh* (vgl. mhd. *urlouge*) : *orlogh* (mhd. *urlog*) und *orlighe* (aisl. *orlyge*, s. § 101, 1; as. *urlogi* : ahd. *urliugi*) krieg, 'eidbruch' (zu got. *liuga* ehe).

§ 171. Die dritte ablautsreihe (vgl. An. gr. I, § 144) lautet:

urg. und gemein-an. *e* oder *i* (§ 164, § 166) — *a* — *u* oder *o* (§ 163, 2);

aschw. *æ* (agutn. *e*, § 113) oder *i* — *a* — *u* oder *o*, z. b. *verþa* (agutn. *rerþa*) werden : prät. *varþ* : pl. *urþo* : part. prät. *urþin* u. a. dgl. verben; oder *binda* binden : prät. *bant* u. s. w. Ferner fälle wie *rærk* und *virke* (anal. *rærke*) werk : *yrkia* (anal. *værkia*, *rærka*, *virka*) wirken und *orka* (*urka* MEL) vermögen, *bræst* oder *brist* : *brust* (*bryst*, *brost*) gebrechen, *bræster* : *braster* krachen,

§ 172. Vierte ablautsreihe. 159

kiærne (aisl. *kiarne*) kern : *korn* korn, *brædder* (ags. *breord*) : nschw. dial. *bradd* (ags. *breard*) rand : aschw. *brodder* (ags. *brord*) oder *brudder* spitze, *biærk-* birken- : *barker* baumrinde, *hwælper* : *hwalper* junger hund, *kwæld* (ahd. *quilti-*) abend : *Kwald-olver* ein mannsname (nisl. *kvöld*, ags. *cwyld*, nnorw. -*kvald* abend, s. Lidén, Bezz. Beitr. XXI, 104, 117; vgl. aisl. *Kueldulfr*), *biælke* : *balker* balken, *miolk* milch : *molka* melken, *bēn-biærgh* beinharnisch : früh nschw. *finger-borg* fingerhut (vgl. aisl. *Inge-*, *Val-biorg* : aschw. -*borgh* frauennamen), *hēl-brœghþo* oder -*brighþo* : -*brughþo* oder -*broghþo* gesund, *brœghþa* (*brigþa* s. § 164) : *bryghþa* vorwerfen, *biærgha* : *byrghia* bergen, *spirver* : nschw. *sparf* (aisl. *spǫrr*; vgl. noch ndän. *spurv*) sperling, *grimber* : *gramber* : *grumber* grimmig, *tinde* zacke : *tan(d)* zahn, *springa* : *spryngia* spalte, *hindra-dagher* der folgende tag : *handar-mēr* noch weiter, *stynger* > *stiunger* (§ 127, 1) : *stunger* (§ 109) stich, *sliunga* (§ 127, 1) : *slonga* (§ 109) schleuder. Weiter hierher z. b. *arf* erbe : *orf* bewegliches erbe, *stærkia* (zu *starker* stark) : *styrkia* stärken, *hargher* opferstätte : dat. pl. als ortsname *Hurghum* Dipl. 1371 (das mehrmalige *Horghum* ist zweideutig, s. § 68, 2), *galter* ferkel : *gylta* sau, *kalder* kalt : *kulde* und *kyld* kälte, *lænd* (**landi-*) lende : agutn. pl. *lyndir* (aisl. *lunder*) hinterbacken, aschw. *swalter* : *sulter* hunger.

Anm. Mehrere zum teil etwas unsichere beisp. s. § 117 anm.

§ 172. Die vierte ablautsreihe (vgl. An. gr. I, § 145) lautet:

urg. *e* oder *i* (§ 164) — *a* — *ē̆* — *u* oder *o* (§ 163, 2);

gemein-an. und aschw. *æ* (agutn. *e*, § 113) oder *i* — *a* — *ā* (s. An. gr. I, § 54) — *u* oder *o*, z. b. *bæra* tragen : prät. *bar* : pl. *bārom* : part. prät. *burin* oder *borin* u. a. dgl. verben. Ferner z. b. *kwinna* : *kwān* (**kwūni-*) Bir : *kona* oder *kuna* weib, *griþ* : *gruþ* (s. Noreen, Arkiv VI, 382) freies geleit, *vin* freund : *vān* schön, *Hā-kwin* : -*kon* (-*kwon*) oder -*kun* ein mannsname, *væl* (aisl. *vel*) : *ral* Vm (anorw. *val*) wol, *lif* (aisl. *líf*) : *læf* (geschrieben *leff* GO; vgl. ahd. *lab* brühe; anders, aber nicht überzeugend, Kock, Arkiv IV, 169 f.) zaubermittel : nschw. *löfja* < *lyfia (vgl. aisl. *lyf* arznei, got. *lubja* gift) zaubern, aschw. *klif* saum : *klæfia-hæster* saumpferd : *klyf* saum (vgl. § 178), *frœnd-sime* (wie im anorw.) : -*same* oder -*sæme* (aisl. *frœndseme*) : -*some* Vm (< *syme § 116;

§ 173. Fünfte ablantsreihe.

aisl. *frǽndsyme*) verwandtschaft, *gørsim* : *-sam* oder *-sæm* : *-sum*, *-som*, *-søm* (adän. *gørsum*, aisl. *gersyme*) kleinod, *hundsim* : *-sam*, *-sæm* : *-soma* hündin. Weiter z. b. *dwal* verzögerung (zu got. *dwals* träge) : *dol* oder *dul* träge, *saman* : *soman* Vm, Di (anorw. *soman*) und *suman* Da (got. *suman* einst) zusammen, *flas* : *flos* (vgl. aisl. *flosa*) schuppe.

Anm. 1. Einige zum teil unsichere beisp. s. § 117 anm. Kaum hierher gehörig ist das seltene *bara* Vg. I, Ög u. a. neben gew. *bœra* tragen. Rätselhaft ist auch mschw. *hanagh*, *-ogh*, *-igh* (nschw. *hanung*, *hannogh*) : *honagh* (kaschw. *hunagh*), *hon(n)ogh*, *honigh* (nschw. *hon(n)ung*, *-ing*) honig.

Anm. 2. Bisweilen kommt in dieser reihe auch *ō* (durch *i*-umlaut *ȫ*) vor, z. b. *kōmd* (vgl. aisl. *-kømr* -kommend) : *kwǣmd* ankunft : *koma*, *kuma* kommen : agutn. prät. *quam*; *sēva* (lat. *sōpīre*) : *syfia* einschläfern : *swæfia* hemmen : agutn. *suāfu* schliefen (vgl. aisl. *-suǣfr* schläfrig) : aisl. *suefn* schlaf; vgl. noch nschw. *skōre* (zu mhd. *schuor*) : *skarn* schnuppe : *skūra* schneiden. Vgl. noch § 179.

§ 173. Die fünfte ablautsreihe (vgl. An. gr. I, § 146) lautet:

urg. *e* oder *i* (§ 164) — *a* — *ē*;

gemein-an. und aschw. *æ* (agutn. *e*, § 113) oder *i* — *a* — *ā* (s. An. gr. I, § 54), z. b. *gæta* oder *gita* bekommen : prät. *gat* : pl. *gātom* u. a. dgl. verben. Ferner fälle wie *Vætur* ein seename : *vatn* wasser : *vāter* nass, *þæn* (ntr. *þæt*) : *þan* (*þat*) den (das) und *þæghar* : *þaghar* sogleich (vgl. noch *þaþan*, agutn. *þiaþan* Åkirkeby : aisl. *þaþan* von dort), *wt* (z. b. Ög. fr. I, II und noch zwei Upsalaerfragmente desselben gesetzes, KP, MEL; agutn. *et*) : *at* dass, *æn* (agutn. *en*) : *an* Vg. I (z. b. Leseb. 3, 25; 6, 30) als, wenn, *kwister* (vgl. ahd. *questa*) zweig : *kwaster* (*kwæster*, *koster* s. § 72) quast, *drōt-swte* (agutn. *-sieti*) : *-sate* truchsess. Weiter z. b. *avugher* : *āvogher* (s. Koek, Sprh. s. 51) umgekehrt, *af* : *āf* (anorw. *áf*; vgl. ahd. *āband*) von, *at* : *ūt* (aisl. *út* neben gew. *at*) zu.

Anm. 1. Besonders interessant ist der gegensatz von haupttonigem *æ* : nebentonigem *a* in *vægher* (selten *vagher*) weg : *annanvagh* Vg. I, *hinvagh* Vg. I jenseits (vgl. *hinnugh* Vg. I, II 'dorthin' aus *-wøgh* § 74, acc. sg. des alten *u*-stammes), *i miþragho* (-*værgho*) in der mitte, *af rez vaghnæ* (Leseb. 21, 31) von rechtswegen u. dgl.; vgl. lat. *Norvagus* Norweger. Wahrscheinlich hat man hier eine spur des uralten verhältnisses, dass der ablautsvokal *e* unter dem haupttone, der *o*-vokal unter dem nebentone stand, z. b. gr. λείπω : λέλοιπα, φρήν : εὔφρων, πατήρ : εὐπάτωρ, got.

§ 174. Sechste ablautsreihe. 161

wairdus : daúrawards (vgl. aisl. Sigurþr aus *-wọrðr), aisl. Tindr : Hildetannr, verþr : dọgurþr (< *-wọrðr, vgl. aschw. daghwarþer), vin : Auþun (ags. Éadwine) und Ingun (ags. Ingwine, Saxo Ungwinus) in Ingunarfreyr (d. h. 'Herr Ingun' wie Fenresulfr 'der wolf Fenrer' u. dgl.), anorw. rærða : andrarða, nnorw. kreld : igjærkrald, vielleicht (s. § 117 anm.) aschw. værk : handa-, nīþingsværk Vg. I. Anders Kock, Arkiv XI, 142 ff.
Anm. 2. Einige unsichere beisp. s. § 64 anm. 1. Plagha D 4, Sn u. a. neben gew. plægha pflegen beruht wol zunächst auf mndd. plagen neben plegen. Sehr unsicher ist maþ Vg. I (neun mal), Ög (mehrmals; vgl. das einmalige maþan st. mæþan) : mæþ (agutn. miþ, s. § 164) mit; unsicher auch wol die relativpartikel rschw. aᴿ Hauggrän, Skärfvum, kaschw. ar Vg. I (mehrmals, z. b. Leseb. 5, 10, 27; 7, 10), Ög : ær. Das seltene hwæþan Bir (mehrmals) : hwaþan von wo und das vereinzelte hwæt Vg. I : hwat was können von þæþan von dort, resp. þæt das beeinflusst sein (vgl. aber aisl. huetretna und gen. huess). Drapa Vg. I (2-mal), II (3-mal), Ög (3-mal), Vm statt dræpa erschlagen ist zweideutig, da es nicht nur dem mndd. drapen (: drepen) entsprechen, sondern auch als drāpa (nach drāp totschlag umgebildet, vgl. drāpare : selt. dræpare totschläger) aufzufassen sein kann. Ebenso kann kwaþa Vg. I (2-mal, z. b. Leseb. 4, 6) statt gew. kwæþa sprechen sowol dem afr. quān (< *kwaðan) entsprechen als zum prät. kōþ nach der analogie fara : fōr u. dgl. neu gebildet sein; vgl. ūkwaþinsorþ Vg. I (4-mal) statt -kwæþins- scheltwort, dat. pl. nēkwaþum Vg. I (vgl. ndän. kvad) : kwæþum Vg. II verneinung. Kaum hierher gehört das dunkle ar Vg. I, Bir. A (Leseb. 44, 11, 18) n. a. (vgl. north. arð), pl. aru Vg. I, Ly u. a. (north. aron) neben gew. ær ist, æru sind.
Anm. 3. Bisweilen kommt in dieser reihe auch ō vor, z. b. fōter fuss : fiæt fusstapfe, sōt (ags. sót) russ : forsāt nachstellung : sætia setzen : sitia sitzen, mōt MB. II (aisl. mót) : māt (aisl. mát) mass : mæta messen, prät. vrōk : vraka : vræka vertreiben.

§ 174. Die sechste ablautsreihe (vgl. An. gr. I, § 147) lautet:

urg., gem.-an. und aschw. a — ō, z. b. skava schaben : prät. skōf u. a. dgl. verben. Ferner fälle wie dagher tag : dōgn tag und nacht, kaka kuchen : kōka scholle, lamber lahm : lōm H gebrechen, næt (*natja-) netz : nōt zugnetz, næs (*nasja-) landzunge : nōs schnauze, hagha nützlich sein : hōghre recht (dexter), aþal- : ōþol-fæst vollkommene bestätigung, munhaf : -hōf redeweise (zu hava haben), sæmia gefallen : sōma (swma KS ist wol von sæmia beeinflusst oder nur schreibfehler) passen, snara (snæra Da, MEL, St ist wol von snæria verstricken beeinflusst) strick : snōre schnur, axla- : ōxla-tan(d) backzahn, kwæfia ersticken : nidher-kova herunter drücken, hwætia schärfen : hōta

11

§ 175. Siebente ablautsreihe.   § 176. Vermisch. d. ablautsreihen.

(got. *kōtjan*) drohen, *batna* (die nebenform *bātna* ist wol von dem aus mndd. *baten* > *bāten* entlehnten *bāta* beeinflusst) besser werden : *bōt* busse, *saker* (*sæker*, aisl. *sekr*) : selt. *søker* (got. *unand-sōks*, s. Siljestrand II, 4 note) schuldig, *mar* (*mær*) meer : pl. *Mōrar* (ahd. *muor*) ein ortsname, *staþer* stand : *stōþ* säule (anorw. *staf-stóð* oder *-stóðe* grenzpfahl; vgl. aschw. *āterstaþer* : nschw. *återstod* was zurück steht), *hani* hahn : *hōna* (*hænu* Bm dürfte von mndd. *henne* beeinflusst sein) henne, mschw. *thæver* (aisl. *þefr*) : selt. *thører* geschmack.

Anm. 1. Nicht hierher gehören *fæþerne* : *fuþerne* (nach *mōþerne* umgebildet) Vm und *mæþerne* (nach *fæþerne*) Vg. I, Ly, Dipl. 1346 : *mōþerne* väterliche, resp. mütterliche seite.

Anm. 2. Ausnahmsweise kommt in dieser reihe auch *u* vor, z. b. *uxla* : *ōxl* schwulst (vgl. aisl. *óxla* vermehren) : *vaxa* wachsen. Vgl. noch § 179.

§ 175. Die siebente ablautsreihe (vgl. An. gr. I, § 148) lautet:

urg. $\bar{æ} - \bar{o} - a$;

gemein-an. und aschw. $\bar{a}$ (s. An. gr. I, § 54) — $\bar{o} - a$, z. b. *lāta* lassen : prät. *lōt* (got. *lailōt*) : *later* faul, 'gelassen', *āka* (vgl. *āker* acker) fahren : prät. *ōk*, *hāf* (aisl. *háfr*) fischbamen : *uphōf* : agutn. (wie im aisl.) *uphaf* anfang zu *hæfia* heben, *stā* stehen : *likstō* (ags. *stōw* stelle) abgabe für begräbnisplatz : *sta-þer* stand, stelle (s. weiter § 174), *grāta* weinen : *grota* zum weinen bringen, *landa-mǣre* grenze : *Mōre* (vgl. anorw. *landa-móre*) ein ortsname, *hwǣsa* zischen : *hōsta* (ags. *hwósta*) husten, *s(w)ā* (got. *swē*) : *s(w)ō* (agutn., anorw., as. *sō* : got. *swa*) so, *dǣl* (aisl. *dǽll*) *dōl* (vgl. ags. *dōn* thun) gefällig, *dānde* (anorw. *dánde*) : *dōnde* (ahd. *tōenti*) tüchtig (s. Noreen, Arkiv VI, 376 ff.).

Anm. Ausnahmsweise kommt in dieser reihe auch *u* vor, z. b. *krykkia* (ahd. *krucka*, s. § 106 anm. 1) : *krōkia* krücke zu *kroker* etwas krummes : nschw. (und aisl.) *krake* baum, dessen äste abgehauen worden sind (: aisl. *krákr* haken).

§ 176. Vermischung der 1. und 2. reihe (vgl. Noreen, Urg. lautl. s. 67 ff., An. gr. I, § 149, 1) ist nicht selten, z. b. *skīra* : *skyra* reinigen (*skīr-* : *skyr-skuta* aus licht ziehen, vgl. aisl. *skírr* : *skýrr* hell), *hūþ-strīka* (aisl. *strýkua*) Biu : *-strýka* (aisl. *strūka*) streichen, *krīsta* (mhd. *krīsten*, vgl. aisl. *kreista*) : *krysta* (got.

§ 177—178. Vermischung der ablautsreihen. 163

kriustan) quetschen, *rista* (aisl. *hrista*) : *rȳsta* (vgl. aisl. *hriósa* schaudern, s. Kock, Sprh. s. 26) rütteln, *rīva* : *riūva* zerreissen, *þrēsker* : *þrȳzker* (aisl. *þriózkr*) widerspenstig, *grēpa* Bm (vgl. aisl. *greip* klaue) : *grōpa* (aisl. *greypa*) aushöhlen, *snēpa* Vm, Cod. reg. des Södermannagesetzes, H (vgl. mhd. *snippen*, engl. *snip*; anders, aber nicht überzeugend, Kock, Sv. landsm. XI, 8, s. 52) : *snōpa* (aisl. *sneypa*) kastrieren, *œllivu* : *œllovo* (adän. *œlluvœ*, anorw. *œllugu*, ags. *endlufan*, afr. *andlova*, ahd. *einluph*) elf, Skældept : Skællopt ein ortsname, *guziver* : *guzover* (oder *guzover*, wol nach § 116 < -*zyver*, das nach § 108, 2 erklärt werden kann; vgl. aber anorw. *gudsyfi*) pate, *lǣ-rift*, -*rœft* (s. § 163, 1) : -*ruft*, -*roft* stück leinwand (vgl. *rīva* : *riūva* oben; s. Noreen, Arkiv VI, 382).

Anm. 1. Wol mit unrecht — wie die ausserschwedischen formen zeigen — denkt Kock, Lj. s. 210 f., Akc. II, 337 f. an einen aschw. übergang *i* (*œ*) > *o* in den vier letzten fällen.

Anm. 2. Nicht hierher gehört *uka* Vg. I, Ly, Vh u. a. neben gew. *vika* woche, da jene form wol aus dem ags. *wucu* entlehnt ist. Das seltene *hūskaper* KrL u. a. neben *hā*-, *hi*-, *hæskaper* (s. § 80, I, 3, § 163, 1) familie dürfte von *hūs* haus beeinflusst sein. Das im rschw. häufige *Sikruþr* ist nicht (wie Bugge, Rv. s. 112 f. annimmt) mit *Sighrīþer* identisch, sondern (wie Saxo's *Sygrutha*) aus *Sighþrūþr* (wie Saxo's *Gerutha* aus *Gǣrþrūþr* u. dgl.) entstanden. *Stīp*-, *stif*- neben *stiūp*-, *stiūf*- stief- dürfte aus dem deutschen entlehnt sein.

§ 177. Vermischung der 1. und 7. reihe (vgl. Noreen, Urg. lautl. s. 212 ff., An. gr. I, § 149, 2) ist verhältnismässig selten, z. b. prät. *lēt* (aisl. *leit*) : pl. agutn. (und mschw.) *litum* zu *lāta* (vgl. § 175) lassen; prät. *grēt* (aisl. *greit*) : pl. mschw. *gritum* (z. b. Leseb. 94, 16) zu *grātu* (vgl. § 175) weinen, prät. *rēþ* (aisl. *reiþ*, agutn. *raiþ* — geschrieben *riaþ* — Leseb. 38, 6) zu *rāþa* raten, *blīstra* zischen : *blāster* (das) blasen, *hwīska* flüstern : *hwǣsa* (vgl. § 175) zischen, *swēpa* (aisl. *sucipa*) umschlagen : *swipa* peitsche : *sōpa* (engl. *swoop*) fegen.

Anm. Noch seltener ist vermischung der 1. und 5. reihe, z. b. *beþa* (aisl. *beiþa*) : *biþia* bitten : prät. *baþ* : pl. *bāþom*, *þrīr* drei mit dat. *þrim* : *þræm* (aisl. *þrem*, vgl. lat. *tre-centi*, gr. τρέ-πεδδα) und *þrættān* (anal. selten *þrittān*; aisl. *þrettán*) dreizehn.

§ 178. Vermischung der 2. und 6. (oder 4.) reihe (vgl. Noreen, Urg. lautl. s. 215 ff., An. gr. I, § 149, 3) kommt nicht selten vor, z. b. *hūver* hut (auf häusern u. dgl.; *hūva* haube

11*

164 § 179. Vermisch. d. ablautsr. § 180. Ablaut in ableitungsilben.

kann d. lehnwort sein, vgl. aber aisl. *húfa*) : *hōvoþ, -iþ* (got. *haubiþ*) : *hovuþ* (agutn. *hafuþ*, vgl. § 68, 1 und 2) haupt; *klȳva* (aisl. *kliúfa*) klieben : *klōf* (aisl. *klauf*) gespaltene klaue : *klufveghin* zweiarmig (von einer wage), *klyf* saum, *klovi* : *klavi* (*klævi* Vg. II) etwas zweispaltiges, *klæfiahæster* saumpferd : *klif* saum; mschw. *frōdha* (vgl. aisl. *frauþ, froþa*) : *fradha* schaum; *gōpn* (aisl. *gaupn*) höhlung beider hände : *gap* schlund; *grøpa* (vgl. § 176) aushöhlen : *grōp* aushöhlung; *bøla* (vgl. aisl. *baula* kuh, *bylia* toben): *bœlia* (aisl. *belia*) blöken; kaschw. *stumn* (anorw. *stufn*, aisl. *stofn*) stamm : *stamn* (aisl. *stafn*) steven; *styþia* stützen : *stæþia* stellen; mschw. *stȳras* GO, MB. II sich grossthun, *Stūre* ein mannsname, *stūr* (vgl. aisl. *gnȳ-stȳrer* 'strepitum augens', ahd. *stūri* bedeutend) : *stōr* (aisl. *stórr*) gross; *Holdo* (zu anorw. *hauldr* freier grundbesitzer) : *Holdo* (zu aisl. *hǫlþr*; vgl. § 65, 1) ein (latinisierter) mannsname.

Anm. 1. Etwas unsichere beisp. sind *øptir* u. a. (s. § 107 anm. 2) : *æptir* nach, *sykn* (*sukn* Sdm; vgl. § 106 anm. 1, § 112, anm. 1) : *sōkn* zu gerichtlicher belangung frei, *Høgne* : *Hogne* (*Hagne*, s. § 68, 3) ein mannsname (vgl. aisl. *haukstaldr* < **haug-* vornehmer mann : urn. *HaʒustaldaR* 'Hagestolz').

Anm. 2. Sehr selten ist vermischung der 2. und 5. (oder 7.) reihe, z. b. *brūn* braue : *brā* wimper.

§ 179. Vermischung der 4. und 6. reihe (vgl. An. gr. I, § 149, 4 und oben § 172 anm. 2, § 174 anm. 2) kommt nur selten vor, z. b. *miol* mehl : *muld, mold* staub : *mala* mahlen : prät. *möl*; *grift* grab, *græva* (afr. *greva*, aisl. *grebą*) : *grava* graben : prät. *grōf*; *fiorþer, fiærþer* enges fahrwasser : *for* : *far* furche, *fara* fahren : prät. *fōr*; *drægha* (anorw., afr. *drega*) : *dragha* ziehen : prät. *drōgh, drōghia* dehnen, *drogh* schlitten; *kunna* können : *kan* kann : *kōn* erfahren; part. prät. *s(w)urin, s(w)orin* : prät. pl. mschw. *s(w)ārom* : kaschw. *s(w)ōrom* : *swæria* schwören.

§ 180. Ein, in vielen fällen unursprünglicher (d. h. auf analogischem wege in später zeit entstandener), ablaut *i — a — u* (vgl, An. gr. I, § 150) kommt in ableitungsilben ungemein häufig vor. Die fälle sind:

1. *-igh-* : *-agh-* : *-ugh-* (-ogh- § 139, § 143) ist selten, z. h. *honigh* MB. I ff. : *-agh* O ff. (*hunagh* Bu, SK ff.) : spät *-ugh* (-*ogh*; vgl. noch § 172 anm. 1) honig; agutn. *hailigr* (mschw. *hæligher*

§ 180. Ablaut in ableitungssilben.

O ff., *heligher* P. I ff.) : kaschw. *hēlagher* (*hē-*) : spät mschw. *hǣlogher* Linc. 39 heilig; *fēligher* MB. I ff. : *-agher* A 49. I : gew. *-ogher* sicher; *sāligher* Rk. I ff. : *-agher* Bm ff. : gew. *-ogher* arm. Auch von anderen adj. auf *-ugher* (*-ogher*) kommen seit c. 1450, ohne zweifel meistens durch deutschen einfluss, hie und da nebenformen mit dem früher überaus seltenen *-igher* vor, z. b. *iævigher* D 4 zweifelhaft, *nōdhigher* D 4 nötig, *nādhigher* MB. I, Ve gnädig, *stadhigher* MB. I fest, *lidhigher* MB. 1 frei, *skyldigher* Ve schuldig, *avigher* umgekehrt, *vældigher* (z. b. Leseb. 109, 32) gewaltig, *myndiger* mündig, *aldrigher* bejahrt u. a.

2. *-il-* : *-al-* : *-ul-* (*-ol-*) ist etwas häufiger, z. b. *ōpil* Da (und mschw.; as. *ōthil*) : *-al* : *-ol* eigentum, *pomal-* : *pumulfinger* (s. § 163, 2) daumen, agutn. *ankal* (ahd. *ankal*) G. a : *-ul* (so auch kaschw.) fussknöchel, mschw. *bædhil* Bir : *badhul* nest, *mantil* : *-ol* (auch kaschw.) mantel, *sadhil* : *-ol* (kaschw.) sattel, *diævil* Di : *-ul* teufel, *īghil-* : *-olkutter* igel, *adhil* : kaschw. *apal* : *-ul* H, Bm echt, mschw. *midhil-* : kaschw. *mæpal-* (*mipal-* § 164) : *mæpul-* Da mittel-.

Anm. 1. Ursprünglich nicht hierher gehörig ist das zu *apal*(*d*) : *-ul*(*d*) — s. § 165 anm. — neu gebildete *apil* D 4 apfelbaum. Über mschw. *foghil*, *-ol* u. a. aus *foghl* u. dgl. s. § 161, 2,b.

3. *-in-* : *-an-* : *-un-* (*-on-*), z. b. *bundin* : *-an* : *-on* garbe, *morghin* : *-an* (nur mschw. und selt.) : *-on* morgen, *aptin* Ly, St (vgl. ags. *æften*, anorw. *æftann*) : *-an* : *-on* abend, *ōpins-* (*opins-* Leseb. 24, 28) : *ōpans-* (as. *Wōdan*) Dipl. 1393 : *ōpunsdagher* H mittwoch, *systkine* : *-ane* : *-one* geschwister, *fingrine* : *-an* fingerring, *ōran* U, Vm, Ög : *ōrun* U (vielleicht nach § 91, 7 zu beurteilen) zank (vgl. aisl. *óra* zanken), *aldin* : *aldon* MEL ff. (spät. mschw. *allan*, vgl. § 165 anm.) eichel, *?ōkwæpinsorp* : *-ans-* PM scheltwort.

Anm. 2. Unsichere beisp. sind mschw. *lekan* : *-on* Su spielzeug, *thækan* : *-on* decke, *sātan* : *-on*, *siældan* : *-on*, worüber s. § 165 anm. Über nicht hierhergehörige fälle wie *hælghan*, *leian* u. a. aus *-on* s. § 148. Teils auf schwankende bezeichnung des reduzierten vokals (s. § 149), teils auf analogie beruhen wol fälle wie mschw. (selt.) *lovin* (aus mndd. *love-n*) : gew. *lovan* (aisl. *lofan*) gelübde, *glavin* (mhd. *glavin*) : *-an* spiess, *ordin* (mndd. *orden*) : *-on* (vgl. lat. *ordo?*) orden.

4. *-ind-* : *-and-* : *-und-*, z. b. rschw. (selt.) *pūsind* (as. *thūsind*) : kaschw. *pūsand* : *-und* H (aisl. *pūsund*) tausend, *sannind*

§ 180. Ablaut in ableitungssilben.

: (vgl. adän. *sannandæ*, aisl. *sannande* :) *-und* H, G. II (vgl. aisl. *sannynde*) wahrheit, *tīnde* Vg. I, II (* *tihinde*; adän. *tīnde*) : *tīunde* zehnt, *hnghinde* : mschw. *hoghiande* : *hyghynde* Linc. 39 (agutn. g. pl. *hugunda* § 106, 2, b; vgl. aisl. *hǫgynde*) kissen, *ærinde* (aisl. *erinde*) : kaschw. *-ande* (: ngutn. *arundi* wie im as.) auftrag, mschw. *tīdhinde* : kaschw. *tīþande* neuigkeit, *Iærinder* : (adän. *Iarander* :) *Iurunder* u. a. (s. § 77, 3) ein mannsname, *bōande* wohnend : *bōnde* (< *bōunde) bauer, *fīande* : mschw. dial. *fijund* (as. *fīund*; s. Hultman F. B. s. 211) feind.

5. *-ing-* : *-ang-* (sehr selten) : *-ung-* (*-ong-*) ist besonders häufig, z. b. *kopinger* Cod. reg. des Sdm-gesetzes, St : (aisl. *kaupangr* :) *koponger* stadt, agutn. *laiþingr* (mschw. *lēdhinger* : aisl. *leiþangr*) : kaschw. *lēþonger* kriegsexpedition zur see, *pænninger* : *-unger* Vm münze, *þriþinger* Vg. II : -(*i*)*unger* drittel, *āttinger* : *-anger* Dipl. 1401 : *-onger* achtel, *kiþlinger* : mschw. selt. *-unger* zicklein, kaschw. *hærazhofþinge* : *-onge* MEL (und mschw. selt.) distriktsrichter, *hēþninge* : *-unge* heide, *brōþringe* : *-unge* und *systlinge* : *-unge* geschwisterkind väterlicher, resp. mütterlicher seite, *gærning* : *-ong* Ly that, *lōsning* : *-ung* U lösung, *stæmpning* : *-ung* II stauung, *minning* : *-ung* herkommen, mannsnamen wie *Skæringer* (aisl. *Skeringr*) : -(*i*)*unger* (vgl. aisl. *skǫrongr*), *Swēninger* : *-unger*, *Swærtinger* : *Swartunger* (s. Lundgren, Om fornsvenska personnamn på *-ing* och *-ung*, s. 6).

Anm. 3. Bei vielen wörtern auf *-ung-* sind nebenformen mit *-ing-* erst mschw. zu belegen und daher wol zum grossen teil unursprünglich, z. b. *fiærdhinger* viertel, *fæmtinger* ¹/₅, *siættinger* ¹/₆, *iæmninge* seinesgleichen, *telninger* spross, pl. *Skāningiar* (kaschw. *-ungar*) einwohner von Schonen u. a.; vgl. uschw. *geting* (mschw. *getunger*) wespe, *Bleking* (kaschw. *Blekonger*, vgl. aber aisl. *Bleiking*) ein landschaftsname u. dgl.

6. *-ist-* : *-ast-* : *-ust-* (*-ost-*) ist selten, z. b. *þiānista* : *-astu* Vm : *-osta* (vielleicht urspr. nom. *þiānasta* : obl. *-astu* nach § 91, 7; vgl. ahd. *dionōst*, andererseits aber as. *thianust*) Ly, Vm dienst, agutn. *ōrista* G. a : ? aschw. *-æsta* Bil. (*-esta* Vg. II; vgl. einerseits anorw. *orrasta*, andererseits aschw. *ōran* oben 3) : *-ost* Vh (vgl. aisl. *orrosta* und aschw. *ōrun*) kampf. Vgl. noch *kunnista* : aisl. *kunnasta* kenntnis, mschw. *hyllist* : aisl. *hollosta* gewogenheit, uschw. *ynnest* : aisl. *unnosta* gunst.

Anm. 4. Mschw. *fyllist* neben *fyllæst* (aus mndd. *vullest*) ersatz ist wol nach § 149 anm. 2 zu erklären.

§ 181—184. Etymologische übersicht der einfachen vokale.

7. *-iþ-* : *-aþ-? : -uþ- (-oþ-)* ist sehr selten, z. b. mschw. *hövidh* (got. *haubiþ*), *horidh* (*horit* Bu) : *-udh* (aisl. *hofoþ*) haupt; *nakwidher* (aisl. *nokkueþr*) :? *-ædher* (got. *naqaþs*) : *nakudher* (ags. *nacod*) nackt.

Anm. 5. Urspringl. nicht hierhergehörig ist *ærwiþi* H (aisl. *erfeþe*), *arviþi* Vg. II : *ærræpe* II (anorw. *ærfæðe*), *ærradhe* St (anorw. *ærfaðe*) : *ar-*, *ærrope* (anorw. *ærfuði*) arbeit, worüber s. An. gr. I, § 65, § 121, 6.

Kap. 5. Etymologische übersicht.[1])
I. Die sonanten der starktonigen silben.
a) Einfache vokale.

§ 181. Kaschw. (und mschw.) *a* hat folgenden ursprung: 1. Gew. urn. und gem.-an. *a*, z. b. *faþir* vater, *halda* halten u. a. (s. weitere beisp. bei Rydq. IV, 11 ff.). 2. Urn. *ā*, s. § 90, 1; gem.-an. *ā* § 131 und 133.

Anm. 1. Über unsicheres *a* aus gem.-an. *ǫ* s. § 68 anm., *æ* § 117 anm.
Anm. 2. Im agutn. kann *a* ausserdem aus *ai* (§ 124, 1) oder *au* (§ 123, 1) entstanden sein.
Anm. 3. Über die diphthonge *ai, au, ia* s. § 210, 1 und 2, § 200. Über den triphthong *iau* s. § 210, 3.

§ 182. *ā* ist: 1. Gew. urn. und gem.-an. *ā* (urgerm. *ǣ* und *ā*), z. b. *grāta* weinen, *nāl* nadel; *fā* bekommen u. a. (Rydq. IV, 23 f.). 2. Urn. *a*, s. § 86—88; gem.-an. *a* § 129 und 130. 3. Urn. *ai*, s. § 80, I.

Anm. 1. Über mschw. *ā* als zeichen des *å*-lautes s. § 18 mit anm. 2.
Anm. 2. Über den diphthong *iā* s. § 201.

§ 183. *e* fehlt wahrscheinlich (ausser vielleicht als späte kürzung eines *ē*) im eigentlichen kaschw. (vgl. anm.). Im mschw. ist es aus kaschw. *i* entstanden, s. § 115.

Anm. 1. Agutn. entspricht es: 1. Urn. und gem.-an. *e*, z. b. *verþa* werden, *lesa* lesen. 2. Urn. *i* § 83, 1. 3. Gem.-an. *æ* § 105.
Anm. 2. Über die diphthonge *ei, ie* s. § 199 und 210, 4.

§ 184. *ē* ist: 1. Urn. *ī*, s. § 83, 3 (vgl. auch § 115 anm. 4). 2. Urn. *i* § 83, 2, a. 3. Gew. gem.-an. *æi* (urn. *ai* und *ā + i*)

---
[1]) Auf das in orthographischer hinsicht so mangelhafte rschw. wird in der folgenden übersicht keine rücksicht genommen.

§ 185—191. Etymologische übersicht der einfachen vokale.

§ 124, 2 und 93, 1. 4. Selt. gem.-an. ēi § 125. 5. Im mschw. auch aus kaschw. e entstanden, s. § 129, 2 und 130, 2.

Anm. 1. Agutn. dagegen: 1. Urn. ī § 83, 3. 2. Urn. i § 83, 2. 3. Gew. gem.-an. æ § 105.

Anm. 2. Über den diphthong iæ s. § 210, 5.

§ 185. i ist: 1. Gew. urn. und gem.-an. i, z. b. *binda* binden, *bitin* gebissen u. a. (Rydq. IV, 44 f.). 2. Urn. ī § 90, 2; gem.-an. oder erst kaschw. ī § 131—133. 3. Gem.-an. y § 100. 4. Gem.-an. æ § 102. 5. Älteres kaschw. e § 103, 1.

§ 186. ī ist: 1. Gew. urn. und gem.-an. ī, z. b. īs eis. *bīta* beissen etc. (Rydq. IV, 58). 2. Urn. i § 86—87; gem.-an. i § 129 und 130. 3. Selt. gem.-an. i + i § 153 anm. 3.

Anm. Das agutn. hat ausserdem ī aus gem.-an. ē, s. § 103, 2.

§ 187. Geschlossenes o ist: 1. Gew. urn. und gem.-an. o, z. b. *opin* offen, *horn* horn (Rydq. IV, 59 ff.). 2. Urn. u § 84, 1; gem.-an. u § 120. 3. Urn. ō § 90, 3; mschw. auch aus kaschw. ō, s. § 131—133. 4. Gem.-an. ǫu (urn. *au*) § 81, 2. 5. Gem.-an. *wǫ* (urn. *wa*) § 72.

Anm. Über die diphthonge io, oy s. § 202 und 210, 6.

§ 188. Geschlossenes ō ist: 1. Gew. urn. und gem.-an. ō, z. b. *brōþir* bruder, *bōk* buch (Rydq. IV, 67). 2. Urn. *au* § 81, 1. 3. Urn. u § 84, 2. 4. Urn. ū § 84, 3; mutmasslich gem.-an. ū § 121. 5. Gem.-an. ǭ (urn. ā) § 73, 2. 6. Gem.-an. *wǭ* (urn. *wā*) § 65, 7. 7. Gem.-an. oder erst aschw. o § 129 und 130.

Anm. Über den diphthong iō s. § 203.

§ 189. Offenes o (d. h. ǫ) ist urn. *a*, s. § 65, 1 und 6, § 69, 1.

§ 190. Offenes ō (d. h. ǭ) scheint im kaschw. (vgl. § 65, 2, § 69, 2) nur in dem diphthonge iǭ (s. § 203 anm.) vorzukommen. Im mschw. ist es (*a, aa, o, ā* geschrieben) aus kaschw. ā enstanden, s. § 110.

§ 191. u ist: 1. Gew. urn. und gem.-an. u, z. b. *brustin* gebrochen, *drupi* tropfen (Rydq. IV, 69 ff.). 2. Urn. ū § 90, 4; gem.-an. ū § 131—133. 3. Gem.-an. o § 111. 4. Gem.-an. ō § 112. 5. Gem.-an. ǫ § 109.

Anm. Über den diphthong iu s. § 204.

§ 192—198. Etymologische übersicht der einfachen vokale.

§ 192. $ū$ ist: 1. Gew. urn. und gem.-an. $ū$, z. b. *hūs* haus, *ūt* hinaus (Rydq. IV, 76). 2. Urn. *u* § 86 und 87; gem.-an. *u* § 129 und 130. 3. Selt. gem.-an. $u+u$ § 153 anm. 3.
Anm. Über den diphthong *iū* s. § 205.

§ 193. *y* ist: 1. Gew. urn. *u* § 59, 5. 2. Urn. *i* § 65, 4 und 69, 4; gem.-an. *i* § 108. 3. Selt. urn. *iu* § 59, 10; gem.-an. *iu* § 100. 4. Selt. urn. *wi* § 65, 9 und 69, 9. 5. Gem.-an. $ȳ$ § 90, 5 und 131—133. 6—7. Gem.-an. *o* und $ō$ (dies auch wenn es erst aschw. aus gem.-an. *ǫu* und *ey* entstanden ist) § 106, 2 (agutn. 106, 1).

§ 194. $ȳ$ ist: 1. Urn. $ū$ § 59, 6 und 64, 5. 2. Selt. urn. $ī$ § 65, 5 und 69, 5; gem.-an. $ī$ § 108 anm. 2. 3. Selt. urn. *wī* § 65, 10 (und 69, 10?). 4. Gew. gem.-an. *iū* (urn. *eu* oder *iu*) § 59, 11, § 64, 7 und 122, 2, a. 5. Gem.-an. *y* § 129 und 130.
Anm. 1. Das agutn. hat ausserdem $ȳ$ aus gem.-an. $ō$, s. § 106, 1.
Anm. 2. Über den diphthong *iȳ* s. § 205 anm.

§ 195. *æ* (das dem agutn. fremd ist) entspricht: 1. Urn. *a* § 59, 1 und 12, § 64, 1. 2. Gem.-an. *e* (urn. *e* und *i*) § 113 und 83, 1. 3. Gem.-an. *æi* (urn. *ai*) § 80, II, 2. 4. Gem.-an. $ǣ$ § 90, 6 und 131—133. 5. Selt. gem.-an. *ia* (urn. *e*) § 59, 9. 6. Gem.-an. *ē* § 114, 2; im mschw. auch aus kaschw. *ē*, s. § 114, 3.
Anm. Über die diphthonge *iæ, æi* s. § 206 und 199.

§ 196. $ǣ$ (dem agutn. fremd) ist: 1. Gew. urn. $ā$ § 59, 2 und 13, § 64, 2. 2. Gem.-an. $ē$ (urn. *ai, e, ē, i, ī*) § 80, II, 1 und anm. 6, § 86, § 114, 1, § 83, 2 und 3. 3. Gem.-an. oder erst aschw. *æ* § 129 und 130.
Anm. Über den diphthong *iǣ* s. § 207.

§ 197. *o* (dem agutn. fremd) ist: 1. Urn. *o* § 59, 3 und 64, 3. 2. Urn. *e* § 65, 3 und 69, 3. 3. Gem.-an. *ǫ* § 59, 7 und § 104. 4. Gem.-an. *œ* § 69, 6. 5. Im mschw. (selt. kaschw.) auch aus kaschw. *y* § 116. 6. Älteres kaschw. $ō$ § 131—133.
Anm. 1. Über unsicheres *o* aus urn. *we* s. § 65, 8.
Anm. 2. Über den diphthong *io* s. § 208.

§ 198. $ō$ (dem agutn. fremd) ist: 1. Urn. $ō$ § 59, 4 und 64, 4. 2. (In diesem fall in gewissen dialekten mit offener

§ 199—207. Etymologische übersicht der diphthonge.

aussprache, s. § 25, 1) Gem.-an. ǫu (urn. au oder a + u) § 123, 2 und 92, b, 1. 3. Gem.-an. ǫy (urn. au > ǫu und ai > œi) § 126, 2 (59, 8; 64, 6; 69, 7). 4. Gem.-an. oder erst kaschw. o § 129 und 130. 5. Älteres kaschw. ē § 107.

Anm. Über den diphthong iō s. § 209.

b) Diphthonge.

§ 199. Das seltene ei oder œi entspr. urn. ai, s. § 124, 2.

§ 200. ia ist: 1. Gew. urn. e (gem.-an. iu) § 75, 1. 2. Urn. ē oder ī + a § 93, 2; gem.-an. ē + a § 153, 3. 3. Gem.-an. io (urn. e) § 118.

§ 201. iā entspricht entweder ursprünglichem (§ 82 anm. 3; vgl. § 118 mit anm. 2) oder (später, aber öfter) einem durch brechung (aus urn. e) entstandenen (dann nach § 129, 1 gedehnten) ia.

§ 202. io ist aus urn. e entstanden, s. § 75, 2.

§ 203. iō ist: 1. Urn. eu oder iu § 82 anm. 1. 2. Urn. ē oder ī + ō oder ū § 93, 3. 3. Gem.-an. io (urn. e) § 129 und 130.

Anm. Das seltene iō mit offenem ō (d. h. ǭ) scheint aus iā entstanden zu sein, s. § 69, 2.

§ 204. iu ist: 1. Urn. e § 75, 2. 2. Gem.-an. y § 127. 3. Gem.-an. iū § 131—133.

§ 205. iū ist: 1. Urn. eu oder iu § 82; gem.-an. oder erst aschw. iu § 129 und 130. 2. Urn. e oder i + u § 92, b, 2. 3. Urn. ē oder ī + ū § 93, 3.

Anm. Das seltene mschw. iy ist aus kaschw. iū enstanden, s. § 100 anm.

§ 206. iø (dem agutn. fremd) ist: 1. Gem.-an. oder erst aschw. iu § 96. 2. Mschw. auch aus kaschw. iø̄ entstanden, s. § 131, 2.

§ 207. iø̄ (dem agutn. fremd) ist: 1. Gem.-an. oder erst aschw. iā § 97. 2. Älteres kaschw. iø § 129 und 130.

§ 208. *io* (dem agutn. fremd) ist aus gem.-an. oder erst aschw. *io* entstanden, s. § 98.

§ 209. *iō* (dem agutn. fremd) ist: 1. Gem.-an. *iǭ* § 99. 2. Selt. gem.-an. oder erst aschw. *iō* § 99 anm. 3. Mschw. auch aus kaschw. *io* entstanden, s. § 129, 2 und 130.

§ 210. Die agutn. diphthonge haben folgenden ursprung:

1. *ai* ist gem.-an. *œi* (urn. *ai*) § 124, 1 und entspricht somit kaschw. *ē* (§ 184, 3).

2. *au* ist gem.-an. *ǫu* (urn. *au*) § 123, 1, gleich kaschw. *ō* (§ 198, 2).

3. *iau* ist gem.-an. *iū* (urn. *eu, iu, ĕ + u, ĭ + u*) § 122, 1, gleich kaschw. *iū* (§ 205) und *ȳ* (§ 194, 4).

4. *ie* ist aus *iœ* < gem.-an. oder erst aschw. *ia* entstanden § 105, gleich kaschw. *iœ* (§ 206). Vgl. aber auch § 98 anm. 2.

5. *iē* ist aus *iœ̄* < gem.-an. oder erst aschw. *iā* entstanden § 105, gleich kaschw. *iœ̄* (§ 207).

6. *oy* ist gem.-an. *ɵy* (urn. *au > ǫu* und *ai > œi*) § 126, 1, gleich kaschw. *ō̸* (§ 198, 3).

II. Die sonanten der schwachtonigen silben.

§ 211. *a* ist: 1. Urn. und gem.-an. *a*, z. b. *binda* binden, acc. sg. m. *blindan* blinden. 2. Urn. oder gem.-an. *ō* § 91, 7, b. 3. Urn. *au* § 91, 3. 4. Gem.-an. *ā* § 91, 1; älteres kaschw. *ā* § 151 und 152. 5. Mschw. auch aus kaschw. *o* § 148.

Anm. Das reduzierte *ą* ist ziemlich selten svarabhaktivokal, s. § 160, 2, b.

§ 212. *e* ist: 1. Gem.-an. *i* § 137 und 142; kaschw. *i* aus *i* verkürzt § 142 anm. 7 und 10. 2. Älteres kaschw. *œ* § 135 anm. 1 und § 147; *œ* aus *œ̄* verkürzt § 147. 3. Älteres kaschw. *iœ* § 144. 4. Älteres kaschw. *ō̸* § 146, 3.

Anm. Agutn. kommt *e* nur als kürzung eines älteren *œ* in wörtern auf *-eri* vor, z. b. *dōmeri* richter, *hunderi* bezirk eines richters.

§ 213—218. Etymolog. übersicht der schwachton. sonanten.

§ 213. Der (dem agutn. fremde) reduzierte vokal ę ist: 1. Svarabhaktivokal bei *r* § 160, 2, b; mschw. auch bei *l* und *n* § 161 und 162. 2. Mschw. auch aus kaschw. *e* entstanden, s. § 149, 2 und § 150. 3. Mschw. auch aus kaschw. *i* § 149, 3 und § 150. 4. Mschw. auch aus kaschw. *a* § 149, 1. 5. Mschw. auch aus kaschw. *o* § 149, 4.

§ 214. *i* ist: 1. Urn. und gem.-an. *i*, z. b. *kærling* altes weib, agutn. *hailigr* heilig. 2. Urn. *ī* § 91, 6; älteres kaschw. *ī* § 152. 3. Urn. *ai* § 91, 2. 4. Urn. *ē* § 91, 4; älteres kaschw. *ē* § 146, 1. 5. Urn. *eu* oder *iu* § 91, 5. 6. Gem.-an. *y* § 101 anm. 2. 7. Älteres kaschw. *e* § 135 anm. 1 und § 147. 8. Älteres kaschw. *ō* § 146, 3. 9. Mschw. auch aus älterem mschw. ę § 149 anm. 1 und 2.

Anm. Das reduzierte *i* ist nicht selten (bes. mschw.) svarabhaktivokal, s. § 160, 2, b mit anm. 2.

§ 215. *o* ist: 1. Gem.-an. *ǫu* (urn. *au*) § 81, 2. 2. Gem.-an. *u* § 139 und 143; kaschw. *u* aus *ū* verkürzt § 143 anm. 10.

Anm. 1. Über unsicheres *o* aus älterem kaschw. *a* s. § 145 anm.

Anm. 2. Im agutn. ist *o* nur zweimal statt *u* belegt, s. Söderberg, Lj. s. 25.

Anm. 3. Das reduzierte *o* ist sehr selten svarabhaktivokal, s. § 160 anm. 5.

§ 216. *u* ist: 1. Urn. und gem.-an. *u*, z. b. *bitum* bissen, *konungęr* könig. 2. Urn. *ō* § 91, 7, a; gem.-an. *ō* § 112 mit anm. 1 und § 146, 2. 3. Urn. *ū* § 91, 8; älteres kaschw. *ū* § 152. 4. Gem.-an. *ǫ* § 74. 5. Mschw. auch aus älterem mschw. ę § 150 anm.

Anm. Das reduzierte *u* ist selten svarabhaktivokal, s. § 160 anm. 4.

§ 217. *y* (dem agutn. fremd) ist: 1. Gem.-an. *i* § 138 und 145. 2. Gem.-an. *ȳ* § 91, 9.

§ 218. *æ* (dem agutn. fremd) ist aus gem.-an. oder erst aschw. *a* entstanden, s. § 135 und 141.

Anm. 1. Das reduzierte *ę* ist häufig (aber nur im kaschw.) svarabhaktivokal, s. § 160, 2, b.

Anm. 2. Über mschw. *iæ* aus älterem *ia* s. § 144.

ALTNORDISCHE GRAMMATIK II.

ALTSCHWEDISCHE GRAMMATIK

MIT EINSCHLUSS DES ALTGUTNISCHEN

VON

ADOLF NOREEN.

ZWEITE LIEFERUNG
(KONSONANTEN).

HALLE.
MAX NIEMEYER.
1899.

§ 219. Das nur mschw. vorkommende ǫ ist aus kaschw. e entstanden, s. § 136.

Anm. 1. Das reduzierte ǫ ist sehr selten (und wol nur im kaschw.) svarabhaktivokal, s. § 160 anm. 5.

Anm. 2. Über mschw. iǫ aus älterem io s. § 144 anm. 1.

§ 220. *l, n, r* sind im agutn., *l* und *n* auch im sonstigen aschw. unter umständen sonantisch, worüber s. § 160—162.

III. Abschnitt.
Die konsonanten.

Kap. 1. Gemeinaltnordische lautgesetze.

§ 221. Das urnordische besass zur zeit der meisten inschriften folgende konsonanten:

Stimmlose explosivæ	p, pp;	t, tt;	k, kk.
Stimmhafte „	b, bb;	d, dd;	g, gg.
Stimmlose spiranten	f;	$þ$; s, ss;	h.
Stimmhafte „	$ƀ$;	$ð$;	$ʒ$.
Nasale	m, mm;	n, nn;	$ŋ$.
Liquidæ		l, ll; r, rr;	ʀ.
Halbvokale	w, ww;		j, jj (vielleicht eher stimmhafte spirans).

Anm. 1. *b, d, g* (durch *b, ð, ʒ* bezeichnet) kamen zunächst nur nach den entsprechenden nasalen vor. Bald aber ist *d* (statt *ð*) auch nach *l* eingetreten. Vgl. Noreen, Grundriss² I, 524, 569.

Anm. 2. Das stimmhafte *s* (got. *z*) ist wahrscheinlich sehr früh durch (den palatalen *r*-laut) ʀ ersetzt worden, sowie dessen verbindungen mit folgendem *ð, n* (got. *zd, zn*) durch *dd* (zunächst wol aus *ðð*), resp. *nn*. Vgl. Noreen, Grundriss² I, 569, 572.

Die entwicklung dieser laute bis zur zeit der ältesten aschw. denkmäler wurde durch folgende lautgesetze bestimmt:

A. Qualitative veränderungen.
I. Wechsel der artikulationsarten.

§ 222. *d* und *g* (welche nur in den verbindungen *ld, nd* und *ŋg* vorkommen, s. § 221, anm. 1) werden in ursprünglichem (d. h. urn.) auslaut zu *t*, resp. *k*, z. b. imperat. *gœlt* (prät. *galt*),

§ 222—225. Wechsel der artikulationsarten.

stat (d. h. *statt* aus *stant nach § 235, 1, b), *gak* (d. h. *gakk* aus *gank nach § 235, 1, c; prät. *gik*) zu *gialda* bezahlen, *standa* stehen, *ganga* gehen. S. weiter Noreen, Grundriss² I, 571, An. gr. I, § 180.

Anm. Analogisch kann im mschw. *g* (bei *d* fehlen zufällig beispiele) wieder eintreten, z. b. prät. *sprang* neben *sprak*, *stang* Di neben *stak* zu *springa* springen, *stinga* stechen.

§ 223. *þ* wird zwischen stimmhaften lauten (jedoch nicht in urspr. verbindung mit vorhergehendem *l, n,* s. § 236 und anm. 2 unten) zu *ð* (rschw. und kaschw. zwar mit *þ* bezeichnet), z. b. mschw. *brōdhir* (got. *brōþar*) bruder, *vardha* (vgl. got. *waírþan*) werden. Nach § 225, 1 erklärt sich *ödde* (aus *øyddi < *auðiðe < *auþiðē; vgl. got. *auþida* wüste) verödete u. dgl.

Anm. 1. Spätere kompositionsglieder behalten gewöhnlich *þ* in übereinstimmung mit dem simplex. In undurchsichtigeren fällen kommt edoch auch *ð* vor, z. b. mschw. *sāradhol* neben -*thol* wunde, *Gerdhrūdh* neben -*thrūdh* (zu aisl. *Þrúþr*) ein frauenname.

Anm. 2. *þ + þ* giebt *tt*, z. b. *næntis* (aus *nænttiR < **nænþþi-* < *nanþiðē § 225, 2, got. *nanþida*) gewann über sich, *etertænter* (vgl. got. *tunþus* zahn) mit giftzähnen versehen, *forgylter* (vgl. got. *gulþ* gold) vergoldet, *vilte* (aus *viltte < *wilþþi < *wilþiðē, vgl. got. *wilþeis* wild) führte irre. Ebenso wol auch *Guttormber* (neben *Gudhthormber*) aus **Guþ-þorm-* (vgl. *Thorme* und aisl. *þyrma* ehrfurcht zeigen) ein mannsname.

§ 224. Urspr. (nicht nach § 225, 2 entstandenes) *h* (wie d. *ch* auszusprechen) wird zwischen kurzem vokal und *s* zu *k*, z. b. *ax* (got. *ahs*) ähre, *væxa* (got. *wahsjan*) wachsen.

§ 225. *b, ð, ʒ* werden auf zweifache weise verändert:

1. Zu *b, d, g* im anlaut (starktoniger silben) und bei gemination, z. b. *brȳter* (urn. *barutR*) bricht, *dagher* (urn. *ðaʒaR*) tag, *gæster* (urn. -*ʒastiR*) gast; *fødde* (got. *fōdida*) gebar, *læggia* (got. *lagjan*; vgl. § 239, 1) legen.

Anm. Spätere kompositionsglieder nehmen regelmässig *b, d, g* nach dem simplex. Jedoch sind *b, ð, ʒ* hie und da in undurchsichtigen kompositis, besonders personennamen, lautgesetzlich erhalten worden, z. b. rschw. *Þurhils* (d. h. -*ʒils*) neben -*kisl* (d. h. -*gīsl*), *Þurhutr* (d. h. -*ʒōtr*) neben -*kutr* (-*gōtr*, aisl. -*gautr*), kaschw. *Uþāin* (aisl. *Uddenn* nach *ddenn*), *Styrghēr* (-*gēr*, aisl. -*geirr*), mschw. *Vīdhiærf* (zu aisl. *diarfr*), *Bodghēr* (*Bodhgēr*). Anders Bugge Rv., s. 38; Lundgren, Arkiv III, 229 f.

2. Zu *f*, *þ*, *h* (d. *ch*-laut) in ursprünglichem (urn.) auslaut sowie inlautend, wenn sie mit stimmlosen konsonanten zusammentreffen, z. b. *gaf* gab (vgl. *giva* geben), *baþ* bat, *lā* (aus **lah* nach § 246) lag; g. sg. *liūfs*, n. sg. ntr. *liūft* zu *liūver* lieb, g. sg. *orþs* (got. *waúrdis*) wortes, rschw. *raisþi* (got. *raisida*) errichtete. Über die spätere entwicklung dieser *f*, *þ*, *h* s. § 259—261 und § 246.

§ 226. *m* wird vor *n* zu *ƀ*, z. b. rschw. (Rök) dat. pl. *nabnum* (got. *namnam*) namen, (L. 870) dat. sg. *hifni* (d. h. *hiƀni*) zu *himin* himmel, kaschw. (SK) *næfnæ* (got. *namnjan*) nennen. Über die spätere entwicklung s. § 256.

Anm. Über *hæfda* aus **hæf(n)da* < **hæmnða* < **hāmniðōn* (zu ags. *hǣman* coire) stuprare s. Brate, Lj. s. 51 f.; dagegen Siljestrand III, 42.

II. Wechsel der artikulationsstellen.

§ 227. *ww*, *jj* werden zu *ggw* (woraus später oft *gg*, s. § 252, 2 und 3), resp. *ggj* (woraus oft *gg*, s. § 247), z. b. rschw. Kälfvesten *Stikuʀ* (aisl. *Styggr*), Vedelspang acc. sg. *Siktriku* (aisl. *Sigtrygg*) mannsnamen, kaschw. *bryggia* (aus **bryggwa* umgebildet; ahd. *briuwan*) brauen, *hugga* hauen, mschw. *ruggötter* rauh, *ryggilse* reue, nschw. *skygg* scheu u. a.; kaschw. *æg* ei, *þrægge* (gen. *-ia*) obdach, mschw. *dæggia* (got. *daddjan*) säugen u. a. Vgl. Urg. lautl. s. 161 f., An. gr. I, § 246.

§ 228. *ð* (urspr. oder nach § 223 entstandenes) wird zwischen einem konsonantischen und einem (erhaltenen) sonantischen *u* zu *ʒ* (s. Noreen, Svenska etymologier, s. 40 ff.; in Skrifter utg. af K. Hum. Vetenskapssamfundet i Upsala, V, 3, Ups. 1897), z. b. nom., acc. pl. ntr. *fiughur* (aus **feðuru* § 75, 2; vgl. got. *fidur-*, aschw. *fioþer-*) vier, *iūghęr* (aisl. *iūgr* durch ausgleichung von nom. **iūʒur*, dat. **iūðre*; urn. **euðura* § 82, afr. *iader*, mndd. *jeder*) euter, *trōghęr* (statt **troþer*, aisl. *trauþr*, nach formen wie *trōghum*, *-u* aus **trauðum*, *-u*) unwillig, *lōghordaghęr* (anorw. *laugurdagr* aus **laudur-* < **lauþur-*, ags. *lēador*, aisl. nach den synkopierten kasus *lauþr* aschenlauge) sonnabend.

§ 229. *nn* (altes oder nach § 236 entstandenes) wird vor *r* zu *ð*, z. b. nom. pl. m. *aþrir*, f. *-ar* zu *annar* ander, *suþęr*

§ 230—231. Wechsel der artikulationsstellen. 177

südwärts zu *sunnan* von süden her. Zwar wird *nn* + ʀ einst zu blossem *nn* (s. § 238, 3, c), aber wenn, nachdem diese assimilation vollzogen worden ist, ein rschw. ʀ (oder ein daraus nach § 283 entstandenes *r*) infolge analogischer neuschöpfung wieder hinzutritt, wird *nn* auch in diesem falle zu *đ*, z. b. rschw. *mąþʀ* (Rök, sonst *mąþr*, *maþr*, kaschw. *maþęr*) mann, *Þurkuþr* (d. h. *Þorguđr*), *Þuruþr* frauennamen, kaschw. *Forkuþęr* ein mannsname, Da (1 mal, s. Noreen bei Brate, Lj. s. 83 note) präs. sg. *riþįr* zu *rinna* laufen.

Anm. Durch ausgleichung kann wieder *nnr* (woraus dann aschw. *ndr*, s. § 326) statt *đr* eintreten, z. b. *andrir*, *sundęr*, *mandęr* (< *mannr* nach dat. *manne* u. a.), und diese formen sind bei den meisten wörtern die einzig gebräuchlichen, z. b. *brindęr* brennt, *brundęr* brunnen u. s. w. Umgekehrt kann *þ* ausnahmsweise über seine lautgesetzliche stellung (vor *r*) analogisch verpflanzt werden, z. b. L. 903 g. pl. *miþa* (d. h. *međa*, vgl. L. 402 *minr*, L. 398 *min*, d. h. *mennr*, *menn*, s. § 105 anm.) statt *manna* nach nom. pl. *miþr (aisl. *meþr*), Ly, Vg. II, Biæ gen. sg. *maz* (aus *maþs < *mađs § 260, 4, § 225, 2) nach nom. sg. *maþer*.

§ 230. *h* (d. *ch*-laut) wird zum hauchlaut anlautend vor sonantischen vokalen (aber nicht vor kons. *i* und *u*) und *l*, *n*, *r* (in welcher stellung später gänzlicher schwund eintritt, s. § 312, 1), z. b. *horn* horn, rschw. (Tystberga) *Hruþkaiʀ* (d. h. *Hrōđgœiʀ*) ein mannsname. Dieser nicht durch die aschw. orthographie zu belegende übergang wird bewiesen durch die verschiedene behandlung des *h* bei den aschw. lehnwörtern im altrussischen (um 900, s. § 5), indem nur der alte laut, nicht aber der hauchlaut zum orthographischen ausdruck kommt; vgl. z. b. einerseits *chrat* (aisl. *huatr*) kecker kerl, andererseits *Egri* (aschw. *Hæghre*), *Emig* (aschw. *Hæminger*), *Askold* (aisl. *Hǫskuldr*), *Rurik* (rschw. *Hrurikr* L. 547), *Ruar* (rschw. *Hruar* L. 1329) mannsnamen.

Anm. Ob die in Ly ein paar mal vorkommende schreibung *s* statt *h* (*sindrædagh* der folgende tag, *særæt* bezirk) eine noch dialektisch fortlebende aussprache mit *ch*-laut angiebt? Vgl. die einmaligen mschw. *swetebrod* statt *hwētebrōdh* weissbrot (in Cod. AM. 45, 4º) und *swiskade* Bil statt *hwīskadhe* flüsterte. Wahrscheinlich sind aber blosse schreibfehler hier vorhanden.

§ 231. *g*, *ʒ*, *k* werden durch einen (einst oder noch nach der synkopierungszeit) unmittelbar folgenden palatalen vokal palatalisiert. Wo ein solches palatal gewordenes *g, ȝ, k* durch die synkope unmittelbar vor einem *a* oder *u* zu stehen kommt, entfaltet es nach sich ein konsonantisches *i*, z. b. (2-silbig auszusprechen) gen., dat. pl. *ængia, -ium, læghia, -ium, rīkia, -ium* (aus 3-silbigem **angia* u. s. w.) zu *ænge* wiese, *læghe* lage, *rīke* reich. Dieselbe wirkung hat, wenigstens in westgermanischen lehnwörtern, oft ein unmittelbar vorhergehender palataler vokal, z. b. *Mik(i)āl* Michael, *smēkia* (mndd. *smēken, smeiken*) schmeicheln, pl. *flækkiar* zu *flækker* fleck, *kirkia* (ags. *cirice*) kirche; aber andererseits z. b. *gīgha* geige, *fīka* feige, trotz aisl. *gīgia, fīkia*. Vgl. über den namen *Nǣrikia(r)* Noreen, Svenska etymologier, s. 25.

Anm. Dass die entfaltung dieses *i* (in lehnwörtern) jünger als die brechung ist, beweisen wol gebrochene agutn. formen wie *sniekkia* (mhd. *snecke*, aschw. *snækkia*) kleines kriegsschiff und *tielgia*, das nicht mit Schlyter und Kock (Ordspr. II, 348) durch 'schnitt' übersetzt und zu aisl. *telgia* 'schnitzen' gestellt werden darf, sondern wol 'glied' bedeuten und zu mndd. *telge* (ags. *telʒa*, aisl. *tialga*) 'zweig' geführt werden muss (wegen der bedeutungsdifferenz vgl. u. a. aisl. *limr* 'glied' und 'zweig').

B. Quantitative veränderungen.

I. Regressive assimilation.

§ 232. *dt* wird zu *tt*, z. b. *hantaka* (**hantt-* § 241) handschlag geben, *valtaka* mit gewalt nehmen (analogisch daneben *handtaka, valdtaka*), ntr. *blint* (**blintt* § 241; got. *blindata*) zu *blinder* blind, *kalt* zu *kalder* kalt. Fälle wie *fōt(t)* zu *fōdder* (**fōððr* § 225, 1) geboren sind vielleicht eher nach § 234, 2 zu erklären.

Anm. Vereinzelte späte schreibungen wie *blindt, fōdt* u. dgl. beruhen auf rein orthographischer assoziation.

§ 233. Urspr. (nicht nach § 225, 2 entstandenes) *ht* wird — wenigstens im allgemeinen (vgl. anm. 1) — zu *tt*, z. b. *ātta* (got. *ahtau*) acht, *dōttir* (vgl. urn. pl. *ðohtriʀ*) tochter.

Anm. 1. Unter umständen scheint *ht* zu blossem *t* geworden zu sein. Über diese für die aschw. grammatik wenig belangreiche frage s. An. gr. I, § 209 anm. 1; Kock, Arkiv XIII, 162 ff. (wo ein nicht überzeugender erklärungsversuch); besser O. von Friesen, De germanska media-

§ 234—235. Regressive assimilation.

geminatorna, s. 15 f.; ganz anders Wadstein, Sv. landsm. XI, 3, s. 80 note, aber wenig einleuchtend.

Anm. 2. Ob seltene schreibungen wie Da *doctir*, *-ur* (mehrmals), Vm *svctan*, D 4, I *krokokter*, in noch anderen hdschr. *sokt*, *kringluktir*, *Oktar* eine dialektische aussprache mit *cht* (oder *kt*) bezeichnen oder irgendwie anders (kaum doch als blosse schreibfehler, vgl. das aisl. und anorw.) zu erklären sind, bleibt unsicher. S. An. gr. I, § 209 anm. 2 und die daselbst zitierte literatur; ferner Kock, Lj. s. 58 f., Brate, Lj. s. 58, Siljestrand III, 82 f.

§ 234. *ð* wird in folgenden fällen assimiliert:

1. *ðd* > *dd*, z. b. *guddōmber* gottheit zu *guþ* gott, *middagher* mittag zu *miþer* mittler, *dyddylghia* (s. § 106, 2, b) gespenst; mit kürzung des *dd* nach § 241 z. b. *bordūker* tischdecke zu *borþ* tisch, *iordyn* erdbeben zu *iorþ* erde, *hyrdrænger* hofknecht neben *hirþman* hofmann. Daneben stehen natürlich analogische formen wie *guþdōmber*, *bord(h)dūker* u. s. w.

Anm. 1. In sehr alten zusammensetzungen ist *dd* wol eher nach § 225, 1 zu erklären, so dass z. b. *guddōmber* aus *ʒuð-ðōmʀ* entstanden wäre.

2. *ðt* > *tt*, z. b. *bruttoghe* brautführer neben analogischem *brūþtugha* (agutn. aber *bryttugha*) brautführerin zu *brūþ* braut, ntr. *got(t)* zu *gōþer* gut, 2. sg. *rēt(t)* zu *rēþ* ritt; mit kürzung des *tt* z. b. ntr. *hart* (**hartt* § 241) zu *harþer* hart, *kallat* (**-att* § 242) zu *kallaþer* genannt.

Anm. 2. Vereinzelte späte schreibungen wie *god(h)t*, *kallad(h)t* beruhen auf rein orthographischer assoziation.

§ 235. Die nasale werden in folgenden fällen assimiliert:

1. Mit urspr. (d. h. schon urn.; vgl. 2 unten) folgendem *p*, *t*, *k*, ausser wo die verbindung heterosyllabisch zwischen haupt- und nebentonigem vokal steht (vgl. aber anm. 1 und 3). Ein hierdurch entstandener lautgesetzlicher wechsel von assimilierten und unassimilierten formen innerhalb eines paradigmas ist nie erhalten, sondern ausgleichungen (eventuell doppelformen) entstanden. Die einzelnen fälle sind:

a) *mp* > *pp*, z. b. zwar *krumpin* krüppelig, aber *kryplinger* (anal. *krymplinger*) krüppel; *klimper* klumpen neben *klæpper* (anal. *klæmper*, gleichwie *klæmpta* neben *klæpta* beiern) klöpper durch ausgleichung einer flexion *klæppęr*, dat. *klimpe*; *kap*

§ 235. Regressive assimilation.

wette (*kamp*) streit ist aus dem mndd. entlehnt); nschw. *sopp* (aisl. *soppr*, mndd. *swamp*) pilz.

Anm. 1. Eine sonderstellung nimmt Vg. I ein, indem hier *mp* in allen stellungen assimiliert (wie im westn., vgl. § 8, a) worden zu sein scheint; daher *roppa* gegen sonstiges *rumpa* schwanz. Übrige "ausnahmen" sind nur scheinbar. *Stappa* treten (gleichwie auch *stampa* mit den füssen stossen) ist aus dem mndd. entlehnt. *Skoppa* Su, Sp (*skuppa* Linc. 39) neben *skompa* (nschw. *skumpa*, vgl. § 120 anm. 2) humpeln dürfte von dem synonym *skopa* beeinflusst sein oder setzt ein subst. **skopp* voraus. Andererseits ist mschw. *amper* (vgl. aisl. *apr*) erst nach der assimilationszeit aus dem deutschen entlehnt (wie auch *kamp*, s. oben).

b) *nt* (urspr. oder nach § 222 entstanden) > *tt*, z. b. *vatter* neben *vanter* durch ausgleichung einer flexion *vattęr*, dat. *vante* handschuh; *vætter* (*vitter*) Vg. I neben *vinter* (Rök *uintur*) winter; *mattul* Ög neben *mantol* (sehr altes lehnwort) aus urspr. *mantol*, pl. **matlar* mantel; der mannsname *Klœmitter* aus *Clemens*, gen. -*ntis*; *forstytta* (weil ohne nebenton, s. § 57, III, B, 5) verkürzen neben *stynta* (*stunta*) kürzen; *Bratter* als mannsname neben *branter* steil. Ebenso imperat. *stat* (§ 222) zu *standa* stehen.

Anm. 2. Durch ausgleichung steht nur *nt* z. b. in *klinter* bergspitze, *stunter* kurz, *dynter* schlag, prät. *slant* zu *slinta* gleiten; ebenso prät. *bant* (und imperat. *bint*), *vant* zu *binda* binden, *vinda* winden. Durch systemzwang bleibt *nt* in der 2. sg. prät. ind., z. b. *rant* liefst (*kant* kannst) u. dgl. Spätes lehnwort ist *panter* pfand u. a.

c) *ŋk* (urspr. oder nach § 222 entstanden) > *kk*, z. b. *þak(k)* dank, wonach *þakka* danken; *drykker* trank, *drykkia* trinkgelag, prät. *drak(k)*, wonach pl. *drukko*, und präs. *drikkęr*, wonach inf. *drikka* (*drinkare* trinker kann von dem mndd. *drenker* beeinflusst sein) trinken, sowie *drukna* ertrinken neben anal. *drunkna* (nach **drunkin* getrunken, statt dessen *drukkin* nach den synkopierten kasus); *blakker* fahl (*blanker* blank ist d. lehnwort); *þykkia* dünken; *okkar* (got. *ugkar*) 'uns beiden zugehörig' nach den synkopierten kasus. Ebenso imperat. *gak* (§ 222) und prät. *gik* zu *ganga* gehen, imperat. *stik* und prät. *stak* zu *stinga* stechen, prät. *sprak* (anal. 1 mal *sprank* Rk. II in der bedeutung 'lief') zu *springa* springen, *fik* neben pl. *fingo* bekam, -en.

Anm. 3. Aus gegenden, wo (wie im westn., s. § 8, a und f) *ŋk* in allen stellungen assimiliert worden ist (vgl. anm. 1), stammt *brœkka* Vg.

§ 236. Progressive assimilation.

I, II, H gegen sonstiges *brink(i)a* (Ög *brika* ist wol statt *brinka* verschrieben; mschw. *brink* ist mndd. lehnwort) abhang. *Þokke* (*þukke*, aber agutn. *þunki*) gutdünken, geringschätzung dürfte von dem etymologisch wie begrifflich sehr nahe stehenden *þykkia* bedünken u. a. beeinflusst sein. Wahrscheinlich westn. lehnwort ist *akkare* St, *-œr(e)* Biæ gegen sonstiges *ankar(e)* anker. Nicht aus *vk* entstanden ist *kk* in *kinbakke* (ahd. *baccho*) backen und dem wol etymologisch identischen *bakke* anhöhe (anders Bugge, Beitr. XIII, 168). — Andererseits steht durch ausgleichung nur *vk* z. b. in *bænker* bank, *lænker* fessel (nach den 2-silbigen formen), *drænkia* ertränken, *sænkia* senken, *stænkia* besprengen, *rynkia* falten (nach präs. *drænkir* u. s. w.), prät. *sank* nach inf. *siunka* sinken, *stank* nach *stiunka* springen, imperat. und prät. *hænk* nach *hængia* hangen, pl. *anklar* nach sg. *ankul* fussknöchel, *skrunknir* nach *skrunkin* schrumpfig, *œnkia* wittwe nach *œnkil* wittwer (übrigens ist *nk* hier wahrscheinlich nicht urspr., vgl. got. *ainakls* verlassen). Mndd. lehnwörter sind z. b. *hanker* henkel, *kranker* krank; aus dem as. stammt *þænkia* denken (und mschw. *thanke* gedanke).

2. Später (durch synkope) entstandenes *nt* wird nur in schwachtoniger silbe assimiliert, worauf *tt* (bei fortwährender schwachtonigkeit der silbe) nach § 242 verkürzt wird, z. b. ntr. *hēþit, bundit* zu *hēþin* heidnisch, *bundin* gebunden, aber *blint, rent* zu *blinder* blind, *rēn* rein. Ebenso in proklitischen wörtern, z. b. ntr. *hit* neben (starktonigem) *hint* zu *hin* jener; bei *mit, þit, sit, œt* (*it, et*) zu *min* mein, *þin* dein, *sin* sein, *œn* (*in, en*) ein sind die unassimilierten formen ganz verdrängt worden (vgl. adän. *sint, ent*).

Anm. 4. Ntr. *sat(t)* neben häufigerem *sant* zu *sander* wahr ist zu einem einst (wie im westn.) vorhandenen *saþer* (aus *sannr*, s. § 229) neu gebildet worden nach der analogie *glaþer* : *glat* (§ 234, 2) froh u. a.

3. *nl* wird wahrscheinlich nur vor urspr. haupttonigem vokal zu *ll* assimiliert, z. b. (vgl. wegen der betonung § 57, I, A, 2 und B, 2) *œllivu* (got. *ainlif*) elf, *œllipte* elfte, *mullōgh* (aisl. *mundlaug* — vgl. § 307 — neben lautges. *mullaug*) handfass; pl. *twil(l)ing(i)ar* (ahd. *zwiniling*) neben späterem *twinlingiar* (von *twinni* zwei beeinflusst?) zwillinge kann möglicherweise d. lehnwort sein. Über *nl* nach haupttonigem vokal s. § 249, 2.

II. Progressive assimilation.

§ 236. *lþ, nþ* werden zu *ll*, resp. *nn*, z. b. *gu(l)l* (got. *gulþ*) gold, gen. *Ullar-* (got. *wulþaus*) in ortsnamen; *finna* (got. *finþan*) finden, *annar* (got. *anþar*) ander. Vgl. An. gr. I, § 215.

§ 237. *dð, tð* werden zu *dd*, resp. *tt*, z. b. prät. *vænde*
(*wænddi § 241 aus *wandiðē) zu *vænda* wenden; *bōtte* (got. *bōtida*) büsste.

§ 238. ʀ (nicht *r*) wird in vielen fällen assimiliert (vgl. Noreen, Grundriss² I, 572, An. gr. I, § 217):

1. *lʀ* > *ll* in folgenden stellungen:

a) Nach langem vokal, z. b. nom. sg. m. *þrǣll* Vg. I (auch *þrell* nach § 93, 1), Vm, Da (Leseb. 26, 32) sklave, *hell* Sdm, Vm pflock, *hell* Vg. I, II, Ly (vgl. *hal* § 80, II, 2), Sdm ganz, *full* Vg. I u. a. faul, schuldig; mit nach § 90 gekürztem vokal *sæll* MB. I, KS u. a. glücklich, *hæll* (aisl. *heill*) GO, Rk. I glück.

b) Nach kurzem nicht haupttonigem vokal, z. b. *kiurtell* Bu rock, *gamall* Vg. I, MEL, MB. I alt, *hakull* SK messgewand.

Anm. 1. Nach schwachtonigem vokal ist dies *ll* später verkürzt (s. § 303, 3). Über *lʀ* > *ll* nach kurzem haupttonigem vokal s. § 295.

c) Nach konsonanten (ausser *l*, s. anm. 2), z. b. *karl* (schon in der Högbyer-inschr.; aus *karll nach § 241) kerl.

Anm. 2. *llʀ* wird wol zunächst erhalten, dann im aschw. (über *llr* § 283, 1) zu *ldr*, s. § 326.

2. *mʀ* > *mm* nur nach nicht haupttonigem vokal, z. b. dat. pl. *gæstum* (aus *gæstumm nach § 303, 3; urn. ᚷᛖᛋᛏᚢᛗᛉ) gästen.

Anm. 3. Dat. pl. *tvēm* zwei, *þrim* drei, *þēm* den sind (wie aisl. *tveim*, *þrim* neben älteren *tveimr*, *þrimr*) nach den 2-silbigen dat. pl. umgebildet.

Anm. 4. In sonstigen stellungen wird *mʀ* zunächst erhalten, dann (über *mr* § 283, 2) zu *mbr*, s. § 325.

3. *nʀ* > *nn* in folgenden stellungen:

a) Nach langem vokal, z. b. nom. sg. m. *ēnn* SK (gen. sg. f. *ēnnar*, dat. sg. f. *ēnne* Vg. II; vgl. agutn. *ann*, *anni* § 124, 1) ein, *rēnn* SK (dat. sg. f. *rēnne* Bu) rein, *Hallstēnn* (aisl. -*steinn*) L. 1632 ein mannsname, komp. *ōgēnne* U ungerader, adv. *sēnna* U, Sdm, H, MEL (*sanna* Vm, Da § 80, II, 2) später, dat. sg. f. *siælsȳne* KS (aus *-*synne* nach § 304); mit nach § 90 verkürztem vokal *hann* G er, *minn* G mein, sg. f. gen., dat., pl. gen. *minnar*, -*e*, -*a* meiner, *þinnar*, -*e*, -*a* deiner, *sinnar*, -*e*, -*a* seiner, *hænnar*, -*e* ihr, der mannsname *Swēn* (§ 80, II, 2; aisl. *Sueinn*).

§ 238. Progressive assimilation.

b) Nach kurzem nicht haupttonigem vokal, z. b. rschw.
Hiþinn (kaschw. latinisiert *Hidhinnus*; aisl. *Heþenn*) L. 1631
ein mannsname, gen. pl. *kristina* (d. h. *-inna*) L. 259, 1901
christen, agutn. dat. sg. f. *ōguldinne* G.a unbezahlter, proklitisch
hinn Vg. I, öfter gen., dat. sg. f. *hinnar, -e* jener (vgl. § 295).

Anm. 5. Nach schwachtonigem vokal ist dies *nn* später verkürzt
(s. § 303, 3). Über *nʀ* > *nn* nach kurzem haupttonigen vokal s. § 295.

c) Nach konsonanten (auch *n*, s. anm. 6), z. b. *biorn* (schon in
der Forsaerinschr. *Uibiurn*, d. h. *Wēbiorn*; aus **biornn* nach § 241)
bär, dat. sg. f. *forne* U, Vm uralter, komp. *minne* (got. *minniza*)
minder, adv. *minn* (got. *mins* aus **minniz*) minder, pl. *mænn*
(got. *mans* aus **manniz*) L. 1632 (kaschw. *mænn-inir*) leute.

Anm. 6. Beispiele von *nnʀ* > *nn* sind überhaupt selten, weil in
den meisten fällen früh auf analogischem wege *r* (früher *ʀ*, § 283) wieder
hinzutritt. Aus *nnr* wird dann in alter zeit *ðr* (s. § 229), in späterer zeit
ndr (s. § 229 anm.). So erklären sich *mindre* neben *minne* minder, *riþir*
oder *rindɛr* gegenüber aisl. *renn(r)* läuft u. dgl.

4. *rʀ* > *rr* in allen stellungen, z. b. komp. *stōrre* (**stōriʀē*)
grösser, sg. f. gen., dat., pl. gen. *vǻrrar, -e, -a* unserer, *annarrar*
Vg. I, *-e, -a* Vg. I, II anderer, *Ēnarr* L. 1631, *Gunnarr* L. 1632
mannsnamen, adv. *værr* (got. *wairs*) U schlimmer, *aghborre*
barsch, *arr-it* (aind. *aruś*) die narbe, acc. sg. m. *þorran* (vgl.
got. *þaúrsus*) dürren, präs. sg. *farr* Vg. I, U fährt, *ærr* U, Ög
pflügt, sg. nom. m. *hwarr* U, Ög jeder, *hǽrr* U heer (vgl.
nschw. *märr*, aisl. *merr* stute), pl. *dyrr* U thür, *akɛr* (aus
*akrʀ § 241; got. *akrs*) acker u. s. w.

Anm. 7. Nach schwachtonigem vokal wird dies *rr* später verkürzt
(s. § 303, 3).

5. *sʀ* > *ss* in allen stellungen, z. b. *frȳss* Da friert, *löss*
(aisl. *lauss*, urn. *-lausʀ*) Vg. I, Bil u. a. los, dat. sg. f. *vīse* (aus
*vīsse nach § 304) KS weiser; mit nach § 90 verkürztem vokal
die mschw. pl. *gæss* gänse, *lyss* läuse, *myss* mäuse; ferner die
vielen (s. Kock, Lj. s. 437) passivformen auf *-ss* (aus **-seʀ* 'sich')
in Vg. I wie *fyrnass* alt werden, *bēþass* sich erbitten, *ūlorandiss*
ohne erlaubnis u. a.; endlich mit nach § 241 verkürztem *ss*
fälle wie *fors* wasserfall, dat. sg. f. *frǽlse* Sdm freier, mschw.
false falscher.

Anm. 8. Nach schwachtonigem vokal wird dies *ss* später verkürzt
(s. § 303, 3).

III. Dehnung vor halbvokalen.

§ 239. Vor konsonantischem *i* werden *g* und *k* nach kurzem vokal gedehnt (vgl. Noreen, Grundriss[2] I, 573, An. gr. I, § 220, 1), wobei statt *gg* nach § 225, 1 *gg* eintritt. Also:

1. *gj* > *ggj*, z. b. *læggia* (got. *lagjan*) legen neben prät. *laghþe* (got. *lagida*); *hyggia* (got. *hugjan*) denken; *liggia* liegen neben präs. selt. *ligher* (got. *ligis*) Vg. I (2 mal), Cod. Holm. A 54, sonst aber anal. *ligger*; 3. pl. präs. ind. pass. *sægghias* (d. h. *sæggias*, s. § 52 anm. 1; vgl. aisl. selt. *seggia*) Da (1 mal) neben *sæghia* nach dem sg. *sæghir* sagt; *sikghiæ* (d. h. *siggiæ*, s. § 52 anm. 1) Vg. II neben *sighia* sagen nach präs. *sigher* (anal. selt. mschw. *sigger*). Verschiedene ausgleichung zeigen *þiggia*, präs. *þigger*, bekommen und *þighia*, präs. *þigher*, schweigen.

Anm. 1. In fällen wie *læghia* Su u. a., präs. *lægher* Linc. 39 u. a., *hyghir* MB. II ist *gh* vielleicht nur eine orthographische variante zu *gg* (s. § 52 anm. 1). Sonst ist *læghia* wie *sæghia* (s. oben) zu beurteilen; so wol *læghiæ* in Vg. II.

2. *kj* > *kkj*, z. b. *āsikkia* donnerwetter zu *ōka* fahren (vgl. § 102, 2), *krykkia* neben *krōkia* krücke (vgl. § 175 anm.), *lykkia* schlinge und *lykkia* zuschliessen zu *lūka* schliessen, *rækkia* recken zu *raker* gerade, *spækkia* beruhigen zu *spaker* ruhig, *Nærikkiu* (s. Noreen, Svenska etymologier, s. 25) ein ortsname, *tækkia* empfang zu *taka* nehmen, *vækkia* wecken zu *vakin* wach, *þækkia* decken zu *þak* dach. In allen diesen fällen kommen durch ausgleichung nebenformen mit *k* vor, z. b. inf. *lykia* nach präs. *lyker* (vgl. westn. *lykia* neben *lykkia*) u. s. w. Umgekehrt *kk* statt *k* in präs. *lykker* u. s. w.

Anm. 2. *Āsikia* Vg. II gegen *āsikkia* Vg. I dürfte nach § 303, 4 zu erklären sein.

§ 240. Vor konsonantischem *u* wird *k* nach kurzem vokal gedehnt, wiewol durch ausgleichung nebenformen mit *k* auftreten, z. b. dat. *skrukke* (statt **skrukkwi*) Vg. II zu *skrok* unwahrheit (vgl. § 109), *kwikker* neben *kwiker* (vgl. § 71, 2) lebendig, *þiokker* (*þiukker*) dick neben *þikla* oft (vgl. § 71, 3), *slok(k)ia* (*slækkia*, anal. umbildung von **slokkwa*, aisl. *slokkva*) auslöschen neben *slukin* erloschen, mschw. *nak(k)widher* neben *nakudher* nackt.

§ 241—242. Kürzung der geminaten.

Anm. Eine entsprechende dehnung von *r* scheint in agutn. *garran*, *-a* (*garfwœ* H), *-um*, mschw. (1 mal) *gerra* gegenüber aisl. *geruan*, *-a*, *-om* 'fertig' vorzuliegen.

IV. Kürzung.

§ 241. Nach konsonanten wird — wo nicht enge assoziation hindert — geminata verkürzt, z. b. *hal(f)væghis* auf dem halben wege, *blint*, *hantaka*, *valtaka* § 232, *bordūker*, *iordyn*, *hyrdrænger* § 234, 1, *hart* § 234, 2, *vænde* § 237, *karl* § 238, 1, c, *biorn* § 238, 3, c, *akęr* § 238, 4, *fors*, *frælse*, *false* § 238, 5. Vgl. noch fälle mit metathesis wie *kors* gegen *krussa* kreuz, *hyrsa* gegen aisl. *hryssa* stute.

§ 242. Nach schwachtonigem kurzem vokal wird ebenfalls geminata verkürzt und zwar:

1. Vor dem hauptttone. Wir unterscheiden zwei fälle:

a) Komposita mit (wenigstens alternativ) haupttonigem zweiten glied (vgl. § 57, I, A, 2), z. b. *brøløp(e)* Sdm, Vg. II, Di oder *brulōp(e)* Bu neben *brøllop* (*brullop* u. a.) hochzeit, gew. *stæniza* (vgl. Larsson, Lj. s. 138) neben selt. *stænniza* (Schlyter, Corpus X, 65 note) ein kleidungsstück des weibes, *tilagha* Sdm neben gew. *tillagha* besondere einkünfte, *an(n)ama* annehmen, *skiæl(l)īker* vernünftig, billig.

Anm. 1. Ein unsicheres beispiel ist *hærap*, *-ep* (*harap*, *-ep*) neben *hærrap*, *-ep* bezirk (s. § 80, I, 3). *Foreper* Vg. II, *-ępe* Ög und *forrępe* Vg. I (Leseb. 4, 17), Vh, *-ępe* Vg. I (Leseb. 4, 12; vgl. § 80, I, 4, b) präliminärer eid können verschiedene bildungen (resp. umbildungen) sein; vgl. einerseits *for-* vor-, andererseits *forre* frühere.

b) Abgeleitete wörter mit (wenigstens alternativ) haupttoniger ableitungssilbe (vgl. § 57, I, B, 2 und 3), z. b. *mœniskia* Bu, P. I (oft, z. b. Leseb. 50, 6, 16) u. a. neben gew. *mœnniskia* mensch, *pæninger* (überaus oft, bes. kaschw.; *pænunger* H, *paniger* Bir. A, s. Leseb. 45, 6) neben *pænninger* (*-unger*, *panninger*, vgl. § 60) pfennig, pl. *twilingar* Bu neben *twillingiar* MB. I zwillinge, *brylungar* Da neben gew. *bryllungar* u. dgl. geschwisterkinder männlicher seite, *haning* Bir u. a. neben *hanning* gefühlsinn, *min(n)ung* H altes herkommen; vgl. noch *fiópermæningi* H und *fiŭrmæn(n)ingir* Da verwandter des vierten grades.

§ 243—244. Konsonantenschwund.

2. In endungen, z. b. dat. sg. m. *blindum* (got. *blindamma*) blindem, *kallat* § 234, 2, *bundit* § 235, 2.

Anm. 2. Die geminata bleibt einstweilen, wo sie verhältnismässig spät entstanden (z. b. nach § 238) ist, oder wenn der vorhergehende vokal erst verhältnismässig spät aus langem vokal verkürzt worden ist (z. b. noch Vg. I *rīkiss* reiches u. dgl. mit demselben *ss* wie aisl. *þess, huess, móss, búss, hirþess* u. dgl.). Über spätere kürzung s. § 303, 3.

3. In proklitischen wörtern, z. b. *æk(k)e, ik(k)e, ĕk(k)e* nicht, *nŏkar, nŏkar* (westn. *nakkuarr* u. a.) irgend ein, *ok(k)ar* uns beiden zugehörig (immer *oker* uns beiden), *þykir* Da neben gew. *þykkir* (pass. *þikkis* Bir. A, Bm; vgl. § 101 anm. 2) dünkt, *siþan* (ags. *siððan*) seit, *mæþan* (got. *miþþanei*) während, agutn. *en* (Leseb. 36, 31) neben *enn* 'noch'.

C. Schwund.

§ 243. *b* (zunächst in *w* übergegangen) schwindet (nach § 252, 2) inlautend vor *u*, z. b. *hŏker* (aisl. *haukr*, ahd. *habuh*) habicht, *biūr* (**beburᴀ*) biber, *siū* (got. *sibun*) sieben, *ūræfle* Ög u. a. (zu ahd. *ubur*) neben westn. *ofrefle* (zu ahd. *obar*) übermacht, m. *Iōr-gēr*, f. *Iūr-is* (rschw. *Iur-ulf, -un* neben *Iufur-fast*, aschw. *Iuwur, Iavur*, s. § 118; Lundgren, Arkiv X, 179) personennamen, dat. sg. *hŏþe* Sdm haupte, *hōþinge* Vg. II, Ög (2 mal) u. a. häuptling, richter zu westn. selt. *haufoþ* (nach den synkopierten kasus; vgl. aschw. *hōviþ*, got. *haubiþ*) haupt; wol auch Vh *ælliuwu* elf und *ælliufti* (z. b. Leseb. 14, 25), *-pti* elfte (s. Noreen, Arkiv I, 164) neben sonstigem *ællivu, ællifte, -pte*. Vgl. Noreen, Grundriss² I, 576, Au. gr. I, § 231.

Anm. Über *hōster* (aisl. *haustr*) herbst und *ōmber* (aisl. *aumr*) elendig s. Noreen, Grundriss² I, 573.

§ 244. *ð* (altes oder nach § 223 entstandenes) schwindet sporadisch (d. h. nach unermittelter regel) vor *m, n, r, ʀ* und *w* (vgl. Noreen, Grundriss² I, 576, An. gr. I, § 232 und § 179):

1. Vor *m*, z. b. *Rōmunder* (rschw. *Hrumuntr* L. 710, aisl. *Hrómundr* aus **Hrōðmundr*), *Rāmunder* (**Rāðmundr*, s. Lind, Arkiv XI, 269) mannsnamen, *Ō(þ)morþ* ein ortsname. Hierher vielleicht auch einmaliges *fām* (geschr. *faam* Su; aisl. *faþmr*) die ausgebreiteten arme (vgl. aber § 257 anm. 7 und § 285, 4).

§ 244. Konsonantenschwund.

2. Vor *n*, z. b. *Skāne* (lat. *Scadinavia*) Schonen, *Hēnamōra* neben nschw. *Hedemora* (vgl. aisl. *Heiner* einwohner von *Heiþmǫrk*; Ptolemæi Χαιδεινοι) ein ortsname, *rēne* sperberbaum zu *rø̄þer* rot, *grēn* zweig zu aisl. *greiþa* aussondern, agutn. pl. *hainir* zu *haiþin* heidnisch.

3. Vor *r*, z. b. *fiūrir* (*fiuðriʀ, s. Noreen, Svenska etymologier, s. 41) vier neben *fioþer-* vier-, *Rø̄riker* Rodrich, *hwār* (nach den synkopierten kasus; got. *ƕaþar*) jeder von beiden, agutn. (im Kalendarium) gen. pl. *brȳra* (aschw. *brø̄þra*) brüder, rschw. *brur* (d. h. *brōr*) L. 1049 (2 mal; kaschw. *Brōr* als mannsname; vgl. anorw. *faðr*, *móðr*) bruder; vgl. § 308, 2, c. Etwas unsicher (s. § 122 anm. 1) ist Rök *Þiaurikʀ* Dietrich. Besonders oft schwindet *ð* in der verbindung *rðr* (s. Noreen, Arkiv V, 387 ff. und vgl. 4 unten), z. b. *nōren* (§ 146, 3; ahd. *nordrōni*) norwegisch, *nyrre*, *nør(þ)re*, *norre* nördlich, *nor* (aisl. *norþr*) nordwärts, Vh *iurīki* (Leseb. 13 note) neben *iurþrīki* (§ 75, 2) erdreich, der frauenname *Gyrīþ*, *Giurīþ* wol aus **Gyrð-*, *Giurðrīðr (§ 127, 2), Ög *hurruka* (*-raka*?) thürangel zu aisl. *hurþ* thür? Vgl. noch 4 unten.

Anm. Die ansicht Kock's (Arkiv VI, 53 note), nach welcher intervokalisches *rðr* unversehrt bleiben soll, ist, wie aus den eben angeführten beispielen hervorgeht, unhaltbar. Vgl. noch adän. (bei Saxo) *Gerutha* (mschw. *Gērdhrūdh*) Gerthrud.

4. Vor *ʀ*, z. b. rschw. *miʀ* (d. h. *mēʀ*; aisl. *meþr*) Rök, L. 1049, 1131 'mit', *Hulmfriʀ* (aisl. *Holmfriþr*) L. 651, *Raknfriʀ* (aisl. *Ragnfriþr*) L. 499 frauennamen. Besonders häufig in der verbindung *rðʀ* (oder vielmehr *rðr*, s. § 283, 1 und vgl. 3 oben), z. b. *Þōr* neben *Þōrþer*, *Ingevær* (anorw. *Ingiver*), *-var* und *Halvar* neben *-varþer* mannsnamen, Da *var* neben *varþir* wird, aruss. *Truvor* (aisl. *Þorvarþr*) ein mannsname, rschw. *Þurkir* (aisl. *Þorgerþr*), *I[n]kker* neben kaschw. *Ingærþ* frauennamen.

5. Vor *w*, z. b. folgende mannsnamen: rschw. *Hrualtr* (aisl. *Hróaldr*, ahd. *Hrōdowald*), *Hrulfr* (aisl. *Hrólfr*) Rudolf, *Aulfr* Yttergård, L. 614, 928 (aisl. *Qlfr*, ags. *Æðwulf*) Adolf, *Raulf* Forsheda neben *Rapulf-* Rök, L. 262, *Baulf* Nälberga (aisl. *Boþolfr*), *Hruar* (aisl. *Hróarr*, ags. *Hrōðgár*; vgl. § 92, b, 3 und § 245), kaschw. *Bārþer* (*Baðwurðr § 74, § 252, 2, a, § 153, 2; ahd. *Badward*), *Brūviþer* neben *Brāþaviþer*.

§ 245—246. Konsonantenschwund.

§ 245. ʒ fehlt (vgl. anm.) ohne ersichtliche regel im anlaut eines späteren kompositionsgliedes (vgl. Noreen, Grundriss ² I, 577, An. gr. I, 233, 2), z. b. *navar* (ahd. *nabagēr*) bohrer, *unninge* (ags. *úðʒenʒe*) entwischter sklave, agutn. *vereldi* (*værold*! H; ags. *werʒeld*) manngeld; besonders oft in mannsnamen wie *Arnils*, *Ǣrnils* neben *Aringīsle*, *Rōþils* (agutn. runisch *Ruþuisl*), *Aþils* (rschw. *Aþisl*; aisl. alt *Aþgils*), rschw. *Haisl* Rök, *Koisl* (= *Gōðʒīsl*?), *Hruar* (vgl. § 244, 5), *Hulm-(k)aiʀ* (aisl. *Holmgeirr*), *Þuriʀ* (air. *Thomrair*) neben *Þurkiʀ* (aisl. *Þorgeirr*), *Urmiʀ* (= *Ormʒœiʀʀ*), agutn. *Avair* (mschw. *Āvēr*; ahd. *Anagēr*), *Bōtair* (mschw. *Bōtēr* neben *Bōtgēr*), kaschw. *Arnēr* (aisl. *Arngeirr*).

Anm. Wenigstens in den namen auf -*īsl* fehlt ʒ schon urnordisch nach ausweis des acc. *Hahaisla* Möjebro. Ob überhaupt in irgend einem von den hier besprochenen fällen ein ʒ einst da gewesen ist, bleibt fraglich; s. Wadstein, I. F. V, 9 ff.

§ 246. *h* schwindet — abgesehen von den in § 224 und § 233 erwähnten fällen — in- und auslautend, z. b. *ā* (got. *aih*) besitzt, *fǣ* (got. *faihu*) vieh, *fā* (got. *fāhan*) bekommen; im auslaut auch wenn es nach § 225, 2 aus ʒ entstanden ist, z. b. *mā* (got. *mag*) kann, prät. *drō* zu *draga* ziehen. Ebenso lautges. in der kompositionsfuge, z. b. *līkamber* körper zu *hamber* gestalt, *frīœls* (§ 93, 2; ahd. *frīhals*) frei, *nōtos* (§ 143 anm. 10) viehstall zu *hūs* haus, *nākwar* irgend ein zu *hwar* welcher, agutn. *legvita* (vgl. anorw. *huitill*) art bettdecke; ferner mannsnamen wie *Gunnar* (ahd. *Guntheri*), *Ragnar* u. a., ortsnamen wie *Gōkēm*, *Varnēm* (agutn. *Farþaim*, *Hainaim*) u. a. zu *hēm* (agutn. *haim*) wohnsitz, landschaftsnamen wie *Attunda-*, *Fiæþrunda-*, *Tīundaland* (vgl. *hundare* bezirk). Vgl. An. gr. I, § 234.

Anm. Komposita behalten oft das *h* nach der analogie des simplex, z. b. *āt(h)œve* gebärde, *enhwar* neben *ennor* (§ 74) irgend ein, frauennamen wie *Gun(h)ilder*, *Ragn(h)ilder* u. a., ortsnamen wie *Faghr(h)ult*, *Fi(h)olm*, *Konung(h)œlla* u. a. (s. Kock, Tidskr. f. Fil. N. R. VII, 306 note). Umgekehrt fehlt das *h* zuweilen analogisch im simplex, z. b. (h)*alf* (got. *halba*) hälfte, seite nach *manna-*, *kunualf* männliche, resp. weibliche seite (s. Leffler, Ant. tidskr. f. Sv. V, 285).

§ 247. *j* schwindet überall ausser inlautend zwischen kurzer wurzelsilbe und *ă*, *ŏ*, *ŭ* oder *ø̆*, z. b. *ār* jahr, *unger*

§ 247—249. Konsonantenschwund. 189

jung, *næt* (aber pl. gen. *nætia*, dat. *nætium*) netz, *bryti* (aber gen. *brytia*) verwalter.

Anm. 1. Über anscheinend erhaltenes kons. *i* in fällen wie *œngia*, *-ium* u. dgl. s. § 231. Über *iā* s. Lidén, Arkiv III, 235 ff. *Iagha* jagen, *iungfrū* jungfrau u. a. sind späte lehnwörter aus dem deutschen.

Anm. 2. Später kann hie und da analogischer schwund vor *a, o, u* stattfinden, z. b. *næta, -um* nach *næt* u. dgl. Über den anscheinenden schwund in mannsnamen wie *Haralder* gegenüber adän. *Hæriold*, acc. *Harulf* L. 1288 neben *Hæriulf* s. Noreen, Grundriss² I, 562 f., ebenso erklärt sich wol *Brunulver* (*Brynolver*, rschw. *Brunulfʀ* Herened, *Brunulfr* L. 1552; aisl. *Brunolfr*) neben *Bryniulver* (vgl. § 60).

§ 248. *m* schwindet in folgenden stellungen:

1. Vor *f*, wenn es auslautend oder vor tautosyllabischem konsonanten steht, z. b. *tōft* (§ 84, 2, b) bauplatz, aber gen. *tomptar* (vgl. *fœmpte* aus *fimfte* § 83, 2, b); durch ausgleichung sowol nom. *tompt* wie gen. *tōftar*.

2. Vor *s* (wenn die verbindung alt ist), z. b. *lās* (Noreen, Arkiv III, 13) riegel.

Anm. 1. *Liūske, liūmske* weiche sind wol analoge ableitungen von *liō*, resp. *liōmber* (*liūmber* § 82 anm. 1) lau; also nicht, wie Grundriss², I, 576 angenommen, hierhergehörig.

3. Im urspr. (d. h. urn.) auslaut, z. b. *frā* (got. *fram*) weg von.

Anm. 2. Komposita richten sich meistens nach dem simplex. Jedoch kommen hie und da lautges. formen vor wie Ly *frampy* seitdem, Vg. II *frœmlagha* (vgl. § 135 anm. 4; aisl. *frálaga*) abwesenheit, Cod. Holm. A 27 *framfōra* wegnehmen, öfter *framfara* vergehen, *framliþin* verstorben. Ausnahmsweise ist wiederum das simplex von den kompositis beeinflusst, z. b. *fram* statt *frā* (beisp. bei Kock, Arkiv VI, 31). — Prät. wie *nam* nahm sind nach 2. sg. *namt*, pl. *nāmum* u. s. w. aufgefrischt.

§ 249. *n* (und *nn*) schwindet in folgenden stellungen (vgl. An. gr. I, § 239):

1. Vor *k*, z. b. der mannsname *Āke* (ahd. *Anihho*). Ob hierher *pi(n)kizdagher* — aber auch *pi(n)giz-*! — pfingsttag (aus mndd. *pinkest*)?

Anm. 1. Von der durch synkope entstandenen verbindung *nk* ist genau zu unterscheiden die alte verbindung *vk*, über deren behandlung s. § 235, 1, c.

§ 250. Konsonantenschwund.

2. Vor *l*, wenn die verbindung nach haupttonigem vokal steht (vgl. § 235, 3), z. b. *Āle* (ahd. *Analo*), *Ōlāver* (s. § 73 anm.), *Ēlāver* (wol aus **Æinlābʀ*) mannsnamen, *mīl* (**minnl-* < **minþil-*, s. § 83, 2, b, § 236) mundstück des gebisses, *tēlonger* Bir sprössling zu *tēn* spross (wonach analogisch *tēnlunger* U u. a.; vgl. ohne *l*-suffix *tēnonger* Vm, Da).

3. Vor *r*, z. b. *lǣræpt* (§ 83, 3, b) leinwand, *þōrsdagher* (ags. *þunresdǣʒ*) donnerstag, *himerīke* himmelreich zu *himin* himmel (wonach anal. *himinrīke*), der mannsname *Ēriker* (**Æinrīkʀ*), noch als appellativ in *ēriksgata* weg des alleinherrschers (vgl. got. *ains* allein, *reiks* herrscher).

Anm. 2. In dieser stellung schwindet nur *n*, nicht *nn*, über dessen entwicklung vor *r* s. § 229.

4. Vor *s* (wenn die verbindung alt ist), z. b. *gās* gans, *bās* (nhd. *banse*) kuhstall, *ās* (got. *ans*) balken. Andere beisp. s. § 84, 2, b.

Anm. 3. *Unsk* (Cod. Reg. Havn. n. s. 2237 des Südermannagesetzes), *onsk*, *ensk* (MB. I) wunsch und *unska* A 49 I, öfter *ynsk(i)a*, *onskia* wünschen sind d. lehnw., heimisch dagegen die formen *ōsk* (*ūsk*, *ōsk*) und *yskia* (*ōskia*; vgl. § 84, 2, b).

5. Vor *w*, z. b. der mannsname *Āvēr*, agutn. *Āvair* (adän. runisch *Auaiʀ*, ahd. *Anager*, vgl. § 245).

Anm. 4. Die lautges. (nach 1—5 oben) vor *k*, *l*, *r*, *s*, *w* entstandenen präfixformen *sǣ-*, *sī-* (§ 83, 2, b) und *ō-*, *ū-* (§ 84, 2, b) sind anal. überall durchgeführt. Eine vereinzelte altertümlichkeit ist rschw. *Unfaikr* L. 348 neben gew. *Ufaikr*, kaschw. *Ōfegher* ein mannsname (mschw. *ōfegher* nicht dem tode verfallen). Dagegen sind vereinzelte mschw. formen wie *unlykke* unglück, *unækta* unecht u. dgl. (s. Rydq. V, 101) natürlich d. lehnw.

6. Im urspr. auslaut, z. b. *ā* an, *þā* dann, *ī* (§ 83, 2, b) in, *binda* binden, acc. pl. *dagha* (**ðaʒann*, got. *dagans*) tage u. s. w.

Anm. 5. Rök *an* (neben *a*) 'an' entspricht (nicht urn., as. *an*, ags. *on*, sondern) urn., got., ahd. *ana*, d. h. *n* steht hier nicht im urspr. auslaut. Während alle sonstigen komposita mit 'an-' sich nach dem simplex *ā* richten, dürfte die form *an* in *annūþogher* (neben selteneren *ānāþogher*, aisl. *ānauþegr*) unfrei wiederzufinden sein. Das einigemal (in Vg. 1, Ly, GO, Linc. 39 u. a.) auftretende *in* (statt *ī*) 'in' ist wol am ehesten als die lateinische, resp. deutsche präposition aufzufassen (s. Bugge, Ant. tidskr. f. Sv. V, 212; anders Rydq. IV, 58 note und Kock, Arkiv XI, 130).

§ 250. *r* schwindet sporadisch vor *w* (s. Noreen, Arkiv VI, 303 ff.), z. b. die mannsnamen *Þōrþer* (**Þōrueʀðʀ*) neben

§ 251—252. Konsonantenschwund.

aisl. *Þorvarþr*, *Þölver* (geschrieben *Thoolf* Dipl. 1320) neben aisl. *Þórolfr* (*-wolfʀ*), *Kälver* (anorw. *Kǫlfr*) neben anorw. *Kárulfr* (s. Lundgren, Uppsalastudier s. 19, Sv. landsm. X, 6, s. 146). Über *hǣster* herbst und *ōmber* neben *armber* elendig s. Noreen, Grundriss² I, 573.

Anm. Möglicherweise ist der mannsname *Hælver* (wenn mit *æ*, nicht *œ*) mit Lundgren, Sv. landsm. X, 6, s. 116 aus *Hærwolfʀ* (adän. runisch *Hairulfʀ*, d. h. *Hærulfʀ*, eine kontamination von formen wie aisl. *Heriulfr* und rschw. *Harulfʀ*, s. § 247 anm. 2) zu erklären. Über einige vielleicht hierhergehörige rschw. und kaschw. formen des verbums *gerwa* machen s. Noreen, Arkiv VI, 309.

§ 251. ʀ schwindet vor *s*, z. b. pass. *kallas*, *taks* zu akt. *kallar* nennt, *taker* nimmt; rschw. gen. *Hulmkis* (d. h. *Holmgēs*) L. 312, *Sikis* (d. h. *Siggēs*) L. 149, *A̧skis* u. a. zu nom. *Hulmkiʀ* (d. h. *-gēʀʀ*) u. s. w., wo kaschw. fast immer anal. *-gērs* (nach dem nom. auf *-gēr*) steht; kaschw. (2 mal) *diūshorn* (gew. *diūrs-*) tierhorn.

Anm. Komposita folgen meistens dem simplex. Jedoch hie und da lautges. formen wie *ōsaker* neben *ōrsaker* (aisl. *ørsekr* zu got. *uz-*) unschuldig (wol nicht mit *ōsaker*, aisl. *úsekr* freigefunden zu identifizieren). Bu *næskylder* 'nahe verwandt' neben gew. *nærskylder* kann ebensowol eine kontamination von *nāskylder* (zu got. *nēƕ*) und *nærskylder* (zu got. *nēƕis*) sein. — Nach dem akt. aufgefrischt ist pass. *undirstārs* Bm, Bir 'wird verstanden' (anders Kock, Arkiv XI, 323 note) und vielleicht noch einige derartige formen, wenn sie nicht schreibfehler sind (s. Schagerström, Arkiv IV, 343 note).

§ 252. *w* schwindet in den meisten stellungen und zwar:

1. Anlautend vor *ŏ*, *ŭ*, *ȯ̆*, *y̆*, *l* und vor *r* mit folgendem *ŏ*, *ŭ*, *ȯ̆* oder *y̆*, z. b. *orþ* wort, *ul* wolle, *yrkia* würken, *læsper* (ags. *wlisp*) lispelnd, *rōta* (ags. *wrōtan*) aufwühlen, *rōghia* (as. *wrōgian*) anklagen; vgl. dagegen *vrēþer* (aisl. *reiþr*) zornig, *vrīþa* (aisl. *ríþa*) drehen u. a.

2. Inlautend in folgenden fällen:

a) Vor *ŏ*, *ŭ*, *ȯ̆*, *y̆* und konsonanten, z. b. *sorgh* (ahd. *sworga*) kummer, *hōt* (got. *ƕōta*) drohung, *sanger* (got. *saggws*) gesang.

b) Nach *ō*, z. b. *rōa* (ags. *rōwan*) rudern, die mannsnamen rschw. *Hrualtr* und *Hruar* (vgl. § 244, 5, § 92, b, 3).

c) Nach *g*, *k*, wenn der nächst (aber nicht notwendig unmittelbar) vorhergehende sonant *u* oder (geschlossenes) *o*

§ 253. Konsonantenschwund.

ist (vgl. Kock, Arkiv XII, 241 ff.), z. b. *skugge* (got. *skuggwa*) schatten, *sunkin* (got. *sugqans*) gesunken, acc. sg. m. *þiokkan* (vgl. aisl. *þykkuan*) dicken; vgl. dagegen *nak(k)widher* (§ 240) nackt, acc. sg. m. rschw. *kuikuan* lebendigen, agutn. *stinqua* springen, *hagguin* gehauen.

d) Nach anderen konsonanten (nicht aber nach *g*, *k*), wenn sie eine lange oder schwachtonige silbe abschliessen, z. b. *ōtta* (got. *ūhtwō*) frühe morgenzeit, *Ōþin* (rschw. *Auþin* L. 1355; ags. *Eádwine*), *Arnalder* (aus *-waldr*), *Þōralder* (vgl. aisl. *Þóralde* neben *Þorvaldr*) mannsnamen, *Iūris* (aus *-wīs*, s. Lundgren, Arkiv X, 179) ein frauenname, *hingat* (**hinn-weg-at*) hierher. Vgl. dagegen *staþve* statut, mannsnamen wie *Ingwar*, *Hākwin* u. a.

Anm. 1. Durchsichtige komposita folgen meistens ihrem simplex, z. B. *hwārtwæggia* wer auch immer (von zweien), aber *hwārtiggia* weder. Sonst stehen oft lautges. formen ohne *w* neben analogischen mit *w* (v § 269), z. b. *Nōregher* neben agutn. *Norvegr* Norwegen, *Gunnir* neben rschw. *Kunuir* L. 77, rschw. *Finiþr* (d. h. *Finniðr*) neben kaschw. *Finviþr*, mschw. *Goz(w)ēn* mannsnamen, *Gunnar* neben rschw. *Kunuar* L. 661 (aisl. *Gunnvǫr*) ein frauenname, *bāþet(w)iggia* sowol (.. als), *anna(t)t(w)iggia* entweder.

3. Auslautend, z. b. prät. *sang* (got. *saggw*) sang.

Anm. 2. Im ältesten rschw. wäre *w* auslautend und vor konsonanten noch erhalten, wenn *u* in Vedelspang *Siktriku* (aisl. *Sigtrygg*), Kälfvesten *Stikun* (aisl. *Styggr*) konsonantische geltung hat, was jedoch sehr unsicher ist.

Anm. 3. Nachdem später (s. § 269) *w* in (labiodentales) *v* übergegangen ist, wird dies *v* oft wieder analogisch eingeführt, z. B. prät. konj. *vurþe* Sdm, prät. ind. pl. *vorþo* Bu nach sg. *varþ* wurde, *arf* Sdm, II (aisl. *ǫr*) pfeil nach pl. *arvar*, mschw. *spirvęr* sperling nach pl. *spirvar* u. s. w.

Anm. 4. Umgekehrt ist *w* nicht selten analogisch entfernt worden, z. b. *sima* schwimmen, prät. *sam* nach pl. *sōmo* und part. *sumin*, *nākar* (statt *nākwar*) nach fem. *nākor* (dat. pl. *nākrum* u. a.) irgend ein, *swala* schwalbe nach obl. *swalu* u. a. Mannsnamen wie *Haralder*, *Ingialder*, *Rikalder* u. a. sind kontaminationen von nom. **Hœriulder* (adän. *Hœriold*), gen. **Harvaldar* u. s. w. (vgl. § 74). Über die nicht hierhergehörigen fälle *sā*: *swā* so, mschw. *sœ-vyrdher* (*sīvirdher*): agutn. *suē-verþr* (aisl. *sui-virþr*) gering geschätzt s. Noreen, Urg. lautl. s. 218 f.

§ 253. *þ* schwindet vor *l*, z. b. *māl* (got. *maþl*) sprache, *nāl* (got. *nēþla*) nadel.

D. Sonstiges.

§ 254. Einschub eines *t* kommt in folgenden fällen vor:

1. Zwischen *ll*, *nn* und folgendem *s*, z. b. rschw. *þintsa* L. 16 (*þentsa* Dybeck II, 194; d. h. *þenntsa*) diesen, kaschw. gen. *gulz*, *banz* zu *gul(l)* gold, *ban(n)* bann, präs. pass. *falz* zu *falla* fallen, *vinz* zu *vinna* gewinnen, *Halztēn* (< *Hall-steinn*) ein mannsname, *ilzker* boshaft zu *illa* schlecht, *inzighle* insiegel, *ranzak* (aus *rann-sak*) hausuntersuchung zu aisl. *rann* haus; s. weiter Kock, Lj. s. 428 ff., Brate, Lj. s. 64, Söderberg, Lj. s. 42 (wo wol mit unrecht einschub von *d* angenommen wird), Larsson, Lj. s. 136, Zetterberg, s. 41, Björkman, Sv. landsm. XI, 5, s. 42.

Anm. Die annahme Kocks (Lj. s. 441 f., Skandinavisches archiv I, 57), dass *t* auch zwischen *ng*, *k*, *p* und folgendem *s* eingeschoben werden könne, ist unstatthaft; s. oben § 49 anm. (vgl. auch § 50 anm. 1 und § 44 anm.).

2. Zwischen *s* und *r* (ausser in der kompositionsfuge durchsichtiger zusammensetzungen), z. b. rschw. *Astraþr* L. 1265 (adän. noch runisch *Ąsraþr* Tirsted) ein mannsname, *blīstra* zischen (s. Hellquist, Arkiv XIV, 9). Derselbe prozess wird später wiederholt, wo durch schwund des *f* in der dem an. nicht geläufigen verbindung *sfr* ein *s* und *r* zusammenzutreffen kommen würden, z. b. *Astrīþ* (runisch noch *Ąsriþ-i* Bugge, Tidskr. f. Phil. og Pæd. VIII, 190, *Asfriþr* Vedelspang, L. 1395, *Asfriþ* L. 132), *Sæstrīþ* (*Sessfrīð*) frauennamen, *hūstru*, *-trø* (agutn. runisch *hustroya*) neben *hūsfrū*, *-frøa* (agutn. *hūsfroyia*) hausfrau.

§ 255. Metathesis von *l* findet in den verbindungen *tl*, *ðl*, *sl* nach nebentonigem vokal statt, z. b. pl. *in(n)ælve* (vgl. ahd. *innōfili*, aisl. *innylfe* neben *-yfle*, wol weil urspr. mit wechselnder betonung, vgl. aschw. *-nn-* und *-n-*) eingeweide, *hēmold* (*-lð § 221 anm. 1) gewähr (vgl. got. *haimōþli* heimat), *dø̄pilsc* tauf aus as. *dōpisli* entlehnt.

Anm. Über *ps* > *sp* s. § 337, 6.

Kap. 2. Altschwedische lautgesetze.

A. Qualitative veränderungen.

I. Wechsel der artikulationsarten.

a. Die stimmhaften spiranten.

§ 256. *ƀ* (altes oder nach § 226 und § 259, 1 entstandenes) wird, wo assoziation nicht hindert, in den weitaus meisten gegenden um 1300 zu *m* vor *n*, z. b. *hamn* (pl. *hafnir* L. 220) hafen, *namn* (dat. pl. *nabnum* Rök) name, *iamn* eben, *stamn* steven. Durch assoziation erklären sich doppelformen wie lautges. gen. pl. *rōmna* Vm : sonst *rōfna* nach *rōva* rübe, *næmna* (Schlyter, Corpus II, 199): *næfna* nach *nævi* faust, *limnaþer* Bu : *lifnaþer* lebenszeit nach *liva* leben, *þiūmnaþer* Bu : *þiūfnaþer* diebstahl nach *þiūver* dieb, *thrimnadher* Bir : *þrifnaþer* vergnügung nach *þrivin* zufrieden, *forskrimpna* (vgl. § 332, 1) Dipl. 1405 : *-skrifna* nach *-skrivin* früher geschrieben. In gewissen denkmälern wie KP (s. Leseb. 22, 17; 24, 12; 25, 10), SK u. a. (s. Kock, Arkiv VI, 37, Björkman, ib. XII, 270 f.) steht konsequent *fn* in *nafn* name, *næfna* nennen, wol wegen des anlautenden *n*.

Anm. 1. Sonstige, im ganzen seltene, *fn* beruhen entweder (im kaschw.) auf archaischer schreibung (z. b. Da *œfni* st. *œmne* vermögen) oder (im mschw.) auf dänischem einfluss, vielleicht auch zum teil auf dialektischer bewahrung der alten aussprache.

Anm. 2. Ein älteres übergangsstadium mit nasaliertem *b* (vgl. An. gr. I, § 182, 2) ist dialektisch erhalten und hie und da durch die schreibung *mf* (selten *fm*) zum orthographischen ausdruck gekommen, z. b. (gen. pl. *næfmna* Schlyter, Corpus II, 199 fäuste) *fornœmfder* (vgl. anm. 3) Dipl. 1401 früher genannt, pl. *domfna* Bir zu *dovin* schlaff, *ramfn* Bil rabe, *limfnadher* MB. I (Leseb. 77, 8), *hamfn* Rk. II, *famfn* Di faden, busen.

Anm. 3. Das den übergang bewirkende *n* kann später nach § 317, 1 geschwunden sein, z. b. prät. *hæmde* zu *hæmna* rächen, part. *namder* zu *næmna* nennen.

Anm. 4. Ly *hælfninger* (neben *hælmninger* Vh, Vg. II, öfter *hælfninger* Vg. I, II, Ly u. a., *halninget* H aus *halfninger* MB. I nach *halver* halb wie *halftninger* Vg. II nach *halft* hälfte) ist wie das entsprechende aisl. *helmingr*, *helfingr* (neben *helfningr*) hälfte zu beurteilen; s. An. gr. I, § 182, 2. — Unklar ist (trotz Kock, Arkiv III, 152, und der daselbst

§ 257. Stimmhafte spiranten: *đ*.

zitierten literatur) das verhältnis von *um* (adän. *um*) 'wenn' und *num* (adän. *num*) 'wenn nicht' zu adän. *of* (ahd. *oba*, *ube*); vgl. das synonyme adän. *œm*, anorw. *em* (s. Hertzbergs Glossarium) neben aisl. *ef*, rschw. *if* (ahd. *ibu*, got. *iba*) und aisl. *nema* neben selt. *nefa* (zu got. *niba*).

Anm. 5. Unklar sind vereinzelte schreibungen wie *napn* Bu, ST u. a. name, *nœpna* Bu nennen, *søpn* Off. schlaf, pl. *skripnæ* Ve geschriebene; vgl. aisl. *sopna, hipni* st. *sofna, hifni*.

Anm. 6. Dialektisch wird (wie im dal.) *bđ* zu *bd*, z. b. *hobdabulstar* Dipl. 1294 kopfkissen, dat. sg. *Hōkobdi* (zu *hovuþ* haupt; vgl. dal. dat. *obde* zu *obuđ* kopf) ein ortsname, *libde* Dipl. 1338 lebte. — Mschw. *næb* (neben *næf*) schnabel ist mndd. lehnwort.

Anm. 7. Dialektisch (z. b. in O. II u. a.) wird *đ* unmittelbar nach *ū, ō* zu *w* (z. b. Leseb. 45, 22 acc. *stuwo* stube, 45, 20 *sowande* schlafend, 46, 36 *owir* über), woraus dann *ʒ* (s. § 273, 2) oder schwund (s. § 324, 3).

§ 257. *đ* (altes oder nach § 223 entstandenes) wird auf folgende weise verschoben:

1. Zu *d* in folgenden fällen:

a) Nach *b, g, l, m, n* schon vorliterarisch, z. b. prät. *kœmbde* (aisl. *kembþa*) kämmte, *snybde* hunzte, *hœngde* hängte, *fœlde* fällte, *talde* zählte, *tīmde* ereignete sich, *brœnde* brannte, *vande* gewöhnte. Ebenso (mit *đ* < *þ* nach § 223) mannsnamen wie *Arn-, Gun-, Hal-, Hialm-, Kœl-, Mœghin-dōr* zu *Þōr*.

b) Nach *ʒ, v* erst seit 1400, z. b. prät. *lifde* P. I, Rk. I lebte, *kwæfde* Bil erstickte, *høfdinge* häuptling, *bliūghd* scham, *høghd* höhe KS u. a., wo kaschw. *lifþe* u. s. w. steht. Nach *rv* ist jedoch *d* zum teil schon kaschw., z. b. Vm, Da *œrfd* (sonst *œrfþ*) vererbung.

Anm. 1. Über dial. *bđ* > *bd* s. § 256 anm. 6. Über *gd* neben *ghþ* s. § 258 anm. 2.

c) Nach nicht hauptonigem vokal erst um 1500 oder später, z. b. *kallade* nannte, pl. *forfæder* vorfahren, aber *mōdha* mühe, *fædher* väter; s. Kock, Arkiv XI, 152 f.

Anm. 2. Dialektisch (z. b. Da und wol Vm) scheint *đ* kaschw. zu *d* im auslaut einer starktonigen silbe geworden zu sein, z. b. acc. *blōd*: dat. *blōþe* (und nom. *blōþir*) blut, acc. *gard*: mit artikel *garþin* (den) hof, pl. f. *budnar*: sg. *buþin* geboten, dat. *adrum* anderem, aber (weil schwachtonig) *meþ* mit, *viþ* bei. Da es konsequent *væþia* appellieren, *þriþia* dritten u. s. w. geschrieben wird, so setzt dies eine silbenteilung *væ-þia* voraus. S. Brate, Lj. s. 47 ff., Siljestrand I, 41 note.

§ 257. Stimmhafte spiranten: ð.

2. Zu *þ* dialektisch (aber ziemlich allgemein) auslautend nach schwachtonigem vokal, wenigstens seit c. 1400, z. b. Dipl. 1408 ff. *meth* mit, D 4 *hundrath* hundert, *hughnath* trost, MB. I *howoth* haupt, nom. sg. f. *skapath* geschaffen, nom. pl. ntr. *skipath* verordnet u. a. neben *medh*, *hundradh* u. s. w. Dieselbe entwicklung findet bei dem nach § 266 aus *t* (über *d*) entstandenen *ð* statt, z. b. D 4 *mykith* viel, *lovath* gelobt, *vatnith* das wasser, MB. I *līvith* das leben, *komith* gekommen, *annath* anderes u. a. gegenüber altertümlicheren formen auf -*dh* und (dies vielleicht späteren ursprungs, s. § 260, 7, § 266 anm. 1) -*t*. Besonders oft ist (wenigstens in D 4) -*dh* bewahrt, wo die silbe mit *t* anfängt (oder die vorhergehende silbe auf *t* endet), z. b. *lītidh* kleines, *hiærtadh* das herz (*vatnidh* das wasser) neben *lītith* u. s. w. Vgl. An. gr. I, § 183, 2, f und § 192 anm. 1.

Anm. 3. Dies *þ* (*th*) wird später zu *t*, s. § 260, 7. Vgl. übrigens Kock, Sprh. s. 2, 8, 14, Arkiv IX, 163, wo jedoch statt *ð* > *þ* > *t* eine entwicklung *ð* > *þ* > *t* > *þ* (> *ð*?) und statt *t* > *d* > *ð* > *þ* > *t* eine entwicklung *t* > *þ* > *ð* angenommen wird.

Anm. 4. Der übergang *ð* > *þ* ist vielleicht weit älter, als oben angegeben worden ist, aber aus kaschw. zeit nicht zu belegen, weil dann sowol *ð* wie *þ* normal durch dasselbe zeichen (*þ*) wiedergegeben wird (vielleicht hat doch *z* in schreibungen wie Vg. I *annæz*, *garz*, *hemfylghz*, *hæræz*, *vuighz*, Ög *uighz* statt *annæt* > -*þ*, *garþ* u. s. w. die aufgabe den *þ*-, nicht den *ð*-laut zu bezeichnen; anders Kock, Ij. s. 443 f. und vgl. oben § 51 anm. 2). Es wäre daher denkbar, dass der hier besprochene übergang mit dem § 225, 2 erwähnten übergange *ð* > *þ* identisch wäre, d. h. dass *ð* (*b*, *ȝ*) gemeinaltnordisch zu *þ* (*f*, *h* — *ch*) geworden wäre nicht nur im ursp. (d. h. urn.) auslaute (z. b. *baþ* bat), sondern auch wo es später durch die gemeinaltnordische synkope (in casu apokope) in den auslaut zu treten kam (z. b. acc. sg. *brūþ* aus *brūði* braut). Und wirklich deuten hierauf sowol ein fall wie U u. a. *brūþkome* bräutigam zu *gumi* mann, wo *þ* stimmlose geltung gehabt haben muss (s. Kock, Arkiv IX, 163 f. und unten § 264 anm. 1), als auch vielleicht die unten § 260 anm. 7 erwähnten formen mit kaschw. -*t* statt -*þ*. Durch ausgleichung wären dann entstanden die zahlreichen formen mit auslautendem *ð* wie mschw. *brūdh* (nach *brūdhar*, -*a*, -*om*) u. dgl.; vgl. prät. *band* band st. *bant* (st. *batt*) nach *binda*, *bundum* u. s. w.

Anm. 5. Dialektisch wird *ð* antekonsonantisch (aber nur sporadisch; am häufigsten vor *k*, s. Noreen, Svenska etymologier s. 27) zu *r* (vgl. An. gr. I, § 183, 3), z. b. Vg. I dat. sg. m. *annērghom* zu *annēþogher* unfrei, *Iursērs* (sonst *Iuzēz*, *Iossēz*, *Iussis* aus *Iuðs-tðs*) *hæraþ*, in einem västgötischen diplome gen. *Halnars* (sonst *Halnadha*) ortsnamen, mschw. *marker* Bm, Linc. 39, PM u. a. (sonst gew. *maþker*) made, *valmar* aus *varmðl*

§ 258. Stimmhafte spiranten: ʒ.

(§ 338; dal. *warmål*) neben *vaþmål* kleiderstoff; nschw. (zum teil unsichere) beisp. bei Kock, Beitr. XV, 259 f., Arkiv VII, 181. Das allgemein verbreitete *sirla* (agutn. *sipla*, aisl. *sipla*) 'spät' ist wol von seinem gegensatze *arla* 'früh' beeinflusst worden (Lind, Om rim och verslemningar, s. 56; anders Kock, Ant. tidskr. f. Sv. XVI, 3, s. 9 ff.).

Anm. 6. Ganz unklar ist (trotz Kock, Beitr. XV, 261 note) das verhältnis ð : l in *vaþmål* neben seltnerem *valmål* kleiderstoff (vgl. § 268). Der mannsname *Gulbrander* st. *Guþbrander* hat sich wol nach *Gullêver* u. a. gerichtet (Lind, Arkiv XI, 271 f.).

Anm. 7. Dialektisch scheint ðm zu nm, das weiterhin auslautend zu mn umgestellt wird, geworden zu sein (vgl. gr. μεσό-μνη aus -ðμη, Ἀγαμέμνων aus *-μεδμων, s. Brugmann I², 361), z. b. der mannsname *Gunmunder* (schon Rök und sonst) neben *Guþmunder* (und zwar als name derselben person, s. Lundgren, Sv. landsm. X, 6, s. 76; sonst vielleicht dem vandalischen *Gunthamund* entsprechend), *vanmål* (und mit metathesis nach § 338 *valmăn*) neben *vaþmål* kleiderstoff (vgl. aber § 268); ferner *famn* (aisl. *faþmr*; wenn nicht nach § 244, 1 aus einem *faðmn-*, welches adän. *fafn* — vereinzelt im mschw. und anorw., aber wol lehnwort — und aisl. *Fáfner* vorauszusetzen scheinen, vgl. § 226) faden, busen; endlich dal. *niæmn* hüfte, aus *miæmn* (nnorw. *miømn*, aisl. *mioþm*, gen. *miaþmar*) dissimiliert.

§ 258. ʒ wird auf mehrfache weise verschoben:

1. Zu *w* vor *n*, wo assoziation nicht hindert, schon vorliterarisch (s. Lundgren, Språkliga intyg om hednisk gudatro, s. 21 note; Noreen, Arkiv III, 4 f. note; Kock, Tidskr. f. Fil. N. R. IX, 149; Larsson, Lj. s. 111), z. b. *þ(i)œgn* (geschr. *þiœngn* Vg. I) freier mann, *ēgn* (*engn* Sdm, *enghn* Vm) eigentum, *gagn* (*gangn* Bu) nutzen. Häufig sind analogische nebenformen mit ʒ, z. b. *ēghn* nach *ēgha* besitzen, *sæghn* (lautges. *sægn*) aussage nach *sæghia* sagen, *fæghna* (: *fagna*) freuen nach *fæghin* froh, pl. *slag(h)nir* zu *slaghin* geschlagen.

Anm. 1. Wenigstens dialektisch tritt derselbe übergang vor *m* ein, z. b. *Ag(h)munder* (*Angmunder*) ein mannsname.

2. Zu *g* in folgenden stellungen:

a) Nach ð allgemein und schon vorliterarisch, z. b. *staþge* statut, *nøþga* nötigen. Ausgleichung schafft doppelformen, z. b. *staþg(h)a* feststellen zu *staþugher* fest, dat. *nøþg(h)um* zu *nøþogher* nötig.

b) Vor ð in mehreren dialekten, während in anderen ʒ bleibt, z. b. *lag(h)þer* gelegt, *sag(h)þe* sagte, *fræg(h)þ* ruf, *bøg(h)þe* bog, *vīg(h)þer* geweiht, *hælg(h)þ* heiligkeit.· Mehr oder weniger konsequent steht dies *g* st. *gh* z. b. in Vg. I, Sdm, Vm, Bu, O. II, P. I, Bm, KS. fr, D 4, MB. I. Vgl. Kock, a. a. o. s. 140 ff.; Larsson, Lj. s. 110.

Anm. 2. Nicht hierhergehörig sind fälle wie *bygd* gebautes land, *bygde* baute, *stygdis* scheute neben *byghþ* u. s. w. Denn der umstand, dass jene formen sowol in denkmälern mit in sonstigen fällen konstantem *gh* auftreten (z. b. in Ög und ST) wie auch mit *d* (nicht *þ*, *dh*; vgl. § 257, 1, a und b) geschrieben sind, zeigt, dass *g* hier nicht aus *gh* entstanden ist, sondern ein aus inf. *byggia*, *styggias* entlehntes *gg* vertritt; s. Kock, a. a. o., s. 147.

Anm. 3. Sporadisch tritt *g* auch vor *l*, *r* auf, z. b. Sdm *sægl* segel neben *fughlum* vögeln, *dig(h)ri* grösser, Da *hēg(h)ri* höher.

c) Nach nicht haupttonigem vokal (wenigsten dialektisch) um 1450, z. b. (in Kr L) *iōrdǣgande* grundbesitzer, *nyttoger* nützlich, aber *ǣgha* besitzen, *lagh* gesetz; s. Kock, Arkiv XI, 146 ff. Der vorgang trifft auch nach § 267 entstandenes *ʒ*.

3. Zum stimmlosen spiranten *ch* (s. § 30) dialektisch (und zwar ziemlich selten) im auslaut nach schwachtonigem vokal, wenigstens seit c. 1400. Der übergang findet nicht nur bei altem *ʒ* statt, z. b. *aldrich* Di st. *aldrigh* 'nie', sondern auch bei dem nach § 267 aus *k* (über *g*) entstandenen, z. b. die pro- und encliticæ P. I *och* und, *iach* ich, Rk. II *mich* mich, *sich* sich neben altertümlicherem *ogh* (*ok*), *iagh* (*iak*) u. s. w.

Anm. 4. Dieses *ch* wird dann zu *k*, s. § 261, 3. Vgl. übrigens Kock, Lj. s. 86 f., Sprh. s. 18 f., wo jedoch eine entwicklung *ʒ* > *k* > *ch*, resp. *k* > *ch* > *ʒ* angenommen wird. — Über das eventuell hohe alter der erscheinung s. § 257 anm. 4.

b. Die stimmlosen spiranten.

§ 259. *f* (altes oder nach § 225, 2 entstandenes) wird verschoben:

1. Zu *b* (woraus später *v*, s. § 271) auslautend nach, inlautend zwischen stimmhaften lauten, z. b. acc. *ulf* (d. h. *ulv*), nom. *ulver* (got. *wulfs*) wolf, *hæfia* (got. *hafjan*) heben, *þurf* (got. *þarf*) bedarf. Der übergang ist noch nicht durchgeführt in den ältesten rschw. denkmälern, wo *f* und *b* noch auseinander gehalten werden, z. b. Rök *tualf* zwölf, *-ulfaʀ* wölfe, aber *ub* ob, pl. *ualraubaʀ* raubgut, Kärnbo *-ulf*, aber *sialbʀ*

§ 259. Stimmlose spiranten: *f*.

selber. Sonst sind auch im rschw. die beiden laute in *b* zusammengefallen, was wol durch die wiedergabe des *b*-lautes durch *f* bezeugt wird, z. b. Forsa *staf* stab, *if* ob, wenn (vgl. aber anm. 2).

Anm. 1. Im anlaut eines späteren zusammensetzungsgliedes bleibt gewöhnlich *f* nach analogie des simplex. Undurchsichtigere komposita haben jedoch wenigstens alternativ das lautges. *b* (*v*), z. b. *ōvormaghe* minderjährig zu *formagha* vermögen (Bugge, Tidskr. f. Fil. N. R. III, 267 ff.), *apalvæst* neben *-fæst* vollkommene bestätigung, mannsnamen wie *Ōvāgher* (§ 80, I, 4, b) neben *Ōfegher* (Lundgren, Arkiv III, 229) und die vielen auf *-vaster* (woraus der kurzname *Vaste*, s. Lundgren, a. a. o., s. 226) neben *-faster* (kurzname *Faste*), z. b. *Ar(n)*-, *Bō*-, *Far*-, *Guþ*-, *Inge*-, *Kætil*-, *Sil*-, *Vī*-, *Þor*-, anal. auch *Ās-vaster*, *-faster*.

Anm. 2. Im auslaut ist der übergang vielleicht nicht lautgesetzlich, sondern analogisch (s. § 257 anm. 4). Spuren des alten verhältnisses wären dann wol zu finden in der nschw. dialektischen aussprache einiger mannsnamen wie *Elof*, *Olof* mit *f* neben gew. *v*, dies durch ausgleichung einer flexion nom. *Ōlāver* : acc. *Ōlāf*; vgl. auch ndän. *aff* neben *av* 'ab', je nachdem das wort einst in pausa (und vor stimmlosen lauten) oder vor stimmhaften lauten stand.

2. Zu *p* (woraus später — in den fällen a) und b) — labiodentales *f*, s. § 265) in den meisten dialekten, im allgemeinen wol schon vorliterarisch und zwar in folgenden stellungen (wofern nicht — was häufig der fall ist — assoziation das *f* erhält):

a) Vor *t*, z. b. *opt* oft, *æptir* (vgl. got. *afta*) nach, *tylpt* (*tylft*, *tolft* nach *tolf* zwölf) zwölfter; mit unurspr. (nach § 225, 2 aus *b* entstandenem) *f* z. b. *hapt* Bir. A (Leseb. 44, 13), G (gew. *haft* nach *hava* haben) gehabt, *halpt* Dipl. 1406 (gew. *halft* nach *halver* halb) halbes, *liūpt* Rk. I (gew. *liūft*) liebes, *skrīptygh* D 4 schreibzeug. Der übergang ist wol schon vor 1050 belegt durch ritzungen wie *aþtiʀ* (d. h. *æptiʀ*) L. 89 (eine uppländische inschrift des Asmundr). In den ältesten hdschr. steht noch oft *ft* neben weit häufigerem *pt*, welches letztere besonders konsequent auftritt z. b. im U, Sdm, Biæ, Da und Bu, indem hier *ft* fast nur in assoziationsformen (wie *tolft*, *þȳft*, *haft*, *halft* u. dgl.) erscheint. Gewisse hdschr. (wie Ög. fr. I und MEL, s. Kock, Arkiv VI, 39 f.) scheinen den übergang nur in schwachtonigen silben zulassen, z. b. *æptir* (proklitisch) 'noch', aber *gifta* (*gifpta* s. anm. 3) verheiraten.

§ 260. Stimmlose spiranten: *þ*.

Anm. 3. Die in gewissen kaschw. hdschr. mehr oder weniger häufig auftretenden schreibungen *fpt* (z. b. in Vg. I, U, H, konsequent in Ög. fr. I nach starktonigem vokal; in SK wechselnd mit *ft*, während *pt* nie angetroffen wird), *ffpt* (z. b. U), *pft* (z. b. Vg. I und Cod. Am. 51, 4⁰ des Småländischen kirchenrechts) geben wol verschiedene übergangsstadien an; das nähere s. bei Noreen, Grundriss² I, 570.

Anm. 4. Natürlich kann hie und da auch *pt* auf assoziation beruhen, z. b. *skipta* (nach dem synonym *skipa*) verteilen st. *skifta* in hdschr., die (wie z. b. MEL, s. oben) normal nur *ft* kennen, 2. sg. *drapt* nach *drap* erschlug.

b) Vor *s*, z. b. *ræpst*, *ræpsing* Vg. I (vgl. ahd. *refsan*) züchtigung; mit unurspr. *f* z. b. *ops* (ahd. *obisa*) Vg. I, *ups* Vg. II traufdach, *kæpsir* (vgl. d. *kebse*) Vg. I, Og verheirateter sklave, *opsōkn* Vm, *upsōkn* MEL übergriff (zu *of* allzu), *sipskaper* Vm u. a. schwagerschaft (zu aisl. *Sif*), präs. pass. *gips* Vg. II zu *giva* geben, *skrīps* Su zu *skrīva* schreiben, gen. *væps* Bu zu *væver* gewebe, *Ēlēps* Dipl. 1285 zu *Ēlēver*, *Ēlīps* (§ 146,1) Dipl. 1275 zu *Ēlīver*, *Iarpulps* Dipl. 1296 zu *-ulver* mannsnamen, *opse* St u. a. gewaltsamkeit (zu aisl. *of* übertreibung), *næpsa* P. I ff. züchtigen (zu *næf* schnabel), *opstopa* Su zu gross, *Lypstēn* neben *Lifstēn* ein mannsname. In fast allen diesen beispielen ist *fs* ebenso häufig oder, wo assoziation mit im spiele ist, weit häufiger. Überhaupt scheint der vorgang nicht so weit verbreitet wie *ft* > *pt* zu sein.

Anm. 5. Ganz vereinzelt kommt auch *fps* (vgl. *fpt* anm. 3 oben) vor, z. b. *ofpse* Vm gewaltsamkeit.

c) Nach *s* in *hūs-*, *hosprēa* (§ 143 anm. 10) Vg. I und agutn. (runisch) *husbroia* (d. h. *-proyia*) neben *hūsfrōa*, agutn. *hūsfroyia* chefrau. Sonst ist in dieser stellung *f* durch assoziation erhalten.

Anm. 6. In dem namen *Iōsep* (z. b. Bm, MB. I) neben *Iōseph* ist die doppeltheit alt; vgl. aisl. *Iósep* (*Ióseppr*) und *Iósef*, gr. Ἰώσηπος und Ἰωσήφ.

§ 260. *þ* (altes oder nach § 225, 2 und § 257, 2 entstandenes) wird allmählich überall zu *t*, aber zu sehr verschiedener zeit in verschiedenen stellungen. Die einzelnen fälle sind:

1. Nach *s* schon früh rschw., am frühesten wol im agutn., wo schon vor 1000 prät. *raisti* (got. *raisida*) errichtete auftritt.

§ 260. Stimmlose spiranten: *þ*.

Auf dem festlande haben die meisten inschriften des 11. und 12. jahrs. noch *raisþi* (z. b. Forsheda, Nälberga, Nöbbele, Sälna, Turinge), aber zur selben zeit zeigt sich auch *raisti* (z. b. Gårdby und einige "Ingwar"-ritzungen — um 1050 — aus Uppland und Södermanland). Die literatur hat immer *t*, z. b. *lōste*, agutn. *loysti* (got. *lausida*) löste u. s. w.

Anm. 1. Komposita bewahren meistens das *t* nach analogie des simplex. Jedoch kommen auch lautges. formen vor wie *mistikkia* (§ 101, 1) Dipl. 1359 misshelligkeit zu *þykkia* dünken, *mistanke* St verdacht zu *thanke* gedanke, *hærazting* neben *-þing* gerichtsversammlung; andere beisp. bei Kock, Arkiv V, 62 note.

2. Nach *f, k, p* wenigstens schon vorliterarisch, z. b. *tylft* (aisl. alt *tylfþ*) zwölfter, *tōft, tompt* (§ 248, 1) bauplatz (aus **tumfþi-* < **tumpi-* < **dm̥-ti-* zu gr. δέμω baue; vgl. Brugmann I², 385 f.); prät. *lukte* (aisl. *lukþe*) verschloss, part. *þakter* (aisl. *þakþr*) gedeckt; prät. *stēpte* (aisl. alt *steypþe*) goss.

Anm. 2. Über prät. *næmpde* u. dgl. s. anm. 3.

3. Nach *l, n*, wenn vor diesen lauten ein stimmloser konsonant steht oder in urn. zeit stand (wodurch *l, n* ihrerseits einstweilen stimmlos geworden sind), schon vorliterarisch, z. b. prät. *æflte* (vgl. ahd. *afalōn*) erwarb, part. prät. *sȳster* (**sȳslter* § 315, 1) zu *sȳsla* ausrichten, *mǣlter* zu *mǣla* (got. *maþljan*) sprechen, *umvǣlter* zu *-vǣla* (**wīhl-* § 83, 3, a) sich beschäftigen; *vǣpnter* bewaffnet, *rǣnter* zu *rǣna* (ahd. *-rahanen*) rauben, *forlǣnter* zu *-lǣna* (vgl. ahd. *lēhanōn*) ausleihen.

Anm. 3. Ein später nach § 332, 1 eingeschobenes *p* übt nicht dieselbe wirkung aus, z. b. prät. *næm(p)nde* nannte, *hæm(p)nde* rächte, die nach § 257, 1, a zu beurteilen sind. Auch wenn das *n* nach § 317, 1 schwindet, bleibt *d*, z. b. *næmpde, hæmpde*.

4. Vor *f, s* schon vorliterarisch (vgl. Kock, Lj. s. 428 ff.; Brate, Lj. s. 64 ff; Larsson, Lj. s. 136; Zetterberg, s. 42), wo nicht assoziation das *þ* erhält, z. b. der mannsname *Gutfaster* Dipl. c. 1200 neben *Guþvaster* (aus *Guðf-*, s. § 259 anm. 1.; durch kontamination *Gutvaster* und *Gudhfaster*), *statfæsta* Dipl. 1401 (sonst anal. *stadhfæsta*) bestätigen; gen. *guz, garz, hæraz, vrēz* zu *guþ* gott, *garþer* zaun, *hæraþ* bezirk, *vrēþer* zornig; pass. *biūz* zu *biūþer* bietet; *føzla* geburt zu *fø̄þa* gebären, *buz(s)kap* nachricht zu *buþ* gebot, *ēzōre* eidschwur zu *ēþer* eid, *baz(s)tova* badezimmer zu *baþ* bad, *hūtstrukin* ge-

§ 260. Stimmlose spiranten: þ.

prügelt zu hūþ haut, mōtstolin gelähmt zu mōþ mut, mitsyndis in der mitte des fahrwassers zu miþer mittler, mannsnamen wie Gut-stēn, -særker (anal. auch -biorn, -brander, -munder u. a.) zu guþ gott. Daneben stehen mehr oder weniger häufige nebenformen mit anal. þs oder ðs wie guþs, garþs u. s. w.

5. Vor k (vor p fehlen zufällig beispiele) ist der übergang erst um 1400 zu belegen, z. b. blitka P. I sänftigen, matker P. I ff. wurm, butker Ve büchse, itka JB (z. b. Leseb. 93,15; vgl. 95,16) u. a. betreiben aus älterem blīþka u. s. w. Anal. steht daneben blīdhka nach blīdher sanft, madhker (> marker § 257 anm. 5) nach madher made, īdhka nach īdh geschäft. — Über die weitere entwicklung dieses tk s. § 290, 1.

6. Im anlaut dialektisch schon um 1375, ziemlich allgemein seit 1400, fast vollständig durchgeführt um 1450. Die älteste spur des übergangs zeigt unter wichtigeren denkmälern St, wo die zeichen t und th sehr häufig verwechselt werden, z. b. tiggia betteln, tiēna dienen, trē drei, tā dann u. a. st. thiggia (þiggia) u. s. w.; andererseits thaka nehmen, thwē zwei, thiughu zwanzig u. a. st. taka u. s. w. Denselben standpunkt nehmen in der ersten hälfte des 15. jahrs. viele denkmäler, wie P. I, Bil und KS. fr ein, während andere, wie Bm, St, D 4 und MB. I, noch t und th auseinander halten. GO, KrL (um 1450) und fast alle noch späteren denkmäler kennen sicherlich nur den t-laut (durch t, seltener th bezeichnet).

Anm. 4. Eine hdschr. aus der späteren hälfte des 15. jahrhs. zeigt regelmässig t nur wenn nach dem wurzelvokale ð (dh) steht, z. b. tridhi dritte, aber thrē drei; s. Kock, Arkiv VI, 28 f.

Anm. 5. Wenn einige pronomina und pronominelle adverbien, wie thæn (then) der, thænne (thenne) dieser, thā da, als, thær (ther) dort und (wenn auch weniger konsequent) thū du, die ganze mschw. zeit hindurch (und noch in die ältere nschw. zeit hinein) weit überwiegend mit th geschrieben werden, so bedeutet dies keine erhaltung des þ-lautes. Die betreffenden wörter hatten seit alters her (wahrscheinlich seit urn. oder gar urgerm. zeit) je nach deren betonung doppelformen mit þ- und ð- (s. Noreen, Sv. landsm. I, 303, Leffler, Tidskr. f. Fil. N. R. V, 78, Brate, Rv. s. 247 f., Bugge bei Fritzner² III, 1109; dagegen, nicht überzeugend, Kock, Lj. s. 111 ff.), wiewol beides normal mit þ (später th) bezeichnet wurde (s. § 51 anm. 3 und § 46 anm. 2). Die starktonigen formen mit þ-laut sind durch spät-mschw. tū, tā (nschw. tu, tå) u. s. w. fortgesetzt worden. Die häufiger vorkommenden schwachtonigen formen werden ihrerseits wieder differenziert, je nachdem sie starktonig gebraucht werden oder schwach-

§ 260. Stimmlose spiranten: *þ*.

tonig bleiben. In jenem falle bekommen sie nach § 225, 1 *d-* (rschw. durch *t*, seltener *tþ* oder *d* bezeichnet), z. b. *tik* L. 1690 dich, *tinsa* L. 736, *tiną* L. 717, *tþina* L. 729, 735, 936, agutn. *dinna* L. 1746 diesen, Skärfvum *tþis* diese (vgl. *tþu* = *dō* starb in derselben inschrift), Vg. I *da*, Ly *da* da, *dœm, dy* (vgl. jedoch § 51 anm. 1), mschw. *dy* (Rydq. VI, 475) dem. Sonst behalten sie *ð-*, geschrieben *þ*, mschw. *th* (ganz ausnahmsweise *dh*, z. b. *dhem*, bei Kock a. a. o. s. 114), früh-nschw. *th* oder *dh*. Dies *ð-* ist im nschw. zu *d-* geworden (s. Noreen, En svensk ordeskötsel af S. Columbus, s. XVI), was vielleicht dialektisch schon in spät-mschw. zeit stattfand, so dass das eben angeführte mschw. *dy* vielleicht dieses späteren ursprungs ist.

7. Im auslaut wird das nach § 257, 2 in schwachtonigen silben entstandene (dialektische) mschw. *þ* (*th*) zu *t* seit 1400, z. b. *mœt* Dipl. 1408, *met* Bil u. a. mit, *vit* Bil bei, nom. sg. f., nom. acc. pl. ntr. *skapat* KS. fr (Leseb. 56, 10) geschaffen, *skrīvat* Ve geschrieben. In fällen wie *hœrit* Dipl. 1397, *-at* Rk. I bezirk, *hovot* Bil, *-it* haupt, *lifnat* KS. fr leben, *hug(h)nat* KS. fr, JB trost, *œrvot* JB arbeit, *afsaknat* Linc. 39 mangel, mannsnamen wie *Ar-, Bōt-, Finvit*, ortsnamen wie *Fiskœ-, Hynderyt* kann *t* ganz oder zum teil analogisch (aus den gen. *hœriz, -az* u. s. w. entlehnt, s. 4 oben) sein.

Anm. 6. Wo ganz ausnahmsweise mschw. *t* statt eines zu erwartenden *dh* in starktoniger silbe auftritt, liegt kein übergang *ð* > *þ* > *t*, sondern entlehnung aus dem deutschen vor, z. b. *bort* Rk. II bord, *vatmal* Dipl. aus dem 15. jahrh. (Kock, Beitr. XV, 261 note) kleiderstoff, *altīt* Di (Noreen, Arkiv VI, 375) allzeit, *moltīt* Dipl. 1516 mahlzeit. Über *hōght* st. *hōg(h)dh, hōghd*, prät. *vart, bōt* u. a. s. anm. 7; über *bretvidher* ST neben *brēdhvidher* 'nebenbei' s. Noreen, Arkiv VI, 360 f.

Anm. 7. Ob der übergang *þ* > *t* auch in der kaschw. zeit stattfindet (so Kock, Lj. s. 445 f., Arkiv VI, 35 f., 376 note; dagegen Noreen, ib. V, 390 note, VI, 375 f.; vgl. auch Lundgren, ib. III, 226 note, Brate, Lj. s. 53, Larsson, Lj. s. 130 f.), ist unsicher; vgl. § 257 anm. 4. *Kyt* (st. *kiþ*) Ly zicklein, *Ōblīt* Dipl. c. 1312 ein mannsname, *hwarstat* Biæ überall, *dōt* Bu tod, *blōt* St blut sowie *hovut* Dipl. 1316, Sdm, Bu, *-it* Bu haupt, *varþnat* Sdm, Da obhut, *þiūfnat* Sdm diebstahl, *blānat* St blaues mal u. dgl. können von dem genitiv beeinflusst sein (vgl. mom. 7 oben). *Blȳght* Bu scham, *dyght* Bu tugend (vgl. mschw. *hōght* P. I, Bir, ST, D 4 u. a. neben *hōkt* P. I, Su, Linc. 39 u. a. höhe) u. dgl. sind vielleicht mit Schagerström (Om tyska lånord med *kt*, s. 10) als nach *fātōkt* armut, *ōþmiūkt* demut u. a. umgebildet anzusehen, während das allgemeine *hælft* (aisl. alt *helfþ*, später *helft* nach *tylft, fimt* u. a.) hälfte wol sicher eine analogiebildung ist (s. An. gr. I, § 183 anm. 7); so vielleicht auch das konstante *þyft* (*þypt* § 259, 2, a, anal. *þiūft, þiūpt* nach *þiūver* dieb; anorw. *þyft*, aber aisl. *þȳfþ* aus *þiubiðō*) diebstahl. Jedoch bleiben vereinzelte fälle wie Da *hundrat* hundert, nom. sg. f., nom. acc. pl. ntr. Sdm *aflat* erworben, *saghat* gesagt,

§ 261. Stimmlose spiranten: *ch*.

sarghat verwundet, Vm *lyktat* abgeschlossen, Bu *iorþat* beerdigt, *dōt* tot, *nōt* not (vgl. noch Bil *brūtgome* neben sonstigem *brūþgome, brūthgome, brūþkome*, s. § 257 anm. 4), die vielleicht zur annahme eines irgendwie zu begrenzenden (dialektischen) überganges (vgl. An. gr. I, § 183, 2, f mit anm. 10) nötigen. Am ehesten annehmbar ist dieser in denjenigen fällen, wo *þ* uralt oder doch nach § 225, 2 entstanden ist, wie imperat. *vart* Bu werde, 1. 3. sg. prät. ind. *vart* Bu, ST, Rk. I, JB u. a. (s. Leseb. s. 175) wurde, *bēt* Bu, Cod. Holm. A 54 (in beiden hdschr. mehrmals) bot neben (dann analogischem) *varþ, bēþ* zu *varþa, biūþa*, wo entlehnung aus der 2. sg. zwar möglich, aber wenig glaublich ist; das einmalige mschw. *bat* st. *baþ* bat kann ein germanismus sein.

§ 261. Der nach § 225, 2 und § 253, 3 entstandene *ch*-laut wird — sofern er überhaupt erhalten ist (s. § 246) — zu *k* in folgenden stellungen:

1. Vor *s* und *t* wenigstens zur zeit der ältesten hdschr., z. b. gen. *dax* tages, *skōx* waldes, *torx* marktes; pass. *six* wird gesagt, *drōx* wurde gezogen; superl. *hēxte* höchst; *huxtōr* grossmütig, *māxœmd* freundschaft zwischen verschwägerten, *vīkskardh* schiessscharte u. a. (s. Rydq. IV, 283) neben anal. *daghs, skōghs* u. s. w.; ebenso ntr. *hōkt* hohes, *ēnōkt* einäugiges, *sundrukt* entzwei, *sakt* gesagt, *vīkt* geweiht; 2. sg. *sōkt* zu *sōgh* sog; *hōktīþ* feier, pl. *Siktūnir* ein ortsname u. a. (s. Schagerström, Om tyska lånord med *kt*, s. 10) neben anal. *hōght* u. s. w.

2. Nach *s* und *t* wenigstens zum teil schon vorliterarisch, z. b. *hwazke* (agutn., mschw. *hwaske*), *hwarske* weder, *løsker* 'los und ledig' wol aus *løsugher* in den synkopierten kasus (*løskan, -um, -ir, -a* u. a.); *hwatke, hwar(t)ke* keines von beiden zu m. *hwārgi(n), œkke* (< *œtt-ʒi*) nichts zu *œngin* keiner, *sys(t)kin* geschwister neben *mōdhgin* mutter und sohn.

3. Im auslaut wird der nach § 253, 3 in schwachtonigen silben entstandene (dialektische) mschw. *ch*-laut zu *k* seit 1400, z. b. *aldrik* Ve (oft, z. b. Leseb. 83, 11) nie, *hizik* (nur als *hyzsek* Linc. 39 belegt) dort, um 1500 vereinzelt *honak, hanok* honig, *hœrtik* (vielleicht direkt aus mndd. *hertich* herzog. Nom. sg. f., nom. acc. pl. ntr. *pliktok* ST pflichtig, *nødhok* D 4 nötig, *stadhuk* beständig, *nyttok* nützlich können von gen. *-x* und ntr. sg. *-kt* (s. 1 oben) beeinflusst sein. Vgl. Kock, Sprh. s. 18 f., Arkiv VI, 25 note, VII, 179 note (wiewol dieser gelehrte ein direkter übergang *ʒ* > *k* anzunehmen scheint; vgl. jedoch Arkiv IX, 163).

§ 262—263. Stimmhafte explosivæ.

Anm. Das bei deutschen lehnwörtern auch in starktoniger silbe vorkommende *ch* wird allgemein durch *k* substituiert, z. b. Su ff. *nok* noch, *akh* (so geschrieben!) ach, nschw. *dock* doch. In schwachtoniger silbe wird dies *ch* dagegen — in denjenigen dialekten, welchen der übergang ʒ > *ch* > *k* fremd ist — durch ʒ ersetzt, z. b. mschw. (enklitisch) *dogh* doch. Hierdurch erklärt es sich wol, dass bisweilen durch umgekehrte schreibung *ch* statt *gh* in rein schwedischen wörtern geschrieben wird, z. b. oft in Cod. Holm. A 24 (nach 1450) *tacha, nochon, -licha* u. a. neben *tagha* nehmen, *noghon* irgend ein, *-ligha* -lich (vgl. *-heit, -heyt* neben *-hēt* -heit u. dgl. germanismen in derselben hdschr.); anders, aber nicht annehmbar, Kock, Lj. s. 82 ff.

c. Die stimmhaften explosivæ.

§ 262. *b* wird, wo assoziation nicht hindert, zu *p* vor und nach *s*, z. b. *lamp* Sdm (2 mal neben 1 mal *lamb*) lamm, wol nach dem gen. *lamps; *hospōnde* GO (Leseb. 79, 35) neben *-bōnde* hausherr. Vgl. nschw. pl. *rospiggar* (aschw. *rōsbyggiar*) einwohner von Roslagen, früh-nschw. *Bisperg (-berg)* ein ortsname.

Anm. *Iakop* Jakob kann zwar sein *p* aus dem gen. bezogen haben, ist aber wol eher in dieser form entlehnt (vgl. färöisch *Jakup*, italienisch *Jacopo*).

§ 263. *d* wird auf folgende weise verschoben:

1. Zu *t* vor und nach *s*, wenigstens jenes spätestens zur zeit der ältesten hdschr., z. b. gen. *lanz* landes, *valz* gewalts, *ōnzka* bosheit, *inlænzker* heimisch, *frænzime* verwandtschaft, *hanzal* trinkgeld, *anzwar* antwort u. a. (s. Kock, Lj., s. 428 ff., Larsson, Lj. s. 135 f.) neben anal. *lands, valds* u. s. w.; ebenso mschw. *ōnstagher* neben gew. anal. *ōdhinsdagher* mittwoch.

Anm. 1. Unerklärt sind (*i*)*blant* H, Bil u. a. zwischen, *tīunt* G (*tīont* G. a) zehnte und *tīunta* G zehnten neben sonstigem *bland, tīund, -a*; ferner imperat. *sænt* Bu, P. I, Bil, D 4, Rk. II u. a. sende, *vænt* Bu, Bil, D 4 (Leseb. 70 note 1) wende. Germanismen sind vereinzelte mschw. formen wie *forbunt* bund, *grunt* grund, *lant* land.

2. Zu ð nach *r* schon vorliterarisch, z. b. prät. *hærþe* aus *hærdi (< *hærddi § 241 < *hærðði § 225, 1) zu *hærþa* härten, part. *myrþer* zu *myrþa* ermorden. Später auch nachvokalisch in lehnwörtern, z. b. *iūþe* jude, *þȳþisker* deutsch, sowie wo *d* nach § 304 aus *dd* entstanden ist, z. b. mschw. *rǣdhes* (aisl.

§ 264. Stimmhafte expl. § 265. Stimmlose expl.

hrǽddesk) Leseb. 105, 32 fürchtete, *bēdhes* (aisl. *beiddesk*) Leseb. 106, 23 bat.

Anm. 2. In agutn. formen wie part. *gyrtr*, *giertr* (sonst *gyrþer*, *gærþer*) zu *gyrþa* gürten, *gierþa* zäunen ist *t* zur verdeutlichung des tempus neu hinzugetreten wie auch in agutn. prät. *senti*, part. *lentr* (sonst *sœnde*, *lænder*) zu *senda* senden, *lenda* vollenden; s. Süderberg, Lj. s. 36 f. und vgl. An. gr. I, § 183 anm. 2.

§ 264. *g* wird zu *k* vor *s* und *t*, wenigstens zur zeit der ältesten hdschr., z. b. gen. *þinx* dinges, *kununx* königs, *œnxla* beängstigen neben anal. *þings* u. s. w.; ebenso ntr. *lankt* langes, *rinkt* geläutet, mschw. *thrœnkta* sich sehnen (zu *þrang* bedürfnis), *daktinga* (kaschw. *daghþinga*) unterhandeln u. a. (s. Schagerström, Om tyska lånord på *kt*, s. 10) neben anal. *langt* u. s. w.

Anm. 1. Nach (dem stimmlosen spiranten) *þ* dürfte derselbe übergang eingetreten sein nach ausweis von *brūþkome* U neben *brūþgome* (mit *ð* gesprochen), durch kontamination einerseits mschw. *brūthgome* > *brūtgome* (§ 260 anm. 7), andererseits mschw. *brūdhkome* bräutigam. Zur erklärung des (stimmlosen) *þ* s. § 257 anm. 4 und Kock, Arkiv XI, 161 ff.

Anm. 2. Germanismen sind vereinzelte mschw. formen wie *krink* rings, *konunker* könig; vgl. mndd. *krink*, *konink* (und aschw. gen. *konunx*, s. oben).

Anm. 3. Nach § 304 aus *gg* entstandenes *g* wird nachvokalisch zu *ʒ*, z. b. mschw. *antighia*, *-e* aus *antiggia*, *-e* entweder.

d. Die stimmlosen explosivæ.

§ 265. *p* (altes oder nach § 259, 2 entstandenes) wird im mschw. (vgl. anm. 1) zu (labiodentalem) *f* vor *s* und *t*, z. b. gen. *krofs* (mehrmals im Cod. Holm. A 9, gegen 1500) zu *kropper* leib, präs. pass. *grīfs* (ib.) zu *grīpa* greifen; part. prät. *køfter* O ff., *støfter* D 4, *skafter* Di, Linc. 39 u. a. zu *køpa* kaufen, *støpa* giessen, *skapa* schaffen, prät. *stiælfte* ST zu *stiælpa* umwälzen, ntr. *næft* MB. II zu *nœpper* knapp. Weit häufiger sind jedoch assoziative bildungen wie *krops* u. dgl., *køpte* u. dgl.

Anm. 1. Dialektisch kommt der übergang schon im kaschw. vor, z. b. *ivirlǿfs* U überschüssig zu *lǿp* lauf, *biskufsdǿme* Vh bistum zu *biskuper* bischof.

Anm. 2. Einige lehnwörter zeigen *b* statt oder neben *p*. *Brim-* (> *brym-* > *brom-*)*signa* neben selt. *primsigna* SK 'primum signum facere' dürfte auf alliterationshang in dem ausdrucke *barn skal brimsigna* beruhen (s. I. Otman, Äldre västgötalagen, s. 110; anders aber nicht an-

§ 266. Stimmlose explosivæ.

nehmbar, Kock, Akc. II, 347). Das konstante *bik* pech stimmt mit mht. *bech* (neben *pech*), 2maliges *blöster* (sonst *pläster* > *plöster*) pflaster mit ahd. *blāstar* (*pflāstar*). Unklar ist *bel* Bu gegen sonstiges *pæl* 'pallium', roter seidenstoff. Danismen sind vereinzelte nachvokalische *b* wie Di *skib* schiff, *sælskab* gesellschaft; ein germanismus *abbetēkare* Dipl. 1511 (mndd. *abbeteker*) neben *apotēkare* apotheker.

§ 266. Altes *t* wird (wahrscheinlich über *đ*) zu *ð* in ganz unbetonten (also nicht schwach nebentonigen) silben, ausser in stimmlosen verbindungen (wie *ft, kt, pt, st, ts*); dialektisch auch nach schwach nebentonigem vokal. Beisp. kommen schon hie und da im rschw. vor, z. b. *suaþ* (*swā-að) Rök, Forsa 'so dass', *liþ* (d. h. *leð*, proklitisch neben *lēt*) liess, *mukiþ* (d. h. *mykið*) viel (Brate, Rv. s. 313 note). Kaschw. beisp. sind nur vereinzelt vorhanden und daher zum teil unsicher wie Ly *ad* 'zu', Sdm *banzmāled* das mit dem banne belegte versehen, ntr. *ōgrœwiþ* nicht gegraben (u. a.?, s. Larsson, Lj. s. 132), Da *ætihð* (so! s. Brate, Lj. s. 53) gegessen, Dipl. 1348 (2 mal) *þæþ* 'das', H *hwaþ* was, G (2 mal) *scarlaþ* (aus mengl. *scarlat*) scharlach, Bu *þæþ* das. Erst im mschw. sind die beisp. zahlreich, z. b. in proklitischen wörtern (vgl. § 290 anm. 2 und 3) wie *ad* Dipl. 1409, Bil u. a. 'zu' (vor dem infinitiv), *ad* Dipl. 1470 u. a. 'dass', *hwad*(*h*) P. I, KS, Su, Di, MB. II u. a. 'was', *udi* (vgl. § 154, II, B) Ve, Di 'in', *bordh* (nschw. dial. *bål*) Di 'hin' und besonders vornamen wie *Pædher* Peter, *Kædhil* neben stärker betontem *āt, at*(*t*), *hwat* u. s. w.; in vorsilben wie *pædersilia* petersilie, *Kadrīn* Kathrine; in urspr. enklitischen wörtern wie *hingadh* (*hinnegað < *hinn-weg-at § 156, 2, b) D 4, *hīdh* (*hī-að, vgl. § 94, 5) JB hierher, *tīdh* (*þī-að) JB dorthin, *brystidh* D 4 die brust, *hiærtadh* (*hiarta-eð) D 4 das herz, *trǣdh* (*trǣ-eð) D 4 der baum, *flȳdh* (*flȳ-eð) D 4 die lache; in unbetonten endsilben wie adv. *bæd*(*h*)*er* Rk. I, II (häufig) besser, ntr. *oppenbaradh* geoffenbart; dialektisch in schwach nebentonigem auslaut wie *litid*(*h*) D 4, Rk. II kleines, ntr. *lyktadh* D 4 beendigt (u. a. m. bei Kock, Sprh. s. 8 f.).

Anm. 1. Über die spätere (dialektische) entwicklung *ð* (*dh*) > *þ* (*th*) > *t*, wodurch das *t* in gewissen dialekten wiederhergestellt wird, s. § 257, 2 und § 260, 7. In MB. I steht *-t* (ob altes oder neues, bleibt unsicher) besonders oft (neben *-dh* und *-th*), wo die silbe mit *dh* anfängt oder die vorhergehende auf *dh* endet, z. b. *budhit* geboten, *vædhrit* das wetter (s. Kock, Sprh. s. 3).

§ 267. Stimmlose explosivæ.

Anm. 2. *Apęrtān* Sdm und mschw. (ST, Bil, MB. I, Rk. I u. a.) achtzehn neben selt. *attān* (**ātt-tān* § 90, 1, § 131, 1; vgl. aisl. *áttián*, dal. *áttią́*) beruht wol auf direktem anschluss an **fiopęrtān* vierzehn, wie nschw. dial. *agärta, åkurta* an die späteren formen *fioghærtān, fiughurtān* (über deren verhältnis zu **fiopęrtān* s. Noreen, Svenska etymologier, s. 41); die gew. kaschw. form *atęrtān*, agutn. (runisch) *atrt*[*an*] beruht wiederum auf anschluss an *āta* acht. Anders Kock, Lj. s. 45 und 154 f.; wieder anders Bugge, Sv. landsm. IV, 250; vgl. noch Hultman, F. B. s. 122 f.

Anm. 3. Wo *d* statt *t* tautosyllabisch nach starktonigem oder vor nebentonigem vokal auftritt, liegen danismen vor, z. b. Bir *blēd* weich, *vēd* weiss, *ērnagād* kopfkissen, *rudit* faules u. a. m., Di *hwīd* weiss u. dgl. *Bœd*(*h*)*ra* Bir, Rk. II bessern hat sich wol nach *bœd*(*h*)*er* (s. oben) gerichtet, wie umgekehrt *bœter* nach *bœtra*. — Unklar bleibt G *dy̆dir* (G. a *dy̆tir*), dat. *dy̆drum* (z. b. Leseb. 39, 3; daneben *dy̆trum* auch in G) töchter(n), wo vielleicht einfluss von *my̆þir* mutter irgendwie hineinspielt.

§ 267. Altes *k* wird (wahrscheinlich über *g*) zu *ʒ* in ganz unbetonten silben, ausser in stimmlosen verbindungen (wie *sk, ks, kt*). Beisp. fehlen ganz im rschw. und sind im kaschw. nur selten und vereinzelt wie Ly *hūlgin* welcher, Vm u. a. *pīghi*(*n*)*zdagher* (aus *pīkiz*- U, Vg. II, Biæ u. a., *pīkis*- Vg. I wie im aisl.) pfingsten, MET *fātōgher*, H *fātugher* (mit *u* nach den adj. auf *-ugher*) arm, *tagha* nehmen, Dipl. 1350 *steghœmœs* (mndd. *stekemesset*) dolch. Erst eine hdschr. von 1387 (s. Schlyter, Corpus VI, s. v.) hat häufige beisp. wie *noghot* etwas, *fātōgher, tagha*, und in noch späteren mschw. hdschr. werden sie immer zahlreicher, z. b. in proklitischen wörtern wie *noghor* KS. fr (Leseb. 55, 4, 23, 29), D 4, MB. I, II, Rk. II, JB, Su, Di, (Leseb. 102, 13), Sp, *tagha* D 4, MB. I, *iagh* D 4 u. a. ich, *og*(*h*) 'und', *Nighels* Niklas neben betontem *nōkor* u. s. w.; in enklitischen wörtern wie *migh* mich, *thigh* dich, *sigh* sich neben *mik* u. s. w.; in zusammengesetzten wörtern mit ganz unbetont gewordenen späteren gliedern wie *fat*(*t*)*egher* (s. § 146, 3), *-igher* (mit *i* nach den adj. auf *-igher*) Dipl. 1386, O, P. I ff. arm, *thŏlghin* A 49. I solcher, *hwĭlghin, hŏlghin* welcher, *Swērighe* Schweden, *hym*(*m*)*erige* (gew. *-rīke*) himmelreich, *ligheme* (vgl. § 57, I, A, 2) körper, *kærlig* (*-lik < -lek*, s. § 146, 1) liebe und besonders die vielen adj. auf *-lighin* (adv. auf *-ligha*) st. *-līkin* (z. b. *līkamlīkin > -lighin* körperlich); in zwischensilben wie *stēg*(*h*)*erhūs* küche zu *stēkare* koch, *kōghemœstare* küchenmeister zu *kōkia* küche, *haghulværk* (*hakul-, hakil-*) art umzäunung; in

§ 268. Liquidæ und nasale.

endsilben von lehnwörtern (welche als solche des nebentons entbehren) wie *kōgher* (so immer; mndd. *koker*) köcher, *sigher* O, P. I, Bir, ST, KS. fr (Leseb. 57, 7), Linc. 39 u. a. (z. b. Leseb. 97, 13; sonst *siker*) sicher, *bægher* oder (nach andern wörtern auf -*are*) *bæghare* (vgl. *bikar*, anal. -*are*; aisl. *bikarr*) becher, *skōmaghare* (-*makare*) schuhmacher, *ungar* KS. fr (Leseb. 55, 8, 19, 27; sonst *unkar, iunkar, -are, iunkhærra* u. a.) junker. Vgl. Kock, Lj. s. 35 ff.

Anm. 1. Über die spätere (dialektische) entwicklung ʒ (*gh*) > *ch* > *k*, wodurch das *k* in gewissen dialekten wiederhergestellt wird, s. § 258, 3 und § 261, 3.

Anm. 2. Dialektisch scheint auch ein aus *kk* durch kürzung in proklitischer stellung entstandenes *k* den vorgang mitzumachen, z. b. imperat. *gag* ST (z. b. Leseb. 53, 3) gehe, prät. *gig* ST (z. b. Leseb. 53 passim) und diplome aus Finnland 'ging', *figh* JB und dipl. aus Finnland 'fing, bekam'; vgl. Kock, Lj. s. 42 f.

Anm. 3. Wo *g*(*h*) tautosyllabisch nach starktonigem oder vor nebentonigem vokal auftritt, liegen in den sehr seltenen kaschw. fällen aus alter zeit (wie Vg. I *līgwægh* weg einer leiche, Ly *legman* laie, Vm gen. pl. *vigna* wochen) wol nur schreibfehler, seit c. 1350 aber danismen vor, z. b. H dat. *aghri* acker, gen. pl. *wāg*(*h*)*na* (vielleicht nach § 337, 3 und § 314 zu erklären) zu *vākn* waffen, Bir *līgnelse* gleichnis, *smag* geschmack, *krēgia* krümmen, JB *deghn* diakon (vgl. Noreen, Arkiv VI, 384), Di *drage* drache, *ager* (Leseb. 103, 4) acker. *Swagher* schwach hat sich wol nach *be*-, *for*-*swagha* (aber *swaka*) schwächen gerichtet. Über *pīgha* neben *pīka* mädchen s. Saxén, Sv. landsm. XI, 3, s. 66 f.; anders Kock, Lj. s. 38 f., Tidskr. f. Fil. N. R. IX, 159. Über die nicht hierhergehörigen *iærtigne, -tegne* (-*tikne*, -*tekne*) und *bāghn* (*bākn*) s. § 342, 6; agutn. *sōgna* § 314. Ein ebenfalls wol nicht hierhergehöriger fall ist das übrigens ganz unklare *vīgben* neben (1 mal) *vīkben* St. schlüsselbein (aisl. *vipbein*!).

e. Die liquidæ, nasale und halbvokale.

§ 268. Die liquidæ und nasale bleiben unverändert. Nur ist *l* zu *n* dissimiliert worden in *nykil* U, Ly u. s. w. statt *lykil* (so nur noch in Vg. I, Sdm, H, G) schlüssel; kaum auch in *vanmǟl* oder *valmǟn* neben *valmǟl* (§ 257 anm. 6; vgl. aber anm. 7) kleiderstoff. — Über *rð* > *l* s. § 275.

Anm. 1. Unklar sind die je 1 mal belegten schreibungen pl. gen. *Karmarna*, dat. -*arnum* (s. Rydq. II, 282) statt *Kalmarna*, -*arnom* ein ortsname.

Anm. 2. Unerklärter weise kommt im mschw. einigemal *l* statt *r* vor, z. b. *tolkænder* (2 mal, s. Rydq. V, 101) statt *torkænder* schwer erkennbar, *blöder* (2 mal in Ve) st. *brōdher* bruder, *Henemōla* Dipl. 1509 st. *-mōra* ein ortsname. — Die lehnwörter *pilagrīmber* neben selt. *peregrīmber* KrL pilger, *spaniōl* spanier sind schon mit *l* entlehnt; vgl. mndd. *pelegrīm*, mht. *spaniōl*. *Malmor* (*-ur*, *-ar*, *-are*) neben *marmor* marmor hat wol dann metathesis durchgemacht; vgl. mht. *marmel*. — *Systlunge* (*systrlunge*, s. § 320, 1) und *systrunge*, *brēþlunge* und *brēþrunge* geschwisterkind mütterlicher, resp. väterlicher seite haben verschiedene suffixe (*-lung-*, resp. *-ung-*). Vgl. Noreen, Arkiv V, 388 note.

Anm. 3. Ein übergang $r > n$ existiert nicht, ausser vielleicht durch dissimilation in komparativen wie *rættane* richtiger, *dȳrane* teurer u. dgl. statt *-are*, worüber s. die flexionslehre. Da (je 1 mal) *orkan*, *sarghan* st. *orkar* vermag, *sarghar* zerfleische dürften blosse schreibfehler sein (s. Brate, Lj. s. 59). Über anal. *ivin*, *þaghan* st. *ivir* über, *þaghar* sogleich (und umgekehrt *mællir* st. *mællin* zwischen) s. Noreen, Arkiv VI, 364. *Manger* (got. *manags*) ist von dem synonym *margher* (aisl. *margr*) mancher etymologisch verschieden. *Bisman* schnellwage stammt aus dem slavischen (russ. *bezmen*), während die form *bismare* d. lehnwort ist (mndd. *bisemer*).

Anm. 4. Auf volksetymologie beruht wol $n > l$ im 3 maligen *Dalmark* st. *Danmark* Dänemark (anders Kock, Arkiv VI, 35).

§ 269. *w* wird ausser nach tautosyllabischem konsonanten zur spirans *ƀ*, woraus dann (nach § 271) labiodentales *v*, z. b. *vīs* weise, pl. *arvar* pfeile (aber *hwīter* weiss u. dgl.). So in den weitaus meisten dialekten und, wenigstens in vielen gegenden, schon vorliterarisch, wie aus den nicht seltenen wechslungen der zeichen für *w* und *v* (*ƀ*) im rschw. hervorgeht, z. b. *faʀ* (d. h. *vaʀ*) L. 1272 st. *uaʀ* war, *faþum* (d. h. *vāþum*) L. 118 kleidern, *Finfiþiʀ* (d. h. *Finnviðʀ*) L. 1970 ein mannsname (andererseits *Ulueþin* = *Ulfheðinn*, *-uastr* = *-fastr* in mannsnamen, *arua* = *arfa* des erben u. dgl.); vgl. aus den ältesten hdschr. schreibungen wie Vg. I *farit* = *varit* gewesen, Ly *fyxel* = *vīxl* weihung, *frangæ* = *vrangæ* unrichtige. Ebenso setzen neubildungen wie *vurþe* Sdm würde, *vorþo* Bu wurden u. dgl. den übergang voraus (s. § 252 anm. 3).

Anm. 1. Spuren der alten aussprache mit *w* zeigen sich in vielen kaschw. denkmälern, wo *v-* (d. h. einstiges *w-*) mit vokalen alliteriert; s. Lind, Om rim och verslemningar, s. 8 f.

Anm. 2. Dialektisch bleibt *w-* vor *r* bis in die mschw. zeit (s. Kock, Lj. s. 6, 10, 30 f.). So in Bm und Cod. Holm. A 44, z. b. *wredhe* zorn, *wraka* verwerfen gegen sonstiges *vredhe*, *vraka*. Über noch andere behandlungen der anlautenden gruppe *wr-* s. § 324, 1 mit anm. 2 und § 337, 12.

Anm. 3. In mehreren mschw. denkmälern, wie P. I, Bm, JB, ist *w* unmittelbar nach *o* — eine verbindung, die nur durch zusammensetzung

§ 270. Halbvokale: i.

zu stande kommt (s. § 252, 2, b) — noch erhalten, z. b. ōwan ungewöhnt, ōwīs unweise u. s. w. gegenüber van, vīs; s. Kock, Lj. s. 9, 12, 14.

Anm. 4. Da w nach tautosyllabischem konsonanten noch tief in die nschw. zeit hinein bleibt, erklären sich fälle wie mschw. andwardha (oder -vardha) überliefern, miswyrdha (-vyrdha) geringschätzen gegenüber den simplizien vardha, vyrdha aus einer verschiebung der silbengrenze in der weise, dass w tautosyllabisch (an-dwardha, mis-swyrdha) zu stehen kam; vgl. dwal aufschub, swæria schwören u. dgl.

§ 270. Konsonantisches *i* wird ausser nach tautosyllabischem konsonanten zur spirans *j* (wenigstens alternativ wie im nschw.), wiewol die schrift im allgemeinen das zeichen *i* behält (vgl. § 20, 3). Dass aber der übergang in den meisten dialekten wenigstens seit c. 1350 vorhanden ist, geht aus zahlreichen schreibungen mit *gh, ghi, g, gi* u. a. (s. § 20 anm. 3) st. *i* hervor, z. b. Dipl. 1353 *seghiæ* st. *sēiæ* (s. § 328, 1, a) sehen, O *byrgha* (*bərghia*) st. *byria* anfangen, Dipl. 1401 *byghiar* st. *bȳiar* dörfer, 1402 *fræghedagher* st. *fræiedagher* (§ 114, 2) freitag, 1403 *nygho* st. *nȳio* neuem, 1411 *giordh* st. *iordh* erde, Bir *hylgha* (*hølghia*) st. *hylia* hüllen, ST *møghiar* st. *mēiar* jungfrauen, *døghia* st. *dēia* sterben, Bil *velga* st. *vilia* (s. § 115 anm. 1) wollen, KS *flyghia* st. *flȳia* fliehen, MB. I *speghia* st. *spēia* spähen, A 49 *dighia* st. *dīia* saugen; vgl. die eben so alten umgekehrten schreibungen mit *i* st. *ghi* (s. anm. 2) oder *g* (s. § 278). Dasselbe beweist wol für den anlaut — wo also wol *i* früher spirantisch geworden ist — das nebeneinandersein von anlautendem *ia* und inlautendem *iæ* in gewissen kaschw. denkmälern (s. § 96).

Anm. 1. Dass dies *i* vorliterarisch mit vokalen alliteriert, zeigt Lind, Om rim och verslemningar, s. 7.

Anm. 2. Nach altem (durch *gh* bezeichnetem, s. § 35, a, 1 und § 231) *j* führt also der übergang des kons. *i* in *j* zur entstehung eines langen *j*-lautes, dessen überlieferte bezeichnung *ghi* öfter zu blossem *i* (*y*) oder (seltener) *gh* vereinfacht wird, z. b. *sølia* Dipl. 1340 schnalle, *dēia* Vg. II, *døya* GO grossmagd, *bōia* Bu, *bēgha* Bir. A beugen, *siia* Bu, *sigha* Bu, GO sagen, *følia* GO folgen (Leseb. 78, 25), *syrgha* Bu, *syria* ST, *sərghæ* GO trauern, *sæya* (Leseb. 101, 11; 111, 20) sagen. Das vereinzelte rschw. *slyiastr* (aisl. *slǿgiastr*; Rv. s. 53) gescheitest kann das alter des vorgangs nicht hinaufrücken, da es nach der mangelhaften rschw. orthographie eben so wol *slōjiastr* (kaschw. *slōghiaster*) wie *slōjastr* (mschw. *slōiaster*) bezeichnen kann. — Anders (mir aber nicht fassbar) Kock, Arkiv XI, 328 ff.

§ 271—272. Labiale.

Anm. 3. Dialektisch wird kons. *i* nach tautosyllabischem konsonanten zu kons. *y* unmittelbar vor gewissen labialisierten vokalen. So in MET regelmässig nur vor *ū* (mitteilung des herrn cand. phil. E. Grip), in Vg. II K gewöhnlich vor *ū* und *ð*, in ST, Su (teilweise) und MB. II (nicht konsequent) vor *ū* sowie zwischen *m* und *o* oder *ø* (Kock, Lj. s. 448 ff.), z. b. *syū* sieben, *hyūl* rad, *tyughu* zwanzig, *myolk (myolk)* milch.

II. Wechsel der artikulationsstellen.

a. Die labiale.

§ 271. Die labialen spiranten *b* und *f* werden allmählich labiodental, was jedoch in der orthographie keinen ausdruck bekommt. Da der vorliterarische übergang *fs, ft > ps, pt* (s. § 259, 2) bilabiale, der mschw. übergang *ps, pt > fs, ft* wiederum labiodentale aussprache voraussetzt, fällt demnach der betreffende übergang in die kaschw. zeit.

Anm. 1. Selten und dialektisch tritt nach vokalen (bes. nach *ū*) *b* als *ʒ* auf, z. b. Dipl. 1329 pl. *hāghur* (sonst *hāvor*) habe, mschw. *aghund (avund)* neid, *naghle (nafle)* nabel, *swaghel (swavel)* schwefel, *fastelaghen* (oft neben -*aven*, mndd. *vastel-avent*) fastnacht, *mæltolaghe* (-*lave*) bank im malzhaus, *drøghligher* (*drøflikcr*, mndd. *dröflik*) betrübt; vgl. aber § 273, 2. Dagegen sind *færgha (fargha)* farbe und *korgher* korb, welche nie *b* zeigen, aus adän. *færghæ (farghæ), korgh* — neben *færvæ (farvæ), korf* — entlehnt.

Anm. 2. Vereinzelt ist der übergang *fs > (ps* § 259, 2, b >) *ks* im ortsnamen *Afsa-, (Absa-,) Axavalder*. Vgl. anorw. *ups, ux* traufdach und adän. *Axilen (Axlan)* 'Absalon', woraus aschw. *Axel* entlehnt ist.

Anm. 3. Einen übergang *ft > kt* giebt es nicht. *Hækta* neben *hæfta (hæpta* § 259, 2, a) verhaften ist aus mndd. *hechten (heften)* entlehnt. Über die nicht identischen *snikta* und *snypta* schluchzen s. Hellquist, Arkiv XIV, 162. Wenn eine und dieselbe person sowol *Hakthorson* wie *Hafthorson* genannt wird, liegt wol eine vermischung der beiden verschiedenen namen *Haghþorn* und *Hafþōr* vor.

Anm. 4. Unklar ist der vielleicht schon urnordische wechsel *pn* : *kn* (vgl. § 282 anm. 1) in *vāpn*: sehr oft (z. b. Leseb. 8, 8; 55, 12) *vākn* (finn. *vaakuna*, anorw. selt. *vākn*, färöisch *vākn*, nisl. sehr selt. *vókn*) waffe und *gøpn* (aisl. *gaupn*) : ngutn. *gaukn* handvoll; vgl. jedoch E. Zupitza, Die germ. gutturale, s. 18 ff. Unklar sind auch die verhältnisse in *stiūp-* (*stȳp-*), *stiūf-* (*stȳf-, stif-*) : *stiug-* (*styg-*) *barn* u. s. w. stiefkind u. s. w. (anorw. *stiúp-, stýp-, stiúf-, stýf-, stiuk-, styk-, stiug-*); ob *stiugger (stygger)* widerwärtig einfluss ausgeübt hat?

§ 272. *m* wird sporadisch einem unmittelbar folgenden konsonanten homorgan gemacht und zwar:

§ 273. Labiale. 213

1. zu *n* vor *d, s, t,* z. b. sehr oft (bes. kaschw.) *hænta*
(*hæmta* § 80, II, 2) holen, *þræntānde* Vh dreizehnte zu *þræm*
drei (s. An. gr. I, § 385 anm.; anders, aber mir nicht glaublich,
Kock, Arkiv IX, 140 f.), mschw. bisweilen *samkwǣnd* (*-kwǣmd*)
zusammenkunft, *ōkwǣndisordh* neben *ōkwǣmdaordh* scheltwort,
ganz vereinzelt ntr. *liūnt* zu *liūmber* lau, *fǣntighi* (*fǣm-*) fünf-
zig, *Holnstēn* (anal. auch *Holnvidher* st. *Holm-*) ein manns-
name. Andere vereinzelte schreibungen mit *n* st. *m* bei Kock,
Arkiv VII, 308 note.

Anm. 1. Auf dissimilation (wie im aisl. *megin* neben *megim* in
Hauksbók) beruht *n* in *mællin* (anorw. *mellim*), *-on* (*-om*) zwischen; über
die anders zu beurteilenden formen *mællan, -am* (so in Biæ und alt nschw.)
s. Noreen, Arkiv VI, 363 f., Kock, ib. XII, 92. Auch artikulierte dat. pl.
wie einerseits *hūsbōndomon* den hausherren, andererseits (um die dativ-
endung *-om* zu wahren) *bōndonom* den bauern neben *mannomom* den
männern dürften auf dissimilation beruhen; s. Grundriss² I, 646 und vgl.
die flexionslehre. *Sanvit* ST u. a. st. *samvit* gewissen ist wol von *sander*
wahr beeinflusst worden. Selt. *pilagrīn* neben gew. *-grīmber* pilger beruht
auf mndd. *pelegrīn* (*-grīm*).

Anm. 2. Vereinzelte schreibungen mit *-on* st. *-om* im auslaut (s.
Schagerström, Arkiv IV, 343) dürften nur schreibfehler sein. Vgl. aber
§ 277 anm. 3.

2. zu *n* vor *g, k,* z. b. gew. *sanka* (selt. *samka*) sammeln,
oft *iænka* (*iæmka*) ausgleichen, *Ho(l)n-, Hu(l)ngēr* (*Holm-*) ein
mannsname, vereinzelt *ǟnkelīka* (*ǟmke-*) jämmerlich, *Hænkil*
(*Hem-*) ein mannsname.

§ 273. *w* wird in den meisten dialekten intersonantisch
zu *ʒ* (s. Noreen, Arkiv I, 156 ff.). Die fälle sind:

1. *w* nach § 336 bei hiatus entstanden, z. b. mschw. *Iōghar*
(< *Iōwar* < *Iōar*), *Iōghan* (< *Iōwan* < *Iōan, Iōhan*) manns-
namen, pl. *brōghar* (< *brōwar* < *brōar*) brücken, konj. *dō(gh)e*
stürbe, *rēdhobō(gh)in* bereit, *mō(gh)in* reif, *grō(gh)in* gekeimt,
sliōghēt (< *sliōhēt*) stumpfheit; alt nschw. *loghe* (aschw. *lōe*)
dreschtenne, *troghen* (aschw. *trōin*) treu, *knoghe* (aisl. *knúe*)
knöchel, *sniōgha* (aschw. *snīōa*) schneien, pl. *siōghar* (aschw.
siōar) seen.

2. *w* nach § 256 anm. 7 aus *ƀ* entstanden, z. b. kaschw.
stugha Vg. I ff. (*stuva*) stube, *sughæl* Vm ff. (*sufl*, mndd. *suffel*) zu-
speise, *ōghor-* Vg. II, *ūghurmaghi* Ög ff. (vgl. § 259 anm. 1) minder-

jährig, *Iughur* (< *Iuwur* § 75, 2) ein mannsname, mschw. *oghan* (*owan, ovan*) oben, *rugha* (*ruva*, aisl. *hrufa*) rinde einer wunde, *hughuth* (*huvudh*) kopf, *prōghaster* (*prōv-*) probst, *slotsloghen* (*-lovan* aus mndd. *sloteslove*) "schlossglaube"; alt nschw. *handloghe* (aschw. *-lōve*) innerseite der hand.

3. *w* in lehnwörtern, z. b. *hūsfrūgha* Vg. II ff. (mndd. *vrūwe*) hausfrau, *ōrōgha* (mndd. *unrōwen*) beunruhigen, *nōgha* (mndd. *nouwe*) genau, *grūgha* (*grūwa*, mndd. *grūwen*) grausen, *Brunkoghe* (*-owe*) ein mannsname, pl. *Lettughar* Lithauer, *rȳghelīkin* (mndd. *rūwelīk*) traurig, *la*(*gh*)*urbær* (*lawur-*) lorbeere.

Anm. *Staþg*(*h*)*a* (s. § 258, 2, a) feststellen und *staþg*(*h*)*e* (anorw. 1 mal *staðgi*) statut sind von den synonymen *staþva* (aisl. *stǫþva*) und *staþve* zu scheiden und zu *staþugher* fest zu führen.

b. Die dentale (interdentale und alveolare).

§ 274. Ein übergang *þ* > *f* giebt es nicht. Wenn wirklich *flȳia* fliehen, *flīa* (zunächst aus mndd. *vlīen*) fügen gegenüber got. *þliuhan, þlaihan* unursprünglich sind (vgl. aber Urg. lautl. § 54 anm. und Zupitza, Die germ. gutturale s. 131), so ist jedenfalls der übergang *þl* > *fl* urnordisch (vgl. An. gr. I, § 200).

Anm. 1. Nicht verwandt sind *fiol* (*fiæl*) brett : mschw. *thili* diele (s. Urg. lautl., s. 197); *fæl* (die form *fīl* ist d. lehnwort) : aisl. *þél* feile (s. Hellquist, Arkiv VII, 160 note; Lidén, Studien zur aind. und vergl. sprachgeschichte, Upsala 1897, s. 41 f. note). Wol auch nicht *fyrna* (vgl. Björkman, Sv. landsm. XI, 5, s. 16 f.) fasten (*misfyrna* beleidigen) : aisl. *þyrma* ehrfurcht zeigen (*misþyrma* beleidigen); mschw. *mistyrna* KS ist wol von dem synonym *fortorna* < mndd. *fortornen* beeinflusst) und nschw. *fil*-mjölk saure milch mit rahm : nisl. *þél* saure milch (Lidén, a. a. o., s. 39 ff.).

Anm. 2. Unklar ist das verhältnis *ð* : *v* in *staþg*(*h*)*a*, *-g*(*h*)*e* (vgl. § 273 anm.) neben nicht seltenem (z. b. in KP, s. Leseb. 24, 16; 25, 7) *stafg*(*h*)*a*, *-g*(*h*)*e* (2 mal auch *stadfge*!). Ob neben *staþugher* ein synonym **stavugher* (zu *staver* stab) anzunehmen ist?

Anm. 3. Ein übergang *ð* > *ʒ* darf nicht aus den je einmal belegten schreibungen *faghn* Bm, *fagm* Bll faden, die ausgebreiteten arme (vgl. selt. aisl. *fagma* Möbius, Analecta norrœna², s. 309 st. *faþma* umarmen) und *omfaghna* Bm umarmen geschlossen werden. Wie aus den häufigeren schreibungen *fa*(*n*)*gn* O, Bm, Blr, *umfængna* Bm hervorgeht, ist *g*(*h*) hier wahrscheinlich bezeichnung des *v*-lautes (s. § 34, b mit anm. 3 und vgl. § 258, 1 mit anm. 1). Demnach ist wol *fagm* (gesprochen *favm*, vgl. § 258 anm. 1) eine kontamination der beiden synonymo *fang* und **faþm*(*er*),

§ 275—277. Alveolare und dentale.

während *fa(n)gn* entweder eine kontamination von *fang* und *famn* (s. § 257 anm. 7) ist oder zu *fang* neugebildet wie nschw. *sty(n)gn* zu *styng* stich.

§ 275. *rð* wird dialektisch zu kakuminalem *l*, wenigstens im mschw., z. b. *Swalesiō* Dipl. 1384 ff. (*Swardsiō* 1358, *Swœrdhasiō* 1405 ff.) ein ortsname in Dalarna, *vīghskardh* > -*skal* Di schiessscharte.

Anm. Über ein unsicheres beispiel aus Vm s. Kock, Arkiv IX, 264 note.

§ 276. *r* und kakuminales *l* schmelzen im mschw. dialektisch mit folgendem *s* zu einem alveolaren, resp. kakuminalen *s*- (oder *sch*-)laut zusammen. Wiewol die schrift regelmässig die alte orthographie bewahrt, wird jedoch der übergang durch gelegentliche verwechslungen von *ls* und *rs* belegt, z. b. *himers(k)līkin* Bir, Su st. *himilslīkin* himmlisch, *Malstrand* Rk. II st. *Marstrand* ein ortsname; vielleicht auch *kyndersmœssa* neben *kyndilsmœssa* (vgl. aber die unklare form *kyndermœssa* neben *kyndilmœssa*) lichtmesse.

Anm. 1. Unsicher sind die von Kock, Arkiv VI, 33 f. note, IX, 264 und Tidskr. f. Fil. N. R. IX, 152 verzeichneten spuren einer entsprechenden verschmelzung von *rð*, *rl* und *rn*.

Anm. 2. Ob die § 44 anm. erwähnten schreibungen mit *scl* (*skl*) st. *sl* einen dialektischen übergang *s* > *sch* (wie in gewissen nschw. dialekten wirklich vor *l* vorkommt) angeben, bleibt sehr unsicher (vgl. Johansson, Beitr. XIV, 290), um so mehr als eine aussprache *skl* in fällen wie mschw. *himersklīkin* himmlisch, *mansklīkin* menschlich nicht ausgeschlossen ist (vgl. dal. *gosklin* = nnorw. *godsleg* gültig u. a. m.).

§ 277. *n* wird — wol überall, wo assoziation nicht hindert — einem unmittelbar folgenden konsonanten homorgan gemacht und zwar:

1. zu *m* vor *b* (vor *p* fehlen zufällig beisp.), z. b. kaschw. *Sambrō* Dipl. 1371 (*Sandbrō*, vgl. § 307) ein ortsname, mschw. *ambudh* (*an-*, *and-*, vgl. § 307) instrument, *oppimbāra* (*oppin-*) offenbaren, *Ambiorn* (*An-*), *Ēmbiørn* (*Ēn-*) mannsnamen; vgl. alt nschw. *almboghe* (agutn. *alnbugi*) ellbogen, *Gumborgh* (aschw. *Gunborgh*) ein frauenname, nschw. *Hambo* (*Hanebo*), *Rickomberga* (aschw. *Rikonabærgha*) ortsnamen u. a. m.

Anm. 1. Das mschw. präfix *um-* 'ent-' neben *un(t)-*, *und-* in d. lehnwörtern beruht auf mndd. *um-* neben *un(t)-*, z. b. *um-*, *untbæra* (mndd.

§ 278. Palatale.

um-, untberen) entbehren. Dann kann *um-* analogisch auch vor nicht labialen konsonanten auftreten, z. b. *umdragha* nachsicht haben. Vgl. Rydq. V, 111 f.; Tamm, Tyska prefix, s. 31 f.; Klockhoff, Studier öfver Eufemiavisorna, s. 65 f.

Anm. 2. Auf fernassimilation beruht *emsamen* JB (konsequent, s. Hultman, Jöns Buddes bok, s. VI), *emsam* Su st. *ensam(in)* einsam. Ob auch 2maliges mschw. *morg(h)om* (Klemming, Läke- och örtebocker, s. 10, 151) morgen und nschw. dial. *mjölom* bärentraube, *smultrom* erdbeere u. a. neben *nypon* hagebutte u. a.? Vgl. aber anm. 3.

Anm. 3. Rätselhaft ist das sporadisch auftretende *-um, -om* st. *-un -on* im auslaut, z. b. *þæssom* Vm (2mal), *-um* Da (10mal, z. b. Leseb. 27, 23) diese, *ōghum* Biæ, *-om* Su u. a. augen, *ōrum* Biæ, *-om* mschw. ohren, *hwærium, hwariom* jede u. a. m., s. Noreen, Arkiv III, 8 note (und die daselbst zitierte literatur), Kock, Lj. s. 521, Arkiv VI, 33 note, Brate, Lj. s. 59, Zetterberg s. 36, Siljestrand II, 58, 66; vgl. auch anm. 2 oben und § 272 anm. 2.

2. zu *w* wahrscheinlich vor *g, k*, wiewol dies orthographisch nicht zum vorschein kommt (s. § 40, 1).

Anm. 4. Das in einer spät-mschw. danisierenden hdschr. einigemal auftretende *-ingh* st. *-in* im auslaut (s. Rydq. IV, 336) soll wol nur die dänische mouillierung des *n* angeben. Dagegen sind *ūkwæþingsorþ* Vg. II ff., *fæghring* P. I ff., *sanning* Di u. a. statt *ūkwæþinsorþ* (vgl. § 330 und § 331) scheltwort, *fæghrin(d)* schönheit, *sannin(d)* wahrheit anal. umbildungen nach den wörtern auf *-ing(er)*, wie umgekehrt *sampnind* D 4 st. *sampning* sammlung.

Anm. 5. Mschw. wird das nur in späten lehnwörtern mögliche (s. § 124 anm. 5) *ein* zu *en*, z. b. *venga* Bm, Ve, Su, Linc. 39 (mndd. *weinen*) neben *vēna* (mndd. *wēna*) beklagen. Vgl. nschw. *Weinberg* (gespr. *Väubärj*) u. a.; s. Noreen, Språkvetenskapliga sällskapets i Ups. förhandlingar 1882—85, s. 104 f.

c. Die palatale und velare.

§ 278. Palatales (nach § 231) *g* und *k* werden wenigstens vor 1300 zu *gj*, resp. *kch* affriziert vor starktonigem *ĕ, ī̆, y̆, ǣ* und geschlossenem *ø̄* (s. § 25, 2). Die affrikation wird schon seit Vg. I sporadisch durch *gi*, resp. *ki* bezeichnet und zwar ziemlich allgemein vor *ǣ* (im agutn. dementsprechend vor *ĕ*), oft auch vor *ø̄* (in beiden fällen regelmässig in U), sonst aber nie, z. b. *g(i)æster* gast, *k(i)ænna* kennen, *sk(i)ōta* (aisl. *skeyta*) anstücken u. s. w., aber nur *gēt* geiss, *giva* geben, *kyn* geschlecht u. dgl.; s. § 34 anm. 1 (und die dort zitierte literatur), § 37 anm. 1. Diese affrikaten werden mit der zeit im

§ 278. Palatale.

agutn. und einigen anderen entlegenen dialekten (vgl. Sv. landsm. I, 62 f., IV, 5 und bes. II, 4, s. 32 f., 35 f. sowie Kock, Skandinavisches archiv I, 23 ff.) zu einfachen explosiven zurückverwandelt, in den massgebenden dialekten aber werden sie (ohne änderung der orthographie) vor 1400, in gewissen gegenden wol schon um 1300 (in anderen vielleicht erst in nschw. zeit; vgl. Saxén, Sv. landsm. XI, 3, s. 60), zu (*d*)*j*, resp. *tch* weiterentwickelt, was aus orthographischen verwechslungen wie *iæff* Ly st. *giæf* gabe, *Iorder* Dipl. 1381 st. *Giordher* ein mannsname oder *giordh* Dipl. 1411 st. *iordh* erde, andererseits *Tyælsta* neben *Kielste* Dipl. 1315 ein ortsname, *thierlicha* st. *kærlīka* Dipl. 1433 liebevoll oder *Kyeluæby* neben *Thialwaby* Dipl. 1311 ein ortsname, *kiuuvi* Ly st. *þiūvi* diebe; vgl. auch mschw. *skøl*(*d*) st. *skiøl*(*d*) schild. Mit vorhergehendem *s* schmilzt *tch* wol schon mschw. zu dem jetzigen *sch*-laut zusammen, nach schreibungen wie *siæliker* Dipl. 1408, ST, *schæliker* Dipl. 1401 st. *skæliker* vernünftig, *schedh* st. *skēdh* löffel u. a. dgl. zu urteilen.

Anm. 1. Unsichere beispiele, weil vielleicht auf fehlerhaften lesungen beruhend, sind rschw. *iara* L. 1236 (vgl. Rv. s. 173 note), *iarþi* L. 1151, 1379 st. *g*(*i*)*æra*, -*þi* machen, -te. Dass jedenfalls im allgemeinen palatales *g*, *k* vorliterarisch mit velarem (sowie *s* + pal. *k* mit *s*) alliteriert, zeigt Lind, Om rim och verslemningar, s. 17 ff., 29 ff. (38 ff.). — Mschw. fälle von inlautendem *j* st. *g* wie *Teriels* (*Thørgils*) ein mannsname, *ighen* (z. b. Leseb. 98, 7, 10), *igien* (*igēn*) zurück, *ighemen* (*igenom*) durch können zum teil nach § 225 anm. erklärt werden.

Anm. 2. Dass vor offenem (aus *ǫu* entstandenem) *ē* keine affrikation eintritt (s. Kock, Lj. s. 54 ff., Noreen, ib. s. 548), was bes. aus schreibungen wie Sdm, Vm, Da *cōp* (vgl. über die bedeutung des *c* § 37 anm. 2 und Siljestrand I, 46 note), Biæ *kōp* (Zetterberg, s. 11) kauf hervorgeht, beruht ohne zweifel darauf, dass es zur zeit der palatalisierung (s. § 231) noch *ǫu* war (s. § 123) und also keine palatalisierung bewirken konnte. Wenn wiederum andere denkmäler durch schreibungen wie *kiøp* U, Cod. Holm. B 53 zweiter teil u. a. die affrikation erweisen, so setzt dies wol teils eine in gewissen gegenden frühere entstehung des *ē*, teils dessen entwicklung in gewissen dialekten (s. § 25, 1) von offener zu geschlossener aussprache voraus. Da diese den bes. massgebenden dialekten zuzukommen scheint, ist es ganz natürlich, dass die affrizierten formen mit der zeit die herrschenden werden.

Anm. 3. Auch vor schwachtonigem vokal werden die palatalen explosivæ in vielen dialekten affriziert. Da aber fast nur *e* und *i* in anschlag kommen, kann die affrikation den orthographischen gewohnheiten gemäss nicht zum ausdruck kommen. Jedoch hat O. II regelmässig

§ 279—280. Palatale und velare.

schreibungen wie *rīkie* reich, *folkie* (z. b. Leseb. 46, 15) volke, *hwilkie* welche u. dgl.

§ 279. Velares χ (s. § 35, a, 2) wird in folgender weise verändert:

1. Dialektisch seit c. 1350 zu *w* (vgl. die umgekehrte und zwar frühere entwicklung in den meisten dialekten, s. § 273), woraus später *v*, nach den labialisierten vokalen *ā*, *ŏ* und *ŭ* (vgl. Hultman, F. B. s. 145; Kock, Arkiv XI, 150 f.; Noreen, Svenska etymologier, s. 39), z. b. *Bāwahūs* (alt *Bāgha-*) Dipl. 1333 ff. ein ortsname (vielleicht danism), *fiuwur* (geschr. *fiuwr*) Da st. *fiughur* vier, *bruttumē̇* Ög aus **bruttuwumē̇* (s. § 324, 2 und § 153 anm. 3) zu *brūþtugha* Vm (*bryttuga* G) brautführerin, mschw. *tiūva* ST u. a. gabel, *iūver* (vgl. § 228) euter, pl. *gnōvo* nagten, *kōver* (vgl. § 267) köcher, *skrāva* holzbock, *Gōflunda*, *Lōfbō* ortsnamen st. älteren *tiūgha* u. s. w.; vgl. noch nschw. *rufva* brüten (zu aisl. *hrúga* lager), *Lofö* (aschw. *Lōghö̇*) ein ortsname, *Bāven* (rschw. *Bāχ̇R*, Rv. s. 191) ein seename.

Anm. Blosse (norvagismen oder) danismen (vgl. Grundriss² I, 601) sind spät mschw. fälle wie *lōfverdagher* sonnabend, *behaffua* behagen, *hoffmōdh* (oft) hochmut, *gawnlōs* (schon Bil) unnütz, *dufwa*, *doffua* taugen, *nōfde* begnügte u. a. m.; ferner mit adän. orthographie *laugh* (d. h. *law*; anders Kock, Arkiv VI, 32 note, X, 300) gesetz u. a. dgl. Unklar ist (trotz Kock a. o. und Lundgren, Sv. landsm. X, 6, s. 9) das nicht seltene *Aug(h)munder* st. *Ag(h)munder* ein mannsname; vielleicht ist es nur schreib- oder lesefehler st. des sonstigen *Angmunder*, worüber s. § 258 anm. 1. Zwei ganz verschiedene wörter sind die bisher allgemein identifizierten synonyme *kufl* (aisl. *kufl*, *kofl*, ags. *cufle*, mndd. *kovel* aus lat. *cuppella*) und *kughul* (mndd. *kogel*, mhd. *kugel* aus lat. *cucullus*) kapuze.

2. Ziemlich allgemein um 1500 zu *j* (geschr. *y*, *ig*, *yg* u. a.) zwischen *ǣ* (wahrscheinlich auch *ø̄*, wiewol belege fehlen) und *d(h)*, z. b. *freyd* Sp, *frǣygdh* MB. II (kaschw. *frǣghþ*) ruhm, *helbreigda* (*helbrǣghþa*) gesund.

§ 280. Die stimmlose spirans *ch* (geschr. *h*, s. § 36, b) vor kons. *i* und *u* (*w*) wird, wahrscheinlich früher vor *i* als vor *u* (*w*), zum blossen hauchlaut *h*, was eine voraussetzung für dessen (dialektischen) schwund (s. § 312, 3) ist, aber nicht zum orthographischen ausdruck kommen kann.

Anm. Natürlich ist der übergang nicht in denjenigen entlegenen diall. eingetreten, wo heute *hi* durch *ch-* oder *sch-*laut, *hw* durch *kw* (*kv*)

§ 281—282. Palatale und velare.

oder *gw* (*gv*) vertreten ist (s. Sv. landsm. I, 78, 69; Hultman, F. B. s. 247, 267, 186).

§ 281. *n* wird sporadisch — am häufigsten in proklitischen wörtern und sonstigen schwachtonigen silben — einem unmittelbar folgenden konsonanten homorgan gemacht und zwar:

1. zu *m* vor labialen, z. b. *iumfrū* (*iomfrū*; das seltene *ionfrū*, z. b. Leseb. 98, 11, 13 ist wol aus anorw. *ionfrū*) neben seltenem *iungfrū* (*iunkfrū*) jungfrau, personennamen wie *Ramborgh*, *-frīþ*, *-frē*, *-valder* neben *Rang-* aus *Ragn-* (s. § 317, 1).

2. zu *n* vor *d*, *l*, *s*, *t*, z. b. immer *ænsker* (später *ænglisker*; vgl. aisl. selt. *engsker*) englisch, oft *æn(g)te*, *in(g)te* nichts, *Bæn(k)t* Benedikt, *Mān(g)s* Magnus, vereinzelt *gan(g)dagher* dies rogationum, *spræn(g)der* Vg. II, Su gesprengt, *flæn(g)de* geisselte, *gan(g)ligin* Kr L u. a. aus *gagnlīkin* nützlich, *forgæn(g)līker* Su u. a. vergänglich, *āter-*, *attirgan(g)s* Sdm, Da rückganges, *fiarþun(g)snæmpd* Ly ausschuss des bezirksviertels, *konon(g)srǣt* Ly königliches recht, gen. *Phalocøpens* Ly (3 mal) st. *Falukȫpings* ein ortsname, *yn(g)ska* (Leseb. 80, 36) jugend, *pin(g)zdagher* (5 mal) pfingsttag, *alztin(g)s* ganz und gar, *æn(g)slīka* ängstlich, *hælsin(g)sker* hälsingisch, *gæn(k)t* gangbar u. a. (s. Noreen, Arkiv VI, 336 f., Kock, ib. VII, 307 f.). In einigen von diesen beispielen bezeichnet aber vielleicht das *n* den *v*-laut, welcher ja eines besonderen zeichens entbehrt; vgl. § 310.

Anm. *San(k)te* heilig kann direkt aus mndd. *sante* neben *sancte* stammen.

§ 282. Unklar ist das spät-mschw. *skaftavęl* (*skap-*) neben *skaktafl* (aus mndd. *schaktafele*) schachspiel und das sehr selt. *lyfta* (*lifta*) neben *lykta* (*likta*; aisl. *lykta*) beenden.

Anm. 1. Unklar ist der wechsel *kn* : *pn* in *sōkn*: Vg. I *sopn* (3 mal, *sopcn* 1 mal) kirchspiel, *sykn*: ngutn. *sypn* zu gerichtlicher belangung frei; vgl. § 271 anm. 4.

Anm. 2. Wenn wirklich *trana* (aisl. *trane*) kranich mit mndd. *krane* (ags. *cran*) zusammenhängt (Bugge, Kuhns Zeitschr. XX, 140), so ist jedenfalls der übergang *kr* > *tr* schon urnordisch. Ebenso der umgekehrte, gleichfalls sehr zweifelhafte, übergang *tw* > *kw*, der im aschw., agutn., aisl. *kuisl* zweig, flussarm gegenüber ahd. *zwisala* angenommen wird (Bugge, a. o. XX, 146). Unverwandt sind *kwister* (aisl. *kuistr*) zweig und mengl. *twist*; s. § 173. Unstatthaft ist auch der An. gr. I § 184, 4 angenommene übergang $g + h > k$; s. Wadstein, IF. V, 2 ff.

§ 283. Der palatale tremulant ʀ wird, wo er überhaupt als solcher noch vorhanden ist (s. § 238 und § 321), allmählich zu alveolarem *r*, dies jedoch zu verschiedener zeit in verschiedenen stellungen und gegenden und zwar in folgender weise:

1. Nach dentalen, interdentalen und alveolaren konsonanten ist ʀ noch um 900 da, z. b. Sparlösa *sunʀ* sohn, Rök *niþʀ* verwandter, *histʀ* pferd, *fatlaþʀ* behängt. Aber schon um 950 zeigt sich *r*, z. b. Vedelspang *Asfriþr*, Högby *Asmu[n]tr*, *kuþr* gut, *tauþr* tot, und nach 1000 ist es ganz allgemein nicht nur bei Asmundr, Balle, Ybbir (z. b. Sjustad *tauþr* neben *uaʀ* 'war') und anderen uppländischen ritzern (vgl. 2 unten), sondern auch anderswo, wie in den södermanländischen Ingwarritzungen, auf Gottland, z. b. Hauggrän *bie[r]tr* hell, *Sigmu[n]tr*, *Kaiʀuiþr* (neben *Kaiʀlaifʀ*), Stainkumbla *Butmuntr* (aber *Butraifʀ*), Sjonhem *tauþr*, in Hälsingland, z. b. Forsa *Anunr* (aber *Ufakʀ*), Malstad *Frumuntr*, in Småland, z. b. Forsheda *tuþr* tot, *furþr* geführt, auf Öland, z. b. Gårdby *sitr* sitzt, *Harþruþr*, *Brantr* u. s. w.

2. Nach anderen konsonanten ist ʀ bis um 1000 allgemein da, z. b. Kärnbo *sialbʀ* selbst, *slikʀ* solcher, Herened *Brunulfʀ*, *Hialmʀ*, *Rifni[n]kʀ*. Aber schon vor 1050 zeigt sich *r* in Uppland, z. b. Yttergård *Aulfr* (neben *hafiʀ* hat), Asmundsritzungen wie L. 70 *Auþulfr* (aber *Kinlauhaʀ*), 1053 *Kuþlaifr* (aber *runaʀ* runen); ebenso in etwas späteren uppländischen inschriften wie den Ingwarritzungen, bei Balle und Ybbir, z. b. L. 577 *Ingulfr*, *Ofaigr* neben *Ybiʀ*. Dagegen haben gleichzeitige oder gar spätere inschriften aus vielen anderen gegenden noch ʀ wie die Södermanländischen Ingwarritzungen (z. b. L. 969 *Kunulfʀ*, 973 *Rulifʀ*) oder, ebenfalls aus Södermanland, Tjufstigen I *Styrlaugʀ*, aus Småland Nöbbele *Eilifʀ*, aus Hälsingland Forsa *Ufakʀ* (um 1125). Ja auf Gottland ist ʀ noch etwas nach 1200 vorhanden, z. b. Åkirkeby *Sighrafʀ*. Aber jedenfalls ist die entwicklung in allen literarisch vertretenen diall. schon vorliterarisch abgeschlossen, weil in den ältesten hdschr. nachkonsonantisches ʀ immer (vgl. jedoch § 321 anm. 7) als *r* (gew. mit vorhergehendem svarabhaktivokal) erhalten ist und also zu der zeit, wo auslautendes ʀ nach § 321,2—4 schwand, nicht mehr ʀ gewesen sein kann. Vgl. Brate, Rv. s. 413 f.

§ 284. Regressive assimilation.

3. Nach vokalen ist ʀ noch um 1100, ja vielleicht bis 1200 oder sogar etwas später, allgemein vorhanden, z. b. Sjustad *uaʀ* war, *Ubiʀ*, Forsa *lirþiʀ* clerici, Malstad *uiʀ* wir, *þisaʀ* diese, *Kiulfiʀ*, gen. *Unaʀ*. Zwar zeigen sich, wenigstens in Uppland, schon vor 1100 (bes. im schwachtonigen auslaut) vereinzelte verwechslungen von ʀ und *r*, die aber so selten sind, dass sie vielleicht nur orthographischer oder analogischer (vgl. die § 320 anm. 2 erwähnten fälle von -ʀ statt -*r*) natur sind. Erst im 13. jahrh. kommt der ʀ-typus überhaupt (als solcher) ausser gebrauch, was wol hauptsächlich daraus zu erklären ist, das der ʀ-laut nicht mehr da war, z. b. Saleby glocke (1228) *uar* war (2 mal; nie ʀ). Dass der übergang (wenigstens in gewissen gegenden) am frühesten nach kurzem *u* durchgeführt worden ist, darf man wol aus dem umstande schliessen, dass in dieser stellung kaschw. verhältnismässig selten schwund vorkommt; s. § 321, 3 und 4. Dann vielleicht nach kurzem *i* (s. § 321 anm. 6) und zuletzt nach *a* und langen vokalen, in welcher stellung der ʀ-schwund am konstantesten auftritt.

B. Quantitative veränderungen.

I. Regressive assimilation.

§ 284. *b̃* wird in folgenden fällen assimiliert (sporadisch):

1. *b̃b* > *bb*, z. b. mschw. *o(f)blygher* (vgl. § 303, 1) allzu schüchtern, *re(f)bēn* rippe, *stiū(f)barn* stiefkind (vgl. § 304), *syl(f)bœlte* (vgl. § 302) silberner gürtel, *galbœnker* (adän. *galfbœnk* aus *gaflbœnk*, vgl. § 337, 1) bank an der giebelwand.

2. *b̃f* > *ff*, z. b. mschw. *stiū(f)fadhir* stiefvater; vgl. nschw. *skafföttes* (s. § 80, I, 4, a).

3. *b̃k* > *kk*, z. b. mschw. *stakkar(l)* st. *stafkarl* bettler.

4. *b̃m* > *mm*, z. b. mschw. *o(f)mykit* (*ummykit* Dipl. 1384) zu viel, *o(f)manger* allzu zahlreich, *homman* (*hofman*) hofman, *hommæstare* (*hofm-*) hofmeister, *hommōdh* (*hofmōdh*, *hoghmōdh*, beides aus dem adän. entlehnt) hochmut, *hal(f)mark* (s. § 302) halbe mark.

§ 285. *ð* wird nach kurzem oder (nach § 90) gekürztem vokal (und dann vielleicht überall wo nicht assoziation hindert) assimiliert in folgenden stellungen:

1. *ðb* > *bb*, z. b. die mannsnamen mschw. *Stubbiørn* (wol gleich rschw. *Stoþbiarn*), *Ribber* (wozu *Ribbing*) wol aus *Ridhbern*, *Gubbe* (kurzname zu *Gudhbiorn*). Vgl. Lundgren, Om fornsvenska personnamn på -*ing* och -*ung*, Sthlm. 1886, s. 6 und 11.

2. *ðg* (aus *ðʒ*, s. § 258, 2, a) > *gg*, z. b. *stagga* G. II (Leseb. 39, 19) u. a. aus *staþga* statuieren, selten mschw. *stagge* < *staþge* statut, *nøgga* < *nøþga* nötigen, *vreggas* < *vrēþgas* zornig werden, *Boggĕr* (*Bodhgēr*), *Friggĕr* (rschw. *Friþgaiʀ*) mannsnamen.

3. *ðl* > *ll*, z. b. rschw. *Rulaifʀ*, -*lefʀ*, -*lefr*, -*lifr* (aisl. *Hrolleifr*), *Kulaifr* (mschw. *Gullēver*, aisl. *Guþleifr*, *Gulleifr*), gen. *Frilifs* (aisl. *Friþleifs*), *Kulauk* (aisl. *Guþlaug*, *Gullaug*) personennamen, kaschw. allgemein *mællom*, -*e* (agutn. *milli*, aber rschw. *miþli*) zwischen, *skrilliūs* (aisl. *skriþliós*) leuchte, *frilla* konkubine, *brullōp* hochzeit, *brøllunge* geschwisterkind männlicher seite neben *friþla* (selt.), *brūþlōp*, *brøþlunge*; vgl. noch § 290 anm. 2. Auffallend fehlt (kürzung und in folge dessen) assimilation in *ōþla* (*ydhla*, s. § 106, 2, b) eidechse.

4. *ðm* > *mm* (vgl. aber § 257 anm. 7), z. b. *Ammunder*, *Frimmunder*, *Gummunder*, *Gummar* (neben *Aþm*- u. s. w.) mannsnamen; vgl. nschw. *gummor* (aschw. *guþmōþir*) hebamme, *vammal* (aschw. *vaþmǣl*) kleiderstoff.

5. *ðn* > *nn*, z. b. kaschw. *mæn* während, *sin* nachdem aus *mæþan*, *siþan* (s. § 156, 1, b), mschw. *minnat* (*midhnat*) mitternacht. Vgl. § 290 anm. 3.

§ 286. *ʒb* wird, wahrscheinlich nur nach schwachtonigem vokal (s. Noreen, Svenska etymologier, s. 4) zu *bb*, z. b. mschw. *Sibbiorn* (*Sighbiorn*), *Hab(b)ardher* (vgl. § 303, 1; *Haghbardher*) mannsnamen, *a(gh)borre* (noch nschw. *abórre* neben *ábborre*) flussbarsch.

Anm. 1. Vielleicht ist auch *gb* zu *bb* geworden im ortsnamen mschw. *Tibbele* aus *Thigbele*.

Anm. 2. Vereinzeltes (z. b. in Bir. A) *høffærþe*, -*dhogher* hoffart, -tig st. *hø̄ghfærþ*- beruht wol auf adän. *hoffærth*.

§ 287. *lk* wird in proklitisch gebrauchten wörtern und sonstigen schwachtonigen silben, wenigstens dialektisch, seit um 1350 zu *k(k)*, z. b. *hulkin* > *huk(k)in* Dipl. 1350 ff., *hwilkin* > *hwīk(k)in* St ff. welcher, mschw. *tholkin* > *thokkin* solcher, *fu(l)kómpna* ST vollenden.

§ 288. *pt* (kaum *ft*, s. § 259, 2, a) wird seit c. 1050 in unbetonter silbe zu *tt*, z. b. rschw. *at* Gripsholm, Tystberga, Turinge, Hauggrän, Sjustad, Grinda, Nälberga, Tjufstigen I, Sälna gegenüber älterem *aft* Rök, Kälfvesten, Bjälbo, Kärnbo, Tjängvide, Vedelspang (*ift*, d. h. *æft*, Herened) 'nach' (vgl. Ant. Ak. handl. XXXI, 3, s. 6); *etiʀ* Forsheda, *atiʀ, itiʀ* (s. Brate, Rv. s. 71 note), *ættir* Vh neben *eftiʀ, aftiʀ, iftiʀ* (kaschw. *æptir*) oder *utiʀ* L. 1010, *ytiʀ* L. 1003 (ngutn. *yttur*) neben *uftiʀ, yftiʀ*, kaschw. *ɵptir* H 'nach'; kaschw. *attɐr* Vh, Vm, Cod. Reg. Havn. des Södermannagesetzes, KP (Leseb. 23, 15), Da (z. b. Leseb. 27, 24 ff. 5 mal), Og ff. neben *aptɐr* (*aftɐr*) Vg. I, H (nie später) 'zurück'; *lǣri(p)t, -re(p)t* Da ff. leinwand; mschw. *Skælletta* Dipl. 1413 (*Skeldepth* 1327) ein ortsname.

Anm. Von *attɐr, aptɐr* 'zurück' ist wol das synonym *ātɐr* Vg. I ff. 'wieder, hingegen' völlig verschieden; eher ist dies mit *āt* 'wider, gegen, zu' verwandt.

§ 289. *r* wird nach kurzem vokal in folgenden fällen assimiliert:

1. *rl* > *ll* dialektisch (und vielleicht nur intervokalisch, s. Brate, Böj. s. 5), z. b. rschw. *Kal* (Bugge, Rv. s. 82) neben *Karl*, kaschw. *Kalle* (*Karle*) mannsnamen, *kal(l)* U, Da u. a. (gew. *karl*) kerl, mschw. *halla* (selt. *hardhla*) sehr. Vgl. nschw. *Pälle* zu *Pär* Peter.

Anm. 1. Vereinzelte schreibungen wie mschw. *kæ(r)lɐksordh* liebeswort, *skɵ(r)lifnadhɐr* liederliches leben dürften blosse schreibfehler sein; vgl. aber § 276 anm. 1. Jedenfalls gehören sie nicht hierher.

2. *rn* > *nn* allgemein in schwachtonigem auslaut (dann zu *n* verkürzt, s. § 303, 3), z. b. *annan* andern, *iþan* euern, *nākon, nōkon* (agutn. *nequan*; selt. *nākwarn* Ög, *nōkorn* KS) irgend einen, proklitisch *van* neben orthotoniertem *vārn* unsern, *hwan* neben *hwarn* jeden. In starktoniger silbe kommt die assimilation dialektisch, aber nur antekonsonantisch (vgl. Kock, Arkiv IX, 149) oder im auslaut vor, z. b. rschw. mannsnamen auf *-biun* (*-bian, -biąn, -bun, -baun, -ban, -benn*, s. Bugge, Rv.

§ 290. Regressive assimilation.

s. 36 f.) st. *-biorn, -biarn, -børn, -bern*, kaschw. *Ho(r)nbore* Vh, *A(r)nbiorn, -faster, -frīþ, -gēr, -gun, Fastbyo(r)n*, mschw. *Vībiønn* personennamen.

Anm. 2. Vereinzelte schreibungen wie mschw. *gœ(r)ning* that sind wol nur schreibfehler; vgl. aber § 276 anm. 1.

3. *rs > ss* dialektisch und wol nur in schwachtoniger silbe, z. b. rschw. *Þu(r)stain, -stin* u. dgl. L. 41, 94, 1150, mschw. *Lasse* (zu *Lars*) mannsnamen, *danzi(r)ska* tänzerin, *frœlsi(r)ska* retterin (vgl. Kock, Arkiv VI, 30 note); vgl. nschw. *faster, moster* (aschw. *faþur-, mōþorsystir*) base, muhme. Dass kaschw. öfter (z. b. Vg. II, Biæ, G) *fyster* erster, *fyst (føst)* zuerst st. *fyrst(er)* vorkommen, dürfte hauptsächlich dem einfluss von (den zufällig erst mschw. belegten) *si(t)ster* letzter, *si(t)st* zuletzt zuzuschreiben sein (vgl. auch analogien wie *færre : fæster = fyrre : fyster < fyrster*).

Anm. 3. Vereinzelte schreibungen wie rschw. *Kunas = Gunnars*, kaschw. *annæs* Biæ st. *annars* eines anderen, mschw. *Biøsson* st. *Biernsson* können blosse schreibfehler sein. Oder bezeichnet *s* ein nach § 276 entstandener alveolarer *s*-laut? — *Armbo(r)st* armbrust beruht auf mndd. *armbo(r)st*. Über ebenfalls nicht hierhergehöriges *diū(r)shorn, ō(r)saker* u. a. m. siehe § 251 mit anm.

§ 290. *t* wird in folgenden fällen assimiliert:

1. *tk* (sowol urspr. wie nach § 260, 5 entstandenes) > *kk*, z. b. *ække* (< **ætt-ʒi* § 261, 2), *ikke* nichts (zu *æt, it* eins), *nāk-(w)ar, nōk(w)ar, -or* (agutn. *nequar*; vgl. § 73, 2; 80, I, 4, a) irgend ein; mschw. *blikka* JB u. a. sänftigen, *makker* JB wurm, *ikkeligha* unaufhörlich aus kaschw. *blīþka* u. s. w.; vgl. nschw. *snickare* aus mschw. *snitkare* tischler.

2. *ts* (urspr. oder nach § 260, 4, § 263, 1 und § 254, 1 entstandenes) > *ss* schon seit vorliterarischer zeit, z. b. *bæ(t)ster* (schon Turinge gen. pl. *bistra*) best, *væstgō(t)sker* Vg. I ff. westgötisch, *sli(t)sker* Vh gefrässig, *dro(t)sæt* truchsess, *fāvi(t)ska* unklugheit, *ma(t)skut* zusammenschuss von esswaaren, prät. pass. *gass (gaz)* zu *gæta* bekommen, *krussa* (geschr. *crussza*) Vg. I aus mndd. *krūze* kreuz, *dan(t)s* aus mndd. *danz* tanz; ferner rschw. gen. *kus* Stainkumbla II, *gus* Saleby glocke (*guss* Vg. I) aus *guþs* Gottes, *lis* L. 803 (aisl. *liþs*) schar, kaschw. *hœrasshofþinge* Vg. I distriktsrichter (zu *hœraþ*), *vrassvili* Vg. I (s. § 80

anm. 4) zorn zu *vrēþer* zornig, *missumar* Buff. zeit um Johannis zu *miþer* mittler, präs. pass. *biūs* Bir. A (Leseb. 43, 13) zu *biūþa* bieten, *brū(þ)sœta* Vm brautjungfer, *sister* (*s̆tzter*) letzter; ebenso *halssbani* Vg. I hülfer des mörders zu *hald* das halten, *frǣnscimi* Sdm verwandtschaft zu *frǣnde* verwandter; endlich auch *manss, ranssak, falss* (alle in Vg. I) st. *manz* mannes, *ranzak* hausuntersuchung, *falz* wird schuldig erklärt u. a. dgl. Natürlich kommen analogische formen mit *ts* (geschr. *z*) überall häufig oder häufiger vor. Vgl. Kock, Lj. s. 433 ff., 543 f.

Anm. 1. Nach 1400 wird auch das nach § 334 entstandene *ts* zu *ss*, z. b. *li(t)sla* P. I ff. kleine, *nœ(t)sla* nessel, *ōbru(t)sligit* unverbrüchlich, *va(t)sle* molken; wegen assoziation aber nur *rœtzlika* von rechtswegen, *kətzlīker* leiblich u. a. nach *rœtter* u. s. w.

Anm. 2. Die von Kock, Arkiv VI, 46, Beitr. XVIII, 428, angenommene mschw. assimilation *tl* > *ll* ist wol nur scheinbar. In oft proklitischen wörtern, wie *litle* der kleine, oder sonstigen unbetonten silben, wie der pænultima im ortsnamen *Østergytland* (s. § 106, 2, b; im mschw. mit nebentoniger ultima wie nschw. *vintersolstånd* wintersonnenwende u. dgl.), muss *t* nach § 266 zu *ð* werden, und nach § 285, 3 wird dann *ðl* zu *ll*. So erklären sich *Øster-, Væstergylland* Dipl. seit 1400, *lille* Sp. (Leseb. 111, 14) u. a. Das vereinzelte kaschw. *nællœr* (pl.) st. *nœtlur* nesseln ist ein danismus (s. § 7, 15). Vgl. anm. 3 unten.

Anm. 3. Ebensowenig darf eine mschw. assimilation *tn* > *nn* aus nschw. *dronning* und dem vereinzelten spät-mschw. *drenygh* st. kaschw. *drotning, drøtni(n)g* königin geschlossen werden. Da das wort (als titel) proklitisch verwendet wurde, musste *tn* zu *ðn* (§ 266) und dann dies nach § 285, 5 zu *nn* werden. Vgl. Kock, Arkiv V, 68 note.

II. Progressive assimilation.

§ 291. *b* wird im mschw. in folgenden fällen assimiliert:

1. *mb* > *mm* auslautend, aber wahrscheinlich nur dialektisch, z. b. *lam* Dipl. 1464 st. gew. *lamb* lamm, sg. nom. f. *dum* (aisl. *dumb*) stumm, *dåm* neben *daåmb* (s. § 18 anm. 2 und § 129) und *damb* dunst. Nach schwachtonigem vokal ist die assimilation schon vorliterarisch nach ausweis des einzigen beispiels *um* (aisl. *umb* > *umm* > *um*, s. An. gr. I, § 219 anm. 2) um.

2. *pb* > *pp*, z. b. ortsnamen wie *Grippȳ* aus *Gripbȳ*, *Væppȳ* < *Væpby*; s. Kock, Arkiv IX, 162 f.

§ 292. *d* wird mit dentalem *l, n* (s. § 38, 1 und § 40, 2) in folgenden fällen assimiliert:

§ 292. Progressive assimilation.

1. *ld* > *ll* tritt kaschw. nur nach schwachtonigem vokal ein, z. b. *præskulli* Vg. I, II thürschwelle, *apul* Dipl. 1329 n. a. (s. § 165 anm.), *apal* St apfelbaum, *hemul* Cod. Reg. n. s. 2237 des Södermannagesetzes, MEL eigentumsrecht oder proklitische wörter wie *skulli* Sdm sollte, *(hwat) hæller* Sdm (vgl. Bir. A *þyllar*, Leseb. 44, 30, aus *þy hællar*) weder. Im mschw. tritt assimilation (ausser vor *r*, s. anm. 2) auch nach starktonigem vokal ein, z. b. aus O *millelīka* (vgl. Rk. I *mill* Leseb. 91, 24) milde, *kallir* kalt, *siællan* selten, Dipl. 1398 *Hallōr* ein mannsname, 1408 *säll* hohlmass, D 4 *skioll* (Rk. I *skiøll* Leseb. 88, 28) schild, *vælle* (Leseb. 70, 13) gewalt (vgl. Rk. I *vællogher* Leseb. 89, 24 gewaltig). Über wahrscheinlich nicht hierhergehöriges kaschw. *ll* s. § 340, 2, a.

Anm. 1. Unklar bleibt, warum in gewissen ziemlich späten mschw. hdschr. (wie z. b. G0) noch sehr oft *ld* neben *ll* steht. Unbefriedigend ist der erklärungsversuch Kock's, Arkiv XI, 325 ff. Über *ld* im nschw. s. Tamm, Fonetiska kännetecken på lånord, Ups. 1887, s. 78 ff.

Anm. 2. Vor *r* bleibt *ld* (bis heute), z. b. *aldrigh* nie, *aldrogher* alt. *Hæl(l)re* Bu, D 4 (Leseb. 61, 3) lieber ist von *hæller* (s. oben) beeinflusst.

Anm. 3. Vereinzeltes *skille* Rk. II (Leseb. 81, 13) st. *skilde* schied zeigt, dass wenigstens jene form nicht dem aisl. *skilþe*, sondern einem wie aisl. *vilde*, *selde* u. dgl. gebildeten *skilde entspricht; vgl. mschw. *valde* (nschw. *välde*, aisl. *valþe*) wählte u. a. (mit kakuminalem *l* und daher nie assimiliert) gegenüber *ville* wollte u. a.

2. *nd* > *nn* tritt ebenfalls kaschw. nur nach schwachtonigem vokal ein (etwas abweichend Kock, Tidskr. f. Fil. N. R. IX, 155), z. b. *Kākin(d)* Vg. I ein ortsname, *Erlan(d)* Dipl. 1312 ein mannsname, *þūsæn(d)* Vh tausend, pl. *uplænningiæ* (mit nebentoniger pænultima, s. § 57, II, B, 2, a) Sdm, *smālænningia* Cod. Reg. n. s. 2237, MEL, *ālænningiar* Dipl. 1343 einwohner von Uppland, resp. Småland und Åland, *laigulenningr* G pächter. Mschw. kommt seit c. 1450 assimilation (ausser vor *r*) dialektisch auch nach starktonigem vokal vor, z. b. *stūn(d)* Dipl. 1457 zeitraum, *forstannet* 1464 verstanden; bes. häufig in Di, z. b. *binna* (vgl. Leseb. 102, 29) binden, *fænnen* der teufel, *skynna* eilen. Über wahrscheinlich nicht hierhergehöriges kaschw. *nn* s. § 340, 2, b mit anm. 2.

Anm. 4. Der vorgang scheint schon rschw. belegt zu sein durch *Anun* L. 1153, *Kiʀmun* L. 1204, *Ausmun* und *Arinmun*? (Rv., s. 19 note) st. *Anund*, *Geʀmund* u. s. w. (vgl. auch § 307 anm. 1). Da aber *n* st. *nd*

§ 293—294. Progressive assimilation.

auch nach starktonigem vokal auftritt in *qn* L. 662, *an* 38, 490, 605 st. *and* seele, so ist der verdacht nicht ausgeschlossen, dass eine blosse schreibereigentümlichkeit vorliegt.

§ 293. *ѵg* (geschr. *ng*) wird wahrscheinlich, wenigstens dialektisch, schon um 1350 auslautend zu *ѵѵ*, wiewol die schrift fortwährend *ng*, seltener *ngh* oder *gn* (s. § 34 anm. 2, § 40 anm. 2) hat, z. b. KP *þingh*, O acc. *gagn* st. *þing* ding, *gang* gang. Vgl. umgekehrte schreibungen wie KP *gangh* st. *gagn* (d. h. *gaѵѵ* aus *gaѵѵ*, s. § 294, 2) nutzen.

§ 294. *n* wird in folgenden fällen assimiliert:

1. *nn* > *mm* allgemein nach schwachtonigem vokal, z. b. mschw. *mannomom* (aus *-ommom* nach § 303, 3) den männern, *landomon* (< *-omom* § 272 anm. 1) den ländern, *swēnommon* den knaben u. a. neben einmaligem (schreibfehler?) *swenomnom* (s. Noreen, Arkiv VIII, 146 ff.; Kock, ib. XIII, 180 ff.). In starktonigem auslaut tritt assimilation wenigstens dialektisch ein, z. b. *cristnam* Sdm (vgl. die schreibung *nampm* Su, Di, Linc. 39, MB. II) name Christi, *ram* Veff. rabe, *skipstam* Di steven st. gew. *nampn* (*nafn*), *rampn*, *stampn* (vgl. mschw. umgekehrte schreibungen wie *fæmpn*, *fornampn*, *hempn* st. *fǣm* fünf, *fornam* vernahm, *hēm* nach hause); aber nur *hampn* hafen, *iæmpn* eben, *stompn* stammgut, *sømpn* schlaf, *rompn* rogen, wo *n* aus zweisilbigen formen entlehnt sein kann.

Anm. 1. Unklar ist das verhältnis *mn* : *mm* in *stæm(p)na* (anorw. *stefna*) Vg. I, II, Vm, MEL, O ff.: *stæmma* (aisl. *stemna*) U, Sdm, Ög ff. stauen, *stæmpna* Bir ff.: *stæmma* Vg. I, II damm, *næmna* Sdm (3 mal) u. a. (s. Siljestrand III, 67): gew. *næma* pfänden, gew. *stæmpna*: mschw. (1 mal, nschw. immer) *stæmma* (geschr. *stempna*) zusammenkunft, aschw. *stæmpna* : nschw. *stämma* vorladen, fälle die wol sehr verschieden zu beurteilen sind. Vgl. Kock, Tidskr. f. Fil. N. R. IX, 154; Larsson, Lj. s. 155; Noreen, Urg. lautl, s. 157; Brugmann I², 383.

2. *ѵn* (geschr. *gn*) > *ѵѵ* (gesch. *ng*, *ngh*) im auslaut, aber vielleicht nur dialektisch, z. b. kaschw. *vang* Vg. I, II, Sdm. fr, GO wagen, *æng* (< *ægn*, s. § 80, II, 2) Vg. I, *ēngh* (aisl. *eign*) Vg. II eigentum, *framsæng* Ly aussage, *gangh* KP (Leseb. 23, 29) ff. nutzen, mschw. *ræng* Off. regen, *lyong-* ST f., *liung-* Bil ff., *lyngh-elder* Linc. 39 ff. blitz, *lyng* Bil ff. lüge, *masung* Dipl. 1461 schmelzofen, *gēnsængh* Su widerspruch neben

§ 295. Progr. assimil. § 296. Dehnung vor kons.

vagn u. s. w.; aber nur *agn* spreu, *dygn* tag und nacht, *hœgn* schutz, wo *n* aus zweisilbigen formen entlehnt sein kann.

Anm. 2. Eine assimilation *ln* > *ll* giebt es nicht. Über *mylna, mylla* (beides schon in Vg. I), *melna, mella* s. § 116 anm. 2 und Kock, Arkiv IX, 84.

§ 295. *lʀ, nʀ* nach kurzem haupttonigem vokal sind im ältesten rschw. bis um 900 erhalten, z. b. Þulʀ (aisl. *þulr*) L. 988 ein mannsname, *sunʀ* Sparlösa, Lilla Lundby (Rv. s. 322), aber schon Gursten (Malstad u. a.) nom. sg. *sun* sohn. Durch doppelschreibung beweisende beispiele aus dem kaschw. kommen nur bei *l* vor, z. b. *fiall* Vg. I ff. felsen, präs. *vill* Vg. I, U, Sdm (immer), Vm (gew.), Biæ, SK will, *skill* Vg. I, Vm, St trennt, *skall* Vg. I, SK soll, *stiœll* Vg. I stiehlt, *sœll* Sdm u. a. verkauft, *qwœll* Da quält, *dyll* Ög u. a. verneint, *hyll* Ög, G hüllt. *Hinn* Vg. I (öfter gen., dat. *hinnar, -e, -a*) jener und *monn* SK 'wird' können (wie auch *vill* und *skall*) sowol nach § 238, 3, b (resp. 1, b) oder § 299 erklärt werden wie hierher gehören.

Anm. 1. Zwar hat *ll* zunächst die dentale qualität des *l*-lautes anzugeben (s. § 38, 1 und anm. 1), aber eben diese qualität setzt *ll* < *lʀ* voraus.

Anm. 2. Einmaliges *sunr* in KS muss wol ein islandismus des herausgebers sein.

III. Sonstige konsonantendehnung.

§ 296. Vor kons. *i, l, n, r* werden viele konsonanten schon im ältesten kaschw. gedehnt nach kurzem (oder nach § 131, 1 gekürztem) vokal. Die durch doppelschreibung sicher bezeugten fälle sind:

1. Vor kons. *i* (vgl. § 239) ist dehnung bei *l, m, n, r* und *t* belegt, z. b. aus Sdm *wœlliœ* wählen, *hœll* (nach gen. *hœllia* Ög) tod, *fyll* (vgl. aisl. gen., dat. pl. *fylia, -iom*) füllen, *skiœll* (nach gen. *skiœllia* Da) urteil, Da *willia* wollen, *qwœllia* quälen, *sœllia* verkaufen, *hœll* tod; Vh u. a. *frœmmiœ* befördern, Dipl. 1407 *sœmmia* eintracht; Vg. I, Ly *synnia* verweigern, Dipl. 1331 u. a. *Brynnyolf* ein mannsname, Da gen. pl. *thynnia* tonnen, Bu *þœnnia* dehnen, P. I, ST *grœnnia* heulen; Vg. I *wœrriœ* wehren, *swœrriœ* schwören, *hwœrria* jede, Sdm, Bn *byrria* anfangen, Biæ *hwœrriœ* jede, *hœrriœnsson* (aus mndd. *herjensone*)

§ 297. Dehnung nach langem vokal.

schurke; Vg. I, II *vittiæ* besuchen, Vg. I, U, Ög. fr. II, Bu *sættiæ* setzen, Dipl. 1332 *bryttiæ* verwalters, Vm, Bu, St u. a. *sittia* sitzen, Da *nætt* (nach gen. dat. pl.) netz, MB. II *flyttia* hinbringen.

Anm. 1. Unklar sind die schreibungen *væþþia* appellieren, *biþþœr* (nach inf. *biþþia?) bittet, je 1 mal in Vm (vgl. Siljestrand I, 41 note), wie auch *biddhia* bitten, *thriddhia* dritte in St.

2. Vor *l* ist dehnung nur bei *g* (woraus dann *gg*), *k*, *p*, *s* belegt, z. b. *k(i)œggla* Vg. I, ST kegel (auch als ortsname), mschw. *tiggilhūs* ziegelbau, pl. *nagglar* nagel; pl. *nøkkla* Da, *nykkla* St schlüssel, mschw. dat. sg. f. *omykkle* allzu gross; mschw. *skapplare* skapulier, pl. *swepplar* windeln; Dipl. 1367 *Næssyssla* ein ortsname, mschw. *hassletræ*, -*anut* hasel, -nuss.

3. Vor *n* ist dehnung bei *k*, *l*, *t* spärlich belegt, z. b. *sŏkkęn* Dipl. 1409; pl. *allna* Da ellen (vgl. nschw. *molln* neben *måln* aus aschw. *molin*, dat. *mollne wolke); *vittne* Vg. I (gew.), Vm zeuge, *giættit* Vh (Leseb. 15, 18) erwähnt (wol nach den synkopierten kasus wie auch mschw. *skuttin* geschossen, *bruttin* gebrochen), *sytnning* Dipl. 1506 unterhalt.

Anm. 2. Ebenso dürfte *grippin* Vh, Biæ u. a. ergriffen nach *grippnir, -*um* u. dgl. gebildet sein. Über *uppin* Sdm, *oppin* Da, KP, *øppin* Da, *ippin* Ög, *yppin* O u. a. offen s. Larsson, Lj. s. 147 und vgl. mndd. *uppenbāren*.

4. Vor *r* ist dehnung nur bei *k* und *t* belegt, z. b. Vg. I *takkęr* nimmt, Vm *sakkęr* schuldig, Dipl. 1392 ff. *Erikkęr* Erich, Su *akkęr* acker, *smikkra* schmeicheln, *nŏkkrom* irgend einem, *nåkkralēdis* irgendwie; Vg. I, O u. a. *bættre* besser, Vm pl. *nyttęr* (ebenso Bir) nüsse, präs. *gittęr* (so auch öfter; anal. inf. *gitta* O, Bir ff.) bekommt (*flyttęr*, *sættęr* können auf *flyttia*, *sættia*, s. 1 oben, beruhen), Da *luttir* (so auch Dipl. 1350; anal. acc. *lott* U, *lutt* Vm, Dipl. 1350, SK, dat. *lottom* Vh) loos, *mattir* speise, *iættir* speist (*sittir* kann auf *sittia*, s. 1 oben, beruhen), Ög *låttęr* (zu *lāta*) lässt, Dipl. 1312 u. a. *Knŭttęr* ein mannsname, D 4 *hwĭttęr* weiss.

Anm. 3. Unsicher ist mschw. *hoppęr* Di, Linc. 39 (nschw. dial. *hoppęr*) st. *hopęr* haufe, denn vgl. mndd. *hoppe*. Mschw. *sinap(p)er* senf kann auch nach § 298 erklärt werden.

§ 297. Nach langem, haupttonigem vokal wird inlautender konsonant gedehnt, wenn der folgende vokal keinen

§ 297. Dehnung nach langem vokal.

nebenton hat; vgl. Noreen, Arkiv VI, 326 ff.; Kock, ib. VII, 350 ff. Vor der geminata wird dann nach § 131, 1 der lange vokal gekürzt. Durch enge assoziation wird oft die (konsonanten)- dehnung, resp. die (vokal)kürzung verhindert. Die hauptsächlichen fälle sind:

1. Zweisilbige komparative (s. § 57, III, 2) wie *færre* U, Vg. II, Vg. II K ff. 'weniger zahlreich', *hærre* Cod. Holm. B 53, 2. teil höher, *smærre* St, D 4 ff. kleiner, *miərre* Bir schmaler aus *fære* u. s. w.

Anm. 1. *Flerre*, -*a* Vg. I st. *flēre* (mit nebentoniger ultima) zahlreicher ist von seinem gegensatze *færre* beinflusst, wie umgekehrt *fēri* U, *fære* Sdm von *flēre*.

2. Zusammensetzungen mit schwachtonigem zweiten gliede (s. § 57, II, A, 2) wie kaschw. *hassæte* U (später auch *assæte*, s. § 312, 2) ruderer, *sinne mællum*, -*in* Sdm (5 mal) st. *sīn ī m*. (vgl. § 142 anm. 10) unter einander, *swinnin* Sdm die schweine, *alliker* Vm gleich, *hwollikin* Cod. Holm. B 53, 2. teil welcher, agutn. *nussi* jüngst (? s. Noreen, Arkiv VI, 331 note), mschw. *siuttan* siebzehn, *nittan* neunzehn, *Nybbele* (vgl. § 146, 3) ein ortsname, *hæggume* (vgl. § 112) nichtswürdigkeit, *fattiker*, -*igher* (vgl. § 101 anm. 2, § 146, 3) arm, *smællikin* (aus mndd. *smēlik*) Bir schimpflich.

Anm. 2. Unsicher ist *qviggrind* Vg. I (zu agutn., aisl. *kuī*) gatterthor einer viehhürde, bes. wegen *quiþgrind* Vg. II (s. aber Arkiv VI, 336); ebenfalls *prættan* (selt. *prætān*) dreizehn wegen des jetzigen und wol auch alten nebentones (s. aber Arkiv VI, 331 f.; anders, aber noch weniger annehmbar, Kock, ib. IX, 140 f.). Im pron. 'dieser' dürfte *ss* wenigstens zum teil aus *ʀs* entstanden sein (z. b. pl. *þæssir*, rschw. *þisiʀ* aus älterem *þiʀsi*). Noch unsicherer ist mschw. *hærradh*, -*idh* bezirk, das vielleicht mit aisl. *heraþ* (aschw. *hærap*, *haraþ*?) zu *hær* heer und *ráþ* rat gehört und von ahd. *hīrāt* (aisl. *hérap*?, aschw. *hærap*, *hārap*?) zu scheiden ist (s. § 60, I, 3, § 91, 1 und bes. § 298; An. gr. I, § 100 anm.; Arkiv V, 389 f. note; Brate, ib. IX, 132 ff.; Bugge bei Fritzner, Ordbog ²III, 1108). *Affāt* U, Vh, Bu, u. s. w. neben *āfāt* (aisl. *áfátt*) 'mangelnd' beruht wol auf vermischung mit dem synonym *af-fāt* (vgl. got. *af-ētja*, -*drugkja* u. a., s. § 148 anm. 2) 'allzu wenig'. Über das sicher nicht hierhergehörige *annōþogher* s. § 249 anm. 5.

3. Vereinzelte fälle (s. § 57, II, B, 1, b und III, 3—5) wie kaschw. *þerre*, -*a* neben *þēre*, -*a* 'der', *Nærrikke* (um 1350) neben *Nǣr(i)ke* (s. Noreen, Svenska etymologier, s. 24 ff.) ein ortsname, *hemmulsman* Sdm gewährleister, *fornæmme* Vh anmassung.

§ 298. Dehnung nach nebentonigem vokal.

Anm. 3. Fälle wie *flydde* prät. Bir ff., part. prät. pl. St ff. st. kaschw. *flyþe* zu *flg(a)* fliehen u. dgl. (im mschw. so bei fast allen auf langem vokal auslautenden verben) können zum part. prät. ntr. *flyt(t)* neugebildet sein nach dem verhältnis *þydde* : *þyt(t)* zu *þyþa* deuten u. dgl. Sicher beruhen fälle wie *høtta* st. *hø̄ta* drohen auf neubildung zu prät. *høtte* nach dem verhältnis *prœtta* : *prœtte* zanken u. dgl., wie umgekehrt *prœ̄ta* : *prœtte* u. a. nach *hø̄ta* : *høtte* u. dgl. gebildet ist; s. Noreen, Svenska etymologier, s. 48 und O. v. Friesen, De germanska mediageminatorna, s. 15 f.

Anm. 4. Vielleicht tritt dehnung bei *p*, *t* (bei *k* fehlen beisp., wol zufällig) auch in ursprünglichem (d. h. schon urnordischem) auslaut ein, z. b. *utt* U, Vm (sehr oft), H (anorw. *utt*) neben *ūt* (nach *ūte*, *ūtan*; vgl. umgekehrt anorw. *uttan*, *uttarr* nach *utt*) hinaus, *rœtt* U (vgl. § 80 anm. 6) n. *vēt* weiss, *lœtt* Da (2 mal) n. *lœt* (nach pl. *lœto*) liess (vgl. aisl., anorw. *hett* neben *hét* hiess), *lopp* Vh u. a. (häufig) n. *lōp* (die schreibung *loop* ist belegt) lief, *skopp* Linc. 39 (2 mal) n. *skōp* schuf. In *upp* (aisl. *upp* n. selt. *úp*) hinauf kann *pp* alt sein (vgl. ags. *upp* n. *úp*).

§ 298. Nach stark nebentonigem (kurzem oder langem) vokal wird einfache konsonanz geminiert (vgl. Noreen, Svenska etymologier, s. 31 f.). Vor der geminata wird dann nach § 133 langer vokal gekürzt. Da der vorgang hauptsächlich nur in kompositionsgliedern stattfinden kann (s. § 57, II, A), so wird er natürlich sehr oft durch anschluss des kompositums an das simplex verhindert. Umgekehrt wird oft die mit lautgesetzlicher geminata versehene kompositionsform aus den zusammensetzungen, bes. wenn diese häufig vorkommen, losgelöst und tritt neben dem alten simplex (mit einfacher konsonanz) auf, was den schein erweckt, dass gemination auch nach hauptdonigem vokal eingetreten sei (wie Kock, Lj. s. 384 ff und Sv. landsm. VI, 8, s. 41 betreffs *k*, *p*, *t* nach kurzem vokal in geschlossener silbe annimmt), was doch wol nur bei *m* unter umständen (s. § 300) der fall ist. Durch doppelschreibung beweisende beispiele zeigen sich um 1325, sind aber im kaschw. noch verhältnismässig selten wie Vh dat. *biskupp* (Leseb. 13, 21) bischof, *drœngskapp* (Leseb. 14, 6) mannhaftigkeit, *landskappi* (Leseb. 14, 7; vgl. 57, 7 u. a.) landschaft, Sdm *Tīhœrrœþ* (aus derartigen zusammensetzungen wol mschw. *hœrradh*, s. § 297 anm. 2) ein ortsname, *rœtvǐssa* gerechtigkeit, *giptarmāll* (wonach auch simplex *mall* sache) heirat, Vm *ākomma* verletzung, *vitnesmāll* (anal. *mall*) zeugnis, Vg. II *ēnsammin* einsam, *giptarøll* hochzeitsfest, *œrvisøll* totenmahl (anal. *øll* schmaus st.

§ 298. Dehnung nach nebentonigem vokal.

ǫl in Sdm, St und Leseb. 83, 22; 101, 15, 20, 31), Da *pœningsǫll* (so auch H) schenkenzeche, *laghbǒck* gesetzbuch, *sāramǎll* (anal. *mall*) verwundung, *agrȇpp* diebsgut, H *brūþgummi* (so auch Cod. Reg. Havn. des Södermannagesetzes, MEL, Bu) bräutigam, Bu *bilǣtte* (MET *belǣtte* neben *belǣte*, s. § 142 anm. 10) bildnis, *hǣgǒmme* nichtswürdigkeit, SK *bǒndǣsonn* bauersohn, *mantall* anzahl der mannsleute, Vg. II K *mizummar* zeit um Johannis. Im mschw. dagegen sind belege sehr häufig, z. b. dat. *ōtǫkkom* unangenehm, gen. pl. *skiǣllīkka* vernünftig, *skrābǒkk* zunftordnung, *mǒdhstollin* verzagt, *sindall* eine art seide, *silfskǎll* silberschale, *fuglamǎll* (Leseb. 103, 9) sprache der vögel, *līkamme* O ff. körper, pl. *ōtamme* ungezähmt, *iordhsmonnen* das erdreich, *ūvænner* (anal. *vænner* Leseb. 103, 11) unfreunde, *iorddynnen* das erdbeben, *blōzdroppe* (anal. *droppe*) bluttropfen, *iærnsweppa* eiserne geissel, *mishoppa* (anal. *hoppa* hoffen) verzweifeln, *sælskapp* (Leseb. 53, 3) gesellschaft, acc. *skylskapp* verwandtschaft, *overlǫpp* (aus mndd. *overlōp*) überfluss, *hǣstalǫpp* (auch *lopp* lauf) pferdefutter, *brylloppe*, *brȫlǫppe* hochzeit, *mandrǎpp* (anal. *drapp* schon Da, St) totschlag, *iordhakȇpp* (anal. *kǫpp* Da u. a.) güterkauf, *silfstǒpp* silberstauf, *anrǫpp* anrufung (dazu anal. *roppa* rufen), *upsȇpp* trank aus, *nǣsaborrar* nasenlöcher (vgl. *borra* st. *bora* bohren), *vīnklasse* weintraube, *gillisbloss* (und *bluss* schon 1346) gildefackel, *hǒnsagrǣss* (anal. *grǣss*) art kraut, *sunderknossa* (anal. *knussa*) zerquetschen, *bryniohossor* beinharnisch, *skadhalǒss* (anal. *lǫss*) schadlos, *drozǣtte* truchsess, *ǣnlitte* O ff. antlitz, *fridhbrott* (anal. *brott*) friedensbruch, *kökǫtt* (anal. *kǫtt*) rindfleisch, *ǣmbitte* amt, *afvitta* O toll, pl. *framlūtte* vornüber hangend, *hǣlvīttë* (z. b. Leseb. 105, 39) hölle.

Anm. 1. Bei *ʒ* ist die dehnung nie belegt, bei *ð* und *v* so selten, dass vielleicht nur schreibfehler oder orthographische launen vorliegen, z. b. *Brāvidder* (zu *viþer* wald) ein ortsname, Da *cōp-*, *giæld-*, *leghu-ruff* -bruch (vgl. Da *brēff* brief, *lēff* brot und § 33 anm. 2 sowie Björkman, Sv. landsm. XI, 5, s. 53).

Anm. 2. Unsicher ist *syndirkrossa* (und *krossa*) Bir zermalmen, das — trotz sonstigem *krosa* — wol aus dem mndd. *krossen* stammt. *Hovudhskalle* ST st. *-skāle* (m.) Bil. und gew. *-skāl* (f.) hirnschale kann zu *skalle* schädel gehören.

Anm. 3. Aus zusammensetzungen losgelöst sind wol auch mehrere formen, wo doppelschreibung zufällig nur im simplex angetroffen worden

§ 299—300. Sonstige konsonantendehnung.

ist, wie Da *skipp* schiff, *rĕpp* (auch Dipl. 1310) ein längemass, mschw. *thokke* nebel, *honnogh* honig, *læppe* lippe, *drosse* getreidehaufen, *mosse* (z. b. Leseb. 98, 3) moor, *næssa* nase, *posse* beutel u. a. m. neben *skip* u. s. w. Mschw. *lŏppa* laufen und *luppu* liefen sind vielleicht zu *lopp* lief (s. § 297 anm. 4) neugebildet; pl. *spinnar, spænnar* zitzen sind wol wie § 166 vorgeschlagen ist zu erklären; *skytte, -a* (nie *skyti) schütz stammt sicherlich aus mndd. *schutte* und entspricht demnach nicht dem aisl. *skyte; linna* linden und acc. sg. f. *linna* gelind sind wol zu *linn (geschr. *lin*, gleich aisl. *linr* nach § 295) neugebildet st. *lina*. Ganz unklar ist das verhältnis zwischen dem schon im ältesten kaschw. überwiegenden *tappa* U, Vh, Sdm, Vm, G, MEL, St ff. (z. b. Leseb. 57, 15; 80, 14; 88, 35) und *tapa* Vg. I, II, U, Sdm, Ög, H u. a. (aisl. *tapa*) verlieren; vgl. § 342 anm. 1.

§ 299. Wenn ein proklitisches wort ausnahmsweise haupttonig gebraucht wird, tritt dehnung des auf den jetzt haupttonigen vokal folgenden konsonanten ein. Belege mit doppelschreibung (welche dann oft auch in proklitischer stellung vorkommt) sind z. b. *till* Vg. I, Vh (Leseb. 14, 27), Da (62 mal, wie. Leseb. 27, 34; 28, 3, 13 ff., 22 ff., 28, 36 ff.), SK, O u. a. (Leseb. 55, 15; 103, 26, 33) zu, *hŏss* Vg. I, Di u. a. bei, *att* Da, O zu (vor inf.), *enn* SK st. *æn* wenn, *scullu* Sdm sollen, mschw. *att* (Leseb. 99, 13) dass, *væll* Di (z. b. Leseb. 107, 11, 17, 30) wol, *okk* und, auch, *gennom* durch, *hŏnnom* (*hannum* Ög) ihm, *skullin* werdet, *torra* (Leseb. 102, 16; 103, 1) mögen st. kaschw. *þora* wagen.

Anm. Über *vill, skall, hinn, monn*, die wol zum teil hierher gehören, s. § 295. Sehr unsicher ist *aff* Da (23 mal); vgl. § 298 anm. 1.

§ 300. *m* wird im mschw. seit c. 1400 (sofern es nicht schon früher nach § 298 gedehnt worden ist) intervokalisch — ausser nach *ā* (vgl. auch anm. 2) — gedehnt, wobei ein vorhergehender langer vokal nach § 132 gekürzt wird, z. b. dat. pl. *dŏmmum* Dipl. 1403 urteilen, acc. sg. f. *rŭmma* Bir geraume, pl. *somme* Bir, *summi* Rk. I, *-a* KS einige, *sommar* Bil, Rk. II sommer, dat. pl. *limmom* KS u. a. gliedern, präs. *quæmmir* GO passt, *fromme* Rk. II, Sp (Leseb. 110, 24) nutzen, *himmerīke* Ve (Leseb. 85, 15), *hymmerīke* Rk. I (Leseb. 86, 5, 11; 92, 5) himmelreich, *komma* Rk. II, Ve, Linc. 39 (Leseb. 104, 34; 106, 3), Sp (Leseb. 111, 5) kommen, *hĕmma* Rk. I (Leseb. 89, 11) zu hause, *gŏmma* bewahren, *dŏmmare* richter u. a.

§ 301. Sonst. kons.-dehn. § 302—303. Kürzung d. gem.

Anm. 1. Das vereinzelte kaschw. *kumma* kommen in H ist wol nur ein von den in dieser hdschr. häufigen danismen.

Anm. 2. Unklar ist (trotz Kock, Sv. landsm. XI, 8, s. 42 ff.) die behandlung des *m* nach kurzem *a*. Einerseits ist die dehnung durch belege wie pl. *lamma* Bil, MB. II lahme, *gammal* KS, GO, Linc. 39 alt, *tamma* D 4 zahme, *gamman* Rk. II freude, *hammar* Linc. 39, PM, *samman* Linc. 39 (Leseb. 104, 7; 105, 4), Sp (Leseb. 111, 2) zusammen u. a. bezeugt; andererseits zeigt nschw. *lekāmen* körper, dass unter umständen intervokalisches *m* kurz geblieben ist.

Anm. 3. Auch nach schwachtonigem vokal scheint die dehnung eines intervokalischen *m* stattzufinden, wenigstens nach vereinzelten schreibungen zu urteilen, wie mschw. dat. pl. (mit artikel) *swēnommon* den knaben, *klædhommen* den kleidern, *bukkommen* den böcken, *kapitēnarommen* den kapitänen gegenüber kaschw. konsequentem *-umin*. Vielleicht ist in dieser stellung auch *n* gedehnt worden (s. Kock, Arkiv XIII, 184 note); beispiel wäre Su *ōronnen* die ohren.

§ 301. Dialektisch (wie im nschw.) werden *k, p, t, s* nach *l, n, v, r* gedehnt (vgl. Kock, Skandinavisches archiv I, 54 ff.), z. b. Vg. I *hanss* seiner, *þingss* dinges, *horss* pferd, U *hulppit* geholfen, *stionkkær* zersprungen, Ly *fængilsse* gefängnis, Vm *sankka* sammeln, *billtogha* geächtet, H *frælz* frei, *lænzman* beamter, St *korssit* (Leseb. 52, 26) das kreuz, GO *halz* hals, *annarz* anders (über *z* s. § 52 anm. 1) u. a. m.

IV. Kürzung der geminaten.

§ 302. Nach konsonanten wird allmählich geminata verkürzt, z. b. *solia, sorgha* u. dgl., s. § 270 anm. 2; *mans, fals* u. dgl., s. § 290, 2.

§ 303. Nach schwachtonigem kurzem vokal tritt ebenfalls allmählich kürzung ein (vgl. § 242):

1. Unmittelbar vor dem haupttone (vgl. § 57, I, A, 1, 2 und B, 1—3), z. b. *oblȳgher* § 284, 1, *omykit, omanger* § 284, 4, *Habardher, aborre* § 286, *fukompna* § 287, *drœning?* § 290 anm. 3, *œmykyt* Bir aus **œmmykit* (s. § 76, 2, § 317, 1) ebensoviel.

2. In proklitischen wörtern, z. b. *hukin, hvikin* § 287.

3. In endungen und ableitungssilben, z. b. *kiurtel, gamal* u. dgl., s. § 238, 1, b; *gæstum* § 238, 2; *Hiþin* § 238, 3, b; *annar*,

§ 304. Kürzung der geminaten.

dat. sg. f. *-are* (schon Sdm, Vm je 2 mal), gen. pl. *-ara* (Vm, Da) § 238, 4; *bēþas* § 238, 5; *rīkis* § 242 anm. 2; *annan*, *nākon* u. a. § 289, 2; *mannomom*, *landomon* § 294, 1; *blæsutir* Dipl. 1316 mit bless versehen, *krōkuter* Bir. A, *-oter* D 4 krumm, *stakkoter* P. I, A 49. I, *-otan* D 4, *-ota* GO, *-otom* Rk. II kurz u. a. adj. auf *-ōtter* (> *uter*, s. § 112).

4. Im suffigierten artikel (und sonstigen verdunkelten zusammensetzungsgliedern, s. § 239 anm. 2 und § 264 anm. 3), kaschw. noch ziemlich selten, z. b. Sdm *kirkiuni* der kirche, *sōknnene* (§ 52 anm. 3) der gemeinde, Vm *hūstronar* der gattin, Da *kirkiune*, *tomptini* dem bauplatze, *iorþine* der erde, Bu *bōkene* dem buche, *nåttene* der nacht, *stundene* der weile u. a. Mschw. dagegen sind beispiele häufig, s. Kock, Lj. s. 291; Beckman, Sv. landsm. XIII, 3, s. 16.

Anm. Wo der betreffende konsonant auslautend steht, ist wegen der aschw. orthographie (s. § 52) die kürzung natürlich nicht sicher zu konstatieren.

§ 304. Zwischen einem langen haupttonigen und einem nebentonigen vokal wird wenigsten vor 1330 geminata verkürzt; s. Noreen, Om behandlingen af lång vokal etc., Ups. 1880; Kock, Lj. s. 418 ff.; Brate, Lj. s. 77 ff.; Wimmer, Døbefonten i Åkirkeby, s. 55 f.; anders, aber wol unrichtig, Hultman F. B., s. 176 ff. Kaschw. beisp. sind u. a. gen. sg. *nātar* Da, pl. *-a* Sdm, Da, dat. pl. *-um* Sdm, G nacht, nächte(n), *hǣte* Sdm, Biæ, Da riskiere, *māte* Biæ, Bu, *-in* Da konnte(n), pl. *sātir* Da, G versöhnte, dat. sg. f. *vāre* Sdm, Bu, *-i* G unserer, *lȳdu* (aisl. *hlȳddo*) G gehorchten statt *nāttar* u. s. w. Mschw. z. b. *sǣl(l)īka* glücklich, *īl(l)a* neben *illa* (aisl. *illa*) schlecht, dat. sg. f. *ēn(n)e* einer, pl. *klǣd(d)e* gekleidet; auch zusammensetzungen wie *māl(l)ēs* ohne sprache; mit unursprünglicher vokallänge (nach § 130, 1) *skǣl(l)ēs* ohne vernunft u. a.; mit unurspr. sowol länge (nach § 129, 1) wie geminata (nach § 292, 1) *vālit* (aisl. *valdet*) veranlasst, *skȳloghe* schuldige u. a. ST, *alzvālogher* (Leseb. 104, 8) allmächtig.

Anm. 1. Über *rædhes* (aisl. *hrǣddesk*), *bēdhes* (aisl. *beiddesk*) u. dgl. s. § 263, 2.

Anm. 2. In fällen wie *dōt(t)ir* tochter, *prǣt(t)a* zanken u. a., wo auch im aisl. *t* neben *tt* vorkommt, kann die doppeltheit älteren datums sein, s. § 233 anm. 1 und § 297 anm. 3.

Anm. 3. Vor unbetontem vokal bleibt die geminata lautgesetzlich (vgl. § 297 und 298) und die vorhergehende vokallänge wird dann nach § 131, 1 (vgl. auch § 90) gekürzt, z. b. *stŏrre* grösser, *kirkiustætta* (anal. nach dem simplex auch *-stæta*) steige an der kirche, *hārflætta* (anal. *-flæta*) haarflechte, *dŏttorson* und *sonadŏttir* neben *dōtir* (anal. *dottir*) tochter, *ŏttosanger* (anal. *ōto-*) frühmette und *iūlaŏtta* Christmette neben *ōta* (anal. *ŏtta*) frühstunde, *ăttatighi* achtzig und *attăn* achtzehn neben *ātunde* Bu (gew. anal. *ăttunde*, aber immer *ātundi* im agutn. runenkalender), *-ande* Bir achte und *āta* (z. b. im agutn. runenkalender, sonst gew. anal. *ōtta*) acht. *Siǣtte*, *sǣtte* neben *siǣte*, *sǣte* sechste hat wol die kürze von *siœx*, *sœx* sechs und *fœmpte* fünfte bekommen. Fälle wie *nætęr*, *dōtęr*, *ātęrtān* u. dgl. neben *nætęr*, *dotęr*, *attęrtān* u. s. w. sind wie aisl. *nǽtr*, *dǿt(t)r* u. a. zu erklären; s. An. gr. I, § 224 und vgl. Kock, Arkiv XIII, 165 f.

§ 305. **Nach haupttonigem kurzem vokal wird im mschw.** (vgl. anm. 1) auslautendes *rr* dialektisch verkürzt (wie allgemein im adän., s. Boberg, Arkiv XII, 336 ff.) und der vorhergehende vokal dann nach § 130, 1 gedehnt, z. b. *dōor* O (*dyrr* U) thür, *qwaar* (acc. *-rran*) Rk. II zurückbleibend, *kǣær* Rk. I, Linc. 39 (aisl. *kiarr*) morast, *œær* (dat. pl. *œrrom*) narbe. Vgl. nschw. dial. *bār* (aisl. *barr*) fichtennadel, *för* (aisl. *fyrr*) früher, *tār* (aisl. *þorr*) dürr.

Anm. 1. Ein etwas unsicheres beisp. aus kaschw. zeit ist *noor* Da, worüber vgl. § 129, 1.

Anm. 2. Fälle wie Bu *stud(d)e* stützte, dat. *las(s)e* fuder, *þak(k)aþe* dankte, *trap(p)a* treppe u. s. w., Bir. A *mœs(s)a* messe, *rid(d)are* ritter, *þœt(t)a* dieses, *san(n)o* wahrem, *læg(g)in* leget u. dgl. sind wol nur orthographischer natur, s. § 52 anm. 4.

Anm. 3. *Grun(d)val* und *grunvalder* (aisl. *grundvǫllr*) fundament sind wol zu scheiden, indem jenes mit *val* (aisl. *vǫlr*) stock, dieses mit *valder* feld, boden zusammengesetzt (resp. assoziiert worden) ist; s. Wadstein, Tidskr. f. Fil. N. R. X, 229.

C. Schwund.

§ 306. *ƀ* (> *v*, s. § 271) schwindet:

1. In den gruppen *lƀd*, *lƀn* und *rƀd*, z. b. der mannsname *Halldan* (nur noch rschw. *Halftan*, s. Lundgren, Sv. landsm. X, 6, s. 93), *hal(f)ninger* (vgl. § 256 anm. 4) hälfte, *wr(f)þarbalker* abschnitt von den erbschaften.

Anm. 1. Über *syl(f)bælte*, *galbænker*, *hal(f)mark* u. dgl. s. § 284.

§ 307—308. Konsonantenschwund: *d, ð*.

2. Nach unbetontem vokal auslautend und antekonsonantisch, z. b. proklitisch *ă(f)* Vg. I, SK u. a. 'von' (vgl. Kock, Lj. s. 405), *ha(f)dhe* O ff. hatte, spät mschw. *har* (agutn. *hafr*) hat; hierher wol auch *La(f)rens* Laurentius.

Anm. 2. Über *b > w >* schwund s. § 324, 2 und 3.

§ 307. *d* schwindet, um so konsequenter je weniger assoziation hineinspielt, zwischen *l* oder *n* und folgendem konsonanten (ausser *h, r* und kons. *i*; vgl. anm. 1), z. b. *hal(d)bane* mithelfer des mörders, *val(d)fōra* gewalt anthun, *giæl(d)gullin* verkauft, *gælkare* (aisl. *gialdkere*) steuereinnehmer, *hal(d)ning* haltung, *ēl(d)panna* glutpfanne, *mul(d)værpil* maulwurf; *lan(d)bō(e)* pächter, *lan(d)gille* pachtgeld, *frēn(d)kona* muhme, *anlite* (1 mal *andlite* wie im aisl.) antlitz, *lan(d)maþer* landmann, pl. *bun(d)nir* gebundene, *an(d)varþa* überliefern.

Anm. 1. Fälle wie rschw. *Anunr* (*Anunr* Forsa), *Ak-* (Nälberga), *I[n]ki-, Kir-, Sikmunr* (Rv. s. 19 note), *Ąsmunr* L. 508 statt *Ąnundr, Agh-, Ingi-, Gēr-, Sigh-, Ąsmundr* sind nach § 292 anm. 4 zu beurteilen. Über *giæl(d)skyldogher* verschuldet, *væræl(d)slīkin* weltlich, *an(d)svar* antwort, *ūtlæn(d)sker* ausländisch, *ōn(d)skaper* bosheit u. dgl. s. § 263, 1 und § 290, 2.

Anm. 2. Vielleicht hat mschw. *valin* 'vor kälte erstarrt' durch eine dialektische entwicklung ein anlautendes *d* verloren (vgl. *dvali* betäubung), s. Rydq. II, 402 f., IV, 365 note; dagegen Schagerström, Sv. landsm. II, 4, s. 23 note.

§ 308. *ð* schwindet in vielen stellungen:

1. In den gruppen *ʒðf, ʒðr, rðb, rðg, rðl, rðm* und besonders oft *rðn* (vgl. § 285), z. b. *bygh(þ)faster* wohnhaft, rschw. *Sikruþr* (*Sigrud* Dipl. 1361; s. § 176 anm. 2) ein frauenname, *Mar(þ)bækker* ein ortsname, *mor(þ)giald* manngeld, *halla* (seltener *hardhla*; vgl. § 289, 1) sehr, *norman* (mschw. auch *nordman*) norweger, *vir(þ)ning* ehrfurcht, *har(dh)na* hart werden, *var(þ)naþer* fürsorge, mschw. *stērna* (aisl. *stirþna*) steif werden.

Anm. 1. Über die behandlung der gruppe *rōr (rðʀ)* s. § 244, 3 und 4 sowie § 320, 2. Über fälle wie *hær(dh)ska* härte, *svær(þ)slīpare* schwertfeger u. dgl. s. § 225, 2, § 260, 4 und § 290, 2.

2. Inlautend nach vokal nur dialektisch und zwar:

a) Vor kons. *i* schon kaschw., z. b. nom. sg. f. *þri(þ)ia*, pl. *-io* Bu dritte, *þri(þ)iunger* cod. AM. 51, 4 zweite hand drittel,

§ 308. Konsonantenschwund: ð.

wæghia (d. h. *væja*, s. § 270) Cod. Holm. B 55 statt *væþia* appellieren, mschw. *wigia* (d. h. *vija*) statt *viþia* rute. Vgl. umgekehrte schreibungen wie Ly *hvarþiu* st. *hwariu* jedem, Vg. II (4 mal) *værþia* st. *væria* wehren, mschw. *nydhio* st. *nyio* neuem.

b) Vor *l* wol erst mschw., z. b. *beskē(dh)līkin* verständig, *brā(dh)līka* rasch, *Ma(d)lin* Magdalena.

c) Vor *r* spät-mschw. (vgl. § 244, 3), z. b. *Ka(d)rīne* Dipl. 1493 Kathrine, *fernesryke* (d. h. *færnesrīke*, vgl. agutn. *feþrnis-*) 1501 vaterland, *Far* (vgl. anorw. *faðr*) 1504 ff. als mannsname, *farlōs* 1506 vaterlos.

Anm. 2. Mschw. *fōr*, *-a* futter, *-n* neben *fōdher*, *-dhra* sind wol aus mndd. *vōr*, *-en* entlehnt.

Anm. 3. Etwas unklar ist *ø̄(þ)kn* (vgl. aisl. *auþn*) einöde. Wahrscheinlich ist eine entwicklung *ðk* > *þk* (§ 225, 2) > *tk* (vgl. § 260, 5) > *kk* (vgl. § 290, 1) anzunehmen (oder ist *ūkn* mit dem anorw. ortsnamen *Aukn* zu identifizieren?). Mschw. *ōdhkn* ist dann nach *ōdhe* öde wieder aufgefrischt worden.

Anm. 4. Intervokalisch schwindet *ð* erst nach 1500 (anders Kock, Sv. landsm. XV, 5, s. 25 ff.), z. b. *tī(dh)ande*, *-ænde*, *tī(dhi)nde* neuigkeit. Nicht hierher gehört das weit ältere präs. *fortīr* ST verlässt, das aus mndd. *vortīen* entlehnt ist, so dass der inf. *fortīdha* als eine neubildung zu prät. *fortidde* nach der analogie *strīdha* : *stridde* u. dgl. betrachtet werden muss.

3. Auslautend ebenfalls nur dialektisch und zwar:

a) Nach *ʒ* (*g* s. § 258, 2, b), besonders in Bu, wo man *blygh* scham, *bygh* (n. sg. f.) gebaut, *dygh* tugend, *frygh* (z. b. Leseb. 41, 21) freude, *frǣgh* ehre, *lygh* lüge statt *blyghþ* u. s. w. findet. Sonst mehr vereinzelt wie in Bir. A, Bir (z. b. *styg* abscheu), Bm, ST, Bil, KS (z. b. *hōgh* anhöhe), D 4, Rk. II (z. b. Leseb. 82, 22), Linc. 39 u. a. (s. z. b. Siljestrand I, 96 note).

Anm. 5. Vor 1350 sind sichere beispiele selten. *Manhælgh* Vm u. a. persönliche sicherheit ist wol eher mit aisl. *-helgr* als mit aschw. *-hælghþ* gleichzustellen. Möglicherweise ist Sdm gen. sg. *byrghar* (neben *byrgþar*) eine analogiebildung nach einem (erst später belegten) nom. *byrgh* neben dem belegten *byrgþ* erntearbeit, wie später pl. *maþfylgh(þ)ir* nach *-fylgh(þ)* mitgift und wol *hellbrygh(þ)o*, *-brogh(d)a* nach sg. nom. f., pl. nom. acc. ntr. *-brygh(þ)* gesund. Ganz sicher dürfte aber Vg. I, II *hēmfylgh(þ)* mitgift sein.

b) Nach *r* in denkmälern aus Västergötland, z. b. Vg. I acc. *gar* zaun, *dagher* frühstück, Ly *trēagar* garten, *suær* schwert, Vh *Alamar*, *Suǣmar* waldnamen (wol zu *marþ* wald;

§ 309—311. Konsonantenschwund: *f, g, ʒ*.

anders, aber kaum richtig, Sv. etymologier s. 54), Vg. II *ābyr* eingeschmuggelter gegenstand, *āgiær* aufgeld, *daghur* frühstück, ?Biæ dat. *wæri* (anal. nach nom. **vær*) wert statt *garþ* u. s. w.; vgl. umgekehrte schreibungen wie Vh *orðþyff*, Biæ *siorð, torþghe* statt *ōrþiūf* 'nicht-dieb', *siōr* see, *torghe* markte. Ausserdem *ī fior(dh)* Dipl. 1507 (aus Finnland) im vorigen jahre.

Anm. 6. Nach vokal fehlt *ð* ganz vereinzelt im mschw., z. b. *dō̄(dh)* tod, *hove(dh)* haupt, *Fransta, Frændasta* u. a. ortsnamen auf *-sta(dh)*, von denen einige schon im rschw. den schwund zeigen (s. Kock, Sv. landsm. XV, 5, s. 38, wo jedoch schwund im inlaut angenommen wird; vgl. aber anm. 4).

§ 309. *f (p,* s. § 259, 2, a und b) schwindet, wo assoziation nicht hindert, in den gruppen *lfk, lfp, lfs, lft, mft* (nur antesonantisch vorhanden, s. § 248,1), *rfs* und *rft,* z. b. rschw. *Ul(f)kil* ein mannsname; kaschw. gen. *hal(f)pæninger* halber pfennig; gen. *sial(f)s* (z. b. Leseb. 23, 5) zu *sialver* selbst, mschw. *ōl(f)smæssa* Olafsmesse, *Bryniul(f)sdottir* ein frauenname; kaschw. ntr. *hal(f)t* zu *halver* halb, *hæl(f)t* hälfte, *tyl(f)t* zwölfter; *fæmte* (got. *fimfta;* über *æ* s. § 83, 2, b) fünfte; gen. *tor(f)s* zu *torf* rasen; *ar(f)takin* geerbt.

Anm. *Sy(f)skapsspiæl* art blutschande ist wol von dem synonym *syskanaspiæl* wie auch *sylskaps-* von *skyldskapsspiæl* beeinflusst worden.

§ 310. *g* schwindet, wenigstens im mschw., zwischen *n* und anderen konsonanten, wiewol dies im allgemeinen nicht orthographisch zum vorschein kommen kann (s. § 40 anm. 2). Beweisend sind jedoch solche vereinzelte schreibungen wie pl. *fag(h)nir, gagnir* statt *fangnir* gefangene, *gangnir* gegangene u. dgl. — Über *ðgn, lgð* und *rgð* s. § 311.

Anm. Über *līker* (aisl. *līkr*) ähnlich und *nōgh* (aisl. *nóg*) genug gegenüber aisl. *glīkr, gnóg* s. An. gr. I, § 250 anm.

§ 311. *ʒ* schwindet in folgenden fällen:
1. In den gruppen *ðʒn (ðgn,* s. § 258, 2, a), *lʒð (lgð,* s. § 258, 2, b), *rʒb, rʒð (rgð* § 258, 2, b), *rʒm, rʒn (rʒn* § 258, 1) und *rʒv,* z. b. gen. pl. *mōþna* zu *mōþgor* mutter und tochter; *fylde* (vgl. § 257, 1, a) folgte, *manhæld* persönliche sicherheit statt *fylghþe, -hælghþ;* *Biærboson; Bærþōr* mannsnamen (zu *b(i)ærgh* berg), *byr(g)þ* erntearbeit; *pær(gh)man* pergament, *bor(gh)mæstare* bürgermeister; dat. *mor(gh)ne* morgen, *bær(g)ning* unterhalt; *Biær(gh)viþer* ein mannsname.

§ 311. Konsonantenschwund: ʒ.

Anm. 1. Sehr unsicher bleibt, ob, wie Söderwall vermutet, *bolin, bulin* aufgeschwollen mit dem synonym *bulghin* identisch (und nicht nur verwandt) ist und dann zu formen wie *bul(gh)no* u. dgl. neugebildet. Vgl. § 340 anm. 3.

2. Inlautend nach vokal und zwar:

a) Vor *ð* (und *d*) allgemein — seit c. 1300 — nur nach schwachtonigem *a*, z. b. urspr. proklitisch (dann auch haupttonig verwendet) prät. *la(gh)þe* Sdm ff. legte, mschw. *sa(gh)dhe* sagte, *Madlin* (vgl. § 156, 1, a) Magdalena; dialektisch ausserdem nach (auch starktonigem) *y*, z. b. *hēlbry(gh)þa* Sdm ff. gesund, *fry(gh)dh* KS. fr (Leseb. 56, 36; 57, 33) freude.

b) Vor *w* (> *v*, s. § 269), wo assoziation nicht hindert, z. b. *da(gh)varþer* Bu frühstück, mannsnamen wie *Avidher* (rschw. *Ahuiþr*, d. h. *Agwiðr*, L. 275, 276), *Ra(gh)valder, -var, -vaster, -vidher* (vgl. § 317, 1), *Si(gh)valder, -vardher, -vidher*.

Anm. 2. Vor anderen konsonanten fehlt ʒ nur ganz vereinzelt, z. b. rschw. *Ra(k)nfastr, Si(h)tiarfr* (d. h. *Siʒdiarbr*), *Si(k)riþ* (z. b. Sjustad), in der literatur *Ranvalder* (rschw. *Raknualtr*), *Si(gh)munder* (oft mit dem lehnwort *Simon* verwechselt), *La(gh)man, Bri(ghit)ta* (vgl. § 156, 2, a) personennamen, *rætto(g)hēt, -i(g)hēt* Dipl. 1395 gerechtsame, *nā(gha)n* Dipl. 1511 (vgl. § 156, 1, b) irgend ein. Unklar ist das verhältnis von *stīborþ* teichschleuse zu der seltenen mschw. form *stīghbōrdh* (2 mal, *stiffbord* 1 mal). Konstant fehlt ʒ in *gonum* (*gynum, ginum*, vgl. § 100 und § 102, 2) durch, *gēn* (*gin* G) gegen, *gen-* (*gin-, gyn-*) gegen-, *igēn* (*igæn*) wieder, *gēn* (*gīn*) gerade, deren verhältnis zu aisl. *gognom* (*giognom, gegnom*), resp. *gegn* (*gǫgn, gogn*), *i gegn, gegn*, was das ʒ betrifft, ganz unklar ist.

c) Zwischen zwei schwachtonigen palatalen vokalen (welche dann nach § 153 anm. 3 kontrahiert werden; vgl. die etwas abweichende auffassung Kocks, Arkiv XI, 139), z. b. *fæmtighi* > *-tī* fünfzig, *aldrī* (aisl. *aldrege*) nie, *ælli(ghi)s* sonst, proklitisch *ǣ(gh)i, ē(gh)i* (auch *egh, eigh* u. a. geschrieben, s. § 20 anm. 3), *igh* (s. § 146, 1) 'nicht', mschw. *Ni(gh)els* (urspr. proklitisch, vgl. § 339, 1) Nikolaus.

Anm. 3. Unklar bleiben vereinzelte fälle wie *quiande* Cod. Havn. des Södermannagesetzes statt *kwīghande* vieh, mschw. *hy(ghi)ande* kissen, *Mar(gh)it* (vgl. aber Noreen, Arkiv V, 387 note) Margareta. Je einmaliges *le(gh)ukuna* Da mietmagd, *þe(g)ar* G dann, pl. *ertair* neben *-taugr* G sind vielleicht blosse schreibfehler. Über *ællar* neben *ællighær* Vh s. An. gr. I, § 251, 3 und Sievers, Beitr. V, 477. Über *sti(ghi)a* s. § 328 anm. 1.

Anm. 4. Schwund im auslaut ist nicht sicher belegt. Mschw. *krī* (neben selt. *krīgh*) krieg ist wol dän. lehnwort.

§ 312. Konsonantenschwund: *h*.

Anm. 5. Weil das aschw. in heimischen wörtern keine anlautende palatale spirans besitzt (vgl. § 20, 3), so wird in lehnwörtern eine solche oft durch 'hypersnecismus' entfernt, z. b. mschw. *ikt* (mndd. *jicht*) gicht, *eghen* (mndd. *jegene*; alt nschw. auch *egnd* aus mndd. *jegenede* gegend, *ungkara* KS, *ungar* KS. fr (aber *ionkara* Bu u. a. neben *iunkar* u. a. formen) junker, *Iurius* (*Yrius* § 100) Georgius, *Ardan* Jordanes. Dagegen ist *ingefer* neben *gingiber* ingwer wol mit mhd. *ingewer* neben mndd. *gangeber* zu vergleichen.

Anm. 6. Über $z > w >$ schwund s. § 324, 2,

§ 312. *h* schwindet:

1. vor *l*, *n*, *r* allgemein und schon im rschw., seit um 1000. Gegen *hr-* in den ältesten inschr. wie Rök (*Hraiþmarar*, *-kutum*, *-ulfar*), Kärnbo (*hraur*) und, noch etwas nach 1000, Rösås (*Hruþa*), den uppländischen Asmundsritzungen oder der 'Ingwarritzung' von Tystberga (*Hruþkair*) steht *r-* in inschr. wie (vor 1000) Herened (*Rifni[n]kr* aus *Hræbningr*) und den meisten inschr. nach 1000 wie Nöbbele (*Rostein* aus *Hrōðstœinn*), Hanggrän (*Roþbiern*), Sjonhem (*Roþuisl* u. a.). Kaschw. steht natürlich nur *l-*, *n-*, *r-*, z. b. *lōpa* (aisl. *hlaupa*) laufen, *nakke* (aisl. *hnakke*) nacken, *rinda* (aisl. *hrinda*) stossen. Doch zeigen die älteren partien der provinzialgesetze durch zahlreiche alliterierende formeln wie [*h*]*lōpa ā hærskip*, *hæl ok* [*h*]*nakke*, agutn. [*h*]*nykkia eþa* [*h*]*rinda* u. dgl., dass zu deren abfassungszeit noch die alte aussprache bestand (s. Lind, Om rim och verslemningar, s. 23 f.; vgl. auch s. 26).

2. Vor sonanten dialektisch (bes. im östlichen Uppland wie jetzt, aber z. b. in Västergötland ebensowenig wie heute), aber schon im rschw., z. b. Sälna (ganz konsequent) *ialbi* helfe, *arþslagin* hart, fest, *anum* ihm, *ans* seiner. Kaschw. fehlt *h* sporadisch, aber nicht ganz selten (s. Rydq. IV, 399 f.; Söderberg, Lj. s. 36), häufig in einer kaschw. hdschr. des landrechts (Schlyter, Corpus X, s. v f.); mschw. bes. in lehnwörtern, z. b. (*h*)*ymna* hymne, (*h*)*ystoria* geschichte, (*H*)*eraclius* u. a.

Anm. 1. Die meisten nicht-uppländischen beisp. im rschw. und kaschw. erledigen sich wol nach § 246, so dass *h* nicht im absoluten anlaute, sondern eigentlich im (satz)inlaute geschwunden ist. So z. b. sind die im rschw. häufigen formen *akua* hauen und *ialbi* helfe in den stereotypen und überaus häufigen formeln *lit* (*h*)*akua* 'liess hauen' und *kuþ* (*h*)*ialbi* 'Gott helfe' entstanden. Aus enklitischem anschluss erklärt sich das ebenfalls häufige *an* Rök u. a., *an* Sjustad u. a. (auch Vg. I) er, *ans*,

§ 313. Konsonantenschwund: kons. *i*.

ans Gårdby u. a. seiner. Vgl. über *(h)alf* § 246 anm. Vgl. noch Wadstein, Tidskr. f. fil. N. R. X, 229 und 3. R. III, 15 f., über *sætia til angs* (st. **hagns*) verbieten zu schädigen.

3. Vor kons. *i* und *u* wenigstens in einigen dialekten, aber erst mschw., z. b. Bir *jærta, jonalagh* st. *hiærta* herz, *hiōnalagh* heirat (vgl. umgekehrte schreibungen wie *hiern* Dipl. 1457 st. *iærn* eisen, *hyær-, hiær-* um 1500 st. *iærtēkn* mirakel); Dipl. 1401 *waar* (1402 *warie*), Linc. 39 *was* st. *hwar* jeder, *hwas* scharf.

Anm. 2. Ein vereinzeltes kaschw. beisp. ist Bu *iogo* st. *hioggo* hieben (schreibfehler?). Das vereinzelte rschw. *uaim* Rök st. *hwœim* wem dürfte nur schreibfehler sein (s. Bugge, Ant. tidskr. f. Sv. V, 74). — Ganz unklar ist das verhältnis von mschw. *iæsse* (adän. *iæsse*, ndän. *isse*), scheitel zu der späten und sehr seltenen form *hiæsse* (anorw. *hiarsi, hiassi*).

§ 313. Konsonantisches *i* scheint im mschw. zwischen *g*, *k* und einem schwachtonigen vokal zu schwinden anzufangen, z. b. *mygga* ST mücke; *smēk(i)are* Bir schmeichler, *dīk(i)a* Bil graben ziehen, *fisk(i)a* Dipl. 1501 fischen, *kyrk(i)a* Linc. 39 kirche, *saksōk(i)are* Dipl. 1514 kläger. Jedoch ist der vorgang erst in mschw. zeit durchgeführt worden, wobei allerdings das konstante *mænniskia* (nschw. *männischa* gesprochen) mensch auffällig bleibt.

Anm. 1. Unsichere beisp. aus dem kaschw. sind *slœg(gi)a* Bu hammer, *sampykk(i)a* Dipl. 1345 einwilligung. Im älteren mschw. vorkommende inf. wie *bygg(i)a* Ve bauen, *skænk(i)a* D 4 schenken sind wol im allgemeinen den finiten formen (präs. *byggir*, prät. *bygde* u. s. w.) nachgebildet. Entsprechend sind solche schon kaschw. fälle wie dat. pl. *trygg(i)um* U nach *trygger* treu, *dīk(i)um* U, Sdm nach *dīke* graben zu erklären.

Anm. 2. Über fälle mit nur scheinbarem schwund eines kons. *i* wie *frō* Vh, Sdm. II u. a. fruchtbar, *ōfrō* MB. I unfruchtbar, *sl(i)ō* Rk. II, *sn(i)ō* Di, *snōde* Rk. II schneite, *S(i)ō-* in ortsnamen s. § 69, 7 und § 99; *fr(i)als* § 93, 2; *(i)amval* § 76, 2; *s(i)ældan* u. dgl. § 78 anm. 3. Die spätmschw. prät. *fol* fiel, *hog* hieb, *holt* (z. b. Leseb. 111, 32, 34 aus Sp) hielt statt *fiol* u. s. w. (vgl. § 95) haben das *i* durch den einfluss der inf. *falla, hugga, halda* aufgegeben, wie wol auch (s. Kock, Arkiv XI, 320 f.) die etwas älteren nebenformen *ful* (z. b. Leseb. 95, 15, 25; 101, 33; 102, 2 aus JB u. a.), *fol, hug, hog* (z. b. Leseb. 71, 39 aus D 4), *hult, holt* st. *fiul, fiol* u. s. w. (vgl. § 75, 2). Über *s(i)axtān* sechzehn s. Noreen, Arkiv VI, 331 f. *Snūva* neben *sniūva* schnupfen beruht wol auf mndd. *snūve*. *D(i)ost, d(i)ust, dyst* (*dost* § 116) ritterspiel beruht auf mndd. *diost, dust*, adän. *dost, dyst*.

§ 314—315. Konsonantenschwund: *k, l*. 243

Wol nur schreibfehler statt *-børn* (s. § 65, 3) ist vereinzeltes *-born* neben *-biorn* in mannsnamen. Nicht verwandt sind *fændin* (afr. *fandiand*) der teufel und *fiændin* der feind (auch der teufel), s. Kock, Tidskr. f. fil. N. R. VII, 302 ff. Über die mit einander vermischten *dækn* dekan und *diækn* diakon s. Noreen, Arkiv VI, 384. Unklar bleiben die kaschw. ortsnamen *N(i)ærþatūnum* und *N(i)ærþavī* (zu aisl. *Niorþr?*) sowie *frænde* (vgl. § 153, 4) verwandter gegenüber aruss. *friand* und rschw. pl. *freantr* L. 507.

314. *k* schwindet mehr oder minder konsequent in einer menge von gruppen wie *lks, nkf, nkn, nks, nkt, rkb, rkg, rkn, rks, rkt, skl, skn, skt*, z. b. *bælskin* haut (zu *bælgher* balg), *fol(k)sens* des volkes, *hwil(k)sens* wessen; *iungfrū* (*iumfrū* s. § 281) aus *iunkfrū* jungfrau; gen. *sōgna* (d. h. *sōnna*) G aus *sōnkna* (s. § 337, 3) zu *sōnc* G gemeinde; *kunungs* st. *kununx* königs u. dgl. (vgl. schreibungen wie *ygnste* st. *ynxste* jüngste, *gagns* st. *ganx* gangs); *drængte, blangt* st. *drænkte* ertränkte, *blankt* helles u. dgl. (vgl. schreibungen wie *æghnti, æknte* st. *ænkte* nichts); pl. *mar(k)bōar* einwohner von Mark; *hal(f)margiæl* art steuer (zu *mark* mark); *mar(k)nazdagher* markttag; *bærs-* st. *bærx-* berges- (in zusammensetzungen), *Borstēn* ein mannsname (zu *borgh* burg), agutn. *byr(g)slufulc* erntearbeiter; ntr. *star(k)t* stark; *Grēz(k)land* Griechenland, *ras(k)līka* rasch, *bēs(k)līka* bitter (vgl. nschw. *hisklig*, alt auch *hīslig* entsetzlich); *hīsna* (früh-nschw. *hīskna*) sich entsetzen, *kasnavargher* (s. § 337,7) brandstifter, *thrys(k)ning* dreschung; *ōste* (nach *ōsk* wunsch) Bu, Rk. I, *ønste* zu *ēnskia* wünschen, ntr. *swæns(k)t* schwedisch, *bēs(k)t* bitter u. a. m.

Anm. Über nicht hierhergehöriges *bissoper* (*bisp* § 156, 1, b) neben gew. *biskoper* bischof s. Noreen, Tidskr. f. Fil. N. R. X, 227. Uralt wie in ahd. *s(c)olan* (Urg. lautl. s. 172) ist die doppelheit in *skal*: einmal *sal* Og (Leseb. 31, 14, gleich nschw. dial. *sa* und aisl. *sall* 1 mal im Cod. AM. 921, 4º) soll.

§ 315. *l* schwindet:

1. In den gruppen *rld, rlg, rlm, rls, slm, slt*, z. b. *vær(l)din* aus *væruldin* (s. § 156, 2, b; daneben *værlin* aus **værullin* nach § 292, 1; durch kompromisschreibung *værdl*; beisp. s. Leseb. 178) die welt; *kar(l)gilder* vollwichtig; *karmaþer* (aisl. *karlmaþr*) mann, gen. *kar(l)s* kerls (schon aruss. *Karschev* = aisl. *Karlsefne*, s. Bugge, Arkiv II, 166), *stakkar(l)s* bettlers (wonach mschw. analogisch nom. *kar, stakkar*), *skær(l)zelder* (vgl. § 337, 8) fege-

244 § 316. Konsonantenschwund: m.

feuer (vgl. nschw. *samfärdsmedel* zu *samfärdsel*, *införstull* zu *införsel*, *inkörsport* zu *inkörsel* u. a.); *Gīs(l)munder* ein mannsname; prät. *sȳste*, part. *sȳster* zu *sȳsla* ausrichten.

Anm. 1. Vereinzelt stehen *œnsker* (vgl. An. gr. I, § 245, 7) englisch und *mars(kal)k* (vgl. § 156, 1, b) marschall.

2. Kakuminales *l* schwindet:

a) Im auslaut proklitischer wörter wahrscheinlich ziemlich allgemein, wiewol beisp. sehr selten sind, z. b. *ska(l)* Ög (in *skan* st. *skal han*), Bir u. a., pl. *sku(lu)*, -*m* Dipl. 1503 soll, -en, *te* st. *til* Bu u. a. zu.

b) Dialektisch (vgl. das jetzige dal.) vor *b*, *m*, *p* und *s*, s. Noreen, Arkiv III, 5 note; Kock, ib. VI, 32 note; Bugge, Rv. s. 36 und 143; Brate, Lj. s. 82. Beisp. treten nicht eben selten, aber sehr sporadisch auf, z. b. rschw. *ha(l)fan* halben, *Ku(l)finkʀ*, *Þu(l)fr* mannsnamen, Da u. a. *ha(l)ver* halb, Dipl. 1375 *Fasto(l)- ver* ein mannsname, 1386 *Gangnœf* (wol aus *Gagnœlf*) ein ortsname, ST, Su u. a. *siœ(l)ver* selbst, ST *sø(l)vir* silber, Su *hœ(l)vitte* hölle; Da u. a. *hœ(l)m(p)ninger* kriegerschaar, Vm u. a. *fluthu(l)mber*, -*ho(l)mber* fliessende insel, kaschw. *Ho(l)mger* (*Honger* § 272, 2), -*sten* mannsnamen, *Hu(l)mfriþ*, -*borgh* frauennamen; rschw. *hia(l)bi* helfe, Vg. I *frœ(l)sgivi*, Vg. II -*a* entlassener, -e sklave, -in, JB (oft) *ha(l)ster* rost, Su *dy(l)ska* trägheit, mschw. *bu(l)ster* polster, *ha(l)s* hals, u. a. m. Der vorhergehende vokal bekommt nach ausweis der jetzigen dialekte ersatzdehnung.

Anm. 2. Der von Kock, Beitr. XX, 119 note, vermutete schwund vor *k* ist nicht sicher belegt (vgl. § 257). Das einmalige *fo(l)kit* ST das volk ist wol nur schreibfehler. Ebenso je einmaliges *haftisi* Ly st. *hæftilse* gefängnis und *fa(l)sk* Su falsch, so dass man nicht mit Zetterberg, s. 49, und Kock, Arkiv XII, 86, auch schwund eines dentalen *l* vor *s* annehmen darf. Unerklärt bleibt freilich das 5 malige *hæstz* Biæ, Vg. II st. *halzt* am liebsten.

Anm. 3. Zweimaliges *b(l)iald* D 4 art seidenstoff beruht wol auf dissimilation. Über mschw. *kar(l)* s. 1 oben. Über *ten(l)unger*, *telnunger* s. § 249, 2 (und vgl. § 337, 4).

§ 316. *m* schwindet oft in den gruppen *lmb*, *lmf*, *lmg*, *lms*, *lmv*, z. b. aruss. *Ulvorsi* aus *Holmfors* ein ortsname, rschw. *Hulbiurn*, *Hul(m)fastr*, -*friþ*, kaschw. und mschw. *Hol(m)bō*, -*ger*, -*sten*, -*vardher*, -*vaster*, -*vidher* u. a. personennamen.

§ 317. Konsonantenschwund: *n*.

Anm. *Ar(n)borst*, *arbreste* (u. a. formen) armbrust kann sein *m* schon auf fremdem boden verloren haben; vgl. lat. *ar(cu)balista*, aisl. *arbyst* neben mndd. *armborst*.

§ 317. *n* schwindet:

1. Zwischen zwei konsonanten, z. b. *Ragh(n)borgh; Raghlēver; Ragh(n)valder, -vaster, -vidher* personennamen; *alboghe* (agutn. *alnbugi*) ellenbogen; *stambōe* (anal. *stampn-* nach *stampn steven*, vgl. § 332, 1) im steven stehender krieger; *hæmd* (1 mal *hæmpnd*) rache, *næmd* (selt. *næmpnd, næmnd*) komité, prät. *hæmde, næmde* (selt. *næmpnde*), part. *hæmder, næmder* zu *hæm(p)na* rächen, *næm(p)na* nennen; *iæmfōra* vergleichen; *iæmgōþer* eben so gut; *iæmhōgher* eben so hoch zu *iæm(p)n* eben; *iæmka* übereinkommen, *nam(pn)kunnogher* bekannt; *fulkom(pn)likhēt* vollkommenheit; *iæmlanger* eben so lang; *iæmmykin* eben so gross; *iæmrīker* eben so reich; gen. *fams, nam(pn)s, stums, syms* zu *fam(p)n* die ausgebreiteten arme, *nam(p)n* name, *stumn* stumpf eines baumes, *sym(p)n* schlaf; *famtagha* umfassen, ntr. *iæm(pn)t* eben, *næmt* genannt, *stæmt* vorgeladen; *æmvæl* (s. § 76, 2) eben so wol; *rængbughi* (*rægn-*) regenbogen; *rængde* (*rægnde*) regnete; *Rankil* (**Ragnkil*) ein mannsname; *gang(n)līker* nützlich; *Ragmunder* (gespr. *Ran-*, vgl. § 258 anm. 1) ein mannsname; gen. *gang(n)s* nutzens, *rængskūr* (*rægn-*) regenschauer, *Māngs* (s. § 156, 1, b) Magnus; *Rangvalder, -var, -vaster, -vidher* mannsnamen; *spærdhe* (aisl. *spernþe*) stiess an; rschw. *Arbiurn; Ar(n)finder; Ar(n)gun;* rschw. *Arkil; Arlogh; Armunder* personennamen; *iārmark* brenneisen; *hvar(n)staþ* wo immer, *bar(n)søl(l)* taufschmaus, *biør(n)skin* bärenhaut, *Biør(n)son* ein mannsname; ntr. *for(n)t* alt; *Arvaster, Ar(n)viþer* mannsnamen; *but(n)fynd* MEL bodenfund; gen. *vaz* (selt. *vatns*) wassers, pl. *Vazstēnar* (aisl. *vatnsteinn* steintrog für wässerung) ein ortsname; *hæfda* (? s. § 226 anm.) stuprare u. a. m.

2. Mschw. in unbetonter silbe vor *s* (s. Noreen, Arkiv VI, 336 ff.), z. b. mannsnamen wie *Lauri(n)s, Lare(n)s* Laurentius, *Hāko(n)sson*, ortsnamen wie *Læbistum, Variskælf* zu den mannsnamen *Læbin, Varin*, ferner *i faste(n)s* in der vorigen fastenzeit, *i afte(n)s* gestern abend; *sīstans > -ens > is* (§ 149 anm. 2) vor einiger zeit, *forgivi(n)s* vergebens.

§ 318. Konsonantenschwund: v.

Anm. 1. Unklar sind einige seltene fälle wo n sporadisch auch in betonter silbe geschwunden zu sein scheint wie væsl G. a statt vænsl (aschw. vænsl) verdacht, mschw. mi(n)ska (4 mal bei Klemming, Läke- och Örteböcker s. 150, 195, 410) vermindern. Vgl. die nicht überzeugende vermutung Bugges, Arkiv IV, 130 f.

3. Dialektisch wenigstens um 1450 auslautend nach schwachtonigem vokal, z. b. Rk. II (häufig) bondere st. bondren die bauern u. a., zum teil sehr unsicheres. Hierher wol auch dat. pl. borghamæstaromme st. -omen (s. § 300 anm. 3) den bürgermeistern, überaus häufig in Stockholms Jordebok (aus 1420 ff.). Unsicher, weil schreibfehler (z. b. *a* st. *ā*, d. h. *an*) vorliegen können, sind vereinzelte fälle wie *Andirso* Dipl. 1414 st. *-son*, *uta(n)* ohne, *hwadha(n)* woher, *sidha(n)* seither in ST, *forūtæ(n)* PM ausser u. a. m. Vgl. hierüber Beckman, Sv. landsm. XIII, 3, s. 18 ff.

Anm. 2. Fälle wie rschw. *Biur* L. 241, *Iænbiur* L. 197 (*Ernbiurn* L. 771), mschw. *Holmbior(n)* sind wol eher aus dem gen. *Bior(n)s* u. dgl. nach 1 oben — vgl. *kar* nach *kar(l)s* § 315, 1 — zu erklären als wie belege des erst früh nschw. belegten dialektischen (und zwar nordschwedischen) schwundes eines auslautenden *n* nach *r* (z. b. *tiär* Dipl. 1543, 1545, nschw. *tjärn*, s. Nordlander, Sv. fornm. tidskr. VII, 174).

Anm. 3. Im kaschw. mannsnamen *Hipi(n)munder* dürfte eher eine (wegen mangels an sonstigen fällen nicht belegbare) nach schwachtonigem vokal eintretende assimilation *nm* > *mm* (dann > *m* nach § 303) als direkten schwund des *n* anzunehmen sein. Vgl.? rschw. *Henminkr* § 330 anm. 2 neben kaschw. *Hæmminger*.

Anm. 4. Unklar ist die in MB. II 13 mal belegte endung *-adis* (*-ade*) statt *-andis* (*-ande*) im part. präs. Vielleicht ist wie im mhd. *-e(n)de* (s. Schröder, ZfdA. XXXVII, 126) das *n* ursprünglich nur dann (durch dissimilation) geschwunden, wenn ein anderes *n*, oder wol nasal überhaupt, vorherging. Von formen wie *kommade* kommend, *gangadis* gehend, *kænnade* kennend wäre dann *-ad-* zu fällen wie *sighiadis* sagend u. dgl. übertragen. Hiefür sprächen *Āstmudær* Vh st. -*munder* ein mannsname und *sanni(n)d* Dipl. 1505 wahrheit. Vgl. auch § 318. — Über *telonger* neben *telnunger* s. § 249, 2 und § 337, 4. Wegen des unklaren *pi(n)giz-* vgl. § 249, 1.

§ 318. *v* vor *y* schwindet seit vor 1300 durch eine art von dissimilation, besonders in denkmälern aus Västergötland (wie Vg. I, II, Ly, Vh, Biæ) und Östergötland (wie Bu, Bir. A, ST, Linc. 39), wenn die silbe mit *m* oder *n* anfängt, z. b. *Hæ(m)mi(n)ger* ein mannsname, *kunu(n)yer* (z. b. Leseb. 41, 32; *konuger* 51, 30; 52, 11; *koniyer* 91, 3 ist wol d. lehnw.) könig, *drotni(n)y* (Leseb. 104, 37) königin, *pani(n)yer* (45, 6) pfennig,

§ 319—320. Konsonantenschwund: p, r.

gærni(n)g (43, 29; 45, 2; 105, 3) that, pl. *Skānu(n)gar* (44, 20) einwohner von Schonen. Konstant ist *honagh, hunagh* (aisl. *hunang*, ahd. *honang*) honig; zur erklärung s. Noreen, Svenska etymologier, s. 5. Vgl. dieselbe erscheinung im westgermanischen (s. Sievers, Beitr. IV, 533 f.; Schröder, ZfdA. XXXVII, 124 ff.).

Anm. Ganz ausnahmsweise kann dann die nasallose suffixform analogisch auch in anderen stellungen auftreten, z. b. *Falukopoger* Vg. I ein ortsname, *kærlig* ST altes weib statt gew. *-onger, -ing*.

§ 319. *p* schwindet, wo nicht gelehrter einfluss mit im spiele ist, anlautend vor *s*, z. b. (*p*)*salmber* psalm, (*p*)*saltare* psalter (vgl. umgekehrte schreibungen wie *psalt* salz, *psafyr* saphir). — Vgl. übrigens § 309.

Anm. Über das mit *apter* wahrscheinlich nicht verwandte *āter* s. § 288 anm.

§ 320. *r* (altes, vgl. § 321) schwindet:

1. Zwischen zwei konsonanten (wofern es nicht silbenbildend gewesen ist und daher nach § 160, 2, b svarabhaktivokal entwickelt hat), z. b. pl. *yfnir* zu *yfrin* (anal. auch *yfnin* > *ymnin* > *ympnin*, s. Noreen, Arkiv I, 155 note) reichlich, gen. *silfs* und zusammensetzungen wie *silfbiærgh, -disker, -fat, -kar* u. s. w. zu *silver* (anal. auch *silf*) silber, pl. *fæþgar* (noch rschw. *faþrkaʀ* L. 265, *feþrka* L. 718) vater und sohn, *mōþgor* (noch Kärnbo *-muþrku*) mutter und tochter, *brøllunge* (**brøðrl-*, vgl. § 285, 3) neben einmaligem *brøþerlonge* Ly geschwisterkind männlicher seite (vgl. ohne *l*-suffix *brøþrunger*), *fædh*(*e*)*nesland, -rīke* (vgl. § 156, 2, b) vaterland, gen. *ang*(*e*)*s* drangsals, *systkin* (**systrʒ-*, vgl. § 261, 2) geschwister, *systlunger* (vgl. ohne *l*-suffix *systrunger*) geschwisterkind weiblicher seite u. a. m.

2. Zwischen vokal und konsonanten sporadisch (durch dissimilation), wenn ein anderes *r* in der nächsten silbe folgt. So besonders oft (c. 20 belege) in Vg. II und Biæ bei der folge *rð-r*, z. b. *væ*(*r*)*þer* (auch Siljestrand III, 7), *va*(*r*)*þer* (auch Bir. A, s. Leseb. 45, 4 und 5) wird, *my*(*r*)*þir* mordet, *ba*(*r*)*þer* geprügelt, *ga*(*r*)*þer* hof; vgl. vereinzelte fälle wie rschw. *Ahbaþr* L. 238 st. *Haghbarþer* ein mannsname, *haþr* (Rv. s. 237) hart, mschw. *a*(*r*)*dhrit* der pflug. In anderen stellungen ist die dissi-

milation sehr selten, am ehesten bei der folge *rʒ-r* anzuerkennen, z. b. Högby *Þukir* (wol st. *Þōrʒerðr*, s. § 244,4; kaum mit Bugge, Rv. s. 231 st. *Þorgæirʀ*), Da *Bighir* (st. *Birghir*) personennamen, *kasnawagir* (st. *-vargher*) mordbrenner, Rk. I *Ma(r)garēta*. Hauggrän *bietr* st. *biertr* ist ganz vereinzelt und daher vielleicht nur ein schreibfehler. Vg. II *fiæmir* (st. *fiærmir* Ög, gew. *fiærmēr*, vgl. § 146,1) 'mehr in der ferne' kann von *næmir* (s. § 321, 4) 'näher' beeinflusst sein. Vgl. im ganzen Noreen, Arkiv V, 386 f. — Unsicher scheint, ob *annat* (*anart* Rök) 'anderes', *okkat* Vm (sonst *-art* wie immer *iþart*, *vărt*, *hwart*) 'uns beiden zugehöriges' das *r* lautgesetzlich (in schwachtoniger silbe vor *t*) verloren haben, oder ob sie nicht vielmehr zu *annan*, *okkan neu gebildet sind nach der analogie *lītit* : *lītin*, *þat* (*þæt*) : *þan* (*þæn*) u. a. *Nākat*, *nōkot* 'etwas' hat wol ebensowenig wie das simplex *hwat* 'was' je ein *r* gehabt.

Anm. 1. Bisweilen scheint *r* wegen eines vorhergehenden *r* geschwunden zu sein, z. b. kaschw. *brōþ(r)unge* Vg. I, II geschwisterkind männlicher seite, mschw. *Marghĕt* Margareta, *fōdherma(r)sk* fourageineister, *læri(r)ska* lehrerin, *byri(r)ska* anfängerin; vgl. jedoch *rs* > *ss* oben § 289. Ganz unklar, aber wahrscheinlich nicht hierhergehörig, sind *m(i)ærþ(r)e* (anorw. *mærð*) reuse, *rēþ(r)e* (aisl. *hreiþr*) nest. Vgl. hierzu Kock, Tidskr. f. Fil. N. R. IX, 176, Arkiv VI, 29 f.; Noreen ib. V, 387 note, 388 f.

Anm. 2. Über *hædhelīka*, *inne(r)līka* s. § 333 anm.

Anm. 3. Nur scheinbar ist *r* auslautend nach schwachtonigem vokal geschwunden in seltenen fällen wie Ög. fr. I *brōþe* (Leseb. 19, 31; 21, 4) bruder, *syste* (Leseb. 21, 4) schwester, SK *dōtte* tochter, wo in wirklichkeit ʀ geschwunden ist (s. § 321,4), indem diese formen nicht die rschw. nom. auf *-ir* fortsetzen, sondern die daneben sehr häufig vorkommenden auf *-iʀ* (z. b. *faþiʀ* Rök, *bruþiʀ* Gårdby, *muþiʀ* Malstad, *tutiʀ* Saleby I, *sustiʀ* L. 312), welche das ʀ nach analogie sonstiger nominative angenommen haben (s. Bugge, Norges indskrifter s. 109). Ebenso erklärt sich das häufige fehlen des *r* in den partikeln *æpti(r)* nach, *fyri(r)* vor, *yvi(r)* über, *undi(r)* unter — über welche s. § 321 anm. 2 und 2, c sowie 3 und 4 — aus den im rschw. äusserst häufigen, analogisch entstandenen (s. Bugge a. o., s. 12, 29, 80), formen auf *-iʀ* (z. b. *eftiʀ* Högby, Hofgården, Rösås, Hauggrän u. s. w., *furiʀ* Hauggrän, Forsa, *ifiʀ* Turinge I) neben urspr. *-ir* (z. b. *eftir* Sjonhem I, II).

§ 321. ʀ (nicht *r*!) schwindet nach vokal (jedoch nicht svarabhaktivokal, s. § 283, 2; vgl. aber anm. 7) vorliterarisch, und zwar ehe ʀ in dieser stellung zu *r* wurde (s. § 283, 3), aber in sehr verschiedener ausdehnung in verschiedenen gegenden,

§ 321. Konsonantenschwund: R. 249

was wol hauptsächlich darauf beruht, dass das ʀ je nach den gegenden zu sehr verschiedener zeit den übergang in *r* (welches ja als solches bleibt) durchgemacht hat. Am frühesten sicher belegt ist der schwund aus Uppland in der zweiten hälfte des 11. jahrhs. bei Balle und Ybbir (s. 2, b unten; andere, zum teil aber nicht hierhergehörige oder unsichere, belege bei Bugge, Norges indskrifter s. 82 note), womit stimmt, dass in U der schwund nur in wenigen stellungen stattfindet (s. 2 unten). Da die wichtigsten kaschw. denkmäler in diesem punkte weit aus einander gehen, und die urspr. lautgesetzlichen verhältnisse durch ausgleichungen und sonstigen analogiebildungen in hohem masse verdunkelt worden sind, behandeln wir hier die hauptsächlichsten in betracht kommenden handschriftsgruppen gesondert:

1. Die agutn. denkmäler zeigen schwund nur inlautend zwischen unbetontem vokal und einem konsonanten (ausser *h*), z. b. *sunadōtir* sohnestochter, *varþalaus* verwahrlos, *nemdamaþr* geschworner (anal. auch *nemdaaiþr*), *sōcnamen* gemeindeglieder, *bȳamaþer* stadtbewohner, *sēngaclēþi* bettzeug u. a. m., aber *axlarhafuþ* schulterblatt, *yxarhamar* axthammer und natürlich *sȳmdaraiþr* ehrenrettung durch eidschwur.

Anm. 1. Die 'ausnahmen' *ētarmen* verwandten, *quīslarmen*, *ortarvitni* (aber *ortasoyþr*), *fēarkraf*, *krafarvereldi* sind wol teils von dem einfachen *ētar* u. s. w. beeinflusst, teils (vgl. Kock, Sv. landsm. XI, 8, s. 28 f.) noch nicht unter einen haupttton gebracht, also 2-taktig (*ētàr mēn*) auszusprechen.

Anm. 2. *Firi* (*fyri*) vor, das, wie im aschw. überhaupt, weit häufiger als *firir* (*fyrir*) vorkommt, kann aus den überaus häufigen zusammensetzungen losgelöst sein. Aber vielleicht hat jene form (aisl. und bes. anorw. *fyri* neben häufigerem *fyrir*) nie ein -ʀ (oder -*r*, s. § 320 anm. 3) gehabt; vgl. gr. περί und ahd. *furi* sowie die aschw. nebeform *fore* (nie *forir), das sich wol zu got. *faúra* wie *ūte*: got. *uta*, *inne*: got. *inna* u. dgl. verhält; anders Kock, Tidskr. f. Fil. N. R. IX, 173, wo jedoch das agutn. keine berücksichtigung findet. — Das einmalige *sōcninna* der gemeinde dürfte wol nur schreibfehler sein.

2. In vielen denkmälern aus Västergötland (wie Vg. I, II, Ly, Vh, Biæ) und Uppland (wie U und den ritzungen von Balle und Ybbir) findet schwund in folgenden fällen statt (vgl. Kock, Tidskr. f. Fil. N. R. IX, 174 f., Sv. landsm. XI, 8, s. 19 ff., Zetterberg s. 50 f.):

a) Wie im agutn. (s. 1 oben), z. b. Vg. I *sunædōttir*, *āsȳnævittni* augenzeuge, *fæstæruf* kontraktbruch, II *næmpdæman*,

§ 321. Konsonantenschwund: ʀ.

mānæþædaghær monatstag, Ly *næmpdæman*, Biæ *bȳaman*, *siælægipt* seelgerät, U pl. *bȳæman*, *sōknæmæn* u. a. sowie durchaus konsequent in formen mit suffigiertem artikel wie z. b. Ly *lotene* die teile, Vh *klokkonær* die glocken, Biæ *fæstunær* die taue.

Anm. 3. Dass bei den zusammensetzungen die mit der zeit immer innigere verschmelzung (mit aufgabe der 2-taktigen aussprache, s. anm. 1) wirklich bei dem schwunde eine rolle spielt, dürfte aus dem umstande hervorgehen, dass das verhältnis der *r*-losen formen zu den mit *r* versehenen sich zu gunsten der ersteren entwickelt, so dass, während Vg. I noch die proportion 5 : 53 zeigt, die späteren Vg. II 3 : 5, Vh 4 : 5, Ly 23 : 4 und Biæ gar 21 : 0 haben. — *Gĕr-* (rschw. *Kaiʀ-*) neben *Gĕ-* in uppländischen mannsnamen wie *Gĕ(r)munder*, *Gĕ(r)vaster* ist aus *Gĕre*, *Gĕrulver* u. dgl. entlehnt.

b) Im auslaut (durch dissimilation), wenn das wort noch ein *r* (altes oder aus ʀ entstandenes) in derselben oder der nächst vorhergehenden silbe enthält, z. b. rschw. pl. *runa* L. 696 (Balle), 226, 246, 423, 427, 428, 453, 616, 799 (alles Ybbir) runen, Vg. I pl. *ōræ(r)* ören, acc. f. *þrēæ(r)* drei, II *ōræ*, *nærmē* (aisl. *nærmeir*) näher, *fȳri* vier, *bōtrenæ* die büssen, g. sg. f. *luktræ* geschlossener u. a., Ly g. sg. f. *fuldræ* voller, n. pl. m. *kwarri* zurück, Biæ n. pl. m. *ōræ*, *skipæra* schiffer, *vāre* unsere, *andri*, f. *-æ* andere, *þrēæ* drei, *niþærstæ* niedrigste, g. sg. f. *gōþræ* guter, U pl. *øræ*, *þrī* (f. *þrēæ*), *fiūri* (*-æ*), *andri* (*-æ*), g. sg. f. *iorþæ* erde, *halfræ* halber, *annæræ* anderer, *frælsæ* freier (anal. auch *ōgiptæ* nicht verheirateter u. a.). Vgl. aus anderen hdschr. *rō* (rschw. *hrauʀ* Kärnbo) neben *ror* (nach den 2-silbigen kasus neugebildet) steinhaufen, *rō* und *rør* (got. *raus*) rohr u. a. Durch analogie ist natürlich *-r* nicht selten wieder hergestellt worden.

c) Vielleicht auch (wie Kock a. o. will) im auslaut unbetonter (nicht aber schwach nebentoniger) silben, z. b. Vg. I pl. *vinyæræ* (neben *-ær* nach dem simplex) verlobungsgeschenke, adv. *innansōknæ* innerhalb des kirchspiels, II pl. *ūvini* (: *vinir*) feinde, gen. *Tīviþæ* (: *viþar*) ein waldname, *næmpdinnæ* (aber auch *-ær*!) des komités, Ly *kyrkiunæ* der kirche, *næmpdinæ*, Vh *sannindinna* der wahrheit (aber *mōþorennar* der mutter, *siālinnar* der seele!), Biæ *stupunnæ* des prangers, U pl. *bōlfasti* (: *fastir*) sesshafte, *skyldæsti* die am nächsten verwandten, gen. *Ønabækkiæ* ein ortsname, *Māgnūsæ* des Magnus, *sōkninnæ* des

§ 321. Konsonantenschwund: R. 251

kirchspiels, *hūsfrūnnæ* (aber auch -*œr*!) der ehefrau; daher auch in oft unbetonten wörtern wie Vg. I *mæ̅*(*r*) mir, *sæ̅*(*r*) sich, *ū*(*r*) aus, Ly *ivi*(*r*) über (vgl. § 320 anm. 3), *undi*(*r*) unter, Vg. II *œpti*(*r*) nach, g. *sinnæ* seiner, Biæ g. *hœnnæ* ihrer, pl. f. *þā* die, *sīnæ* seine, *hinæ* jene, U *æ*(*r*) ist, *vī*(*r*) wir, *ū*(*r*), *hœnnæ*(*r*), *sinnæ*(*r*), *þā*, *œpti*(*r*), *undi*(*r*). Aber gegen diese erklärung sprechen einige fälle mit -*r*, welche sich nicht durch annahme irgendwelcher assoziationsbildung beseitigen lassen, wie die eben zitierten *nœmpdinnœr* Vg. II, *hūsfrūnnœr* U, *mōþorennar*, *siālinnar* Vh und das fast immer proklitische *œr* (rschw. *iʀ*) 'ist', das jedoch fast nie (prät. *var* nie) seines *r* entbehrt; vor allem aber das relativum *œr* (rschw. *iʀ*), das wiewol immer unbetont nie ohne *r* auftritt (vgl. aber anm. 6 und 7 unten).

Anm. 4. Wo sonst *r*-lose formen neben (oft selteneren) *r*-formen stehen, sind im allgemeinen jene die ursprünglichen, z. b. (mit massenhaften belegen) *œllæ* (aisl. *ella*) 'sonst, oder,' pl. m. *þē* (got. *þai*) 'die, sie', *bāþi* (got. *bai þai*) beide, *þœssi* (rschw. *þaisi*, *þiʀsi*) diese, *twē* (got. *twai*), f. *twā* (rschw. *tua* Rök, got. *twa*, s. Noreen, Grundriss² I, 627, § 215, 2; anders Kock, Sv. landsm. XI, 8, s. 23) zwei, pl. m. *mangi* viele, *gōþe* gute (got. *managai*, *gōdai*) u. dgl., *landa* (got. -*ans*) landsleute u. dgl. Seltener beruht die *r*-lose form auf ausgleichung innerhalb des paradigmas, z. b. U *by* dorf (aus dem dat. und acc.), Biæ *blā* blau (aus dem fem. n. a., vgl. auch Kock, Tidskr. f. Fil. N. R. IX, 171), pl. *gafla* giebel (aus dem acc.), konstant 2. sg. konj. und prät. ind. -*i* (gegen aisl. -*er*) schon Vg. I (z. b. *hafþi* hattest, *kallaþe* nanntest u. a.) aus der 3. sg.; oder auf analogie anderer wörter, z. b. Biæ acc. pl. f. *alla* alle, *gōþæ* gute u. a. (nach *andræ*, *þrēæ* u. dgl., s. b oben). Vgl. übrigens die flexionslehre.

3. In einigen denkmälern aus Dalarna, Västmanland und Södermanland (wie Da, Vm und Sdm) scheint ʀ zu schwinden vor konsonanten (vor *h* jedoch schwankend) sowol inlautend wie — ausser nach kurzem *u*, wo es wol früh zu *r* geworden ist (s. § 283, 3) — wenn das im ununterbrochenen satzzusammenhange folgende wort konsonantisch anlautet (vgl. Brate, Lj. s. 83 ff.). Inlautend fehlt nämlich nach obiger regel *r* (ʀ) etwa fünfmal so oft wie es da ist (zur erklärung s. anm. 1), und auch auslautend vor konsonanten wird im grossen und ganzen dieselbe proportion innegehalten, wenn man nur das präs. sg. ausser rechnung lässt. Denn während sonst, wie gesagt, die antesonantische form auf -*r* nur verhältnismässig selten in die antekonsonantische stellung übertragen worden ist und umgekehrt, steht nämlich hier auch vor konsonanten weit über-

§ 321. Konsonantenschwund: R.

wiegend -*r*, was wol so zu erklären ist, dass in verben von dem typus *kalla*(*r*) nennt oder *kāpi*(*r*) kauft die *r*-form den sieg davongetragen hat, weil sie eine mächtige stütze hatte bei den verben von dem typus *lætęr* lässt, *hiælpęr* hilft oder *læggęr* legt, *havęr* hat, wo die *r*-form die einzige war (s. § 283, 1 und 2).

Anm. 5. Während, wie gesagt, im auslaut nach kurzem *u* das R als *r* bleibt, z. b. *kirkiur* kirchen, *kunūr* weiber, fehlt es auffällig 2 mal in der verbindung '*tua kunu*' Da, wo nach Brate, Bezz. Beitr. XIII, 41 eine dualform vorliegen soll. Nach *ū* aber tritt schwund ein, z. b. *ū*(*r*) aus. — Wenn pl. *þē*(*r*) 'sie, die' weit überwiegend (z. b. in Vm 8 mal, in Sdm noch öfter) *r*-los ist, so ist dies wol nach anm. 4 zu erklären.

Anm. 6. Wenn *ær* (rschw. *iR*) 'ist' und *var* (rschw. *uaR*) 'war' nie *r*-los sind, so beruht wol dies auf anschluss an die pl.-formen *æru*, *vāru* (und part. *varit*). Warum aber auch beim relativum *ær* (rschw. *iR*) das *r* nie fehlt, bleibt gänzlich unklar. Vgl. oben c (schluss) und anm. 7.

4. In denkmälern aus Östergötland (wie Ög. fr. I, Bu, Bir. A) und Småland (wie SK) ist R überall ausser intervokalisch (z. b. *mēra* mehr) und auslautend nach kurzem *u*, *o* (z. b. *gatur* gassen, *tungor* zungen) geschwunden; vgl. Landtmanson, Bu. s. 8, 20, 59; Björkman, Sv. landsm. XI, 5, s. 55 f. Denselben standpunkt (oder vielleicht den oben unter 3 angegebenen) nehmen im grossen und ganzen ein Ög, MEL, St und die aller meisten, hauptsächlich wol ebenfalls aus Östergötland stammenden, mschw. denkmäler (vgl. Tamm, Uppsalastudier s. 29; Rydq. II, 252 ff., 600 ff., IV, 429 ff.; Söderwall, Kasusformerna s. 3 ff., 10), jedoch mit vielen schwankungen, die wol wesentlich auf dialektmischung und analogie beruhen, z. b. *æ* Ög (und Bu) neben gew. *ær* (nach pl. *æru*; immer *var* nach *vāro*; vgl. anm. 6) 'ist', *mē* (Leseb. 44, 14) : *mēr* (nach *mēra*; vgl. auch aisl. *meirr*) mehr, *nævara* Dipl. 1344 ff. anwesenheit und (oft) *nǣmēr*, -*mir* näher: *nǣr*- (nach *nǣra*, *nǣr*, aisl. *nǣrr* nahe), *ōmynd* Ög: *or*-, *urmynd* (nach *ŏr*, *ūr* neben *ū* aus; auffallend immer *ormynd* mit *r* in Ög. fr. I) mitgift und ebenso *ūminnishæfþ* MEL: *ur*-uralter besitz (vgl. *ū*-: *orþiuva* Vm 'nicht-dieb'), *kwinnorna* MB. I (nach *kwinnor*) die weiber (ebenso *syndirna* Bir die sünden nach *syndir*, vgl. anm. 7) u. s. w. In einigen von den spätesten (1500 ff.) mschw. denkmälern (wie Di, MB. II) ist auslautendes -*r* verhältnismässig häufig anzutreffen, z. b. pl. *knapar* Di knappen, *byiar* MB. II dörfer, was ohne zweifel

§ 322. Konsonantenschwund: *s*.

darauf beruht, dass der früher übermächtige einfluss Ostergötlands auf die reichssprache jetzt etwas zurückzutreten beginnt.

Anm. 7. Wenn präs. sg. besonders oft -*r* zeigt (z. b. in SK fast ebenso oft -*r* wie schwund), so erklärt sich dies nach 3 oben. Dass (wie auch im adän.) unregelmässiges *r* öfter nach *i* als nach *a* vorkommt (z. b. in MEL und St ist sogar -*ir* häufiger als -*i*), ist vielleicht zum teil so zu erklären, dass -*R* nach *i* früher (und zwar in gewissen gegenden vor der zeit des *R*-schwundes) als nach *a* zu *r* wurde und daher als solches blieb (s. § 2S3, 3). Unerklärt bleibt das relativum *ær* in Ög (später ausser gebrauch); vgl. oben c und anm. 6.

Anm. 8. Einige vereinzelte fälle (in zwei hschr. aus Västmanland), wo -*R* nach svarabhaktivokal fehlt, verzeichnet Siljestrand I, 38, z. b. Vm *balkœ*(*r*) abteilung, *varþœ*(*r*) wird. Vielleicht ist daher in irgend einem dialekte der svarabhaktivohal schon vor dem übergange des nachkonsonantischen *R* in *r* (s. § 2S3, 1 und 2) entwickelt worden, so dass auch in diesem falle *R*, nicht *r* geschwunden ist. Hiemit nicht zu verwechseln sind die häufiger vorkommenden fälle wo nachkonsonantisches -*ęr* (nicht -*r*, aber vielleicht einigemal schon -*R* in rschw. zeit) durch analogie entfernt worden ist, z. b. mschw. acc. *lūdh*(*ęr*) zu *lūdhęr* (gen. *lūz*, vgl. aisl. *lúþrs*) kuhhorn nach dem verhältnis *dagh* : *daghęr* tag u. a., nom. *kǣrlęk*(*ęr*) gleich acc. *kǣrlęk* liebe nach *sak* : *sak* sache u. dgl. (s. die flexionslehre).

§ 322. *s* schwindet in folgenden fällen:

1. Unmittelbar nach *st* (durch dissimilation), z. b. gen. *prǣst*(*ins*) Vg. I, U, Sdm, Da, SK (des) priesters, *g*(*i*)*æst*(*ins*) U, Biæ, St (des) gastes, *Krist* Sdm, Vm, *prōfastins* Da des probstes, *hæstins* St des pferdes neben seltenerem *prǣsts* u. s. w. mit analogisch neu zugetretenem *s*; s. Söderwall, Kasusformerna s. 10; Brate, Böj. s. 7; Larsson, Lj. s. 157; Zetterberg, s. 52; Björkman, Sv. landsm. XI, 5, s. 56.

2. Auslautend vor anlautendem *s* im satzzusammenhange nicht selten, z. b. *fore kǣrlęk skuld* (Leseb. 69, 28; 71, 28; 110, 2) um liebe willen, *fore grāt skuld* (Leseb. 70, 38) wegen thränen, Sdm *værþ sins* seines wertes u. a. (s. Söderwall, Kasusformerna s. 16; Larsson, Lj. s. 156 f.; Björkman, Sv. landsm. XI, 5, s. 56). Entsprechende erscheinungen finden sich übrigens auch bei anderen konsonanten, besonders im kaschw.

3. Anlautend im agutn. (wie im jetzigen dal.) *al* soll, pl. *ulu* sollen (neben *scal*, *sculu*, s. § 314 anm.). Ein erklärungsversuch bei Kock, Sv. landsm. XI, 8, s. 37 f.

Anm. 1. Kaum ist hier, wie Bugge (Beitr. XIV, 295 f. note) annimmt, *sk* geschwunden; vgl. Ög *sal*, nschw. dial. *sa*, aisl. (selten) *sall* und d. *soll*.

Anm. 2. Schwerlich ist, wie Zetterberg (s. 47) und Kock (Arkiv XII, 86) wollen, *s* in der gruppe *nsk* geschwunden in folgenden fällen: Ly *hwinka* mauserei, Vg. II *hwinka, danker* dänisch, *ūtlænker* ausländisch, *ænker* englisch, Biæ *kwinka* weiberehre gegen sonstiges *hwinzka, dansker, ūtlænzker, ænsker, kwinska*. Zur erklärung s. Noreen, Svenska etymologier s. 27.

Anm. 3. Rschw. -*fatr* in mannsnamen ist wol eher mit Brate (Rv. s. 21 f. note) als -(*h*)*watr* (vgl. die § 269 zitierten schreibungen) wie mit Bugge (ib.) als -*fastr* aufzufassen.

Anm. 4. *l* statt *sl* in drei hdschr. des Västmannagesetzes (s. Siljestrand I, 118), z. b. *vīgh*(*s*)*l* Vm weihe, soll vielleicht den im jetzigen dal. vorliegenden übergang von *sl* in stimmloses *l* andeuten.

Anm. 5. Ganz unklar (nur schreibereigentümlichkeit?) ist rschw. *tin* L. 359 u. dgl. statt *stin* stein; vgl. Bugge, Rv. s. 145.

§ 323. *t* schwindet:

1. Zwischen *f, n, p, r, s* und einem anderen konsonanten (ausser *h, r* und kons. *i* oder *u*), z. b. *af*(*t*)*nar* abende, *un*(*t*)*biūdha* nachricht geben, *un*(*t*)*fanga* empfangen, *ungā* entgehen, *gip*(*t*)*ning* verheiratung, dat. *ap*(*t*)*ne* (Leseb. 18, 4) abend, *hwār*(*t*)*þærræ* Ly jedes von beiden, *hwarþing* Da nichts, *Fas*(*t*)*biǫrn*, -*gēr* mannsnamen, *Væs*(*t*)-, *Ōs*(*t*)*gōtar* einwohner von Väster-, Östergötland, *sys*(*t*)*linge* (vielleicht nach § 337, 10 und § 290, 2 zu erklären) geschwisterkind weiblicher seite, pl. *apos*(*t*)*lar* apostel, *ængis*(*t*)*līka* ängstlich, *Faslaug* L. 1283 ein weibername, pl. *kris*(*t*)*nir* (z. b. Leseb. 45, 12; 46, 1; 88, 22, 27, 35; 89, 3, 7) christen, *gæs*(*t*)*ning* bewirtung, *thys*(*t*)*na* verstummen. Fälle wie *skafkar* (aisl. *skaptker*) henkelgefäss zum einschenken, *fun*(*t*)*kar* taufbecken, *hwarke* (*hwārt-ke) weder, *sys*(*t*)*kin* geschwister können nach § 290, 1 (vgl. auch § 337, 10; § 290, 2), *æfster* (aisl. *epztr*) letzter, *fruk*(*t*)*sama* (z. b. Leseb. 50, 17) befruchten, *un*(*t*)*sighia* die freundschaft aufkündigen, agutn. *sempsic* (Leseb. 37, 20) übereingekommen nach § 290, 2 erklärt werden.

2. Auslautend nach *z*, d. h. *ts* (durch dissimilation), z. b. *bæz*(*t*) Vm best, *halz*(*t*) Biæ, *hælz*(*t*) am liebsten, mschw. *droz*(*t*) truchsess.

Anm. 1. Vielleicht liegt auch dissimilation vor in *tōp*(*t*) Vg. I, *tomp*(*t*) Ly (2 mal), Cod. Holm. B 6 (3 mal, s. Schlyter, Corpus I, 509), Cod. Holm. B 56 (2 mal, s. Siljestrand I, 95), mschw. (mehrmals) bauplatz; aber die *t*-lose form könnte wol auch aus zusammensetzungen wie *tompgarþer* (vgl. 1

oben) Vg. II 'zaun zwischen bauplätzen' losgelöst sein. Mschw. *hwatvena* KS. fr (Leseb. 56, 8, 9; aisl. *huatvetna*, aschw. *hwatvitna*) 'was immer' könnte wol auch auf dissimilation beruhen (vgl. Kock, Arkiv VII, 190), aber diese annahme lässt das agutn. *hurvina* G (-*vitna* G. a) 'wo immer' unerklärt.

Anm. 2. Ganz unklar ist die im rschw. häufige schreibung *sain* statt *stain* stein (Rv. s. 30, 202). Mschw. *alsing(e)s, alsingen* 'ganz und gar' st. *alsting(e)s* ist wol von *alzingin* 'gar keiner' beeinflusst. Über namen auf -*kil* neben -*kitil* s. § 156 anm. 2. Über mschw. *drö(t)nig* s. § 290 anm. 3.

§ 324. *w* schwindet:

1. Vor *r* nur im agutn. und (in übereinstimmung mit dem anorw.-aisl., vgl. § 8 f.) H, z. b. agutn. *raiþi* (aschw. *vrēþe*), zorn, *reka* (aschw. *vrǣka*) treiben, *hafrek* wrack, pl. *rangr* (nschw. dial. *vränger*) spanten; H *rǣka* treiben, *afrǣkt* entwendung. Vgl. jedoch dass die etwas später abgefasste vorrede zu H *vrhat*, z. b. *vrangvīs* boshaft. Über die behandlung des *wr* in anderen dialekten s. § 269 mit anm. 2 und § 337, 12.

Anm. 1. Vermeintliche belege aus anderen denkmälern sind unstatthaft. Vm *ārēk*, Da *areek* (und *arǣk*, vgl. § 81 anm. 6 und § 124 anm. 8, schluss) viehtrift entspricht nicht aisl. *rek* wrack, sondern *reik* (ntr.) hin- und herfahren. *Riva* reiben entspricht nicht mndd. *wrīven*, sondern *rīven*. Mschw. *risi* (as. *wrisi-l*) riese ist anorw.-aisl. lehnwort, s. Noreen, Svenska etymologier, s. 61. Unklar bleibt Biæ *rak* gegen sonstiges *vrak* wrack (vgl. aber Zetterberg, s. 52).

Anm. 2. Kaum darf man mit Säve und Söderberg, Lj. s. 41, annehmen, dass *wr*- zu *br*- geworden wäre in agutn. *brisca* vermehren, das sie mit got. *gawrisqan* zusammenstellen.

2. Zwischen nebentonigem und unbetontem *u*, sowol wo *w* aus *b* (vgl. § 256 anm. 7) wie aus *ʒ* (s. § 279, 1) entstanden ist, z. b. *hūþ*- neben *huvuþ*- haupt- in vielen zusammensetzungen (wie *hūzmāl* Ög hauptsache, *hūþstaþer* Bu hauptstelle, mschw. *hūdhklǣdhe* kopftuch), mschw. obl. *gilstūo* Rk. II gildestube, *rādstūo* 1487 ff. rathaus zu -*stuva*; *bruttumō* zu *brūþtugha* brautführerin (s. § 279, 1), *þrǣtiughunde* > -*tiünde* Vg. II dreissigste. Vgl. Kock, Tidskr. f. Fil. N. R. VIII, 297 note, Arkiv XI, 150 f.

Anm. 3. Bisweilen scheint die entwicklung (*f* § 259, 1 >) *b* > *w* > schwund auch zwischen (stimmhaften) konsonanten und *u* anzunehmen sein, z. b. *Öruster* aus -*fǫstr*, *Sigh*-, *Siughus* (§ 78 anm. 1) aus -*fūs* (s. Lundgren, Arkiv X, 181) mannsnamen. — Über den ortsnamen *Bāghā*- > *Bāwa*- > *Bāhūs* s. § 279, 1 und § 156, 1, c.

3. Nach *ō*, sowol wenn das *w* durch den aschw. übergang (*f* § 259, 1 >) *b* > *w* (§ 256 anm. 7) entstanden wie auch älteren

datums ist, in gewissen dialekten — über die entwicklung in den übrigen s. § 273 — z. b. *Bō(w)aster, Siōaster* (anal. auch rschw. *Kuþastr* aus *Guþvastr*, kaschw. *Vinaster*, s. Arkiv III, 230) u. a. mannsnamen auf *-aster* (*-æster*, s. Lundgren, Uppsalastudier s. 15) st. *-vaster* (*-faster*, s. § 259 anm. 1), *prō(w)aster* (aisl. *prófastr*, mndd. *prōvest*) probst, *sniōa* (aisl. *sniófa*) schneien, gen. *siōar* (aisl. *siófar*) sees, pl. *sliōe* (aisl. *sliófer*) stumpfe.

Anm. 4. Über schwund eines *v* (*b*) s. § 306.

D. Einschub.

§ 325. *b* wird schon vorliterarisch — und zwar vor der entstehung des svarabhaktivokals (vor auslautendem *r*, s. § 160, 2, b), aber nach dem übergange *mʀ* > *mr* (§ 283, 2), also wol im allgemeinen um 1100—1200 — in die gruppen *ml, mr* eingeschoben, z. b. rschw. *Krimbr* L. 658 (aisl. *Grímr*) ein mannsname, dat. *Skulą[m]bri* L. 414 (zu aschw. *Skolhamar*, dat. *-hambre*) ein ortsname u. a. (Rv. s. 156 note), aber dagegen in sehr alten inschriften z. b. *Hialmʀ* Herened, *-krimʀ* L. 1563 mannsnamen. Aus dem kaschw. z. b. *holmbęr* kleine insel, *ormbęr* schlange, pl. *himblar* zu *himil* himmel, *sumbrar* zu *sumar* sommer u. a. (z. b. Rydq. II, 25 ff., 380 ff.; Brate, Lj. s. 47; Larsson, Lj. s. 97).

Anm. „Ausnahmen" sind zwar häufig, aber beruhen wol alle auf ausgleichung, gew. zu gunsten der *b*-losen formen (z. b. *ormęr* nach obl. *orms, -me, -m*), selten umgekehrt (z. b. Rk. II *komba* kommen nach präs. *kombęr*).

§ 326. *d* wird vorliterarisch in die gruppen *llr, nnr* (vor der entstehung des svarabhaktivokals) eingeschoben. Der vorgang dürfte der späteren rschw. zeit seit c. 1100 gehören, denn rschw. beisp. sind sehr selten, z. b. *altra* Hauggrän aller, *antriʀ* (Rv. s. 59 f.) andere, aber *alra* L. 259, *minr, menr* (Rv. s. 239) männer, *Þurkunr* (d. h. *Þorgunnr*) L. 905 ein frauenname u. s. w. Im kaschw. allgemein, z. b. *aldęr* (aisl. *allr*) ganz, g. pl. *aldra* aller, *faldęr* (agutn. *faldr*, aisl. *fellr*) fällt, *brindęr* brennt, pl. *tændęr* zu *tan* zahn u. a. (z. b. Lyngby, Tidskr. f. Phil. og Pæd. 1, 24 ff.; Rydq. 1, 176 ff., II, 372 ff.; Brate, Lj. s. 47; Larsson, Lj. s. 97 f.; Zetterberg, s. 32).

Anm. 1. 'Ausnahmen' sind nicht besonders häufig und beruhen wol alle auf ausgleichung, z. b. Da *falljr* fällt nach *falla* fallen; vgl. umgekehrt nschw. *kind* kinn, *tand* zahn nach pl. aschw. *kindęr, tændęr*.

§ 327—328. Einschub von *h, i.*

Anm. 2. Unklar ist *d* in Ög (2 mal) *iamlangde* st. *-lange* jahresfrist (vgl. Kock, Akc. II, 339 note) und dem lehnw. *baldakin(d)* baldachin. Rk. I *bardfriid* st. *barfrīdh* (*bergfrid* Rk. II; aus mndd. *berchvrēde*, mhd. *bervrīt*) bollwerk ist wol nur eine umgekehrte schreibung (vgl. § 308, 1).

§ 327. *h* wird sporadisch vor (silben)anlautenden vokalen (auch konsonantischen) zugesetzt. So besonders oft in runeninschr. aus dem östlichen (vgl. § 312, 2) und mittleren Uppland (wo auch jetzt in gewissen gegenden dieselbe erscheinung vorkommt), z. b. *hifiʀ* L. 171 über, *hąnt* 537 seele, *hut* 396 hinaus, *huaru* 396 waren, *huaþum* 235 kleidern, *Huikaiʀ* 190 (aisl. *Végeirr*), acc. *Inkihualt* 477 (aschw. *Ingevald*) mannsnamen u. a.; in anderen gegenden seltener, z. b. Rösås dat. *Ha[n]kla[n]ti* England. In der literatur tritt *h* dann und wann ohne jede konsequenz (in einigen hdschr. aber nur vor *i*, s. Kock, Arkiv X, 348 note) auf, häufig in der § 312, 2 erwähnten hdschr. des landrechts (z. b. *hælska* lieben, *hæptir* nach, *bōhande* wohnend), nicht ganz selten in Vg. I (z. b. *harf* erbe, *haltære* alter) und Vh (z. b. pl. *hænglar* engel, *hos* uns), sonst nur sehr ausnahmsweise (s. Rydq. IV, 438 f.). Die meisten von diesen fällen dürften nur umgekehrte schreibungen sein, welche aus § 312, 2 (mit anm. 1) zu begreifen sind.

Anm. Sehr unsicher bleibt ob (wie Rydq. I, 177 vermutet) mschw. (und nschw.) *hinna* erreichen aus *inna* vollbringen entstanden ist, denn vgl. got. *hinþan*. Vm (und nschw.) *hicas(s)* schilfrohr ist vielleicht von dem synonym *vas(s)* U, Ög, MEL u. s. w., das in formeln mit *værk* alliteriert und also urspr. anlautendes *w* hat (s. Lind, Om rim och verslemningar, s. 45 note), zu scheiden und mit ahd. *huas* schwert, *huassa* schärfe (aisl. *huass* scharf u. a.) zusammenzustellen (anders Rydq. II, 33, V, 20 f.). H *hvcitæ, hvcarþer, hvcarfriþer* st. *vita* wissen u. s. w. sind wol nur umgekehrte schreibungen, die aus dem früh adän. (s. Grundriss² I, 607, § 189, 7, b) übergange *hw* > *w* begreiflich sind (vgl. § 7, 15). Über mschw. (*h*)*iæsse* s. § 312 anm 2. Agutn. *hetning* streitigkeit, wo Bugge (Tidskr. f. Fil. N. R. III, 263) unursprüngliches *h* annimmt, ist wol mit Wadstein (ib. 3. R. III, 7 zu got. *hatjan* u. a. zu stellen.

§ 328. Konsonantisches *i* wird eingeschoben:

1. Hiatusfüllend wenigstens in vielen dialekten zwischen *ē, ī, ȳ* und *ǣ* (*æ*), *ǟ* (*o*), s. Noreen, Fryksdalsmålets ljudlära (Ups. 1877), s. 73 (anders, aber unhaltbar, Flodström, Tidskr. f. Fil. N. R. IV, 66 f.). Also:

§ 328. Einschub von *i*.

a) Nach *ē*, z. b. kaschw. *sē(i)a* Vg. I, II, Og, Bu, St (mschw. Bm u. a.) sehen, *fē(i)ar* Vg. II, Og viehes, f. *þrē(i)a(r)* Og drei, pl. *Swē(i)a(r)* Bu, Dipl. 1373 schweden, *tē(i)a* Bu zeigen, *lē(i)on* Bu löwe, *lē(i)a* Bu ff. (vgl. § 125) lachen, *frē(g)edagher* Dipl. 1349 (*frēia-* 1399, *frēyœ-* um 1470) freitag, mschw. *speia* (nie ohne *i*; aus mndd. *spēen*) spähen, *lē(i)a* leihen, *blē(i)a* tuch, *klē(i)a* (z. b. Leseb. 80, 34) jucken. Über die spätere entwicklung dieses *ēi* s. § 114, 2.

b) Nach *ī*, wo (weil *ii* ja *ī* bezeichnen kann) ganz sichere beisp. erst mschw. durch schreibungen mit *gh, g, j* u. dgl. zu belegen sind, z. b. pl. *fī(ghi)anda* Bir (sonst auch *fīgh-, figende*) feinde, *lī(jgi)ar* Dipl. 1445 sensen, *dī(ghi)a* A 49 (*dyia* MB. I) saugen, *tī(ghi)o* Dipl. 1409, *tī(gi)o* Linc. 39 zehn, *i (j)aftons* ib. gestern abend, *ī (j)aar* Dipl. 1507, 1508 heuer, *j iaadans* st. *ādhans* neuerdings.

Anm. 1. Unsicher ist ob *stī(ghi)a* Bir ff. schweinestall hierher gehört, denn vgl. ags., mhd. *stīge* neben aisl. *stia* (auch *-stī*), ahd. *stīa* (s. Kögel, Beitr. XIV, 107). Sicher wol nicht hierher das spät mschw. *sakerstīge* (neben *-stīœ*) sakristei wegen der nschw. dial. aussprache mit explosivem *g*.

c) Nach *ȳ* nur ein beispiel: *rȳia* Linc. 39 (aus mndd. *ruen*, d. h. *rȳen*) jammern.

2. Nach anlautenden spiranten (d. h. *f, h, s, þ*) ohne ersichtliche regel und in nur sehr spärlich belegten, wenn auch ziemlich zahlreichen (bes. mschw.) beispielen. Also:

a) Nach *f*, z. b. mschw. (kaschw. beisp. fehlen) *f(i)œrdh* Dipl. 1478, 1507 ff. fahrt, *f(i)olgh* Su folge (inf. *fiolia* Di); vgl. nschw. *f(j)ant* firlefanz, *fjoll(ig)* thöricht aus afr. *fante, fol*.

b) Nach *h*, z. b. kaschw. *h(i)ōg(h)t* Bu (2 mal) hoch, *h(i)ora* Cod. Holm. B 55 (s. Schlyter, Corpus V, s. xxx) hören, *h(i)uru* ib. (2 mal) wie, mschw. *h(i)œngia* Dipl. 1406 hängen, *h(i)el(soot)* Rk. II (*hiel* später oft) tod (tötliche krankheit), *h(i)œlft* Dipl. 1453 hälfte, *h(i)œlgan* (kaum wie *Hielgo* § 80, 2 zu beurteilen) 1495 heiliger, *h(i)olia* hüllen, *h(i)œlzt* vorzugsweise, *h(i)œlla* auf die neige stellen (alle gegen 1500 oder später); vgl. nschw. *hjälte* held aus mschw. *helte*, mndd. *helt* (anders hierüber Kock, Sv. landsm. X, 3, s. 9 f.).

Anm. 2. *H(i)em* Dipl. 1501 ff. heimat ist wol nur nur ein danismus.

c) Nach *s*, z. b. kaschw. *s(i)œgiœ* Ly sagen, *s(i)œliœ* Vg. II (und mschw.) verkaufen, *s(i)ughœl* Cod. Holm. B 55 zuspeise, mschw. *gēns(i)æghn* Dipl. 1407 widerspruch, *s(i)ælskap* gesellschaft.

d) Nach *þ*, z. b. kaschw. *þ(i)ænkiæ* Dipl. 1345 (und mschw. 6mal, s. Kock, Ordspr. II, 348 note) denken.

Anm. 3. Wol nur schreibfehler ist das ganz alleinstehende *liæghia* Dipl. 1402 st. *læggia* oder *læghia* zum liegen bringen.

§ 329. *l* scheint (analogisch) eingeschoben zu sein in *fō(l)ster* (vgl. das synonym *alster*) brut, *fō(l)stra* pflegen, 'pflegerin' (eine sklavin), s. Noreen, Fryksdalsmålets ljudlära, s. 60 f. (anders, aber nicht annehmbar, einerseits Rydq. III, 276 f., andererseits Wadstein, Tidskr. f. Fil. 3. R. III, 3).

Anm. Einmaliges spätmschw. *hymmelrīke* himmelreich st. *himirīke* (s. § 108 anm. 3 und § 249, 3) ist natürlich von *hymil* himmel beeinflusst. Über *mū(l)slagha* s. § 337, 8. Unklar bleibt mschw. *pingilsdagher* (*pingilz*-) Rk. II n. a. pfingsttag; ob aus *pingshelgdagher* > *pingsldagher* (§ 311, 1; § 156, 2, b) > *pingils-* (§ 337, 8; § 161, 2, b) zu mschw. *pingshelg* pfingsten?

§ 330. *n* scheint (analogisch) eingeschoben zu sein in einigen wörtern auf *-is* (vgl. die zahlreichen auf *-in*, gen. *-ins*), z. b. *ūkīcǣþi(n)sorþ* (gew. mit *n* wie immer agutn. *ōquēþins-*) schimpfwort, *pingi(n)s-*, *pighi(n)sdagher* pfingsttag, *ællighe(n)s* sonst, agutn. *ōloyfi(n)s* ohne erlaubnis; s. Noreen, Sv. landsm. I, 697 und Bugge, Arkiv IV, 139. Vgl. § 331 mit anm.

Anm. 1. *Frān* neben *frā* (nur kaschw., bes. in den ältesten hdschr.) 'von' ist wol nach den zahlreichen partikeln auf *-an* gebildet (Zetterberg, s. 37). *Lønska-* st. älteren *løskalǣghe* (zu *løsker* § 261, 2) aussereheliches beilager ist wol von *lø̄n* geheimhaltung beeinflusst. Über *viþari(n)*, *aldrighi(n)* u. dgl. s. § 154, B, 1.

Anm. 2. Unklar bleibt das *n* in rschw. schreibungen wie (*H*)*alfntan* L. 453, 19, *Hulmnfastr* 77, -*lauk* 731, -*tis* 433, *Henminkr* 650 u. a. personennamen (Rv. s. 125 note und s. 126). Über *hampn* neben *hamber* gestalt s. Kock, Tidskr. f. Fil. N. R. VII, 306. Über *fœmpn* st. *fœm* u. dgl. s. § 294, 1. Über konj. -*i(n)* s. die flexionslehre.

§ 331. *v* ist (analogisch) eingeschoben in einigen wörtern auf *-is* (vgl. die zahlreichen auf *-inger*, gen. *-ings*) und *-ig(h)*, *-ugh*, z. b. *ūkīcǣþi(ng)sorþ* (vgl. § 330) schimpfwort, *ēþingsvǣtte* (s. Siljestrand I, 82; anders Amira, Obligationenrecht I, 703) art zeugnis, *pinkinx*- St statt *pinkizdagher* (vgl. § 330) pfingsttag, *ælleghi(ng)s* (vgl. § 330) sonst; *antwi(n)gia*, -*ti(n)gia*, *annat*-

ti(n)gia u. a. entweder, *mani(n)gh* Dipl. 1407 manch, *ortu(n)gh* ¹/₂₄ mark. Vgl. Kock, Arkiv XI, 127 f.; Noreen, Svenska etymologier, s. 5.

Anm. Vielleicht gehören hierher alle in § 330 angeführten formen auf *-ins,* deren *n* dann aus *v* nach § 281, 2 entstanden wäre.

§ 332. *p* wird, wenigstens in sehr vielen dialekten, in die gruppen *mn, mt* eingeschoben, dies aber wol erst um 1300, denn rschw. beispiele scheinen ganz zu fehlen. Die kaschw. denkmäler verhalten sich sehr verschieden (vgl. Brate, Lj, s. 58, 60; Larsson, Lj. s. 128; Zetterberg, s. 37; Wadstein, Tidskr. f. Fil. 3. R. III, 2 f.):

1. *mpn* haben nie MET, KP und G, fast nie Vg. I, Sdm und Bu (nur *nampn* name), selten G. a, fast immer U, Biæ und Da, immer Cod. AM. des Småländischen kirchenrechts. Z. b. *sam(p)na* sammeln, *hæm(p)na* rächen, *iam(p)n* eben.

2. *mpt* haben nie Vg. I. MET, SK, fast nie Bu, selten G und G. a, gewöhnlich Sdm (aber immer *fœmte* fünfte!), Biæ (aber *fœmtān* fünfzehn) und Da, fast immer U und cod. AM. des Smål. kirchenrechts (*mt* nur in *fœmt* zusammenkunft nach fünf tagen und *fœmtān* neben *fœmpte*). Z. b. *hæm(p)ta* holen, *skœm(p)ta* scherzen, *sam(p)t* samt, ntr. *tampt* zu f. *tam* zahm.

Anm. 1. Auch im mschw. herrscht grosses schwanken, so dass die ausnahmen viel'eicht nicht nur aus ausgleichung oder dialektmischung zu erklären sind. Eine etwaige begrenzung des lautgesetzes ist aber bis jetzt unerwiesen.

Anm. 2. Mit Rydq. IV, 321 auch eine entwicklung *md* > *mpd* anzunehmen ist unstatthaft. Fälle wie *nœmpd* U (z. b. Leseb. 10, 4), Biæ, Da u. a. komité, *nœmpder* U (z. b. Leseb. 9, 23, 34; 10, 24), Da u. a. genannt, *hœmpd* U (Leseb. 10, 25) rache erklären sich aus *nœmp(n)d* u. s. w. nach § 317, 1. Wiederum in fällen wie *dōmpde* Leseb. 70, 12, -*der* U, Biæ u. a. verurteilte, -*er* ist *p* aus ntr. *dōmpt* u. dgl. entlehnt worden. — Wie ist aber *m(p)s* zu verstehen im 5 maligen *snimpster* D 4 schleunigst? (vgl. lat. *sumpsi* u. dgl.?).

§ 333. *r* wird sporadisch vor *n* eingeschoben in einigen wenigen wörtern: -*kwærn* Vg. II u. a., -*kwārn* Linc. 39 neben -*kwǣn* Bir (aisl. *kuǽn, kuán*) -weib, *Kristiarn* Dipl. 1328 ff. Christian, *komparnī* D 4 (5 mal) kompanie, *basūrn* MB. II (oft) posaune neben häufigeren formen ohne *r*; vgl. nschw. (gemein) *karnalje* canaille, *lakarn* laken. Eine erklärung fehlt

§ 334—335. Einschub von *s*, *t*.

noch (trotz Kock, Arkiv IX, 264 und Tidskr. f. Fil. N. R. IX, 152 note); vgl. jedoch über *Kristiarn* einerseits Lind, Arkiv XI, 267 f., andererseits Kock, ib. IX, 149 note, XII, 268 f.

Anm. In anderen fällen beruht *r* sicher auf analogie, z. b. mschw. *hærskaper* (kaschw. *hæskaper* u. a., s. § 176 anm. 2) familie nach *hærskap* herrschaft; *dærla* (aisl. *dælla*, *dǣrla* (1 mal *dorla*, schreibfehler?) 'vielleicht' nach dem synonym *gerla* und dem gegensatz *varla* 'kaum' (s. Noreen, Arkiv VI, 376 f.); *Marstrand* (aisl. *Másstrand*, nschw. dial. *Masstran*) ein ortsname, wol nach *mar* meer; adj. und adv. wie *sanne*(*r*)-, *ævinne*(*r*)-, *enkanne*(*r*)*liker*, *-lika* u. a. dgl. in grosser menge nach *faper-*, *ridder-*, *under-*, *inner-*, *hædherliker*, *-lika* u. a. mit etymologisch berechtigtem *r* (s. Rydq. V, 74 f., Kock, Lj. s. 49 f.), wie umgekehrt (aber weit seltener) z. b. *hædhelika* Dipl. 1401 ehrlich, *innelika* Bm, ST (auch aisl. *inne-* neben *innarlega*) innerlich nach den vorigen; *i afte*(*r*)*s* Di gestern abend und *i hāste*(*r*)*s* Dipl. 1507 verwichenen herbst wol nach *i som*(*m*)*ers*, *i vinters* (belege s. Arkiv IV, 339) oder *hēsters* nach § 339, 2 aus *hēstres* Dipl. 1510 mit dunklem *r* (vgl. aber § 339 anm. 4). Über *aper-*, *atertān* s. § 266 anm. 2.

§ 334. *s* (gew. *z* geschrieben, vgl. § 44 anm.) wird mschw. zwischen *t* und *l* entwickelt, wo nicht, wie oft der fall ist, enge assoziation hindert. Bis um 1450 sind beisp. verhältnismässig selten, z. b. pl. *kirt*(*s*)*lær* (vor 1400) drüsen, *ōbrut*(*z*)*likit* Dipl. 1405 unverbrüchlich, *ræt*(*s*)*lika* P. I richtig, *lit*(*s*)*la* P. I kleine, *kit*(*z*)*la* P. I kitzeln, dat. *kiurt*(*z*)*le* Bil rock, *syst*(*z*)*linge* MB. I geschwisterkind weiblicher seite, pl. *kat*(*z*)*lar* Dipl. 1447 kessel; später aber äusserst häufig, z. b. *nœt*(*z*)*la* nessel, *mart*(*z*)*la* (aus mndd. *martelen*) martern, *køt*(*z*)*liker* leiblich, *āt*(*z*)*løghe* spott. Über die spätere entwicklung *tsl* > *ssl* s. § 290 anm. 1.

Anm. 1. Eine vereinzelte spur des nschw. dial. überganges *rk* > *rsk* ist *storskia* (um 1500) stärken, s. Schagerström, Sv. landsm. II, 4, s. 25 note.

Anm. 2. Analogisch ist *s* in vielen adj. auf *-liker*, z. b. kaschw. *kunung*(*s*)*liker* königlich, mschw. *barn*(*s*)-, *elz-*, *iorz-*, *man*(*z*)*liker* nach *ymis-*, *læs-*, *lēs-*, *brut*(*z*)-, *ræt*(*z*)*liker* u. a.

Anm. 3. Auf unrichtiger auflösung beruht Bil *al* (*annar*, *nōkor*) *skons* aller (anderer, irgendeiner) art; vgl. § 322, 2. *Skastel* kastell neben *kastel* ist aus mhd. *schastel*, resp. mndd. *kastēl* entlehnt.

§ 335. *t* ist vielleicht zwischen *s* und *l* eingeschoben (vgl. anorw. *Astláκr* u. dgl., s. An. gr. I, § 247, d) in Sdm pl. *þistlar* (vgl. aisl. *þisl*, nschw. alt *tisl*) deichsel (wenn das wort nicht aus dem westgermanischen entlehnt ist, vgl. Bugge, Tidskr. f.

§ 336. Einschub von *w*.

Phil. og Pæd. VI, 99; Rydq. IV, 212 note; Andersson, Om J. Salbergs grammatica, s. 41; Hellquist, Arkiv VII, 160 f.; Lindgren, Sv. landsm. XII, 1, s. 157; Larsson, Lj. s. 28). Dann wol auch in vereinzelten mschw. fällen wie *gīzl* geisel, *hwīzla* pfeifen, *stȳrzla* regierung, *sȳzla* geschäft u. a. statt *gīsl* u. s. w. unter der voraussetzug, dass *z* hier nicht *s* bezeichnet, sondern entweder *st* (s. § 50 anm. 2) oder — wie gewöhnlich — *ts*, das dann aus *st* durch metathesis (s. § 337, 10) entstanden wäre. Aber vielleicht ist **þistil* st. **þisl* deichsel nur eine analogiebildung nach *þistil* (oder *þīstil*, s. Kluge, Wörterbuch [5], s. 73) distel wegen der gleichheit im pl., wo auch dieses die form *þīslar* (aus *þīzlar* § 290, 2 < *þīstlar* § 337, 10) hatte.

Anm. 1. Dial. *sn* > *stn* ist vielleicht durch einmaliges *lōstna* (nach 1500) los werden belegt. Vgl. anorw. *laus(t)n* u. dgl., s. An. gr. I, § 247, c.

Anm. 2. Analogisch ist *t* in fällen wie mschw. *sal(t)peter* Dipl. 1501 salpeter nach *salt* salz, *aldri(t)* Di 'nie' nach *altit* (s. § 260 anm. 6) Di 'immer' (s. Noreen, Arkiv VI, 375), *hōvi(t)sker*, -*kliker* höfisch wol nach *hōvizman* oberhaupt; adv. wie (vgl. Rydq. V, 146 ff.) *ælies(t)*, Di *hællest* 'sonst', *theslīkes(t)* 'ebenso' u. a. nach *formiddelst* vermittelst, *fyllest* genug (diese beiden aus dem mndd. entlehnt), *hwarest* (neben -*es*; jenes aber immer nach *thō* und *thō at*, *thōt*, also wol *thō hwarest* ans *thō hw. at* wie *thōt* aus *thō at*; vgl. mit nochmaligem *at* ausdrücke wie *thō at hwarist at* in derselben bedeutung wie *thō hwarist*) wo. Über *lēk(t)er* laicus s. Schagerström, Om tyska lånord med *kt*, s. 3 note; über *miþvægh(t)*, -*vækt*, -*vaght*, -*vakt* in der mitte s. ib., s. 50 note.

Anm. 3. Unklar ist das auslautende *t* nach *n* in rschw. 3. pl. konj. *satint* Rök sassen, acc. sg. m. *sint* sein, *agutn*. 3. pl. konj. *bierint* tragen, acc. sg. m. *querrant* zurück; alles nur je einmal belegt. Vgl. Bugge, Ant. tidskr. f. Sv. V, 56 f., 147 und Ant. ak. handl. XXXI, 3, s. 30; anders, aber mir unannehmbar, Kock, Arkiv XIV, 247.

§ 336. *w* (d. h. kons. *u*) tritt wenigstens in vielen dialekten hiatusfüllend zwischen *ō* und *a* (*æ*) oder *i* (*e*) ein (Noreen, Arkiv I, 156 ff. note), z. b. *Bō(w)i* Dipl. 1272 ff., *Iō(w)ar* 1301 ff., *Iō(w)an* 1348 ff. mannsnamen, pl. *brō(w)ar* Ög brücken, *bō(w)a* Bu wohnen, *skipbrōwen* Dipl. 1505 die schiffsbrücke. Über die spätere entwicklung dieses *w* s. § 273, 1 (vgl. auch § 324, 3).

Anm. Zusatz von *v* (*b*) kommt nicht vor. Spät mschw. (und alt nschw., s. Noreen und Meyer, Valda stycken af svenska författare, s. 122, 9, 31) *wff*, d. h. *ūf*, 'aus' ist nicht mit Schlyter, Corpus XII, s. 19 zu *ū(r)* 'aus' zu stellen, sondern wol aus einem nach § 266 entstandenen und dann nach § 156, 1, b synkopierten **ūdhaf* (< *ūt af*) zu erklären.

E. Metathesis.

§ 337. In konsonantengruppen, welche *l, n* (selten *r*) oder *s* enthalten, findet metathesis — im allgemeinen so, dass der sonorere laut vor dem weniger sonoren tritt — zwar sporadisch, aber oft statt. Die fälle sind:

1. *đl* > *lđ* nur antekonsonantisch, z. b. prät. *ælfti* Vh (Leseb. 14, 28), *elpti* G (ib. 38, 18), part. *ælft* Da zu *æfla* 'erwerben, vermögen'; *galbænker*, s. § 284, 1. Vgl. umgekehrte schreibungen wie *haflt* G, *typlt* Vg. I statt *halft* halbes, *tylpt* zwölfter. Über *in(n)ælve* s. § 255.

2. *ʒl* > *lʒ* nur antekonsonantisch, z. b. prät. *silg(h)di* G, Bil, MB. II zu *sighla* segeln, *nælgdhe* Linc. 39 zu *næghla* vernageln, oft mschw. *beselgder* neben *–segh(e)ldr* besiegelt.

3. *kn* > *nk* (§ 277, 2) auslautend und antekonsonantisch, z. b. *sōnk* Ly, Dipl. 1316, 1341 u. a., G (anal. gen. *sōnkna* Dipl. 1402, *sōgna* G, s. § 314) st. *sōkn* kirchspiel; ntr. *synkt* Ly zu *sykn* zu gerichtlicher belangung frei, prät. *vænkte* Bm zu *vækna* waffnen. Vgl. umgekehrte schreibungen wie *eknti* Sdm (13 mal) neben *enkti* nichts, *drøknt* ST neben *drønkt* ertränkt.

4. *n(d)l* > *l(d)n* nur intervokalisch, z. b. *tēnlunger* (vgl. § 249, 2) > *tēlnunger* Ög, ST (-*inger* D 4) sprössling, *kwindla* > *kwildna* Ög feuer anzünden; vgl. Bugge, Tidskr. f. Fil. N. R. III, 270 f. Etwas unsicher ist *haldna* U, *hal(l)na* Vm u. a. (aus *handla*?) hantieren, s. Siljestrand III, 43.

5. *pn* > *mp* (§ 277, 1) auslautend und antekonsonantisch, z. b. prät. *væmpte*, part. *væmpter* Bu, Rk. I zu *væpna* waffnen (anal. Di *vāmpna* und g. pl. *vāmpna* statt *vāpna* nach nom. **vāmp* < *vāpn* waffe).

6. *ps* > *sp* (vielleicht gemeinnordisch, vgl. An. gr. I, § 250) nur intervokalisch, z. b. *gēspa* (vgl. § 80, II, 2) gähnen, *rispa* (**ripsa* < **rifsa* zu *rīva* reiben) zwist; vgl. nschw. *rispa* ritze aus **ripsa* (zu nnorw., nschw. dial. *ripa* ritzen : nschw. *rīva* = aschw. *rēp*, aisl. *reip* : nschw. *rēf*, aisl. pl. *reifar* tau, -e).

7. *sk* > *ks* antekonsonantisch, z. b. *kaxna-* U, Vm neben *kasnavargher* (nach § 314) brandstifter aus g. pl. **kaskna* zu

§ 337. Metathesis.

*kaske brennholz (vgl. mschw. kaskeland durch waldbrand urbar zu machendes land, kaskastokker grosses brennholz), entlehnt im finn. kaski (im votischen mit der bedeutung 'birke', s. Saxén, Sv. landsm. XI, 3, s. 140), wol eine ableitung von dem synonym nschw. dial. kas, anorw. kǫs; mschw. ntr. bæxt P. I, bext Bil zu bæsker, -bēsker (§ 80, II, 2) bitter, frixt (um 1460) zu frisker frisch, skōngst (nach § 110) Dipl. 1506 aus *skāŋkst (vgl. § 314) zu skānsker schonisch, prät. ǣxte D 4 zu ǣskia wünschen; vgl. früh-nschw. hīxna (vgl. Schagerström, Sv. landsm. II, 4, s. 5 f. note) neben hīskna (aschw. hīsna, s. § 314). Antesonantisch kommt diese metathesis nur im gen. ænxi (ēngsis, ængsins; aisl. enskes, enskins) 'niemands' vor, aber hier hat die assoziation mit nom. ængin, ntr. ængte u. a. formen mit æng- die hauptrolle gespielt.

8. s(t)l > l(t)s auslautend und antekonsonantisch, z. b. viele mannsnamen auf -(g)ils neben selt. -(g)īsl wie Aþils (rschw. Apisl), Arnils, Ærnils (und Æringīsl), Þorgils (rschw. Þurkisl), Rōdhils (Roþuisl Sjonhem I) u. a. (vgl. Bugge, Ant. tidskr. f. Sv. V, 67 f.), die vielleicht eher nach § 255 (vgl. An. gr. I, § 249, 1) entstanden sind (vgl. aber die flexion der aisl. Egilssage: Aðils, Þorgils, dat. -isli, s. F. Jónsson, Egils saga 1894, s. 43 note, 154 note); ferner z. b. hūsl > hūls Vg. I abendmahl, styrsl > styrls U (Leseb. 11, 8), O, P. I (auch nach § 161, 2, b styṛils, z. b. Leseb. 48, 35), Bil u. a. regierung, hōrsl > hōrls P. I (auch hōriḷs, z. b. Leseb. 48, 34; 51, 4) u. a. gehör; wol auch mūlslagha Ög neben sonstigem mūslagha (agutn. mūslega) mauserei aus *mūsl-lagha (nach § 241) zu nschw. dial. mussla mausen. Oft wird lz statt ls geschrieben, was vielleicht so zu erklären ist, dass vor der metathesis ein t (nach § 335) zwischen s und l getreten ist, z. b. gīlz Ve (anal. g. pl. gīlzla SK) geisel, gīlz GO (anal. dat. gīlslom) geissel, fǫrlz Bil (fǫriḷs Dipl. 1474; anal. g. pl. fǫrlsla MB. II) fortschaffung, skǣrlz (in skǣrlzelder fegefeuer; vgl. § 315, 1) JB (anal. g. sg. skǣrlsla Bil) reinigung, hōrlz u. a.

Anm. 1. In fällen mit urspr. z wie ræzl > ræsl (§ 290, 2) > rælz Bil furcht, bezl > besl > belz GO (bælz Bm, s. § 80, II, 2) kann vielleicht eben so wol direktes zl > lz angenommen werden, denn die annahme einer metathesis tsl > lts hat eine stütze in ksl > lks, das wenigstens durch vixl > vilx Vg. I weihe belegt ist.

§ 337. Metathesis.

Anm. 2. *sl* > *ls* auch antesonantisch anzunehmen (mit Björkman, Sv. landsm. XI, 5, s. 43 ff.) ist nicht nötig, denn fälle wie *ūskīrlse* SK verunreinigung, *skærlso-* Bil (*skærlzlo-* JB), *hērlse* D 4 können nach den oben angeführten einsilbigen formen analogisch gebildet (resp. nur geschrieben) sein. *Skīrilse*, *hērilse* u. dgl. sind natürlich analogibildungen nach den alten lehnwörtern auf *-ilse* wie *dōpilse* (s. § 255), *rōkilse* (aisl. *reykelse*), *vīghilse*; vgl. Tamm, Tränne tyska ändelser (Göteborg 1878), s. 18 ff.; anders Björkman a. o.

9. *sn* > *ns* auslautend, z. b. *lōsn* > *lōns* H (immer), cod. Skokloster 155, 4⁰ (s. § 7, 20) zweite hand und agutn. *launs* (G. I, *lausn* G. II) lösegeld; s. Bugge, Tidskr. f. Fil. N. R. III, 265 f.; Leffler, Ant. tidskr. f. Sv. V, 287 ff.

10. *st* > *ts* auslautend und antekonsonantisch ist wol anzunehmen in folgenden (§ 50 anm. 2 anders beurteilten) fällen: *syzkin(e)* : *systkan(e)*, *-ene* (mit *st* nur in Vm und Dipl. 1467, sonst *sysk-*, s. § 323, 1; ebenso *syzlunge* : *systlunge* Vg. II, Da, MEL, *-linge* H: *sysl-* § 323, 1), *gnīzla* v., *-an* s. : *gnīstlan* Su : *gnīsla*, *stekemæz* (nie *st*), pl. *þizlar* (Leseb. 47, 33; 50, 22, 23 und Rydq. IV, 455; vgl. dän. *tidsel*): sg. *thistil* Bir, MB. I, *pi(n)kiz-*, *pi(n)giz-*. Über einige noch mehr zweifelhafte fälle s. § 335.

Anm. 3. Vielleicht nur orthographischer natur sind rschw. *tsin* L. 1117, 1119 u. a. st. *stin* stein, *Þurtsin* L. 1119 st. *Þurstin* (Brate, Rv. s. 216 note).

11. *tn* > *nt* auslautend und antekonsonantisch, z. b. *vatn* > *vant* Vg. II, Dipl. 1409 u. a. (Siljestrand I, 69; Klemming, Läke- och örteböcker, s. 166, anal. dat. *vantne* ib. s. 148 st. *vatne*; vgl. *buntn* GO st. *butn* boden), *vantræs* Vg. II stromrinne.

12. *wr* > *rw* anlautend, aber nur in Vm und zwei anderen hschr. desselben gesetzes (wie im heutigen dal.). Gegen 5 *wr*- stehen in Vm 18 *rw* (Siljestrand I, 51 note), z. b. *wræka* und *rwæka* treiben, *rwā* ecke, *rwanger* verkehrt. Über die behandlung des *wr-* in anderen dialekten s. § 269 mit anm. 2 und § 324, 1.

Anm. 4. Über mutmassliches *nm* > *mn* im anslaut s. § 257 anm. 7; *ksl* > *lks* und *tsl* > *lts* s. anm. 1 oben. Nur durch einmaliges *fæghdhar* ST st. *fædhghar* 'vater und sohn' ist *ðǥ* > *ǥð* belegt; daher unsicher. Vielleicht nur orthographischer natur (so Bugge, Rv. s. 70) ist die eigentümlichkeit Asmundr Karasun's seinen namen fast ebenso oft *Asmunrt* (6 mal) wie *Asmuntr* (8 mal) zu schreiben, denn sonstige belege für *-tr* > *-rt* fehlen ganz.

§ 338—339. Metathesis.

Anm. 5. Die annahme Rydqvists (II, 525 f.), Bugges (Arkiv IV, 128 f.) und Kocks (ib. IX, 168) von einer einstigen metathesis *tk* > *kt* in antesonantischer stellung auf grund der doppelheit *ække* : *ænkte* 'nichts', *hwarke* : *hwarte* 'weder' ist aus vielen gründen (vgl. z. b. *hwatke* : *hwatte* — nicht *hwakte! — und *hwazke* : *hwazte*) unannehmbar, wie wol auch der erklärungsversuch Brates (Lj. s. 82). S. weiter die flexionslehre.

§ 338. **Zwischen konsonanten, die durch einen vokal getrennt sind**, kommt umtausch nur ganz ausnahmsweise vor und zwar nur bei *l*, *m*, *n*, *r*, z. b. *ginum*, *gənum*, *gynum* > mschw. auch *gimon*, *gəmon*, *gymon* durch, *vanmal* (§ 257 anm. 7) > mschw. *valman* und *varmal (s. § 257 anm. 5) > mschw. *valmar* kleiderstoff (belege bei Rydq. VI, 496), *Valora* oder *Varola* ein ortsname, mschw. *hælede* > *hædele* Rk. II (2 mal, s. Kock, Beitr. XV, 260) helt. *Framlēþis* > *framdēlis* Dipl. 1396 ff. 'ferner' und *al(la)lēdhis* (vgl. § 158, 1) > *aldēlis* Dipl. 1506 ff. 'ganz und gar' beruhen zum grossen teil auf assoziation mit *dēl* teil und bes. mit *sǣrdēlis* (anorw. *sérdeilis*) 'besonders'. Über *malmor* (< *marmol) s. § 268 anm. 2.

Anm. Anderes, wol alles schreibfehler, s. Rydq. IV, 452.

§ 339. **Zwischen konsonanten und vokalen** findet umtausch nur bei *l* und *r* vor schwachtonigem antekonsonantischem vokal statt (s. Noreen, Arkiv VI, 325):

1. *l* + vok. > vok. + *l*, z. b. kaschw. *Kumblabȳ* > *Kumelbȳ*, *Foghlavīk* > *Foghelvīk*; mschw. *Fughlastadha* > *Fughelstadha* ortsnamen (anders hierüber Kock, Sv. landsm. XIII, 11, s. 26 ff.), *nagheltorn* (aus dän. *naghletorn*) brechstange, *Nighels* (älter *Niclis*; vgl. § 267) Nikolaus.

Anm. 1. Der umgekehrte vorgang vok. + *l* > *l* + vok. scheint vorzuliegen in *næghleka*, *-ikka* neben *nægilka* (aus mndd. *negelken*) nelke. Wahrscheinlich liegt hier umbildung nach *rōlika* tausendblatt u. a. dgl. pflanzennamen vor.

2. *r* + vok. > vok. + *r*, z. b. kaschw. teils nach dem haupttone wie in *Væstra-*, *Ōstragōtland* > *Væster-*, *Östergötland* (z. b. Leseb. 33, 1) ortsnamen, *Häfriþ* > *-ferþ* Dipl. 1315 ein frauenname, *hindra-* > *hinderdaxgiæf* Dipl. 1279 ff. (vgl. aber anorw. *hindardags* neben *hindra dags*) morgengabe, teils vor dem haupttone wie in *bort*, *burt* (proklitisch, s. § 57, I, A, 1, b) neben *brot* U, *brut* Vg. II hinweg, *kors* H ff. (wol aus zusammen-

§ 339. Metathesis.

setzungen wie *korsfǽsta* kreuzigen u. dgl. losgelöst; vgl. § 57, I, A, 2) neben agutn. (Åkirkeby) *krus* (aisl. *kross*) und Vg. I, II K *krussa* kreuz, *Brighítta* > *Birghítta*, *Kristín* > *Kirstín* frauennamen; mschw. *Anders* aus *Andris* < *Andrē(a)s* (§ 146, 1 und § 154, I, A), *sakristīa* > *sakerstī(g)e* sakristei, *hindrilse* > *hindirlse* widerspenstigkeit, *hundradha* > *hunderdha* Dipl. 1405 hundert, gen. pl. *allars* aller, *annars* anderer, *hwilkars* (*hulkars*) welcher u. a. statt -*ra-s*.

Anm. 2. *Aller* 'aller' neben *aldra* vor superlativen stammt aus dem deutschen. Dass häufige (z. b. Leseb. 93, 20, 31; 94, 24) *alder* (geschr. *aldr* Bu u. a.) 'wie' ist wol nicht mit dem synonym *aldre*, sondern mit aisl. (*um*) *aldr* identisch.

Anm. 3. Unklar bleiben ein paar fälle, wo derselbe metathesis in starktoniger silbe eingetreten zu sein scheint, nämlich das rschw. *Girkir* neben *Grikir* (aisl. *Girker* und *Grikker*) Griechen, Vg. I *Girkland* Griechenland und Vg. II *bører-* neben *brøtertak* (vgl. *bort*, *brot* weg) gesetzliche verwahrung eines auf der landstrasse angetroffenen gegenstandes. Wol blosse schreib- oder lesefehler sind rschw. (2 mal) *burþur* st. *bruþur* bruder, (1 mal) *turknaþi* st. *truknaþi* ertrank, vielleicht Sdm *oldyrker* st. -*drykker* trunk und Vg. II *klōſtorþ* neben -*troþ* viehtrift. D. lehnwort ist mschw. *pærsa* (mndd. *persen*) neben *præssa* pressen. Vgl noch § 344.

Anm. 4. Der umgekehrt vorgang vok. + r > r + vok. ist nicht sicher belegt. Das einmalige *Pruniutr* L. 806 dürfte schreib- oder lesefehler st. *Pur-* sein. Über *Pruʀikr* L. 883 s. Bugge, Arkiv II, 287 f. Aruss. *Pruvor* ist wol erst im russischen aus *Þorvarðr* entstanden (s. Thomsen, Ryska rikets grundläggning, s. 127). *Throgillus* Dipl. 1233 st. *Thorgils* ist wol ein danismus (s. Munch, Samlede afhandl. IV, 188). *Kropper* leib ist nicht mit d. *körper* verwandt (s. Urg. lautl., s. 155). Einmaliges *frœsker* MB. I ist wol (schreibfehler oder) eine kontamination von den synonymen *færsker* (aisl. *ferskr*) und *frisker* (aus mndd. *vrisch*) frisch. Mschw. *sædhafrø* neben *sædhefær* (mndd. *sedewer*) wurzel der zedoaria beruht auf anschluss an *frö* same. Nschw. *tallrik* und mschw. *talerk* (zunächst wol aus mndd. *adän.*) teller sind verschieden synkopierte formen des mndd. *talloreken*. Gen. sg. *klostres* Sdm (2 mal) Bil ist nicht mit Kock, Lj. s. 127 note aus *klosters* herzuleiten, sondern gehört zu aschw. *klostre* (*klōstre*, aisl. *klaustre*) kloster. Ebenso setzt *sōlæsætris* Ly (2 mal), Sdm (3 mal), Vg. II (2 mal) neben -*sæters* sonnenuntergang ein *-*sætre* voraus, das sich zu *sæter* verhält wie z. b. *forēþe* zu *eþer* eid, *hōghtiþis-* (aisl. *hátíþes-*) zu *tiþ* zeit, *daxværke* zu *værk* werk, *halfgærþe* zu *garþer* zaun, *ēnvīghe* zu *vīgh* totschlag, *alzþingis* zu *þing* sache, aisl. *missere* zur *ár* jahr, *illfygle* zu *fugl* vogel, got. *andanahti* zu *nahts* nacht, lat. *adverbium* zu *verbum*, griech. μεσονύκτιον zu νύξ u. s. w. (anders Kock, Sprh. s. 105 f.). Ebenso erklärt sich vielleicht *hindris* Bil (neben *hinders*) verhinder, das dann aus zusammensetzungen losgelöst wäre. Analogiebildung ist wol *i hōstres* Dipl. 1510 neben *i hōsters* (wol nach *i sommers* und *i vinters*) im vorigen herbste und zwar derselben art wie nschw. *i somras* st. des älteren *i sommars* (worüber s. Schagerström, Arkiv IV, 333 ff.).

Kap. 3. Konsonantenwechsel aus urgerm. zeit stammend.

I. Spuren speziell urgermanischer lautgesetze.

§ 340. Das Vernersche gesetz (s. An. gr. I, § 251, Urg. lautl., s. 124 ff.):

1. Der wechsel $f : \bar{b}$ ist schon vorliterarisch in folge des überganges $f > \bar{b}$ (s. § 259, 1) überall aufgehoben. Rschw. beispiele fehlen zufällig.

2. Der wechsel *þ* : *ð* ist schon gemeinaltnordisch (oder gar urnordisch, s. Noreen, Grundriss² I, 524) durch den übergang *þ* > *ð* (s. § 223) in fast allen stellungen aufgehoben. Nur nach *l* und *n* kann der wechsel noch zum vorschein kommen, indem *lþ* und *nþ* zu *ll* und *nn* geworden sind (s. § 236), während die aus *lð* und *nð* spätestens in urn. zeit entstandenen *ld* und *nd* (s. § 221 anm. 1) einstweilen als solche bleiben. Da aber auch diese verbindungen im mschw. und zum teil schon im kaschw. (sicher nach schwachtonigem, möglicherweise in einigen dialekten auch nach starktonigem vokal) zu *ll*, resp. *nn* werden (s. § 292), und da andererseits *ll* und *nn* (aus *lþ* und *nþ*) unmittelbar vor *r* schon früh zu *ld* und *nd* (welche bisweilen analogisch auch in anderen stellungen als vor *r* auftreten können) geworden sind (s. § 326), so ist die beurteilung eines (kaschw.) wechsels *ll*, *nn* : *ld*, *nd* in den meisten fällen mehr oder weniger zweifelhaft. Daher seien hier nur die ganz oder verhältnismässig sicher hierhergehörigen beispiele angeführt. Vgl. übrigens Noreen, Arkiv III, 30 f. note; Larsson, Lj. s. 118 ff.

a) *ll* : *ld*, z. b. *ælle* (aisl. *elle*, vgl. got. *alþeis* alt) : *ælde* Sdm alter, *aldaūþal* allod (vgl. aisl. *aldenn* alt); acc. *kul(l)*, *kol* (aisl. *kollr*) gipfel : aruss. *Askold* (aisl. *Hǫs-kuldr*) ein mannsname; präs. *haller* Ly, *hellær* (st. *hæller*) Sdm (vgl. ahd. selt. *halthan*) : *halda* halten; *skyller* Ly, Sdm (beides oft; ahd. *sculd*) verwandt : *skyldogher* schuldig; *skul(l)* Ly, MET, Bir. A (Leseb. 43, 25) :

§ 340. Verners gesetz.

gew. *skuld* schuld; part. prät. ntr. *vallet* Ly (aisl. *ollat*), inf. *valla* Sdm : gew. *valda* walten; *val(l)* Sdm, G, Bir. A (Leseb. 43, 22; 44, 32) : gew. *vald* gewalt; dat. *quælle* Ly : gew. *kıcælde* abend (vgl. Lidén, Språkvetenskapliga sällskapets förhandlingar 1891 — 94, s. 72 ff.); acc. sg. m. *tuis-kilan* (d. h. -*gillan*) Forsa doppelwertig, obl. *gilla*, -*an* u. a. Vg. 1, Sdm : gew. *gilda*, -*an* u. s. w. gültig; *gialla* Ly, *giælla* Sdm (überaus häufig) : gew. *gialda* bezahlen; *giæll* Sdm (vgl. *ingæll* Bir. A einkunft) : gew. *giæld* geldsumme; *villa* irre führen, *villidiūr* wildes tier (vgl. got. *wilþeis* wild) : *vilder* (ntr. pl. *vild* Vg. II 2 mal; vgl. adän. *vild*) wild, *villihors* wildes pferd.

Anm. 1. Über das nicht hierhergehörige *el* (aisl. *ǫl*): dat. pl. *oldum* Da (vgl. ags. *ealu*, obl. *ealoð*) schmaus s. Urg. lautl., s. 170 f.

b) *nn* : *nd*, z. b. *finna* finden : rschw. *Funtin* L. 262, 791, *Fu[n]tin* 1397 (vgl. aisl. *fundenn* gefunden und adän. *Fu[n]tin*) ein mannsname; *sin* (aisl. *sinn*) reise : *sænda* senden; *ænne* (ahd. *endi*, aisl. *enne*) stirn : *ænde* (ahd. *enti*, aisl. *ender*) ende; *grun* (aisl. *grunn*) : *grund* (aisl. *grund*) grund; *Gun-*, *-gun* (aisl. *gunnr* kampf) : *Gund-*, *-gund* in personennamen (s. Lundgren, Spår af hednisk tro och kult, s. 18); *miskun* Vg. 1 ff. (aisl. *miskunn*) : gew. *miskund* barmherzigkeit; *vārkúnna* mitleid haben : *vārkund* mitleid; *tan* (aisl. *tǫnn*) zahn : *tindi* Ög eggezinken, dessen nebenform *tinni* Sdm (und nschw.) wegen ahd. *zinna* (neben *zint*, aisl. *tindr*) vielleicht nicht hierhergehört, sondern altes *nn* (aus *ndn*?) hat.

Anm. 2. Prät. *kundi* Sdm ff., *konde* Vm, Dipl. 1409 gegenüber gew. *kunne* (aisl. *kunne*, got. *kunþa*) 'konnte' kann möglicherweise eine neubildung nach *munde*, *skulde* u. dgl. sein. Nicht hierhergehörig ist *anð* Sdm (und nschw.): gew. *an* (aisl. *ǫnn*) ernte, worüber s. Urg. lautl., s. 171 f. Ebensowenig *bœn* Vg. II (2 mal): *bœnd* (anorw. *bœnd*) totschlag, welche formen sich wol wie ags. *benn* : *bend* band u. dgl. (s. Urg. lautl., s. 173) verhalten; anders Kock, Tydning af gamla svenska ord, s. 17 ff.

3. Der wechsel *h* : *ʒ* tritt wegen des *h*-schwundes (s. § 246) als ein wechsel zwischen formen ohne und mit *ʒ* auf, z. b. *slā* : part. prät. *slaghin* geschlagen; *flā* schinden : part. *flaghin*; *þwā* waschen : part. *þwaghin*; *sēa* sehen : 3. pl. prät. *sāgho*; präs. *ā* : *ēgha* besitzen; *fiæla* verbergen : part. *fulghin*; *lēa* lachen : 3. pl. prät. *lōgho*; *lēa* leihen : *lēghia* mieten; *lār* schenkel : *lægger* (nach § 239, 1 aus **laʒja-*) bein; *tio* zehn : *tiugher* an-

§ 341. Urgerm. wechsel der artikulationsstellen.

zahl von zehn; vǣ, vī heilige stätte : vīghia weihen; ā fluss, āborre : aghborre flussbarsch (s. Noreen, Svenska etymologier, s. 3f.); Hā- in mannsnamen (vgl. aisl. hár), hn̄dh höhe (vgl. aisl. hór), ntr. hǣrræ (aisl. hǣrra) höher, hn̄ster höchst, agutn. haur (s. Leffler, Arkiv I, 266 ff.) hoch, komp. hoyrin, sup. hoystr : hōgher (agutn. haugr) hoch, hōgher (agutn. haugr) hügel. Aus den schon urg. übergängen ŋh > h und ŋȝ > ŋg (Urg. lautl., s. 25 und 138) erklären sich fälle wie fā bekommen : 3. pl. prät. fingo; þrǣt(t)a zanken : þrang gedränge (s. Hellquist, Arkiv XI, 348); vrā winkel : nschw. vrång spant (dial. räng winkel; s. Noreen, Arkiv III, 20 f.).

Anm. 3. Unsicher ist bulin : bulghin, s. § 311 anm. 1; kaum hierhergehörig duladrāp (zu dul verheimlichung): dulghadrāp (zu aisl. dolgr feind? oder mit Tamm, Etymol. sv. ordbok, s. 106 f., zu aschw. dulugher gleichgültig??) meuchelmord. Über ællar : ællighær und die sehr unsicheren leu- : lēghukuna, agutn. ertair : -taugr s. § 311 anm. 3.

4. Der wechsel s : z tritt infolge der entwicklung z > ʀ (§ 221 anm. 2) > r (§ 283) im rschw. als s : ʀ, im kaschw. und mschw. als s : r auf, z. b. rschw. uas : pl. uaʀu (anal. sg. uaʀ, kaschw. var) war, -en; kaschw. kiūsa (anal. auch part. prät. kusin) bezaubern : part. prät. korin erwählt; gīsl, gēsl (vgl. § 169) geissel, Gīs-, Gīsl-, -gīsl, -gils : Gēr-, -gēr (rschw. Kaiʀ-, -kaiʀ; aisl. geirr ger) in personennamen; mosi moor : mȳr sumpf; mēre (rschw. maiʀi) grösser : sup. mǣster; flēre mehr : sup. flǣster; roste gemischtes malz : rōra rühren (s. Bugge, Norges Indskrifter, s. 98); huxa (< hughsa § 225, 2, § 261, 1) denken : hugher seele; hælsa glückwünschen : hæl (< *hwilʀ § 238, 1, a; ags. hálor) glück.

Anm. 4. Glas : glar glas ist zwar hierhergehörig, aber die form glas ist mndd. lehnwort.

§ 341. Wechsel der artikulationsstellen:

1. b : ȝ (Urg. lautl., s. 148; anders Zupitza, Die germ. gutturale, s. 15 f., 31 f.), z. b. hafre : agutn. hagri (finn. kakra) hafer; ofn > omn (§ 256) : ogn Bu, Bm u. a. (anorw. ogn), gew. ugn (vgl. got. aúhns) ofen.

Anm. 1. Rompn (§ 332, 1; ngutn. rumn) : rugn (früh nschw. rogn) rogen ist wol eher hierhergehörig als mit Zupitza a. a. o. s. 11 durch eine entwicklung roȝn > *rown > *robn > romn zu erklären; dies besonders

§ 342. Urgerm. wechsel zwischen einfach r kons. und geminata. 271

weil der allgemeine übergang $bn > mn$ (s. § 256) älter als der dialektische $\jmath > w$ (§ 279, 1) ist.

2. $h_w : h$ (Urg. lautl., s. 144; anders, aber unhaltbar, Zupitza a. a. o., s. 51), z. b. *hwā(r)*, *hwar(r)* wer, *hwan* jeden, *hwat* was, *hwīlĭkin* welcher : *hār* Vg. I, Bu ff., *harr* Ög, *han* Vg. I, *hut* Ög (vgl. aber § 72 anm.), *hūlĭkin*; vgl. noch *hutske* Ög weder, *hūsu* Vg. I (zu anorw. *hú*) wie.

Anm. 2. Rschw. *Sihatr* L. 157, 591, acc. *Sihat* 79, 511, *Sikat* 465 ist wol von *Sihvatr* L. 1632, *Sikvatr* 285 u. a. (aisl. *Siguatr*) zu scheiden; vgl. Bugge, Rv. s. 119.

3. $k_w : k$ (Urg. lautl., s. 145 f.), z. b. prät. rschw. *kuam* L. 220, 2009, 2010, agutn. *quam* : rschw. *kam* (pl. *kamu*) L. 2011, kaschw. *kom, kum, kam* zu *koma* kommen; *kwœn, kwinna* : *kona, kuna* weib.

Anm. 3. Je einmaliges kaschw. *skwalpa* st. *skalpa* (vgl. aisl. *skalpr* scheide) mit scheide versehen und mschw. *skalpa* st. *skwalpa* (vgl. mndd. *schulpen*) plätschern (s. Rydq. IV, 282) dürften blosse schreibfehler sein.

§ 342. Wechsel zwischen einfacher und geminierter konsonanz (s. An. gr. I, § 252, § 253, 6 und 7, Urg. lautl., s. 154 ff., 160 ff., 163 ff. und Friesen, De germ. mediageminatorna, passim):

1. *b : bb*, z. b. *stūver, stumn* (< *stuðn § 256) : *stubbe* stumpf; *skava* schaben : *skabber* krätze; *sniūva* schnupfen : *snubba* anschnauzen; *skrūver* düte : *skrubba* höhle; *kafle* knebel : *Kabbe* ein mannsname.

2. *b : pp*, z. b. *ovan* von oben : *uppe* oben (wegen *uppin* s. § 296 anm. 2, *upp* § 297 anm. 4); *sniūva* schnupfen : *snuppa* schluchzen; *hūver* überbau, *hūva* haube : *hoppa* in die höhe springen. Hierher wol auch (vgl. § 271 anm. 4) *stiūf-, stȳf-* : *stiūp-, stȳp-* (mit schon urgerm. vereinfachung der einstigen geminata).

3. *ð : dd*, z. b. *budhker* büchse : *Budde* ein mannsname.

4. *ð : tt*, z. b. *budhker* büchse : *bytta* bütte; *maþker, madher* made : *motter* motte; *blōdher* schwach : *blōter* (mit urspr. geminata) weich; *gœlda* (mit *lð > ld* nach § 221 anm. 1) kastrieren, *galder* gelt : *galter* eber.

5. *g* : *gg*, z. b. *vagn* (mit *vn* aus *gn* § 258, 1) wagen : *vagga* wiege; *bagn* stock(falle) : *Bagge* ein mannsname, *bagge* norweger (aisl. *bagge* packen).

6. *g* : *kk*, z. b. *fliūgha* fliegen, *flugha* fliege : *flokker* schwarm, schar; *bughi* bogen : *bukker* bock ('krumhorn'); *þiggia* (*ggi* < *gj* § 239, 1) empfangen : *þækker* annehmbar, angenehm; *bunga* trommel : *bunka* klopfen; *binge* getreidekasten : *bunke* schiffsladung; *biærgha* bewahren : *barker* rinde; *bagn* : *bakn* Sdm stock (vgl. 5 oben; anders, aber unannehmbar, Kock, Tidskr. f. Fil. N. R. VII, 310), *bakke* anhöhe, *kinbakke* backen (vgl. § 235 anm. 3); *iærtigne* Vh (z. b. Leseb. 14, 35), Vm, Ög, Bu (z. b. Leseb. 42, 6) u. a. (aisl. *iartign*, *-tegn*) : *iærtēkn(e)*, *-tikne* wahrzeichen.

7. *h* : *kk*, z. b. *hola* höhle (vgl. ags. *holh* höhlung) : *holker* hohlmass.

8. *j* : *jj*, z. b. *twē(r)* : gen. *twæggia* (*ggi* < *jj* s. § 227) zwei; *þrīr* : gen. *þriggia* drei; *bāþir* (vgl. got. *bai*) : gen. *bæggia* beide; *dīa* saugen : *dæggia* säugen.

9. *k* : *gg*, z. b. *baker* rücken (runde erhöhung) : *bagge* (s. 5 oben und bes. Friesen, a. a. o., s. 101).

10. *k* : *kk*, z. b. *stake* stecken : *stakker* heuschober; *baker* : *bakke* (s. 6 und 9 oben).

11. *l* : *ll*, z. b. *bol* rumpf : *bulle* bowle.

12. *m* : *mm*, z. b. pl. *gam(m)ar* geier (aisl. *gamle* adler: *gammr* geier), sg. acc. m. *skam(m)an* kurzen (zu aisl. *skamr* : *skammr*), *skam(m)a* schämen (got. *skaman* : aisl. *skamma*, vgl. *skǫm* in Hauksbók : gew. *skǫmm* schande),? *Hæm(m)inger* (aisl. *Hem(m)ingr*) ein mannsname (vgl. § 317 anm. 3).

13. *n* : *nn*, z. b. *bruni* brunst : *brinna* brennen, *runi* fluss : *rinna* fliessen, *spuni* spinnerei : *spinna* spinnen.

14. *p* : *bb*, z. b. *gapa* gaffen : *gabba* spötten (s. Friesen, a. a. o., s. 39 f.).

15. *p* : *pp*, z. b. *knaper* Da, D 4 (nschw. dial. *knap*, *-e*) : *knapper* (auch nach § 178 *knopper* : *knoper*) knopf, knoten, pflock; *slipa* schleppen : *slippa* entschlüpfen, *slæppa* fahren lassen.

Anm. 1. Vielleicht gehört hierher das § 298 anm. 3 erwähnte *tapa* : *tappa* verlieren; möglicherweise auch das seltene *vatutæpa* Vm, *vatntæpa*

§ 343. Sievers regel. § 344. Metathesis. § 345. Idg. lautgesetze.

(Siljestrand I, 140) : -tæppa wasserdamm (zu tæppa versperren, *tapper* zapfen).

16. *t* : *tt*, z. b. mschw. *iætte* : selt. *iætun* (aisl. *iotonn*, s. § 118) riese.

17. *w* : *ww*, z. b. prät. *hiō* : pl. *hioggo* (*gg* aus *ww*, s. § 227) zu *hogga*, *hugga* hauen; *bōa* : *byggia* wohnen; *trōin* : *trygger* treu; *glōa* glühen : *glugger* lichtöffnung, *glægger*, *gluggutter* scharfsichtig; *gnōa* : *gnugga* reiben; *rȳa* haartuch : *raggǫ̈tter* grobharig, *ruggǫ̈tter* rauh; vgl. nschw. *lo* : *lugg* zotte, *so* : *sugga* sau.

Anm. 2. Über das nicht hierhergehörige *brō* : *bryggia* brücke s. Urg. lautl., s. 153.

§ 343. Der wechsel *ȝ*(*w*) : (*ȝ*)*w* ("Sievers regel", s. Urg lautl., s. 177 ff.) ist nur sehr spärlich belegt, z. b. *magher* sohn (*māgher* eidam) : *mē*, *mār* (aisl. *mey*, *mær*, vgl. § 168) mädchen; *tōgh* D 4 (dazu *ørtōgh* Vg. I, II, agutn. *ertaug*, s. § 81 anm. 1), *tugh* seil : *tōmber* (aisl. *taumr*) zaum; 3. pl. prät. *sāgho* sahen : *sȳn* (**siuni-*) sicht; *agh-* : *ā-borre* flussbarsch (s. Noreen, Sv. etymologier, s. 3 f.), *ø̄* (aisl. *ey*) insel.

§ 344. Scheinbare metathesis (zur erklärung s. Urg. lautl., s. 9, Brugmann I², 393 f., 469 ff., 480 f.) liegt vor z. b. in *hors* (aisl., ags. *hors*) pferd, *hyrsa* stute : agutn. *rus* (aisl. *hross*) pferd, *orne* : *runi* (aisl. *rune*) unverschnittener eber, part. *thorskin* (vgl. mndd. *derschen*, dän. *tærske*) : *thruskin* zu *þrysk*(*i*)*a*, *þriska* dreschen (vgl. aisl. *sorþenn* : *stroþenn* zu *serþa*).

Anm. 1. D. lehnwort ist *ørs* (mndd. *ǫ̈rs*, *ors* neben *hors*) streitross, s. Kock, Arkiv IX, 169 f. (anders Hellquist, ib. VII, 155; noch anders Persson, Wurzelerweiterung, s. 153 note). Durch kontamination von *hors* und *ers* ist wol die form *hers* Bil, Dipl. 1507, 1509 entstanden.

Anm. 2. Noch älteren datums dürfte der gegensatz sein in *argher* (aisl. *argr*) : *ragher* (1 mal; aisl. *ragr*) feige; *fiærter* (vgl. gr. πέρδομαι): aisl. *fretr* furz u. a., s. Urg. lautl. s. 89.

II. Spuren indogermanischer lautgesetze.

§ 345. Wechsel von dentaler explosiva und *s* (s. An. gr. I, § 254, Urg. lautl., s. 190 ff.) zeigt sich z. b. in *vita* wissen, *vēt* weiss : *vēst* weisst, *visse* wusste, *vissa* gewissheit und (mit gekürzter geminata, s. Urg. lautl., s. 166) *vīs* weise, *vīsa* zeigen; *hwætia* schärfen : *hwas*(*s*) scharf; *sitia* sitzen : *Sæstrīþ* (zu aisl.

sess sessel; s. § 254, 2) ein frauenname; *laþa* laden : *las(s)* fuhre; *fø̄þa* gebären : *fø̄ster* brut; *snēdha* abschneiden, *snidh* schnitt : *snēs* rute. Über zweideutige fälle wie *biter* : *bēsker* bitter s. Urg. lautl., s. 116 f.

§ 346. Wechsel von gutturaler explosiva und *h* (s. An. gr. I, § 255, Urg. lautl., s. 181) zeigt sich z. b. in *sø̄kia* suchen : prät. *sōt(t)e* (*sōhte § 233); *þykkia* dünken : prät. *þōt(t)e*; *yrkia* machen : part. agutn. *ortr* (got. *waúrhts*); *siūker* krank : *sōt(t)* krankheit, sucht; *þiukker* (**þekw-* § 75, 2, § 240) dick, *þykla*, *þikla* (**þikw-* § 71, 3) oft : *þǣt(t)er* (**þīht-* § 83, 3, a) dicht; 3. pl. präs. *magha* mögen : prät. sg. *māt(t)e* möchte; *dragha* ziehen : *drǣt(t)* zug, tracht; *stīgha* steigen : *stǣt(t)a* steige.

Anm. Nach § 342, 3 zu erklären (vgl. Urg. lautl., s. 130), also nicht hierhergehörig, sind einige dem anschein nach gleichartige fälle wie *egha* besitzen: prät. *āt(t)e*, wie präs. *ā* zu erklären; *slagh* schlag : *slāt(t)* *slǣt(t)* schlag, mähen wie *slā* schlagen; *þwaghin* gewaschen : *þwāt(t)er*, *þwǣtter* wäsche wie *þwā* waschen, *thwāl* seife; *vīgh* streit, *vægha* u. a. (s. § 163, 1) totschlagen : *væt(t)* totschlag, Rök dat. *uituq[n]ki* (d. h. *wēttwqvgi*) kampfplatz (s. Noreen, Arkiv III, 25 note, V, 385).

Kap. 4. Etymologische übersicht.[1]

I. Die stimmlosen explosivæ.

§ 347. Kaschw. (und mschw.) *p* hat folgenden ursprung: 1. Gew. urn. *p*, z. b. *grīpa* greifen, *springa* springen u. a. (s. Rydq. IV, 237). 2. Urn. *f*, s. § 259, 2. 3. Urn. *b*, s. § 262. 4. *pp*, s. § 241—242, § 302—304. 5. Einschub, s. § 332.

Anm. 1. Über zweifelhaften ursprung aus *b* s. § 256 anm. 5; aus *k* s. § 282 anm. 1.

Anm. 2. Anlautendes *p* kommt fast nur in lehnwörtern vor.

§ 348. *pp* ist: 1. Urn. *pp*, z. b. *klappa* klopfen, *hoppa* hüpfen, *knapper* knopf. 2. Urn. *mp*, s. § 235, 1, a. 3. *pb*, s. § 291, 2. 4. *p*, s. § 296, 2, § 297—299, § 301.

§ 349. *t* ist: 1. Urn. *t*, z. b. *trǣ* baum, *œta* essen u. a. (s. Rydq. IV, 294; V, 17). 2. *d*, s. § 222, § 263, 1. 3. *þ*, s. § 260. 4. *tt*, s. § 241—242, § 302—304. 5. Einschub, s. § 254, § 335.

---

[1] Vgl. s. 167 note.

§ 350—356. Etymologische übersicht der konsonanten. 275

§ 350. *tt* ist: 1. Urn. *tt*, z. b. *skatter* schatz, *katter* katze, oder *t + t* (durch synkope zusammengestossen), z. b. *hwĩtt* (got. *kveitata*) weisses. 2. Urn. *ht*, s. § 233. 3. *đt*, s. § 234, 2. 4. *dt*, s. § 232. 5. Urn. *nt*, s. § 231, 1, b, oder *n + t*, s. § 231, 2. 6. *tđ*, s. § 237. 7. *pt*, s. § 288. 8. Urn. *þþ*, z. b. *motter* (vgl. ags. *modđe*, aisl. *motte*) motte, oder *þ + þ*, s. § 223 anm. 2. 9. *t*, s. § 296, 1, 3, 4, § 297—299, § 301.

§ 351. *k* ist: 1. Urn. *k*, z. b. *knǣ* knie, *rīke* reich u. a. (s. Rydq. IV, 273; V, 13). 2. *h* (d. h. *ch*-laut), s. § 224, § 261. 3. *g*, s. § 222, § 264. 4. *p* (*f*), s. § 271 anm. 2; vgl. auch ib. anm. 4. 5. *kk*, s. § 241—242, § 302—304.

§ 352. *kk* ist: 1. Urn. *kk*, z. b. *sækker* sack, *bukker* bock. 2. Urn. *nk*, s. § 231, 1, c. 3. *tk*, s. § 290, 1. 4. *lk*, s. § 287. 5. *ƀk*, s. § 284, 3. 6. *k*, s. § 239, 2, § 240, § 296, 2—4, § 297 —299, § 301.

II. Die stimmhaften explosivæ.

§ 353. *b* ist: 1. Urn. *b*, z. b. *lamb* (got. *lamb*) lamm, *kamber* (ags. *comb*) kamm. 2. Urn. *ƀ*, s. § 225, 1, § 256 anm. 6. 3. *p*, s. § 265 anm. 2. 4. *bb*, s. § 241—242, § 302—304. 5. Einschub, s. § 325.

§ 354. *bb* ist: 1. Urn. *bb*, z. b. *gabba* (ags. *ʒabban*, mndd. *gabben*) spötten, *Kabbe* ein zuname (mndl. *kabbe* ferkel), *skrubba* kluft (vgl. mndd. *schrobben* kratzen), *stubbe* (mndd. *stubbe*) baumstumpf; s. Friesen, De germ. mediageminatorna, s. 36 ff., 52 ff., 80 ff., 84 ff. 2. *ƀb*, s. § 284, 1. 3. *đb*, s. § 285, 1. 4. *ʒb*, s. § 286 (vgl. über *gb* § 286 anm. 1). 5. *b*, s. § 297.

§ 355. *d* ist: 1. Urn. *d*, z. b. *land* land, *halda* halten (s. § 221 anm. 1). 2. Urn. *đ*, s. § 225, 1; gemein-an. *đ*, s. § 257, 1 und § 256 anm. 6. 3. *t*, s. § 265 mit anm. 3. 4. *dd*, s. § 241, § 302. 5. Einschub, s. § 326.

§ 356. *dd* ist: 1. Urn. *dd*, z. b. *Budde* ein zuname (mengl. *budde* käfer), *kodder* (vgl. mengl. *codde* kissen, mndl. *kodde*) hode; s. Friesen a. a. o., s. 89 ff., 93 ff. 2. *đd*, s. § 234, 1. 3. *đđ*, s. § 237. 4. *đđ*, s. § 221 anm. 2, oder *đ + đ*, s. § 225, 1. 5. *d*, s. § 302.

§ 357—364. Etymologische übersicht der konsonanten.

§ 357. *g* ist: 1. Urn. *g*, z. b. *langer* lang, *unger* jung. 2. Urn. ȝ, s. § 225, 1; gemein-an. ȝ, s. § 258, 2. 3. *k*, s. § 267 mit anm. 2 und 3. 4. *gg*, s. § 241, § 302.

§ 358. *gg* ist: 1. Urn. *gg*, z. b. *Bagge* (mengl. *bagge* sack), *Knagger* (vgl. mndd., mengl. *knagge* knorren) zunamen, *vagga* wiege (vgl. mengl. *waggen* schütteln); s. Friesen, a. a. o., s. 98 ff., 103 ff., 109 ff. 2. Urn. *jj*, s. § 227. 3. Urn. *ww*, s. § 227. 4. *ðg*, s. § 285, 2. 5. Urn. ȝ, s. § 239, 1; gemein-an. ȝ, s. § 296, 2, § 297. 6. *g*, s. § 302.

III. Die stimmlosen spiranten.

§ 359. *f* (vgl. § 271) ist: 1. Urn. *f*, z. b. *fara* fahren, *gift* (got. *gifts*) gabe. 2. Urn. ƀ, s. § 225, 2. 3. *p*, s. § 265. 4. *ff*, s. § 241, § 302.

Anm. Über unsicheres *f* aus *þ* s. § 274.

§ 360. *ff* kommt fast nur in lehnwörtern (z. b. *offer* opfer) vor. In heimischen wörtern ist es entstanden aus: 1. *ƀf*, s. § 284, 2. 2. *f*, s. § 297.

§ 361. *þ* ist: 1. Urn. *þ*, z. b. *þiuver* dieb, *þrī(r)* drei. 2. *ð*, s. § 225, 2, § 257, 2.

§ 362. *s* ist: 1. Urn. *s*, z. b. *son* sohn, *hals* hals u. a. (Rydq. IV, 301; V, 20). 2. *ss*, s. § 241—242, § 302—304. 3. Einschub, s. § 334.

Anm. Über alveolaren, resp. kakuminalen *s*- (*sch*)-laut aus *rs*, resp. *ls* s. § 276.

§ 363. *ss* ist: 1. Urn. *ss*, z. b. *visse* wusste, *hwas(s)* scharf, oder *s + s*, z. b. gen. *græs(s)* grases. 2. *sʀ*, s. § 238, 5. 3. *ts*, s. § 290, 2. 4. *rs*, s. § 289, 3. 5. *s*, s. § 296, 2, § 297 299, § 301.

§ 364. *h* (palatale und velare spirans; vgl. § 365) kommt kaschw. nur vor kons. *i* und *u* (*w*) vor und zwar aus urn. zeit ererbt, z. b. *hiarta* herz, *hwī* warum. Im mschw. (vielleicht schon früher, s. § 257 anm. 4) entspricht es ausserdem älterem ȝ, s. § 258, 3.

Anm. Über *kch*, *tch* aus *kj*, *tj* sowie *sch*-laut aus *skj*, *stj* s. § 278.

§ 365. *h* (hauchlaut; vgl. § 364) kommt nur antesonantisch vor und hat zweifachen ursprung: 1. *h* (palatale oder velare spirans), s. § 230, § 280. 2. Zusatz, s. § 327.

IV. Die stimmhaften spiranten.

§ 366. *ƀ* (*v*, s. § 271) ist: 1. Urn. *ƀ*, z. b. *grava* graben, *kalver* kalb u. a. (s. Rydq. IV, 240, 252). 2. Urn. *m*, s. § 226. 3. *f*, s. § 259. 4. *w*, s. § 269. 5. *ƀƀ*, s. § 241—242, § 302.

§ 367. *ð* ist: 1. Urn. *ð*, z. b. *faþir* vater, *garþer* (got. *gards*) gehöft, zaun u. a. (s. Rydq. IV, 298; V, 16; vgl. noch § 260 anm. 5). 2. Urn. *þ*, s. § 223. 3. Urn. *nn*, s. § 229. 4. *t*, s. § 266. 5. *d(d)*, s. § 263, 2.

§ 368. *ᵹ* ist: 1. Urn. *ᵹ*, z. b. *ēgha* besitzen, *slaghin* geschlagen u. a. (s. Rydq. IV, 259; V, 2). 2. Urn. *ð*, s. § 228. 3. *k*, s. § 267. 4. *ƀ*, s. § 271 anm. 1. 5. *w*, s. § 273. 6. *g(g)*, s. § 264 anm. 3. 7. *ch* in lehnwörtern, s. § 261 anm. Ausserdem hat palatales *ᵹ* (d. h. *j*) im mschw. noch folgenden ursprung: 8. Konsonantisches *i*, s. § 270 und (dies zum teil schon kaschw.) § 278. 9. Velares *ᵹ*, s. § 279, 2.

V. Die nasale.

§ 369. *m* ist: 1. Urn. *m*, z. b. *māne* mond, *armber* arm u. a. (s. Rydq. IV, 315, 320). 2. *ƀ*, s. § 256. 3. *n*, s. § 277, 1. 4. *ɴ*, s. § 281, 1. 5. *mm*, s. § 241—242, § 302—304.

§ 370. *mm* ist: 1. Urn. *mm*, z. b. *amma* amme, pl. *dammar* teiche. 2. *ƀm*, s. § 284, 4. 3. *ðm*, s. § 285, 4. 4. *mʀ*, s. § 238, 2. 5. *mb*, s. § 291, 1. 6. *mn*, s. § 294, 1. 7. *m*, s. § 296, 1, § 297—300.

§ 371. *n* ist: 1. Urn. *n*, z. b. *nīo* neun, *lōn* lohn u. a. (s. Rydq. IV, 322; V, 27). 2. *m*, s. § 272, 1. 3. *ɴ*, s. § 281, 2. 4. *l*, s. § 268. 5. *ð*, s. § 257 anm. 7. 6. *nn*, s. § 241—242, § 302—304. 7. Einschub, s. § 330.

Anm. Über zweifelhaftes *n* aus *r* s. § 268 anm. 3.

§ 372. *nn* ist: 1. Urn. *nn*, z. b. *spinna* spinnen, *kan(n)* kann u. a. (s. Rydq. IV, 322); vgl. noch § 221 anm. 2. 2. Urn.

§ 373—379. Etymologische übersicht der konsonanten.

np̌, s. § 236. 3. *nʀ*, s. § 238, 3, § 295. 4. *nd*, s. § 292, 2. 5. *đn*, s. § 285, 5, § 290 anm. 3. 6. *rn*, s. § 289, 2. 7. *n*, s. § 296, 1, § 297—299.

§ 373. *ɴ* ist: 1. Urn. *ɴ*, z. b. *langer* lang, *siunka* sinken u. a. (Rydq. IV, 322). 2. *m*, s. § 272, 2. 3. *n*, s. § 277, 2. 4. *ȝ*, s. § 258, 1 mit anm. 1. 5. Einschub, s. § 331. 6. Kons. *i + n* in lehnwörtern, s. § 277 anm. 5.

§ 374. *ɴɴ* ist: 1. Älteres *ng*, s. § 293. 2. Älteres *ɴn*, s. § 294, 2.

VI. Die liquidæ.

§ 375. *l* ist: 1. Urn. *l*, z. b. *langer* lang, *halda* halten, *vælia* wählen u. a. (s. Rydq. IV, 309; V, 24. Dentales (nicht kakuminales) *l* ist ausserdem: 2. Älteres *ll*, s. § 241—242, § 302—304. 3. Einschub?, s. § 329. Kakuminales *l* wiederum ist mschw. auch: 4. Älteres *rđ*, s. § 275.

§ 376. *ll* ist: 1. Urn. *ll*, z. b. *falla* fallen, *ul(l)* wolle u. a. (s. Rydq. IV, 309). 2. Urn. *lþ*, s. § 236. 3. Urn. *nl*, s. § 235, 3. 4. *lʀ*, s. § 238, 1, § 295. 5. *đl*, s. § 285, 3, § 290 anm. 2. 6. *rl*, s. § 289, 1. 7. *ld*, s. § 292, 1. 8. *l*, s. § 296, 1 und 3, § 297 —299.

§ 377. *r* ist: 1. Urn. *r*, z. b. *rōt* wurzel, *bæra* (got. *bairan*) tragen u. a. (s. Rydq. IV, 326; V, 36). 2. Urn. *ʀ*, s. § 283. 3. *đ*, s. § 257 anm. 5. 4. *rr*, s. § 241—242, § 302—305. 5. Einschub, s. § 333.

§ 378. *rr* ist: 1. Urn. *rr*, z. b. *fiærre* (got. *fairra*) fern, *kwar(r)* zurück, ruhig (got. *qairrus*), oder *r + r*, s. § 244, 3 (vgl. auch 4). 2. Urn. *rʀ*, s. § 238, 4; vgl. auch § 244, 4. 3. *ʀ + ʀ*, z. b. *rōr(r)* rohr, *-gēr(r)* in mannsnamen; vgl. An. gr. I, § 288, 5. 4. *r*, s. § 296, 1, § 297—299 (vgl. auch § 240 anm.). 5. *ʀ*, s. § 296, 1, § 297, 1 und 3, § 298.

VII. Die halbvokale.

§ 379. Konsonantisches *i* hat folgenden ursprung: 1. Urn. kons. *i*, z. b. *iđ* jawol (s. § 247 anm. 1), *vælia* wählen u. a. (s.

ALTNORDISCHE GRAMMATIK II.

ALTSCHWEDISCHE GRAMMATIK

MIT EINSCHLUSS DES ALTGUTNISCHEN

VON

ADOLF NOREEN.

DRITTE LIEFERUNG
(NOMEN, ADVERBIUM, ZAHLWORT).

HALLE.
MAX NIEMEYER.
1901.

§ 380. Etymologische übersicht der konsonanten. 279

Rydq. V, 5). 2. Sonantisches *i̭*, *t̯*, s. § 75, § 82, § 92, b, 2, § 93, 2 und 3, § 153, 3. 3. Einschub, s. § 231, § 328. 4. Aus *y* durch brechung entstanden, s. § 127.

Anm. Über kons. *y* statt *i* s. § 270 anm. 3.

§ 380. *w* ist: 1. Urn. *w*, z. b. *swœria* schwören, agutn. *stinqua* (got. *stigqan*) hüpfen. 2. *ʒ*, s. § 279, 1. 3. *b̃*, s. § 256 anm. 7. 4. Sonantisches *u*, s. § 92, b, 3. 5. Einschub, s. § 336.

Flexionslehre.

I. Abschnitt.
Deklination.

Kap. 1. **Deklination der substantiva.**[1)]

A. Vokalische stämme (starke deklination).

I. *a*-stämme.

§ 381. Die kaschw. endungen sind:

	Mask.	Neutr.		Mask.	Neutr.
Sg. N.	-r	—	Pl. N.	-a(r), -œ(r)	—
G.	-s		G.	-a, -œ	
D.	-i, -e		D.	-um, -om	
A.	—		A.	-a, -œ	—

Uber den wechsel *a, œ* s. § 135 und § 141; über *i, e* § 137, § 142; über *u, o* § 139, § 143 (vgl. bes. anm. 4 und 8). Uber das unstäte nachvokalische *-r* s. § 321. In den paradigmen (und sonstigen als normalformen angeführten beispielen) dieser grammatik lassen wir den endungsvokal *œ* unberücksichtigt, *i, e* durch unvollständigen (s. § 142, 2) und *u, o* durch vollständigen (s. § 143, 1) balanz geregelt sein; das unstäte *-r* wird immer ausgeschrieben.

Anm. Das rschw. weicht insofern ab, dass mask. nom. sg. und pl. ältest *-R*, resp. *-aR* zeigen, über deren allmählichen übergang in *-r*, resp. *-ar* s. § 253.

[1)] Über die beim zutritt des suffigierten artikels eintretenden veränderungen der substantivendungen s. § 511.

a. Reine a-stämme.
§ 382. Paradigmen:

	Maskulina			Neutra		
Sg. N.	fiskęr	ængil	skō[r]	skip	hovuþ	·bō
G.	fisks	ængils	skōs	skips	hovuz	bōs
D.	fiske	ængle	skō	skipi	hofþe	bō
A.	fisk	ængil	skō	skip	hovuþ	bō
Pl. N.	fiskar	ænglar	skō(a)r	skip	hovuþ	bō
G.	fiska	ængla	skō(a)	skipa	hofþa	bō(a)
D.	fiskom	ænglom	skō[o]m	skipum	hofþom	bōm
A.	fiska	ængla	skō(a)	skip	hovuþ	bō

Anm. Durch eckige klammern bezeichnen wir in dieser grammatik, dass die betreffenden endungen nur spärlich belegt sind. Die zu erwartende dat. sg.-endung -i, -e ist bei den paradigmen *skō[r]*, *bō* nie belegt (vgl. aisl. *búe* zu *bú*).

§ 383. Wie *fiskęr* (agutn. *fiskr*) fisch flektieren die weitaus meisten einsilbigen mask. mit konsonantisch auslautender wurzelsilbe, z. b. *bōghęr* bug, pl. *Frīsar* die Frisen, *galtęr* eber, *hiortęr* hirsch, *klærkęr* geistlicher, *knīvęr* messer, *kroppęr* körper, *marþęr* marder, *oddęr* spitze, *sangęr* gesang, *spirvęr* sperling, *vantęr* handschuh, pl. *Virþar, Værmar* einwohner von Värend, resp. Värmland; ferner die vielen mehrsilbigen auf *-ingęr*, *-ungęr, -lēkęr* und *-naþęr* (vgl. unten 2, d und 4), z. b. *pænningęr* pfennig, *konungęr* könig, *kærlēkęr* liebe, *bōnaþęr* zubehör; ausserdem vereinzelte wörter wie pl. *Swēar* (*Swīar*, agutn. *Suīar* s. § 169 anm., § 103, 2) die Schweden, *bikar* (neben *bikare* nach § 417 und *bikara* GO nach § 420) becher, *biskopęr* bischof, *ōndskapęr* bosheit und abgeleitete mannsnamen auf *-an, -ar*, z. b. *Staffan, Gunnar, Ragnar*.

Anm. 1. Auch wie neutra nach § 386 flektieren *angęr* (selt.) reue, *basū(r)n, bosūn* posaune, *blōþ(ęr)* blut, *būr* kammer, *ęr* kupfer, *fingęr* (vgl. anm. 3) finger, *hēm(bęr)* heimat, *kōr* chor, *kwæld(ęr)* abend, *lās* riegel, *lāt(ęr)* laut, *lātęr* (selt.) gelächter, *skærvęr (skærf)* scherflein, scherbe, *spital* hospital, *spot(tęr)* hohn, *stal(dęr)* stall, *stiung(ęr*; selt.) stich, *tār* thräne, *þorn* dorn, *ōþ(ęr)* gut. Vgl. noch § 386 anm. 2.

Anm. 2. Auch wie fem. gehen: nach § 399 *grēn* zweig, pl. *pāskar* ostern; nach § 408 *krapt(ęr)* kraft, *mæld(ęr)* mahlkorn; schwach nach § 423 *basūn(a), gangęr (ganga)* gang, *hampęr (hampa)* hanf, *liūstęr (liūstra)* fischgabel, *næsabor (næsobora)* nasenloch.

§ 383. Reine a-stämme.

Anm. 3. Auch nach § 431 gehen *finger* finger, nach § 432 *vinter* winter; schwach nach § 416 *basūrn(e)*, *holmber* (*holme*) kleine insel, *hugher* sinn, *hærtogher* herzog, *iærl* (selt.) jarl, *lebardher* (selt.) leopard, *miælter* (öfter *miælte*), *milter* (selt. *mælte*, vgl. § 78, 3 mit anm. 1) milz, *prelater* prälat, *prōwaster* (selt.) probst, *spital* hospital, *þægn* (selt. mschw.) held. Vgl. noch § 416 anm. 1.

Über die einzelnen kasus ist zu bemerken:

1. Zum sg. nom. folgendes:

a) Zwischen *p, t, k, b, d, g, v, þ, gh* und der endung *-r* tritt, ausser im agutn., ein svarabhaktivokal ein, über dessen qualität s. § 160, 2, b. Beispiele s. oben.

b) Zwischen *m* und *r* wird nach § 325, vor der entstehung des svarabhaktivokals, *b* eingeschoben, z. b. *armber* arm, *barmber* busen, *dōmber* urteil, *drōmber* traum, *gamber* geier, *halmber* stroh, *hamber* gestalt, *hēmber* heimat, *hiælmber* helm, *malmber* erz, *ormber* schlange, *pilagrīmber* pilger, *stormber* sturm, *strōmber* strom, *swærmber* schwarm, *tømber* zaum, *þarmber* darm, wozu also pl. *armar* u. s. w. Vgl. dagegen mit stammhaftem *b kamber* kamm, pl. *kambar*.

c) Zwischen *ll, nn* und *r* wird nach § 326, vor der entstehung des svarabhaktivokals, *d* eingeschoben, z. b. *balder* (vgl. § 68, 3) ball, *kulder* die kinder einer ehe, *stalder* stall; *brunder* brunnen, *munder* mund; also pl. *ballar, brunnar* u. s. w. Vgl. dagegen mit stammhaftem *d bilder* pflugschar, *elder* (vgl. § 384 anm. 2) feuer, *kwælder* abend, *skiolder* schild; *brander* brand, *hunder* hund, *sander* sand, *vinder* wind; also pl. *bildar, brandar* u. s. w.

d) Mit *l, n* (aber nicht *ll, nn*, s. c oben), *r, s* wird die endung nach § 238, 1, a und c, 3, a und c, 4, 5 und § 295 assimiliert, eventuell dann die geminata nach § 241 verkürzt, z. b. *þræl(l)* sklave, *dal(l)* thal, *karl* kerl; *stēn(n)* stein, *botn* boden; *þiūr* stier, *hor* lein; *īs* eis, *hals* hals, *lax* lachs, *rōrvas* (pl. -*vassar*) schilfrohr. Genau zu scheiden sind demnach fälle mit stammhaftem *r* wie *āker* acker, *alder* alter, *anger* reue, *bolster* kissen, *finger* finger, *galder* zauberlied, *heþer* ehre, *hunger* hunger, *hægher* reiher, *lāter* gelächter, *mælder* mahlkorn, *reþer* nest, *sigher* sieg (also pl. *ākrar* u. s. w.) von solchen, wo *-r* nur endung ist, wie *dūker* tuch (pl. *dūkar*) u. dgl. Schwankend

§ 383. Reine *a*-stämme.

sind *lūdhẹr* horn zum blasen (vgl. § 321 anm. 8) und *stavẹr* stab; also pl. *lūdh(r)ar* und *stafrar, stavar*.

e) Die endung fehlt überhaupt in folgenden fällen:

α) In *guþ* Gott, weil das wort urspr. ein neutr. pl. ist; so wird es zum teil noch in den eidesformeln des Vg. I und Vh konstruiert (s. Leffler, Ant. tidskr. f. Sv. V, 149 ff., 295 ff.) sowie agutn. in der bedeutung 'abgötter' (z. b. Leseb. 36, 22). *Afguþ* abgott ist gewöhnlich, *tomptagudh* kobold selten neutrum (sg. und pl.).

β) In *and* Sdm ff. (daneben *ande* nach § 416) geist, atem, das wahrscheinlich ein altes fem. ist (aisl. *ọnd*; vgl. rschw. *ạnt* seele, s. § 399, 1); ebenso mschw. *tīand* (kaschw. f.) neben f. *tīond* (und m. *tīonde* nach § 416) zehnt.

γ) Im lehnwort *marskalk* marschall; vgl. aber die synkopierte (§ 156, 1, b) form *marsk(ẹr)* und das simplex *skalkẹr* schelm.

δ) In titeln, wenn sie unmittelbar vor (selten wenn sie nach) mannsnamen stehen, z. b. *kunung* (*biskop, hærtogh, prōvast*) *Māgnus* könig (bischof, herzog, probst) M. gegen sonstiges *kunungẹr* u. s. w. In etwas späteren denkmälern können eigennamen vor einem anderen ebenso behandelt werden, z. b. in Vh *Bændikt Iōnssun,* Cod. reg. des Södermannagesetzes *Anund Rǿrikssun* u. a.

Anm. 4. Über mschw. *abōt(e), drōzæt(e), foghat(e)* u. dgl. s. § 416 anm. 1.

ε) Sporadisch durch entlehnung der accusativ- (und dativ-, s. 3 unten) form. So selten im rschw., z. b. Forsheda *Raulf* (u. a., s. Brate, Rv. s. 325 note). In den meisten kaschw. denkmälern kommen keine oder vereinzelte beispiele vor, z. b. Sdm *dagh* tag, Vm *ẹþ* eid, *pūst* hauch, *þiūf* dieb, Biæ *pūst,* Da *kunung* könig, H *fiærþung* viertel, Bu *kunug* könig, *þiūfnaþ* diebstahl, *sang* gesang, *pilagrīm* pilger; öfter im Cod. reg. des Södermannagesetzes. Im mschw. bis ca. 1450 ist die erscheinung in einigen denkmälern (z. b. Bm, Bil) selten, in andern (z. b. Bir, D 4, MB. I, Rk. II) häufig zu belegen; nach 1450 ist sie regel, wiewol *-r* noch im 16. jahrh. anzutreffen ist (vgl. Söderwall, Kasusformerna s. 2 f.).

§ 383. Reine a-stämme.

2. Zum sg. gen.:

a) Uber *x* in fällen wie *lœx, stox* zu *lēkęr* spiel, *stokkęr* baumstamm s. § 49; *kununx* zu *kunungęr* s. § 264; *dax* zu *daghęr* tag s. § 261, 1.

b) Über *z* in fällen wie *bāz, krapz* zu *bātęr* kahn, *krapter* kraft s. § 50; *hunz* zu *hundęr* s. § 263, 1; *garz* zu *garþęr* zaun s. § 260, 4; *stalz, munz* zu *staldęr* stall, *mundęr* mund s. § 254, 1 (vgl. 1, c oben).

c) Die endung -*s* fehlt in folgenden fällen:

α) Nach kons. + *s*, z. b. *fors* wasserfalls u. dgl.; s. § 241.

β) Gew. nach *st*, z. b. *Krist* Christs u. a.; s. § 322, 1.

γ) Oft in titeln unmittelbar vor (selten nach) mannsnamen, z. b. *kunung* (*biskop, hærtogh*) *Ēriks* könig (bischof, herzog) E.s; s. Söderwall, Kasusformerna, s. 17. Später können auch eigennamen vor einem anderen so behandelt werden, z. b. Dipl. 1403 *Ulf Sonasons* u. a.; s. Kock, Skandinavisches archiv I, 15 note. Vgl. 1, e, δ oben.

δ) Bisweilen vor anlautendem *s*, z. b. Sdm *værþ sins* seines wertes u. dgl.; s. § 322, 2.

d) Die endung -*ar* haben *kuldęr* kinder einer ehe, *prōwastęr* probst, alternativ *hughęr* sinn und die wörter auf -*naþęr* wie *hugnaþęr* trost, *mānaþęr* monat, *marknaþęr* markt, *þiūfnaþęr* diebstahl (alle aisl. -*ar*), nur in der kompositionsfuge *biorn* bär (rschw. aber als name gen. *Biarnaʀ*) und *skōghęr* wald (aisl. -*s* und -*ar*); selten *garþęr* Vm, Da u. a. (Siljestrand I, 19) zaun (vgl. got. *gards* als *i*-stamm flektiert) und nur in der komp.- fuge *ēþęr* Da eid (aisl. -*s* und -*ar*).

Anm. 5. Über das nicht hierhergehörige *lynnar-berþi* Da s. Kock, Arkiv VII, 304 f.

Anm. 6. Eine endung -*is* giebt es hier nicht, denn fälle wie *almænningis-hūs, forþis-maþęr* u. dgl. gehören nicht zu *almænningęr, forþęr*, sondern zu *almænninge* Dipl. 1399 allmende, *forþe* (s. § 242 anm. 1) früherer eid u. s. w.; vgl. § 339 anm. 4, § 399 anm. 4.

3. Sg. dat. ist oft endungslos, besonders in wörtern mit langer wurzelsilbe. So kommen formen ohne endung alternativ vor z. b. bei Vg. I *hundęr* hund, *koldęr* kinder einer ehe, *lās* riegel, *siūnǣtingęr* zusammenkunft nach sieben tagen, *stāvęr*

§ 383. Reine a-stämme.

stumpf, tēghęr ackerbeet, þiūfnaþęr diebstahl, þiægn freier mann, þrǣl sklave, Ly ākęr acker, ēþęr eid, fiarþiungęr viertel, garþęr zaun, konongęr könig, þriþiungęr drittel, U askęr esche, skȳl hocke, stēn stein, Vm ākęr, bīldęr pflugschar, biorn bär, ēldęr feuer, ēþęr, garþęr, hampęr hanf, hælmningęr kriegerschaar, skōghęr wald, stēn, tēghęr, varghęr wolf, Biæ dōmbęr urteil, ēldęr, þiūfnaþęr, Vg. II dōmbęr, Da aldęr alter, ēþęr, garþęr, stukkęr baumstamm, swēn knabe, Bu hęþar ehre, lifnaþar leben, pilagrīmbar pilger. Seltener wenn die wurzelsilbe kurz ist, z. b. bei daghęr Vg. I, Ly, U, Vm, Vg. II, Biæ, Bu, dal Vh, Bu thal, hambęr Vg. I, Bu gestalt, rævęr Vm fuchs, bakęr Bu rücken, Guþ Bu Gott. Mschw. fehlt die endung um so mehr, je später die denkmäler sind, was wol hauptsächlich auf entlehnung der accusativform beruht. Vgl. Söderwall, Hufvudepokerna s. 16; Brate, Böj. s. 7; Siljestrand I, 40; Zetterberg s. 58; Landtmanson, Bu s. 9; K. T. Melin, Öfversigt af substantivens böjning i äldre Västgötalagen (Lidköping 1889), s. 2.

Anm. 7. Von daghęr tag hat Vg. I 2 mal die form dæghi (aisl. dege), wonach analogisch auch 2 mal acc. dægh.

Anm. 8. In Vg. I und Ly ēþæ, konungæ (Leseb. 2, 17), skōghæ, Biæ hēmæ dürfte æ nur eine schriftvariante zu e sein; s. § 137 anm. 1 (anders Arkiv VIII, 180).

Anm. 9. Sg. acc. von mannsnamen entlehnt in uppländischen runen-inschriften bisweilen die nominativform, z. b. Ailifʀ L. 704, Syktrykʀ 369, Astulfr 728, Kuþrikr 179, Sigrutr 162, Þialfr 40, Þurþr 468.

4. Pl. nom. und acc. zeigen die endung (der i- und u-stämme) -ir, resp. -i (-e) neben -ar, resp. -a in basūn posaune, blānaþęr blauer flecken, danz tanz, dēl teil, ēþęr (Ly ff.) eid, guþ gott, pl. Hūnar, Hȳnar (Hȳnir) Hunnen, lifnaþęr leben, patrōn patron, prelatęr prälat, pūstęr hauch, pl. Ryzar Russen, sal (s. Rydq. II, 50, 275) saal, skattęr schatz, spēz spitze; selten in biorn bär, kattęr katze, kwistęr (Leseb. 82, 1 und G) zweig, punktęr punkt, þrǣl sklave. Vgl. § 407 anm. 1 und § 412. — Daghęr tag kann nach kardinalzahlen endungslos (dagh) sein, s. Siljestrand I, 44; vgl. þyn § 391, 2.

Anm. 10. Pl. acc. entlehnt bisweilen die form des nom. pl., z. b. Ly fastudaghær fasttage, Vm akrar äcker u. a. (s. Siljestrand I, 44), Da fastar festiger, MB. I gulgudhar goldene götter. Nach 1500 wird dies regel, z. b. Di Nyflingar Nibelungen, MB. II gudhar götter, hiælmar helme.

Anm. 11. Pl. gen. kann wenigstens seit um 1500 nach analogie des sg. -*s* zufügen, z. b. Dipl. 1512 *pelegrīmas* pilger, PM *hœrtogas* herzöge.

§ 384. Wie *œngil* engel gehen zweisilbige mask. auf -*al*, -*il*, -*ul* (vgl. § 180, 2), -*an* (ausser mannsnamen, s. § 383), -*in*, -*un* (vgl. § 180, 3), -*ar* (ausser *bikar* und mannsnamen, s. § 383), -*ur* wie *fiœdhal* schmetterling, *ōþal* (auch neutr. nach § 386, also ohne synkope) eigentum; *bōghil* bügel, *fǣgiurdhil* geldgürtel, *fœtil* band, *himil* himmel, *kirtil* drüse, *kiurtil* rock, *kœtil* kessel, *lykil* (*nykil* § 268) schlüssel, *spēghil* spiegel, *stœngil* querholz, *swēpil* windel, *torddœvil* mistkäfer, *þistil* distel, *ūtskœkil* vorsprung, *værpil* art riemen; *ampol* art flasche, *ankol* fussknöchel, *apostol* apostel, *ātol* lockspeise, *axol* achse, *diœvul* teufel, *mantol* mantel, *saþul* sattel, *stapul* stapel; *aptan* abend; *drōtin* herr, *himin* himmel, *œrin*, *arin* feuerherd; *iœtun* riese, *morghon* morgen; *hamar* (Bir. A schwach nach § 417) hammer, *kamar* (auch schwach nach § 417 oder ntr. *kamara* Bir nach § 420) kammer, *navar* bohrer, *somar* sommer; *dikur* decher, *fiœtur* fessel, *væþur* (agutn. aber dat. sg. *veþuri*; auch als *u*-stamm, s. § 412, 2 und 5) widder. Ausserdem schwankend *Nōregher* (agutn. *Nōrvegr*, ohne synkope) Norwegen, dessen dativ *Nŏr(e)ghe* früh auch als nom. und acc. (z. b. in Vh) gebraucht wird, was einen nach § 394 gebildeten genetiv *Norghis* (z. b. in Cod. reg. des Södermannagesetzes) hervorruft; daneben steht ein nach der analogie von *Swērīkis* Schweden gebildetes *Nōrīkis* H, woraus mschw. *Nōrighis* (s. § 267) mit dem nom. *Nŏrighe*. — Gewissermassen hierher gehören die § 383, 1, d besprochenen wörter des typus *āker*, pl. *ākrar*, welche in der literatur (aber noch nicht im rschw.) durch svarabhakti (nach § 160, 2, b) zweisilbig geworden sind und also in den "synkopierenden" kasus nur scheinbar synkope erlitten haben.

Anm. 1. Unsynkopierte formen kommen ganz ausnahmsweise vor, z. b. gen. pl. *apostolœ* Ly, dat. sg. *ōpale* Dipl. 1317, *fiœdhale* mschw.; von dem götternamen *Ōþin* ist, wol zufällig, der dativ nur als *Ōþine* MB. I belegt. Einige beispiele sind zweideutig (z. b. pl. *himina* O), da vielleicht svarabhakti nach § 160, 2, a, § 161, 2, a und § 162, a vorliegen kann. Artikulierte dativformen wie *morghonenom* Bu, *hamarenom*, *kamarenom* Bu, *kiortelenom* Bil, *himilenom* können als *morghon-enom* u. s. w. aufgefasst und dann nach 2 unten erklärt werden (vgl. Kock, Arkiv XIV, 256 note).

Anm. 2. Das gew. durchsynkopierte *elder* feuer geht infolgedessen nach § 383. Jedoch kommen vereinzelte unsynkopierte formen vor wie

§ 385. Reine a-stämme.

acc. *eledh* GO (Leseb. 79, 8), gen. *elez* Bu (s. Noreen, Arkiv VI, 381), *skærzelez* JB fegefeuers.

Über die einzelnen kasus ist zu bemerken:
1. Die endung des nom. sg. ist nach § 238, 1, b, 3, b und 4 assimiliert, dann nach § 303, 3 verkürzt worden.
2. Dat. sg. ist bisweilen endungslos und dann unsynkopiert, d. h. hat die form des acc. sg. entlehnt, z. b. *arin* (*ærin*), *apton*, *navar* u. a. (vgl. anm. 1) neben *arne* u. s. w.
3. In den synkopierten kasus treten folgende veränderungen ein:

a) *ml, mr* werden nach § 325 zu *mbl*, resp. *mbr*, z. b. pl. *himblar, hambrar*; *mn* nach § 332, 1 zu *m(p)n*, z. b. pl. *him(p)nar*; *tl* nach § 334 zu mschw. *tsl*, z. b. pl. *kirtslar*. Über den konsonantenschwund in pl. *mor(gh)nar* s. § 311, 1, *apos(t)lar, ap(t)nar* s. § 323, 1. Über die metathesis in pl. *þizlar* s. § 337, 10.

b) Wörter mit *i*-umgelautetem vokal in kurzer wurzelsilbe sollten nach § 62 in den synkopierten kasus keinen umlaut zeigen (vgl. An. gr. I, § 294 anm. 1). Durch ausgleichung (vgl. § 63) ist aber im allgemeinen der umgelautete vokal durchgeführt worden, z. b. dat. pl. *fœtlum* Biæ, St, dat. sg. *kœtle* Bm, nom. pl. *kœtla* Bil u. a., dat. pl. *lyklum* Vg. I, *nyklum* Ly, Ög, Bu, gen., acc. pl. *lyklæ* H, *nyklæ* Ly, Vm, acc. pl. *ūtskækla* KS; die einzigen lautges. formen sind *katzlar* Dipl. 1447, *nukla* Cod. Holm. B 55 des Västmannagesetzes, *nuklum* Ög. In *ærin, arin* und dem namen *Kœtil*, seltener *Katil* sind durchgehends doppelformen entstanden.

§ 385. Wie *skō* schuh gehen nur *Bō* (auch nach § 419) ein mannsname, *hō* trog, *mō* heideland, *rā* (gew. f. nach § 400 oder ntr. nach § 388) grenzzeichen, *siō(r)* see, *sniō(r)* schnee. Der einzige agutn. beleg ist dat. sg. *siā* (vgl. aisl. *siár*) see. — Gen. sg. von *siō(r)* heisst *siōa(r)*, in zusammensetzungen (nach § 154, I, C, 1, b) -*siō* (z. b. *Væxiō* Leseb. 33, 6), erst mschw. *siōs*; vgl. An. gr. I, § 300 anm. 1.

Anm. 1. Sg. nom. -*r* ist nur bei *siōr* Vh, Biæ und *sniōr* JB belegt.
Anm. 2. Sg. gen. -*s* ist vielleicht als *ss* (vgl. aisl. *sióss, máss, Týss* und § 394 anm.) aufzufassen, wenigstens nach der schreibung *Booss* Dipl. 1399 (vgl. Kock, Arkiv VII, 347) und mschw. *till sjöss* zur see (vgl. auch *till byss* und *nyss*) zu urteilen.

§ 386. Reine a-stämme.

Anm. 3. Über die behandlung der endungsvokale s. § 153, § 154, I, C, 1.

§ 386. Wie *skip* schiff gehen fast alle (vgl. § 387 und § 393) neutra auf konsonanz, z. b. einsilbige wie *bēn* bein, *biug* gerste, *blaþ* blatt, *græs* gras, *hug*, *hog* (agutn. *hag*, § 109, § 70, 1) hieb, *kōp* kauf, *kot*, *kiot* (§ 69, 3, vgl. § 75, 2, § 100) fleisch, *lagh* lage, art, (gew. als pl.) gesetz, *lamb* lamm, *land* land, *līf* leben, *līm* leim, *liung* heidekraut, *miol* (agutn. *miel* § 98 anm. 2) mehl, *skrok*, *skruk* (§ 109) unwahrheit, *smor*, *smior* (agutn. *smier*, § 69, 3, § 98 anm. 2) butter und unursprünglich (d. h. erst durch svarabhakti) zweisilbige wie *arþer* pflug, *dōgher* tag und nacht, *fō(l)ster* (§ 329) brut, *hinder* hindernis, *myrker* (auch *myrk* nach § 393) finsternis, *rēþer* (auch m., s. § 383, 1, d; vgl. m. *rēþre* oder *rēþe* nach § 416 und ntr. *rēþe* nach § 396) nest, *silver* (und sekundär *silf*, s. § 320, 1) silber, *sōl(a)sæter* (mschw. auch *sōlsæt*) sonnenuntergang, *timber* bauholz, *tiūþer* spannstrick, *under* wunder, *væþer* wetter; ferner urspr. zweisilbige wie *hærap* gerichtsbezirk, *ōþal* (vgl. § 384) eigentum, *æmbar* eimer, *ørlogh*, *-lōgh* (§ 170) krieg, die vielen auf *-an*, *-in*, *-un* (vgl. § 180, 3) wie *hēman* hufe, *lakan* laken (aber *līnlak* neben *-lakan* leinlaken), *bundin* garbe, *aldin* eichel, *hiūpon* hagebutte, *hælghon* (gew. pl.) die heiligen und einige (meistens lehnwörter) auf *-skap* (vgl. m. *-skaper* § 407) wie *būrskap* bürgerrecht, *hærskap* herrschaft (vgl. anm. 2), *landskap* landschaft, *sæl(la)skap* gesellschaft. Weitere beispiele bei Rydq. II, 98 ff., Siljestrand I, 46 ff., Brate, Böj. s. 8 ff., Zetterberg s. 59 ff., Landtmanson, Kg. St. s. 35 ff.

Anm. 1. Sehr oft steht ein, in den meisten fällen wol urspr. nur als späteres zusammensetzungsglied vorhandener (vgl. § 339 anm. 4), nach § 396 flektierender ia-stamm dem primitivum zur seite, z. b. *afraþ* : *-ræþe* abgabe, *akkiær(e)*, *ankar(e)* anker, *arf* : *ærve* erbe, *fingran* : *-ine* fingerring, *forsāt* : *-sæte* hinterhalt, *gulspan* : *-spænne* goldene spange, *hald* : agutn. *heldi* griff, *hærap* : *-æþe* gerichtsbezirk, *landamær* (z. b. Leseb. 34, 24) : *-mære* landesgrenze, *lāt* : *læte* (beides gew. nur pl.) benehmen, *liūs* : *lȳse* licht, *lyft(e)* versprechen, *māl* : *mæle* rede, *mark* : *mærke* zeichen, pl. *mōþgin(e)* mutter und sohn, *sin(ne)* 'sinn' und 'reise, mal', *skipt(e)* tausch, *hūsaskiūl* : *-skyle* versteck im hause, *systkin(e)* geschwister, *vald* : *vælde* gewalt, *vīgh* : *-i* U, H kampf, *værþ* : *virþe* (*værþe* § 164) wert, *þorn* : *thorne* dorn, *ærvoþ(e)* arbeit u. s. m.

Anm. 2. Auch wie mask. gehen, wiewol seltener: nach § 383 (vgl. anm. 1 ibid.) *arf* (: *arver* oder nach § 416 *arve*) erbe, *grun(d*; s. § 340, 2, b)

§ 386. Reine *a*-stämme.

grund, *hunagh* honig, *lẽ(i)on* löwe, *māghskap* geschlecht, *rēþęr* (s. oben), *sin* reise, mal, *torn* turm; nach § 407 einige auf -*skap* wie *hærskap* heer, *rēþskap* gerät, *riddar(a)skap* ritterschaft und die nur im agutn. als mask. belegten *afraþ* (vielleicht nach § 383) abgabe, *grip* griff, *slagh* (agutn. *slegr*) schlag.

Anm. 3. Auch als fem. gehen: nach § 399 *biærgh* (f. pl. *Biærghar* nur als ortsname, vgl. anorw. *Bergar*) berg, *niþ* (f. pl. *niþar*, *næþar*, s. § 163, 1) abnehmender mond, *paulūn* zeltverdeck, *skal* (eier)schale, *þorp* (f. pl. -*þorpar* nur in zusammengesetzten ortsnamen, z. b. in Vh; vgl. An. gr. I, § 296 anm. 3) dorf, *þrang* (z. b. Leseb. 42, 23) drangsal; nach § 408 *forsāt* (auch nach § 423) hinterhalt, *lyft* versprechen, *lēn* (als ntr. nur pl.) lohn, *skipt* tausch, *spit* spiess, *strīþ* streit (beide gew. f.); nach § 399 oder § 408 *lāt* (als ntr. nur pl.) benehmen, *līt* vertrauen, *liūþ* laut (sehr selt. f.), *ē(þ)kn* wüste (gew. f.); auch schwach nach § 423 *dwal* (auch schwaches m. nach § 416) aufschub, *forsāt* (vgl. oben), *half* (s. Siljestrand I, 142; auch starkes fem. *(h)alf*, s. § 246 anm.) hälfte, *krus* Åkirkeby (sonst gew. *kors*, aber *krussa* f. Vg. I, II K) kreuz, *malat* aussatz, *tal* (auch f. *talan*) rede, *þolomōþ* geduld.

Zu den einzelnen kasus ist zu bemerken:

1. Für sg. gen. gilt das § 383, 2, a, b, c, *α*, *β*, *δ* bemerkte.

Anm. 4. Vereinzelt kommt -*ar* statt gew. -*s* in einigen zusammensetzungen vor: *lānær-drōten* (aisl. *lánardróttenn*) Vg. I, *lassa(r)-ęgn* (-*æng*) Sdm, Da, *vīghær-ærf* H zu *lān* leihe, *las* fuhre, *vīgh* totschlag. Über *valdær* Vg. I s. § 411 anm.

Anm. 5. Wenn die präp. *til* 'zu' mehrere wörter regiert, zeigt bisweilen nur das letzte die gen.-endung, z. b. *til lof ok lok ok undirviþær* Vg. I, -*viþu* Vg. II, *til land ok rīkis* U; vgl. umgekehrt nschw. *till lands och vatten*. Vgl. noch § 399, 2, a.

Anm. 6. Über gen. *klostres*, *sōlasætris*, *hindris* s. § 339 anm. 4; vgl. § 383 anm. 6 und oben anm. 1. Mschw. *landis*- neben *lanz-hærra* landesherr ist ein germanismus; ebenso *daghthingis-man* unterhändler (dagegen das adv. *alzþingis* nach § 339 anm. 4).

2. Sg. dat. ist, zwar nicht so oft wie bei den mask. (s. § 383, 3), aber jedoch keineswegs selten, endungslos. So fast immer (bes. kaschw.) bei *gōz* gut, das urspr. der genitiv des seltenen *gōþ* U, Vm (Siljestrand I, 60) ist. Oft alternativ bei langsilbigen wörtern, z. b. Vg. I *hār* haar (acc.?), *rān* raub, *vatn* wasser (acc.?), Ly *brēf* brief, *hōr* ehebruch, *vald* gewalt, *þing* gerichtsversammlung, Vm *arf* erbe, *drāp* totschlag, *hūs* haus, *kōp* kauf, *land* land, *līf* leben, *līk* leiche, *līn* lein, *namn* name, *rān*, *vald*, *værk* werk, *þing*, *ors* ross (s. Siljestrand I, 90), Biæ *mōt* begegnung, *vald*, *ol* bier, Da *bọl* hauptgut, *brēf*, *kōp*, *nampn*,

§ 367. 388. Reine *a*-stämme.

skal treibjagen, *vald, vāpn* waffe, *vatn, vīgh*, Bu *folk*. Selten bei kurzsilbigen, z. b. Vg. I *fol* (Leseb. 6, 32) füllen, *īstœþ* steigbügel, *ruf* bruch, Vm *boþ* gebot, *tal* rede, Da *liþ* öffnung. Mschw. werden die endungslosen formen immer häufiger.

Anm. 7. Über Vg. I *bōlœ, kōpœ, mōtœ* (Leseb. 1, 9) u. dgl. s. § 383 anm. 8.

3. Pl. nom., acc. zeigt von dem einstigen *u*-umlaut (s. An. gr. I, § 291 anm. 6) nur vereinzelte spuren in dem neben gew. *barn* kind vorkommenden *born* Vg. II > *børn* (§ 104) Vg. I, II, Ly, U, Ög, MB. II, das sowol einen (gen. *borna* Vg. II? st. *barna* und) dat. *bornom* Vg. II, MB. II st. *barnom* als einen nom. sg. *born* U (und Vg. I?) hervorruft; ferner hierher wol *hundruþ* H, *ōþul* (vgl. § 384) Ög statt gew. *hundraþ* hundert, *ōþal* eigentum. Über die zweifelhaften fälle *aldon, sāton* s. § 165 anm.

Anm. 8. Vereinzelte spät-mschw. pl. auf -*er* wie *landskaper* (vor 1450) landschaften, *herreter* Dipl. 1510 zu *hœrradh* (§ 298), -*idh* > -*it* (§ 260, 7) bezirk, *ordher* Linc. 39 zu *ordh* wort und *basūner* MB. II posaunen (s. § 383 anm. 1) sind wol nur danismen und germanismen.

4. Pl. dat. der wörter auf -*on* lässt oft — nach analogie der schwachen neutra *ōghon, ōron* : dat. *ōghom, ōrom* (s. § 415) — diese ableitungssilbe fallen, z. b. *lēiom* Bu neben *lēonum* Bil, MB. I löwen, mschw. *syskiom* neben *syskonom* geschwistern, *bundom* zu *bundon* garbe, *hiūpum* zu *hiūpon* hagebutte; s. Schagerström, Om svenska bär- och fruktnamn på -*on*, s. 6 f.

Anm. 9. Über Da *oldum* zu *ol* schmaus s. § 340 anm. 1.

§ 387. Wie *hovuþ* (agutn. *hafuþ*) haupt gehen nur *kapit(t)el* kapitel, *molin* (auch mit durchgeführter synkope *moln*), *mulin* wolke und *mœghin* (dat. sg. jedoch auch unsynkopiert; pl. fehlt) kraft.

Anm. Von dem einstigen wechsel zwischen *i*-umgelautetem und unumgelautetem vokal (vgl. § 384, 3, b und An. gr. I, § 297 anm. 2) zeigt sich eine spur dadurch, dass in personennamen *Magn-* und *Ragn-* neben *Mœghin-* und *Rœghin-* (vgl. aisl. pl. *regen* götter) vorkommen, z. b. *Magnilder* (vgl. § 246 anm.) : *Mœghinþor, -dōr* (§ 257, 1, a), *Ragmunder* (§ 317, 1) : *Rœghinmunder*.

§ 388. Wie *bō* hufe, eigentum gehen fast alle (vgl. § 393) einsilbigen (über die wörter auf -*erī* s. § 396) neutra auf vokal, z. b. *blȳ* blei, *bȳ, bī* biene, *frō* same, *hō* heu, *knœ* (agutn. *knī*

§ 103, 2) knie, *strā* halm, *trǣ* (agutn. *trī* § 103, 2) baum, *tǣ, tā* gasse, *vē* weh, *vī* (§ 83, 3, a), *vē, vǣ* (§ 114, 1) heilige stätte. — Gen. sg. des alten *u*-stammes (got. *faíhu*) *fǣ,* agutn. *fē (fī-,* s. § 103, 2) vieh, geld endet wie im aisl.-anorw. *(fiár)* auf *-ar: fēar* (s. § 114, 1) Vg. I, Vh, Vm, Da, Ög u. a. > *fēiar* § 328, 1, a > *fœiar* § 114, 2, anal. *fǣar* Vg. I, MB. I > *fǣr-* § 154, I, C, 1, a oder *fīar* § 164, erst mschw. *fǣs-* MB. I; vgl. § 411 anm.

Anm. Über den schwund der endungsvokale s. § 153, § 154, I, C, 1; über analogische formen wie dat. pl. *bīm, knǣm, trǣm* st. lautges. *bīom, knēum* (anal. *trǣom* § 114, 1) s. bes. § 153 anm. 2.

§ 389. Viele wörter treten in doppelter form, mit und ohne *i*-umlaut in der wurzelsilbe, auf. Da die *a*-stammsflexion zu diesem verhältnis keinen anlass giebt, muss es hauptsächlich aus folgenden gründen erklärt werden:

1. Alte *i-, u-, ja-* oder konsonantische (für die neutra bes. *iz-*) stämme sind vorauszusetzen bei z. b. mask. *dal : dæl* Vg. I, Vh (vgl. aisl. pl. *daler*) thal, *garþer : gærþer* Vg. I, II, Ög u. a. (vgl. aisl. *Gerþr* f., got. *gards* als *i*-stamm und übrigens aschw. *gærþe* ntr.) zaun, *Hūnar : Hȳnar (-ir,* s. § 383, 4) Hunnen, gen., dat. pl. *Upsala, -um : Upsæla, -um* U (z. b. Leseb. 10, 5) u. a. zu *Upsalar (-ir,* s. § 383, 4) ein ortsname; ntr. *ar : ær* Vg. I, II ff. (agutn. *er*; aus **arwiz,* s. Noreen, Arkiv III, 14 note) narbe, *arf : ærf* Vg. I, II, Ög, Dipl. 1410 (got. *arbi;* vgl. auch *ærva* v.) erbe, *brust* G. a *(briaust* G, s. § 170) u. a. : *bryst* (vgl. got. *brusts* kons.-stamm) brust, *dopt :* mschw. auch *doft* (nschw. *dyft*) staub, *flat* Vg. II : *flæt* Vg. I (aisl. *flet* als *ja-*stamm) fussboden, *fol* Vg. I (Leseb. 6, 32; vgl. *foli*) : *fyl* (aisl. *fyl* als *ja-*stamm) füllen, *mar : mær* (vgl. aisl. *marr* m. *i*-stamm) meer, *orþstaf : -stœf* (aisl. *ja*-stamm) ausdruck, *tā : tǣ (*tanhu-,* s. Brate, Lj. s. 4) gasse, *vald : væl(l)* Vg. II (vgl. § 340, 2, a), gen. *vælz* Vh (**valdu-,* s. § 411 anm.; vgl. auch *vælde*) gewalt.

2. Analogischer einfluss nahe verwandter wörter ist anzunehmen bei z. b. mask. *armber : ærmber* Bir (nach *ærm* ärmel) arm, *dulgha(drāp) : dylgha-* (Siljestrand I, 24; wol nach *dylia* verheimlichen; vgl. § 340 anm. 3) menchelmord, *fors : fors* Sp (vgl. aisl. *fyrsa*) wasserfall, *(īghil)borster : -byrster* (vgl. *borst* f. < **byrst*) igel, *þiuver :* selt. (z. b. Vg. II) *þȳver* (vgl. *þȳft* diebstahl) dieb, mschw. *torsker* (aisl. *þorskr*) : kaschw. *þyrsker* (vgl.

aisl. *þyrsklingr*) dorsch, *thorster* : *thyrster* durst (vgl. *thyrster* durstig); ntr. *bō* : *bē* Vg. I, Vm (vgl. *bēle, bēning* § 167) wohnsitz, *dul* : *dyl* Vm, MEL, St (vgl. *dylia*) verheimlichung, *ēzorþ* : *-ørþ* Da (vgl. *ēzøre*) eidschwur, *forfal* : *-fœl* Vg. I (vgl. *fœlla*) verfall, *frost* : mschw. auch *frøst* (vgl. *frysi* kälte, *frøsa* frieren lassen und aisl. *frysta*) frost, *gōz* : *gēz* Ly, Vg. II, Dipl. 1343 (vgl. *gēzka*) gut, *holt* : *hylt* Dipl. 1288 (vgl. f. *hylta*) gehölz, ?*hors* : mschw. auch *hørs* (vgl. *hyrsa* f., aber auch § 344 anm. 1) pferd, *īstaþ* : *-støþ* Vg. I, Bir, Ve, Di (vgl. *støþ* unterlage, amboss § 393) steigbügel, *lagh* : *lægh* Vg. I (z. b. Leseb. 1, 11. 14), II, Ly, Vh (zur erklärung s. Karlsson, Arkiv I, 385 f.) gesetz, *lān* : mschw. auch *lēn* (vgl. *lēna* v.) leihe, *las* : *læs* Vg. II (vgl. *læssa* v.) fuhre, *nām* : *nēm* Vg. II (vgl. *nēma* v.) pfand, *ōp* : mschw. auch *ōp* (vgl. *ōpa* v.) geschrei, *rān* : *rēn* Dipl. 1506 ff. (vgl. *rēna* v.) raub, *sār* : *sēr* Vg. I (vgl. *-sēre*) wunde, *torf* : *tørf* Di (adän. *torf*; vgl. *tyrva* v.) torf, *trol-* : *troldōm* PM (z. b. Leseb. 109, 15. 22; vgl. *trylla* v.) zauberei, *val* : *vœl* KS (vgl. *vœlia*) wahl, *vatn* : *vøtn* Vm (vgl. *vēta* f. und v.) wasser, *vīzorþ* : *-ørþ* Ög (vgl. oben *ēzorþ*) beweisungsrecht, *þrang* : *þræng* Ly, Da (vgl. *þrængia* v.) drangsal.

Anm. 1. Mehr oder weniger unklar (oft wol auf fremdem einfluss beruhend) ist der umlaut in fällen wie m. *basūn* : *basyn(n)* Dipl. 1507 posaune, *brunder* : *brynder* Dipl. 1403, 1461 (adän. *brynd*) brunnen, *hunger* : *honger* Dipl. 1508 hunger, *storker* : *storker* ST (vgl. nhd. pl. *störche*?) storch, *Þorshargher* : *-erghe* (s. Wadstein, Sv. landsm. XIII, 5, s. 10) ein ortsname; ntr. *armborst* : *-byrst* armbrust, *diūp* : *dȳp* H (adän. *dȳb*) tiefe, *gor(þiūver*) : *gor-* Vg. II wer vieh stiehlt, *kors* : mschw. auch *kørs* (Söderwall, Ordbok; Kock, Arkiv VI, 32 note) kreuz, *torgh* : mschw. auch *tørgh* markt, *torn* : *tørn* Dipl. 1505 turm, *þorp* : mschw. auch *thorp* (vgl. nhd. pl. *dörfer*?) dorf.

Anm. 2. Umgekehrt kann natürlich auch ein schon stammhafter, durch ein einstiges oder noch erhaltenes ableitungs-*i* hervorgerufener umlaut analogisch aufgehoben werden, z. b. m. *almænninger* : *-manninger* Vg. I (nach *man*) allmende, *bæsinger* : *basinger* (nach *bās*?) erhöhung, *fæþgar* (agutn., aisl. *feþgar*) : *faþg(h)ar* Vg. I, II, MB. I, PM (nach *faþir*) vater und sohn, *siūnættlinger* : *-nāttlinger* Vg. I (z. b. Leseb. 4, 25; 5, 12. 21; 6, 7. 34; 7, 9. 10) zusammenkunft nach sieben tagen; ntr. *blømster* Off. (wol aus *blømistra*) : *blømster* (nach *blōme*) blume. Über *pæn(n)inger* : *pan(n)inger* s. § 60. *þræl* : *þrūl* Vg. I (2 mal) sklave ist vielleicht nach § 180, 2 zu erklären.

Anm. 3. Nicht hierhergehörig sind fälle, wo das neben *a, o* stehende *æ, ø* nicht auf umlaut, sondern auf (altem oder analogisch eingetragenem) ablaut beruht, z. b. m. *hwalper* : *hwælper* und *kwald(er*, s. § 383 anm. 1)

§ 390. 391. *ja*-stämme.

: *Kwald-*, s. § 171; ntr. *barn* : *bœrn* Vg. II, Linc. 39 (nach *bœra* gebären oder schreibfehler) kind, *drāp* : *drœp* Vg. II, MEL (aisl. *drep*, vgl. aschw. *drœpa* v.) totschlag, ? *gras* Vg. I (aisl. *gras*) : *grœs* (vgl. aber § 64 anm. 1 und aisl. *illgrese*) gras, *mungāt* : *-gœt* Vg. I (vgl. *gœta* v.) trunk, ? *-vark* : *værk* (s. § 117 anm.), *vrak* : *vrœk* (agutn. *rek*; vgl. *vrœka*, agutn. *reka*) wrack, *þrask* D 4 : *þrœsk* sumpf; *hovuþ* : *hēvoþ* (s. § 178), *erlogh* : *-lōgh* (s. § 170). Über die ebenfalls nicht hierhergehörigen *kloster* : *klēster* (z. b. Leseb. 101, 7), *lōp* : *lēp* s. § 123 anm. 1; pl. *born* : *børn*, agutn. *ol* : *øl* § 104 mit anm. 2; *kiot* : *køt*, *miol* : *møl*, *smior* : *smør* § 69, 3; *biug* : *byg*, *liung-* : *Lyng-*, *stiunger* (*stunger* § 109, § 171) : *stynger* § 127, 1; *diūr* : *dȳr-* § 64, 7.

b. *ja*-stämme.

§ 390. Paradigmen:

	Maskulina		Neutr.		Maskulina		Neutr.
Sg. N.	væver	lægger	skær	Pl. N.	væfiar	læggiar	skær
G.	væfs	læggiar	skærs	G.	væfia	læggia	skæria
D.	væf	lægge	skæri	D.	væfiom	læggiom	skæriom
A.	væf	læg	skær	A.	væfia	læggia	skær

§ 391. Wie *væver* gewebe gehen nur *guziver* pate, *þæver* geschmack, pl. *ēþrikiar* H eidleister, *Nærikiar* ein völkername und der nur im sg. gen. belegte göttername *Frōr (aisl. *Freyr*); mit besonderen abweichungen (s. unten) *bȳr* dorf, *byr(r)* guter wind, *hær(r)* heer, *þyn* tonne. Dass die *a*-stämme *flækker* fleck und *klær(i)ker* geistlicher im pl. sowol mit *-iar*, *-ia* u. s. w. wie mit *-ar*, *-a* u. s. w. flektiert werden, erklärt sich nach § 231.

Über die einzelnen kasus ist zu bemerken:

1. Sg. gen. endet wenigstens kaschw. auf *-ar* bei *bȳr*, *byr(r)* und *þyn*, also *bȳ(i)ar*, G *byriar*, Sdm *þyniæ* (< *-iar*); hierher wol auch KS *hæra-* (aisl. *heriar*; vgl. anm. 3) gegen gew. *hærs*.

2. Pl. nom., acc. von *þyn* heisst *þynir* (auch im acc., vgl. § 407 anm. 5; *thunir* Dipl. 1303, vgl. § 409, 3, a), resp. *þyni*, nach zahlwörtern auch *þyn* (vgl. *dagh* § 383, 4). Von *hær* ist der pl. im kaschw. überhaupt unbelegt, im mschw. erst spät als *herer* Dipl. 1500 (vielleicht ein danismus, vgl. § 149 anm. 3) belegt.

Anm. 1. Mschw. *flækker*, *klær(i)ker* sind nach § 144 zu erklären (vgl. § 392 anm. 1).

§ 392. 393. *ja*-stämme.

3. Daraus dass *guziver* und *Nærīkiar* urspr. adjektiva sind (vgl. got. *unsibjis* und s. Noreen, Svenska etymologier, s. 25 f.), erklären sich die adjektivisch (nach § 458) flektierten pl. nom., dat. *guzifiu* Da, pl. nom., gen. *Nær(i)kiu* Sdm u. a. neben gew. *-iar, -ia, -iom* (anders Brate, Bezz. Beitr. XIII, 43 f.).

Anm. 2. Auffallend ist der 3 mal in Vg. II belegte pl. gen. auf *-ar* in dem ausdruck *býær mællin* zwischen den dörfern.

Anm. 3. Das ableitungs-*i* kann bisweilen analogisch entfernt sein, z. b. pl. gen. *guziva* neben *-sifia*, sg. (pl.?) gen. *hæra-* (s. oben); bes. oft bei *býr*, z. b. sg. gen. *bý(i)ar* Vg. I ff. (Vm, G nur *býar*), pl. nom., gen. *býa* Vm, Da, dat. *býum* U, Vm u. s. w., andererseits aber nom. *býiar* noch MB. II und später.

§ 392. Wie *lægger* bein gehen viele mask. auf *g, gh, k* wie *bækker* bach, *bælgher* balg, *bænker* bank, *drykker* (mschw. auch *drikker* nach *drikka* und *drukker* nach *drukkin*) trunk, *drænger* knabe, *lænker* (neben *lænkia* f. nach § 424) gelenk, *rygger* rücken, *sækker* sack, *strænger* strang, *særker* hemd, *værker* wehe, *þwænger* riemen, *ælgher* elentier, *ōker* (agutn. *oykr*) zugvieh.

Über die einzelnen kasus ist zu bemerken:

1. Im sg. gen. wird mschw. die endung *-ar* durch *-s* ersetzt, z. b. *dryks* MB. I.

2. Sg. dat. ist bisweilen endungslos (vgl. § 383, 3), z. b. *bæk* Vg. I, Vh, *bænk* Vg. I, *dryk* Vh, *sæk* MB. I neben *bække* u. s. w.

3. Pl. nom. auf *-ir* (vgl. das aisl. und § 391, 2) ist wenigstens durch Vm *drængir* gegen gew. *drængiar* belegt; vielleicht auch durch Da *strængir* (Leseb. 27, 8) als acc. gebraucht (anders Brate, Büj. s. 12).

Anm. 1. Spät mschw. fülle wie *bælgher* Di, *drykker* Dipl. 1507 sind wol eher nach § 144 zu erklären.

Anm. 2. Das ableitungs-*i* kann bisweilen analogisch schwinden, z. b. gen. sg., nom. pl. *bakkar* Vg. I (Leseb. 1, 9), II, Bn gegen *bækkia(r)* U, MB. I und noch weit später, *drængar* Ly statt gew. *drængiar*.

§ 393. Wie *skær* felseninsel gehen *bær* beere, *kiþ* zicke, *kyn* geschlecht, *lif* (vgl. § 172) zaubermittel, *myrk* (vgl. § 386) finsternis, *næs* landzunge, *næt* netz, *rif* rippe, *skȳ* (auch f.) wolke, *skæg* bart, *strȳ* pferdedecke, *staþ* (vgl. *staþi* § 418) amboss, *tygh* (vgl. anm. 1) zeug, (gew. pl.) *væþ, vaþ* (auch gen.,

§ 394. 395. *ia*-stämme.

dat. *vaþia, -ium* Vg. I u. a.; zur erklärnng s. Noreen, Grundriss² I, 608, § 191,2) wette, *æg* ei. Jedoch ist in pl. gen., dat. oft das charakteristische -*i*- analogisch entfernt, z. b. kaschw. *næsa* U, Vm, *-um* Dipl. 1307, *vaþa-* Da; mschw. *bæra, livum, nætum, rivom, skȳ(u)m* neben *bæria* u. s. w.

Anm. 1. MET *tȳghum* ist wol ursprünglich, so dass das spätere *-ium* in diesem lehnwort wie sonst nach § 231 entstanden ist.

Anm. 2. Der in zusammensetzungen mit *alz-, annars-, ēns-* u. a. m. neben *-kyns* vorkommende gen. *-kona* (selt. *-kuna*; aisl. *-konar*) gehört nicht zu *kyn*, sondern zu dem alten *iz*-stamme aisl. *konr* (lat. *genus*, s. Noreen, Uppsalastudier s. 201) 'art'. Die nebenformen *-kons* (selt. *-kuns*) und *-kyna* (selt.) sind kompromissbildungen von *-kyns* und *-kona* (*-kuna*). Die einmalige dat.-form *kuni* Da ist wol eher schreibfehler (s. Brate, Böj. s. 13) als zu *konr* gehörig oder wie ein ***kun : kyn = vaþ : væþ* (s. oben) zu erklären.

c. *ia* - stämme.

§ 394. Paradigmen:

	Mask.	Neutr.		Mask.	Neutr.
Sg. N.	ȫri[r]	minne	Pl. N.	ȫrar	minne
G.	ȫris	minnis	G.	ȫra	minna
D.	ȫre	minne	D.	ȫrom	minnom
A.	ȫre	minne	A.	ȫra	minne.

Anm. Die endung *-s* im gen. sg. ist in alter zeit als *-ss* (vgl. aisl. *hirþess* und § 385 anm. 2) aufzufassen, wie aus schreibungen mit *ss, sz, z* (s. § 52 anm. 1; anders Brate, Lj. s. 66 f.) hervorgeht, z. b. Vg. I *-rīkiss, oræss, almænnisz, rīkiz, mærkiz, gærþiz, fornæmiz,* Vh *rīkiss-ins,* Vm *lighriz,* Da *vitniz,* Bu *-rīkiz, hælvītiz.* Später wird dies *-ss* nach § 303, 3 (vgl. § 242 anm. 2) zu *-s*.

§ 395. Wie *ȫre* (nie als *ȫrir* belegt, vgl. § 321, 2, b; agutn. *oyri,* s. Säve, Gutniska urkunder, s. XXI; agutn. pl. *oyrar* gegen aisl. *aurar,* rschw. acc. *aura* Forsa, das aber ebensowol eine aussprache *oyra* vertreten kann) ⅛ mark gehen nur wenige appellativa: *lækir* arzt, das nur im acc. sg. belegte *bīldkippi* 'pflugzieher', d. h. ochs, und wol die nur im nom. sg. belegten *kæpsi(r)* verheirateter sklave, *laghayrkir* gesetzverfasser, *landafǣghi(r)* landstreicher, rschw. *stilir* Rök heerführer; dagegen viele mannsnamen wie *Birghi(r), Byrghi(r)* § 108, 1, *Gudhi(r), Kǣrir, Ragnir, Styrghir, Swǣrkir,* rschw. *Hefnir, Kiulfir* (d. h.

§ 396. *ia*-stämme.

Gylvir), *Tulir* (*Tolir*), *Ubir* (*Ybir*), *Purir* (*Þorir*) u. a.; ferner seennamen wie *Lygni*(*r*), *Mēsir*, *Mǣlir*, *Vǣni*(*r*) und wol das nur im nom. sg. belegte *Ōkri*(*r*). Jedoch können schon in den ältesten kaschw. denkmälern einige von diesen wörtern auch mit durchgängigem -*ir*- (vgl. An. gr. I, § 306 anm. 4) nach § 383 flektiert werden, z. b. sg. g. *lǣki*(*r*)*s* Vg. I, *Swærki*(*r*)*s* Vh, d. *Byrgh*(*ir*)*i* U (Leseb. 11, 21), a. *Purir* L. 1262, *Þorir* L. 1329, *lǣkir* U, Sdm, Biæ, Ög, *Vǣnir* nach 1350, pl. a. *lǣkiræ* U, -*era* Bu; vgl. die flexion der reinen *a*-stämme auf -*gērr* (> -*gir* § 146, 1) : gen. -*gē*(*r*)*s* § 251 (> -*gis*) : d. -*gēri* u. s. w., woraus durch ausgleichung teils z. b. *Vīgēr*: -*gērs* (Leseb. 11, 7. 14) u. s. w., teils z. b. *Styrghir* (vgl. § 225 anm.) : -*ghis* u. s. w. wie oben, was leicht zu ähnlicher doppelflexion anderer wörter auf -*ir* anlass geben konnte.

Anm. 1. Bisweilen kommen schwache, wol nur zum teil durch die *r*-lose nominativform hervorgerufene, nebenformen nach § 416 vor, z. b. rschw. *Bosi* (aisl. *Bóse*), acc. *Busa* neben *Busir*, gew. *Bali* neben *Balir* L. 1006 (vgl. Bugge, Rv. s. 29 note), Malstad gen. (Sunnå acc.) *Kiulfa* (aisl. *Gylfa*) neben dem ebendaselbst belegten nom. *Kiulfir* (aisl. *Gylfer*; vgl. aisl. *ender*, gen., dat., acc. *enda*); kaschw. acc. sg. *ēra* Vm (1 mal, s. Siljestrand I, 43; Vg. I *ēræ* 2 mal, *oræ* 1 mal können nach § 137 anm. 1 erklärt werden, wie wol notwendig gen. *oræss*); mschsw. gen., dat. *Birgha* (*Byrgha*), gen. *Gudha* neben -*i*(*r*)*s*, acc. *lǣkia*. Von *hirþe* hirt, *rōne* sperberbaum, *vīse* anführer, *ænde* ende (vgl. aisl. *hirþer*, *reyner* u. s. w.) sind nur schwache formen zu belegen (jedoch 1 mal acc. sg. *hirdhe* MB. I). Über die wörter auf -*are* s. § 417 anm. 2.

Anm. 2. Wenn einige namen keinen *i*-umlaut aufweisen, z. b. *Gudhir*, *Ragnir*, *Þorir*, so beruht dies darauf, dass sie urspr. keine *ia*-stämme, sondern verdunkelte zusammensetzungen mit -[*g*]*ērr* (s. § 245 mit anm.), -*rēr* (z. b. rschw. *Kuþuir*, d. h. *Gudwēr*), -*þēr* (s. § 91, 4) sind.

§ 396. Wie *minne* gedächtnis gehen alle mehrsilbigen neutra auf -*i*, -*e*, z. b. *altare* (auch schwaches m. nach § 417 oder ntr. nach § 420; agutn. ntr. *alteri*, vgl. § 60) altar, *faþærne* (aisl. *faþerne*, s. § 60), *faþærne* § 174 anm. 1, *fæþerne* (agutn. *feþrni*) oder *faþrīne*, *fæþrene* (vgl. § 61; kontaminiert auch) *fæþrīne* väterliche seite, *forældre* (auch m. pl. *forældrar* oder *forældir* § 407) eltern, *hundare* (agutn. *hunderi*, vgl. § 60) bezirk, *gængo* beihülfe, *hærbærghe* (-*byrghe* Vm) herberge, pl. *in*(*n*)*ælve* (auch f. *inælvar* oder -*ir*) eingeweide, *lighre* (*læghre* nach *lærghfr*, vgl. § 386 anm. 1 und § 164) lager, *manhælghe* (neben f. -*hælgh*)

§ 396. *ia*-stämme.

persönliche sicherheit, *mōþœrne, mœþœrne* (s. § 174 anm. 1), *mōþerne* (agutn. *mȳþrni*) und *mōþrīne, -ene* mütterliche seite, *rīke* (gen. sg. *rīks* 1 mal in Bu ist wol aus *rīksins* § 156, 2, a abstrahiert; vgl. aber § 158 anm.) reich, *œple* apfel, *œptirdōme* beispiel, *ǣve* lebenslauf u. a. in grosser menge (s. Rydq. II, 126 ff.; Siljestrand I, 77 ff.; Brate, Böj. s. 12 f.; Zetterberg, s. 66 ff.; Landtmanson, Kg. St. s. 40 ff.). Die. bes. in mschw. zeit, zahlreichen westgerm. lehnwörter auf *-ilse*, z. b. (schon kaschw.) *dōpilse* (auch schwaches f. *-sa*), *forsūmilse* versäumnis, *fœngilse* (*fangilse*; daneben das heimische *fœngsl*) gefängnis, *hœptilse* (*hœktilse*, s. § 271 anm. 3) verhaft, *līknilse* gleichnis, *rōkilse* (auch schw. f. *-sa*) weihrauch, *skipilse* beschaffenheit, *vīghilse* (neben dem heimischen *vīxl* f.) weihe, kommen als ntr. fast nur im pl. vor, werden aber meistens auch als fem. sg. (nach § 427) gebraucht; s. weiter Tamm, Tränne tyska ändelser, s. 16 ff. Die fast nur mschw. vorkommenden lehnwörter auf *-erī* (s. § 57, I, B, 1), z. b. (schon kaschw.) *fiskerī* fischwasser, fischerei, *spisserī* spezerei, können ebensowol oder eher als nach § 388 flektierend angesehen werden. — Übrigens ist zu bemerken:

1. Pl. nom., acc. können nach 1400 auch bisweilen auf *-er* enden, eine erscheinung, die wol ihren ausgangspunkt von den mit der pluralendung *-er* entlehnten wörtern *klǣdher* D 4, MB. I, Ve, Rk. I u. a. kleider, *krydder* kräuter, gewürze, *brǣdher* bretter genommen hat, aber bald auch bei anderen wörtern, wenn auch selten, bemerkbar wird, z. b. schon A 49. I *opinbarilser* offenbarungen, später *sekrēter* siegel, *stykker* stücke, *inœlver* eingeweide, *gulspœnner* goldene spangen, *dyrner* thürpfosten. — Gleichzeitig kommen seltene spuren des für das nschw. charakteristischen vorgangs vor, dass die artikulierte form auf *-in* die funktion der nicht artikulierten übernimmt (vgl. Kock, Sv. landsm. XV, 5, s. 43 f.), z. b. *fiskin* Dipl. 1419 fischfänge, *klǣdhen* (vgl. auch aisl. gen. pl. *klǣþna?*) Ve, JB kleider, *stykken* Dipl. 1461 ff. stücke, *kœxen* JB haken.

2. Pl. gen., dat. von wörtern auf *-ge, -ghe, -ke* haben die endungen *-ia*, resp. *-ium* (*-iom*), s. § 231. Das *-i-* kann jedoch analogisch entfernt werden, z. b. gen. *dīka* Vm, dat. *dīkum* U, Sdm st. *dīkia, -ium* graben, *daxværkom* Vm tagearbeiten.

§ 397. 398. Reine ō-stämme.

Anm. 1. Über pl. gen. *stykke* < *stykkia* u. dgl. s. § 144. Fälle wie *ærende* Dipl. 1441, 1445 (s. Söderwall, Kasusformerna s. 15) st. *-a auftrag* sind nach § 149, 1 (vgl. § 57, II, B, 2, a) zu erklären. — Eine anzahl, meist mschw., fälle von sg. gen. auf *-e* statt *-is* verzeichnet O. Östergren, Arkiv XVIII, 33.

3. Die nicht selten auftretenden nebenformen mit nicht *i*-umgelauteter pænultima beruhen auf dem einfluss nahe verwandter wörter ohne umlaut. Über *afrǣþe* : *-aþe*, *hǣrǣþe* : *-aþe*, *lǣte* : *lāte* GO, Rk. II, *mǣle* : *māle* Vg. I (z. b. Leseb. 4, 16), II s. § 386 anm. 1. Andere beisp. sind *āthǣve* (auch f. mit pl. *-ir* und später schwach *āthāva*) : *āthave* Vh, Su, Linc. 39 (vgl. *āthava* v.) benehmen, *ǣzōre* : *ǣzōre* Vg. II, Ög (vgl. § 389, 2) eidschwur, *fornǣme* : *-nāmi* Vg. I (nach *nām*) übergriff, *fulsǣre* : *-sāre* (nach *sār*) Ly, Dipl. 1507 u. a. (Siljestrand I, 88) volle wunde, *fyghle* : *foghle* (Rydq. III, 59; nach *foghl*) geflügel, *gǣrþe* : *garþe* Vg. I, II, Ly, P. I (nach *garþer*) eingezäuntes feld, *lȳte* : *liūte* Vm (vgl. aisl. *liótr*) gebrechen, *nēkwǣþe* : *-kwaþi* Vg. I (vgl. *ūkwaþinsorþ* u. a. § 173 anm. 2 und aisl. *kuþ*) verneinung, *nǣmne* : *namni* Vg. I (nach *namn*) name, *þȳfte* : *þiūfte* Vm, Da (nach *þiūver*) diebstahl. Über *fǣlǎþi* Sdm, Vm, St (agutn. *fīlēþi*) : *fǣlaþi* Sdm, Da u. a. (Siljestrand I, 82 f.; mschw. *fǣladher* m.) s. § 60.

Anm. 2. Über den vokalwechsel in *ærviþe*, *arviþe* u. a. s. § 180 anm. 5; *ænlite*, *anlite* s. § 61.

II. ō-stämme.

§ 397. Hierher nur feminina, deren kaschw. endungen sind:

Sg. N., A.	—		Pl. N., A.	-a(r), -æ(r)
G.	-a(r), -æ(r)		G.	-a, -æ
D.	—		D.	-um, -om.

Für die endungsvokale und *-r* gilt das § 381 mit anm. bemerkte.

a. Reine ō-stämme

§ 398. Paradigmen:

Sg. N., A.	agn	brō	Pl. N., A.	agnar	brō(a)r
G.	agnar	brō(a)r	G.	agna	brō(a)
D.	agn	brō	D.	agnom	brō(o)m.

§ 399. Wie *agn* spreu gehen (ausser den schon § 383 anm. 2 und § 386 anm. 3 angeführten) ziemlich viele einsilbige fem., z. b. *āþęr* (pl. *āþrar*; gew. schwach *āþra*) ader, *ār* (selt. schwach *āra*) ruder, *ark* kasten, *axl* achsel, *bār* bahre, *bar* barre, *blān* (vgl. *blā* § 400) werg, *drø̄* (gleich nschw. dial. *drȫg*?; vgl. § 311 anm. 4) schlitten, *fiol* (*fiœl*, s. § 77, 3) brett, *for* furche, *gēsl* (*gisl* § 103, 1) geissel, *giorþ* gurt, *g(i)œf* (*gif* § 78 anm. 1) gabe, *graf* (selt. *grœf* nach *grœva* v.) grab, *grœn* (m.?) grän, *gōpn* handvoll, *hasl* (über dat. sg. m.? *hosli* Rök s. § 68, 2, § 67, 1) hasel, *hœrþ* schulter, *klø̄f* gespaltene klaue, pl. *kwœrkar* schlund, *kwœrn* (*kwarn* § 117 anm.) mühle, *lēf* (auch schwach *lēva*) überbleibsel, *maþ* wiese, *mīl* (auch schwach *mīla*) meile, *mȳr* (und *mȳra*) ameise, *nāl* nadel, *natūr* (und *natūra*) natur, *nōt* zugnetz, *ōrost* (Leseb. 15, 8; auch schwach, s. § 180, 6) kampf, *pīl* weide, *quī* (agutn.) hürde, *rēm* riemen, *rēn* rain, *sax* schere, *siāl* seele, *siœng* (*sæng* § 93, 1) bett, *skiȫr* elster, *skūr* regenschauer, *skœf* (pl. auch schwach *skœvur*) schabsel, hede, *slēf* kelle, *snēs* rute, pl. *swalar* (s. Rydq. IV, 449 f.; später m. sg. *swali* nach § 416) ausbau, *vāgh* woge, pl. *ualraubaʀ* Rök raubgut, *œrm* ärmel, *ōl* (*ōl*, s. § 409 anm. 5) riemen (und viele schwankende, s. anm. 1 und 2); ferner die vielen zweisilbigen auf -*ing* (-*ung* s. § 180, 5) wie *før̄ning* (*fyrning* § 106, 2, b) mitgebrachte gabe, *gœrning* (selt. -*ong*) that, *kærling* altes weib, *lȳsning* (*liūsning* H nach *liūs*) kundgebung, *sø̄kning* (*sø̄kning* Vm u. a. nach *sø̄kn*) verklagung. — Hierher auch ein synkopierendes wort: *alin*, gen. *alnar* u. s. w. (pl. *alnar*, nach zahlwörtern aber auch *alin* ohne flexion) elle, mschw. auch *aln* nach den synkopierten kasus, agutn. *eln*, pl. *elnar* durch ausgleichung einer flexion *elin : alnar* (Söderberg, Lj. s. 8 f.).

Anm. 1. Sehr viele gehen auch wie *i*-stämme (§ 408), z. b. *ambot*, -*ut*, -*at* (§ 74 anm.; mschw. selt. schwach *ambota*; agutn. *ambātn* Noreen, Arkiv VI, 383, 1 mal -*bœtn*-, das wol für -*betn*- § 105 oder -*batn*-, Söderberg, Lj. s. 5 note, verschrieben ist) sklavin, *boþ* bude, *borgh* burg, *borst* (*byrst*) borste, *brūþ* (erst sehr spät pl. -*ar*) braut, *brūn* (*brȳn*) braue, *bø̄n* (selt. -*ar*, z. b. Leseb. 74, 30; agutn. *bȳn*) bitte, *bø̄n* (sehr selt. und spät -*ar*; auch schwach *bø̄na*) bohne, *dør* (mschw., s. § 433 anm. 2) tür, *glødh* glühende kohle, *grøp* vertiefung, *gœr*-, *gorsim*, -*sam*, -*sum* (s. § 172; auch *gœrsame*, -*sœme* nach § 427 und *gœrsœmia* nach § 424) kleinod, *hal* (*hœl*; spät pl. -*ir*; auch schwach *hœlla*; vgl. auch § 404) bodenstein, *hampn* hafen, *hūþ* haut, *krās* leckerheit, pl. *inœlvar*, -*ir* (vgl. § 396) eingeweide, *iækt* jacht,

§ 399. Reine ō-stämme.

līþ abhang, lund laune, art, *mark* (-*ir* nur in ortsnamen) wald, mark, *mullōgh* (selt. schwach), -*logh* (s. § 81, 2, b), *myllēgh* handfass, *nāp* (in alter zeit nur als pl. gebraucht, gew. -*ir*, Da u. a. -*ar*; auch ohne flexion *nāpe*, -*a*, s. z. b. Leseb. 154) gnade, pl. *næsar*, -*ir* (*nasar* Vm; mschw. schwach *næsa*; agutn. *nas*, pl. *nasar*) nase, *persōn* person, *rap* reihe, *rōs* rose, *rūn* (pl. -*ar* nur im rschw.), *sāp* kleie, *sak* sache, *skāl* napf (pl. nur -*ar*, aber *knæskāl* kniescheibe, pl. -*ir*), *skēp* löffel, *sōkn* kirchspiel, *sōl* sonne, *syl* (selt. utr. *sylle* nach § 396) schwelle, *syn* (*siūn*; pl. -*ar* nur in Da *synar* 2 mal) besichtigung, *tīp* (selt. mschw. -*ar*; im sg. acc. gew. mask., worüber s. Siljestrand I, 111 f.) zeit, *tomt* (*tōft* § 248, 1) bauplatz, *tūn* gehege (nur als ortsname, gew. pl.), *vāgh* wage, *værn* (*varn*, z. b. Ög.; alt gew. pl. -*ir*) wehr, *parf* (*thorf* Bir; gew. pl. -*ir*) notdurft (vgl. § 409). Ganz vereinzelte fälle wie pl. *lyktar*, (*um*)*æghnar*, *pingarīpar* (Siljestrand I, 93, 113, 111), *syndar* Line. 39 gegen gew. -*ir* können blosse schreibfehler sein. Fälle wie Su pl. *tāraskure* neben -*a* können nach § 149, 1 erklärt werden. Da *sæng* bett bisweilen pl. *sængiar* (vgl. § 231) neben *sængar* hat, so kann Su pl. *sænger* nach § 144 zu erklären sein.

Anm. 2. Einige (wie z. b. *spang* spange, *stang* stange, *ortogh* ¹/₂₄ mark) gehen auch wie einsilbige konsonantische stämme, s. § 433 anm. 3. Vgl. auch § 402 anm. und § 404, 2.

Übrigens ist zu bemerken:

1. Sg. nom., acc. sollten lautgesetzlich *u*-umlaut, resp. *u*-brechung zeigen (vgl. das aisl.). Der umlaut ist aber fast immer durch ausgleichung entfernt worden (s. § 68, 2). Umgelautete formen zeigen nur *ōl* § 73, 2 und· (die im pl. nicht belegten) *Ōluf*, -*lof* § 74 anm., *Þorlof*, rschw. *saul* § 65, 2, *Iafurfast* (d. h. -*fǫst*) L. 418; doppelformen wiederum rschw. (*a*)*u*(*n*)*t* § 65, 1 : *ant*, kaschw. *and* § 383, 1, c, β, *ambat* : -*ot*, -*ut* § 74 anm. (vgl. jedoch § 112 anm. 1) und (die im pl. nicht belegten) *Gunnar* : -*ur* § 74, *harf* : *horf* (auch schwach *harva* und ntr. *hærve* nach § 396), *far* : *for* § 104. Bei der brechung ist ausgleichung teils· zu gunsten der *ia*-, teils der *io*-formen eingetreten, z. b. *giæf*, aber *giorp*, teils auch doppelformen entstanden wie *fiæl* : *fiol*.

Anm. 3. Ein nicht ganz sicheres beisp. des acc.-typus aisl. *kerlingo* (s. Aisl.-gr. I, § 311 anm. 2) bietet Il *gærningu*(*na*) die that (s. Kock, Ordspr. I, 48). Wenn die frauennamen auf -*ti* hierher gehören, sind als beisp. anzuführen rschw. *Butuiu* (agutn.), *Fastuiu* (s. Lundgren, Spår af hednisk tro och kult i fornsvenska personnamn, s. 54). Vgl. § 408 anm. 4.

2. Sg. gen. zeigt folgende unregelmässigkeiten:

a) Die endung fehlt oft nach *til* 'zu' (vgl. § 386 anm. 5), bisweilen nach *mælli*(*r*) 'zwischen', wenn die genitivische

funktion doch bei einem attribute oder · einem koordinierten
worte ausgedrückt wird, z. b. U *til sak sinnær, til lāns æller
giff*, Ög *til slīkra gærning*, Vg. I *mælli tōpt ok akræ, mællir
Swērīkis ok Danmark* u. a. (s. Rydq. II, 603 note). In anderen
fällen fehlt die endung kaschw. nur ganz ausnahmsweise,
mschw. aber nicht selten, bes. nach flektiertem attribut, z. b.
Bu *sinna siang hofþagærþ*, Bir *sinna natūr klōkskap* u. a. (s.
Söderwall, Kasusformerna s. 11 ff.; Ottelin, Studier öfver Cod.
Bureanus I, 127 note; O. Östergren, Arkiv XVIII, 28 f.), wobei
die artikulierten formen (*siang-innar, natūr-innar* u. s. w.)
einen, wenn auch geringfügigen, einfluss ausgeübt haben mögen.

b) Statt *-ar* tritt mschw., jedoch erst etwas nach 1400,
die von den *a*-stämmen entlehnte endung *-s* auf und wird mit
der zeit immer häufiger, z. b. Bir *siœls, brūz*, Bil, D 4 *drotninx* u. a.
(Söderwall a. o., s. 12).

Anm. 4. Das seltene kaschw. *gærnings* (z. b. bei Siljestrand I, 101)
dürfte zu einem dem aisl. m. *gerningr* entsprechenden worte gehören. —
Fälle wie *gærningis-maþer* thäter, *hōghtīþis-dagher* feiertag u. a. dgl. kom-
posita setzen neutra nach § 396 voraus (vgl. § 383 anm. 6 und § 339 anm. 4);
zum teil können sie wol auch nach dem muster solcher alten zusammen-
setzungen (wie *hōghtīþis-*, aisl. *hátíþes-* u. a.) analogisch neugebildet sein.

Anm. 5. Über nicht hierhergehöriges *lōghor-* neben *lōgha(r)dagher*
(dies von *lōgh* bad) sonnabend s. Noreen, Svenska etymologier s. 42 f. (und
oben § 228). *Lōghodagher* MEL, Dipl. 1409 könnte eine kontaminations-
bildung sein, aber hat wol eher (gleichwie *lōgho-kar* MB. I badewanne)
dasselbe noch nicht genügend aufgeklärte, hauptsächlich wol doch ana-
logisch entstandene *o* (*u*) statt *a* in der kompositionsfuge wie z. b. *sōkno-
maþer* Vm, *faru-skiaut* G u. a., auch m. und ntr. wie z. b. *prøwæstu-bōl* Vb,
kōpo-iorþ Ly, Vg. II, *kōpu-maþer* Vm (vgl. anorw. *kaupu-bréf* u. dgl.),
hiōno-lagh Vm u. a., worüber s. Rydq. IV, 21, V, 54 ff.; Piehl, Tidskr. f. Fil.
N. R. V, 280 ff.; Bugge in Sproglig-historiske studier tilegnede C. R. Unger,
s. 20 ff.

3. Sg. dat. zeigt rschw. und kaschw. bisweilen noch die
alte endung *-u* (vgl. § 408, 3), z. b. rschw. *salu* (oft, s. Brate,
Uppsalastudier, s. 6 ff.), *antu* L. 1901 (*a*[*n*]*lu* L. 28), *faru* L. 969,
1004, 1010, Sjonhem I, *uiki*[*n*]*ku* L. 1351, kaschw. Vg. I *lōghu,
mark*(*u*), *sak*(*u*), *siangu, topfto* (*topt, toft*) und das unsichere
quiggrindu (Vg. II *qviþgrinðe*!), U, Vm *sōlo*, Vg. II *siango,
spango*, Da *sōlu*, Ög *skālu, sōlu*, G *ambætnu* (vgl. anm. 1),
skālu, stangu.

§ 400. Reine ō-stämme. § 401. 402. jō-stämme.

Anm. 6. Über pl. acc. rschw. runą, runa s. § 321,2,b; vgl. aber Brate, Arkiv XIV, 332 f. (dagegen Bugge, ib. XV, 144).

4. Der bisweilen in der wurzelsilbe vorkommende i-umlaut beruht meistens auf alternativer (s. anm. 1) i-stammsflexion, worüber s. § 409; seltener auf alter $iō$-stammsflexion, z. b. *hærþ, ærm* (aisl. *herþr, ermr*), oder auf analogischem einfluss, z. b. *graf* : *græf* (s. oben s. 299).

§ 400. Wie *brō* brücke gehen nur wenige wörter wie *blā* (vgl. *blān* § 399) werg, *brā* wimper, *rā* (auch m. — s. § 385 — oder ntr.) grenzzeichen, *rō* rohr, *skrā* zunftordnung, *slā* blindschleiche, *vrā* ecke; wol auch (die im pl. nicht belegten) *člztō* heerd, *garþstō* platz eines zauns, *līkstō* (auch durch volksetymologie *līkstōl* m. nach § 383; s. Noreen, Tidskr. f. Fil. N. R. IV, 36 f.) abgabe für begräbnisplatz, *rā* relic, *rō* ruhe, *slā* querholz, *þrā* sehnsucht.

Anm. Über die behandlung der endungsvokale s. § 153, § 154, I, C, 1.

b. *jō*-stämme.

§ 401. Paradigma:

Sg. N., A.	æg	Pl. N., A.	æggiar
G.	æggiar	G.	æggia
D.	æg	D.	æggiom.

§ 402. Wie *æg* schneide gehen nur wenige wörter wie *dys* haufen, *fit* aue, *Frig* ein götternamc, *guzif, -ef* patin, *hæl* tod, *il* (*yl* § 108, 2) fusssohle, *klyf* (*klif, klæf* § 178) saum, *mō* (agutn. *moy*; über einmaliges mschw. *mār* s. § 64, 2, § 343) jungfrau, *niþ* (vgl. Siljestrand I, 110) verwandtschaft, *nyt* nutzen, *skȳ* (auch ntr., s. § 393) wolke, *skyn* einsicht, *swiþ* (neben *swiþia* nach § 424, *swiþa* nach § 423) durch waldbrand urbar gemachtes land, *væg* wand, *æng* (neben dem ntr. *ænge* nach § 396) wiese, *ō* (agutn. *oy*) insel.

Anm. Das charakteristische -i- kann bisweilen analogisch entfernt sein, z. b. kaschw. g. sg. *mōar* Vm, *Biærkōa* Biæ, dat. pl. *niþum* Da, Vm, mschw. n. pl. *mō(ia)r*, g. pl. *skya*, dat. pl. *skȳ(o)m*, *ō(o)m* neben *skȳiom, ōiom.* — Der ausdruck *til nyttæ* Sdm, KP (Leseb. 23, 29), Bil zu nutzen dürfte aus dem mndd. *to nutte* entlehnt sein.

c. $\bar{\imath}\bar{o}$-stämme.

§ 403. Paradigma:

Sg.		Pl.	
N.	hēþ	N.	hēþar
G.	hēþar	G.	hēþa
D.	hēþe	D.	hēþom
A.	hēþe	A.	heþar

§ 404. Wie *hēþ* haide gehen sehr wenige appellativa wie *byrþ* (auch nach § 408 und schwach nach § 423 oder § 427) bürde, *mȳr* sumpf, *mær* stute, *ox* (*yx* § 106, 2, a; einmal *ox*, s. § 65, 1) axt; dagegen sehr viele frauennamen auf *-borgh* (*-burgh*), *-dīs*, *-(f)rīþ* (vgl. § 254, 2), *-gun(d*; s. § 340, 2, b), *-gærþ*, *-(h)ild* (s. § 246 mit anm.), *-lēgh* (*-logh*, s. § 81, 2, b), *-rīþ*, *-rūn*, *-un(d*; vgl. § 340, 2, b), *-var* (aisl. *-vǫr*), *-þrūþ*, *-ælf*, z. b. *Ingeborgh*, *Ōdīs, Hol(m)frīþ, Ar(n)gun(d), Ingegærþ, Gunnild, Guþlēgh* (*-logh*), *Ingrīþ, Ingerūn, Þorun(d), Gunnar, -ur* (rschw. *Kunuar*; s. § 74), *Gērþrūþ, Ragnælf*. Rschw. gehört hierher auch *hæl* (vgl. § 399 anm. 1) bodenstein, dessen acc. sg. oft als *heli, hili* u. dgl. (L. 391, 652, 662, 1091) belegt ist. — Übrigens ist zu bemerken:

1. Sg. nom. der namen auf *-frīþ, -gun, -gærþ, -hild, -rīþ, -un, -þrūþ, -ælf* endet im rschw. meistens noch (wie im aisl.-anorw.) auf *-r* (*-ʀ*), also *-frīþr, -guþr* (s. § 229), *-gærþr, -hildr, -rīþr, -uþr* (§ 229), *-þrūþr, -ælfʀ* (beisp. s. bei Lundgren, Spår af hednisk tro und Språkliga intyg passim). Aber schon bei Ybbir ist gew. kein *-r* mehr zu finden. Ganz vereinzelt tritt in der literatur diese endung noch auf, z. b. kaschw. *Hoþelver, Rūnelver* (neben *-elf*), mschw. *Bōtild(er)*.

Anm. 1. Über sg. nom. auf *-a* s. unten anm. 2.

2. In sg. dat., acc. kann die endung nach der analogie des nom. schwinden, z. b. *el* (d. h. *hæl*) L. 584, *hēþ* Bu, wodurch die wörter zu reinen *ō*-stämmen (nach § 399) werden, wie schon vorliterarisch mit *hæl* (s. oben), *hærþ, ærm* (s. § 399, 4) geschehen ist. Umgekehrt kann das *-e* (*-i*) aus dat., acc. in den nom. dringen, was den wörtern anlass giebt entweder, wie z. b. *byrþe* und (selt.) *fæste* festung, zu den *īn*-stämmen (§ 427) oder, wie z. b. mit *flōþe* flut und *fæste* (aisl. *flōþr, festr*) geschehen ist, zu den neutralen *ia*-stämmen (§ 396) überzugehen.

§ 405—407. *i*-stämme.

Anm. 2. Da von den frauennamen viele wol einst (wie die entsprechenden aisl. auf *-biorg*, *-laug*, *-rún* und *-vǫr*, s. An. gr. I, § 312) reine *ō*-stämme mit der gewissen frauennamen eigentümlichen endung *-u* in dat., acc., sg. gewesen sind, so sind wol derartige formen der grund des nicht seltenen überganges in die schwache flexion nach § 423, z. b. sg. nom. rschw. *-tisa* L. 1125, *Kunburka* L. 1071, kaschw. *Argunna*, *-gunda*, *Āsrūna*, gen. kaschw. *Erngunnu*, *Gillōghu*, *Gunnuru*, *Ændīso*, mschw. *Ingeborgho*, dat. mschw. *Gudhlōgho*, acc. rschw. *Aytisu* L. 745, *Opintisu* L. 1005, *Fastlauku* L. 566, *Kilauku* L. 295, *Kuplugu* L. 998. Vgl. auch die kurznamen *Dīsa*, *Gunna*, *Gærdha*, *Hilda* u. dgl.

III. *i*-stämme.

§ 405. Die kaschw. endungen sind:

	Mask.	Fem.		Mask.	Fem.
Sg. N.	-r	—	Pl. N.	-i(r), -e(r)	
G.	-a(r), -æ(r) -a(r), -æ(r) oder -s		G.	-a, -æ	
D.	(-i, -e)	—	D.	-um, -om	
A.	—		A.	-i, -e	-i(r), -e(r).

Für die endungsvokale und *-r* gilt das § 381 mit anm. bemerkte.

§ 406. Paradigmen:

	Mask.	Fem.		Mask.	Fem.
Sg. N.	rǣttęr	færþ	Pl. N.	rǣttir	færþir
G.	rǣttar, rǣz	færþar	G.	rǣtta	færþa
D.	rǣt(te)	færþ	D.	rǣttom	færþom
A.	rǣt	færþ	A.	rǣtte	færþir.

§ 407. Wie *rǣttęr* recht gehen ziemlich viele mask., z. b. *barfridhęr* (auch ntr. *barfridh*) bollwerk, *dǭpęr* (auch schwach *dǭþe*) tod, *fastęr* (*fæster*; auch schwach *fuste*) art zeuge, pl. *forældir* (vgl. § 396) eltern, *friþęr* friede, *frȫdhęr* (auch f. *frȫdh* nach § 408) frosch, *funder* (agutn. *fyndr*; auch *fund*, *fynd* f. nach § 408 oder ntr.) fund, *grīs* ferkel, *hyl* (auch f. nach § 408) pfütze, *knękt[ęr]* knecht, *liuþęr* (*lyþęr*) leute, *part[ęr]* (auch ntr. *part*) teil, *rokęr* (dat. pl. *rȫkiom* nach § 231) rauch, *rōstęr* (auch f. nach § 408) stimme, *siþęr* sitte, *skrūþęr* ornat, *slęgr* (agutn.; vgl. *slagh* § 386 anm. 2) schlag, *smiþęr* schmied, *ullafǣtlęr* vliess, *vaxter* (*væxter*) wachsen, *viþęr* holz, *vin* (*væn* § 164) freund,

§ 407. *i*-stämme.

þrāþęr zwirn u. a. (s. anm. 1); bes. fast alle (vgl. § 383, § 386 anm. 2) auf *-skapęr* (agutn. *-skepr*), z. b. *hǣ(r)skapęr* (agutn. *hīskepr*, s. § 169, § 333 anm.) familie, und plurale ortsnamen wie *Alir, Nōrir, Vālir*. Viele sind nur im sg. zu belegen, werden aber wegen ihrer gen.-endung *-ar* hierher geführt, z. b. *matęr* speis, *mon* gefallen, mannsnamen wie *Anundęr* (gen. *-dar*), *Azor, Hākon, Rōþfōs* und bes. die vielen urspr. fremden auf *-s* wie *Andrēs, Iohannes (Iønis), La(u)ri(n)s, Māgnus, Niklis, Philippus, Tōmas*. Vgl. auch § 391, 2 und § 392, 3.

Anm. 1. Viele gehen auch wie *a*-stämme und zwar gewöhnlich die schon § 383, 4 angeführten, seltener z. b. *elefant[er]* (auch ntr. *elefantēr*) elefant, pl. *Grikir* (g. *-ka*, d. *-kum*, nicht wie im westn. *-kia, -kium*; später *Grēkar*) Griechen, *kostęr* umstand, *lastęr* (*læstęr*, z. b. Leseb. 66, 28, agutn. *lestr*; auch f. *last* nach § 408) fehler, *limbęr* (acc. *lim*) glied, *litęr* farbe, *lundęr* (acc. *lund*) hain, *prǣstęr* priester, *stapęr* (agutn. auch *stepr*; mschw. auch nach § 432; daneben mschw. ntr. *stæp* und selt. *stæpe*) platz, *søþęr* (agutn. *soyþr*) schaf, *væghęr* (vgl. auch § 412, 5) weg, *þordyn* (selt. schwaches fem. nach § 423) donner; spät und sehr selten *Dan* (*Dæn*) Däne, *gæstęr* gast, *rættęr* recht.

Über die einzelnen kasus ist zu bemerken:

1. Das § 383, 1, a—d und e, ε sowie 2, a—c angeführte gilt auch für dieses paradigma.

2. Sg. gen. zeigt im älteren kaschw. noch häufig (bes. als erstes kompositionsglied) die endung *-ar*, aber schon damals ist *-s* fast ebenso sehr (bei den wörtern auf *-skaper* wol ausschliesslich) gebräuchlich. So stehen einander gegenüber z. b. *dōþær* (Rydq. II, 143): *dōz* Vg. I, U, Vm, Bu, *friþær* Vg. I, II, Vm : *friz* Bu, *prǣsta* Vm : *prǣst* (> *prǣsts* § 322, 1) Vm, *staþær* Vg. I, Da : *staz* Vm, *væghær* Vg. 1, Vm : *væghs* Vm; vgl. noch *rǣttar* Ög, *viþær* Vg. I, II, Vm, Da : *skrūz* Vm, *vins* Ög. Mschw. ist *-s* das normale überall ausser in den urspr. fremden mannsnamen, z. b. *Iohanissa* Bm; sonst tritt *-a(r)* nur noch ganz vereinzelt auf, z. b. D 4 *mona*, MB. I *ōvenar* feindes, GO *mata*.

Anm. 2. Über die wol nicht hierhergehörige form *dōþra* in den ausdrücken *dōþradagher* todestag, *til dōþra dagha* bis zum todestage s. Söderwall, Ordbok I, 213, sp. 2 (vgl.? auch aisl. *dauþra dura* Grógaldr 1).

3. Im sg. dat. ist die endung schon kaschw. äusserst schwankend, z. b. Vg. I *friþi, hǣskap, rǣtt(i), staþ, vin, vægh*, Ly *prǣst(i)*, U *friþ, limi, staþ(i)*, Vh *kost, siþ, viþi*, Sdm *rǣt*,

Vm *friþ(i)*, *gæsti*, *kost*, *præste*, *ræt*, *rōke*, *smiþi*, *staþ(e)*, *vægh*, MET *Lund* (als ortsname), Biæ *ræt*, *staþ*, Da *friþ(i)*, *kost*, *ræt*, *staþ(i)*, *vægh(i)*, Ög *kuste*, *laste*, *staþ*, Bu *doþ*, *lit*. Mschw. sind die endungslosen formen weit überwiegend.

Anm. 3. Über die auffallende form *dōþum* (agutn. *dauþum*) in dem ausdruck (*at*) *dōþum drœpin* Sdm, Da, G s. die (unsichere) vermutung Brate's, Böj. s. 4.

4. Pl. gen. von *vægher* heisst nicht nur *vægha*, sondern (in der bedeutung 'richtung, seite') auch *rægna* U, Vg. II, Bu, St ff. (vereinzelt auch pl. dat. *vægnum* Bil). Der bedeutend später (Vm, Vg. II K ff.) auftretende præpositionelle ausdruck *ā* oder *af* (*biskups* u. dgl.) *vægna* 'von ... wegen, in ... namen' dürfte hauptsächlich mndd. lehnwort (*van ... wegene*) sein.

Anm. 4. Mschw. kann der gen. pl. bisweilen auf -*er* oder (mit analogisch, nach dem sg., zugetretenem -*s*) -*ers* enden, z. b. *vener* oder *veners* st. kaschw. *vina* (s. Söderwall, Kasusformerna s. 15).

Anm. 5. Pl. acc. entlehnt bisweilen die form des nom. (vgl. § 383 anm. 10), z. b. Vm *farkoster*, *friþir*, *staþir*, Da *staþir*, *sōþir* (anders Brate, Böj. s. 15; vgl. aber s. 8 und oben § 392, 3). Um 1500 wird dies regel. — Das weit ältere *salir* st. *sali* in ortsnamen, z. b. rschw. *Iursalir* (s. Rydq. III, 295), U *Upsalir*, erklärt sich wol daraus, dass das wort alter -*iz*-stamm (ags. *salor*, *seli*) ist.

§ 408. Wie *færþ* fahrt gehen die weitaus meisten fem. auf konsonanz, z. b. *dyg(h)þ* (*dygh* § 308, 3, a, aber pl. nur -*þir*) tugend, *ēg(h)n* (*æng* § 294₁ aber pl. nur -*nir*) eigentum, *hiælp* hülfe, *rīþ* (auch m.) augenblick, *snōþ* schnur, *strand* ufer, *synd* sünde, *vāþ* kleid, *vār* frühling, *vīxl* weihe, *ært* erbse u. a. (s. Rydq. II, 83 ff., Siljestrand I, 122 f.), bes. die vielen d. lehnwörter auf -*kt* (s. Schagerström, Om tyska lånord med *kt*, s. 20 f.), z. b. *slækt* geschlecht, und die weit zahlreicheren, aber erst im mschw. auftretenden auf -*het* (s. Schagerström, Statistiska notiser om substantiv på *het*, Hudiksvall 1898), z. b. *frīhet* freiheit.

Anm. 1. Viele haben schwache nebenformen nach § 423, z. b. *āterlef* (: -*leva*) überbleibsel, *fast* besitzeinräumung, *fæst* (vgl. § 404, 2) 'festigung', *gipt* heirat, *kun(ni)st* geschick, *skærsl* (*skīrsl*, vgl. § 169) reinigung, *þak* (: selt. *thakka*) dank, *þiænist* dienst.

Anm. 2. Sehr viele gehen auch wie ō-stämme, s. § 399 anm. 1; einige, wie *frōdh*, *fund* (*fynd*), *hyl*, *rōst*, auch wie mask. i-stämme, s. § 407; andere wie *a*-stämme, mask. s. § 383 anm. 2 oder ntr. s. § 386 anm. 3.

§ 409. *i*-stämme.

Über die einzelnen kasus ist zu bemerken:

1. Sg. nom., acc. zeigt (wie im aisl. und oben § 399, 1) noch in einigen wörtern *u*-umlaut, resp. *u*-brechung, aber durch ausgleichung ist die erscheinung auch auf die übrigen formen des paradigmas übertragen worden, oder ist vollständige doppelflexion entstanden. Beisp. sind nur rschw. *iȝolð* § 74 : *ald* (Rydq. VI, 8) zeitalter, schar, kaschw. *vær(u)ld* § 74 (§ 156, 2, b; *værd, værl, værdl* § 315, 1) : *værald* welt, *rost* § 68, 3 : *rast* halbe meile; *hiorþ* § 77, 2 herde, *iorþ* erde : *iarþ-ēghændi* Vg. I landeigentümer (der einmalige dat. *iardu* dürfte ein norvagismus sein, s. Leffler, Månadsblad 1879, s. 112, 126).

Anm. 3. Die uralte nom.-endung -*r* (-*R*) ist nur in *vætter* (agutn. *vitr* § 83, 2, a) wicht, unhold erhalten; vgl. § 404, 1.

Anm. 4. Ein alter acc. auf -*u* (vgl. § 399 anm. 3) ist vielleicht rschw. durch Rök *strantu* und Ly *iorþo-næ* belegt.

2. Im sg. gen. fehlt die endung in den § 399, 2, a angegebenen fällen, z. b. Vg. I *til ennær skipt, til sinna iorþ, til ēnka åkers æller ēnka ēng*, Ly *til fuldræ þiuft*, U *til næfst ok ōgnær* (Leseb. 11, 11), *til iorþ sinnær* u. a. (s. Ottelin, Studier öfver Cod. Bureanus I, 127 note; O. Östergren, Arkiv XVIII, 28 f.). — Mschw. tritt allmählich -*s* statt -*ar* ein (vgl. § 399, 2, b), z. b. O. VIII *sorgs*, P. I, Bir *hōghfærz* hoffart, Bir *iorz* erde. Die lehnwörter auf -*hēt* zeigen immer -*s*, z. b. schon O *klārhēz* klarheit u. a. m.

Anm. 5. Der schon kaschw. gen. *væraldz, -ældz* MET, *væruldz* Bu, *værœls-, værulz-, væruls-likær* Bir. A, *verelz* G setzt ein neutr. (nach § 386) voraus, das auch durch einmaliges *værœld-et* (s. Noreen, Arkiv VI, 307 note) belegt sein dürfte. Sollte aber dies als *værœlde-t* (nach § 396) aufzufassen sein, so stimmt es zu U *æ-værliz-likær* (Leseb. 10, 21), das wol aus -**vær(u)llis-* (§ 315, 1) < **væruldis-* entstanden ist (anders Rydq. IV, 454).

3. Sg. dat. zeigt bisweilen die alte endung -*u* (vgl. § 399, 3), z. b. rschw. *brautu* L. 749, 851 weg, kaschw. *iorþo, -u* Vg. I, II, agutn. *baitu* weideplatz, *strandu*, mschw. (nur mehr als adv.) *borto* (kaschw. auch *burtu* Da) 'ausser hause'.

Anm. 6. Pl. gen. auf -*er* (vgl. § 407 anm. 4) kommt spät mschw. ausnahmsweise vor, z. b. *dygdher* Linc. 39, *synder* MB. II.

§ 409. Der ursprüngliche wechsel von formen mit und ohne *i*-umlaut (s. An. gr. I, § 327) ist nur ausnahmsweise zu

§ 409. *i*-stämme.

belegen, z. b. f. agutn. *nas* (pl. *nasar* Vm, G) : aschw. pl. *næsir* (und *næsar*) nase, f. *nāþ* : pl. (mschw.) *nǣdher* (gew. *nāþar*) gnade, m. *stæþer* : pl. *stæþir* Vh, Vg. II, O, Bil, Bir, Rk. I u. a. (gew. *staþir, -ar*) platz, f. *stuþ* : pl. *styþir* (gew. *stuþir*) stütze, *þak* : pl. *tække* P. I (sonst *þakkir*) dank, *þarf* : pl. *þærvir* (anal. auch *þærflīker* nützlich) Vh, MB. I notdurft, *ǣt* : gen. *āttær* U (2 mal; vgl. aisl. *ǫ́tt*) geschlecht. Sonst ist ausgleichung eingetreten und zwar in dreifacher weise:

1. Der nicht umgelautete vokal ist überall durchgeführt, z. b. m. *lunder, þrāþer,* f. *snōþ, strand, vāþ* u. a.

2. Der umgelautete vokal ist durchgeführt worden, z. b. agutn. m. *soyþr* (vgl. aisl. *sauþr*) schaf, aschw. f. *bȫn* (aisl. *bón, bǿn*) bitte, *drǣt* (aisl. *dróttr*) ziehen, *dæk* (aisl. *dǫkk*) vertiefung, *mǣt* (aisl. *móttr*) macht, *skyrþ* (aisl. *skurþr*) scheeren, *sǣþ* (aisl. *sáþ* ntr.) saat, *sǣt* (aisl. *sǫtt, sǽtt*) vertrag, *yrt* (aisl. *urt*) pflanze.

3. Vollständige doppelflexion ist entstanden, z. b.

a) mask. wie *Dan* : *Dæn, faster* : selt. *fæster, funder* : *fyndr* (agutn.), *koster* : *koster* MB. I (nur 1 mal, also vielleicht schreibfehler), *laster* : *læster* D 4, Rk. II, Linc. 39 (agutn. *lestr*), *liūþer* : *lȳþer, staþer* : *steþr* (agutn., z. b. Leseb. 40, 3), *vaxter* : *væxter* wachsen, (*þōr*)*dun, -don* : *-dyn* (donner)getöse und die vielen auf -*skaper* : agutn. -*skepr* (das nicht seltene kaschw. -*skæper* kann zum teil nach § 135 und § 141 erklärt werden); ferner die im pl. nicht belegten, aber wol hierhergehörigen *blāster* : *blǣster* blasen, *lagher* : selt. *lægher* nass, *rugher* : *rygr* (agutn.; belegt nur gen. *rygar,* acc. *rug*) roggen, *skiūl* (*skūl* § 170) : *skȳl* hocke, *sulter* (*swalter* § 171) : f. *sylt* (anal. auch *swylt*) hunger, *þwāter* Bu : mschw. *thwǣtter* waschen.

Anm. 1. *Braster* : *bræster* krachen hat wol nicht umlaut, sondern ablaut, s. § 171.

b) fem. wie *āsiūn* (mschw. 1 mal, aisl. *āsión*) : *āsȳn* anblick, *borst* : *byrst* borste, *brūn* : *brȳn* 'braue', *brust* (selt.) : *bryst* (und ablautend *bræst* : *brist,* s. § 171, § 164) gebrechen, *flōþ* (auch ntr.) : *flȫþ* (auch ntr. *flȫþe*) flut, *fund* : *fynd* (anal. *find* nach *finna* finden; vgl. noch § 407) fund, *gorsam* (*-som* § 172) : *-sæm* (*-söm*) kleinod, *hal* : *hæl* (vgl. § 404) bodenstein, selt. *sagn* (aisl. *sǫgn*) : *sægn* sage, *skuld* : *skyld* schuld, *sōt* : *sȫt*

§ 409. *i*-stämme. 309

(O 1 mal in *sēttasiæng*) krankheit, *varn* Ög (aisl. *vǫrn*) : *værn* wehr; ferner die im pl. nicht belegten, aber wol hierhergehörigen *fylsvāt* : *-vǣt* Vg. II art zeugnis, *gēnburdh* MB. I (vgl. aisl. *burþr*) : *-byrþ* einwurf, *lust* : *lyst* (z. b. Leseb. 65, 27) lust, *nōs* : *nȫs* Rk. II maul, *ōmund* Ög (1 mal; vgl. m. *munder* gabe) : *ō(r)mynd* mitgift, *slāt* : *slǣt* MEL (agutn. *slēt*; auch m. *slǣtter*) mähen, *sonakwarn* Linc. 39 (aisl. *kuǫn*; vgl. § 333) : *-kwǣ(r)n* schnur, *stuld* Ög und mschw. (aisl. *stuldr*) : *styld* diebstahl, *var* (auch schwach *vara* MB. I) : *vær* MB. II (agutn. *ver*) lippe, *vatnrās* : *-rǣs* Vg. II wasserlauf, *þorft* (anal. *þarft* nach *þarf*) : *þyrft* (*þørft*) notdurft; vgl. noch nschw. *torsmånad* (zu aisl. *þurþr*) : mschw. *thordsmānadh* u. a. m. (s. Noreen, Svenska etymologier, s. 71 f. und Språkvetenskapliga sällskapets förhandlingar 1882—85, s. 115 f.). — Zum teil auf anderen ursachen (s. § 60 und § 62, 2) beruht der wechsel in fällen wie *brŭ(þ)lōp* : *bryllop* hochzeit, *liūgn-* : *lygn-ēlder* (auch schwach *lȳgna*) blitz, *mullōgh* : *myllōgh* (zu *mund* hand) handfass, *ūsald* : *-sǣld* (vgl. § 65, 9) elend, *værald* (*-uld*, s. 1 oben) : *-æld* (*-yld*) welt.

Anm. 2. In einigen lehnwörtern beruht der wechsel auf entlehnung aus verschiedenen deutschen mundarten, z. b. *frukt* : *frykt* Vg. I frucht und die im pl. nicht belegten *d(i)ust* : *dyst* (s. § 313 anm. 2) ritterspiel, *ēndrakt* : *-drækt* eintracht.

Anm. 3. Ganz anderen ursprungs ist der wechsel bei wörtern, die urspr. stämme auf *-iðō* gewesen sind, und bei denen einst unsynkopierte und umgelautete formen mit synkopierten und unumgelauteten wechselten (s. Tamm, Fonetiska kännetecken på lånord, s. 30), z. b. *lykt* (aus *lykið* mit analogischer synkope): gen. *luktar* Vg. II, Ög abschluss. So sind doppelformen entstanden z. b. bei *nækt* : *nakt* Bir (vgl. auch *nakin* nackt) nacktheit, *vrækt* : *vrakt* GO groll.

Anm. 4. Nicht selten kann (resp. bei urspr. *ō*-stämmen muss) die eine form auf einfluss von verwandten wörtern, welche ausserhalb des paradigmas stehen, beruhen, z. b. selt. *bliūgdh* (nach *bliūgher* adj.) : *blȳg(h)þ* scham, selt. *bold* (nach dem synonym *bolde*) : *byld* geschwür, *foresāt* : *-sæt* (nach *sætia* v.) hinterhalt, (*h*)*alf* (s. § 246 anm.) : *ælf* Vg. II (nach dem syn. *hælft*) hälfte, seite, selt. *halft* (nach *halver* adj.) : *hælft* hälfte, *liūghn* I*. I (nach *liūgha* v.) : *lygn* lüge, *namd* Vg. I, Ög (nach *namn* name?) : *nǣmd* art komité, *ōsk* : *ȫsk* (Siljestrand I, 97; nach *ȫskia* v.) wunsch, *sak* sache : *sæk-lōs* Vg. II (nach *sæker* schuldig) schuldlos, *sald* Ög (nach dem synonym *sala*) : *sæld* verkauf, *sōkn* : *sȫkn* (Siljestrand I, 116; nach *sȫkia* anklagen) anklage, *sorgh* : *sørgh* (z. b. Leseb. 98, 11; nach *sorghia* v.) sorge, *tolft* (nach *tolf* zwölf) : *tylft* zwölfter, *þiūft* (nach *þiūver* dieb) : *þȳpt* diebstahl.

§ 410—412. *u*-stämme.

Anm. 5. Über agutn. *ambātn* : *-bætn* s. § 399 anm. 1. Über *ōl* : *ōl* s. § 104 anm. 5. Indessen da das wort einen urg. *ō*-stamm *$\bar{a}hulō$ (gr. ἀγκύλη) voraussetzt (vgl. auch § 399), dürfte folgende entwicklung angenommen werden können: sg. *$\bar{a}hulō$ > *$\bar{a}ul$ > *$ǫl$ (d. h. $\bar{a} + u > \bar{ǫ}u > \bar{ǫ}$ wie $\bar{a} + i > ǣi > ǣ$, wenn der zweite vokal nicht der urn. synkope anheimfällt) > *ōl* § 73, 2, aber pl. *$\bar{a}hulōz$ > *aulaʀ (d. h. $\bar{a} + u > au$ wie $\bar{a} + i > ai$, wenn der zweite vokal in urn. synkopierender silbe steht, s. § 93, 1) > *ōlar*.

IV. *u*-stämme.

§ 410. Hierher nur maskulina (vgl. aber § 411 anm.), deren kaschw. endungen sind:

Sg. N. -*r* mit *u*-umlaut oder brechung des wurzelvokals.
    G. -*a*(*r*), -*æ*(*r*) mit *a*-brechung des wurzelvokals.
    D. -*i*, -*e* mit *i*-umlaut des wurzelvokals.
    A. — mit *u*-umlaut oder -brechung des wurzelvokals.
Pl. N. -*i*(*r*), -*e*(*r*) mit *i*-umlaut des wurzelvokals.
    G. -*a*, -*æ* mit *a*-brechung des wurzelvokals.
    D. -*um*, -*om* mit *u*-brechung des wurzelvokals.
    A. -*u*, -*o* mit *u*-brechung des wurzelvokals (alt und selten), gew. -*i*, -*e* mit *i*-umlaut des wurzelvokals.

Für die endungsvokale und -*r* gilt das § 381 mit anm. bemerkte.

§ 411. Paradigma:

Sg. N. son, sun   Pl. N. synir
    G. sonar, sunar   G. sona, suna
    D. syni   D. sonum, sunum
    A. son, sun   A. syni (*rschw. auch* sunu).

Anm. Von einstigen femininen *u*-stämmen hat man eine spur im dat. sg. *hænde* (s. § 433, 2), von alten hierhergehörigen neutr. gen. sg. *fear* (§ 388) und *valdær* (§ 386 anm. 4) neben gew. *valz* (das seltene *valz* kann sowol von einem einstigen dat. *vælde* wie von dem synonym *ralde*, gen. -*is* beeinflusst sein, s. § 359, 1 und § 386 anm. 1; vgl. auch die mannsnamen auf -*valdęr*, -*vældęr* § 412 und § 413, 2) zu *vald* (*væl* § 359, 1) gewalt; s. Noreen, Uppsalastudier s. 20 note.

§ 412. Wie *son, sun* sohn geht *lutęr* (neben *luti* Vm, G nach § 416), *lotęr* teil und wol die nur in gewissen kasus belegten *tiughęr* (pl. nom. *tighir*, dat. *tiughum*, acc. *tighi*, *tiughu*)

§ 412. *u*-stämme.

anzahl von zehn (das nur im nom. sg. und pl. belegte ntr. *tiugh* bedeutet sowol 10 pl. Vh wie 20 sg. Ög), *val* wall (80 stück) im häringshandel (acc. pl. *væli*; in der bedeutung 'stock' — aisl. *vǫlr* — flektiert es nach § 383, z. b. dat. sg. *grund-vali* U, *-vale* Vm, acc. pl. *drap-vala*), *valdęr* (dat. sg. *vælle*; auch als *a*-stamm Vm ff.) feld; zum teil (s. unten) auch die übrigens regelmässig als *a*-stämme (§ 383) flektierenden *balkęr* (auch *balke* Vg. I, ST nach § 416) balken, abteilung, *kwastęr* zweig, ast, *naghl* (selt. mschw. *naghle* nach § 416) nagel am finger, *spān* span, *vagn* wagen, *vandęr* rute, *væþur* widder. Vereinzelte spuren (s. unten) einer einstigen *u*-stammsflexion kommen auch bei folgenden wörtern vor: *baldęr* ball, *barkęr* rinde, *biorn* bär (vgl. § 383, 2, d sowie 3 und 4), *fiorþęr* meerbusen, *fōtęr* (§ 430) fuss, *hattęr* hut, *hiortęr* hirsch, *kiol* kiel, *knar (nur rschw. dat. sg. belegt; aisl. *knǫrr*) handelsschiff, *maghęr (nur gen. sg. belegt; aisl. *mǫgr*) sohn, *mal* motte, *mioþęr* met, *skioldęr* (§ 383, 1, c) schild, *væghęr*, *vaghęr* (bes. als späteres kompositionsglied, s. § 173, 1; vgl. § 407, 2, 3, 4 und anm. 1) richtung, *værþęr*, *varþęr* (als späteres kompositionsglied, s. § 173, 1) mahlzeit, *þāttęr* docht, *ǫrn* adler sowie die mit $\bar{A}s$- (aisl. *ǫss*) gott, *-valdęr* (s. Lundgren, Uppsalastudier s. 19 f.) herrscher, *-vastęr* (< *-fastęr*, s. § 259 anm. 1) ein fester und *-varþęr* (rschw. auch als simplex *uaurþr*, d. h. *wǫrðr*) wächter zusammengesetzten namen.

Über die einzelnen kasus ist zu bemerken:

1. Das § 383, 1, a—d und e, ε sowie 2, a—c angeführte gilt auch für dieses paradigma.

2. Sg. gen. auf *-ar* ist durch folgende beisp. zu belegen: rschw. *Biarnaʀ*, kaschw. *lutar* G (*lota* Vm, wenn nicht zu *luti*, s. oben), *suna(r)* Vg. I, II, Vm, Da, H, *sona(r)* Vm, Vg. II und noch MB. I, mschw. (*Gudh*)*vasta*; ausserdem in zusammensetzungen mit *barka-*, *biorna-*, *hattar-*, *kwasta-*, *maghar-*, *mioþa-*, *nātvardha-*, *skiolda-*, (*Hal*)*vardha-*, *væþra-*. Daneben stehen aber schon kaschw. formen auf *-s* wie *sons* U, Vm, Vg. II, Da, Bu, *suns* Da, *luz* Ög, und diese werden bald die regelmässigen.

Anm. 1. Ob *N(i)ærþa-* hierher gehört, bleibt unsicher, s. § 313 anm. 2.

3. Sg. dat. auf *-i* mit umlaut: rschw. *kniri* (d. h. *knærri*) L. 402, 891, kaschw. *fōte* (s. § 432 anm. 2), *løte* Ly, *nātværþi*

§ 413. *u*-stämme.

Vg. I (zum nom. *nātorþęr*, s. § 117 anm.), *syni* Vg. II, G, Bu, Bir. A, O, ST u. a. (mschw. auch *sønī*), *vælli* Vg. I. Selten sind umgelautete formen ohne *-i* wie *løt* Vg. I, Ly, *syn* MB. II. Vgl. § 413, 2 mit anm. 1.

Anm. 2. Im sg. acc. ist die urn. endung *-u* (s. Grundriss², I, 612, § 194, 5) noch rschw. um 900 belegt durch *sunu* Kälfvesten, Rök (im verse), Bjälbo. Gleichzeitig tritt aber die synkopierte form auf: *sun* Gursten.

4. Pl. nom. auf *-ir* mit umlaut: rschw. *tikiʀ* (d. h. *tighiʀ*) Rök; sonst *bælker* Dipl. 1506—7, *løter* Vg. I (*løttir* MB. II, vgl. § 296, 4), *næghler* D 4, Linc. 39, *synir* Vg. II, Ög, G u. a. (mschw. auch *sønir*), *vægnir* Sdm. Vgl. anm. 5 unten.

Anm. 3. *Næghlir* wird allmählich nach den *a*-stämmen umgebildet: *næghlar* Bil, Ve, noch später *naghlar*.

Anm. 4. Pl. gen. auf *-er* oder *-ers* (vgl. § 407 anm. 4) kommt spät mschw. bisweilen vor, z. b. *søner*(s) MB. II.

5. Pl. acc. auf *-u* ist nur spärlich belegt: rschw. *sunu* L. 220, 452, 1067, 1096, 1098 u. a., agutn. *lutu, vępru* (mit synkope im gegensatz zu dat. sg. *vępuri*, s. § 384), sonst kaschw. und mschw. nur in dem zahlwort *tiughu* (s. § 484, 20 und § 485) und dem adverbiellen ausdruck (*ī*) *midhvægho, -vagho* in der mitte (s. Kock, Tydning af gamla svenska ord, s. 32 ff.). — Häufiger sind die formen auf *-i* mit umlaut: schon früh rschw. *suni* Högby, L. 85, 141, 1276 u. a. (d. h. *syni* wie in G, Bir, Bm, Bil u. a.), sonst *kwæsti* Ly, Vg. II, MEL, KrL u. a., *lyti* Vg. I, Ög (*løte* Vg. I, U, Vb), *næghle* Bil, Dipl. 1510, *spǣne* Sp, *væli* KP und das zahlwort *-tighi* (s. § 485, § 484 anm. 10).

Anm. 5. Bisweilen wird die form des nom. entlehnt (vgl. § 383 anm. 10, § 407 anm. 5), z. b. MEL *kwæstir*, MB I *lyter, løter* (*lutir* Bm, vgl. § 413, 2), *sønir* (so auch Linc. 39, *syner* Rk. I), *vænder*.

Anm. 6. Spät mschw. kann *luter* nach kardinalzahlen endungslos (*lut*) sein; vgl. *dagh* § 383, 4.

§ 413. Allgemeine bemerkungen:

1. Der lautgesetzliche wechsel zwischen formen mit und ohne *u*-umlaut ist oft durch ausgleichung beseitigt worden und zwar zu gunsten des unumgelauteten vokals, z. b. *val, vander* und die in die *a*- oder *i*-stammsflexion ganz übergetretenen *galter, kaster* haufen, *marþer* (§ 383), *katter* (§ 383 anm. 4),

§ 413. *u*-stämme.

þrāþer (§ 407). In den meisten fällen stehen jedoch (gew. seltnere) umgelautete formen, wenigstens einstweilen, neben den unumgelauteten. Solche doppelformen zeigen *bolder* (mschw. *fyrebol*, pl. *-bollar*; vgl. § 111 anm. 4) : *balder, bolker* (§ 68, 3) : *balker, børker* (*borker* § 104) : *barker, daghurþer* Vg. I, II : *-varþer* frühstück, *hinnugh* : *-vagh* (§ 173 anm. 1), *koster* (§ 72) : *kwaster, møl* (mschw. 1 mal, vielleicht adän. lehnw.) : *mal, nātorþer* Vg. I, II : *-varþer* abendmahl, *vogn* (§ 65, 6) : *vagn*, rschw. *uaurþr* (d. h. *wǫrðr*) L. 312 wächter : kaschw. *varþer* (als *a*-stamm flektiert) wacht, *þötter* KS (§ 73, 2) : *þatter* und die mannsnamen auf rschw. *-fostr* (§ 68, 2), kaschw. *-uster* (§ 74) : *-faster* (*-vaster*), *-ulder* (§ 74) : *-valder, -urþer* (§ 74; rschw. *Arinuarþr*, d. h. *-wǫrðr*, L. 1240); vgl. noch *Azur* : *-ar* (§ 74 und § 407), nschw. *vǻll* (§ 65, 6) : aschw. *valder*, dial. *vott* : aschw. *vatter* handschuh, dial. *spōn* (§ 73, 2) : aschw. *spān*.

2. Der wechsel von formen mit und ohne *i*-umlaut ist oft verwischt worden, indem sowol der umlaut in die urspr. unumgelauteten kasus hineingedrungen sein kann wie auch umgekehrt. Solche fälle sind:

Sg. nom. mit umlaut, z. b. *løter* Vg. I (*lyt* Di; nschw. *löt* radfelge s. Vendell, Äldre Västgötalagen s. 86), *søn* Di u. a. (wie im dän.) und mannsnamen wie *Bōfœster* Dipl. 1220 (*Ingevœster* 1312 u. a., s. Lundgren, Uppsalastudier s. 15), *Halvœrþer* Dipl. 1371, *Ragvœlder* Vh.

Sg. gen. mit umlaut, z. b. *syna-* Vg. I (mschw. *søna-*), *Ærvœsta-*.

Sg. dat. ohne umlaut, z. b. *lot* Vg. I, Ly, Vm, *lut* Vm, Da (vgl. *løt* § 412, 3), *nātvardhe* Bm, Bil, *suni* Vg. I (*sun* Dipl. 1275), *soni* P. I, MB. I (mschw. *son*), *-valli* Vg. I, Vm, Da.

Anm. 1. Nie umlaut zeigen *balki* U, *bolk*(*i*) Ly (nach *bolker*, s. 1 oben), *barki* U, Sdm, *vande* Bu, MB. I, *varþi* U, Biæ, G und noch andere, wol weil diese wörter früh regelmässige *a*-stammsflexion angenommen haben.

Sg. acc. mit umlaut, z. b. *Halvœrdh* Dipl. 1416, *løt* Vg. I.

Pl. nom. ohne umlaut, z. b. *balker* Dipl. 1507, *lotir* Ly, Vm, *lutir* G, Bir u. a., mschw. *späner*.

Pl. gen. mit umlaut, z. b. *syna* Vg. I, ortsnamen wie *Æsatūnir* (vgl. *Æs-* neben *Ās-* in personennamen wie *Āsbiorn* u. a., s. Lundgren, Språkliga intyg om hednisk gudatro s. 17 f.).

§ 414. *an*-stämme.

Pl. dat. mit umlaut, z. b. *synum* G, Bil, *sønom* MB. I.
Pl. acc. ohne umlaut, z. b. *luti* Da, G, A 49.1, *lote* Vm (*lotte* MB. II).

Anm. 2. Vollständige doppelflexion zeigen die zu den *i*- oder *a*-stämmen übergegangenen *bläster* : *blæster*, *faster* : *fæster*, *lagher* : *lægher*, *laster* : *læster*, *vaxter* : *væxter*, *þwāter* : *thwætter* (s. § 409, 3, a; vgl. § 407 mit anm. 1), **swarþer* (belegt nur im agutn. und nschw.) : *swærþer*, *varþer* : *værþer* (s. § 117 anm.). Seltener ist bei solchen wörtern der unumgelautete vokal überall durchgedrungen, z. b. *bōgher* (s. § 407), *galter*, *kaster*, *katter*, *marþer*, *þräper* (s. 1 oben); noch seltener der umgelautete, z. b. bei den als fem. auftretenden *drǣt*, *mēt* (s. § 409, 2).

3. Der wechsel von gebrochenen und ungebrochenen formen ist überall ausser in paradigma *tiugher* zu gunsten der gebrochenen formen ausgeglichen worden, z. b. dat. sg. *skialti* (d. h. *skialdi*) Rök statt **skildi*, *fiorþe* Dipl. 1335, *biorn(e)* Vm, Ög, H, *mioþ* Biæ u. s. w. Durch eine ganz umgekehrte ausgleichung steht ausnahmsweise kaschw. *-tigher* neben *-tiogher*, *tiugher* (s. § 72) und mschw. dat. pl. *tighiom* st. *tiughum*.

4. Der wechsel von formen mit *a*- und *u*-brechung hat bei *fiorþer* : *fiærþer* und *biorn* : agutn. *biern* (sonst im aschw. nur als name *Biærn* neben *Biorn*) sowie *tiugher* : dal. *tiæg* vollständige doppelparadigmen hervorgerufen. Bei *hiorter, kiol, mioþer* ist die *u*-brechung überall durchgeführt. Bei *skiolder* finden sich noch vereinzelte spuren der *a*-brechung in dem ortsnamen *Skialdavīk* und im dat. sg. *skialti* Rök (s. 3 oben); vgl. auch § 412 anm. 1.

B. *n*-stämme (schwache deklination).

I. *an*-stämme.

§ 414. Die kaschw. endungen sind:

	Mask.	Neutr.		Mask.	Neutr.
Sg. N.	-*i*, -*e*		Pl. N.	Ganz wie	-*un*, -*on*
G.		-*a*, -*æ*	G.	die *a*-	-*na*, -*næ*
D.	-*a*, -*æ*		D.	stämme,	-*um*, -*om*
A.			A.	s. § 381	-*un*, -*on*

Für die endungsvokale gilt das § 381 bemerkte.

§ 415. 416. *an*-stämme.

§ 415. Paradigmen:

	Mask.				Neutr.
Sg. N.	biti	dōmare	bryti	landbō(e)	ǿgha
G. D. A.	bita	dōmara	brytia	landbō(a)	ǿgha
Pl. N.	bitar	dōmarar	brytiar	landbō(a)r	ǿghon
G.	bita	dōmara	brytia	landbō(a)	ǿghna
D.	bitum	dōmarom	brytiom	landbō(o)m	ǿghom
A.	bita	dōmara	brytia	landbo(a)	ǿghon.

§ 416. Wie *biti* bisschen, hauzahn flektieren die meisten mask. auf *-i (-e)*, z. b. *aghi* furcht, *ange* dunst, *blāne* (neben *blānaþer* § 383, 4) blauer flecken, *brūþgumi* bräutigam, *draki* drache, *drupi* tropfen, *dumbe* stummer mensch, *følghislaghi* gefährte, *hirþe* (vgl. § 395 anm. 1) hirt, *hiærne* (selt. *hærne*, vgl. § 78, 3) gehirn, *linde* binde, *līse* ruhe, *lōve* innenseite der hand, *lughi* lohe, *mūle* maulesel, *rakke* hund, *rēne* sperberbaum, *skari* schar, *skōle* schule, *skugge* schatten, *swiþi* brennender schmerz, *sændebuþi* (auch ntr. nach § 386) bote, *søtme* süsse, *undirsāte* unterthan, *vande* schwierigkeit, *vāþe* gefahr, *vinge* flügel, *vīse* weisel, *ænde* ende u. a. in grosser menge (s. Rydq. II, 177 ff., 264; Siljestrand I, 124 ff.; Brate, Böj. s. 16 f.; Zetterberg, s. 72 f.; Landtmanson, Kg. St. s. 52 ff.).

Anm. 1. Oft kommen starke nebenformen nach § 383 vor. So bei *arve* (das) erbe (vgl. § 386 anm. 2; *arve* der erbe ist immer schwach), *brøþrunge, -lunge* geschwisterkind männlicher seite, *spannamāle* getreide-(abgabe), *systrunge, -lunge* geschwisterkind weiblicher seite, *ælskoghe* liebe; selten bei *almōghe* gemeinde, *āsne* esel, *falke* (s. Leseb. 112, 26) falk, *līkame* (z. b. Leseb. 108, 17; mschw. auch *likámæn* > *lekamen*, vgl. § 142 anm. 10, § 149, 1; spät mschw. neutr. *līkame* ist wol ein danismus) körper, *naghle* nagel (clavus, vgl. § 412), *tōne* ton. Vgl. § 383 anm. 3 und 1, e, β. — Anders zu beurteilen ist wol, wenn *abōte* abt, *fōghate* vogt und *drōtsæti* (mschw. selt. *-sætare* nach § 417) truchsess im mschw. auch die kürzeren formen nom., dat., acc. sg. *abōt, fōghat, drōtsæt* aufweisen, von denen wenigstens die beiden ersten auf entlehnung (vgl. ags. *abbot*, mndd. *voget*) beruhen dürften.

Anm. 2. Über starke nebenformen nach § 395 s. daselbst anm. 1; nach § 407 und § 412 s. dort.

Anm. 3. Fem. nebenformen nach § 423 kommen im mschw. oft (je später, um so häufiger) vor, z. b. bei *blōme* blume, *dwali* aufschub, *thoki* dunst; selten bei *bruti* verhack, *fāre* gefahr, *fiælde* (fem. 1 mal in D 4) menge, *frōme* nutzen, *hiti* hitze, *krabbe* krabbe, *kæmpe* (fem. nur 1 mal in Di, also wol norvagismus) kämpfer, *lippe* (gew. *læpi, læppe* ohne fem.

§ 416. *an*-stämme.

nebenform) lippe, *rœddoghe* (selt. *-hoghe*, anal. nach *hoghi* sinn) furcht, *siþvani* (fem. *-vanna* Bir. A, vgl. § 298) gewohnheit, *siūke* (vgl. § 427) krankheit, *spori* sporn, *staþge* stellung, *þunge* beschwerde; vgl. noch § 423 anm. 3. Das aufkommen dieser fem. formen beruht wol im allgemeinen auf dem 1, b unten erwähnten verhältnis.

Übrigens ist zu bemerken:

1. Sg. nom. endet auf *-a* in folgenden fällen:

a) In den lehnwörtern *hærra* (ags. *herra*; erst nach 1400 anal. *hærre*; seit 1350 gew. vor namen *hær* nach mhd., mndd. *her*) herr, *poika* (finn. *poika*, s. Kock, Skandinavisches Archiv I, 9) bube, *skytta* (ags. *scytta*; auch f. nach § 423) neben *skytte* (mndd. *schutte*; daneben noch *skyttare* nach § 417) schütz.

b) Mschw. (D 4, Ve, Di, KS u. a.) nicht selten durch entlehnung der obl. form, z. b. *abōta* (Leseb. 82, 26. 29; 83, 19 note) abt, *draka* (Leseb. 103, 12) drache, *fanga* gefangener, *fætma* fettigkeit, *hiærna* gehirn, *iærla* (Noreen, Arkiv VI, 384; Kock a. o., s. 14 note) jarl, *kiærna* kern, *klādha* jucken, *līkama* körper, *lusta* begierde, *maka* (Leseb. 103, 16) seines gleichen, *rādhgiva* ratgeber, *skadha* (D 4) schade, *tīma* zeit statt *abōte* u. s. w.

Anm. 4. Ob die seltneren kaschw. beisp. wie Vg. I *arvæ* erbe, Vm *ōvormagha* minderjähriger (cod. Holm. B 56 auch *arva*, *skapa*), Ög *arva*, Bu *bugha* bogen, *līkama* u. a. m. (s. Noreen, Arkiv VIII, 178 f.; Siljestrand I, 137; Freudenthal, Östgötalagen s. 33 note; Landtmanson, Bu s. 16) ebenso zu erklären sind oder eine altertümliche nebenform aufweisen, bleibt unsicher (s. Noreen a. o. und Grundriss[2] I, 612, § 195, 1).

2. Sg. gen. kann nach 1400 die starke endung *-s* hinzutreten lassen, z. b. *hærras* Dipl. 1409 ff. (Söderwall, Kasusformerna, s. 13 f.), *likammas* Bir, *lekamas* Su. Gegen 1500 tritt auch ein zum nom. auf *-i*, *-e* anal. neugebildeter gen. auf *-is*, *-es* dann und wann auf, z. b. *līkames* JB, *hærres* JB, MB. II, *Falkes* (als pferdename, Leseb. 102, 32) Di, *almōghis* MB. II.

Anm. 5. Sg. dat., acc. können ausnahmsweise die form des nom. entlehnen, z. b. *ōvormaghe* Vm, *fogoti-n* Bir der vogt, *skadhe* D 4, *drake-n* Di der drache (vgl. Siljestrand I, 137; Söderwall a. o., s. 8). Über *hirdhe* s. § 395 anm. 1.

3. Pl. von *oxe*, *uxe* ochs flektiert folgendermassen (zur erklärung s. An. gr. I, § 334, 3 und Grundriss[2] I, 613, § 195, 6): Nom. *yxn* (anal. *uxn* MB. II). Gen. *yxna* (*oxna-* § 154, II, C, *exa* Bir); die urspr. form *uxna-* (got. *aúhsné*) ist in mehreren

§ 416. *an*-stämme.

ortsnamen erhalten. Dat. *yxnom* (*uxom* GO). Acc. *yxn* (*uksa* Forsa, *oxa* D 4, MB. I).

4. Die urspr. endung des pl. nom. *-a* (*-æ*), statt dessen *-aʀ* (*-œʀ*) anal. von den *a*-stämmen eingedrungen ist (s. Grundriss² I, 613, § 195, 6), tritt in einigen kaschw. denkmälern noch neben *-ar* (*-œr*) auf. Nur so lässt es sich verstehen, dass z. b. Vg. I, wo auslautendes ʀ im allgemeinen nicht schwindet (s. § 321, 2 mit anm. 4), 6 formen ohne *-r* gegen 12 formen mit *-r* stehen, während bei den *a*-stämmen (abgesehen von *ōre*, wo *-r* nach § 321, 2, b fehlt) keine einzige *r*-lose form gegen 11 formen mit *-r* stehen; oder dass in Da (über dessen behandlung des *-ʀ* s. § 321, 3) 14 *-a* gegen 2 *-ar* stehen, während die *a*-stämme nur 7 *-a* gegen 6 *-ar* zeigen. — Ausserdem ist wol die alte endung in den sog. indeklinablen adjektiven (s. § 460, 1 und 2) erhalten, z. b. *samkolla* aus derselben ehe stammende, *iœmnarva* zu gleichem erbe berechtigte.

Anm. 6. Spät mschw. *-er* ist bald lautgesetzlich nach § 149, 1 entstanden, z. b. *fōghater*, *prophēter*, bald danismus (s. § 149 anm. 3), z. b. *hærrer*.

5. Pl. gen. zeigt bisweilen noch die urspr. endung *-na* (s. Grundriss² I, 613, § 195, 8), statt dessen gew. die der *a*-stämme eingetreten ist. Die belege sind: rschw. *flutna* Rök seeleute, kaschw. *kasna-*, *kaxna-* s. § 337, 7, *næfna*, *næmna* § 256, *Swēna-*, *Swīna-* § 169 anm. neben *Swēa*, *Swīa*, *uxna-*, *yxna*, s. 3 oben, agutn. *Gutna-* § 92, a neben *Guta*.

Anm. 7. Aus dem gen. scheint das *n* in den nom. (wie im aisl. *flotnar* u. dgl., s. An. gr. I, § 334, 4) eingedrungen zu sein in Ög (1 mal) *kōpna* zn *kōpe* kaufzeuge, mschw. *spinnar*, *spœnnar* zu *spini*, *spœni* (vgl. § 166) zitze. Auch im sg. ist *n* durchgeführt bei *hiœrne* (aus **herʀn-* < **herzn-*, vgl. ndl. *hersen*) gehirn, *Biœrne* neben *Biœri* mannsnamen und agutn. acc. sg. *hanna* G neben *hana* G. a hahn. Vgl. noch Grundriss² I, 613 f., § 195, 8 und Urg. lautl., s. 159.

Anm. 8. Über späte formen auf *-as* s. § 383 anm. 11. Ganz ausnahmsweise kommt eine form auf *-ars* (vgl. § 407 anm. 4, § 412 anm. 4) vor, z. b. *hærrars* D 4.

6. Viele wörter haben (gew. seltnere) nebenformen mit *i*-umgelautetem wurzelvokal, was wol so zu erklären ist, dass (wie im got. u. a.) gen. und dat. sg. einst die endung *-inz*, resp. *-in* gehabt haben (s. Grundriss² I, 612 f., § 195, 4). Durch

ausgleichung hat dann das ganze paradigma sowol den umgelauteten wie den unumgelauteten wurzelvokal durchgeführt. Solche doppelformen zeigen z. b. kaschw. *græsspæri* Vg. I : *-spari* Vg. II 'gras-schoner', *klævi* Vg. II (2 mal) : *klavi* etwas zweispaltiges, *skæþi* Vg. I (1 mal), II (2 mal) : *skaþi* schaden, *væþe* Vg. I (2 mal), II (1 mal) : *vāþe* unglücklicher zufall, agutn. *fyli* G. a (2 mal) : *fuli* (aschw. *foli* versteck) diebsgut, mschw. *bølme* : *bolme* bilsenkraut, *brøti* (*brøde* danismus nach § 266 anm. 3) : *broti, bruti* (auch *brøt* : *brot, brut* nach § 386) verbrechen, *fløti* : *floti* flotte, *nȳre* (1 mal; vgl. aisl. *nȳra* neutr.) : *niūre* (agutn. *-niauri*) niere. Vgl. noch mschw. *frysi* kälte : nschw. *frosse, -a* kaltes fieber, mschw. *grȫdhe* saat, wuchs : aisl. *gróþe*.

Anm. 9. In anderen fällen kann der umlaut auf analogie nach verwandten wörtern beruhen, z. b. kaschw. *bœni* Vg. I (3 mal; auch mschw. 1 mal) nach *bœn, bœnd* (§ 340 anm. 2) : *bani* gewaltsamer tod, *ændæghæ* Vg. I (dat. sg.) nach dat. sg. *dæghi* (§ 383 anm. 7) : *ændaghi* bestimmter tag, *grænne* Vg. I (10 mal, z. b. Leseb. 3, 2. 4), Ög nach *grænd* nachbarschaft : *granne* nachbar, *siþvæni* nach *siþvænia* fem. (wie umgekehrt einmaliges *sidhvania* nach) : *siþvani* gebrauch, *sæli* Vg. II (4 mal) nach *sælia* verkaufen : *sali* verkäufer, *ærve* (oft) nach *ærva* erben (oder gleich got. *arbja*) : *arve* (der) erbe, *øxa* Vg. I (acc. sg.) nach dem gen. pl. *øxna-* u. dgl. (s. 3 oben) : *oxe* ochs, mschw. (1 mal) *brūþgøme* nach *gōma* bewahren (?) : *brūþgomi* bräutigam, *lyste* Bir nach *lyst* (§ 409, 3, b) : *luste* lust, *ōthykke* D 4, Rk. II, Linc. 39 nach *ōthykkia* fem. (wie umgekehrt *ōthokkia* Bir nach) : *ōthokke* undankbarkeit. — Anders zu beurteilen ist *ængsle* (aus *angisli) : *angsle* Bir nach den synonymen *anger* und *angist* (aus mndd. *angest*) angst. *Drōtsæte* : *-sate* truchsess hat ablaut, s. § 173. Über *hœri* neben gew. *hari* hase s. § 64 anm. 1.

§ 417. Wie *dōmare* richter flektieren die vielen mask. auf *-are*, z. b. *bismare* schnellwage, *drāpare* (auch *dræpare* nach dem v. *dræpa*) totschläger, *lækiare* (vgl. *lækir* § 395) arzt, *morþare* mörder, *skipare* schiffer u. a. (s. Rydq. II, 205 f.; Siljestrand I, 133 f.; Landtmanson, Kg. St. s. 55 f.). Im agutn. enden sie auf *-eri*, z. b. *dōmeri, rauferi* räuber, worüber s. § 60. Das im sonstigen aschw. auftretende *-ære* (z. b. in Vg. I viermal so oft wie *-are*) kann sowol nach § 60 wie nach § 135 und § 141 erklärt werden.

Anm. 1. Einige zeigen nach § 383 oder § 384 flektierende nebenformen auf *-ar*. Die synkopierenden *hamar(e)* und *kamar(e)* — vgl. aisl. *kamarr* und *kamere* — sind schon § 384 erwähnt worden. Ohne synkope

§ 418. *an*-stämme.

sind *kēsar(e)* kaiser, *riddar(e)* ritter. Bei anderen wie *borghar(e)* bürger, *falsar(e)* fälscher, *mæstar(e)* meister, *væktar* (z. b. Leseb. 96, 10) neben *vaktare, væktare* wächter ist die kürzere form nur im sg. nom. belegt und beruht wol zum teil auf analogie nach lautges. synkopierten formen wie acc. pl. *borgharna* die bürger (s. § 157), zum teil aber auch auf niederdeutschem einfluss. Rein deutsch ist die im mschw. nicht seltene endung *-ęr*, z. b. *kēser, mordher, mæster* (z. b. Leseb. 57, 26), *ridder, skiper.*

Anm. 2. Da die wörter auf *-are*, agutn. *-eri* einst *ia*-stämme gewesen sind (vgl. got. *-areis* und An. gr. I, § 335 anm.), so sind wol als spuren der urspr. flexion nach § 395 anzusehen kaschw. formen wie sg. gen. *sōknaris* Da fiskals, dat., acc. *dōmare* Vm, *lębare* Bu führer (über Da dat. *dōmarinum*, acc. *-arin* s. O. Ostergren, Arkiv XVIII, 19). Dagegen sind mschw. fälle wie sg. gen. *riddaris* Di nach § 416, 2, dat. *drāpare-nom* O und acc. *riddare-n* ST nach § 149, 1, *dōmari-n, æghari-n* Bir den besitzer, *hiælpari-n* MB. II den helfer (s. Söderwall, Kasusformerna s. 8) wiederum nach § 416 anm. 2 zu erklären.

Anm. 3. Über gen. sg. auf *-as*, z. b. *rēvaras* D 4 räubers, s. § 416, 2.

§ 418. Wie *bryti* verwalter flektieren *dȳe* (auch nach § 419 oder als ntr. *dȳ* nach § 388) schlamm, *fiti* bündel, *ili* (auch als fem. *il* nach § 402) fusssohle, *niþi* (sg. nur agutn. belegt, sonst rschw. *niþʀ* Rök; vgl. einerseits adän. *niþi*, andererseits aisl. *niþr*) verwandter, *række* recke, *saksø̄ke* kläger, *stæþi* (auch f. *stæþia* nach § 424 und ntr. *stæþ* nach § 393) amboss, *vili* (spät *vilię* mit aus den kasus obl. entlehntem *i*) wille, *vægge* (mschw. auch *vigge*, wol nach dem mndd., vgl. Kock, Arkiv IV, 174) keil und die wörter auf *-inge*, welche jedoch auch nach § 416 flektiert werden können, z. b. *almænninge* (und *-ingęr* nach § 383) allmende, *heþninge* (auch *-ingęr* Bir nach § 383) heide, *hirþinge* hirt, *høfþinge* (und *-ingęr* § 383) häuptling, *hø̄ringe* (*hø̄rængi* Vg. I) zuhörer, *ætlinge* (und *-ingęr*) abkömmling, *ærvinge* (auch *arvinge* und *-ingęr* nach *arf*) erbe, pl. *twillingiar* (*twinlingiar*, s. § 235, 3) zwillinge, völkernamen wie *ālænninge* (vgl. § 292, 2), *hælsinge* (und *-ingęr*), *smālændinge* (und *-ingęr*), pl. *uplændingiar, ø̄ningiar* einwohner von Åland, resp. Hälsingland, Småland, Uppland und Öland.

Anm. 1. Bei den wörtern auf *-inge* ist die flexion nach § 416 die ursprüngliche. Die formen auf *-ingia* u. s. w. beruhen auf übertragung des im nom. sg. *-ingi* palatalen *g* in die stellung vor nicht-palatalen vokalen (vgl. § 231). Ebenso erklärt sich ein vereinzelter fall wie Bir *stighia* statt gew. *stigha* zu *stighi* leiter.

Anm. 2. Über fälle wie acc. sg. *ilvili* KS s. § 416 anm. 2.

§ 419. 420. *an*-stämme.   § 421. *ōn*-stämme.

§ 419. Wie *landbō(e)* pächter flektieren andere zusammensetzungen mit *-bōe* (über *Bō*, rschw. *Bui*, d. h. *Bōi* Högby u. a., s. § 385) wie *ābō(e)* ansässiger, *nābō(e)* nachbar, *dalbō(e)* einwohner von Dalsland u. a.; ausserdem nur *lē* (obl. *līa* § 114 anm. 2 oder *lē*, pl. *lījar* § 328,1,b oder *lēr*) sense und *lō(e)* dreschtenne.

Anm. Über fälle wie nom. sg. *landbōa-n* Ög s. § 416,1,b.

§ 420. Wie *ōgha* (agutn. *auga*) auge gehen nur *nysta* knäuel und *ōra* (agutn. *oyra*) ohr. Am ehesten hierher zu ziehen sind auch die nur im sg. belegten *altara* (vgl. § 396) altar, *alvăra* (auch f. nach § 423 und ntr. *alvăr* nach § 386) ernst, *ankara* (vgl. § 386 anm. 1) anker, *bikara* (vgl. § 383) becher, *hēma* (nur in dem ausdruck *ēgha h.* wohnen; vgl. § 383 anm. 1) wohnsitz, *hīona* (gew. *hiōn* nach § 386) hausgenosse, *hærnisk(i)a* (auch f. nach § 424 oder ntr. *harnisk, hærnisk* nach § 386) harnisch, *kamara* (vgl. § 384) kammer, *rēdha* (gew. *rēdhe* nach § 396) gerätschaft. — *Hiærta* herz kommt zwar auch im pl. vor, scheint aber indeklinabel zu sein (vgl. anm. 1 und 2): sg. n. g. d. a., pl. n. g. a. *hiærta*, d. nicht belegt; zur erklärung s. Grundriss² I, 613, § 195, 7.

Anm. 1. Sg. gen. *hiærtis* MB. II dürfte ein danismus sein.

Anm. 2. Pl. nom., acc. *ōghæn, ōræn* II sind danismen, wie auch *ōghen* Su. Über mschw. *ōghan* s. § 148 anm. 1. Bm *hiærtan* ist am ehesten als artikulierte form aufzufassen (s. Rydq. II, 225). Über *ōghum, -om, ōrum, -om* s. § 277 anm. 3. Bm *ōghnon* ist, wenn nicht ein schreibfehler, nach § 416 anm. 4 zu beurteilen.

Anm. 3. Der umlaut in *nysta* (**hnust-*, vgl. aisl. *hnoþa* und das ablautende ngutn. *niausta*) ist nach § 416,6 zu erklären. Über agutn. *oyra* s. § 64, b.

II. *ōn-, ūn*-stämme.

§ 421. Hierher nur feminina — von einigen als mannsnamen gebrauchten wie rschw. *Orekia* (Rv., s. 333), agutn. *Ormica, Butta, Hȳna, Kista* u. a. (s. Pipping, Om runinskrifterna på de nyfunna Ardre-stenarna, s. 25) und dem vereinzelten neutr. *hærniskia* (vgl. § 420) abgesehen — deren kaschw. endungen sind:

	Sg.		Pl.
N.	*-a, -æ*	N.	*-ur, -or*
G.	} *-u, -o*	G.	*-na, -næ* oder *-u, -o*
D.		D.	*-um, -om*
A.		A.	*-ur, -or.*

§ 422. 423. ōn-stämme.

Für die endungsvokale und -r gilt das § 381 mit anm. bemerkte. Über sg. gen. im agutn. s. § 426, 2.

§ 422. Paradigmen:

Sg. N.	vika	kirkia	frū(a)
G. D. A.	viku	kirkio	frū(o)
Pl. N. A.	vikur	kirkior	frū(o)r
G.	vikna, viku	kirkna, kirkio	frū
D.	vikum	kirkiom	frū(o)m.

§ 423. Wie *vika* (*uka* § 176 anm. 2) woche flektieren die meisten fem. auf -*a* (-*œ*), z. b. *bamba* trommel, *fal(l)aska* flugasche, *gīgha* geige, *gnista* funke, *gudha* priesterin, *hēþna* heidentum, *kristna* christentum, *lunga* lunge, *mȫþa* mühe, *saklōsa* schuldlosigkeit, *ɔmka* bedauern; mschw. auch mndd. lehnwörter auf -*inna* und -*ska* wie *gudhinna* göttin, *syndirska* sünderin. Weitere beisp. s. Rydq. II, 208 ff.; Siljestrand I, 139 ff.; Brate, Böj. s. 19 f.; Zetterberg, s. 75 f.; Landtmanson, Kg. St. s. 57 ff.

Anm. 1. Viele haben starke fem. nebenformen wie *harva* (*hærva* nach dem ntr.? *hærve* oder mit umgekehrter analogie *harve*) : *harf* (*hørf* § 104) egge, *hyndsima* : -*sim* (vgl. § 172) hündin, *slīpa* : *slīþ* (auch pl. *slīþrir* nach § 408) scheide, *vīsa* : *vīs* (s. Rydq. III, 296 f.) art und weise. Über *forsāta*, (*h*)*alva* s. § 386 anm. 3; *āthǣva* § 396, 3; *āþra*, *āra*, *lēva*, *mūla*, *myra*, *natūra*, *ōrista*, pl. *skǣvur* § 399; *ambota*, *bōna*, *hælla*, *nǣsa* § 399 anm. 1; *byrþa* § 404; *lygna*, *vara* § 409, 3, b. Vgl. noch § 404 anm. 2 und § 408 anm. 1.

Anm. 2. Über schwache fem. nebenformen auf -*i*, -*e* s. § 427 anm. 1.

Anm. 3. Schwache mask. nebenformen zeigen ausser den § 416 anm. 3 angeführten wörtern (vgl. auch *skytta* § 416, 1, a) auch wiewol seltener *māt(t)a* mass, *nœktergala* (s. Schagerström, Om tyska lånord med *kt*, s. 62) nachtigall, *tōna* ton. — Über starke mask. nebenformen s. § 383 anm. 2.

Anm. 4. Über neutr. nebenformen s. § 386 anm. 3. Vgl. noch *alvāra* § 420, *hyrna* f. neben *hyrne* ntr. (nach § 396; einmal auch *horn* nach § 386) ecke, *mygga* mücke neben *myg* ntr. mücken (kollektiv), *sāta* neben *sātan*, -*on* (s. § 165 anm.) heuschober. — Besondere beachtung verdient, dass von *fīka* feige und *pæra* birne sowol ein regelmässiger pl. auf -*ur*, -*or* wie ein neutr. pl. auf -*un*, -*on* vorkommt, wol nach *aldon* eichel, *hiūpon* hagebutte u. a. dgl. neutr. fruchtnamen (nach § 386) gebildet; s. Schagerström, Om svenska bär- och fruktnamn, s. 3 ff.

Anm. 5. Sehr viele wörter zeigen *i*-umgelauteten wurzelvokal, was in den meisten fällen daraus zu erklären ist, dass die betreffenden wörter urspr. stämme auf *-iōn* (mit später synkopiertem *i*) sind, z. b. *hynda* hündin, *hyrna* (vgl. anm. 4) ecke, *hyrsa* stute, *ylva* wölfin u. a. (s. Hellquist, Arkiv VIII, 43 ff.). Nicht selten wechseln umgelauteter und unumgelauteter vokal, was immer auf analogiebildung beruht, z. b. *kætta* katze : *katta* nach *katter* kater, *lystra* fischgabel : *liūstra* nach *liūster* (s. § 383 anm. 2), pl. *mōþgor* mutter und tochter : *mōþgor* nach *mōþir* mutter; umgekehrt *harva* : *hærva* (s. anm. 1 oben) egge, *laþa* : *læþa* nach dem synonym *læþia* (nach § 424) scheune, *lūþna* (z. b. Leseb. 32, 19) gehorsam : *lyþna* nach *lyþa* gehorsamen, *ruþa* neuland : *ryþa* (Siljestrand I, 156) nach dem synon. *ryþia* (nach § 424), *thurka* dürre : *thorka* nach *thor* dürr, *tunna* (aus ags. *tunne*) tonne : *thynna* nach *þyn* (§ 391; s. Noreen, Arkiv VI, 381 f.). *Horra* neben *hōra* hure stammt aus mndd. *horre* (d. h. *hōrre*). In *væra* : *vara* aufenthalt liegt kein umlaut vor, s. § 117 anm. Über *mylna* : *myulna* s. § 127 anm. 3. Unklar bleibt einmaliges *hombla* (schreibfehler?) st. *humbla* hummel.

§ 424. Wie *kirkia* (*kyrkia* § 108 anm. 1) kirche flektieren zunächst die fem. auf *-ia* mit vorhergehendem *ʒ*, *g* oder *k*, z. b. *bylghia* welle, *dēghia* (*dœia* § 114, 3; mit unklarem *i* Bil *dighia*) grossmagd, *dyngia* dünger, *hyggia* verstand, *lǣrikia* lerche, *þækkia* decke, *ænkia* wittwe; vielleicht auch die im pl. gen. — wo eine der aisl. entsprechende flexion (s. An. gr. I, § 340, 3) vermutet werden kann — nicht belegten übrigen fem. auf *-ia* wie *apinia* äffin, *bysia* streu, *flœtia* nichtswürdigkeit, *sœmia* eintracht, *viþia* rute, *væria* wehr, *þilia* diele, *œsia* (*œssia* Bir, vgl. § 296, 1) esse und zusammensetzungen wie *āsia, forsia* (s. § 153, 3). Weitere beisp. s. Rydq. II, 221 ff.; Siljestrand I, 155 ff.; Landtmanson, Kg. St. s. 60.

Anm. 1. Das *-i-* kann bisweilen analogisch entfernt worden sein, z. b. *fylskia* (*fyliskia* § 156, 2, a) : *-ka* schmutz nach dem v. *fylska* beschmutzen (und *fūlska* nach *fūl* schmutzig); pl. *inviþior* : *-viþar* inventarien nach den synonymen m. *inviþer*, f. pl. *inviþær* Vm, ntr. *inviþi* Da; *samværia* (Siljestrand I, 156) oder *-varia* Vm neben *-vara*, *-rara* (vgl. § 423 anm. 5) zusammensein; *silfkædhia* : *-dha* silberne kette nach *kædhe* (nach § 427) kette; *swiþ(i)a* s. § 402; *hærnisk(i)a* s. § 420; *læþ(i)a, ryþ(i)a* s. § 423 anm. 5. Dann gehen diese wörter natürlich nach § 423.

Anm. 2. Viele wörter zeigen nebenformen, die nach anderen paradigmen flektieren, z. b. *glæfia* : ntr. *glavin* (nach § 386) spiess, *nøghia* : ntr. *nøghe* (nach § 396) und f. *nøghian* vergnügen, *rosia* : ntr. *rōse* (ablautend, s. Noreen, Svenska etymologier, s. 62) steinhaufen, *lænkia* § 392, *gærsæmia* § 309 anm. 1, *sidhvænia, -vania, þykkia* § 416 anm. 6, *stæþia* § 418 und die schon oben anm. 1 erwähnten wörter. Über schwache nebenformen auf *-i, -e* s. § 427 anm. 2.

§ 425. 426. *ōn*-stämme.

§ 425. Wie *frū(a)* frau (seltener nach § 423 *frūwa, frūgha*, s. § 273, 3) gehen ausser den damit zusammengesetzten *hūsfrū(a)*, *hūstrū* (s. § 254, 2; noch andere formen s. § 143, 10; ausserdem *høsfrū, høstrū* mit unklarem *ø*) ehefrau und *iungfrū, iumfrū(a)* u. a. (s. § 281, 1) jungfrau nur noch *blǣ(a)* tuch, *hūsprēa* (s. § 259, 2, c und § 115 anm. 4) oder *hūsfrē(a), hūstrē* (s. § 254, 2; noch andere formen s. § 143, 10) ehefrau sowie das nie mit der endung -*a* belegte *trō* glaube.

Anm. 1. Über die behandlung der endungsvokale s. § 153 und § 154, I, C, 1, b.

Anm. 2. Von *frū* ist ein starker gen. sg. *frūar-* (nach § 400) in einigen zusammensetzungen (Sdm ff.) belegt; vgl. aisl. *frúar* neben *frú*.

§ 426. Über die einzelnen kasus ist zu bemerken:

1. Sg. nom. kann bisweilen die form der kas. obl. entlehnen. Kaschw. beisp. sind noch sehr selten wie *kono* Vm, Biæ weib, *āsikyu, āsækyu* (Schlyter, Corpus I, 217 note) donner, *ǣghu* eigentum, *mæsso* messe (Siljestrand I, 157) und dürften zum teil blosse schreibfehler sein. Im mschw. werden die beisp. häufiger, s. Söderwall, Kasusformerna, s. 60; Landtmanson, Kg. St. s. 31.

2. Sg. gen. endet im agutn. auf -*ur*, z. b. *bandur* schutzortes, *cunur* weibes, *festur* verlobung, *fȳþur* speise, *gatur* strasse, *giptur* hochzeit, *kirkiur* kirche, *cristnur* christentums, *messur* messe, *þūfur* hübels, ausser in ersten kompositionsgliedern, wo fast immer -*u*- steht (1 mal *vaitslur-* schmaus-, 2 mal *kirkiur-*), s. Säve, Gutniska urkunder s. XV ff. Auch im sonstigen aschw. ist dies -*ur* (rschw. alt -*uʀ*), wiewol selten, anzutreffen, z. b. rschw. *Auþuʀ* (Rv. s. 327), *I[n]kiþoruʀ* (Brate, Skansens runstenar, s. 13, in Meddelanden från Nordiska muscet 1897), *I[n]kuʀ* L. 71, -*ur* L. 2011, *Runur* L. 1054, *kunur* L. 871, mschw. *gatur-mōt* 1454 strassenecke (und ? *kirkerhærra* Dipl. 1402); vgl. das anorw., worüber s. An. gr. I, § 340, 2. Das -*r* (-*ʀ*) ist wol, wie in nom. acc. pl. (s. anm. 2 unten), nach der analogie der starken fem. zugetreten (s. Rydq. IV, 451).

Anm. 1. Nach 1500 kann die endung -*s* der starken mask. und neutr. hinzntreten (vgl. § 428, 1) und zwar entweder zum alten gen. oder zum nom., z. b. MB. II *tiænerskos* dienerin, *æras* ebre u. a., s. Söderwall, Kasusformerna s. 14.

§ 426. ōn-stämme.

3. Sg. dat., acc. können im mschw. nicht selten die form des nom. entlehnen, z. b. D 4 *frūgha, sīdha* seite, *ǣra*, Rk. I *hūsfrūa* (Leseb. 90, 19) u. a., s. Söderwall, Kasusformerna s. 8; Landtmanson, Kg. St. s. 31. Kaschw. beisp. sind dagegen sehr selten, z. b. Bu *villa, mæssa, skǣrsla*, s. O. Ottelin, Studier öfver Codex Bureanus I, 126.

Anm. 2. Pl. nom., acc. zeigen die altertümliche endung *-u* (s. An. gr. I, § 339 anm. 4) im rschw. *-muþrku* (d. h. *-mōðrȝu*, kaschw. *mōþgor*) Kärnbo mutter und tochter. Die seltenen kaschw. und etwas häufigeren mschw. formen auf *-u, -o* sind zweideutig, indem sie sowol alt sein können, z. b. etwa Sdm *viku*, wie nach § 321, 2, b das von den starken fem. übernommene *-R* wieder verloren haben, z. b. wol Vg. II K *kirkyu* (über Da *kunu* s. § 321 anm. 5). Fälle wie Ög *dēlu* streitigkeiten, MEL *gifto* ehen, Bu *kono* weiber, Bm *mīlo* meilen u. a. (s. Söderwall, Kasusformerna, s. 6) beruhen wol hauptsächlich auf anschluss an die artikulierten formen *dēlunar* u. s. w., wo *-R* nach § 321, 4 geschwunden ist.

4. Pl. gen. ist überhaupt ziemlich selten belegt, zeigt aber zwei verschiedene formationen, die zum teil bei denselben wörtern auftreten:

a) Die alte gemeinnordische endung *-na* (s. Grundriss² I, 615, § 196, 5) zeigen: *flughna* fliegen, *kirkna* (*kyrkna*) kirchen, *klokna* glocken, *mōdhgna* (*mōþna-*, s. § 423 anm. 5, § 311, 1) mutter und tochter, *rōfna* (*rōmna* § 256) rüben, *skæpna* scheffel, *vikna* wochen zu *flugha, kirkia, klokka, mōdhgor, rōva, skæppa, vika*. Besonders zu merken ist *kwinna* (1 mal *qwenna* Vm; *qunnæ* Biæ ist wol nur st. *quinnæ* verschrieben) zu *kona, kuna* weib. Aus dem gen. kann die stammform *kwinn-* in die übrigen kasus verschleppt werden (vgl. § 416 anm. 7), z. b. dat. pl. *kwinnom* KP (Leseb. 22, 11), Bu ff., sg. nom. *kwinna*, obl. *-o* Cod. Reg. Havn. n. s. 2237 des Sdm, MEL, Bu ff. (über rschw. *kuinq* s. § 166; das spät mschw. 3 mal belegte *quina* ist wol nur schreibfehler st. *quinna*). Ebenso erklärt sich der wechsel *n : nn* bei den § 166 mit anm. erwähnten *fin(n)a* und pl. *syn(n)or*, welche gen. pl. **finna, *synna* voraussetzen.

b) Die dem ostnordischen eigentümliche endung *-u, -o* ist etwas zahlreicher belegt: *bōno* Vm bohnen, *humblo* MB. I hummeln, *iumfru* Rk. II jungfrau, *karīnu* Da fasten von 40 tagen, *kirkiu, -o* U, Sdm, Vm kirchen, *kono* MB. I, *kwinno* Bu u. a. weiber, *laghsaghu* U gerichtsbezirke, *mīlo* Bu meilen, *mænniskio* Bir menschen, *stiærno* MB. I sterne, *tiældru* Vg. II u. a. grenzsteine, *viku* (vgl. adän. *uku*) Sdm wochen (s. Söderwall, Kasusformerna, s. 15 f.). Die form ist ohne zweifel cine neubildung zum nom. auf *-ur* nach der analogie gen. *-a* : nom. *-ar* bei den ō-stämmen (und mask. *a*-stämmen).

Anm. 3. Der abweichende erklärungsversuch Kock's (Arkiv VI, 53 ff.) wird besonders durch fälle wie Bir *mangra mæniskio graat, vanskapan twæggia mænniskio* u. a. dgl hinfällig. Mit Wimmer (Navneordenes böjning, s. 109) entlehnung aus dem (*r*-losen, s. anm. 2) nom., acc. anzunehmen, wird wegen der häufigkeit und des alters der betreffenden formen ebenfalls unmöglich; vgl. anm. 5.

Anm. 4. Sehr selten ist die endung (der ō-stämme) *-a* anzutreffen, z. b. *tiældræ* Vg. II, *mænniskia* Bir. Vgl. aisl. *lilia, smiþia* u. dgl.

Anm. 5. Nach 1400 kann der gen. dann und wann dem nom. und acc. ganz gleich sein (vgl. § 408 anm. 6), z. b. *hūstrūr* Dipl. 1419, *gävor* Bir gaben, *vikur, frū(gh)or* D 4, *jomfrūr, ænkior* Ve. Nach 1500 kann die endung (der starken mask. und ntr. im sg.) hinzutreten, z. b. *mænniskiors* MB. II. Vgl. Söderwall a. o.; Östergren, Arkiv XVIII, 30.

III. īn-stämme.

§ 427. Hierher nur die nicht besonders zahlreichen feminina auf *-i, -e* mit abstrakter bedeutung. Mit sehr wenigen ausnahmen (s. § 428) sind sie im sg. indeklinabel und im pl. (dessen endungen beim komparativ und part. präs. belegt sind, s. § 461, § 464) nicht vorkommend. Solche wörter sind z. b. *blīdhe* (vgl. *ōblīþe* anm. 1) milde, *blinde* (aber *starblinda*, vgl. anm. 1) blindheit, *bræþe* heftigkeit, *glæþi* (um 1500 zu schwachem mask. *glædhiǝ*, obl. *-ia* geworden) freude, *hælte* hinken, *rædde* furcht, *sȳke* (auch *siūke* nach *siūker* krank; vgl. noch § 416 anm. 3) krankheit, *vrēþe* (agutn. *raiþi*) zorn, *ælle* oder *ældre* alter.

Anm. 1. Viele mit langer wurzelsilbe haben nebenformen auf *-a* nach § 423, z. b. *āthæve* (vgl. anm. 3 und § 396, 3) benehmen, *byrþe* (vgl. § 404) bürde, *bælde, bælle* (vgl. anm. 3) prunk, *dǖve* taubheit, *fylle* vollheit, *fæste* (vgl. anm. 3 und § 404, 2) festung, *hylle* gunst, *hūghmōdhe* hochmut, *ōblīþe* ungunst, *prȳdhe* zierde, *rætvīse* gerechtigkeit, *snille* (vgl. anm. 3) verstand.

Anm. 2. Einige mit kurzer wurzelsilbe haben nebenformen auf *-ia* nach § 424, z. b. *frænzæmi* (nebenformen s. § 172; auch stark *frænzim, -am* Da) verwandtschaft u. a. zusammensetzungen auf *-sæmi* (z. b. *gærsæme*

§ 390 anm. 1, *höfsæmi, mäghsæmi, missæmi*; vgl. *sæmia* § 424), *kædhe* (vgl. § 424 anm. 1) kette, *læti* (*lati* Linc. 39 nach *later* faul) faulheit. An m. 3. Viele gehen auch wie neutra nach § 396, z. b. *āthæve* (vgl. anm. 1), *bælde* (vgl. anm. 1), *dirve* (*dyrve*, vgl. § 108, 2) dreistigkeit, *fiske* fischerei, *forviti* (auch *forvit* nach § 386) neugier, *fæste* (vgl. anm. 1), *giri* gier, *kæte* ausgelassenheit, *snille* (vgl. anm. 1) und die lehnwörter auf *-ilse* (s. § 396).

§ 428. Über die einzelnen kasus ist zu bemerken:

1. Sg. gen. kann im mschw. die endung *-s* hinzufügen (vgl. § 426 anm. 1), was wol mit dem vorhandensein neutraler nebenformen (s. § 427 anm. 3) zusammenhängt, z. b. *giris* P. I, Bir, *vrēdhis* Bir und häufig in der kompositionsfuge wie *brǣdhis-, glædhis-, lætis-, ællis-* (*ældris-*); vgl. Söderwall, Kasusformerna, s. 14 und An. gr. I, § 341, 2.

Anm. 1. Kaschw. fälle wie *for(e) kǣtis skuld* U, Vm, *frænzæmis* (*-imis* u. a.) *spiæl(d)* U, Sdm, Vm, Da, H haben das *-s* von dem folgenden worte bezogen (vgl. die § 322, 2 erwähnte umgekehrte entwicklung). Vg. I *hælghis böt*, G *helgis brut* setzen nicht ein dem aisl. *helge* heiligkeit entsprechendes fem., sondern ein ntr. **hælghe* (in *manhælghe*, s. § 396) voraus.

2. Pl. nom., acc. haben starke endung in *fiskiar* (Ög mehrmals). Spät mschw. kommen formen wie *āthǣver, glædhir iarnkædher* vor.

Anm. 2. Pl. gen. auf *-a* scheint bisweilen in der kompositionsfuge belegt zu sein, z. b. kaschw. *brǣþa-, fiskia-*.

C. Übrige (konsonantische) stämme.

I. Einsilbige stämme.

§ 429. Hierher maskulina und feminina, von denen im sg. jene ganz wie *a-* (s. § 431) oder *u-*stämme (s. § 432), diese wie *ō-*stämme flektieren. Die pluralendungen beider geschlechter sind:

Pl. N. A. *-r* mit *i-*umlaut der vorhergehenden silbe.
G. *-a, -æ.*
D. *-um, -om.*

Für die endungsvokale und *-r* gilt das § 381 mit anm. bemerkte.

§ 430. Paradigmen:

	Maskulina		Feminina	
Sg. N.	maþer, man	fōter	bōk	kō
G.	manz	fōtar	bōkar	kō(a)r
D.	manne	fōte, fūte	bōk	kō
A.	man	fōt	bōk	kō
Pl. N. A.	mæn	fōter	bø̄ker	kø̄r
G.	manna	fōta	bōka	kō(a)
D.	mannom	fōtom	bōkom	kō(o)m.

§ 431. Wie *maþer* (s. § 229), *man* Vg. I, U, Vh (z. b. Leseb. 15, 14) und später (schon in Vm und Da weitaus überwiegend), selt. *mander* (s. § 229 anm.) L. 1266, U, Vm, Da, D 4 u. a. mann flektieren nur *spander*, *span* (auch als ntr. nach § 386) halbe tonne und bisweilen (vgl. § 383 anm. 1 und 3) *finger* (gen. *fingers*, pl. n. a. *finger*) finger; wol auch pl. *ester* (aisl. *eistr*, aber auch *eister*) esthen. Über mschw. *fōter* s. § 432 anm. 1.

Anm. 1. *Spander* gehört urspr. zu § 432, wenn wirklich *spanna* Da, H u. a. mit Schlyter und Brate (Böj., s. 21) als gen. sg. (nicht pl.) aufzufassen ist. Jedenfalls ist gen. sg. *spanz* erst mschw. (Dipl. 1401) belegt.

Anm 2. Über gen. sg. *maz*, pl. (rschw.) *miþa* s. § 229 anm.

Anm. 3. Über fälle wie sg. dat. *man* Vm, *mannæ* Vg. I, Vm s. § 383, 3 mit anm. 8; pl. nom., acc. rschw. *menr* (aisl. *mennr*), *minr* (Bugge, Ant. tidskr. f. Sv. V, 86) s. § 229 anm.

Anm. 4. Ein der aisl. form *menner* entsprechender nom. pl. ist durch einmaliges *mænne* MB. II nicht sicher belegt (nschw. *männer* stammt aus dem deutschen). Vielleicht aber gehört hierher die artikulierte form *mænninir*; vgl. § 156 anm. 1 und An. gr. I, § 345.

Anm. 5. Gen. pl. *spæns* Dipl. 1409, *marks* Dipl. 1483 hat die endung des gen. sg. an den nom., acc. pl. (vgl. § 433, 3) treten lassen. Vgl. § 416 anm. 5.

§ 432. Wie *fōter* fuss geht nur das auch als *a*-stamm (s. § 383 anm. 3) flektierende *vinter* (gen. *vintrar*, pl. n. a. *vinter*), *vitter* Vg. I, G, *vætter* Vg. I (vgl. § 235, 1, b) winter. Über 'zahn' im agutn. s. § 433 anm. 1.

Anm. 1. Gen. sg. *fōtar* wird mschw. durch *fōz* ersetzt. Alsdann gehört das wort zu § 431; vgl. unten anm. 2.

Anm. 2. Dat. sg. *fōte* ist nur kaschw. belegt (z. b. Ly, Vm, Vg. II, Og). Das auf ausgleichung (vgl. § 413, 2) beruhende *fōtc* U, Vm, Da, G ff. wird bisweilen (Da ff.) durch die acc.-form *fōt* ersetzt.

§ 433. Wie *bōk* buch flektieren *and* ente, *bōt* busse, *brōk* hose, pl. *dyrr* (*dørr* § 116; gen. *dura, dora,* § 163 anm. 2, oder, mit *rr* aus dem nom., *dorra*) tür, *ĕk* eiche, *gās* (pl. *gæss* § 238, 5) gans, *gĕt* geiss, *gnit* niss, *hand* (vgl. 2 unten) hand, *kin* (pl. *kindęr* § 326) wange, *lūs* (pl. *lyss* § 238, 5, *løss* § 116) laus, *mark* mark, gewicht (aber *mark* wald nach § 399 anm. 1), *mūs* (pl. *myss* § 238, 5, *moss* § 116) maus, *nǎt* nacht, *nut, not* nuss, *rand* streifen, *rang* (agutn.) spant, *rōt* wurzel, *spang* steg, *stang* stange, *stuþ, stoþ* stütze, *tan* (pl. *tændęr* § 326) zahn, *tang* zange, *ortogh, -tugh, -tōgh* u. a. formen (s. § 62, 2, § 65, 1 und § 81, 2, b) $^1/_{24}$ mark.

Anm. 1. Pl. *tendr* zähne ist im agutn. mask. Da aber der sg. nicht belegt ist, bleibt unentschieden, ob das wort zu § 431 oder § 432 zu führen ist.

Anm. 2. *Dyr(r)* ist von anfang an pl. tantum, bisweilen neutr. (z. b. Da, Bm, D 4 u. a.; so auch agutn. *dur,* vgl. § 435). Mschw. (Bm, Bil ff.) kann das wort auch als fem. sg. (nach § 399, selt. § 408) gebraucht werden.

Anm. 3. Einige von diesen wörtern können auch nach § 399 flektiert werden. So wenigstens *kin* (erst mschw. und selten), *mark* (G 2 mal), *spang* (z. b. L. 906, Dipl. 1307), *stang* (D 4, Rk. I), *ortugh* (Cod. Havn. des Sdm), agutn. *ertaug;* ganz ausnahmsweise *hand* (Leseb. 75, 12), *stuþ* (Bm).

Anm. 4. Flexion nach § 408 kommt oft bei *stuþ,* selt. (mschw.) bei *kin* vor. Über agutn. pl. *ertair* neben *-taugr, -taugar* (s. anm. 3) s. § 311 anm. 3.

Anm. 5. Über pl. *ortughųr, -toghǫr* s. § 160 anm. 4 und 5.

Über die einzelnen kasus ist zu bemerken (vgl. § 435):

1. Sg. gen. zeigt eine spur der uralten genitivform auf *-r* mit *i*-umlaut des wurzelvokals, indem neben gew. *nāttar* in zusammensetzungen auch *nǣttęr-* vorkommt (z. b. Bm, D 4, Rk. II u. a.).

2. Sg. dat. von *hand* zeigt die bildung der *n*-stämme (s. § 412, 3): *hænde* Vg. I, Vm, Biæ, Da, Ög, Bu, D 4 u. a., bisweilen ohne umlaut *hande* (z. b. Vg. I, Ög) oder *hand* (z. b. Vg. I, Biæ).

Anm. 6. Dat. *spangu, stangu* erklären sich nach anm. 3 und § 399, 3.

3. Pl. nom. acc. von *mark* kann nach kardinalzahlen endungslos (*mark*) sein (vgl. *dagh* § 383, 4, *lut* § 412 anm. 6). So schon Vg. I und Vm je ein mal, im mschw. der regel nach.

§ 434. Wie *kō* kuh flektieren *ā* (pl. *ǣr*) fluss, *klō* klaue, *sō* sau, *tā* (pl. *tǣr*) zehe.

§ 435. Der wechsel von formen mit und ohne *i*-umlaut (jene einst nicht nur pl. nom. acc., sondern auch sg. gen., s. § 433, 1) ist oft verwischt worden, indem sowol der umlaut in urspr. unumgelautete kasus hineingedrungen sein kann wie auch umgekehrt. Solche fälle sind:

Sg. nom. mit umlaut, z. b. *mæþęr* Vg. I, II, *mæn* Vg. I, II, Ly, Da; *bēt* Vm, *nyt* MB. I (nschw. *nöt*).

Sg. dat. mit umlaut, z. b. *mænni* Ly; *mærk* Vg. I.

Sg. acc. mit umlaut, z. b. *bēt* Vg. I, Vm.

Pl. nom. acc. ohne umlaut, z. b. *man* Vg. I (Leseb. 5, 33 note), II, Ly, Sdm. fr, Vm, *fother* (d. h. wol *fottęr* wie in nschw. dial.) JB mehrmals; *bōter* Vg. I, Vm, Bil, *dor* Su (nschw. dial. *dorr*, vgl. agutn. ntr. *dur* § 433 anm. 2), *handęr* Vg. I (Leseb. 2, 35), Ly, *klōr* KS (und nschw.), *kōr* Dipl. 1445 (und nschw.), *nātœr* Vm, *rangr* G, *tār* (mschw. und nschw.). *Markęr* ist schon in Vg. I fast zweimal so häufig wie *mærkęr*, in Vm, Biæ, Da und später die ausschliesslich gebräuchliche form (neben *mark*, s. § 433, 3).

Pl. gen. mit umlaut, z. b. rschw. *miþa* (s. § 229 anm.), kaschw. *mænna* Vg. I, II, Ly; *bōta* Vg. I, Sdm, Da, *dǫra-* oder mitt *rr* aus dem nom. (vgl. § 433) *dǫrra-* (mschw. und nschw.), *nǣttæ* Ly, Vg. II.

Pl. dat. mit umlaut, z. b. *mænnom* Vm und mschw.; *dorom* Vg. I, *klōm* O ff., *kōm* Bir, *mærkum* Vg. I, *tǣ(o)m* St, Bm u. a.

II. *r*-stämme.

§ 436. Hierher maskulina und feminina, deren kaschw. endungen sind:

Sg. N.	*-ir, -er*	Pl. N.	*-r*
G.	*-ur(s), -or(s)*	G.	*-ra, -rœ*
D.	*-ur, -or* oder	D.	*-rum, -rom*
	-r mit *i*-umlaut des wurzel-		
	vokals.		
A.	*-ur, -or*	A.	*-r*

mit *i*-umlaut des wurzelvokals.

§ 437. 438. *r*-stämme.

Für die endungsvokale gilt das § 381 bemerkte. Das auslautende -*r* schwindet lautgesetzlich nie, weil es ursprüngliches *r* (nicht *ʀ*; in pl. n. a. aus -*rʀ* nach § 238, 4 und § 241 entstanden) ist.

Anm. Über sg. nom. rschw. -*iʀ* (oft), kaschw. -*e* (selten) s. § 320 anm. 3. Über acc. -*uʀ* s. § 438 anm. 9.

§ 437. Paradigmen:

	Mask.	Fem.		Mask.	Fem.
Sg. N.	faþir	mōþir	Pl. N.	fæþer	mōþer
G.	faþur(s)	mōþor[s]	G.	fæþra	mōþra
D.	faþur, fæþer	mōþor, agutn. mȳþr	D.	fæþrom	mōþrom
A.	faþur	mōþor	A.	fæþer	mōþer.

Wie *faþir* vater flektiert nur *brōþir* bruder. Wie *mōþir* mutter gehen *dōttir* (*dōtir, dottir* s. § 304 anm. 2 und 3) tochter und *systir* schwester.

§ 438. Über die einzelnen kasus ist zu bemerken:

1. Sg. nom. zeigt hie und da abweichende bildungen (zur erklärung s. Grundriss² I, 616, § 198, 1):

a) In einigen denkmälern kommt wie im adän. (schonisch) die endung -*ur*, -*or* vor. So bes. häufig in Da (13 -*ur* gegen 42 -*ir*) und O, sonst mehr vereinzelt wie *faþur* H, *brōdhor* Dipl. 1403, MB. I, *dōt(t)or*, -*ur* Dipl. 1350, Bir, *søstor* Dipl. 1408, *mōdhor* Bir, Bm, Bil, MB. I, GO u. a.

b) Andere denkmäler zeigen eine den anorw. *faðr* (aisl. *foþr*), *móðr* entsprechende bildung. So in Vg. I (5 mal) *brōþœr*, *mōþœr* u. dgl., Sdm (immer) *faþer* u. s. w., Vm (10 mal) *faþœr*, *mōþœr*, KS *fadhr*, *mōdhr*, spät mschw. *fadhr-en* der vater u. a. S. Noreen, Arkiv VIII, 179; Kock, ib. 383 f.

Anm. 1. Einmaliges *brōþœr* Vh kann, wenn nicht einfach ein schreibfehler vorliegt, dem seltenen aisl. *brǿþr* (s. Gislason, Efterladte skrifter II, 179) entsprechen.

2. Im sg. gen. ist die unursprüngliche endung -*urs*, dessen -*s* nach analogie der starken stämme zugetreten ist, bei den mask. schon rschw. belegt durch *faþurs* L. 503, 938 und kommt in kaschw. denkmälern früh und ziemlich häufig vor, z. b. in Vg. I, U, Vh, Sdm, Vm (hier die gewöhnliche), Da, Ög, Bu, G.

§ 438. r-stämme.

Erst später wird sie bei den fem. üblich, z. b. *mōþurs* Ög, cod. Holm. B 56 des Vm-gesetzes, O ff. Im mschw. wird *-urs* durch ein dem nom. nachgebildetes *-irs* ersetzt (vgl. anm. 2).

Anm. 2. Kaschw. beisp. auf *-irs*, *-ers* sind wol am ehesten als entsprechungen zu dem aisl. typus *fǫþrs* aufzufassen, also z. b. *brøþers* Sdm (vgl. 1, b oben), *faþers* Dipl. 1349, *brøþirs* Da, *mōþers* u. a. Holm. B 56 (s. Siljestrand I, 173).

Anm. 3. Sehr selten sind formen, die dem aisl. typus *feþr*, *mǫ́þr* (über dessen ursprung s. Grundriss² I, 616, § 198, 2) entsprechen, z. b. *systęr* Vg. I, *brēþęr* Vg. II, *dotter* MB. I.

Anm. 4. Von *mōþir* kann seit c. 1350 nicht selten der gen. dem nom. ganz gleich sein (vgl. anm. 7). So bisweilen in Bu, O, P. I, ST, Bil, MB. I, GO u. a. (s. O. Östergren, Arkiv XVIII, 32).

3. Im sg. dat. ist der uralte umgelautete typus *fǽþęr*, *brǿþęr*, agutn. *feþr*, *brȳþr*, verhältnismässig selten belegt, z. b. in U, Da, Ög, Bu, G, Rk. I. Bei den fem. ist diese bildung nur durch agutn. *mȳþr*, *systr* belegt.

Anm. 5. Nicht selten kommt seit c. 1350 die dem anorw. *faðr* entsprechende bildung vor, z. b. *faþær* Vm (*faþer* Holm. B 56), *systir* Da, *brōþar* Bu, *mōdhir* Bm, *mōdhr-enne* JB der mutter.

Anm. 6. Selten sind mask. formen, wo nach analogie der starken stämme die endung *-i*, *-e* zugetreten ist, z. b. *brōþiri* Da, *fadhore* Bm, *fadhre* MB. II (vgl. anm. 5).

Anm. 7. Von *mōþir* kann ganz ausnahmsweise der dat. dem nom. gleich sein (vgl. anm. 4), z. b. *mōdher* Bil.

4. Sg. acc. zeigt rschw. nicht selten einsilbige formen wie *fauþr* (d. h. *fǫðr* wie im aisl.), *faþr* (Rv., s. 212), *bruþr*, *tutr*, *sustr*. Entsprechende formen kommen noch häufiger in der literatur vor: kaschw. z. b. in Ly (*faþer*, *mōþer*), Holm. B 56 (s. Siljestrand I, 173) und bes. oft Da (10 *-ir* gegen 11 *-ur*); mschw. z. b. in O, MB. I, Su (*mōdhr-ena*), Linc. 39.

Anm. 8. Vg. I *-fǽþur* (1 mal) und Sdm *mēþor* (2 mal) dürften auf kontamination der beiden typen *faþur* und *fǽþer* (aisl. selt. *feþr*) beruhen.

Anm. 9. Rschw. kann der nom.-form *faþiʀ* (s. § 436 anm.) ein acc. *faþuʀ* zur seite stehen. Unmittelbar vor einem mit *s-* anlautenden worte kann das ʀ nach § 251 schwinden, was die auffallende (5 oder 6 mal belegte) form *faþu (sin)* schafft.

5. Pl. nom., acc. kann im agutn. die starke endung *-ir* hinzufügen, z. b. *dȳtrir* (neben *dȳtįr*, *dȳdįr*, s. § 266 anm. 3), *systrir*; vgl. got. *dohtrjus* u. s. w. Dieselbe bildung ist mschw.

in denkmälern aus Finland nicht selten, z. b. *brōdhrer* 1443, *systrir* 1444 ff., *fædhrer* 1457, sonst ganz vereinzelt, z. b. *brōdhre* 1464, *dottrer* 1484. Mschw. zeigen sich auch formen mit hinzugefügtem *-ar*, z. b. *systra(r)* O ff., *brōdhra* 1445. Ausserdem kommen von *systir* mschw. oft, aber nur in denkmälern aus Finland, eine form vor, wo die schwache endung *-or* hinzugefügt worden ist, also *systror* 1440 ff. S. Schagerström, Arkiv IV, 337 f. und Söderwall, Ordbok II, 584.

Anm. 10. Mschw. ist bisweilen unumgelauteter wurzelvokal analogisch eingeführt worden, z. b. *dottir* Bir, *dottr* KS oder mit unursprünglichem *-ar, -er* (s. 5 oben) *fadhrar* Bm, *dottrer* Dipl. 1484.

Anm. 11. Eine dem acc. sg. ganz gleiche form *systor* ist in O, Bir u. a. sowie bes. in denkmälern aus Finland belegt. S. Schagerström und Söderwall, a. a. o.

Anm. 12. Unklar ist die einigemal belegte mschw. form *brōdhare* (vgl. § 440 anm. 2).

6. Pl. gen., dat. zeigen ausnahmsweise unumgelauteten wurzelvokal, was vielleicht eine altertümlichkeit ist, z. b. gen. *brōþra-nna* Ög der brüder, *brōdhra-lōs* GO ohne brüder, dat. *fadhrum* A 49. I.

Anm. 13. Mschw. kann ausnahmsweise der gen. dem nom. acc. ganz gleich sein oder auch durch ein zu dem nom. gefügtes *-s* gebildet werden, z. b. *brōdher-ne* Dipl. 1461 ff., *brōdhers* MB. I.

III. *nd*-stämme.

§ 439. Hierher nur maskulina, welche im sg. ganz wie *an*-stämme (s. § 414), im pl. wie einsilbige stämme (s. § 429) oder auch wie *an*-stämme flektieren. Paradigmen:

Sg. N.	bōnde	ēghande	Pl. N.	bȫnder,	ēghænder, -ander, -andar
G.	bōnda	ēghanda	G.	bōna	ēghanda
D.	bōnda	ēghanda	D.	bōndom	ēghandom
A.	bōnda	ēghanda	A.	bȫnder	ēghænder, -ander, -andar.

§ 440. Wie *bōnde* (nach § 153, 1 kontrahiert aus *bōunde*, das rschw. durch acc. *bounta* in der inschrift von Hulterstad belegt ist und in ablautsverhältnis zu *bōande* — rschw. als substantiv, in der literatur aber nur als part. präs. gebraucht — steht, s. § 180, 4; anders, aber nicht überzeugend Söderberg,

§ 441. *nd*-stämme.

Ölands runinskrifter, s. 70) bauer geht nur *frǣnde* (ältere nebenformen s. § 313 anm. 2) verwandter.

Anm. 1. Sg. dat. kann ausnahmsweise die nom.-form entlehnen, z. b. *bōnde* Sdm, *frǣnde* ST, je 1 mal. Vgl. § 416 anm. 2.

Anm. 2. Pl. nom. *bōndęr* Vg. I (2 mal, z. b. Leseb. 1, 24), Dipl. 1510 kann eine altertümlichkeit sein, da die lautgesetzliche entwicklung *bōundiʀ > *bōundr (ohne umlaut wie aisl. *fiandr, fiandr*, s. An. gr. I, § 64) > *bōndęr* gewesen sein muss. Indessen kann natürlich das ō- auch aus gen. dat. entlehnt sein (vgl. anm. 3). — Äusserst selten wird die endung der *an*-stämme angenommen, z. b. *bēndar* Vm, *frǣndar* Biæ, -*a* Bu, je 1 mal. — Unklar ist die in Rk. II oft vorkommende form *bēndere*; vgl. *brēdhare* § 438 anm. 12.

Anm. 3. Pl. gen. *bēn[d]a* Bu (1 mal) ist von nom., acc. beeinflusst; vgl. aisl. selt. *bénda*. Über *frǣndra* s. anm. 4.

Anm. 4. Pl. gen., dat. kann mschw. bisweilen *frǣndra, -rom* zu *frǣndęr* nach der analogie *brø̄þra, -rom* : *brø̄þęr* u. dgl. (§ 437) heissen.

§ 441. Wie *ēghande* besitzer gehen *fiande* (mschw. *fiōnde* § 110 anm. oder *fię̄nde* § 149, 1) oder *fiande* (§ 93, 2; später *fiænde* § 96) feind, agutn. pl. *rekendr* ketten und alle als substantiva gebrauchten part. präs., z. b. *kǣrande* kläger, (*sak*)*sø̄kiande* kläger, *swarande* der beklagte, *væghande* totschläger, *væriande* verteidiger, *æptirmǣlande* rechtsanwalt eines totgeschlagenen.

Zu den einzelnen kasus ist zu bemerken:

1. Sg. gen. zeigt in einigen altertümlichen ausdrucken noch spuren der einstigen starken flexion mit -*s* (vgl. got. *nasjandis*), z. b. Vg. II *mǣtanz orþ* gutachten eines taxators, Da *ganganz fōter* fuss eines gehenden, H *vighǣnz vākn* waffe eines totschlägers. Da diese bildungen leicht als "taxierendes gutachten" u. s. w. aufgefasst wurden, bekam diese form auf -*anz* bisweilen ganz dieselbe bedeutung und anwendung wie das adjektivisch gebrauchte part. präs. auf -*ande*; so z. b. *ganganz fǣ* U, Vm gehendes vieh, *mǣtanz* (*miǣtanz* Ög) *mæn* Vm, Da taxatoren, *attiʀgānz ēþir* Da rückgängiger eid, *bōanz maþęr* Ög sesshafter mann, *bærænz trǣ* Ög u. a. fruchttragender baum, *lovanz man* ST, A 49. I, *borghanz man* bürge, *givanz man* geber. S. An. gr. I, § 351 anm. 4 und die daselbst zitierte literatur.

Anm. 1. Bisweilen ist die form durch den einfluss des nom. zu -*andes* umgebildet worden, z. b. *æghandes* Sdm, *ākærandes, swarandes* St, *fiændes* MB. II; vgl. Söderwall, Kasusformerna s. 13.

§ 442. Präpositionen.

Anm. 2. Sg. dat., acc. können ausnahmsweise die form des nom. entlehnen (vgl. § 416 anm. 5), z. b. dat. *æghande* (s. Siljestrand I, 175), acc. *ēghandi-n* Sdm, Vm, Biæ je 1 mal.

2. In pl. nom., acc. ist der uralte typus *-ænd̜r* (aisl. *gefendr*) fast nur durch *kirkioværæmd̜r* (Siljestrand I, 174; aus *væriændr* nach § 247) kirchenvorsteher und G *rekendr* ketten sicher zu belegen, denn in sonstigen denkmälern kann das *æ* in *-ænd̜r* im allgemeinen nach § 135 oder § 141 erklärt werden, und wo wie z. b. in Vg. I auch der sg. immer *-ænd-* aufweist, ist wol diese erklärung die einzig wahrscheinliche, während dagegen z. b. MEL u. a. *kirkioværaænde* am ehesten als analogische neuschöpfung zu pl. *-væraænd̜r* aufzufassen ist. — Der typus *-ander* (aisl. *fiandr* u. a., s. Hauksbók, Kopenh. 1896, s. LVII) ist durch Sdm *ēghander*, Vm *ǣghander* u. a. sicher belegt und liegt wie gesagt vielleicht auch in Vg. I *væghænd̜r*, Vg. II *ēghænder* u. dgl. vor. — Am häufigsten zeigt sich der typus *-andar* (anorw. *æigandar* u. dgl., s. An. gr. I, § 351 anm. 3), acc. *-anda*, z. b. Sdm *ēghanda*, *kirkiuværiændæ* oft (Larsson, Lj. s. 167), Vm *ǣghanda(r)* oft, *værianda*, Vg. II *væghanda*, Da *ǣghanda*, Bu *fīanda*.

Anm. 3. Vereinzelt kommt auch die adjektivische endung *-i, -e* (s. § 464) vor, z. b. *ēghændi* Vg. I (2 mal), Vm. Mschw. *-ande* (z. b. *fīande* A 49. I, *kirkioværiande*, *-ænde* öfter) erklärt sich nach § 149,1 aus kaschw. *-anda(r)*.

Anhang I. Präpositionen.

§ 442. Den genitiv regieren (vgl. § 443 und § 444):

ā ... handa in ... namen.

a oder *af ... væg(h)na* von ... wegen, in ... namen (vgl. § 407, 4). Mschw. vielleicht auch mit dat. und acc. (s. O. Östergren, Arkiv XVIII, 40 f.).

firi (fyri u. a., s. § 446) ... *sakir (sakar* s. § 399 anm. 1, *sak)* um ... willen.

ī ... staþ anstatt.

til ... hand(a) für.

§ 443—445. Präpositionen.

§ 443. Mit genitiv oder accusativ wird verbunden (vgl. § 444):

firi (fyri u. a., s. § 446) ... skuld (skull § 340, 2, a, skyld § 409, 3, b) um ... willen. Mschw. vielleicht auch mit dat. (s. Östergren, a. o. s. 39).

§ 444. Mit genitiv, dativ oder (besonders später) accusativ werden verbunden:

(î)bland, (î)blant § 263 anm. 1, unter, zwischen; steht selten postpositiv.

innan innerhalb, während, binnen.

(î)mællom (selt. millom § 164, z. b. Da), (î)mælle (rschw. miþli), (î)mællin, (î)mællan (selt. millan z. b. Da und Leseb. 49, 16), selten mællir (§ 268 anm. 3) Vg. I, mællam Biæ, mællon Rk. I (2 mal), mælla Linc. 39, MB. II (vgl. § 317, 3), agutn. millum, milli, millan zwischen, unter; steht selten postpositiv. Die konstruktion mit dem dativ kommt überhaupt selten vor, z. b. in Da, P. I, MB. I. Über die verschiedenen formen vgl. noch § 272 anm. 1 und die daselbst zitierte literatur.

(for) ovan, selt. uvan § 163 anm. 2, ovan (nach ovir § 446), agutn. ufan über, oberhalb.

til, selt. tel § 115 anm. 1, zu, nach, bis; verhältnismässig selten mit dem dativ.

ūtan ausser, ausserhalb, ohne.

§ 445. Mit dativ oder (bes. später) accusativ werden verbunden (vgl. § 444 und § 446):

af, āf § 173, ā § 306, 2, von, aus.

at, āt § 173, bei, zu, gegen.

bak (erst mschw.) hinter.

fiærran, fiærre, mschw. auch fœrran § 78, 3, fern von Dazu komp. fiærmēr, selt. fœrmēr, und sup. fiærst, fiærmast, fiærrast.

frā, später frān § 330 anm. 1, selt. fram § 248 anm. 2, (weg) von; auch, und zwar gew. postpositiv, īfrā(n).

gēn (selt. postpositiv), agutn. (ā)gin, gegen; auch īgēn, gew. postpositiv.

gēnvart, -vært (vgl. § 117 anm.) gegenüber.

§ 446. 447. Präpositionen.

(ā) hænder, ā hand, agutn. ā hendi gegen; auch postpositiv. Nur postpos. stehen til hand(a) und ī hand für, gegen.

hōs (erst mschw.) an, bei.

iæmpte (erst mschw.) neben.

(ā) mōt(e), ī mōt(e) entgegen, wider; bisweilen postpositiv. mœþ, mœþer (rschw. miʀ § 244, 4), selt. maþ § 173 anm. 2, mœt § 260, 7, agutn. miþ § 164, mit, mittelst.

nǣla (gew. postpos.), nāla (postpos.) nahe.

nǣr, nǣst(a), selt. nǣra, nǣstu, postpos. ī nǣr, (nahe) bei, neben. Dazu komp. nǣmber, nǣrmē(r), nǣrmar, sup. nǣma(r)st.

undan weg von, aus.

ū(r), ōr § 84, 2, c, selt. ēr § 64, 4, agutn. ȳr § 64, 5, aus.

§ 446. Folgende präpositionen werden mit dem dativ (später auch accusativ) oder dem accusativ verbunden, je nachdem sie eine richtung auf ein ziel hin nicht bezeichnen (dat.) oder bezeichnen (acc.):

ā, mschw. auch pā § 155, an, auf, in, gegen.

fyri (agutn. auch fyrir, vgl. § 321 anm. 2), firi(r) § 101 anm. 2, fori § 116, fori § 321 anm. 2, for, fyr, for für, vor.

ī in. Über mschw. ī mit dem genitiv s. § 470 anm. 1.

undi(r), rschw. auch unt (ind Rök; d. h. und, resp. ynd s. § 60) unter.

viþ, viþer (mschw. vedher § 115, 1) an, bei, wider.

yvi(r), ivi(r) § 101 anm. 2, ovi(r) § 116, ovir, selt. uvir über. Das verwandte rschw. ub Rök bedeutet 'ob'.

œpti(r), apti(r), selt. optir (rschw. uftiʀ, yftiʀ; utiʀ, ytiʀ) § 107 anm. 2, œttir § 288, rschw. auch aft, eft, ift (d. h. œft), at § 288, nach.

§ 447. Den accusativ regieren (vgl. § 443—446):

framman vor.

(ī) gønum Vg. I, II, U, Sdm, Biæ, II, Bir, Bil, D 4, Rk. I, Linc. 39 u. a., (ī) ginum Sdm (gew.), Vm, Da, Ög, MEL, Bu, G, D 4, Di u. a., (ī) gynum MET, Ög, GO, KrL, Di u. a. § 100, mschw. auch (ī) genom, selt. (ī) gomon, gimon, gymon, gemen § 338, durch.

Anm. Mschw. steht selten dat. statt acc.

§ 448. Starke adjektiv-deklination.

(*um*) *kring*, statt gew. (*kring*) *um* (rings) um.
(*for*) *niþan*, selt. (*for*) *næþan* § 163, 1, unterhalb.
norþan nördlich von.
sunnan südlich von.
um, om § 143 anm. 10 (*ym* § 60) um, betreffs, während.
umfram vor.
væstan westlich von.
ōstan östlich von.

Kap. 2. Deklination der adjektiva.
A. Starke deklination.

§ 448. Diese flexion zeigen der positiv und der superlativ in ihrer unbestimmten form. Die endungen sind im m. und im ntr. diejenigen der *a*-stämme, im f. diejenigen der *ō*-stämme (über spuren von einstigen *i*- und *u*-stämmen s. § 455,1), soweit sie überhaupt nominalen charakter aufweisen, was nur bei der hälfte der formen der fall ist. Die andere hälfte zeigt nämlich von alters her die endungen des pron. demonstr. 'der, die, das'. In der folgenden übersicht der kaschw. endungen (um 1300) sind die von der substantiv-dekl. abweichenden kursiv gedruckt.

	Mask.	Fem.	Neutr.
Sg. N.	-r	—	-t
G.	-s	-(r)a(r), -(r)æ(r)	-s
D.	-*um*, -*om*	-(r)i, -(r)e	-*u*, -*o*
A.	-*an*, -*æn*	-a, -æ	-t
Pl. N.	-i(r), -(er)	-a(r), -æ(r)	—
G.	-(r)a, -(r)æ	-(r)a, -(r)æ	-(r)a, -(r)æ
D.	-um, -om	-um, -om	-um, -om
A.	-a, -æ	-a(r), -æ(r)	—

Für die endungsvokale und -*r* gilt das § 381 mit anm. bemerkte. Über das inlautende -*r*- in sg. g. und d. f., pl. g. m., f. und ntr. s. § 454, 2, 3 und 5.

§ 449. 450. Adj. *a-, ō*-stämme.

a. Reine *a-, ō*-stämme.

§ 449. Paradigmen:

	Mask.	Fem.	Neutr.
Sg. N.	halvρr	half	halft
G.	halfs	halfrar, halvar	halfs
D.	halvom	halfre, halve	halvo
A.	halvan	halva	halft
Pl. N.	halvir	halvar	half
G.	halfra, halva	halfra, halva	halfra, halva
D.	halvom	halvom	halvom
A.	halva	halvar	half
Sg. N.	hēlaghρr	hēlagh	hēlakt
G.	hēlax	hælgh[r]ar	hēlax
D.	hælghom	hælgh[r]e	hælgho
A.	hælghan	hælgha	hēlakt
Pl. N.	hælghir	hælghar	hēlagh
G.	hælgh[r]a	hælgh[r]a	hælgh(r)a
D.	hælghom	hælghom	hælghom
A.	hælgha	hælghar	hēlagh
Sg. N.	blā[r]	blā	blāt
G.	blās	*blā[r]	blās
D.	blā[o]m	blā[e]	blā[o]
A.	blān	blā	blāt
Pl. N.	blā[i]r	blā[r]	blā
G.	blā	blā	blā
D.	blā[o]m	blā[o]m	blā[o]m
A.	blā	blā[r]	blā.

Anm. Von dem typus *blā[r]* sind pl. n. a. f. nur als *blā*, sg. g. f. überhaupt nicht belegt.

§ 450. Wie *halvρr* (agutn. *halfr*) halb flektieren die weitaus meisten adj. (inklusive part. prät.). So zunächst alle einsilbigen mit konsonantisch auslautender wurzelsilbe, z. b. *diūpρr* tief, *glaþρr* froh, *hēl* ganz, *hōghρr* (agutn. *haur, haugr*, s. § 340, 3) hoch, *langρr* lang, *rēn* rein, *rīkρr* reich, *siævρr* (*sævρr*, vgl. § 78, 3) sanft, *staddρr* angetroffen, *stōr* gross, *vātρr* nass, *vīs* weise. Dann die meisten mehrsilbigen, bes. alle schwache part. prät., z. b. *kallaþρr* genannt, *kōptρr* gekauft, alle superlative, z. b. *hwassastρr* schärfst, *lǣghstρr* niedrigst, *innarstρr* innerst, alle adj. auf *-iskρr, -līkρr* (*-līghρr* § 267), *-ōttρr* (*-uttρr* § 112), z. b. *gutniskρr* aus Gottland, *trōlīkρr* treu, *skallōtρr* kahl, fast alle

§ 451. Adj. a-, ō-stämme.

auf *-ul, -ol*, z. b. *vamul* ekelhaft, *hēmol* verfügbar, sowie die meisten (vgl. § 451) auf *-ughęr, -oghęr*, z. b. *girughęr* geizig, *kunnoghęr* kündig. S. weiter Rydq. II, 370 ff., Siljestrand II, 1 ff., Landtmanson, Kg. St. s. 64 ff., Brate, Böj. s. 24 ff., Zetterberg, s. 80 ff. — Diejenigen auf *-līker* sowie *mangęr* oder *marghęr* mancher flektieren kaschw. selten, mschw. oft in sg. n. a. m., n. f. und n. a. ntr., pl. n. a. ntr. wie adj. auf *-in* (§ 451), z. b. a. sg. m. *faþurlīkin* U väterlich, n. sg. m. *brutlīkin* Da verbrecherisch, n. a. sg. m. *mangen* Bu ff. (z. b. Leseb. 42, 28; 81, 22. 33 f.), n. sg. m. *marghin* Leseb. 88, 14 u. a., n. sg. ntr. *margith* D 4. Zur erklärung s. einerseits Noreen, Arkiv V, 390 note, andererseits Kock, Skand. Archiv I, 25 ff.

Anm. Vereinzelte spuren der einstigen *wa*-stammsflexion (s. An. gr. I, § 359) zeigen rschw. acc. sg. m. *kuikuan* L. 292, 403, 445, 644, 645 und kaschw. acc. sg. f. *garfwæ* H gegen sonstiges *kwik(k)an* § 240 lebendig und agutn. *garra* § 240 anm. fertig. Über unsichere, noch ältere spuren von erhaltenem *w* s. § 252 anm. 2.

§ 451. Wie *hēlaghęr* (*hǣlaghęr* u. a. formen s. § 80 anm. 2, § 180, 1; agutn. *hailigr*) heilig flektieren ziemlich viele adj. mit kurzvokalischer ableitungssilbe. So zunächst alle auf *-in*, z. b. *hęþin* (agutn. *haiþin*) heidnisch, *trōin* getreu und starke part. prät. wie *bundin* gebunden, *bōin* bereit(et). Dann die wenigen auf *-al* und *-il* wie *aþal* echt, *gamal* (dat. *gamblom* u. s. w. nach § 325) alt, *miþal, mæþal* (s. § 164; fast nur als erstes kompositionsglied erhalten; vgl. sup. *midhlastęr*) mittler, *ūsal* elend, *væsal* arm; *lītil* klein, *mykil* (*mikil* § 65, 4) gross, über welche beiden s. weiter 4 unten. Ferner einige auf *-ughęr, -oghęr*, die jedoch sämtlich auch nach § 250, also ohne synkope, flektieren können, wie *annōþoghęr* (*ānōþoghęr* § 249 anm. 5) unfrei, *avughęr* (*āvoghęr* § 173) umgekehrt, *nōþoghęr* unwillig, *sāloghęr* unglücklich. Endlich einige vereinzelte wie *nōren* (vgl. § 146, 3) norwegisch, *ymis* verschieden und (gew. nach § 250) *athughul* aufmerksam. S. weiter Rydq. II, 386 ff., 397 ff., Siljestrand II, 15 ff., Landtmanson, Kg. St. s. 74 ff. — Über die adj. auf *-līkin* s. § 450.

Anm. Auch von *hēlaghęr* kommen nicht ganz selten unsynkopierte formen vor, welche jedoch zum teil verdächtig sind, da vielleicht hie und da svarabhakti nach § 161, 1 mit im spiele sein könnte. Von *ymis* und *nōren* sind je einmal unsynkopierte formen belegt: d. pl. *umisum* Rök,

§ 451. Adj. a-, ō-stämme.

a. sg. m. *nōrenen* (d. h. -œn) Vg. II. — Über nur scheinbar unsynkopierte formen s. § 162, a (anders Kock, Sv. landsm. XI, 8, s. 35). Von wörtern, die erst durch svarabhakti zweisilbig geworden sind, wie *digher* dickleibig (pl. *dighrir*), gilt das § 384 über den typus *aker*, pl. *akrar*, bemerkte.

Über die flexion dieser wörter sei übrigens bemerkt:

1. Wie aus dem paradigma hervorgeht, kommt — in scharfem gegensatz zu dem verhältnis im westn. — synkope normaler weise auch in sg. g. und d. fem. sowie pl. g. vor, also *hœlgh[r]ar, -[r]e, -[r]a* gegenüber aisl. *heilagrar, -re, -ra*. Äusserst selten sind unsynkopierte formen wie sg. d. f. *ōguldinne* G. a nicht bezahlt, pl. g. *kristina* L. 259, 1901 christen (vgl. *annarrar, -rri, -rra* § 490). Die synkope kann, wo die endungen *-ar, -e, -a* (nicht *-rar, -re, -ra*) vorkommen, lautgesetzlich entstanden sein; aber formen wie g. pl. *hœlghra* O, Bir, *helgra* G müssen auf ausgleichung (s. 2 unten) beruhen, welche ganz natürlich zunächst die wenigen dreisilbigen formen des paradigmas gegriffen hat.

2. Der ursprüngliche wechsel von synkopierten und unsynkopierten formen ist oft zu gunsten der synkopierten formen ausgeglichen worden. Selbst von *hēlagher* zeigt sich schon in Da pl. n. a. ntr. *hœlgh*, und im mschw. kommt ein ganz nach § 450 flektierendes *hœlgher* neben *hēlagher* vor. Von *ymis* kommt sg. n. a. ntr. *ymst* MB. I, GO neben *ymist* vor. Neben *karugh-* in *karughēt* geiz steht schon nur *kargher* geizig. Von *manger* (got. *manags*) mancher ist nur noch eine einzige unsynkopierte form belegt durch pl. n. ntr. *manigh* Sdm. Schon vorliterarisch durchgeführt ist die ausgleichung bei den part. prät. auf *-iþ-* und den superl. auf *-ist-*, z. b. *valder* (aisl. noch *valeþr* neben *valþr*) gewählt, *lœngster* (got. *laggists*) längst. Die adj. auf *-isk-* haben bald den synkopierten, bald den unsynkopierten stamm durchgeführt, z. b. einerseits *dansker* dänisch, *swænsker* schwedisch, *þrȳzker* widerspenstig u. a., andererseits *gutnisker* aus Gottland, *nærisker* aus Närke, *sundrisker* aus Süden; doppelbildungen zeigen — wol in folge neuer entlehnung — *œnsker* (§ 281, 2, § 315 anm. 1) : *œnglisker* englisch, *þȳzker* : *þȳþisker* deutsch. Doppelformen zeigt auch *nakter* (aisl. *noktr* neben *nokkueþr*) : *nakwidher, nakudher* (§ 180, 7) nackt.

§ 452. 453. Adj. a-, ō-stämme.

3. Eine derartige ausgleichung kommt nie bei den adj. auf *-in* vor. Dagegen haben diese bisweilen eine eigenartige kontaminationsbildung aufzuweisen (s. Noreen, Arkiv VI, 369). Nach synkopierten formen wie pl. *linnir* ist nämlich sg. *līnin* leinen zu *linnin* umgebildet worden. Ebenso nach pl. *ēnsam(p)nir* sg. *ēnsam(p)nin* neben *ēnsamin* einsam, nach *fulkom(p)nir* sg. *fulkom(p)nin* n. *-komin* vollkommen, nach *yfnir* (§ 320, 1) sg. *yfnin* (> *ymnin* > *ympnin*) n. *yfrin* reichlich.

4. Besondere aufmerksamkeit beanspruchen *mykil* und *lītil*, bei denen der stamm auf *-il-* allmählich von einem stamme auf *-in-* verdrängt wird (vgl. Noreen, Urg. lautl., s. 193). Schon vorliterarisch ist dieser in n. a. sg. ntr. alleinherrschend: *mykit* und *lītit* (mschw. auch *lit*, vgl. aisl. adv. *lít, lítt*, s. An. gr. I, § 137 anm. 1 und § 357, 5); im a. sg. m. stehen beide nebeneinander: *myklan* Bu, P. I : gew. *mykin* und *litlæn* Vg. I (mschw. *lizlan, lislan*, s. § 334) : gew. *litin*, aber nach ausweis des westn. dürfte die form auf *-in* (vgl. § 454, 4) hier die ältere sein. Schon in der ältesten lit. dringt *-in* in n. sg. m. und f. ein, so dass neben m. *mykil* Vh, Sdm, Ög, Cod. reg. des Sdm steht *mykin* Vh, Vm, Vg. II, Ög, MEL, Bu, neben *lītil* (zufällig erst bei JB belegt) steht *liten* Bu ff.; f. *mykil* Vg. I, Ög : *-in* Ly, Vg. II, Biæ, Ög, MEL (*lītil* Bil, JB : *-in* D 4 u. a.). Dann in g. sg. m. und ntr. *litils* Ög : *-ins* MEL, Bil, *mykils* Ög, MB. I : *-ins* O ff., sowie n. a. pl. ntr. *mykil* Vg. I, Ög : *litin* GO, Rk. I.

§ 452. Wie *blār* blau — das einzige hierhergehörige wort, bei dem die endung *-r* im n. sg. m. belegt ist — flektieren *enþrā* eigensinnig, *fā* wenig, *frā* keck, *frī* frei, *frō* froh, *grā* grau, *liō* oder *lȳ* lau, *miō* schmal, *ōfrō* unfruchtbar, *rā* roh, *sliō* stumpf, *smā* klein, *spā* voraussehend, *trō* treu. Vgl. Rydq. II, 416 ff. — Über *nȳ* s. § 457.

Anm. Über die behandlung der endungsvokale s. § 153.

§ 453. Die nominal gebildeten kasus (s. § 448) zeigen natürlich im grossen und ganzen dieselben eigentümlichkeiten wie die substantive, also:

1. Sg. nom. mask. (vgl. § 383, 1, a—d und § 384, 1) hat:

342 § 453. Adj. a-, ō-stämme.

a) Svarabhakti in fällen wie *halvęr*, *hēlaghęr* u. a. gegen agutn. *halfr*, *hailigr* u. s. w.

b) Einschub von *b* zwischen *m* und *r*, z. b. *armbęr* arm, *dimbęr* dunkel, *grambęr* grimmig, *harmbęr* erzürnt, *lambęr* lahm, *rūmbęr* geraum, *skambęr* kurz, *ōmbęr* (agutn. *aumbr*) bedauernswert und die vielen auf -*sambęr* wie *hēlsambęr* heilsam (s. weiter Rydq. II, 380 ff.). Vgl. mit stammhaftem *b* *dumbęr* stumm.

c) Einschub von *d* zwischen *ll, nn* und *r*, z. b. *aldęr* all, *fuldęr* voll, *ĭldęr* böse, *sn(i)ældęr* klug, *vildęr* irre; *grandęr* zart, *sandęr* wahr, *þundęr* dünn. Vgl. mit stammhaftem *d* z. b. *galdęr* unfruchtbar, *kaldęr* kalt, *mildęr* milde; *blindęr* blind, *fiughurslindęr* vierseitig, *lændęr* belehnt, *ōndęr* (§ 65, 7; seltener *vändęr*, z. b. Leseb. 80, 26; 85, 9; selt. *undęr* § 112) schlecht, *vandęr* schwierig.

d) Assimilation des -*r* mit *l, n, r, s* in fällen wie *hēl(l)* ganz, *hol(l)* hohl, *gamal(l)* alt; *rēn(n)* rein, *van[n]* gewohnt, *forn* uralt, *kristin[n]* christlich; *stōr[r]* gross; *lōs(s)* los, *fals* falsch, *ymis[s]* verschieden. Genau zu scheiden sind fälle mit stammhaftem *r* wie *bitęr* bitter, *dighęr* dickleibig, *faghęr* schön, *vakęr* wachsam, *vitęr* klug (pl. also *bitrir* u. s. w.) von solchen, wo -*r* nur endung ist wie *vätęr* (pl. *vātir*) nass u. dgl. Ebenfalls nicht zu verwechseln sind die mit stammhaftem *rr, ss* und *r, s* wie einerseits *kwar[r]* übrig, *þor(r)* dürr, *hwas[s]* scharf, *vis[s]* sicher (pl. *kwarrir, hwassir* u. s. w.), andererseits *bar[r]* bloss, *ōspar[r]* reichlich gespendet, *snar[r]* rasch, *var[r]* gewahr, *vīs[s]* weise u. a. (pl. *barir, vīsir* u. s. w.); über *gor, gar* s. § 240 anm.

e) Keine endung schon kaschw. weit überwiegend beim paradigma *blā[r]*, s. § 452; mschw. auch sonst oft, z. b. Bir *blōt* weich, *gōdh* gut, *siūk* krank, D 4 *gladh* froh, *rīk* reich, *stark* stark, *vīdh* weit u. a. (s. Söderwall, Kasusformerna s. 3).

Anm. 1. Über die entlehnung der acc.-form bei *litin* und *mykin* s. § 451, 4 (vgl. *annan* § 490 anm. 1 und das pron. indef. *nākon* irgend ein). Sonst findet solche nur ganz ausnahmsweise statt, z. b. Bu *dryghan* ausreichend, *maktoghan* mächtig.

2. Sg. nom. fem. und pl. nom. acc. ntr. zeigen spuren des einstigen *u*-umlautes (vgl. § 399, 1 und § 386, 3), indem zu *gamal* alt und *ūsal* elend die betreffenden formen *gamul* (s.

§ 165) und *ūsul* (s. § 74 anm.) lauten; vgl. *ennor, nākor* § 74, *annor, iþur, ukur* § 165. Vereinzelte fälle sind *ēnsamun* H (s. § 165), *siældon* O ff. (s. § 165 anm.), *adhol* Bm zu *adhal* echt.

Anm. 2. Mschw. tritt ausnahmsweise ausgleichung ein, z. b. sg. n. m. *gamul* (beisp. s. Schagerström, Arkiv IV, 343 f.), f. *gamal* GO, ntr. *gamult* KS. Vgl. *annar* § 490 anm. 2.

Anm. 3. Pl. n. a. ntr. können ganz ausnahmsweise nach der analogie der m. und f. -*e*, -*a* hinzufügen, z. b. Bu *hēla, vitorleka*, Di *dagelige*, MB. II *slitne, nøtte* (vgl. Bil *hwilke*).

3. Sg. gen. mask. und ntr. (vgl. § 383, 2, a—c, α) zeigen:

a) *x* in fällen wie *rīx, lanx, hēlax* zu *rīkęr* reich, *langęr* lang, *hēlaghęr* heilig.

b) *z* in fällen wie *rēz, ōnz, vrēz, alz, sanz* zu *rǣttęr* richtig, *ōndęr* schlecht, *vrēdhęr* zornig, *aldęr* all, *sandęr* wahr.

c) Keine endung in fällen wie *frœls* zu *frœls* frei. Ausserdem dann und wann in attributiver stellung, z. b. *rǣt giftærmanz* Vg. II u. a. (s. Söderwall, Kasusformerna, s. 17).

Anm. 4. Im paradigma *blā*[*r*] dürfte, nach dem nschw. adverb *nyss* neulich (zu *nȳ* neu) zu urteilen, die endung eigentlich als *ss* anzusetzen sein; vgl. § 385 anm. 2.

Anm. 5. Pl. acc. m. zeigt -*ar* statt -*a* je einmal in Vg. I (*allær*, s. Leseb. 3, 35) und G (*aþrar*, s. Rydq. IV, 449), was entweder auf einfluss des nom. -*ir* beruht (vgl. § 353 anm. 10) oder als blosse schreibfehler aufzufassen ist.

§ 454. Die pronominal gebildeten kasus (s. § 448) zeigen folgende eigentümlichkeiten:

1. Sg. nom. acc. ntr. hat aufzuweisen:

a) Assimilation von *dt* § 232, *ðt* § 234, 2 und *nt* § 235, 2 zu *tt*, woraus unter umständen *t* § 241, § 242, 2, in fällen wie *blint, fōt, rōt, hart, hēþit* zu *blindęr* blind, *fōddęr* geboren, *roþęr* rot, *harþęr* hart, *hēþin* heidnisch. Über fälle wie *blangt* (statt *blankt*), *star*(*k*)*t, swœns*(*k*)*t* s. § 314, *hal*(*f*)*t* § 309, *iœm*(*n*)*t* § 317, 1, *sa*(*n*)*t* § 235 anm. 4.

Anm. 1. Über vokalische veränderungen wie *got, gut* zu *gōþęr* s. § 90, 3, § 112, *skyt* zu *skiūtęr* § 90, 4, *agutn. bratt* zu *braiþr* § 124, 1 und *datt* zu *dauþr* § 123, 1.

b) Einschub von *þ* zwischen *m* und *t* in fällen wie *tampt* zu *tambęr* (aus **tamr* nach § 453, 1, b) s. § 332, 2.

c) Keine endung in fällen wie *rēt, swart, brant* zu *rēttęr* richtig, *swartęr* schwarz, *brantęr* steil u. a., wo das endungs-*t* nicht zum vorschein kommen kann (vgl. § 241). Ausserdem aber kommen formen vor, welche nie ein -*t* gehabt haben, indem sie nominal gebildet sind, wie got. *blind* neben *blindata* (s. Noreen, Arkiv VI, 361, Grundriss² I, 622, § 205, 1; Brate, Lj. s. 52; Larsson, Lj. s. 101, 107, 126, 157; Siljestrand II, 28, III, 53; Ottelin, Studier öfver Codex Bureanus I, 154). Zunächst sind solche formen häufig bei substantivierung, z. b. *argh* (häufiger jedoch *arght, arkt*, pronominal gebildet wie wol auch die § 260 anm. 7 anders beurteilten *blȳght, hēght, hǫkt* sowie *hœlaght* feiertag und nschw. *allt-et, grönt, vildt-et*) arg, *bundin* garbe, *diūp* tiefe, *fals* falsch, *gōþ* (s. § 386, 2) gut, *grun(d)* grund, *hēmol* grundbesitz, *hul* höhle, *liūs* licht, *lugn* stille, *mēn* schade, *mulin* wolke, *nȳ* neumond, *rūm* raum, *sār* wunde, *tōm* musse, *vœrþ* wert, *þrang* enge. Dann, wenn das wort adverbiell gebraucht wird, z. b. *al ēn* (*ēna, ēnast*) nur, (*ā*) *brēþ viþ* (selt. *brēt vidhęr*) neben, *diūp* (2 mal in Bu; gew. *diūpt*) tief, *fals* mit unrecht, (*i*) *fram* vorwärts, (*i*) *gēn* wieder, (*um*) *kring* rings herum, *miok* sehr, *nōgh* genug, *rūm* hinaus, *saman* (vgl. adj. *ēn-saman*) zusammen, *sialdan* selten. Auch bei rein adjektivischem gebrauch ist bisweilen die nominale form häufiger als die pronominale, z. b. bei *fals(t), nōgh(t)*; aber im allgemeinen ist jene bildung selten. Verhältnismässig oft ist sie in Sdm (12 mal), Vm (10 mal), Da (7 mal), Bu (12 mal), nur vereinzelt dagegen in Biœ, G u. a. belegt. Die beisp. sind weit überwiegend partizipialer natur, z. b. *sald* Vm (4 mal), Da verkauft, *ōkwald* Sdm, Vm ungequält, *gild* Sdm, Vm (4 mal) gültig, *sagþ* Vm gesagt, *huld* Da verhüllt, *drœpin* totgeschlagen, *skorin* geschnitten, *stolin* gestohlen Sdm, *giorþ* gemacht, *givin* gegeben, *lētaþ* gesucht, *œlskaþ* geliebt Bu.

2. Sg. gen. fem. (vgl. 3 und 5 unten) zeigt nach *l, n, s* lautgesetzlich (s. § 238, 1, 3, 5) die endung -(*l*)*ar*, -(*n*)*ar*, -(*s*)*ar* statt -*rar* (früher -*RAR*), z. b. Vg. I *ætbornœr* freigeboren, Vm *frœlse* (d. h. -*œ* aus -*ar*) frei. Von solchen formen aus, sowie unter einfluss der substantivischen endung -*ar* in demselben kasus, verbreitet sich allmählich -*ar* zu allen adjektiven. Schon kaschw. ist -*a(r)* etwa gleich häufig wie -*ra(r)*, z. b.

§ 454. Adj. a-, ō-stämme.

Vg. I annøþogher (d. h. -ær), ēnløpœ, nie -r-, aber Ly fuldrœ
(s. § 326), ūskylra; U ōgiptœ neben halfrœ; Vg. II fullœr neben
ann[ōþ]oghre (d. h. -œ), ēnlōprœ und Biæ gōþrœ; Bu ande[le]ka,
rōmska, nie -r-, aber Ög annøþughra, halfra, slīkra, þȳlīkra.
Mschw. ist -r- fast nie anzutreffen, z. b. Bm siælfra.

Anm. 2. Aus dem umstande, dass die präposition til sowol dat. als
(gewöhnlich) gen. regieren kann (s. § 444) erklärt sich wol eine agutn.
konstruktion wie til þairi (dat.) kirchiur (gen.) G. Dann kann durch
attraktion das -r vom substantiv zum adjektiv übergeführt werden; G. a
til kirckior teirir, G til bandur sennir (G. a sinnar, also gen.); vgl. fälle
von attraktion wie G þairar aigur statt g. pl. þaira (G. a theira) oder G
ī þairu gēzlu statt d. sg. f. þairi (G. a teiri). Endlich kann diese hybride
gen.-dat.-form auch da auftreten, wo keine subst.-form auf -r daneben
steht: G til annarir halfmarc (G. a til andri h., also regelmässiger dativ),
G und G. a til annir [kirkiur]; vgl. Vg. II skyldæster ær hœnnir st. hœnni
(dat.), im jetzigen dal. allgemein enner (aus hœnnir) als dat. sg. f. 'ihr'.

3. Sg. dat. fem. (vgl. 2 oben und 5 unten) zeigt eben-
falls nach l, n, s lautges. -(l)i, -(n)i, -(s)i st. -ri (aus -ʀi), z. b.
G ōguldni unbezahlt, ōfrelsi unfrei, Vg. I, Vh mykli gross
(andere beisp. § 238,3 und 5). Aber auch sonst ist schon
kaschw. die endung -i ebenso stark vertreten wie -ri, was
nicht wol auf blosser analogie nach jenen wörtern beruhen
kann, sondern auch dem vorhandensein einer (dem got. typus
blindai entsprechenden) substantivischen bildung auf -i (aus -ē)
zuzuschreiben zu sein scheint. So steht Vg. I halvi (2 mal)
neben aldri, halfri, miþri, mungiptri, U færski, halfwi, ōskuldi,
-skyldi, rætti, staddi neben rættri, Ly fulli neben Vh mildri
und Sdm sialfri, Vm 15 mal -i neben 11 mal -ri (Siljestrand
II, 28), Biæ halvi (3 mal) neben Vg. II fuldre, Da langri, Ög
halfre. Das agutn. zeigt immer die -r-form; Bu wiederum nie
(12 beisp., s. Ottelin a. o. I, 153). Mschw. ist -r- nur in KS
(3 -re gegen 6 -e) sowie einmal in MB. I belegt; sonst steht
überall die r-lose form (s. Söderwall, Studier öfver Konunga-
styrelsen s. 42).

Anm. 3. Über eine agutn. gen.-dat.-form auf -rir s. anm. 2 oben.
Anm. 4. Über sg. dat. ntr. auf -a statt -o im mschw. s. § 148.

4. Sg. acc. mask. zeigt bei den adj. (inklusive part. prät.)
auf -in teils eine mit dem westn. stimmende form auf -in (zur
erklärung s. Noreen, Grundriss² I, 623, § 205, 5), teils eine durch
regelmässige synkope entstandene auf -nan, z. b. kristin und

§ 455. Adj. a-, ō-stämme.

kristnan christlich. Zwar hat Vg. I nur jenen typus aufzuweisen (3 mal : *brutin*, *bundin*, *soven*), aber sonst kommen kaschw. beide formen promiscue vor, z. b. U *fallin* : *dræpnan*, Vm 9 -*in* : 4 -*nan* (Siljestrand II, 29, III, 113), Bu *bunden*, *buþin*, *drucken*, *scuten* : *bundnan*, *komnan*, *vīþopnan*, *slitnan*. Ebenso mschw., z. b. Bil *hĕþin* : *hĕpnan*, KS *lȳdhin* : *druknan*. — Über *mykin* : *myklan* und *lītin* : *litlan* s. § 451, 4.

Anm. 5. Über die abweichende flexion der zahlwörter und pronomina auf -*n*, -*r* s. § 479, § 490, § 505, § 507 u. a.

Anm. 6. Mschw. kann die endungslose (s. § 453, 1, c) nominativform entlehnt werden, z. b. Bir *natūrlīk*, D 4 *dighęr*, *stōr*, *underlīk* u. a., GO *faghęr*, *tōm* (Söderwall, Kasusformerna, •s. 7); vgl. die entgegengesetzte entlehnung § 453 anm. 1. — Nicht hierher gehört Vg. I, Vh *hol(l)* in der formel *biþia swā sær guþ hol*, s. § 383, 1, c, α.

Anm. 7. Sg. acc. fem. kann ebenfalls im mschw. die nominativform entlehnen, z. b. D 4 *hōghlīk*, *smǣlīk*, Rk. I, II *mykin* (st. *mykla* s. § 451, 4), Di *fagęr*. Vereinzelte kaschw. beisp. wie Vg. I *ugill*, Bu *dighar*, *guþlek* sind vielleicht blosse schreibfehler. — Über eine endung -*u* in *aþru*, *andro* s. § 470, 4 mit anm. 8 und § 490 anm. 2.

Anm. 8. Pl. nom. mask. kann ganz ausnahmsweise die accusativform entlehnen, z. b. Vm *alla*, -*æ*, Bu *alla*, *stapleka*.

5. Pl. gen. m. f. ntr. (vgl. 2 und 3 oben) zeigt nach *l*, *n*, *s* lautges. -(*l*)*a*, -(*n*)*a*, -(*s*)*a* st. -*ra* (aus -ʀa), z. b. *gambla* alt, *frælsa* frei. Von hier aus, sowie unter einfluss der substantivischen endung -*a*, dringt allmählich das -*a* auch bei andern adj. ein, wiewol -*ra* noch geraume zeit überwiegend zu sein scheint, z. b. Vg. I *aldra* (6 mal) : *tryggiæ*, Vm 20 -*ra* : 6 -*a* (Siljestrand II, 30, 60 f.), Biæ 9 -*ra* : nie -*a* (Zetterberg s. 85), Da 2 -*ra* : nie -*a* (Brate, Böj. s. 27), Bu 5 -*ra* : 3 -*a* (Ottelin, a. o., s. 153); vgl. noch Vh *sniælræ*, Sdm *skyldra*, Ög *mangra*, *sialfra*, G *helgra*, *margra*, aber U *fullæ*, Cod. reg. des Sdm *kranka*, Vg. II K *fātōka*. Im mschw. dürfte -*a* überwiegend sein, z. b. KS *alla*, *gōdha*, *illa*, *ōstȳrogha*, *spaka*, *værulldlika* : *aldra*, *gōdhra*, *spakra* (Bir *siælfra*, MB. I *dōdhra*).

Anm. 9. Spät mschw. kann, wie bei dem substantiv (s. § 383 anm. 11) -*s* hinzutreten, z. b. *allas* MB. I, *aldras* (Söderwall, Hufvudepokerna, s. 62), *allars* (< *allras* § 339, 2) JB *aller*.

§ 455. Der häufig vorkommende fall, dass der wurzelvokal teils *i*-umgelautet, teils unumgelautet auftritt, erklärt sich auf verschiedene weise in verschiedenen wörtern:

§ 455. Adj. *a-, ō*-stämme.

1. Einstige *u*-stämme — von deren urspr. flexion vielleicht noch eine spur im rschw. noch unsynkopierten n. sg. m. *karuʀ* Rök bewahrt ist — und kurzsilbige *i*-stämme sollten lautges. in gewissen kasus *i*-umlaut zeigen (vgl. got. *hardjana* zu *hardus*), aber ausgleichung ist überall eingetreten und hat oft zu doppelbildung geführt; s. An. gr. I, § 353 anm. 1 (und die dort zitierte literatur); Lundgren, Uppsalastudier s. 15 ff.; T. E. Karsten, De nordiska språkens primära nominalbildning II, 180 ff. So erklären sich *frambęr* : selt. *frœmbęr* (vielleicht vom komp. *frœmbre* beeinflusst) hervorragend, *harþęr* : selt. *hærþęr* (vgl. auch *hærþa* härte, -en) hart, *nappęr* : *næppęr* karg, *sakęr* : selt. *sækęr* schuldig, *samfastęr* : *-fæstęr* (vgl. komp. *fæstre*) zusammenhängend, *starkęr* : selt. *stærkęr* (vgl. *stærke, -ia* stärke, -en) stark, *strangęr* : *strængęr* (viell. zum teil aus mndd. *strenge*) streng, *þor(r)* : *þør(r)*, *thyr(r)* dürr, *þundęr* : selt. *thyndęr* (vgl. komp. *thyndre*) dünn. — Andere *u*-stämme haben nur unumgelautete form, z. b. *kıcær* (*kıcar* § 117 anm.) ruhig. Alle langsilbigen *i*-stämme haben nur umgelautete form, z. b. *skǣr* hell, *syn* sichtbar, *sǣl* glücklich.

Anm. 1. Über *Sōte* : *sētęr*, *Kāre* : *kær* s. § 63, 1. Über einmaliges *dāl* : *dæl* und *dūr* : *dyr* s. Noreen, Arkiv VI, 377 ff.

2. Ebenso entstehen doppelformen, wo ein *i* nach kurzer wurzelsilbe bald lautges. synkopiert worden ist, bald erhalten (oder analogisch entfernt), z. b. *opin* (*upin*) : *ypin* (*øpin*) offen (s. § 63, 3, 4), *danskęr* : *dænskir* Da (urspr. *dæniskęr : pl. *danskir*) dänisch, *dulskęr* : *dylskęr* träge.

3. Einfluss von verwandten wörtern hat die doppelheit hervorgerufen in fällen wie selt. *barnskęr* (nach *barn* kind) : *bærnskęr* kindisch, *ęþgangęr* (nach *ganga* gehen) : *-gængęr* eidleistungsfähig, (*ēn*)*lundęr* (nach *lund* sinn) : (*gōþ*)*lyndęr* -gesinnt, *ōsǣttęr* (nach *sǣt* versöhnung) : *ōsættęr* unversöhnt, *rūmbęr* : selt. *rymbęr* (nach *ryma* räumen) geraum, *skuldęr* (nach *skuld* pflicht) : *skyldęr* verpflichtet, verwandt, *sn*(*i*)*ældęr* : *snildęr* (s. § 78 anm. 1) klug, *spakęr* : selt. *spækęr* (vgl. *spækt* verstand) verständig, *valdoghęr* : *vældoghęr* (vgl. *vælde* macht) mächtig, *varmbęr* : selt. (s. § 117 anm.) *værmbęr* (vgl. *værma* wärmen) warm, *ullin* (vgl. *ull* wolle) :. *yllin* wollen, *þrangęr* : selt. *thrængęr* (vgl. komp. *thrængre*) eng.

§ 456. 457. Adj. *ja*-stämme.

Anm. 2. Unklar ist der grund des wechsels bei *aldęr* : *ældęr* Vg. I, II, *sǟloghęr* : *sǣlughęr* Bil (5 mal, *sǣlīkęr* 1 mal) unglücklich, *sandęr* : *sændęr* Vg. I, II, D 4 (Leseb. 59, 1; vgl. adän. oft *sǣnd*) wahr, *siūkn* (Siljestrand II, 18, Schlyter, Corpus IV, 42 note), *sōkn* Cod. reg. des Sdm u. a. (Siljestrand a. o., Schlyter a. o.), *sukn* (s. § 178 anm. 1) : *sōkn, sykn* zu gerichtlicher verhandlung frei, *stiūp-, stiūf-, stiug-* : *styp-, styf-, styg-* (s. § 271 anm. 4) stief-. Über das nicht hierhergehörige *frāls* : *frœls* s. § 167 anm. und § 93, 2.

b. *ja*- stämme.

§ 456. Paradigma:

	Mask.	Fem.	Neutr.
Sg. N.	miþęr	miþ	mit
G.	miz	miþrar, miþiar	miz
D.	miþiom	miþre	miþio
A.	miþian	miþia	mit
Pl. N.	miþir	miþiar	miþ
G.	miþra, miþia	miþra, miþia	miþra, miþia
D.	miþiom	miþiom	miþiom
A.	miþia	miþiar	miþ.

Über die doppelbildungen in sg. g. f. und pl. g. vgl. das § 454, 2 und 5 bemerkte.

§ 457. Wie *miþęr* mittler flektieren nur *nȳ* (vgl. § 452) neu und *tryggęr* treu; vgl. auch das pron. *hwar, hwær* wer, jeder. Bei allen kann aber das ableitungs-*i* analogisch entfernt werden, so dass die wörter nach § 449 gehen, was jedoch bei *miþęr* sehr selten ist (z. b. acc. sg. m. *miþan* Bu).

Anm. 1. Über die einst hierhergehörigen *guzięr* und pl. *Nærikiar* s. § 391, 3. Rschw. gehört noch hierher *fęghęr* für den tod bestimmt, wie aus acc. sg. m. *faikiąn* Rök hervorgeht. Sonst sind die alten *ja*-stämme allgemein zu *a*-stämmen geworden, z. b. *ríkęr* (dat. *ríkum* U) reich, *sakęr* (acc. *sakan* G) schuldig u. s. w. Bei *þækker* angenehm bleibt eine spur durch die komparation *þækkiare, -iastęr* Bir neben gew. *þækkare, -astęr*.

Anm. 2. Nicht hierher gehören vereinzelte schreibungen wie *beskiom* zu *beskęr* bitter, *lōskia* zu *lōskęr* los und ledig, wo *ki* wol nur die in formen wie *beskir, lōskir* lautges. entstandene und dann auf jene formen analogisch übergetragene palatalisierung (s. § 231), resp. affrizierung (s. § 278 anm. 3) anglebt.

B. Schwache deklination.
a. Flexion des positivs und superlativs.

§ 458. Die bestimmte form des pos. und sup. flektiert im sg. ganz wie die mask. und ntr. *an*-stämme (§ 414), resp. wie die fem. *ōn-, ūn*-stämme (§ 421). Der pl. ist indeklinabel und endet auf *-u, -o*. Paradigmen:

	Mask.	Fem.	Neutr.	Mask.	Fem.	Neutr.
Sg. N.	hælghe	hælgha	hælgha	blā[e]	blā	blā
G. D. A.	hælgha	hælgho	hælgha	blā	blā[o]	blā
Pl. N.G.D.A.		hælgho			blā[o].	

Anm. Betreffs der synkope, der behandlung der endungsvokale bei hiatus sowie des vorhandenseins eines ableitungs-*i* bei *ja*-stämmen gilt das bei der starken deklination bemerkte.

§ 459. Wie *hælghe* der heilige oder *blā[e]* der blaue gehen fast alle adj. (inklusive part. prät.), z. b. *skamme* zu *skambęr* kurz, *fulle* zu *fuldęr* voll, *þunne* zu *þundęr* dünn, *faghre* zu *faghęr* schön, *længste* zu *længstęr* längst, *kristne* zu *kristin* christlich, *litle* zu *lītin* (s. § 451,4) klein, *gamble* zu *gamal* alt, *fulkompne* zu *fulkomin* vollkommen, *nȳ*, obl. *nȳ(i)a*, pl. *nȳ(i)o* zu *nȳ* neu.

Anm. 1. Während die weitaus meisten adj. sowol starke wie schwache flexion zeigen, giebt es einige wenige, die nie bestimmt verwendet werden und daher nur stark flektieren. So *aldęr* all und fast immer *miþęr* (jedoch dat. sg. f. *midhio* Bil) mittler sowie die pronominaladj. *slīkęr* solcher, *sombęr* etlich und gew. das zahlwort *annar* (s. § 490). Einige andere adj. (s. § 460 anm. 1) sowie das pronominaladj. *sami* 'derselbe' und die meisten ordinalia (s. § 491 ff.) weisen nur oder fast nur schwache flexion auf; vgl. ferner § 460.

Abweichungen von der regelmässigen flexion kommen bisweilen vor:

1. Im sg. steht dann und wann *-e* statt *-a*, z. b. Bu n. f. *vīsaste* die weiseste, d. m. *bæzte* dem besten, Vm n. f. *fiorþe* 4te, *fæmte* 5te, *sǣtte* 6te (vgl. § 492), ntr. *fyrste* das erste, a. m. *tionde* 10te. Umgekehrt kann mschw. *-a* st. *-e* im n. m. auftreten, z. b. *nȳ(i)a* der neue, *sāra* der wunde.

§ 460. Schwache flexion des positivs und superlativs.

Anm. 2. Fälle wo *-u, -o* statt *-i, -e* oder *-a, -æ* steht, sind so selten, dass sie vielleicht als schreibfehler anzusehen sind, z. b. Vm n. m. *næsto* der nächste, Vg. I d. m. *næstu* (Leseb. 3, 30 note), a. m. *samu* denselben.

2. Im pl. wird seit c. 1350 *-u, -o* allmählich von *-a* (zum teil vielleicht lautgesetzlich entstanden, s. § 148) verdrängt, z. b. Vm g. *næsta*, d. *sannasta* je 1 mal, Bm a. m. *laghvīsa*, Bil a. ntr. *hælagha*. Noch in O, Bir, Bm und Rk. I ist *-o* überwiegend; dagegen *-a* schon in KS und allgemein seit c. 1450 (s. Söderwall, Studier öfver Konunga-styrelsen s. 46; Landtmanson, Kg. St. s. 64). Wenn dann statt *-a* bisweilen *-e* auftritt, ist dies wol hauptsächlich nach § 149,4 zu erklären, aber zum teil dürften sowol *-a* wie *-e* aus dem sg. entlehnt worden sein.

Anm. 3. Äusserst selten endet dat. pl. mschw. auf *-om*, z. b. *the fræmadhom* den fremden. Dagegen im älteren nschw. sind derartige formen nicht selten. S. Rydq. II, 365 (I, 445).

§ 460. Nicht wenige, meist zusammengesetzte, adj. sind indeklinabel mit der schwachen endung *-a, -æ,* seltener *-i, -e,* sehr selten *-u, -o,* ohne dass die bedeutung sich von derjenigen der stark flektierenden adj. unterscheidet (s. Rydq. II, 423 f., Siljestrand II, 25 f., Brate, Böj. s. 27, Landtmanson, Bu. s. 23 f., Kg. St. s. 77 f.):

1. *-a* ohne nebenform mit *-i* zeigen z. b. *afvita* toll, *ēnka* (*ænka* Vg. II, s. § 80, II, 2) vereinzelt, *ēnstaka, -stika* einsam, *forvæþia* verfallen, *friþætta* freigeboren, *fulæmna* gross genug, *ō(r)þiūva* 'nicht-dieb', *ōsinna* ausser sich, *tvæhugha* unentschlossen, *udda* (*odda*) ungerade, *vanhopa* hoffnungslos, *vanvita* unsinnig u. a., von denen einige urspr. schwache mask. subst. sind — was das pl. *-a* statt *-u* erklärt, s. § 416,4 (vgl. aber auch § 459,2) — wie z. b. *līka* (got. *galeika*) gleich, *ōvita* (als subst. *ōviti;* got. *unwita*) unvernünftig, pl. *sambrōdhra* (got. *brōþrahans*) leibliche brüder; andere urspr. subst. im gen. pl. wie z. b. *afguþa* götzendienerisch, *lagha* gesetzlich, *ōrbōta* (*ōrbōtæ* Vg. I, vgl. § 435; auch gen. sg. *ārbōtar* Da) nicht sühnbar, *villarādha* irrend; wiederum andere urspr. lehnwörter, die durch "hypersvecismus" *-a* statt *-e* angenommen haben, wie z. b. *allēna* (mndd. *allēne*) allein, *malāta* (mndd. *malāt,* afranz. *malade*) aussätzig, *ækta* (mndd. *echte*) echt, *æþla* (mschw. auch *ædela;*

§ 460. Schwache flexion des positivs und superlativs.

mhd. *edele*) edel. Einige haben nebenformen mit starker flexion, z. b. *biltogha* geächtet, *ēnlita* einfarbig, *lōska* los und ledig, *ōrsaka* unschuldig, *ūrlænda* im ausland seiend, *ūtlǣgha* geächtet neben *biltoghęr* u. s. w.; bei *ēnonga* (zum etymon s. Noreen, Arkiv VI, 380 f.) einzig ist eine starke nebenform nur in sg. dat. m. belegt (U, Vm u. a.).

Anm. 1. Sg. nom. m. zeigt noch die endung -*i* immer bei *ęnde* einzig, fast immer bei *ęnge* (*ęnga* nur D 4 1 mal, aisl. *einga*; unsynkopiert rschw. *ainiki* L. 1301) einzig, welche in allen andern kasus *ęnda* (*ænda* Su), resp. *ęnga* (*ænga* s. § 80, II, 2; unsynkopiert *ainika* L. 378, *ęnugha* Bil) heissen. Spuren starker flexion sind nur durch sg. dat. ntr. *ęndo* MB. I und sg. dat. m. *ęngom* U belegt. Zum etymon s. Noreen a. o.

2. -*a* mit -*i* wechselnd zeigen einige wenige wie die schon § 416, 4 erwähnten *iæmnarva, -ærva, -ærve* und *samkolla, -e, -kulla, -e* (selt. stark pl. nom. m. -*kullir*), das ebenso zu beurteilende *sunderkulla, -e* (selt. stark pl. nom. m. -*kullir*, auch mit substantivischer flexion -*kullar* Sdm) halbgeschwister und das erst mschw. lehnwort *frœmadha, -e, frǫmadha, -e* (mndd. *vremede, vromede*) fremd, das jedoch auch, wiewol selten, starke flexion zeigt (*frœmadhęr, frǫmadhęr*) und ausserdem oft in der umbildung *frœmanda, -e, frǫmanda, -e* auftritt.

Anm. 2. Wenn -*e* erst mschw. statt kaschw. -*a* auftritt, kann jener vokal in fällen wie *afsinna*, mschw. -*a* und -*e* 'ausser sich' nach § 149, 1 zu erklären sein.

3. -*i* ohne nebenform mit -*a* ist kaschw. fast nur durch *ville, vilde* (§ 340, 2, a; daneben *vildęr* mit regelmässiger starker flexion) wild und *ȫþe* öde belegt, welche die spärlichen reste der einstigen *ia*-stammsflexion (got. *wilþeis*, *auþeis, aisl. n. sg. ntr. *eyþe* in "vera, liggia eyþe"; vgl. aschw. *hirþe* gegen got. *hairdeis* u. dgl.) ausmachen; dazu selten ein starker gen. sg. *villis, ȫþis*. Ausserdem hat man in Vm u. a. *yve-, ovelȫpse* überschüssig ein beispiel der im mschw. häufig belegten indeklinabilia auf -*se*, welche teils wie *aflæxe* entfernt, *anvaxe* wach, *doxe, duxe* tauglich, *gængse* gang und gäbe erstarrte part. prät. akt. (s. Noreen, I. F. IV, 324 f.), teils wie *lęze* überdrüssig, *varse* gewahr nach der analogie jener gemachte umbildungen von urspr. genitiven (*lęz* zu *lęþęr*, *vars* zu *var*; vgl. "vara *ēns*, v. *yvirlȫps*" u. dgl.), teils endlich wie *ympse* (wegen *p* vgl. § 332 anm. 2) 'verschieden' eine erstarrte schwache form

§ 461. 462. Flexion des komparativs.

(von *ymis*, s. § 451) sind. Mschw. treten noch hinzu lehnwörter wie *gyllene* (1 mal nom. sg. ntr. *-a* in Bir) golden und (?) *villene* irrsam.

4. *-u* mit *-a* wechselnd zeigen kaschw. *hælbrygþo, -a* (*hyl-, hælbrygdha, holbrøgho* u. a. formen, s. § 103, 1, § 171, § 308 anm. 5, § 311, 2) gesund und *rēþo, -a* (mschw. auch *rǣdho, -a, rēdhe* aus mndd. *rēde*, vgl. § 114 anm. 1) bereit neben stark flektierendem *hælbrygdhęr* (*-brøgdhęr* u. s. w.) und *rēþęr* (wenigstens n. sg. f., dat. pl. und a. pl. m. belegt; aisl. *reiþr*, s. Noreen, Arkiv VI, 312 note). Erst mschw. belegt sind (*fram*)*lūto, lūta* (auch stark flektierend) sich neigend und (*fram*)*stūpo, -a, hovodhstūpa* kopfüber, deren *-a* jedoch vielleicht nach § 148 zu erklären ist.

b. Flexion des komparativs.

§ 461. Der komp. kann bei allen adj. indeklinabel sein und endet dann auf *-i* (*-e*). Er kann aber auch flektiert werden und zwar im sg. m. und ntr. als *an*-stamm (§ 414), im sg. f. und im pl. als *īn*-stamm (§ 427). Jedoch kann bei gewissen wörtern sg. f. und der pl. alternativ die schwache flexion des positivs (§ 458) aufweisen. Wir erhalten also zwei paradigmen:

	Mask.	Fem.	Neutr.	Mask.	Fem.	Neutr.
Sg. N.	længre	længre	længre, -a	yfre	yfre, -a	yfre, -a
G.D.A.	længre, -a	længre	længre, -a	yfre, -a	yfre, -o	yfre, -a
Pl. N.		længre			yfre, -o	
G.		[længra]			[yfra]	
D.		længre, -om			yfre, -om, -o	
A.		længre			yfre, -o	

Anm. Pl. gen. ist bis jetzt nur durch *flera* Vg. I (4 mal), Da (1 mal) 'mehrere' belegt. Es bleibt daher einstweilen unsicher, ob die typen *længre, *yfre, -o überhaupt da waren. Vgl. § 464 anm.

§ 462. Diese flexionstypen sind folgendermassen verteilt:

1. Wie *længre* länger gehen die meisten komp., besonders alle auf *-are*, z. b. *hwītare* weisser.

§ 463. Flexion d. komp. § 464. Adj. flexion d. präsenspart. 353

2. Wie *yfre* ober gehen fast nur diejenigen komp., welche nach § 469 gebildet sind, jedenfalls nur solche, zu denen kein positiv vorhanden ist und bei welchen daher die komparativische bedeutung wenig oder gar nicht ausgeprägt ist; also z. b. *frœmbre* vorder, *fyrre* früher, *hōghre* rechts befindlich und die zu § 469 gehörigen *niþre, norre, suþre, vinstre, væstre, œptre*.

Anm. Bei den übrigen nach § 469 gebildeten komp. (*hindre, indre, ytre, ōstre*) sind die entscheidenden formen (n. sg. f. -*a*, g. d. a. sg. f. -*o*, pl. -*o*) nicht belegt, was aber wol nur zufällig ist.

§ 463. Folgende abweichungen von der normalen flexion sind bemerkenswert:

1. Spuren starker flexion sind hie und da — wol aber nie bei den komp. auf -*are* — anzutreffen, z. b. sg. dat. m. *mērom* Biæ u. a. grösser, mschw. *mindrom* weniger, *længrom*, dat. ntr. *mēru* U, Vm, Biæ, Ög (*mairu* G), *minnu* Biæ weniger, a. f. *norra* St nördlicher, pl. a. m. *flērœ* Vm mehr.

2. Gegen die regel steht ausnahmsweise -*a* im sg. nom. m. (nach den kasus obl.?, vgl. § 416 anm. 4), z. b. *ofra* U, *mēra, minna* (2 mal) Vm, und im pl. nom. ntr. (nach dem sg.?, vgl. *hiærta* § 420), z. b. *flēra* Vm (*flaira* G), *styra* G. a grösser.

3. Eine indeklinable form auf -*in* — am frühesten bei den adverbien auftretend, s. § 476 — tritt in adjektivischer funktion kaschw. nur im agutn. auf und nur in nicht attributiver stellung, während die flektierte form auf -*i* in attributiver stellung ausschliesslich, sonst alternativ gebraucht wird, z. b. *flairin* (8 mal), *lengrin, hoyrin* höher neben *flairi* u. s. w. (Söderberg, Lj. s. 43). Erst nach 1400 wird -*in* auch im sonstigen aschw. adjektivisch gebraucht und dann auch bisweilen in attrib. stellung (dann auch im agutn.), z. b. *bēskaren dōdh* bitterer tod (Rydq. II, 449), G. a *fleirin menn* mehr leute. — Zur erklärung s. § 154, I, B, 1 (Kock, Arkiv VI, 56 ff.).

c. Flexion des präsenspartizips.

§ 464. Jedes part. präs., als adj. gebraucht — über die flexion bei substantivischer verwendung s. § 439, § 441 —

§ 465. Adj. flexion des präsenspartizips.

kann entweder indeklinabel (mit der endung *-i, -e*) sein oder auch im sg. m. und ntr. als *an*-stamm (§ 414), im sg. f. und im pl. als *īn*-stamm (§ 427) flektiert werden. In prädikativer stellung dürfte nur die indeklinable form zu belegen sein. Paradigma:

	Mask.	Fem.	Neutr.
Sg. N.	livande	livande	livande, -a
G. D. A.	livande, -a	livande	livande, -a
Pl. N.		livande	
G.		[livanda]	
D.		livande, -om	
A.		livande.	

Anm. Pl. gen. ist bis jetzt nur durch *bōændæ* Vg. I (1 mal) 'sesshaft' belegt, weshalb es einstweilen unsicher bleibt, ob der typus *livande überhaupt vorgekommen ist. Vgl. § 461 anm.

§ 465. Folgende abweichungen von der normalen flexion sind zu bemerken:

1. Ausnahmsweise kommt die endung *-a, -æ* vor im pl. n. ntr., z. b. *moghanda* Vm (2 mal; vgl. § 463,2) erwachsen, dat. m., z. b. *væghfaranda* Cod. Holm. B 56 des Vm (Siljestrand III, 26) reisend, und dat. ntr., z. b. *skīnanda* Bu leuchtend, *tīmanda* KS geschehend.

Anm. 1. In fällen wie sg. n. m. *tiltalendæ* Vh (Leseb. 12, 25 note), u. f. *havandæ* Vg. I, pl. dat. m. *væghfarændæ* Vh kann vielleicht -æ als eine variante zu -e aufzufassen sein; vgl. § 137 anm. 1.

Anm. 2. Da *þighianda mæssa* (nom. sg. f.), resp. *mæsso* (acc. sg. f.) Vg. I (2 mal), U, Vg. II K (2 mal), Cod. Ups. des Vm (Siljestrand III, 92) 'missa tacita' weit häufiger als *þighiande mæssa, -o* Vm, Bil vorkommt, ist wol *þighianda* als gen. sg. m. 'des schweigenden' aufzufassen und wenigstens Bil *þighiande* < *-a* nach § 149, 1 zu erklären.

2. Eine indeklinable form auf *-is(s)* zeigt sich in nichtattributiver stellung schon kaschw. nicht selten (agutn. jedoch erst in G. a). Als attribut ist sie im kaschw. spät und selten (z. b. Bu), im mschw. häufiger und zwar je später, um so mehr. Dies der indeklinablen form auf *-i* hinzugefügte *-s* ist mehrfachen ursprungs (s. Rydq. I, 416 ff.; Tamm, Tränne tyska ändelser, s. 14 f.; zum teil anders Schwartz, Om oblika kasus, s. 140 und Kock, Sv. landsm. XV, 5, s. 50 ff., vgl. aber die

bedenken Ottelin's, Studier öfver Codex Bureanus, s. 112 f. note) und zwar:

a) Aus dem reflexivpronomen *sēr* entstanden (s. § 238, 5), z. b. Sdm *at hānum ōvarandis* (= *eigh varande sēr*, vgl. *vara sik siælvom* St) unversehens, Bm *stiælandis* zu *stiælas* sich schleichen, *pīnaskolandis* (= *pīnas skolande*) zu peinigender.

b) Nach analogie der prädikativen genitive (*vara ēns, yvirlø̄ps, hwikændis* u. a., vgl. § 460, 3; isl. *vera draums, harms, lífs* u. dgl.) hinzugetreten, z. b. Sdm, Vm, Ög (*vara*) *livandis* lebendig, Vg. II (*vara*) *bō̄ændis* ansässig. Die attributive verwendung ist wol zunächst in fällen mit wirklicher genitivfunktion entstanden wie Bm *stormandis hafs liūdh* der schall eines rasenden meeres; dann auch Bu *livandes guþ* der lebendige Gott u. dgl.

c) Nachbildung deutscher konstruktion, z. b. ST, Bil, A 49. I *ōforvarandis* (mndd. *unvorwarndes*) unversehens, Dipl. 1508 *til gorandes* zu machendes.

d) Vielleicht aus dem unmittelbar folgenden *sik* stammend (vgl. § 334 anm. 3 und § 322, 2) in fällen wie Bm *skȳlandis sik* sich verhüllend, Linc. 39 *slāndes sik* sich schlagend, *hastandes sik* sich eilend; dann auch *sik hwīlandes* Linc. 39 sich ruhend.

C. Komparation.

§ 466. Die steigerungsformen des adj. zeigen dreifache bildung (vgl. An. gr. I, § 365):

1. Komp. mit suffix -*ar*-, sup. mit -*ast*-, z. b. *hwītęr* weiss — *hwītare* — *hwītastęr*.

2. Komp. -*r*- mit *i*-umlaut der wurzelsilbe, sup. -*st*- mit (selten ohne, s. § 468, b) umlaut, z. b. *lāghęr* niedrig — *lāghre* — *lǣghstęr*.

3. Positiv fehlt bei allen hierhergehörigen wörtern. Komp. -*r*- mit (oder ohne) *i*-umlaut der wurzelsilbe, sup. -*arst*- ohne umlaut oder -*ęrst*- (agutn. -*rst*-) mit umlaut, z. b. *ytre* äusser —

§ 467. Komparation des adjektivs.

ūtarstęr Vg. II u. a. (gew. analogisch *ӯtarstęr*) oder *ytęrstęr* Da u. a.

Anm. 1. Part. präs. wird nie, part. prät. nur selten gesteigert, z. b. Bm *drōfdhastęr* am meisten betrübt.

Anm. 2. Der komp. flektiert nur schwach nach § 461, der sup. sowol stark (nach § 450) wie schwach (nach § 458).

§ 467. Wie *hwītęr* gehen die meisten adj., z. b.

hwas scharf	*hwassare*	*hwassastęr*
grymbęr grimmig	*grymare*	*grymastęr*
dighęr dickleibig	*dighrare*	*dighrastęr*
valdoghęr gewaltig	*valdoghare*	*valdoghastęr*
krōkōttęr krumm	*krōkōttare*	*krōkōttastęr*
fæghin froh	*fæghnare*, vgl. § 451	*fæghnastęr*
sandęr wahr	*sannare*	*sannastęr*
rēdhobōin bereit	*rēdhobōnare*	*rēdhobōnastęr*
fuldęr voll	*fullare*	*fullastęr*
ūsal elend	*ūslare*	*ūslastęr*
tryggęr treu	*trygg(i)are*	*trygg(i)astęr*

Anm. 1. Über schwankungen nach § 468 und § 469 s. daselbst.

Anm. 2. Um 1350 treten dialektisch komparativformen auf *-an(n)e* st. *-are* auf, z. b. kaschw. *stapughane* Dipl. 1350 fester, *dyrane* St, KrL (mehrmals) teurer, *rættane* St u. a. richtiger, *openbarane* St offenbarer, *sannanne* (Schlyter, Corpus II, 158 note) wahrer, *krōkōttanne* (ib. X, 162 note) krümmer, mschw. *hardhanne* (Rydq. II, 449), *hardane* (Schlyter, Corpus XI, 268 note) härter, *quēmelīkane* (ib. XI, 10 note) passender, *gildane* (ib. II, 83 note, 126 note) gültiger (vgl. noch § 476 anm. 1). Der versuch Kocks (Arkiv XIV, 236 f.) das *n* als durch dissimilation aus *r* in formen wie *dyrane* u. a. (vgl. oben § 268 anm. 3) entstanden zu erklären scheitert wol an den formen mit *-nn-*. Eher wäre dann mit anschluss an Hultman, F. B. s. 155 anzunehmen, dass zu der adverbialen form auf *-arin* (s. § 463, 3) die adjektivische endung *-e* getreten sei; dies *-*arine* könnte nach § 157 zu *-*arne* (vgl. alt nschw. *snarerne* 'eher' im Registratur Gustavs I) synkopiert, vielleicht(?) dann nach § 289, 2 zu *-anne* assimiliert und endlich nach § 303, 3 zu *-ane* verkürzt worden sein.

Anm. 3. Noch unklarer ist der etwa gleichzeitig, ebenfalls dialektisch aber seltener, auftretende komp. auf *-aðe* (vgl. § 476 anm. 1), z. b. *sēnape* später, *dyrathe*, *stadhughadhe* u. a. (s. Kock, Arkiv VI, 58 f.).

Anm. 4. Mschw. zeigen die dreisilbigen formen des sup., weil diese den schwachen nebenton nicht auf *-ast-*, sondern auf der ultima tragen, oft *-est-*, woraus dialektisch *-ist-* (nach § 149, 1 mit anm. 2), z. b. *kǣresta*, *-ista-* die am meisten geliebte u. a. Zahlreiche beisp. bietet Schagerström, Arkiv IV, 344 f., die erklärung Kock, Sv. landsm. XV, 5, s. 11 ff.

§ 468. Komparation des adjektivs.

§ 468. Wie *lāghęr* gehen verhältnismässig wenige adj., von denen übrigens die meisten (bes. im mschw.) mehr oder weniger nach § 467, einige auch nach § 469, schwanken oder auch andere unregelmässigkeiten aufweisen:

1. Vollständige komparation zeigen:

dȳr teuer	*dȳrre, dȳre, dȳrare*	*dȳrastęr*
fā nicht zahlreich	*færre* § 297, 1	*fæstęr*, mschw. auch *færstęr*.

Anm. 1. Über komp. *fǣre* Sdm, Bil u. a., *fęri* U, *ferre* Sdm s. § 297 anm. 1; sup. a. pl. m. *fǣrista* MB. II s. § 467 anm. 4.

faghęr schön	*fæghre*	*fæghęrstęr* § 160, 2, b
fastęr fest	*fastare*, JB *fæstre* als adv.	*fastastęr*
fētęr fett	*fētare*, MB. I *fētre*	*fētastęr*
framběr (vgl. § 455,1) vorzüglich	*frœmbre, frœmare*, MB. I *framare*	*frœmstęr, frœma(r)stęr, frammarstęr*
gēn gerade	*gĕnne* § 238, 3, a, *gēnare*	*gēnastęr, gēnstęr*
hēl ganz	komp. nicht belegt	*hēlstęr*
hālaghęr, hēlighęr heilig	*hǣlaghare*	*hǣl(a)ghastęr*, Bil *hālagstęr*, Dipl. 1517 *hēligstęr*.
hōghęr, agutn. *haur, haugr* § 340, 3 hoch	*hōghre*, agutn. *hoygri, hoyri*	*hoxtęr*, Vg. II, II, Bil u. a. (Siljestrand II, 14) *hōstęr*, agutn. *hoygstr, hoystr*, mschw. auch *hōghastęr*.

Anm. 2. Pos. (im mschw. dann und wann, bes. als erstes zusammensetzungsglied) *hoghęr* ist wol aus mndd. *hoge* entlehnt. Komp. 1 mal *hærre* (Zetterberg, s. 82) entspricht aisl. *hǣrre*; unklar Biæ (1 mal) *hōfghri*. — *Hōghre* (Bil 1 mal *hōghre*) rechts befindlich gehört nicht hierher, sondern zu aisl. *hógr* (in zusammensetzungen auch *hóg-*) bequem.

kǣr lieb	*kǣrre, kǣrare*	*kǣrastęr*
langęr lang	*længre*	*længstęr*, mschw. 1 mal *langastęr*
midhal- § 451	komp. fehlt	*midhlastęr, midhelstęr* mittler

§ 468. Komparation des adjektivs.

miō schmal	miorre § 297,1	sup. nicht belegt
sēn spät	sēnare, *sēnne (vgl. § 478,1)	sēnaster, Sdm, Biæ sēnster
skamber kurz	skæmbre	sup. nicht belegt
skōn schön	skōnare	skōnaster, spät mschw. skōnster
smā klein	smærre § 297,1, agutn. smēri	smǣster, spätmschw. smærster
starker stark	starkare, D 4 starkre	starkaster
stōr, selt. stūr § 178 gross	stŏrre,stēre,selt.styrre,sturre,agutn.stōrari G, stȳri G. a	storster, selt. styrster
stunter gekürzt	styntre, selt. stuntre	stuntaster
unger jung	yngre	yngster, Ly ungster
þranger enge	thrængre	thrangaster
þunder, thynder § 455,1 dünn	thyndre, thunnare	sup. nicht belegt
þunger schwer	þyngre, thungare	thyngster, thungaster.

2. Des positivs entbehren (vgl. 3 unten):

fræmbre, Bil frambre vorder fyrre (firri § 101, 2), forre, Ög ff. forre
næmbre, nǣmare, agutn. nērari, spät mschw. nǣrmare

fræmster, Biæ framster fyrster, forster, fyster (§ 289,3), Vg. II, Ög u. a. forster
næster, nēster (§ 93, 1), nǣmster, næmaster, Ög nāster, spät mschw. nǣrmaster.

Anm. 3. Komp. næmbre, næmare sind zu sup. næmster, næmaster analogisch neugebildet; nērari gleich aisl. nǣre mit nochmaliger komp.-endung -are; nǣrmare eine umbildung von næmare nach dem adv. nǣr nahe. Sup. næster, nēster entspricht dem as. nāhist; nāster dem ahd. nāhōst; nāmster wäre got. *nēhmists, wie aúhmists gebildet; daraus næmaster durch umbildung nach § 467 und ferner nǣrmaster durch einfluss von nǣr.

komp. scheint zu fehlen
sǣmbre (ags. sǣmra) schlechter

snimster, snima(r)ster letzt
sāmaster (ags. sǣmost).

3. Der fehlende positiv wird durch ein nicht wurzelverwandtes wort ergänzt:

gamal alt   ældre   ælzter, ælster § 290, 2, MB. II ællaster

§ 468. Komparation des adjektivs.

gōþęr gut   *bætre*, mschw. selt.   *bæztęr,bæstęr* § 290,2,
               batre   Ög, Bir u. a. *baztęr*.

Anm. 4. Belege von *batre, baztęr* bei Kock, Arkiv VI, 33 note und Tamm, Uppsalastudier, s. 31.

īldęr, ōndęr (*vāndęr*   *værre*   *værstęr, væstęr* (Le-
§ 453, 1, c) böse,   seb. 72, 11; vgl. 42,
schlecht, übel   10), Vg. II *ōndastęr*.

Anm. 5. Sup. *væ(r)stęr* verliert sein *r* hauptsächlich (vgl. aber c unten) durch den einfluss des gegensatzes *bæstęr*; vgl. *fy(r)stęr* (2 oben). Über ein zweifelhaftes *ōndastęr* s. Kock, Sv. landsm. XV, 5, s. 16.

lītil,-in § 451,4 klein   *minne*, Bu, G ff. *min-*   *minztęr, minster*
                            dre, mschw. auch   § 290, 2.
                            minnare

Anm. 6. Im komp. *mindre, minnare* sind die komp.-endungen *-re, -are* zu dem urspr. *minne* neu hinzugetreten; vgl. § 238 mit anm. 6.

mangęr, marghęr   *flēre*, agutn. *flairi*   *flæstęr* § 80, II, 2.
mancher, viel

Anm. 7. Über komp. *flerre* Vg. I (oft) s. § 297 anm. 1. Durch ausgleichung zwischen komp. und sup. steht komp. *flære* U, MEL, wie umgekehrt bisweilen sup. *flestęr*.

mykil, -in § 451, 4   *mēre*, agutn. *mairi*   *mæstęr* § 80, II, 2.
gross, viel

Anm. 8. Durch ausgleichung (vgl. anm. 7) steht komp. *mære* Vg. I, Biæ, Bu, GO und bisweilen sup. *męstęr*. Komp. Vg. II *merre, mærre* ist wol zu *męstęr, mæstęr* neugebildet nach der analogie *flerre : flæstęr, færre : fæstęr, fyrre : fystęr, værre : væstęr*; oder ist *merre*, gleich ahd. *mēriro*, nochmals gesteigert?

4. Vereinzelt steht *stakkötter*, PM *stækkötter* kurz, komp. *stækkre*, Di *stækkare*, sup. *stakköttastęr*, wo der komp. ein nicht durch *-ött-* abgeleitetes *stakkęr* voraussetzt.

Obiges verzeichnis giebt zu folgenden allgemeinen bemerkungen anlass:

a) Komp. ohne *i*-umlaut wie *starkre, sturre, stuntre, frambre* (2 oben), *forre, batre* beruhen auf einfluss des pos., resp. sup.

Anm. 9. *Forre* könnte aber auch nach § 469 gebildet sein, indem es (nicht nur ahd. *furiro*, sondern auch) ahd. *fordro*, ags. *furðra* entspräche, also nach § 214, 3 aus *fordre* (wie *norre* aus *norðre*) entstanden wäre. —

§ 469. Komparation des adjektivs.

Einmaliges *aldre* Cod. Havn. des Sdm, wenn nicht schreibfehler, ist wol von *aldęr* alter beeinflusst.

b) Sup. mit kurzer wurzelsilbe zeigen sowol unumgelautete wie (häufiger) umgelautete form: *framstęr, forstęr, baztęr* neben gew. *fræmstęr, fyrstęr, bæztęr* durch ausgleichung eines lautges. wechsels *fræmistęr : pl. *framstir* u. s. w. (vgl. § 63, 3). Langsilbige können lautges. nur umgelautete formen aufweisen (s. Grundriss[2] I, 562, § 51, 1), weshalb ein vereinzelter fall wie *ungstęr* — wenn nicht schreibfehler — auf einfluss des pos. beruht. Nicht hierher gehört das nach § 467 gebildete *nästęr* (< *nāastęr, s. anm. 3 oben).

c) Sup. auf -*rst*- st. urspr. -*st*- wie *færstęr* und *smærster* sind zu den komp. *færre, smærre* neugebildet nach analogie von *værre* : *værstęr, fyrre* : *fyrstęr, storre* : *storstęr*. (Eine analogiebildung nach der entgegengesetzen richtung hat wol zur entstehung der sup. *fystęr* (s. § 289, 3) und *væstęr* (anm. 5 oben) beigetragen.) Das vereinzelte *fǣrastęr (anm. 1 oben) zu *færre* ist nach der analogie *kærre* : *kǣrastęr, dyrre* : *dȳrastęr* entstanden. — Die sup. auf -*arst*- (*fræmarstęr, frammarstęr, snimarstęr*) sind nach § 469 gebildet.

§ 469. Wie *ytre* gehen nur noch wenige wörter, welche alle lokale bedeutung haben. Die funktion des positivs wird von dem formalen komp. übernommen, während der sup. nötigenfalls auch als komp. fungiert. Diese wörter, von denen einige im sup. nach § 467 schwanken, sind:

indre der innere   *innarstęr*

niþre, selt. *næþre* § 163, 1 der untere   *niþarstęr, niþęrstęr*, Bir *nædhirstęr*

nyrre U, Biæ ff., *norre* Bu, St ff., *norre*, Dipl. 1323 *norþre* (s. § 244, 3) der nördliche   *nordharstęr* Dipl. 1426, *nordhęrster* 1467, *norþęrstęr* 1346, *norþaster* G u. a., *norrastęr* 1469.

Anm. 1. Das vereinzelte *nordhe* MB. II ist eine neubildung zu *nordh* norden, *norþan* von norden her, *norþastęr*.

syþre (*sodhre* § 116) Vh, Biæ ff., *suþre* MET, St ff., *syndre* Dipl. 1288, *sundre* Dipl. 1407 ff.,   *sunnarstęr* G u. a., *sudhęrstęr* MB. II, *sunnastęr* H

(vgl. § 229 mit anm. 1) der
südliche
yfre H, G u. a., *ofre* U, Vm, *yvarstẹr*, *yvẹrstẹr* (*ovẹrstẹr*,
ofre U der obere   agutn. *yfrstr*), mschw. auch
                              ovẹrstẹr, Ög *yvæstẹr*
æptre der hintere   *æptarstẹr* KS, *æfstẹr* (<*æptrstr*
                              § 320, 1, § 323, 1) Vg. I, II
                              letzt.

Nur im komp. kommen vor: *hindre* der folgende, *vinstre*
(*venstre*, s. § 115 anm. 1) der linke, *væstre* der westliche, *ōstre*
(Bu *ostre*, schreibfehler? vgl. § 81 anm. 2) der östliche; nur im
sup. *sīþarstẹr*, mschw. auch *sĭztẹr* (*sistẹr* § 290, 2) letzt und
yp(*p*)*arstẹr*, *ypẹrstẹr*, PM *yppastẹr* (Leseb. 108, 28) vorzüglichst.

Anm. 2. Neben *indre*, *ytre* kommen im mschw. selten die formen
innarmēre, *ytarmēre* vor. Dieselbe bildung zeigt mschw. *hændarmēre*
weiter, ferner. Es liegt hier adjektivische neubildung zu den entsprechen-
den adverbien (s. § 478, 1 mit anm. 4) vor. Dän. lehnwort ist das selt.
mschw. *formēre* vorig, künftig.

Allgemeine bemerkungen:

1. Komp. ohne *i*-umlaut wie *norre*, *suþre*, *ofre* (resp. mit
a-umlaut wie *næþre*) sind lautgesetzlich, weil das *-r*-suffix hier
nicht wie bei dem typus *lǣghre* (§ 468) ein synkopiertes *-iʀ-*
(got. *-iz-*), sondern ein urspr. *-(a)r-* (got. *-ar-*, *-r-* in *aftarō*,
aftra u. a.) ist, so dass z. b. *ofre*, *næþre* den ahd. *obaro*, *nidaro*
entsprechen; s. An. gr. I, § 365, 3, Brugmann II, 177 ff., 421.
Die formen mit umlaut sind mit dem suff. *-iʀ-* ausgebildet, so
dass z. b. *æptre* einem got. *aftriza* (wie ahd. *aftrōro* einem
got. *aftrōza*) entspricht.

2. Der sup. zeigt vor dem superlativischen suff. *-st-* (got.
-ist-) dasselbe suff. *-(a)r-*. Die vollere form *-ar-* (vgl. ahd.
innarōsto u. dgl.) schafft die sup. auf *-arst-* wie *innarstẹr*.
Die kürzere form *-r-* (vgl. ahd. *aftristo*) schafft formen wie
agutn. *yfrstr* (aisl. *ɵfstr*). Wenn hier das *r* lautges. nach
§ 320, 1 schwindet, entstehen formen, welche scheinbar nach
§ 468 gebildet sind, wie *æfstẹr* (aisl. *epztr*, ahd. *aftristo*; vgl.
noch aisl. *neztr*, *nyrztr*, *yztr* u. a.). Wenn wiederum das *r*
durch anal. einfluss des komp. erhalten bleibt, entwickelt sich
nach § 160, 2, b die form auf *-ẹrst-*, z. b. *yvẹrstẹr* (agutn.

yfrstr). — Die sup. auf -*ast*- (*norþastẹr, sunnastẹr, yvæstẹr*) sind nach § 467 gebildet.

Anm. 3. Das vereinzelte *norrastẹr* ist zu *norrẹ* gebildet nach der analogie *dȳre* : *dȳrastẹr* u. dgl. (§ 468).

Kap. 3. Bildung der adverbia.
A. Der positiv.

§ 470. Kasusformen (von aschw. standpunkte aus) sind in adverbialem gebrauch sehr häufig. Wir sehen hier von denjenigen fällen ab, wo der kasus von einer präposition "regiert" wird, wie *af nȳo* wieder, *āt minsto* wenigstens, *ī dagh* heute, *mæþ allo* ganz, *um ār* jährlich. Die sonstigen fälle sind:

1. Gen. sg. m. und ntr. auf -*s* und zwar von

a) Substantiven, z. b. *alzkyns* allerlei, *alzþings* ganz, *annars staz* anderswo, *daghlika dax* täglich, *þæssa hēms* in dieser welt u. dgl. mit attribut. Wenn dies fehlt, sind einfache gen. selten wie agutn. *laþigs* im frühling, mschw. *daghs* des tages, *morgons* des morgens, *kwælz* des abends. Um so häufiger sind die zusammengesetzten auf -*is* wie *inrīkis* innerhalb des reiches, *ivirvāttis* ausserordentlich, *ūtgærþis* ausserhalb der umzäunung (zu *rīke, vātte, gærþe*). Oft ist das zu grunde liegende subst. auf -*i* nicht vorhanden, aber muss wol für viele fälle vorausgesetzt werden, z. b. *afsīdhis* abseits, *baklængis* (zu got. *laggei* länge, aschw. *længe* als adv. 'lange') rücklings, *framlēþis* (zu aisl. *leiþe*) ferner, *inbyrþis* (zu aisl. *byrþe*) gegenseitig, *rǣtsōlis* mit der sonne, *swālēþis* also, *sǣrdēlis* (zu aisl. *deile*) besonders. Andere sind nach jenen analogisch gebildet; so besonders diejenigen, bei denen der *i*-umlaut fehlt, wie *ūtsōknis* ausserhalb des kirchspiels, oder die wurzelsilbe kurz ist, wie *allastædhis, -stadhis* überall, *langvæghis* weit her.

Anm. 1. Durch kontamination von *morghons* und *ī morghon* entsteht der mschw. typus *ī morghons* heute morgen (*ī sommars, ī sunnodax* u. a.), wo *ī* anscheinend den genitiv regiert; s. Kock, Ant. tidskr. f. Sv. XVI, 3, s. 15 ff.

Anm. 2. Zur bildung auf -*is* vgl. § 339, 4, § 383 anm. 6, § 399 anm. 4; Kluge, Grundriss² I, 475, § 281.

§ 470. Bildung der adverbia im positiv.

b) Adjektiven, z. b. *alz* gar, ganz, *annars* sonst, *ēns* gleich, *langs* längs, *þwærs* in die quere. Gen. auf *-is* erklären sich teils nach § 460, 3, z. b. *thorfātis* (vgl. ags. *fyðer-féte*) trocknen fusses, teils nach § 465, 2, b (vgl. auch a, c, d), z. b. *livandis* am leben.

Anm. 3. Einige sind d. lehnwörter, z. b. *forgivins* vergebens, *inværtis* inwendig, *līk(e)s* fortwährend, *strax* stracks.

c) Pron. *þæs* vor dem komp., z. b. *þæs trōnare* um so treuer.

Anm. 4. Sehr selten sind gen. auf *-a*, z. b. sg. m. *annars hugha* (aisl. *hugar*) ausser sich, f. *ūtsōkna* ausserhalb des kirchspiels, ntr. *alzkona* (s. § 393 anm. 2) allerlei, pl. *bæggia vægna* (*vagna* § 173 anm. 1) beiderseits.

2. Dat. sg. ntr. auf *-u*, *-o* der starken adjektivflexion, z. b. *allu* Da ganz und gar, *lango* lange her, *litlo* wenig, *myklo* viel, *ympno* KS reichlich, *ængo* mit nichten, sup. *fyrsto* zuerst, *mestu* G höchstens, *nǣstu* Biæ (als präposition) am nächsten, *sēnsto* Biæ am spätesten, *snimstu* Ög neulich, pron. *hōro* (§ 65, 7; Vm 1 mal *hwāru*, sonst gew. *huru* § 74 anm.) wie.

Anm. 5. *Fyrsto* ist bisweilen als obl. form eines schwachen fem. aufgefasst und demgemäss mit fem. artikel versehen: U *fyrstunni*, MEL *forstonne* (dann *ī f.*, Vm *e f.* § 142 anm. 10); s. Rydq. V, 136, woselbst mehrere analoge beisp. dieser entwicklung aus dem früh-nschw. angeführt werden. Vgl. auch anm. 9.

Anm. 6. Ein vereinzelter dat. sg. f. ist das § 408, 3 erwähnte *burtu*, *borto*.

Anm. 7. Selten ist dat. sg. ntr. auf *-i*, *-e*, z. b. *mōte* dagegen, entgegen (gew. als präp. gebraucht), *nākro sinne* bisweilen.

3. Dat. pl. auf *-um*, *-om* ist häufig und zwar bei

a) Substantiven, z. b. m. *daghum* mit jedem tage, *flokkom* haufenweise, *gangom* zu verschiedenen malen, *androm kostom* anders, *allom stapom* überall, f. *androm* (*æn gom* u. a.) *lundom* auf andere (keine u. s. w.) weise, *længdom* lange her, *stundom* bisweilen, ntr. *parum* paarweise, *sinnom* bisweilen. Oft ist das betreffende substantiv sonst nicht zu belegen, wie bei *afsāþom* abseits, *flukningom* (*flykningom*) haufenweise, *ōhægdhom* zügellos, *ōsinom* (*ōsyniom* § 101, 1; woher die nebenform *ōsini*, *ūsyni*?) leider, *sinslæstom* (*særlæstom* § 80 anm. 6) jeder für sich, *strāning(i)om* zerstreut.

§ 470. Bildung der adverbia im positiv.

b) Adjektiven, z. b. *ēnkom* (*œnkom*, s. § 460, 1 und Noreen, Svenska Etymologier, s. 26) besonders, *gonum* (vgl. § 447, § 311 anm. 2) hindurch, *mællom* (vgl. § 444, § 164) dazwischen, *ofstōrom* in allzu grossen particen, *smām* nach und nach, sup. *fyrstom* zunächst, *sēn(e)stom* zuletzt.

4. Acc. sg. ohne endung bei stark flektierenden subst., z. b. m. *bak* hinten, *hinvægh*, -*vagh* jenseits (*hinnugh* dorthin; s. § 173 anm. 1), *morghon* morgen, *annan* (*œngin* u. a.) *staþ* anderswo (nirgendwo u. s. w.), *annan vægh* (*annanvagh* § 173 anm. 1) jenseits, f. *altīþ* immer, *aþruvīs* Vg. I (aisl. *ǫþrovís*, s. Noreen, Arkiv VIII, 180 note; als subst. nicht belegt) anders, *bort* Vg. I, U ff., *burt* Sdm. Vg. II, Da ff. (vgl. § 120 anm. 1; *brāt* Vg. I, *brot* U, *brut* Vg. II, vgl. § 81 anm. 1) weg, *hōs* (§ 73, 2; als subst. nicht belegt) dabei, *hæl* zu tode, *andra* (*œnya* u. a.) *lēþ* oder *lund* auf andere (keine u. s. w.) weise, ntr. *hēm* nach hause, *fyrstu* (*annat* u. s. w.) *sin(ne)* zum ersten (zweiten u. s. w.) mal, *nākot sin* irgend wann.

Anm. 8. Selten ist acc. sg. auf -*a* oder -*u*, -*o* der schwachen m. oder f., z. b. m. *ēn* (*hwarn* u. a.) *tīma* ein (jedes u. s. w.) mal, *ōmāta* überaus, f. *aþruvīsu* Ly (vgl. Biæ *til gōþræ vīsu*, aisl. *at suá víso*) anders.

Anm. 9. Selten ist acc. pl. von stark flekt. subst., z. b. m. *alla* (*manga* u. a.) *staþi* (*stæþi*) überall, f. *manga* (*margha*) *lundir* vielfach. *Midhvægho*, -*ragho* (s. § 412, 5) 'in der mitte' wird bisweilen als obl. form eines schwachen fem. aufgefasst und demgemäss mit fem. artikel versehen: *ī midhvaghonne* Bir.

5. Acc. sg. ntr. auf -*t* der starken adj.-flexion ist sehr häufig (wiewol nicht in dem grade wie im neuschw.), bes. im sup., z. b. *mæst* am meisten, *vīþast* am weitesten u. s. w. (s. § 475 ff.), aber auch oft im pos., z. b. *brāt* rasch, bald, *fast* kräftig, sehr, *iæmt* (§ 317, 1) eben, gleich, *mykit* sehr, viel, *oranvart* (vgl. § 117, 1) oben, *rēt* gerade, recht, *sēnt* spät, *skōt* hurtig, *slikt* so, *slǣt* durchaus, *snart* schnell, bald, *vist* gewiss, *þwært* quer, gerade.

Anm. 10. Nach der analogie dieser adv. ist -*t* hinzugefügt in *lìkervist* (erst um 1500) statt -*vis* (mndd. *lìker wīse*) gleicherweise, *midhvakt*, selt. *midhvæght*, st. *midhvægh* (zu 4 oben) in der mitte; s. Kock, Tydning af gamla svenska ord, s. 35 f.

Anm. 11. Über nominal gebildete adv. ohne -*t* s. § 454, 1, c. Hierher gehören auch die komp. adverbien auf -*r*, z. b. *vìþar* weiter, *bætęr* besser.

§ 471. Bildung der adverbia im positiv.

6. Acc. sg. ntr. auf *-a* der schwachen adj.-flexion ist das normale bei komparativen adv. der nach § 468 komparierten adj., z. b. *fyrra* (*førra*) früher, *høghra* höher, *lǣgra* (agutn.) niedriger, *længra* länger, *mēra* mehr, *minna* (*mindra*) minder, *sēnna* später, *værra* schlechter. Seltener ist diese bildung bei den komp. nach § 467, z. b. *raskara* schneller sowie im sup., z. b. *fyrsta* zuerst, *gēn(i)sta* gerade, *mæsta* am meisten, *nǣsta* am nächsten.

Anm. 12. Selten kommt acc. sg. m. auf *-an* der starken adj.-flexion bei superlativen vor, z. b. *gēn(e)stan* (*ginstan* § 103, 1, *gænstan* § 80, II, 2) sogleich, *nǣstan* beinahe.

§ 471. Von denjenigen ableitungen, welche nicht auf aschw. flexion beruhen, sind folgende die wichtigsten:

1. *-a* (got. *-ō*, ahd. *-o*) bildet adv. zu adj., z. b. *ēna* nur, *f(i)ærra* in der ferne, *giærna* (ahd. *gerno*) gern, *hardha* schwer, *ĭlla* übel, *līka* (got. *galeikō*; vgl. *līkovæl* nach § 91, 7, a, s. Noreen, Arkiv VIII, 180 note) gleich, *sāra* bitterlich, sehr, *snima* (vgl. § 468, 2) neulich, *niþan* (*ovan*) *varþa* (vgl. § 117, 1) unten (oben), *vīþa* weit; selten zu subst., z. b. *hēma* zu hause, oder adv., z. b. *ofta* oft. Besonders gross ist die immer zunehmende anzahl der zusammengesetzten adj.-adverbia auf *-līka* (*-ligha* § 267), z. b. *laghlīka* gesetzmässig, *san(ne)līka* (vgl. § 333 anm.) wahrhaftig, *vanlīka* gewöhnlich, *vislīka* gewiss u. s. w. (s. Landtmanson, Kg. St. s. 83 f.). Seltener ist die altertümliche bildung auf *-la* (zur erklärung s. An. gr. I, § 251, 3), z. b. *ărla* früh, *dærla*, *dōrla* (§ 333 anm., vgl. § 175) vielleicht, *gerla* genau, vielleicht, *halla* (*hardhla* § 308, 1) sehr, *nǣla* (gew. als präposition) nahe, *sirla* (agutn. *sīþla*, § 257 anm. 5) spät, *varla* kaum, *þikla* (§ 164), *þykla* (§ 78 anm. 1) oft, *ælla* sonst. Auch zu komp.-adv. auf *-ar* wird dies *-la* hinzugefügt, z. b. *framarla* (agutn. *frammarla*) vorwärts, *nidharla* tief, *ovarla* hoch, *vīdharla* weithin.

Anm. 1. Dies *-a* wird bisweilen in d. lehnwörtern st. *-e* substituiert, z. b. *nōgha* (§ 273, 3) kaum, *rēdha* bereits, *stilla* stille.

2. *-an* (got., ahd. *-ana*) bildet richtungsadverbia auf die frage 'woher', z. b. *f(i)ærran* fernher, *hēman* von hause, *hwaþan* (*hwædhan* Bir 6 mal, anal. nach *hǣþan* und *þæþan*) woher,

§ 471. Bildung der adverbia im positiv.

hæþan von hier, *innan* (got., ahd. *innana*) von innen, *længdan* aus der ferne, *niþan* von unten, *norþan* von norden, *ovan* (agutn. *ufan* nach § 111, 1; ahd. *obana*) von oben, *sniman* vor kurzem, *sunnan* (*synnan* H ff. nach *syþre* § 469) von süden, *undan* hinweg, *ūtan* von aussen, *væstan* von westen, *þæpan* (agutn. *þeþan*, aber Åkirkeby *þiaþan* mit lautges. brechung, während *þæþan* wol von *hæþan* beeinflusst ist) von dort, *ōstan* von osten. Mehrere von diesen können (unursprünglich) auch auf die frage 'wo' antworten (*fiærran* sogar auf die frage 'wohin'), und ausschliesslich werden so gebraucht: *aptan* (*æptan* MB. II nach *æptir*; got. *aftana*) hinten, *framan* vorn, *næþan* (§ 163, 1; auch *niþan*, vgl. oben) unten.

Anm. 2. Dies -*an* (vgl. auch § 470 anm. 12 und *saman, sialdan* § 454, 1, c) kann in d. lehnwörtern st. -*en* substituiert werden, z. b. *maxan* (*moxan, mæxan*: mndd. *machschēn*) fast, vielleicht; wol auch *nalkan* 'beinahe, vielleicht (vgl. *nalkas* sich nähern < mndd. *nāleken*); vgl. noch nschw. *redan* bereits. Die erst gegen 1500 auftauchenden adv. auf -*līkan, -lekan, -ligan*, z. b. *kǣrlīkan, -ligan* liebevoll, *nȳlekan, -ligan* u. a., sind eine kontamination der mndd. adv. auf -*liken* und der aschw. (s. 1 oben) auf -*līka* > -*ligha* > *liga* (§ 258, 2, c); s. Tamm, Tränne tyska ändelser, s. 28 f.

3. -*i* (got. -*a*) bildet ortsadverbia auf die frage 'wo', z. b. *f(i)ærre* (got. *fairra*) fern, *fori* (got. *faúra*) vorn, vorher, *framme* bei der hand, *inne* (got. *inna*) innen, *niþre* unten, *rumme* im freien, *uppe* oben, *ūte* (got. *ūta*) aussen.

Anm. 3. Agutn. *fyrsti*, Sdm *fyrste* zuerst dürfte urspr. nom. sg. m. sein, zunächst in konstruktionen wie lat. '*primus* hoc feci', dann auch wie lat. '*primum* hoc feci' verwendet. — Ög *fiærrin* ist wol eine kontamination von *fiærri* und *fiærran* (s. 2 oben).

4. -*ir* (rschw. -*ir* neben anal. -*ir*, s. § 320 anm. 3; ahd. -*iri*) zeigen nur sehr wenige adv., wie die gew. als präpositionen (s. § 446) gebrauchten *firi(r), fori* vorher, *undi(r)* unter, *yvi(r)* u. s. w. (ahd. *ubiri*) über, *æpti(r)* u. s. w. nach, zu den primitiven *for*, rschw. *unt, ub, aft*, von denen nur das erste als adv. gebraucht wird. Hierher wol auch *um sīþi(r)* endlich (vgl. ahd. *sīdero*); s. Noreen, Arkiv VI, 372.

5. -*r*, nach konsonanz -*ρr* (got. -*r, -ra*) bildet viele adv., meistens ortsadv. auf die frage 'wohin', seltener 'wo'. Solche sind *aptęr* (*attęr* § 288; got. *aftra*) zurück, *ātęr* (s. § 288 anm.) wieder, hingegen, *hvar* (got. *ƕar*) wo, *hǣr* (got. *hēr*), selt. *hiær*,

§ 472. Bildung der adverbia im positiv.

agutn. *hier* (ahd. *hera*?) hier, *mæþɇr* (gew. als präpos.) zugleich, *niþɇr* (ahd. *nidar*) her-, hinunter, *nor* (§ 244, 3; *nør* A 49. I anal. nach *nørre* § 469, *nordh* MB. II), *nordhɇr* nordwärts, im norden, *sundɇr* (ahd. *suntar*; vgl. dal. *sund*), *syndɇr* (as. *sundir*) entzwei, *suþɇr*, *syþɇr* (nach *syþre* § 469; *sunnɇr* MB. II nach *sunnan*) südwärts, im süden, *sændɇr* (zu *sæn*, aisl. *senn*, s. Noreen, Arkiv VI, 370 ff.) für sich, gleichzeitig, *viþɇr* (got. *wiþra*, ahd. *widar*) entgegen, daneben, *væstɇr* westwärts, *þær*, agutn. immer (sonst selt. in Vg. I — z. b. Leseb. 7, 36 — Ly und ein paar norvagisierenden denkmälern) *þar* (got. *þar*; vgl. *þæn*, *þan* u. a. § 173) dort, *østɇr* ostwärts, im osten.

Anm. 4. *Mæþɇr* ist wol neubildung zu *mæþ*, wie umgekehrt *nordh* zu *nordhɇr*, beides nach der gleichung *viþ* : *viþɇr* u. a.

Anm. 5. Urspr. komp. auf -(i)R, welche dann als pos. fungieren, sind *nær* (got. *nēƕis*) nahe und *sīþɇr* (got. *þana-seiþs*, s. Noreen, Arkiv VI, 373) nachher. Ebenfalls ist wol komp. auf -aR (vgl. § 475, 1), resp. -(i)R?, zu suchen in *ællighær* Vh (got. *aljaleikōs*?) übrigens, *ælla*(r), *ællɇr* oder (wol wegen schwachtonigkeit, s. § 60) *allar*, -ɇr Vg. I (35 mal), II (1 mal), KP (15 mal), Ög (mehrmals), GO (vgl. Leseb., s. 179) sonst. Sicher -aR enthält die fast immer als konjunktion 'wann, wenn' gebrauchte form *nār* (as. *nāhor*) nahe. — Ganz unklar ist *þaghar*, *þæghar* (agutn. wie aisl. *þegar*; vgl. aber § 311 anm. 3), mschw. auch *thaghɇr* (-*an* s. § 268 anm. 3) sogleich.

6. -*s* (unbekannten ursprungs, vielleicht anal. nach den genitivadv., s. § 470, 1; vgl. auch anm. 6 unten) tritt bisweilen zu adv. hinzu ohne änderung der bedeutung, z. b. *alēnas* nur, *hwarghins* nirgends, *hællirs* Dipl. 1494 lieber, *sænz* (zu *sæn*, aisl. *senn*) zusammen, *ællas* Sdm, Ög, SK ff., *ællars* Vm ff. (mschw. auch *ællens*) sonst, *ællighæs*, *ællighis* (*allæghis* Leseb. 24, 15. 24; mschw. auch *ællighens*, *ælleghings*), *ællis* (§ 311, 2, c) Da ff. übrigens, sonst. Nur mit -*s* belegt sind *īādhans* (agutn. *āþans* zu aisl. *āþan*) neulich, (*ī*) *sīztans* (vgl. § 470 anm. 12), *sīstis* (§ 317, 2) vor einiger zeit.

Anm. 6. In *hwaris* (*hwars* Bu 1 mal, vgl. § 94, 5) 'wo' dürfte die relativpartikel *es*, *is* suffigiert sein.

Anm. 7. Über anal. zugetretenem -*t* in *æliest* (< *ællighæs*), *theslīkest* (vgl. § 470 anm. 3) s. § 335 anm. 2 und vgl. § 470 anm. 10.

§ 472. Verdunkelte zusammensetzungen (meistens zweier partikeln) sind häufig. Je nachdem das besonders verdunkelte

§ 472. Bildung der adverbia im positiv.

glied von proklise, enklise oder verschollenheit betroffen worden ist, unterscheiden wir drei hauptsächliche fälle:

A. Proklise hat stattgefunden z. b. bei *ī* 'in' in *eforstonne, egēn, emōt, emǣllan*, s. § 142 anm. 10; **ne* nicht, *uppe* oben, *ūte* draussen in *nēi, upī, utī*, s. § 154, II, B; *up* auf in *pā*, s. § 155. Ebenso *ne* (agutn. *nai*; aisl. *nei*) nein aus **ne-ē* (zu *ē* 'immer').

B. Enklise zeigen sehr viele wörter:

1. *at* (agutn. *et*) 'dass' in den nur als konjunktionen gebrauchten *swāt, þīt, þōt, þȳt*, agutn. *þaut*, s. § 94, 5. Ausserdem wol in *hwarest* 'wo', s. § 335 anm. 2.

2. *ǣt* 'zu' in *hīt, þīt* (adän. *thīat*), s. § 94, 5; *highat* Vg. II hierher, *thigat* D 4, Rk. I u. a. dorthin; *hingat* (selt. *hǣngat*; G. II *hinget*), *þingat* (agutn. *þengat*), s. § 156, 2, b.

Anm. 1. Kann hierher gehört *hwart* (agutn. *huert*) 'wohin'.

3. *ē* 'immer' in *hwarghine* Bm nirgends, konj. *mǣdhune* Bm während, *sidhane* Bm (7 mal) dann, *þāgine* Ög jedoch nicht; s. Kock, Arkiv XI, 137f.

Anm. 2. Die nur als reime belegten formen *hǣre* (z. b. Leseb. 61, 12), *hǣrǣ* und *thǣre* (z. b. Leseb. 58, 14; 63, 6; 112, 30), *tharǣ* st. *hǣr* hier und *þǣr* da sind wol am ehesten aus **hǣra, *þǣra* entstanden und entsprechen dem got. *þarūh* (vgl. § 91, 7, b).

4. **-ghi* 'nicht' in *aldrī, ē(gh)i, ǣ(gh)i*, s. § 311, 2, c; *hwarghe* (agutn. *huergi*) nirgends; *hwar(t)ke, hwarske, hwazke, hwatke, ǣkke* (*ikke* § 103, 1), s. § 261, 2; agutn. *þoyyi*, s. § 61 (über die nebenform *þaigin* s. § 92, a).

5. **-si* (got. *sai*?) vielleicht in agutn. *nussi* jüngst (Noreen, Arkiv VI, 331 note), mschw. *ī aftonse* gestern abend (Kock, Ant. tidskr. f. Sv. XVI, 3, s. 20).

6. **-þan-* (got. *-þan-*) in *siþan* dann, *mǣþan* unterdessen, s. § 242, 3.

Anm. 3. Die schon Vg. I, Da ff. belegte form *sin* kann wegen der nebenform *sen* (*sēn*?) MEL, G nicht wol — wie § 156, 1, b angenommen worden ist — aus *siþan* entstanden sein, sondern wol eher mit Schagerström, Sv. landsm. II, 4, s. 39 aus einem komp. **swinn* (nach § 80, 11, 2 und § 103, 1). Dann wird aber auch die entstehung von *man* aus *mǣþan* (§ 156, 1, b) verdächtig.

§ 473. Bildung der adverbia im positiv.

7. *æn* 'noch' in *aldri(ghi)n, hwarghin (huergin* G, *huargin* G. a), *þᵃghin* (agutn. *þoygin*; vgl. *þaigin* § 92, a) und komp. wie *vīþarin*, agutn. *flairin*, s. § 154, I, B, 1. Ebenso Linc. 39 *længen* aus *længe æn* noch lange. — Im agutn. *þaun* steckt wol am ehesten *en* 'aber', s. § 94, 5.

Anm. 4. Nach diesen wörtern analogisch hinzugetreten ist *-n* in den konjunktionen (spät mschw.) *antingen* entweder, *hwarkin* weder; s. Kock, Arkiv XI, 127.

Anm. 5. Agutn. *huargum* 'nirgends' dürfte eine umbildung von *huargin* nach § 470, 3, b sein.

8. Sonstige beisp. sind u. a. *aldrēgh (-igh* § 146, 1), *aldrēi* § 154, II, A, *forþom* § 74, *hǣrna* § 91, 7, b, *þȳldęr* § 154 anm.

C. Mehr oder weniger verschollene wörter enthalten z. b. *ī fiordh (ī fior* § 308; auch *ī fiordh ār*) im vorigen jahre, *ī gār* gestern (*ī forgār, ī fyrra gār* vorgestern), *kring um* oder *um kring* (zu *kringer* beweglich) rings um, *um kul, um kol* (zu *kuldęr, koldęr* kopf) zu boden.

Anm. 6. Aus dem mndd. *to voren, vorne, vorende* stammt (mit substitution von *to* durch *til*) das vielförmige *tilforen, -foren, -forna (-e), -førna (-e), -foren(n)a (-e), -føren(n)a (-e), -forende, -førende, -føranda, -føranna* u. a. 'zuvor'.

§ 473. Stammwörter (von aschw. standpunkte aus) sind u. a. die folgenden:

ā (*æ* Vg. I, II, JB, s. § 141 anm. 3; *ąn* Rök, s. § 249 anm. 5) an, auf.

ăf (*æf* Dipl. 1347, 1349, s. § 141 anm. 3; *ă* § 306, 2; got. *af*, aber vgl. § 173) von.

ăt (got. *at*; vgl. § 173) zu, bei. MEL *æt* vor dem infinitiv ist wol von *æt* 'dass' (s. § 173) beeinflusst; vgl. aber agutn. *hinget* § 472, B, 2.

f(i)ær (aisl. *fiar*, ahd. *ver*) fern.

for (got. *faúr*), auch *før (fyr)* nach *fori* (§ 471, 4), vor.

frā (*fræ* Vg. I, s. § 141 anm. 3), *frān* § 330 anm. 1 (*fræn* Ly), selt. *fram* § 248 anm. 2 (got. *fram*) von.

ī (*in*, s. § 249 anm. 5; got. *in*) inwärts.

iā (got. *ja*, vgl. § 247, 1) ja(wol).

in (got. *inn*) her-, hinein.

§ 474. Bildung der adverbia im positiv.

mæþ (*maþ* § 173 anm. 2, *mæt* § 260,7), agutn. (*meþ* uud) *miþ* § 164, mit.

niþ her-, hinunter.

nū (got. *nu*) nun.

ok § 81,2, a (*ogh* § 267, *okk* § 299), rschw. *auk* (vgl. *ak* § 91,3), auch.

opt (as. *oft*, got. *ufta*) oft.

swā (*swæ* Vg. I, II, s. § 141 anm. 3; got. *swē, swa*), *sō* § 175 (so immer im agutn.), durch kontamination auch *swō* (z. b. Leseb. 63, 22; 98, 23) und wol auch (vgl. aber § 252 anm. 4) *sā* (beisp. s. Leseb. 167; *sæ* Vg. I), so.

til (*tel* § 115 anm. 1, *te* § 315, 2, a, *till* § 299; acc. sg. ntr. zu got. *tils* nach § 454, 1, c, vgl. aisl. adj. ntr. *tilt*) hinzu.

um, om § 143 anm. 10 herum.

up § 297 anm. 4 (*op* § 143 anm. 10) her-, hinauf.

ūr (*ū* § 321, 2, c; got. *us*), *ōr* (*ōr* § 64, 4), agutn. *ȳr* § 64, 5, aus.

ūt (*utt* § 298 anm. 4; got. *ūt*) her-, hinaus.

viþ (*vit* § 260, 7; ags., as. *wið*) bei.

væl (*val* § 172, *væll* § 299; ags., as. *wel*) wol.

þā (*þæ* Vg. I, z. b. Leseb. 3, 18, s. § 141 anm. 3; got. *þan*) dann.

þō (got. *þauh*, s. § 81, 1), *þā* § 91, 7, b, jedoch.

þā U, Vh, Da, Ög (got. *þau*), agutn. *þau*, jedoch.

ǣ (agutn. *ē*), *ā* (§ 80, I, 3), *ē* (aisl. *ei*; agutn. *ai* 'nicht') immer.

æn (aisl. *enn*) noch.

Anm. Deutsche lehnwörter sind z. b. *bar* (Leseb. 85, 33) nur, *doch* (*dogh, dok* § 261 anm.; durch kontamination mit dem synonym *þō* mschw. auch *thoch, togh, tok*) doch, *iū* (*io*) je, immer.

§ 474. In folge des nebeneinanderseins von stammverwandten richtungsadverbien mit den bedeutungen 'woher', 'wo', 'wohin' und den endungen *-an* (§ 471, 2), resp. *-i* (§ 471, 3; selt. *-a*, § 471, 1 oder *-r*, § 471, 5) und *-ǣr* (§ 471, 5) oder keine endung entsteht eine art flexion: der typus *ūtan* — *ūte* — *ūt*, welcher bei folgenden wörtern vorhanden ist:

woher	wo	wohin
[aptan] s. § 471, 2	—	aptęr s. § 471, 2
fiærran	fiærre, fiærra, fiær	fram
[framan] s. § 471, 2	framme	hēm
hēman	hēma	hwart
hwaþan	hwar	hīt (hingat)
hǣþan	hǣr	in
innan	inne	niþęr, niþ
niþan	niþre	nor(dhę)r
norþan	s. § 471, 5	rūm
—	rumme	up
ovan	uppe	suþęr, syþęr
sunnan, synnan	s. § 471, 5	ūt
ūtan	ūte	væstęr
væstan	—	þīt (þingat)
þæþan	þær, þar	ōstęr.
ōstan	s. § 471, 5	

B. Komparation.

§ 475. Die adverbia zeigen wesentlich dieselben drei komparationsarten wie die adj. (s. § 466):

1. Komp. -ar, sup. -ast, z. b. *vīþa* (§ 471, 1) weit — *vīþar* (§ 470 anm. 11) — *vīþast* (§ 470, 5).

2. Komp. -r, nach konsonanz -ęr, mit *i*-umlaut der wurzelsilbe, sup. -st mit umlaut, z. b. *længe* (§ 470, 1, a) lange — *længęr* — *længst*.

3. Positiv ist (im gegensatz zu dem verhältnis bei den adjektiven) vorhanden. Komp. wird durch zusammensetzung mit dem komp.-adv. *mēr* gebildet (vgl. aisl. *firrmeir* u. dgl.). Sup. auf -*arst* ohne umlaut oder -*ęrst* mit umlaut. Z. b. *ūt* hinaus — *ytęrmēr, ūtarmēr, ūtmēr* (vgl. noch § 478) äusser — *ūtarst, ytęrst*, durch kontamination *ȳtarst*.

§ 476. Wie *vīþa* werden kompariert nur wenige adv., welche übrigens häufig nach § 477 und § 478 schwanken (s. dort). Denn schon früh wird die spezifisch adverbiale komp.endung -*ar* durch die indeklinable adj.-form auf -*are* (s. § 461) verdrängt, z. b. schon Vg. I *optari* st. *optar* öfter, Vm *vīþare*;

§ 477. Komparation der adverbia.

seltener durch die flektierte form auf *-ara* (s. § 470, 6), z. b. *raskara* KS schneller. Daneben tritt schon kaschw. eine form auf *-arin* ein, z. b. Da *krankarin* kranker, *sannarin* wirklicher, *oftærin* öfter, Ög *rīþarin*, *optarin*, Cod. reg. Havn. des Sdm *thiklaren* häufiger u. a. (s. Rydq. II, 449); zur erklärung s. § 472, B, 7 und § 154, I, B, 1, vgl. § 463, 3.

Anm. 1. Auch die nebenformen auf *-ane* (s. § 467 anm. 2) und *-aþe* (s. § 467 anm. 3) können adverbial gebraucht werden, z. b. *sēnane* MEL später, *sīdhane* Bm u. a. später, *vīdhane* KrL weiter; *sēnaþe* (Schlyter, Corpus X, 70 note).

Anm. 2. Von den adj. übertragen ist wol die sup.-endung *-est*, *-ist* (s. § 467 anm. 4) st. *-ast*, z. b. *skōtest* neben *skōtast* zu *skōt* (*skōtare*) bald.

Anm. 3. Bisweilen ist der komp. nicht belegt, z. b. *siældan* selten, sup. *siællast* (vgl. § 292, 1) GO. Nur im sup. kommen vor z. b. *ēnast*, *-ist* (s. anm. 2 oben) nur, *gēnast* sogleich, agutn. *nȳlast* (zu aisl. *nȳla*) neulich.

§ 477. Wie *længe* gehen verhältnismässig viele adv., wiewol bei den meisten die spezifische komp.-endung *-(e)r* schon im ältesten kaschw. allmählich von dem acc. sg. ntr. (auf *-ra*) des adjektivs (im komp.) ersetzt wird (s. § 470, 6), später auch von der indeklinablen form auf *-re* (s. § 461), z. b. *længra* Vg. I, II, Vm, Ög, H, *længre* Ög statt *længer* zu *langt* weit (erst mschw. *længre* Bil, D 4, Ve st. *længer* zu *længe* lange), *hōghra* U, Vm, MEL, *høghri* U zu *hōkt* (sup. *hoxt*, *hōghist* s. § 476 anm. 2) hoch, *dyrra* Sdm, *dȳræ* Biæ (neben *dȳrare*, *-aren*, *-ane*, s. § 476 mit anm. 1) zu *dyrt* (sup. *dȳrast*) teuer, agutn. *lēgra* niedriger. Ganz unregelmässig sind die folgenden (vgl. § 468, 3):

g(i)ærna gern	*hældęr* (*hællęr* § 292, 1), *haldęr* (*hallęr* GO) Vg. I, KP, Ög, MEL u. a. (Leseb. 8, 32; 22, 18; 36, 4); *hældra* KS, *hældre* (Leseb. 61, 3; *hællre* ib. 61, 21)	*hælzt* (*hælz* § 323, 2, *hæstz* § 315 anm. 2), *halzt* (Leseb. 54, 27; 55, 21; Siljestrand II, 36; *halz* Biæ), *gærnast* Su.

Anm. 1. Über die umungelauteten formen *haldęr*, *halzt* s. den erklärungsversuch Kock's, Arkiv XII, 90 (einen andern von Tamm, Uppsalastudier s. 31).

ïlla schlecht, übel	*vær*, *værra* Vg. I ff., *sæmbęr* (vgl. § 468, 2)	*værst*

§ 478. Komparation der adverbia.

lītit wenig	*min* (§ 238, 3, c) Vg. I, Bn u. a., *minna* U, Vm, Ög u. a., *minne* Ly ff., mschw. *mindęr, mindra, -re* (§ 238 anm. 6)	*minzt* (*minz* § 323,2, *minst* § 290, 2)
miok, mykit, mikit sehr	*mēr* (*mǣr* Bu u. a.; agutn. *mair*), *mēra* Vg. I, Vm u. a. (*mǣra* Vg. I, II), *mēre* Ly, Vm (*mǣre* Vg. I)	*mǣst* (*mēst*).

Anm. 2. Die formen *mǣr* (*mǣra, -re*) und *mēst* sind von *mǣre* und *mēstęr*, über welche s. § 468 anm. 8, beeinflusst.

vǣl (*val* u. a., s. § 473) wol	*bætęr* (*bædhęr* § 266), *bætre* MEL ff.	*bæzt* (*bæz* § 323, 2, *bæst* § 290, 2).

Anm. 3. Bei *skampt* kurz, komp. *skæmbęr*, fehlt der sup. (vgl. § 468, 1), bei *sīþęr* weniger, sup. *sīzt* (*sīst*), der positiv.

§ 478. Die dritte komparationsart zeigen (mehr oder weniger schwankend):

1. Mit vollständiger komparation:

f(i)ær u. a. (s. § 474)	*f(i)ærmēr* (*-mǣr* U § 477 anm. 2, *-mir* Ög § 146, 1, *-mē* Vg. I § 321, 2, b), *fæmir* Vg. II, *fǣrre* MB. II; agutn. *fiarrar*	*fiærst* U, Sdm, Vm, *fiærmast* Da (*færmǣst* Siljestrand II, 35), *fiærrast* Su.

Anm. 1. Komp. *fiæmir* ist wol nach *næmir* (s. unten) gebildet. — Der sup.-stamm *fiærm-* (aind. *paramá-*, s. Noreen, Urg. lautl. s. 158 f.) ist dem got. *innuma* u. dgl. zu vergleichen.

fram u. a. § 474	*frammēr* Sdm ff., *-mēra* Linc. 39, *frammarmēr* Vh, MET u. a., *fræm(m)ęrmēr* (*fræmbęrmēr*) P. I, MB. I u. a., spät *-mēra, fræmmęr* St u. a.; agutn. *frammar*	*frammarst, fræm(m)arst* O ff., *fræmmǣst* MB. I (*fræmist* Di), *frǣmst* Bm u. a.

Anm. 2. Alleinstehend ist die komp.-bildung *frambætęr* Bm ff., *-bætre* JB u. a. Vgl. ahd. *herabaz*, nhd. *fürbass*. Analog gebildet ist frühnschw. *fram lenger* (aschw. *længer fram* Bil, *længra fram* Bir).

§ 478. Komparation der adverbia.

Positiv fehlt	fyrmēr U, -mǣr Ly, fyr (fir Vg. II), før, for (z. b. Leseb. 99, 19), fyrra Vg. I ff. (firra Vg. II), førra, forra. Vgl. § 468, 2	fy(r)st, fø(r)st, forst (z. b. Leseb. 55, 35; 56, 6. 18; 57, 2), furst (Leseb. 43, 21)
in u. a. § 474	innarmēr	innarst
niþ u. a. § 474	niþermēr	nidharst, nidhęrst
nǣr(a) nahe	nǣrmēr U ff. (-mǣr U, Biæ, -mir Sdm, Ög, -mi Rydq. II, 444, -mē Vg. II ff.), nǣmēr Ög ff., nǣmbęr O ff., -bre A 49. I, nǣmare Bm ff., nǣmęn Linc. 39 (vgl. § 472, B, 7), nǣmar Dipl. 1402; agutn. nērar	nǣst Vg. I ff., nǣmast St, A 49. I, nǣmarst Dipl. 1409, nǣmst PM u. a.
opt(a), selt. mschw. opta (nach dem komp.) oft	optar Sdm, -are Vg. I ff., -arin Ög ff., -ara H, oftæri(n) Da ff., oftarmēr MEL ff. (-mē Schlyter, Corpus X, 104, 148, 225 note), selt. mschw. -mēra, oftare mēr MEL u. a., optęrmēr St ff. (-mē Corpus X, 225), -merc Rk. II, mschw. oftęrmēr (-mē Corpus X, 104), oftamēr O u. a., uftarmē (Corpus X, 104, 225)	opta(r)st
sēnt spät	sēnar Sdm u. a. (sēnæ II), sēnare H ff. (-ane MEL, -aþe § 476 anm. 2), sǣnare MEL (vgl. § 80 anm. 6), sēnna U, Cod. Havn. des Sdm u. a., sænna (§ 80, II, 2) Vm, Da, sēnnare (Schlyter, Corpus III, 78 note), mschw. sēnaren und sænnaren; sēnarmēr H u. a.,	sēnast Vm ff. (-est St), -arst (Corpus, XI, 81 note), sēnst (ib.), sinnist (vgl. § 103, 1) Dipl. 1406, sǣnast (§ 80 anm. 6) Bir.

§ 478. Komparation der adverbia.

-mēre (Corpus X,70 note),
sēnnemēr (ib. III, 78),
sēnnarmēr (ib. X, 70).

Anm. 3. Über die wol hierhergehörigen formen *sin, sen* s. § 472 anm. 3. — Die formen *sēnn-are (sēnn-ar-mēr), sænn-aren* haben doppelte komp.-endung: (*i*)R + aR.

sīþan nachher	sīþermēr MEL ff. (mschw. auch -*mē*), -*mēra* KrL, PM, sīþarmēr (Schlyter, Corpus VI, 15 note; -*mē* ib. X, 51), sīdher Rk. II (vgl. Kock, Ant. tidskr. f. Sv. XVI, 3, s. 11 f.), agutn. *sīþar*	sīþarst Buff., mschw. sīzt, sīst (§ 290, 2)
snima(n) neulich	snimarmēr	snimst, mschw. auch snima(r)st
up u. a. § 474	upmēr Sdm, yvarmēr (Schlyter, Corpus II, 197 note), mschw. yvęrmēr (-*mir* Ög, § 146, 1), ovęrmēr, ovęrmēr, -mēre Dipl. 1464	ovęrst, oværst
ūt u. a. § 474	ūtmēr Sdm, ytęrmēr MEL, Cod. Havn. des Sdm, -*mēra* (Siljestrand II, 37), -*mēre* (Schlyter, Corpus XI, 401 note), ȳtarmēr Vm (-*mē*, Corpus X, 7), ūtarmēr (ib.)	ytærst Ög, ȳtærst (Corpus VI, 46)
þikla (þyklæ Sdm, vgl. § 471) oft	þiklar U u. a., gew. þiklare(n), þyklare Vm, þiklærmēr U, tiklærmēr (Schlyter, Corpus IV, 2 note)	Sup. nicht belegt
æptir nach	æptirmēr	æptarst.

2. Ohne eigentlichen komparativ (vgl. § 471, 5):

nor(dhęr)   norþust

supẹr	sunnarst, synnærst
væstẹr	Sup. nicht belegt
ōstẹr	ōstẹrst.

Anm. 4. Nur komp. hat mschw. *handẹrmēr, hændẹrmēr* ferner, agutn. *handar mair* weiter hin (vgl. aisl. *fyrer handan* jenseits).

Kap. 4. Zahlwörter.
A. Kardinalzahlen.

§ 479. *ēn, æn* (z. b. Leseb. 6, 8; 80, 28) § 80, II, 2, *in* § 103, 1, agutn. *ann* § 124, 1, 'ein' wird wie ein starkes adj. flektiert. Im folgenden paradigma sind die agutn. formen kursiv gedruckt.

	Mask.	Fem.	Neutr.
N.	ēn, æn, in, *ann*	ēn, *ain*	ĕt, æt, it, *att*
G.	ēns, *ains*	ēnnar, *annir* § 454 anm. 2	ēns, *ains*
D.	ēnom, *ainum*	ĕnne, *anni*	ēno, *ainu*
A.	ĕn, æn, in, *ann*	ēna, *aina*	ĕt, æt, it, *att*.

Anm. 1. Ein neutraler acc. *ēnni, -e* ist in Vm und Da je einmal belegt und zwar in verbindung mit *twænni* und *þrænni*, welchen wörtern die form nachgebildet worden ist.

Anm. 2. In den bedeutungen 'aliquis, alter, consentiens, idem, quidem, solus' kommt das wort auch im pl. vor und wird auch schwach (und zwar sowol im sg. wie im pl.) flektiert; s. Rydq. II, 515, 557. In der bed. 'solus' ist ein starker acc. sg. m. *ēnan* einigemal belegt (s. Schlyter, Corpus IV, 8 note).

Anm. 3. In der bedeutung 'einzig' wird auch ein sup. *ēnastẹr* (*-istẹr*) ohne bedeutungsunterschied gebraucht. Ausserdem wird dieselbe bedeutung vertreten durch die verwandten wörter *ende* (selt. sup. -*astẹr*), *enge* (*ēnugha*, 1 mal sup. *ēnoghastẹr*), *ēnka, ēnonga*, über deren flexion s. § 460 mit anm. 1, und *ēn(n)at* (ahd. *einazzi*), worüber s. Noreen, Arkiv VI, 380.

Anm. 4. *ēn* als unbestimmter artikel ist im kaschw. sehr selten (am häufigsten in Bu) und noch mschw. im ganzen keineswegs häufig (ververhältnismässig oft in MB. 1); s. Rydq. II, 501; Söderwall, Ordbok I, 221.

§ 480. *Twēr (twē* § 321 anm. 4, rschw. *tuair*, agutn. *tucir*, d. h. **tuair*, s. H. Pipping, Gotländska studier, Uppsala 1901, s. 95, und vgl. oben § 124 anm. 1) 'zwei' flektiert (zur erklärung s. im ganzen Noreen, Grundriss² I, 627, § 215):

§ 481. Kardinalzahlen. 377

	Mask.	Fem.	Neutr.
N.	twē(r), twā Sdm ff.	twār, twa § 321 anm. 4	tū
G.	twæggia, twiggia § 102, 2, *agutn.* tyggia		
D.	twēm, *agutn.* tue(i)m, tuaim § 124 anm. 1		
A.	twā	twā(r)	tū.

Anm. 1. Seltene nebenformen sind: nom. mask. *twǣr* Vg. I, II (nach dem gen.), *twǣ* U u. a., *tuer* G (nach dem dat., s. Pipping a. o. s. 93); nom. fem. *twēr* Vg. II; nom. acc. ntr. mschw. *tugh* P. I (6 mal; ausserdem Schlyter, Corpus II, 1 note), *twā* Dipl. 1409, D 4; gen. *twǣgge* Linc. 39 (4 mal; s. § 144), *tiggia* (aus zusammensetzungen, s. § 252 anm. 1); dat. *twā* Linc. 39; acc. mask. *twǣ* Vg. I (4 mal; nach dem gen.), *twē* Vg. II, Di (nach nom. dat.).

Anm. 2. In derselben bedeutung wird das urspr. (und noch bisweilen) distributive *twænne*, selt. *twanni* Vg. I (6 mal), *twinni* § 163, 1, *twēni* § 83, 3, a, *twēni* (ags. kent. *twǣʒen*) Vg. II (2 mal), gebraucht. Es ist indeklinabel, nur dass dat. *twannum, twinnum* und mschw. einmal acc. ntr. *twænna* belegt sind. — Über das zweifelhafte Bu *tuænnga*, mschw. *twæninga*, s. Ottelin, Stud. öfver Cod. Bureanus I, s. 86.

Anm. 3. Als präfix hat 'zwei' die formen *twǣ-, twē-, twā-*, *agutn.* (und JB 1 mal) *tuī-*, über welche s. § 83, 3, a.

§ 481. *Bāþi(r)*, *agutn.* *bēþir* (nach dem ntr. *bēþi*) 'beide flektiert (vgl. Noreen, Grundriss² I, 627 f., § 216):

	Mask.	Fem.	Neutr.
N.	bāþi(r), *agutn.* bēþir	bāpa(r), *agutn.* bēþar	bāþe(n), bæþi(n), *agutn.* bāþi, bēþi(n)
G.		bæggia	
D.		bāþom	
A.	bāþa, *agutn.* bēþa	= *nom.*	= *nom.*

Anm. 1. Seltene nebenformen sind: nom. mask. *bǣþir* Vg. II (1 mal; vgl. das agutn.), *bāþin* Sdm (9 mal), Vm u. a. (s. Siljestrand II, 40, wo auch ein erklärungsversuch); nom. acc. ntr. *bāþœn* Vm (3 mal), spät mschw. *bādhan* (Schagerström, Sv. bär- och fruktnamn, s. 12); gen. mschw. *bœgge* § 144, *bœggias, bœgges* (vgl. z. b. § 383 anm. 11), *bœggers* (aus *bœggra-s* nach § 339, 2, vgl. anorw. *báðra*; beisp. sind ziemlich häufig, s. Arkiv IV, 343); dat. *bāþe* Vm (1 mal); acc. mask. *bœgge* Dipl. 1460, *bādan* Di; acc. fem. spät mschw. *bœggia* (-*iæ* § 144).

Anm. 2. Ausnahmsweise werden sg.-formen mit der bedeutung 'uterque' gebraucht. So nom. m. *bāþǣr* Vm, ntr. *bāþe* Vm, St (s. Siljestrand II, 40 note), dat. ntr. *bādho* Dipl. 1435, acc. ntr. mschw. *bādhe*, alle je einmal.

Anm. 3. Als konj. 'sowol (... *ok* als') werden gebraucht die formen *bāþe, bæþe* (agutn. *bēþi*), selt. *bāþa* Bu ff. (z. b. Leseb. 82, 30; 84, 20, 28; 85, 30), *-en, bādh* D 4 ff. (s. § 156, 1, b). In derselben anwendung kommt *bāþetiggia* (1 mal *-twiggiæ*, s. § 102, 2, § 252 anm. 1) vor.

25*

§ 482. 483. Kardinalzahlen.

§ 482. þrīr (þrī § 321, 2, b) 'drei' flektiert:

	Mask.	Fem.	Neutr.
N.	þrī(r), þrē Vm ff.	þrēa(r), þrē(r), agutn. prīar	þrȳ
G.		þriggia	
D.		þrim, þrēm	
A.	þrēa, þrē, agutn. prīa	= nom.	= nom.

Anm. 1. Seltene nebenformen sind: nom. mask. *þrȳ* (aus dem ntr.) Vg. II, Bil; nom. acc. fem. *þrīa* (vgl. das agutn.) Vm, Da, Ög, MB. II, *þrēia* (§ 328, 1, a) Ög, *þrǣ* (§ 83, 2, b) U, *þrǣa* Vg. I; nom. acc. ntr. *þrū* (nach *tū*) Vg. I (Leseb. 3, 8), Og u. a. (Corpus V, xxx), *þrī* (nach dem m.) Vm, Vg. II, Bu, *þrē* (nach dem f.) Bu; gen. *þryggiœ* (nach *þrȳ, þrym*) Biæ, *t(h)rœggia* (nach *twœggia*) St, O, *trigge* (§ 144) Linc. 39, *thrȳ* MB. I; dat. *þrym* (§ 108, 1) Ly, MET, KS u. a. > *throm* (§ 116) Dipl. 1414, D 4, *þrœm* (aisl. *þrem*) Ög ff.; acc. mask. *þrīœ* (vgl. das agutn.) Sdm, *þrēr* (schreibfehler) Vg. I.

Anm. 2. In derselben bedeutung wird das nrspr. distributive *þrœnne*, selt. *þranni* Vg. I (8 mal, z. b. Leseb. 4, 9), *þrinni* Sdm u. a., *þrǣni* Vg. I (1 mal, vgl. adän. *thrǣnœ*, aisl. *þrénn*), *þrāni* Vg. I (1 mal), gebraucht, immer indeklinabel. Die formen verhalten sich wie bei *twœnne*, s. § 480 anm. 2.

Anm. 3. Als präfix hat 'drei' die formen *þrǣ-*, seltener *þrī-*, agutn. *þrī-*, wozu vgl. § 480 anm. 3.

§ 483. Fiūrir (§ 244, 3), *fiūri*, *fȳrir* (Kock, Lj. s. 251), *fȳri* (§ 321, 2, b) 'vier' flektiert (zur erklärung s. Noreen, Svenska etymologier s. 41; Kock, Archiv XIV, 254):

	Mask.	Fem.	Neutr.
N.	fiūri(r), fȳri(r)	fiūra(r), fȳra(r)	fiughur, *mschw.* fȳra
G.		fiughur(r)a, fiūra, fȳra	
D.		fiūrom, fȳrom, agutn. fiauruṃ	
A.	fiūra, fȳra	= nom.	= nom.

Anm. 1. Seltene nebenformen sind: nom. mask. *fiōri* Vm, *fiūra* Vm, *fyūru* (§ 270 anm. 3; nach *fyūrutighi*, s. § 485, 40) Dipl. 1346, *fīri* (Corpus X, 83 note; vielleicht nach *firitighi*, s. § 101 anm. 2); nom. acc. fem. *fiōra(r)* Da (z. b. Leseb. 27, 14) u. a. (Siljestrand II, 42), *fīra* KS; nom. acc. ntr. *fioghor* Vm, *fighur* Sdm (vgl. aisl. gen. *figurra*), *fiuer* Da (Leseb. 26, 5; s. § 279, 1), *fiūr* Sdm (vgl. Larsson, Lj. s. 55), *fīra* O ff., agutn. (neben gew. *fiugur*) *fiuggur* (1 mal; schreibfehler?); gen. *fioghora* Vm, *fiughra* Vg. II, *fīra* St, agutn. (neben gew. *fiugura*) *fygura* G (2 mal; s. § 65, 4) und *fiaugura* G. a (vgl. den dativ); dat. *fiōrum* Da, *fiugrum* (Siljestrand II, 42), *fiakurum* Rök, *fīrom* Bir, *fȳra* O, MB. I; acc. mask. *fiōra* Vm, Da (Leseb. 26, 11), *fīra* Vg. II K, H, Linc. 39 (Leseb. 105, 5; ausserdem Siljestrand II, 42), *fīri* Vg. II (vgl. ahd. *fiori* und got. dat. *fidwōrim*).

§ 484. Kardinalzahlen.

Anm. 2. Als präfix hat 'vier' die formen *fiæþer-* (s. § 118) Og ff. (antesonantisch *fiæþr-* Dipl. 1252 ff., durch anschluss an das ordinalzahl *fiærþr-* Vg. I), selten *fioþer-* (got. *fidur-*) H, *fiuþœ[r]-* Vm (§ 75, 2; über [*r*] s. Lind, Om rim och verslemningar, s. 15 note), ferner durch anschluss an das kardinalzahl *fiughur-* Cod. Havn. des Sdm ff., selt. *fygher-* Dipl. 1369, *fiūr-* Da; ausserdem mschw. *fiugher-* (*fioghir-* Bm), *fȳr-*, *fȳra-* (*fȳro-* MB. II), *fīra-*, *fiær-* (wol gleich aisl. *fer-*).

§ 484. Indeklinabel sind die zahlen 5—20, deren formen sind (zur erklärung s. Noreen, Grundriss² I, 629 f., § 222—231):

5. *fǣm* § 83, 2, b. Die länge des vokals bezeugt die schreibung *fæœm* (Siljestrand II, 42).

6. *sæx* (*sex* § 24 anm.), *siæx* § 78, 3.

Anm. 1. Selt. *sax* Vg. I (5 mal), Bu (5 mal) nach *saxtān* (s. 16 unten); *six* Dipl. 1407 nach *sixtighi* (s. § 485 anm. 4).

7. *siū* (*syū* Vb ff., s. § 270 anm. 3) § 243, agutn. *siau* (wie im aisl.).

Anm. 2. Selt. *siūgh* Vm (2 mal; Cod. Holm. B 55 *siug* 2 mal, s. Siljestrand II, 42); vgl. anorw. *siaug*, afr. *siugon* u. a.

8. *ātta* (*āta* § 304 anm. 3).

Anm. 3. Selt. mschw. (und früh nschw.) *otto* (aus *ātto § 110) nach *nīo* 9, *tīo* 10; s. Kock, Sprh. s. 104.

9. *nīo* (*niio* Bu, *nīghio* Dipl. 1406, *nyīo* Bil u. a. vertreten *nījo nach § 328, 1, b; vgl. § 108 anm. 5).

10. *tīo* (Bu *tiio*, mschw. *tījo, tīghio, tīgio* u. dgl. s. § 328, 1, b), bisweilen *tī* Sdm (in komposition), MEL, D 4 u. a. (adän. *tī*).

11. *ællivu*.

Anm. 4. Selt. *ælliuwu* Vh (geschrieben *ælliuw* U, und vielleicht ist 2 maliges *ælliw* Vg. I auch gleichwertig, vgl. aber § 22 anm. 1 und § 27 anm. 1) durch kompromiss zwischen *ælliu und *ælliwu* (s. § 243); *ællovo* MB. I, s. § 176.

12. *tolf* (vgl. ags. *twœlf*, afr. *tolef*).

Anm. 5. Rök *tualf* entspricht got. *twalif*, ahd. *zwelif*.

13. *þrættān*, selt. *þrētān* Biæ, Dipl. 1409 (vgl. 297 anm. 2) wie agutn. *þretān* G neben (runisch) *þrettān*.

Anm. 6. Selt. nebenformen sind *þrættam* Ög (Corpus II, 72), Dipl. 1348 (2 mal; vgl. § 277 anm. 3); *þrattān* MEL (Corpus X, 286; vgl. auch § 493 anm. 1); *þrittān* (Corpus X, 286 note; vgl. § 493 anm. 1) § 177 anm.

§ 485. Kardinalzahlen.

14. *fiughurtān* U, Vm, Og, H, MEL, Bu, G. a u. a., *fiughẹrtān* (aisl. *fiugrtán*) U, Vh, Vm, Bu u. a., nach dem kardinalzahl *fiŭrtān* Vm, Vg. II, Cod. Havn. des Sdm, Bu, G, O u. a. (daraus *fiortān* St ff., s. § 120).

Anm. 7. Selt. *fyoghẹrtān* (aisl. *fiogrtán*) KP (Leseb. 23, 32, 34, 37), *fioghirtān* Dipl. 1404, *fioghortān* O u. a. *Fortān* ST dürfte nur schreibfehler sein.

15. *fǣm(p)tān*.

16. *s(i)œxtān*.

Anm. 8. Über Vg. I *saxtān* (19 mal gegen 6 mal *sœxtān*) s. Noreen, Arkiv VI, 331.

17. *siūtān*, mschw. *siuttān* O ff. (s. § 297, 2).

18. *atẹrtān* U, Ly, Sdm, Vm, KP, Vg. II, H, Bu, O, Bm und agutn., *ahẹrtān* Sdm und mschw.; s. § 266 anm. 2 und Ottelin, Studier öfver Cod. Bureanus I, 111.

Anm. 9. Selt. *atartān* H, *attartān* Vm, *attẹrtān* Vm, Cod. Havn. des Sdm, Dipl. 1410, *addertān* Dipl. 1409, *attan* Dipl. 1409.

19. *nītān*, mschw. *nittān* § 297, 2.

20. *tiughu* (*tyughu* § 270 anm. 3).

Anm. 10. Selt. Ly *tiughi*, Vh (2 mal, z. b. Leseb. 15, 11) *tyghu*, s. § 59, 10 und vgl. § 485; Ög *tiugh* (neutrale form, s. § 412), vgl. § 75, 2.

§ 485. Indeklinabel (von einigen spuren des dat. pl. in U abgesehen, s. anm. 2 und 5 unten) sind auch die zahlen 30, 40 u. s. w. bis 90. Sie sind zusammensetzungen von 3—9 und (nom.) acc. pl. *tighi[r]*, *tiughi*, *tyghi*, *tiughu* zum *u*-stamme *tiughẹr* anzahl von zehn (s. § 412 und § 59, 10). Dann wird *-tighi* nach § 311, 2, c zu *-tī* (schon in Sdm), das mschw. nach 'zehn' zu *-tīo* umgebildet werden kann. Die betreffenden formen sind demnach:

30. *þrætighi*, Vh *-tiughi* (s. Rydq. II, 563 note), MET *-tyghi*, Ög, SK u. a. *-tiughu* (got. *þrins tiguns*), agutn. runisch *þriatihi* (d. h. *þriatiʒi*); Bm *þrætīo*.

Anm. 1. Selt. *þretighi* Bu, *trettiughu* Dipl. 1401, *tretiughu* 1405.

40. *fiūratighi* (Vg. I, U, Vm, Ög, Cod. Havn. des Sdm u. a.), Dipl. 1350 ff. (z. b. Corpus VI, 86, X, 21 note) *fyra-*, Vg. I, Da, MEL und mschw. *fyre-*, Vg. II, Biæ, MEL, O u. a. (Siljestrand

§ 486. 487. Kardinalzahlen.

II, 44) *firitighi*, MET *fyretyghi*, agutn. *fiauratigi*; H *fīrœtī*, ST *fȳrœtīo*, O ff. *fȳretī(ghi)o* § 328, 1, b.

Anm. 2. Selt. Vm (2 mal) *fiōra-*, Dipl. 1285, Bu u. a. *fiūre-*, Vm u. a. *fiuru-* (vgl. aisl. *fiorutigi*), Bu *firritighi*, Dipl. 1353 *fyritighin*, mschw. *fyrteghi* (Rydq. II, 564), *-tyghi*, *fyritīe* (§ 149, 4). — Dat. *fiūrum tiughum* oder *tiughum* (*tighiom* Corpus III, 140 note; vgl. § 413, 3) *fiūrum* U.

50. *fǣmtighi*, MET (und Corpus X, 28 note) *-tyghi*, Sdm, MEL, Dipl. 1401 *-tī*, Bm ff. *-tī(ghi)o*.

Anm. 3. Selt. *fæm tyugh* Vh (vgl. § 412), *fǣntighi* Dipl. 1408 (s. § 272, 1).

60. *s(i)œxtighi*, MET *-tyghi*, Bm *-tīo*.

Anm. 4. Selt. *sixtighi* Dipl. 1407 (vgl. § 164). S. auch § 484 anm. 1.

70. *siūtighi*, Bm *siūtīo*.

80. *āttatighi*, mschw. *-tīe*.

Anm. 5. Selt. *āttighi* Da (s. § 158, 1), *ottotīe* Dipl. 1481 (vgl. § 484 anm. 3); agutn. runisch *atitihi*! — Dat. *tiughum* (*tighiom*, s. anm. 2 oben) *āttœ* U.

90. *nīotighi*, Bm *nīotīo*.

Anm. 6. Selt. *nīghiotighi* Dipl. 1401 (vgl. § 484, 9), *nīghitighi* 1432.

Anm. 7. Auf dieselbe weise gebildet ist das in Ög belegte *siaxtāntighi* 160.

§ 486. Die zahlen 21—29, 31—39 u. s. w. werden folgendermassen gebildet: *ēn* (*twēr*, *þrīr* u. s. w.) *ok tiughu*, *ēn ok prǣtighi* u. s. w.; s. Rydq. II, 570. Im kaschw. kommen daneben ausnahmsweise bildungen vor wie Ög *fiughurtān ok tiughu* 34, Cod. Havn. des Sdm *siūtān ok tiughu* 37.

§ 487. 'Hundert' ist gew. indeklinabel in der form *hundraþ* oder (Sdm ff.; z. b. Leseb. 80, 35) *hundraþa* (urspr. gen. pl., s. Rydq. II, 117; Kock, Arkiv XIV, 241). Es wird bald substantivisch (mit gen. eines folgenden subst.), bald und zwar häufiger adjektivisch konstruiert. Urspr. ist es ein nach § 386 flektierendes neutrum, wovon spuren hie und da noch zu finden sind: sg. gen. *hundraz-* (mschw. in komposition), pl. n. a. *hundruþ* H (s. § 386, 3, § 74 anm.), gen. *hundraþa-* Vm, dat. *hundrœþum* U, St.

§ 488. Kardinalzahlen. § 489. 490. Ordinalzahlen.

Anm. Selt. nebenformen sind *hundrat* Da (§ 260 anm. 7); *hundrattæ* Dipl. 1401 (kontamination von *hundrat* und *hundraþa*?), *hunderdha* Dipl. 1405 (§ 339, 2), *hundradhe* (bes. häufig im älteren nschw.; s. § 149, 1), *hundradho* Bir, ST (nach *thrætīo, fyretīo* u. s. w.?).

§ 488. 'Tausend' ist ebenfalls ein indeklinables subst. neutr. oder (häufiger) adj. in der form *þūsand* oder (Bu ff.) *þūsanda*.

Anm. 1. Selt. nebenformen: rschw. *þūsind* (Rydq. II, 120; gleich andd. *thūsint*, s. § 180, 4; anders Kock, Arkiv XIV, 242), *þūshuntraþ* Saleby II (aisl. *þúshundraþ*); *þūsæn* Vh (§ 292, 2), *þūsund* II (§ 180, 4), spät mschw. *tūsande* (§ 149, 1).

Anm. 2. Man merke die folge *þūsanda ok tū hundraþa ok āttatighi ok siū* (d. h. 1287) u. dgl. gegen *siū ok āttatighi* (d. h. 87) u. dgl., wo 100 und 1000 nicht mit im spiele sind; s. Rydq. II, 570.

B. Ordinalzahlen.

§ 489. *Fyrstęr* (u. a. formen s. § 468, 2) oder *fyrste* 'der erste' wird sowol stark nach § 450 als schwach nach § 459 flektiert. Jene flexion ist doch überhaupt (bes. im kaschw.) selten, ausser bei adverbialem gebrauch (n. a. sg. ntr. *fyrst*, dat. sg. ntr. *fyrsto*, dat. pl. *fyrstom*, s. § 478 und § 470, 2, 3 und 5).

§ 490. *Annar* 'ein anderer, der andere' wird kaschw. nur stark (nach § 451), mschw. auch schwach (§ 459) flektiert. Die synkopierten kasus zeigen den stamm *aþr-*, anal. bald (schon U ff.) auch *andr-*, s. § 229 mit anm.

	Mask.	Fem.	Neutr.
Sg. N.	annar, annan (s. anm. 1)	annor § 453, 2	annat § 320, 2
G.	annars	annarrar Vg. I, *andrar	annars
D.	aþrom, androm Vm, Vg. II ff.	annar(r)e Vg. I, II, Vm, Biæ, andre U ff., G. a	aþro, andro Vm ff., G
A.	annan § 289, 2	aþra, andra Vm ff., G	annat
Pl. N.	aþrir, andrir Vm ff., G	aþrar, andrar Bu ff., G	annor § 453, 2
G.		annar(r)a Vg. I, II, Vm, Da, andra Vm,	Bu ff.
D.		aþrom, androm Biæ ff., G	
A.	aþra, andra U MET ff.	aþrar, andrar Vm ff., G	annor.

§ 491. 492. Ordinalzahlen.

Anm. 1. In nominativischem gebrauch ist die urspr. acc.-form *annan* seit Cod. Havn. des Sdm, Og, Bu, Bir. A (Leseb. 43, 32) belegt. Vgl. § 453 anm. 1.

Anm. 2. Seltene nebenformen sind: sg. nom. m. KS *annor* aus dem fem.; fem. KS *annar* nach dem m., Da *adrun* (mschw. einigemal *andron*) wol aus **ann(u)ru-(e)n* mit postponiertem artikel wie dal. *oðern* 'der andere' (vgl. aisl. en *ǫnnor*, resp. enn *annarr*); ntr. Rök *ąnart* § 320, 2, Vg. I, Ly *an(n)ut* nach dem pl., D 4 *ant*, Da *annar* § 454, 1, c; gen. m. Biæ *annæs* (mschw. *annas* als adv. 'sonst') § 283 mit anm. 3, KS *annors* (vgl. den nom.); fem. G *annarir* § 454 anm. 2; dat. m. Da u. a. *adru*, U *andru* (*kost*), vielleicht nach dem synonym *aþruxis* (s. § 470, 4; anders Brate, Büj. s. 29); acc. f. U, Bir, MB. I, Linc. 39 *andro* (*lęþ, lund*; schwache flexion?); pl. nom. acc. ntr. *annar* (Siljestrand II, 45), mschw. *andron* (*androm*, vgl. § 277 anm. 3) wie im sg. nom. f., Di *andęr* nach dem m. und f.; acc. m. G *aþrar* s. § 453 anm. 5.

Anm. 3. Dunkel ist das bisweilen auftretende æ st. a in der wurzelsilbe: sg. n. m. *ænnęr* Dipl. 1507, a. m. *ænnæn* Biæ, a. f. *ændra* U, pl. a. ntr. *ænnur* Vg. II. Kaum liegt vermischung vor mit dem nur im adän. belegten, dem aschw. *ęnnor* entsprechenden *annær*, *ęnnæn*, *ænnen* 'irgend ein', worüber s. Wadstein, Tidskr. f. Fil. 3. R. III, 1.

§ 491. *þriþi* (*þryþi* Ly, Biæ, Bil u. a., vgl. *þryggia, þrym* § 482 anm. 1; *þriþie* Vm, MB. II u. a. nach den kas. obl.) flektiert nur schwach (vgl. jedoch anm. 1 unten) nach § 458, im sg. nom. f. und pl. nom. acc. ntr. auch nach § 462, 1 (so wenigstens in Vm, Da, Bu, ST), und zwar wie *jan*-stamm, d. h. mit kons. *i* vor einem -*a*, -*u* der endung. Also: sg. n. m. *þriþi*, f. *þriþia, þriþi*, ntr. *þriþia*, obl. m. *þriþia*, f. *þriþio*, ntr. *þriþia*, pl. *þriþio*, n. a. ntr. auch *þriþi*.

Anm. 1. Starke flexion zeigen — durch einfluss von *annar* § 490 — nicht ganz selten (s. Brate, Büj. s. 29; Siljestrand II, 47; Söderwall, Ordbok II, 728) dat. sg. ntr. *þriþiu* Da, Bu, Bil, MB. I u. a. und acc. sg. f. *þriþia* Vm u. a. Hierher wol auch der einmalige mschw. nom. pl. m. *thridhi*.

Anm. 2. Das ableitungs-*i* fehlt selten — durch einfluss der form *þriþi* — vor -*a*, -*o*, z. b. n. sg. f. *þriþa* Vm u. a., obl. ntr. *þryþæ* (Corpus I, 147 note).

§ 492. Die ordinalzahlen für 4—12 lauten *fiærþe* (Vm *fiorþe* § 118, mschw. auch *færdhe* aus mndd. *vērde*); *fæm(p)te*; *s(i)ǣtte* § 78, 3, *s(i)ǣte* § 304 mit anm. 3; *siunde*, agutn. *siaunde* (vgl. anm. 1); *ātunde* (Bu, Rk. I *āttande* nach *ātta*), *ātunde* Vb ff. (*-ande*) § 304 anm. 3 (vgl. anm. 2); *nīunde*; *tīunde* (vgl. anm. 3); *ællipte* (vgl. anm. 4); *tolfte* (vgl. anm. 5).

§ 493. Ordinalzahlen.

Anm. 1. Vielleicht nur schreibfehler sind Vh *syndi* (statt *syudi* mit *n* durch verkürzungszeichen ausgedrückt? oder aus *siundi* nach § 100?) und G. a *siauande* (anal. nach 13—19?).

Anm. 2. *āttunde* ist eine nach (*siūnde*,) *nīunde*, *tīunde* vorgenommene umbildung des ursprünglichen, im kompositum **āttelutęr* (gen. *āttaluz* Dipl. 1402) belegten, *ātte* (aisl. *átte*, got. *ahtuda*).

Anm. 3. Das substantivierte *tīnde* Vg. I, II K (adän. *tinde*) zehnt (adjektivisch im ortsnamen *Tīndaland* Vg. I) neben *tīunde* dürfte, nach einem vorschlage E. Sandberg's, aus dem häufiger vorkommenden kompositum *hovoptīnde* (aus *-tīunde* nach § 154, 1, C, 1, b wie *Tīndaland* nach 1, a) losgelöst sein; anders oben § 180, 4.

Anm. 4. Über *œlliufti* Vh (z. b. Leseb. 14, 25), *œllofte* Dipl. 1448 vgl. § 484 anm. 4.

Anm. 5. Über Rök *tualfte* vgl. § 484 anm. 5.

Diese, wie alle höheren ordinalzahlen (§ 493 und 494), werden schwach nach § 458 flektiert, nur dass (wie bei *þriþi*, s. § 491) sg. nom. f. und pl. nom. acc. ntr. bisweilen auf *-i*, *-e* enden können, wenigstens bei *fiorþe* Vm, *fiarþe* Bu u. a., *fœmte* Vm, Bu, *sǣtte* Vm (s. Siljestrand II, 47 f.; Landtmanson, Bu. s. 49).

Anm. 6. Starke flexion kommt ausnahmsweise vor (vgl. § 491 anm. 1): acc. sg. f. *tīunda* Vm, Da.

Anm. 7. Statt *fiœrdha* kommt mschw. einigemal ein nach *thridhia* (§ 491) gebildetes *fiœrdhia* vor (s. Kock, Arkiv VI, 33 note).

§ 493. Die ordinalia 13—19 werden aus den kardinalzahlen mittelst *-de* gebildet und lauten: *þrættānde*, *þrǣtānde* Vm, Cod. Havn. des Sdm u. a., vgl. noch anm. 1; *fiūrtānde* (*fyūrtānde* Vh, § 270 anm. 3), mschw. *fiortānde* (vgl. § 484, 14), vgl. noch anm. 2; *fǣm(p)tānde*; *s(i)œxtānde*; *siūtānde* (*syūtānde* Vh), vgl. noch anm. 3; *at(t)ęrtānde* (Vh), mschw. *adhęrtānde*, vgl. § 484, 18; *nītānde*, mschw. *nittānde*.

Anm. 1. Zu 13 auch die selt. formen *þrættundi* Sdm nach *attundi* u. dgl.; *þrattānde* Ög und *trittānde* (beides Corpus II, 12 mit note), vgl. § 484 anm. 6; *þrœntāndi* Vh (auorw. *þrentānde*) s. § 272, 1; rschw. *þritaunti* (d. h. *þrettāundi*) Rök, worüber s. Noreen, Arkiv III, 25 f.

Anm. 2. Zu 14 noch *fyghurtāndi* Vh, vgl. § 483 anm. 1 und 2; *fiughartānde* (d. h. *fiughęr-*?) O; *fiortunde* Dipl. 1409 nach *þrættunde* (s. anm. 1) u. a.

Anm. 3. Linc. 39 *syottonde* dürfte eine kontamination von *siuttān-* (§ 484, 17) > **syttān-* (nach § 100) > **søttān-* (nach § 116) und *syū-* (§ 484, 7) voraussetzen, wie auch nschw. dial. *sjōttan* 17.

§ 494. 495. Ordinalzahlen. § 496. Sonstige numeralia.

§ 494. Noch höhere ordinalia werden aus den kardinalzahlen mittelst *-nde* gebildet. · Belegt sind: 20. *tiughunde, -onde* H ff.; mschw. auch *tyūvende, tiūvande* (s. § 279, 1), *tyūnde* (s. § 324, 2). 30. *þrǣtiughunde* U ff., *þrǣtiūnde* (s. § 324, 2) Vg. II K ff.; mschw. auch *thrǣtighinde.* 40. *fȳretighinde* Bm, *firi*-Dipl. 1446. 50. *fæ̃mtighinde* MB. I; spät mschw. auch *-tighiande* (d. h. *-tījonde?*), *-tīẹnde* (§ 149, 4), vgl. § 485, 50; *fæ̃ntīænde* Dipl. 1450 (vgl. § 485 anm. 3). 60. *siæxtīonde* Bil. 80. *āttatiiande* (d. h. *-tīonde?*) um 1490. 90. *nīotighinde* O, *-tīẹnde* MB. II.

Die zwischenliegenden zahlen werden durch verbindungen von kardinal- und ordinalzahlen ausgedrückt, wobei die ordnung gleichgültig zu sein scheint, z. b. Bu *ā nīunda āre ok tiughu* im 29. jahre, *ā þrǣtiughunda āre ok twēm ārom* im 37. jahre u. a. m. (s. Rydq. II, 580). Dasselbe prinzip dürfte für noch höhere zahlen gelten, z. b. *tūsande-fȳrahundrade-siūtighi-første* 1471 (Corpus XI, 401).

§ 495. 'Anderthalb, drittbalb u. s. w.' werden teils durch zusammensetzungen wie *halfannar, -þriþi, -fiærþe* u. s. w. ausgedrückt, teils durch verbindungen wie *halvẹr annar* (f. *half annor*, ntr. *halft annat* u. s. w.), *halvẹr þriþi* u. s. w. (s. Rydq. II, 587).

C. Sonstige numeralia.

§ 496. Subst., welche eine anzahl bezeichnen, giebt es nur wenige, und diese zeigen oft eine spezialisierte bedeutung: *fǣmt* zeit von 5 tagen, zusammenkunft nach 5 tagen; *s(i)æxt* 12 uhr (aus lat. *sexta* entlehnt); *tiughẹr (tighẹr,* s. § 413, 3), selt. ntr. *tiugh* (s. § 412) anzahl von zehn; *dikur* Vg. I (aus lat. *decuria*), mschw. *dik(k)er*, spät *deker* (aus dem mndd.) decher; *tylpt (tylt* § 309, *tilpt* Vg. I, II, s. § 101, 2, *tølft* Vg. II ff., s. § 116, *tolft* U ff., s. § 409 anm. 4) zwölfter, sammlung von 12 eidleistern; *þrǣtiughund* U, *þrǣtiugh* Ög (substantiviertes ntr. — nach 454, 1, c gebildet — von einem adj. *þrǣtiughẹr, vgl. § 498), *thrǣtiught* (Corpus II, 8 note; subst. ntr. desselben adj., vgl. *arght* neben *argh* u. dgl. § 454, 1, c), *thrǣtiungẹr* (Corpus ib.) zeit von 30 tagen.

§ 497. Subst., welche den teil bezeichnen, werden vorwiegend durch das zu den ordinalzahlen hintretende suffix *-ung* (*-ing*, s. § 180, 5 mit anm. 3) gebildet, wiewol auch viele andere bildungsprinzipien vertreten sind. Solche wörter sind:

$1/_2$ zeigt wenigstens sechs ganz verschiedene bildungen: *halva* (*alva* U, s. § 246 anm.); (*h*)*alf* (got. *halba*; *ælf* s. § 409 anm. 4) § 386 anm. 3; *hælft* § 260 anm. 7 (*hælt* § 309, *hiælft* § 328, 2, b, *halft* § 409 anm. 4); *hælfninger*, *hælmninger* (*halfninger*, *halninger*, *halftninger*), *hælfminger* s. § 256 anm. 4; *halfnaþer* Ög; *halfdēl*; spät mschw. auch *halfpart*.

$1/_3$ heisst *þriþiunger*, *þriþunger* (vgl. § 491 anm. 2) Sdm ff., *þriþinger* Vg. II ff.; spät mschw. auch *tridninger* (schreibfehler st. *tridiunger*?), *trediunge*, *tridinge*. Ausserdem *þriþi luter* oder *dēl*.

$1/_4$ lautet *fiærþunger*, Vm, Da *fiorþonger*, Vm 1 mal *fiūrþonger*, Ly *fiarþiunger* nach *þriþiunger* (vgl. § 492 anm. 7), Siljestrand I, 11 *forþonger* (schreibfehler oder aus *fȳrþonger*?); mschw. auch *fiærdhinger*, *færdhunger* (nach mndd. *vērdink*), *fiærunger*, *fiæring* (vgl. mndd. *vērink*). Ausserdem *fiærþe dēl*, *fiærdhadēl*, *fiærdel* § 158, 1; *f*(*i*)*ærdhaluter* und *fiærdhapart*.

$1/_5$ *fœmtunger*, mschw. auch *fœmtinger* und *fœmptaluter*.

$1/_6$ *s*(*i*)*ǣt*(*t*)*unger*, *sættinger*, Dipl. 1506 (2 mal) *settiung* nach *þriþiunger*, agutn. *sēttungr*. Auch *siættcluter*.

$1/_8$ *āt*(*t*)*unger*, *āttinger*, *-anger* § 180, 5; *āttunde luter*, *āttteluter* § 492 anm. 2; *āttun*(*de*)*dēl* § 158, 1; *halffiarþonger*.

$1/_{10}$ *tīunde luter*. In der speziellen bedeutung 'zehnt' werden m. *tīunde*, *tīnde* § 492 anm. 3, f. *tīund*, agutn. *tīunt*, *tīont* § 263 anm. 1 (vielleicht anal. nach *hælft*, wie adän. *synt* gegen aisl. *siaund*), gebraucht.

$1/_{12}$ *tolftunger* oder *tolfte luter*.

$1/_{16}$ *halfāttunger*.

Anm. $2/_3$ wird teils durch *twā delar* (*delir* § 383, 4), mschw. auch durch den sg. *twædel* (mndd. *twēdēl*), teils durch pl. *twælytir*, selt. sg. *twælut*, *twelut* ausgedrückt; $3/_4$ durch *þrīr lytir*; $4/_5$ durch *fiūrir lytir*.

§ 498. Adj., welche eine anzahl bezeichnen, sind sehr selten. Belegt sind nur: **þrǣtiugher*, s. § 496; *fiæþertiugher*

§ 499. 500. Sonstige numeralia.

Og u. a. (*fioþertioger* Siljestrand II, 13; *fiuþœ[r]tigher* § 483 anm. 2) 40 enthaltend, 40 mark betragend; *twētyl(f)ter*, *-tolfter*, *-tyltæþer* 24 (leute) in anspruch nehmend; *þrētyl(f)ter*, *-tolfter*, (*-tulfter* Ög), *-tølfter* (vgl. § 496), *-tylftæþer*, Ög (2 mal) *þrœnnetylfter* (Tamm, Uppsalastudier s. 28) 36 (leute) in anspruch nehmend.

§ 499. Adj. multiplikativa werden durch komposition von kardinalzahlen und *-falder*, seltener und im ganzen später *-faldogher* (ausnahmsweise *-faldigher*) gebildet. Solche sind: *ēn-*, *twē-*, *þrē-*, *fȳra-*, *fǣm-*, *siæx-*, *siū-*, *tīo-*, *þrētighi-*, *hundradha-*, *thūsandafalder*; *ēn-*, *twē-*, *þrēfaldogher*; *ēnfaldigher* einfach u.s.w.

§ 500. Zahladverbia giebt es eigentlich nur zwei, die den ahd. *zwirō(r)*, *drirōr*, ags. *twiwa*, *ðriwa* entsprechen (zur erklärung s. Bugge, Ringen i Forsa s. 9 f.; Kluge, Grundriss[2] I, 493, § 303; anders Kock, Arkiv X, 297 f.).

1. 'Zweimal' heisst *tyswa(r)* § 69, 9 KP, Ög, SK ff., *teswar* § 116 MEL ff., *twiswær* § 70 anm. 1 St; ferner mschw. *tyswer* § 149, 1 (auffallend schon Vm 1 mal, wenn nicht schreibfehler), *tiswær* (Corpus XII, 468, aber ohne beleg), *tweswar* (ib. XII, 257 note) § 70 anm. 1, *tyswor* (ib. XI, 34 note), *tisvār* (ib. XII, 257 note), *tysa*.

2. 'Dreimal' ist *þriswa(r)* Dipl. 1285, Vg. II, Bil, gew. *þryswa(r)* § 70 anm. 1 Vg. I, Ly, St, G ff.; mschw. auch *threswar* § 116 Rk. II, Di, *trysar* G. a, *tresa* (Corpus XI, 42 note), *thryswæn* (ib.; schreibfehler? oder vgl. ahd. *zwirōn*).

Anm. 1. Sonst verwendet man verbindungen von kardinalzahlen mit dat., selt. acc. des ntr. *sin* oder *sinne* (s. § 356 anm. 1) 'mal', z. b. *ēno sinne* oder *ēt sin* 'einmal' (vgl. *ēn tīma* 'einst' und *sænder* 'auf einem male'), *twēm sinnom* zweimal, *þrim s. u. s. w.* bis *fȳra hundradha sinnom* u. dgl. (vereinzelt steht einmaliges mschw. *fȳrasins* 'viermal'). Erst mschw. finden sich daneben *ēna rēso* einmal, *thrē rēsor* dreimal, *tūsanda rēsor* tausendmal zu *rēsa* reise.

Anm. 2. 'Zum ersten, zweiten u. s. w. male' heisst *at fyrsta sinne*, *annat sin(ne)*, *þriþia sin(ne)* u. dgl.; mschw. auch z. b. *tridhia rēso* zum dritten male.

Kap. 5. Pronomina.

1. Persönliche.

a) Ungeschlechtige.

§ 501. Diese sind *iak* 'ich', *þū* 'du' und das reflexivum der dritten person. Die flexion zeigt (ausser im acc.) noch besondere dualformen, welche jedoch nur spärlich belegt sind und allmählich durch die entsprechenden pluralformen ersetzt werden.

Sg. N.	iak, iæk § 96, *mschw.* iagh § 267	þū	—
G.	mīn	þīn	sīn
D.	mǣ(r), *agutn.* mīr	þær, *agutn.* þīr	sǣ(r), *agutn.* sīr
A.	mik, *mschw.* migh § 267.	þik, *mschw.* thigh	sik, *mschw.* sigh
Du. N.	vit Vg. I, U, Vm, Dipl. 1374, Bil	it Corpus II, 306	} *wie im sg.*
G.	okar MB. II	*ikar	
D.	oker MB II	*iker, *vgl. dal.* ikk(er)	
Pl. N.	vī(r)	ī(r)	} *wie im sg.*
G.	vār, vārra MET, Bu, *mschw.* vār(a)	iþar, iþra	
D. A.	os	iþer	

Anm. 1. Im sg. nom. ist eine nicht gebrochene form (vgl. aisl. *ek*) nur rschw. einmal (*ik* L. 1971) sowie als suffix (s. § 502) belegt. — Über die form *iach* (z. b. Leseb. 97—99 mehrmals), *iech* (z. b. Leseb. 97, 27) s. § 258, 3.

Anm. 2. Sg. gen. zeigt agutn. 2 mal die form *sīna* (nach *til*), welche vielleicht auch rschw. belegt ist; vgl. anm. 7.

Anm. 3. Sg. dat. heisst dial. noch bisweilen *þer*, *sē(r)*, s. § 114. Über den erhaltenen ursprünglichen *i*-laut in agutn. *mīr*, *þīr*, *sīr* s. Pipping, Neuphilologische mitteilungen 15/11—15/12 1902, s. 4, wonach § 83, 2, c oben zu berichtigen ist. — Sämtliche dativformen werden allmählich durch die accusativformen ersetzt. Schon rschw. (Forsa) kommt *sik* in dativischer funktion vor. Kaschw. sind *mik*, *þik*, *sik* in dieser verwendung häufiger als *mær*, *þær*, *sær* (z. b. Vm 1 mal *sær* gegen 46 mal *sik*). Mschw. ist nur noch *sær* 2 mal als dativ (und ausserdem als adverb in der bedeutung 'für sich, besonders') belegt, dies aber noch so spät als in Di und MB. II.

Anm. 4. Über die im sg. acc. seit c. 1350 nicht ganz seltenen nebenformen *mæk*, *mek*, *megh*, *thek*, *thegh*, *sæk*, *segh* (z. b. Leseb. 97, 27; 107, 33; 108, 9) s. § 115 anm. 1 und 3 sowie § 142 anm. 9. Über *mich*, *thich*, *sich* s. § 258, 3.

§ 502. 503. Persönliche pronomina.

Anm. 5. Du. gen. *okar* statt **okkar* (wie im aisl.) erklärt sich nach § 303, 2 oder ist vom dat. acc. *okęr* (aisl. *okr*) beeinflusst.

Anm. 6. Pl. nom. (rschw. *uiʀ* Malstad, Slaka) heisst *agutn.* immer *vīr*, mschw. *vī* (nur MB. I 2 mal *vīr*). — Sehr fraglich ist, ob eine dem selt. aisl. *es* 'ihr' entsprechende form durch *is* Rök belegt ist.

Anm. 7. Pl. gen. *vār(r)a*, *iþra* beruhen wol auf analogie nach anderen pl. gen. auf *-ra*, bes. *þēr(r)a*. Der häufige ausdruck *sīna (sīnæ) mællum* U, Sdm ff. statt *mællum sīn* 'unter sich' dürfte wesentlich aus **sīn ā mællum* (vgl. aisl. *sín á mille* und Da *þæssa mællum* neben *þes ā millum*) entstanden sein wie auch Sdm *sinni (sinne) mællum, -in* (vgl. Larsson, Lj. s. 146 f.) aus sonstigem *sīn ī m.* — Durch attraktion kommen bisweilen formen wie *vārs* Dipl. 1346 ff., *vārt, idhars, idhrom*, je nachdem ein vorhergehendes wort auf *-s, -t* oder *-om* endet, vor.

Anm. 8. Pl. dat. acc. zeigt statt *os* auch *ōs* Cod. Havn. des Sdm, O (z. b. Leseb. 47, 16), Dipl. 1407, 1463, ST, *us* Da (Leseb. 25, 18), Bir. A (Leseb. 44, 26), SK, KS u. a. (s. Björkman, Sv. landsm. XI, 5, s. 15), *ūs* Dipl. 1403, 1404 u. a. (s. Björkman a. o. and Söderwall, Ordbok). Zur erklärung s. § 84, 2 b. — Spät mschw. *edhęr* (z. b. Leseb. 97, 25) entstand aus *idhęr* nach § 115, 1.

§ 502. Enklitischer anschluss von pronominalformen an ein vorhergehendes verbum kommt, ausser bei der bildung des mediopassivs (s. § 570), betreffs der nom. sg. *ek* (s. § 501 anm. 1) und *þū* vor, welche dann als *-k* (s. § 154, I, B, 1) und *-(t)u* (s. § 237, § 241) — dies jedoch nur nach verbalformen auf *-t* — auftreten, z. b. rschw. *falk* Skärfvum (urn. *fᴀlᴀhᴀk* Björketorp) ich verbarg, *raistik* L. 38 ich ritzte, mschw. *villik* ich wollte, *hadik* ich hatte (s. Söderwall, Ordbok), *āttu* du besitzest, *skalt(t)u* du sollst, *viltu* du willst Rk. I, *māttu* du magst, *kantu* du kannst Di.

b) Geschlechtiges.

§ 503. Dies ist das pron. der 3. person m. *han* er, f. *hōn* sie. Ntr. und pl. werden von dem pron. dem. *þæn* (§ 508) entlehnt.

N. hau   hōn, hun, *agutn.* hān § 74, 2
G. hans   hænna(r), *mschw.* hænna(s), -es
D. hānom, hōnom Vm ff.   hænne
A. han   hana, hōna

Anm. 1. Nom. f. zeigt die form *hun* (über deren verhältnis zu *hōn* s. § 112 anm. 1) bes. in alten västgötischen denkmälern wie Vg I (34 *hun* gegen 1 *hōn*), Ly, Vh, Vg. II, Biæ (7 *hun* : 3 *hōn*), Vg. II K (immer *hun*), sonst in U (immer), Da (5 *hun* : 13 *hōn*) und drei mschw. diplomen (s. Söderwall, Ordbok I, 827). Über das seltene *hūn* SK, Cod. Holm. B 55 des Vm (Corpus V, xxx) s. § 104 anm. 4. Agutn. steht in G auffallender weise 5 mal *hann* (wie im m.) gegen sonstiges *ha(a)n* (über dessen verhältnis zu *hōn* s. § 74, 2).

Anm. 2. Im gen. f. tritt *hænne*, dessen -*e* sich nach § 149, 1 erklärt, schon in Vm und Bu je 1 mal auf. Die seit c. 1400 häufigen formen auf -*s* haben diese endung von dem m. entlehnt; vgl. § 399, 2, b und § 408, 2.

Anm. 3. Dat. m. heisst selt. kaschw. *hannum*, mschw. *hannom*, *honnom*, worüber s. § 299.

Anm. 4. Dat. f. zeigt in Vg. I, Ly, Og, Bu bisweilen die form *hanni*, -*e*, deren *a* wol aus dem acc. stammt; vgl. anm. 6. Über das vereinzelte *hænnir* Vg. II s. § 454 anm. 2 (schluss). Vg. I *hænnæ*, Bu *hænna*, *hænæ*, alle je 1 mal, sind wol dativisch verwendete accusative; vgl. acc. *henna* (anm. 5) und die in anm. 8 erwähnte vermischung.

Anm. 5. Acc. f. zeigt in SK die form *hūna*, welche nach dem nom. *hōn* (s. anm. 1) gebildet ist, wie die sehr häufige form *hona* nach *hōn* (vgl. anorw. *hona* nach *hon*). Mschw. ist *henna* (wie in nschw. diall.) 1 mal belegt (vgl. anorw. *hena*).

Anm. 6. Acc. (m. und f.) wird seit c. 1400 allmählich von dem dativ verdrängt.

Anm. 7. Die, bes. im rschw., sporadisch auftretenden (mask.) formen ohne anlautendes *h*- erklären sich nach § 312, 2 mit anm. 1; vgl. auch § 504.

Anm. 8. Das, bes. im mschw., häufige *e* statt *æ* in gen., dat. f. beruht auf schwachtonigkeit, s. § 147.

§ 504. Enklitischer anschluss an ein vorhergehendes wort — vorzugsweise eine verbalform — kommt, bes. mschw., häufig vor, wobei die pronominalformen folgendermassen (s. § 154 anm.) verstümmelt auftreten (kaschw. beisp. s. Rydq. II, 534, Schlyter, Corpus X, 400; mschw. beisp. reichlich bei Bure, Rytmiska studier s. 17, und Söderwall, Ordbok):

Nom. acc. m. nach kons. als -*an* (-*æn*), mschw. gew. -*(n* (nach § 149, 1; selt. -*in*), z. b. *at æn* dass er Vg. I, *bindran* bindet er Ög (Leseb. 30, 2), *tōghan* nahm ihn ST, *frānen* von ihm Rk. II, *barin* trug ihn Rk. I; nach vokal als -*n*, z. b. *biþin* bitte ihn U, Vm, *firin* für ihn Ög, *læggian* ihn legen MEL, *studden* er stützte Bm.

Nom. f. selt. mschw. -*on*, z. b. *mondon* aus *monde hōn* (vgl. § 154, II, A) sie würde Rk. II.

§ 505. 506. Possessivpronomina.

Dat. m. selt. mschw. -*nom* nach vokal, z. b. *mōttenom* begegnete ihm, *skullenom* sollte ihm Rk. II.
Dat. f. selt. mschw. -*anne* (vgl. § 503 anm. 4) nach kons., z. b. *mœdhanne* mit ihr Cod. Holm. A 54.
Acc. f. nach kons. selt. mschw. -*ina*, z. b. *vidhina* bei ihr Cod. Holm. A 54; nach vokal öfter -*na* (-*nœ*), z. b. *gərþenœ* machte sie Vh, *hafdhona* hatten sie Rk. I, *lœsana* sie lesen Linc. 39.

2. Possessiva.

§ 505. Den persönlichen singularpronomina entsprechen *min* mein, *þin* dein und *sin* sein, ihr, welche ganz übereinstimmend flektieren. Paradigma:

	mask.	fem.	neutr.			mask.	fem.	neutr.
Sg. N.	mīn	mīn	mit	Pl.	N.	mīnir	mīna(r)	mīn
G.	mins	minna(r)	mins		G.	minna	minna	minna
D.	mīnom	minne	mīno		D.	mīnom	mīnom	mīnom
A.	min	mīna	mit		A.	mīna	mīna(r)	mīn

Anm. 1. Agutn. steht gew. *e* statt *i* (aber nicht *ī*), s. § 115 anm. 2. So nur ganz vereinzelt und spät im mschw. (s. Schagerström, Sv. landsm. II, 4, s. 9).

Anm. 2. Die nicht seltenen fälle von *n* statt *nn* erklären sich aus der schwachtonigkeit des wortes (s. § 303, 2).

Anm. 3. Sg. acc. m. von *sin* ist vielleicht rschw. einmal als *sīnin* Kvarntorp (vgl. urn. *mīninō* Kjølevig) belegt, s. Bugge, Norges Indskrifter I, 124.

Anm. 4. Sg. acc. f. zeigt in Bu 3 mal die form *sinna* mit aus gen., dat. entlehntem *nn*.

Anm. 5. Pl. gen. zeigt auffallender weise die form *sinnær* je 1 mal in U und Vg. II (s. Rydq. IV, 449); vgl. § 391 anm. 2.

Anm. 6. Pl. dat. *sīnungum* (1 mal, s. Corpus II, 53 note) scheint ein *sīnunger in derselben bedeutung wie *sin* vorauszusetzen.

§ 506. Dem persönl. dualpronomen *vit* entspricht ein *okkar uns beiden zugehörig, das jedoch nur in sg. nom. f., pl. nom. acc. ntr. *ukur* Vg. I, Ög, *ukkur* U, *okkor* Vm, *okur* Vg. II und sg. nom. acc. ntr. *okart* U, *okkat* (§ 320, 2) Vm, *ok*(*k*)*art* (Siljestrand II, 51) belegt ist. Über das *u* neben *o* s. § 84 anm. 1. Das einfache *k* neben *kk* beruht wol auf

§ 507. Possessivpronomina. § 508. Demonstrativpronomina.

schwachtonigkeit (§ 303, 2) oder auf einfluss von okẹr (§ 501 anm. 5).

Anm. Ein *ikkar euch beiden zugehörig kann aus aisl. ykkarr und dal. ikken erschlossen werden.

§ 507. Den persönl. pluralpronomina entsprechen vār unser, iþar (mschw. auch edhẹr nach § 115, 1 und § 149, 1) euer und sin ihr. Über sin s. § 505; vār und iþar flektieren:

	Mask.	Fem.	Neutr.	Mask.	Fem.	Neutr.
Sg.N.	vār	vār, agutn. ōr	vārt	iþar	iþur	iþart
G.	vārs	vārra(r)	vārs	iþars	*iþra(r)	iþars
D.	vārom, agutn. ōrum	vārre	vāro, agutn. ōru	iþrom	iþre	iþro
A.	vā(r)n § 289,2	vāra	vārt	iþan § 289,2	iþra	iþart
Pl. N.	vāri(r)	vāra(r)	vār	iþri(r)	iþra(r)	iþur
G.	vārra	vārra	vārra	*iþra	*iþra	*iþra
D.	vārom	vārom	vārom	iþrom	iþrom	iþrom
A.	vāra	vāra(r)	vār	iþra	iþra(r)	iþur

Anm. 1. Sg. nom. f. und pl. nom. ntr. zeigen mschw. je 1 mal die form vāron statt vār; wol anal. nach þæsson (§ 509, 6 mit anm. 3) und ængon (§ 523, I, 1).

Anm. 2. Sg. gen. f. vare Vm, Bu ist wol ein frühes beisp. von ẹ aus a wegen schwachtonigkeit (s. § 149, 1), wodurch sicher das r statt rr hier wie in sonstigen sporadischen fällen zu erklären ist (vgl. § 505 anm. 2).

Anm. 3. Sg. gen. ntr. heisst in Vg. I 2 mal auffallend vœrs gleichwie sg. acc. m. in Cod. Holm. B 56 des Vm 1 mal vœrn; vgl. dal. sg. nom. m. wœr.

Anm. 4. Über den vereinzelten sg. dat. m. yþrom s. § 71, 3.

Anm. 5. Agutn. ist die stammform ōr- (ugutn. ōur-, aisl. ór-, dal. ōr-) in G.a durch das gew. vār- ersetzt worden. Ngutn. cvvar setzt ein *nar voraus. Über das verhältnis dieser stammformen s. An. gr. I², § 108, 1.

3. Demonstrativa.

§ 508. Das pron. 'der, die, das' flektiert wie folgt (die formen geordnet nach abnehmender häufigkeit im kaschw.):

	Mask.	Fem.	Neutr.
Sg.N.	þæn (þen § 147), þan (agutn. so immer), Vg. I sā(r), rschw. sā(u)	þē, þōn (agutn. þaun), Vg. I, rschw. sū	þret (þet, agutn. so immer), selt. þat
G.	þæs (þes, agutn. so immer)	þēra, þœrra, attributiv auch þe	= m.

§ 508. Demonstrativpronomina.

	Mask.	Fem.	Neutr.
D.	þēm (rschw., agutn. þaim), þȫm, þæm (þem)	þēre (agutn. þairi), þērre, attrib. auch þe	þȳ, þī (so bes. agutn.), attrib. auch þe
A.	þæn (þen), þan (agutn. immer)	þā (agutn. immer), þē, mschw. auch þen	= nom.
Pl. N.	þē(r) (rschw. þai(R), agutn. þair), þi(r), þæ(r) (rschw. þāR)	þā(r), þē(r), þæ(r), agutn. þār	þē, þȫn (rschw., agutn. þaun), þēn
G.	þēra (rschw. þaiRa, agutn. þaira), þērra, þærra, mschw. auch thēras, -es, -is, attrib. the		
D.	þēm (rschw., agutn. þaim) þȫm, þom		
A.	þē, þā (agutn: immer)	= nom.	= nom.

Über die einzelnen kasus ist zu bemerken:

1. Der urspr. sg. nom. m. *sā*, anal. nach anderen nom. m. *sāR, sār* ist rschw. noch ganz allgemein (beisp. Rv. s. 436, Rydq. II, 490 f.), sonst aber ausser im Vg. I durchgehends von acc.-formen ersetzt worden, und schon Vg. I hat 2 *þæn*, 2 *þen* und 1 *þan* neben beinahe 20 *sā* und 2 *sār* (beisp. Leseb. s. 172). Vgl. 9 unten.

Anm. 1. Seltene nebenformen sind: rschw. *sīR* (s. § 509 anm. 2), Vg. I *sǣr*, worüber s. § 64 anm. 2; rschw. *þā(R)*, worüber vgl. Rv. s. 133 f., 297; Da *þeer* (wol schreibfehler, s. Brate, Böj. s. 31); KS *thȫn* aus dem fem.

2. Der urspr. sg. nom. f. *sū* ist ebenfalls ausser im rschw. und Vg. I (z. b. Leseb. 4, 11) nicht zu belegen. Das allgem. *þē* U, Ly, Vg. II, Bu, Bir. A, Vg. II K ff. ist wol aus dem acc. entlehnt, das ziemlich allg. *þȫn* U, Vm, Biæ, Ög, Bu (G. *þaun*), Bm, KS vielleicht aus nom. acc. ntr. wegen der allg. formellen identität der betreffenden kasus.

Anm. 2. Seltene nebenformen sind: *þȳ* U, Vg. II, MB. I, GO aus *þīu (ags. ðīu, ahd. diu), s. An. gr. I³, § 74, 9; *þen* Biæ, Bu und spät mschw. aus dem m.

3. Sg. nom. acc. ntr. *þat* ist zwar rschw. häufig — sofern es nicht hie und da die aussprache *þæt* bezeichnet — aber schon kaschw. selten, z. b. Vg. I (4 mal), Ly (1 mal), Da (1 mal). — Nicht selten ist enklitischer anschluss an ein vorhergehendes wort, vorzugsweise eine verbalform (vgl. § 504): nach vokal -*t* (mschw. auch -*dh* § 266), z. b. *þōttit* es schien Ög, *givat* es geben Bm; nach kons. -*it*, -*et*, selt. -*æt*, -*at*, z. b. *ærit* es ist Bm, *gavit* gab es, *kallæret* nennt es Vh (Leseb. 14, 1),

§ 508. Demonstrativpronomina.

foret für es Rk. I, *besigleret* besiegelt es Rk. II, *ærœt* ist es Dipl. 1345, *skōtat* schoss es Di, *œrat* ist es Linc. 39 (reichliche mschw. beisp. bei Bure, Rytmiska studier s. 17, und Söderwall, Ordbok). Aber nur in verhältnissmässig wenigen fällen dürfte hier wirklich — wie Kock, Arkiv XI, 117 ff., für die meisten, eventuell für alle, annimmt — ein *þat*, *þœt*, *þet* suffigiert worden sein, da ja dies lautges. nur nach *l*, *n*, *t* (*d*, *ð*), *þ* sein anlautendes *þ* (*ð*) einbüssen konnte (s. § 236 und 237 sowie An. gr. I³, § 275 anm. 1). Vielmehr liegt wol den meisten fällen zu grunde das sonst nur als konj. 'dass' gebrauchte pron. *œt* (got. *ita*) 'es' (vgl. § 173), ausnahmsweise wol auch *hit* (got. *hita*) 'dieses' und das sonst nur als suffigierter artikel auftretende -*it* (got. *jainata*) 'jenes'.

Anm. 3. Sehr selt. kommt ein aus dem f. oder dem dat. ntr. (vgl. 7 unten) entlehntes *þy* Vm u. a. (s. Siljestrand II, 54) vor. Das selt. rschw. *þit* L. 564, 953 (und Rv. s. 345) giebt teils die aussprache *þœt* wieder (s. § 113), teils das nach § 113 diesem zu grunde liegende, mit *þat* ablautende (s. § 173), *þet* (ags. *ðet*).

4. Sg. gen. m. zeigt mschw., wenn auch ziemlich selten, die nach dem nom. acc. gebildete form *thœns* (*thens*) Bil, Di u. a.; vgl. nschw. *dens* neben *dess*.

Anm. 4. In Da und Cod. Holm. B 56 des Vm steht je 1 mal *þœrs* (aisl. *þers* An. gr. I², § 459 anm. 3), wol nach *hwœrs*.

5. Sg. gen. f. *þœrrœ* Vg. I verhält sich betreffs des stammvokals zu *þērœ* U, Sdm, D 4 (aisl. *þeirar*) wie ags. *ðere* zu *ðáre* oder got. *þizōs* zu *blindaizōs*. Das attributive *þe* Sdm, Da, Bir. A (je 1 mal) und mschw. (öfter) ist wol aus dat. acc. entlehnt worden.

Anm. 5. Vg. II *þœrre* ist wol nur statt *þœrrœ* verschrieben. Mschw. steht spät und selt. *t(h)es* nach dem m. und ntr.

6. Sg. dat. m. *þēm* Vg. I ff. (geschrieben *þeem* Vg. II, Biœ u. a.) verhält sich zu dem fast ebenso häufigen *þœm* Vg. I, Vm, Bu u. a. wie ags. *ðám* zu ahd. *demu*. Das häufige *þōm* Vm, MET, Biœ, Da, Ög, Bu (gew.) ff. stammt wol aus dem pl.

Anm. 6. Eine seltene nebenform ist *þom* Bu, Bir u. a. (Siljestrand II, 55), worüber s. § 65, 1. Ausserdem wird bisweilen (schon Vg. I, Sdm) acc. *þœn*, *þen* als dat. gebraucht.

Anm. 7. Sg. dat. f. zeigt folgende selt. nebenformen: *þœrœ* Vg. I, U, Sdm, Vm ist wol (wie ahd. *dera*) aus dem gen. entlehnt; ebenso wol

§ 508. Demonstrativpronomina.

Vg. II þèrrœ (aisl. þeirrar), wenn nicht statt þèrre verschrieben; U þœri kann sich zu dem gew. þère wie ags. ðere (got. þizai) zu ðáre (aisl. þeire) verhalten. Über agutn. þairu, teirir s. § 454 anm. 2; O thēro-nne s. Söderwall, Ordbok II, 701.

7. Über das im sg. dat. ntr. allgem. þȳ s. An. gr. I³, § 74, 6. Über þī (aisl. þí, ags. ðí, got. þei) Vg. II, G, KS u. a. (sowie in þī-liker § 510, 2) und das in attributiver stellung nicht seltene (Ly ff.), sonst aber vereinzelte (Sdm, Vm) þe (ags. ðé, got. þē) s. Noreen, Grundriss² I, 621, § 204, 8.

Anm. 8. Das selt. þū (aisl. þú) Vg. I (Leseb. 4, 15; 6, 13) u. a. (s. Noreen, Arkiv VI, 373 note; ausserdem in þū-liker § 510, 2) ist wol urspr. schwachtonige nebenform (nach § 91, 7, a) zu dem ausser im häufigen þō-liker (§ 510, 2) nur 1 mal in Da (s. Noreen a. o.) belegten þō. Vgl. noch forþom § 74.

8. Sg. acc. (und nom., s. 1 oben) m. zeigt im G nur þan, das ausserdem im Vm weit überwiegend ist (257 þan : 25 þœn : 2 þen) und auch im Da häufig (25 þan : 70 þœn : 8 þen), aber sonst selten z. b. in Vg. I (2 þan : gew. þœn oder þen) und Ly (1 mal). In U und Biæ ist þœn regel. Sdm. fr hat nur, Sdm fast nur þen (1 mal þœn).

Anm. 9. KS hat (auch im nom.) selt. thōn, wol nach dem fem.

9. Sg. acc. f. þē (ags. ðá, ahd. dē) Ly, U, Sdm, Vg. II, Biæ, Bu, Vg. II K, KS, D 4, Linc. 39 u. a. wird mit der zeit häufiger als þā (aisl. þá, got. þō) Vg. I, II, U, Sdm, Da, Ög, Bu, G, KS u. a. Mschw. then D 4 ff. ist aus dem m. entlehnt.

Anm. 10. Selt. nebenformen sind: þūn Vm (1 mal), KS nach dem nom.; þœ Vg. I (1 mal), Ly, U, Bu mit aus dem m. und ntr. entlehntem œ-laute..

10. Pl. nom. m. þē (got. þai) ist häufiger als þēr (geschrieben þeer Biæ, Vg. II, Da u. a.), worüber s. § 321 anm. 4 und 5. Über þi(r) Sjonhem II, Ly, Vg. II und mschw. s. § 146, 1. Rschw. þāʀ L. 253, 690, 864, Ardre, Forsa u. a. (s. Bugge, Norges Indskrifter I, 80, Rv. s. 160, 318, Pipping, Om runinskrifterna på . . Ardre-stenarna s. 17) ist wol mit (aisl. þǽr und) dem späteren þǽ(r) Vg. I (12 mal gegen 71 þēr), Ly, U, Vm, Biæ, ST u. a. identisch. Vielleicht ist es mit Kock, Beitr. XV, 254 als aus nebentonigem þaiʀ nach § 80, I, 4 und § 64, 2 (vgl. aber anm. 2) entstanden zu erklären.

§ 508. Demonstrativpronomina.

Anm. 11. Selt. þū(r) Vg. II (8 mal) u. a. hat wol ū aus dem f. (s. anm. 12) und ntr. entlehnt. Ausnahmsweise wird wie im jetzigen Stockholmisch die dativform nominativisch gebraucht: Ög þēm 1 mal, mschw. thēm 2 mal.

11. Pl. nom. acc. f. zeigt neben gew. þā(r) — gleich got. þōs nach § 91, 7, b — fast ebenso oft das (wie selt. aisl. þeir) wol aus dem m. entlehnte þē(r) Vg. I, U, Sdm, Vm, Biæ, Vg. II, Da, Vg. II K, Bil, MB. I, A 49.1 u. a., gew. ohne -r (vgl. 10 oben). Über das ziemlich seltene þǣ(r) Vg. I, Ly, Biæ, Bu u. a. s. § 64 anm. 2.

Anm. 12. Über selt. þōr Vg. II s. § 64 anm. 3. Ausnahmsweise wird der dativ als nom. gebraucht; vgl. 16 unten.

12. Im pl. nom. acc. ntr. steht neben þē (ags. ðá) Vg. I, Ly, U, Sdm, Sdm. fr, Vm, MET, Vg. II, Biæ, Da, Bu, Vg. II K und mschw., fast ebenso oft þᵒn (aisl. þau en, s. Kock, Beitr. XV, 251) U, Vh, Vg. II, Biæ, Da, Ög, Bu, Bil, KS u. a. (þaun Hofgården, L. 1587 u. a. sowie agutn.). Verhältnismässig selt. ist þēn (geschrieben þeen Vg. II u. a., was — gegen Kock, Ark. XII, 88 — die länge bezeugt) Vb, Vg. II, Bu, Dipl. 1350, Cod. Holm. A 54 u. a. Über das verhältuis dieser formen s. Noreen, Grundriss² I, 621 f., § 204, 13.

Anm. 13. Selt. nebenformen sind: rschw. þau (wie im aisl.) Källfvesten u. a. (Rv. s. 437), später þū Vg. II u. a.; rschw. þā Slaka, þą L. 149, wol das spätere þæ U, Sdm; rschw. þun L. 142, kaschw. þœn H, Bu, zu þæ gebildet wie þōn, þen zu þō, resp. þē; ferner þy (ahd. diu) Vg. I (4 mal), Vh (1 mal) und Dipl. c. 1300 (1 mal); þēr Vg. I (3 mal), U (1 mal), Vg. II K (1 mal) nach dem m. (und f.). Zur erklärung der formen vgl. Noreen a. o. — Ganz ausnahmsweise steht der dat. als nom., z. b. þōm Bu (wenn nicht schreibfehler); vgl. 16 unten.

13. Pl. gen. þerra (aisl. þeirra) Vg. I, II, Vh, Biæ, Ög, Bu, St u. a. ist im kaschw. ebenso häufig als þera (aisl. þeira) U, Sdm, Vm, Biæ, Ög, Bu, Vg. II K und mschw. Ziemlich allg. ist auch þærra (aisl. þerra) Vg. I, II, Ly, Bu, O. Über mschw. theras c. 1450 ff. > -es, -is s. § 149, 1 mit anm. 2 und vgl. § 454 anm. 9; die form wird nur substantivisch gebraucht. Das attributive the ist wol aus dem nom. acc. entlehnt.

Anm. 14. Selt. ist þærœ Sdm (aisl. þera, ags. ðeara, got. þizē, -ō). Über G þairar (1 mal) s. § 454 anm. 2. Mschw. steht spät und selt. therom vor einem folgenden dat. pl. (attraktion).

§ 509. Demonstrativpronomina.

14. Im pl. dat. ist die bes. allg. schreibung þem zweideutig, indem sie sowol þēm (bisweilen þeem geschr.; aisl. þeim) als ein aus þœm Vg. I (Leseb. 5, 27), Vm (aisl. selt. þem) nach § 147 entstandenes þem (vgl. þen, þet, þes) vertreten kann. Allg. ist auch das vom nom. acc. ntr. þen beeinflusste þōm U, Vm, MET, Ög, Bu, Off. Seltener ist þom U (Leseb. 9, 35), Bu (Leseb. 41, 31), Bir, Bil, A 49. I (hier alleinherrschend; nschw. dom), das sich zu þēm verhält wie blindom zu got. blindaim.

15. Pl. acc. m. heisst gew. þē U, Vh (Leseb. 13, 34), Sdm ff. wie der nom., aber häufig ist auch þā (aisl. þá), z. b. L. 228, Vg. I, II, Vh, Ög, MET, G.

Anm. 15. Selt. sind þœ U und thi Dipl. 1505 (2 mal), vgl. den nom. Vgl. übrigens 16 unten.

16. In allen geschlechtern werden schon seit den ältesten lit. denkmälern bisweilen — in einigen wie U und Vm sogar in der regel — und mit der zeit immer häufiger die dativformen þēm (agutn. þaim) Vg. I, Uff., þœm Vg. I, Vm ff., þōm Uff. (bes. oft Bu), spät mschw. auch thom accusativisch gebraucht, jedoch selten in attributiver stellung.

Anm. 16. Schon in der ältesten literatur (Vg. I, Uff., auch agutn.) wird dies pron. — mit ausnahme der formen sā(r) und sū — als bestimmter artikel vor schwach flektiertem adjektiv gebraucht; beisp. s. Rydq. II, 502. Ausnahmsweise steht es als artikel vor oder nach einem substantiv, z. b. þœt barn das kind Vm, þœt ríke Bir. A das reich (Leseb. 43, 31), thœth vœdhir D4 das wetter (Leseb. 63, 37), goz þet das gut (Siljestrand II, 59).

Anm. 17. Über selt. formen mit anlautendem d- s. § 260 anm. 5..

§ 509. Das pron. 'dieser', über dessen entstehung s. An. gr. I[3], § 460 anm. 1 und Grundriss[2] I, 623 f., § 206, flektiert folgendermassen:

	Mask.	Fem.	Neutr.
Sg. N.	þænne, *agutn.* þissi, *rschw.* sā(ʀ)si	þæsse, *agutn.* þissun, *mschw.* auch thæssin	þætta, *agutn.* þitta, *rschw.* auch þatsi
G.	þæssa	þæssa	þæssa, *mschw.* auch thæssi(n)s
D.	þæssom, þæmma, þænna, *agutn.* þissum	þæsse, *agutn.* þissi	þæsso
A.	þænna, *agutn.* þinna, *rschw.* auch þansi, þensi, -sa	þæssa, þænna, *agutn.* þissa	= *nom.*

§ 509. Demonstrativpronomina.

	Mask.	Fem.	Neutr.
Pl. N.	pæssi(r), *mschw. auch* thenna, -e	pæssa	pæssi(n), pænne, pæsson, pæssa, pæssom, *rschw. oft* pausi
G.		þessa	
D.		þæssom, þæmma, þænna, *agutn.* þissum	
A.	pæssa	pæssa	= *nom.*

Zu dieser flexion ist zu bemerken:

1. In der wurzelsilbe steht oft *e* statt *æ*, zum teil vielleicht wegen schwachtonigkeit (s. § 147), aber hauptsächlich wol durch einfluss der neben þæn, þæs, þæt, þæm stehenden formen þen u. s. w. (s. § 508, 14). Das agutn. *i* — das auch im dal. auftritt — statt des zu erwartenden *e* ist wol in sg. nom. acc. ntr. (as. *thit, thitt,* ahd. *diz,* ags. *ðis*) und acc. m. ursprünglich (s. Lidén, Arkiv IV, 97 ff., 108 f.) und von dort aus weiter verschleppt worden (vgl. aisl. selt. acc. sg. f. þissa und anm. 8 unten).

Anm. 1. Über formen mit anlautendem *d*- s. § 260 anm. 5. Die mit *h*- anlautenden formen, welche bes. in denkmälern aus Västmanland (vgl. das jetzige dal., welches solche formen voraussetzt) und im agutn. bisweilen vorkommen, z. b. sg. m. nom. *hænne, henne,* dat. *hæmma* (s. Siljestrand II, 57), acc. *heni* L. 1208, agutn. *hin(n)a* L. 1780, 1810, *his(s)an* L. 1731, 1766, ntr. *hitta* (vgl. aisl. selt. *hitti*) G, pl. gen. *hærræ* U (Leseb. 9 note), *herra* MEL (Leseb. 35 note), beruhen wol auf vermischung mit den pron. *han* (§ 503), *hin* (*hæn* § 510 anm. 1), *hi*- (An. gr. I³, § 461 anm. 2), d. h. *hænne, hitta* u. s. w. sind zu *hæn,* resp. *hit* gebildet nach der analogie *bænne* : þæn, þætta : þæt u. s. w.; vgl. Schagerström, Sv. landsm. II, 4, s. 65.

Anm. 2. Im sg. nom. m. kommt rschw. neben *säsi* L. 596 und *säʀ si* L. 805 auch *sīʀ si* L. 868 vor, worüber s. § 64 anm. 2; Vg. I 1 mal *þanni* (Leseb. 7, 23), vgl. þan neben þæn (§ 508); mschw. ziemlich selt. *thæssin* Bm u. a. aus dem fem., MB. I *thenna* aus dem acc.

2. Sg. nom. f. þissun, thæssin sind aus *þissu (alte umbildung von *þissi nach sonstigen, noch unsynkopierten nom. f.) *en,* resp. *thæssi en* wie þaun (þön) aus þau en (s. § 508, 12) entstanden. Anders betreffs þissun Kock, Arkiv XI, 132 ff., aber übereinstimmend betreffs thæssin Beitr. XV, 251.

Anm. 3. Selt. nebenformen sind: rschw. *tþis* s. § 260 anm. 5; kaschw. þæssa II, Bu, Cod. Holm. B 56 des Vm aus dem acc., þæssum Da 4 mal (z. b. Leseb. 27, 23) sowie mschw. 2 mal, worüber s. § 277 anm. 3; mschw. *thæsson* P. I, Bm wie agutn. þissun gebildet (s. 2 oben), thænna (thenna)

§ 509. Demonstrativpronomina.

ST u. a. aus dem acc., thænne (thenne, mnorw. selt. þenne) O, P. I, D 4, Ve (Leseb. 84, 8), thennyn (d. h. -in; Söderwall, Ordbok II, 771 nachtrag). Anm. 4. Im sg. nom. acc. ntr. hat Vg. I 2 mal (z. b. Leseb. 8, 16) þatta, -æ (aisl. selt. þatta), vgl. þat neben þæt und anm. 2 oben. Einmaliges þit Cod. Holm. B 55 des Vm dürfte, wenn nicht verschrieben, dem as. thit(t) u. a. (s. 1 oben) entsprechen.

Anm. 5. Sg. gen. thæssins, wol aus þæs-si-ens (vgl. 2 oben) entstanden, ist selt. auch im m. (O 1 mal) und durch übertragung im f. (Su, MB. II, 5 mal) belegt. Ausserdem kommt im f. ausnahmsweise þænna Bu, thenne Bil je 1 mal vor.

3. Sg. dat. m. þæmma (vgl. aisl. þema) L. 1632, U, Biæ, Ög, KS u. a. ist etwa ebenso häufig wie þæssom U, Ög, Cod. Reg. Havn. des Sdm, O, Bm u. a. Auch das aus dem acc. entlehnte þænna Da, Bu, Vg. II K (geschr. þæna), KS, Su ist nicht selten.

Anm. 6. Selt. nebenformen sind: rschw. þeimi L. 1629; kaschw. þæmna, þemna (Siljestrand II, 57 f.), das wol zum dat. þæm (§ 508, 6) mit demselben suffix wie hærna (§ 91, 7, b), aisl. þarna u. a. gebildet worden ist; mschw. thennom Dipl. 1405 u. a., wo die dativendung dem nom. oder acc. angehängt worden ist.

Anm. 7. Im sg. dat. f. ist einmal þæssæri (aisl. þessare) in U belegt; mschw. 3 mal t(h)æsso P. I u. a. wie im acc.

Anm. 8. Im sg. dat. ntr. kommt selt. thenno (vgl. m. thennom, s. anm. 6) Dipl. 1348, thisso (wie im agutn.) Dipl. 1401, 1402 vor. Sdm. þæsse 1 mal ist wol nur schreibfehler.

Anm. 9. Sg. acc. m. zeigt eine grosse menge von zum teil sehr verschiedenen formen, die oft ihrem lautwerte nach zweideutig sind. Neben dem am häufigsten auftretenden, die aussprachen þenna, þænna und wol auch þinna wiedergebenden þina Kärnbo, Malstad, Turinge, L. 2, 5, 9, 38, 502, 1071 u. a. m. (þiną L. 29, 43, 49, 511, 1330, Rv. s. 26, 336, þinna L. 1647; vgl. noch § 260 anm. 5 und anm. 1 oben), seltener þena (d. h. þenna, þænna) L. 66, 610, 612 (þeną L. 24, 26, 37, 51, Rv. s. 320, þænna L. 1634, 1639), selten þana (d. h. þænna, vielleicht auch þanna, aisl. selt. þanna) L. 305, 323, 331, 1272, Rv. s. 367 (þąna L. 754) geschrieben, steht der ebenfalls häufige, altertümliche typus þansi (d. h. þannsi oder þænnsi) Högby, Rösås, Skeninge, L. 478, 830, 876, 1186 (þąnsi Forsheda, Herened, Tüng, þasi L. 1159, 1384 ohne bezeichnung des n), seltener þensi (d. h. þennsi, þænnsi) L. 1356, 1390 (þainsi L. 478, þesi L. 1166, 1401, þaisi L. 1207 ohne n-rune) oder þinsi (d. h. þennsi, þænnsi, vielleicht auch þinnsi) L. 259, 371, 489, 746, 868, 1360 (þisi Bjälbo I, II, L. 61 ohne n-rune) geschrieben. Durch vermischung dieser beiden typen entstehen einerseits þini L. 116, 188, 670 u. a. (heni s. anm. 1), þanni L. 900, 1501, andererseits das häufige þinsa Gårdby, L. 49, 71, 220, 326, 345, 363, 487, 723, Rv. s. 312 (þinsą L. 187, þisa L. 61, 233, 350; vgl. noch § 254, 1, § 260 anm. 5) oder þensa

§ 509. Demonstrativpronomina.

Gripsholm u. a. (*þainsa* L. 1096, *þesa* L. 28, *þaisa* L. 564; vgl. noch § 254, 1), selt. *þansa* L. 327 (*þạnsa* L. 1113, *þasa* L. 379); durch kombination wiederum *þina si* L. 898 (*þinạsi* L. 10, 259, 371), *þana si* L. 654 und dann durch nochmalige vermischung *þinasa* L. 1133. Ausserdem entstehen durch zufügung der gew. pron. acc.-endung ein *þinan* (aisl. *þennan*) L. 697 und von dem stamme *þiss*- ein agutn. *tisan* (wegen *t*- s. § 260 anm. 5) L. 1748, *tissan* L. 1855 (s. weiter anm. 1).

4. Sg. acc. f. zeigt erst verhältnismässig spät das aus dem m. entlehnte *þænna* Bu, ST, D 4 u. a.

Anm. 10. Rschw. steht neben dem gew. *þisa* (d. h. *þæssa, þessa*, eventuell auch *þissa*) L. 115, 207, 390, 391, 403 oder *þasa* (d. h. *þæssa*) L. 654, 1352 bisweilen auch *þisi* L. 378, *þesi* L. 312, *þasi* Rv. s. 345, Wiede 10, *þạsi* L. 984, *þas* Rv. s. 51. Sehr selt. nebenformen sind *þæssin* H aus dem nom. und *thæsso* Dipl. 1407 mit schwacher endung.

5. Pl. nom. m. *thænne, thenna* ist erst spät-mschw. (aus dem acc. entlehnt? s. anm. 16).

Anm. 11. Rschw. kommen neben *þisiʀ* (aisl. *þesser*) Öfver-Selö auch die altertümlicheren formen *þaisi* L. 51, *þaiʀ si* L. 886, *þiʀsi* L. 814, *þais* (ags. *ðás*) Torin III, 24, Rv. s. 51 vor. Sehr selt. nebenformen sind *þæssæ* U (aus dem acc.?), *thæsso* Dipl. 1401 (schwache flexion?), *thæssyne* 'diese da' Bir (-*ne* aus suffigiertem -*na*? vgl. anm. 6).

Anm. 12. Pl. nom. acc. f. zeigt rschw. neben dem gew. *þisa* (d. h. *þæssa, þessa*, vielleicht auch *þissa*) L. 376, 507, 1006, 1014, Rv. s. 332, Dybeck I, 170 oder *þisaʀ* (aisl. *þessar*) Malstad, L. 265, 684, 948, *þisar* L. 170 auch oft das altertümlichere *þasi* L. 8 (? Rv. s. 16), 352, 639, 713, 714 (Rv. s. 293), 968, *þas* L. 241, *þesi* Hauggrän, *þisi* Bjälbo I, L. 603, 697 (Rv. s. 135); ausserdem *þina* L. 1067, wol aus dem acc. m. (s. anm. 16) wie auch das spätere *thenna* St u. a.

6. Pl. nom. acc. ntr. *þæssin* (vgl. 2 oben) Sdm (auch Cod. Reg. Havn.), Vg. II, Biæ, Ög, Bu, O, P. I, Bir, KS u. a. ist etwa gleich häufig wie *þæsse* Vg. I, II, Vh, Sdm (auch Cod. Reg. Havn.), Vm, Bu, Bir, KS, MB.I u. a. (rschw. geschr. *þisi* L. 640, 1184, 1265, *þesi* L. 1254, 1267, *þasi* L. 1366). Recht häufig sind auch *þænne* Sdm (auch Cod. Reg. Havn), Bu, Ve u. a. (*þini* L. 1586) und das wie sg. nom. f. *thæsson* (s. anm. 3) gebildete *þæsson* Vm, P. I, Bm, KS u. a. (*þisun* L. 583, 2011). Seltener sind das wol aus acc. m. und nom. acc. f. entlehnte *þæssa* Vm, Bu, P. I, KS (*þisa* L. 3, 675, 953, 998, *þesa* L. 40, 41, 1060) und das bes. für Vm und Da charakteristische, sonst seltene *þæssom*, worüber s. § 277 anm. 3 (und vgl. anm. 3 oben). Dem im rschw. häufigen *þausi* Tystberga, Saleby I, L. 856,

§ 510. Demonstrativpronomina.

1383 u. a., später *þusi* (d. h. wol *þøsi) L. 1151 liegt rschw. *þau* (s. § 508 anm. 13) zu grunde.

Anm. 13. Selt. nebenformen sind: rschw. *þinsi* L. 1203, *þia* Sandby II (zur erklärung s. Söderberg, Ölands runinskrifter s. 85); kaschw. *þassi* Vg. I 1 mal (schreibfehler?), *þasson* (Siljestrand II, 58; schreibfehler?), auffallend mehrmals *þœssøn* (Siljestrand a. o.), *þœssu* Vg. II, Dipl. 1401, Ve (Leseb. 84, 3) mit schwacher flexion; mschw. *thœssan* Dipl. 1402 (wol nach § 148 aus *thœsson*, s. 6 oben), *thœnna* (aus dem acc. m. entlehnt?).

Anm. 14. Pl. gen. ist 1 mal in der form *thennæ* Dipl. 1445 belegt (aus dem dat. entlehnt?)

7. Pl. dat. zeigt neben dem ganz allg. *þœssom* (aisl. *þessom*) auch sehr oft sowol *þœmma* (aisl. *þemma*) Vg. I, II, U, Vh, Vm, Da, Ög u. a. wie *þœnna* Sdm, Dipl. 1344, Vg. II, Bu, Bir. A, St, Bir, Bil, MB. I, dies wol aus dem acc. m. stammend.

Anm. 15. Selt. sind *þœssi* Vg. II, *þœnne* (Siljestrand II, 58; *thenne* P. I), beides wol aus dem acc. ntr., und mit zugefügter dat.-endung *thœnnom* Dipl. 1377.

Anm. 16. Seltenere nebenformen zu dem acc. pl. m. *þœssa* (rschw. geschr. *þisa* L. 77, 731 — vgl. Rv. s. 138 — *þasa* L. 403, 654, Rv. s. 43, 338) sind *þœsse* Sdm, MB. I (rschw. *þisi* L. 493, 1202, *þasi* L. 450, 498, 996) und *thenna* Su, Dipl. 1445 (rschw. *þina* Malstad, L. 460, 475, 968, *tina* L. 717, s. § 260 anm. 5) mit derselben bildung wie got. *þanzuh*. Vereinzelt stehen *þenne* Bu und *þinsi* L. 1314, worüber s. Söderberg, Ölands runinskr. s. 88 note.

§ 510. Sonstige demonstr. pron. sind:

1. *Hin* 'jener' flektiert ganz wie *min* (s. § 505), nur dass *i* überall kurz ist und der nom. acc. sg. ntr. sowol *hit* wie *hint* lautet (s. § 235, 2). Als artikel vor adjektiven wird es schon im rschw. gebraucht, z. b. *hin þurmuþi* Rök; spätere beisp. s. Rydq. II, 501 und Söderwall, Ordbok.

Anm. 1. Eine nebenform *hœn* (von *en* § 511 und *þœn* § 508 beeinflusst?) ist wol im Vg. I einmal sowie im vereinzelten adv. *hœngat* (neben gew. *hingat*) 'hierher' belegt, s. Flodström, Tidskr. f. Fil. N. R. IV, 62 mit note. Vgl. aisl. selt. dat. sg. f. *henni* sowie alt nschw. *hen* und dial. ntr. *hä* (s. Schagerström, Sv. landsm. II, 4, s. 85).

2. Das mit dem dat. ntr. *þȳ* (*þī, þū, þō* s. § 508, 7 mit anm. 8) zusammengesetzte *þȳliker, -in* (selt. *þȳleker* Vm nach § 142 anm. 7 und mschw. *thylk-* nach § 156, 2, b), weniger häufig (Bu aber immer) *þōliker, -in* (selt. *-leker* Bir. A), woraus das mschw. häufige *tholkin* (z. b. Leseb. 88, 17; selt. *tolker*, z. b.

§ 511. Demonstrativpronomina.

Leseb. 85, 17 und 88, 17, *thokkin* § 287), *thōl(i)ghin* (s. § 267), seltener *thøl(i)kin* (nach § 61, wo z. 3 v. u. statt 'nicht **þōl(i)ker*' zu lesen ist: 'neben seltnerem *thøl(i)kin*') Corpus X, 60, 266 f., 274 noten, D 4, Rk. II, Di, PM (selt. *-ligin* Rk. II nach § 267), selt. *þūlīker, -in* O, woraus mschw. selt. *thulkin* O, Bil u. a., und *þīlīker, -in* Vm, Vg. II u. a. (s. Siljestrand II, 60) 'solcher' flektiert nach nach § 450 (schluss).

3. *Slīker* (§ 94, 1) 'solcher' flektiert wie ein regelmässiges adj.; jedoch in U mit acc. sg. m. *slīkin* nach § 450 (schluss). Vgl. anm. 3.

Anm. 2. Selt. nebenformen sind *selīker* (afr. *selik*) Sdm und *silīker* Vm, worüber s. Noreen, Urg. lautl. s. 218 f. Nom. acc. ntr. *slit* Vg. I, Ly (?), Biæ, Da (Leseb. 26, 23), G ist vielleicht mit ahd. *solihēr, solēr* (neben *solichēr*) zusammenzustellen (s. Noreen, a. o. s. 132 und An. gr. I², § 307, 3, a).

Anm. 3. Die flexion ist nur stark (s. § 459 anm.). Die einzige ausnahme, der einmalige dat. pl. *slīku* (*samu bōtom*) Vm beruht wol auf attraktion.

4. Das indeklinable *swā* (*sā* u. a., s. § 473 und vgl. An. gr. I³, § 227 anm. 5) wird ebenfalls, bes. attributiv, in der bedeutung 'solcher' gebraucht. Mschw. tritt auch das dem mndd. *sodān* nachgebildete *s(w)ād(h)ana* (indeklinabel) Dipl. 1391 ff., seltener *s(w)ād(h)an*, ntr. *-dant* Dipl. 1403 ff. auf.

Anm. 4. Zu *sādana* ist ein acc. sg. f. auf *-o* einmal belegt.

Anm. 5. Bisweilen kommt auch das adj. *āliker* (selt. *alliker*, s. § 297, 2) 'gleich' in der bedeutung 'solcher' vor, s. Rydq. II, 532.

5. *Siælver* 'selbst' flektiert wie ein regelmässiges adj., aber nur stark. Gen. (sg. und pl.) kann auch substantivisch fungieren, z. b. U *ā tompt sinni siælfs*, Vm *mæþ sīnom sialfs pænningom*, aber *mæþ sialfs sins ēþe*, Ög *sialfra sinna gærþ*, G *ā bōli sielfs sins* u. s. w., s. Rydq. II, 521 f., Siljestrand II, 53.

6. *Sami* (selt. *somi*, s. Siljestrand II, 60 und vgl. § 172 schluss) 'derselbe' flektiert wie ein adj., aber gew. nur schwach (vgl. § 459 anm. 1 und 2). Spuren starker flexion sind nur die alternativen formen sg. nom. acc. ntr. mschw. *sampt*, dat. utr. *samu* Vg. I, Ly (in beiden unmittelbar nach *slīku*) u. a. (s. Siljestrand a. o.) und acc. f. *sama*, bes. vor *lēþ* und *lund* Vg. I und mschw., sonst selt. (s. Siljestrand a. o.)

§ 511. Demonstrativpronomina.

7. *En, in* wird nur als artikel gebraucht; s. § 511.

Anm. 6. Der relativpartikel *es, er* (s. § 512, 1 und 2) dürfte noch im rschw. dann und wann, aber im ganzen wol nur selten (s. Klockhoff s. 9 ff. und passim), als demonstr. oder persönl. pron. fungieren, was aber im kaschw. nie der fall ist.

§ 511. Als artikel vor adj., in welcher stellung gew. *þæn* (s. § 508 anm. 16) oder *hin* (s. § 510, 1) gebraucht wird, ist *en, in* (über die vokalisation s. § 142 anm. 9, ausführlicher Kock, Fsv. lj. s. 288 ff.) äusserst selt., indem nur zwei rschw. und ein mschw. beisp. angetroffen worden sind: *in heilhi* L. 861 der heilige, *mirkit* (d. h. *mærki* [*i*]*t*) *mikla* Rv. s. 315 das grosse denkmal, *en hælghe* Di (s. Söderwall, Ordbok I, 491) der heilige, wo jedoch nicht ganz ausgeschlossen ist, dass *h* nach § 312, 2 fehlt, so dass hier eigentlich *hin* (*hæn* § 510 anm. 1) vorliegt. Aus konstruktionen, wo, wie in dem eben zitierten rschw. beisp., ein mit artikel versehenes adj. nach einem subst. stand, ist nach Gislason, Aarbøger 1889, s. 359 der suffigierte artikel bei substantiven entstanden, also z. b. *mærkit* aus *mærki it* (*mikla*); vgl. *Erikinum hælghæ* § 154, I, B, 1. Von solchen formen giebt es aber im rschw. noch nur wenige sichere spuren. Dagegen zeigt sich solche suffigierung von *en, in* (ganz ausnahmsweise statt dessen freistehendes *þæn* s. § 508 anm. 16) schon in dem ältesten kaschw., wenn auch noch nicht eben häufig. Wahrscheinlich ist sie erst während des 13. jahrhs. in höherem masse geläufig geworden, denn während die weitaus grösste, vor 1250 verfasste (wenn auch nicht handschriftlich aus dieser zeit erhaltene) partie des Vg. I nur 18 beisp. aufweist, zeigen die kurzen, um 1290 verfassten zusätze ganze 30 beisp., von denen 19 dem letzten stück zukommen (sämtliche beisp. verzeichnet bei Otman, Äldre Västgötalagen öfversatt, Helsingfors 1883, s. 143 f.). Spätere beisp. bei Rydq. II, 249 ff., Söderwall, Hufvudepokerna s. 61 und Kasusformerna passim, Siljestrand I, 177 ff., Zetterberg s. 57 f., 64 f. und pass., Brate, Böj. s. 7 f. und pass.

Bei der suffigierung treten sowol beim artikel wie beim subst. durchgreifende veränderungen der selbständigen formen ein (s. Noreen, Arkiv VIII, 140 ff. und Grundriss[2] I, 645, § 267), und zwar so:

I. Der artikel erleidet folgende veränderungen (vgl. An. gr. I[3], § 462):

§ 511. Demonstrativpronomina.

A. Der anlautende vokal schwindet:

1. Immer nach schwachtonigem vokal (§ 154, I, B, 1), z. b. *boghi-n, -a-n, -a-nom* der, den, dem bogen, *kirkia-n, -o-nne* die, der kirche, *ɵgha-t (-ns)* das (des) auge(s), *fōta-nna* der füsse, *pænninga-na* (acc. pl.) das geld, *kunu-nnar* des weibes, *ærinde-no* dem auftrage, *klǣþi-n* die kleider u. s. w.

2. Gewöhnlich: a) nach starktonigem vokal (§ 154, I, B, 2), z. b. *bō-no* dem gut, *ɵ-nne* der insel, *brō-na* die brücke, *trō-nnar* der glaube neben seltneren anal. *brō-enne* der brücke, *fǣ-it* das vieh, *sniō-en* der schnee u. a.; b) nach schwachtoniger, konsonantisch endigender silbe, wenn der vokal des artikels in offener silbe steht (§ 157), z. b. *karla-nir* (aus *-aʀ-niʀ* nach § 321) die männer, *prēste-ner* die priester, *siǣla-nar* die seelen, *tungo-nar* die zungen und so immer im nom. (und acc. f.) pl., *dōttor-na* die tochter (acc.), aber anal. *borghan-ina* die bürgschaft, *væruld-ena* (wo *-uld-* einst starktonig gewesen ist, weil urspr. zusammensetzungsglied) die welt; über zweideutige formen wie *morghon-enom* oder *morghone-nom* dem morgen u. a. siehe § 384 anm. 1; über den immer synkopierten dat. pl. s. B, 6 unten.

3. Nie: a) nach starktoniger, konsonantisch endigender silbe, z. b. *daghr-in* der tag, *staþs-ins* der stätte, *arm-in* den arm, *sak-in (-inne, -ina)* die (der, die) sache, *barn-it (-in)* das (die) kind(er), *brōþr-inum* dem bruder, *lɵsn-ina* die lösung, *fɵtr-ene, -ena* die füsse, *mænn-inir, -ina* die männer, *frǣndr-ini, -ina* die verwandten, *hændr-ina* die hände, *systr-ena* die schwester neben mschw. anal. *bɵnder-ne* die bauern, wo *bondr* zu zweisilbigem *bɵndɵr* geworden ist und demgemäss wirkt (s. 2, b oben); b) nach schwachtoniger, konsonantisch endigender silbe, wenn der vokal des artikels in geschlossener silbe steht, z. b. *drōtinn-in* der herr, *faþir-in* der vater, *mœghin-it* die stärke, *rīkis(s)-ins* des reiches, *mōþor-innar* der mutter, *systor-inne* der schwester.

Anm. 1. Vh *kōr-n* das chor ist wol alleinstehend und vielleicht schreibfehler (vgl. jedoch nschw. *burn* statt *buren* u. dgl.).

B. Die flexion, welche urspr. ganz dem paradigma *min* (§ 505) folgt, wird mit der zeit im allg. ganz wie diejenige der adj. verändert. Folgendes ist bes. zu merken:

§ 511. Demonstrativpronomina.

1. Sg. gen. f. -(i)nna(r), später (ausnahmsweise schon Vm) nach § 149,1 -(i)nne, nimmt seit c. 1400 bisweilen die endung -s an (vgl. § 399, 2, b), z. b. sōl-ennas, -ennes (vgl. II, 3 unten) oder gar mit maskulin-neutralen endungen sōls-ens, später sōl-ens (s. § 399, 2, b und vgl. II, 2, a unten) der sonne, mænniskio-nnas, -nnes des menschen u. a. s. Söderwall, Kasusformerna s. 10, 12, 14. So steht schon Bm ōdhmiūktsens der demut, D 4 sorghsins der sorge.

2. Sg. dat. ntr. -(e)no wird seit c. 1450 allmählich nach § 148 von -(e)na ersetzt, z. b. skip-ena dem schiffe, hiærta-na dem herzen.

3. Sg. acc. f. -(e)na kann seit c. 1450 von der nom.-endung -(e)n ersetzt werden (vgl. § 454 anm. 7), z. b. strīdh-en(a) den streit u. a., s. Söderwall a. o. s. 8.

Anm. 2. Das weit frühere beisp. giærþin Vh ist vielleicht nur schreibfehler.

4. Pl. nom. m. -(e)ni(r) kann nach 1400 vom acc. -(e)na (vgl. § 454 anm. 8) oder der kompromissform -nar (vgl. § 453 anm. 5) verdrängt werden, z. b. Ryza-na(r) die Russen. Übrigens können c. 1500 sowol pl. nom. m. -eni(r) wie pl. nom. acc. f. -ena(r) und pl. acc. m. -ena im typus bøndr-eni(r), -ena, hœndr-ena(r) — sofern sie nicht von den analogiebildungen bønder-ne, -na, hœnder-na ersetzt worden sind (s. A, 3 oben) — dialektisch nach § 158, 3 zu -en verkürzt werden, z. b. bøndr-en die bauern (vgl. Rydq. II, 340 f.).

5. Pl. gen. -nna kann spät-mschw. -s hinzufügen (vgl. § 454 anm. 9), z. b. iūdha-nnas, -nnes oder durch einfluss des nom. (s. II, 4 unten) -ar-nas, -nes der Juden; vgl. Söderwall a. o. s. 15.

Anm. 3. Formen mit -n- statt -nn- erklären sich nach § 303, 4; anders Brate, Büj. s. 15, wieder anders Kock, Arkiv VII, 305. Wo umgekehrt bisweilen -nn- statt -n- steht, beruht wol dies auf analogie, z. b. acc. værdlenna P. I nach dat. -enne, gen. -enna(r) u. a. (s. Kock, Lj. s. 291).

6. Pl. dat. hat eine bunte geschichte (s. Noreen, Arkiv VIII, 146 ff., und Kock, ib. XIII, 179 ff.). Aus dem urspr. -um-inum (vgl. anorw. steinomenom den steinen) entsteht nach A, 2, b oben -umnum (vielleicht noch im mschw. swēnomnom

§ 511. Demonstrativpronomina.

den knechten belegt, s. § 157, vgl. aber § 294, 1), das nach § 294, 1 sich weiter zu *-ummum* entwickelt. Hieraus wird nach § 303 *-umum* (belegt durch einmaliges *mannomom* A 49. I den männern und einigen anderen, jedoch unsicheren beisp.), das dann auf zweifache weise dissimiliert erscheint, s. § 272 anm. 1. Einerseits tritt es (wie im aisl.-anorw. und im dal. als *-unum* auf, dies aber ausschliesslich nur in Vg. I und Ly, sonst sehr selt., z. b. Vg. I *arvunum* den erben, *saksōkionum* den klägern, Ly *bōndonom* den bauern, Cod. Holm. A 54 *hordhonum* den hirten. Andererseits erscheint es in der form *-umun*, dies aber erst mschw. (als *-omon*) belegt, z. b. A 49. I *prēstomon* den priestern, *landomon* den ländern, in anderen hdschr. *hūsbōndomon* den hausherren, *tǣmon* den zehen, *karlomon* (geschr. *karromon*) den kerlen u. a.; nach § 300 anm. 3 *swēnommon*. Kaschw. dagegen ist die am häufigsten belegte endung das in U, Vg. II, Cod. Havn. des Sdm, Ög, MEL, Bu auftretende *-umin* (*-en* oder *-omin, -en*), über dessen ursprung noch nichts sicheres ermittelt worden ist (s. einerseits Noreen, Arkiv VIII, 150 ff., anderseits Kock, ib. XIII, 183 f.). Das im mschw. am häufigsten vorkommende *-omen* (nach § 300 anm. 3 auch *-ommen*, z. b. in A 49. I und MB. I, oder dialektisch *-omme*, s. § 317, 3), das nach § 149 als *-omęn* aufzufassen ist, kann sowol aus diesem *-umin* wie aus dem früher besprochenen *-omon* entstanden sein (s. § 149, 2, 3 und 4). Denselben lautwert ę haben wol ø und das häufigere œ in fällen wie *søstromøn* Cod. Holm. A 29 (nach 1500) den schwestern oder *tāromæn* O. I den thränen, *tǣmæn* Bm den zehen, *swennomæn* den burschen, *hūsbōndemæn* den meistern (s. Klemming, Skrå-ordningar s. 6 f.) und wol auch trotz ihres alters den beiden fällen in KP (Leseb. s. 24, 12 und 32) *mannomæn* den mäunern, *daghumæn* den tagen.

Anm. 4. Die meisten kaschw. denkmäler, u. a. Vh, Sdm, Ög. fr. I, II, Sdm. fr., Vm, MET, Biæ, Da, Bir. A, SK, Vg. II K, haben überhaupt kein beisp. des dat. pl. aufzuweisen, so dass es schwierig oder gar unmöglich zu sagen ist, welche von den oben erwähnten bildungen eigentlich die im kaschw. vorzugsweise gewöhnliche gewesen ist.

Anm. 5. Über die mschw. zwitterbildung gen.-dat. *capitenarommens* PM der (den) kapitäne(n) s. O. Östergren, Arkiv XVIII, 45.

II. Die flexion des substantivs erleidet folgende veränderungen:

§ 511. Demonstrativpronomina.

1. Im sg. nom. m. fehlt die endung -*r* der unbestimmten form in den kaschw. gesetzen nur ganz ausnahmsweise (vgl. § 383, 1, e, ε), z. b. U *biskupin*, Sdm *kunungin, scoghin, dōmin,* Vm *fiorþongen, þriþiongin, þiūfwen,* Biæ *kunungin, marknœþin,* Vg. II *præstin,* Da *kunungin,* St *gæsten, konungen, stadhen.* Dagegen fehlt -*r* schon in Bu sehr oft, in O gew. und nach c. 1400 ganz regelmässig mit der einzigen ausnahme, dass es in dem archaisierenden KS gew. bleibt; s. Söderwall, Kasusformerna s. 3, Studier öfver KS s. 42.

Anm. 6. Die suffigierung hat schon vor der entwicklung des svarabhaktivokals (s. § 160, 2, b) stattgefunden, wie aus *daghrin, þiūfrin* (*ākrin, væprit, -eno* u. s. w.) neben *dagh*ę*r* tag, *þiūr*ę*r* dieb (*āk*ę*r* acker, *væp*ę*r* wetter) erhellt. Ganz ausnahmsweise (am meisten im mschw.) finden sich formen wie *lot*ę*ren* Bu, *præst*ę*ren* Vg. II K, *dȫdh*ę*rin, lut*ę*ren, vinskap*ę*ren* KS, wo natürlich anschluss an die unbestimmten formen vorliegt (vgl. § 160 anm. 1).

2. Betreffs sg. gen. m. ntr. ist zu bemerken:

a) Die endung -*s* fehlt immer nach *st*, s. § 322, 1 (und vgl. § 383, 2, c, β), sonst erst später und nur selt., z. b. *barn(s)ens* Bu des kindes, *konungens* Dipl. 1399 des königs, *ormens* Di der schlange, *trēns* st. *trēsins* des baumes (vgl. An. gr. I[3], § 462 anm. 2). Ebenso spät mschw. *sōlens* u. dgl. statt des älteren *sōlsens* nach I, B, 1 oben.

b) Die endung -*a(r)* ist schon in der ältesten literatur (in Vg. I fehlen jedoch überhaupt hierher gehörige beisp.) durch das ja ohnehin schon in den meisten fällen alternative (s. § 407, 2, § 412, 2) -*s* ersetzt, z. b. *stazins, sonsins, fæsins* neben *staþar* (*staz*) stätte, *sonar* (*sons*) sohnes, *fear* viehes.

c) Die endung -*a* wird kaschw. ziemlich selten, mschw. oft (bes. bei wörtern auf -*are*, vgl. jedoch § 149, 1) von dem nominativischen -*i*, -*e* verdrängt, z. b. Sdm *dōmarens* des richters, *mālsēghandens* des klägers, Vm *rētarins* des aufsehers, *cloccarins* des küsters, Vg. II *bōndens* des bauers, *landbōens* des verpächters, Da *dōmarins*. Der vorgang ist wol so aufzufassen, dass zum nom. *dōmarin* u. dgl. ein gen. -*ins* geschaffen ist nach dem muster *drōttin* : -*ins, kristin* : -*ins* u. a. m.

3. Sg. gen. dat. f. entbehren schon in der ältesten literatur (in Vg. I fehlen aber beisp.) der endungen -*a(r)*, resp. -*u*, z. b. *sōlinnar, -inne* der sonne zum nom. *sōlin* nach der analogie

§ 511. Demonstrativpronomina.

kristinnar, -inne : *kristin, minnar, -inne* : *mīn* u. dgl.; vgl. auch § 399, 2, a, § 408, 2. Über die mschw. entwicklung s. I, B, 1 oben.

4. Im pl. nom. m. und nom. acc. f. fehlt kaschw. lautgesetzlich nach § 321 das *-r* der endungen *-ar, -ir, -ur* (nicht aber *-er*), z. b. *grannanir* Vg. II die nachbarn, *lotene* Ly die teile, *klokkonær* Vh die glocken u. s. w. (aber *føtrene, bøtrina* u. s. w. zu *føter* füsse, *bøter* busse), s. u. a. Rydq. II, 252 ff. und Söderwall, Kasusformerna s. 6. Mschw. dringt aber das *-r* oft von der unbestimmten form wieder ein, z. b. *grefvarne* Di die grafen, *syndirna* Bir die sünden, *kwinnorna* MB. I die weiber.

Anm. 7. Die wörter auf *-are* synkopieren im mschw. nach § 157 den endungsvokal des nom. acc. pl., z. b. *riddarne* Bir die ritter, *lekarna* Di die spielleute. Wenn indessen fortwährend der unsynkopierte typus *riddarane* (*-ene*, s. § 149, 1) häufiger auftritt, so beruht wol dies darauf, dass der nebenton schon (wie im nschw.) von der antepænultima nach der pænultima versetzt worden ist (vgl. Kock, Akc. II, 316 f.).

5. Über den dat. pl. s. I, B, 6 oben.

Paradigmen: *daghr-in* der tag, *fōtr-in* der fuss, *dōmari-n* der richter, f. *færþ-in* die fahrt, *mōþir-in* die mutter, *vika-n* die woche, ntr. *skip-it* das schiff, *bō-it* die hufe, *rīki-t* das reich.

		Mask.	Fem.	Neutr.
Sg.	N.	daghr-in, *mschw.* daghen	færþ-in	skip-it
	G.	daghs-ins	færþ-inna(r), *mschw.* færdhinne(s), færdhsens	skips-ins
	D.	daghi-num	færþ-inne	skipi-nu, *mschw. auch* skipena
	A.	dagh-in	færþ-ena	= *nom.*
Pl.	N.	dagha-ni(r), *mschw.* dagha(r)ne	færþe-na(r), *mschw.* færdhe(r)na	skip-in
	G.	dagha-nna	færþa-nna	skipa-nna
	D.	daghum-in	færþom-in	skipum-in
	A.	dagha-na	= *nom.*	= *nom.*
Sg.	N.	fōtr-in, *mschw.* fōten	mōþir-in	bō-(i)t
	G.	fōts-ins	mōþor-inna(r)	bōs-ins
	D.	fōte-nom	mōþor-inne	bō-nu
	A.	fōt-in	mōþor-(e)na	= *nom.*
Pl.	N.	fōtr-ene(r)	mōþr-ena(r)	bō-(i)n
	G.	fōta-nna	mōþra-nna	bō(a)-nna

§ 512. Relativpronomina.

	Mask.	Fem.	Neutr.
D.	fōtom-in	mēþrom-in	bōm-in
A.	fētr-ena	= nom.	= nom.

		Mask.	Fem.	Neutr.
Sg.	N.	dōmari-n, *mschw.* -arẹn	vika-n	rīki-t
	G.	dōmara-ns, *mschw.* -arẹns	viku-nna(r), *mschw.* vikunne(s)	rīkis(s)-ins
	D.	dōmara-nom, *mschw.* -arẹnom	viku-nne	rīke-no, *mschw.* auch rīkena
	A.	dōmara-n, *mschw.* -arẹn	viku-na	= nom.
Pl.	N.	dōmara-ne, *mschw.* -ar(ẹ)ne	viku-na(r), *mschw.* viku(r)na	rīki-n
	G.	dōmara-nna	nicht belegt	rīkia-nna
	D.	dōmarom-in	vikum-in	rīkiom-in
	A.	dōmara-na, *mschw.* -ar(ẹ)na	= nom.	= nom.

4. Relativa.

§ 512. Zum urspr. pron. demonstr. (vgl. § 510 anm. 6) 'er' gehören folgende formen, die als indeklinable partikeln mit relativer bedeutung gebraucht werden (s. Klockhoff, s. 9 ff., Noreen, Grundriss² I, 625, § 208):

1. *Es* (aisl. *es*), später nach § 113 *œs*, ist im rschw. — ausser auf Gottland, wo es nie vorkommt — sehr häufig (s. u. a. Rv. s. 436, Klockhoff s. 9), gew. *is* geschr., selt. *ias* (z. b. Saleby I), vielleicht auch *as* (vgl. anm. 1). Kaschw. ist es schon nicht mehr gebräuchlich (vgl. jedoch anm. 2).

Anm. 1. Die seltene schreibung *as* hat wol in einigen fällen den lautwert *as* (vgl. *aʀ*, *ar* anm. 3 unten); so wenigstens in L. S95 und den inschr. von Herened (s. Brate, Rv. s. 26S) und Kirk Michael, wo zwischen *e* und *a* geschieden wird.

Anm. 2. Suffigiert kommt es als *-s* vor im rschw. *sās* L. 624 und vielleicht als *-(i)s* im kaschw. *hwar(i̯)s*, s. § 471 anm. 6.

2. *Eʀ* (aisl. *er*, got. *izei*, das ja auch als nom. pl. m. gebraucht wird wie *iʀ* L. 799), später nach § 113 *œʀ*, ist im rschw. — ausser auf Gottland (s. jedoch anm. 3) — ziemlich allg., gew. *iʀ* (später *ir*) geschr., seltener *eʀ* (*er*, s. Klockhoff a. o. und Rv. s. 436), nicht ganz selt. *iaʀ* (*iar*, s. Klockhoff a. o.), vielleicht auch *aʀ* (*ar*; vgl. anm. 3 unten). Kaschw. ist *œr*

§ 513. § 514. Relativpronomina.

(*er* § 147; äusserst selt. *æ*, *e* s. Corpus II, 396 und vgl. § 321, 2, c mit anm. 6 und 7) fast nur in Vg. I, II, II K (in diesen drei denkmälern zusammen mehr als 170 beisp.), U (c. 25 beisp.), Vh, Vm (mindestens 66 beisp.), KP (1 mal, Leseb. s. 22, 7), Da, Ög (sehr selt.) und H, mschw. nur einmal in KS belegt; vgl. Söderwall, Studier öfver KS, s. 43, und Siljestrand II, 62.

Anm. 3. Die nicht seltene schreibung *aR* (z. b. L. 448, 886, 1131, 1144 und Ardre VI, II, Hauggrän, Sjonhem I, vielleicht die einzigen agutn. beisp.; *ar* L. 957, Skärfvnm) scheint in den meisten fällen den lautwert *aR* (*ar*) zu haben, dies um so mehr als *ar* auch kaschw. in Vg. I (s. § 173 anm. 2) und Ög vorkommt. Das verhältnis von *aR* zu *œR* ist dunkel (ablaut?).

Anm. 4. Suffigiertes -*R* ist höchstens für L. 947 *sāR* anzunehmen, s. Klockhoff s. 7 f.

3. *En* (aisl. *en*), später *œn*, ist überhaupt selten: geschr. *in* L. 486, *ian* L. 870, *œn* (Vm? s. Siljestrand II, 63) Vg. II, Bu (je 1 mal), agutn. *en* (2 mal nach *siþan* 'nachher', oft nach *þā* 'damals'), s. Klockhoff s. 7 und 34 note, Rydq. V, 170.

Anm. 5. Als konjunktion in den bedeutungen 'als' (nach komparativen), 'wenn' und 'aber' ist das wort sowol rschw. wie kaschw. häufig (wie im aisl.), dann in Vg. I (wie im aisl.) öfter in der form *an* (s. § 173); anders Kock, Arkiv XI, 340 ff.

§ 513. Die urspr. (und noch allg.) komparative partikel *sum*, später gew. *som* (s. § 143 anm. 10), wird schon im rschw. dann und wann (z. b. L. 888, 953 u. a., s. Rv. s. 406) als relativum gebraucht, in agutn. inschr. sogar in der regel (s. L. 1696—1776). Schon im ältesten kaschw. ist es sehr gewöhnlich, z. b. Vg. I, II und II K zusammen mehr als 133 mal, U und Vm je mehr als 400 mal; in KP, Biæ, Ög und MEL ist es fast ausschliesslich gebraucht, in G alleinherrschend (von 2 fällen, wo das relativum nicht ausgedrückt wird, abgesehen).

Anm. Eine dem aisl. *sem* genau entsprechende form ist vielleicht L. 220 (geschr. *sim*) belegt, s. Bugge, Arkiv II, 169, Rv. s. 42 ff.

§ 514. Die partikel *þœr* (got. *þarei*, zum teil wohl auch *þar* entsprechend, s. § 471, 5) ist im rschw. noch nicht als relativum vorhanden (vgl. anm. 1) sowie im kaschw. weder agutn. noch im Ög. In anderen kaschw. denkmälern ist es noch selten: Vg. I und II K haben je ein etwas unsicheres beisp., Vg. II nur 3 (s. Klockhoff, s. 41), Biæ 2, Vh, MEL, SK

§ 515—517. Relativpronomina.

verhältnismässig nicht viele, die umfangreichen Vm und U nur 19, resp. c. 40. Dagegen ist es in Sdm, MET und Da sowie im mschw. häufig.

Anm. 1. Kaum hierher gehört *þa*^{R} L. 692, 1050, s. Rv. s. 133f.

Anm. 2. Die konjunktion *ok* kann (wie im aisl.) bisweilen fast rein relativisch fungieren; beisp. aus Bu, KS, MB. I, Ve, Linc. 39 bei Söderwall, Ordbok II, 156.

§ 515. Das pron. interr. *hwīlikin* (s. § 521) wird im kaschw. nur selt. (z. b. Dipl. 1343, MET mehrmals, MEL 1 mal, Bu 3 mal) als relativum gebraucht. Mschw. aber kommt dies oft vor, wiewol hauptsächlich in schriften, welche aus dem lateinischen übersetzt worden sind. Die relative bedeutung wird dann nicht selt. durch zugefügtes *som* oder *thær* verdeutlicht, s. Söderwall, Ordbok II, 540. Seit c. 1400 können auch die übrigen pron. interr. (s. §§ 518—520) mit oder ohne folgendes *som* oder *thær* so gebraucht werden. Übrigens können alle diese pronomina, resp. kombinationen, in der bedeutung 'jeder, welcher' (lat. quisquis) verwendet werden, wobei die verallgemeinerung speziell durch zufügung von *hælzt* (s. § 477) hervorgehoben werden kann, also *hw. (sum) hælzt*. In dieser letzten funktion kann auch die verbindung von *ǣ* oder *ē* (s. § 473 schluss) mit folgendem *hwā(r)* — nicht aber *hwar, hwær* — oder *hwīlikin* gebraucht werden.

§ 516. Auch das pron. demonstr. *þæn* (s. § 508) kann relative funktion annehmen. Im kaschw. ist dies nur selten der fall, z. b. in Vm mehrmals (s. Siljestrand II, 63f.), MET, Bir. A (Leseb. s. 44, 9, 12), im mschw. häufiger, bes. in KS (z. b. Leseb. s. 54, 14).

Anm. Rschw. *sā(R)* fungiert wahrscheinlich nie als relativum, s. Klockhoff, s. 7 ff. und 43.

§ 517. Endlich kommt und zwar weit häufiger als im aisl.-anorw. der fall vor, dass das relativum überhaupt nicht zum ausdruck kommt. Aber dies wahrscheinlich sehr altertümliche — wiewol im rschw. nur selt. belegte — verhältnis tritt in den verschiedenen denkmälern sehr ungleichmässig auf. Während in U das relat. fast ebenso oft fehlt wie da ist oder in Vg. I, II und II K (als eine einheit genommen) nicht zweimal so oft da ist wie fehlt, ist die konstruktion ohne relativ in Ög verhältnismässig selt. und in G (fast) gar nicht vorhanden; s. Klockhoff, s. 43 und 45.

5. Interrogativa.

§ 518. Das defektive *hwā(r)* 'wer' (vgl. got. *hvas*) — im nom. acc. ntr. auch als konj. 'entweder' gebraucht — dessen fehlende formen durch entlehnung aus dem paradigma *hwar* (s. § 519) ersetzt werden, flektiert folgendermassen (die seltenen formen eingeklammert):

	Mask.	Neutr.		Mask.
Sg. N.	hwā(r), hā(r), *rschw.* huāʀ	hwat, *mschw.* hwadh § 266	Pl. N.	[hwē, hwār] h(w)ā
G.	[hwas, *mschw.* hwes(s)]	[hwas, hwæs, hwaz]	G.	[hwas]
D.	hwēm	hwī		*nicht belegt*
A.	[hwan, hwen] hwēm	= *nom.*		[hwēm]

Über die einzelnen kasus ist zu bemerken:

1. Sg. nom. m. *hā(r)*, über dessen verhältnis zu *hwā(r)* s. § 341, 2 (und vgl. anorw. ntr. *há*), ist im kaschw. selt. (z. b. Vg. I 1 mal, Bu 2 mal), aber im mschw. (und im älteren nschw., wo es als *há* und *ho* auftritt, s. Noreen, Svenska etymologier, s. 37 f.) häufig (z. b. Leseb. s. 106, 4), bes. in Cod. Holm. A 54, in einer hdschr. von KrL (s. Schlyter, Corpus XII, s. xix) und — hier alleinherrschend — einer von MEL (s. Corpus X, s. xxv).

Anm. 1. Über den schreibfehler *hwas* in Da s. Brate, Böj. s. 32. Die mschw. schreibungen *hwo* (z. b. Leseb. 86, 27; 89, 35; 96, 30), *ho* bezeichnen nach § 110 die aussprache *h(w)á* oder vielleicht zum teil schon die c. 1500 entstandene nschw. *h(w)o* (vgl. 1 oben).

Anm. 2. Sg. nom. acc. ntr. zeigt folgende selt. nebenformen: *hwæt* Vg. I u. a. (s. § 525 anm. 1 und? Siljestrand II, 66), s. § 173 anm. 2 und vgl. *hwæzke* (§ 523 anm. 6); *hut* Ög, s. § 72 anm. und vgl. aisl. *hot* sowie Ög *hutske* (§ 523 anm. 6); *hwā* Ög, vgl. anorw. *hud*, got. *ƕa*; mschw. selt. *hwatt* nach § 299.

2. Sg. gen. m. ntr. zeigt nur folgende belege: m. *hwas* Ög, Klemming, Skrå-ordningar s. 155, Linc. 39 je 1 mal, *hwes(s)*

§ 519. Interrogativpronomina.

Dipl. 1460 ff. 3 mal; ntr. *hwas* Og, *hwæs* Siljestrand II, 66 je 1 mal. Die nach dem nom. acc. ntr. neugebildete form *hwaz* ist nur aus den zusammensetzungen mschw. *hwazkyns, -kons, -kons, -kona* zu entnehmen; vgl. auch *hwazke* § 523 anm. 6.

Anm. 3. Als sg. dat. m. verwendet Vg. II mindestens zweimal den acc. *hwen*. — Über rschw. *uaim* Rök s. § 312 anm. 2.

Anm. 4. Dass im sg. dat. ntr. neben *hwī*, das vorzugsweise in der bedeutung 'warum' gebraucht wird, einst ein *$h\bar{u}$ (anorw., ags. *hú*; vgl. § 341, 2) 'wie' gestanden hat, darf aus der zusammensetzung *hūlikin* (§ 521, 2) geschlossen werden sowie aus dem einmaligen *hūsu* Vg. I 'wie', das wol als ein gegenstück zu einer dem adän. *þysu*, anorw. *þuiso* (s. An. gr. I³, § 460 anm. 2) entsprechenden form geschaffen worden ist, wie umgekehrt aisl. *þui* (statt *þi*) zu *hui*.

3. Sg. acc. m. ist schon kaschw. gew. durch den dat. *hwēm* ersetzt worden, z. b. in (Sdm?) H, MEL (s. Schlyter, Corpus VI, 157, XIII, 293), Bu, Stff. Von den urspr. acc.-formen (got. *hvana* und ahd. *wen*) finden sich nur folgende belege: *hwan* Da, *hwen* Vg. II, Dipl. 1506, alles je einmal. Das häufige *hwan* in der bedeutung 'jeden' gehört wol immer zum pron. *hwar* (§ 519).

4. Von den pl.-formen ist nur der urspr. dat. (anorw. *huæim*) im kaschw. belegt, und zwar als acc. (vgl. 3 oben) *hwēm* Dipl. 1344, MEL (mindestens 2 mal). Die übrigen sind erst mschw. und mit ausnahme des einmaligen *hwē* (wie *þē* gebildet) aus dem sg. entlehnt; belege bei Söderwall, Ordbok 1, 527 ff. und (für das einmalige *hwas*) Rydq. II, 505.

§ 519. *Hwar* (anorw. *huarr*) zeigt (wie im anorw.) eine auf ausgleichung einer flexion nom. *hwarr* : dat. *hwærium* u. s. w. (vgl. § 63, 1 und 2) beruhende nebenform *hwær*, welche jedoch konsequent nur in G. I gebraucht wird (s. Söderberg, Lj. s. 6), sonst aber nur sporadisch neben *hwar* auftritt in Vg. I, II, Ly, Vh, Vm (1 mal, öfter in Cod. Holm. B 55), Biæ, H, MEL, Stadtrecht von Söderköping, Corpus I, 77, GO, D 4 und G. a. Die bedeutung ist (teils 'jeder', s. § 524, 1, teils) 'welcher', dies sowol wenn von zweien wie wenn von mehreren die rede ist, nur in G. I (wie im aisl.) ausschliesslich 'welcher von mehreren' (s. Söderberg a. o. und vgl. § 520). Das paradigma lautet (vgl. § 456):

§ 520. Interrogativpronomina.

	Mask.	Fem.	Neutr.
Sg. N.	hwar	hwar, hwarion	hwart
G.	hwars	hwarra, hwaria	hwars
D.	hwariom	hwar(r)e, hwarie, mschw. hwario	hwario
A.	hwa(r)n § 289, 2	hwaria	hwart
Pl. N.	*Rök* huariʀ, *mschw.* hwarie	*Rök* huariaʀ	*Vh* hwær
G.		hwaria	
D.		hwariom	
A.	hwaria	*Kärnbo* huariaʀ	*U* hwariun

Anm. 1. Formen ohne das kons. -i- können zwar (wie im anorw.) hierher gehören, indem das -i- nach § 457 analogisch entfernt worden sein kann. Da aber *hwar* noch bis ins nschw. sein -i- nicht nur bewahrt, sondern alternativ im ganzen paradigma durchgeführt hat (nschw. *hvarje, hvarjom* och *enom*), so betrachten wir die betreffenden formen als zu *hwār* (§ 520) gehörig.

Anm. 2. Formen ohne -*w*- (vgl. § 518, 1 und § 520 anm. 1 sowie anorw. dat. *horium*) sind sehr selten: sg. m. nom. *har(r)* Ög 2 mal, acc. *han* Vg. I 1 mal.

Anm. 3. Sg. nom. m. und f. können in KS ausnahmsweise die form des acc. sg. m. *hwarn* entlehnen. Sg. nom. f. *hwarion* Vm, G. a (*huoriun* G. I) und pl. acc. ntr. *hwariun* sind wie *þaun* (§ 508, 12) und *þissun, þæsson* (§ 509, 2 und 6) gebildet; vgl. aisl. *huerio eno fiorþa* u. dgl. (anders, aber unannehmbar, Kock, Arkiv XI, 135). Über die selt. nebenform des sg. nom. f. *hwariom* (Rydq. VI, 200, Corpus II, 169 note), *hwærium* (Siljestrand II, 66) s. § 277 anm. 3 und vgl. *þæssum* § 509 anm. 3.

Anm. 4. Über sg. nom. acc. ntr. *huer* G. I 2 mal, *hwar* G. a 4 mal ohne -*t* s. § 454, 1, c.

Anm. 5. Sg. dat. f. *hwario* (mschw. oft; kaschw. 1 mal *hwærio*, s. Siljestrand II, 66) und sg. acc. f. *hwariu* (*lund*) U beruhen vielleicht auf schwacher flexion; vgl. *andru* (*lund*) U u. a. § 490 anm. 2 (und aisl. *huerio*? s. An. gr. I³, § 464 anm. 3).

Anm. 6. Sg. dat. ntr. *hwæria* II, *hwaria* MB. II erklärt sich wol nach § 148.

Anm. 7. Sg. acc. m. entlehnt nicht selt. die nom.-form *hwar*; so z. b. MET, Bu (oft), Vg. II K, St, Dipl. 1401, Bir, Di, G. a (u. a. s. Schwartz, Om oblika kasus och prepositioner, s. 20 note).

Anm. 8. Pl. nom. m. mschw. *hwarie* hat das -*i*- aus den kas. obl. entlehnt. Kaschw. ist die form ebensowenig wie pl. nom. acc. f. belegt.

§ 520. *Hwār* (aisl. *huárr*) 'welcher', sowol wenn von mehreren wie wenn von zweien die rede ist (ausserdem 'jeder',

§ 521. Interrogativpronomina.

s. § 524, 1), ist vom vorigen pron. schwer zu scheiden ausser in G. I, wo *huar* (d. h. *huār*) immer 'welcher von zweien' (nom. acc. ntr. auch 'entweder') bedeutet (vgl. § 519), und in denjenigen fällen, wo die vokalbalanz über die vokalquantität aufschluss giebt. Die flexion ist ganz diejenige des pron. *vār* (von dessen formen mit *ōr*- abgesehen), s. § 507; vom pl. giebt es jedoch keinen sicheren beleg.

Anm. 1. Formen ohne -*w*- (vgl. § 518, 1 und § 519 anm. 2) sind äusserst selt., z. b. sg. dat. ntr. *hāro* Bu (Leseb. s. 40, 28), denn die als fragepartikel 'wie' neben dem in dieser verwendung seltenen *hwāro* (Vm und mschw.) gebräuchliche, ebenfalls seltene form *hōro*. (Vg. I, II, Bu und Corpus I, 36 note) — woraus nach § 146, 2 das häufige *huru* Vh ff. und ferner nach § 156, 1, b das selt. *hur* Bu — erklärt sich nach § 65, 7.

Anm. 2. Sg. dat. ntr. *hwarro* Bil (1 mal), Bir (5 mal) nach vorhergehendem *thō* (*at*) erklärt sich nach § 297, 3.

Anm. 3. Ein mit dem oben anm. 1 erwähnten *huru* zusammengesetztes *hurudana* (vgl. *swādana* § 510, 4) 'wie beschaffen' tritt um 1500 auf. Es ist (wie *swādana*) indeklinabel, nur dass ein dat. pl. *hurudanom* einmal belegt ist.

§ 521. 'Welch ein, wie beschaffen, welcher' wird durch ein aus dem dat. sg. ntr. *hwī*, *hū (s. § 518 anm. 4) 'wie' und dem adj. *likęr* 'gleich', zum teil auch noch dem zahlwort *ēn* 'ein' (s. § 146, 1 und die § 450 schluss zitierte literatur) zusammengesetztes wort ausgedrückt. Je nach der verschiedenen form des ersten zusammensetzungsgliedes zeigt es zwei verschiedene hauptformen.

1. *Hwīlīkin* (vgl. aisl. *huilíkr*; zum teil wol auch *hwilīkin*, vgl. got. *ƕileiks*) oder nach § 151 -*likin* ist die im ältesten kaschw. gewöhnlichste form. Gleichzeitig (Vg. I ff.) aber tritt nach § 156, 2, b die stammform *hwilk*- auf, welche mit der zeit die gewöhnliche wird.

Anm. 1. Selt. nebenformen sind: kaschw. *hwǒ(l)lik*- (Zetterberg, s. 92; vgl. § 297, 2), wol von *þōlik*- (§ 510, 2) beeinflusst, und dial. *hwik(k)*- § 287, § 303, 2; mschw. *hwilgh*- § 267, *hwelk*- § 115 anm. 1, *hwolk*-.

2. *Hūlīkin* (vgl. ags. *hūlic*), resp. -*likin*, ist kaschw. (z. b. Sdm, Ög und bes. Bu) häufig, später aber gew. von dem gleichzeitig (Ly, Vg. II, II K ff.) auftretenden, im mschw. sehr häufigen *hulkin* (§ 131, 1) ersetzt. Neben diesem steht, wol

§ 522. Indefinite pronomina.

durch einfluss von *pōl(i)kin*, das im kaschw. seltene (z. b. Vg. II), im mschw. aber ziemlich häufige *holkin* (einmal *hōlik-* Dipl. 1404).

Anm. 2. Selt. nebenformen sind: *hulg(h)-* Ly ff., dial. *huk(k)-* Dipl. 1350 ff., mschw. *holgh-, hokk-*.

Die flexion — von den eben erwähnten verschiedenen stammformen abgesehen — ist wie folgt (vgl. § 450 schluss):

	Mask.	Fem.	Neutr.
Sg. N.	hwīlikin	hwīlikin	hwīlikit
G.	hwīlikins	hwīlik(r)a	= *m*.
D.	hwīlikom	hwīlike	hwīliko
A.	hwīlikin	hwīlika	= *nom*.
Pl. N.	hwīlike	*hwīlika	hwīlikin
G.		hwīlikra	
D.		hwīlikom	
A.	hwīlika	hwīlika	= *nom*.

Anm. 3. Selt. nebenformen sind: sg. nom. m. mschw. *hwilkan* nach dem acc.; f. *huīlik* G; ntr. (auch acc.) *hwīlikt* Vm, MEL, *hwīlikint* mschw. 1 mal; gen. m. ntr. *hwīliks* Dipl. 1350, auffallend *hwīlikis* Vm, Da und *hulkis* Dipl. 1459, *hwilks* (ntr.) Dipl. 1401, 1504, *hwilsens* Bm (7 mal) nach § 314, *hwilkars* MB. II und *hulkars, -ers* JB (oft) wol aus dem gen. pl.; f. *hwilkinna* Stadtrecht von Söderköping, *hwilkes* (vgl. m. ntr.) Linc. 39; acc. m. *hwilkan* Su, Dipl. 1468, *hukkun* (wol *-un* statt *-en* nach § 149) GO; f. mschw. *hwilghen* und *hwikken* aus dem m.; pl. nom. m. mschw. *holka* aus dem acc.; ntr. *hwilke* Bil aus dem m.; gen. *hulkars, -ers* JB (oft) nach § 454 anm. 9, § 339, 2 und § 149, 1.

6. Indefinita.

§ 522. 'Irgend ein(er)' kann durch folgende wörter ausgedrückt werden:

I. Urn. **naikkwar(i)ʀ*, über dessen entstehung s. An. gr. I³, § 54, 3, a, hat, je nachdem der haupton auf die erste oder zweite silbe fiel, teils **nekkwarʀ* nach § 80, II, 2, teils **nākkwarʀ* nach § 80, I, 4, a ergeben. Dies **nākkwarʀ* wurde dann nach § 70, 2 zu **nǭkkwarr* und weiterhin teils nach § 73, 2 zu **nōkkwarr*, teils durch ausgleichung nach dem f. **nākkur* (§ 74) u. a. dgl. formen zu **nākkwarr*. Dann wurde in allen drei formen wegen proklitischer anwendung die geminata nach § 242, 3 vereinfacht (selt. *kk* in synkopierten formen, z. b. G und Su, erklärt sich nach § 296, 4), bisweilen auch (wie im aisl.) der

§ 522. Indefinite pronomina.

vokal der ersten silbe verkürzt (wie die vokalbalanz erweist, s. Kock, Lj. s. 187, 197), so dass die faktisch gegebenen *nekwar*, *nōkwar* (f. *nōkor*; resp. *nokwar*, f. *nokur*), *nākwar* (f. *nākor*; resp. *nakwar*, f. *nakur*) entstanden. Ferner wurde in den beiden letzteren formen durch ausgleichung nach dem fem. u. a. teils -*ar* von -*or* ersetzt, was als resultat *nŏkwor* und *năkwor ergab, teils das -*w*- anal. (s. § 252 anm. 4) entfernt — dies auch zum teil durch einfluss der später entstandenen (s. unten s. 418) synkopierten formen — so dass *nŏkar*, *năkar* und durch kombination beider vorgänge *nōkor* (*nokur*), *nākor* (*nakur*) entstanden. Wir erhalten somit acht hauptstammformen (mit sieben kurzvokalischen nebenformen), welche in der literatur folgendermassen verteilt sind (und entwickelt werden):

1. *nōkor* (*nokur*; vgl. aisl. *nokkorr*, anorw. *nokor*) ist die weitaus häufigste form, welche z. b. in Vg. I, U, KP, Biæ, Da, Bir. A immer, Vm fast immer, Bu gew., ferner Ly, Vh, Sdm, Vg. II, Ög (selt.), H, Vg. II K, St, ST, Bil, KS, D 4, Ve, Rk. I, Su u. a. denkmälern gebraucht wird. Seit 1387 tritt sie auch (s. § 267) als *noghor* auf.

2. *năkar* ist im MEL, Stadtrecht von Söderköping (selt.), O, Bir, Bm, D 4, MB. I u. a. belegt; mschw. auch *naghar*.

3. *nākor* (*nakur*; vgl. aisl. *nakkorr*) ist in H, Vg. II K, O, Bir, KS, MB. I, Linc. 39 u. a. belegt; mschw. auch *naghor*.

4. *năkwar* (vgl. aisl. *nakkuarr*) ist die in Ög. fr. I und G. a. (vgl. Pipping, Gotländska studier. s. 77 f.) ausschliesslich, in Ög und dem Stadtrecht von Söderköping gewöhnlich, ausserdem wenigstens in Bu und Dipl. 1369, 1416 gebrauchte form; mschw. *nagwar* Rk. II.

5. *nŏkar* ist in Vm (nur 2 mal), MET, SK, Dipl. 1381, O, P. I sowie mschw. als *noghar* belegt.

6. *nŏkwar* (vgl. aisl. *nọkkuarr*) ist bis jetzt nur in Cod. Havn. des Sdm und Bu belegt.

7. *nequar* (vgl. § 70 anm. 2 und aisl. *nekkuarr*) ist eine spezifisch agutn. form, die nur in G (hier aber durchgehends) und gewissermassen einmal in G. a (s. Pipping a. o.) belegt ist.

8. *nŏkwor* (vgl. aisl. *nọkkuorr*) ist nur aus Bu selt. zu belegen.

§ 522. Indefinite pronomina.

Übrigens ist die flexion in einigen denkmälern, z. b. Vm (auch Cod. Holm. B 56) und Da, noch wie im aisl. diejenige eines nicht synkopierenden adj. (§ 450), in anderen, z. b. Sdm, MET, KP, Bir̄e und die meisten mschw., synkopierend (§ 451), während noch andere wie Ög, MEL, Bu, Stadtrecht von Söderköping, Cod. Holm. B 55 des Vm, G, KS und G. a in dieser hinsicht schwanken. Also lautet das paradigma, wenn wir eine mit *-w-* versehene stammform, als welche die meisten variationen bietet, als beispiel ausgreifen, folgendermassen:

	Mask.	Fem.	Neutr.
Sg. N.	nākwar	nākor	nākwat
G.	nākwars	nāk(wa)ra(r)	nūkwars
D.	nāk(wa)rom	nāk(wa)re	nāk(wa)ro
A.	nākwa(r)n	nāk(wa)ra	nākwat
P. N.	nāk(wa)ri(r)	nāk(wa)ra(r)	nākor
G.		nāk(wa)ra	
D.		nāk(wa)rom	
A.	nāk(wa)ra	nāk(wa)ra(r)	nākor

Zur flexion ist noch zu bemerken:

a) Sg. nom. m. kann bisweilen die acc.-form entlehnen, z. b. *nōkon* Sdm, H, *nākan* Bir ff.

Anm. 1. Sg. nom. f. kann selt. die form des m. (sehr selt. diejenige des acc. m., vgl. oben a) annehmen, z. b. *nāquar* Ög. fr. I (Leseb. s. 20, 27), *nākar* D 4 u. a.

b) Sg. acc. m. auf *-rn* ist nur selt. belegt (vgl. § 289, 2): *nākuarn* Ög, Dipl. 1369, *nōkorn* KS.

Anm. 2. Sehr selt. wird die nom.-form entlehnt; *nokron* KS, *nagran* Rk. II hat *-kr-* (-*gr*-) aus den synkopierten kasus.

Anm. 3. Sg. acc. f. *nōkœ* Ly ist wol zum m. *nōkan* gebildet nach der analogie *halva : -an* u. dgl.

Anm. 4. Selt. nebenformen im pl. nom. acc. ntr. sind: *nākar* O ff., *nōkra* Di, *nōkron* Dipl. 1409 (und Arkiv IV, 342; wol nach *hwariun* u. dgl., s. § 519 anm. 3).

Anm. 5. Die silben *-or*, *-ar*, *-on*, *-an* können mschw. nach § 149, 3 und 1 als *-er*, *-en* auftreten. Wol hauptsächlich wegen dieses *-en* zeigt sich um 1500 anschluss an die adj. auf *-en*, *-in*, also sg. *noghin (-en)*, *-it*, pl. *-ne*, *-en*.

II. Das zahlwort *en* kommt nicht selt. in dieser bedeutung vor, s. § 479 mit anm. 2.

§ 523. Indefinite pronomina.

III. *Enhuar* (vgl. aisl. *einnhuerr*), *ennor* ist nur in Vg. I ein-, resp. zweimal angetroffen worden und zwar nur als nom. sg. m. Die formen verhalten sich wie *nākwar* : *nākor*, s. 1 oben.

Anm. 6. Rschw. *ainhuaʀ* Rök ist wol insofern ein anderes wort, als es nicht wie jenes mit *hwarr* § 519, sondern mit *hwar* (got. *kas*, vgl. § 518) zusammengesetzt ist.

IV. *Somber* (f. *som*, ntr. *sompt*) oder *sumber* (s. § 163 mit anm. 2) ist im kaschw. ziemlich selten. Es wird wie ein gew. adj. (vgl. aber § 453, 1, b und § 454, 1, b) flektiert, aber nur stark (s. § 459 anm. 1).

V. *Somlīker* oder *sumlīker* (vgl. IV oben) ist im kaschw. selten. Es flektiert wie ein gew. adj. auf *-līker*, resp. *-likin* (s. § 450 schluss).

VI. Das subst. *maþer* (s. § 430) kommt schon seit Vg. I (hier aber nur in nebensätzen) in der betreffenden bedeutung vor und zwar (im gegensatz zu dem verhältnis im nschw.) in **allen kasus des singulars**; s. Rydq. II, 520 und Otman, Äldre västgötalagen öfversatt, s. 114 ff. Dagegen in der bedeutung 'man' wird der **plural** *mæn* gebraucht, während sg. *man* in dieser verwendung selten ist: kaschw. beisp. nur in Vh (Leseb. s. 12, 11), Da (þingb. 1) MEL (Giftob. 11) je einmal (mitteilung Ottelins), Bu und einem dipl., je zweimal; mschw. etwas häufiger (s. Söderwall, Ordbok).

§ 523. 'Kein(er)' wird durch folgende wörter (von etwas differenzierter bedeutung) ausgedrückt:

I. *Ængin* (agutn. *engin*; aisl. *enginn*) 'kein', 'niemand', 'nichts' ist (nach § 80, II, 2, § 154, II, a und § 146, 1) aus *œinn-gi (aisl. *ennge*), wozu in nom. acc. sg. m. und mehreren anderen kasus nochmals das 'ein' trat, entstanden. Aus den einst vorhandenen formen, welche langes *ē-* (aus *œi-* vor einfacher konsonanz; vgl. aisl. *einoge*, *eineger* u. a.) hatten, drang dies in die anderen ein, was eine nebenform *ēngin* (aisl. *einginn*) ergab, die dann nach § 103, 1 zu *ingin* wurde. Die stammform *æng-* (agutn. *eng-*) ist im kaschw. die weitaus häufigste, in einigen denkmälern wie Ög. fr. I, KP, Da, Ög, H, MEL und G immer, in Bu fast immer, in den meisten übrigen (Vg. I, U ff.) überwiegend vorhanden wie auch in vielen mschw. hdschr. (z. b.

§ 523. Indefinite pronomina.

KS, MB. I) vorkommend. Die form *ēng-* (selt. archaisch *eing-* Ly, Vh geschrieben, s. § 124, 2) kommt kaschw. zwar in Ly, U (selt.), Vg. II K, Bu (selt.), St u. a. vor, aber hierbei ist zu bemerken, dass die schreibung *eng-* bisweilen den lautwert *œng-* hat (so wol bes. in Vg. I, Vm — in diesen beiden nur je 1 mal vorkommend — Sdm, Biæ, s. § 24 anm.); in mschw. hdschr. wie KS und KrL ist sie dagegen häufig. Die form *ing-* ist zwar gleich früh wie die vorigen belegt, aber z. b. in Vg. I, Biæ, Bu, Bir. A selten; in anderen kaschw. hdschr. wie Vh, Vg. II, II K zwar öfter vorkommend, aber erst im mschw. häufig (selt. jedoch z. b. in KS). Von diesen verschiedenen stammformen abgesehen ist die flexion wie folgt:

	Mask.	Fem.	Neutr.
Sg. N.	ængin	ængin, ængon	ænkte, ængte
G.	ængsins	æng(inn)a	ængsins
D.	ængom	æng(inn)e	ængo
A.	ængin	ænga	ænkte, ængte
Pl. N.	ænge	ænga(r)	ængin, ængon
G.		æng(r)a	
D.		ængom	
A.	ænga	ænga(r)	ængin, ængon

Zu dieser flexion ist noch zu bemerken:

1. Das in sg. nom. f. und pl. nom. acc. ntr. neben *œngin* U, Vm (selt.), Da (selt.), Bu, KS, resp. Ly, U, Vg. II, Biæ, Bu stehende *œngon* U (selt.), Vm (gew.), Da (gew.), G (immer) u. a., resp. Vm, Da, G (in allen ausschliesslich) dürfte aus einer dem aisl. *eng* (und lautges. *ong* < *œngu* < *œingu*, umbildung von *œinu-gi* nach sonstigen nom. f. auf *-u*) entsprechenden form durch hinzufügung von *-un* < *ǭn* (s. § 74 anm.) < *ānu* < *ainu* (§ 80, I, 4, b) 'ein' entstanden sein; oder auch ist es, während nom. m. noch *œngi* (aisl. *enge*) hiess, zu diesem gebildet nach dem muster agutn. m. *þissi* : f. *þissun* (s. § 509 mit anm. 2) u. dgl. Anders, aber unannehmbar Kock, Arkiv XI, 134.

2. Im sg. nom. acc. ntr. ist die ihrer bildung nach ursprünglichste form das ganz allg. als adv. 'nicht', aber nur sehr selt. (je 1 mal in G und Cod. Holm. B 56 des Vm sowie einigemal im ausdruck *ikki vœtta, -i* 'ganz und gar nichts'

§ 523. Indefinite pronomina. 421

Vg. I, II) als pron. 'nichts' gebrauchte *ække* (aisl. *ekke*). Hieraus ist durch anschluss an den mask.-fem.-stamm *æng-* das in Vm dreimal belegte *ænke* entstanden, während vollständige neuschöpfung eines zu diesem stamme regelmässig gebildeten neutrums das in Bu (1 mal) belegte *ængt* (vgl. aisl. m. *engr*, f. *eny*) ergab. Auf kontamination von *ængt* und *ænke* (*ække*) beruht wol die häufigste form *ænkte* (vgl. anorw. *ænktit* mit zugefügtem *-it* < *æitt*) U, Sdm, Vm u. s. w., woraus nach § 314 (vgl. auch § 40 anm. 2) das fast ebenso häufige *ængte* Vg. I, U, Vh, Sdm, Da, G u. s. w. Endlich wurde dies nach § 281, 2 zu *ænte* (anorw. *ænti*) Biæ und mschw. (z. b. Leseb. 90, 17; 93, 6; 95, 28).

Anm. 1. Schreibungen wie *eknte* Sdm, *æghnti* Cod. Havn. des Sdm, *ængkte*, *ænghte*, *æg(k)te*, *æghte* Bu geben nur die aussprache *ænkte*, resp. *ængte* wieder; vgl. § 314 und § 40 anm. 2.

3. Im sg. gen. m. ntr. stehen neben dem gew. *ængsins* (d. h. *ængs-ens*, oder aus *ænksins* < *ænski-ens*, aisl. *enskins*, vgl. § 337, 7) Vg. I, II, Vh, Ög, MEL, KS die altertümlicheren formen *ænxi* (< *ænski*) U, Vm und mit nochmaliger genitivendung *engsis* Vg. II (vgl. aisl. *enskes*).

4. Sg. gen. und dat. f. *ænginna* Stadtrecht von Söderköping, resp. *ænginne* Vm, Ög neben *ænga* D 4, resp. *ængi* Da sind am ehesten aus einem durch die formen auf *-in* hervorgerufenen anschluss an die uralte flexion der adj. auf *-in* (s. § 451, 1) sowie der pron. poss. *min*, *þin*, *sin* zu erklären. Aber natürlich können sie auch mit *enna(r)*, *enne* (§ 479) zusammengesetzt sein.

Anm. 2. Sg. dat. ntr. zeigt im Cod. Holm. B 55 des Vm die sehr altertümliche form *ænoge* (aisl. *enoge* neben *einoge*).

Anm. 3. Sg. acc. m. kann mschw. die anal. form *ængan* (z. b. in KS; aisl. *engan*) zeigen.

Anm. 4. Sg. acc. f. kann selten die form des m. (und des nom. f.) entlehnen, z. b. *ængin* Vm (*ængæn* Stadtrecht von Söderköping, vgl. anm. 3), oder auch schwache flexion zeigen, z. b. *ængo* Cod. Holm. B 56 des Vm, KS.

II. *Hwărghin* (anorw. *huárgen*) 'kein(er) von beiden' (nom. acc. ntr. auch als konj. 'weder'; vgl. aber anm. 6 schluss) — selt. (nach negation) 'ein(er) von den beiden' — ist zu *hwār* (§ 520) auf dieselbe weise gebildet wie *ængin* zu *æn* (*ēn*). Das

§ 523. Indefinite pronomina.

sehr defekte paradigma (sg. f. nur im acc., der pl. gar nicht belegt) lautet:

	Mask.	Fem.	Neutr.
Sg. N.	hwærghin	—	hwärte, hwärghit
G.	hwærghins	—	—
D.	hwærghom	—	hwärgho
A.	hwærghin	hwærgha	hwärte, hwärghit

Hierzu ist zu bemerken:

1. Sg. nom. m. zeigt in Vg. I noch gew. die ältere form *huārghi* (4 mal : 1 mal *-in*; aisl. *huárge*).

Anm. 5. Selt. nebenformen sind: *huærghin* H (vgl. aisl. *huerge*), mschw. mit aus dem ntr. entlehntem *k hwærkin* (wie im adän.) Bir, *hwarkin* D 4, JB.

2. Im nom. acc. sg. ntr. tritt neben dem weitaus häufigsten *hwarte* U, Vh, Corpus I 67 note u. a. (als konj. schon Vg. I ff.) etwas später das zu dem m. anal. neugeschaffene, bes. im mschw. gar nicht seltene *hwārghit* Vg. II, St, O, KrL u. a. (s. Corpus X, 320 note, XI, 124 note, 354 note) auf. Über seltnere nebenformen s. anm. 6.

Anm. 6. Die ursprüngliche form ist das zufällig erst etwas nach 1350 belegte *hwartke* (Corpus X, 129 note, als konj. ib. X, 87 note, XI, 354 note; aisl. *huártke*), woraus nach § 323, 1 *hwarke* (Corpus XI, 124 note, III, 79 note, als konj. schon Vm, G und häufig im mschw., s. Söderwall und Corpus II, 16 note, III, 17 note; aisl. *huárke*), mit nochmaliger ntr.-endung *hwarkit* (c. 1350, s. Corpus XI, 354 note und X, 320 note, als konj. erst in Di) und durch kontamination mit dem m. (vgl. anm. 5) *hwarkin* D 4, Corpus III, 79 note, XII, 141 note (als konj. aber schon Corpus X, 320 note, SK und häufig im mschw., s. Söderwall und Corpus III, 17 note). Das allg. *hwärte* ist entweder eine unter einfluss des synonyms *hwartiggia* (s. § 524, I) vorgenommene kontamination von *hwärt* und *hwarke* (vgl. *ænke* : *ængt* : *ængte* I, 2 oben) oder nach § 314 durch eine auf anschluss an den stamm *hwärgh-* beruhende umbildung von *hwartke* zu **hwarkte* (vgl. **ænski* > *ænxi* § 337, 7) entstanden. Hieraus wurde *hwatte* MEL (s. Corpus X, 129; weit spätere beisp. ib. II, 16 note, III, 79 note; als konj. schon c. 1350, s. Corpus II, 145 note, Vg. II und Stadtrecht von Söderköping, spätere beisp. Corpus III, 17 note), wol durch anschluss an *hwat(t)* § 518 mit anm. 2. Im agutn, wo sowol *huat* wie *huárt* in den bedeutungen 'jedes von beiden' und 'entweder' gebraucht werden, kommt dem entsprechend das urspr. verschiedene pron. *huatki* (aisl. *huatke*) in den bedeutungen von *hwartke* vor (im sonstigen aschw. nur ein paar mal als konj., s. Corpus II, 141 note, 211 note). Die formen *hwazke* Og, Corpus XII, 141 note (als konj. schon Sdm, Corpus II, 48, 197, St und häufig im mschw.) und *hwazken* (sehr spät,

§ 524. Indefinite pronomina.

s. Corpus III, 79 note; als konj. ib. 17 note) sind vielleicht mit dem 518, 2 erwähnten *hwaz-* zusammenzustellen. Hieraus entstand nach § 290, 2 das mschw. *hwaske* (sehr spät, s. Corpus III, 79 note; als konj. häufig, s. Söderwall und Corpus II, 16 note, auch in G. a) und ferner durch kontamination mit *hwarken* das selt. *hwarsken* (z. b. Corpus III, 79 note; auch als konj.), Unklar ist — trotz Kock, Arkiv IX, 168 — die form *hwarce* (d. h. *hwarze?* s. § 50 anm. 1) MB. I, D 4 (als konj. schon Bu, Bil). — Alle diese formen, bes. *hwärtc* — aber nie *hwärghit* — können auch als konj. 'weder' gebraucht werden, und mit dieser verwendung kommen ausserdem folgende formen vor, von denen diejenigen auf *-zte, -ste* von unklarer — trotz Kock a. o. — bildung sind: kaschw. *hwœrte* Vg. I, U, *hutske* Ög (2 mal, s. Tamm, Uppsalastudier s. 32; vgl. *hut* § 518 anm. 2), *hwaste* Dipl. 1344 (und 1405), mschw. *hwœrce, hwœzke* Bir, *hweske* (s. Söderwall), *hwazka* KS, *hwasken* Rk. II, Corpus XII, 433 u. a., *hwarzke* Corpus a. o., *hwarske* Rk. II, Corpus III, 17 note u. a. (z. b. Leseb. 99, 2), *hwazte* Dipl. 1403, 1407.

Anm. 7. Die verhältnismässig seltenen formen auf *hwœr-* gehören wol, trotzdem dass sie ganz dieselbe bedeutung aufweisen, urspr. zu einem verschiedenen worte (aisl. *huerge*); vgl. die vermischung von *hwār* und *hwœr* § 519 und 520.

§ 524. 'Jeder', 'jedermann' u. dgl. werden auf folgende weise ausgedrückt:

I. *Hwar (hwœr)* und *hwār* 'jeder' ohne unterschied der bedeutung (ausser in G. I), s. § 519 und 520. Im agutn. wird auch *huat* (§ 518) so gebraucht, s. § 523 anm. 6; sonst nur ganz vereinzelt gen. *hwœs* und — wenn wirklich zu *hwat* und nicht zu *hwœr* gehörig — nom. *hwœt* (je 1 mal, s. Siljestrand II, 66). Wenn die bedeutung 'jeder von den beiden' hervorgehoben werden soll, geschieht dies gew. durch die zusammenstellung *hwăr þēr(r)a* (gen. pl. von *þœn* § 508), selt. durch das alte *hwārtwœggia* (anorw. *huártuœggia*) oder nach § 102, 2 und § 252, 2, d (vgl. anm. 1) *hwartiggia*, das nur im nom. sg. m. (Vg. II in jener, Corpus I, 190 note in dieser form, je 1 mal) und als konj. 'weder' (in Da) belegt ist.

Anm. 1. Dem aisl. *sinn* ... *huerr (huárr)* oder *huerr* ... *sinn* 'jeder ... sein' entspricht *hwăr sin*, nur im agutn. *sin huer (huār)*.

II. *Hwar (hwœr) ēn* (aisl. *huerr einn*) 'ein jeder, jedermann' ist bisweilen zu einem kompositum zusammengeschmolzen (vgl. adän. *hwœrinde* aus *hwœr ēnde*), dessen flexion jedoch sehr defektiv ist, indem nur folgende formen mit sicherheit (vgl. anm. 2) belegt sind: sg. nom. m. *hwarin* (nach § 146, 1)

§ 525. Indefinite pronomina.

Sk und Cod. AM. 51, 4⁰ (s. Björkman, Smålandslagens ljudlära, s. 69), *hwariēn* mschw. mit aus dem dat. u. a. entlehntem *-i-* (vgl. § 519 anm. 1); nom. f. *hwarin* Vg. I, II, KS; acc. m. *hwarin* SK, G. a, *hwariēn* mschw.

Anm. 2. Die § 519 anm. 3 erwähnten sg. nom. f. und pl. acc. ntr. *hwarion* (*-m*), *hueriun* (*-m*) können wenigstens zum teil hierher gehören, dann wie *œngon* § 523, I, 1 gebildet.

III. 'Wer (was) nur immer' wird auf mehrfache weise ausgedrückt und zwar durch:

1. *hwā(r)* oder *hwar* (*hwœr*) oder *hwīlikin* (*hūlikin*), gew. mit folgendem *hœlzt* oder *sum hœlzt*, s. § 515.

Anm. 3. *Hwat hœldęr* (selt. mit vorhergehendem *œ* oder *ē*, s. § 473 schluss) bedeutet dagegen 'ob' oder 'es sei (dass)', 'entweder'.

2. *ǣ* (*ē*) *hwā(r)* oder *hwīlikin* (*hūlikin*), s. § 515.

3. *hwatvitna* KS (3 mal), MB. II (1 mal) oder nach § 156, 2, b *hwatna* KS (5 mal), Su (1 mal) 'was nur immer', 'jegliches' — nur im nom. acc. ntr. gebraucht — ist aus *hwat* § 518 und einem alten gen. pl. von *vǣttęr* (*vītr*) § 83, 2, a zusammengesetzt, s. An. gr. I³, § 380, 5. In derselben bedeutung wird auch der urspr. dat. *hwīvitna* MB. II (6 mal) gebraucht. Nebenformen sind *hwatvena* KS. fr. (2 mal), s. § 323 anm. 1, und *hwitvitna* MB. II (1 mal), wol durch kontamination von *hwat-* und *hwī-vitna* entstanden.

§ 525. 'Einer von beiden' wird folgendermassen ausgedrückt:

1. Gew. durch *ēn* § 479 mit folgendem *þęr(r)a* § 508.

2. Selt. durch **annar hwar* (vgl. aisl. *annarr huárr* in dieser bedeutung, während *annarr huerr*, anorw. *annarr huarr* 'jeder zweite' bedeutet). Belegt ist nur sg. dat. ntr. *andro hwario* (mschw. 1 mal) sowie der gew. als konj. 'entweder' gebrauchte sg. nom. acc. ntr. *annat hwart*, selt. *annar hw.* (vgl. § 490 anm. 2) oder *annat hwarte* (s. § 523, 2).

Anm. 1. Einmaliges *annœ hwart* ist vielleicht nur schreibfehler. Spät-mschw. *annat hwat* (*hwœt*, s. § 518 anm. 2) enthält wol das pron. *hwat*, nicht *hwart*. — Blœ *annat hwart* gehört nicht hierher, sondern bedeutet 'etwas anderes, es sei was es wolle'.

§ 525. Indefinite pronomina.

Anm. 2. *Hwar annar* (*þriþi* u. s. w.) bedeutet (wie aisl. *annarr huerr*, s. 2 oben) 'jeder zweite (dritte u. s. w.)'. Dagegen ist *hwar ... annan* (*aþrom* u. s. w.) gleich 'einander'.

3. *Annartwæggia (aisl. *annarr tueggia*) ist nur im sg. nom. acc. ntr. (einmal in Vg. II auch im sg. acc. m.) belegt. Diese form ist zwar äusserst häufig, ist aber fast immer zur reinen konj. 'entweder' übergegangen und zeigt ausserordentlich viele gestalten (s. Schlyter, Corpus, bes. II, 5 note, III, 65 note, IV, 28 note, X, 46 note, 86 note, Siljestrand II, 68 f. und Söderwall, Ordbok), im ganzen gegen 40 (von nur orthographischen verschiedenheiten abgesehen). Der erste bestandteil, das zahlwort *annat-* (s. § 490) zeigt folgende nebenformen: nach § 149, 1 (mit anm. 2) *annet-* (*-it-*), § 490 anm. 3 *œnnæt-*, § 156, 2, b *ant-* und *œnt-*, wozu der selt. urspr. acc. m. *annan-* (s. oben) kommt. Der zweite teil ist die § 480 erwähnten genitivformen *-twæggia*, *-twiggia*, *-tyggia* mit folgenden nebenformen: nach § 252 mit anm. 1 *-tæggia*, *-tiggia* (vgl. § 480 anm. 1), § 144 *-tigge*, *-tygge*, § 331 *-twingia*, *-tingia*, *-tinge*, § 313 *-tinga*, *-tygga*, § 303, 3 *-tig(h)a*, *-tig(h)e*, § 472 anm. 4 *-tiggen*, *-tingen*, *-tig(h)en*, § 158, 3 (?) *-tigh*. Die bis jetzt belegten formen sind nun die folgenden:

annatwæggia Vg. I ff.	*antwæggia* Corpus IV, 28 n., X, 347 n.	*œntwæggia* H
annatwiggia Vg. I ff	*antwiggia* U, KP, Ög ff.	—
annattyggia Corpus X, 289 note	*antyggia* Corpus X, 46 n., 86 n.	—
annittæggiæ Vh	—	—
annat-, *annettiggia* Ly, Sdm, Vm ff.	*antiggia* Vg. II K ff.	*œntiggia* Vh, H, MEL ff.
annattigge Vm ff.	*antigge* Corpus IV, 28 n., X, 46 n. u. a.	
annattygge Vm	*antygge* ib. IV, 28 n., X, 46, 86 n.	
	antwingia U	
annattingia Vg. II	*antingia* Vg. II, Bu u. a.	*œntingia* St ff.
annattinge	*antinge* Corp. IV, 28, XI, 166, XII, 33 n.	*œntinge* Corpus XII, 33 n., Dipl. 1362 ff.

§ 526. Ablautende verba: klasse I.

annættinghæ Ly, annattinga	antinga ib. III, 65 n.	—
—	antygga ib. X, 46 n.	—
annattig(h)a Sdm ff.	antig(h)a c. 1500	æntig(h)a ib. III, 65 n.
annattig(h)e Corpus XII, 33 n.	antig(h)e ib. IV, 28, XII, 33 n.	—
—	antiggen Dipl. 1508	—
—	antingen c. 1500	—
—	antig(h)en Corpus III, 65 n.	—
—	antigh Dipl. 1410	æntigh Dipl. 1504

II. Abschnitt.

Konjugation.

A. Tempusbildung.

I. Starke verba.

a) Ablautende verba.

Klasse I.

§ 526. Verba der ersten ablautsreihe (§ 169), z. b. *rīþa* reiten; prät. sg. *reþ* (rschw. prät. pl. *riþu*; part. prät. *riþin*. *raiþ*, agutn. **raiþ*);

So gehen noch: *grīpa* greifen; *bīta* beissen, *rīsta* ritzen (nur rschw., s. Rv. s. 26 note; später von dem schwachen *rīsta*, prät. -e oder -aþe, verdrängt), *skīta* cacare, *slīta* zerreissen, *splīta* (erst mschw. aus mndd. *splīten* entlehnt) splittern, zerreissen, *vīta* zeihen, beweisen; *swīka* betrügen, *vīka* weichen; *bīþa* warten, *gnīdha* (erst mschw., wahrscheinlich aus mndd. *gnīden* entlehnt) reiben, *līþa* gehen, leiden, *skrīþa* schreiten, *smīþa* (vgl. anm. 3) schmieden, *strīþa* (vgl. anm. 3) streiten, *swīþa* sengen, brennend schmerzen, *vrīþa* drehen; *blīva* (erst seit c. 1350 belegt, aus mndd. *blīven* entlehnt) werden, *drīva*

§ 527. Ablautende verba: klasse I.

treiben, *klīva* klimmen, *rīva* reissen, *skrīva* schreiben, *þrīvas* gedeihen; *nīgha* sich neigen, *sīgha* sinken, *stīgha* steigen, *swīgha* sich neigen; *rīsa* sich erheben; *hwīna* zischen, grunzen, *skīna* glänzen; *skrīa* (erst mschw., aus mndd. *schrīen*) schreien.

Anm. 1. Folgende (starke) formen sind nicht belegt: prät. sg. und pl. von *skīta*, *smīþa*, *strīþa*, *swīgha* (part. prät. nur im agutn.); prät. sg. und part. prät. von *hwīna*; prät. pl. von *bīþa*, *gnīdha*, *klīva*, *swīþa*; prät. pl. und part. prät. von *skrīa*; part. prät. von *nīgha*, *rīsa*, *rīsta*, *sīgha*, *skīna*, *skrīþa*.

Anm. 2. Auch schwach nach § 546 gehen: gew. *for-vīta*, *skrīa*, oft *skrīva*, bisweilen *ā-vīta*, *bīþa*, selt. *nīgha*, *smīþa*, *vīta* (Vg. I).

Anm. 3. Auch schwach nach § 550 gehen: fast immer *smīþa* (erst Di part. *smidhit*), *strīþa* (erst spät mschw. part. *stridhit*), gew. (*ā-*)*vīta*, selt. *nīgha*, *rīsa*, *splīta*.

Anm. 4. Ausserdem kann *vīta* bisweilen im präs. (ind. und konj.) wie *vita* (§ 554, 1) flektieren, z. b. ind. *væt* (s. § 80 anm. 6), konj. *viti* Ög. fr. II (oft). Die beiden verben sind wol urspr. identisch.

Anm. 5. Nur im prät. sg. belegt ist *trēn* Rk. II trat (wahrscheinlich danismus); nur in inf. und präs. ind. *strīka* (Klemming, Småstycken på forn svenska s. 105, *hūpstrīka* Vg. II, Biæ, aisl. *strýkua*, s. § 176; vielleicht aus mndd. *strīken*) streichen, *nīgha* sein wasser lassen; nur im inf. (daher unsicher ob, wie im nschw., hierher gehörig) das erst spät mschw. *glīdha* (ans mndd. *glīden*) gleiten.

§ 527. Besondere abweichungen von dem normalen paradigma sind:

1. Inf. (und präs.) kann dial. *ȳ* statt *ī* zeigen: *blȳva*, *drȳva*, *grȳpa*, *klȳva* s. § 108 anm. 2 (*bȳta*, *skrȳa* ib. anm. 5); *ȳkia* § 69, 10 (vgl. anm. 1 unten).

Anm. 1. SK (2 mal) *ȳkiæ*, mschw. (1 mal) *suīkia* sind vielleicht betreffs des -i- den aisl. *vīkia* (vgl. daneben *ýkua*), resp. *suīkia* gleichzustellen.

2. Prät. sg. zeigt bisweilen *ǣ* statt *ē*: *stǣgh* s. § 80, II, 1; *blǣf* O (2 mal) s. § 114 anm. 1; *slǣt* Bu, *bǣt* Di sind wol ganz wie das § 526 anm. 4 erwähnte präs. *vǣt* nach § 80 anm. 6 (vgl. auch aisl. *vetka* neben *ek veit*) zu erklären; *swǣk* O ist vielleicht nach jenen umgemodelt.

Anm. 2. Rschw. *seik* L. 208, pl. *siku* (neben *suku*) Sjonhem I (*suiku* L. 228) sind entweder als *søyk* (vgl. aisl. *sueyk*), resp. *syku* aufzufassen, d. h. durch *u*-umlaut entstanden (vgl. das in aisl. *sýkua* und noch im part. prät. *suikuin* L. 662 neben *suikin* L. 263 erhaltene *w*), oder als *sœik*, resp. *siku* mit *s*- statt *sw*- nach *sykwa, *-win* (vgl. *sima* § 252 anm. 4).

3. Prät. pl. und part. prät. mschw. *e* (spät *ē*) statt *i* s. § 115, 1.

Klasse II.

§ 528. Verba der zweiten ablautsreihe (§ 170), z. b.:

niūta (agutn. *niauta* § 122, 1) geniessen; *nēt* (rschw., agutn. *nutu*; *nutin*; *naut § 123, 1);

brȳta § 122, 2 (rschw. *briūta*, agutn. *briauta*) brechen; *brēt* (rschw., agutn. *brutu*; *brutin*; *braut);

sūpa saufen; *sēp* (rschw., agutn. *supu*; *supin*. *saup);

1. Wie *niūta* gehen noch: *fliūta* (z. b. Leseb. s. 40, 33) fliessen, *giūta* giessen, *liūta* bekommen, *riūta* brüllen, *skiūta* schiessen, schieben, *þiūta* heulen; *fiūka* stieben, *riūka* rauchen, riechen; *biūþa* bieten, *riūþa* röten, *siūþa* sieden; *kliūva spalten, *riūva* zerbrechen, *skiūva* schieben; *fliūgha* fliegen, *liūgha* lügen; *kiūsa* bezaubern, *niūsa* niesen. Nach § 122, 2, a, werden *fliūta*, *riūta*, *riūka*, *riūþa*, *kliūva und *riūva* c. 1300 zu *flȳta*, *rȳta* u. s. w. (über sonstige nebenformen mit *ȳ* s. § 529, 1).

Anm. 1. Selt. nebenformen mit *ū* (s. 3 unten) sind *skūva* (ags. *scúfan*) Bm, D 4 und einmaliges mschw. *flūgha* (aisl. *flúga*), wenn dies nicht ein schreibfehler ist wie wahrscheinlich präs. *budhęr* MB. I.

2. Wie *brȳta* gehen *drȳpa* triefen, *krȳpa* kriechen; *þrȳta* aufhören; *frȳsa* frieren; später auch *flȳta*, *rȳta*, *rȳka*, *rȳþa, *klȳva*, *rȳva*, s. 1 oben (vgl. auch § 529, 1).

Anm. 2. Ein vereinzelter archaismus ist präs. *briūtęr* U.

Anm. 3. Selt. nebenformen mit *ū* (s. 3 unten) sind *brūta* Da, Cod. Holm. B 55 des Vm, Sv. Dipl. II, 24 und *hūp-strūka* (vgl. ahd. *strūhhēn*) U, Vm neben *-strȳka* (und *-strīka* § 527 anm. 5). *Skīr-skuta*, *skær-skota* feierlich kundgeben hat trotz dem alternativ starken part. prät. *-skutin*, *-skotin* (wie zum *skiūta*, s. oben 1) kurzes *u* (*o*) und flektiert regelmässig nach § 546.

3. Wie *sūpa* gehen: *lūta* sich neigen, *slūta* (erst mschw.; aus mndd. *slūten*) schliessen; *dūka* (erst mschw.; aus mndd. *dūken*) tauchen, *lūka* verschliessen; *būgha* (ags. *búgan*) biegen, *sūgha* saugen. Über selt. *skūva*, (*flūgha*?,) *brūta*, *-strūka* s. anm. 1 und 3.

Anm. 4. Nicht in starker form belegt sind: prät. sg. und pl. von *kiūsa*, *lūka*, *riūva*; prät. pl. von *būgha*, *klȳva*, *liūta*, *lūta*, *slūta*, *þrȳta*; prät. pl. und part. prät. von *dūka*, *fiūka*, *riūþa* (vgl. aber *rudhna*, *rodhna* erröten, das *rupin, *ropin § 529, 3 voraussetzt); part. prät. von *riūka*, *riūta*, *þiūta*.

Anm. 5. Auch schwach nach § 546 gehen *dūka*, *lūta* (dies auch nach § 550, III) und wol *niūsa* (s. Corpus I, XIV).

§ 529. Ablautende verba: klasse II.

Anm. 6. Part. prät. *kyster* (spät mschw. 1 mal) statt *kusin* ist wol ein danismus. Von *būgha* biegen ist zu scheiden das schwache, aus mndd. *būgen* entlehnte *būgha*, prät. *būg(h)de*, sich verbeugen.

Anm. 7. Nur in inf. und präs. belegt ist *smiūgha* (*smȳgha* s. § 529, 1) schmiegen; nur in präs. ind. sg. und part. prät. *lȳster* schlägt, *lustin* (zu aisl. *liósta*); nur in prät. sg. und part. prät. *rūs* (aisl. *hraus*) schauderte mit dem adj. *rusin* frostig; nur in prät. pl. und part. prät. mschw. *koro* (s. § 529, 2, b), *korin* (aisl. *køro, kørenn*) erwählt(en), wozu die fehlenden formen von dem schwachen (nach § 546) *kora* (aus mndd. *koren*) entlehnt werden; nur im präs. sg. mschw. *ges* (nach § 116 aus *gyss < *gẏss — vgl. *less, mess* § 433 — zu adün. *giūse* schaudern) fröstelt; nur im part. prät. *duvin* (*dovin* s. § 529, 3; vgl.? *dūva* gleich unten) erschlafft, *lūin* II ohnmächtig (zu aisl. *lȳia*), *lupin* (*lopin*) behaart (zu ags. *léodan*), *rutin* (*rotin*) verfault; nur im inf. oder 3. pl. präs. ind. (daher unsicher ob hierhergehörig) *dūva* (ags. *dúfan*, anorw. *dúfa*; vielleicht aber aus mndd. *dūven*) eintauchen, *niūdha* (aisl. *hnióþa*) nieten.

§ 529. Besondere abweichungen von dem normalen sind:

1. Inf. (und präs. pl. ind. sowie präs. konj.) kann bisweilen nach dem *i*-umgelauteten präs. sg. (z. b. *ges* < *gyss GO, *lȳster* Vg. I, II, *lȳter* Sdm, *smȳgher* MB. I, *skȳter* Vg. I, Da) *ȳ* statt *iū* eintreten lassen, z. b. *bȳþa* Vg. I ff., *lȳta* Sdm, Vm, *nȳta* Sdm u. a., *skȳta* Dipl. 1504, 1506, *smȳgha* MB. I, *ūt-gȳta* Bir.

Anm. 1. MB. II *klyfia* entspricht dem schwachen aisl. *klyfia* (prät. *kluf þa*) spalten.

Anm. 2. Über dial. *byūþa* u. s. w. s. § 270 anm. 3; mschw. dial. *biȳdha* u. s. w. § 100 anm.

Anm. 3. Unklar sind schreibungen mit *i* wie präs. *lister* Vg. II, *briz* Bil, inf. mschw. *dripa, nedher-brita*.

2. Prät. pl. wird mit der zeit auf mehrfache weise verändert: a) Seit c. 1350 kann *ō* aus dem sg. eindringen, z. b. *nōto* Bu, *flōgho* mschw. b) Mschw. wird nicht selt. *o* aus dem part. prät. (s. 3 unten) entlehnt (vgl. anorw. *boðo, skoto*), z. b. *skovo* O, Bm, *bodho* D 4, *skoto* Rk. II ff.; *koro* Rk. II, *roku* Di. c) Seit c. 1430 kann das kons. *i* (*y*) aus dem inf. eindringen, z. b. *giutu* D 4, *gyuto, byudho* MB. II.

Anm. 4. Sehr selt. tritt im mschw. *o* auch im prät. sg. auf (vgl. aisl. *klof*, anorw. *boð, fok*), z. b. je einmal *skot* Rk. II, *krop* Di, *bodh*. Wenn nicht schreibfehler vorliegen, ist wol *o* aus dem pl. (s. oben 2, b) entlehnt, wie umgekehrt *ō* im pl. aus dem sg. (s. oben 2, a).

3. Part. prät. zeigt bei den meisten verben seltnere nebenformen mit *o* (vgl. das aisl.-anorw.); zur erklärung s. Noreen,

§ 530. Ablautende verba: klasse III.

I. F. XIV, 399 ff., An. gr. I³. § 167 anm. 3 und oben § 163, 2. Aus dem kaschw. sind von solchen formen belegt nur *rotin* Vg. I ff., *boþin, brotin, lokin, rovin* Vm, *skærskotin* Cod. Holm. B 55 des Vm, Vg. II (vgl. auch *losna* neben *lusna* los werden, das ein *losin voraussetzt), aus dem mschw. aber sehr viele: *bodhin, brotin, dovin, flotin, for-throtin, frosin, gotin, klovin, korin* (s. § 528 anm. 7; nie *kurin), *kropin, lodhin, notin, skotin, skovin, slotin, sodhin, strokin* (vgl. auch *rodhna* § 528 anm. 4). Das *o* dürfte daher zum teil mndd. einfluss (mndd. *boden, floten* u. s. w.) zuzuschreiben sein, was bei den lehnw. *forthrotin, slotin* (mndd. *vordroten, sloten*) wol die einzige erklärungsmöglichkeit bietet. Nach Kock, Beitr. XXIII, 503 ff. wäre vielmehr *o* überall das ursprüngliche und das normale *u* erst durch analogiebildung nach part. wie *funnin* entstanden, eine auffassung, gegen welche bes. das späte auftreten der meisten *o*-formen einspruch einzulegen scheint. Übrigens wird das alter des *u* bewiesen durch *i*-umgelautete formen (vgl. § 534, 2) wie *lytin* KS (s. Landtmanson, Kg. St. s. 76 und 69 note; nschw. *luten*) geneigt zu *lūta*. So können auch formen wie *brytin* D 4, *ō-klyvin* Di aufgefasst werden, aber hier kann das *y* auf einfluss des inf. beruhen, gleichwie das *o* in *broten* Vm, Dipl. 1505, *in-flotin* Bir, *kloven* Di, *slotin* Dipl. 1506 entweder nach § 116 mit anm. 1 aus *y* oder vielleicht durch einfluss des prät. sg. (und pl., s. oben 2, a) entstanden sein kann (vgl. aber § 116 anm. 2). — Ausserdem kann seit c. 1400 das kons. *i* (*y*) aus dem inf. eindringen (vgl. oben 2, c), z. b. *biudhin* Dipl. 1411, *giutin* Bir, *skyutin* Rk. II ff.; so im nschw. durchgehends

Klasse III.

§ 530. Verba der dritten ablautsreihe (§ 171), z. b.

gælla (agutn. *gella) laut aufschreien;	*gal;*	*gullo;*	*gullin;
hiælpa (agutn. *hielpa*) § 96, alt *hialpa* § 75, 1 helfen;	*halp;*	*hulpo;*	*hulpin;*
spinna § 166 spinnen;	*span;*	*spunno;*	*spunnin;*
bryggia § 69, 4, § 227 brauen;	*brag;*	*bruggo;*	*bruggin;*
siunka § 127, 1 (agutn. *sinqua § 70 anm. 2) sinken;	*sank;*	*sunko;*	*sunkin.*

§ 530. Ablautende verba: klasse III.

1. Wie *gælla* gehen *smælta* schmelzen, *swælta* hungern; *skælla* (aber agutn. *skiella* nach 2 unten) klappern, *swælla* schwellen, *vælla* sieden; *forværva* (mschw. lehnw. aus mndd. *vorwerven*) erwerben, *hværva* sich wenden; *swælghia* (vgl. § 531, 3) schlucken; nur dass das -*w*- und das (aus *w* entstandene) *v*- nach § 252, 1 und 2, a in prät. pl. und part. prät. einstweilen fehlen, z. b. *hurvo, hurvin, sulghin, sullin, sultin*, bis zunächst (schon im kaschw., s. § 253 anm. 3) *v*, dann auch (wenigstens im mschw.), wiewol seltener, *w* anal. wieder eingeführt wird, z. b. *vullo, hwurvin, swultin*. Über die alternativ hierhergehörigen *bærgha, gælda* s. 2 unten; *brænna, bræsta, rænna, slæppa* s. 3 unten; *bræghþa, værþa* s. 6 unten.

2. Wie *hiælpa* gehen *biærgha (biargha)* bergen, *giælda (gialda; giælla, gialla* § 340, 2, a) bezahlen, *skiælva* zittern, *spiærna* mit den füssen stossen, *stiælpa* umfallen; agutn. *skiella* s. 1 oben. Seltnere nebenformen, wo die brechung durch ausgleichung (nach dem konj. präs. u. a.) beseitigt worden ist (s. § 78, 3), sind *bærgha* Vm, Da u. a., *gælda* Vg. II u. a. (*gælla*, z. b. Leseb. s. 80, 31), wo jedoch *g*- nur eine orthographische variante (s. § 278) zu *gi*- sein kann.

Anm. 1. Bei *hiælpa* ist im rschw. die ausgleichung noch nicht ganz durchgeführt, indem neben *hialba* (d. h. *hialpa*) noch sehr oft (z. b. L. 952) konj. präs. *hilbi, -in* (d. h. *helpi, -in*; aisl. *helpe*) vorkommt. L. 1116 u. a. *hiulbi* ist wol von der einstigen lautges. 1. sg. präs. ind. **hiolp*, 1. pl. **hiolpum* beeinflusst (s. § 77).

3. Wie *spinna* gehen *brinna* brennen, *finna* finden, *forswinna* (-*swinda*; erst mschw. lehnw. aus mndd. *vorswinden*) verschwinden, *rinna* fliessen, rennen, *vinna* ausführen, siegen; *binda* binden, *rinda* (aisl. *hrinda*) stossen, *vinda* winden; *klinga* (mschw. lehnw. aus mndd. *klingen*) klingen, *springa* zerspringen, laufen, *stinga* stechen, *þwinga* zwingen; *slinta* gleiten; *slippa* entschlüpfen, *drikka* (aisl. *drekka*; s. § 83 anm. 1) trinken; *brista* bersten. Seltnere nebenformen mit (nach § 166 und § 164 zu erklärendem) *æ* sind *brænna* Vg. I ff. (häufig), *bræsta* Vg. I, II, II K (agutn. *bresta*; aisl. *bresta*), *rænna* Vg. I (aisl. *renna*), *slæppa* Vh, Corpus III, 165 note, Rk. II. Über die alternativ hierhergehörigen *þriska* s. 4 unten, *stinqua (stinka)* s. 5 unten, *brighþa* s. 6 unten. Wegen des schwankenden *v, w,* in *(v)unnin, th(w)ungin* u. dgl. s. 1 oben.

§ 530. Ablautende verba: klasse III.

4. Wie *bryggia* gehen *krympa* (§ 108, 1; vgl. anm. 4) krimpen und *þryskia* U, MEL, Bir, MB. II u. a. (vgl. aisl. *þryskua*) dreschen mit den seltneren nebenformen *þryska* Vm, MB. I u. a. (mschw. *troska* nach § 116 und § 260, 6), *þriska* Ög u. a. (s. § 71, 3; vgl. aisl. *þriskia*), selt. *thruska*, mschw. auch *thørska* (s. § 344). Über *bryghþa* s. 6 unten; sonstige *y* statt *i* § 531, 1.

5. Wie *siunka* (agutn. inf. unbelegt, präs. *sinker*; aisl. *søkkua*) gehen *stiunka* (agutn. *stinqua*, später *stinka*; aisl. *støkkua*) springen, stieben, *siunga* (agutn. inf. unbelegt, präs. pass. *sings*, konj. *singis*; aisl. *syngua*) singen, *sliunga* (aisl. *slyngua*) schleudern.

Anm. 2. Eine spur des urspr. lautges. wechsels inf. *stiunkwa : präs. *stink bietet präs. *stinker* Corpus X, 337 note, XI, 345 n. und 376 n.) neben gew. *stiunker* (dem inf. und dem präs. pl. nachgebildet).

6. Besondere unregelmässigkeiten zeigen:

varþa § 117 anm. (mschw. selt. *vördha* § 110), *værþa* Vg. I (gew.), U, Biæ (agutn. *verþa*; aisl. *verþa*) werden; *varþ*, *vart* § 260 anm. 7 (schluss); (*v*)*urþo*; (*v*)*urþin*;

bryghþa § 171, *bræghþa* Vg. II (agutn. *bregþa*; aisl. *bregþa*), agutn. *brigþa* § 164 (H präs. *brighder*; anorw. *brigða*) vorwerfen; *brā* (vgl. anm. 3).

Anm. 3. Über prät. sg. *brā* s. Noreen, Grundriss² I, 631, § 235, 1. Dazu ist wol (vielleicht unter mitwirkung des adj. *brāþer* heftig) der inf. *brāþa* Vg. I neugebildet worden. Mschw. steht neben *brā* ein schwaches *brādhe*, das in der zusammensetzung *forbrādhe* alleinherrschend ist. Prät. pl. ist nur als mschw. -*brādho*, part. prät. nur als agutn. *brigðer* G. a (hierher auch? *ō-brighþer* U, Vm und mit starker bildung? *hēl-brogden* JB) belegt. Das zusammengesetzte mschw. *o(b)brygdha* (vgl. § 284, 1) geht nur schwach : prät. -*brygdhe* oder -*brygdhadhe*.

Anm. 4. Nicht belegt sind: im prät. sg. *biærgha*, *forværva*, *sliunga*; prät. sg. und pl. *krympa*, *rinda*; prät. sg. und part. prät. *skælla*; prät. pl. *stiælpa*, *swælla*, *swælta*, *þryskia*, *þwinga*; prät. pl. und part. prät. *bryghþa*, *forswinna*, *slinta* (vgl. aber mschw. *sloutet* 1541), *spiærna*, *stiunka*; part. prät. *gælla*, *klinga*, *skiælva*, *smælta* (vgl. aber *smoltna* ruhig werden, das ein *smoltin, s. § 534, 1, voraussetzt), *vælla*.

Anm. 5. Auch schwach nach § 546 gehen gew. *biærgha*, *forværva*, *þwinga*, mschw. auch *brygdha* (s. anm. 3), *klinga*, *thryska*.

Anm. 6. Auch schwach mit prät. auf -*de*, resp. -*te* gehen im mschw. *brygdha* (s. anm. 3), *bryggia*, *brænna*, *forværva*, *gælda*, *sliunga*, *stiælpa*, *thwinga*. Von anfang an schwache verba mit kausativer bedeutung wie *brænna*, *rænna*, *slæppa*, *smælta*, *spærna* sind von den hierhergehörigen starken genau zu scheiden; ebenso das schwache *skælla* bellen.

§ 531. Ablautende verba: klasse III.

Anm. 7. Nur in spärlichen resten erhalten sind folgende verba: prät. sg. *sarþ* Vg. I stupravit, *varp* 'warf' Kärnbo, 'legte eier' ST, mschw. *slank* slich, *smal* platzte; prät. pl. mschw. *skrullo* gallen; part. prät. *bulghin* (*bulin, bolin*?, s. § 311 anm. 1) aufgeschwollen, *skrunkin* schrumpfig, *snorkin* (vgl. § 534, 1) runzelig, *storkin* (vgl. § 534, 1) erstarrt; präs. sg. ind. *diunger* Vg. I, II schlägt, *swærver* Ög (vgl. Tamm, Uppsalastudier s. 34 f.; mschw. auch pl. *swærva*) geht verloren, *vælter* Vg. I wälzt sich; part. präs. (daher unsicher ob hierhergehörig) *tyuggende* Vh kauend (vgl. einerseits das synonym *tugga, togga*, schwach nach § 546, andererseits aisl. *tyggua*).

§ 531. Über die bildung des infinitivs (und präs.) ist noch zu bemerken:

1. *y* statt *i* findet sich nicht selt. nach § 108, 1 z. b. *brynna, bynda, fynna* (alle schon im MET), *forswynna, sprynga, vynna*; *krympa* (s. § 530, 4; selt. mschw. *krømpa* nach § 116 anm. 1) ist nie mit *i* belegt. Seltener steht *y* nach § 108, 2, z. b. *brysta* Vm ff., *drykka*.

2. *io* statt *iu* ist sehr häufig (in gewissen denkmälern alleinherrschend) in *sionka, stionka*, weniger allg. in *sionga, slionga*; s. § 127 anm. 1.

Anm. 1. Über dial. *syunga, syonga* u. dgl. s. § 270 anm. 3; spät mschw. dial. *siōnga*, 2. pl. präs. *siyngen* u. dgl. s. § 99 anm. und § 100 anm. Das einmalige mschw. *syngia* (s. Leffler, Om v-omljndet, s. 37 und 39, wo unhaltbare erklärung) ist wol ein danismus (vgl. aber aisl. *syngia*). Über *tugga, togga* (s. § 530 anm. 7) neben *tiugga* und einmaliges *sunga* s. § 109.

Anm. 2. *a* statt *æ* findet sich in *varþa* (s. § 530, 6; shetländisch *varða*, s. An. gr. I³, § 104 anm. 2), statt *iæ* ausnahmsweise in *halpa* (und imperat. *halp*, je 1 mal; vgl. 4 mal *halp* statt *hialp* hülfe) Bu und konj. präs. rschw. *halbi* (was doch wol möglicherweise *hælpi*, vgl. § 530 anm. 1, auszulesen wäre), s. Ottelin, Studier öfver Cod. Bur. I, 144.

3. Die endung *-ia* statt *-a* zeigen *bryggia* (anorw. *bryggia*), *swælghia* (aisl. *suelgia*, worüber s. An. gr. I³, § 480), *þryskia* (vgl. aisl. *þriskia*) und die selt. nebenformen *stingia* Rk. II, *siungia* (Leffler a. o., s. 39; *syngia* s. anm. 1 oben), deren *-gia*- auf übertragung aus formen beruht, wo *g* vor *i* stand und daher palatalisiert wurde (vgl. § 231 und § 34, a, 1 mit anm. 1). — Das neben *biærgha* stehende *byrghia* U, Sdm, Vm, Vg. II (*ā-byrghia*), Da, St, Corpus X, 147 note könnte ein ursp. schwaches verb sein. Da aber keine einzige schwache form belegt ist, darf es vielmehr als ein altes, starkes jodpräsens (wie aisl. *symia, biþia*,

lat. *venio*, gr. βαίνω u. a.) anzusehen sein, und die schwache flexion des aisl. *byrgia* (ags. *byrȝan*) wäre demnach wol unursprünglich.

§ 532. Im prät. sg. sind zu beachten die nach § 222 und § 235, 1, c mit anm. 2 entstandenen formen *bant, galt* (ST *gialdh* kann nach § 292, 1 umgekehrte schreibung statt *giall* — vgl. anm. 1 unten — zu *giælla* § 530, 2 sein), *sprak* (mschw. auch anal. *sprang* § 222 anm. — einmal *sprank* Rk. II — aber nur in der bedeutung 'lief'), *stak* (anal. *stang* Di), *vant* (zu *vinda*). Selt. *fant* Rk. II (und nschw.) ist anal. neugebildet nach dem pass. *fanz* (s. § 254, 1) und nach gleichungen wie *binder* : *bant* = *finder* (§ 326) : x. Aus dem d. direkt entlehnt ist *forswant* neben *-swand, -swan*. Über das sehr häufige (s. z. b. Leseb. s. 175) *vart* (*vort*, s. anm. 2 unten) s. § 530, 6.

Anm. 1. Selt. *gialdh* (s. gleich oben) und D 4 *hialp* (aisl., anorw., adän. *hialp*) haben wol das *-i-* aus dem inf. entlehnt; vgl. aber Ljungstedt, Anm. till det starka preteritum, s. 117.

Anm. 2. Selt. mschw. *druk* (spät adän. *druck*), *swolgh* haben wol (wie spät adän. *hiulp* und vielleicht aisl. *holp*, anorw. *skolf*) den vokal des pl. (resp. part. prät.) entlehnt; vgl. § 529 anm. 4. Spät mschw. *sprong* (alt nschw. *språng*), *vordh* (*vort* Leseb. s. 111, 13 und 112, 29, vgl. gleich oben) erklären sich nach § 129, 1 und § 110, so dass *sprang, stang, varþ* u. dgl. wieder eingeführtes anal. *a* haben (nach der gleichnng *funno : fan : sprungo* : x u. dgl.).

§ 533. Prät. pl. (und konj.) zeigt nicht selt. *o* statt *u*. Zwar erklären sich fälle wie *orþu* G, *vorþo* Buff. nach § 120 und mschw. *for-vonno, vondo* nach § 120 anm. 2; aber *holpu* Da, Bir, MB. I u. a. sowie die zahlreichen mschw. beisp. *borgho, drokko, forvorvo, hworvo, skolvo, sloppo* (konj. *sloppe*), *swolgho, vollo* und konj. *smolte* können nur zum geringsten teile nach § 120 anm. 2 (schluss) erklärt werden (vgl. auch anorw. *vorðo* und konj. *horfa*), sondern haben wol hauptsächlich ihr *o* dem part. prät. (s. § 534, 1) entnommen; vgl. § 529, 2, b.

Anm. 1. Sehr selt. mschw. *slyngo, syngo* beruhen wol, wenn schreibfehler nicht vorliegen, auf einfluss entweder eines einst vorhandenen umgelauteten konj. prät. (vgl. aisl. *syngo* nach konj. *synga*) oder solcher part. prät. wie aisl. *syngenn* und der § 534, 2 unten erwähnten.

Anm. 2. Sehr selt. wird ein kons. *i* aus dem Inf. entlehnt, z. b. *siwngo* O.V; vgl. § 529, 2, c und mschw. *sjöngo*.

§ 534. Über das part. prät. ist noch zu bemerken:

1. *o* statt *u* ist häufig. Nach § 120 erklärt sich *vorþin* Bu ff.; nach § 120 anm. 2 Vm *fonnin, vonnin*, mschw. *for-vonnin, krompin, vondin* (und nschw. *slontet* 1541); nach § 84, 1, a vielleicht mschw. *drokkin* (und *sloppin*, wenn hier *pp* aus *mp* entstanden ist). Aber in fällen wie kaschw. *holpin* Vm (und mschw.), mschw. *bolin* (? s. § 530 anm. 7), *borghin, giolden* (mit *gi-* aus dem inf.), *helbrogden* (? s. § 530 anm. 3), *hworvin*, *smoltin (s. § 530 anm. 4), *snorkin* (kein *-u-* belegt), *storkin, s(w)olghin, swollin, swoltin, thorskin* muss wol das *o* wesentlich aus alter zeit stammen (vgl. aisl. *holpenn* u. s. w.) oder auf deutschem einfluss beruhen (vgl. mndd. *borgen, worven* u. s. w.); vgl. § 529, 3.

2. *y* statt *u* — wie anorw. *drykkinn, fynninn*, aisl. *syngenn*, nisl. *byndin* (s. An. gr. I³, § 485 anm. 5) — durch *i*-umlaut (s. Noreen, I. F. XIV, 401 und An. gr. I³, § 167 anm. 3) zeigen nur noch Vm *tæ-byndin* (wo *y* nicht aus einem präs. inf. *bynda* § 531, 1 stammen kann, da das betreffende denkmal 43 mal präs. *bind-*, nie aber *bynd-* hat), Cod. Holm. B 55 des Vm *byrghit-s* (das aber vielleicht von *byrghia* § 531, 3 beeinflusst sein kann), mschw. *drykkin* (oft in *drykkin-skaper*), nschw. *dryckenskap*, also nicht von dem selt. *drykka* § 531, 1 — nschw. aber nur *dricka* — beeinflusst); vgl. *lytin* § 529, 3. Mschw. *bryggin, vynnin, thryskin* sind wol eher nach 3 unten zu erklären.

3. Mschw. kann, wiewol selt., die vokalisation des inf. in das part. prät. eindringen. So erklärt sich *iu* in *siungin, siunkin* (wie im nschw.); *y* in *bryggin, thryskin* und wol auch *vynnin* (s. § 531, 1); *æ* in *forværvin, gældin*.

Anm. Über *nd* statt *nn* in dem als mannsname gebrauchten rschw. *Funtin, Fu[n]tin* s. § 340, 2, b.

Klasse IV.

§ 535. Verba der vierten ablautsreihe (§ 172), z. b.

bæra tragen;	*bar*;	*bāro*;	*borin, burin* § 163, 2 mit anm. 2;
stiæla (agutn. *stiela*), alt *stiala* stehlen;	*stal*;	*stālo*;	*stulin, stolin*;
nima § 164 (ver)-nehmen;	*nam*;	*nāmo, nōmo* § 73, 2;	*numin, nomin*.

§ 535. Ablautende verba: klasse IV.

1. Wie *bæra* geht *skæra* schneiden; über *fæla, stæla* s. 2 unten. Seltnere — im agutn. aber alleinherrschende — nebenformen mit brechung (also nach 2 unten) sind *biæra* Ög (z. b. Leseb. s. 29, 8) u. a., *skiæra* Vg. I, Da u. a. Im part. prät. scheinen die formen *borin* Vg. I, II, II K, U, Vh, Vm, Biæ, Da, Bu, *skorin* U, Sdm, Vm (auch cod. Holm. B 56), Biæ, Vg. II, II K, H ff. wenigstens im kaschw. etwas häufiger als *burin* Sdm, Ög, MEL, Bu, St ff., *skurin* Sdm, Vm, Biæ, Da, Ög, MEL, St ff. zu sein; im mschw. vielleicht umgekehrt. Im agutn. sind *burin*, *skurin* alleinherrschend.

Anm. 1. Selt. *bara* Vg. I (zweimal), Björkman, Sv. landsm. XI, 5, s. 57, und Klemming, Skrå-ordningar s. 188, dürfte nur schreibfehler sein.

2. Wie *stiæla* geht wesentlich (das gew. schwach — prät. *fiælaþe*, selt. *fiælde*, part. prät. auch selt. -*fælter* — flektierende) *fiæla* verbergen, dessen prät. sg. nur rschw. (*fal-k* Skärfvum), prät. pl. gar nicht, part. prät. nur in den zusammensetzungen *dagh-*, *in-fulghin* (s. § 340, 3; vgl. aisl. *folgenn*) belegt ist. Selt. nebenformen ohne brechung (wie aisl. *stela, fela*), also nach 1 oben, sind *stæla* Vm (gew.; auch in Codd. Holm. B 55 und 56), *fæla (aus dem eben erwähnten mschw. -*fælter* zu erschliessen). Part. *stulin* Sdm (gew.), Vm (selt.), Vg. II, Da, Ög, H, MEL, G, Stadtrecht von Söderköping, Corpus I, 78 note, Siljestrand III, 12 u. a. scheint schon kaschw. etwas häufiger als *stolin* Vg. I, II, U, Sdm (selt.), Vm (gew.), Biæ u. a. zu sein. — Das aus mndd. *bevelen* (-*valen*, -*volen*) entlehnte mschw. *befæl(l)a*, -*fal(l)a*, -*fol(l)a* befehlen, (an)empfehlen geht teils schwach mit prät. -*adhe*, -*te* oder -*de*, teils stark: entweder *befæl(l)a*, *befal*, *befolin* oder (vgl. § 539) *befal(l)a*, *beföl*, *befalin*.

Anm. 2. Nur im part. prät. belegt sind (? *bolin, bulin* s. § 530 anm. 7,) *kolin* (*kulin, das dem *kulna* neben *kolna* erkalten zu grunde liegt; nschw. *kulen*) fröstelnd, *mulin, molin* bewölkt.

3. Wie *nima* (mschw. *nimma* § 300) geht *sima* (s. § 252 anm. 4; mschw. *simma*) schwimmen, dessen part. prät. jedoch nur als *sum(m)in* belegt ist (vgl. dass *numin* weit häufiger als *nomin* ist). Prät. pl. kann mschw. (wie im nschw.) *nummo* Ve, MB. II, *summo* KS heissen, was wol auf der analogie *finna* : *fan* : *funnin* : *funno* = *nimma* : *nam* : *nummin* : x beruht.

Anm. 3. Über selt. *nymma, symma* s. § 109, 1 und 2. Selt. *fornema*, -*næmma* neben gew. -*nim(m)a* vernehmen und *forsicima* (-*sicyma*) in öhn-

§ 536. Ablautende verba: klasse IV.

macht fallen beruhen auf entlehnung, resp. einfluss von mndd. *vornemen*, resp. *swimen*.

§ 536. Besondere abweichungen zeigen:

koma, kuma kommen;	*kom*, rschw. *kuam* (agutn. *quam*), selt. *kam, kum*;	*kōmo*, selt. *kum*[*m*]*o*, a- gutn. *quāmu*, rschw. *kāmu*;	*kumin, komin*;
sova, agutn. *sufa*schlafen;	*sof*;	*sōvo*, agutn. *suāfu*;	*sovin*;
troþa, trudha treten;	*troþ, trudh*, selt. *tradh*;	*trōdho, trudhu*;	*trudhin, trodhin.*

1. Im inf. (und präs. ind. wie konj.) scheinen die stämme *kom*- Vg. I, II, II K, Ly, U, Sdm, Vm, MET, KP, Biæ, Da, Ög, MEL, Bu, Bir. A, SK (gew.), St ff. und *troþ*- Bu, P. I, Bir, ST, Bil, MB. I, II, GO, Rk. II, Linc. 39 u. a. etwas häufiger als *kum*- Vg. I, U, Sdm, Vm (in diesen beiden aber im inf. nur *koma*), KP (s. Leseb. s. 24, 26, aber inf. nur *koma*), Da, Ög, H, MEL, Bu, SK, G, Stadtrecht von Söderköping, KS u. a. zu sein. Vgl. 4 unten.

Anm. 1. Über *mm* im mschw. *komma* (ein noch früheres beisp. ist H *kumma*; vgl. Bu prät. pl. *kum*[*m*]*o*) s. § 300. U *kœmœ* hat *ø* aus einem *i*-umgelanteten präs. ind. (aisl. *kømr*); Rk. II *komba* hat *b* aus dem präs. *kombęr* (§ 325) entlehnt.

2. Prät. sg. heisst allg. *kom* (aisl. *kom*), *troþ*, seltener *trudh* O, Bir u. a. oder noch seltener *tradh* (aisl. *traþ*) D 4 (auch *trødh* oder *trœdh*, s. Söderwall, Ordbok). Umgekehrt ist *kum* Vg. I noch seltener als *kam* L. 2011, Bu, Rk. II, das durch einfluss des inf. und des part. prät. aus (rschw. und agutn.) *kwam* (aisl. *kuam*) entstanden ist.

3. Im prät. pl. sind *kōmo* und *sōvo* lautges. nach § 65, 7 entstanden, *kum*[*m*]*o* Bu zu sg. *kam* nach der anal. *funno : fan* u. dgl. neugebildet. Die zu sg. *trodh, trudh* nach dem muster *kom, kum : kōmo, kum*[*m*]*o* neugebildeten formen *trōdho* Bir, MB. II, *trudhu* Bir, ST haben das aus konj. *trādhe* D 4 zu erschliessende urspr. *trādho (aisl. *tróþo*) verdrängt. Selt. *trœdho* D 4 beruht wol (wie prät. sg. *trœdh* s. 2 oben) auf einfluss des aus mndd. *treden* entlehnten synonyms *trœdha*, prät. *trœdde*, part. prät. *trœdder*.

§ 537. Ablautende verba: klasse V.

4. Im part. prät. sind *kumin* U, MET, Vg. II, Da, Ög, H, MEL, Bu, SK, G, Dipl. 1411, KS u. a., *trudhin* P. I, Bir, ST, GO, Su, Linc. 39, MB. II u. a. häufiger als *komin* Vg. I, Ly, U, Vh, Vm, Da, Ög u. a., *trodhin* D 4, Rk. I, MB. II. Vgl. 1 oben.

Anm. 2. Spät mschw. *trœdhen* Dipl. 1504, 1507 ist wol von *trœdha* (s. 3 oben) beeinflusst.

Anm. 3. Auch schwach gehen gew. *ful-koma* (nach § 546), öfter *trodha* (prät. *trodde, trudde, tradde, trodhadhe*), selt. *sova* (part. prät. *sovadh* Di zweimal).

Anm. 4. Nur im inf. und präs. ind. sg. belegt ist *knodha* (präs. *knudher*); nur im part. prät. *slukin* (vielleicht auch *slokin, vgl. das verb *slokna* neben *slukna*) erloschen neben dem schwachen *slukt* D 4 (die übrigen formen werden dem schwachen *slækkia* entnommen).

Klasse V.

§ 537. Verba der fünften ablautsreihe (§ 173), z. b.

læsa lesen;	*las*;	*lāso*;	*læsin*;
mœta, miœta messen;	*mat*;	*māto*;	*mœtin, miœtin*;
gita, gœta, giœta (agutn. *gieta*) vermögen, bekommen;	*gat*;	*gāto*;	*gitin, gœtin, giœtin*;
sitia § 164 sitzen;	*sat*;	*sāto*;	*sitin*;
liggia § 239, 1 liegen;	*lā* § 225, 2, später *lāgh*;	*lāgho*;	ntr. *lighat*.

1. Wie *læsa* gehen *drœpa* totschlagen, *kwœþa* sagen, singen, *vrœka* (*rwœka* § 337, 12, H *rœka*, agutn. *reka* § 324, 1) treiben (vgl. *vraka* § 539), *væva* weben, nur dass von diesem letzten das prät. sg. nicht belegt und daher vielleicht als **(v)ōf* (aisl. *óf*, nschw. *vof*) anzusetzen ist.

Anm. 1. Selt. nebenformen nach klasse VI sind präs. *kwaþer* (vgl. afr. *quān* < *kwaðan) Vg. I (zweimal), prät. *kōþ* Vg. I (zweimal; vgl. spät adän. *quōdh*), part. prät. (? vgl. § 330) *kwaþin* in *ūkwaþinsorþ* Vg. I (viermal) schimpfwort; *drapœ* (mndd. *drapen*) Vg. 1 (einmal), präs. *draper* Vg I (einmal), II (dreimal), Vm (einmal), part. prät. *drapin* Ög (zweimal), Vg. II (einmal). — Mschw. können *drœpa, læsa* auch schwach gehen (prät. *drœpte, læste*).

2. Wie *mœta* (*miœta* Vg. I, KP = Leseb. 21, 36, Ög, MEL, St, Bir u. a.; part. prät. *miœtin* Dipl. 1348, Ög, Su) geht wesentlich *œta* (agutn. *ieta*; präs. *iœttir* Da § 296, 4; part. prät. agutn. *ietin*) essen, nur dass prät. sg. (wie im aisl.) *āt* heisst.

§ 537. Ablautende verba: klasse V.

Anm. 2. Mschw. kann *mæta* auch schwach flektieren (prät. *mætte*).

3. Wie *gita* (*gæt*- Vg. I, II und mschw. bes. in [der bedeutung 'erwähnen, mutmassen', *giæt*- Vg. II, SK, *giat*- Vg. I; part. prät. *gæt*- D 4, *giæt*- L. 450, Vh, KS) geht *giva* (*gæv*- Vm, Da, Cod. Holm. B 55, D 4, *giæv*- Da und mschw., *giefa* agutn. = aisl. *giafa*; part. prät. *gævin* Vm, *giævin* Dipl. 1406) geben. Das *i* stammt wol aus dem präs., s. § 164.

Anm. 3. Über *gitta* Vh (Leseb. 12, 6), Sdm, O, Bir u. a. nach präs. *gitter* Vm, Cod. Holm. B 56 s. § 296, 4; part. *giættit* s. § 296, 3. Über mschw. *geta, geva* s. § 115, 1. — Mschw. kann *forgæta* (wie *-gita* oder *-giæta*) vergessen auch schwach flektieren (part. *forgætter*).

4. Wie *sitia* geht *biþia* bitten. Das *i* im part. prät. ist wol aus dem präs. entlehnt (vgl. aisl. *setenn, beþenn*), kann aber auch nach § 164 alt sein; vgl. Noreen, I. F. XIV, 399 ff.

Anm. 4. Über *sittia* Vg. I ff., *bidd(h)ia* St ff. s. 296,1 mit anm. 1; danach anal. mschw. prät. *satt*, pl. *sotto* (d. h. *sátto*), part. *sittin*. Über mschw. *bedhia, bedhin* s. § 115, 1.

Anm. 5. Vg. I *byþia* (zweimal) hat wol *y* aus der 1. pl. *byþiom (§ 65, 4), das später nach § 116 als *bedhiom* Dipl. 1389 (zweimal) auftritt; danach imper. *bedh-s* KS (anders Landtmanson, Kg. St. s. 17). Unklar ist mschw. *bædh(i)a* Dipl. 1389, 1405, 1509. Mschw. *bidha, sitta* haben ihr *-i-* entfernt im anschluss an den sg. präs. — Selt. mschw. pl. *suto* ist wol zu sg. *sat* nach der analogie *trudho : tradh* und dgl. gebildet.

5. Wie *liggia* geht *þiggia* empfangen, sich erbitten. Die (nur im ntr. belegten) part. prät. *lighat, þighat* sind wol zu präs. *ligher* (s. § 239, 1), *þigher und inf. *liggia, þiggia* neu gebildet nach der analogie *sighat : sigher : siggia* (s. § 553, 13 mit anm. 16) und *þighat : þigher : þiggia* (s. § 553, 20 mit anm. 23); vgl. die nur in nebensachen abweichende erklärung Kock's, Beitr. XXIII, 499.

Anm. 6. Prät. sg. *lā* Vg. I, II, Vm, Da, Ög, H, MEL, Bu und *lāgh* Vm (mit aus dem pl. entlehntem *gh*) sind im mschw. etwa gleich häufig. Aber neben *þā* U, Vg. II, Ög, H, MEL, Corpus II, 159 note und *þāgh* Vm, ST, Bil steht mschw. häufiger das schwache *thigdhe* Bir ff.

Anm. 7. Part. prät. zeigt selt. formen auf *-it* (vgl. aisl. *legit, þeget*) wie *legit* (< *lighit § 115, 1) Di (einmal), rschw. *þakit* (d. h. *þæghit*) Rv. s. 271 neben gew. *lighat* Vg. I, Vm, Da ff., *þighat* Vg. II, Ög, Stadtrecht von Söderköping, Bil.

§ 538. Besondere eigentümlichkeiten zeigen:

frægna fragen;	*frā* § 86;	*frāgho*;	—
sēa §86, *sē* §153 anm. 2, *sīa* § 83, 2, a, *sēia* § 328, 1, a sehen;	*sā*, mschw. auch *sāgh*;	*sāgho* §340,3;	ntr. *sēt*;
vara §117 anm., *væra* (agutn. *vera*) sein;	*var*, rschw. (*uaʀ*), *uas* § 340, 4;	*vāro* (rschw. *uāʀu*);	*varin* (rschw. ntr. *uaʀit*), *værin* (agutn. ntr. *verit*).
vægha (agutn. *vega*) aufheben, wiegen, wägen;	mschw. *vōgh*;	*vōgho* § 65, 7;	*væghin* (agutn. *vegin*);
vægha (agutn. *vega*) *vigha* § 163,1 töten;	rschw. *uā(h)*;	—	*væghin* (agutn. *vegin*), *vighin*.

1. Über das präs. von *vara* s. § 562 und 565.

Anm. 1. Neben *frægna* (s. An. gr. I³, § 488 anm. 2) steht mschw. selten ein dem prät. nachgebildetes *frā*, präs. *frār* (vgl. nschw. brå-s, före-brå nach brå § 530, 6). Neben *sēa* Vg. I, U, Vm, Biæ, Bu, Bir. A ff., *sē* Vg. I, MEL, Bu, St ff., *sīa* Sdm, G, Stadtrecht von Süderköping, P. I, KS. fr (Leseb. s. 56, 10) u. a., *sēia* Vg. I, Ög, Bu, Dipl. 1353, O, Bm stehen selt. nach § 114, 2 *sæia* Rydq. I, 119, Dipl. 1455, nach § 328, 1, b *sija* Rk. II u. a.. Neben *vara* (shetländisch *vara*, s. An. gr. I³, § 104 anm. 2) ist *væra* (aisl. *vera*) im kaschw. noch häufig, z. b. Vg. I (gew.), II, II K, Vh, U (gew.), Cod. Havn. des Sdm (gew.), Vm, Da, H (und G), im mschw. aber ziemlich selt., z. b. D 4 (bes. in den Enfemia-liedern, vielleicht durch anorw. einfluss, s. Klockhoff, Studier öfver Eufemiavisorna, Ups. 1880, s. 53 ff.), Rk. I. Neben *vægha* Vg. I (aisl. *vega*; vgl. part. *væghin* U u. a.) und *vigha* II (anorw. *viga*; vgl. part. *vighin* Vm) töten steht *vighia* Da, dessen *ghi* wol durch übertragung aus der 2. pl. präs. ind. und dem konj. präs. nach § 231 zu erklären ist.

2. Prät. sg. mschw. *sāgh* P. I ff. (neben *sā* Vg. I, Bu, Bm, KS, A 49. I) und *vōgh* sowie rschw. (agutn.) *uaah* (d. h. *vāgh*; vgl. aisl. *vǫgom*) L. 1613 (neben *ua*, d. h. *wā*, Rv. s. 199) sind dem pl. nachgebildet.

Anm. 2. Rschw. ist *uas* (aisl. *vas*), z. b. Forsa, Malstad, noch neben *uaʀ*, z. b. Sjustad, Grinda, später *uar* (aisl. *var*), z. b. Saleby II, häufig belegt; s. z. b. Rv. s. 435. In der 2. sg. kommt -s- ausserdem noch im kaschw. vor, z. b. *vast* Ög, Bu, Cod. Holm. A 54. Über selt. kaschw. *vær* s. § 64, 1; *va* (Bu zweimal) s. § 321, 4.

§ 539. Ablautende verba: klasse VI.

3. Über part. prät. sēt (sĕtt U) Sdm, Vm, MEL, Bu, St, O, MB. I statt urspr. sǣt(t) U, P. I (aisl. sét) s. § 114, 1. Das -tt in sĕtt (sǣtt) beruht wol auf der analogie tēa zeigen (lēa leihen): part. ntr. tĕtt (lǣtt), dessen m. tēdher (später tĕdder nach der analogie lĕdder: ntr. lĕtt geleitet u. dgl.) später auch ein m. sēdher O, noch später sĕdder (oder sĭdder nach inf. sīa) MB. II hervorgerufen hat; vgl. § 297 anm. 3.

Anm. 3. Fræghna geht auch schwach nach § 546.

Anm. 4. Nur im präs. sg. ind. belegt ist læker U (mschw. lækker nach § 296, 4) zu aisl. leka leck sein.

Klasse VI.

§ 539. Verba der sechsten ablautsreihe (§ 174), z. b.

fara fahren;   fōr;   fōro;   farin.

So gehen noch befala (vgl. § 535, 2) befehlen, (an)empfehlen, gala krähen, gnagha nagen, mala mahlen, skapa schaffen, skava schaben, taka (später tagha § 267) nehmen, vaþa (prät. nur als vōdh, pl. vōdho belegt) gehen, waten, vraka treiben (vgl. vrœka § 537, 1).

Anm. 1. Skapa ist urspr. (wie noch im aisl.) ein schwaches verb (prät. skapaþe), das im inf., präs. und part. prät. (s. anm. 3) ein starkes *skœpia (aisl. skepia, got. skapjan), welches auch von dem schwachen prät. skapte, part. prät. skapter (1 mal skœpter nach dem inf.) vorausgesetzt wird, verdrängt hat.

Anm. 2. Inf. vædha D 4 hat æ aus dem einst i-umgelauteten präs. (aisl. veþ) entlehnt. Über selt. prät. pl. gnōvo s. § 279, 1. Rschw. part. prät. ntr. takat Yttergård hat — wenn diese form wirklich da ist — wol vor der synkopierungszeit das a aus den synkopierenden kasus entlehnt (wie Ōþuakan statt Ōþuœghin § 540 anm. 3, bundan neben bundin garbe u. a.), s. Noreen, I. F. XIV, 399 ff. und An. gr. I³, § 167 anm. 3; anders Kock, Beitr. XXIII, 499 note.

Anm. 3. Nicht belegt sind prät. sg. von gnagha, prät. pl. von gala, mala, skava, part. prät. von skapa (s. anm. 1).

Anm. 4. Nur in inf., präs. ind. sg. (Ög, s. Tamm, Uppsalastudier s. 28), 2. sg. imper. und part. prät. belegt ist vaka (er)wachen (prät. schwach vakte, z. b. Bu); nur im part. prät. laþin zu aisl. hlaþa laden (aschw. schwach laþa, prät. laþaþe, spät mschw. auch ladde); nur im inf. ala ernähren, das also möglicherweise schwach geht.

§ 540. Besondere eigentümlichkeiten zeigen:

ăka § 175 fahren;	—	ōko;	ntr. ăkit;
dragha, drægha (agutn.drega) § 179 ziehen;	drō(gh) § 246;	drōgho;	draghin, dræghin An. gr. I³, § 71;
dōia (agutn. doyia), dō(a) sterben;	dō;	dōo;	ntr. dō(i)t § 153, 4;
flā § 86 schinden;	mschw. flōgh;	flōgho § 340,3;	flaghin;
grava, græva § 179 graben;	grōf;	grōvo;	gravin, grævin;
hæfia heben;	hōf;	—	hævin;
lē(a) § 125, lēia § 328,1,a lachen;	lō, mschw. auch lōgh;	lōgho;	ntr. lēt;
slā schlagen;	slō, mschw. auch slōgh;	slōgho;	slaghin, slæghin;
standa, stā;	stōþ;	stōþo;	standin;
swæria schwören;	s(w)ōr § 252, 2, a;	s(w)ōro;	s(w)orin, selt. s(w)urin;
þwā waschen;	þwō, mschw. auch thwōgh;	thwōgho;	þwaghin, selt. þwæghin.

Hierzu ist zu bemerken:

1. Inf. drægha (anorw. drega) U, Bu, (G), O, MB. I, A 49. I u. a., græva Sdm, Vm, Da, Bu, Dipl. 1404, Bil, KrL können auch, wenigstens zum teil, ihr æ dem *i*-umgelauteten präs. sg. ind. verdanken. Das neben dōia (aisl. deyia) Vg. II, Biæ, Ög, MEL, Corpus VI, 99 note, ST, D 4, KrL stehende dōa U, Vm, KS, MB. I hat sein -*i*- durch einfluss des präs. dōr (G. a dŏyr, kontaminiert von dōr und doyr G § 126, 1; anders § 126 anm. 1; wieder anders Pipping, Om runinskrifterna på .. Ardre-stenarna, s. 62) eingebüsst; dann sind sowol dōa wie lēa (aisl. hlǽia) Bir, O, Su u. a. (lēia Bu, MB. I, Su, Di) nach der analogie slār : slā = dōr : x zu dō MET, MEL, Bu ff. und lē Bu, O ff. geworden. *Standa* (s. An. gr. I³, § 490 anm. 2) und *stā* (ahd. stān) Ly, Sdm, Biæ, Da, Ög, MEL, SK, St, Corpus II, 11 note,

§ 540. Ablautende verba: klasse VI.

VI, 107 note u. s. w. (häufiger im präs. ind. als im inf.) sind urspr. zwei ganz verschiedene bildungen, von denen diese nur im tempus präsens (jedoch nie im konj. belegt) da war.

Anm. 1. Selt. nebenformen (wenn nicht schreibfehler) sind *doa* Siljestrand III, 27 note (mit präs. *dor* Vg. I, Ög, Siljestrand a. o.) und *swaria* Vg. I, Ly, Ög (vgl. § 117 anm.).

2. Prät. sg. *drōgh, flōgh, lōgh, slōgh, thwōgh* haben *gh* aus dem pl. entlehnt; kaschw. ist von diesen formen nur *drōgh* Bu, G (neben *drō* Vg. II K) belegt. *Swōr* Ög, Bu ff. (statt *sōr* Vg. II, Da, P. I, Bil) und *þwō* Bu ff. (*þō* ist nicht belegt) haben *w* aus dem inf. entlehnt. Ebenso prät. pl. *swōro* Ög, Bu ff. (statt *sōro* Vm, Da, O, Dipl. 1390, 1409, Bil) und mschw. *thwōgho* (*thōgho* nicht belegt).

Anm. 2. Selt. nebenformen im prät. pl. sind *dōgho (aus dem konj. *dōghe* O zu entnehmen) nach § 273, 1 und die zum part. *sorin (surin)* nach der analogie *borin (burin)*: *bāro* neugebildeten *sāro* DipL 1476 und (durch einfluss des inf.) *swāro* Rydq. I, 168.

3. Part. prät. *grævin* Sdm, Vm, Da und mschw. *hævin* (vgl. aisl. *hafenn*) haben *æ* aus dem inf. entlehnt und sind demnach anders als *dræghin* Ly, Vg. II, H, Bu, (G), Rk. I, *slæghin* Vg. I, II, Ly, U, Biæ, Cod. Havn. des Sdm, A 49. I, Rk. I u. a., *þwæghin* (im mannsnamen *Oþwæghin* und) A 49. I zu beurteilen (ein *flæghin ist nicht belegt). Die erst mschw. belegten *dōit* Bir (*dōt* Bm, was auch als ntr. zu dem als maskulines part. prät. gebrauchten adj. *dōþer* 'tot' aufgefasst werden kann) und *lēt* P. I, Rk. II sind neubildungen nach dem inf.; vgl. aisl. *dáet* und *hleget*. *Standin* Vg. I ff. ist eine neubildung (nach dem inf.) statt des nur noch in der bedeutung 'ertappt' erhaltenen *staþin* (aisl. *staþenn*) Vg. I (Leseb. s. 5, 3), II, G, das doch dem *stapna* 'stehen bleiben' zu grunde liegt. Eine uralte anomalie (nach klasse IV, s. § 179) ist *sorin* Ly, Vm, Vg. II, Da ff. (aisl. *sorenn*, ags. *sworen*, ahd. *gisworan*), *surin* Ög, Dipl. 1509, durch einfluss des inf. auch *sworin* Vg. I, Ly, U, Vh, Sdm, MEL, Bu, Vg. II K, Siljestrand III, 26, MB. I ff., *swurin* (so ist wol *swrin* Stadtrecht von Söderköping und Corpus II, 191 note auszulesen).

Anm. 3. Selt. nebenformen sind: *drōghet* Vh, *dōet* Su (*dōghit* Linc. 39; vgl. anm. 2 oben), *up-hōven* mschw. (1 mal), alle dem prät. nachgebildet (vgl. nschw. dial. *fōret* statt *farit* u. dgl.); *over-stān* Ve (wol aus dem mndd.),

§ 541. Reduplizierende verba: klasse I.

öfter ntr. *stāt* Rk. II ff., eine neubildung zum.inf. *stā; saren* Dipl. 1505, *swarin* (aisl. *suarenn*, ags. selt. *swaren*) Rydq. I, 168, Dipl. 1495 zum prät. *s(w)ōr*, -o gebildet nach dem muster *farin : fōr*, -o. — Über -*an* statt -*in* im rschw. mannsnamen *Ōþuakan* L. 143 s. § 539 anm. 2.

Anm. 4. Nur im inf., präs. ind. und part. prät. mit starker flexion belegt ist *vaxa* (aisl. *vaxa*) Vh, Vm, H, Bu, Bir u. a., häufiger *væxa* (got. *wahsjan*) U, Sdm, Vm, MEL, St, Siljestrand III, 25, Corpus VI, 38 note u. a., präs. sg. *væx* Vg. I, *vax* Corpus X, 364 note, part. prät. *vaxin* Siljestrand III, 25, KS, häufiger *væxin* Sdm, Vm, Da, Bu, P. I, Bm, KS, MB. I, während im prät. nur schwache formen vorkommen: *væxte* (aisl. *vexta*) Bu, Corpus VI, 47, O, Bir ff. (dazu part. *væxt* D 4 ff. und präs. *væxir* U, Sdm, MEL, Bu, Corpus VI, 61, P. I, KrL ff.), selt. *vaxte* Bu (präs. *vaxer* Bu, Corpus X, 364 note); Di *voxer, voxte, voxen* sind wol nur danismen. Nur im part. prät. belegt ist *fæghin* (aisl. *fegenn*) mit dem lautges. pl. *faghna* Bil (vgl. *fagna*, seltener *fægna* begrüssen, got. *faginōn* und ags. *ʒefaʒen*, as. adj. *fagan*) froh; nur im inf. und der 3. pl. präs. *klā* reiben, das also vielleicht schwach geht (das verwandte *klēia* § 125 jucken geht wie aisl. *klǽia* schwach nach § 546).

Anm. 5. Alternativ schwach gehen übrigens *dēia* Dipl. 1402 ff., *flā* Su ff., *þwā* Bu ff., deren prät. dann *dēdhe*, später (s. § 297 anm. 3) *dedde* u. s. w. lauten.

b) Reduplizierende verba.

§ 541. Klasse I. Verba der ersten ablautsreihe. Hierher gehören nur:

1. *hēta* (rschw., agutn. *hǣt* (rschw. *hit*, d. h. *hēt*) *hǣto; hetin.* *haita*) heissen; § 169 anm., mschw. gew. *hēt*, agut. *hīt*;

Anm. 1. Da das *e* im prät. erst mschw. belegt ist — denn rschw. *hit* hat altes *e* (wie aisl. *hēt*), woraus das spätere *ē*, und das vereinzelte *ait* L. 624 kann ebenso gut fehler für *hit* wie für *hait* sein — so bleibt es unsicher, ob es aus bildungen wie aisl. *heit*, got. *haihait* stammt und nicht vielmehr aus inf. und part. prät. entlehnt oder vielleicht zu dem *i* im pl. *hitu (s. gleich unten) nach der analogie *bēt : bitu* u. dgl. neugebildet worden ist. Agutn. *hīt* (aisl. *hit*) hat sich nach einem einstigen pl. *hitu (vgl. agutn. *liko* zu *laika* und aisl. *suipo* zu *sueipa*) gerichtet.

Anm. 2. Selt. nebenformen sind: inf. *hǣta* (öfter) s. § 124 anm. 8, *heyta* Rk. I (z. b. Leseb. s. 89, 5) s. § 124, 2, *hōta* s. § 107 anm. 1; prät. sg. *heyt* Rk. I (z. b. Leseb. s. 87, 6; 89, 23) s. § 124, 2. — Über das nicht hierhergehörige agutn. *huti* G. a s. Pipping, Gotländska studier, s. 87 f.

2. *leka* (agutn. *laika*)   *lǣk*, mschw.   *lǣko*, mschw. spielen;   auch *lek*;   auch *leko*;

Anm. 3. Mschw. kann *leka* auch schwach gehen: prät. *lekte*.

§ 542. Klasse II. Verba der zweiten ablautsreihe.
Hierher gehören nur:

1. *hugga* § 109, *hogga*, *hiog,hieg* § 98, mschw. *hioggo*, *huggin*,
rschw. *ha(u)kua* (d. auch *hug*, rschw. mschw. *hoggin*,
h. *hǫggwa*) § 69, 1, auch *ha(u)k* (d. h. auch agutn.
§ 227, agutn. *hagga* *hǫgg*), *hiak* (d. h. *huggo*; *hagguin*.
§ 70 anm. 2; *hiagg*), *hiu* (d. h.
hiō) § 342, 17;

Anm. 1. Im inf. haben die mit dem aisl. *hǫggua* übereinstimmenden rschw. *hǫggwa (geschr. *haukua* L. 662, 1091, *hakua* L. 69, 112, 390, 391, 398, 507, 512, 864, 1559 oder, s. § 312 anm. 1, *akua* L. 143, 270, 793, Rv. s. 336, *ahkua* L. 652, 658, *agua* L. 292) > *huggwa (geschr. *ukua* L. 734) und (agutn.) *haggua (vgl. part. *hagguin*) durch einfluss des präs. ind. sg. ihr *w* verloren und die literarischen *hogga* (rschw. geschr. *hauka* L. 941) Vg. I, Ly, Vm, Da (in diesen drei letzten hschr. alleinherrschend), Cod. Holm. B. 56, St, *hugga* Vg. I ff. und agutn. *hagga* ergeben.

Anm. 2. Im prät. sg. ist das mit dem aisl. *hió* (selt. *hiú*) übereinstimmende rschw. (und in D 4 einmal, aber hier wol norvagismus) *hiō* (geschr. *hiu* Ingelstad, Tjufstigen II, L. 70, 93, *iu* L. 200) oder vielleicht daneben *hiū früh nach dem pl. zu *hiug* (so Di 1 mal, aber vielleicht nicht altererbt, sondern nochmalige neuerung) oder *hiog* rschw. oft (geschr. *hiuk* L. 377, 460, 626, 774, 928, 935, 938, *hiok* L. 171, 174, 820, 921, *iuk* L. 40, 64, 207, *iuh* L. 1026, *iyk* Rv. s. 336, *iok* L. 253, Rv. s. 314, 332) sowie Vm, Ög, MEL, St, O, D 4, Rk. I, Ve, Di, woraus *hieg* U, D 4, MB. I, II, Rk. II, Linc. 39, umgebildet worden. Durch den einfluss des inf. wurde dies weiter zu *hǫgg rschw. (geschr. *hauk* Saleby I, L. 888, *auk* L. 68, 603, 752, 806), *hog* rschw. (geschr. *hok* L. 658), D 4 (z. b. Leseb. s. 71, 39), Di oder *hug* rschw. (geschr. *huk* Dybeck 8° nr. 15, *uk* L. 423), P. I, Di, Dipl. 1508, MB. II, wie auch *hieg* zu spätmschw. *heg* Di, MB. II, woraus nach § 106, 2, a *hyg* Di; vgl. § 313 anm. 2. Neubildung nach dem pl. (vielleicht unter einfluss des typus *brag : bruggo*) ist auch rschw. *hiagg (geschr. *hiak* L. 132, 159, 170, *iak* Gårdby, L. 107, 370, 474) > *hiægg (wol zum teil in den eben erwähnten *hiak* u. s. w. vorliegend; übrigens als ngutn. und dal. *iægg* erhalten), woraus mit nach dem inf. analogisch entferntem -*i*- rschw. *hagg (geschr. *hak* L. 869, 1945; dal. *agg*), resp. *hægg (geschr. *hik* L. 996, *ik* L. 139, 450, *ig* L. 734; dal. *hægg*, *ægg*) entstanden sind.

Anm. 3. Im prät. pl. ist die normale form das mit aisl. *hiuggo*, *hioggo* stimmende rschw. *hiuku* Rv. s. 317, *iuku* L. 206, 366, *iuhu* L. 1243, *iogu* L. 149, kaschw. *hioggo* Ög, Bu (auch geschr. *iogo*, s. § 312 anm. 2), Bm, Bil, D 4, Rk. I u. a. Daneben stehen mehrere seltnere nebenformen, die mit den eben erwähnten singularformen genau übereinstimmen: *hiaggu (*hiaku* Härened, L. 894) > *hiæggu (*hieku* L. 49) > *hæggu* (*eku* L. 292); *hoggo* (*uku* L. 1280) D 4, *huggo* Bm, Bil, Rk. I, II, Di. Dazu kommt endlich

§ 543. Reduplizierende verba: klasse III.

MB. I *hioggio* (wie auch selt. im aisl.) mit aus dem konj. entlehntem *-gi-* (vgl. § 231).

Anm. 4. Im part. prät. ist das noch im agutn. *hagguin* (aisl. *hǫgguenn*) erhaltene *w* durch einfluss der übrigen stammformen verloren gegangen in *hoggin* Sdm, Vm — in beiden alleinherrschend — Biæ, Da, Cod. Holm. B 56 des Vm, St und *huggin* Vg. I ff.

Anm. 5. Ein schwaches part. prät. *hals-hugder* kommt in Bu einmal vor.

2. *lōpa* (agutn. *lop*, mschw. *lupu*, mschw. auch *lōpin, lupin, laupa*) laufen; auch *lōp*; *lopu, lōpo*; *lopin*.

Anm. 6. Inf. *lopa* (mschw. 1 mal) und präs. ind. sg. *lopær* (Vg. I 1 mal) sind wol nur schreibfehler.

Anm. 7. Im prät. sg. ist ein dem aisl. *hlióp* (vgl. An. gr. I², § 96) entsprechendes *liōp* erst spät mschw. (Di 2 mal; ob hier norvagismus?) belegt. Hieraus könnte mschw. *lōp* (1 mal, geschr. *loop*, s. Söderwall, Ordbok) entstanden sein, indem *-i-* nach der analogie der übrigen stammformen entfernt worden wäre. Über das vielleicht hieraus entwickelte, häufig belegte *lopp* Vh, O u. a. s. § 297 anm. 4. Die noch häufigere schreibung *lop* Bu ff. kann sowol als *lopp* wie als *lōp* (vielleicht auch *lŏp*, vgl. pl. *lopu*) aufgefasst werden. Die mschw. form *lōp* Bir ff. (ngutn. *laup*) kann einem got. *hathlaup entsprechen oder zu pl. *lupu* nach der analogie *nōt : nutu* u. dgl. neugebildet sein oder endlich das *ō* aus dem inf. und part. prät. entlehnt haben. Direkt auf anschluss an den pl. beruht mschw. *lup* O u. a. (vgl. *trudh : trudhu* u. dgl.). Einmaliges *lypp* Dipl. 1376 hat vielleicht sein *y* aus einem *i*-umgelauteten konj. (vgl. aisl. *hlypa*) entlehnt.

Anm. 8. Die im prät. pl. neben dem urspr. *lupu* (aisl. *hlupo*) Bu, O ff. stehenden mschw. formen *lōpo* (anorw. *hlaupu*) Bir, Dipl. 1507, *lopu* KrL, D 4, *loppo* Rk. II, *luppo* Rk. II, Dipl. 1508 haben sich dem sg. *lōp, lopp* (s. anm. 7) ganz oder teilweise angeschlossen.

Anm. 9. Im part. prät. sind *lōpin* (aisl. *hlaupenn*) Da, Siljestrand III, 34, Dipl. 1507, 1509 u. a., *lupin* Ög, Dipl. 1507, 1510, MB. II u. a. und *lopin* Vm (auch Cod. Holm. B 56), MB. I, D 4, Di, Linc. 39 u. a. etwa gleich früh und gleich oft belegt.

Anm. 10. Mschw. kann *lōpa* auch schwach gehen: prät. *lŏpte*.

Anm. 11. Nur im part. prät. belegt sind *ōkin* schwanger (zu dem sonst schwachen *ōka*, prät. *ōkaþe* — agutn. *auka, -api* — oder *ōkia*, prät. *ōkte* vermehren) und *ōpin* (agutn. *aupin*) verliehen, in guten umständen. Von *ōsa* (aisl. *ausa*) ist nur der inf. belegt, so dass es vielleicht schwach geht.

§ 543. Klasse III. Verba der dritten ablautsreihe. Hierher gehören:

1. *fā, fanga* bekommen;   *fik* § 235, 1, c, kaschw. *fingo*; *fangin*;
   auch *fæk* § 83, 1, a;
   ganga, gā gehen;   *gik*, kaschw. selt. *gæk*; *gingo*; *gangin*.

§ 543. Reduplizierende verba: klasse III.

Anm. 1. Das im inf. neben *fā* stehende *fanga* Sdm, Vm, Vg. II, KS, D 4, Rk. II u. a. (zu scheiden von dem denominativ *fanga* fangen, das immer schwach nach § 546 geht) ist eine analogiebildung nach den übrigen stammformen und dem muster *ganga : gik.* Wiederum ist das neben *ganga* auftretende *gā* — noch kaschw. selt. im inf. (z. b. Cod. Havn. des Sdm, St), häufig aber im präs. (z. b. U, Vg. II, II K, Da, H, Bu) — urspr. ein selbständiges verb (ahd. *gān*), von dem jedoch nur tempus präs. gebildet wird. Selt. nebenformen, die von dem *i*-umgelauteten präs. sg. beeinflusst sind, liegen wol in *fæ* Vg. I, Vm (je 1 mal), *fænga* D 4, *gænga* Vg. I (Leseb. s. 6, 20) vor.

Anm. 2. Prät. sg. *fik, gik* Vg. I ff. neben lautges. *fœk* (aisl. *fekk*) Vg. I (z. b. Leseb. 8, 30), II (*fek* II K), Vh (z. b. Leseb. 14, 18, 22; 15, 9, 10) und *gœk* (auch *gek* geschr.) Vg. I haben *i* aus dem pl. entlehnt. Mschw. kommen auch bisweilen *figh, gig* vor, s. § 267 anm. 2. Spät mschw. *fek* ist wol nach § 115 anm. 1 zu erklären.

Anm. 3. Prät. pl. mschw. *fengo, gengo* (je 1 mal) sind — wenn nicht schreibfehler — vom sg. beeinflusst (s. anm. 2 und vgl. aisl. *fengo, gengo*); einmaliges mschw. *fango* wol sicher schreibfehler.

Anm. 4. Part. prät. zeigt selt. die dem aisl. *fingenn,* resp. *gengenn* entsprechenden formen *fingin* Vg. I (z. b. Leseb. 2, 21), Ly, *gœngin* MB. I (*gengit* Vg. II; dal. *gendji*). Mschw. kommen auch die nach dem inf. gebildeten ntr. *fāt, gāt* vor; das einmalige m. *gān* Rk. II stammt vielleicht aus mndd. *gegān*.

Anm. 5. Nur durch präs. sg. *hænger* U, Vm, imper. *hænk* Bm, Su u. a. und prät. sg. *hœnk* (s. § 225 anm. 3, schluss, und vgl. aisl. *hekk*) Bil oder *hink* (s. Klemming, Prosadikter s. 205, 22) in starker form belegt ist **hanga* (sonst schwach flektierend *hængia* hangen, hängen, prät. *hængde* Bu ff., part. *hængder* Da ff.).

2. *falla* fallen; *fiol, fiøl* § 98, selt. *fœl,* *fiollo, fiøllo,* mschw. *fallin*;
                fal, fiull, kaschw. auch *fullo, føllo*;
                auch *fial,* mschw.
                auch *ful, føl, fiæl*;

halda, halla *hiolt* § 222, *hiølt,* *hioldo, hiøldo,* *haldin,*
§ 340, 2, a *hœlt,* mschw. auch mschw. auch *høl-* *hallin*;
halten; *hølt, hult, holt,* *do, huldo, holdo,*
          agutn. **hialt*; agutn. *hieldu*;

valda, selt. (*v*)*ulte, valt, volte*; *vulto, volto*; ntr. *valdit,*
valla wal-   *vallit,*
ten;   selt. *vullit*.

Anm. 6. Im inf. sind *halla* Ly, Vh, Bir. A (Leseb. s. 44, 22, 36), O ff. (z. b. Leseb. s. 78, 23) und *valla* Sdm wol zu scheiden von den nach § 292, 1 (und § 110) entstandenen *holla, volla,* welche ja auch oft (s. § 18 anm. 2) *halla, valla* geschrieben werden.

Anm. 7. Im prät. sg. ist das dem aisl. *fell* entsprechende *fœl* Vh (Leseb. s. 15, 2), Corpus XII, 272 note (geschr. *fil* Tjängvide, L. 525, Rv.

§ 544. Reduplizierende verba: klasse IV.

s. 24 note; dal. *fœll*) allmählich verdrängt worden durch die zum pl. anal. neugebildeten (vgl. § 75, 2) *fial* Kälfvesten, Högby, L. 803, 865, *fiol* Vm, Vg. II, Ög, Bu, St, Corpus III, 124 note, X, 245 note, XII, 272 note, Bm, Bil, D 4, MB. I, Di und *fiul* MEL, Dipl. 1468, woraus später lautges. *fiœl* Dipl. 1411, Bir, A 49. I (ngutn., dal. *fiœll*), resp. *fiel* U, Bu, Corpus X, 245 note, XII, 272 note, O, Bm, A 49. I, Rk. II, Di, MB. II u. a. und *fyl* (s. § 100) Corpus XII, 272 note. Aus *fiol, fiul, fiel* entstanden dann durch anal. entfernung des -i- unter einfluss des inf. und part. prät. (s. § 313 anm. 2) *fol* D 4, KrL, JB, Di, Dipl. 1506, MB. II u. a. und *fol* Corpus XI, 97 note, XII, 272 note, Linc. 39, MB. II; unklar sind spät-mschw. *fil* Linc. 39, *fel* Dipl. 1513 u. a. (nschw. dial. *fell*). Ganz auf dieselbe weise verhalten sich die formen *hœlt* (aisl. *helt*) Vg. I, O, Dipl. 1406, Corpus XI, 350 note, XII, 126 note: *hialt (aus ngutn., dal. *jœlt* zu erschliessen; vgl. agutn. pl. *hieldu*): *hiolt* U, Vh, Sdm, Vm, Ög, MEL, Bu, Vg. II K, St, Dipl. 1405, Corpus I, 68 note, XII, 126 note: *hiult* O: *hiœlt (s. *jœlt* gleich oben): *hiolt* Bir, MB. I, Rk. II, PM: *hylt* Corpus XII, 126 note, Dipl. 1502, Di, Sp (s. z. b. Leseb. 110, 19, 23, 39): *holt* D 4, KrL, Dipl. 1506 u. a.: *hult* ST, JB, Corpus XII, 126 note, MB. II u. a.: *holt* Corpus III, 201 note, XII, 126 note, Di, Linc. 39, Sp. (z. b. Leseb. s. 111, 32, 34) u. a. — Einen ganz anderen typus (got. **faifall,* *waiwald) vertreten *fal* L. 655, Vg. I, Dipl. 1510 (dal. *fall*) und *valt* Vg. I, Ög (vgl. ngutn. *vœlt*, gebildet wie *fœl, hœlt*). Statt des letzteren steht doch häufiger das schwache (*v*)*ulte* Vg. I, II, Sdm, Ög und mschw. oder *volte* D 4 (vgl. aisl. *olla*).

Anm. 8. Im prät. pl. stehen neben dem lautges. (s. § 75, 2) *fiullo* Bil folgende anal. formen, deren erklärung aus dem bereits anm. 7 angeführten erhellt: *fiollo* U, Bu, D 4, Rk. I u. a., *fiollo* Bu, Dipl. 1423, MB. I, Rk. II, *fiœllo (geschr. *fielle*) mschw. 1 mal, *fullo* P. I, Bil, MB. I, Rk. II, *follo* D 4, *follo* Di, Linc. 39. Ganz entsprechend stehen neben *hiuldo* O, Dipl. 1407: *hioldo* Da, Ög, Bu, O, Dipl. 1396, 1397, 1399, P. I, Bil u. a. (nach § 292, 1 *hiollo* Dipl. 1399, Bir, Bm, ST, Bil, D 4, MB. I, Rk. I, II), *hyldo (*hyllo* Dipl. 1409), *hioldo* Bm, MB. I, Linc. 39 (*hiollo* Bir, MB. II), agutn. *hieldu*, mschw. *huldo* Dipl. 1406, ST, MB. II (*hullo* Di u. a.), *holdo* D 4 (*hollo* Dipl. 1402, 1486 u. a.), *holdo* Dipl. 1396, Su (*hollo* mschw.). Von *valda* kommt dagegen nur schwach *wltu* Ög, *volto* MB. I vor.

Anm. 9. Im part. prät. kommen neben *fallin* ein i-umgelautetes *fœllin* Vm (auch Cod. Holm. B. 55), neben *haldin* seltener *hallin* (vgl. anm. 6) Dipl. 1255, Bm, ST, Bil u. a., neben *valdit* Vg. I, D 4 sowol *vallit* Ly, ST wie *wllit* Vg. II (vgl. aisl. *ollat*) vor.

§ 544. **Klasse IV. Verba, die zum teil der siebenten, zum teil der ersten ablautsreihe gehören** (s. § 177). Diese sind:

grāta weinen;	*grǣt, grēt*;	*grǣto, grēto, gritu*;	*grātin*;
lāta § 151,	*lǣt, lōt, lēt,*	*lǣto, lōto,* agutn. (und bis-	*lātin*;
lāta lassen;	agutn. *līt*;	weilen mschw.) *litu*;	
rāþa raten;	*rǣþ* (agutn. *rēþ*), *rēþ*;	*rǣþo, rēdho*;	*rāþin.*

§ 515. Reduplizierende verba: klasse V.

Anm. 1. Inf. *læta* Vg. I (gew.), Da, MEL, Bu, SK, St, Zetterberg s. 97, Corpus II, 107 note, XI, 177 note, O, Bir, Bm, Bil, D 4, Su, MB. II u. a. und *ræþa* Biæ haben *æ* aus dem *i*-umgelauteten präs. ind. (s. § 561 anm. 4) entlehnt. Wie neben *lāta* ein urspr. proklitisches *lata* (aisl. *lata*) steht, so neben *læta* nach § 147 ein *leta* (anorw. *leta*) Vg. I, KS, Corpus II, 107 note u. a.

Anm. 2. Im prät. sg. stehen neben dem allg. *græt, læt, ræþ* (rschw. noch oft *lit, riþ*, d. h. *lēt, rēð,* wie aisl. *grét, lét, réþ*) fast ebenso häufig die den selt. aisl. *greit, leit* (ahd. *-leiz*), *reiþ* entsprechenden *grēt* P. I, Bil, Di u. a., *lēt* Sdm (auch Cod. Havn.), St, Corpus XI, 38 note, XII, 43 note, O, Bir, Bil, D 4, JB, MB. II u. a.. *rēþ* Vm, Bil, Rk. II, Ve; das statt des zu erwartenden agutn. *raiþ auftretende einmalige *riaþ* (Leseb. s. 38, 6 note) ist vielleicht nur schreibfehler. Über selt. *grætt* Di, *lætt* (anorw. *létt*) Da s. § 297 anm. 4. Agutn. *līt* hat sich nach dem pl. gerichtet (vgl. *hīt* § 541 anm. 1). — Einem ganz anderen typus (got. *laílōt*) gehört das sehr häufige *lōt* Vh, MEL, St, O, Bm, Dipl. 1420, ST, D 4, KrL, Corpus XI, 350 note, Rk. I, II, Ve, Di u. a. Das 2malige *lȳt* (adän. *løt*) ST hat wol *ø* aus einem *i*-umgelauteten konj. bekommen. Auf ausgleichung nach dem inf. und part. prät. (wie im got. *saíslēp*) beruhen wol *grāt* D 4, *lāt* KS, D 4, Sp, Corpus XII, 43 note u. a., *rādh* Bil.

Anm. 3. Im prät. pl. stehen neben den gew. *græto, læto* (rschw. noch *litu,* d. h. *lētu*), *ræþo* mschw. teils *grēto* P. I, Bil, *leto* Bir, *rēdho* O, Bil, MB. I, teils *gritu* (ngutn. *grito*) JB (z. b. Leseb. s. 94, 16) u. a., *litu* (so schon G; aisl. *lito*), teils auch *lāto, rādho*; ausserdem oft *lōto* O, Bm, Dipl. 1422, ST, D 4, Rk. I, II, Di u. a.

Anm. 4. Im part. prät. kommt selt., z. b. in Bu, ein *i*-umgelautetes *lætin* (vgl. anorw. *letenn*) vor.

Anm. 5. Nur durch präs. sg. *blæs* Bil, KS, D 4, GO, MB. II als starkes verb bezeugt ist *blāsa* U, Vm, Bm, PM u. a., das aber weit häufiger (mit aus dem alten präs. entlehntem *æ*) *blæsa* Ly, H, MEL, KrL ff. lautet und dann gew. schwach flektiert: präs. *blæsir* Bir, GO, Linc. 39 u. a., prät. allg. *blæste*, selt. *blāste* MB. II. Nur im part. prät. belegt sind *brādhin* MB. I geschmolzen (vgl. ahd. *brātan*) und *sāin* Vg. I, U, Sdm, Vm, St zu dem schon in der ältesten lit. schwachen *sā* süen, prät. *sāþe* U ff. (später *sadde* P. I ff.), part. *saþer* Sdm ff. (Vg. I ntr. *sāt* kann aus *sāit* entstanden sein wie aisl. *dát* aus *dáet* u. dgl., s. An. gr. I², § 151).

Anm. 6. Mschw. kann *rādha* auch schwach gehen: prät. *radde* Bil ff.

§ 545. Klasse V. Von *bōa* wohnen und *grōa* keimen sind starke formen fast nur im part. prät. *bōin* (und dem einmaligen präs. *bōr* Bil, s. § 561 anm. 4), resp. *grōin* erhalten. Aber ausserdem giebt es von *bōa* ein dem anorw. *biugga*, pl. *biuggu* entsprechendes prät., das bes. rschw. häufig belegt ist: agutn. *biggui

§ 546. Erste schwache konjugation.

(geschr. *bikui* Hauggrän), sonst mit nach dem pl. entferntem *w* rschw. (geschr. *buki, byki*; zahlreiche beisp. in Rv. s. 340 und 235) und Da *byggi*, pl. *byggu (rschw. geschr. *buku, byku* Rv. s. 86 und 115). In der literatur gehen beide verba gew. schwach: prät. *bōþe* (mschw. auch *bodde*) u. s. w.

Anm. 1. Über inf. *bō, grō* — beides ganz gew. — s. § 153 anm. 2, *bōua* Bu s. § 336; part. prät. -*bōghin, grōghin* § 273, 1.

Anm. 2. Gewissermassen können als hierhergehörig betrachtet werden die adj. *mō(gh)in* reif, *trō(w)in* (*trōghin*) treu; vgl. § 273, 1.

II. Schwache verba.
a) Erste schwache konjugation.

§ 546. Hierher gehören die meisten aschw. verba, z. b. (s. u. a. Brate, Böj. s. 35; Landtmanson, Kg. St. s. 11 ff.; Siljestrand III, 35 ff.; Zetterberg s. 98 f.)

	präs.	prät.	part. prät.
kalla rufen, heissen;	*kalla(r)*;	*kallaþe*;	*kallaþer*;
hæria verheeren;	*hæria(r)*;	*hæriaþe*;	*hæriaþer*;
drunkna ertrinken;	*drunkna(r)*;	*drunknaþe*;	*drunknaþer*;
brōa mit brücken versehen;	*brōa(r)*;	*brōaþe*;	*brōaþer*;
spā weissagen;	*spā(r)*;	*spāþe*;	*spāþer*.

Hierzu ist zu bemerken:

1. Einige verba, die im aisl.-anorw. stark gehen, sind nur als hierhergehörig zu belegen, wie *blanda* mischen, *blōta* opfern, *falda* falten, *trægha* (mschw. jedoch auch mit präs. -*er*) betrüben; *tugga* (*togga*) kauen ist seiner bildung nach von aisl. *tyggua* verschieden (s. An. gr. I³, § 483 anm.).

2. Einige verba, die im aisl.-anorw. nach einer anderen schwachen konjugation gehen, gehören im aschw. hierher, wie *dōdha* töten, *ǣlda* feuer anzünden, *girna* begehren; *gapa* gaffen.

3. Verba, die wie *spā* gehen — z. b. *forsmā* verschmähen, *þrā* sich sehnen, rschw. *fā* schreiben — enden mschw. häufig im prät. und part. prät. auf -*dde*, resp. -*dder* statt -*dhe*, -*dher*, z. b. *spādde* P. I ff., *forsmādde*. Zur erklärung s. § 297 anm. 3.

4. Der im allg. und ursp. von nominalen *ja-, jō-*stämmen abgeleitete typus *hæria* ist wol zu scheiden von dem zu *a-,*

§ 547. Erste schwache konjugation.

ō-stämmen gehörigen typus *vælia* (s. § 548). Jener art sind z. b. *brytias* ringen, *bælia* brüllen, *drypia* wiederkauen, *fiskia* (vgl. § 313) fischen, *gnæggia* wiehern, *grænia* heulen, *klyfia* (*klifia*, s. § 172) säumen, *nytia* benutzen, *skynia* untersuchen, *syfia* schläfrig machen, *æggia* reizen. Über schwankende wörter s. § 547, 3 und § 548 anm. 3 und 4.

Anm. Wenn bisweilen auch andere hierhergehörige verba (als diejenigen auf -*ia*) *i*-umlaut zeigen, ist dies teils nach § 547 zu erklären, teils durch einfluss verwandter wörter, z. b. *varna* : *værna* wehren nach *varn* : *værn* (s. § 409, 3, b), *sărgha* : Vg. I (1 mal) *særgha* nach dem synonym *særa* verwunden, *swara* : Vg. I, Ly, Vh (vgl. § 117 anm.) *swæra* sich gerichtlich verteidigen nach *swæria* eid leisten. Das in Vg. I (z. b. Leseb. s. 7, 35), II häufige *værþa* neben *varþa* garantieren ist wol mit got. *wardja* wächter zu vergleichen.

§ 547. Eine menge von verben schwanken zwischen dieser und anderen konjugationen. Die alternativ starken sind schon im vorigen (z. b. § 526 anm. 2, 528 anm. 5, 530 anm. 5, 536 anm. 3, 538 anm. 3) behandelt worden. Die sonstigen fälle sind:

1. Prät. -*te*, part. pärt. -*tęr* (präs. -*ir*) zeigen z. b. oft *frœlsa* (urspr. wol zwei verschiedene verben wie aisl. *frialsa*, -*aþa* und *frelsa*, -*ta*) retten, *iæt(t)a* bejahen (vgl. Hellquist, Arkiv VII, 55 note), *lāna* (vgl. *lǣna*, -*te*) leihen, *lēta* (*lǣta* s. § 80 anm. 6) aufsuchen, *lǭna* (selt. auch part. *lǭndęr*) lohnen, *mēna* (vgl. 2 unten) schädigen, (*be*)*vīsa* (be)weisen, *þiǣna* (selt. *thēna*, vgl. An. gr. I³, § 171 anm.) dienen; selt. *akta* achten, *frœsta* (*frēsta* § 80 anm. 7) versuchen, *nækta* entblössen, *prēva* (nicht aber *prōva*; 1 mal prät. *prǣfde* Rk. II) prüfen, *rōpa* rufen, *skylda* schulden, beschuldigen, *tapa* verlieren, *ōdhmiūka* demütigen; ganz vereinzelt *dyrka* (*dōrkia* Rk. II) verehren, *flæt(t)a* flechten, *huxa* sich erinnern, *krōna* (*krūna* immer -*aþe*, *krēna*, *krȳna* immer -*te*) krönen, *līka* gleich machen (vgl. aisl. *līkia* neben *līka*, got. *galeikōn*), *nēka* verneinen, *orka* (*ørka*, vgl. § 551, 2) vermögen, *rædda* retten, *skatta* besteuern.

2. Prät. -*þe* oder -*de*, part. prät. -*þęr* oder -*dęr* (präs. -*ir*) zeigen z. b. oft *flȳ(i)a* (*flīa*, aus mndd. *vlīen*) anordnen, *hēla* (mschw. auch prät. *hęlte*) heilen, *skaþa* (vgl. aisl. *skeþia*, got. *skaþjan*) schädigen; selt. *an(d)vardha* (z. b. Leseb. s. 44, 23) überantworten, *an(n)am(m)a* annehmen, *fulburdha* (-*bordha*)

vollziehen, *klanda* (präs. *klænder* Vg. II, 2 mal, *klande-s* Da, 4 mal) einspruch tun, *plægha* (selt. *plagha*, vgl. mndd. *plage* neben *plege*; präs. pass. selt. *plæx* neben *plæghas*, *-es*, akt. *plæghir* Leseb. s. 53, 4 und 55, 17) pflegen, *skoþa* (*skuþa*) schauen, *swara* antworten, *tȳgha* zeugen, (*lagh*)*vara* (auch *væra* Vg. I, Ly) benachrichtigen, *ænda* beenden; nur vereinzelt *behagha* belieben, *hylla* (selt. *hulla*, *hilla*) huldigen, *iorþa* (Leseb. s. 81, 18) begraben, *kalla* (aber präs. *kællær* Vg. I, 1 mal, dürfte nur schreibfehler sein) rufen, *mēna* (vgl. 1 oben) schädigen, *signa* segnen, *spiælla* (aber *spilla* gew. nach § 550, 3) verderben, *storma* stürmen, *straffa* strafen, *synda* sündigen.

3. Prät. -*þe* oder -*de* ohne *i*-umlaut (neben -*iaþe* mit umlaut) zeigen schon kaschw. *byria* (*boria*; spät. *burþe* Bu, später auch *bordhe* nach § 120; präs. sehr selt. *bor* D 4, vgl. anm. unten) anfangen, erst mschw. *væþia* appellieren.

Anm. In der bedeutung 'gebühren' werden nur die formen präs. *byr*, *ber*, prät. *burþe*, *bordhe* (mschw. auch *berdhe*), part. prät. ntr. *burt*, *bort* gebraucht. Der dazu gehörige inf. heisst immer *bora*, was wol ein mndd. lehnw. ist.

b) Zweite schwache konjugation.

§ 548. Hierher gehören eine ziemlich grosse anzahl von verben mit kurzer wurzelsilbe. Das präteritale tempuszeichen *đ* tritt je nach der art des nächst vorhergehenden lautes als *þ* (d. h. *đ*), *d* (s. § 225, 1; 223; 257, 1, a) oder *t* (s. § 225, 2; 223 anm. 2; 237; 260, 1—3) auf, z. b.

I. *kræfia* verlangen;	*kræver*;	*krafþe*;	*krafþer*;
bæria schlagen;	*bær*;	*barþe*;	*barþer*;
hyggia § 239, 1 meinen;	*hygger*;	*hug(h)þe* § 258, 2, b;	*hug(h)þer*;
II. *vælia* wählen;	*væl* § 295;	*valde*;	*valder*;
styþia (*stødhia* § 116) stützen;	*styþer*;	*studde*;	*studder*;
tæmia zähmen;	*tæmber*;	*tamde*;	*tamder*;
vænia gewöhnen;	*væn* § 295;	*vande*;	*vander*;
III. *þæk(k)ia* § 239, 2 decken;	*þækker*;	*þakte*;	*þakter*;
flytia fortschaffen;	*flyter*;	*flutte*;	*flutter*.

§ 549. Zweite schwache konjugation.

So gehen noch (vgl. aber § 549):

1. Nach I *kwæfia* ersticken, *væfia* einhüllen; *snœria* verstricken, *væria* wehren, *æria* pflügen, *smyria* (*smøria*) schmieren, *spyria* (*spøria, spiria* KS, s. § 101, 2) nachfragen (*byria* s. § 547, 3).

Anm. 1. Der selt. mschw. imper. *smior, smiør* scheint ein von *smior, smiør* schmer beeinflusstes *smiorva* (*smiørva*, vgl. aisl. *smyrua*) vorauszusetzen.

Anm. 2. Über mschw. prät. *krafde, hughde* u. dgl. s. § 257, 1, b.

2. Nach II *dwælia* verzögern, *kwælia* quälen, *sælia* (*siælia* § 328, 2, b) verkaufen, *tælia* zählen, *gilia* verlocken, *skilia* scheiden, *bylia* (*bølia*) verbergen, *hylia* (*hølia*) bedecken; *blædhia* (?, nur inf. belegt) entblättern, *glæþia* freuen, *stæþia* antreffen, (*væþia* s. § 547, 3,) *ryþia* (*røðhia*) urbar machen; *frœmia* befördern, *grœmia* (nur als *grœma* belegt, s. § 549, 1) verbittern, *sœmia* versöhnen, *rymia* toben; *þœnia* dehnen, *dynia* tosen, *rynia* (?, nur inf. belegt) lärmen, *stynia* (*stønia*) stöhnen, *synia* (*sønia*) verweigern.

Anm. 3. Alternativ nach § 546, 4 gehen *synia* H (dies das urspr.; vgl. das aisl.), mschw. *frœmia* und *hølia*.

3. Nach III *rœk(k)ia* strecken, *vrækia* rächen, *vækkia* wecken, *lyk(k)ia* schliessen; *hwætia* schärfen, *lætia* träge machen, *sætia* setzen.

Anm. 4. Mschw. kann *flytia* auch nach § 546, 4 gehen. In der bedeutung 'zum fliessen bringen' lautet das präs. von *væk(k)ia* sowol *vækkir* Og (nach § 550) wie *vækker* Vm, Da; vgl. das anorw. (An. gr. I³, § 503, 1).

§ 549. Folgende besondere abweichungen von dem normalen sind noch zu bemerken:

1. Der inf. kann bisweilen durch ausschluss an präs. sg. sein -*i*- verlieren, z. b. Bu *glæþa, sætta* (*bæra?* s. Ottelin, Stud. öfver Cod. Bur. s. 144), Siljestrand III, 52 *kræva*, MB. I *dwæla, flyta*, spät mschw. *døla, grœma;* vgl. Bir. A 1. pl. präs. *vilum* statt *vilium* nach *vil* will.

Anm. 1. Inf. (und präs. konj.) ohne *i*-umlaut beruhen, wo nicht blosse schreibfehler vorliegen, auf anschluss teils an nahe verwandte substantiva, teils an einen unumgelauteten präs. sg. (s. § 561 anm. 5), z. b. *dwalia* Bu (vgl. *dwal*), *krafia* Su, Di, Linc. 39 (vgl. *kraf*), *kwalia* Sdm (vgl. *kwal*), *valia* MEL (Leseb. 33, 8; vgl. *val*), *satia* Corpus VI, 99 note, H, *varia* Vg. I, II (geschr. *varþia*, vgl. § 308, 2, a), Ly; konj. *vari* Da. Vgl. *lag(g)ia* Vg. I, Bu, Björkman, Sv. landsm. XI, 5, s. 57, konj. *laggi* Vg. I, Björkman a. o.

§ 549. Zweite schwache konjugation.

2. Prät. und part. prät. zeigen oft *i*-umgelauteten wurzelvokal wie im inf. und präs. und zwar

a) Im agutn. durchgehends; daher nur *be*[*rþ*]*u* Åkirkeby, *berþr*, *flyttu*, *lykt*, *-ryt*, *seldi*, *selt*, *sempt*, *setti* (schon Ardre III *setu*), *set*, *spyrþr*, *steddr*, *telt*, *vendu-s*, *verþr* (vgl. noch *legþi* — schon Hauggrän *lekþi* — *legt* und *segþi*), was nach Pipping, Gotländska studier s. 115 ff. so zu erklären ist, das im agutn. auch ein nach kurzer wurzelsilbe synkopiertes *i* umlaut bewirkt hat. Über die scheinbare ausnahme *hugþi* G. II s. a. o., s. 117.

b) Die den aisl. *selde* (*seldr*), *sette* (*settr*) entsprechenden formen *sælde* U (oft), Vm (auch Cod. Holm. B 55 und 56), Bil, Dipl. 1427, D 4 u. a., *sælder* U, Cod. Holm. B 55 des Vm, Dipl. 1401, 1403, 1427, resp. *sætte* (rschw. *sit-*, *set-* Kolunda, L. 458, Rv. s. 119 note) Vg. I, Vm (immer; auch Cod. Holm. B 55), Biæ, Dipl. 1372, P. I, Bil (oft), Ve, Dipl. 1493, *sætter* Vg. I, II, U, Sdm, Vm (fast immer); so auch Cod. Holm. B 55), Da, Biæ, St, Bir, Bil (oft), D 4, Ve, MB. II, Dipl. 1285, 1401, 1402, 1405, 1506, 1507 u. a. sind, auch vom agutn. (s. a oben) abgesehen, häufig, wiewol weit seltener als *salde* Vg. I, Vm, Da, Biæ, Ög, Bu, O ff., *salder* Vg. I, II, Ly, U, Sdm, Vm (auch Cod. Holm. B 55 und 56), Biæ, Da, Ög, Bu, St ff., resp. *satte* Vg. I, Dipl. 1346, Ög, Bu, Cod. Holm. B 56 des Vm ff., *satter* Vg. I, II, U, Sdm, Vm (nur 1 mal; gew. aber Cod. Holm. B 56), MET, Biæ, H, MEL, Bir. A, SK, St ff. Eine sichere erklärung fehlt noch.

c) Kaschw. kommen ausserdem umgelautete formen dann und wann vor bei den verben *bylia* Vm, *flytia* Da, Bu ff., *fræmia* Vg. I, II ff., *glæþia* Vh (Leseb. s. 14, 3) ff., *hylia* Vm ff., *kræfia* Sdm ff., *kwælia* Sdm (Leseb. s. 17, 19) ff., *lyk(k)ia* U ff., *ryþia* Ög ff., *sæmia* II, *væria* Vg. I, II, Ly. Mschw. sind ausserdem bei *dolia*, *kwæfia*, *lætia*, *rækkia*, *smoria*, *sœnia* (KrL.), *tœmia*, *væfia*, *vækkia*, *vælia*, *thækkia* solche formen belegt, wiewol die alten lautgesetzlichen noch, ausser bei *rækkia*, *vækkia* und *thækkia* (sowie *fræmia* vgl. § 548 anm. 3), die gebräuchlicheren sind.

Anm. 2. Fast alle verba mit *y* im inf. zeigen mschw. *o* neben *u* im prät. und part. prät. Dies *o* ist lautges. entstanden in *smordhe*, *spordhe* (*bordhe*) sowie *dolde*, *holde* (z. b. Leseb. s. 49, 36; 65, 37) s. § 120, vielleicht auch in *donde*, *sonde*, part. ntr. *hokt*, *lokt* s. § 120 anm. 2; aber in fällen

§ 550. Dritte schwache konjugation.

wie *flotte, stodde* muss es wol nach der analogie *dylia (dølia)* : *dolde* = *flytia (stødhia)* : *x* entstanden sein.

Anm. 3. Di *vokte, vorde* statt *vakte, vardhe* sind wol nur danismen.

c) Dritte schwache konjugation.

§ 550. Hierher gehören eine sehr grosse anzahl von verben mit langer wurzelsilbe. Das präteritale *đ* tritt auch hier (vgl. § 548) als *þ, d* oder *t* auf, z. b.

I. *rōra* rühren; *rōri(r)*; *rōrþe*; *rōrþer*;
hærþa härten; *hærþi(r)*; *hærþe* § 263, 2; *hærþer*;
dōva betäuben; *dōvi(r)*; *dōfþe*; *dōfþer*;
tælghia § 231 *tælghi(r)*; *tælghþe*; *tælghþer*;
schnitzen;
gō(i)a, gō § 153 *gō(r)*; *gōþe*; ntr. *gōt*;
anm. 2 bellen;
II. *gōma* bewahren; *gōmi(r)*; *gōmde*; *gømdęr*,
lēþa (vgl. § 80 *lēþi(r)*; *ledde*; *leddęr*;
anm. 6) leiten;
vænda wenden; *vændi(r)*; *vænde* § 237; *vændęr*;
kæmba kämmen; *kæmbi(r)*; *kæmbde*; *kæmbdęr*;
dēla teilen; *dēli(r)*; *dēlde*; *dēldęr*;
kænna kennen; *kænni(r)*; *kænde*; *kændęr*;
þrængia drängen; *þrængi(r)*; *þrængde*; *þrængdęr*;
III. *knȳta* knüpfen; *knȳti(r)*; *knȳtte*; *knȳttęr*;
slæppa loslassen; *slæppi(r)*; *slæpte*; *slæptęr*;
hwæssa schärfen; *hwæssi(r)*; *hwæste*; *hwæstęr*;
forgylla vergolden; *forgylli(r)*; *forgylte* § 223 anm. 2; *forgyltęr*;
mǣla sprechen, *mǣli(r)*; *mǣlte* § 260, 3; *mǣltęr*;
aufmessen;
nænnas über sich *nænnis*; *næntis* § 223 ntr. *nænz*:
gewinnen; anm. 2;
lēna ausleihen; *lēni(r)*; *lēnte* § 260, 3; *lēntęr*;
stækkia § 231 ver- *stækki(r)*; *stækte*; *stæktęr*.
kürzen;

So gehen noch vornehmlich folgende verba (s. u. a. Siljestrand III, 58 ff.; Brate, Böj. s. 36 f.; Zetterberg, s. 100 ff.; Landtmanson, Kg. St. s. 17 ff.; Rydq. I, 100 ff.):

§ 550. Dritte schwache konjugation.

1. Nach I *fāra* (agutn. *fȳra*; vgl. § 552, 2) führen, *hōra* (agutn. *hoyra*; vgl. § 552, 2) hören, *kæra* vor gericht klagen, *læra* lehren, *skæra* (*skīra* § 169, *skȳra* Bil, MB. I § 176) reinigen, *stȳra* regieren, *sȳra* säuern, *tæra* zehren, *ȳra* rasen;

gyrþa (so nur noch im agutn. und Vm; spät und selt. *gørþa* § 116, gew. *giurþa* § 127, 2, *giordha* § 120) gürten, *gærþa* zäunen, *hyrdha* (*hærdha* § 115 anm.) verwahren, *myrþa* (*mørþa*; vgl. *morþa*, *-adhe*) morden, *skærþa* (aber *skarþa* Sdm. Ög wol prät. *-aþe*) schmälern, *virþa* (*vyrþa* § 108, 1, *vørþa* § 116, *værþa* § 115 anm., auffallend *vurdha* Bir, *vordha* § 120) schätzen;

belēva gutheissen, *dirva* (*dyrva* § 108, 2, *dørva* § 116, *diærva* nach *diærvęr*, *dærva* vgl. § 78, 3) dreist machen, (*be*)*drōva* betrüben, *hōva* passen, *kælva* (vgl. *kalva*, *-ar* KrL) kälbern, (*nidher*)*kōva* hinunterdrücken, *lēva* (agutn. *laifa*) hinterlassen, *stȳva* verstümmeln, *tyrva* (*tørva*) mit torf bewerfen, *ærva* (selt. *arva* nach *arf*) erben, *ēva* üben;

bōghia beugen, *drōghia* verzögern, *flōghia* über die zäune setzen, *fōghia* fügen, *hōghia* erhöhen, *lēghia* mieten, *læghia* beruhigen, *nøghia* vergnügen, *plōghia* pflügen, *rōghia* anklagen, *skōghia* im walde jagen, *syrghia* (*sørghia*) trauern, *tōghia* ausdehnen, *vīghia* (Vg. II K *via* ist wol als **vīja* nach § 270 anm. 2 aufzufassen) weihen, *væghia* ausweichen, *thōghia* zum schweigen bringen, *sēghia* sehen;

dī(*i*)*a* (§ 328, 1, b; *dī*) saugen, *flȳ*(*i*)*a* (*flȳ*; Di *flōdh* setzt vielleicht eine dem aisl. *flǿia* entsprechende form voraus; Rk. II *flidde* ist wol vom mndd. *vlīen* beeinflusst; vgl. noch § 552, 2) fliehen, *grȳ* grauen, *krīa* sich bemühen, krieg führen, *ske* geschehen, *spȳa* (*spȳ*; Bir *ut-spīa* s. § 71, 3) speien, *strō*(*ia*) streuen, *tē*(*i*)*a* (§ 328, 1, a; *tē*) zeigen.

Anm. 1. Über agutn. *giertr*, *gyrtr* statt des sonstigen *gærþer*, *giurþer* s. § 263 anm. 2.

Anm. 2. Verba vom typus *flȳ : flȳdhe* zeigen im unschw. oft *-dd-* statt *-dh-* (vgl. § 297 anm. 3), also *flydde* (schon St), *grydde*, *gødde*, *kridde*, *skedde*, *strødde* (schon O), *tedde* (z. b. Loesb. s. 45, 29), s. u. a. Schagerström, Arkiv III, 330 ff.

Anm. 3. Mschw. gehen mehrere von diesen verben auch nach § 546. So oft *beleva*, (*be*)*drōva*, *fōghia*, *giordha*, *gærdha*, (*for*)*nøghia*, *strōia*, (*for*)*færa*, selt. *hōva*, *kæra*, *skæra*.

Anm. 4. Über *byggia* u. a. verben auf *-ggia* s. unten 2 (schluss).

§ 550. Dritte schwache konjugation.

2. Nach II *drōma* (agutn. *droyma*) träumen, *dōma* (selt. *dōma* Vg. I, MEL — Leseb. 35, 34 — Siljestrand III, 66 nach *dōmber*; agutn. *dȳma*) richten, *fyrma* (*fərma* § 116) fasten, *fœrma* (§ 115 anm. 3) firmeln, *glōma* vergessen, *līma* leimen, *misfyrma* (*-firma*, *mysfirma*, *-ferma*, *-fərma* § 145) beleidigen, *nǣma* (neben *nǣmna* § 294 anm. 1) pfänden, *rȳma* räumen, *skæmma* beschämen, *stæmma* (neben *stæmpna* § 294 anm. 1) stauen, *sōma* geziemen, *tīma* sich ereignen;

bēþas (agutn. *baiþas*; über *bǣþas* s. § 80 anm. 6) erbitten, *bīþa* (s. § 526 mit anm. 3), *brēþa* breiten, *ēdha* (aisl. *eira*, s. Noreen, Arkiv V, 394 note) gefallen, *flōdha* fluten, *fortīdha* (vgl. § 308 anm. 4) verlassen, *fōþa* nähern, *gōþa* mästen, misten, *hǣdha* lästern, *klǣþa* kleiden, *kvīþa* sich ängstigen, *lūdha* (aus mndd. *luden*; auch *liūdha*, *lȳdha* nach dem folgenden) lauten, *lȳþa* (*liūdha* nach *liūdh*) horchen, gehorchen, *lēdha* löten, *mōþa* mühen, *nȳdhas* anstoss nehmen, *nōþa* nötigen, *rēþa* (*rǣþa* § 80 anm. 6) bereiten, *rǣþa* schrecken, *skrēdha* schroten, *smīþa* (s. § 526), *sprēdha* (selt. *sprīdha*) spreiten, spreizen, *strīþa* (s. § 526), *vīþa* erweitern, *vrēþas* zürnen, *þȳþa* deuten, *ōþa* vergenden;

bænda spannen, *gilda* billigen, *gælda* (mschw. part. prät. *gælter* neben *gælder*) kastrieren, *hænda* bekommen, sich ereignen, *lænda* landen (dann selt. *landa* nach *land*), anlangen, *skynda* eilen, *skænda* schänden, *sænda* senden, *tænda* zünden;

snybba anschnauzen;

brænna (Cod. Holm. B 55 des Vm oft *brinna* durch vermischung mit dem starken verb) brennen, *fæm(p)na* (*-fæghna*, *fængna* s. § 274 anm. 3) umarmen, *hæm(p)na* rächen, *næm(p)na* (*namna* Vg. I, Og, Bir. A, Linc. 39 nach *namn*, z. b. Leseb. 4, 8; 43, 22) nennen, *rægna* regnen, *spærna* mit den füssen stossen, *stæmpna* vorladen, *stæmpna* (neben *stæmma*, s. oben) stauen;

bella (nur in G. a belegt) vermögen, *besighla* (*-seghla*) besiegeln, *dela* teilen, *fælla* (mschw. häufiger prät. *-te*) fällen, *næghla* (inf. selt. *naghla* nach *naghle*) nageln, *sighla* (*seghla*, selt. *sæghla* nach *sæghl*, vgl. § 164) segeln, *stæghla* (*staghla* Ög nach *staghl*) radebrechen; *skyla* s. 3 unten;

befængia (prät. auch *-t-*) befangen, *dængia* prügeln, *flængia* geisseln, *længia* verlängern, *mængia* mischen, *ringia* läuten, *slængia* schleudern, *strængia* anstrengen, *þyngia* niederdrücken;

§ 550. Dritte schwache konjugation.

byggia bauen, wohnen, *dyggia* (s. § 106, 2, a) feuchten, *dæggia* säugen, **ryggia sik* (nur im prät. belegt) betrübt werden, *skyggia* schatten, *styggia* erschrecken — aisl. *byggua, doggua* u. s. w. — nehmen eine sonderstellung ein, indem sie in gewissen denkmälern im prät. und part. prät. *-gd-* zeigen, in anderen *-ghþ-* (wie im aisl.), also z. b. *bygde, -ẹr* Vg. I, Da, Ög, Bu, G. I, O, Bm u. a., aber *byghþe, -ẹr* U, Sdm, Vm, H, MEL, G. II, Bil, D 4. Vgl. § 258 anm. 2 und An. gr. I³, § 238, 2.

Anm. 5. Über agutn. *sentu, lentr* gegen sonstiges *sændo, lændẹr* s. § 263 anm. 2.

Anm. 6. Mehrere von diesen verben gehen auch nach § 546. So oft und schon kaschw. *skynda, tīma*, mschw. *fœm(p)na*, selt. und erst mschw. *dẹla. fyrma, hœmpna, klæþa, kœmba, līma, lūdha, lœnda, misfyrma, rœgna, sighla, skœnda, spœrna, stœmpna* vorladen. Vgl. noch § 547, 2.

3. Nach III *berœtta* berichten, *bēta* beizen, *blȫta* erweichen, *brȫta* weg anlegen, *bȫsta* klopfen, *bȫta* (aisl. *béta* und *buuta*) büssen (dann auch *bōta* nach *bōt*), stossen, *fœnkta* anschaffen, *fæsta* festen, *gipta* verheiraten (in der bedeutung 'pachten' aber gew. nach § 546, s. Schlyter, Ordbok s. 228, Siljestrand III, 75), *grȫta* zum weinen bringen, grüssen, *gæsta* (nach *gæster*; Vh noch *gista* wie im aisl.) zu gaste sein, *gǣta* acht geben, *hitta* auffinden, *hœmpta* (*hœnta* § 272, 1) holen, *hœpta* verhaften, *hǣt(t)a* pausieren, aufs spiel setzen, *hȫta* (*hotta* s. § 297 anm. 3, *hȳta* § 106 anm. 3) drohen, *krīsta* (*krȳsta* § 176) quetschen, *līta* vertrauen, *lypta* heben, *lysta* belieben, *lȳta* verstümmeln, *lœnkta* sich sehnen, *lǣsta* leisten, verstümmeln, *lǣtta* erleichtern, *mista* verlieren, *mǣtta* sättigen, *mȫta* (selt. *mōta* nach *mōt*) begegnen, *nȳta* nützen, *nȫta* geniessen, abnutzen, *ör-, ūrsǣkta* entschuldigen, *rēta* reizen, *rista* (*rȳsta* § 176) rütteln, *rǣta* (sehr oft *rœtta* nach *rœttẹr*) strecken, berichtigen, *rȫta* fäulen, *skipta* verteilen, *skœmpta* scherzen, *skæpta* schäften, *skȫta* beachten, pflegen, *slǣta* (*slœtta* nach *slœttẹr*) schlichten, *smœlta* schmelzen, *snȳta* schnäuzen, *styrta* (*stœrta* § 116; vgl. § 552, 2) stürzen, *stȫta* stossen, *swētas* (*swettas* nach *swettẹr*) schwitzen, *sǣta* (*sǣtta*) gehorchen, bedeuten, *trȫsta* (vgl. § 552, 2) trösten, *vẹta* (selt. *vǣta* § 80 anm. 6) leisten, *vǣlta* umwälzen, *vǣnta* erwarten, *vǣta* nässen, *ȳta* hinauskommen, *thrȳsta* pressen, *þrǣt(t)a* s. 304 anm. 2) zanken, *þrȫta* (*þrotta* nach *þrottẹr*) ermüden, *þorsta* (*thorsta* nach *thorstẹr* durst) dursten, *ælta* treiben, *ǣsta* erheischen;

§ 550. Dritte schwache konjugation.

drōpa tröpfeln, *døpa* taufen, *grøpa* (*grēpa* § 176) aushöhlen, *kippa* raffen, *klippa* (*klyppa* § 108, 1) scheren, *klæppa* beiern, *lōpa* (aisl. *hleypa*) laufen lassen, *skærpa* drücken, *snōpa* (*snēpa* § 176) kastrieren, *stiælpa* umwälzen, *stōpa* giessen, *swēpa* (selt. *swǣpa* s. § 80 anm. 6) einhüllen, *tæppa* zumachen, *yppa* offenbaren, *ōpa* (selt. *ōpa* nach *ōp*) rufen;

fōsa treiben, *hwǣsa* zischen, *hȳsa* (auch *hūsa* nach *hūs*) behausen, *kēsa* wählen, *kyssa* küssen, *lȳsa* (sehr oft *liūsa* nach *liūs*) leuchten, *læsa* riegeln, *læssa* (selt. *lassa* nach *lass*) aufladen, *lōsa* lösen, *næfsa* züchtigen, *pȳsa* (mht. *pfūsen*; s. Noreen, Svenska etymologier, s. 59) pusten, *pēsa* (nnorw. *pøysa*) bauschen, *rēsa* (vgl. § 80, II, 2) errichten;

fylla (oft *fulla* nach *fuldęr* voll; dann aber gew. nach § 546) füllen, *hælla* auf die neige setzen, ausgiessen, *illa* tadeln, *skælla* bellen, *spilla* (selt. prät. *-de*) spillen, *stilla* (selt. prät. *-de*) stillen, *trylla* verzaubern, *villa* irre machen;

hwīla (sehr spät prät. *-de*) ausruhen, *skȳla* (oft *skiūla* nach *skiūl*; auch prät. *-de*) bedecken, *sȳsla* sich beschäftigen, *æfla* erwerben, vermögen;

begynna (selt. *-ginna*, s. § 108 anm. 3) beginnen, *forkynna* (prät. auch *-de*; aber *kynna, kunna* stets nach § 546) verkündigen, *hinna* erlangen, *inna* erreichen, *minna* erinnern, küssen, *spænna* spannen;

lōna verbergen, *mēna* meinen, *pīna* peinigen, *rēna* (selt. *rūna* nach *rūn*) rauben, *rōna* prüfen, *stēna* (selt. prät. *-de*) steinigen, *sȳna* zeigen, besichtigen, *vēna* vermuten, *væpna* (*vǣkna*, vgl. 271 anm. 4; *vāpna*, z. b. Leseb. s. 103, 24, 28, nach *vāpn*) waffnen;

blēkia bleichen, *brǣkia* blöken (vom schaf), *dīkia* graben ziehen, *drænkia* ertränken, *fīkia* nachtrachten, *flykkia* scharen, *flæk(k)ia* aufspalten, *fylkia* zum streit ordnen, *krænkia* kränken, *krōkia* krümmen, *myrkia* verfinstern, *mærkia* merken, *nykkia* (nur agutn. belegt) zucken, *rykkia* (vgl. § 552, 2) rücken, *rynkia* runzeln, *rōkia* (aisl. *røkia, reykia* und *hreykia*) besorgen, rauchen, in haufen legen, *skælkia* spotten, *skænkia* schenken, *slēkia* lecken, *slækkia* (*slokkia* § 69, 6, *slykkia* § 106, 2, a) löschen, *smēkia* schmeicheln, *spæk(k)ia* bändigen, *stēkia* (vgl. § 80, II, 2) braten, *styrkia* (*storkia* § 116; vgl. *stærkia* gleich unten und § 171) stärken, *stænkia* (be)sprengen, *stærkia* stärken, *sænkia* senken, sticken, *vēkia* erweichen, *værkia* (neben *værka, -aþe*)

§ 551. Dritte schwache konjugation.

würken, *þrykkia* (vgl. § 552, 2) drücken, *þækkias* gefallen, *thænkia* denken, *ōkia* (vgl. § 542 anm. 11) vermehren.

Anm. 7. Über rschw. prät. *raispi* u. dgl. s. § 260,1. Mschw. zeigt sich *-de* statt *-te* ausser in den oben erwähnten fällen (*hwīla, skȳla, spilla, stēna* — kaschw. — und *stilla*) auch bei *mæla* und sehr spät *forgylla*.

Anm. 8. Sehr viele von diesen verben können mschw. auch nach § 546 gehen. So oft *begynna, bȫsta, hōta, lænkta, lætta, mætta, pīna, rætta*, seltener *hitta, hwīla, hæmpta, hæpta, kēsa, krīsta, læsta, mēna, ȫrsækta, rista, ræna, skæmpta, skȫta, slætta, smælta, spilla, stēna, swētas, sysla, trȫsta, væpna (vāpna), thrȳsta, þrȫtta.* Über *gipta* s. oben. Vgl. noch § 547,1.

§ 551. Ganz besondere unregelmässigkeiten (vgl. bes. § 346 und An. gr. I³, § 508, 1) zeigen:

1. *sōkia* (agutn.   *sōki(r)*;   *sōtte, sākte*   *sōttęr, sōktęr*
   sȳkia) suchen;   (agutn. *sȳkti*);   agutn. *sȳktr*), *sōktęr*.

Anm. 1. Inf. *sokiæ* Vg. 1 2 mal, Rk. II 1 mal und präs. *soker* Vg. II sind vielleicht nur schreibfehler.

Anm. 2. Im part. prät. kommt neben *sōttęr* Ly(?), Vm, Vg. II, Ög, MEL(?), Corpus I, 210 note (vgl. prät. *sōtte* Malstad, Og, Bu; vgl. auch Leseb. s. 91,5), *sōktęr* Ly, U, Sdm, Vg. II, Da, MEL, Cod. Holm. B 55 und 56 des Vm ff. (vgl. prät. *sōkte* O ff.) und *sȫktęr* (vgl. misl. *sȫkte*) Vg. I (1 mal), Vm (auch Cod. Holm. B 56), Corpus X, 136 note, 228 note, Rk. 1 auch selt. *sȫttęr* Vm (1 mal), Cod. Holm. B 56 (3 mal), Corpus II, 59 note vor.

2. *yrkia* (*ørkia*   *yrki(r)*;   **orte*, mschw.   agutn. *ortr*,
   §116) arbeiten;   *yrkte*;   mschw. *yrktęr*.

3. *ȳskia, ōskia*   —   *ōste, ōxte* §   —
   §84,2,b,*ynskia*,   337,7, *unste*,
   onskia, unska   *onste*.
   § 249 anm. 3;

Anm. 3. Mschw. kommt auch ein nach § 546 gebildetes prät. *unskadhe, onskadhe* vor.

4. *þykkia* (*þøk-*   *þykki(r)* u.s.w.;   *þotte*, agutn.   mschw. *thōttęr*,
   kia §116 anm.1,   *þytte*, mschw.   *thyktęr*.
   þikkia § 101   *thykte* (*thokte,*
   anm.2) dünken;   *thikte*), *thōkte*;

Anm. 4. Im prät. kommt (ausser im G. II) mschw. einmal *pytte*, woraus *þotte* D 4, vor neben gew. *þotte* Og, Corpus II, 173 note, O, Bu, Bil, D 4, MB. I, Rk. I (z. b. Leseb. s. 91,4), II u. a., *thykte* ST ff., *thokte* D 4 ff., *thikte* Bir, Bm, Bil u. a., *thōkte* (misl. *þōkte*) Dipl. 1409, Bil, D 4 u. a. Ausserdem ist ein nach § 546 gebildetes *sam-tyckade* Dipl. 1462 belegt.

§ 552. Dritte schwache konjugation.

§ 552. Übrigens ist zu der tempusbildung zu bemerken:
1. Die inf. auf *-gia, -kia* verlieren im mschw. allmählich ihr *-i-*, s. § 313; diejenigen auf *-ghia* bekommen die aussprache *-ja* (geschr. *-ia*) mit spirantischem *j*, s. § 270 anm. 2.

Anm. 1. Wenn G und KS bisweilen präsensformen auf *-r* statt *-ir* bieten, wie G *vaitr, laifr, hittr* (vgl. nom. pl. *sētr, lestr* statt *-ir*, s. Söderberg, Lj. s. 46), KS *sōmr, væntr*, so ist wol diese erscheinung nur orthographischer natur und zwar dadurch veranlasst, dass in diesen denkmälern der svarabhaktivokal vor *r* teils als *i* ausgeschrieben wird, teils unbezeichnet bleibt, z. b. präs. *slīt(i)r* zu *slīta*; s. § 160 anm. 2 und 3. Über KP *brændær* st. *brænnir* s. Leseb. s. 119. Über präs. pass. wie *mins, ræz* statt *minnis, rædhis* s. § 570 anm. 1.

2. Im prät. und part. prät. fehlt nicht selten, auch in anderen als den in § 551 erwähnten fällen, der *i*-umlaut des infinitivs. Ein nur scheinbar hierhergehöriger fall ist *giurþe* (*giordhe*), weil aus *gyrþe* entstanden, s. § 127, 2 (und § 120). *Flūþe* Ög, Bu, O, Bm, Bil (misl. *flúði*) zu *flȳia* ist eine analogiebildung nach einst befindlichen verben, welche wie aisl. *dȳia* : *dúpa* flektierten. *Fōrþe* Vm (auch Cod. Holm. B 56), Bir, Rk. II u. a. (s. Siljestrand III, 60, Söderwall, Ordbok) und *hōrþe* Biæ, Rk. I, Su (s. Bergströms ausgabe s. 476) sind wol zu *fōra, hōra* neu gebildet nach dem verhältnis *giorþe* : *gøra;* dann sind zu *fōrþe, hōrþe* neue inf. (und präs.) *fōra* Vh, Cod. Holm. B 55 des Vm und *hōra* Vh, MET, Bir. A (?) — Leseb. s. 43, note 2 — Cod. Holm. B 56 des Vm, Klemming, Läke- och Örte-böcker s. 151 (4 mal) gebildet worden. Mschw. *bōtte, dōmde, fulte, liūste, mōtte, skiūlte, mis-vurdhe (-vordhe)*, part. *nam[n]dęr* Ög, *rāntęr* Vg. I sind umbildungen von *bōtte, dōmde* u. s. w. nach den im § 550 erwähnten nebenformen *bōta, dōma* u. s. w. *Ōrsakte* Bil gehört wol zu dem neben *ōrsækta* einmal belegten *ūrsækia* oder ist von dem synonym *ōrsaka* (prät. *-adhe*) beeinflusst. Mschw. *rukte, thrukte, storte, trōste* sind wol von mndd. *rucken, drucken, storten, trōsten*, die beiden ersten auch vom typus *lykkia* : *lukte* (s. § 548, 3) beeinflusst.

Anm. 2. Vereinzelte fälle wie prät. *tande* Ög, *kladde* Dipl. 1509, part. *fast* U, *haft* Vm sind wol nur schreibfehler.

Anm. 3. Über prät. *lætte, ræste* u. dgl. neben *lette, reste* u. s. w., part. *lædder, rædder, stækter* neben *ledder* u. s. w. s. § 80, II, 2 mit anm. 6; agutn. *baddis, ladde* zu *baiþas, laiþa* u. dgl. s. § 124, 1.

Anm. 4. Über *hæmde, næm(pn)de, stæm(pn)dęr, spærdhe, rængde* zu *hæmna* u. s. w. s. § 317, 1; *syste* zu *sysla* s. § 315, 1; *sighęlde* u. dgl. zu *sighla* § 161, 2, b; *dōmpde, næmpdęr* zu *dōma, næmpna* § 332 anm. 2; *ælfte* zu *æfla* § 337, 1; *nælgde, silgde, beselgdęr* zu *næghla* u. s. w. § 337, 2; *vænkte, væmpte* zu *vækna, væpna* § 337, 3, resp. 5.

Anm. 5. Bildungen ohne präteritalem *đ* (s. An. gr. II[3], § 497 anm. und die daselbst zitierte literatur; vgl. unten § 553 anm. 5, 6, 9, 13, 14, 18, 19, 21) sind prät. *lęghi* Biæ 3 mal statt *lęghþi* (und vielleicht part. prät. fem. *bygh* Bu 1 mal, Cod. Holm. B 55 des Vm 2 mal statt *byghþ*, vgl. § 308, 3, a) sowie die "adj." *hwīl* und *skær* (*skīr*) in derselben bedeutung wie *hwīltęr, skærþęr* (*skīrþęr*).

3. Part. prät. auf *-in* nach dem muster der starken verba sind das selt. *samþykkin* statt *-þyktęr* gutgeheissen und die zu fast reinen adj. übergegangenen *fīkin* begierig, *gømin* sorgfältig, *lȳþin* gehorsam, *ō-, ūrōkin* unachtsam. Hierzu wol auch ntr. *fortærit, kærit*, beides in Di. Vgl. noch agutn. *rimnin* st. *-aþr* geborsten und Dipl. 1497 *kynnit* st. *-at* verkündigt.

d) Vierte schwache konjugation.

§ 553. Hierher führen wir etwa zwanzig verben, welche mehr oder minder von den vorigen abweichen und in wesentlichen punkten mit den verben der aisl. 4. schwachen konjugation übereinstimmen. Diese unter einander sehr verschiedenartigen verba sind:

1. *dugha, dogha* *dughi(r), doghi(r),* *dug(h)þe;* *doghit.*
 § 163 anm. 2 *dughęr, doghęr;*
 taugen;

Anm. 1. Über den selt. inf. *duva, dova* s. § 279 anm. Eine interessante spur der urspr. präterito-präsentialen flexion (vgl. got. präs. *daug*. pl. *dugum*) bietet mschw. 3. pl. präs. *dugu* (Söderwall, Ordbok I, 822), *dog(h)o* statt des gew. *dugha, dogha*.

2. *fylghia,folghia* *fylghi(r), folghi(r);* *fylg(h)þe,* *fylg(h)þęr,*
 § 116 folgen;   *følg(h)þe,* *følg(h)þęr,*
                                             fulg(h)þe, *fulg(h)þęr,*
                                             folg(h)þe; *folg(h)þęr.*

Anm. 2. Wichtigere nebenformen sind: inf. *folghia* Bir, Dipl. 1510, gebildet nach präs. Ind. *folger* JB; konj. *fulghi* Vm, pl. *fulgin* G; part. prät. ntr. *fylghit* U. Im prät. stehen neben *fylghþe* U, Da, Ög, Bu ff., *følghþe* Bu ff., *fulghþe* Vh, Ög, O, Bir, Bil, D 4 (part. *fulgþęr* Dipl. 1353, 1401, 1411, 1447, 1471), *folghþe* Bu, O, Bir, Bm, Rk. II sehr oft mschw.

§ 553. Vierte schwache konjugation. 463

fylde, følde, fulde, folde (z. b. Leseb. s. 110, 37), part. *fylder* u. s. w., formen die nach § 311, 1 aus jenen entstanden sind.

3. *gnōa* reiben; *gnōr* — —

4. *gøra, giora,*   *gør, gior, giør, gær,*   *giorþe, gørþe,*   *gør* § 104, *gior,*
giøra, gyra   agutn. *g(i)erir*;   *gærþe,* agutn.   *giør, giorþer,*
§ 100, *gæra,* a-   *gierþi*;   agutn. *gar*
gutn. *g(i)er(r)a*   § 71, 3 (*garr*-
machen;   § 240 anm.).

Anm. 3. Im inf. finden sich den aisl. *gerua, gerua, giorua* entsprechende formen mit -*w*- nur im rschw. und zwar *gærwa als *kirua* L. 115, 378, 745, 749, *kerua* L. 948, 949, *karua* L. 334, Rv. s. 77 geschrieben, *gerwa als *kaurua* Härened, *giorwa als *kiarua* L. 418, 953, wozu kommt agutn. *giærwa als *kierua* Hauggrän. In der literatur stehen neben den gew. *gøra* (wo durch einfluss des präs. das *w* verloren gegangen ist) Vg. I, U, Sdm, Biæ, H, MEL, SK, St, Björkman, Sv. landsm. XI, 5, s. 58 note, KS, KrL ff., *giora* Vm (auch Cod. Holm. B 56), Dipl. 1344, KP, MET, Vg. II, Corpus X, 203, 205, 220, 229 in den noten, G. a, *giera* Da, Cod. Holm. B 56 des Vm, KS, *gyra* (vorzugsweise konj. *gyri,* -*in*) MEL, Bir. A (Leseb. s. 44, 1), Björkman a. o., St, O, KrL, Klemming, Läke- och Örteböcker s. 181, Linc. 39 u. a., *gæra* Vg. I, Ög. fr. I, Ög, Björkman a. o., Dipl. 1404, KS, als selt. nebenformen *giara* Vg. I, G (vgl. *kiara* Sjustad, L. 35, 398, 439, 650), *giæra* Vg. I, A 49. I, *gara* Vg. I (Leseb. s. 4, 25; ausserdem in agutn. runeninschr., s. Pipping, Runinskrifterna på .. Ardre-stenarna s. 50), *gora* Vg. II (mehrmals), Su (s. Bergströms ausgabe s. 476).

Anm. 4. Im präs. kommen neben *gør* Vg. I, II, U, Biæ, H, Cod. Holm. B 56 des Vm, KS ff., *gior* Vm (auch Codd. Holm. B 55 und 56) Dipl. 1344, KP, Biæ, Da, SK, *giør* Biæ, Da, *gær* Vg. I, Ög. fr. I, Ög, Stadtrecht von Söderköping, KS auch folgende selt. nebenformen vor: *giær* Vg. I, *gar* Vg. I, *gor* Cod. Holm. B 55 des Vm, Dipl. 1408, *gyr* Klemming, Läke- och Örte-böcker, s. 181, *gøre(r)* KS, Rk. II, *giorer* Vm, *gærid* Vg. I (aisl. *geriþ,* s. Noreen, Arkiv V, 393 f.).

Anm. 5. Im prät. ist *giorþe* Vg. I, U, Vm (auch Cod. Holm. B 56), Biæ, Da, Ög, KrL ff. die weitaus häufigste form, wenigstens in der literatur; denn das häufige rschw. *kiarþi* Kolunda, Grinda, Tjufstigen II, L. 214, 233, 391, 523, 640, 882, 912, 1301, Rv. s. 340, 362 kann sowol als *giorði* wie als *giarði* (Åkirkeby *giarþi*), vielleicht auch als *gærði,* aufzufassen sein. Das in der lit. seltene *gærþe* Ög ist rschw. häufig, geschr. *kirþi* L. 378, 494, Rv. s. 321, *kerþi* Rv. s. 52 note, *kærþi* L. 1953, bisweilen wol auch *karþi*; aber diese, bes. in alten inschr. sehr häufige schreibung, z. b. Ingelstad, Kälfvesten, Vedelspang, Saleby I, Sälna, Sparlösa II, L. 403, 448, 1265, 1267, kann auch die aussprache *garðe (vgl. dal. *garde,* aisl. *gorþa,* anorw. *giarða*) anzugeben haben. Neben *gørþe* Ly, U, Vh kommt auch *giorþe* Vg. II, Bu, D 4, Rk. I vor, ist aber vielleicht nur orthographisch verschieden, s. § 278 (vgl. § 98). — Eine dentallose form dürfte pl. *kiaru* L. 853 sein; vgl. § 552 anm. 5 und Kock, Arkiv XI, 337 note.

§ 553. Vierte schwache konjugation.

Anm. 6. Im part. prät. (über dessen bildung vgl. § 552 anm. 5) stehen neben gew. *ger* Vg. I, II, II K, U, Vh, Sdm (z. b. Leseb. s. 16, 33), Dipl. 1343, Ög, H, MEL, Bu, St, Corpus X, 100 note, P. I, Bm, ST, Bil, KS, D 4 (z. b. Leseb. s. 63, 33), MB. I, GO, KrL, Rk. I, II, Ve u. a., *gior* Vg. I, II, Vh, Dipl. 1344, Vm, KP, Biæ, Da (z. b. Leseb. s. 25, 22), Og, Corpus XI, 111 note, Stadtrecht von Süderköping, *gier* Vg. I, U, Biæ, Da, Cod. Holm. B 56 des Vm, Dipl. 1405, *giorþer* Vh, Sdm, Ög, H, Corpus X, 100 note, Bil ff. folgende selt. nebenformen: *gor* Vh (vgl. *karuʀ* Rök, ntr. *kaurt* Rv. s. 327, *kart* L. 938), *garv-* Corpus VI, 47 (vgl. agutn., dal. *gar*), *gyr* Bu, MEL, *gørr-* (s. § 240 anm.) JB (Leseb. s. 94, 17) u. a., *gørþer* Vh, *giørþer* U.

Anm. 7. Über *r*-lose formen (die nicht alle als schreibfehler angesehen werden dürfen) wie inf. *kea* L. 251, prät. *keþu* Kvarntorp, *kiaþi* L. 238, pl. *kauþu* L. 992, part. prät. *giot* Vg. I s. Bugge, Rv. s. 221 und Noreen, Arkiv VI, 309.

5. *hava*   *haver, havir*;   *hafþe,* mschw. auch   *havaþer, hafþer*.
haben;   *hadhe* § 306, 2;

Anm. 8. Im präs. ist *havir* wenigstens in Vg. I (gew.), Ly und Vh (z. b. Leseb. s. 14, 34) sicher belegt; eine dem aisl. *hefir* ganz entsprechende form ist rschw. *hifiʀ* Härened. Im part. prät. scheint *havaþer* (U, Dipl. 1309, 1348, Da, Og, Bu, D 4 u. a.) kaschw. häufiger als *hafþer* (Vm, G und gew. mschw.) zu sein.

Anm. 9. Selt. nebenformen sind: inf. *hæva* Ly wol nach einem dem aisl. *hefr, hefer* entsprechenden präs. gebildet; präs. *har* KS, Dipl. 1503, s. § 306, 2; prät. *have* (aisl. *hafe*) Cod. Holm. B 56 des Vm (dreimal), vgl. § 552 anm. 5; *havadhe* Dipl. 1459, Di, nach dem part. *havadher*; *hagde* Rk. II, vgl. § 271 anm. 1; *hadde* Dipl. 1453, 1457, vgl. § 299; part. prät. *haat* Dipl. 1505, *havidh* Dipl. 1409; *hæft (ok hæfþat)* Vg. II ist wol nur schreibfehler.

6. *kȫpa*, agutn.   *kȫpi(r)*, agutn.   *kȫpte*;   *kȫpter*, agutn. *kauptr*.
kaupa kaufen;   *kaupir*;

Anm. 10. Präs. *kopyr* (Leseb. s. 23 note) und part. prät. *kopt* (Stadtrecht von Süderköping) beruhen wol — wenn nicht schreibfehler — auf mndd. einfluss.

7. *lē(i)a* § 328, 1, a, *lǣ(a)*   *lǣr*;   *lǣþe*;   *lǣþer*.
§ 114, 1 leihen;

8. *liva* leben;   *liver, livir*;   *lifþe*;   ntr. *livat*.

Anm. 11. Präs. *livir* ist wenigstens Nöbbele (*lifiʀ*) und Vg. I (neben *liver*) sicher belegt. Part. prät. heisst selt. *livit* PM (Leseb. s. 108, 11).

9. *luþa, lodha*   *luþer, lodher*; *ludde, lodde*; (alt nschw. ntr.
§ 163 anm. 2   *lodhet, lâdat*).
anhaften;

§ 553. Viérte schwache konjugation.

10. *læggia* legen; *lægger*; *lag(h)þe, laþe* *lag(h)þer, laghaþer,*
§ 311, 2, a, agutn. *legþr.*
agutn. *legþi*
§ 549, 2, a;

Anm. 12. Inf. *læghia* Vg. II, Dipl. 1402, Su und präs. mschw. 2 mal *lægher* erklären sich nach § 239, 1 mit anm. 1 (vgl. *liggia : ligher* u. dgl.). Über inf. *lagia,* präs. *lagger,* konj. *laggi* s. § 549 anm. 1 und § 561 anm. 5.

Anm. 13. Im prät. kommt spät mschw. bisweilen *lægdhe* mit aus dem inf. entlehntem *æ* vor. Eine dentallose bildung (vgl. § 552 anm. 5) ist pl. *laghu* Corpus X, xiv (vgl. adän. *laghæ*).

Anm. 14. Im part. prät. ist während der kaschw. zeit *laghaþer* Vg. I, U, Sdm (auch Cod. Havn.), Vm, KS. fr. (Leseb. s. 57, 36), MB. II fast ebenso häufig wie *lag(h)þer* Vg. I, U, Vh, Da, Og, MEL, Cod. Havn. des Sdm, Cod. Holm. B 56 des Vm ff. Selt. nebenformen sind *lagher* (aisl., anorw. *lagr*; vgl. § 552 anm. 5) Cod. Holm. B 55 des Vm, Klemming, Läke- och Örte-böcker s. 148 und 163 u. a., *lægher* Vg. I (vgl. *ūt-lægher,* aisl. *lægr*) spät mschw. *lægdher* (vgl. anm. 13) und *ā-læghin* (vgl. § 552, 3; *belæghin* dagegen ist mndd. lehnw.).

11. *nā* nahen; *nā(r)*; *nāþe*; ntr. *nā(i)t.*

Anm. 15. Inf. *næ* Vg. 1 dürfte mit got. *nēhvjan* zu vergleichen sein.

12. *rō(a)* rudern; *rōr*; *rōþe*; —

13. *sighia* § 102, 1, *sigher, sæ-* *sag(h)þe,* *sāghe,* *saghaþer, sag(h)-*
sæghia sagen; *gher, sighir*; mschw. *sadhe* *þer, sagher,*
§ 311, 2, a, agutn. agutn. *segþr.*
segþi § 549, 2, a;

Anm. 16. Inf. *sighia* Vg. I, II, U, Sdm (gew.), Vm (gew.; auch Cod. Holm. B 56), KP (aber präs. *sægher*), Biæ, Da, Ög, H, MEL, SK, St ff. ist weit häufiger als *sæghia* Vg. I, II, Sdm, Vm, Da, Ög, St ff. Mschw. steht oft *siia, sæia* nach § 270 anm. 2. Selt. nebenformen sind *siggia* Vg. II, Bu, Klemming, Småstycken på forn svenska s. 103, *sæggia* (s. § 239, 1; aisl. *seggia*) Da. Ein *sagha* (vgl. ahd. *sagēn*) darf aus der 1. pl. *sakum* Rök geschlossen werden.

Anm. 17. Präs. *sighir* (vgl. aisl. *seger*) ist wenigstens in Vg. I und Da (durch das passiv *sighis*) sicher belegt. Selt. ist *sigger* (vgl. anm. 16) Klemming, Läke- och Örte-böcker s. 181, Cod. Holm. B 55 des Vm u. a. (s. Siljestrand III, 90).

Anm. 18. Im prät. ist die dentallose bildung *sāghe* (adän. *sāghæ*; vgl. § 552 anm. 5) in Vm, Vg. II, Bu, Bir. A (oft, z. b. Leseb. s. 43, 6, 24; 44, 37), O (oft), ST, Su u. a. (s. Kock, Arkiv VI, 33 note) belegt. Selt. sind *seghi* Sdm und mschw. (4 mal) *safde* (vgl. § 279 anm.).

§ 553. Vierte schwache konjugation.

Anm. 19. Part. prät. *saghaþer* (aisl. alt *sagaþr*) L. 207, 953, Vg. I (z. b. Leseb. s. 2, 37), Sdm, Vm (auch Cod. Holm. B 56), Da, SK, D 4 u. a. scheint in älterer zeit häufiger als *sag(h)þer* Vh, Vm (auch Cod. Holm. B 56), Biæ, Ög, MEL, SK ff. gewesen zu sein. Seltener ist *sagher* (aisl. *sagr*) Vg. II, H, Bir. A, Cod. Holm. B 56 des Vm, Corpus VI, 100 note. Selt. sind ntr. *saat* Da (schreibfehler?), *sauct* (!) Vg. II K, Corpus I, 157 note (2 mal) u. a.; mschw. bisweilen *sighat* Bm u. a. nach dem inf.

14. *skō(a)* schuhen;   *skōr*;   *skōdhe*, spät *skodde*;   *skōdher*.

Anm. 20. Mschw. kann dies verb auch nach § 546 flektiert werden, z. b. imper. *skōa* O, part. *skōadher* Leseb. s. 82, 30.

15. *sniōa* schneien; *sniōr* § 99, spät *snōdhe*, vgl.   —
         sniōar;   § 69, 7;
16. *snō* zwirnen;   —   *snōdhe*, spät   ntr. *snōt, snōt*.
                     snodde;
17. *spara* sparen;   *spar*;   *sparþe*;   ntr. *spart*.

Anm. 21. Part. prät. ntr. *spart* kann sowol zu der in *ō-spardher* wie zu der im häufigeren *ō-spar* (aisl. *sparr*) enthaltenen, dentallosen partizipbildung (vgl. § 552 anm. 5) gehören.

18. *trō(a)* glauben;   *trō(r)*;   *trōþe*, mschw.   ntr. *trō(i)t*, spät
                                 auch *trodde*;   m. *be-trodder*.

Anm. 22. Das adj. *trōin* (> *trōwin* > *trōghen*, vgl. § 273, 1) bedeutet 'treu'.

19. *vilia* wollen;   *vil*;   *vilde*, mschw. auch   ntr. *vilit, villit*.
                            ville § 292, 1;
20. *þighia* § 102   *þigher*;   *þig(h)þe, thagdhe*;   ntr. *thighat*,
    schweigen;   *thakt*.

Anm. 23. Im inf. kommen auch *þiggia* Corpus II, 66, X, 311 note, Bu, Su (s. Bergströms ausgabe, s. 468) nach § 239, 1 und nicht selt. *þiia* Bu, GO u. a. nach § 270 anm. 2 vor. Die zufällig etwas früher als *thagdhe*, *thakt* belegten formen *þig(h)þe, thighat* haben das *i* aus dem inf. entlehnt (vgl. das aisl.).

21. *þola, þula* ertragen;   *þol, þul*;   *þolde, thulde*;   ntr. *þolt*.

Anm. 24. Selt. nebenformen sind präs. *thol* Su (s. Bergströms ausgabe s. 465, 466, 119), *tholir* (vgl. das aisl.) O; prät. *tholde* MB. I nach präs. *thol*; part. prät. *thult* KS.

22. *þora, þura*, wagen, mögen;   *þor, thor*;   *þorþe*;   ntr. *thort*.

Anm. 25. Selt. nebenformen sind inf. *thorra* Rk. II, Di (Leseb. s. 102, 16; 103, 1), *therra* (vgl. das präs.) MB. II nach § 299; prät. konj. *þorþe* Ög (vgl. das präs. oder auch aisl. *þyrþe*); part. prät. *thorit* Bm.

Anm. 26. Das nur im inf. und dem part. prät. ntr. *unat, onat* (vgl. § 163) belegte *una* zufrieden sein flektiert vielleicht nach § 546.

III. Verba präterito-präsentia.

§ 554. Zur ersten ablautsklasse gehören:

1. *vita* wissen; präs. *vēt*; pl. *vita*; prät. *viste, visse*; part. prät. *vitin, vistęr, vitadhęr*.

Anm. 1. Über präs. *rǽt* Vg. I, U, Vm, Cod. Havn. des Sdm (vgl. noch § 526 anm. 4) s. § 80 anm. 6 und § 527, 2; *veit* Sdm, Rk. I s. 124, 2. — Das anal. neu geschaffene prät. *viste* U, Sdm (gew.), Vm, Vg. II, Bu, St ff. ist ebenso früh wie das urspr. *visse* (aisl. *visse*; s. § 345) Sdm (auch Cod. Havn.), Ög. fr. I, Vm, Og, G belegt.

2. *ǣgha* § 80, II, 1, *āgha, ęgha* (agutn. *aiga*); *ā* § 80, I, 1, § 340, 3, *āghęr, ǣghęr* § 80, II, 1, *ęghęr*; *āgho, -a, ǣgho, -a, ęgho* (agutn. *aigu*); *āt(t)e*; ntr. *āt* (vgl. das adj. *ęghin*, selt. *ǣghin* § 80 anm. 6, eigen).

Anm. 2. Die drei infinitivformen sind gleich früh belegt: *ægha* Vg. I, U, Sdm, Vm, KP, Da, Ög, SK, St, Corpus VI, 46, *āgha* Vg. I, U, Sdm, Vm, KP, *ęgha* Vg. I, Sdm. Das präs. *ā* Vg. I, II, Sdm, Ög. fr. I, Vm (gew.), Biæ, Da ff. tritt etwas früher als die analogiebildungen *āghęr* U, Sdm, Vm (auch Cod. Holm. B 56), KP, Vg. II, Biæ, Da, Ög, MEL, St, Corpus VI, 101 note ff., *ǣghęr* Sdm, Da, Corpus X, 29 note ff., *ęghęr* Sdm, St auf. Im präs. pl. ist das urspr. *ęgho* verhältnismässig selt., z. b. Vg. I (vgl. *aiku* Kärnbo, *aigu* G), weit häufiger *āgho* Forsa (geschr. *aku*), Vg. I, U, Sdm, Ög. fr. I, Vm (auch Cod. Holm. B 56), Da, Og, das bald die spezifisch präsentische endung *-a* annimmt: *āgha* Sdm, Vm (1 mal), Vg. II, Da, H, Bu, St; ebenso *ægha* St ff. statt *ægho* Vg. I, Da.

Anm. 3. Selt. nebenformen sind: präs. *æ* § 80, II, 1 Ly, Biæ, *ǣr* Ly, SK, *eygir* G. a (sehr oft); prät. agutn. run. *aikþi* L. 1710.

§ 555. Zur dritten ablautsklasse:

1. *kunna* können; *kan*; *kunno, -a*; *kunne, kunde* § 340 anm. 2; ntr. *kunnit* (vgl. das adj. *kundęr* bekannt).

Anm. 1. Neben präs. pl. *kunno* U, Sdm, Vm, Biæ, Da, Ög, Dipl. 1344, 1346, 1347, 1503, KS, D 4, Su u. a. tritt erst später *kunna* H, KS, Su u. a. auf. Dagegen ist prät. *kunde* Sdm, Bm, Bil, Rk. II, Ve, JB (z. b. Leseb. s. 95, 17), Di (z. b. Leseb. s. 102, 14) u. a. zwar seltener, aber in der literatur fast ebenso alt wie das urspr. *kunne* L. 38, 979, U, Sdm, Bu, Bm, MB. I, KrL, Rk. II, Su, Di, Sp. — Über präs. pl. *konno* Vm, prät. *konne* U, Vm, *konde* Vm, Dipl. 1409 s. § 12ᵃ anm. 2.

2. *þorva* bedürfen; *þorf, þarf, thørf*; *þorvo, -a, þurvo, thørvo, -a*; *þorfte, þurfte, thørfte*; *thørft*.

Anm. 2. Im präs. ist das urspr. *þarf* Vg. I, II, G verhältnismässig selt. gegenüber dem nach dem inf. gebildeten *þorf* Vg. I, II K, U, Vm,

§ 556. Präterito-präsentia.

Biæ, Da, Ög, H, Bu, Bir, Bm, Bil, KS, D 4, GO, Rk. I, Di, Sp u. a. und dem mschw. *thorf* D 4, MB. I, GO (z. b. Leseb. s. 65, 30), Di u. a., dessen *o* wol aus dem einst *i*-umgelauteten konj. stammt. Im pl. sind sowol das urspr. *þurvu* U wie, wenn auch in geringerem masse, die mschw. *thorvo* (vgl. anorw. *þyrfo*) MB. I, II u. a., *thorva* D 4 (vgl. Leseb. s. 71, 30), MB. I u. a. m. selten gegenüber den nach dem inf. gebildeten *þorvo* (anorw. *þorfo*) Dipl. 1285, U, Sdm, Vm (auch Cod. Holm. B 55), MEL, G, Corpus III, 248 note, Bm, Bil, KS, MB. I, *þorva* U, Vm (auch Cod. Holm. B 56), Biæ, Corpus III, 19 note, KS, Di, MB. II. Im prät. ist *þorfte* Sdm, Vm, Bu, Bil, D 4, MB. I, Rk. I u. a. häufiger als *thorfte* D 4 (z. b. Leseb. s. 68, 15), MB. I, Di, Sp u. a. und noch mehr als *þurfte* U.

Anm. 3. Selt. nebenformen sind: inf. *therva* MB. I (vgl. anorw. *þyrfa*); präs. mschw. *thærf* (anorw. *þœrf*) D 4 u. a. und mit hinzugefügter präsensendung *thorver* D 4, *thorver*, *tharver*.

Anm. 4. Das nach § 546 flektierende synonyme mschw. *tharva* ist wol ein verschiedenes, vom subst. *þarf* gebildetes verb (aisl. *þarfa*).

3. *unna* gönnen; *an*, mschw. auch *un*, *unner*, *-ar*; *unna*; *unte*; ntr. *unt*, *unnat*.

Anm. 5. Das urspr. prät. *unne* (vgl. das aisl.) ist rschw. belegt durch *uni* L. 874 (s. Wadstein, Månadsblad 1891, s. 78), kaschw. durch pl. *unnom* KP (Leseb. s. 21, 24; 22, 5; 23, 27, 31). Über Rk. II *onte* s. § 120 anm. 2.

Anm. 6. Von der zusammensetzung *afunna* beneiden ist das nach § 546 flektierende denominative synonym *afunda* zu scheiden.

§ 556. Zur vierten ablautsklasse:

1. *mona* sich erinnern; *mon*; *mona*; prät. und part. prät. nicht belegt.

2. Inf. nicht belegt; *mun*, *mon* § 143 anm. 10 soll, wird, scheint; *mono*, *munu*, mschw. auch *mona*; *munde*, *monde*; part. prät. nicht belegt.

Anm. 1. Im präs. sg. ist *mun* (Härened, Hauggrän, Nöbbele, Sälna), U, Sdm, Vm, Corpus VI, 67, 98, 100, X, 162 note, Bil, KS, Rk. I häufiger als *mon* Vm, H, Bu, SK ff. Im pl. dagegen scheint *mono* Vm, D 4, MB. I ff. häufiger als *munu* (L. 378, 449) U zu sein.

Anm. 2. Ein dem anorw. und got. *man* entsprechender präs. sg. ist L. 697 belegt, vielleicht auch im selt. mschw. präs. sg. *mana*, *mane* neben häufigerem *mona*, wo -*a*, -*e* das enklitisch gebrauchte *a*, resp. *æ* 'immer' (s. § 80, I, 3) sein dürfte (s. Kock, Sv. landsm. XIII, 8, s. 5 ff.). Mschw. prät. *munne*, *monne* erklärt sich nach § 292, 2; selt. *mande* ist vielleicht nur umgekehrte schreibung statt *monde*, s. § 110 (anders Kock a. o. s. 7).

3. *skulu* § 560, *skula* MET, Bu, O, D 4, mschw. auch *skola*; *skal*, agutn. (*sk*)*al* § 322, 3; *skulu*, *skula*, *skolo* § 143 anm. 10,

§ 557. Präterito-präsentia.

agutn. *(sk)ulu* § 322, 3; *skulde, skulle* § 292, 1; ntr. *skulit*, selt. *skulat* (Rydq. I, 270; vgl. das adj. *skuldęr, skyldęr* schuldig).

Anm. 3. Im präs. pl. kommt *skula* MET, Dipl. 1396, P. I, Bil, KrL, PM u. a. schon kaschw. neben *skulu* Vg. I. Dipl. 1285, U, Sdm, Ög. fr. I, Vm, KP, Biæ, Da, Ög, Bu, G, O, MB. I, Dipl. 1507, 1520 und *skolo* Vg. I, Vm u. a. vor; im prät. ebenso *skulle* Sdm und mschw. neben *skulde* Vg. I, U, Vh, Sdm, Vm, KP, Vg. II, Da, Og, Bu, G, SK, ST, D 4, Rk. II, JB, Su.

Anm. 4. Selt. nebenformen sind: präs. sg. *ska* (anorw. *ska*) Vm (3 mal), Og, Bir, Dipl. 1507 u. a. (s. Söderwall, Ordbok und Kock, Arkiv VI, 33 note) nach § 315, 2, a, *sal* (aisl. *sal*) Ög (Leseb. s. 31, 14) s. § 314 anm.; pl. *skullu* Sdm u. a. nach § 299, *sku* Dipl. 1503 s. § 365, 2, a; prät. *skylde* (vgl. das aisl.) H, *skolde* Vm, Dipl. 1409, *skolle* Dipl. 1502 u. a.

§ 557. Zur fünften ablautsreihe gehört, wenigstens ursprünglich

magha, mogha § 163, 2, *mugha* können, mögen; *mā* § 246, mschw. auch *māgh*; *māgho, mughu, moghu, măgha, mugha, mogha*; *māt(t)e* § 346; *māt*.

Anm. 1. Im inf. sind *magha* (anorw. *maga*) Vg. I, Ög, MEL, Bu, G, St, D 4, KS, Rk. I u. a. und *mogha* U, Sdm, Vm, Da, Bu, St, Corpus X, 317 note, Bil, KS, MB. I u. a. etwa gleich häufig, weit seltener *mugha* (anorw. *muga*) ST, Bil u. a. Präs. sg. *mā* ist auch im mschw. häufiger als das nach dem pl. gebildete *māgh* P. I (z. b. Leseb. s. 50, 20), Dipl. 1401, Bm, Corpus III, 9 note, XI, 9, ST, Di, MB. II u. a. Im pl. sind *māgho* (daneben *maghu*? vgl. got. *magun*) Vm (auch Cod. Holm. B 56), KP, Da, MEL, G, St, Dipl. 1376, 1450, Bm, D 4, KS, MB. I, Corpus XII, 33 note, *mughu* (mnorw. *mugu*) Vg. I, II, Biæ, Ög, Dipl. 1335, 1386, 1402, Corpus X, 26 note, Di und *moghu* Sdm, Vm, Biæ, Dipl. 1344, 1402, 1437, Corpus X, 26 note, O, Bir, ST etwa gleich häufig; im kaschw. selt. ist *măgha* KP, Bu, Dipl. 1344, KS, MB. I, Corpus XII. 33 note, Rk. I, Di u. a.; nur mschw. belegt *mogha* KrL, Rk. I.

Anm. 2. Selt. nebenformen sind: präs. sg. *mæ* Vg. I (4 mal; vgl. aisl. *mega*), mschw. *mogh*; pl. (vgl. aber § 561 anm. 9) *mā* Bm, D 4, Dipl. 1497, 1504, 1510; prät. *mādhe* Dipl. 1401; part. prät. *-maghit* (Rydq. I, 274).

Anm. 3. *Formagha* vermögen kann mschw. auch *formā*, präs. *formār*, heissen.

Anm. 4. Ein dem aisl. *knátte* entsprechendes prät. ist vielleicht durch rschw. *knäti* Rök 'konnte' belegt.

Anm. 5. Ein aus dem mndd. entlehntes prät. (aber sowol mit präsentischer wie präteritaler bedeutung) *moste* muss, musste, zeigt sich erst nach 1500.

Anm. 6. Über präterito-präsentischer flexion bei *duga* s. § 553 anm. 1; bei *vara* s. § 562, 1; bei *vilia* s. § 562, 2.

B. Endungen.
I. Aktivum.

§ 558. Als paradigmen regelmässig flektierender verba seien aufgestellt die starken *skiūta* schiessen (§ 528,1), *giva* geben (§ 537,3) und die schwachen *kalla* rufen (§ 546), *kræfia* verlangen (§ 548, I), *rōra* rühren (§ 550, I), *liva* leben (§ 553, 8).

Präsens.

Infinitiv.

	skiūta	giva	kalla	kræfia	rōra	liva

Indikativ.

Sg. 1, 2, 3.	skiūtẹr	givẹr	kalla(r)	krævẹr	rōri(r)	livẹr, livi(r)
Pl. 1.	skiūtom	givum	kallom	kræfiom	rōrom	livum
2.	skiūtin	givin	kallin	krævin	rōrin	livin
3.	skiūta	giva	kalla	kræfia	rōra	liva

Konjunktiv.

Sg. 1, 2, 3.	skiūte	givi	kalle	krævi	rōre	livi
Pl. 1.	skiūtom	givum	kallom	kræfiom	rōrom	livum
2.	skiūtin	givin	kallin	krævin	rōrin	livin
2.	skiūtin, -e	givin, -i	kallin, -e	krævin, -i	rōrin, -e	livin, -i

Imperativ.

Sg. 2.	skiūt	gif	kalla	kræf	rōr	lif
Pl. 1, 2	= präs. ind. pl. 1, 2.					

Participium.

	skiūtande	givande	kallande	kræfiande	rōrande	livande

Präteritum.

Indikativ.

Sg. 1, 3.	skǖt	gaf	kallaþe	krafþe	rōrþe	lifþe
2.	skǖst § 345	gaft	kallaþe	krafþe	rōrþe	lifþe
Pl. 1.	skutum	gāvom	kallaþom	krafþom	rōrþom	lifþom
2.	skutin	gāvin	kallaþin	krafþin	rōrþin	lifþin
3.	skutu	gāvo	kallaþo	krafþo	rōrþo	lifþo

Konjunktiv.

Sg. 1, 2, 3.	skuti	gāve	kallaþe	krafþe	rōrþe	lifþe
Pl. 1.	skutom	gāvom	kallaþom	krafþom	rōrþom	lifþom
2.	skutin	gāvin	kallaþin	krafþin	rōrþin	lifþin
3.	skutin, -i	gāvin, -e	kallaþin,-e	krafþin,-e	rōrþin, -e	lifþin, -e

Participium.

	skutin	givin	kallaþẹr	krafþẹr	rōrþẹr	livat (ntr.).

a) Infinitiv.

§ 559. Nur ein präs. inf. ist belegt. Dieser endet mit einer einzigen ausnahme (s. § 560) auf -a (-œ § 135 und § 141), das natürlich nach vorhergehendem ā nach § 153,1 fehlt, z. b. *fā* empfangen, *spā* wahrsagen gegenüber *ganga* gehen, *kalla* rufen. Schon im ältesten kaschw. kann aber -a auch nach anderen vokalen fehlen, z. b. Vg. I *bō* wohnen, *flȳ* fliehen, *sē* sehen, MET *dō* sterben, Bu *lē* lachen, *tē* zeigen, *sē*, *flȳ*, *dō*, was nur zum wenigsten teile lautgesetzlich ist (s. § 154, I, C, 1, b und 2; vgl. § 153 anm. 2), sondern hauptsächlich wol auf der analogie *spār* : *spā* = *bōr* : x u. dgl. beruht. Noch in MEL ist -a nach vokal gew. erhalten, aber schon in Bu und St gew. verloren gegangen. In O fehlt es fast immer, und noch später zeigt es sich nur als eine ganz vereinzelte ausnahme (s. Söderwall, Studier öfver konungastyrelsen, s. 41).

Anm. 1. Über die endung -*ą* in gewissen runeninschriften s. § 128. Über mschw. -*e* statt -*a* s. § 149, 1 mit anm. 3.

Anm. 2. Das futurum wird durch präs. ind. von *skulu* (s. § 560), selt. und bes. mschw. von *varþa*, mit folgendem infinitiv ausgedrückt oder auch durch das präsens des betreffenden verbums. Mschw. kann auch das präs. von *vardha* mit folgendem part. präs. das futurum wiedergeben.

§ 560. Ein vereinzelter präs. inf. auf -*u* (vgl. aisl. *skulu*, *munu*, *megu*, adän. *mughu*, *vitu*) ist *skulu* Bir, D 4, MB. I u. a. m. (s. Söderwall, Ordbok) 'sollen, werden', das häufiger als *skula* und später *skola* (s. § 556, 3) belegt ist. Zur erklärung s. teils Noreen, Grundriss [2] I, 636, § 247, teils Kock, Sv. landsm. XIII, 8, s. 8.

b) Präsens indikativ.

§ 561. Die regelmässigen kaschw. endungen sind:

1. Sg. 1—3 bei starken verben und verben der 2., gew. auch der 4. schwachen konjugation -*ęr* (agutn. -*r*, s. § 160, 2, b), bei verben der 1. schwachen konj. -*a*(*r*) § 321 oder -*œ*(*r*) § 135, § 141, bei verben der 3., bisweilen auch alternativ der 4. schwachen konj. -*i*(*r*) § 321 oder -*e*(*r*) § 137, § 142. Nach langem vokal ist die endung nur -*r* oder fehlt nach § 321 ganz. Nach *l*, *n*, *r*, *s* wird das dem -*ęr* zu grunde liegende -*r* (früher -ʀ) nach § 295 sowie § 238, 4 und 5 behandelt; über -*ldęr*, -*ndęr* (1 mal

§ 561. Präsens ind.

statt dessen *-þer* s. § 229) aus *-llr, -nnr* s. § 326 und § 229 anm.; *-mber* aus *-mr* s. § 325.

Anm. 1. Im rschw. zeigt sich noch öfter das ältere *-ʀ* (s. § 283), z. b. *hifiʀ* hat Härened, *lifiʀ* lebt Nöbbele; noch unsynkopiertes *i* zeigt *sitiʀ* sitzt Rök, worüber s. jüngst S. Söderberg, Uppsatser i nordisk språkforskning (Lund 1903), s. 1 ff.

Anm. 2. Die 1. sg. muss urspr. wie im aisl. ohne *-r* gebildet gewesen sein, aber die etwaigen beisp. hievon sind selt. und unsicher, z. b. L. 1971 *ek biþ* ich bitte, Vg. I *iak skyrskutæ* (2 mal) ich kündige, *førœ iak* führe ich, Vg. II *skiærskote* (2 mal). Sonstige beisp. aus späteren denkmälern sind noch unsicherer, weil *-r* nach § 321 fehlen kann, wie ja thatsächlich in den 2. 3. sg. oft der fall ist.

Anm. 3. Die 3. sg. muss einst auf *-þ* geendet haben (vgl. urn. *bariutiþ* bricht u. dgl.). Eine unsichere spur hievon ist das § 553 anm. 4 erwähnte *gærid*. Wahrscheinlich ist dies *-þ* in den passivformen auf *-z* (s. § 570, 2) enthalten.

Anm. 4. Die 2. 3. sg. der starken verba haben einst *i*-umlaut der wurzelvokal gehabt (vgl. das aisl.). Wiewol dieser umlaut der regel nach anal. entfernt worden ist, sind doch zahlreiche spuren noch vorhanden. Bei den verben der 2. ablautsklasse: **byþer, *gyter, gos, lyster, lyter, *nyter, skyter, smygher,* s. § 529, 1; dazu noch nschw. *nyper* (vgl. got. *-hniupan*). Zur 3. ablautsklasse: *brighþer* § 530, 6, *brister, slipper* § 530, 3, *prisker* § 530, 4. Zur 4. ablautsklasse: *nimber* § 535, 3. Zur 5. ablautsklasse: *giter, giver* § 537, 3, **komer* § 537 anm. 1. Zur 6. ablautsklasse: *drægher* Dipl. 1335, KP, Vg. II, Biæ, MEL, s. § 540, 1, *flǣr* Vg. II, *græver* allg., s. § 540, 1, *slǣr* Vg. II, *stænder* Vg. I, *stǣr* D 4 (sehr oft), *tæker* Vg. I (anal. konj. *tæki* Ly > *tiki* Ly, Vg. II, Stadtrecht von Söderköping, s. § 102, 2, wonach wiederum ind. *tiker* Vg. II), **væþer* § 539 anm. 2. Zu den reduplizierenden verben: *blǣs* § 544 anm. 5, *bör* § 545, *fælder* Vg. I, II, Vm, H (Corpus VI, 12), St, **fænger* § 543 anm. 1, *fǣr* Vg. I, II, D 4 (sehr oft), *grǣter* Bir, **gænger* § 543 anm. 1, *gǣr* Ög, D 4, Rk. I (in den beiden letzten sehr oft), *hælder* Sdm, Vg. II, *hænger* § 543 anm. 5, *hogger* Ly (geschr. *heoger*), Da, *læter* allg., *ræþer* KS.

Anm. 5. Umgekehrt haben vielleicht (vgl. aber Söderberg a. o. s. 6 ff.) einst die verba auf *-ia* mit kurzer wurzelsilbe in den 2. 3. sg. kelnen *i*-umlaut gehabt (vgl. anorw. *huarr* neben dat. *huærium* und Noreen, Grundriss ²I, 637, § 249, 2, a sowie An. gr. I³, § 66), und auch dieses verhältnisses sind spuren nicht selten, z. b. *dwal-s, kraver* Linc. 39, *kval* Sdm (Leseb. s. 17, 14), *kwaver* Vm, *lagger* Vg. I, *sater* Corpus VI, 97 note, *studher* MB. II, *sun, tal-s* Vg. I u. a. m, s. § 549 anm. 1 (vgl. auch *swaria* § 540 anm. 1).

2. Pl. 1. *-um* (*-om* § 139 und § 143), nach langem vokal nur *-m* (s. § 153, 1 und 2 mit anm. 2), z. b. lautges. *trōm* glauben, *fǟm* bekommen, anal. *sēm* sehen, *flȳm* fliehen.

Anm. 6. Mschw. kann die form der 3. pl. entlehnt werden, z. b. *skula* Dipl. 1306 sollen, *vilia* wollen, *sitia* sitzen, *kænna* kennen (vgl. Söderwall, Hufvudepokerna, s. 65 f.).

§ 562. Präsens ind..

3. Pl. 2. *-in* (*-en* § 137 und § 142), nach langem vokal nur *-n* (§ 153,1 und 4 mit anm. 2), z. b. *flȳn* fliehet, *fān* bekommet. Der ursprung dieser dem aisl.-anorw. fremden endung ist dunkel. Am ehesten annehmbar ist die ansicht Lefflers (Tidskr. f. Fil. N. R. V, 77) und Bugges (Arkiv XVI, 339 f.), dass *-in* aus der 2. pl. imperat. entlehnt worden ist, und dass es dorthin wegen der funktionsgleichheit aus der 3. pl. präs. konj. gekommen ist.

Anm. 7. Die form ist nicht belegt im rschw. (ausser vielleicht *uilin* Rök), Vg. I, U, Vm und Da (vgl. aber 2. pl. prät. *sōrin* schwuret), so dass die möglichkeit nicht ausgeschlossen ist, dass in alter zeit noch eine dem aisl.-anorw. *-ið* entsprechende endung irgendwo vorhanden war.

Anm. 8. Mschw. kann die form durch diejenige der 3. pl. ersetzt werden, z. b. D 4 *ī sē* ihr sehet (Leseb. s. 71, 17), *ī hēta* ihr heisst, Ve *ī blīvæ*, Di *ī maga*, *ī vita* (s. Söderwall, Hufvudepokerna s. 66).

4. Pl. 3. *-a* (*-æ* § 135 und § 141), nach langen vokalen oft fehlend, z. b. *fā* (so immer), *sē(a)*, *flȳ(a)*, wie im inf. (vgl. § 559), mit dem die entwicklung ganz übereinstimmt.

Anm. 9. Bisweilen wird schon im kaschw. die form der 3. sg. entlehnt, z. b. U *gangær þer* gehen sie, Vh bisweilen (z. b. Leseb. s. 13, 1; 14, 35), Sdm einigemal (s. Larsson, Lj. s. 90), Og. fr. I (Leseb. s. 20, 29 f.), Vm oft (aber nur wenn das subjekt dem verbum nachfolgt, oder in nebensätzen, s. Siljestrand I, 37 note, III, 101 f.), Vg. II *faller*, *sarghær*, *var*, *varþær*, Biæ *værþær*, Da *ā*, *gior*, *ær* u. a. (s. Brate, Böj. s. 30, 40 f., Lj. s. 70), Bu *þȩ swarar* u. s. w.

§ 562. Die verba präterito-präsentia (s. § 554—557) werden im präs. wie ein präteritum flektiert (s. § 563). Auch bei den folgenden zwei verben ist im präs. eine präteritale flexion mehr oder weniger ausgeprägt vorhanden:

1. Das starke verbum *vara*, *væra* (§ 538) flektiert folgendermassen:

Sg. 1. Vg. I *æm* (neben *ær*), sonst = 3. sg.
    2. *æst*, oft auch = 3. sg.
    3. *ær*, agutn. *ier* oder *ir* (wie im dal.), rschw. oft *es (geschr. *is*).
Pl. 1. *ærum*.
    2. *ærin*.
    3. *æru*, *æra*, *aru*, agutn. *iru* (wie im dal.) oder *ieru*, mschw. auch *ærȩ* § 149, 1.

Anm. 1. In der 3. pl. sind neben dem gew. *æru* sowol das präsentisch flektierte *æra* Vm (3 mal), Vg. II, II K, Da, St, Corpus X, 7 note, XI, 94 note, KrL wie das dunkle *aru* (north. *aron*) Vg I (3 mal), Ly, Ög,

§ 563. Präteritum ind.

Corpus I, 346 (2 mal), Björkman, Sv. landsm. XI, 5, s. 57, Klemming, Läkeoch Örte-böcker, s. 149 (3 mal), 449 — dazu *ara* Corpus I, 108 note, 345 — häufig belegt.

Anm. 2. Selt. nebenformen der 3. sg. sind: *iær* Vm (8 mal), Da (4 mal), Corpus II, 232 note (vgl. das agutn. und? rschw. *iaʀ* L. 953); *ar* Vg. I (2 mal), Bir. A (Leseb. s. 44, 11, 18), Cod. Holm. B 56 des Vm (vgl. north. *arð*, den pl. *aru*, *-a*, s. anm. 1, und? rschw. *aʀ* Hauggrän, Saleby I); *æ* U, Ög, Bu, Corpus II, 20 note, s. § 321. — Rschw. stehen neben *is* (aisl. *es*) L. 207, 214, 596, 896 teils die oben erwähnten *iaʀ*, *aʀ*, teils *iʀ* (aisl. *er*) L. 662, Rv. s. 406 u. a. (vgl. pl. *iʀu* L. 10), später *ir*.

2. Das schwache *vilia* (§ 553, 19) flektiert zwar im allg. ganz regelmässig, also sg. *vil(l)*, pl. *viliom*, *-in*, *-ia*, kann aber in der 2. sg. auch (wie im etwas späteren aisl.) *vilt* U ff. heissen.

c) **Präteritum indikativ.**

§ 563. Die regelmässigen kaschw. endungen sind:

1. Sg. 1 und 3 bei starken verben ohne endung. Uber fälle wie *bant*, *fik*, *galt*, *gik*, *hænk* u. dgl. zu *binda* u. s. w. s. § 222 und § 235, 1, c sowie bei der tempusbildung der betreffenden verba (z. b. § 532). Uber *brā*, *drō*, *lā* u. dgl. zu *brǣghþa*, *dragha*, *liggia* u. s. w. s. § 225, 2 und § 246. Über selt. *bat*, *bōt*, *vart* statt *baþ*, *bōþ*, *varþ* s. § 260 anm. 7; *byggi* zu *bōa* s. § 545.

2. Sg. 2 bei starken verben auf *-t*, z. b. *drōkt* zu *drōgh* zog, *drapt* zu *drap* tötete. Wenn die 1. 3. sg. auf *-þ* endet, zeigt die 2. sg. urspr. *-t* (d. h. ˙*-tt*) nach § 234, 2, z. b. *rēt* Vg. I, *kwat* Ög, *rōt* Vg. II, *bōt* Bu zu *rēþ* ritt u. s. w. Zur 1. 3. sg. auf *-t* gehört dagegen urspr. nach § 345 eine 2. sg. auf *-st*, z. b. Bu *brōst*, *grǣst*, *lǣst*, mschw. *āst*, *gast*, *skōst*, *vēst* zu *brāt* brach u. s. w., aber mschw. tritt statt dessen durch einfluss der 1. 3. sg. bisweilen *-zt* (wie im aisl.) ein, z. b. *grǣzt*, *lezt*, *skōz* (nach § 323, 2 aus **skōzt*). Von diesen verben sowie denjenigen auf *-s*, z. b. *vast* (s. § 538 anm. 2; später *vart* nach *var*, aber schon Vg. I *vǣrt* nach dem selt. *vǣr*) warst, kann *-st* auf andere übertragen werden. Zunächst zeigt es sich bei denjenigen auf *-þ* (vgl. das aisl.), z. b. *rēst* Vg. II rittst, *bastu* (aus *bast þu*) Di du batst, woneben durch einfluss der 1. 3. sg. auch nach § 260, 4 *-zt*, z. b. mschw. *bazt* batst, *bōzt* botst. Dann nehmen auch andere verba das *-st* an, z. b. mschw. *drapst*, *gafst*, wobei vielleicht mndd. einfluss auch eine rolle gespielt hat.

§ 563. Präteritum ind.

Anm. 1. Bisweilen kann die form der 1. 3. sg. entlehnt werden (vgl. auch aisl. *gekk þú* statt *gekkt þú*, s. An. gr. I⁸, § 524, 2, d). Die frühesten beisp. bieten Bu *bar*, *gaf*, *var*. Mschw. sind die beisp. häufig, z. b. *bant*, *fik*, und treten auch bei den präterito-präsentien auf, z. b. *mā(gh)*, *mon*, *skal*.

3. Sg. 1, 2, 3 bei schwachen verben auf *-i* (*-e* § 137 und § 142), was besagen will, dass die 1. 2. sg. (aisl. *-a*, *-er*) die form der 3. sg. entlehnt haben; so schon durchgehends in Vg. I (beisp. bei Rydq. I, 239, 331), vielleicht mit ausnahme des vereinzelten *kōptæ* (s. Noreen, Arkiv VIII, 181), wenn dies nicht die aussprache *kōpte* wiederzugeben hat.

Anm. 2. Das vereinzelte *tu schuldir* G. a ist wol allzu spät um die urspr. endung *-ir* der 2. sg. belegen zu können, sondern muss wol als schreibfehler aufgefasst werden.

4. Pl. 1 *-um* (*-om* § 139 und § 143).

Anm. 3. Mschw. kann, bes. in späten denkmälern wie vor allen Di, die form der 3. pl. entlehnt werden; so bes. bei den verba präterito-präsentia, z. b. *skula* Dipl. 1396, *māgha*, *mona*, *t(h)orva* Di.

5. Pl. 2 *-in* (*-en* § 137 und § 142). Diese unursprüngliche endung (vgl. aisl. *-oþ*) ist wol aus dem präs. ind. (s. § 561, 3) und dem prät. konj. (s. § 564, 3) entlehnt.

Anm. 4. Spät mschw. denkmäler wie Di können die form der 3. pl. entlehnen, s. Söderwall, Hufvudepokerna s. 66. Ganz ausnahmsweise kommt schon früher entlehnung aus der 3. sg. (vgl. anm. 6) vor, z. b. Ög *kōpti-s*, D 4 *mātte* (Leseb. s. 70, 31).

6. Pl. 3 *-u* (*-o* § 139 und § 143), mschw. auch nach § 148 *-a* und nach § 149, 4 (mit anm. 3) *-e* (vgl. noch anm. 6 unten). Mit dem übergange *-o* > *-a* nach § 148 hat es nichts zu thun, wenn die verba präterito-präsentia allmählich ihr präteritales *-o* gegen das präsentiale *-a* vertauschen, s. das nähere in § 554—557.

Anm. 5. Über selt. fälle wie Bu *kallopo* (Bil *kalludhu*), *fulkomnopo*, *hannopo*, *kastopo* statt *kallaþo* (aber aisl. *kǫlloþo*) u. s. w. s. § 91, 7, a mit anm.

Anm. 6. Entlehnung der sg.-form kommt schon im kaschw. nicht ganz selt. vor, z. b. Vm *kōpti*, Bu *var*, *tōk*, *rǣþ*, *giorþe*, *ændaþe*, *tēþe-s*, *bēd[d]e-s*, *þande-s*. Mschw., bes. nach c. 1450, werden die beisp. noch häufiger, s. Söderwall, Hufvudepokerna s. 66. Wenn endlich alle schwachen verba die sg.-form auf *-e* durchführen, so ist wol dies zum wesentlichen teil dem umstand zuzuschreiben, dass deren grösster teil, nämlich die 3-silbigen vom typus *kallaþe*, schon lautgesetzlich auf *-e* (nach § 149, 4 aus *-o* entstanden, s. 6 oben) endeten.

Anm. 7. Über schwache präterita ohne dentale ableitung s. § 552 anm. 5, § 553 anm. 5, 9, 13 und 18; vgl. auch *byggi* § 545.

§ 564. Konjunktiv.

d) Konjunktiv (optativ).

§ 564. Die, für das präs. und das prät. gemeinsamen, regelmässigen kaschw. endungen sind:

1. Sg. 1, 2, 3 -*i* (-*e* § 137 und § 142), indem die 1. 2. sg. (aisl. -*a*, -*er*) schon vorliterarisch die form der 3. sg. entlehnt haben. Nach langem vokal kann die endung fehlen; vgl. § 561, 3.

Anm. 1. In Vg. I endet die 3. sg. präs. konj. siebenmal auf -*œ* (s. Noreen, Arkiv VIII, 180), was entweder schreibfehler statt -*e* ist oder auch wie sonst -*a* vertritt, in welchem falle man annehmen muss, dass die einstige endung -*a* der 1. sg. in die 3. sg. entlehnt worden ist (wie dies thatsächlich in adän. runeninschriften sowie anorw. bisweilen im prät. ind. geschehen ist, s. An. gr. I³, § 524 anm. 1).

Anm. 2. In religiösen schriften wie Bu, Bm, Bil u. a. wird statt der 2. sg. präs. konj. nicht selt. die 2. sg. imperat. gebraucht, s. Rydq. I, 92, 248, 342.

2. Pl. 1 -*um* (-*om* § 139 und § 143), nach langem vokal auch -*m*. Beisp. fehlen in Vg. I, Biæ und Da, finden sich aber in U, Sdm, Vm, H ff. (s. Rydq. I, 343 f.). Diese vom aisl. abweichende endung ist nur bei der 1. schwachen konjugation lautgesetzlich entstanden (s. § 91, 7, a und vgl. got. *salbōm*), aber von dort aus weiter anal. verbreitet worden, wol unter einfluss der 1. pl. des indikativs. Jedoch ist die dem aisl. -*em* (got. -*aima*, -*eima*) entsprechende endung -*im* in zwei agutn. runeninschriften (L. 1740 und 1763 *biþim*) in imperativischer verwendung noch erhalten.

Anm. 3. Selt. kann die endung -*in* aus der 3. pl. entlehnt werden, z. b. *kun[n]in* Stainkumbla II, Vm *aflin*, *gömen*, *þiđnen*, Cod. Havn. des Sdm *forđærvin*, *mughin*, *skipaþin*, *mättin*, G *magin*, KS *hōghin* (s. Rydq. I, 343, 356).

3. Pl. 2 -*in* (-*en* § 137 und § 142), nach langem vokal auch -*n*, welche endung wol aus der 3. pl. entlehnt ist (vgl. § 561, 3.

4. Pl. 3 zeigt zwei verschiedene endungen: -*in* (got. -*aina* und -*cina*) und -*i* (aisl. -*c*), resp. -*en* und -*e* nach § 137 und § 142. Jene ist im rschw. nicht selt. (z. b. Rök *uaκin*, Sjonhem I *hiellbin* u. s. w., s. Bugge, Ant. tidskr. f. Sv. V, 25, 145), dann alleinherrschend im agutn., weit überwiegend gebraucht in Vm (133 -*in*, -*en*, -*n* : 35 -*i*, -*e*, das nie im präs. oder im passiv

belegt ist) und Da (45 : 18), die häufigere auch in U, Sdm, Biæ (?), Og, MEL, Bu (?), KS und auch in vielen anderen mschw. denkmälern sehr gewöhnlich, bes. im prät. Diese wiederum ist im rschw. ebenfalls gew., kaschw. alleinherrschend in Vg. I, die häufigere in Vg. II und H, mschw. sporadisch aber keineswegs selt. auftretend. — Nach langem vokal steht auch blosses -*n*, resp. keine endung.

Anm. 4. Über einmaliges agutn. -*int* statt -*in* s. § 335 anm. 3.

Anm. 5. Selt. kann die form des 3. pl. indik. entlehnt werden, z. b. präs. *læggia* Da, prät. *giutu* (s. § 529, 2, c), *slōgho, visto* D 4.

Anm. 6. Wahrscheinlich hat der prät. konj. in vielen gegenden schon vor dem eintritt des späteren *i*-umlautes (s. § 62, 2) die nicht umlaut bewirkenden endungen des präs. konj. angenommen, was am einfachsten den auffallenden umstand erklären würde, dass im gegensatz zum verhältnis im aisl.-anorw. der prät. konj. im aschw. fast nie *i*-umlaut des wurzelvokals bei starken verben und schwachen verben der 2., 3. (s. § 551) und 4. konj. zeigt (vgl. das verhältnis bei den präterito-präsentien im aisl.-anorw., s. An. gr. I³, § 525 anm. 2). *l*-umgelautete beisp. sind nämlich sehr selt., z. b. sg. *væri* (Rydq. I, 361 ohne beleg) wäre, *skyldæ* H sollte (s. § 555 anm. 4), *þorþe* Ög wagte (vgl. § 553 anm. 25), *thœrfte* D 4 u. a. dürfte (s. § 555 anm. 2), pl. *värin* U wären, *gǣtin* KS bekämen; über mutmassliches *slynge, *synge s. § 533 anm. 1, *lyppe § 542 anm. 7, *lōte § 544 anm. 2, *þorve § 555 anm. 2.

§ 565. Besonders unregelmässig ist die flexion des präs. konj. bei dem verbum *vara, væra* (§ 538) und zwar wie folgt:

Sg. 1—3. *sē, sēi, sī; vari, væri* (agutn. *veri*); *æri.*
Pl. (1, 2,) 3. *sēin, sēn, sē; varin, vari, værin; ærin.*

Anm. 1. Im sg. ist die streng lautges. form *sǣ* (aisl. *sé*, s. § 114, 1) nur einmal in MEL (Corpus X, 33) belegt. Gegenüber den sehr häufigen formen *sē* Vg. I, U, Sdm, Vm, Da, Ög, H, MEL, Bu, SK, St, KS u. a. und dem zum inf. neu gebildeten *vari* U, Sdm, Vm, Biæ, Da, MEL, G, KS u. a. sind *sēi* Vm, G (immer), G. a (selt.), *sī* Ly, Sdm, G. a (gew.), *væri* Vm, Biæ (G) und das zu dem indik. *ær* nach der analogie *bær : bœri* u. dgl. neugebildete *œri* U, Sdm, Vm (1 mal; geschr. *œrœ*), Corpus III, 113 note im ganzen selten.

Anm. 2. Im pl. ist auffallender weise *sēin* U, Vm, Og, G (immer), G. a (gew.) u. a. (*seen*, d. h. wol *sēen*, Vm, Da, SK, St) die am häufigsten belegte form, aber nicht selt. sind daneben *sēn* U, Sdm, Ög, Bu, KS, *sē* Da, SK, KS, *varin* Sdm, Vm, Da, G, KS, *vari* Vm, Da, *værin* U und *ærin* St, Corpus IV, 37 note.

§ 566. Imperativ. § 567. 568. Participium.

e) Imperativ.

§ 566. Die regelmässigen kaschw. endungen (nur 2. sg. und 1. 2. pl.) sind:

1. Die 2. sg. ist endungslos bei allen verben ausser denjenigen der 1. schwachen konjugation, welche -a (-æ § 135 und § 141) zeigen. Also z. b. *far* fahre, *lāt* lass, *væl* wähle, *dōm* richte, *thigh* (vgl. aisl. *þege*) schweige, aber *ælska* liebe. Uber fälle wie *bint, gak, gælt, halt, hænk, stat, stik* zu *binda, ganga* u. s. w. s. § 222, § 235, 1, b und c mit anm. 2 und 3; *vart* s. § 260 anm. 7; *sænt, vænt* s. § 263 anm. 1.

2. Die 1. und 2. pl. sind den 1. und 2. pl. präs. indik. ganz gleich (beisp. bei Rydq. I, 373 f., 379).

Anm. Die 2. pl. kann im mschw., jedoch erst seit c. 1430, wie im adän. und anorw. auf *-er*, nach langem vokal auch oft *-r*, enden, z. b. D 4 *haver* habet, *gār* gehet, *slār* schlaget, MB. I *ganger* gehet, Ve *lāter* lasset u. s. w., bes. oft in Di; s. Rydq. I, 380 ff., Söderwall, Hufvudepokerna s. 66.
— Ausnahmsweise kann der infinitiv als imperativ fungieren, z. b. Vh *biðiæ* (Leseb. s. 13, 14) bittet.

f) Participium.

§ 567. Das part. präsens wird bei allen verben mittelst *-ande,* nach *ā* nur *-nde* (s. § 153, 1), gebildet, z. b. *farande* fahrend, *væliande* wählend, *gānde* gehend, *slānde* schlagend. Uber dessen flexion als subst. s. §§ 439—441, als adj. §§ 464—465. Über die nebenform auf *-andis* s. bes. § 462, 2.

Anm. Nach anderen langen vokalen als *ā* bleibt immer das *a* in *-ande,* z. b. *sīande* sehend, *rōande* rudernd, *flȳande* fliehend.

§ 568. Ein part. futurum mit sowol aktiver wie passiver bedeutung, die lateinischen formen auf *-urus* und *-ndus* wiedergebend, kommt in mehreren, bes. mschw., denkmälern wie Dipl. 1349, 1378, O, P. I, Bir, Bm, Su, Linc. 39, MB. II u. a. vor; beisp. s. Söderwall, Ordbok II, 400 f., Hufvudepokerna s. 70, Rydq. I, 270, 419, V, 85. Es wird (wie im adän.) gebildet durch zusammensetzung des infinitivs (gew. im akt., selt. im pass. bei wiedergabe der lat. formen auf *-ndus*) des betreffenden verbs mit dem part. präs. *skolande* (*skulande,* s. § 556, 3), z. b. *dōskolande* moriturus, *komaskolande* futurus, *goraskolande* facturus, *ælskaskolande* amandus, *vitaskolande* sciendus, *rædhas-*

skolande formidandus. Dass derartige und noch schwerfälligere formen, wie *āterkomaskolande, vællivaskolande* u. dgl., je der wirklich gesprochenen sprache gehört haben, ist wenig glaublich.

Anm. Ganz ausnahmsweise wird der inf. *skola* mit dem part. prät. des betreffenden verbs zusammengesetzt, z. b. *skolagorande* redditurus.

§ 569. Das part. präteritum, dessen flexion ganz die eines gew. adjektivs ist (s. bes. § 450, § 451 mit mom. 1 und 2, § 454, 1, c schluss und 4) zeigt mehrere verschiedene bildungen:

1. Das suffix -*in* (über selt. spuren eines damit ablautenden -*an* s. § 539 anm. 2) wird bei starken, sehr selt. bei schwachen (s. § 552, 3, § 553 anm. 14) oder präterito-präsentischen (s. § 554) verben gebraucht. Der in den nicht synkopierten kasus lautges. *i*-umgelautete wurzelvokal (s. An. gr. I³, § 167 anm. 3 und Noreen, I. F. XIV, 401) ist regelmässig durch ausgleichung nach den synkopierten kasus durch den nicht umgelauteten vokal dieser kasus ersetzt worden, aber spuren des urspr. verhältnisses zeigen noch u. a. *lytin* § 529, 3, *byndin, byrghit, drykkin* § 534, 2, *gœngin* § 543 anm. 4, *fællin* § 543 anm. 9 und *lǣtin* § 544 anm. 4.

2. Das suffix -*þer* (-*der*, -*ter*, vgl. § 548) wird bei schwachen und präterito-präsentischen verben gebraucht, nur sehr selt. und dann mit mehr oder weniger rein adjektivischer bedeutung bei starken verben (z. b. *kalder* kalt neben *kolin* fröstelnd, *dø̄þer* tot § 540, 3).

Anm. 1. Wie ist das spät mschw. zweimal belegte *aftalan* Dipl. 1483, 1506 statt *aftaladh* abgeredet zu beurteilen?

3. Reste anderer, älterer partizipialbildungen (vgl. Noreen, Grundriss ²I, 641, § 256, 3) sind, ausser den schon im vorigen erwähnten *hwīl, skǣr* (*skīr*) § 552 anm. 5, *gør* (*gior, giør, gor, garv-, gyr, gørr-*) § 553 anm. 6, *lagher, lǣgher* § 553 anm. 14, *sagher* § 553 anm. 19, *spar* § 553 anm. 21, noch mehrere andere "adj." wie *sār* verwundet, *bø̄gher* gebeugt neben *bughin, lūter* gebückt neben *lutin, rø̄þer* rot neben **rudhin* (s. § 528 anm. 4) gerötet u. a. m.

Anm. 2. Das part. prät. wird in verbindung mit dem präs. und prät. von *hava* haben (unter umständen auch bisweilen *vara, væra* sein) zur bildung eines perfekts, resp. plusquamperfekts verwendet.

II. Medio-passiv.

§ 570. Die formen sind ganz diejenigen des aktivums mit zusatz von -s(s) — über dessen entstehung und entwicklung s. § 94, 5, § 238, 5 und § 303, 3 — oder seltener -z, vor welchen endungen jedoch das aktive -(e)r (aus -ʀ) nach § 251 verloren gegangen ist (über selt. scheinbare ausnahmen s. § 251 anm.). Über die beiden typen auf -s(s) und -z sei des näheren bemerkt:

1. -s(s) ist schon im rschw. ganz allgemein, z. b. *aitaþis, iataþis* (d. h. *ændaðiss*) Högby starb, *entaþus* Tjufstigen II starben, *furs* L. 469, 509 ging zu grunde. In Vg. I wird noch oft (19 mal) -ss geschrieben, z. b. *fyrnass* alt werden, *glatass* sie gehen verloren, *giviss* er begebe sich, *ūlovandiss* ohne erlaubniss u. s. w., aber daneben *þȳftis* wurde zum diebe u. a. Später wird nur -s geschrieben und wol auch gesprochen, ausser nach starktonigem vokal, z. b. *slǻss* Di (3 mal) sich schlagen neben *slās* geschlagen werden.

2. -z ist kaschw. in gewissen denkmälern ziemlich allgemein. Lautges. entstanden ist es in denjenigen fällen, wo das -s(s) nach 1 oben mit einem vorhergehenden *t, d* (§ 263, 1), *þ* (§ 260, 4), *ll, nn* (§ 254, 1) zusammenstossen sollte, z. b. *mæz* wird gemessen, *binz* wird gebunden, *biuz* wird geboten, *falz* wird schuldig erklärt, *vinz* wird gewonnen. Zu diesen fällen gehört wol auch nach Brate, Lj. s. 64 f. und Siljestrand III, 108 ff. die 3. sg. präs. ind., weil die aktive endung hier urspr. -ð (vgl. § 561 anm. 3) gewesen ist, also z. b. Vg. I *lægz* legt sich, *beþiz* erbittet sich, *illiz* wird getadelt, Vm *klandaz* wird getadelt, *brænniz* wird gebrannt u. a. (16 mal, s. Siljestrand III, 105 ff.), Biæ *lovaz* wird geheissen, Da *døpiz* wird getauft u. a. (5 mal, s. Brate a. o.). Von allen diesen fällen aus ist das -z auch zu anderen formen anal. verbreitet, z. b. Vg. I *beþœz, -ez* (Leseb. 4, 2, resp. 3, 6) sich erbitten, -e, Vm *byggiaz* gebaut werden, *fæstoz* festeten sich, *fiolliz* würde schuldig erklärt werden u. a. (9 mal), Biæ *leþiz* werde geleitet, *sætiz* setze sich. — Als *z* bald nach § 290, 2 zu *ss* wird, fällt dieser typus mit dem vorigen zusammen.

Anm. 1. Bisweilen kann (wie im nschw.; vgl. auch das adän., s. Noreen, Grundriss ²I, 648, § 273 schluss) die bei den schwachen verben lautges. endung -is auf die starken übertragen werden, z. b. *forgangis*

MEL (s. Leseb. 35, 18 note; vgl. Kock, Arkiv XI, 322), *fœrgangis* Linc. 39 statt *-gangs* vergeht, *holdes* Dipl. 1405, *huldis* Sn statt *holz*, resp. *hulz* wurde gehalten; vgl. nschw. *gifves, finnes* u. dgl. Umgekehrt können (wie im nschw.) die schwachen verba bisweilen die starke endung *-s* annehmen, z. b. *mins* Bu statt *minnis* erinnert sich, *rǣz* Dipl. 1506, *Di* statt *rǣdhis* fürchtet sich, *diœrfs* erdreistet sich; vgl. nschw. *dŏms, syns* u. dgl.

Anm. 2. Eine dem aisl. *-sk* (aus *sik*) entsprechende endung ist nur durch drei runeninschriften aus Småland, Västergötland und Hälsingland belegt: *i[n]taþisk* L. 1254 starb, *barþusk* (s. Bugge, Rv. s. 117) schlugen sich, *hafsk* Forsa findet sich.

Anm. 3. Sehr unsicher bleibt, ob eine dem aisl.-anorw. *-st (-zt)* entsprechende endung überhaupt im aschw. belegt ist; s. Bugge bei Torin, Vestergötlands runinskrifter III, 25 (inschr. von Skärfvum), und Kock, Arkiv VI, 33 note.

Anm. 4. Eine vereinzelte spur des uralten ieur. mediopassivs (vgl. An. gr. I², § 532 anm. 2) ist das ganz gewöhnliche *hēti(r)* 'wird benannt, heisst' neben *hēz* 'wird berichtet' zu *hēta* 'rufen, nennen, heissen'.

Anm. 5. Das passiv wird ebenso oft oder gar öfter durch präs. indik. von *varþa* mit folgendem part. prät. des betreffenden verbums ausgedrückt.

Anhang II. Wichtigere runeninschriften.¹)

1. Ardre nr. III, Gottland, gegen 1050.

Die inschrift lautet: . *utar . ak . kaiʀuatr . ak . aiuatr . þaʀ . setu . stain . ebtir . liknat . faþur . sen . — . raþialbr . ak . kaiʀaiaut̲(ʀ) . þaiʀ kiarþu . merki . kuþ . ybtir . man . saaran .* | *likraibr . risti . runaʀ .*²)

---

¹) Alphabetisch geordnet nach den fundorten. Ergänzungen sind eingeklammert, durch ( ) was als in späterer zeit verloren gegangen, durch [ ] was als, absichtlich oder unabsichtlich, von dem ritzer fortgelassen vermutet wird. Ein pünktchen unter dem buchstaben giebt an, dass die lesung der betreffenden rune unsicher ist. Ein bogen über zwei buchstaben bezeichnet, dass die beiden zu einer "binderune" vereint sind. Die interpunktionszeichen der inschriften sind, welcher art sie auch sein mögen, durch einen punkt wiedergegeben; neue zeile wird durch | , neue seite des denkmals durch — angegeben.

²) In *kaiʀaiautʀ* und *saaran* ist das zweite, resp. erste *a* "wenderune", also als *n* auszulesen.

Dies wäre nach der späteren (hier jedoch mit ʀ bereicherten) agutn. orthographie folgendermassen wiederzugeben: *Ōttarr ac* (§ 91, 3) *Gaiʀuatr ac Aiuatr, þāʀ* (§ 508, 10) *settu stain eptir Līknat, faþur senn. Rāþþialfr ac Gaiʀniautr, þaiʀ giarþu merki gōþ yptir* (An. gr. I³, § 166 anm. 2) *mann snaran. Līkraifr risti rūnaʀ.*

Ins deutsche übersetzt: Ottarr und Gairvatr und Aivatr, sie setzten stein nach Liknatr, ihrem vater. Radhthialfr und Gairniautr, sie machten gute denkzeichen nach einem kecken manne. Likraifr ritzte die runen.

Anm. Vgl. Pipping, Om runinskrifterna på .. Ardre-stenarna, s. 15 ff.; Brate, Arkiv XVIII, 134 f.

2. Ardre nr. V, I, VI, II, Gottland, gegen 1050.

Rschw.: . *syniʀ . liknaṭar* (. *litu* | . *ki*)*arua . merki . kut . ebtir . ailikni . kunu* | . *koþa . moþur* — (*þaiʀa . aiuataʀ . auk . utar*)*ş . auk . kaiʀuataʀ . auk . liknuiaʀ* — . *kuþ a*(*uk . kuþs* | . *moþiʀ . naþi*)*ṇ . heni . auk . kieruantum . merki . m*(*est* | . *þaun . s*)*ua . āʀ . men . sin .* — - - *ʀ . i . karþum . aʀ . ṇaʀ . uiṇe meʀ.* .

Agutn.: *Syniʀ Līknatar* (wol statt -*aʀ* verschrieben) *litu giarua merki gutt* (§ 112 anm. 2) *eptir Ailīkni, cunu gōþa, mōþur þaiʀa Aiuataʀ auc Ōttars auc Gaiʀuataʀ auc Līknȳiaʀ. Guþ auc Guþs mōþiʀ nāþin henni auc gieruandum merki mest þaun, suā aʀ* (§ 173 anm. 2, § 512 anm. 3) *menn sīn* - - *ʀ ī Garþum, aʀ uaʀ Uīuē meʀ* (§ 244, 5).

Übers.: Die söhne Liknats liessen ein treffliches denkzeichen machen nach Ailikn, einem guten weibe, der mutter Aivats und Ottars und Gairvats und Liknys. Gott und die mutter Gottes seien ihr gnädig und den verfertigern des grössten denkzeichens, das die leute sehen mögen ... s in Gardar, welcher dem Wiwe folgte.

Anm. Vgl. Pipping a. o. s. 26 ff., 9 ff., 28 ff., 12 ff.; Brate a. o. s. 133, 135 ff.

3. Bjälbo I (L. 1183), Östergötland, 10. jahrh.

Rschw.: *tri*[*n*]*kiaʀ . risþu . stin . þi*[*n*]*si . aft . kri*[*m*] *bunta . sin . lufi . rist . runaʀ . þisi . iuta . sunu*

Kaschw.: *Drængiaʀ rēsþu stēn þænsi aft Grīm, bōnda sin — Lūvi rēst rūnaʀ þæssi — Iodda sunu* (§ 413 anm. 2).

Übers.: Burschen errichteten diesen stein nach Grim, ihrem hausvater — Luvi ritzte diese runen — dem sohne Ioddes.
Anm. Vgl. Brate, Arkiv XIV, 341.

4. Bro (L. 312), Uppland, 11. jahrh.

Rschw.: *kinluk . hulmkis . tutiʀ . sustiʀ . sugruþaʀ . auk . þaiʀa . gaus . aun . lit . keara . bru . þesi . auk . raisa . stain . þina . eftiʀ . asur . bunta . sin | sun . hakunaʀ . iarls . saʀ . uaʀ . uikï[n]ka . uaurþr . miþ . kaeti . kuþ . ialbi . ans . nu . au[n]t . uk . salu .*

Kaschw.: *Ginlogh* (§ 81, I, 1, b), *Holmgēs* (§ 124 anm. 4) *dōttiʀ, systiʀ Syghrūþaʀ* (§ 176 anm. 2; § 308, 1) *auk þœiʀa Gaus* (§ 290, 2), *ǭn* (§ 312, 2) *lēt giara brō þessi auk rǣisa stǣin þenna œftiʀ Assur, bōnda sin, sun Hākonaʀ iarls . Sāʀ waʀ wīkinga wǫrþr meþ Gǣiti . Guþ ialpi ans nū ǫnd ok sālu!*

Übers.: Ginlogh, Holmgers tochter, die schwester Sygh(th)rudhs und Gauts, sie liess diese brücke machen und diesen stein errichten nach Assur, ihrem hausvater (ehemann), dem sohne des jarles Hakon. Der war zugleich mit Geitir wächter gegen die seeräuber. Gott helfe seinem geiste und (seiner) seele!

Anm. Vgl. Rv. s. 54, korrigiert nach den auf erneuter untersuchung beruhenden mitteilungen v. Friesens.

5. Forsa (L. 1952), Hälsingland, anfang des 12. jahrhs.

Rschw.: *uksa tuiskilan auk aura tuą staf at fursta laki . uksa tuą auk aura fiura [a]t aþru laki .|. in at þriþia laki uksa fiura [a]uk aura [a]ta staf . auk alt aiku i uaʀʀ if an hafsk aki rit furiʀ —. suaþ lirþiʀ aku at liuþriti sua uas int fur auk halkat . in þaʀ kirþu sik þita [a]nunr ą tarstaþum .|. auk ufakʀ ą hiurtstaþum . in uibiurn faþi.*

Kaschw.: *Uxa twisgillan* (§ 340, 2, a) *auk aura twų̄ staf at fursta laghi, uxa twų̄ auk aura fiūra at aþru laghi, en at þriþia laghi uxa fiūra auk aura ātta staf . Auk alt œighu ī waʀʀ* (§ 312 anm. 1), *ef an* (§ 244, 4) *hafsk, āghi rēt fyriʀ . Swāþ lērþiʀ* (§ 105 anm.) *āghu at liuþrētti, swa was int for auk hœlghat . En þēʀ* (§ 508, 10) *kērþu sik þetta Anunr ų̄ Tārstaþum auk Ōfāghʀ ų̄ Hiortstaþum . En Wēbiorn fāþi.*

Ubers.: (Man soll büssen) einen doppelwertigen ochsen und zwei ören dem bischofsstabe (d. h. dem bischofe; vgl. Leseb. s. 13, 22) für den ersten stich (den man in der kirche erteilt), zwei ochsen und vier ören für den zweiten stich, aber für den dritten stich vier ochsen und acht ören dem bischofsstabe. Und für alles eigen darin (das beschädigt wird) habe der kirchpfleger, wenn er sich findet, das recht (zu klagen um ersatz zu bekommen). So dass die gelehrten (d. h. die priester) nach volksrecht (ersatz zu bekommen) haben, so wurde vormals aufgesagt und geheiligt (d. h. festgesetzt). Aber sie beschwerten sich darüber (vgl. Leseb. s. 12, 11), Anundr aus Tarstadhar und Ofaghr aus Hiortstadhar. Webiorn wiederum schrieb (die runen).

Anm. Vgl. (mehr oder weniger abweichend) Bugge, Ringen i Forsa sowie Norges Indskrifter I, 80; Hjärne, Tidskr. f. Fil. N. R. V, 177 ff.; Wadstein, Runinskriften på Forsaringen (Skrifter utg. af K. Humanistiska Vetenskaps-Samfundet i Upsala VI, 3), Upps. 1898; v. Amira, Nordgermanisches Obligationenrecht I, 148 f., 415.

6. Forsheda (L. 1251), Småland, 11. jahrh.

Rschw.: *rhulf . auk . askihl . riþu . stin . þansi . etiʀ . lifstin . fuþur . sin . es . uarþ . tuþr . a . skanu . h . karþ . sta[n]kum . auk . furþu . a . finhiþi*

Kaschw.: (*H*)*rōlf* (§ 383, 1, e, ε) *auk Askel reþu* (vgl. aisl. *rāþa* veranstalten und *riþ kirua* L. 749) *stēn þansi ettiʀ* (§ 288) *Līfstēn, foþur* (§ 67 anm. 1) *sin, es warþ dōþr ą̄ Skąnō i* (?) *Garþstangum, auk forþu ą̄ Finhēþi.*

Ubers.: Rudolf und Askel veranstalteten diesen stein nach Lifsten, ihrem vater, der in Schonen bei Gardhstangar starb, und führten (ihn) nach Finnhedh.

Anm. Die lesung der inschr. ist hier nach den mitteilungen v. Friesens revidiert worden.

7. Grinda I, Södermanland, 11. oder 12. jahrh.

Rschw.: *kriutkarþr . ainriþi . suniʀ . kiarþu . at . faþur . snialan . — kuþuiʀ . uaʀ . uastr . a . a[n]klanti . kialti . skifti . burkiʀ . a . sahks — lanti . suti . karli .*

Kaschw.:   *Griūtgarþr, Æ:inriþi, syniʀ*
            giarþu at faþur sniallan.

*Guþwēr war wæstr ā Ænglandi,
gialdi skifti.
Borghiʀ ā Saxlandi
sōtti Karli.*

Übers.: Griutgardhr (und) Æinridhi, die söhne machten (den stein) nach einem tüchtigen vater. Gudhwer war im westen in England, erntete geld ein. Burgen im Sachsenland heimsuchte Karli.

Anm. Vgl. Rv. s. 351 ff.

8. Gripsholm I (L. 927), Södermanland, c. 1050.

Rschw.: *tula . lit . raisa . stain . þensa | [a]t . sun . sin . haualt . bruþur . inkuars . þaiʀ fauru . tri[n]kila . fiari . at . kuli . auk . a . ustarla [a]r . ni . kafu . tuu . sunar . la . i . sark . lan . ti*

Kaschw.: *Tōla lēt rœisa stœin þensa* (§ 509 anm. 9) *at sun sin Hāwald, brōþur Ingwars.*

> *þœiʀ fōru drengila* (§ 105 anm.)
> *fiarri at gulli*
> *auk austarla*
> *œrni gāvu;*
> *dōu sunnarla*
> *ī Sœrklandi.*

Übers.: Tola liess diesen stein errichten nach ihrem sohne Hawaldr, dem bruder Ingwars. Sie fuhren männlich weithin nach gold und im osten fütterten den adler; starben im süden im lande der Sarazenen.

Anm. Vgl. Rv. s. 194 ff.

9. Gursten, Småland, gegen 900.

Rschw.: *afataʀ | ut smiþ|s [s]un uʀ ha — kuþa skaki faþi | uifriþaʀ sun.*

Kaschw.: *aftʀ* (?, urn. *ᴀfatʀ* Istaby, s. An. gr. I³, s. 338) *Ud, Smiþs sun, ūʀ Hakuþā Skæggi fāþi, Wefreþaʀ sun.*

Übers.: Nach Uddr, dem sohne Smidhs, aus Hakudha schrieb Skäggi, der sohn Wefredhs.

Anm. Vgl. Rv. s. 361 f.; Lüffler, Arkiv XIV, 342.

10. **Gårdby** (L. 1307), Öland, c. 1050.

Rschw.: *harþruþr . raisti . stain . þinsa . aiftir . sun . sin . smiþ . tra[n]k . kuþan . halfi[n]tr an . bruþir ans . sitr . karþum | brantr . rit i . iak þu . raþa . kan*

Kaschw.: *Hærþrūþr rœisti stœin þensa œftir sun sin Smiþ, drœng gōþan . Halfindr œn, brōþir ans* (§ 312 anm. 1), *sitr Garþum . Brandr rēt ī iag* (s. § 542 anm. 2); *þȳ rāþa kan.*

Übers.: Härthrudhr errichtete diesen stein nach ihrem sohne Smidh, einem guten burschen. Sein bruder Hallfindr sitzt noch in Gardhar (d. h. Gårdby oder Russland?). Brandr hieb (die runen) richtig ein; deshalb kann man (sie) deuten.

Anm. Vgl. Rv. s. 252 ff.; Söderberg, Ant. tidskr. f. Sv. IX, 2, s. 9 ff.

11. **Hauggrän** (L. 1571), Gottland, gegen 1100.

Rschw.: *sigmu[n]tr let . ra[i]sa s[t]ain eftir bruþr . sina . auk . bro . kierua . eftir . sikbiern . santa mikal hiel(bi sial h)ans auk at botraif . auk at sigraif . auk . at . aibiern faþur þaira . altra [a]uk bikui han . i by . sunarst kairuiþr lekþi ormalur nemr . inti ur | sigmu[n]tr - - - - . sliku . unit kuml | karmanum . þet ar (merki) kun . hier . mun . stanta . stain . at merki bie[r]tr a . biergi in bro furir | roþbiern risti . runar þesi . kairlaifr| sumar ar karla kan*

Agutn.: *Sigmundr lēt raisa stain eftir brȳþr sīna auc brō gierua eftir Sigbiern — santa Micāl hielpi siāl hans! — auc at Bōtraif auc at Sigraif auc at Aibiern, faþur þaira aldra, auc biggui* (s. § 545) *hann ī bȳ sunnarst . Gairuiþr legþi ormālur* (vgl. ngutn. *āla* keimstengel der kartoffel, nnorw. *aðla*, *aal*, aisl. *áll* furche, streifen). *Nĕmr* (vgl. aisl. *Viþnǽmr* als mannsuame, *nǽmr* als adj.) *inti ȳr . Sigmundr - - - sliku unnit kuml . Carmannum þet ar* (§ 562 anm. 2) *merki kunn.*

    Hier mun standa
    stain at merki
    biertr (§ 320) *ā biergi*
    en brō fyrir.
    Rōþbiern risti
    rūnar þessi,
    Gairlaifr sumar,
    ar (§ 512 anm. 3) *gurla cann.*

Übers.: Sigmund liess stein errichten nach seinen brüdern und brücke machen nach Sigbiern — Sankt Michael helfe seiner seele! — und nach Botraif und nach Aibiern, dem vater dieser allen, und er wohnte im dorfe am südlichsten. Gairwidhr entwarf die schlangenlinien. Nemr führte (sie) aus. Sigmund - - - solchem ein denkmal vollbracht. Männern ist es ein bekanntes denkzeichen. Hier auf dem berge wird ein heller stein als denkzeichen stehen, eine brücke aber vorn. Rodhbiern ritzte diese runen, etliche Gairlaifr, der (es) genau versteht (runen zu ritzen).

Anm. Vgl. (etwas abweichend) Rv. s. 287 ff. Die lesung ist nach brieflichen, auf erneuter untersuchung beruhenden, mitteilungen Söderbergs korrigiert worden.

12. Härened (jetzt Dagsnäs; L. 1342), Västergötland, 10. jahrh.

Rschw.: *rifni[n]kʀ . auk . kiali . auk . brunulfʀ . auk . kifulfʀ . satu . stin . þansi . iftiʀ . fut . faþur . sin . harþa . kuþan | þign . | . sua . hifiʀ . asa . as . igi . mun . sum . kuin . | ift . uir . siþan . kaurua . | hialmʀ . | auk . hiali . hiaku . runaʀ.*

Kaschw.: *Ræfningʀ auk Gialli auk Brunolfʀ* (§ 247 anm. 2) *auk Gæfolfʀ sattu stēn þansi æftiʀ Fōt, faþur sin, harþa gōþan þæghn.*

> *Swā hæviʀ Āsa,*
> *as* (§ 512 anm. 1) *ēghi mun*
> *sum kwǣn æft wær*
> *sīþan gærwa.*
> *Hialmʀ auk Hialli*
> *hiaggu rūnaʀ.*

Übers.: Räfningr und Gialli und Brunolfr und Gäfolfr setzten diesen stein nach Fotr, ihrem vater, einem sehr guten degen. So hat Asa (es gethan), wie nachher irgendwelche frau nach (ihrem) ehemanne nicht machen wird. Hialmr und Hialli hieben die runen ein.

Anm. Vgl. Rv. s. 267 ff.

13. Högby (L. 1180), Östergötland, gegen 1000.

Rschw.: *þukir . rispi . stin . þansi . eftiʀ . asur . sin . muþur . bruþur sin . iaʀ . ia[n]taþis . austr . i . krikum . — . kuþr . karl .*

*kuli . kat . fem . syni . fœal . ą . furi . frukn . tre[n]ks . asmu[n]tr .
ai[n]taþis . asur . austr . i krikum . uarþ . ą . hulmi . halftan . tribin .
kari . uarþ . at uti | auk . tauþr . bui . þurkil . rist . ru|naʀ.*

Kaschw.: *Þō(r)ger* (s. § 320,2) *rēsþi stēn þansi æftiʀ Assur* (das folgende *sin* ist wol nur eine von dem vorhergehenden wortauslaute -*ur* hervorgerufene dittographische vorausnahme des zweiten, ebenfalls nach -*ur* stehenden *sin*), *mōþurbrōþur sin, œʀ œndaþis austr ī Grīkum* (§ 407 anm. 1).

*Gōþr karl Gulli
gat fǣm syni:
fial ą Fȳri
frēkn drœngʀ*[1]) *Asmundr,
œndaþis Assur
austr ī Grīkum,
warþ ą Holmi
Halfdan drepin,
Kāri warþat ūti
auk dauþr Bōi.
Þorkel rēst rūnaʀ.*

Übers.: Thorgerdhr errichtete diesen stein nach Assur, ihrem mutterbruder, welcher im osten unter den Griechen sein leben endete. Der brave kerl Gulli bekam fünf söhne: der tapfere bursche Asmundr fiel auf Fyri, Assur endete sein leben im osten unter den Griechen, Halfdan wurde auf Holm (wol Bornholm) geschlagen, Kari starb nicht in der fremde, Boi ebenso. Thorkel ritzte die runen.

Anm. Vgl. Rv. s. 227 ff. Die lesung ist aber nach den mitteilungen v. Friesens revidiert worden.

14. Ingelstad (L. 2027), Östergötland, gegen 900.

Rschw.: *salsi karþi sul | . ð[akʀ] . skutu þita hiu*
Kaschw.: *Salsi garþi sūl (sōl?) . Daghʀ Skūtu þetta hiō.*
Übers.: Salsi machte die säule (das sonnenähnliche bild?). Daghr, Skutas sohn (vgl. aisl. *Skútu Grímr = Grímr Skútu son* Isl. Annal. s. 205, *Palna-Tóke*, adän. run. *Kurms Tuka, Kobu Suain*) hieb dies ein.

Anm. Die lesung nach Brates auf autopsie beruhenden mitteilungen.

---
[1]) *s* statt *ʀ* muss schreibfehler sein.

15. Kirk Michael, Man, gegen 1100.

Rschw.: *mal . lumkun . raisti . krus . þena . efter . mal . muru . fustra sin e[n] . totir . tufkals kona . as . aþisl . ati | (b)etra . es . laifa . fustra . kuþan . þan . son . ilan*

Kaschw.: *Mallomkon ræisti krus þænna æfter Malmuru, fōstra sīn æn dōttir Dufgals, kona as* (§ 512 anm. 1) *Aþīsl ātti . Bætra æs læiva fōstra gōþan þan son illan.*

Übers.: Mael-Lomchon errichtete dies kreuz nach Mael-Maire, (die war) seine pflegemutter und die tochter Dufgals, das weib mit welchem Adhisl verheiratet war. Besser ist es einen guten pflegesohn als einen bösen sohn zu hinterlassen.

<small>Anm. Vgl. Bugge, Aarbøger 1899, s. 243 f.</small>

16. Kolunda I, Södermanland, 10. jahrh.

Rschw.: *þaiʀ . situ . stin . suniʀ | þurkitils . auk . fulku | hiar faþur auk muþur | iftiʀ kiarþu tri[n]kila*

Kaschw.: *Þæiʀ sættu stēn* (vgl. § 80 anm. 6) *syniʀ Þorkætils auk Fulku hiar, faþur auk mōþur æftiʀ; giarþu drængila.*

Übers.: Hier setzten sie stein, die söhne Thorkätils und Fulkas, nach vater und mutter; machten es männlich.

<small>Anm. Vgl. Rv. s. 330 f.</small>

17. Kälfvesten (L. 1173), Östergötland, um 900.

Rschw.: *stikuʀ . karþi ku[m]bl þaū | aft auint sunu sin . sa fial austr*

Kaschw.: *Stigguʀ* (s. An. gr. I³, § 220) *garþi kumbl þau aft Øyvind, sunu* (§ 413 anm. 2) *sin . Sā fial austr.*

Übers.: Styggr machte dies denkmal nach Öyvindr, seinem sohne. Der fiel im osten.

<small>Anm. Die lesung beruht auf der untersuchung Brates. Die deutung des ersten wortes schreibt sich von Läffler her.</small>

18. Kärnbo (jetzt Gripsholm; L. 2026), Södermanland, 10. jahrh.

Rschw.: *(- - raisþi stai)n . þina [a]ft . mik . sialbʀ . in aft . kaiʀ- ulf . bruþur min . uarb iak hrauʀ | hin [n]us likʀ . hia (miʀ h)an ati --- | -- u . afaraiþu . in huariaʀ . aiku . la[n]kmuþrku . þriaʀ . barþakn . busi.*

Kaschw.: - - rœispi stœin þenna aft mik sialfʀ, en aft Gœiʀulf, broþur min, warp iak hrauʀ. Hin nu's liggʀ hiā mēʀ, han ātti - - avarœiþu, en hwœriaʀ œighu lɑngmōþrghu (§ 320, 1, § 426, 4, a) þrīaʀ Barþaghn (vgl. aschw. Bardhe, dass sich zu Barþaghn verhält wie Fardhe zu Farþœghn), Bassi.

Übers.: - errichtete selber diesen stein nach mir, und nach Geirulf, meinem bruder, warf ich einen steinernen grabhügel auf. Jener, der jetzt neben mir liegt, er hatte - - - ahnfrau, sowie welche mutter, grossmutter und urgrossmutter Barthaghn (und) Bassi haben.

<small>Anm. Vgl. Bugge, Ant. tidskr. f. Sv. V, 99 ff., Ant. ak. handl. XXXI, 3, s. 39 note. Die lesung ist aber nach den mitteilungen Brates vervollständigt und revidiert worden.</small>

19. Malstad (L. 1065), Hälsingland, anfang des 12. jahrhs.

Rschw.: frumunt[r] riti staina þina [a]ftiʀ fikiulfa . brisa sun . in brisi uas lina sun . in lini uas unaʀ sun . in un uas ufaks [s]un in ufaka þuris [s]un | frumunt fikiulfa sun faþi runaʀ þisaʀ uiʀ sutum stin þina nur int balastin . | krua uas muþiʀ fikiulfi | in þa barlafu in þa kuþrun . — kiulfiʀ uarþ um lanti þisu | i þrim bium | in þa nur i uika | in þa lana[n]kr in þa fiþrasiu

Kaschw.: Frōmund(r?) rētti stēna (staina ist wol nur archaisierende schreibung, denn vgl. stin in dem folgenden) þenna (§ 509 anm. 16) æftiʀ Fē-Gylva (§ 395 anm. 1), Brisa sun . En Brisi was Lina sun, en Lini was Ōnaʀ (anorw. Ón, s. An. gr. I³, § 222) sun, en Ōn was Ōfāghs sun, en Ōfaghʀ (a statt des zu erwartenden ʀ ist wol nur verschrieben) Þōris sun . Frōmund (vgl. § 383, 1, c, ε), Fē-Gylva sun, faþi rūnaʀ þessaʀ . Wīʀ sōttum stēn þenna nor ynd (s. § 446) Ballastēn . Grōa was mōþiʀ Fē-Gylvi en þā Barlāvu (vgl. § 80, I, 4, b und An. gr. I³, § 367) en þā Guþrūn . Gylviʀ warþ um landi þessu ī þrim bȳm en þā nor ī Wīgha en þā Lannangr en þā Feþrasiō.

Übers.: Frömundr erhob diese steine nach Geld-Gylvir, dem sohne Brisis. Brisi aber war Linis sohn, und Lini war Ons sohn, und On war Ofaghs sohn, und Ofaghr Thoris sohn. Frömundr, Geld-Gylvis sohn, schrieb diese runen. Wir suchten diesen stein auf nördlich bei Ballastein. Groa war mutter dem Geld-Gylvir, dann der Barlaf, dann der Gudhrun. Gylvir bekam die gewalt über (?) diese gegend in drei dörfern, und zwar (waren es) im norden Wigha (jetzt Via), dann Lannangr (jetzt Lönnånger), dann Fedhrasio (jetzt Färsjö).

Anm. Vgl. Bugge, Månadsblad 1877, s. 531, Ant. tidskr. f. Sv. V, 16, 144. Die lesung ist aber nach den mitteilungen v. Friesens revidiert worden.

20. Nöbbele (L. 1277), Småland, 11. oder 12. jahrh.

Rschw.: *rostein . auk . eilifʀ . aki . auk . hakun . reisþu . þeiʀ . sueinaʀ . iftiʀ . sin . faþur . ku[m]bl keni . likt. — (i)ftiʀ . kala . tauþan . þy . mun . ko(þs . u)m kitit . uerþa . meþ . s[te]in . lifiʀ . auk . stafiʀ . run(a)*

Kaschw.: *Rōstæin auk Æilīfʀ,*
Āki auk Hākun,
ræispu þæiʀ swæinaʀ
eftiʀ sin faþur,
kumbl kænnilīkt
eftiʀ Kala dauþan.
Þȳ mun gōþs
um getit wærþa,
mæþ stæin liviʀ
auk staviʀ rūna.

Übers.: Rostein und Eilifr, Aki und Hakun, die söhne errichteten nach ihrem vater (den stein), ein kenntliches denkmal nach dem toten Kali. Daher wird des guten (mannes) erwähnt werden, so lange als der stein besteht und die runenstäbe.

Anm. Vgl. Rv. s. 248 f. Die lesung ist aber nach den mitteilungen v. Friesens revidiert worden.

21. Rök (L. 2028), Östergötland, um 900.

Rschw.: *aft uamuþ stąnta runaʀ þaʀ . | in uarin faþi faþiʀ aft faikiąn sunu | sakum [m]ukmini þat huariaʀ ualraubaʀ uaʀin tuaʀ | þaʀ suaþ tualf sinum uaʀin [n]umnaʀ tua[ʀ ua]lraub[a]r | baþaʀ sąmąn ą umisum [m]ąnum . Þat sakum ąna|rt huaʀ fur niu altum ąn urþi fiaru | miʀ hraiþkutum auk tu | miʀ ąn ubs [s]akaʀ | raiþ [þ]iauʀikʀ hin þurmuþi stiliʀ | flutna* strạntu hraiþmaraʀ sitiʀ nu karuʀ ạ — kuta sinum skialti ub fatlaþʀ skati mari[n]ka — þat sakum tualfta huar histʀ si ku|naʀ itu [u]ituạ[n]ki ạn kunu[n]kaʀ tuaiʀ tikiʀ sua|þ ạ likia. Þat sakum þritaunta huariʀ t|uaiʀ tikiʀ kunu[n]-kaʀ satin [in]t (vgl. nr. 19) siulunt i fia|kura uintura [a]t fiakurum nabnum burn|iʀ fiakurum bruþrum. ualkaʀ fim raþulfs [s]u|niʀ hraiþulfaʀ fim rukulfs [s]uniʀ hạislaʀ fim haruþ|s suniʀ kunmuntaʀ fim airnaʀ suniʀ. | nuk makạ miʀ alu sạkþa [a]inhuaʀ iþ - - - - ftiʀ fra | sakum [m]ukmini uaim si burin [n]iþ|ʀ trạ[n]ki uilin is þat. knuạ knat|i [i]atun uilin is þat. | sagwm [m]ogmeni það hoaʀ i |i]gold | gaoaʀ [oaʀ]i [i]gold ind gọanaʀ hosli | e wp — iruhụrmini þur — biari [i] auiu is — runimạþʀ

Kaschw.: *Aft Wāmōþ stạnda rūnaʀ þāʀ, en Warin*
    fāþi faþiʀ
    aft fæighiạn sunu.

Saghum mōghmenni (§ 105 anm.) *þat, hwæriaʀ walrauvaʀ wāʀin twāʀ þāʀ, swāþ* (§ 266) *twalf sinnum wāʀin numnaʀ, twāʀ* (der ritzer ist aus versehen unmittelbar von dem ersten *ua* in *tuaʀ* zu dem zweiten in *ual-* gegangen) *walrauvaʀ* (*-r* statt *-aʀ* geschr. wegen mangelnden raumes), *bāþaʀ sạmạn ū ȳmissum mạnnum. Þat saghum ạnnart, hwāʀ* (§ 518) *for nīu aldum ạn urþi fiaru mēʀ hræiþgutum, auk dō mēʀ ạen ofs* (zum aisl. ntr. *of*; es ist auch möglich *ofsa* [*sa*]*kaʀ* oder gar *of* [*of*]*sa* [*sa*]*kaʀ* zu lesen) *sakaʀ*.

    Raiþ Þiaurikʀ
    hin þormōþi,
    stilliʀ flotna,
    strạndu Hræiþmaraʀ.
    Sitiʀ (§ 561 anm. 1) *nū garuʀ*
    ū gota sīnum
    skialdi of fatlaþʀ
    skati mǣringa.

Þat saghum twalfta, hwar hestʀ (§ 93, 1) *sēi Gunnaʀ etu wetwangi ạn, kunungaʀ twæiʀ tighiʀ swāþ ū liggia. Þat saghum þrettāunda, hwæriʀ twæiʀ tighiʀ kunungaʀ sātin ynd* (da der *y*-laut hier nicht wie sonst in der mit der kürzeren runenreihe geschriebenen partie der inschr. durch die *u*-rune, sondern durch die *i*-rune wiedergegeben wird, muss er wol

wegen der folgenden verbindung n + kons. eine geschlossenere
anssprache bekommen haben, wie ja œ in derselben stellung
zu einem nicht mit a, sondern mit i oder e bezeichneten laut
geworden ist, s. § 105 anm.; der erklärungsversuch Kocks, Arkiv
XIV, 250 f. scheitert wol an der schreibung *trą[n]ki = drœngi*
unten) *Scolund ī fiaghura wintura at fiaghurum nafnum, burniʀ
fiaghurum brēþrum : Walkaʀ fēm Rāþulfs syniʀ, Hrœiþulvar
fēm Rughulfs syniʀ, Hāislaʀ fēm Haruþs syniʀ, Gunmundaʀ
fēm Airnaʀ syniʀ. Nū'k magha mēʀ allu saghþa œinhwaʀ* (§ 522
anm. 6) - - - - *ftiʀ frā.*
    *Saghum mōghmenni, (h)wœim sēi burin niþʀ drœngi.
Wilin es* (§ 501 anm. 6) *þat? Knoą* (§ 128, 1; nnorw. *knūa*
drücken, nschw. dial. *knūva* bezwingen) *knātti iatun. Wilin
es þat? Saghum mōghmenni þaþ* (§ 266), *hwāʀ ī ȳghold*
(§ 65, 10) *gawaʀ wēʀi, ȳghold ynd gōąnaʀ* (zu nschw. dial. *ån,*
mhd. *jān*) *hosli* (ntr. **hasuli*, vgl. § 59, 7, haselwald). - - - - -
    Biari ī Øyiu is rȳnimąþʀ.

Ubers.: Nach Wamodhr stehen diese runen, Warin aber, der
vater, schrieb (sie) nach (seinem) dem tode anheimgefallenen
sohne.
    Lasst uns dem ganzen volke das erzählen, welche die
zwei kriegsbeuten waren, die zwölf mal erobert wurden,
zwei kriegsbeuten, beide zugleich von verschiedenen männern.
Das erzählen wir zum zweiten, wer vor neun menschenaltern
zur welt kam unter den Reidhgoten und ferner bei ihnen
starb wegen (seines) übermuts. Dietrich der dreiste, der
lenker der seehelden, ritt über den strand des Reid-meeres
hin. Jetzt sitzt bereit auf seinem gotenpferde, mit dem
schilde behängt, der fürst der Märinge. Das erzählen wir
zum zwölften, wo das pferd Gunn's futter sieht auf dem
schlachtfelde, auf welchem zwanzig könige liegen. Das erzählen wir zum dreizehnten, welche zwanzig könige von
(nur) vier (verschiedenen) namen, von vier brüdern geboren,
während vier winter in der nähe von Seeland sich aufhielten:
fünf mit dem namen Walkr, Radhulfs söhne, fünf mit dem
namen Reidhulfr, Rughulfs söhne, fünf mit dem namen Haisl,
Harudhs söhne, fünf mit dem namen Gunnmundr, Eirns söhne.
Nun ich - - vollständig erzählt habe (?) irgend einer - - - -
nachgefragt hat.

Lasst uns dem ganzen volke erzählen, welchem helden ein abkömmling geboren worden ist. Wollet ihr das? Bezwingen konnte (er) den riesen. Wollet ihr das? Lasst uns dem ganzen volke das erzählen, wer im kriegsvolke des gaues war, im kriegsvolke innerhalb der grenzen des gauerdstreifens. - -

Biari in Øy ist der runenmeister.

Anm. Vgl. Bugge, Ant. tidskr. f. Sv. V, 1 ff., Ant. ak. handl. XXXI, 3, s. 1 ff., Arkiv XVI, 321 ff., Det K. norske videnskabers selskabs skrifter 1901, no. 4, s. 13 (wozu noch briefliche mitteilungen kommen); Kock, Arkiv XIV, 247 ff.; Läffler, Nordiska studier (Uppsala 1904), s. 191 ff. Die lesung *iatun* beruht auf erneuter untersuchung v. Friesens.

22. Rösås (L. 1233), Småland, 11. jahrh.

Rschw.: *kun{kel . sati . sten . þansi . eftiʀ . kunar . faþur . sin . sun . hruþa . halgi . lagþi . han . i . sten . þr[u] . bru — þur . sin . a . ha[n]kla[n]ti . i . baþum.*

Kaschw.: *Gundkel satti stēn þansi eftiʀ Gunnar, faþur sin, sun Hrōþa. Hælghi laghþi han ī stēnþrō, broþur sin, ā (H)Ænglandi ī Baþum.*

Übers.: Gundkel setzte diesen stein nach seinem vater Gunnar, Rodhis sohn. Hälghe legte ihn, seinen bruder, in einen steinsarg in England in Bath.

Anm. Die lesung ist durch v. Friesen verifiziert worden.

23. Saleby II (L. 1985), Västergötland, 1228.

Rschw.: *þa . iaik . uar . gor . þa . uar . þushundraþ . tu . hundraþ . tiuhu . uintr . ok . atta . fra . byrþ . gus . a . g . l . a . aue . maria . gracia . plena . | dionisius . siþ . benediktus.*

Kaschw.: *Þā iæk war gør, þā war þūshundraþ tū hundraþ tiughu wintr ok ātta frā byrþ Gus - -*

Übers.: Als ich verfertigt wurde, damals waren es ein tausend zwei hundert acht und zwanzig winter seit dem geburt Gottes.

Anm. Vgl. Torin, Vestergötlands runinskrifter II, 5 f. (nr. 26).

24. Sandby I (L. 1587), Öland, 2. hälfte des 11. jahrhs.

Rschw.: *kuþfastr . auk . helgun . auk . neniʀ . þaun . myþkini . litu . reisa . stein . eftiʀ . sucin . faþur*

Kaschw.: *Guþfastr auk Hælghun auk Nænniʀ, þaun mōþgini lētu ræisa stǣin æftiʀ Swǣin faþur.*

Übers.: Gudhfastr und Hälghun und Nännir, mutter und söhne, sie liessen nach dem vater Swein den stein errichten.

Anm. S. Süderberg, Ölands runinskrifter s. 82 ff.

25. Sandby II (L. 1586), Öland, gleichzeitig mit der vorigen.

Rschw.: *þeir . bryþr . reistu . ku[m]bl . þia . eftiʀ . sustur . sina . afriþi . auk . eftʀ . suein . faþur . sin . koþan.*

Kaschw.: *Þæiʀ brø̄þr ræistu kumbl þēa (§ 509 anm. 13) æftiʀ systur sīna Āfrīþi auk æftʀ Swǣin, faþur sin gō̄þan.*

Übers.: Die brüder errichteten dies denkmal nach ihrer schwester Afridhr und nach Swein, ihrem guten vater.

Anm. S. Süderberg a. o.

26. Sjonhem I (L. 1592), Gottland, um 1100.

Rschw.: *roþuisl . auk . roþalf . þau . litu . raisa . staina . eftir . sy(ni . sina .) þria . þina . eftir . roþfos . han . siku . blakumen . i . utfaru . | kuþ . hielbin . sial . roþfo[s]aʀ | kuþ . suiki . þa . aʀ . han . suku.*

Agutn.: *Rōþuisl auc Rōþalf, þau litu raisa staina eftir syni sīna þrīa; þinna eftir Rōþfōs. Hann sycu (§ 527 anm. 2) blacumenn ī ūtfaru . Guþ hielpin siāl Rōþfōsaʀ! Guþ suiki þā, aʀ (§ 512 anm. 3) hann sycu!*

Übers.: Rodhwisl und Rodhalf sie liessen steine errichten nach ihren drei söhnen; diesen nach Rodhfos. Ihn hinterlisteten die Walachen auf der reise ins ausland. Gott helfe der seele des Rodhfos! Gott verlasse diejenigen, welche gegen ihn treulos waren!

Anm. Die lesung beruht hauptsächlich auf mir von Süderberg gütigst überlassenen zeichnungen nach dem original. Vgl. Pipping, Om runinskrifterna på .. Ardre-stenarna, s. 66. Die richtigkeit meiner emendation *suku* ist später durch die lesung v. Friesens bestätigt worden.

27. Sjonhem II (L. 1593), Gottland, gleichzeitig mit der vorigen.

Rschw.: *þina . eftir . likfos . han . uarþ . tauþr . a . ui[n]tau . systriʀ.*

- - - - ʀ . *bryþr . þria . roþanþr . auk . roþkutr . roþar . auk . þorstain .* | *þiʀ . iʀu . faþur . bryþr*

Agutn.: *Þinna eftir Līc*(*n*)*fōs . Hann uarþ dauþr ā Uindau . Systriʀ* - - - ʀ *brȳþr þrīa . Rōþanþr* (?) *auc Rōþgutr, Rōþarr auc Þorstain, þiʀ* (§ 91, 2) *iʀu faþurbrȳþr.*

Übers.: Diesen (vgl. 26 oben) nach Liknfos. Er starb in Windau. Schwester - - - drei brüder. Rodhandhr und Rodhgutr, Rodharr und Thorstein, sie sind vaterbrüder.

<small>Anm. Die lesung hauptsächlich nach den mitteilungen Söderbergs. Vgl. Säve, Gutniska urkunder, s. 45, 70; Pipping, Geografiska notiser på svenska runstenar (in Album utg. af Nyländingar XI), s. 4. Die ergänzung *likfos* ist mir von Hesselman vorgeschlagen worden.</small>

28. **Sjonhem III** (L. 1594), Gottland, gleichzeitig mit den beiden vorigen.

Rschw.: *þina . iftir . hailfos . han . to . haima . auk . ati . totur . aina . han . haitiʀ . haili . utr . ualti*[*n*]*ka . gierþi . staina . auk . uab*[*n*] *. kustaʀ ma* - - - | *tan . auk . botbiern . ristu*

Agutn.: *Þinna eftir Hailfōs . Hann dō haima auc ātti dōttur aina . Hān haitiʀ Hailī . Uddr Ualdinga gierþi staina auc uāpn custaʀ* - - - *Dan auc Bōtbiern ristu.*

Übers.: Diesen (vgl. 26 oben) nach Heilfos. Er starb zu hause und hatte eine tochter. Sie heisst Heil(w)i. Waldinga-Uddr machte die steine und die kostbaren waffen - - - Dan und Botbiern ritzten.

<small>Anm. Vgl. Säve a. o. s. 45; Pipping a. o. s. 58 note.</small>

29. **Sjustad**, Uppland, gegen 1100.

Rschw.: *runa . lit . kiara . merki at . sbialbuþa . uk . at . suain . uk . at . antuit . uk at . raknaʀ . suni . sin*[*a*] *. uk . c*[*n*]*kla . uk . siriþ . at . sbialbuþa . bonta . sin . an . uaʀ . tauþr . i hulmkarþi . i olafs . kriki* | *ubiʀ . risti . ru*(*naʀ*)

Kaschw.: *Rūna let giara mœrki at Spialboþa ok at Swœin ok at Andwit ok at Raghnar, syni sīna, ok Ænglа ok Sīriþ* (§ 311 anm. 2, § 404, 1) *at Spialboþa, bōnda sin . An* (§ 312 anm. 1) *waʀ dauþr ī Holmgarþi ī Olafskrīki . Opiʀ* (so auszulesen, wie v. Friesen darlegen wird) *risti rūnaʀ.*

Übers.: Runa liess ein denkzeichen machen nach Spialbodhi und nach Swein und nach Andwitr und nach Raghnar, ihren söhnen, und Engla und Si(gh)ridh nach Spialbodhi, ihrem hausvater (vgl. 3 oben). Er starb in Holmgardhr (Novgorod) im Olafswinkel. Öpir ritzte die runen.

Anm. Vgl. Rv. s. 334 ff., 401. Die lesung ist nach den mitteilungen v. Friesens vervollständigt und revidiert worden.

30. Stainkumbla I (L. 1590), Gottland, gegen 1100.

Rschw.: *butmuntr . auk . butraifʀ . auk . kunuar . þaiʀ - - - raistu stain . - - - auk . sunarla . sat . miþ . skinum . auk . han . entaþis . at . ulfshala . þa . | hin . hilgi - -*

Agutn.: *Bōtmundr auc Bōtraifʀ auc Gunuar, þaiʀ - - - raistu stain - - -*
               auc sunnarla
               sat miþ skinnum,
               auc hann endaþis
               at Ulfshala,
þa hinn helgi - - -

Übers.: Botmundr und Botreifr und Gunnwar, sie - - - errichteten den stein - - - und mit rauchwaren sich im süden aufhielt, und er endete sein leben bei Ulfshali, als der heilige - - -

Anm. Die lesung beruht wesentlich auf den mitteilungen Söderbergs. Vgl. Rv. s. 296 ff.

31. Stainkumbla II (L. 1591), Gottland, gleichzeitig mit der vorigen.

Rschw.: *butmuntr . auk . butraifʀ . auk . kunuar . þaiʀ (- - - rais)tu . stain . þ(inna - - -)ut . faþur . sin . kuþ . hialbi . selu . hans . auk . kus . muþiʀ . betr . þen . uiʀ . biþia . kunin | ta - - u - ain.*

Agutn.: *Bōtmundr auc Bōtraifʀ auc Gunuar, þaiʀ - - - raistu stain þinna - - - faþur sin . Guþ hialpi sēlu hans, auc Guss mōþiʀ, betr þen uiʀ biþia cunnin (§ 564 anm. 3) - -*

Übers.: Botmundr und Botreifr und Gunnwar, sie - - errichteten diesen stein - - ihrem vater. Gott helfe seiner seele — und ebenso die mutter Gottes — besser als wir erbitten können! - - -

Anm. Die lesung wesentlich nach den mitteilungen Söderbergs. Vgl. Rv. s. 298.

32. Sälna (jetzt Skånelaholm; L. 485), Uppland, 11. oder 12. jahrh.

Rschw.: iṳstin . auk . iuruntr . auk . biurn . þiʀ . byryþr . risþu . - - - stin . trums . faþur . sin . kuþ . ihlbi . ɑns . ant . auk . silu . fur . gifi . ɑnum . sakaʀ . auk . | su[n]tiʀ | . hi . mun . ligia . meþ . altr . lifiʀ . bru . hrþ . slagen . briþ . eft . kuþɑn - - suinaʀ . karþu . at . sin . faþur . mɑ . igi . brutaʀ . kuml . bętra . uerþa.

Kaschw.: Iōstēn ok (archaisch auk geschr.; vgl. § 123, 2) Iorundr ok Biorn, þēʀ berēþr (§ 260, 2, a) rēsþu - - - stēn Drums (vgl. aisl. drumbr, aschw. -drumbęr als spottname), faþur sin . Guþ ialpi ɑns ɑnd ok sēlu (aus mndd. sēle entlehnt), forgivi ɑ̄num sakaʀ ok syndiʀ!

Ē[1]) *mun liggia,*
mæþ aldr liviʀ,
brō arþslaghin (*-en* wol statt *-in* verschrieben),
brēþ æft gōþɑn.
Swēnaʀ garþu
at sin faþur.
Mɑ̄ ēghi brōtaʀ kuml
bǿtra wærþa.

Übers.: Die brüder Iosten und Iorundr und Biorn errichteten (diesen stein nach - -)sten Drumbs sohne (vgl. 14 oben *Daghʀ Skŭtu*), ihrem vater. Gott helfe seinem geiste und (seiner) seele, vergebe ihm schulden und sünden! Immerdar wird liegen, so lange als die zeit (welt) besteht, die fest geschlagene, breite brücke nach einem guten (manne). Söhne machten (sie) nach ihrem vater. Ein besseres weg-denkmal kann nicht zu stande kommen.

Anm. Vgl. (wesentlich übereinstimmend) Rv. s. 102 ff. Die lesung ist nach den mitteilungen v. Friesens revidiert worden.

33. Tjufstigen 1 (L. 851), Södermanland, 11. oder 12. jahrh.

Rschw.: styrlaughʀ auk hṳ(l)mbʀ staina . raistu . at . bryþr . sina . brauṳu . nesta . þaiʀ . entaþus . i . austruiki . þurkil | auk . sturbiarn . þiaknaʀ . kuþiʀ.

Kaschw.: *Styrlaughʀ auk Holmbʀ*
          stæina ræistu

---

[1]) archaisch *hi*, d. h. *ai*, geschr.; vgl. § 124, 2.

*at brø̄þr sīna
brautu næsta.
Þœiʀ œndaþus
ī austrweghi,
Þorkel auk Styrbiarn,
þiaghnaʀ gō̄þiʀ.*

Ubers.: Styrlaughr und Holmbr errichteten steine, dem wege am nächsten, nach ihren brüdern. Sie endeten ihr leben auf der ostfahrt, Thorkel und Styrbiarn, gute degen.

<small>Anm. Vgl. Rv. s. 155 ff.</small>

34. Tjufstigen II (L. 852), Södermanland, gleichzeitig mit der vorigen.

Rschw.: *lit . i[n]gigeʀ . anan . rœisa . stain . at sunu . sina . suina . kiarþi . kuþ . hialbi . ant . þaira | þuriʀ . hiu.*

Kaschw.:   *Lēt Ingigēʀ* (§ 124 anm. 4)
        *annan rœisa stœin,
        at sunu sīna
        swinna giarþi.*
Guþ hialpi and þœira! Þōriʀ hiō.

Ubers.: Ingiger liess einen anderen stein errichten, machte (ihn) nach seinen gewandten söhnen. Gott helfe ihrem geiste! Thorir hieb (die runen) ein.

<small>Anm. Vgl. Rv. a. o.</small>

35. Tjängvide, Gottland, 10. jahrh.

Rschw.: *- - - raisti stain in aft iurulf bruþur sin . siku i far tu [u]ir kuni fil | - - - f u þ a r k h n*

Agutn.: *- - - raisti stain in aft Iurulf, brōþur sinn . Sycu* (vgl. 26 oben) *ī far, dō uerr, gunni fell. - - -*

Ubers.: - - - errichtete diesen stein nach Iurulf, seinem bruder. (Sie) hinterlisteten (ihn) auf der reise, (er) starb (als) ein mann, (indem er) im kampfe fiel. - - -

<small>Anm. Vgl. (wesentlich anders) Rv. s. 356 ff.</small>

36. Turinge I (L. 802), Södermanland, 11. oder 12. jahrh.

Rschw.: *ketil . auk . biorn . þaiʀ . raistu . stain . þina . at . þourstain . faþur sin . anuntr . at . bruþur . sin auk huskarlaʀ . ifiʀ . iafna . ketilau at . boanta sin | bruþr uaʀu þ[ai]ʀ bistra mana . a . lanti . | auk . i . liþi . uti hir nu mini huskarla unu .*

Kaschw.: *Kœtil auk Biorn þœiʀ rœistu stœin þœnna at Þorstœin, faþur sin, Anundr at brōþur sin auk hūskarlaʀ iviʀ iafna, Kœtiløy at bōanda sin.*

> *Brø̄þr wāʀu þœiʀ*
> *bœstra manna*
> *ā landi auk*
> *ī liþi ūti.*
> *Hǣr nū minni (?)*
> *hūskarla unnu (?).*

Übers.: Kätil und Biorn sie errichteten diesen stein nach Thorstein, ihrem vater, Anundr nach seinem bruder, und knechte nach einem von ihresgleichen, Kätilöy nach ihrem hausvater (ehemann). Diese brüder gehörten zu den besten leuten, im lande sowie draussen in der kriegerschar. Hier jetzt haben (sie) ein zeichen zum andenken der knechte vollbracht.

Anm. Vgl. (zum teil ziemlich abweichend) Rv. s. 148 ff., 405.

37. Tystberga (L. 860), Södermanland, c. 1050.

Rschw.: *mus . kia . auk . mạni . litu . rasa . k(umbl) . þausi . at bruþur sin . hruþkaiʀ . auk . faþur sin . hulm . stain . | han hafþi . [a]ystarla u̇[t]i . uaʀit . linki . tuu . | austarla . meþ . inkuari*

Kaschw.: *Mūs-Gēa* (oder *Gīa*, vgl. aschw. *Gēa, Gīa* bei Lundgren, Sv. landsm. X, 6, s. 61, 64; vgl. auch aisl. und aschw. *mūs* als spitzname) *auk Manni lētu rȫsa* (§ 80, II, 2 mit anm. 6) *kumbl þausi at brōþur sin Hrōþgœiʀ auk faþur sin Holmstœin;*

> *han hafþi austarla*
> *ūti waʀit lengi* (§ 105 anm.).
> *Dōu austarla*
> *mœþ Ingwari.*

Übers.: Maus-Gea und Manni liessen dieses denkmal errichten nach ihrem bruder Roger und ihrem vater Holmstein; er war lange draussen im osten gewesen. (Sie) starben im osten mit Ingwar zusammen.

Anm. Vgl. (wesentlich abweichend) Rv. s. 158 f.

38. Täng, Västergötland, zweite hälfte des 10. jahrhs.

Rschw.: *stulnufþi . risþi . stin . þąnsi . iftiʀ . - - - | . fuþur . sin . miuk . kuþan . þikn.*

Kaschw.: *Stolnǫfþi rēsþi stēn þąnsi æftiʀ - - - fǫþur sin, miok gōþan þæghn.*

Übers.: Stolnofdhi errichtete diesen stein nach - - - seinem vater, einem sehr guten degen.

Anm. Vgl. Torin, Vestergötlands runinskrifter III, 36 f. (nr. 84).

39. Vedelspang I (jetzt Louisenlund), Schleswig, gegen 950.

Rschw.: *ąsfriþr . karþi . kumbl . þaun | ąft . siktriku | sun (.) șin . ą ui . knubu*

Kaschw.: *Ǣsfrīþr garþi kumbl þaun aft Sightriggu* (s. An. gr. I³, § 220; das unsynkopierte *-triggu* gegenüber dem folgenden *sun* erklärt sich wie Rök *sitiʀ*, s. § 561 anm. 1 und vgl. die dort zitierte abhandlung Söderbergs), *sun sin, ą̄ wī Gnūpu.*

Übers.: Estrid machte dieses denkmal nach Sightryggr, ihrem sohne, auf der heiligen stätte Gnupas.

Anm. Vgl. (zum teil etwas abweichend) Wimmer, Sønderjyllands runemindesmærker, s. 40 f. (sonderabdruck aus Haandbog i det Nordslesvigske Spörgsmaals Historie, Kopenh. 1901); ferner Wadstein in Nordiska studier (Upps. 1904), s. 284 note.

40. Åkirkeby (L. 1978), Bornholm, gegen 1200.

Rschw.: *þita . iʀ . santi gabrel . ok . sehþi . santa maria . at han sku | ldi . barn . fyþa . þita . iʀ . elizabeþ . ok . maria . ok . hailsas | . hiar . huilis . maria | sum . haŋ . barŋ . fydi . skapera . himi[n]z . ok . iorþaʀ . sum os le | ysti | þita . iʀu . þaiʀ . þriʀ . kuŋuwaʀ . șum . kristi . giarþu . ofr . u | arum . drotni . hiar . tok . han . uiþr . kunuwa . ofri . uar drotin | hiar . riþu . þaiʀ . burt . þriʀ . kuŋuwaʀ . | siþaŋ þaiʀ . ofrat . h(af)a . orum drotni guþ | i | . þa iʀ . þet . hiar . fram . s(ah)u . ioþaʀ . toku | uarŋ . drotin . ok . bẹ(rþ)u . h(a)n . uiþ(r l)ri . ok . getu | siþan . ladu . þaiʀ . han . burt . þiaþan . bundin | ok . nehldu . hiar . ioþaʀ . iesus . a krus . si . fram . a þita | sihrafʀ . ṃesteri.*

Agutn.: *Þitta iʀ santi Gabrēl oc segþi santa Marīa, at hān sculdi barn fyþa . Þitta iʀ Elīzabēþ oc Marīa oc hailsas . Hiar huīlis Marīa, sum hān barn fyddi, scapera himinz oc*

33*

iorþaʀ, sum oss (ōs? s. § 111 anm. 2) *løysti* (s. Pipping, Om runinskrifterna på ... Ardre-stenarna, s. 62) . *Þitta iʀu þaiʀ þrīʀ cunungaʀ, sum Cristi giarþu offr, uārum drōtni . Hiar tōc hann uiþr cununga offri, uāʀ drōttin . Hiar riþu þaiʀ burt þrīʀ cunungaʀ, siþan þaiʀ offrat hafa ōrum drōtni Guþi . Þā iʀ þet hiar fram sagu . Iōþaʀ tōcu uārn drōtin oc berþu hann uiþr trī oc gēttu . Siþan laddu þaiʀ hann burt þiaþan bundin; oc negldu hiar iōþaʀ Iēsus ā kruss . Sī fram ā þitta! Sighrāfʀ mēsteri.*

Übers.: Dies ist sankt Gabriel, und (d. h. welcher, s. § 514 anm. 2) der sankt Maria sagte, dass sie ein kind gebären sollte. Dies sind Elisabeth und Maria, und (d. h. welche) sich begrüssen. Hier ruht Maria, wie sie das kind gebar, den schöpfer des himmels und der erde, welcher uns erlöste. Dies sind die drei könige, welche unserm herrn Christ opfer darbrachten. Hier hat er das opfer der könige angenommen, unser herr. Hier sind sie weggeritten, die drei könige, nachdem sie unserm herrn Gott geopfert haben. Dann ist (d. h. wird dargestellt) hier ferner das (d. h. folgendes) aus der sage. Die Juden nahmen unsern herrn und peitschten ihn am pfahle und bewachten (ihn). Nachher leiteten sie ihn fort von dort gebunden; und hier haben die Juden Jesus ans kreuz genagelt. Sich weiterhin auf dieses! Meister Sighrafr (hat den taufstein gemacht).

Anm. S. Wimmer, Døbefonten i Åkirkeby kirke, Kopenh. 1887; L. Larsson, Arkiv VI, 171 ff.; Noreen, ib. 366 note; Kock, ib. XVIII, 150 ff.

Nachträge und berichtiguugeu.

§ 3 z. 1 lies ostnordischen. — S. 5 z. 1 l. *hwater, aisl. huatr. — § 6 z. 4 l. Oland. — S. 6 z. 12 und öfter l. Härened. — Z. 8 v. u. l. Öpir (vgl. s. 496 letzte z.). — Z. 6 f. v. u. streiche 'wo ... wird'. — S. 8 z. 9 v. u. füge hinzu G. Cederschiöld, Om några ställen i äldre västgötalagen, Göteborg (Högskolans festskrift) 1898. — S. 9 z. 1 l. G. E. Klemming. — Z. 7 l. Ups. B. 12. — Z. 8 v. u. f. h. genauer von N. Flygare, Arkiv XV, 391 ff. — S. 10 nr. 14 f. h. kommentiert von A. O. Freudenthal, Helsingfors 1895, photolithographisch Stockholm 1898. — Nr. 15 z. 1 l. Ups. B. 49. — Nr. 18 f. h. Vgl. die viele berichtigungen bei O. Ottelin, Studier öfver Cod. Bur. I, 25 ff. — S. 11 z. 6 v. u. f. h. sowie von R. Geete, Nio kapitel ur H. Birgittas uppenbarelser, Sthlm. 1901. — Z. 5 f. v. u. l. Unediert ist St. Birgittæ Vita. — S. 13 z. 3 f. h. R. Geete, Svenska kyrkobruk, Sthlm. 1900, s. 3—85, 95—120. — Z. 5 f. streiche 'und ... sacramenta)'. — S. 14 z. 4 v. u. l. 1871. — S. 16 anm. 3 z. 1 ff. l. textausgaben bietet R. Geete, Fornsvensk bibliografi, Sthlm. 1903. — S. 18 z. 20 streiche 'Ly'. — Z. 21 l. Vg. I, II, Ly. — Z. 22 l. borker Vg. II (. — S. 24 z. 1 streiche 'jetzt ... erhaltenen'. — Z. 7 l. etwas vor. — § 10 anm. f. h. H. Pipping, Om runinskrifterna på de nyfunna Ardre-stenarna, Upps. 1901 (dazu Brate, Arkiv XVIII, 132 ff.). — S. 25 z. 5 l. hrsgg. von H. Pipping in Gotländska studier, Upps. 1901. — S. 26 z. 12 f. h. O. Ottelin, Studier öfver Codex Bureanus I, Upps. 1900. — Z. 4 v. u. f. h. J. E. Olson, Östgötalagens ljudlära, Lund 1904. — § 12, c) f. h. O. Östergren, Några fall af kasusväxling i fornsvänskan (Arkiv XVIII), 1901; C. A. Ljunggren, Om bruket af *sig* och *sin* i svenskan, Lund 1901; O. Ottelin, Om användningen af slutartikel i Cod. Bu. (in Nordiska studier), Upps. 1904. — § 12, d) f. h. N. Bure, Rytmiska studier öfver knittelversen, Lund 1898; S. Lampa, Studier i svensk metrik I, Upps. 1903, und Strofformer i svensk medeltidsiktning (in Nordiska studier), Upps. 1904. — § 12, f) z. 3 f. h. 2. ausg. Upps. 1904. — Z. 6 f. h. H. Vendell, Äldre västgötalagen, Helsingfors 1897 (ebenfalls nicht zeitgemäss). — § 16 z. 3 l. 252 ff. sowie (wegen der Åkirkebyer inschr.) Døbefonten i Åkirkeby s. 40 f. und Koek, Arkiv XVIII, 150 ff. — § 18 anm. 2 z. 4 l. Spät — in Finland jedoch ziemlich früh, z. b. *Ingå* Dipl. 1409, *Mustesår* 1414 (s. Fennia 14, nr. 4, s. 21) — und. — § 24 anm. z. 7 l. Vg. I (einmal. — S. 38 z. 12 l. § 31. — § 40 anm. 2 z. 2 f. l. wenn ηg oder ηk vor einem konsonanten zu η (s. § 310 und 314), oder wenn ηg im auslaut zu $\eta\eta$ (s.

§ 293) wird, muss. — Anm. 3 f. h. XVIII, 150 ff. — S. 44 z. 3 streiche 'oder d'. — § 50 anm. 2 ist mit § 337, 10 zu vergleichen und vielleicht ganz zu streichen. — § 51 anm. 1 z. 3 l. IV, 285. — S. 46 z. 1 l. Og). S. Rydq. — Z. 6 l. anm. 2. — S. 48 z. 2 v. u. streiche 'also .. silbe'. — S. 49 z. 2 str. 'also .. silbe'. — Z. 3 f. h. gaf gab. — Z. 8 f. h. Bure, Rytmiska studier, s. 19 ff. — S. 53 z. 11 str. fiænde feind. — Z. 14 l. IV. — § 58 anm. ist z. 3 zu streichen. — § 59, 9 z. 1 f. h. pl. kirkioværæn𝔡ęr zu sg. -væriande, — Z. 3 l. ia fast nur. — S. 56 z. 10—8 v. u. str. Bryniolver ... Brunolfr. — Z. 6 v. u. l. 9; mschw. om- im 3 maligen embozman beamter. — Z. 5 v. u. l. Rök, Malstad. — S. 57 z. 14 v. u. l. Alvir, der. — Z. 11 v. u. l. — neben seltnerem mschw. thøl(i)kin —. — Z. 4 v. u. f. h. Arkiv XV, 210. — S. 58 z. 1 f. h. vgl. Pipping, Gotländska studier, s. 102 ff. — S. 59 z. 6 l. *kār (wol. — Z. 22 ff. l. wol durch mndd. einfluss (s. Reinius, Språkvetenskapliga sällskapets förhandlingar 1897—1900, s. 55 ff.). — § 64 anm. 1 z. 5 f. l. wie in miærgher. — § 64, 2 z. 1 f. l. 105) wol in twiswær. — S. 62 z. 7 f. streiche 'seltenen .. vier-'. — § 65, 5 und 8 sind mit An. gr. I³ § 74, 6, resp. anm. 4 zu vergleichen. — S. 63 z. 2 l. *torþyvil, mschw. torddovil. — Z. 9—11 str. 'ein ... dem'. — Z. 14 l. *kḡu. — Z. 5 v. u. l. dat. sg. ntr. hosli (d. h. høsli aus *hasuli-. — § 68, 1 str. , hovuþ .. u. a. m.' — § 68, 2 z. 1 f. str. 'agutn. ... haupt'. — Z. 3 f. str. ,noch ... belegt'. — Z. 4 ff. str. 'hasl .. · hasel'. — § 68, 3 z. 3 str. 'Ly'. — § 69,2 z. 2 ff. str. 'Hierher .. note'. — § 69, 5 z. 2 f. str. '1 und'. — .§ 69, 6 z. 3 l. 71, 3. — § 71, 1 z. 4 f. str. 'vgl. ... stachel'. — § 72 z. 3 str. 'und kwæster'. — Z. 7 str. 'sg. ... kwæster'. — Z. 13 l. neben aschw. swala. — Z. 15 l. obl. swalu. — § 73 anm. z. 3 l. § 74. — S. 72 z. 2 f. h. pl. hundruþ II neben gew. -raþ hundert. — § 76, 2 z. 4 f. str. 'der .. Ingelder'. — § 80, I, 2 z. 2 l. sār (finn. — § 80, I, 3 ist nach An. gr. I³ § 93, 3 zu berichtigen. — Anm. 3 l. sal, sęl, saul. — § 80, I, 4, b) z. 1 f. v. u. str. 'der ... ȲwæRR'. — S. 76 anm. 5 z. 2 str. 'und .. ackerbeet'. — S. 77 z. 8 l. zu œ, z. b. — Z. 15 str. 'ællivu .. elf'. — Z. 21 str. 'frøst aufschub'. — § 81, 1 f. h. Die kontraktion unterbleibt im agutn., s. Pipping, Gotländska studier, s. 130 ff. und vgl. An. gr. I³ § 94, 2. — § 81 z. 5 l. 2. Zu. — § 81, 2, b) z. 2 l. Falukopoger. — Z. 9 l. hōgher. — § 82 anm. 1 z. 4 str. 'oder .. anm. 3'. — § 82 anm. 3 z. 2 l. dienen, siāl (as. siala, s. Reinius, Språkvetenskapliga sällskapets förhandlingar 1897—1900, s. 51 ff.), rschw. auch siul. — § 83 z. 2 l. ȳ oder ǟ noch zur zeit des überganges stand. — § 83, 1, b) z. 1 f. l. ṛ ausser im agutn., z. b. 3. pl. æru (aisl. — Z. 3 str. 'urspr. schwachton.' — § 83, 2, b) z. 4 ff. l. Vgl. mīl gegen aisl. mél durch ausgleichung einer flexion *minnil (ahd. mindil) : dat. mẹle mundstück. — § 83, 2, c) z. 1 l. ṛ ausser im agutn. — Z. 3 f. str. 'den .. nebenformen'. — § 84 z. 2 f. l. ȳ oder ǟ (vgl. anm. 1 und 4) noch zur zeit des überganges stand. — § 84, 3 z. 4 str. 'ags. miiha'. — § 91, 7, a) f. h. Ebenso vor w (s. Noreen, Arkiv VIII, 160 note), z. b. apruvts(u) Vg. I, Ly (aisl. ǫþrovis) 'anders' neben acc. sg. f. aþra andere, likoværl (anal. līka-) gleichwol neben līka gleich. — § 92, a) z. 2 f. str. 'der ... brinne'. — § 94 anm. 2 z. 6 l. *kæristęr. — § 95 z. 5 f. str. 'mioþer .. met'. — § 95 anm. 2 ist Pipping, Neuphilologische Mitteilungen 15/11—15/12 1902, s. 8 ff. zu vergleichen. —

Nachträge und berichtigungen. 505

§ 101, 1 z. 2 f. str. 'präs... misshandeln'. — Z. 7 str. '-niom'. — § 102, 2
z. 5 l. Vg. II. — Anm. z. 5 f. str. 'halfgirþi .. platz'. — § 104 anm. 1 z. 2
l. *harf, arn, far.* — Anm. 3 z. 7 f. l. § 171 mit *a.(ρ)* ablautendes *u* (*o*)
vor. — Anm. 5 f. h. Vgl. aber § 409 anm. 5. — § 105 anm. z. 8 v. u. l.
'd. h. *drœngi*'. — § 106, 2, b) z. 5 v. u. l. eidechse. Vereinzelt steht mit
seiner einfachen konsonanz *hyghynde* Linc. — § 107 anm. 2 ist wegen *optir*
u. s. w. An. gr. I³ § 166 anm. 2 zu vergleichen. — S. 100 z. 10 f. str. '*fyrma*
.. konfirmieren'. — Z. 14 v. u. l. *skylt* schild. — § 110 z. 7 str. '*fōr* bekommt'. — § 111 anm. 1 z. 3 l. *krus* (kaum gleich aisl. *kross*, denn vgl.
Vg. I *krussa*, II K *kruza*, mndl. *cruce*) kreuz. — § 112 z. 2 l. kürzung
(s. § 131—133) sporadisch. — § 112 anm. 1 z. 2 v. u. l. aus *sōkn* (s. § 455
anm. 2) neben. — § 114, 2 z. 3 f. l. > mschw. *sœia* sehen. — Z. 6 l. präs.
sēr. — § 115 anm. 1 f. h Vgl. aber § 142 anm. 9. — S. 109 z. 1 str. 'agutn.
... hüten'. — Z. 8 str. 'neben .. SK'. — § 116 z. 3 l. *v*, ausser. — § 118
z. 1 f. str. 'oder entlehntes'. — Z. 3 f. str. 'Brate .. 11 f.;' — Z. 6—8 str.
'rschw... lit'. — S. 112 z. 3 f. h. Vgl. aber Pipping, Neuphilologische Mitteilungen 15/11 — 15/12 1902, s. 11 note. — Z. 4 str. '*sial* .. seele'. —
§ 122, 1 ist wegen *þry* An. gr. I³ § 74, 6 zu vergleichen. — § 122 anm. 1
(statt Nach ... entsprechen) l. Wegen Rūk *Þiaurikʀ* Dietrich vgl. die
theorie Pippings a. o. s. 13. — S. 114 z. 2 str. '*þry* .. drei'. — S. 115 z. 4
l. s. 298. — § 124 anm. 1 sind *tueir, tueim* nach Pipping, Gotländska studier
s. 95 zu erklären. — Anm. 7 z. 3—6 str. 'Sicherer ... 104. — § 125
z. 5 str. 'reiben'. — Z. 6 str. 'spätes'. — § 126 anm. 1 vgl. jetzt § 540, 1
und s. 501 nr. 40. — S. 118 z. 2 l. *Skąnu*. — S. 121 z. 7 l. *kupan*. — § 129, 1
z. 6 str. 'Da ... her'. — § 129 anm. 2 f. h. Über etwaige andere fälle s. Hultman in Nordiska studier (Upps. 1904), s. 217 ff. — § 131, 2, z. 4 f. l. 'z. b.
dat. *skiølle* (< *skiølde* < *skiolde* < *skiōlde* < *skiolde* § 129, 1) schild'. —
§ 141 anm. 2 z. 3 f. l. nach *e* und *ø*, sehr. — Z. 5 l. *a* und *u*, nie nach *o*.
In. — § 142 anm. 9 z. 2 f. h. (vgl. aber § 115 anm. 1). — § 143, 1 z. 2
und anm. 4 z. 7 sowie anm. 10 z. 4 l. Ög. fr. I. — § 144 z. 4 l. Nach doppelkonsonanz oder geminata (s. Kock, Arkiv XV, 216) scheint. — Z. 5 l.
Nærik(k)iæ, -e (schon Dipl. 1339, MEL ff.; — § 148 anm. 2 z. 5 l. anorw.
(und got. *af-ētja, -drugkja*) das. — Z. 6 str. 'vielleicht'. — § 150 z. 2 l.
e und (jedoch nicht vor *g, ʒ, k, η*) *i* antekonsonantisch zu. — § 153, 4
z. 1 l. *ȳ, œ, ø + i* scheinen. — Z. 4 f. str. 'obl... 10'. — § 153 anm. 2
z. 2 l. § 154, I, C, 1, b und 2 zu. — S. 142 z. 9 v. u. l. kuhhäuter. — § 154
anm. z. 5 l. *þyllar* Leseb. — S. 145 z. 4 l. agutn. *Norvegi*. — § 157 z. 3 l.
synkopiert, wenn sie offen ist, z. — § 158 anm. l. die fast nur. — § 159
z. 3 l. konsonantengruppen vor, die. — S. 152 z. 2 l. *nipre* (und *næpre* aus
**niðare*, s. § 469, 1) 'der. — Z. 5 l. *slipa* schleppen. — Z. 10—12 str. 'nschw.
.. bersten'. — S. 153 ist anm. 3 zu streichen. — § 164 z. 6 '*Virþar .. Værænd*'
gehört zu § 163, 1. — S. 154 anm. 2 f. l. und *frist* (mndd. *vrist*) : *frœst* aufschub. — Z. 6 f. h. vgl. aber Lidén, Bezz. Beitr. XXI, 115 f. — § 165 z. 3
v. u. l. pl. *ōpul* Og zu *ōpal* eigentum, 1. pl. — S. 155 z. 2 f. str. '*apruvis(u)* ..
andere'. — S. 155 z. 5 f. l. gew. *ōpal*; ebenso. — § 167 anm. z. 2 l. dürfte belegt sein durch. — § 169 anm. ist jetzt nach An. gr. I³ § 106 anm. 4 zu berichtigen. — S. 159 z. 13 l. *tan* zahn. — § 171 z. 4 v. u. l. 1371 (mehrmals

Horghum, -horgha). — Z. 2 v. u. str. 'agutn.pl. *lyndir'*. — § 173 z. 5 v. u. str. '*kwœster*'. — Anm. 2 z. 5 l. Hauggrän, *ar* Skärfvum. — Anm. 3 z. 2 f. str. '*sōt* .. sitzen'. — § 177 anm. z. 3 f. str. 'und .. dreizehn'. — § 178 z. 3—5 gehört zu § 170. — Z. 5 l. vgl. An. gr. I³ § 94. — Z. 2 v. u. l. nschw. *Holdo*. — Anm. 1 z. 1 f. str. '*optir* .. nach'. — § 179 z. 4 l. asl. *grebǫ*. — S. 165 z. 2 v. u. l. (andd. *thūsint*). — S. 166 z. 2 f. str. '*tīnde* .. zehnt'. — Z. 8 l. (< *bōunde*, s. § 440). — S. 167 z. 3 f. str. : '*nakudher* (ags. *nacod*)'. — § 203 anm. ist zu streichen. — § 227 z. 6 str. 'nschw... scheu'. — S. 178 z. 2 l. synkope oder sonst unmittelbar. — Z. 7 str. 'unmittelbar'. — § 235 anm. 1 z. 4 f. l. *Stappa* stapfen (gleichwie auch *stampa* zerstampfen) und *stappa* (resp. *stampa*) falle sind aus. — Z. 6 f. l. dürfte urspr. *pp* haben (vgl. das synonym *skopa* nach § 342, 5), s. Björkman, Scandinavian loan-words, s. 127 f. note. — § 235, 2 z 3 l. § 242, 2. — § 238, 1, b) und 3, b) l. kurzem schwachtonigem. — § 238, 2 l. nach schwachtonigem. — § 239, 1 z. 7 l. Vg. II u. a. (s. § 553 anm. 16) neben. — Z. 9 l. *þighia* (selt. *þiggia*, s. § 553 anm. 23), präs. — S. 185 z. 2 l. *garfwœ* Corpus VI, 47), -*um*, nschw. (2 mal, z. b. Leseb. s. 94, 17). — Nach § 241 f. h. § 241ᵇ. Vor konsonanten wird *gg* zu *ȝ* (vgl. An. gr. I³ § 238, 2), z. b. *byghþ* bauung zu *byggia* bauen, *dyghþ* tüchtigkeit zu aisl. *dyggr* tüchtig. — § 243 anm. l. I, 575. — § 244, 3 z. 7 str. 'Etwas .. ist'. — Z. 11 l. *iur[r]īki* (Leseb.³, s. 13, 3 f.). — § 244, 4 z. 5 str. '*Ingevœr* .. und'. — § 244, 5 z. 3 f. str. '*Raulf* .. 262'. — § 245 anm. str. 'Wenigstens .. Möjebro'. — § 247 anm. 2 z. 6 str. 'vgl. § 60'. — § 249, 3 f. h. Vgl. aber betreffs *ēriksgata* Wadstein, Historisk tidskrift 1899, s. 117 ff. — S. 191 z. 5 l. I, 575. — § 252 anm. 1 z. 2 l. *hwārtwœggia* jeder (von. — Anm. 4 z. 6 str. 'die .. fälle'. — Z. 8 l. Noreen, An. gr. I³ § 227 anm. 5 resp. 4. — § 258, 2, c) z. 1 l. wenigstens. — § 260 anm. 1 z. 1 l. das *þ* nach. — § 260, 6 z. 9 l. Bm, ST. — S. 203 z. 3 l. 717, *þtina*. — § 261 z. 1 und 3 z. 1 l. § 258, 3. — § 264 anm. 1 z. 5 l. Arkiv IX, 161 ff. — S. 207 z. 3 s. betreffs *bel* jetzt Kock, Arkiv XIX, 91 f. — § 266 anm. 3 z. 7 l. *mȳþir* mütter. — § 269 z. 3 v. u. l. *fyxl* =. — § 270 z. 2 l. zur palatalen stimmhaften spirans (wenigstens. — Anm. 2 ff. l. spiranten führt ... *i* in spirans zur .. langen spiranten, dessen .. *i* (*y*) vereinfacht ... *bōia* Bu beugen, *siia* Bu sagen .. 25), *syria* ST trauern. — § 274 z. 1 l. Einen. — § 277 anm. 5 ist zu streichen. — S. 217 z. 8 l. verwechslungen hervorgeht wie. — S. 220 z. 8 f. v. u. l. *R* in gewissen gegenden noch etwas vor 1200. — § 288 z. 2—6 str. 'nschw. ... s. 6);' wegen Arkiv XVIII, 6. — S. 225 z. 3 v. u. l. < *Vœrpbȳ*. — S. 228 z. 2 v. u. str. 'Bu'. — S. 232 z. 16 l. 55, 3. — § 299 z. 4 v. u. l. 102, 11, 17. — § 305 anm. 1 z. 1 str. 'etwas unsicheres' und l. Da, Dipl. 1374. — Z. 2 ist zu streichen. — § 311, 2, a) z. 6 str. '*fry(gh)dh* .. freude'. — Anm. 2 z. 4 *Bri(ghit)ta* gehört zu mom. c). — Anm. 3 z. 4 str. 'pl. ... G'. — § 312, 2 z. 3 sowie anm. 1 z. 4 und 6 *ialbi* gehört zur anm. 2. — § 313 z. 6 l. in nschw. — S. 243 z. 5 vgl. betreffs der ortsnamen Kock, Arkiv XIX, 239 note. — § 318 z. 1 l. schwindet wenigstens in schwachtoniger silbe seit. — § 321 anm. 4 z. 5 str. 'rschw. *tua* Rōk'. — Zu § 321, 4 ist jetzt Ottelin, Studier öfver Cod. Bureanus I, 159 ff. zu vergleichen. — § 321, 4 z. 2 l. überall (jedoch 1 mal *gār* Ög. fr. I — s. Leseb. 20, 30 — 'geht', wenn nicht schreib-

Nachträge und berichtigungen. 507

fehler statt *gangạr*) ausser in *ær* ist, *var* war (vgl. unten), intervokalisch.
— Z. 13 l. *var* — vgl. Bu 2 mal *va* — nach. — § 323, 1 z. 6 v. u. l.
(*hwart-ke*, s. § 523 anm. 6). — § 324 anm. 1 z. 2 l. Da *āreek* (und *āræk*,
vgl. § 80 anm. — Z. 4 l. herfahren; vgl. aber Wadstein, Historisk tidskrift
1899, s. 124 note. *Riva*. — § 324, 2 z. 2 v. u. l. Vg. II K. — § 328, 1, b)
z. 2 v. u. l. st. *i*. — § 330 anm. 1 z. 1 str. 'nur kaschw.' — § 333 anm. z. 3
l. (aisl. *dælla*). — § 335 z. 1 v. u. l. < **þĩstlar*. — Anm. 3 z. 1 f. str. '3. pl.
.. sassen'. — Z. 4 f. str. '147 ... 247'. — S. 264 z. 6 l. *bẽsker*. — § 337, 10
z. 3 f. v. u. l. '*stekamœz*' und str. 'und .. 455'. — § 339 z. 2 l. bei post-
konsonantischen *l*. — S. 266 z. 1 v. u. bis s. 267 z. 3 str. '*kors* ... kreuz'.
— S. 267 z. 7 str. '*hwilkars*'. — Z. 11 l. 'nie'. — Anm. 3 z. 3 l. neben
Grīkir. — Z. 1 v. u. f. h. Über *kors* neben *krussa* und agutn. *krus* s. Reinius,
Språkvetenskapliga sällskapets förhandlingar 1897—1900, s. 60 ff. — S. 269
z. 11 l. *vildihors*. — § 341, 2 z. 4 f. str. '*hut* .. anm.)' und '*hutske* Ög
weder'. — § 342, 4 z. 2 l. *motter* (aus **moþþ-*, s. § 350, 8) motte. — § 344
anm. 1 f. h. vgl. aber § 389, 2. — § 356 z. 3 nach 93 ff. f. h. Zum teil aus
zð entstanden (s. § 221 anm. 2), z. b. *hydda* obdach. — Z. 5 l. § 297. —
§ 358 z. 6 l. § 297. 7. *ʒ* + *ʒ*, s. § 225, 1. — § 383, 1, b) z. 3 v. u. l. *tömbẹr*.
— S. 283 z. 11 v. u. l. *Rhulf*. — § 384 z. 11 v. u. l. agutn. *Norvegr*. —
S. 293 z. 3 f. vgl. betreffs *gras* : *græs* Ekwall in Nordiska studier (Upps.
1904), s. 247 ff. — § 399 z. 9 f. str. '(über .. 67, 1)'. — § 399 anm. 1 z. 3 f.
str. '1 mal .. ist'. — § 399, 1 z. 9 l. ntr.? *hærve*. — § 407 anm. 1 z. 3 l.
Grīkir. — S. 311 z. 18 l. 173 anm. 1. — S. 312 z. 1 v. u. str. 'anm.' —
S. 314 z. 9 l. § 383. — Z. 18 l. 75, 2. — S. 317 z. 9 f. v. u. str. 'und .. hahn'.
— S. 322 z. 3 v. u. l. 416 anm. 9. — S. 323 z. 3 und 7 l. 143 anm. 10. —
S. 327 überschrift l. § 430—432. — § 433 anm. 4 z. 2 f. str. ' Über .. anm. 3'.
— § 433, 2 z. 1 l. *u*-stämme. — § 446 z. 9 l. Rök, Malstad. — § 470, 5 z. 6
und § 471, 1 z. 5 l. 117 anm.). — § 472 anm. 5 ist zu streichen. — S. 370
z. 18 l. § 297. — S. 374 z. 9 v. u. l. anm. 1. — § 479 z. 6 l. N. *ễn* ... *ễt*, *æt*.
— Z. 7 l. *ễnnar*. — S. 377 z. 2 l. *twār*, *twā* §. — § 481 z. 4 l. *bāþi(n)*,
bæþi(n). — § 484, 10 z. 2 l. mschw. bisweilen *tī* D 4, Rk. I, II u. a. —
Anm. 6 z. 3 (statt § 177 anm.) l. nach *þrīr*. — S. 381 z. 3 l. Dipl. 1285 *fiūre-*,
Bu u. a. *fiuri-*, Vm. — § 490 anm. 2 z. 6 l. § 289. — § 503 z. 3 und s. 390
z. 5 l. § 73, 2. — S. 393 z. 1 v. u. str. '*kallæret* ... 14, 1'. — S. 395 z. 8
v. u. l. Über *þiʀ* Sjonhem II (s. § 91, 2), *þi(r)* Ly. — § 508, 12 z. 3 l. *þễn*.
— S. 402 überschrift l. § 510. — S. 425 z. 16 l. § 252, 2, d). — S. 427
z. 8 l. *nīgha*, *rīsa*. — Z. 13 l. *bīþa*, selt. — § 528 anm. 3 z. 3 l. 526. —
§ 543 anm. 5 z. 2 l. 235. — § 548, 2 z. 2 l. 328, 2, c. — S. 456 z. 7 und 10
l. anm. 3. — S. 457 z. 12 l. nähren. — § 561 anm. 4 z. 8 l. **komer* § 536
anm. 1. — § 564 anm. 6 z. 5 v. u. l. § 556. — S. 486 z. 9 v. u. l. *cuml* ...
cunn. — Z. 10 v. u. l. *slīcu*.

Register.

A. Literarische wörter:

Die zahlen beziehen sich auf die paragraphen der grammatik. Wörter wie *daghęr, daghịr, daghœr, dayhar; bœra, bœrœ; faþir, faþer; þiggia, thiggia; baþe, badhe* sind der regel nach nur unter der ersten form aufgeführt. In der buchstabenfolge stehen in diesem register (im gegensatze zu der s. 33 angegebenen ordnung) anlautendes *þ* und dessen späterer vertreter *th* nach *t*; in- und auslautendes *þ* aber wird zusammen mit seinem späteren vertreter *dh* (also unter *d*) gestellt. Ebenso sind *c* und *q* unter *k* zu suchen. Die in nschw. wörtern vorkommenden *j* und *å* werden wie im nschw. behandelt und also vor *k*, resp. *æ* (nschw. *ä*) gestellt.

a f. 151; 153, 2; 340, 3; 434.
a adv. 'immer' = *æ* 80, I, 3; 473 (schluss); 556, anm. 2; vgl. *e, æ.*
a (*æ*) präp., adv. 'an, auf', 57, I, A, 1, b; 141, anm. 3; 155; 249, 6 u. anm. 5; 446; 473; vgl. *pa.*
a präp., adv. 'von, aus' = *af* 306, 2; 445; 473.
-*a* (adv.) 471, 1.
abadissa f. 57, I, B, 1.
abbetekare, m. = *apotekare* 265, anm. 2.
Abern m. 76, 2; vgl. *Aborn.*
abo(c) m. 419.
aborre m. 286; 303, 1; 340, 3; 343; vgl. *aghborre.*
abot m. 416, anm. 1.
abote, -*a* m. 416, 1, b u. anm. 1.
a breþ viþ präp. adv. 454, 1, c; vgl. *breþ viþ.*
Absavalder 271, anm. 2.
abyrþ, (*abyr*) f. 308, 3, b.
abyrghia stv. 531, 3.
Aborn m. 65, 3; vgl. *Abern.*
ad präp. u. konj., s. *at.*
addertan zahlw. — *atertan* 484, anm. 9.

Adelöf (nschw.) 107.
-*adis* (-*ade*) (part. präs.) 317, anm. 4.
-*aþ-?* suffix 180, 7.
aþal, -ul; adhil adj. 180, 2; 451; 453, 2.
aþalfœst, -væst f. 174; 259, anm. 1.
aþans (agutn.) adv. 471, 6; vgl. *i adhans.*
Adhelef 107.
aþer f. 399.
aþertan zahlw. 266, anm. 2; 484; vgl. *atertan.*
Aþils m. 245; 337, 8.
Aþmunder m. 285, 4.
aþra f. 399.
aþruvis(n) adv. nachtr. zu 91, 7, a; 470, 4 u. anm. 8; 490, anm. 2.
af (*œf*) präp., adv. 57, I, A, 1, b; 141, anm. 3; 173; 299, anm.; 306, 2; 445; 473.
af- präfix 'allzu' 148, anm. 2; vgl. *of-.*
af andrerþu (agutn.) adv. 117, anm.
afat adj. u. 297, anm. 2.
affar adj. 297, anm. 2.
affran adv., s. *ovan* 148, anm. 3.

afguþ n. 383, 1, e, a.
afguþa adj. 460, 1.
afla swv. 260, anm. 7.
aflæxe adj. 460, 3.
af nyia, af nyo, a(f) *ny*(a) adv. 148; 154, I, C, 3; 470.
afraþ, -reþ n. (u. m., agutn.) 80, I, 4, b; 91, 1; (142, anm. 1); 386, anm. 1 u. 2.
afræþe, -aþc n. 386, anm. 1; 396, 3.
afrækt f. 324, 1.
afsaknadher m. 260, 7.
Afsavalder 271, anm. 2.
afsidhis adv. 470, 1, a.
afsinna, -e adj. 460, anm. 2.
afsæþom adv. 470, 3, a.
aftala swv. 569, anm. (part.).
aftan, -on, -in m., s. *aptan.*
after adv., s. *apter* 288.
afunda swv. 555, anm. 6.
afunna v. 555, anm. 6.
afvita adj. 298 (schluss); 460, 1.
af . . . væg(h)*na* (*vag*(h)*na*) präp. 173, anm. 1; 407, 4; 442.
-agh- suffix 180, 1.
agha v., s. *egha* 80, II, 1; 554, 2 u. anm. 2.
aghborre m. 238, 4; 286; 340, 3; 343; vgl. *aborre.*
aghi m. 416.
Ag(h)*munder* m. 67, anm. 1; 258, anm. 1; 279, anm.
aghund f., s. *avund*; 271, anm. 1.
agin (agutn.) präp. 445; vgl. *gin.*
agn f. 294, 2; 398; 399.
agriper, -greper m. 169; 298.
ayærþ f. 308, 3, b.
agärta (nschw. dial.) zahlw. 266, anm. 2.
a hand präp. 445; vgl. *a hænder.*
a . . . handa präp. 442.
a hendi (agutn.) präp. 445.
a hænder präp. 445.
ai (agutn.) adv. 473 (schluss).
aiga (agutn.) v. = *egha* 554, 2 u. anm. 2, 3.
aka stv. 175; 239, 2; 540.

Ake m. 249, 1.
aker (u. a. formen) m. 175; 238, 4; 241; 267, anm. 3 (2 mal); 296, 4; 383, 1, d, 3 (2 mal), anm. 10; 384.
akh interj. 261, anm.
akkare, -ær(e), *-iær*(e) n. = *ankar*(e) 235, anm. 3; 386, anm. 1.
akoma (*-komma*) f. 298.
akta swv. 547, 1.
akærande m. 441, anm. 1.
al (agutn.) = *skal*, s. *skulu* 322, 3; 556, 3.
-al- suffix 180, 2.
-al (m.) 384.
-al (adj.) 451.
ala v. 539, anm. 4.
Alamar 308, 3, b.
alboghe m. 317, 1.
ald f. 408, 1.
aldaoþal n. 340, 2, a.
aldelis adv., s. *al*(*la*)*ledhis* 338.
alder m. 383, 1, d u. 3.
alder adj. 148; 321 anm. 4; 326; 339, 2 (u. anm. 2); 453, 1, c, 3, b, anm. 5; 454, 3, 5 (3 mal), anm. 9; 455, anm. 2; 459, anm. 1; vgl. *ælder.*
alder adv. 339, anm. 2.
aldin, -on n. 165, anm.; 180, 3; 386.
aldra adv. 339, anm. 2.
aldre adj. komp. = *ældre* 468, anm. 9.
aldrigh, -ik, -egh, aldri, -e (u. a. formen) adv. 57, I, B, 3; 153, anm. 3; 154, I, B, 1 u. II, A; 258, 3; 261, 3; 292, anm. 2; 311, 2, c; 335, anm. 2; 339, anm. 2; 472, B, 4 u. 8.
aldrigher, aldrogher adj. 180, 1; 292, anm. 2.
aldrighin adv. 154, I, B, 1; vgl. *aldrigh.*
Ale m. 151; 249, 2.
al en(a) adv., s. *allena.*
alenas, al enast adv. 454, 1, c; 471, 6.
alf, ælf f. 246, anm.; 386, anm. 3; 409, anm. 4; 497; vgl. *half.*
Algoter, -guter m. 81, 2, b.
aliker, (*alliker*) adj. 297, 2; 510, anm. 5.
alin f. 296, 3; 399.

Alinxas 151.
Alir 407.
al(la)ledhis, aldelis adv. 338.
allan n. = *aldin, -on* 165, anm.; 180, 3.
allar adv., konj., s. *ælla(r)*.
alla staþi (stæþi) adv. 470, anm. 9; vgl.
allastædhis, -stadhis adv. 470, 1, a.
alledhis adv., s. *al(la)ledhis*.
allena, al en, al ena adj. u. adv. 454, 1, c; 460, 1.
aller adv. 339, anm. 2.
aller adv., konj., s. *æller*.
allom staþom adv. 470, 3, a.
allu adv. 470, 2.
allæghis adv. 471, 6; vgl. *ællighæs*.
almboghe (früh-uschw.) m. 277, 1.
almoghe m. 416, 2 u. anm. 1.
almænne n. 394, anm.
almæn(ne)lika adv. 156, 3.
almæ(nni)nge m. 156, 3; 383, anm. 6; 418.
almænninger (æl-), -manninger, -mænger m. 135, anm. 4; 156, 3; (383, anm. 6); 389, anm. 2; (418).
almænningishus n. 383, anm. 6.
alnbugi (agutn.) m. 277, 1; 317, 1.
alregh adv., s. *aldrigh* 57, I, B, 3.
alsing(e)s, alsingen adv., s. *alsting(e)s*.
alskens, -ins 149, anm. 1; 393, anm. 2; vgl. *alzkyns*.
alster n. 329.
alsting(e)s, alsing(e)s, alsingen adv. = *alzþings* 323, anm. 2.
altara n. 420.
altarable f. 154, I, C, 1, b.
altare m. u. n. 396.
alteri (agutn.) n. 396.
altiþ, altit adv. 260, anm. 6; 335, anm. 2; 470, 4.
alva f. (386, anm. 3); 423, anm. 1; 497; vgl. *halva*.
alvar n. 420.
alvara f. u. n. 420.
Alver m. 153, 2.

Alvir m. 59, 7; nachtr. zu 61; 70, anm. 1; vgl. *Olvir* u. *Ølvir*.
alz adv. 470, 1, b.
alzingin adj. 323, anm. 2.
alzkona, -kuna 163, anm. 2; 393, anm. 2; 470, anm. 4; vgl. *alzkyns*.
alzkons, (al skons) 334 anm. 3; 393, anm. 2; vgl.
alzkyns 393, anm. 2; 470, 1, a; vgl. *alzkons, alskens, alzkona*.
alzþings, -þingis, -tin(g)s adv. 281, 2; 339 anm. 4; (386 anm. 6); 470, 1, a; vgl. *alsting(e)s*.
alzvaldogher, -valogher adj. 304.
alæghin adj. (part.) 553, anm. 14.
alænninge m. 292, 2; 418.
ambat f. 74, anm.; 399, 1 u. anm. 1; vgl. *ambot*.
ambatn, -bœtn (agutn.) f. 399, 3 u. anm. 1; (409, anm. 5).
-amber (in namen) 80, I, 4, b.
Ambiorn m. 277, 1; vgl. *Anbiorn*.
ambot, -ut f. 74, anm.; 112, anm. 1; 399, 1 u. anm. 1; vgl. *ambat*.
ambota f. 399, anm. 1.
ambudh n. = *anbuþ* 277, 1.
amia f. 65, 5.
amma f. 370, 1.
Ammunder m. 285, 4; vgl. *Aþmunder*.
a mot(e) präp. 445; vgl. *i mot(e), mot(e)*.
amper adj. 235, anm. 1.
ampol m. 384.
amyobarn n. 65, 5.
an, (and) f. 340, anm. 2.
an konj. = *æn* 173; 512, anm. 5.
An- (in namen) = *Arn* 289, 2.
-an- suffix 180, 3.
-an (m.) 384.
-an (mannsnamen) 383; (384).
-an (n.) 386.
-an (-æn), -en (-in), -n (pron.) 154, anm.; 504.
-an (part.) 569, 1.
-an (adv.) 471, 2 u. anm. 2.
anama swv., s. *an(n)am(m)a*.

Register. 511

Anbiorn, -bern m. 65, 3; 277, 1; 289, 2; vgl. Arnbiorn, Ambiorn.
anbuþ, andbuþ n. 277, 1.
and m. (f.) 383, 1, e, β; 399, 1.
and f. 433.
and- präfix 57, I, A, 1, a.
-and- suffix 57, II, B, 2, a; 135, anm. 2; 180, 4.
ande m. 129, 1; 383, 1, e, β.
-ande suffix 57, II, B, 2, a.
andeliker adj. 454, 2.
Anders m. 339, 2; vgl. Andre(a)s.
-andis (-ande) (part. präs.) 317, anm. 4.
andlite n., s. anlite; 61; 307.
andra leþ adv. 470, 4; (490, anm. 2).
andra lund adv. 470, 4; (490, anm. 2).
Andre(a)s, Andris m. 154, I, A; 339, 2; 407; vgl. Anders.
androm kostom adv. 470, 3, a.
androm lundom adv. 470, 3, a.
an(d)swar, anzwar n. 263, 1; 307, anm. 1.
andtime n., s. antime 61.
an(d)varþa, andwardha swv. 269, anm. 4; 307; 547, 2.
andverþu, s. af andverþu.
Anfaster m., s. Ar(n)faster 289, 2.
Anfriþ f., s. A(r)nfriþ 289, 2.
-ang- suffix 180, 5.
ange m. 416.
Anger m., s. A(r)nger 289, 2.
anger m. u. n. 320, 1; 383, 1, d u. anm. 1; 416, anm. 9.
angist f. 416, anm. 9.
Angmunder m. 258, anm. 1; 279, anm.; vgl. Ag(h)munder.
angsle m., s. œngsle 416, anm. 9.
Angun f., s. Arngun(d) 289, 2.
ankal (agutn.) m. 180, 2; vgl. ankul.
ankara n. 420.
ankar(e) m. 235, anm. 3; 386, anm. 1.
ankul m. 68, 3; 180, 2; 235, anm. 3; 384.
anlite, (and-, œn-) n. 61; 141, anm. 3; 142, anm. 8; 298 (schluss); 307.
ann (agutn.) zahlw. = en 124, 1; 238, 3, a; 479.

an(n)am(m)a swv. 242, 1, a; 547, 2.
annan staþ adv. 470, 4.
annan vægh, annanvagh adv. 173, anm. 1; 470, 4.
annar, annan zahlw., pron. 57, II, B, 2, b; 57, III, B, 4; nachtr. zu 91, 7, a; 165 (mehrmals); 229 u. anm.; 236; 238, 4; 257, 2 u. anm. 2 u. 4; 289, 2 u. anm. 3; 303, 3 (2 mal); 320, 2; 321, 2, b (3 mal); 339, 2; 453, (2 u.) anm. (1, 2,) 5; (454, anm. 7); 459, anm. 1; 490 m. anm. (passim); 525 (passim).
*annar hwar pron. 525, 2.
annars, annarz, annas adv. 301; 470, 1, b; 490, anm. 2.
annars hugha adv. 470, anm. 4.
annarskyns, -kons, -kona adj. 334, anm. 2; 393, anm. 2.
annars staz adv. 470, 1, a.
annas adv., s. annars 490, anm. 2.
annat hwart (hwat) (u. a. formen) pron., konj. 525, 2 u. anm. 1.
annatwæggia, -t(w)iggia, -tingia (u. a. formen) pron., konj. 102, 2; 144; 156, 2, b; 252, anm. 1; 331; 525, 3.
-anne (pron.) 504.
annor zahlw., pron. = annar 490, anm. 2.
an(n)oþogher adj. 249, anm. 5; 257, anm. 5; (297 anm. 2); 451; 454, 2 (3 mal).
anrop n. 298.
Answar m. 67, anm. 1.
answar n., s. an(d)swar 307, anm. 1.
ansylis adv. 167.
antiggia (u. a. formen) pron., konj., s. antwæggia.
antime, andtime n. 61; (141, anm. 3); vgl. œntime.
antwæggia, -t(w)iggia, -tingia (u. a. formen) pron., konj. 144; 156, 2, b; 264, anm. 3; 331; 472, anm. 4; 525, 3.
Anund(er) m. 383, 1, e, δ; 407.
anvarþa swv., s. an(d)varþa; 307; 547, 2.

anvaxe adj. 460, 3.
a ny adv., s. af nyia.
anzwar n., s. an(d)swar 263, 1.
anopogher adj., s. an(n)opogher 249, anm. 5; 451.
apal(d), -ul(d), -il f. 165, anm.; 180, anm. 1; 292, 1.
apinia f. 57, II, B, 2, b; 424.
apostol m. 323, 1; 384 u. (3, a u.) anm. 1.
apotekare m. 265, anm. 2.
aptan, aftan, -on, -in m. 180, 3; 317, 2; 323, 1; 384 u. 2 (u. 3, a).
aptan, æptan adv. 471, 2; 474.
apter, after, atter adv. 288 u. anm.; 471, 5; 474.
apti(r) präp. = æpti(r) 446.
ar f. 80, 1, 2; 399.
ar n. 'jahr' 247.
ar n. 'narbe' 238, 4; 389, 1; vgl. ær.
ar rel.-partikel = ær 173, anm. 2; 512, (2 u.) anm. 3.
Ar- (in namen) = Arn- 317, 1.
-ar (m.) 384; 417, anm. 1.
-ar (mannsnamen) 383; (384).
ara f. 399.
arbede, -bet(e), arbeide, -beit n. 124, anm. 5.
arborst, arbroste n. = armborst 316, anm.
Arbugha 151.
Ardan m. 148, anm. 2; 311, anm. 5.
arper n. 320, 2; 386.
-are, -cere (m.) 417 u. anm. (1 u.) 2.
arek, aræk n. 324, anm. 1 (m. nachtr.)
arf f. 71, 2; 252, anm. 3; 269.
arf n. 63, 3; 171; 386, 2 u. anm. 1 u. 2; 389, 1; vgl. ærf.
Arfaster, -vaster m., s. Ar(n)faster 259, anm. 1; 317, 1.
Arfinder m., s. Ar(n)finder 317, 1.
ar(f)takin part., adj. 309.
argbigga (uschw.) f. 102, 2.
argh n. 454, 1, c.
argher adj. 344, anm. 2.
arght, arkt n. 454, 1, c.

Argun(d) f., s. Arngun(d) 317, 1; 404; vgl.
Argunna, -gunda f. 404, anm. 2.
arin m., s. ærin; 384 u. 2.
Aringisle m. 245.
ark f. 399.
arkt n., s. arght 454, 1, c.
arla adv. 80, I, 2; 90, 1; 129, 2; 257, anm. 5; 471, 1.
Arlogh f. 317, 1.
armber m. 63, 3; 369, 1; 383, 1, b; 389, 2; vgl. ærmber.
armber adj. 250; 369, 1; 453, 1, b.
armborst, -byrst, -bost n. 289, anm. 3; 316, anm.; 389, anm. 1.
Armunder m. 317, 1.
arn m. 104, anm. 1 (m. nachtr.); vgl. ørn.
Arn- (in namen) 289, 2; 317, 1.
arna swv. 80, I, 2 u. anm. 1; vgl. ærna.
Arnalder m. 252, 2, d.
Arnbiorn m. 289, 2; vgl. Anbiorn.
Arndor m. 257, 1, a.
Arner m. 245.
Ar(n)faster, -vaster, Anfaster m. 259, anm. 1; 289, 2; 317, 1.
Ar(n)finder m. 317, 1.
A(r)nfriþ f. 289, 2.
A(r)nger m. 289, 2.
Arngun(d), Angun, Argun(d) f. 289, 2; 317, 1; 404.
Arnils m. 245; 337, 8; vgl. Ærnils.
Arnvaster m., s. Ar(n)faster 259, anm. 1.
Arnviþer m. 317, 1; vgl. Arviþer.
Aros 112; vgl. Arus.
artakin part., adj., s. ar(f)takin.
artogh f. 62, 2; vgl. ørtogh.
arundi (ngutn.) n. 180, 4.
Arus 112; vgl. Aros.
arva swv. = ærva 550, 1.
Arvaster m. 259, anm. 1; 317, 1; vgl. Ar(n)faster.
arve, ærve m. 'der erbe' 416, anm. 1, 4 (3 mal), 9.

arve, ærve m. 'das erbe'; 386, anm. 1 u. 2; 416, anm. 1.
arver m. 386, anm. 2.
Arviper m. 260, 7; 317, 1; vgl. Arnviper.
arvipi n. 180, anm. 5; vgl. arvope, ærvipi.
arvinge m. 418; vgl. ærvinge.
arvinger m. 418.
arvope, -vupe n. 57, II, B, 2, b; 63, 3; 180, anm. 5; vgl. ærvop(e), arvipi.
arœk n., s. arek.
As- (in namen) 412; 413, 2; vgl. Æs-.
as m. 249, 4.
Asbiorn m. 413, 2.
Asderver m. 76, 2.
Ase 146, 3.
asea stv. 153, 3.
Asfaster, -vaster m. 259, anm. 1.
Asgar, -ger m. 80, I, 4, b.
Asgoter, -guter, -geter m. 81, 2, b.
asia f. 153, 3; 424.
asik(k)ia, (-ækia) f. 57, II, A, 2; 62, 3; 102, 2; 239, 2 u. anm. 2; 426, 1.
asiun f., s. asyn 409, 3, b.
asker m. 383, 3.
Aslogh f. 81, 2, b.
asne m. 416, anm. 1.
Asruna f. 404, anm. 2.
assæte m. = hasæti 297, 2.
-ast- suffix 57, II, B, 2, a; 135, anm. 2; 180, 6.
-aster (in namen) 324, 3.
Astmudær m. 317, anm. 4.
Astrip f. 254, 2.
Asvaster m., s. Asfaster.
asyn, asiun f. 409, 3, b.
asynarvitni, asynævittni n. 321, 2, a.
at, att, ad präp., adv. 57, I, A, 1, b; 94, 5; 173; 266 (2 mal); 258, anm.; 299; 445; 472, B, 2; 473; vgl. æt.
at, att, ad konj. 94, 5; 173; 266; 299; 472, B, 1; vgl. æt.
-at (pron.) 508, 3.
ata zahlw., s. atta 304, anm. 3; 484.
atande zahlw., s. attunde 304, anm. 3; 492.

atartan zahlw., s. atertan 484, anm. 9.
at ena adv. 148.
at enast(o), enasta, enost(o) adv. 91, 7, a u. anm.; 148.
ater adv. 288, anm.; 471, 5.
ater-, attirganger m. 281, 2.
aterlef f. 408, anm. 1.
aterleva f. 408, anm. 1.
aterstaper m. 174.
atertan, atartan (u. a. formen) zahlw. 57, II, B, 2, a; 266, anm. 2; 304, anm. 3; 484 n. anm. 9; vgl. apertan.
athava swv. 396, 3.
athughul adj. 451.
athæva f. 396, 3.
at(h)æve, athave n. u. f. 246, anm.; 396, 3; 427, anm. 1 u. 3; 428, 2.
atløghe, atzløghe n. 334.
at minsto, at minsta 148; 470.
atol m. 384.
atskil(le)liker adj. 156, 3; 158, 1.
att präp., adv., konj, s. at.
atta, ata zahlw. 88, 1; 91, 3; 233; (266, anm. 2); 304, anm. 3; 484 (u. anm. 3).
attan zahlw. = atertan 266, anm. 2; 304, anm. 3; 484, anm. 9.
attande zahlw., s. attunde 492.
attanger m., s. at(t)unger.
attartan zahlw. = atertan 484, anm. 9.
attatighi, -tie (u. a. formen) zahlw. 158, 1; 304, anm. 3; 485 u. anm. 5.
attatiiande zahlw. 494.
atte zahlw. 492, anm. 2.
*atteluter m. 492, anm. 2; 497.
atter adv., s. apter 288 u. anm.; 471, 5.
attertan zahlw. = atertan 304, anm. 3; 484, anm. 9.
attighi zahlw., s. attatighi 158, 1; 485, anm. 5.
attirganger m., s. aterganger 281, 2.
attirganz epir m. 441, 1:
at(t)unger, attinger, -anger m. 180, 5; 497.
Attundaland 246.

attunde, -ande, atunde, -ande zahlw.
304, anm. 3; 492 u. anm. 2.
attun(de)del m. 158, 1; 497.
attunde luter m. 497.
atzløghe n., s. atløghe 334.
atæve n. u. f., s. at(h)æve 246, anm.
aupin (agutn.) part., adj. = øpin 542, anm. 11.
auga (agutn.) n. = ogha 123, 1; 420.
Aug(h)munder m. 279, anm.
auka (agutn.) swv. = oka 542, anm. 11.
Avair (agutn.) m. = Aver 245; 249, 5.
avarka swv. 117, anm.
Avaster, -æster m. 74.
Aver m. 245; 249, 5.
Avidher m. 311, 2, b.
avigher adj. 180, 1.
avita v. 526, anm. 2 u. 3.
avugher, -ogher adj. 173; 451.
avund (aghund) f. 271, anm. 1.
a ... væg(h)na präp. = af væg(h)na 407, 4; 442.
Avæster m., s. Avaster 74.
ax n. 224.
Axavalder 271, anm. 2.
Axel m. 271, anm. 2.
axl f. 68, 2; 399.
axlarhafup (agutn.) n. 321, 1.
axlatan(d) f. 174; vgl. oxlatan(d).
axol m. 384.
Azur, -or, -ar, -er m. 67, anm. 1; 74; 407; 413, 1.

bap n. 260, 4.
bape, -a, badh, bæpe (u. a. formen) konj. 57, III, B, 3; 156, 1, b; 481, anm. 3.
bapetiggia, (-twiggiæ) konj. 102, 2; 252, anm. 1; 481, anm. 3.
bapi(r), bæpir (u. a. formen) zahlw. 61; 63, 3, 4; 80, anm. 4; 91, 1, 2; 144; 321, anm. 4; 342, 8; 481 m. anm. (u. nachtr.).
badhul m. 180, 2; vgl. bædhil.
bagge m. 'schafbock' 102, 2.
bagge m. 'norweger' 342, 5 u. 9.

Bagge m. 342, 5; 358, 1.
Baghahus 156, 1, c; 279, 1.
baghn n., s. bakn.
bagn m. 342, 5 u. 6.
Bahus 156, 1, c; vgl. Baghahus.
baipas (agutn.) swv. = bepas 124, 1; 550, 2.
bain (agutn.) n. = ben 124, 1.
bait (agutn.) f. 408, 3.
baizl (agutn.) n. = bezl 80, II, 2.
bak adv., präp. 445; 470, 4.
baker m. 342, 9 u. 10; 383, 3.
bakke m. 235, anm. 3; 342, 6 u. 10.
baklængis adv. 470, 1, a.
bakn, baghn n. (267, anm. 3); 342, 6.
baldakin(d) n. 326, anm. 2.
balder m. 68, 3; 111, anm. 4; 383, 1, c; 412; 413, 1; vgl. bolder.
balke m. 412; vgl.
balker m. 68, 3; 171; 321, anm. 8; 412 u. 4; 413, 1, 2, anm. 1; vgl. bolker.
bamba f. 423.
ban n. 254, 1.
band n. 129, 1.
banda (agutn.) f. 426, 2.
bani, bæni m. 416, anm. 9.
bann n., s. ban.
banzmal n. 266.
bar f. 'bahre' 399.
bar f. 'barre' 399.
bar adj. 453, 1, d.
bar adv. 473, anm.
bara stv. = bæra 172, anm. 1; 535, anm. 1.
Barper m. 244, 5.
barfridh, (bardfriid) n. 326, anm. 2; 407.
barfridher m. 407.
barker m. 68, 3; 171; 342, 6; 412 (u. 2); 413, 1 u. anm. 1; vgl. borker, berker.
barmber m. 383, 1, b.
barn n. 68, 3; 104; 120, 2; 386, 3; 389, anm. 3; vgl. bærn.
barnsker adj., s. bærnsker 455, 3.
barn(s)liker adj. 334, anm. 2.

Register. 515

bar(n)søl(l) n. 317, 1 (schluss).
bas m. 249, 4.
basinger m. = bæsinger 389, anm. 2.
basun, basyn(n), basurn m. u. n. 333; 383, 4 u. anm. 1, 2 u. 3; 386, anm. 8; 389, anm. 1; vgl.
basurne m. 383, anm. 3.
basuna f. 383, anm. 2.
bata swv. 174.
bater, boter m. 80, anm. 5; 110; 383, 2, b.
batna swv. 174.
batre adj., komp. = bætre 468, 3 u. a u. anm. 4.
Bawahus 279, 1; vgl. Baghahus.
baz(s)tova f. 260, 4.
bazter adj., sup. = bæzter 468, 3 u. b u. anm. 4.
be- präfix 57, I, A, 1, a; 136, anm.; 138, anm.
bedrova swv. 550, 1 u. anm. 3; vgl. drova.
beþa stv. = biþia 177, anm.
beþas swv. 238, 5; 263, 2; 303, 3; (304, anm. 1); 550, 2; 570, 2 (2 mal); vgl. bæþas.
beþi (agutn.) konj. = bæþe 481, anm. 3.
bedhia stv. = biþia 115, 1; (537, anm. 4).
beþir (agutn.) zahlw. = baþi(r) 63, 3; 481.
befæl(l)a, -fal(l)a, -fol(l)a v. 535, 2 (schluss); 539.
befængia sw. 550, 2.
begynna (by-), -ginna swv. 108, anm. 3: 138, anm.; 550, 3 u. anm. 8.
behagha, (-haffua) swv. 279, anm.; 547, 2.
bekænna, (bæ-) swv. 136, anm.
bel n. = pæl 265, anm. 2 (m. nachtr.).
beleva swv. 550, 1 u. anm. 3.
bella (agutn.) swv. 550, 2.
belz n., s. bezl 337, anm. 1.
belæghin adj. 553, anm. 14.
belæte, (bæ-) (u. a. formen) n. 57, I, A, 2

136, anm.; 142, anm. 10; 298; vgl. bilæte.
ben, bæn n. 80, anm. 6; 124, 2 (u. anm. 7); 386.
benbiærgh f.? 171.
Ben(e)dikter m. 156, 1, a; vgl. Bændikt.
bera (agutn.) swv. 64, anm. 1.
bereþa, -rædha swv. 114, anm. 1.
bergfrid n. = barfridh 326, anm. 2.
-bern (in namen) 76, 2; vgl. -biorn, -born.
berætta, (bæ-) 136, anm.; 550, 3.
besighla, -seghla swv. 337, 2; 550, 2.
beske(dh)likin adj. 308, 2, b.
besker adj. 80, II, 2; 314; 337, 7 (m. nachtr.); 345; 457, anm. 2; vgl. bæsker.
bes(k)lika adv. 314.
bes(ko)per m. = biskuper 115, anm. 1.
bestand n. 142, anm. 10; vgl. bistand.
beswagha swv. 267, anm. 3.
beta swv. 550, 3.
betidha adv. = bitidha 142, anm. 10.
betro swv. 553, 18 (part.).
bevisa swv. 547, 1.
bezl, bæzl (besl, belz u. a. formen) n. 80, II, 2; 161, anm.; 337, anm. 1.
bi n. 65, 5; 153, anm. 2; 388 u. anm.; vgl. by.
bi- präfix 145.
biald m.? = bliald 315, anm. 3.
bialke m., s. biælke 78, 1.
biargh n. u. f., s. biærgh 78, 3.
biargha v., s. biærgha 530, 2.
biarter adj. 78, 3; vgl. bærter.
biþa v. 526 u. anm. 1, 2, 3 (nachtr.); 550, 2.
biþia, byþia, bidha (u. a. formen) stv. 115, 1; 177, anm.; 225, 2; 257, anm. 4; 296, anm 1 (2 mal); 537, 4 u. anm. 4, 5; 563, 1 u. 2 (2 mal); 566, anm.
bien n. = ben 124, anm. 7.
biera (agutn.) stv. = bæra 335, anm. 3; (535, 1).
biern (agutn.) m. 98, anm. 2; 413, 4.
biggia swv. = byggia 101, 2.

Noreen, Altschw. Gr. 34

Bighir m. = *Birghir* 320, 2.
bik u. 163, anm. 1; 265, anm. 2; vgl. *bæk.*
bikar m. 267 (schluss); 383; (384); vgl. *bægher* n.
bikara n. (383); 420.
bikare m. 267 (schluss); (383).
bikkia f. 65, 4; vgl. *bykkia.*
bilder m. 383, 1, c u. 3.
bildkippi m. (acc. sg.) 395.
biltogha, (byltogha) adj. 108, 1; 301; 460, 1.
biltogher adj. 460, 1.
bilæte, (by-) (u. a. formen) n. 57, I, A, 2; 142, anm. 10; 145; 298; vgl. *belæte.*
binda, bynda, binna stv. 91, 2; 108, 1; 165; 171; 185, 1; 211, 1; 235, 2 (part.) u. anm. 2; 242, 2 (part.); 249, 6; 257, anm. 4; 292, 2; 307 (part.); 451 (part.); 454, 4 (part., 3 mal); 530, 3; 531, 1; 532; 531, 2; 563, 1; 569, 1 (part.); (570, 2).
binge m. 342, 6.
biog n., s. *biug* 127, anm. 1.
Biork 77, 3.
Biorn m. 65, 3; 77, 3; 317, anm. 2; 413, 4; vgl. *Biærn, Born, Biørn-.*
biorn, biørn m. 76, 2; 98 u. anm. 2; 164; 238, 3, c; 241; 383, 2, d, 3, 4; 412 u. 2; 413, 3 u. 4.
-biorn (in namen) 313, anm. 2; vgl. *-bern, -born.*
Birghi(r), Byrghi(r) m. 108, 1; 320, 2; 395 (2 mal) u. anm. 1.
Birghitta, Byrghitta f. 108, 1; 339, 2; vgl. *Brighitta.*
birke- 'birken-' 164.
birna f. 164.
biskuper, (by-), biskop(er) (u. a. formen) m. 57, II, B, 2, b; 65, 4; 298; 314, anm.; 383 u. 1, c, δ u. 2, c, γ; vgl. *bissoper, bes(ko)per, bisp.*
biskupsdome, (biskufs-) n. 265, anm. 1.
bisman, (bysman) n. 57, I, B, 3; 145; 268, anm. 3.
bismare m. 268, anm. 3; 417.
bisp m. 156, 1, b; 314, anm.; vgl. *biskuper* u.

bissoper m. = *biskuper* 156, 1, b; 314, anm.
bistand n. 142, anm. 10; vgl. *bestand.*
bita, (byta) stv. 108, anm. 5; 169; 185, 1 (part.); 186, 1; 526; 527, 1 u. 2.
biter adj. 345; 453, 1, d.
biti m. 415; 416.
bitidha adv. 142, anm. 10; vgl. *betidha.*
biupa (u. a. formen) stv. 59, 11; 61; 100, anm.; 122, 2, b; 257, anm. 2 (part.); 260, 4 u. anm. 6 u. 7 (schluss); 266, anm. 1 (part.); 290, 2; 454, 4 (part.); 528, 1 u. anm. 1; 529 (passim); (561, anm. 4); 563, (1 u.) 2; (570, 2).
biug, (biog) n. 100; 127, 1 u. anm. 1; 386; vgl. *byg.*
biur m. 92, b, 2; 243.
biurdh f., s. *byrþ* 127, 2.
biælke (bialke) m. 78, 1; 171.
biæra stv. = *bæra* 535, 1.
Biærbo- (in namen) 311, 1.
biærgh, (biargh) u. u. f. 78, 3; 311, 1; 386, anm. 3; vgl. *bærgh.*
biærgha, (biargha) stv. 96; 171; 342, 6; 530, 2 u. anm. 4 u. 5; 531, 3; 533; 534, 1 u. 2 (part.); 569, 1 (part.); vgl. *bærgha* (u. *byrghia*).
Biærghar 386, anm. 3.
Biær(gh)viper m. 311, 1.
Biæri m. 416, anm. 7.
biærk- 'birken' 164; 171.
Biærko 77, 3; 402, anm.
Biærn m. 77, 3; 98, anm. 2 (m. nachtr.); 413, 4; vgl. *Biorn.*
Biærne m. 416, anm 7.
Biærviper m., s. *Biær(gh)viper* 311, 1.
biørn m., s. *biorn* 98 u. anm. 2.
Biorn-, Biør- (in namen) 289, anm. 3; 317, 1; vgl. *Biorn.*
bior(n)skin n. 317, 1 (schluss).
bla f. (399); 400.
bla adj., s. *bla(r).*
blaþ n. 386.
blakker adj. 285, 1, c.
blan f. 399; (400).

blanaþer m. 260, anm. 7; 383, 4; (416).
bland, blant präp. 263, anm. 1; 444; vgl. *i bland.*
blanda swv. 546, 1; vgl. *blonda.*
blane m. 416.
blanker adj. 235, 1, c; 314.
blant präp., s. *bland* 263, anm. 1; 444.
bla(r) adj. 153, 1; 154, I, C, 3; 321, anm. 4; 449 u. anm.; 452; (453, 1, e u. anm. 4); 458; 459.
blasa v. 544, anm. 5; (561, anm. 4); vgl. *blæsa.*
blaster, blæster m. 177; 409, 3, a; 413, anm. 2.
ble(a), bleia (u. a. formen) f. 125; 126, anm. 3; 154, I, C, 1, b; 328, 1, a; 425.
blekia swv. 550, 3.
Bleking (nschw.) 180. anm. 3; vgl. *Blekonger* 180, anm. 3.
bliald m.? 315, anm. 3.
blidhe f. 427.
blidher adj. 260, 5.
blipka, blitka, blikka swv. 260, 5; 290, 1.
blinde f. 427.
blinder adj. 91, 2, 7; 165; 232 u. anm.; 235, 2; 241; 242, 2; 453, 1, c; 454, 1, a.
blistra swv. 177; 254, 2.
blitka swv., s. *blipka* 260, 5.
bliughþ, bliughd f. = *blyg(h)þ* 63, 4; 257, 1, b; 409, anm. 4.
bliugher adj. = *blygher* (63, 4); 122, 2, a (2 mal); (409, anm. 4).
bliva, (blyva) stv. 526; 527, 1 u. 2.
bloþ, blot n. 260, anm. 7; 383, anm. 1.
bloþer m. 257, anm. 2; 383, anm. 1.
blodhrudher adj. 170.
blome m. 416, anm. 3.
blomster, blomster n. 389, anm. 2;
blonda swv. = *bianda* 129, 1.
bloster n. = *plaster* 265, anm. 2.
blota swv. 546, 1.
blotna, blutna swv. 170.
blozdroppe m. 298.
blughligher adj. 170.
blus n. 163, anm. 2; 298 (schluss).
blutna swv., s. *blotna.*
bly n. 69, 5; 71, 1; 388.

blyg(h)þ, blyght, blygh f. 63, 4; 260, anm. 7; 308, 3, a; 409, anm. 4; 454, 1, c; vgl. *bliughþ.*
blygher adj. 122, 2, a; 170; vgl. *bliugher.*
blyght n. 260, anm. 7; 454, 1, c; vgl. *blyg(h)þ.*
blyva stv., s. *bliva* 527, 1.
blædhia v. 548, 2.
blæia f. = *ble(a)* 125.
blæsa v. 544, anm. 5; vgl. *blasa.*
blæster m., s. *blaster* 409, 3, a; 413, anm. 2.
blæsutter, blæsutir adj. 112; 303, 3.
bløa f. = *ble(a)* 126, anm. 3.
blødher adj. 342, 4.
bløia f. = *ble(a)* 126, anm. 3.
blomster n., s. *blomster* 389, anm. 2.
bløta swv. 550, 3.
bløter, (bløþ) adj. 170; 266, anm. 3; 342, 4; 453, 1, e.
Bo m. 154, I, C, 2; 336; 385 u. anm. 2; (419).
bo n. 167; 382 u. anm.; 388; 389, 2; vgl. *bu* u. *be.*
bo(a), (boua) v. 121; 153, anm. 2; 180, 4 (part.); (273, 1); 336; 342, 17; 440 (part.); 451 (part.); 464, anm. (part.); 465, 2, b (part.); 545 u. anm. 1; 559; (561, anm. 4).
boanz maþer m. 441, 1.
Boaster m., s. *Bovaster* 324, 3.
Bodgher, Bodhger, Bogger m. 225, anm.; 285, 2.
boþ f. 399, anm. 1.
boþ n., s. *buþ* 383, 2.
-boe (m.) 419.
Bofaster, -fæster m. 259, anm. 1; 413, 2; vgl. *Bovaster.*
Bogger m., s. *Bodgher* m. 285, 2.
bogher m. 383.
Bohus (nschw.) 156, 1, c.
bok f. 188, 1; 430; 433.
bokka, swv. 163, anm. 2.
bol m. 163, anm. 2; 342, 11.
bol, bul n. 112; 167; 386, 2 u. anm. 7.
bold f., s. *byld* 409, anm. 4.
bolde m. 120; 409, anm. 4.

34*

bolder m. 68, 3; 111, anm. 4; 413, 1; vgl. *balder.*
bolfaster adj. 321, 2, c.
bolin, bulin adj. 163, anm. 2; 311, anm. 1; 340, anm. 3; 530, anm. 7; 534, 1; 535, anm. 2.
bolker m., s. *balker* 68, 3; 413, 1 (u. anm. 1).
bolle m., s. *bulle* 111, anm. 3.
bolme, bulme m. 163, anm. 2; 416, 6; vgl. *bolme.*
bolstaper m. 112.
bolster m. u. n., s. *bulster* 383, 1, d.
bonaþer m. 383.
bondason m. 298.
bonde (u. a. formen) m. 63, 4; 112; 180, 4; 272, anm. 1; 439; 440 u. anm. 1, 2 (3 mal), 3.
bora f. 110.
bora, borra swv. 163, anm. 2; 298.
borþ n. 234, 1; 260, anm. 6.
bordh adv., s. *bort* 266.
bord(h)duker, borduker m. 234, 1; 241.
borgh, (burgh) f. 163, anm. 2; 314; 399, anm. 1.
-borgh, -burgh (in namen) 163, anm. 2; 171; 404.
borghan, (burghan) f. 163, anm. 2.
borghanz man m. 441, 1.
borghar(e) m. 417, anm. 1.
bor(gh)mæstare m. 311, 1.
borker m. = *barker* 68, 3; 104; 413, 1.
-born? (in namen), s. *-born* 313, anm. 2.
borra swv., s. *bora* 298.
borst f. 399, anm. 1; 409, 3, b; vgl. *byrst, børst.*
Borsten m. 314.
bort, burt, bordh adv. 57, I, A, 1, b; 81, 2, a u. anm. 1; 120 u. anm. 1; 129, anm. 1; 266; 339, 2 u. anm. 3; 470, 4; vgl. *brot.*
borto, -a, burtu adv. 148, anm. 1; 408, 3; 470, anm. 6.
bosun m. u. n. = *basun* 383, anm. 1.

bot, (bot) f. 59, 4; 174; 321, 2, b; 433; 435 (mehrmals).
bota swv. = *bota* 550, 3; 552, 2.
Botair (agutn.) m. 245; vgl.
Boter m. 245.
boter m., s. *bater* 110.
Botger m. 245.
Botild(er) f. 404, 1.
botn, butn, buntn m. 163, anm. 2; 337, 11; 383, 1, d.
Botviþer m., 260, 7.
bounde m. = *bonde* 180, 4 (m. nachtr.); 440.
Bovaster, Bo(w)aster m. 259, anm. 1; 324, 3; vgl. *Bofaster.*
bra f. 400.
bradd (nschw. dial.) f. 171.
braþa v. 530, anm. 3; vgl. *bryghþa* u. *bræghþa.*
Braþaviþer m. 244, 5; vgl. *Braviþer.*
braþer adj. 530, anm. 3.
bradhin part. 544, anm. 5.
bra(dh)lika adv. 308, 2, b.
braiþr (agutn.) adj. = *breþer* 124, 1.
brander m. 383, 1, c.
branter adj. 235, 1, b; 454, 1, c.
braster m. = *bræster* 171; 409, anm. 1.
brat adv. 470, 5.
Bratter m. 235, 1, b.
Braviþer, -vidder m. 244, 5; 298, anm. 1; vgl. *Braþaviþer.*
breþa swv. 550, 2.
breþer, bræþer adj. 80, anm. 6.
breþ viþ, bredhvidher, (bret-) präp., adv. 260, anm. 6; 454, 1, c; vgl. a *breþ viþ.*
bref, (bræf) n. 114, anm. 1; 298, anm. 1; 386, 2 (2 mal).
bregþa (agutn.) stv. = *bræghþa* 164; 530, 6.
bregga (ngutn.) stv. 70, anm. 2.
brenna swv., s *brænna* 105, anm.
bresta (agutn.) stv. = *brista* 164; 530, 3.
briaust (agutn.) n. = *bryst* 170; 389, 1.
brianta (agutn.) stv. = *bryta* 528.
brigþa (agutn.) v. 164; 530, (3 u.) 6 u. anm. 3; vgl. *bryghþa* u. *bræghþa.*

Brighitta f. nachtr. zu 311, anm. 2; 339, 2; vgl. *Birghitta*.
brikka f. 83, 1, a; vgl. *brinkia* u. *brækka*.
Brimsa, Brymsa 108, 1.
brimsigna, brym-, brøm- swv. 108, 1; 116; 265, anm. 2; vgl. *primsigna*.
brink f. 235, anm. 3.
brink(i)a f. 83, 1, a; 235, anm. 3; vgl. *brækka*.
brinna, brynna stv. 108, 1; 166; 229, anm.; 326; 342, 13; 530, 3; 531, 1; vgl. *brænna*.
brinna swv., s. *brænna* 550, 2.
brisca (agutn.) v. 324, anm. 2.
brist f. 164; 171; 409, 3, b; vgl. *brust, bryst, brøst, bræst*.
brista, brysta stv. 164; 191, 1 (part.); 530, 3; 531, 1; (561, anm. 4); vgl. *bræsta*.
Brita f. nachtr. zu 311, anm. 2.
bro f. 121; (160, 2, a); 273, 1; 336; 342, anm. 2; 398; 400.
broa swv. 121; 546.
bro(a)kar n. 154, I, C, 1, a.
brodder, brudder m. 163, anm. 2; 171.
broþir (u. a. formen) m. 106, 1; (112); (160, 2, a); 188, 1; 223; 244, 3; 268, anm. 2; 320, anm. 3; 437; 438 (mehrmals).
Broþir m. 156, 1, b; vgl. *Bror*.
brodhraløs adj. 438, 6.
brok f. 433.
brokar n., s. *bro(a)kar* 154, I, C, 1, a.
brollunge m. = *brøplunge* 112.
bronder m. = *brunder* 120, anm. 2.
Bror m. 156, 1, b; 244, 3; vgl. *Broþir*.
brosk (nschw.) n. 129, anm. 2.
brot, (brott), brut, brøt n. 130, 1; 163, anm. 2; 298 (schluss); 416, 6.
brot, brut, brøt adv. 81, 2, a u. anm. 1; 339, 2 u. anm. 3; 470, 4; vgl. *bort*.
broti, bruti m. 'verhack' 163, anm. 2; 416, anm. 3.
broti, bruti m. 'verbrechen' 416, 6; vgl. *broti*.

brudder m., s. *brodder* 171.
bruþ f. (90, 4 u. 5); 234, 2; 257, anm. 4 (2 mal); 399, 2, b u. anm. 1.
bruþgumi, -gumme, -gome, -gøme, -kome (u. a. formen) m. 142, anm. 8; 163, anm. 2; 257, anm. 4; 260, anm. 7; 264, anm. 1; 298; 416 u. anm. 9.
bruþlop, -løp n. 57, I, A, 2; 81, 2, b; 285, 3; 409, 3, b; vgl. *brullop, bryllop, brø(þ)løp*.
bru(þ)sæta f. 290, 2.
bruþtugha f. 234, 2; 279, 1; 324, 2.
bruþtughume f. 153, anm. 3; vgl. *bruttumo*.
brullop, brul(l)op, bruløpe n. 57, I, A, 2; 60; 90, 4; 91, 8; 242, 1, a; 285, 3; 409, 3, b; vgl. *bruþlop, bryllop, brø(þ)løp*.
brullunge m. = *brøplunge* 112.
brun f. 399, anm. 1; 409, 3, b; vgl. *bryn*.
brunder m. 229, anm.; 383, 1, c; 389, anm. 1; vgl. *brynder, bronder*.
bruni m. 163, anm. 2; 342, 13.
Brunkowe, -oghe m. 273, 3.
Brunulver m. 247, anm. 2; vgl. *Bryniulver*.
brusk n. 163, anm. 2; 170.
brust f. = *brist* 171; 409, 3, b.
brust n. = *bryst* 170 (2 mal); 389, 1.
brusæta f., s. *bru(þ)sæta* 290, 2.
brut n., s. *brot* 163, anm. 2; 416, 6.
brut adv., s. *brot* 81, 2, a u. anm. 1; 339, 2; 470, 4.
bruta stv. = *bryta* 528, (3 u.) anm. 3.
brutgome (u. a. formen) m., s. *bruþgumi* 260, anm. 7; 264, anm. 1.
bruti m., s. *broti*.
brutlikin adj. 450.
bruttoghe m. 234, 2.
bruttumo f. = *bruþtughumo* 153, anm. 3; 279, 1; 321, 2.
bryþlinge m. = *brøplunge* 106, 2, b.
bryþløp n. = *brø(þ)løp* 116.
bryggia f. 342, anm. 2.
bryggia v. 69, 4; 70, 2; 227; 530 u. (4 u.) anm. 6; 531, 3; 534, (2 u.) 3.

bryghþa (u. a. formen) v. (164); 171; 530, (4 u.) 6 u. anm. 3—6; (561, anm. 4); vgl. *bræghþa*.
bryllop, -lope n. 57, I, A, 2; 60; 62,2; 90, 5; 298; 409, 3, b; vgl. *bruþlop, brullop, bro(þ)løp*.
bryl(l)unge m. = *broþlunge* 106, 2, b; 242, 1, b.
brylunger m. 57, I, B, 2; 242, 1, b; vgl. *brollunger*.
bryms m. 108, 1.
Brymsa, s. *Brimsa* 108, 1.
brymsigna swv., s. *brimsigna* 108, 1; 265, anm. 2.
bryn f. = *brun* 399, anm. 1; 409, 3, b.
brynder m. = *brunder* 389, anm. 1.
bryniohosor f. pl. 298.
Bryniulver, -iolver m. 163, anm. 2; 247, anm. 2; 296, 1; (309); vgl. *Brynulver, Brunulver*.
brynna stv., s. *brinna* 108, 1; 531, 1.
Brynulver, -olver m. 247, anm. 2; vgl. *Bryniulver*.
bryst f. = *brist* 171; 409, 3, b.
bryst n. 170; 389, 1; vgl. *brust*.
brysta stv., s. *brista* 531, 1.
bryta stv. 122, 2, a; 225, 1; 296, 3 (part.); 454, 4 (part.); 528 u. 2 u. anm. 2 u. 3; 529, 3 u. anm. 3; 563, 2.
bryti m. 247; 296, 1; 415; 418.
brytias swv. 546, 4.
bryttugha (agutn.) f. = *bruþtugha* 234, 2; 279, 1.
brædder m. 171.
bræþe f. 427; 428, 1 u. anm. 2.
brædhe n. 396, 1.
bræþer adj., s. *breþer* 80, anm. 6.
bræf n., s. *bref* 114, anm. 1.
bræghþa stv. 164; 171; 530, (1 u.) 6 u. anm. 3; 563, 1; vgl. *bryghþa*.
brækia swv. 550, 3.
brækka f. 63, 1, a; 235, anm. 3; vgl. *brink(i)a*.
brænna stv. 166; 530, (1 u.) 3 u. anm. 6; vgl. *brinna*.
brænna, (*brenna, brinna*) swv. 105,

anm.; 257, 1, a; 530, anm. 6; 550, 2; 552, anm. 1; (570, 2).
bræst f. = *brist* 164; 171; 409, 3, b.
bræsta stv. = *brista* 164; 530, (1 n.) 3.
bræster m. 171; 409, anm. 1; vgl. *braster*.
broþlunge, brollunge (u. a. formen) m. 106, 2, b; 112; 268, anm. 2; 285, 3; 320, 1; 416, anm. 1; vgl. *bryl(l)unge, bryþlinge, brullunge, brollunge, broþrunge*.
bro(þ)lop, -lope, brollop, -lop n. 116; 242, 1, a; 298; vgl. *bruþlop, brullop, bryllop*.
broþrunge, -inge, broþunge m. 180, 5; 268, anm. 2: 320, anm. 1; 416, anm. 1; vgl. *broþlunge* n.
broþrunger m. 320, 1.
brollop (u. a. formen) n., s. *bro(þ)lop*.
brollunge m., s. *broþlunge* 285, 3; 320, 1.
brollunger m. 57, I, B, 2; vgl. *brylunger*.
brolop, -lope, s. *bro(þ)løp*.
bromsigna swv., s. *brimsigna* 116; 265, anm. 2.
brost f. = *brist* 171.
brot f. 81, 2, a.
brot n., s. *brot* 416, 6.
brot adv., s. *brot* 81, 2, a; 470, 4.
brota swv. 550, 3.
brotertak, borter- n. 339, anm. 3.
broti, (brode) m. = *broti* 'verbrechen' 416, 6.
bu n. = *bo* 167.
Budde m. 342, 3; 356, 1.
buþ, boþ n. 163, anm. 2; 260, 4; 386, 2.
budhker, butker m. 260, 5; 342, 3 u. 4.
buþskap, buz(s)kap n. 260, 4.
bugha stv. 528, 3 u. anm. 4 u. 6; 569, 3 (part.).
bugha swv. 528, anm. 6.
bughi, -a m. 163, anm. 2; 342, 6; 416, anm. 4.
bukker m. 163, anm. 2; 300, anm. 3; 342, 6; 352, 1.
bul n., s. *bol* 112; 167.

bulghin part., adj. 311, anm. 1; 340, anm. 3; 530, anm. 7.
bulin adj., s. *bolin* 311, anm. 1; 340, anm. 3; 530, anm. 7; 535, anm. 2.
bulle, bolle m. 111, anm. 3; 342, 11.
bulme m., s. *bolme* 163, anm. 2.
-*bulstadher* (in namen) 112; vgl. *bolstaþer*.
bulster, bolster m. u. n. 163, anm. 2; 315, 2, b; 383, 1, d.
bulter m. 111, 2.
bundin, -an, -on n. 180, 3; 386 u. 4; 454, 1, c; 539, anm. 2.
bunga f. 342, 6.
bunka swv. 342, 6.
bunke m. 342, 6.
buntn m., s. *botn* 337, 11.
bur m. n. n. 383, anm. 1.
burgh f., s. *borgh* (163, anm. 2).
-*burgh* (in namen), s. -*borgh* (163, anm. 2); 404.
burghan f., s. *borghan* (163, anm. 2).
burskap n. 386.
burt adv., s. *bort* 81, 2, a u. anm. 1; 120, anm. 1; 339, 2; 470, 4.
burtu adv., s. *borto* 408, 3; 470, anm. 6.
buster n. = *bulster* 315, 2. b.
butfynd f., s. *but(n)fynd* 317, 1.
butker m., s. *budhker* 260, 5.
butn m., s. *botn* 337, 11.
but(n)fynd f. 317, 1.
Butta (agutn.) m. 421.
buz(s)kap n., s. *buþskap* 260, 4.
by m., s. *byr* 'dorf' 321, anm. 4.
by, n. = *bi* 65, 5; 388.
byamaþer (agutn.) m. 321, 1.
by(a)man m. 154, I, C, 1, a; 321, 2, a (2 mal).
byþa stv. = *biuþa* 529, 1.
byþia stv., s. *biþia* 537, anm. 5.
byg n. = *biug* 127, 1.
byggia, bygga swv. 59, 10; 101, 2; 241 b (s. nachtr.); 258, anm. 2; 308, 3, a; 313, anm. 1; 342, 17; 550, 2 (schluss); 552, anm. 5; (570, 2).
byg(h)þ f. 241 b (s. nachtr.); 258, anm. 2.

bygh(þ)faster adj. 308, 1.
bykkia f. 65, 4; vgl. *bikkia*.
byld, (bold) f. 409, anm. 4.
bylghia, bølghia f. 116; 424.
bylia, bølia swv. 548, 2; 549, 2, c.
byltogha adj., s. *biltogha* 108, 1.
byløte n., s. *biløte*.
byman m., s. *by(a)man* 154, I, C, 1, a.
byn (agutn.) f. = *bøn* 'bitte' 399, anm. 1.
bynda stv., s. *binda* 108, 1; 531, 1; (534, 2).
byr, by m. 'dorf' 167; 270; 321, 4 u. anm. 4; 391 u. 1 u. anm. 2 u. 3.
byr m. 'fahrwind', s. *byr(r)*.
byrþ, (biurdh) f. 'bürde, geburt' 127, 2; 404; vgl. *borþ*.
byrþ f. 'erntearbeit', s. *byr(g)þ* 311, 1.
byrþa f. (404); 423, anm. 1.
byrþe f. 404 (u.) 2; 427, anm. 1; vgl. *børþe*.
byr(g)þ, byrgh f. 308, anm. 5; 311, 1.
byrghia stv. 108, 1; 171; 531, 3; 534, 2; vgl. *biærgha*.
Byrghi(r) m., s. *Birghi(r)* 108, 1; 395 (2 mal) u. anm. 1.
Byrghitta f., s. *Birghitta* 108, 1.
byr(g)slufulc (agutn.) n. 314.
byria (byrgha) swv. 120; 270; 547, 3; vgl. *børia*.
byri(r)ska f. 320, anm. 1.
byrkerætter m. 108, 1.
byr(r) m. 391 u. 1; vgl. *bor*.
byrslu-, s. *byr(g)slu-*.
byrst f. = *borst* 399, anm. 1; 409, 3, b.
bysia f. 424.
byskuper m., s. *biskuper* 65, 4.
bysman n., s. *bisman* 145.
byta stv., s. *bita* 108, anm. 5; 527, 1.
bytta f. 342, 4.
bål (nschw. dial.) adv. 266.
Båven (nschw.) 279, 1.
bæ- präfix, s. *be-* 136, anm.
bædha stv., s. *bædh(i)a*.
bæþas swv. = *beþas* 550, 2.
baþe konj., s. *baþe* 481, anm. 3.

bæd(h)er adv. komp., s. bæter 266 u. anm. 3; 477.
bædh(i)a stv. = biþia 80, anm. 6; 537, anm. 5.
bædhil m. 180, 2; vgl. badhul.
bæþir zahlw., s. baþi(r) 481, anm. 1.
bæd(h)ra swv., s. bætra 266, anm. 3.
bægga (früh-nschw, nschw. dial.) f. 102, 2.
bæggia vægna, (vagna) adv. 470, anm. 4.
bæghare m. 267; vgl. bikare u.
bægher m. 267; vgl. bikar.
bæk n. = bik 163, anm. 1.
bækker m. 392 u. 2 u. anm. 2.
bælde, bælle f. u. n. 427, anm. 1 u. 3.
bælgher m. 314; 392 u. anm. 1.
bælia swv. 178; 546, 4.
bælle f. u. n., s. bælde.
bælskin n. 314.
bælz n. = bezl 80, II, 2; 337, anm. 1.
bæn f. 340, anm. 2; (416, anm. 9).
bæn n. = ben 80, anm. 9.
bænd f. 340, anm. 2; (416, anm. 9).
bænda swv. 550, 2.
Bændikt m. 156, 1, b; 383, 1, c, δ; vgl. Ben(e)dikter u. Bæn(k)t.
bæni m., s. bani 416, anm. 9.
bænker m. 235, anm. 3; 392 u. 2.
Bæn(k)t m. 156, 1, b; 281, 2; vgl. Bændikt.
bær n. 393 (2 mal).
bæra stv. 129, 2 (part.); 172 u. anm. 1; 377, 1; (389, anm 3); 535 u. 1 u. anm. 1.
bæra? swv., s. bæria 549, 1.
bærgh n. 78, 3; 311, 1; 314; vgl. biærgh.
bærgha v. = biærgha 530, (1 u.) 2.
bær(g)ning f. 311, 1.
bæria, (bæra?) stv. 320, 2 (part.); 548, I; 549, 1 u. 2, a.
bærn n. = barn 389, anm. 3.
bærnsker, barnsker adj. 455, 3.
bærs- 'berges-' 314.
bærter adj. 78, 3; vgl. biarter.
Bærþor m. 311, 1.

bærx- 'berges-' 314.
bærænz træ n. 441, 1.
bæsinger m. 389, anm. 2; vgl. basinger.
bæsker adj. 80, II, 2; 337, 7; vgl. besker.
bæst u. bæster, s. bæzt u. bæzter.
bæter, bæd(h)er, bætre adv. komp. 266 u. anm. 3; 470, anm. 11; 477.
bætra, bæd(h)ra swv. 266, anm. 3.
bætre adj. komp. 113; 296, 4; 468, 3.
bætre adv. komp., s. bæter 477.
bæzl n. = bezl 80, II, 2.
bæzt, bæz, bæst adv. sup. 323, 2; 477.
bæzter, bæster adj. sup. 290, 2; 459, 1; 468, 3 u. b.
bo n. = bo 167; 389, 2.
bogher adj. 569, 3.
boghia, boia swv. 258, 2, b; 270, anm. 2; 550, 1.
boghil m. 384.
boia swv., s. boghia.
bola swv. 178.
bole n. 167; 389, 2.
bolghia f., s. bylghia 116.
bolia swv., s. bylia 548, 2.
bolme m. 416, 6; vgl. bolme.
bon f. 'bitte' 399, anm. 1; 409, 2.
bøn f. 'bohne' 399, anm. 1; vgl.
bona f. 599, anm. 1; 426, 4, b.
boning f. 167; 389, 2.
bor m. = byr(r) 116.
bora swv. 547, anm.
borþ f. = byrþ 'blirde, geburt' 116; 127, 2.
borþe f. = byrþe 116.
boria, (borghia) swv. = byria 116; 270; 547, 3.
borker m. = barker 104; 413, 1.
Born m. 65, 3; vgl. Biorn.
-born (-bornf) (in namen) 65, 3; 313, anm. 2; vgl. -bern, -biorn.
borst f. = borst 389, 2.
bortertak u., s. brotertak 339, anm. 3.
bossa f. 116.
bøsta swv. 550, 3 u. anm. 8.
bøt f., s. bot 435.
bøta swv. 59, 4; 237; 550, 3; 552, 2.

c-, s. k-.

dag, f. (u. m.?) 71, 3; vgl. dog.
dagher m. 102, 2; 174; 225, 1; 249, 6; 261, 1; 383, 1, e, ε, 2, a, 3, 4, anm. 7; (470, 1, a u. 3, a).
daghfulghin adj. 535, 2.
daghlika dax adv. 470, 1, a.
daghliker adj. 453, anm. 3.
daghs adv. 470, 1, a.
daghþinga, daktinga swv. 264.
daghthingisman m. 386, anm. 6.
daghum adv. 470, 3, a.
da(gh)varþer, daghurþer m. 74; 308, 3, b (2 mal); 311, 2, b; 413, 1.
dal, dall m. 383, 1, d u. 3; 389, 1; vgl. dæl.
dal adj., s. dæl 455, anm. 1.
dalbo(e) m. 419.
Dalmark = Danmark 268, anm. 4.
damb, (dadmb, dåm) n.? 291, 1.
damber m. 370, 1.
Dan, Dæn m. 407, anm. 1; 409, 3, a.
dana swv. 168.
danar-arf, dana arf, danarf n. 70, 1; 154, II, C.
dande adj. 175; vgl. donde.
Danmark 268, anm. 4.
dansker (dænskir, danker) adj. 322, anm. 2; 451, 2; 455, 2.
dan(t)s m. 290, 2; 383, 4.
danzi(r)ska f. 289, 3.
datter f. = dottir 148, anm. 3.
dauþr (agutn.) m. = døþer 407, anm. 8.
dauþr (agutn.) adj. = døþer 123, 1.
davarþer m., s. da(gh)varþer 311, 2, b.
daxværke n. 339, anm. 4; 396, 2.
dadmb n.? s. damb 291, 1.
deghia, deia (u. a. formen) f. 114, 3; 270, anm. 2; 424.
deghn m., s. diækn 267, anm. 3.
deker m. = dikur 496.
del m. 338; 383, 4; 497 u. anm. (mehrmals).
dela f. 426, anm. 2.
dela swv. 550, II, 2, anm. 6.
-der suffix (part.) 569, 2.

-derver (in namen) 76, 2.
-dh (pron.) 508, 3.
dia, di swv., s. di(i)a.
diakn m., s. diækn 97.
diarver adj. 76, 2.
diaupr (agutn.) adj. = diuper 122, 1.
digdheliker, -ligher adj., s. dygdheliker 101, 2.
digher, dygher adj. 108, anm. 5; 258, anm. 3; 451, anm.; 453, 1, d; 454, anm. 6 u. 7; 467.
dighia f. = deghia 424.
di(i)a, di (u. a. formen) swv. 153, anm. 2; 270; 328, 1, b; 342, 8; 550, 1 (schluss).
dike (dyke) n. 108, anm. 5; 313, anm. 1; 396, 2.
dik(i)a swv. 313; 550, 3.
dikur, dik(k)er m. 384; 496; vgl. deker.
dimba f. 108, anm. 3; vgl. dymba.
dimber adj. 453, 1, b; vgl. dymber.
dint (früh-nschw.) m. 108, 2.
d(i)ost, d(i)ust, dyst, døst f. 313, anm. 2; 409, anm. 2.
dirva, dyrva (u. a. formen) swv. 550, 1.
dirvas, dyrvas swv. 108, 2; vgl. diærvas.
dirve, dyrve f. u. n. 427, anm. 3.
-dis (in namen) 404.
Disa f. 404, anm. 2.
diunga v. 127, 1; 530, anm. 7.
diup n. 389, anm. 1; 454, 1, c.
diuper adj. 122, 1; 450; 454, 1, c.
diupt, diup adv. 454, 1, c.
diur n. 64, 7; 84, anm. 8.
diurka swv. = dyrka 127, 2.
diu(r)shorn n. 251; 289, anm. 3.
diust f., s. d(i)ost 313, anm. 2; 409, anm. 2.
diækn, diakn, deghn m. 97; 267, anm. 3; 313, anm. 2.
diærva swv. = dirva 550, 1.
diærvas swv. = dirvas 570, anm. 1.
diævul, -il m. 180, 2; 384.
doa stv. = døia 540, anm. 1.
doffua swv., s. dova.
dog f. (u. m.?) 71, 3; 109; vgl. dag.

dogh, doch, dok adv., konj. 261, anm.; 473, anm.
dogha swv. 163, anm. 2; 553, 1 u. anm. 1: vgl. *dugha* u. *dova*.
dok adv., konj., s. *dogh* 473, anm.
dock (nschw.) konj. 261, anm.
dol, dul adj. 163, anm. 2; 172.
dolsmal n. = *dulsmal* 120.
doma swv. = *doma* 550, 2; 552, 2.
domare, (-œre) m. 60; 300; 415; 417 u. anm. 2 (mehrmals).
domber m. 300; 383, 1, b u. 3 (2 mal).
domeri (agutn.) m. = *domare* 212, anm.; 417.
donde adj. 175; vgl. *dande*.
doppa swv. 163, anm. 2.
dopt n. 163, anm. 2; 389, 1; vgl. *doft*.
dor n. pl. u. f., s. *dyr(r)* 435.
doraper adj. 163, 2.
dost f., s. *d(i)ost* 313, anm. 2.
dottir, dotir (n. a. formen) f. 88, 1; 148, anm. 3; 233 u. anm. 2; 266, anm. 3; 304, anm. 2 u. 3 (2 mal); 320, anm. 3; 437; 438 (mehrmals).
dottorson m. 304, anm. 3.
dova, (doffua) swv. = *dogha* 279, anm.; 553, anm. 1.
dovin, duvin adj. (part.) 163, anm. 2; 170; 256, anm. 2; 528, anm. 7; 529, 3.
doxe, duxe adj. 460, 3.
dozdrap n. 81, 2, a.
dozoker m. 81, 2, a.
doya (agutn.) v. = *døia* (126, anm. 1); 540 (passim).
dragha stv. 179; 246; 261, 1; 346; 540 (passim); 561, anm. 4; 563, (1 u.) 2; vgl. *drægha*.
draki, -a, drage m. 267, anm. 3; 416 u. 1, b u. anm. 5.
drap, drapp n. 173, anm. 2; 298; 386, 2; 389, anm. 3; vgl. *dræp*.
drapa v. = *dræpa* 173, anm. 2; 537, anm. 1.
drapare m. 173, anm. 2; 417 u. anm. 2; vgl. *dræpare*.
drapval m. 412.

drega (agutn.) stv. = *drægha, dragha* 540.
drikka, drykka stv. 83, anm. 1; 84, anm. 1; 235, 1, c; 454, 4 (part., 2 mal); 530, 3; 531, 1; 532, anm. 2; 533; 534, 1 u. 2 (part.); 569, 1 (part.).
drikker m. = *drykker* 392.
drinkare m. 235, 1, c.
dripa stv., s. *drypa* 529, anm. 3.
driva, dryva stv. 115, 1; 526; 527, 1.
dronning (nschw.) f. 290, anm. 3.
dropi, droppe m., s. *drupi* 130; 298.
drosse m., s. *drusi* 298, anm. 3.
drotin m. (90, 3); 384.
drotning, drotnig m. 90, 3; 290, anm. 3; 318; 399, 2, b; vgl. *drotning*.
drotsate m. = *drotsætc* 173; (416, anm.).
drotsieti (agutn.) m. 173.
drotsætare m. 416, anm. 1.
drotsæte, drozætte, droz(t) (n. a. formen) m. 62, 2; 84, 2, a; 156, 1, b; 173; 290, 2; 298 (schluss); 323, 2; (416, anm.).
droyma (agutn.) swv. = *droma* 126, 1; 550, 2.
drukker m. = *drykker* 392.
dru(n)kna swv. 84, anm. 1; (160, 2, a); 235, 1, c; 546.
drup n. 163, anm. 2.
drupi, dropi, droppe m. 130, 2; 191, 1; 298; 416.
drusi, drosse m. 163, anm. 2; 298, anm. 3.
drygher adj. 453, anm. 1.
drykka stv., s. *drikka* 531, 1; 534, 2.
drykker m. 84, 1, a; 235, 1, c; 392 u. 1, 2, anm. 1; vgl. *drikker* u. *drukker*.
drykkia f. 101, 1; 235, 1, c.
drykkinskaper m. 534, 2.
drypa, (dripa) stv. 528, 2; 529, anm. 3.
drypia swv. 546, 4.
dryva stv., s. *driva* 527, 1.
drægha stv. = *dragha* 179; 540 u. 1.

drænger m. 113; 392 u. 3 u. anm. 2.
drængskaper m. 298.
drænkia swv. 235, anm. 3; 314; 337, 3; 550, 3.
dræp n. 389, anm. 3; vgl. drap.
dræpa v. 173, anm. 2; 259, anm. 4; 454, 1, c (part.); 537, 1 u. anm. 1; 563, 2 (2 mal); vgl. drapa.
dræpare m. = drapare 173, anm. 2; 417.
drœt(t) f. 346; 409, 2; 413, anm. 2.
drø f. 399; vgl. drøgh.
drøfliker, drøghligher adj. 271, anm. 1.
drøgh f. 179; vgl. drø.
drøghia swv. 179; 550, 1.
drøma swv. 550, 2.
drømber m. 123, 2; 383, 1, b.
drøning? (drønygh), s. drøtni(n)g.
drøpa swv. 550, 3.
drøtni(n)g (drønygh) f. = drotning 290, anm. 3; 303, 1.
drøva swv. 466, anm. 1 (part.); 550, 1 u. anm. 3; vgl. bedrova.
dufica swv., s. duva.
dugg (nschw.) n. 109.
dugha swv. 553, 1 u. anm. 1; vgl. dogha u. duva.
duka stv. 528, 3 u. anm. 4 u. 5.
duker m. 383, 1, d.
dul n. 59, 5; 340, anm. 3; 389, 2; vgl. dyl.
dul adj., s. dol 172.
duladrap n. 340, anm. 3.
dulghadrap n. 340, anm. 3; 389, 2; vgl. dylghadrap (u. duladrap).
dulsker adj. 455, 2; vgl. dylsker.
dulsmal n. 120.
dulugher adj. 340, anm. 3.
dumbe m. 416.
dumber adj. 108, anm. 3; 291, 1; 453, 1, b.
dur (agutn.) n. pl. = dyr(r) 433, anm. 2; (435).
dur adj., s. dyr 455, anm. 1.
dust f., s. d(i)ost 313, anm. 2; 409, anm. 2.
dust n.? 84, anm. 5.

duva v. 528, anm. 7 (2 mal).
duva, (dufica) swv. = dugha 279, anm.; 553, anm. 1.
duvin adj. (part.) s. dovin 170; 528, anm. 7.
duxe adj., s. doxe 460, 3.
dval n. 172; 269, anm. 4; 386, anm. 3.
dvali m. 307, anm. 2; 416, anm. 3.
dvæl(i)a, dvalia swv. 548, 2; 549, 1 u. anm. 1; (561, anm. 5).
dy n. 418.
dyddylghia f. 106, 2, b; 234, 1.
dye m. 418.
dyft (nschw.) n. 389, 1.
dyggia swv. 69, 6; 70, 2; 106, 2, a; 550, 2 (schluss).
dyg(h)þ, dygh (u. a. formen) f. 241 b (s. nachtr.); 260, anm. 7; 308, 3, a; 408 u. anm. 6.
dygdheliker, -ligher (digdhe-) adj. 101, 2.
dygher n. = dogher 106, 2, a.
dygher adj., s. digher 108, anm. 5.
dyg(h)n u. = døg(h)n 106, 2, a; 294, 2.
dyke n., s. dike 108, anm. 5.
dyl n. = dul 389, 2.
dylghadrap n. 389, 2; vgl. dulghadrap.
dylia swv. 59, 5; 120; 295; 389, 2; (549, anm. 2); vgl. døl(i)a.
dylik (nschw.) pron. 57, I, A, 2.
dylska f. 315, 2, b.
dylsker adj. 455, 2; vgl. dulsker.
dyma (agutn.) swv. = doma 550, 2.
dymba f. 108, anm. 3; vgl. dimba.
dymber adj. 108, anm. 3; vgl. dimber.
dymbil- 108, anm. 3.
dyngia f. 424.
dynia swv. 548, 2; 549, anm. 2.
dynt (nschw.) m. 108, 2.
dynter m. 235, anm. 2.
dyp n. = diup 389, anm. 1.
dyr n. pl. u. f., s. dyr(r).
dyr, (dur) adj. 268, anm. 3; 455, anm. 1; 467, anm. 2 u. 3; 468, 1.
dyrganga f. 64, 7.
dyrk (nschw.) m. 108, 2.
dyrka swv. 127, 2; 547, 1.

dyrne n. 396, 1.
dyr(r), *dor(r)*, (*dor*) n. pl. u. f. (sg.
 u. pl.) 163, 2 u. anm. 2; 238, 4;
 305; 399, anm. 1; 433 u. anm. 2;
 435 (mehrmals).
dyrva swv., s. *dirva* 550, 1.
dyrvas swv., s. *dirvas* 108, 2.
dyrve f. u. n., s. *dirve* 427, anm. 3.
dys f. 402.
dyska f. = *dylska* 315, 2, b.
dyst f., s. *d(i)ost* 313, anm. 2; 409,
 anm. 2.
dåm n.?, s. *damb* 291, 1.
dæggia swv. 227; 342, 8; 550, 2
 (schluss).
dæ(gh)ia f. = *deghia* 114, 3.
dæk f. 409, 2.
dækn m. 313, anm. 2.
dæl m. = *dal* 389, 1.
dæl m. = *del* 80, anm. 6.
dæl, (*dal*) adj. 175; 455, anm. 1; vgl.
 dol.
Dæn m., s. *Dan* 407, anm. 1; 409, 3, a.
dængia swv. 550, 2.
dænskir adj., s. *dansker* 455, 2.
dærla adv. 333, anm.; 471, 1; vgl.
 dorla.
dærva swv. = *dirva* 550, 1.
do(a) v., s. *doia* 153, anm. 2; 540 u. 1;
 559 (2 mal).
dodha swv. 546, 2.
dope m. 407.
doper m. 81, 2, a; 260, anm. 7; 308,
 anm. 6; 407 u. 2, 3, anm. (2 u.) 3.
doper adj. 106, anm. 3; 260, anm. 7;
 454, 5; 540, 3; 569, 2.
dopradagher m. 407, anm. 2.
dopt n. = *dopt* 116, anm. 1; 389, 1.
degher n. 386; vgl. *dygher*.
dog(h)n n. 106, 2, a; 174; vgl. *dyg(h)n*.
doia, *do(a)* (u. s. formen), v. 126,
 anm. (1 u.) 3; 153, anm. 2; 168;
 270; 273, 1; 540 m. anm. (passim);
 559 (2 mal).
dol adj. 175; vgl. *dæl*.
dol(i)a swv. = *dylia* 519, 1.

doma swv. 62, 2; 332, anm. 2; 550, 2;
 552, 2; 566, 1.
dopa swv. 550, 3; (570, 2).
dopilsa f. 396.
dopilse n. u. f. 255; 337, anm. 2; 396.
dor n. pl. u. f., s. *dor(r)*.
dorkia swv. 547, 1; vgl. *dyrka*.
dorla adv. = *dærla* 471, 1.
dor(r) n. pl. u. f. (sg. u. pl.), s. *dyr(r)*
 305; 399, anm. 1; 433; 435.
dorva swv. = *dirva* 550, 1.
døst f., s. *d(i)ost* 313, anm. 2.
dova swv. 550, 1.
dove f. 427, anm. 1.
dover adj. 170.

e adv. 69, anm. 3; 472, A u. B, 3;
 473 (schluss); 515; 524, III, 2 u.
 anm. 3; vgl. *a*, *æ*.
e (agutn.) adv. = *æ* 473 (schluss).
e rel. partikel, s. *er* 512, 2.
edha swv. 550, 2.
eper, *æper* m. 80, II, 2 (schluss); 260, 4;
 349, anm. 4; 383, 1, e, ɛ, 2, d, 3
 (3 mal), 4, anm. 8.
edher pron. pers. = *iper* 501, anm. 8.
edher pron. poss. = *ipar* 507.
epganger, *-gænger* adj. 455, 3.
epingsvætte n. 331.
eprikiar m. pl. 391.
epsorp u. *epsøre*, s. *ezorp* u. *czøre*.
efla (agutn.) swv. = *æfla* 337, 1.
eforstonne adv. = *i forstonne* 142,
 anm. 10; 472, A.
egen præp. adv. = *igen* 142, anm. 10;
 472, A.
egh adv., s. *c(i)gh* 146, 1; 154, II, A;
 311, 2, c.
egha, *ægha*, *agha* v. 80, I, 1 u. II, 1;
 246; 258, 1 u. 2, c; 340, 3; 346,
 anm.; 368, 1; 554, 2 u. anm. 2, 3.
eghande, *æghande* m. 439; 441 u. 2
 (mehrmals) u. anm. 1, 2, 3.
eghen f. 311, anm. 5.
eghi adv., s. *e(i)gh* 124, anm. 6;
 311, 2, c; 472, B, 4.
eghin, *æghin* adj., 80, anm. 6; (554, 2).

egn, œgn, (eghn, engh, œng u. a. formen) f. 80, II, 2; 258, 1; 294, 2; 408.
egnd (früh-nschw.) f. 311, anm. 5.
e hwa(r) pron. 515; 524, III, 2.
e hwat hælder konj. 524, anm. 3.
e hwilikin, (hulikin) pron. 515; 524, III, 2.
e(i)gh, e(gh)i, œ(gh)i, igh adv. 124, anm. 6; 146, 1; 154, II, A; 311, 2, c; 472, B, 4.
ek, œk f. 80, anm. 6; 433.
ek(k)e pron., adv., s. *œk(k)e* 57, IV; 103, 1; 242, 3; 472, B, 4.
ekia f. 69, 7; 71, 3.
ekorne m. 71, anm.; 169; vgl. *ikorn(e)*.
elaker adj. 91, 1; 103, 1.
Elaver m. 156, 2, b; 249, 2; (259, anm. 2).
elda swv. 546, 2.
elder m. 80, II, 2: 103, 1; 383, 1, c u. 3 (2 mal); 384, anm. 2; vgl. *ilder, ælder*.
el(d)panna f. 307.
elefant[er] m. 407, anm. 1.
elefanter n. 407, anm. 1.
Elever m. 259, 2, b.
elfva (nschw.) zahlw. 148, anm. 1.
Elisa f. 156, 2, a.
Eliver m. 259, 2, b.
eller adv., konj., s. *œller* 147.
eln (agutn.) f. = *alin* 599.
Elsa f. 156, 2, a; vgl. *Elisa*.
Elver m. 156, 2, b; vgl. *Elaver*.
elzliker adj. 334, anm. 2.
elzto f. 400.
-em (in namen) 146, 1.
ember m. 103, 1.
-ember (in namen) 80, I, 4, b; vgl. *-amber*.
Embiørn m. 277, 1; vgl. *Enbiørn*.
emot präp., adv. = *i mot* 142, anm. 10; 472, A.
emællan präp., adv. = *i mællom* 142, anm. 10; 472, A.
en, œn, in zahlw., pron. 80, II, 2; 95; 103, 1; 148 (mehrmals); 235, 2; 238, 3, a; 290, 1; 304; 479 m. anm. (u. nachtr.); 521; 522, II; (523, I, 4 u. II); 525, 1.
en, in pron., best. art. 57, II, A, 1; 62, 3; 142, anm. 9; 143, anm. 4, 5, 9; 148; 149 (passim); 154, I, B, 1 u. 2; 156, anm. 1; 157; 158, 3; 266; 272, anm. 1; 294, 1; 300, anm. 3; 303, 3 u. 4; 317, 3; 321, 2, c; 384, anm. 1; 508, 3; 510, 7; 511 (passim).
en adv. = *œn* 113, anm.; 147.
en (agutn.) adv. = *enn* 242, 3.
en, (enn) konj. = *œn* 94, 5; 113, anm.; 147; 299; 472, B, 7; 512, (3 u.) anm. 5.
en (agutn.) konj., rel.-partikel = *œn* 173; 512, 3 u. anm. 5.
-en (pron.), s. *-an* 504.
ena adv. 471, 1.
Enar m. 238, 4; 246.
enast, -ist adv. 476, anm. 3.
enast(o), s. *at enast(o)*.
Enbiørn m. 277, 1; vgl. *Embiørn*.
endaghi m. 416, anm. 9.
ende adj. 460, anm. 1 (2 mal); 479, anm. 3.
enfalder adj. 499.
enfaldogher, -faldigher adj. 499.
enge, (-a), œnge adj. 80, II, 2; 460, anm. 1 (2 mal); 479, anm. 3.
engh, engn (u. a. formen) f., s. *egn* 258, 1; 294, 2.
engin pron., s. *œngin* 103, 1; 337, 3 u. 7; 523, I (passim).
enhuar pron. 74; 246, anm.; 522, III u. anm. 6.
enka, œnka adj. 460, 1; 479, anm. 3.
enkanne(r)lika adv. 333, anm.
enkanne(r)liker adj. 333, anm.
enkom, œnkom adv. 80, II, 2; 103, 1; 470, 3, b.
enlita adj. 460, 1.
enlunder adj. 455, 3.
enloper adj. 454, 2 (2 mal).
enn (agutn.) adv. = *œn* 242, 3.

ennor pron. 74; 246, anm.; (490, anm. 3); 522, III u. anm. 6; vgl. *enhuar*.
en(n)æt adj. 479, anm. 3.
enonga adj. 460, 1 (schluss); 479, anm. 3.
enost(o), s. *at enast(o)*.
ens adv., (adj.) 460, 3; 470, 1, b.
ensaman adj. 165; 453, 2.
ensam(in), ensam(p)nin adj. 103, 1; 277, anm. 2; 298; 451, 3.
enskyns, -kona 393, anm. 2.
enstaka, -stika adj. 460, 1.
en tima adv. 470, anm. 8.
enþra adj. 452.
envighe n. 339, anm. 4.
enæt adj., s. *en(n)æt* 479, anm. 3.
enoghdher adj. 261, 1.
eptir präp., s. *æptir* 147.
er m. u. n. 80, II, 2 u. anm. 1; 383, anm. 1.
er (agutn.) n. = *ar* 'narbe' 389, 1.
er, (e) rel.-partikel = *ær* (510, anm. 6); 512, 2.
-er (adv.) 471, 5.
-era (v.) 57, 1, B, 1.
Eraclius m. = *Heraclius* 312, 2.
Ereker m. = *Eriker* 156, 2, b.
erg (nschw.) m. u. f. 80, II, 2.
-eri (n.) 57, I, B, 1; 396.
-eri (agutn.) (m.) 212, anm.; 417 u. anm. 2.
Eriker, (Erikker) m. 57, II, A, 2; 156, 2, b; 249, 3; 296, 4.
eriksgata f. 249, 3 (m. nachtr.).
Erker m. = *Eriker* 57, II, A, 2; 156, 2, b.
Erlan(d) m. 292, 2.
erna swv. 80, anm. 1; vgl. *ærna* u. *arna*.
Erngun f. 404, anm. 2.
ertaug (agutn.) f. 62, 2; 81, 2, b u. anm. 1; 343; 433, anm. 3; vgl. *ortogh*.
Ester m. pl. 431.
et f., s. *æt* 105, anm.

et (agutn.) konj. 94, 5; 141, anm. 3; 173; 472, B, 1; vgl. *at*.
-et̨ (pron.) 508, 3.
etarmen (agutn.) m. pl. 321, anm. 1.
eternætla f. 62, 2.
etertænter adj. 223, anm. 2.
eterydhla f. 106, 2, b.
evvar (ngutn.) pron. poss. 507, anm. 5.
ezorþ, -orþ n. 389, 2.
czore, ezore n. 146, 3; 260, 4; 389, 2; 396, 3.

fa adj. (61); 70, 1; 90, 1; 105, anm.; 131, 1; 297, 1 u. anm. 1; 452; 468, 1 u. c u. anm. 1.
fa, fanga stv. 153, 1; 182, 1; 235, 1, c; 246; 267, anm. 2; 310 (part.); 340, 3; 543, 1 u. anm. 1—4; 559; 561, 2, 3, 4, anm. 4; (563, 1).
fa- 'wenig' 61.
fab(u)lera swv. 156, 1, a.
faþg(h)ar m. pl. = *fæþgar* 389, anm. 2.
faþir m. (142, anm. 8); 181, 1; 257, 1, c; 367, 1; 437; 438 m. anm. (mehrmals).
Fadhir m. 156, 1, b.
faþrine n. (63, 3); 396; vgl. *fæþrine*.
faþurliker adj. 450.
faþursystir f. 289, 3.
faþærne n. 60; 63, 3; 396; vgl. *fæþerne*.
fag(h)er adj. 453, 1, d; 454, anm. 6 u. 7; 459; 468, 1.
Faghr(h)ult 246, anm.
fagm m. = *famn* 274, anm. 3.
fagn, faghn m. = *famn* 274, anm. 3.
fagna swv. 94, 3; 258, 1; 540, anm. 4; vgl. *fægna*.
fal adj. 71, 2.
falaska f., s. *fal(l)aska* 423.
falda swv. 546, 1.
-falder (adj.) 499.
-faldogher, -faldigher (adj.) 499.
Falke m. 416, 2.
falke m. 416, anm. 1.
falla stv. 75, 2; 98; 148; 254, 1; 313, anm. 2; 326 u. anm. 1; 376, 1;

454, 4 (part.); 543, 2 u. anm. 7, 8, 9; 561, anm. 4; 569, 1 (part.).
fallas stv. 290, 2; 302; 570, 2 (2 mal).
fal(l)aska f. 423.
fals n. 454, 1, c.
fals adj. 238, 5; 241; 453, 1, d; 454, 1, c.
falsar(e) m. 417, anm. 1.
falsker adj. 315, anm. 2.
Falukopunger, -kopoger 81, 2, b (m. nachtr.); 281, 2; 318, anm.
famn, (fam, famfn u. a. formen) m. 244, 1; 256, anm. 2; 257, anm. 7; 274, anm. 3; 317, 1.
fam(n)taka 317, 1.
fang n. 274, anm. 3.
fanga stv., s. *fa*.
fange, -a m. 416, 1, b.
fangilse n. (gew. pl.) n. f. 396; vgl. *fængilse*.
fangn m., s. *famn* 274, anm. 3.
fant (nschw.) m. 328, 2, a.
Far m. 156, 1, b; 308, 2, c; vgl. *Fadhir*.
far f. 'reise' 104, anm. 1; 399, 1; vgl. *før*.
far f. = *for* 'furche' 179.
far n. 64, 2.
fara stv. 68, 2 (part.); 130, 1; 152 (mehrmals); 238, 4; 359, 1; 539; 566, 1; 567 (part.).
Farþaim (agutn.) 246.
fare m. 416, anm. 3.
Farfaster m. 259, anm. 1; vgl. *Farvaster*.
fargha f., s. *færgha*.
farkoster m. 407, anm. 5.
farløs adj. 308, 2, c.
farstova f. 148, anm. 2.
faruskiaut (agutn.) n. 399, anm. 5.
Farvaster m. 259, anm. 1; vgl. *Farfaster*.
Fasbiørn m. = *Fastbiorn* 323, 1.
Fasger m. = *Fastger* 323, 1.
fast f. 408, anm. 1.
fast adv. 470, 5.
fasta f. 317, 2.
Fastbiørn, Fastbyo(r)n m. 289, 2; 323, 1.

Faste m. 259, anm. 1.
faste m. 383, anm. 10; 407.
fastelaven, -lagen m. 271, anm. 1.
faster, fæster m. 407; 409, 3, a; 413, anm. 2.
faster (nschw.) f. 289, 3.
-faster (in namen) 68, 2; 259, anm. 1; 324, 3; 412; 413, 1; 468, 1; vgl. *-vaster*.
Fastger m. 323, 1.
Fasto(l)ver m. 315, 2, b.
fastudagher m. 383, anm. 10.
fatikisfolk n. 101, anm. 2.
fatoker, -togher, -tyker, -teker, fat(t)egher, -iker, -igher (u. a. formen) adj. 101, anm. 2; 106, 2, a; 146, 3; 267; 297, 2; 454, 5.
fatøkt f. 260, anm. 7.
favi(t)ska f. 290, 2.
favizker adj. 61.
fe (agutn.) n. = *fæ* 103, 2; 388.
feanit f. 101, 1.
fearkraf (agutn.) n. 321, anm. 1.
feþrni (agutn.) n. = *fæþerne* 396.
feþrnisrike (agutn.) n. 308, 2, c.
fegher adj. 457, anm. 1.
felogher, -igher, -agher adj. 180, 1.
festa (agutn.) f. 426, 2.
feter, (føter) adj. 80, anm. 6; 107, anm. 1; 169; 468, 1.
fi- (agutn.) 'vieh-' 388.
fial f., s. *fiæl* 77, 3.
fialder m. 78, 3.
fiall n., s. *fiæl* 295.
fiande m. 57, I, B, 3 u. II, B, 2, a; 60; 93, 2; 180, 4; 328, 1, b; 441 u. 2 u. anm. 3; vgl. *fiænde, fionde, fiende*.
fiarþe zahlw., s. *fiærþe* 118; 492.
fiarþer m., s. *fiærþer* 77, 3.
fiarþiunger m. = *fiærþung(er)* 383, 3; 497.
fiarþun(g)snæmpd f. 281, 2.
fiarran adv., präp., s. *f(i)ærran* 78, 3; 445.
fiarrar (agutn.) adv. komp. 478, 1.
fiarre adj. 78, 3.

fiat n., s. fiæt 78, 3.
fiatur m., s. fiætur 118.
fiauratighi (agutn) zahlw. = fiuratighi 485.
fiel- (agutn.) 'sehr' 98, anm. 2.
fiende (u. a. formen) m. = fiande 441.
Fiholm 246, anm.
fijund (nschw. dial.) m. 180, 4.
fika f. 231; 423, anm. 4.
fikia swv. 550, 3.
fikin adj. (part.) 552, 3.
fil f. 83, 3, a; 274, anm. 1.
fileþi (agutn.) n. 60; 103, 2; (396, 3).
filghia swv., s. fylghia 101, 2.
filmjölk (nschw.) f. 274, anm. 1.
fina f., s. fin(n)a.
find f. = fund 101, 2; 409, 3, b.
finger m. u. n. 383, 1, d u. anm. 1 u. 3; 431.
fingerborg (nschw.) f. 171.
fingran n. 180, 3; 386, anm. 1.
fingrine n. 180, 3; 386, anm. 1.
fin(n)a f. 75, 2; 166; 426, 4, a.
finna, fynna stv. 108, 1; 120, anm. 2 (part.); 236; 340, 2, b; 530, 3; 531, 1; 532; 534, 1 (part.).
Finviþr m. 252, anm. 1; 260, 7.
fioþer- präfix 118; 228; 244, 3; 483, anm. 2.
fioþermæningi m. 242, 1, b.
fioþertiogher adj. 75, 2; 498; vgl. fiærpertiugher.
fioghir- präfix 483, anm. 2.
fioghærtan, (fioghir-, fioghor-) zahlw. 266, anm. 2; 484, anm. 7; vgl. fiughurtan.
fiol, fiøl f. 77, 3; 98; 274, anm. 1; 399 u. 1; vgl. fiæl.
Fiolm = Fiholm 246, anm.
fionde m. = fiande 110, anm.; 441.
fioratighi zahlw. 485, anm. 2; vgl. fiuratighi.
fiorþ adv., s. i fiorþ.
fiorþe zahlw. = fiærþe (75, 2); 118; 450, 1; 492 (2 mal).
fiorþer m. 77, 3; 170; 412; 413, 3 u. 4; vgl. fiærþer.

fiorþonger m. 75, 2; 497.
fiori zahlw. = fiuri(r) 483, anm. 1.
fiortan zahlw. 120; 484.
fiortande, fiortunde zahlw. 493 u. anm. 2.
fios (dal.) n. 93, 3.
fir adv. komp., s. fyr 478, 1.
fira- präfix 483, anm. 2.
firi zahlw. = fiuri(r), fyri(r) 483, anm. 1.
firi(r) präp., adv., s. fyri 101, anm. 2; 321, anm. 2; 446; 471, 4.
firi, (fyri) . . . sakir, (sakar, sak) präp. 442.
firi, (fyri) . . . skuld, (skull, skyld) präp. 443.
firitighi, firritighi (u. a. formen) zahlw. 101, anm. 2; 485 u. anm. 2.
firitighinde zahlw. 494.
firra adv. komp., s. fyrra 478, 1.
firri adj. komp., s. fyrre 101, 2; 468, 2.
fiske n. n. f. 396, 1; 427, anm. 3; 428, 2 u. anm. 2.
fisker m. 382; 383.
fisk(e)ri n. 57, I, B, 1; 156, 1, a; 396.
fisk(i)a swv. 313; 546, 4.
fiskr (agutn.) m. = fisker 383.
Fiskæryþ, -ryt 260, 7.
fit f. 402.
fiti m. 418.
fitma, -na swv. 169.
fiuþæ[r]- präfix (75, 2); 483, anm. 2.
fiuþæ[r]tigher adj. 75, 2; 498; vgl. fiærpertiugher.
fiughartande zahlw. = fiurtande 493, anm. 2.
fiughur-, fiugher- präfix 483, anm. 2.
fiughurslinder adj. 453, 1, c.
fiughurtan, fiughertan (u. a. formen) zahlw. 266, anm. 2; 484 u. anm. 7.
fiuka stv. 528, 1 u. anm. 4.
fiur- präfix 483, anm. 2.
fiuratighi, fiure-, fiuri- (u. a. formen) zahlw. 485 u. anm. 2.
fiurþonger m. 75, 2; 497.
fiuri(r), fyri(r), fiori (u. a. formen)

zahlw. 65, 4; 75, 2; 228; 244, 3; 279, 1; 321, 2, b (2 mal); 483 m. anm.
fiurmœn(n)ingir m. 242, 1, b.
fiurtan zahlw. 484.
fiurtande (u. a. formen) zahlw. 493 u. anm. 2.
fius (nschw. dial.) n. 93, 3.
fiæþer-, (fiæþr-) präfix 96; 118; 483, anm. 2.
fiæþertiugher adj. 498.
Fiæþrundaland 246.
fiæþur f. 118.
fiædhal m. 384 u. anm. 1.
fiæl, fial f. = fiol 77, 3; 274, anm. 1; 399 u. 1.
fiæl, (fiall) n. 295.
fiæla v. 340, 3; 535, 2.
fiælde m. 118; 416, anm. 3.
fiæmir adv. komp. = f(i)ærmer 320, 2; 478, 1 u. anm. 1.
fiænde m. 57, I, B, 3; 60; 93, 2; 313, anm. 2; 441 u. anm. 1; vgl. fiande.
f(i)ær adv. 473; 474; 478, 1.
fiær- präfix 483, anm. 2.
f(i)ærdh f., s. fœrþ 328, 2, a.
f(i)ærdhaluter m. 497.
fiærdhapart n. 497.
fiærþe, fiarþe zahlw. 118; 492 (2 mal) u. anm. 7; vgl. fiorþe, færdhe.
fiærþe del, fiærdhadel, fiærdel m. 158, 1; 497.
fiærþer, fiarþer m. 77, 3; 179; 413, 4 vgl. fiorþer.
fiærþung(er), fiærdhinger (u. a. formen) m. 180, anm. 3; 383, 1, e, ε; 497.
fiærmast, (færmæst) adv. sup., präp. 445; 478, 1.
f(i)ærmer, -mær, -mir adv. komp., präp. 146, 1; 320, 2; 445; 478, 1.
f(i)ærra adv. 471, 1; 474; vgl. f(i)ær.
f(i)ærran, fiarran adv., präp. 78, 3. 445; 471, 2 (2 mal) u. anm. 3; 474; fiærrast adv. sup., präp. 445; 478, 1.
f(i)ærre adv., präp. 378, 1; 445; 471, 3 u. anm. 3; 474; vgl. f(i)ær.
fiærre adv. komp. 478, 1.

fiærrin adv. 471, anm. 3.
fiærst adv. sup., präp. 445; 478, 1.
fiærter m. 344, anm. 2.
fiærunger (u. a. formen) m. = fiærþung(er) 497.
fiæt, fiat 78, 3; 96; 173, anm. 3; vgl. fœt.
fiætra swv. 118.
fiætur, fiatur m. 118; 384.
fiol f. = fiol 98.
fiølgh f., s. fylghþ 328, 2, a.
fiølia swv., s. fylghia 328, 2, a.
fjant (nschw.) m. 328, 2, a.
fjoll (nschw.) n. 328, 2, a.
fjollig (nschw.) adj. 328, 2, a.
fla v. 340, 3; 540 u. 2 u. anm. 5; 561, anm. 4.
flairi(n) (agutn.) adj. komp. pl. = flere 80, II, 2; 154, I, B, 1; 463, 2, 3; 468, 3; 472, B, 7.
flas n. 172; vgl. flos.
flat n. 389, 1; vgl. flæt.
flere, (flerre, -a) adj. komp. pl. 57, III, B, 2; 80, II, 2 u. anm. 6; 297, anm. 1; 340, 4; 461, anm.; 463, 1 u. 2; 468, 3 u. anm. 7.
flestr (agutn.) adj. sup. = flæster 80, II, 2; 124, anm. 2.
flia swv., s. fly(i)a 'anordnen' 274; 547, 2.
flikke, flykke n. 108, anm. 5.
flisk (früh-nschw.) n. 103, 1.
fliugha stv. 122, 2, a; 342, 6; 528, 1 (u. anm. 1); 529, 2; vgl. flygha.
fliuta stv. 122, 2, a; 528, 1 (2 mal); 529, 3 (part.); vgl. flyta.
floþ f. u. n. 409, 3, b.
flokker m. 163, anm. 2; 342, 6; (470, 3, a).
flokkom adv. 470, 3, a.
flos n. 172; vgl. flas.
floti, fløti m. 163, anm. 2; 416, 6.
flugha f. 163, anm. 2; 342, 6; 426, 4, a.
flugha? stv. = fliugha 528, 3 u. anm. 1.
flukningom adv. 470, 3, a.
flut n. 163, anm. 2.

fluthu(l)mber, -ho(l)mber m. 315, 2, b.
flya, fly swv., s. *fly(i)a* 'fliehen'.
flygha stv. 122, 2, a; vgl. *fliugha*.
fly(i)a, fly swv. 'fliehen' 153, 4 u.
  anm. 2; 270; 274; 297, anm. 3;
  550, 1 (schluss) u. anm. 2; 552, 2;
  559 (2 mal); 561, 2, 3, 4; 567, anm.
  (part.).
fly(i)a, flia swv. 'anordnen' 274;
  547, 2.
flykke n., s. *flikke* 108, anm. 5.
flykkia swv. 550, 3.
flykningom adv. = *flukningom*
  470, 3, a.
flyta stv. 122, 2, a; 528, 1 u. 2; 529, 3
  (part.); vgl. *fliuta*.
flyt(i)a swv. 296, 1 u. 4; 548, III u.
  anm. 4; 549, 1, 2, a u. c, anm. 2.
flækker m. 231; 391 u. anm. 1.
flæk(k)ia swv. 550, 3.
flængia swv. 281, 2; 550, 2.
flære adj. komp. = *flere* 80, anm. 6.
flæsk n. 80, II, 2.
flæster, (flester) adj. sup. 80, II, 2;
  340, 4; 468, 3 u. anm. 7.
flæt n. = *flat* 389, 1.
flætia f. 424.
flæt(t)a swv. 547, 1.
flop f. = *flop* 409, 3, b.
flodha swv. 550, 2.
flope n. 404, 2; 409, 3, b.
floghia swv. 550, 1.
floti m., s. *floti* 416, 6.
fodher n. 308, anm. 2.
fodherma(r)sk m. 320, anm. 1; vgl.
fodhermarskalke, -marske m. 156, 3.
fodhra swv. 308, anm. 2.
foghat m. 416, anm. 1.
foghate, fogoti, fogh(o)dhe m. 156,
  2, a; 416, anm. 1, 5, 6.
foghl, foghil, -ol m. 161, 2, b; 180,
  anm. 1; vgl. *fughl*.
Foghlavik, Foghelvik 339, 1.
foghle n. = *fyghle* 396, 3.
fogh(o)dhe, s. *foghate* m. 156, 2, a.
fol n. 386, 2; 389, 1; vgl. *fyl, fol*.
fol adj. 112.

folder adj. = *fulder* 111, 2 u. anm.
  3; 116, anm. 2; 163, 2.
folghia swv. = *fylghia* 553, anm. 2.
foli m. 'diebsgut' 416, 6.
foli m. 'füllen' 163, 2; 389, 1.
folk n. 163, anm. 2; 278, anm. 3; 314;
  315, anm. 2; 386, 2.
folska, fulska f. 112.
folster n. 329; 386; vgl. *foster*.
folstra f. 329; vgl. *fostra*.
folstra swv. 329; vgl. *fostra*.
for, far f. 179; 399.
for n. 308, anm. 2; vgl. *fodher*.
for präp., adv. 59, 3; 446; 471, 4;
  473; vgl. *fyr, for, fyri*.
for adv. komp. 478, 1; vgl. *fyr, for,
  fyrmer*.
for- präfix, 'ver'- 57, I, A, 1, a; 111, 1.
for- präfix, 'vor'- 57, I, A, 1, a; 111, 1;
  242, anm. 1.
fora f. 163, anm. 2.
fora swv. 'futtern' 308, anm. 2; vgl.
  fodhra.
fora swv. 'führen' = *fora* 552, 2.
forbradhe, -bradho v. (prät. ind.) 530,
  anm. 3.
forbund, -bunt n. 263, anm. 1.
forþum, -om adv. 74; 472, B. 8; 508,
  anm. 8.
fore präp , adv., s. *fori*.
forepe n. 242, anm. 1; 389, anm. 4;
  383, anm. 6; vgl. *forrepe, -æpe*.
foreper m. 242, anm. 1; 383, anm. 6.
forepismaper m. 383, anm. 6.
foresat, -sæt f. 409, anm. 4.
forfal, -fæl n. 389, 2.
forfæper, -fæder m. pl. 257, 1, c.
forfæra swv. 550, anm. 3.
forgangas stv. 570, anm. 1.
forgivi(n)s adv. 317, 2; 470, anm. 3.
forgylla swv. 223, anm. 2 (part.);
  550, III u. anm. 7.
forgæn(g)liker adj. 281, 2.
forgæta, -gita, -giæta v. 537, anm. 3.
fori, fore präp., adv. 57, II, B, 1, b;
  142, anm. 10; 321, anm. 2; 446;
  471, 3; vgl. *fyri*.

Forkuþer m. 229.
forkynna swv. 550, 3.
forlæna swv. 260, 3.
formagha, forma, (farma) v. 148, anm. 2; 557, anm. 3.
formere adj. (komp.) 469, anm. 2.
formiddelst präp. 335, anm. 2.
formæle n. 62, 2.
forn adj. 238, 3, c; 317, 1; 453, 1, d.
fornami n., s. *fornæme* 396, 3.
for niþan präp. = *niþan* 447.
fornima, -nema, -næmma stv. 294, 1; 535, anm. 3.
for næþan präp. = *næþan* 447.
fornæmder, -næmfder adj. (part.) 256, anm. 2.
fornæme, -nami n. 297, 3; 394, anm.; 396, 3.
fornæmma stv., s. *fornima* 535, anm. 3.
forneghia swv. 550, anm. 3.
for ovan präp. 444; vgl. *ovan*.
forra adv. komp. 478, 1; vgl. *fyrra, førra*.
forre adj. komp. = *fyrre* 242, anm. 1; 468, 2, u. a, n. anm. 9.
forreþe, -æþe n. 80, I, 4, b; 242, anm. 1.
forrædh(e)ri n. 156, 1, a.
fors m. 238, 5; 241; 383, 2, c, α; 389, 2; vgl. *førs*.
forsat n. u. f. 386, anm. 1 u. 3 (2 mal).
forsata f. (386, anm. 3); 423, anm. 1.
forsea, forsia f. 'fürsorge' 153, 3.
forsia f. 'haushälterin' 153, 3; 424.
forskrivin adj. (part.) 256.
forsma swv. 546, 3.
forst adv. sup. = *fyrst* 478, 1.
forstanda stv. 292, 2.
forster adj. sup. (u. zahlw.) = *fyrster*, 468, 2 u. b.
forstova f. 148, anm. 2.
forstytta swv. 84, 1, a; 235, 1, b.
forsumilse n. pl. u. f. 396.
forswagha swv. 267, anm. 3.
forswima, (-swyma) v. 535, anm. 3.
forswinna, -swinda -swynna stv. 108, 1; 530, 3 u. anm. 4; 531, 1; 532.
forsæte n. 386, anm. 1.

forta n. 154, I, C, 1, b.
fortan? zahlw. = *fiortan* 484, anm. 7.
fortidha swv. 308, anm. 4; 550, 2.
fortæra swv. 552, 3.
forterna swv. 274, anm. 1.
forthrotin adj. (part.) 529, 3 (2 mal).
forutan präp. 317, 3.
forvinna stv. 533; 534, 1 (part.).
forvit n. 427, anm. 3.
forvita v. 526, anm. 2.
forviti f. u. n. 427, anm. 3.
forvæþia adj. 460, 1.
forværva v. 530, 1 u. anm. 4, 5, 6; 533; 534, 3 (part.).
forældir m. pl. 396; 407.
forældrar m. pl. 396.
forældre n. 396.
fos adj. = *fus* 84, 2, b.
foster n. 329; 345; 386; vgl. *folster*.
fostra f. 329; vgl. *folstra*.
fostra swv. 329, vgl. *folstra*.
foter m. 173, anm. 3; 412 u. 3; 430; (431); 432 u. anm. 1 u. 2; 435.
fra adj. 452.
fra v. 538, anm. 1; vgl. *frægna*.
fra, (fræ) (u. a. formen) präp., adv. 141, anm. 3; 248, 3 u. anm. 2; 330, anm. 1; 445; 473; vgl. *ifra(n)*.
fradha f. 178; vgl. *frodha*.
frals adj. = *fræls* 167, anm.
fralsa swv. = *frælsa* 167, anm.
fram adv. 57, I, A, 1, b; 454, 1, c; 474; 478, 1; vgl. *i fram*.
fram präp., adv. = *fra* 248, anm. 2; 445; 473.
fram-, (fræm-) präfix 135, anm. 4; 141, anm. 3.
framan präp., adv. 447; 471, 2; 474.
framarla adv. 471, 1.
framber, fræmber adj. 455, 1; 468, 1 (u. c).
frambre adj. komp., s. *fræmbre* 'vorder' 468, 2 u. a.
frambœter, -bœtre adv. komp. 478, anm. 2.
framdelis adv., s. *framleþis* 338.

35*

framfara stv. 248, anm. 2.
framfos adj. 84, 2, b.
framføra (*fræm-*) swv. 135, anm. 4; 141, anm. 3; 248, anm. 2.
framlagha (*fræm-*) f. 248 anm. 2.
framlepis, framdelis adv. 338; 470, 1, a.
fram lenger (früh-nschw.) adv. 478, anm. 2.
framliþin adj. (part.), 248, anm. 2.
framluter adj. 298.
framluto, -a adj. 460, 4.
frammar (agutn.) adv. komp. 478, 1.
frammarla (agutn.) adv. 471, 1.
frammarst adv. snp. 478, 1.
framme adv. 471, 3; 474.
frammer, -mera (u. a. formen) adv. komp. 478, 1.
framsighia, -sæghia (*fræm-*) swv. 185, anm. 4.
framster adj. sup. = *fræmster* 468, 2 u. b.
framstupo, -a adj., adv. 148; 460, 4.
framsægn (*-sæng*) f. 294, 2.
frampy adv. 248, anm. 2.
fran, (*fræn*) präp., adv. = *fra* 330, anm. 1; 445; 473.
Fransta 308, anm. 6.
fraust- (ngutn.) 170 (schluss).
fre(a)dagher (*freia-* u. a. formen) m. 103, 2; 114, 2 u. anm. 2; 115 anm. 4; 153, anm. 1; 154, I, C, 1, a; 329, 1, a.
fredh m., s. *friþer* 115, 1.
fresta, fræsta (u. a. formen) swv. 80, anm. 7; 103, 1; 547, 1.
fri adj. 153, 1; 452.
fri(a)dagher m. = *fre(a)dagher* 103, 2; 153, anm. 1; 154, I, C, 1, a.
-friþ (in namen) 404 u. 1.
friþbrut, fridhbrott n. 298.
friþer, fredh m. 115, 1; 407 u. 2, 3 (4 mal), anm 5.
friþla f. 285, 3; vgl. *frilla*.
friþløs (*fryþ-*), *friþlos* adj. 108, anm. 5; 170.
Friþmunder, Frimmunder m. 285, 4.
friþætta adj. 460, 1.

Frig f. 402.
Frigger m. 285, 2.
frihet f. 408.
frilla f. 148; 163, anm. 1; 285, 3; vgl. *friþla, frælla*.
frillabarn n. 148.
Frimmunder m., s. *Friþmunder* 285, 4.
Frisar m. pl. 383.
frisker adj. 163, anm. 1; 337, 7; 339, anm. 4; vgl. *fræsker*.
frist f. u. m. = *fræst* 164, anm. (m. nachtr.).
frista swv. = *fresta* 103, 1.
fríæls adj. 93, 2; 167, anm.; 246; 313, anm. 2; vgl. *fræls, frals*.
fro adj. 452.
frome, m. 300; 416, anm. 3.
frosse, -a (nschw.) m. u. f. 416, 6.
frost n. 170 (schluss); 389, 2; vgl. *frost*.
fru(a) fruwa, frugha f. 422; 425 u. anm. 2; 426, 3 u. anm. 5.
frukt, frykt f. 409, anm. 2.
fruk(t)sama swv. 323, 1.
fruwa f., s. *fru(a)* 425.
fryþløs adj., s. *friþløs* 108, anm. 5.
fryghdh, frygh f. 308, 3, a.
frykt f., s. *frukt* 409, anm. 2.
frysa stv. 122, 2, a; 238, 5; 528, 2; 529, 3 (part).
frysi m. 389, 2; 416, 6.
fræ präp., adv., s. *fra* 141, anm. 3; 473.
frædagher m. = *fre(a)dagher* m. 114, anm. 2.
fræg(h)þ frægh (u. a. formen) f. 258, 2, b; 279, 2; 308, 3, a.
frægna v. 538 u. anm. 1 u. 3.
fræia-, fræiedagher m. = *fre(a)dagher* 114, 2 u. anm. 2; 270.
frælla f. = *frilla* 163, anm. 1.
fræls (*frælz*) adj. 93, 2; 122, anm. 3; 238, 5; 241; 301; 313, anm. 2; 321, 2, b; 453, 3, c; 454, 2 u. 5; vgl. *friæls, frals*.
frælsa swv. 93, 2; 547, 1; vgl. *fralsa*.
frælse n. 93, 2.
fræ(l)sgivi m. 315, 2, b.

frœ(l)sgiva f. 315, 2, b.
frœlsi(r)ska f. 289, 3.
frœm- präfix, s. *fram-* 135, anm. 4; 141, anm. 3.
frœmadha, frœmad(h)e adj. 107, anm. 2; 459, anm. 3; 460, 2; vgl. *frœmadha* u. *frœmadher* adj. 460, 2; vgl. *frœmadher*.
frœmanda, -e (u. a. formen) adj. 107, anm. 2; 110, anm.; 460, 2; vgl. *frœmanda*.
frœmber adj., s. *framber* 455, 1.
frœmbermer adv. komp. 478, 1.
frœmbre, frambre adj. komp. 'vorder' 462, 2; 468, 2 u. a.
frœmbre adj. komp. 'vorzüglicher', s. *framber*.
frœmia swv. 296, 1; 548, 2 u. anm. 3; 549, 2, c (2 mal).
frœm(m)arst, frœmmœst, frœmst (u. a. formen) adv. sup. 478, 1.
frœm(m)ermer, -mera, frœmmer (u. a. formen) adv. komp. 478, 1.
frœmster adj. sup., 468, 2 u. b.
frœn präp., adv., s. *fran* 473.
Frœndasta 308, anm. 6.
frœnde m. 153, 4; 167, anm.; 290, 2; 313, anm. 2 (schluss); 440 u. anm. 1, 2, 4.
frœn(d)kona f. 156, anm. 3; 307.
frœndsœme, -same, -sime, -some (u. a. formen) f. 116; 172; 263, 1; 290, 2; 427, anm. 2; 428, anm 1.
frœnka f. 156, anm. 3; vgl.
frœnkona f., s. *frœn(d)kona* 156, anm. 3; 307.
frœsgivi, -a, s. *frœ(l)sgivi, -a*.
frœsker adj. 163, anm. 1; 339, anm. 4; vgl. *frisker*.
frœst f. u. m. 164, anm. (m. nachtr.); vgl. *frist*.
frœsta swv., s. *fresta* 80, anm. 7; 547, 1.
frœt f. 83, 2, a.
fre n. 69, 7; 122, anm. 3; 339, anm. 4; 388.
fre adj. 313, anm. 2.
Frobern m. 76, 2.

fredh f. 407; 408, anm. 2.
fredha f. 178; vgl. *fradha*.
fredher m. 407.
fremadha, fremad(h)e adj. 107, anm. 2; 460, 2; vgl. *frœmadha*.
fremadher adj. 460, 2; vgl. *frœmadher*.
fremanda, -e adj. 107, anm. 2; 460, 2; vgl. *frœmanda*.
Frer m. 391.
fresa swv. 389, 2.
frest n. = *frost* 170; 389, 2.
fughl, fughil, -ul m. 161, 2, b u. anm.; 163, anm. 2; 258, anm. 3; vgl. *foghl*.
Fughlastadha, Fughelstadha 339, 1.
fuglamall n. 298.
fukompna swv., s. *fu(l)kompna* 287; 303, 1.
ful adj. 238, 1, a; 424, anm. 1.
fulburdha, -bordha swv. 547, 2.
fulder adj. 111, 2; 116, anm. 2; 148; 163, 2 u. anm. 2; 321, 2, b; 453, 1, c; 454, 2, 3 (2 mal), 5; 459; 467; vgl. *folder*.
fuldiœrver adj. 112.
fuli, fyli (agutn.) m. 416, 6.
fulkoma v. 536, anm. 3.
fulkomin, -kom(p)nin adj. 451, 3; 459.
fu(l)kompna swv. 91, anm.; 287; 303, 1.
fulkom(pn)likhet f. 317, 1.
fulla swv. = *fylla* 63, 4; 550, 3; (552, 2).
fulska f. 'thorheit', s. *folska* 112.
fulska f. 'schmutz' = *fylskia* 424, anm. 1.
fulsœre, -sare n. 396, 3.
fulœmna adj. 460, 1.
fund, fynd (find) f. u. n. 101, 2; 407; 408, anm. 2; 409, 3, b.
funder m. 407; 409, 3, a.
fun(t)kar n. 323, 1.
furst adv. sup. = *fyrst* 478, 1.
fus adj. 84, 2, b; vgl. *fos*.
fyþa (agutn.) f. = *foþa* 426, 2.
fyþa (agutn.) swv. = *feþa* 106, 1.
fygher- präfix 483, anm. 2.
fyghle n. 396, 3; vgl. *foghle*.

fyghurtandi zahlw. = *fiurtande* 493, anm. 2.
fyl n. 296, 1; 389, 1; vgl. *fol, fol.*
fylghþ, f(i)olgh f. 328, 2, a.
fylghia (filghia), følghia (f(i)olia) (u. a. formen) swv. 59, 3; 101, 2; 270, anm. 2; 311, 1; 328, 2, a; 553, 2 u. anm. 2.
fyli (agutn.) m., s. *fuli* 416, 6.
fyliskia f., s. *fylskia* 156, 2, a; 424, anm. 1.
fylkia swv. 550, 3.
fylla swv. 59, 5; 63, 4; 116, anm. 2; 550, 3; 552, 2; vgl. *fulla, folla.*
fylle f. 427, anm. 1.
fyllest adv. 335, anm. 2.
fyllist, fyllæst f? u. n. 180, anm. 4.
fylska swv. 424, anm. 1.
fylskia, fyliskia, fylska f. 156, 2, a; 424, anm. 1; vgl. *fulska.*
fylsvat, -væt f. 409, 3, b.
fynd f. u. n., s. *fund* (101, 2); 407; 408, anm. 2; 409, 3, b.
fyndr (agutn.) m. 407; 409, 3, a; vgl. *funder.*
fynna stv., s. *finna* 108, 1; 531, 1.
fynster n. 108, 1.
fyoghærtan zahlw. 484, anm. 7.
fyr präp., adv., 446; 473; vgl. *for, for, fyri.*
fyr, (fir) adv. komp. 478, 1.
fyr-, fyra-, fyro- präfix 483, anm. 2.
fyra (agutn.) swv. = *fora* 550, 1.
fyrafalder adj. 499.
fyrasins adv. 500, anm. 1.
fyratighi, fyretighi, -tyghi (u. a. formen) zahlw. 101, anm. 2; 485 u. anm. 2.
fyrebol m. 413, 1.
fyretighinde zahlw. 494.
fyri, firi(r) präp., adv. 101, anm. 2; 320, anm. 3; 321, anm. 2; 446; 471, 4; vgl. *føri, fori.*
fyri(r) zahlw., s. *fiuri(r)* 321, 2, b; 483.
fyrir (agutn.) präp., adv. = *fyri* 320, anm. 3; 321, anm. 2; 446.

fyri . . . . sakir, skuld u. s. w., s. *firi . . . sakir* u. s. w.
fyritighin, fyritie zahlw. 485, anm. 2.
fyrken m. 156, 2, a.
fyrma, forma swv. 116; 274 anm. 1; 550, 2 u. anm. 6.
fyrmer, -mær adv. komp. 478, 1.
fyrnas swv. 238, 5; 570, 1.
fyrning f. = *forning* 106, 2, b; 399.
fyro- präfix, s. *fyr-* 483, anm. 2.
fyrra (firra) adv. komp. 470, 6; 478, 1; vgl. *forra.*
fyrre (firri) adj. komp. 101, 2; 289, 3; 462, 2; 468, 2.
fyrst, fyst adv. sup. 289, 3; 478, 1; (489).
fyrsta adv. 470, 6.
fyrsta sin(ne) adv. 470, 4.
fyrste adv. 471, anm. 3.
fyrster, fyster u. *fyrste* adj. sup. u. zahlw. 289, 3; 459, 1; 468, 2, b, c; 489.
fyrsti (agutn.) adv. 471, anm. 3.
fyrsto adv. 470, 2 u. anm. 5; (489).
fyrstom adv. 470, 3, b; (489).
fyrstunni ady. 470, anm. 5; vgl. *førstonne.*
fyrteghi, -tyghi zahlw. 485, anm. 2.
fyst adv. sup., s. *fyrst* 289, 3; 478, 1.
fyurtande zahlw. = *fiurtande* 493.
fyuru zahlw. = *fiuri(r)* 483, anm. 1.
fyxl f. = *vixl* 269 (m. nachtr.).
fæ n. 86; 94, 2; 114, 1 u. 2; 164 (schluss); 246; 328, 1, a; 388; 411, anm.
fæ stv. = *fa* 543, anm. 1.
fæ(a)rmark f. 154, I, C, 1, a.
fæarnyt, (fæanit) f. 101, 1.
fæþerne, -ærne n. 63, 3; 174, anm. 1; 396; vgl. *fæþrine, fæþærne, foþærne.*
fædhernesland n. 320, 1.
fædhernesrike, fædhnes-, færnes- n. 156, 2, b; 308, 2, c; 320, 1.
fæþgar, (fæghdhar) m. pl. 320, 1; 337, anm. 4; 389, anm. 2; vgl. *faþg(h)ar.*
fædhnes-, s. *fædhernes-* 156, 2, b; 320, 1.

fæþrene, fæþrine n. 63, 3; 396; vgl.
  faþrine, fæþerne.
fæþœrne n., s. fæþerne 63, 3.
fœghin adj. (part.) 258, 1; 467; 540,
  anm. 4.
fœghna ('frenen') swv., s. fœgna 258, 1.
-fœghna swv., s. fœm(p)na (274,
  anm. 3); 550, 2.
fœghrin(d), fœghring f. u. n. 277,
  anm. 4.
fœgiurdhil, -giordhil m. 127, 2; 384.
fœgna (fœghna) swv. 258, 1; 540,
  anm. 4; vgl. fagna.
fœl m. 83, 3, a; 274, anm. 1.
*fœla stv. = fiœla 535, 2.
fœladher m. 396, 3; vgl.
fœlaþi, -lœþi n. 60; 396, 3.
fœlla swv. 257, 1, a; (389, 2); 550, 2.
fœm zahlw. 83, 2, b; 294, 1; 484.
fœmfalder adj. 499.
fœm(p)na (-fœghna, fœngna) swv.
  (274, anm. 3); 550, 2 u. anm. 6.
fœmptaluter m. 497.
fœm(p)tan zahlw. 332, 2; 484.
fœm(p)tande zahlw. 493.
fœm(p)te zahlw. 83, 2, b; (248, 1); 304,
  anm. 3; 309; 332, 2 (2 mal); 459, 1;
  492 (2 mal).
fœmt f. 332, 2; 496.
fœmtighi (fœn-), fœmti (u. a. formen)
  zahlw. 153 anm. 3; 272, 1; 311, 2, c;
  485 u. anm. 3.
fœmtighinde (u. a. formen) zahlw. 494.
fœmtunger, fœmtinger m. 180, anm. 3;
  497.
fœndin m. 313, anm. 2.
fœnga stv. = fanga (s. fa) 543, anm. 1.
fœngilse n. (gew. pl.) u. f. 301; 396.
fœngna swv., s. fœm(p)na (274,
  anm. 3); 550, 2.
fœngsl n. 396
fœnikol, (-kaal) n. 110.
fœnkta swv. 550, 3.
fœntighi zahlw., s. fœmtighi 272, 1;
  485, anm. 3.
fœntiœnde zahlw. = fœmtighinde 494.
fœnyta swv. 101, anm. 1.

fœr adv., s. f(i)œr 473; 478, 1.
fœrþ, f(i)œrdh f. 63, 1; 328, 2, a; 406;
  408.
fœrdhaluther m., s. f(i)œrdhaluter 497.
fœrdhe zahlw. = fiœrþe 492.
fœrdhunger m. = fiœrþung(er) 497.
fœrgha, fargha f. 271, anm. 1.
fœrma swv. 115, anm. 3; 550, 2.
fœrmark f., s. fœ(a)rmark 154, I, C,
  1, a.
fœrmer (u. a. formen) adv. komp.,
  präp., s. f(i)œrmer 445; 478, 1.
fœrmœst adv. sup., s. fiœrmast 478, 1.
fœrnesrike n. = fœdhernesrike 156,
  2, b; 308, 2, c.
fœrra adv., s. f(i)œrra 471, 1.
fœrran adv., präp., s. f(i)œrran 78, 3;
  445.
fœrre adj. 78, 3; vgl. fiarre.
fœrre adv., präp., s. f(i)œrre 471, 3.
fœrsker adj. 163, anm. 1; 339, anm. 4;
  454, 3.
fœst f. 408, anm. 1.
fœsta swv. 550, 3; 552, anm. 2 (part.);
  (570, 2).
fœste n. u. f. 401, 2; 427, anm. 1 u. 3.
fœster m., s. faster 407; 409, 3, a;
  413, anm. 2.
fœstœruf n. 321, 2, a.
fœt n. = fiœt 78, 3.
fœtil m. 384 u. 3, b.
fœtme, -a m. 80, II, 2; 416, 1, b.
føþa swv. 225, 1; 232 u. anm. (part.);
  260, 4; 345; 454, 1, a (part.); 550, 2.
føþœrne n. = fœþerne 174, anm. 1;
  396.
føghia swv. 550, 1 u. anm. 3.
føl n. 116; vgl. fol, fyl.
følgh f., s. fylghþ 328, 2, a.
følghia, følia swv., s. fylghia 59, 3;
  270, anm. 2; 553, 2 u. anm. 2.
følghislaghi m. 416.
fœlla swv. = fylla 116, anm. 2.
for f. = far 'reise' 104; 399, 1.
for präp., adv. 446; 473; vgl. for,
  fyr.
for adv. komp. 478, 1.

fer-, s. for-.
føra swv. 550, 1; 552, 2.
forþonger m. 497.
fori präp., adv. 446; 471, 4; vgl. fyri.
forils f. = førsl 337, 8.
forlz f., s. førsl 337, 8.
forma swv., s. fyrma 116; 550, 2.
forning f. 106, 2, b; 399.
forra adv. komp. 470, 6; 478, 1; vgl. fyrra.
førre adj. komp. = fyrre 59, 3; 468, 2.
førs m. = fors 389, 2.
førsl, førlz (n. a. formen) f. 337, 8.
forst, føst adv. sup. = fyrst 289, 3; 478, 1.
forster adj. sup. (u. zahlw.) = fyrster 468, 2.
forstonne adv. 470, anm. 5; vgl. fyrstunni, i forstonne.
fosa swv. 550, 3.
føst adv. sup., s. forst 289, 3; 478, 1.
foter adj., s. feter 107, anm. 1.

ga stv., s. ganga.
gabba swv. 342, 14; 354, 1.
gaþer m. = garþer 320, 2.
gafl m. 321, anm. 4.
gagn, (gaghn, gangh) n. 258, 1; 293; 294, 2; 317, 1.
gagnliker, (gan(g)ligin u. a. formen) adj. 281, 2; 317, 1.
gagnlos (gawn-) adj. 279, anm.
Gagnæf 315, 2, b.
gala stv. 539 u. anm. 3.
galbænker m. 284, 1; (306, anm. 1); 337, 1.
galder m. 383, 1, d.
galder adj. 342, 4; 453, 1, c.
galter m. 68, 2; 171 (schluss); 342, 4; 383; 413, 1 u. anm. 2.
gamal adj. 165; 238, 1, b; 300, anm. 2; 303, 3; 451; 453, 1, d, 2, anm. 2; 454, 5; 459; 468, 3.
gaman n. 300, anm. 2.
gamber m. 342, 12; 383, 1, b.
ganya f. 383, anm. 2.

ganga, ga stv. 110 (part.); 129, 1; 222; 235, 1, c; 267, anm. 2 (2 mal); 310; 317, anm. 4 (part.); nachtr. zu 321, 4; 543, 1 u. anm. 1—4; 559; 561, anm. 4; (563, 1); 566, anm.; .567 (part.); 569, 1 (part).
ganganz foter m. 441, 1.
ganganz fæ n. 441, 1.
gan(g)dagher m. 281, 2.
ganger m. 293; 314; 383, anm. 2; (470, 3, a).
gangh, gangn n. = gagn 258, 1; 293; 294, 2; 317, 1.
gangom adv. 470, 3, a.
gap n. 178.
gapa swv. 342, 14; 546, 2.
gar, garr- (agntn.) part. (adj.) = gør 71, 3; 240, anm.; 450, anm.; 553, 4 u. anm. 6.
gar adv., s. i gar.
gara swv. = gøra 553, anm. 3.
garþe n., s. gærþe 396, 3.
garþer m. 129, 1; 257, anm. 2 u. 4; 260, 4 (2 mal); 308, 3, b; 320, 2; 389, anm. 4; 367, 1; 383, 2, b u. d, 3 (3 mal); 369, 1.
garþsto f. 400.
garþvari m. 117, anm (schluss).
gas f. 86; 90, 6; 238, 5; 249, 4; 433.
gasavinge m. 102, 2.
gata f. 67, 2; 72; 152 (mehrmals); 426, 2.
gaturmot n. 426, 2.
gaukn (ngntn.) f. 271, anm. 4.
gava f. 426, anm. 5.
Ge- (in namen) 321, anm. 3; vgl. Ger-.
gemen präp., s. genom 447.
Gemunder m., s. Ge(r)munder 321, anm. 3.
gen adj. 311, anm. 2; 468, 1; vgl. gin.
gen präp., adv. 311, anm. 2; 445; 454, 1, c; vgl. igen.
gen- präfix = gin- 311, anm. 2.
genast adv. 476, anm. 3.
genbyrþ, -burdh f. 409, 3, b.
gen(e)stan (u. a. formen) adv. 470, anm. 12.

gen(i)sta adv. 470, 6.
genom, (gemen) präp. = *gønum* 299; 447.
gensœgn (-sœngh, -siœghn) f. 294, 2; 328, 2, c.
genvart, -vært präp. 445.
Ger- (in namen) 321, anm. 3; 340, 4.
-ger, -gerr (in namen) 146, 1; 251; 340, 4; 378, 3; (395).
Gere m. 321, anm. 3.
Ge(r)munder, Girmunder m. 103, 1; 321, anm. 3.
gerna, -as swv., s. *girna* 115, 2.
ger(r)a (agutn.) swv., s. *g(i)er(r)a* 553, 4.
gers (nschw.) m. 115, 2.
Gerþruþ, -dhrudh f. 223, anm. 1; 244, anm.; 404.
Gerulver m. 321, anm. 3.
gerwa swv. = *gøra* 250, anm.
Ge(r)vaster m. 321, anm. 3.
gesl f. = *gisl* 103, 1; 340, 4; 399.
gespa swv. 80, II, 2; 103, 1; 337, 6.
get, gæt f. 80, anm. 6; 278; 433.
geta stv., s. *gita* (u. *gæta*) 537, anm. 3.
geting (nschw.) m. 180, anm. 3.
getunger m. 180, anm. 3.
geva stv., s. *giva* (u. *gæva*) 537, anm. 3.
Gevaster m., s. *Ge(r)vaster* 321, anm. 3.
giaf f., s. *gæf* 78, anm. 1.
giald n., s. *giæld* 76, 2.
gialda gialla stv., s. *giælda* 96; 164; 222; 340, 2, a; 530, 2.
giara swv. = *gøra* 118; 553, anm. 3—7.
giarna adv. 78, anm. 3; 96; vgl. *giærna, gærna.*
giata stv., s. *giæta* 78, anm. 1; 537, 3.
giefa (agutn.) stv. = *giæva* (s. *giva*) 537, 3.
gierþa (agutn.) swv. 263, anm. 2.
g(i)er(r)a (agutn.) swv. = *gøra* 553, 4.
gieta (agutn.) stv. = *giæta* 537.
gif f., s. *gæf* 78, anm. 1; 399.
gift f., s. *gipt* 359, 1.
gifta f., s. *gipta* 426, anm. 2.
gifta swv., s. *gipta* 259, 2, a.
gigha f. 231; 423.

gilda swv. 550, 2.
gilde n. 164.
gilder adj. 340, 2, a; 454, 1, c; 467, anm. 2.
gil(d)stuva f. 324, 2.
gilia swv. 548, 2.
gillisbloss n. 298 (schluss).
Gilløgh f. 404, anm. 2.
-gils (in namen) 337, 8; 340, 4.
gilz f., s. *gisl* 337, 8.
gimon präp., s. *ginum* 338; 447.
gimsten, gym- m. 108, 2.
gin adj. = *gen* 311, anm. 2.
gin (agutn.) präp. = *gen* 311, anm. 2; 445; vgl. *agin.*
gin- präfix 102, 2; 311, anm. 2; vgl. *gen-, gyn-.*
gingiber f? 311, anm. 5.
ginstan adv. = *gen(e)stan* 470, anm. 12.
ginum, (gimon) präp. = *gonom* 102, 2; 311, anm. 2; 338; 447.
gior part. (adj) = *gør* 100; 553, 4 u. anm. 6.
giora swv., s. *gøra* 100; 118; 454; 1, c (part.); 553, 4 u. anm. 3—7.
giorþ f. 399 u. 1.
giordha swv. = *giurþa* 120; 550, 1 u. anm. 3.
Giordher m. 278; vgl. *Giurþer.*
gipning f., s. *gip(t)ning* 323, 1.
gipt, gift f. 359, 1; 408, anm. 1.
gipta, gifta f. 426, 2 u. anm. 2.
gipta, gypta, gifta swv. 108, 2; 259, 2, a; 550, 3.
giptarmal n. 298.
giptarøl n. 298.
gip(t)ning f. 323, 1.
-gir (in namen) 146, 1; 395; vgl. *-ger.*
giri f. u. n. 427 anm. 3; 428, 1.
Girkland 339 anm. 3; vgl. *Grez(k)land.*
Girmunder m., s. *Ge(r)munder* 103, 1.
girna, (gerna, -as) swv. 115, 2; 546, 2.
girs (früh-nschw.) m. 103, 1; (115, 2).
girugher adj. 450.
Gis- (in namen) (315, 1); 340, 4.
gisl, gizl, gilz f. 103, 1; 335; 337, 8; 340, 4; 399; vgl. *gesl.*

Gisl- (in namen) (315, 1); 340, 4.
-gisl (in namen) 337, 8; 340, 4.
Gis(l)munder m. 315, 1.
gispa (früh-nschw.) swv. 103, 1.
gista swv. = *gæsta* 164, anm.; 550, 3.
gistni(n)g f. 164, anm; vgl. *gæs(t)ning.*
gita, gitta stv. 78, anm. 1; 173; 296, 4;
 537 u. 3 u. anm. 3; (561, anm. 4);
 563, 2; 564, anm. 6; vgl. *gæta,
 giæta, giata.*
giurþa swv. 127, 2; 550, 1; 552, 2;
 vgl. *giordha, gyrþa, gorþa.*
Giurþer m. 127, 2; vgl. *Giordher,
 Gyrþer.*
Giuriþ f. 61; 244, 3; vgl. *Gyriþ.*
giuta stv. 63, 2; 528, 1; 529, 2 u. 3
 (2 mal); (561, anm. 4).
giva, gæva, giæva (u. a. formen) stv.
 78, anm. 1; 110; 130, 1; 225, 2;
 259, 2, b; 278; 454, 1, c (part.);
 537, 3; 558; (561, anm. 4); 563, 2;
 (570, 1).
givanz man m. 441, 1.
gizl f., s. *gisl* 335.
giæf f., s. *gæf* 278; 399 u. 1.
giæld, (giald), giæll n. 76, 2; 340, 2, a.
giælda, giælla, gialda, gialla stv. 96;
 111, 2 (part.); 164; 222; 340, 2, a;
 530, 2; 532 u. anm. 1; 534, 1
 (part.); 563, 1; vgl. *gælda.*
giældgiælda stv. 307 (part.).
giældruf (-ruff) n. 298, anm. 1.
giæl(d)skyldogher adj. 307, anm. 1.
giæra swv. = *gora* 118; 278, anm. 1;
 553, anm. 3—7.
giærna adv. 471, 1; 477; vgl. *giarna,
 gærna.*
giæster m. = *gæster* 278; 322, 1.
giæta, giata stv. = *gita* 78, anm. 1;
 296, 3; 537 u. 3 (u. anm. 3).
giæva stv., s. *giva* 537, 3.
gior part. (adj.) = *gor* 553, 4 u. anm. 6.
giora swv. = *gora* 553, 4 u. anm. 3—7.
glaþer adj. 235, anm. 4; 450; 453, 1, c.
ylar n. 64, 1; 340, anm. 4.
glas n. 64, 1; 340, anm. 4.
glata swv. 570, 1.

glavin, -an n. u. m. 180, anm. 2;
 424, anm. 2.
glidha v. 526, anm. 5.
glimbra, glymbra swv. 108, 1.
gloa swv. 342, 17.
glugger m. 342, 17.
gluggutter adj. 109; 342, 17.
glymbra swv., s. *glimbra* 108, 1.
glæþi f. 427; 428, 1 u. 2.
glæþ(i)a swv. 548, 2; 549, 1 u. 2, c.
glædhie m. 427.
glæfia f. 424, anm. 2.
glægger adj. 342, 17.
glodh f. 399, anm. 1.
gloma swv. 550, 2.
gnagha stv. 279, 1; 539 u. anm. (2 u.) 3.
gnidha stv. 526 u. anm. 1.
gnisla, gnizla swv. 337, 10.
gnista f. 103, 1; 423.
gnistlan, gnizlan f. 337, 10.
gnit f. 433.
gnoa swv. 121; 342, 17; 553, 3.
gnugga, gnogga swv. 109 u. anm.;
 342, 17.
gnæggia swv. 546, 4.
goþ n. 386, 2; 454, 1, c.
goþer adj. 90, 3; 111, anm. 2; 112 u.
 anm. 2; 234, 2 u. anm. 2; 321, 2, b
 u. anm. 4 (2 mal); 453, 1, e; 454, 2
 u. 5 (2 mal); 468, 3.
goþlynder adj. 455, 3.
Goflunda 279, 1.
Gonnar m., s. *Gunnar* 120, anm. 2.
gor part. (adj.) = *gør* 104; 553,
 anm. 6.
gora swv. = *gøra* 553, anm. 3.
gorþiurer m. 389, anm. 1.
gosklin (dal.) adj. 276, anm. 2.
Gostaver m., s. *Go(t)staver.*
Got- (in namen) 81, anm. 1.
-goter, -guter (in namen) 81, 2, b
 u. anm. 1; vgl. *-goter.*
Gotland 81, anm. 1; 170.
Go(t)staver m. 57, I, A, 2; 81, 2, a;
 vgl. *Gotstaver.*
goz n. 386, 2; 389, 2; vgl. *gøz.*
Goz(w)en m. 252, anm. 1.

gra adj. 153, 2; 452.
grabo f. 154, I, C, 1, b.
graf, græf f. 399 u. 4.
gramber adj. 171; 453, 1, b.
grander adj. 453, 1, c.
granne, grænne m. 94, 1; 416, anm. 9.
gras n. = *græs* 389, anm. 3 (m. nachtr.).
grata stv. 114, anm. 2; 175; 177; 182, 1; 544 u. anm. 2 u. 3; 561, anm. 4; 563, 2 (2 mal).
grava, græva stv. 179; 366, 1; 540, u. 1 u. 3; 561, anm. 4.
Grekar m. pl. 407, anm. 1; vgl. *Grikir.*
gren m. u. f. 80, II, 2; 244, 2; 383, anm. 2.
grensle (nschw.) adv. 80, II, 2.
grepa swv. = *gropa* 176; 550, 3.
Grez(k)land 314; vgl. *Girkland.*
grip f. 172; vgl. *gruþ.*
grift f. 179.
Grikir m. pl. 160, 2, a; 339, anm. 3 (m. nachtr.); 407, anm. 1 (m. nachtr.); vgl. *Grekar.*
grimber adj. 171; vgl. *grymber.*
grinda, grynda swv. 108, 1.
grip n. 386, anm. 2.
gripa, grypa stv. 108, anm. 2; 265; 296, anm. 2 (part.); 347, 1; 526; 527, 1.
Gripby, Grippy 291, 2.
gris m. 407.
gro(a) v. 273, 1 (part.); 545 u. anm. 1.
grop f. (u. m?) 178; 399, anm. 1.
gruþ f. 172; vgl. *grip.*
grugha swv. = *gruwa* 273, 3
grumber adj. 171; vgl. *grymber.*
grun n. 340, 2, b; 386, anm. 2; 454, 1, c.
grund, grunt n. 263, anm. 1; 340, 2, b; 386, anm. 2; 454, 1, c.
grun(d)val m. 305, anm. 3; 412.
grunvalder m. 305, anm. 3.
gruwa swv. 273, 3.
gry swv. 550, 1 (schluss) u. anm. 2.
grymber adj. 108, anm. 1; 467; vgl. *grimber, grumber.*
gryn n. 122, 2, a.

grynda swv., s. *grinda* 108, 1.
grypa stv., s. *gripa* 108, anm. 2; 527, 1.
græf f., s. *graf* 399 u. 4.
græma (*græmia*) swv. 548, 2; 549, 1.
græn f. (m?) 399.
grænd f. 416, anm. 9.
grænia swv. 296, 1; 546, 4.
grænne m., s. *granne* 416, anm. 9.
gränsle (nschw.) adv. 80, II, 2.
græs, (græss) n. 298; 363, 1; 386; 389, anm. 3 (m. nachtr.); vgl. *gras.*
græsspari, -spæri m. 416, 6.
græva stv., s. *grava* 179; (399); 540 u. 1 u. 3.
grodhe m. 416, 6.
gropa swv. 176; 178; 550, 3.
grøta swv. 175; 550, 3.
Gubbe m. 285, 1.
guddomber m., s. *guþdomber* 234, 1 u. anm. 1.
guþ m. (n.) 163, 2; 165; 234, 1; 260, 4 (3 mal); 290, 2; 383, 1, e, α, 3, 4, anm. 10.
gudha f. 423.
Guþbiorn m. 61; 285, 1; vgl. *Guþborn, Gutbiorn, Gyþbiorn.*
Guþbrander m. 257, anm. 6; vgl. *Gutbrander.*
Guþborn m. 65, 3; vgl. *Guþbiorn.*
guþdomber, guddomber m. 234, 1 u. anm. 1.
Guþfaster m. 259, anm. 1; 260, 4; vgl. *Guþvaster.*
guþi m. 165.
gudhinna f. 423.
Gudhi(r) m. 395 u. anm. 1 u. 2.
guþliker adj. 454, anm. 7.
Guþlogh, -logh f. 404 u. anm. 2.
Guþmar, Gummar m. 285, 4.
guþmopir f. 285, 4.
Guþmunder, Gummunder m. 257, anm. 7; 285, 4; vgl. *Gunmunder.*
Guþriþ f. 61.
Gudhthormber m. 223, anm. 2; vgl. *Guttormber.*

Guþvaster m. 259, anm. 1; 260, 4; 412, 2; vgl. Guþfaster.
gudhvili m. 112.
Gudnistum (dat.) 158, 2.
gudsof m. = guziver 108, 2.
gul, gull n. 111, 2; 163, 2; 236; 254, 1.
gul adj. 163, anm. 2 (schluss).
Gulbrander m. 257, anm. 6.
gulf n. 163 anm. 2.
gulguþ m. 383 anm. 10.
gull n., s. gul.
Gullever m. 257, anm. 6; 285, 3.
gulspan n. 386, anm. 1.
gulspænne n. 386, anm. 1; 396, 1.
gumi m. 257, anm. 4.
Gummar m., s. Guþmar 285, 4.
gummor (nschw.) f. 285, 4.
Gummunder m., s. Guþmunder 285, 4.
Gun- (in namen) 340, 2, b.
-gun (in namen) 340, 2, b; 404 u. 1.
Gunborgh f. 277; 1.
Gund- (in namen) 340, 2, b.
-gund (in namen) 340, 2, b; 404.
Gundor m. 257, 1, a.
Gun(h)ilder, Gunnild f. 246, anm.; 404.
Gunlogher m. 81, 2, b.
Gunmunder m. 257, anm. 7; vgl. Guþmunder.
Gunna f. 404, anm. 2.
Gunnar, (Gonnar) m. 120, anm. 2; 238, 4; 246; 289, anm. 3; 383.
Gunnar f. 74; 252, anm. 1; 399, 1; 404; vgl. Gunnur.
Gunnild f., s. Gun(h)ilder 404.
Gunnir m. 252, anm. 1.
Gunnulder m. 74.
Gunnur f. 74; 399, 1; 404 u. anm. 2; vgl. Gunnar.
Gutar m. pl. 81, anm. 1; (92, a); 169, anm.; 170; 416, 5.
Gutbiorn m. 260, 4; vgl. Guþbiorn.
Gutbrander m. 260, 4; vgl. Guþbrander.
-guter (in namen), s. -goter 81, 2, b u. anm. 1.
Gutfaster m. 260, 4; vgl. Guþfaster, Gutvaster.

Guthem, -heym 124, 2.
Gutmunder m. 260, 4; vgl. Guþmunder.
gutnalþing (agutn.) n. 92, a; 416, 5.
gutnisker adj. 169, anm.; 450; 451, 2.
Gutsten m. 260, 4.
Gutsærker m. 260, 4.
Guttormber m. 223, anm. 2; vgl. Gudhthormber.
Gutvaster m. 260, 4; vgl. Guþvaster, Gutfaster.
guzif, -ef f. 402.
guziver, -zover, -zyver (u. a. formen) m. (u. adj.) 108, 2; 163, anm. 2; 176; 391 u. 3 u. anm. 3; (457, anm. 1).
guzyvologh, guzova- n. 108, 2; u. anm. 3.
Gyþbiorn m. 61; vgl. Guþbiorn.
gyllene adj. 460, 3.
gylta f. 171.
gyma swv. = goma 106, anm. 4.
gymon präp., s. gynum 338; 447.
gymsten n., s. gimsten 108, 2.
gyn- präfix = gin- 311, anm. 2.
gynna (nschw.) swv. 108, anm. 3.
gynum, (gymon) präp. = genum 100; 338; 447.
gypta swv., s. gipta 108, 2.
gyr part. (adj.) = gor 553, anm. 6.
gyra swv. = gora 100; 553, 4 u. anm. 3.
gyrþa swv. = giurþa 127, 2; 263, anm. 2; 550, 1; 552, 2.
Gyrþer m. 127, 2; vgl. Giurþer.
Gyriþ f. 61; 244, 3; vgl. Giuriþ.
gæf, giæf, giaf, gif f. 78, anm. 1; 278; 399 u. 1.
gælda swv. 'kastrieren' 342, 4; 550, 2.
galda, gælla v. 'bezahlen' = giælda 530, (1 u.) 2 u. anm. 6; 531, 3 (part.).
gælkare m. 307.
gælla v. 'bezahlen', s. gælda (n. giælda).
gælla stv. 'laut aufschreien' 78, 2; 530 u. anm. 4.
gænga stv. = ganga 543, anm. 1.
gænge n. 396.

gænger adj. 281, 2.
gængse adj. 460, 3.
gænstan adv. = gen(e)stan 470, anm. 12.
gæra swv. = gora 71, 3; 278, anm. 1; 553, 4 u. anm. 3—7; 561, anm. 3.
-gærþ (in namen) 404 u. 1.
Gærdha f. 404, anm. 2.
gærþa swv. 550, 1 u. anm. 3.
gærþe, garþe n. 389, 1; 394, anm.; 396, 3; (470, 1, a).
gærþer m. = garþer 389, 1.
gærna adv. 78, anm. 3; 477; vgl. giarna, giærna.
gærnast adv. sup. 477; vgl. gærna, giærna.
gærning, -ong, -ig f. 180, 5; 318; 399 u. anm. 3 (n. 4).
gærningismaþer m. 399, anm. 4.
gærsam f. 399, anm. 1; vgl. gersam u.
gærsame, -sæme f. 399, anm. 1; 427, anm. 2.
gærsim f. 399, anm. 1; vgl. gersim.
gærsum f. 399, anm. 1; vgl. gersum.
gærsæmia f. 399, anm. 1.
gæsning f., s. gæs(t)ning 323, 1.
gäspa (nschw.) swv. 80, II, 2.
gæsta swv. 164, anm.; 550, 3; vgl. gista.
gæster m. 62, 1; 91, 6; 94, 2; 164, anm.; 225, 1; 238, 2; 278; 322, 1; 407, 3 u. anm. 1.
gæs(t)ning f. 164, anm.; 323, 1.
gæt f., s. get 80, anm. 6.
gæta stv. = gita 78, anm. 1; 173; 290, 2; 537 u. 3 (u. anm. 3); vgl. giæta.
gæta swv. 550, 3.
gæva, geva stv., s. giva 78, anm. 1; 537, 3 u. anm. 3.
gø swv., s. gøia 550, I.
geþa swv. 550, 2.
gø(i)a, gø swv. 126, anm. 3; 550, I u. anm. 2.
Gokem 246.
goma, gomma swv. 106, anm. 4; 300; 550, II.

gemin adj. (part.) 552, 3.
genum, (gemon) präp., adv. 57, II, B, 1, b; 100; 104, anm. 4; 311, anm. 2; 338; 447; 470, 3, b; vgl. ginum, gynum, genom, i gønum.
gepn f. 178; 271 anm. 4; 399.
ger, gerr- (u. a. formen) part. (adj.) 69, 6; 71, 3; 104; 240, anm.; 553, 4 u. anm. 6
gera, giora, giera (u. a. formen) swv. 69, 6; 71, 3; 100; 118; 130, 1; 250, anm.; 278, anm. 1; 454, 1, c (part.); 465, 2, c; 553, 4 u. anm. 3—7; 561, anm. 3.
gerþa swv. = giurþa 550, 1.
gerla adv. 104, anm. 3; 333, anm.; 471, 1.
gersam, -sæm f. 172; 399, anm. 1; 409, 3, b; vgl. gærsam u.
gersim f. 172; 399, anm. 1; vgl. gærsim.
gersum, -som, -sem f. 172; 399, anm. 1; 409, 3, b; vgl. gærsum.
gerþiuver m. = gorþiuver 389, anm. 1.
ges v. (präs.) 528, anm. 7; 529, 1; (561, anm. 4).
Goti m. 123, 2.
Gøtar m. pl. 170.
-goter (in namen) 81, 2, b; vgl. -goter.
Gøtstaver m. 57, I, A, 2; 81, 2, a; vgl. Go(t)staver.
goz n. = gøz 389, 2.
gozska f. 389, 2.

Ha- (in namen) 340, 3.
ha- präfix 80, I, 3.
hā pron., s. hwā(r) 518 (passim, bes. 1).
Hab(b)ardher m., s. Haghbardher 286; 303, 1.
haþin (agutn.) adj. = heþin 124, anm. 3; vgl. haiþin.
Haþir m. 61.
haf f.? 175.
hafal (agutn.) f. 168.
Hafþe m. 68, 3; vgl. Hofþe.
Hafþor m. 271, anm. 3.
Haferþ f. 339, 2.

Register.

hafre m. 341, 1.
hafrek (agutn.) n. 324, 1.
Hafriþ f. 339, 2.
hafuþ (agutn.) n. 74; 178 (m. nachtr.); 387; vgl. *hovuþ*.
hag (agutn.) n. = *hug, hog* 70, 1; (71, 1 u. 2); 386.
hag? (mschw.), s. *hug, hog* 71, 1.
hagga (agutn.) stv. 70, anm. 2; (71, 2); 252, 2, c (part.); 542 u. anm. 1 u. 4; vgl. *hogga, hugga*.
hagha swv. 174.
Haghbardher, Hab(b)ardher m. 286; 303, 1; 320, 2.
Haghþorn m. 271, anm. 3.
haghulværk n., s. *hakulværk* 267.
Hagne m. 68, 3; 178, anm. 1; vgl. *Hogne*.
hagri (agutn.) m. 341, 1; vgl. *hafre*.
haiþin (agutn.) adj. = *heþin* 124, anm. 3 (mehrmals); 244, 2; 451; vgl. *haþin*.
haiþna (agutn.) f. = *heþna* 124, anm. 3.
hailigr (agutn.) adj. = *helagher* 124, anm. 2; 180, 1; 214, 1; 451; 453, 1, a; 454, 5.
haim (agutn.) n. = *hem* 246.
Hainaim (agutn.) 246.
haita (agutn.) stv. = *heta* 541, 1 u. anm. 1.
haizla (agutn.) f. = *hæzla* 80, II, 2.
Hakon, -kwon, -kun, Hakan- (u. a. formen) m. 148; 172; 317, 2; 407.
Hakthor- (in namen) 271, anm. 3.
hakul m. 238, 1, b.
hakulværk (hakil-, haghul-) n. 267.
Hakwin m. 172; 252, 2, d.
hal, hall f. 'saal' 68, 2.
hal, hæl f. 'bodenstein' 399, anm. 1; 404 u. 2; 409, 3, b.
hal adj. 90, 1.
halbane m., s. *hal(d)bane* 307.
hald n. 290, 2; 386, anm. 1.
halda, halla stv. 75, 2; 100; 129, 1; 181, 1; 313, anm. 2; 340, 2, a; 355, 1; 375, 1; 543, 2 u. anm. 6—9; 561,
anm. 4 (schluss); 566, 1; (570, anm. 1); vgl. *holda*.
Haldan, -en, -in m. 147; 306, 1; vgl. *Halfdan*.
hal(d)bane m. 307; vgl. *haldsbani*.
halder (haller) adv. komp. = *hælder* 477 u. anm. 1.
haldna, hal(l)na swv. 337, 4.
haldning, halning f. 307.
Haldor, Hallor m. 257, 1, a; 292, 1.
haldsbani (halss-) m. 290, 2; vgl. *hal(d)bane*.
half n. u. f. 246, anm.; (312, anm. 1); 386, anm. 3; 409, anm. 4; 497; vgl. *alf*.
halfannar zahlw. 495.
halfattunger m. 497.
Halfdan, -dæn m. 147; vgl. *Haldan*.
halfdel m. 497.
halffiarþonger m. 497.
halffiærþe zahlw. 495.
halfgærþe n. 339, anm. 4.
hal(f)mark f. 284, 4; (306, anm. 1).
halfmarkagiæld, hal(f)margiæl n. 314.
halfnaþer m. 497.
hal(f)ninger (u. a. formen) m. = *hælfninger* 256, anm. 4; 306, 1; 497.
halfpart m. 497.
halfpænninger m. 309.
halfr (agutn.) adj. = *halver* 450; 453, 1, a.
halft f. = *hælft* 256, anm. 4; 409, anm. 4; 497.
halftninger m. 256, anm. 4.
halfþriþi zahlw. 495.
hal(f)væghis adv. 241.
halka f. 90, 1.
hall f., s. *hal* 'saal' 68, 2.
halla stv., s. *halda* 340, 2, a; 543, 2 u. anm. 6.
halla adv. 289, 1; 308, 1; 471, 1; vgl. *hardhla*.
haller adv. komp., s. *halder* 477.
hallna swv., s. *haldna* 337, 4.
Hallor m., s. *Haldor* 292, 1.
halmark f., s *hal(f)mark* 284, 4; 306, anm. 1.

halmber m. 383, 1, b.
halna swv., s. *haldna* 337, 4.
Halnadha 257, anm. 5.
halning f., s. *haldning* 307.
halninger m., s. *hal(f)ninger* 256, anm. 4; 306, 1; 497.
halp n., s. *hialp* 531, anm. 2.
halpa swv., s. *hiælpa* 531, anm. 2.
halpænninger m. = *halfpænninger* 309.
hals, (*halz*, *has*) m. 301; 315, 2, b; 362, 1; 383, 1, d.
halshugga stv. 542, anm. 5 (part.).
halssbani m., s. *haldsbani* 290, 2.
Halstan m. 80, I, 4, b.
Halsten, -stin (u. a. formen) m. 146, 1; 238, 3, a; 254, 1.
halster n. 315, 2, b.
halva f. (386, anm. 3); 423, anm. 1; 497; vgl. *alva*.
Halvar m. 244, 4; vgl.
Halvarper, -værper m. 74; 244, 4; 413, 2 (2 mal).
halver, (*haver*) adj. 256, anm. 4; 259, 2, a (2 mal); 309; 315, 2, b; 321, 2, b; 337, 1; 449; 450; 453, 1, a; 454, 2 (2 mal) u. 3 (mehrmals); 495.
halvæghis adv., s. *hal(f)væghis* 241.
halz m., s. *hals* 301.
halzt, (*halz*) adv. sup. = *hælzt* 323, 2; 477 u. anm. 1.
Halzten m. = *Halsten* 254, 1.
hamar m. 300, anm. 2; 384 u. 3, a u. anm. 1; 417, anm. 1.
hamare m. 417, anm. 1.
hamber m. 246; 330, anm. 2; 383, 1, b u. 3.
Hambo (nschw.), s. *Hanebo* 277, 1.
hamn f., s. *hampn*.
hampa f. 383, anm. 2.
hamper m. 383, 3 u. anm. 2.
hampn m. 330, anm. 2.
hampn, (*hamn, hamfn*) f. 256 u. anm. 2; 294, 1; 399, anm. 1.
han pron. pers. 73, 2; 90, 1 u. 6; 154, anm.; 299; 301; 503 m. anm.; 509, anm. 1.

han (agutn.) pron. pers. 73, 2; 503 u. anm. 1.
hanagh, -ogh, -ok, -igh n. 172, anm. 1; 261, 3; vgl. *honagh, hunagh*.
hand f. 129, 1; 411, anm.; 433 u. 2; 435.
handar mair (agutn.) adv. komp. = *handermer* 478, anm. 4.
handavark n. 117, anm.; 173, anm. 1.
handermer adv. komp. 171; 478, anm. 4.
handla swv. 337, 4.
handloghe (früh-nschw.) m. 273, 2.
handlove m. 273, 2.
handsal, (*hanzal*) n. 104; 263, 1.
handtaka, hantaka v. 232; 241.
Hanebo, Hambo (nschw.) 277, 1.
*hanga stv. (235, anm. 3); 543, anm 5; (561, anm. 4, schluss); (563, 1); vgl. *hængia*.
hani m. 174.
hanigh n., s. *hanagh* 172, anm. 1.
haning f., s. *han(n)ing* 242, 1, b.
hanker m. 235 anm. 3.
hann (agutn.) = *han* 238, 3, a.
hanna swv. 91, anm.
han(n)ing f. 242, 1, b.
hanogh, -ok n., s. *hanagh* 172, anm. 1; 261, 3.
hantaka v., s. *han(d)taka* 232; 241.
hantera swv. 57, I, B, 1.
har n. 386, 2.
hār pron., s. *hwā(r)* 341, 2; 518 m. anm.
har pron., s. *hwar* 519, anm. 2.
harap, -ep n. = *hærap, -ep* 80, I, 3; 242, anm. 1; 297, anm. 2.
Haralder m. 247, anm. 2; 252, anm. 4.
hardha adv. 471, 1.
harper, hærper adj. 234, 2; 241; 454, 1, a; 455, 1; 467, anm. 2.
hardhla adv. 289, 1; 308, 1; 471, 1; vgl. *halla*.
har(dh)na swv. 308, 1.
harf f. 104, anm. 1; 399, 1; 423, anm. 1; vgl. *horf*.
harflætta, -flæta f. 304, anm. 3.

hargher m. 68, 2; 171.
hari m. 64, anm. 1; vgl. *hæri.*
harmber adj. 453, 1, b.
harna swv., s. *har(dh)na* 308, 1.
harnisk, hærnisk n. 420.
haro adv. = *hwaro* 520, anm. 1.
harr pron., s. *hwar* 341, 2; 519, anm. 2.
harund f. u. m. 67, 2.
harva, hærva f. 399, 1; 423, anm. 1 u. 5.
harve n.? s. *hærve* 423, anm. 1.
has m., s. *hals* 315, 2, b.
has adj. = *hes* 89, anm. 5.
haskaper m. 80, I, 3; 169; 176, anm. 2.
hasl f. (älter m.) 399.
haslanut f. 296, 2.
hasletræ n. 296, 2.
hasta sik swv. 465, 2, d.
haster n. = *halster* 315, 2, b.
hasæti, (hassæte) m. 297, 2.
hatter m. 412 (u. 2).
haugr (agutn.) m. = *hogher* 340, 3.
haugr (agutn.) adj. = *hogher* 340, 3; 450; (463, 3); 468, 1; vgl.
haur (agutn.) adj. 340, 3; 450; 463, 3; 468, 1.
hava f. 271, anm. 1.
hava swv. 62, 3; 174; 250, 2, a (2 mal); 306, 2; 321, 3 u. anm. 4; 553, 5 u. anm. 8, 9; 566, anm.; 569, anm. 2.
havande part., adj. 465, anm. 1.
haver adj. = *halver* 315, 2, b.
Hedemora (nschw.) 244, 2.
heþ, hæþ f. 80, I, 4, b; 124, anm. 8: 403; 404 u. 2.
heþer, hæþer m. 80, II, 2, 383, 1, d u. 3.
heþerlika, hædhe(r)lika adv. 333, anm.
heþin, hæþin 80, anm. 6; 124, anm. 3; 235, 2; 451; 454, 1, a u. 4.
heþna f. 423.
heþne, hæþne f. 80, II, 2.
heþninge, -unge m. 180, 5; 418.
heþninger m. 418.
-heit, -heyt suffix 261, anm.; vgl. *-het.*
hel m., s. *hæl* 93, 1.
hel f., s. *hæl,* 'tod' 328, 2, b.
hel adj. 238, 1, a; 450; 453, 1, d u. anm. 3; 468, 1.

hela swv. 547, 2.
helagher, hælagher adj. 80, anm. 6; 180, 1; 449; 451 n. 1 (2 mal), 2, anm.; 453, 1, a u. 3, a; 458; 459 u. 2; 468, 1; vgl. *heligher, hælogher, hælgher.*
helbrygdher, -brøgdher (u. a. formen) adj. 460, 4.
helbrygþo, -a, -brygh(þ)o, -brughþo, -bræghþo, -a (u. a. formen) adj. 103, 1; 136, anm.; 138, anm.; 171; 279, 2; 308, anm. 5; 311, 2, a; 460, 4; 530, anm. 3; 534, 1.
heldi (agutn.) n. 386 anm. 1.
helgis brut (agutn.) n. 428, anm. 1.
heligher, hæligher adj. = *helagher* 180, 1; 468, 1.
hell m., s. *hæl* 238, 1, a.
helsa, hælsa, hilsa swv. 80, II, 2; 103, 1; 115, anm. 3; 340, 4.
helsamber adj. 453, 1, b.
helsot (hiel-) f. 328, 2, b.
helte m. 328, 2, b.
-hem (in namen) 124, 2; 146, 1; (246).
hem, (hiem) n. (80, II, 2); 246; 328, anm. 2; 383, anm. 1.
hem adv. 294, 1; 470, 4; 474.
hema n. 420.
hema, hemma adv. 148, anm. 1; 300; 471, 1; 474.
hemal- 107, anm. 1.
heman n. 386.
heman adv. 471, 2; 474.
hember m. 383, 1, b u. anm. 1.
hemelika, hæmolikæ, homlige adv. 107, anm. 1; 124, anm. 8.
hemfylgh(þ) f. 257, anm. 4; 308, anm. 5.
Hemkil m. 272, 2.
hemkinni n. pl. 101, 1.
hemol, hemul f. 292, 1.
hemol n. 454, 1, c.
hemol adj. 57, II, B, 2, b; 450.
hemold f. 255.
hemulsman (hemmuls-) m. 297, 3.
Henamora, Henemora, -mola 244, 2; 268, anm. 2.

henne pron., s. hænne 509, anm. 1.
Heraclius m. 312, 2.
herþa (agutn.) v. 164.
herþe m. = hirþe 115, 2.
herþinge m. = hirþinge 115, 2.
hes adj. 80, anm. 5..
hester m. = hæster 93, 1.
-het suffix 261, anm.; 408 u. 2.
heta, hæta stv. 114, anm. 2 (2 mal); 124, anm. 8; 169, anm.; 541, 1 u. anm. 1 u. 2; 570, anm. 4.
hete m., s. hiti 115, 1; 130, 2.
heter adj. 80, anm. 6; 103, 1; 169.
hetning (agutn.) f. 327, anm.
-heyt suffix, s. -heit 261, anm.
heyta stv. = heta 541, anm. 2.
Hialmdor m. 257, 1, a.
hialp, halp f. = hiælp 77, 1; 531, anm. 2.
hialpa stv., s. hiælpa 75, 1; 530; 531, anm. 2.
hiarta n., s. hiærta 75, 1; 364.
hidh adv., s. hit 266.
Hiþin, Hidhinnus m. 238, 3, b; 303, 3.
Hidi(n)munder m. 317, anm. 3.
hiel, f., s. hæl 'tod' 328, 2, b.
Hielgo m. 80, II, 2; 328, 2, b; vgl. Hælghe.
hielpa (agutn.) stv. = hiælpa 530.
hielsot f., s. helsot 328, 2, b.
hiem n., s. hem 328, anm. 2.
hier (agutn.) adv. = hær 471, 5.
highat adv. 472, B, 2; vgl. hingat.
hilbri(gh)dha adj. = helbrygþo 103, 1; 138, anm.
-hild (in namen) 404 u. 1.
Hilda f. 404, anm. 2.
hilla (früh-nschw.) f. 108, anm. 3.
hilla swv., s. hylla 547, 2.
hilsa swv., s. helsa 103, 1; 115, anm. 3.
himil m. 325; 384 u. 3, a u. anm. 1; vgl. hymil.
himilslikin, (himers(k)likin) adj. 276 u. anm. 2.
himin m. 108, anm. 3; 226; 249, 3; 384 u. 3, a u. anm. 1; vgl. hymin.
himinrike n. 249, 3; vgl.

himirike (himme-) n. 142, anm. 8; 158, anm.; 249, 3; 300; 329, anm.; vgl. hymirike, hymmelrike.
hin, (hæn) pron., art. 255, 2; 238, 3, b; 295; 299, anm.; 321, 2, c; 508, 3; 509, anm. 1; 510, 1 u. anm. 1; 511 (2 mal).
hind f. 129, 1.
hinder n. 339, anm. 4 (schluss); 386 (u. anm. 6).
hindradagher m. 171; 230, anm.
hindradagsgiæf, hinderdaxgiæf f. 339, 2.
hindre adj. komp. 462, anm.; 469 (schluss).
hindrilse, hindirlse n. pl. 339, 3.
hingat, hingadh adv. 156, 2, b; 252, 2, d; 266; 472, B, 2; 474; 510, anm. 1; vgl.
hinget (agutn.) adv. = hingat 472, B, 2; (473).
hinna swv. 327, anm.; 550, 3.
hinnugh adv. 74; 173, anm. 1; 413, 1; 470, 4.
hinvægh, -vagh präp., adv. 74; 173, anm. 1; 413, 1; 470, 4.
hion, hion n. (gew. pl.) 93, 3; 99, anm.; (420).
hiona n. 420.
hionalagh, hione-, hiono- n. 149, 1; 312, 3; 399, anm. 5.
hiordinge (früh-nschw.) m. 75, 2; (108, anm. 3).
hiorþ f. 75, 2; 77, 2; 108, anm. 3; 164; 408, 1; vgl. hierþ.
Hiorst(aþ)um 156, 2, b; 158, 2.
hiorter m. 75, 2; 98; 383; 412; 413, 4.
hippen (nschw. dial.) adj. 163, 1 (schluss).
hirþe m. 91, 6; 164; 395, anm. 1; 416; vgl. herþe, hærdhe.
hirþinge m. (115, 2); 164; 418; vgl. herþinge, hyrdhinge.
hirþman m. 234, 1.
hiskaper m. 71, 3; 163, 1; 169; 176 anm. 2.
hiskepr (agutn.) m. 163, 1; 407.

hisklig (nschw.) adj. 314.
hiskna (früh-nschw.) swv. 314; 337, 7.
hislig (früh-nschw.) adj. 314.
hisna swv. 314; 337, 7.
historia, (h)ystoria f. 312, 2.
hit, (hidh) adv. 94, 5; 169, anm.; 266; 472, B, 2; 474.
hiti, hete m. 115, 1; 130, 2; 169; 416, anm. 3.
hitta swv. 550, 3 u. anm. 8; 552, anm. 1.
hiul n. 270, anm. 3.
hiupon n. 386 u. 4.
hiuru adv., konj. = *hur(u)* 328, 2, b.
hixna (früh-nschw.) swv. 337, 7.
**hizik, hyzsek* adv. 261, 3.
hiælft f. = *hælft* 328, 2, b; 497.
hiælgan n. = *hælg(h)an* (s. *hælghon*) 328, 2, b.
hiælla swv. = *hælla* 328, 2, b.
hiælmber m. 383, 1, b u. anm. 10.
hiælp f. 77, 1; 408; vgl. *hialp*.
hiælpa, (hialpa, halpa) stv. 75, 1; 96; 301; 321, 3; 530 (u. 2) n. anm. 1; (531, anm. 2); 532, anm. 1; 533; 534, 1 (part.).
hiælpare m. 417, anm. 2.
hiælzt adv. sup. = *hælzt* 328, 2, b.
hiængia v. = *hængia* 328, 2, b.
hiær adv., s. *hær* 471, 5.
hiærne, -a, (hærne) m. 416 u. 1, b u. anm. 7.
hiærta, hiarta n. 75, 1; 148, anm. 1; (257, 2); 312, 3; 364; 420 u. anm. 1 u. 2.
hiæsse m. 312, anm. 2; vgl. *iæsse*.
hiolia swv. = *holia* 328, 2, b.
hion n. pl., s. *hion* 99, anm.
hiora swv. = *hora* 328, 2, b.
hiorþ f. = *hiorþ* 99, anm.
hjälte (nschw.) m. 328, 2, b.
ho m. 385.
ho pron. = *hwā(r)* 518, 1 u. anm. 1.
hofþa swv. 65, 1.
hofdhabulster, (hobdabulstar) m. u. n. 256, anm. 6.
Hofþe m. 68, 3; vgl. *Haffþe*.
hofþinge m., s. *hoffþinge* 59, 7; 65, 1.

hoffmodh, hofmodh n. = *hoghmodh* 279, anm.; 284, 4.
hofman, homman m. 284, 4.
hofnæstare, hommæstare m. 284, 4.
hofsœmi f. 427, anm. 2.
hog n., s. *hug* 70, 1; 71, 1; 109; 386.
hogga stv., s. *hugga* 69, 1 u. 6; 109; 342, 17; 542, 1 u. anm. 1; 561, anm. 4 (schluss).
-hogha (in namen) 81, anm. 1; vgl. *-hugha*.
Hoghaby 81, anm. 1.
hogher adj. = *hogher* 81, anm. 1; 468, anm. 2.
hoghmodh (u. a. formen) n. (u. f.?) 284, 4.
hoghre adj. (komp.) = *hoghre* 468, anm. 2.
Hogne m 68, 3; 178, anm. 1; vgl. *Hagne, Hogne*.
hokkin pron. = *hul(i)kin* 521, anm. 2.
hol adj. 453, 1, d.
hola f., s. *hula* 163, 2; 342, 7.
Holbiorn m. 61; vgl. *Holmbior(n), Holbiorn*.
Holbo m, s. *Hol(m)bo* 316.
hold n., s. *huld* 111, 2 u. anm. 3.
holda, holla stv. = *halda* 110 (2 mal); 129, 1; 543, anm. 6.
holder adj., s. *hulder* 111, 2 u. anm. 3; 454, anm. 6.
Holdo (nschw.) m. 65, 1; 178 (m. nachtr.).
Holfriþ f., s. *Hol(m)friþ* 404.
Holger, -gir m. 146, 1; 316; vgl. *Holmger*.
holker m. 342, 7.
holkin, (holikin), holghin pron. = *hul(i)kin* 267; 521, 2 u. anm. 2 u. 3.
holla stv., s. *holda* 543, anm. 6.
holmber m. 163, anm. 2; 325; 383, anm. 3.
Holmbior(n) m. 61; 317, anm. 2; vgl. *Holbiorn, Holbiorn*.
Hol(m)bo m. 316.
holme m. 383, anm. 3.
Hol(m)friþ f. 404.

Holmger m. 272, 2; 315, 2, b; 316; vgl. *Holger, Homger, Ho(l)nger, Hu(l)nger.*
Holmsten (n. a. formen) m. 272, 1; 315, 2, b; 316.
Hol(m)vardher m. 316.
Hol(m)vaster m. 316.
Hol(m)vidher m. 272, 1; 316; vgl. *Holnvidher.*
Ho(l)nger m. 272, 2; 315, 2, b; vgl. *Holmger.*
Holnsten m. 272, 1; vgl. *Holmsten.*
Holnvidher m. 272, 1; vgl. *Hol(m)vidher.*
Holsten m. 316; vgl. *Holmsten.*
holt n., s. *hult* 111, 2; 389, 2.
Holvardher, -vaster, -vidher, s. *Hol(m)vardher* u. s. w.
Homger m. = *Holmger* 315, 2, b.
homman m., s. *hofman* 284, 4.
hommodh n. = *hoghmodh* 284, 4.
hommæstare m., s. *hofmæstare* 284, 4.
homper m., s. *humper* 120, anm. 2.
Homsten m. = *Holmsten* 315, 2, b.
hon, (haan) m.? 110.
hon pron. pers. 73, 2; 90, 6; 112, anm. 1; 147; 149, 1; 154, anm.; 238, 3, a; 321, 2, c (2 mal); 503 m. anm.
honagh, -ak, hon(n)ogh, honigh n. 172, anm. 1; 180, 1; 261, 3; 298, anm. 3; 318; vgl. *hunagh, hanagh.*
Honbore m., s. *Ho(r)nbore* 289, 2.
Honger m., s. *Ho(l)nger* 272, 2; 315, 2, b.
hongra swv., s. *hungra* 120, anm. 2.
hop n. 163, anm. 2.
hopa, hoppa swv. 298.
hoper, (hopper) m. 296, anm. 3.
hoppa swv. 'hüpfen' 163, anm. 2; 342, 2; 348, 1.
hoppa swv. 'hoffen', s. *hopa* 298.
hor n. 386, 2.
hora f. 423, anm. 5; vgl. *horra.*
hora swv. = *hera* 552, 2.
-horgha (in namen) nachtr. zu 171.
Horghum 104, anm. 3; 171 (m. nachtr.); vgl. *Hurghum.*

horn n. 'horn' 187, 1; 230.
horn n. 'ecke' 423, anm. 4.
Ho(r)nbore m. 289, 2.
horo adv. 65, 7; 470, 2; 520, anm. 1; vgl. *huru.*
hors n. 301; 344 u. anm. 1; 389, 2; vgl. *hers.*
hos, hoss präp., adv. 73, 2; 112, anm. 1; 299; 445; 470, 4.
hosa, husa f. 163, anm. 2.
hosbonde, -ponde m., s. *husbonde* 143, anm. 10; 262.
hosfru, -prea, -tru, -tre, s. *husfru(a)* u. s. w.
hosta swv. 175.
hot n. 252, 2, a.
hovidh, (hovit, hovedh) n. = *hovup* 180, 7; 260, 7 u. anm. 7; 308, anm. 6; *hovodhstupa* adj., adv. 148; 460, 4.
hovoptiunde, -tinde m. 492, anm. 3.
hovup, huvup (u. a. formen) n. 74; 92, b, 1; 106, anm. 2; 178 m. nachtr.; 180, 7; 256, anm. 6; 257, 2; 260, 7 u. anm. 7; 273, 2; 382; 387; vgl. *hovidh, hovip.*
hovudhskal f. 298, anm. 2.
hovudhskale m. 298, anm. 2.
hovudhskalle m. 298, anm. 2.
hoyra (agutn.) swv. = *hera* 59, 8; 550, 1.
huār, n. huārt (agutn.) pron. (n. auch konj.) = *hwār* 520; 523, anm. 6.
huar (agutn.) adv. 72, anm.; vgl. *hwar.*
huarghi pron. = *hwarghin* 523, II, 1.
huargin (agutn.) adv. = *hwarghin* 472, B, 7.
huarvetna (agutn.) pron. 72, anm.
huat (agutn.) pron., konj. (518); 523, anm. 6; 524, I; vgl. *hwat,* s. *hwā(r).*
huatki (agutn.) pron., konj. 523, anm. 6; vgl. *hwatke.*
hup f. 260, 4; 399, anm. 1.
hup- 'haupt-' = *huvup-* 324, 2.
hudhklædhe n. 324, 2.
hupstaper m. 324, 2.
hupstryka, -strika, -struka stv. 176;

36*

260, 4 (part.); 526, anm. 5, 528, (3 u.) anm. 3.
hupswarf, -swærf n.? 117, anm.
huergi (agutn.) adv. = hwarghe 472, B, 4 (u. 7); vgl.
huergin (agutn.) adv. = hwarghin 472, B, 7.
huert (agutn.) adv. = hwart 117, anm.; 472, anm. 1.
hug, hog, (hag?) n. 70, 1; 71, 1; 109; 386.
hugga, hogga stv. 69, 1 u. 6; 98 (2 mal) n. anm. 1; 109; 227; 312, anm. 2; 313. anm. 2; 342, 17; 542, 1 u. anm. 1—4, (5); 561, anm. 4 (schluss).
Hugha 81, anm. 1.
-hugha (in namen) 81, anm. 1; vgl. -hogha.
hugher m. 163, anm. 2; 340, 4; 383, 2, d u. anm. 3.
hughsa, huxa swv. 340, 4; 547, 1.
hughstor, (huxtor) adj. 261, 1.
hughuth n. = huvuþ, (s. hovuþ) 273, 2.
hugnaþer, hug(h)nat m. 257, 2; 260, 7; 383, 2, d.
hugunda (agutn.) g. pl. 106, 2, b; 112, anm. 2; 180, 4.
huk(k)in pron. — hul(i)kin 287; 303, 2; 521, anm. 2 u. 3.
hul n. 163, anm. 2; 454, 1, c.
hula, hola f. 163, 2; 342, 7.
huld, hold n. 111, 2 u. anm. 3; 163, anm. 2.
hulder, holder adj. 111, 2 u. anm. 3; 163, anm. 2; 454, anm. 6.
hul(i)kin, hulg(h)in (u. a. formen) pron. 156, 2, b; 287; 303, 2; 339, 2; 341, 2; 521 (passim); 524, III, 1 u. 2; vgl. hwil(i)kin.
hulla swv., s. hylla 547, 2.
Hulmborgh f. 315, 2, b.
Hulmfriþ f. 315, 2, b.
Hu(l)nger m. 272, 2; vgl. Ho(l)nger, Holmger.
huls n., s. husl 337, 8.

hult, holt n. 111, 2; 163, anm. 2; 389, 2; vgl. hylt.
humbla, (hombla) f. 423, anm. 5; 426, 4, b.
Humborgh f. = Hulmborgh 315, 2, b.
Humfriþ f. = Hulmfriþ 315, 2, b.
humper, homper m. 120, anm. 2.
hun pron. pers. = hon 112, anm. 1; 503 u. anm. 1.
hunagh n. 163, anm. 2; 172, anm. 1; 180, 1; 318; 386, anm. 2; vgl. honagh, hanagh.
Hunar m. pl. 383, 4; 389, 1; vgl. Hynar.
hundare n. (246); 396.
hunder m. 383, 1, c u. 2, b u. 3.
hunderi (agutn.) n. = hundare 212, anm.; 396.
hundraþ, hundraþa (u. a. formen) zahlw. (n. u. adj.) nachtr. zu 74; 257, 2; 260, anm. 7; 339, 2; 386, 3; 487 u. anm.
hundradhafalder adj. 499.
hundsam, -sæm f. 172; vgl.
hundsim f. 172; vgl. hyndsim.
hundsoma f. 172.
Hunger m., s. Hu(l)nger 272, 2.
hunger m. 383, 1, d; 389, anm. 1; vgl honger.
hungra, hongra swv. 120, anm. 2.
hur adv., konj., s. hur(u) 156, 1, b; 520, anm. 1.
hur (agutn.) adv. 72, anm.; vgl. hwar.
Hurghum 104, anm. 3; 171; vgl. Horghum.
hurruka (-raka?) f. 244, 3.
hur(u) (u. a. formen) adv., konj. 57, II, B, 1, b; 156, 1, b; 328, 2, b; 470, 2; 520, anm. 1 u. 3; vgl. husu, horo.
huruduna pron. 520, anm. 3.
hurvi(t)na (agutn.) adv. 72, anm.; 323, anm. 1.
hus n. 59, 6; (176, anm. 2); 192, 1; 246; 386, 2.
hus þriþ. = hos 112, anm. 1.
husa f., s. hosa 163, anm. 2.
husa swv. — hysa 550, 3.
husaskiul n. 386, anm. 1.

husaskyle n. 386, anm. 1.
husbonde, -bunde, hosbonde (u. a. formen) m. 112; 143, anm. 10; 262; 272, anm. 1.
husfroyia (agutn.) f. 126, anm. 3; 154, I, C, 1, b; 259, 2, c.
husfru(a), -fro, hosfru, hosfru f. 57, II, A, 2; 143, anm. 10; 153, 1; 254, 2; 425; 426, 3; vgl. *husfre(a)* u. *hustru* u.
husfrugha f. = *husfru(a)* 273, 3.
husfre(a) f. 126, anm. 3; 154, I, C, 1, b; 254, 2; 259, 2, c; 425; vgl. *hustre, husprea, husfru(a)*.
huskaper m. 176, anm. 2.
husl, huls n. 84, anm. 5; 337, 8.
husprea, hos- f. 57, I, A, 2; 115, anm. 4; 143, anm. 10; 259, 2, c; 425; vgl. *husfre(a), husfru(a)*.
hustru, -tro, hostru, hestru f. 57, I, A, 2 u. II, A, 2; 143, anm. 10; 254, 2; 425; 426, anm. 5; vgl. *husfru(a)* u.
hustre, hostre f. 143, anm. 10; 154, I, C, 1, b; 254, 2; 425; vgl. *husfre(a)*.
husu adv., konj. 341, 2; 518, anm. 4; vgl. *hur(u)*.
hut pron. = *hwat*, s. *hwā(r)* 72, anm.; 518, anm. 2.
hutske konj. = *hwazke* 72, anm.; 518, anm. 2; 523, anm. 6 (schluss).
huva f. nachtr. zu 178; 342, 2.
huver m. nachtr. zu 178; 342, 2.
huruþ n., s. *hovuþ* 74; 106, anm. 2; 273, 2.
huruþ- 'haupt-' 324, 2.
huxa swv., s. *hughsa* 340, 4; 547, 1.
huxtor adj., s. *hughstor* 261, 1.
huzmal n. 324, 2.
huærghin pron. = *hwarghin* 523, anm. 5.
hwā pron., s. *hwā(r)*.
hwaþan adv. 173, anm. 2; 317, 3; 471, 2; 474.
hwalper m. 171; 389, anm. 3; vgl. *hwælper*.
hwā(r), hā(r), n. *hwat* (u. a. formen) pron. interr. (u. auch konj.) 72, anm.; 173, anm. 2; 266 (2 mal);

320, 2; 341, 2; 515; 518 m. anm. (passim); 522, anm. 6; (523, anm. 6); 524, III, 1, 2, 3, (anm. 3); 525, anm. 1.
hwār pron. interr. u. indef. 65, 7; 244, 3; 520 m. anm.; 523, II u. anm. 6; 524, I.
hwar, hwarr, hwær pron. interr. u. indef. 117, anm.; 160, 1; 238, 4; 246; 277, anm. 3; 289, 2; 296, 1 (2 mal); 308, 2, a; 312, 3; 320, 2; 341, 2; 457; (515); 518 (u.) 3; 519 m. anm. (passim); 522, anm. 6; 524, I, (II), III, 1; 525, 2 u. anm. 1 u. 2.
hwar adv. 72, anm.; 471, 5; 474.
hwar .... annan pron. 525, anm. 2.
hwar annar pron. 525, anm. 2.
hwar en pron. 524, II.
hwares(t) adv., s. *hwar(i)s* 335, anm. 2; 472, B, 1.
hwarghe adv. 154, I, B, 1; 472, B, (3), 4, (7); vgl.
hwarghin adv. 154, I, B, 1; 472, B, (3), 7.
hwarghin pron. 261, 2; 523, II (passim).
hwarghine adv. 472, B, 3.
hwarghins adv. 471, 6.
hwarin, hwarien pron. = *hwar en* 524, II u. anm. 2.
hwar(i)s, hwares(t) adv. 335, anm. 2; 471, anm. 6; 472, B, 1; 512, anm. 2; *hrarje* (nschw.) pron. 519, anm. 1.
hwarke(n), -in, -it pron., konj., s. *hwarte* 57, III, B, 3; 90, 1; 323, 1; 337, anm. 5; 472, B, 4 u. anm. 4; 523, anm. 6.
hwarkin pron. = *hwarghin* 523, anm. 5.
hwarnstaþ adv. 317, 1; vgl. *hwarstaþ*.
hwarn tima adv. 470, anm. 8.
hwaro adv. 470, 2; 520, anm. 1.
hwarr pron., s. *hwar*.
hwars adv., s. *hwar(i)s* 471, anm. 6; 512, anm. 2.
hwar sin pron. 524, anm. 1.
hwarske, hwarzke konj. = *hwazke* 261, 2; 472, B, 4; 523, anm. 6 (schluss).

hwarsken pron., konj. = hwazke 523, anm. 6.
hwarstaþ, (-stat) adv. 260, anm. 7; 317, 1; vgl. hwarnstaþ.
hwart adv. 117, anm.; 472, anm. 1; 474.
hwarte, hwartke, hwarke(n), -in, -it (u. a. formen) pron., konj. 57, III, B, 3; 90, 1; 261, 2; 323, 1 (m. nachtr.); 337, anm. 5; 472, B, 4 u. anm. 4; 523, II (passim, bes. 2 u. anm. 6).
hwartwæggia, -tiggia pron., konj. 102, 2; 252, anm. 1 (m. nachtr.); (523, anm. 6); 524, I.
hwar þer(r)a pron. 323, 1; 524, I; 525, 1.
hwarþing pron. 323, 1.
hwaske(n) pron., konj. = hwazke 261, 2; 523, anm. 6.
hwas(s) m.? 327, anm.
hwas(s) adj. 312, 3; 345; 363, 1; 450; 453, 1, d; 467.
hwaste konj. = hwazke 523, anm. 6 (schlnss).
hwat hælder konj. 524, anm. 3.
hwatke (pron.), konj. 261, 2; 337, anm. 5; 472, B, 4; (523, anm. 6).
hwatna pron. = hwatvitna 156, 2, b; 524, III, 3.
hwatte pron., konj. = hwarte 337, anm. 5; 523, anm. 6.
hwatvitna, -vena pron. 156, 2, b; 323, anm. 1; 524, III, 3.
hwazke, -a, -en (u. a. formen) pron., konj. 261, 2; 337, anm. 5; 472, B, 4; (518, 2); 523, anm. 6.
hwazkyns, -kons, -kons, -kona 518, 2.
hwazte konj. = hwazke 337, anm. 5; 523, anm. 6 (schluss).
hwelkin pron. = hwil(i)kin 521, anm. 1.
hweske konj. = hwazke 523, anm. 6 (schluss).
hwete, hwæte, hwite n. 124, anm. 8; 169.
hwetebredh n. 230, anm.

hwi adv. 364; 518 anm. 4; 521.
hwik(k)in pron., s. hwil(i)kin 287; 303, 2; 521, anm. 1.
hwil adj. (part.) 552, anm. 5.
hwila swv. 550, 3 u. anm. 7, 8; 552, anm. 5.
hwila sik swv. 465, 2, d (part.).
hwil(i)kin, hwilghin, hwik(k)in (u. a. formen) pron. 57, II, A, 2; 146, 1; 156, 2, b; 267; 278, anm. 3; 287; 303, 2; 314; 341, 2; 453, anm. 3; 515; 521 (passim); 524, III, 1 u. 2.
hwilikin (sum) hælzt pron. 515; 524, III, 1.
hwina stv. 526 u. anm. 1.
hwinzka f. 322, anm. 2.
hwirva, hwyrva f. 108, 1.
hwiska swv. 177; 230, anm.
hwisla, hwizla swv. 335.
hwite n., s. hwete 169.
hwiter adj. (169); 266, anm. 3; 269; 296, 4; 350, 1; 462, 1; 466, 1; (467).
hwivitna (hwit-) pron. 524, III, 3.
hwo pron. = hwā(r) 518, anm. 1.
hwo(l)likin, hwolkin pron. = hwil(i)kin 297, 2; 521, anm. 1.
hwyrva f., s. hwirva 108, 1.
hwædhan adv. = hwaþan 173, anm. 2; 471, 2.
hwælper m. 171; 389, anm. 3; vgl. hwalper.
hwær pron. = hwar 117, anm.; 457; (515); 519; 524, III, 1.
hwær en pron. = hwar en 524, II.
hwærkin pron. = hwarghin 523, anm. 5.
hwærte, hwærce konj. = hwarte 523, anm. 6 (schluss).
hwarva stv. 530, 1 (3 mal); 533; 534, 1 (part.).
hwæsa swv. 175; 177; 550, 3.
hwæssa swv. 550, III.
hwæt pron. = hwat, s. hwā(r) 173, anm. 2; 518, anm. 2; 524, 1; 525, anm. 1.
hwæte n., s. hwete 124, anm. 8.
hwætia swv. 174; 315; 548, 3.

hwæzke konj. = hwazke 518, anm. 2; 523, anm. 6 (schluss).
hyande n., s. hyghynde 311, anm. 3.
hybb(e)le (nschw.) n. 71, 3.
hydda f. nachtr. zu 356.
hyfdhinge m. = hefþinge 106, anm. 2.
hyggia f. 424.
hyggia swv. 239, 1, 548, I u. anm. 2; 549, 2, a u. anm. 2.
hyghynde, hy(ghi)ande n. 106, 2, b (m. nachtr.); 180, 4; 311, anm. 3; vgl. heghinde.
hyktidh f. = heghtidh 106, 2, a.
hyl m. u. f. 407; 408, anm. 2.
hylbrygdha adj. = helbrygþo 138, anm.; 460, 4.
hylia swv. 120; 270; 295; 454 1, c (part.); 548, 2; 549, 2, c u. anm. 2; vgl. helia.
hylla f. 108, anm. 3.
hylla, (hulla, hilla) swv. 547, 2.
hylle f. 427, anm. 1.
hyllist f.? u. n. 180, 6.
hylt n. = hult, holt 389, 2.
hylta f. 389, 2.
hymil m. = himil 108, anm. 3; 329, anm.
hymin m. = himin 108, anm. 3.
hymirike, hym(m)erike, -rige n. = himirike 108, anm. 3; 267; 300.
hymla (nschw.) swv. 107, anm. 1.
hymmelrike n. = himirike 329, anm.
hymna f. 312, 2.
Hyna (agutn.) m. 421.
Hynar, Hynir m. pl. 383, 4; 389, 1; vgl. Hunar.
hynda f. 423, anm. 5.
Hyndoryþ, -ryt 260, 7.
hyndsim f. 423, anm. 1; vgl. hundsim.
hyndsima f. 423, anm. 1.
hyrdha swv. 115, anm. 3; 550, 1; vgl. hærdha.
hyrdhinge m. 108, anm. 3.
hyrdrænger m. 234, 1; 241.
hyrfre n. 106, anm. 2.
hyrna f. 423, anm. 4 u. 5.
hyrne n. 423, anm. 4.

hyrsa f. 241; 344; 389, 2; 423, anm. 5.
hysa swv. 59, 6; 550, 3.
hystoria f., s. historia 312, 2.
hyta swv. = heta 106 anm. 3; 550, 3.
hyzsek adv., s. *hizik 261, 3.
hå (mschw., früh-nschw.) pron. 518, 1 u. anm. 1; vgl. hwā(r).
hædele m. u. n., s. hælede 338.
hæþ f., s. heþ 124, anm. 8.
hædha swv. 550, 2.
hæþan adv. 471, 2; 474.
hæþer m., s. heþer 80, II, 2.
hædhe(r)lika adv., s. heþerlika 333, anm.
hæþin adj., s. heþin 80, anm. 6; 124, anm. 3.
hæþne f. = heþne 80, II, 2.
hæfda swv. 226, anm.; 317, 1 (schluss).
hæfla stv. 175; 259, 1; 540 u. 3 (u. anm. 3).
hæfta swv., s. hæpta 271, anm. 3.
hæftilse n. pl., s. hæptilse 315, anm. 2.
hæg(g)um(m)e (u. a. formen) m. 112; 297, 2; 298.
hægher m. 383, 1, d.
hægn f. 294, 2.
Hæghre m. 230.
hæister m. = hæster 93, 1.
hækta swv. 271, anm. 3; vgl. hæpta.
hæktilse n. pl. u. f. 396; vgl. hæptilse.
hæl, hel, hell m. 93, 1; 238, 1, a.
hæl, hel, hiel f. 'tod' 296, 1 (2 mal); 328, 2, b; 402.
hæl f. 'bodenstein', s. hal 399, anm. 1; 404 u. 2; 409, 3, b.
hæl f. u. n. 'glück' 80, II, 2; 238, 1, a; 340, 4.
hæl adj. = hel 238, 1, a.
hæl adv. 470, 4.
hælagher adj., s. helagher 80, anm. 6; 180, 1; 451.
hælaght n. 454, 1, c.
hælbrygdha adj. = helbrygþo 460, 4.
hælder, hæller, hældra, -e, hællre adv. komp. 59, 1; 129, 1; 292, 1 u. anm. 2; 477; (524, anm. 3); vgl. halder.

hælede, hædele m. u. n. 338.
hælfninger, hælfninger (u. a. formen) m. 256, anm 4; 497.
hælft, hælt (u. a. formen) f. 260, anm. 7; 309; 328, 2, b; 409, anm. 4; 497; vgl. halft.
hælg(h)an n., s. hælghon.
hælg(h)þ f. 258, 2, b.
Hælghe m. 80, II, 2; 113.
hælgher adj. = helagher 451, 2.
hælghis bot f. 428, anm. 1.
hælghon, hælg(h)an n. (gew. pl.) 148; 180, anm. 2; 328, 2, b; 386.
hæligher adj., s. heligher (u. helagher) 180, 1.
hælla f. 399, anm. 1.
hælla swv. 328, 2, b; 550, 3.
hæller adv. komp., s. hælder 292, 1 u. anm. 2; 477.
hællest adv. = ællighæs 335, anm. 2.
hællirs adv. 471, 6.
hællre adv. komp. = hælder 292, anm. 2; 477.
hælmninger m. 'hülfte' 256, anm. 4; vgl. hælfninger.
hæ(l)m(p)ninger m. 'kriegerschaar' 315, 2, b; 383, 3.
hælogher adj. = helagher 180, 1.
hælsa swv., s. helsa 80, II, 2; 115, anm. 3; 340, 4.
Hælsinge(r) m. 144; 418.
hælsin(g)sker adj. 281, 2.
hælt f., s. hælft 309; 497.
hælte f. 427.
Hælver m. 250, anm.
hælvete, hæ(l)vitte n. 115, 1; 298 (schluss); 315, 2, b; 394, anm.
hælzt, (hælz u. a. formen) adv. sup. 315, anm. 2; 328, 2; 328, 2, b; 477; 515; 524, III, 1; vgl. halzt.
hæmd, hæmpd, hæmpnd f. 317, 1; 332, anm. 2.
Hæmfaster m. 80, II, 2.
Hæ(m)mi(n)ger m. 230; 317, anm. 3; 318; 342, 12.
hæmolikæ adv., s. hemelika 124, anm. 8.
hæmpd, hæmpnd f., s. hæmd.

hæm(p)na swv. 256, anm. 3; 260, anm. 3; 317, 1; 332, 1; 550, 2 u. anm. 6.
hæm(p)ninger m., s. hæ(l)m(p)ninger 315, 2, b.
hæm(p)ta, hænta swv. 80, II, 2; 272, 1; 332, 2; 550, 3 u. anm. 8.
hæn pron. = hin 510, anm. 1; (511).
hæna f. = hona 174.
hænda swv. 550, 2.
hændarmere adj. komp. 469, anm. 2.
hænder präp. = a hænder 445.
hændermer adv. komp. 478, anm. 4; vgl. handermer.
hængat adv. = hingat 472, B, 2; 510, anm. 1.
hængia v. 235, anm. 3; 257, 1, a; 328, 2, b; 543, anm. 5; vgl. *hanga.
Hænkil m. 272, 2.
hænne, henne pron. = þænne 509, anm. 1.
hænta swv. s. hæm(p)ta 272, 1; 550, 3.
häpen (nschw.) adj. 163, 1 (schluss).
hæpta, hæfta swv. 271, anm. 3; 550, 3 u. anm. 8; 552, anm. 2.
hæptilse, hæftilse n. pl. 315, anm. 2; 396.
hær, hærr m. 'heer' 80, I, 3; 238, 4; 297, anm. 2; 391 u. 1, 2, anm. 3.
hær m. 'herr', s. hærra 416, 1, a.
hær, hiær, hære (u. a. formen) adv. 114, 1; 169, anm.; 471, 5; 472, anm. 2; 474.
hæraþ, -eþ (u. a. formen) n. 80, I, 3; 91, 1 u. 4; 230, anm.; 242, anm. 1; 257, anm. 4; 260, 4 u. 7; 290, 2; 297, anm. 2; 386 u. anm. 1; vgl. harradh, haraþ.
hæraþe n., s. hæraþe 396, 3.
hærazhofþinge, -onge (u. a. formen) m. 106, anm. 2; 180, 5; 290, 2.
hærazþing, -ting n. 260, anm. 1.
harbærghe, -byrghe n. 396.
hærþ f. 399 u. 4; 404, 2.
hærþa f. 455, 1.
hærþa swv. 263, 2; (455, 1); 550, I.
hærdha swv. = hyrdha 115, anm. 3; 550, 1.

hærdhe m. = hirþe 115, anm. 3.
hærþer adj., s. harþer 455, 1.
hærþisløs adj. 115, anm. 3.
hærdhska, hærska f. 308, anm. 1.
hære adv., s. hær 472, anm. 2.
hæreþ n., s. hæraþ 80, I, 3; 242, anm. 1.
hærepe n. = hærœpe 147.
hæri m. = hari 64, anm. 1.
hæria swv. 546 u. 4.
hæriansson, (hærriæns-) m. 296, 1.
hæriþ, -it n. = hæraþ 91, 4; 260, 7.
hæriþe n. = hærœpe 147.
Hærlogher, -lugher, -løgher m. 81, 2, b.
hærna adv. 91, 7, b; 472, B, 8; (509, anm. 6).
hærne m. = hiærne 416.
hærnisk n., s. harnisk 420.
hærnisk(i)a f. u. n. 420; 421; 424, anm. 1.
hærra, -e, hær m. 416, 1, a, 2 (2 mal), anm. 6 u. 8.
hærradh, -idh, -it n. 80, I, 3; 242, anm. 1; 297, anm. 2; 298; 386, anm. 8; vgl. hæraþ.
hærre adj. komp. 297, 1; 340, 3; 468, anm. 2.
hærska f., s. hærdhska 308, anm. 1.
hærskap n. 'herrschaft' 333, anm.; 386.
hærskap n. 'heer' 386, anm. 2.
hærskaper m. 333, anm.; 407; vgl. hæskaper.
hærtogh(er), hærtik m. 261, 3; 383, 1, e, δ u. 2, c, γ u. anm. 3 u. 11.
hærutter adj. 63, 2.
hærva f., s. harva 423, anm. 1 u. 5.
hærve, harve n.? 399, 1; 423, anm. 1.
hæræ adv., s. hær 472, anm. 2.
hæræpe, -aþe n. 147; 386, anm. 1; 396, 3; vgl. hærepe, hæriþe.
hæskaper m. 163, 1; 169; 176, anm. 2; 333, anm.; 407 u. 3; vgl. haskaper, hiskaper, hærskaper.
hæstalop, -lopp n. 298.
hæster m. 80, II, 2; 93, 1 (mehrmals); 322, 1.
hæstz adv. sup. = hælzt 315, anm. 2.
hæta stv., s. heta 124, anm. 8; 541, anm. 2.
hæt(t)a swv. 304; 550, 3.
hævitte n., s. hælvete 315, 2, b.
hæzla f. 80, II, 2.
hø n. 168; 388.
Hødelver f. 404, 1.
hødh f. 340, 3; vgl. høghþ.
høþingi m. = høfþinge 92, b, 1; 243.
Høþir m. 59, 7; 61.
høfþinge, hofþinge m. 59, 7; 65, 1; 257, 1, b; 418; vgl. hyfdhinge u. høþingi u.
høfþinger m. 418.
høffærþe, høffærdhogher, s. høghfærþ(e), høghfærdhogher.
høghþ, høght, høkt, høgh (u. a. formen) f. 257, 1, b; 260, anm. 6 u. 7; 308, 3, a; 340, 3; 454, 1, c.
hogheliker adj. 454, anm. 7.
hogher m. 81, 2, b (m. nachtr.); 340, 3.
høgher adj. 258, anm. 3; 261, 1 (2 mal); 328, 2, b; 340, 3; 450; 468, 1 u. anm. 2; vgl. hogher.
høghfærþ(e), høffærþe f. 286, anm. 2; 408, 2.
høghfærdhogher, høffærdhogher adj. 286, anm. 2.
høghia swv. 550, 1.
høghinde, høghiande n. 106, 2, b; 180, 4; vgl. hyghynde.
høghmødhe f. 427, anm. 1.
høghre adj. (komp.) 174; 462, 2; 468, anm. 2.
høght f., s. høghþ 260, anm. 6 u. 7; 454, 1, c.
høght n. 260, anm. 6 n. 7; 454, 1, c; vgl. høghþ.
høghtidh, høktiþ f. 106, 2, a; 261, 1.
høghtiþis- 339, anm. 4; 399, anm. 4.
høghtiþisdagher m. 399, anm. 4.
Høgne m. 178, anm. 1; vgl. Hogne.
høker m. 92, b, 1; 243.
høkt f., s. høghþ 260, anm. 7; 454, 1, c.
høkt n. 260, anm. 7; 454, 1, c; vgl. høghþ.

høkt adv. 470, 6; 477.
Holbiorn m. 61; vgl. Holbiorn, Holmbior(n).
helbregho adj. = helbrygpo 136, anm.; 460, 4.
Hęldo m. 178.
hęlia, hęlghia swv. = hylia 270; 328, 2, b; 548, 2 u. anm. 3.
hęmbla f., s. humbla 423, anm. 5.
hęmlige adv., s. hemelika 107, anm. 1.
hęn pron. pers. = hon, 104, anm. 4; 503, anm. 1 u. 5.
hona f. 174.
hęnger m. = hunger 389 anm. 1.
hønsagræs n. 298 (schluss).
hor m. 104; (106, anm. 2); 383, 1, d.
hora swv. 59, 8; 126, 2; 328, 2, b; 550, 1; 552, 2.
hørf f. = harf 104; 399, 1; 423, anm. 1.
hørils f., s. hørsl 337, 8.
hørilse f. 337, anm. 2.
høringe, hørængi m. 418.
horls, horlz f. = hørsl 337, 8.
hørlse f. 337, anm. 2.
horra f. 423, anm. 5; vgl. hora.
hors n. 344, anm. 1; 389, 2; vgl. hors (u. ors).
hørsl, hørils (u. a. formen) f. 337, 8 (n. anm. 2).
hosfru f., s. husfru(a) 425.
hoster m. 243, anm.; 250; (333, anm.).
hostru f., s. hustru 425.
hota stv. = heta 107, anm. 1; 541, anm. 2.
hęta, hętta swv. 106, anm. 3; 174; 297, anm. 3; 550, 3 u. anm. 8; vgl. hyta.
hova swv. 550, 1 u. anm. 3.
hovip, -op n. = hovup nachtr. zu 178; 180, 7; 243.
hovi(t)sker adj. 335, anm. 2.
hovi(t)skliker adj. 335, anm. 2.
hovizman m. 335, anm. 2.

i pron. pers., s. i(r) 501.
i präp., adv. 63, 2, b; 142, anm. 10; 154, II, B; 249, 6 u. anm. 5; 446; (470, anm. 1); 472, A; 473.
-i (adv.) 471, 3.
ia adv. 97; 151; 379, 1; 473.
i adhans adv. 328, 1, b; 471, 6.
i aftens, i afte(r)s, i aftonse adv. 317, 2; 328, 1, b; 333, anm.; 472, B, 5.
iagh pron. pers., s. iak 96; 267; 501.
iagha swv. 247, anm. 1.
Iahan m. 118, anm. 2.
iak, iach, iagh, iæk (u. a. formen) pron. pers. 75, 1; 96; 258, 3; 267; 501 u. anm. 1.
iaka swv. 97.
Iakob, Iakop m. 262, anm.
iakwæpe n. 97.
iam- präfix 145, anm.
iamlange, -langde m. 326, anm. 2.
iamn, iampn adj. 76, 2; 96; 256; 332, 1.
iamnskylder adj. 101, 1.
iamskyt adv. 106, 2, b.
i ar adv. 328, 1, b.
iarpa swv. = iorpa 77, 3.
iarpeghændi m. = iorpæghande 408, 1.
iarl m. 59, 9; 96.
iarmark n. 317, 1.
iarnkedhe f. 428, 2.
Iarpulver m. 259, 2, b.
Iarunder m. 77, 3.
iaul (agntn.) n. pl. = iul 122, 1.
Iavur m. 118; 243; vgl. Iuwur.
ibland, iblant präp. 263, anm. 1; 444; vgl. bland.
i dagh adv. 470.
idh f. 260, 5.
-ip- suffix 180, 7.
ipar, ipra pron. pers. 71, 2; 501 u. anm. 7.
ipar pron. poss. 71, 3; 165; 289, 2; 320, 2; 507 u. anm. 4.
iper pron. pers. 71, 2; 501 u. anm. 8.
idhka, itka, ydka swv. 108, anm. 5; 260, 5.
ipkelika, ikkeligha, ydkeligha adv. 108, anm. 5; 290, 1.

Register. 557

ipra pron. pers., s. ipar 501, anm. 7.
iech pron. pers. = iak 501, anm. 1.
ieta (agutn.) stv. = æta 537, 2.
i faste(n)s, i fastis adv. 149, anm. 2; 317, 2.
i fiorþ, i fiordh, i fior adv. 75, 2; 99, anm.; 308, 3, b; 472, C.
i fiordh ar adv. 472, C.
i forgar, i fyrra gar adv. 472, C.
ifra präp., s. ifra(n).
i fram adv. 454, 1, c; vgl. fram.
ifra(n) präp. 445: vgl. fra.
i forstonne adv. 470, anm. 5; vgl. forstonne.
i gar adv. 64, 2; 472, C.
igen, igæn (u. a. formen) präp., adv. 278, anm. 1; 311, anm. 2; 415; 454, 1, c; vgl. gen.
igh adv., s. e(i)gh 146, 1; 311, 2, c.
-igh- suffix 180, 1.
-igher (adj.) 180, 1.
ighilborster, -byrster m. 389, 2.
igholkutter, (ighil-) m. 163, anm. 2; 180, 2.
i gonum, i ginum, i gynum u. s. w. = gonum u. s. w. 278, anm. 1; 447.
i hand präp. 445.
i hoste(r)s, (hestres) adv. 333 anm.; 339, anm. 4.
ike pron., adv., s. ik(k)e (u. æk(k)e) 57, IV; 242, 3.
ikil m. 59, 10; 78, anm. 1.
ik(k)e pron., adv., s. æk(k)e 57, IV; 103, 1; 242, 3; 290, 1; 472, B, 4; 523, I, 2.
ikkeligha adv., s. ipkelika 290, 1.
ikken (dal.) pron. poss. 506, anm.
ikk(er) (dal.) pron. pers. 501.
ikorn(e), -urni (u. a. formen) m. 71, anm.; 120; 169.
ikt f. 311, anm. 5.
il, yl f. 108, 2; 402; (418).
il n. 83, 2, a; vgl. æl.
-il- suffix 180, 2.
-il (m.) 384.
-il (adj.) 451.
ila adv. = illa 304.

-ild (in namen) = -hild 404.
ilder m. = elder 103, 1.
ilder adj. 453, 1, c; 454, 5; 468, 3.
ili m. 418.
illa swv. 550, 3; (570, 2).
illa, ylla (u. a. formen) adv. 108, 2: (254, 1); 304; 471, 1; 477.
illak (früh-nschw.) adj. 103, 1.
-ils (in namen) 337, 8.
-ilse n. (sg. u.) pl. u. f. sg. 337, anm. 2; 396; 427, anm. 3.
ilvili m. 418, anm. 2.
ilzker adj. 254, 1.
-im (in namen) 146, 1.
i midhvægho, -vagho, -vaghonne adv. 173, anm. 1 m. nachtr.; 412, 5; 470, anm. 9.
imma (nschw.) f. 103, 1.
i morghon, adv. 470, anm. 1.
i morghons adv. 470, anm. 1.
i mot(e) präp. 445; vgl. mot(e).
imællom, -e, -in, -an präp. adv. 444; vgl. mællom u. emællan.
in zahlw., pron., s. en 103, 1; 235, 2; 290, 1; 479 m. anm.
in adv. 57, I, A, 1, b; 473; 474; 478, 1.
in präp. = i 249, anm. 5; 473.
-in- suffix 180, 3.
-in (m.) 384.
-in (n.) 386.
-in (adj.) 450; 451; (523, I, 4).
-in (pron.), s. -an 504.
-in (part.) 569, 1.
-ina, -na, (-næ) (pron.) 154, anm.; 504.
inbyrþis adv. 470, 1, a.
-ind- suffix 57, I, B, 2 u. II, B, 2, a; 180, 4.
indre adj. komp. 462, anm.; 469 u. anm. 2.
-ine suffix 57, II, B, 2, a.
inflyta stv. 529, 3 (part.).
infulghin adj. (part.) 535, 2.
-ing- suffix 57, I, B, 2 u. II, B, 2, a; 180, 5 u. anm. 3; (399); 497.
-ing (f.) 399.
Inge m. 71, 2.

-*inge* (m.) 418 u. anm. 1.
Ingeborgh, -burgh f. 163, anm. 2; 171; 404 u. anm. 2.
Ingefaster m. 259, anm. 1; vgl. *Ingevaster.*
ingefer f.? 311, anm. 5.
Ingegærþ f. 404.
ingeld n., s. *ingiæld* 76, 2; 78, 3.
Ingelogh, -løgh f. 81, 2, b.
Ingemar m. 60; 91, 1.
-*inger* (m.) 383.
Ingerun f. 404.
Ingevald(er) m. 327; vgl. *Ingvalder.*
Ingevaster, -væster m. 259, anm. 1; 413, 2; vgl. *Ingefaster.*
ingiald n., s. *ingiæld* 78, 3.
Ingialder m. 252, anm. 4.
ingin pron., s. *ængin* 103, 1; 281, 2; 523, I, (passim.).
ingiæld, -gæll, -geld, -giald n. 76, 2; 78, 3; 340, 2, a.
Ingriþ f. 404.
Ingulder m. 74; vgl.
Ingvalder m. 74; vgl. *Ingevalder.*
Ingwar m. 71, 2; 252, 2, d.
Ingærþ f. 244, 4.
inkom (früh-nschw.) adv. 103, 1.
inlænzker, -lanzker adj. 63, 4; 263, 1.
inna swv. 327, anm.; 550, 3.
-*inna* (f.) 57, I, B, 1; 423.
innan präp., adv. 444; 471, 2: 474.
innansoknæ adv. 321, 2, c.
innarmer adv. komp. 478, 1.
innarmere adj. komp. 469, anm. 2.
innarst adv. sup. 478, 1.
innarster adj. sup. 450; 469 u. 2.
inne, ynne adv. 108, 2; 321, anm. 2; 471, 3; 474.
inne(r)lika adv. 333, anm.
in(n)ælve n. pl. 255; 396 u. 1.
inrikis adv 470, 1, a.
insamin adj. = *ensam(in)* 103, 1.
inviþer m. 424, anm. 1.
inviþi n. 424, anm. 1.
inriþior, -viþur f. pl. 424, anm. 1.
inviþær f. pl. 424, anm. 1.

inværtis, -vortis adv. 107, anm. 2; 470, anm. 3.
inzighle m. 254, 1.
inælvar, -ir f. pl. 396; 399, anm. 1.
inælve n. pl., s. *in(n)ælve.*
inær präp. 445; vgl. *nær.*
io adv., s. *iu* 473, anm.
Ioan m. 99, anm.; 112; 118, anm. 2; 154, I, A; 273, 1; 336; vgl. *Ioghan, Iohan, Iowan, Ion.*
Ioar m. 154, I, C, 3; 273, 1; 336; vgl. *Ioghar, Iowar, Ior.*
iodhe m. = *iudhe* 99, anm.
Ioghan m. 273, 1; vgl. *Ioan.*
Ioghar m. 273, 1; vgl. *Ioar.*
Iohan m. 99, anm.; 118, anm. 2; 273, 1; vgl. *Ioan.*
Io(h)annes m. 99, anm.; 407 u 2.
iom- präfix = *iam-* 145, anm.
iomfru f., s. *iungfru* 120, anm. 2; 281, 1.
Ion m. 99, anm.; 154, I, A; vgl. *Ioan.*
Ionacopia (u. a. formen) 100.
ionfru f. = *iungfru* 281, 1.
ionkara m. = *iunkhærra* 311, anm. 5.
Ior m. 154, I, C, 3; vgl. *Ioar.*
Iorder m. = *Giordher* m. 278.
iorþ f. 75, 2; 91, 7, a; 98 u. anm. 2; 234, 1; 270; 278; 321, 2, b; 408, 1, 2, 3, anm. 4.
iorþa swv. 77, 3; 260, anm. 7; 547, 2.
iordhakøp n. 298.
iord(h)dyn, iordyn m. 234, 1; 241; 298.
iorþrike n. 75, 2.
iordhsmon m. 298.
iorþægande, (*iord-*) m. 258, 2, c; (408, 1).
Iorger m. 243.
Iorien m. 100.
Iorunder m., s. *Iurunder* 77, 3.
iorzliker adj. 334, anm. 2.
Ioseph, Iosep m. 259, anm. 6.
Iosse m. 112.
Iossez hæraþ 257, anm. 5.
Iowan m. 273, 1; 336; vgl. *Ioan.*
Iowar m. 273, 1; 336; vgl. *Ioar.*

Register. 559

ip(p)in adj., s. ypin 101, 2; 296, anm. 2.
i(r) pron. pers. 83, anm. 3; 501.
-ir (adv.) 471, 4.
is m. 186, 1; 383, 1, d.
i siztans adv. 471, 6; vgl. siztans.
-isk- suffix 57, II, B, 2, a.
-isker (adj.) 450.
iskra (früh-nschw.) swv. 103, 1.
-isl (in namen) 337, 8.
i sommars, i som(m)ers adv. 333, anm.; 339, anm. 4; 470, anm. 1.
i somras (sommars) (nschw.) adv. 339, anm. 4.
-issa (f.) 57, I, B, 1.
-ist- suffix 57, II, B, 2, a; 180, 6.
istaþ, -stæþ, ystad n. 108, anm. 5; 386, 2; 389, 2.
i ... staþ präp. 442.
i sunnodax adv. 470, anm. 1.
it pron. pers. 501.
-it (pron.) 508, 3.
itka swv., s. idhka 260, 5.
iu, io adv. 473, anm.
iuþe (u. a. formen) m. 99, anm.; 263, 2.
iugher n. 228; vgl. iuver.
Iughur m. 273, 2; vgl. Iuwur.
iul n. pl. 122, 1.
iulaotta f. 304, anm. 3.
Iuliana f. 100.
Iunabækker 100.
iungfru, iumfru(a), iomfru (u. a. formen) f. 120, anm. 2; 247, anm. 1; 281, 1; 314; 425; 426, 4, b u anm. 5.
iunkar, -are m. = iunkhærra 267; 311, anm. 5.
iunkhærra m. 267; vgl. iunkar, unkar, ionkara.
Iuno-, Iunicopia (u. a. formen) 100.
iurþriki, iur[r]iki n. = iorþrike 75, 2; 244, 3 (m. nachtr.).
Iurian m. 100.
Iuris f. 243; 252, 2, d.
Iurius m. 100; 311, anm. 5.
Iursers hæraþ 257, anm. 5.
Iurunder, Iorunder m. 77, 3; 180, 4.
Iusse m. 112.
Iussis hæraþ 257, anm. 5.
iuver n. = iugher 279, 1.
Iuwur m. 75, 2; 100 (schluss); 118; 243; 273, 2; vgl. Iughur, Iavur.
Iuzez hæraþ 257, anm. 5.
Ivar m. 70, 2; 91, 1.
i vinters 333, anm.; 339, anm. 4.
Ivir, -er m. 91, 4.
ivi(r) (u. a. formen) präp. = yri(r) 57, II, B, 1, b; 101, 2 (schluss) u. anm. 2; 268, anm. 3; 321, 2, c; 446.
ivirløps, -løfs adj. 81, anm. 2; 265, anm. 1; vgl. yvirløps.
ivirvættis adv. 470, 1, a.
iæk pron. pers., s. iak 96 (schluss); 501.
iækt f. 399, anm. 1.
iælåk (dal.) adj. 91, 1.
iæmfora swv. 317, 1.
iæmgoþer adj. 317, 1.
iæmhøgher adj. 317, 1.
iæmka, iænka swv. 272, 2; 317, 1.
iæmlanger adj. 317, 1.
iæmmykin adj. 303, 1; 317, 1.
iæmn, iæmpn adj. 294, 1; 317, 1 (2 mal).
iæmnarva, -ærva, -ærve adj. 416, 4; 460, 2.
iæmninge m. 180, anm. 3.
iæmpte präp. 445.
iæmriker adj. 317, 1.
iæmt adv. (317, 1); 470, 5.
iæmvæl adv. 313, anm. 2.
iænka swv., s. iæmka 272, 2.
Iænækopunger (u. a. formen) 100.
Iærinder m. 180, 4.
iærl m. = iarl 383, anm. 3.
iærle, -a m. 416, 1, b.
iærn n. 312, 3.
iærnsweppa f. 298.
iærtekn(e), -tegne, -tikne, -tigne n. (u. f.?) 267, anm. 3; 312, 3; 342, 6.
Iærva 100.
iæsse m. 312, anm. 2; vgl. hiæsse.
iæt(l)a swv. 97; 547, 1.
iætte m. 342, 16.

iættir v. (präs. ind.), s. æta 296, 4; 537, 2.
iætun m. 118; 342, 16; 384.
iævigher adj. 180, 1.
iødhe m. = iupe 99, anm.
Iønckopinger 100.
Iønis m. 99, anm.; 156, 1, b; 407.
Iøns m. 156, 1, b.
Ioran m. 77, 3.
iørp f. = iorp 99, anm.
Iørien m. 100.
Iøsse m. 112.

jolster (nschw.) f. 98.
juling (nschw. dial.) m. 75, 2; (108, anm. 3).
jørke (nschw. dial.) n. 127, 2.

-k (pron.) = iak 154, I, B, 1; 502.
Kabbe m. 342, 1; 354, 1.
kapa f., s. kwapa 65, 7.
Kadhrin f. 156, 1, a; 266; vgl. Katerina.
Kadrine f. 308, 2, c; vgl. Karine, Katerina.
kafle m. 342, 1.
kaka f. 174.
Kakin(d) 292, 2.
kalder adj. 171; 232; 292, 1; 453, 1, c; 569, 2.
kal(l) m., s. karl 289, 1.
kalla swv. 91, 7, a u. anm.; 234, 2 u. anm. 2 (part.) 242, 2 (part.); 251; 257, 1, c; 321, 3 u. anm. 4; 450 (part.); 546; 547, 2; 558; 559.
Kalle m. 289, 1.
Kalmarna (gen. pl.) 268, anm. 1.
kalva swv. 550, 1; vgl. kælva.
Kalver m. 250.
kalver m. 366, 1.
kamar m. 384 u. anm. 1; 417, anm. 1.
kamara n. (384); 420.
kamare m. 417, anm. 1.
kamber m. 129, 1; 353, 1; 383, 1, b.
kamp m. 235, 1, a.
kangero (nschw. dial.) m. 65, 7.
kan(un)iker m. 156, 1, a.

kap n.? 235, 1, a.
kapa, kopa f. 110 (2 mal).
kap(e)lan m. 57, I, B, 3; 156, 1, a.
kapitenare m. 300, anm. 3.
kapit(t)el n. 387.
kar m., s. karl 315, 1; (317, anm. 2).
kar, agutn. car n. 64, 1.
Kare m. 63, 1.
Karelar m. pl. 122, anm. 3.
kargher adj. 451, 2.
kargilder adj., s. kar(l)gilder 315, 1.
karina f. 426, 4, b.
Karine f. 308, 2, c; vgl. Kadrine.
Karl m. 289, 1.
karl, kar, kal(l) m. 161, anm.; 238, 1, c; 241; 289, 1; 315, 1; (317, anm. 2); 383, 1, d.
Karle m. 289, 1.
kar(l)gilder adj. 315, 1.
karmaper m. 315, 1.
Karmarna (gen. pl.) = Kalmarna 268, anm. 1.
karughet f. 451, 2.
kas (nschw. dial.) f. u. m. 337, 7.
kaskastokker m. 337, 7.
kaskeland n. 337, 7.
kasnavargher, kaxna- (u. a. formen) m. 314; 320, 2; 337, 7; (416, 5).
kastel m. 334, anm. 3.
kaster m. 413, 1 u. anm. 2.
Katerina f. 156, 1, a.
Katil m. 61; 384, 3, b; vgl. Kætil.
katta f. 423, anm. 5; vgl. kætta.
katter m. 68, 2; 350, 1; 383, 4; 413, 1 u. anm. 2; 423, anm. 5.
kaupa (agutn.) swv. = kopa 553, 6.
kaxnavargher m., s. kasnavargher 337, 7; (416, 5).
-kel (in namen) 156, anm. 2.
kerkia f. = kirkia 115, anm. 1.
kerna f. = kirna 115, 2.
kesa swv. 550, 3 u. anm. 8.
kesar(e), keser m. 417, anm. 1 (2 mal).
kesarinna f. 57, I, B, 1.
kip (u. a. formen) n. 130, 1; 260, anm. 7; 393.
kiplinger, (-unger) m. 150, 5.

Kielste 278.
-*kil* (in namen) 156, anm. 2.
kilta f. 108, anm. 3.
kin f. 326, anm. 1; 433 u. anm. 3 u. 4.
kinbakke m. 235, anm. 3; 342, 6.
kind (nschw.) f. 326, anm. 1.
kiol m. 412; 413, 4.
kiortil m., s. *kiurtil* 120 u. anm. 1.
kiot, kiet n. 69, 3; 75, 2; 98; 100; 386; vgl. *kot*.
kippa swv. 550, 3.
kirkerherra m. 426, 2,
kirkia (u. a. formen) f. 108, anm. 1; 115, anm. 1; 144 u. anm. 1; 231; 321, anm. 5; 422; 424; 426, 2 (2 mal), 4, a u. b, anm. 2; vgl. *kyrkia*.
kirkioværiande, -værænde m. nachtr. zu 59, 9; 441, 2 (mehrmals) u. anm. 3.
kirkiustætta, -stæta f. 304, anm. 3.
kirkmæssa, -messa f. 65, 3.
kirna f. 115, anm. 3; 164; vgl. *kerna, kærne*.
kirse-, kyrsebær n. 108, 1.
Kirstin f. 339, 2; vgl. *Kristin*.
kirtil m. 102, anm.; (108, 1, schluss); 334; 384 u. 3, a.
kirvil, kyrvil m. 102, anm.; 108, 1.
Kista (agutn.) m. 421.
kistafæ n. 148.
-*kitil* (in namen) 156, anm. 2.
kitte (nschw.) m. 102, anm.
kittel (nschw.) m. 102, anm.
kit(z)la swv. 334.
kiurkia f. = *kyrkia* 127, 2 u. anm. 4.
kiurtil, kiortil m. 120, anm. 1; 127, 2; 238, 1, b; 303, 3; 334; 384 u. anm. 1.
kiusa stv. 82; 340, 4; 528, 1 u. anm. 4 u. 6.
kiutliker adj. = *kiotliker* 75, 2.
kiæggla f., s. *kægla* 296, 2.
kiærne, -a m. 171; 416, 1, b.
kiot n., s. *kiot* 98.
kiotliker adj. 75, 2; vgl. *kot(z)liker*.
kla v. 168; 540, anm. 4.
kladhe, -a m. 416, 1, b.
klanda swv. (129, 1); 547, 2; (570, 2); vgl. *klonda*.

klappa swv. 348, 1.
klarhet f. 408, 2.
klase m. 130, 2.
klavi, klævi m. 178; 416, 6.
kle(i)a v. 125; 167, anm.; 328, 1, a; 540, anm. 4.
klenadh, (klænap) n. 114, anm. 1.
Kleva 107; vgl. *Kløva*.
kli, kly n. 71, 3.
klia (nschw.) swv. 167, anm.
klif f. 172; 178; 402; vgl. *klyf*.
klifia swv. = *klyfia* 546, 4.
klimper m. 83, 1, a; 235, 1, a.
klinga v. 530, 3 u. anm. 4 u. 5.
klinter m. 235, anm. 2.
klippa, klyppa swv. 108, 1; 550, 3.
**kliuva* stv. 528, 1 (2 mal); vgl. *klyva* 'spalten'.
kliva, klyva stv. 108, anm. 2; 526 u. anm. 1; 527, 1.
klo f. 434; 435 (2 mal).
klobba f., s. *klubba* 120, anm. 2.
klokka f. 426, 4, a.
klonda swv. = *klanda* 110; 129, 1.
kloster n. 123, anm. 1; 339, anm. 4; vgl. *kløster*.
klostre n. 339, anm. 4; 386, anm. 6.
klovi m. 178.
klubba, (klobba) f. 120, anm. 2.
klufvæghin adj. 178.
kly n., s. *kli* 71, 3.
klyf f. 172; 178; 402; vgl. *klif, klæf*.
klyfia stv. = *klyva* 'spalten' 529, anm. 1.
klyfia swv. 546, 4.
klyppa swv., s. *klippa* 108, 1; 550, 3.
klyva stv. 'klimmen', s. *kliva* 108, anm. 2; 527, 1.
klyva stv. 'spalten' 122, 2, a; 178; 528, 2 u. anm. 4; 529, 3 (part., 3 mal); vgl. **kliuva, klyfia*.
klæpa swv. 304; 550, 2 u. anm. 6; 552, anm. 2.
klæpe n. 80, anm. 5; 300, anm. 3; 396, 1 (2 mal).
klæf f. (172); (178); 402; vgl. *klyf*.
klæfiahæster m. 172; 178.

Klæmitter m. 235, 1, b.
klæmper m. = *klæpper* 235, 1, a.
klæmpta swv. 235, 1, a.
klæppa swv. 550, 3.
klæpper m. 83, 1, a; 235, 1, a.
klæpta swv. = *klæmpta* 235, 1, a.
klær(i)ker m. 383; 391 n. anm. 1.
klævi m., s. *klavi* 178; 416, 6.
klof f. 178; 399.
kloftrop, *-torp* n. 339, anm. 3.
klöfver (nschw.) m. 107.
klösa (nschw.) swv. 168.
kloster n. = *kloster* 123, anm. 1.
klostre n. = *klostre* 339, anm. 4.
Klova 107; vgl. *Kleva*.
Knagger m. 358, 1.
knape m. 321, 4.
Knaphofpe m. 65, 1.
knapper, *knaper* m. 342, 15; 348, 1.
*knar m. 412.
kne (ngutn.) n. 103, 2.
knekt[er] m. 407.
kni (agutn.) n. 103, 2; 388; vgl. *knæ*.
knippe, *knyppe* n. 108, 1.
kniver m. 383.
knodha stv. 163, anm. 2; 536, anm. 4.
knoghe (früh-nschw.) m. 273, 1.
knopper m. 342, 15.
knusa, *knussa* swv. 298.
Knuttær m. 296, 4.
knyppe n., s. *knippe* 108, 1.
knyta swv. 550, III.
knæ n. 114, 1; 153, 1 u. anm. 2; 351, 1; 388 u. anm.
knæskal f. 399, anm. 1.
knoper m. 342, 15.
ko f. 64, 5; 84, anm. 8; 121; 430; 434; 435 (2 mal).
koa (nschw. dial.) f. 65, 7.
kodder m. 163, anm. 2; 356, 1.
kofna swv. 163, anm. 2.
kogher n. 267; vgl. *kover*.
koka f. 174.
kokøt(t) n. 60, 3; 298 (schluss).
kol n. 163, anm. 2.
kolder m., s. *kulder* 'kinder einer ehe' 111, 2 u. anm. 3; 383, 3.

kolder m., s. *kulder* 'gipfel, kopf' 472, C.
kolin adj. (part.) 535, anm. 2; 569, 2.
kolle m., s. *kulle* 111, 2.
kolna, *kulna* swv. 163, anm. 2; 535, anm. 2.
kolver m. 163, 2.
koma, *kuma*, (*komma*, *kumma* u. a. formen) stv. 65, 7; 110, anm.; 163, 2 n. anm. 2; 172, anm. 2; 257, 2; 300 u. anm. 1; 317, anm. 4; 325 anm.; 341, 3; 454, 4 (part.); 536 m. anm. (passim); (561, anm. 4).
kompani, *komparni* n. 333.
kona f. 110; 163, 2 (mehrmals) u. anm. 2; 166; 172; 341, 3; 426, 1, 4, a (mehrmals), b, anm. 2; vgl. *kuna*, *kwinna*, *kwæn*.
-kona, *-kuna* (adj.) 393, anm. 2.
-kons, *-kuns* (adj.) 393, anm. 2.
konstenær m. 57, I, B, 1.
konunger, *kunu(n)g(er)*, *konunker*, *koniger* (u. a. formen) m. 156, 1, b; 163, anm. 2; 216, 1; 264 u. anm. 2; 314; 318; 383 u. 1, e, δ n. ε (2 mal), 2, a u. c, γ, 3, anm. 8.
Konung(h)ælla 246, anm.
konungsrætter, *konon(g)sræt* m. 281, 2.
kopa f., s. *kapa* 110 (2 mal).
Kopman m. 81, anm. 2; vgl. *Kopman*.
kor m. n. u. 'chor' 383, anm. 1.
kor, *kor* n. 'wahl' 64, anm. 3; 84, anm. 6.
kora swv. 528, anm. 7; vgl. *koro*.
korgher m. 271, anm. 1.
korhudh f. 154, I, C, 1, a (m. nachtr.).
korn n. 129, 2 (2 mal); 171.
koro, *korin* v. (prät. pl. u. part.) 64, 3; 84, 1, b; 340, 4; 528, anm. 7; 529, 2 u. 3; vgl. *kora*.
korra swv. 163, anm. 2.
kors n. 241; 301; nachtr. zu 339, anm. 3; 386, anm. 3; 389, anm. 1; vgl. *kors*.
koster, *køster* m. 163, anm. 2; 407, 3 (4 mal) u. anm. 1; 409, 3, a.
køster m. = *kwaster* 72; 173; 413, 1.

kotkarl m. 163, anm. 2.
kover n. = *kogher* 279, 1.
krabbe m. 416, anm. 3.
krafarvereldi (agutn.) n. 321, anm. 1.
krafia swv. = *kræfia* 549, anm. 1; (561, anm. 5).
krake (nschw.) m. 175, anm.
kranker adj. 235, anm. 3; 454, 5; 476.
krapt f. 383, anm. 2.
krapter m. 383, 2, b u. anm. 2.
kras f. 399, anm. 1.
kria swv. 550, 1 (schluss) u. anm. 2.
krigh, kri n. 311, anm. 4.
krikke f. 101, anm. 3.
krimplinger m., s. *kry(m)plinger* 83, anm. 1; 108, 1.
kring, (*krink*) präp., adv. 264, anm. 2; 447; 454, 1, c; (472, C); vgl. *um kring*.
kringer adj. 472, C.
kring um präp., adv. 447; 472, C.
kriplinger m., s. *kry(m)plinger* 83, anm. 1.
Krist(er) m. (160, 2, a); 322, 1; 383, 2, c, β.
krista swv. 103, 1; 176; 550, 3 u. anm. 8.
Kristia(r)n m. 333 (2 mal).
Kristin f. 339, 2; vgl. *Kirstin*.
kristin adj. 150; 323, 1; 451, 1; 453, 1, d; 454, 4; 459.
kristna, agutn. *cristna* f. 423; 426, 2.
kristnamn, (*cristnamn*) n. 294, 1.
kroker m. 175, anm.
krokot(t)er, -uter (u. a. formen) adj. 233, anm. 2; 303, 3; 467 u. anm. 2.
krompin adj. (part.), s. *krumpin* 120, anm. 2.
krona (u. a. formen) swv. 547, 1.
kropper m. 163, anm. 2; 265; 339, anm. 4; 383.
krosa, krossa swv. 298, anm. 2.
krumpin, krompin adj. (part.) 84, 1, a; 120, anm. 2; 235, 1, a.
kruna swv. = *krona* 547, 1.
krus (agutn.) n. u. f. (111, anm. 1

m. nachtr.); nachtr. zu 339, anm. 3; (386, anm. 3).
krussa, kruza f. nachtr. zu 111, anm. 1; 241; 290, 2; nachtr. zu 339, anm. 3; 386, anm. 3.
krydde n. (gew. pl.) 396, 1.
krykkia f. 101, anm. 3; 106, anm. 1; 175, anm.; 239, 2.
krykla f. = *krøkla* 106, 2, a.
krympa stv. 108, 1; 530, 4 u. anm. 4; 531, 1; 534, 1 (part.).
kry(m)plinger, (kri(m)p-, krømp-) m. 83, anm. 1; 84, 1, a; 108, 1 (2 mal); 116, anm. 1; 235, 1, a.
kryna swv. = *krona* 547, 1.
krypa stv. 528, 2; 529, 3 (part.) u. anm. 4.
kryplinger m., s. *kry(m)plinger* 84, 1, a; 108, 1; 235, 1, a.
krysta swv. = *krista* 176; 550, 3.
kræfia, kræva swv. 548, I u. anm. 2; 549, 1, 2, c, anm. 1; 558; 561, anm. 5.
krænkia swv. 550, 3.
krøkia f. = *krykkia* 106, anm. 1; 175, anm.; 239, 2.
krøkia, krøgia swv. 267, anm. 3; 550, 3.
krøkla f. 106, 2, a.
krømpa stv. = *krympa* 531, 1.
krømplinger m., s. *kry(m)plinger* 116, anm. 1.
krøna swv. = *krona* 547, 1.
quer (agutn.) adj. = *kwar(r)* 335, anm. 3.
kufl m. 279, anm.
kugg (nschw.) m. 109 u. anm.
kughul m. 279, anm.
qui (agutn.) f. 399.
quislarmen (agutn.) m. pl. 321, anm. 1.
kulde m. 171.
kulder, kolder m. 'kinder einer ehe' 111, 2 u. anm. 3; 163, anm. 2; 383, 1, c u. 2, d u. 3.
kulder, kolder m. 'gipfel, kopf' 340, 2, a; 472, C; vgl. *um kul*.
kulen (nschw.) adj. 535, anm. 2.
kulle, kolle m. 111, 2; 163, anm. 2.

kulna swv., s. *kolna* 535, anm. 2.
kult m. = *kylt* 108, anm. 3.
kuma, *kumma* stv., s. *koma* 172, anm. 2; 300, anm. 1; 536 u. 1 u. anm. 1.
Kumblaby, Kumelby 339, 1.
kuna f. = *kona* 163, 2; 172; 321, anm. 5; 341, 3; 426, 2 u. 4, a.
-kuna (adj.), s. *-kona* 393, anm. 2.
kunder adj. 555, 1.
kung m. = *konunger* 156, 1, b.
kunna v. 120, anm. 2; 179; (235, anm. 2); 340, anm. 2; 372, 1; 555, 1 u. anm. 1.
kunna swv., s. *kynna* 550, 3.
kun(ni)st f. 408, anm. 1.
kunnista f. 180, 6.
kunnogher adj. 450.
-kuns (adj.), s. *-kons* 393, anm. 2.
kunst f., s. *kun(ni)st* 408, anm. 1.
kunualf f. 246, anm.
kununger m., s. *konunger*.
kunung(s)liker adj. 334, anm. 2.
kurtil m. = *kiurtil* 120, anm. 1.
kwapa, *kapa* f. 65, 7.
kwapa stv. — *kwæpa* 173, anm. 2.
Kwald- (in namen) (171); 389, anm. 3.
Kwaldolver m. 171.
kwalia swv. = *kwælia* 549, anm. 1; (561, anm. 5).
kvark (nschw. dial.) f. 117, anm.
kwarn f. = *kwærn* 117, anm.; 399.
-kwarn '-weib' 333.
kwar(r) adj. 65, 8; 117, anm.; 305; 321, 2, b; 378, 1; 453, 1, d; 455, 1; vgl. *kwær*.
kwaster m. 72; 173; 412 u. (2), 5, anm. 5; 413, 1; vgl. *koster*.
kwipa swv. 550, 2.
qviggrind, *quip-* f. 297, anm. 2; 399, 3.
kwighande, *(quiande)* n. 311, anm. 3.
kwik(k)er adj. 71, 2; 240; 450, anm.
kwindla, *kwildna* swv. 337, 4.
kwinna f. 166; 172; 321, 4; 341, 3; 426, 4, a (mehrmals); b; vgl. *kona, kwæn*.

kwinska, *(kwinka)* f. 322, anm. 2.
kwister m. 173; 282, anm. 2; 383, 4.
kwæpa stv. 65, 7; 173, anm. 1; 537, 1 u. anm. 1; 563, 2.
kwæfia swv. 174; 257, 1, b; 548, 1; 549, 2, c; 561, anm. 5.
kwæld n. 171; 340, 2, a; 383, anm. 1; 389, anm. 3; vgl.
kwælder m. 340, 2, a; 383, 1, c u. anm. 1; 389, anm. 3; 470, 1, a.
kwælia swv. 59, 12; 295; 296, 1; 548, 2; 549, 2, c (u. anm. 1); 561, anm. 5.
kwælz adv. 470, 1, a.
kwæma swv. 300.
kwæmber adj. 59, 13.
kwæmd f. 172, anm. 2; vgl. *kømd*.
kwæmeliker adj. 467, anm. 2.
kwæn f. 172; 333; 341, 3; vgl. *kwinna, kona*.
kwær adj. = *kwar(r)* 65, 8; 117, anm.; 455, 1.
kwærkar f. pl. 117, anm.; 399.
kwærn f. 117, anm.; 399; vgl. *kwarn*.
-kwærn '-weib' 333.
kya (dal.) f. 65, 10.
Kyelwæby — Thialwaby 278.
kyld f. 171.
kylt m. 108, anm. 3; vgl. *kult*.
kylva, *kolva* f. 116.
kyn, *kon* n. 116; 149, anm. 1; 278; 393 u. anm. 2.
kyn adj. = *køn* 106, anm. 4.
-kyna (adj.) 393, anm. 2.
kyndilmæssa, *(kynder-)* f. 101, 2; 276; vgl.
kyndilsmæssa, -*messa*, *(kyndersmæssa)* f. 65, 3; 276.
kynna, *kunna* swv. 550, 3; 552, 3.
-kyns (adj.) 393, anm. 2.
kyrkia, *kyrka* f. 108, anm. 1; 127, 2 u. anm. 4; 144, anm. 1; 313; 424; 426, 4, a; vgl. *kirkia, kiurkia*.
kyssa swv. 550, 3.
kyt n. = *kip* 260, anm. 7.
kyvarn (nschw. dial.) n. 106, anm. 2.
kyverne n. = *koværne* 106, anm. 2.

kånka (nschw.) swv. 129, anm. 1.
kåst (nschw. dial.) m. 72.
kædhe f. 424, anm. 1; 427, anm. 2.
Kædhil m. 266; vgl. Kætil.
kægla, k(i)æggla f. 296, 2.
Kæl m. 156, 1, b; vgl. Kætil.
Kældir m. 91, 4.
Kældor, Kældar- m. 148; 156, 2, b; 257, 1, a; vgl. Kætildor.
kælva swv. 550, 1; vgl. kalva.
kæmba swv. 550, II u. anm. 6.
kæmpe m. 416, anm. 3.
kænna swv. 113; 278; 317, anm. 4; 550, II.
kæpsi(r) m. 259, 2, b; 395.
kær n. 'morast' 305.
kær (ngntn.) n. 'gefäss' 64, 1.
kær adj. 60; 63, 1; 94, anm. 2; 467, anm. 4; 468, 1.
kæra swv. 105, anm.; 550, 1 u. anm. 3; 552, 3.
kæralde n. 64, anm. 1.
kærande m. 441.
käril (nschw.) n. 64, anm. 1.
Kærir m. 395.
kærlek(er), -lik, -lig m. 267; 321, anm. 8; 383.
kærleksordh n. 289, anm. 1.
kærlika adv. 278; vgl.
kærlikan, -ligan adv. 471, anm. 2.
kærling, -ig f. 214, 1; 318, anm.; 399.
kærne f. = kirna 115, anm. 3; 164.
kæte f. u. n. 427, anm. 3; 428, anm. 1.
kætil m. 59, 1; 61; 62, 2; 63, 3; 102, anm.; 334; 384 u. 3, b (3 mal).
Kætil m. 102, anm.; 156, 1, b u. anm. 2; 384, 3, b; vgl. Katil, Kædhil, Kæl.
Kætilbørn, Kæt(i)lbern m. 65, 3; 156, 2, b.
Kætildor m. 156, 2, b; vgl. Kældor.
Kætilfaster m. 259, anm. 1; vgl. Kætilvaster.
kætilhop, -hot, -odh f.? 81, anm. 2.
Kætilvaster m. 259, anm. 1; vgl. Kætilfaster.
kætta f. 423, anm. 5; vgl. katta.
kæt(te)ri n. 156, 1, a.

kætti, -e m. 102, anm.
kære n. 396, 1.
køfræn n. 63, 3; vgl. køværne.
køkia f. 267.
køkomæstare, (køghe-) m. 267.
kølna f. 116.
kolva f., s. kylva 116.
kømd f. 172, anm. 2; vgl. kvæmd.
køn n., s. kyn 116; 149, anm. 1.
køn adj. 106, anm. 4; 179.
køp (u. a. formen) n. 278, anm. 2; 298; 386 u. 2 (2 mal) u. anm. 7.
køpa swv. 265; 321, 3; 450 (part.); 553, 6 u. anm. 10; 563, 3.
køpe m. 416, anm. 7.
Køpman m. 81, anm. 2; vgl. Kopman.
køpoiorþ f. 399, anm. 5.
køponger, køpinger m. 180, 5.
køpruf, (copruff) n. 298, anm. 1.
køpumaþer m. 399, anm. 5.
kør n. = kor 'wahl' 64, anm. 3; 84, anm. 6.
kørs n. = kors 389, anm. 1.
kørtel (nschw.) m. 108, 1 (schluss).
køster m. = koster 409, 3, a.
kot, køtt n. 69, 3; 298 (schluss); 386; vgl. kiot.
køtstikki n. 101, 1.
køt(z)liker adj. 290, anm. 1; 334.
køva swv. 550, 1.
køværne n. 63, 3; 106, anm. 2; vgl. køfræn.

-la (adv.) 471, 1.
laþa f. 423, anm. 5; vgl. læþa.
laþa swv. 345; 539, anm. 4.
ladhalo m. 154, I, C, 1, b.
laþigs (agutn.) adv. 470, 1, a.
ladh(o)gardh m. 156, 2, b.
Lafrinz, -rens m. 123, anm. 2; 306, 2; vgl. Laurinz, Larens.
laggare m. 71, 3.
laggia swv. = læggia 549, anm. 1; vgl. lagia.
lagh n. (u. m.) 258, 2, c; 386; 389, 2; vgl. lægh.
lagha adj. 460, 1.

37*

laghayrkir m. 395.
laghbok f. 298.
lagher, lægher m. 68, 2; 409, 3, a; 413, anm. 2.
lagher adj. 450; 466, 2; (468).
laghlika adv. 471, 1.
laghmaþer m. 68, 3.
La(gh)man m. 311, anm. 2.
laghmæli, (lægh-) n. 135, anm. 4.
laghsagha f. 426, 4, b.
laghurbær n. = *laurbær* 123, anm. 2; 273, 3.
laghvara swv. 547, 2.
laghvis adj. 459, 2.
lagia swv. = *læggia* 549, anm. 1; 553, anm. 12; 561, anm. 5.
laiþa (agutn.) stv. = *leþa* 124, 1.
laiþingr (agutn.) m. 180, 5.
laifa (agutn.) swv. = *leva* 'hinterlassen' 550, 1; 552, anm. 1.
laigulenningr (agutn.) m. 292, 2.
laika (agutn.) stv. = *leka* 541, 2 (n. anm. 1).
lakan n. 386.
-laker (in namen) 80, I, 4, b; vgl. *-leker*.
Laman m., s. *La(gh)man* 311, anm. 2.
lamb, lamp, lam n. 129, 1; 262; 291, 1; 358, 1; 386.
lamber adj. 174; 300, anm. 2; 453, 1, b.
lan n. (63, 4); 80, I, 1; 386, anm. 4; 389, 2; vgl. *læn* 'leihe'.
lana swv. 63, 4; 547, 1; vgl. *læna*.
lanbo(e) m., s. *lan(d)bo(e)* 307.
land, lant n. (63, 4); 263, 1 u. anm. 1; 294, 1; 303, 3; 355, 1; 386 u. 2; (550, 2).
landa swv. 550, 2; vgl. *lænda*.
landafæghi(r) m. 395.
landamær n. 386, anm. 1; vgl.
landamære n. 175; 386, anm. 1.
lan(d)bo(c) m. 121; 154, I, C, 1, b; 307; 415; 419 u. anm.
lan(d)gille n. 307.
landi m. 321, anm. 4.
landishærra m. 386, anm. 6; vgl. *lanzhærra*.
lan(d)maþer m. 307.

landskap n. 298; 386 u. anm. 8.
langer adj. 129, 1; 264; 357, 1; 373, 1; 375, 1; 450; 451, 2; 453, 3, a; 454, 3; 459; 461; 462, 1; 463, 1 u. 3; 468, 1.
langille n., s. *lan(d)gille* 307.
langledhis, -lædhis adv. 124, anm. 8.
lango adv. 470, 2.
langs adv. 470, 1, b.
langt adv. 477.
langvæghis adv. 470, 1, a (schluss).
lanmaþer m., s. *lan(d)maþer* 307.
lanzhærra m. 386, anm. 6.
lanærdrotin m. 386, anm. 4.
lar n. 64, 2; 340, 3.
Lare(n)s, Lari(n)s m. 123, anm. 2; 156, 1, b; 306, 2; 317, 2; 407; vgl. *Lafrinz, Laurinz*.
Lars m. 156, 1, b; 289, 3.
las n. 'fuhre' 305, anm. 2; 345; 386, anm. 4; 389, 2; vgl. *læs*.
las m. u. n. 'riegel' 248, 2; 383, 3 u. anm. 1.
lassa swv. = *læssa* 550, 3.
lassa(r)æng, -egn f. 386, anm. 4.
Lasse m. 289, 3; vgl. *Lars*.
last f. 407, anm. 1.
laster, læster m. 407, anm. 1; 409, 3, a; 413, anm. 2.
lat n. (pl.) u. f. 383, anm. 1; 386, anm. 1 u. 3.
lata stv. 59, 2; 63, 3, 4; 94, 1; 114, anm. 2; 151; 175; 177; 296, 4; 297, anm. 4; 321, 3; 544 u. anm. 1—4; 561, anm. 4 (schluss); 563, 2 (2 mal); 566, 1 u. anm.; 569, 1 (part.); vgl. *læta, leta*.
late n., s. *læte* 396, 3.
later m. 'laut' 383, anm. 1.
later m. u. n. 'gelächter' 383, 1, d u. anm. 1.
later adj. 175; (427, anm. 2).
lati f., s. *læti* 427, anm. 2.
laupa (agutn.) stv. = *lopa* 123, 1; 542, 2.
laurbær (u. a. formen) n. 123, anm. 2; 273, 3.

Laurinz, Lauri(n)s m. 123, anm. 2; 317, 2; 407; vgl. *Lafrinz.*
laus (agutn.) adj. = *løs* 59, 8.
lausn, launs (agutn.) f. 337, 9; vgl. *løsn.*
-*laver* (in namen) 80, I, 4, b; vgl. -*lever.*
laverbær n. = *laurbær* 123, anm. 2.
lawurbær n. = *laurbær* 123, anm. 2; 273, 3.
lax m. 383, 1, d.
le m. 114, anm. 2; 328, 1, b; 419.
le(a) stv. 125; 328, 1, a; 340, 3; 540 (passim); 559; vgl. *leia.*
lea, læ(a) swv. 83, 3, a; 114, 1; 328, 1, a; 340, 3; (538, 3); 553, 7; vgl. *leia.*
lebardher m. 114, anm. 1; 383, anm. 3.
lepa, læpa swv. 80, anm. 6; 550, II; (570, 2).
lepare m. 417, anm. 2.
leper adj. 460, 3.
leponger, ledhinger m. 180, 5.
lef f. 399.
Lefanger 107.
Lefgarpe 107.
leghia swv. 114, 3; 340, 3; 550, 1; 552, anm. 5.
le(gh)ukuna f. 311, anm. 3.
leghuruf, (-ruff) n. 298, anm. 1.
legman m., s. *lekmaper* 267, anm. 3.
legra (agutn.) adv. komp. 470, 6; 477.
legvita (agutn.) f. 246.
leia stv. = *le(a)* 125; 328, 1, a; 540 u. 1.
leia swv. = *lea* 328, 1, a; 553, 7.
leion, leian n. u. m. = *leon* 114, 2; 148; 180, anm. 2; 328, 1, a; 386, anm. 2.
leka v. 114, anm. 2; 541, 2 u. anm. 3.
lekamber m., s. *likamber* 142, anm. 10.
lekame m., s. *likami* 57, I, A, 2 (416, 2).
lekamen m., s. *likamen* 416, anm. 1.
lekan, -on n. 180, anm. 2.
-*lekan* (adv.) 471, anm. 2.
lekatter m. = *lækatter* 114, anm. 2.
leker m. 383, 2, a.
-*leker* (m.) 146, 1; 383.
-*leker* (in namen) 80, I, 4, b; vgl. -*laker.*

leker adj. 335, anm. 2; vgl. *lekter.*
lekmaper, (læk-), lekman, (leg-) m. 80, II, 2; 267, anm. 3.
lekon n., s. *lekan* 180, anm. 2.
lekter adj. 335, anm. 2; vgl. *leker.*
lenda (agutn.) swv. 263, anm. 2.
leon n. u. m. 114, 2; 148; 328, 1, a; 386, 4 u. anm. 2; vgl. *leion.*
Leoncopungr (agutn.) 127, anm. 2.
lerept (agutn.) n. 83, 3, b; 114, 1; vgl. *læript, -ræpt.*
lestr (agutn.) m. = *læster* (s. *laster*) 407, anm. 1; 409, 3, a.
leta stv. = *lata* 57, IV; 147; 544, anm. 1.
leta, læta swv. 80, anm. 6; 454, 1, c (part.); 547, 1.
Lettughar m. pl. 273, 3.
leva, læva f. 124, anm. 8; 399.
leva swv. 'hinterlassen' 550, 1.
-*leva* swv. 'leben' = *liva* 115, 1.
lever m. 298, anm. 1.
-*lever* (in namen) 80, I, 4, b; vgl. -*laver.*
Levælta 107.
leze adj. 460, 3.
lip f. 399, anm. 1.
lip n. 386, 2.
lipa stv. 526.
lidhigher adj. 180, 1.
lif n. 'leben' (257, 2); 386 u. 2.
lif n. 'zaubermittel' 172; 393 (2 mal); vgl. *læf.*
lifnaper (n. a. formen) m. 256 u. anm. 2; 260, 7; 383, 3 u. 4.
Lifsten m. 259, 2, b.
lifta swv. = *lykta* 282.
-*liga* (adv.) 471, anm. 2.
-*ligan* (adv.) 471, anm. 2.
liggia stv. 110, anm.; 144; 164; 225, 2; 239, 1; 587 u. 5 u. anm. 6, 7; (563, 1).
-*ligha* (adv.) 261, anm.; 267; 471, 1 u. anm. 2; vgl. -*lika.*
ligheme m. = *likami* 267.
-*ligher* (adj.) 450; vgl. -*liker.*
-*lighin* (adj.) 267.
lighre n. 394, anm.; 396; vgl. *læghre.*

lignelse n. u. f. = *liknilse* 267, anm. 3.
lik n. 386, 2.
lika adj. 460, 1.
lika adv. nachtr. zu 91, 7, a; 471, 1.
lika swv. 547, 1.
-lika (adv.) 471, 1 u. anm. 2; vgl. *-ligha*.
likaman, lekamen m. 416, anm. 1; vgl.
likamber, lekamber m. 142, anm. 10; 246; vgl.
likami, -e, -a, lekame, lykame (u. a. formen) m. (u. n.) 57, I, A, 2; 91, 6; 142, anm. 8; 145 u. anm.; 298; 416, 1, b, 2 (3 mal), anm. 1 u. 4.
likamlikin, -lighin adj. 267.
-likan (adv.) 471, anm. 2.
likavæl adv., s. *likovæl* nachtr. zu 91, 7, a.
liker adj. 91, 6; 310, anm.; 521.
-liker (m.) 146, 1.
-liker (adj.) 334, anm. 2; 450 (2 mal); vgl. *-ligher*.
likervis, -vist adv. 470, anm. 10.
lik(e)s adv. 470, anm. 3.
-likin (adj.) 267; 451.
likkia swv., s. *lyk(k)ia* 101, 2.
liknilse, lignelse n. u. f. 267, anm. 3; 396.
likovæl, lika-, lyko- adv. nachtr. zu 91, 7, a; 145; (471, 1).
liks adv., s. *lik(e)s* 470, anm. 3.
liksto f. 167; 175; 400.
likstol m. 400.
likta swv. = *lykta* 282.
likvari (agutn.) m. 117, anm.
likvægher, (ligwægh) m. 267, anm. 3.
lim n. 386.
lima swv. 550, 2 u. anm. 6.
limber m. 300; 407, 3 u. anm. 1.
limnaper, (limfnaper) m. = *lifnaper* 256 u. anm. 2.
lin n. 83, 3, b; 386, 2.
lin adj. 298, anm. 3.
lina, linna swv. 298, anm. 3.
linde m. 416.
Ling- (in ortsnamen) 71, 3; vgl. *Lyng-*.

Lin(g)kopunger (u. a. formen) 81, 2, b; (127, anm. 2).
lingon (nschw.) n. 71, 3.
linin, linnin adj. 451, 3.
linlak n. 386.
linlakan n. 386.
linna swv., s. *lina* 298, anm. 3.
lio adj. 82, anm. 1; 248, anm. 1.
liomber adj. = *liumber* 82, anm. 1; 248, anm. 1.
Lionkøpunger 127, anm. 2; vgl. *Lin(g)køpunger*.
liover adv. = *liuver* 82, anm. 1.
lippa f. 163, anm. 1; (416, anm. 3); vgl.
lippe m., 163, anm. 1; 416, anm. 3; vgl. *læpi* u. *lippa*.
lise m. 416.
lister v. (präs. ind.), s. *lyster* 529, anm. 3.
lit n. u. f. 386, anm. 3.
lita swv. 550, 3.
liter m. 407, 3 u. anm. 1.
litil, litin adj. 90, 2; 257, 2; 266; 290, anm. 1 u. 2 (2 mal); 334; 451 u. 4 (mehrmals); 453, anm. 1; 459; 468, 3.
litit adv. 477.
litlo adv. 470, 2.
liup n. (u. f.) 386, anm. 3.
liudha swv. 'lauten', s. *ludha* 550, 2.
liudha swv. 'gehorchen', s. *lypa* 550, 2.
liuper, lyper m. 407; 409, 3, a.
Liupgupuvi 165; 170; vgl. *Lupgupavi, Lypgupari*.
liugha stv. 170; 528, 1.
liughn f. = *lygn* 409, anm. 4.
liugnelder (liung-, lygn-, lyngh- u. a. formen) m. 294, 2; 409, 3, b.
liumber adj. 82, anm. 1; 248, anm. 1; 272, 1.
liumske m. 248, anm. 1.
Liung- (in ortsnamen) 127, 1; vgl. *Lyng-*.
liung, (liong) n. 127, 1 u. anm. 1; 386.
liungelder m., s. *liugnelder* 294, 2.

liure m. 84, anm. 3.
lius n. 59, 11; (63, 4); 84, anm. 3; 100, anm.; 122, 2, b; 386, anm. 1; (399); 454, 1, c; (550, 3).
liusa swv. = *lysa* 63, 4; 550, 3; (552, 2).
liuske m. = *liumske* 248, anm. 1.
liusning f. = *lysning* 399.
liuster m. 383, anm. 2; 423, anm. 5.
liustra f. 383, anm. 2; 423, anm. 5; vgl. *lystra*.
liuta stv. 528, 1 u. anm. 4; 529, 1; (561, anm. 4); vgl. *lyta*.
liute n., s. *lyte* 63, 4; 396, 3.
liuter adj. 63, 4.
liuver adj. 82 u. anm. 1; 225, 2; 259, 2, a.
liva swv. 115, 1; 256 u. anm. 6; 257, 1, b; 464 (part.); 465, 2, b (part.); 553, 8 u. anm. 11; 558; vgl. *leva*.
livandis adv. (part.) 465, 2, b; 470, 1, b.
lo m. 'dreschtenne', s. *lo(e)* 419.
lo (nschw.) m. 'zotte' 342, 17.
lo f.? 84, 2, a.
lodha swv. = *lupa* 'anhaften' (163, anm. 2); 553, 9.
lopin adj. (part.), s. *lupin* 528, anm. 7; 529, 3.
lo(e) m. 154, I, C, 1, b; 273, 1; 419.
lof, luf n. 163, 2 u. anm. 2.
Lofbo 279, 1.
Lofö (nschw.) 279, 1.
logerdag (früh-nschw.) m. 81, 2, a.
logg (dal.) f. 71, 3.
-*logh* (in namen), s. -*logh* 81, 2, b; 404.
loghadagher m. 81, 2, a; vgl. *logha(r)dagher*.
loghe (früh-nschw.) m. 273, 1; vgl. *lo(e)*.
-*logher, -lugher, -logher* (in namen) 81, 2, b u. anm. 1.
loghi m., s. *lughi* 81, anm. 1.
loghman m. = *laghmaþer* 68, 3.
loghokarl m., s. *loghokarl* 81, 2, a.
Loghe 279, 1.

lok, luk n. 'gras' 163, anm. 2; 170.
lok n. 'deckel' 163, anm. 2.
loka f. 163, anm. 2.
lokka swv. 163, anm. 2.
lokker m. 163, anm. 2.
lom f.? 174.
lop, lopp n. 123, anm. 1; 298; vgl. *løp*.
lopt n. u. m.? 163, anm. 2.
losgyrþer adj. 170; vgl. *losgiurþer*.
losna, lusna, lostna swv. 163, anm. 2; 170; 335, anm. 1; 529, 3.
loter m., s. *luter* 116, anm. 2; 130, 1 (2 mal); 412 (passim).
lova swv. 257, 2; (570, 2).
lovan, lovin f. 180, anm. 2.
lovanz man m. 441, 1.
love m. 416.
loysa (agutn.) swv. = *løsa* 59, 8; 260, 1.
lupa swv. 'anhaften' 163, anm. 2; 553, 9.
ludha, (liudha, lydha) swv. 'lauten' 550, 2 u. anm. 6.
ludher m. 321, anm. 8; 383, 1, d.
lupgupe m. 163, anm. 2.
Lupgupavi 165; 170; vgl. *Liupgupuvi, Lyþgupavi*.
lupin, loþin adj. (part.) 163, anm. 2; 528, anm. 7; 529, 3.
lupna f., s. *lyþna* 423, anm. 5.
luf n., s. *lof* 163, 2.
lugg (nschw.) m. 342, 17.
-*lugher* (in namen), s. -*logher* 81, 2, b u. anm. 1.
lughi, loghi m. 81, anm. 1; 163, anm. 2; 416.
lugn n. 163, 2; 454, 1, c.
luin adj. (part.) 528, anm. 7.
luk n., s. *lok* 170.
luka stv. 170; 239, 2; 528, 3 u. anm. 4; 529, 3 (part.).
Lund 407, 3.
lund f. 399, anm. 1; (455, 3).
lunder m. 407, anm. 1; 469, 1.
-*lunder* (adj.) '-gesinnt' 455, 3; vgl. -*lynder*.

-*lung*- suffix 268, anm. 2.
lunga f. 423.
lus f. 90, 5; 238, 5; 433.
lusna swv., s. *losna* 529, 3.
lust, lyst f. 409, 3, b; (416, anm. 9).
luste, -a, lyste m. 163, anm. 2; 416, 1, b u. anm. 9.
luster m. 163, anm. 2.
lustin part., s. *lyster* 528, anm. 7.
luta v. 528, 3 u. anm. 4 u. 5; 529, 3; 569, 1 u. 3 (part.).
luter, loter, løter, lyt m. 116, anm. 2; 130, 1 (2 mal); 163, anm. 2; 296, 4; 412 u. 2 (2 mal), 3 (2 mal), 4, 5 (2 mal), anm. 5 u. 6; 413, 2 (mehrmals); 497 u. anm. (mehrmals).
luter adj. 569, 3.
luto, -a adj. 460, 4.
luti m. 412 (u. 2).
ly adj. 452; vgl. *lio*.
lyþa, liudha swv. 'gehorchen' 304; 423, anm. 5; 550, 2.
lydha swv. 'lauten', s. *ludha* 550, 2.
lyþer m., s. *liuþer* 407; 409, 3, a.
Lyþguþavi 165; vgl. *Liuþguþuvi, Luþguþavi*.
lyþin adj. 454, 4; 552, 3.
lyþna, luþna f. 423, anm. 5.
Lyþos 112.
lyft f. u. n. 386, anm. 1 u. 3.
lyfta swv. = *lykta* 282.
lyfte, lofte n. 116, anm. 1; 386, anm. 1.
lyg(h)þ, lygh f. 308, 3, a.
lygn, (lyngh) f. 170; 294, 2; 409, anm. 4; vgl. *liughn*.
lygna f. 409, 3, b.
lygnelder m., s. *liugnelder* 409, 3, b.
Lygni(r) 395.
lykami m. = *likami* 145.
lykil m. 268; 384 u. 3, b (2 mal); vgl. *nykil*.
lyk(k)ia f. 239, 2.
lyk(k)ia, likkia swv. 101, 2; 239, 2; 260, 2; 321, 2, b (part.); 548, 3; 549, 2, a u. c, anm. 2.
lykoval adv., s. *likoval* 145.
lykt f. 399, anm. 1; 409, anm. 3.

lykta swv. 260, anm. 7; 266 (schluss, part.); 282.
lyktas, loktas swv. 116, anm. 1.
-*lynder* (adj.) '-gesinnt' 455, 3.
Lyng- (in ortsnamen) 71, 3; 127, 1; vgl. *Ling-, Liung-*.
lyngh f., s. *lygn* 294, 2.
lynghelder m., s. *liugnelder* 294, 2.
Lynkopunger = *Lin(g)køpunger* 81, 2, b.
lynnarborþi f. 383, anm. 5.
Lypsten m. 259, 2, b; vgl. *Lifsten*.
lypta, (lopta) swv. 116, anm. 1; 550, 3.
lysa swv. 59, 11; 63, 4; 550, 3; 552, 2; vgl. *liusa*.
lyse n. 386, anm. 1.
lysning f. 399; vgl. *liusning*.
lyst f., s. *lust* 409, 3, b.
lysta swv. 550, 3.
lyste m., s. *luste* 416, anm. 9.
lyster, (lister), lustin v. (präs. ind. u. part.) 528, anm. 7; 529, 1 u. anm. 3; (561, anm. 4).
lystra f. 423, anm. 5.
lyt m. = *luter* 413, 2.
lyta stv. = *liuta* 529, 1.
lyta swv. 550, 3.
lyte, liute n. 63, 4; 396, 3.
læ(a) swv., s. *lea* 114, 1; 553, 7.
Læbin m. 317, 2.
Læbistum 317, 2.
læþa f. = *laþa* 423, anm. 5; 424, anm. 1.
læþa swv., s. *leþa* 80, anm. 6.
læþia f. 423, anm. 5; 424, anm. 1.
læf n. = *lif* 'zaubermittel' 172.
læggær m. 340, 3; 390; 392.
læggia (u. a. formen) swv. 225, 1; 239, 1 u. anm. 1; 258, 2, b (part.); 305, anm. 2; 311, 2, a; 321, 3; (549, 2, a u. anm. 1); 553, 10 u. anm. 12, 13, 14; (570, 2).
lægh n. = *lagh* 389, 2.
lægha f. 164.
læghe n. 231.

lægher m., s. *lagher* 409, 3, a; 413, anm. 2.
lægher n. 396.
læghia swv. 'beruhigen' 550, 1.
læghia swv. 'legen' = *læggia* 239, anm. 1; 553, anm. 12.
læghmæli n., s. *laghmæli* 135, anm. 4.
læghre n. 396; vgl. *lighre*.
læien n. = *le(i)on* 114, 2.
lækatter m. 114, anm. 2.
læker, (*lækker*) v. (präs. ind.) 538, anm. 4.
lækiare m. 417.
lækir m. 395 (mehrmals) u. anm. 1.
lækmaper m., s. *lekmaper* 80, II, 2.
læn n. 'lehn' 80, I, 1.
læn n. 'leihe' = *lan* 389, 2.
læna swv. 63, 4; (389, 2); (547, 1); 550, III; vgl. *lana*.
lænd f. 171.
lænda swv. 550, 2 u. anm. 6; vgl. *landa*.
lænder adj. 453, 1, c.
længdan adv. 471, 2.
længdom adv. 470, 3, a.
længe adv. 102, 2; 105 n. anm.; 470, 1, a u. 6; 472, B, 7; 475, 2; 477.
længen adv. 472, B, 7.
længer fram, *længra fram* adv. 478, anm. 2.
længia swv. 550, 2.
lænker m. 235, anm. 3; 392.
lænkia f. 392.
lænkta swv. 550, 3 u. anm. 8.
lænsman, (*lænz-*) m. 301.
læpi, *læppe* m. 163, anm. 1; 298, anm. 3; 416, anm. 3; vgl. *lippe*.
læra swv. 80, anm. 1; 550, 1.
lärft (nschw.) n. 57, II, A, 2.
lærikia f. 80, I, 3; 424.
læript, (*-rift*), *-ræpt*, (*-ræft*) n. 57, II, A, 2; 83, 3, b; 114, 1; 163, 1; 176; 249, 3; 288; vgl. *læropt*.
læri(r)ska f. 320, anm. 1.
læropt, (*-roft*), *-rupt*, (*-ruft*) n. = *læript* 163, anm. 2; 176.
læs n. = *las* 'fuhre' 389, 2.
læsa v. 'lesen' 537 u. (1 n.) anm. 1.

læsa swv. 'riegeln' 550, 3.
læsper adj. 252, 1.
læssa swv. (389, 2); 550, 3.
läst (nschw.) m. 80, anm. 6.
læsta swv. 80, anm. 6; 550, 3 u. anm. 8.
læster m., s. *laster* 407, anm. 1; 409, 3, a; 413, anm. 2.
læta stv. = *lata* 57, IV; 63, 3; 124, anm. 8; 544 u. anm. 1.
læta swv., s. *leta* 80, anm. 6; 547, 1.
læte, *late* n. (gew. pl.) 386, anm. 1; 396, 3.
læti, *lati* f. 427, anm. 2; (428, 1).
lætia swv. 548, 3; 549, 2, c.
lætta swv. 550, 3 u. anm. 8.
lætter adj. 83, 3, a.
læva f., s. *leva* 124, anm. 8.
ledha swv. 550, 2.
Lodhus 112; vgl.
Lodhose, *Ledhese* 112; 146, 3.
Lofgardhe 107.
löfja (nschw.) swv. 172.
löfkoja (nschw.) f. 107.
lofte n., s. *lyfte* 116, anm. 1.
lofverdagher m. = *logha(r)dagher* 279, anm.
Löfånger (nschw.) 107.
logh f. 81, 2, a; 399, 3 u. anm. 5.
-logh, *-logh* (in namen) 81, 2, b; 404.
logha(r)dagher, (*logha-*, *loghor-* u. a. formen) m. 81, 2, a; 228; 279, anm.; 399, anm. 5.
-logher (in namen), s. *-logher* 81, 2, b.
loghodagher m. = *logha(r)dagher* 399, anm. 5.
loghokar n. 399, anm. 5.
loghokarl, (*logho-*) m. 81, 2, a.
loghordagher m., s. *logha(r)dagher* 228; 399, anm. 5.
loker m. 170.
loktas swv., s. *lyktas* 116, anm. 1.
lomska f. 116.
lon m.? 116.
lon n. pl. u. f. 'lohn' 371, 1; 386, anm. 3.
lon f. 'geheimhaltung' 330, anm. 1.
lona swv. 'lohnen' 547, 1.

lona swv. 'verbergen' 550, 3.
lons f., s. *losn* 337, 9.
lonskalæghe n. = *loskalæghe* 330, anm. 1.
lop n. = *lop* 265, anm. 1; vgl. *-lop* n. 123, anm. 1.
lopa, (loppa) v. 'laufen' 297, anm. 4; 298, anm. 3; 312, 1; 542, 2 u. anm. (6), 7—10.
lopa swv. 'laufen lassen' 550, 3.
lopta swv., s. *lypta* 116, anm. 1.
los adj. 59, 8; 170; 238, 5; 298 (schluss); 453, 1, d.
losa swv. 59, 8; 126, 2; 260, 1; 550, 3.
losgiurþer, -giorþer adj. 120; vgl. *losgyrþer*.
loska adj. 460, 1.
loskalæghe n. 330, anm. 1.
losker adj. 261, 2; (330, anm. 1); 457, anm. 2.
losn, lons f. 337, 9.
losning, -ung f. 180, 5.
lostna swv., s. *losna* 335, anm. 1.
losore m. 81, 2, b.
lot (uschw.) m. 413, 2.
loter m., s. *luter* 413, 2.
Lovelta 107.

maþ f. 399.
maþ präp., adv., s. *mæþ* 173, anm. 2; 445; 473.
maþan adv., konj. = *maþan* 173, anm. 2.
maþer, man, mander (u. a. formen) m. 'mann' 147; 229 u. anm.; 238, 3, c; 272, anm. 1; 290, 2; 294, 1; 302; 303, 3; 430; 431 u. anm. 2, 3, 4; 435 (mehrmals); 522, VI.
madher m. 'made' 260, 5; 342, 4; vgl.
maþker, matker (u. a. formen) m. 257, anm. 5; 260, 5; 342, 4.
Madlin f. 156, 1, a; 308, 2, b; 311, 2, a; vgl. *Malin*.
Magareta f. = *Margareta* 320, 2.
Magdalena f. 156, 1, a.
magha, mogha, mugha v. 142, anm. 10; 143, anm. 10; 246; 304; 316; 465, 1

(part.); 557 u. anm. 1, 2; 563, anm. 1, 3, 4.
**magher* m. 'sohn' 343; 412 (u. 2).
magher m. 'eidam' 343.
maghskap n. 386, anm. 2.
maghsæmd, (maxæmd) f. 261, 1.
maghsæmi f. 427, anm. 2.
Magn- (in namen) 387, anm.
Magnilder f. 387, anm.
Magnus m. 156, 1, b; 321, 2, c; 407.
mair (agutn.) adv. komp. = *mer* 477.
mairi (agutn.) adj. komp. = *mere* 463, 1; 468, 3.
make m. 'möve' 80, I, 1.
make, -a m. 'seines gleichen' 416, 1, b.
maktogher adj. 453, anm. 1.
mal m. 104, anm. 1; 412; 413, 1; vgl. *mol* m.
mal, (mall, mol) n. 59, 2; 110; 253; 298 (mehrmals); 386, anm. 1.
mala stv. 179; 539 u. anm. 3.
malat n. 386, anm. 3.
malata adj. 460, 1.
male n., s. *mæle* 396, 3.
Malin f. 308, 2, b; vgl. *Madlin*.
mall n., s. *mal* 298 (mehrmals).
mal(l)es adj. 304.
malmber m. 383, 1, b.
malmor, -ur, -or, -are m.? 268, anm. 2; vgl. *marmor*.
Malstrand = *Marstrand* 276.
maltidh, (moltit) f. 260, anm. 6.
man m., s. *maþer* 430; 431; 522, VI.
mana, -e v. (präs. sg.) = *mun, mon* 556, anm. 2.
man(a)dagh m. 156, 2, b.
manaþadagher, (manæþæ-) m. 321, 2, a.
manaþer m. 383, 2, d.
mander m., s. *maþer* 229, anm.; 431.
mandrap, (-drapp) n. 298.
mane m. 369, 1.
manga lundir adv. 470, anm. 9.
manga staþi, (staþi) adv. 470, anm. 9.
manger adj. 268, anm. 3; 321, anm. 4; 331; 450; 451, 2; 454, 5; 468, 3.
Mangs m. 156, 1, b; 281, 2; 317, 1.

manhælgh f. 308, anm. 5; 396.
manhælghþ, -hældf. 308,anm.5;311,1.
manhælghe n. 386; 428, anm. 1.
manliker, manzliker adj. 334, anm. 2.
mannaalf f. 246, anm.
Mans m. 156,1,b; 281, 2; vgl. Mangs.
mansklikin adj. 276, anm. 2.
mantal, (-tall) n. 298.
mantol, -il m. 180,2; 235,1, b; 384.
manzliker adj..s. manliker 334, anm. 2.
mar f. 64, 2; 168; 343; 402; vgl. me.
mar n. 174; 333,anm.; 389,1;vgl. mær.
Marboar m. pl., s. Mar(k)boar 314.
marþ f. 308, 3, b.
marþer m. 383; 413,1 u. anm. 2.
• Mar(þ)bækker 308, 1.
Margareta f. 320, 2.
margha lundir adv. 470, anm. 9.
marghan m. = morghon 148, anm. 3.
margher adj. 268, anm.3; 450; 454, 5;
  468, 3.
Marghet f. 320, anm. 1.
Marghit f. 311, anm. 3.
Mariomæssa, -messa f. 65, 3.
Marit f. 311, anm. 3.
mark f. 'wald, mark' 399, 3 u. anm.1;
  (433).
mark f. 'mark, gewicht' (314); 430,
  anm. 5; 433 u. 3 u. anm. 3; 435
  (mehrmals).
mark n. 386, anm. 1.
Mar(k)boar m. pl. 314.
marker m. = maþker 257, anm. 5;
  260, 5.
marknaþer m. 383, 2, d.
mar(k)nazdagher m. 314.
marmor m.? 268, anm. 2; vgl. malmor.
marsk(er), m. 156,1, b; 315, anm. 1;
  383,1, e, γ.
marskalk m. 156,1, b; 315, anm. 1;
  383, 1, e, γ.
Marstrand 276; 333, anm.
Martin m. 120, anm. 1.
martla, martzla swv. 334.
maskut n., s. ma(t)skut 290, 2.
masugn, (-ung) m. 294, 2.
mat n. 173, anm. 3.

mata f., s. mat(t)a 423, anm. 3.
mater m. 296, 4; 407 u. 2.
matker m., s. maþker 260, 5.
Mats m. 156, 1, b
ma(t)skut n. 290, 2.
mat(t)a f. 423, anm. 3.
Mattias m. 154, I, A.
Mattis m. 154, I, A; 156, 1, b.
mattul m. = mantol 235, 1, b.
maxan adv. 471, anm. 2.
me adv. komp., s. mer 321, 4.
meþ präp., adv. = mæþ 113, anm.
  147; 164; 257, 2 u. anm. 2; 473.
medh alla adv., s. mæþ allo 57, III, B, 5;
  148.
medh rætta adv. 148.
megh, mek pron. pers. = mik 115,
  anm. 1; 142, anm. 9; 501, anm. 4.
mela (agutn.) swv. = mæla 105.
mellom, -in, -an präp. = mællom
  u. s. w. 113, anm.; 147.
men n. 454, 1, c.
mena swv. 'meinen' 550, 3 u. anm. 8.
mena swv. 'schädigen' 547,1 u. 2.
mer, (me), mera, -e (u. a. formen) adv.
  komp. 321,4; 470,6; 475,3; 477 u.
  anm. 2.
mere, (merre u. a. formen) adj. komp.
  57, III, B, 2; 80, anm. 1 u. 6; 340,4;
  463, 1 (2 mal), 2; 468, 3 u. anm. 8.
meræn, -en, -in konj. 147.
Mesir 395.
messa (agutn.) f. = mæssa 426, 2.
mest adv. sup., s. mæst 80, II, 2 (agutn.);
  477 u. anm. 2.
mester adj. sup., s. mæster 468, anm. 8.
mestr (agutn.) adj. sup. = mæster
  124, anm. 2.
mestu (agutn.) adv. 470, 2.
met präp., adv. = mæþ 260, 7.
miarþe m., s. miærþe 78, 3.
miþ (agutn.) präp., adv. = mæþ 164;
  173, anm. 2; 445; 473.
miþ- präfix 108, anm. 5; 164.
miþal adj. 451; vgl. mæþal.
miþal- 'mittel-' 164; 180,2; vgl.
  mæþal-, miþil-.

miþan adv., konj. = mæþan 164.
miþdagher, middagher m. 234, 1.
miþer adj. 108, anm. 5; 115,1; 234,1; 260, 4; 290, 2; 454, 3; 456; 457; 459, anm. 1.
miþil- 'mittel-' 164; 180, 2; vgl. mæþal-.
midhnat, minnat, mynnat 180,1; 285, 5.
miþsumar, missumar, mizummar m. 290, 2; 298; vgl. mæþsumar.
miþvægh(t), -vækt, -vaght, -vakt adv., präp. 335, anm. 2; 470, anm. 10.
midhvægho, -vagho adv. 412, 5; 470, anm. 9; vgl. i miþvægho.
miel (agutn.) n. 98, anm. 2; 386; vgl. miol.
mielk (agutn.) f. 98, anm. 2; 118; vgl. miælk, miolk.
migha stv. 526, anm. 5.
mik, migh, mich (u. a. formen) pron. pers. 115, anm. 1 u. 3; 142, anm. 9; 258, 3; 267; 501 u. anm. 3 u. 4.
Mikael m. 154, I, A; vgl.
Mikal, Mikial m. 154, I, A; 235.
mikil adj. = mykil 65, 4; 164; 451.
mikit adv. = mykit 477.
mil f. 'meile' 399.
mil f. 'mundstück des gebisses' 83, 2, b; 249, 2.
mila f. 399; 426, 4, b, u. anm. 2.
mildelika, millelika adv. 292, 1.
milder, mylder, mill adj. 108, 1; 292, 1; 453, 1, c; 454, 3.
millom, -an präp., adv. = mællom 161; 444; vgl.
millum, -i, -an (agutn.) präp. = mællom 285, 3; 444.
milter, mylter m. 108, 1; 383, anm. 3.
min pron. pers. 501.
min (u. a. formen) pron. poss. 90, 2; 108, 1; 115, anm. 1 u. 3; 235, 2; 238, 3, a; 505 m. anm.; (523, I, 4).
min adv. komp. 238, 3, c; 477.
minder, mindra, -e adv. komp. 470, 6; 477.

mindre, myndre adj. komp. 108, 1; 238, anm. 6; 463, 1; 468, 3 u. anm. 6.
minna swv. 550, 3.
minna, adv. komp. 470, 6; 477.
minnare adj. komp. 468, 3.
minnas swv. 570, anm. 1.
minnat f., s. midhnat 285, 5.
minne n. 394; 396.
minne adj. komp. 238, 3, c u. anm. 6; 463, 1 u. 2; 468, 3 u. anm. 6.
minne adv. komp. 477.
min(n)ung, minning f. 180, 5; 242, 1, b.
minska, mynska, miska swv. 108, 1; 317, anm. 1.
minzt, minz, minst adv. sup. 477.
minzter, minster adj. sup. 148; 468, 3.
mio, mio adj. 99; 153, anm. 2; 297, 1; 452; 468, 1.
mioþer m. 100; 412 (n. 2); 413, 3 u. 4.
miok adv. 75, 2; 98; 159, anm. 1; 164; 454, 1, c; 477.
miol, miol n. 69, 3; 98; 179; 386; vgl. mel.
miolk f. 75, 2; 118; 171; 270, anm. 3; vgl. miolk, miælk.
mir (agutn.) pron. pers. 83, 2, c; 501 u. anm. 3.
mis- präfix 57, I, A, 1, a; 145.
misfyrma, -firma (u. a. formen) swv. 274, anm. 1; 550, 2 u. anm. 6.
mishopa, (-hoppa) swv. 298.
miska swv., s. minska 317, anm. 1.
miskun, miskund, (mys-) f. 145; 310, 2, b.
missa f. = mæssa 115, anm. 3.
missumar m., s. miþsumar 290, 2.
missæmi f. 427, anm. 2.
mista swv. 550, 3.
misthanke, -tanke m. 260, anm. 1.
misthykkia, (-tikkia) f. 260, anm. 1.
mistyrna swv. 274, anm. 1.
misryrdha, -wyrdha swv. 269, anm. 4; 552, 2.
mitsyndis adv. 260, 4.
miuker adj. 170.
miulna f. = mylna 120.
mizummar m., s. miþsumar 298.

miælk f. = miolk 98, anm. 2; 118.
miælte m. 383, anm. 3; vgl. mælte u.
miælter m. 383, anm. 3.
miærþe, miarþe m. 78, 3; 320, anm. 1; vgl. mærþe u.
miærþre m. 320, anm. 1.
miærgher m. nachtr. zu 64, anm. 1; vgl. mærgher.
miæta v. = mæta 96; 537 u. 2.
miætanz mæn m. pl. = mætanz mæn 441, 1.
mio adj., s. mio 99.
miol n., s. miol 98.
miolk f. = miolk 98 u. anm. 2; 270, anm. 3.
miorker adj. = myrker 78, anm. 1; 127, 2.
mjöd (nschw.) n. 100.
mjölnare (nschw.) m. 120 (schluss).
mo m. 385.
moþ n. 260, 4.
moþgor, mudhgor f. pl. 112; 311, 1; 320, 1; 423, anm. 5; 426, 4, a; vgl. meþgor.
moþir f. 112; 266, anm. 3; (423, anm. 5); 437; 438 (mehrmals).
moþorsystir f. 289, 3.
modhstolin, motstolin adj. 260, 4; 298.
moþærne n. = meþerne 60; 396.
mogha v., s. magha 142, anm. 10; 465, 1 (part.); 557 u. anm. 1.
moghande part., adj. 465, 1.
moghe, mughe m. 84, 3.
moi (agutn.) f., s. moy 126, anm. 1.
moin, moghin adj. 273, 1; 545, anm. 2.
moiok adv. = miok 159, anm. 1.
mol n., s. mal 110.
mol- (nschw.) 'durch und durch' 104, anm. 3.
mold f., s. muld 111, 2 u. anm. 3; 179.
molin, moln n. 163, anm. 2; 296, 3; 387; vgl. mulin.
molin adj. (part.), s. mulin 535, anm. 2.
molka swv. 111, 1; 171.
mollugh f. = mullogh 81, 2, b.
moln n., s. molin 387.
moltit f., s. maltidh 260, anm. 6.

mon m. 'gefallen' 407 u. 2.
mon, mun m. 'mass' 163, anm. 2.
mon v. (präs. ind.), s. mun.
mona v. 556, 1.
monker m., s. munker 120, anm. 2.
Morar (pl.) 174.
morþa swv. 550, 1; vgl. myrþa.
morþare, (moorthare), mordher m. 129, 1; 417 u. anm. 1.
mor(þ)giald n. 308, 1.
morghon, -in, -an m. 148, anm. 3; 163, anm. 2; 180, 3; 277, anm. 2; 311, 1; 384 u. 3, a u. anm. 1; (470, 1, a, 4, anm. 1).
morghon adv. 470, 4.
morghons adv.. 470, 1, a u. anm. 1.
Morten m. 129, anm. 1.
mosi, mosse m. 163, anm. 2; 298, anm. 3; 340, 4.
moste v. 'muss, musste' 557, anm. 5.
moster (nschw.) f. 289, 3.
mot n. 386, anm. 7; (550, 3).
mot n. = mat 173, anm. 3.
mota swv. = meta 550, 3; (552, 2).
mot(e) präp., adv. 445; 470, anm. 7; vgl. a mot(e), i mot(e).
motstolin adj., s. modhstolin 260, 4.
motter m. 342, 4 (m. nachtr.); 350, 8.
moxan adv. 471, anm. 2.
moy, (moi) (agutn.) f. = mo 126, anm. 1; 402.
mudhgor f. pl., s. moþgor 112.
mugha v., s. magha 557 u. anm. 1.
mughe m., s. moghe 84, 3.
muld, mold f. 111, 2 u. anm. 3; 163, anm. 2; 179.
mul(d)værþil m. 307.
mule m. 416.
mulin n. = molin 387; 454, 1, c.
mulin, molin adj. (part.) 163, anm. 2; 535, anm. 2.
mulka (agutn.) swv. = molka 111, 1.
mullogh, -logh f. 57, I, A, 2; 81, 2, b; 235, 3; 399, anm. 1; 409, 3, b; vgl. myllogh.
mulslagha f., s. muslagha 337, 8.
mulverþil m., s. mul(d)verþil 307.

mun m., s. *mon.*
mun, mon v. (präs. ind.) 143, anm. 10; 295; 299, anm.; 556, 2 u. anm. 1, 2; 563, anm. 1, 3.
mund f. 409, 3, b.
munder m. 'mund' 383, 1, c u. 2, b.
munder m. 'gabe' 409, 3, b.
mungat, -gæt n. 389, anm. 3.
mungipter adj. 454, 3.
munhaf, -hof n. 174.
munker, monker m. 120, anm. 2.
Munzo, -ei 126, 2.
mus f. 90, 5; 238, 5; 433.
muslagha, mulslagha f. 337, 8.
muslega (agutn.) f. 337, 8.
myþ- präfix = *miþ-* 108, anm. 5.
myþrni (agutn.) n. 396; vgl. *moþerne.*
myg n. 423, anm. 4.
mygga f. 313; 423, anm. 4.
mykil, mykin adj. 65, 4; (116, anm. 1); 257, 2; 451 u. 4 (mehrmals); 453, anm. 1; 454, 3 u. anm. 7; 468, 3; vgl. *mikil.*
mykit adv. 257, 2; 470, 5; 477; vgl. *mikit.*
myklo adv. 470, 2.
myl (aschw., nschw. dial.) m. 69, 5; 153, 4.
mylder adj., s. *milder* 108, 1.
mylla f. 294, anm. 2; vgl. *mylna, molla.*
myllogh f. = *mullogh* 399, anm. 1; 409, 3, b.
mylna (u. a. formen) f. 127, anm. 3; 294, anm. 2; vgl. *mylla, molla.*
mylter m., s. *milter* 108, 1.
myn pron. poss. = *min* 108, 1.
myndiger adj. 180, 1.
myndre adj. komp., s. *mindre* 108, 1.
mynnat f., s. *midhnat* 108, 1.
mynska swv., s. *minska* 108, 1.
myr f. 'sumpf' 340, 4; 404.
myr f. 'ameise' 170; 399.
myra f. 170; 399.
myrþa swv. 101, 2; 127, 2; 263, 2; 320, 2; 550, 1; vgl. *morþa, morþa.*
myrk, mork n. 116; 386; 393.

myrker n. 386.
myrker adj. 69, 4; 78, anm. 1; 127, 2.
myrkia swv. 69, 4; 550, 3.
mysfirma, -ferma, -forma swv. = *misfyrma* 550, 2.
myskund f., s. *miskund* 145.
myulna f. = *mylna* 127, anm. 3.
mæ pron. pers., s. *mæ(r)* 321, 2, c; 501.
mæþ, (*meþ, mæt, maþ* u. a. formen) präp., adv. 113, anm.; 147; 164; 173, anm. 2; 257, 2 u. anm. 2; 260, 7; 445; 471, anm. 4; 473.
mæþ- präfix 115, anm. 3; 164.
mæþal adj. 115, anm. 3; 451; vgl. *miþal.*
mæþal- 'mittel-' 164; 180, 2; vgl. *mæþul-, miþal-.*
mæþalder m. 115, anm. 3.
mæþ allo, medh alla adv. 57, III, B, 5; 148; 470.
mæþan, mæn adv., konj. 57, II, B, 1, b; 60; 156, 1, b; 164; 173, anm. 2; 242, 3; 285, 5; 472, anm. 3.
mædhane konj. 472, B, 3.
mæþer präp., adv. 445; 471, 5 u. anm. 4.
mæþfylghþ, -fylgh f. 308, anm. 5.
mæþsumar m. 115, anm. 3; vgl. *miþsumar.*
mæþul- 'mittel-' 180, 2; vgl. *mæþal-.*
mæþærne n. = *moþerne* 174, anm. 1; 396.
mæghin n. 387.
Mæghin- (in namen) 387, anm.
Mæghinþor, -dor m. 257, 1, a; 387, anm.
mæk pron. pers. = *mik* 115, anm. 1 u. 3; 501, anm. 4.
mæla swv. 59, 2; 105; 260, 3; 550, III u. anm. 7.
mæld f. 383, anm. 2.
mælder m. 383, 1, d u. anm. 2.
mæle, male n. 386, anm. 1; 396, 3.
Mælir 395.
mællom, -e, -in, -an (u. a. formen) präp., adv. 113, anm.; 147; 164;

268, anm. 3; 272, anm. 1; 285,3;
    399, 2, a; 444; 470, 3, b.
mælte m. 383, anm. 3; vgl. miælte.
mæltolave, -laghe m. 271, anm. 1.
mæn pron. poss. = min 115, anm. 3.
mæn adv., konj., s. mæþan 156,1,b;
    285, 5; 472, anm. 3.
mængia swv. 550, 2.
mæn(n)iskia f. 57, I, B, 3; 242, 1, b;
    313; 426, 4, b u. anm. 3, 4, 5.
mær f. 404.
mær n. = mar 174; 389, 1.
mær adj. 60.
mæ(r) pron. pers. 83,2, c; 114, 1;
    321, 2, c; 501 u. anm. 3.
mær, mæra, mære adv. komp. = mer
    u. s. w. 477 u. anm. 2.
mærþe m. 78, 3; 320, anm. 1; vgl.
    miærþe u.
mærþre m. 320, anm. 1; vgl. miærþre.
mære, (mærre) adj. komp., s. mere
    80, anm. 6; 468, anm. 8.
mærgher m. 64, anm. 1; vgl. miærgher.
mærke n. 386, anm. 1; 394, anm.
mærkia swv. 144; 550, 3.
mæssa, mæsa f. 115, anm. 3; 305,
    anm. 2; 426, 1 u. 3.
mæst, (mest) adv. sup. 80, II, 2;
    470, 5; 477 u. anm. 2.
mæsta adv. 470, 6.
mæstar(e), mæster m. 417, anm. 1
    (2 mal).
mæster, (mester) adj. sup. (80, anm. 6);
    340, 4; 468, 3 u. anm. 8.
mæt f. 409, 2; 413, anm. 2.
mæt präp. adv., s. mæþ 260, 7; 445;
    473.
mæta v. 173, anm. 3; 537 u. 2 u.
    anm. 2; (570, 2); vgl. miæta.
mætanz mæn m. pl. 441, 1.
mætanz orþ n. 441, 1.
mætta swv. 550, 3 u. anm. 8.
mæxan adv. 471, anm. 2.
mo f. 126, anm. 3; 168; 270; 343;
    402 u. anm. (2 mal); vgl. mor.
modh (früh-nschw.) n. 100.
moþa f. 257, 1, c; 423.
moþa swv. 550, 2.
moþerne, -ærne (u. a. formen) n. 174,
    anm.1; 396; vgl. moþærne, mæþærne,
    moþrine.
moþgin n. pl. 261, 2; 386, anm. 1.
moþgine n. pl. 386, anm. 1.
moþgor f. pl. 423, anm. 5; 426, 4, a
    u. anm. 2; vgl. moþgor.
moþrine, -ene n. 396; vgl. moþerne.
moþærne n., s. moþerne 174, anm. 1.
moghla swv. 116 (part.).
mokia swv. 170.
mokin adj. = mykil, mykin 116,
    anm. 1.
mol m. = mal 104; 413, 1.
mol n. 69, 3; vgl. miol.
molla f. = mylna 116, anm. 2; 294,
    anm. 2.
molna f. = mylna 116, anm. 2; 294,
    anm. 2.
mōnja (nschw.) f. 108, 1.
monster n. 116.
mor m. 170.
morþa swv. = myrþa 550, 1.
More 175.
mork n., s. myrk 116.
mota swv. 550, 3; 552, 2.

-n (pron.), s. -an 154, anm.; 504.
na swv. 553, 11 u. anm. 15.
-na, (-næ) pron., s. -ina 154, anm.;
    504.
nabo(e) 57, I, A, 2; 91, 1: 419.
naþ, naþe f. (gew. pl.) 399, anm. 1;
    409.
-naþer (m.) 383 u. 2, d.
nadhigher adj. 180, 1.
nafle m. 271, anm. 1.
nafn n. = namn 256 (schluss); 294,1.
nagga (nschw.) swv. 71, 2 (schluss).
naghar pron. = nakar 311, anm. 2;
    522, I, 2.
nagheltorn m. 339, 1.
naghl m. 412 u. 4, 5, anm. 3.
naghla swv. = næghla 550, 2.
naghle m. 296, 2; (412); 416, anm. 1;
    (550, 2).

naghle m. = *nafle* 271, anm. 1.
naghor pron. = *nakor* 522, I, 3.
nagwar pron. = *nakwar* 522, I, 4.
nai (agutn.) adv. = *ne* 114, anm. 2; 472, A.
nakar, -an, -or, -ur, nakwar pron. 73, 2; 74; 80, I, 4, a; 242, 3; 246; 252, anm. 4; 289, 2; 290, 1; 303, 3; 320, 2 (schluss); 453, anm. 1; 522, I (passim); vgl. *nokar* u. a. formen (s. 522, I).
nakin adj. 130, 2; 409, anm. 3.
nakke m. 312, 1.
nakkraledis adv. 296, 4.
nak(k)widher, nakwædher adj. 71, 2; 180, 7; 240; 252, 2, c; 451, 2.
nakor, -ur pron., s. *nakar* 74; 289, 2; 303, 3; 453, anm. 1; 522, I (passim).
nakot sin adv. 470, 4.
nakro sinne adv. 470, anm. 7.
nakt f., s. *nækt* 409, anm. 3.
nakudher adj. 71, 2; 240; 451, 2; vgl. *nak(k)widher.*
nakwar pron., s. *nakar* 73, 2; 74; 80, I, 4, a; 246; 252, anm. 4; 289, 2; 290, 1; 522, I (passim).
nakwidher, nakwædher adj., s. *nak(k)widher.*
nal f. 182, 1; 253; 399.
nala präp., s. *næla* 445.
nalkan adv. 471, anm. 2.
nalkas swv. 470, anm. 2.
nam, næm n. 389, 2.
namd f. = *næmd* 409, anm. 4.
namkunnogher adj. = *nampnkunnogher* 317, 1.
namn, (nampn, napn, nafn) n. 256 (2 mal) u. anm. 5; 294, 1; 317, 1; 332, 1; 386, 2 (2 mal).
namna swv. = *næm(p)na* 550, 2; (552, 2).
namni n., s. *næmne* 306, 3.
nampnkunnogher adj. 317, 1.
napper adj. 455, 1; vgl. *næpper.*
nar konj., adv. 151; 471, anm. 5.
nas (agutn.) f. 399, anm. 1; 409.

nasar f. pl., s. *næsar* 399, anm. 1; 409.
naskylder adj. 251, anm.
naster adj. sup. = *næster* 468, 2, (b), anm. 3.
nat f. 90, 1; 304 u. anm. 3; 433 u. 1; 435 (2 mal).
natorþer m. = *natvarþer* 74; 117, anm.; 412, 3; 413, 1.
natur f. 399.
natura f. 399.
naturliker adj. 451, anm. 6.
natvarþer m. 74; 117, anm.; 412, 2, 3; 413, 1, 2; vgl. *natorþer.*
nauþsinar (agutn.) f. pl. 101, 1.
navar m. 80, I, 4, b; 91, 1; 245; 384 u. 2.
ne, næ adv. 114, anm. 2; 472, A.
nedherbryta, -brita stv. 529, anm. 3.
negga (dal.) stv. 71, 2 (schluss).
nei adv. 154, II, B; 472, A.
neka swv. 547, 1.
nekwæþe, -kwaþi n. 173, anm. 2; 396, 3.
nemdaaiþr (agutn.) n. 321, 1.
nemdamaþr (agutn.) m. 321, 1.
nequar (agutn.) pron. 70, anm. 2; 289, 2; 290, 1; 522, I (passim).
nerar (agutn.) adv. komp. 478, 1.
nerari (agutn.) adj. komp. 468, 2 u. anm. 3.
nest adv. sup. = *næst* 93, 1.
nester adj. sup., s. *næster* 468, 2 u. anm. 3.
-niauri (agutn.) (m.) 416, 6.
niauta (agutn.) stv. = *niuta* 122, 1; 528.
niþ f. 402 u. anm.
niþ n. 380, anm. 3; vgl. *niþar* u. *næþar.*
niþ adv. 473; 474; 478, 1.
niþan adv., präp. 163, 1; 447; 471, 2 (2 mal); 474; vgl. *næþan.*
niþanvarþa adv. 471, 1.
niþar f. pl. 163, 1; 386, anm. 3.
nidharla adv. 471, 1 (schluss).
nidharst, nidherst adv. sup. 478, 1.

niþarster, niþerster adv. sup. 321, 2, b; 469.
niþer adv. 471, 5; 474.
nidherkeva swv. 174; 550, 1.
niþermer adv. komp. 478, 1.
niþerþrikkia swv. 101, 1.
niþi m. 418.
niþingswark n. 117, anm.; 173, anm. 1.
niþre adj. komp. 163, 1; 462, 2; 469.
niþre adv. 471, 3; 474.
Niels m. 311, 2, c; vgl. Nighels.
nigha v. 526 u. anm. 1 (nachtr.), 2, 3.
Nighels m. 267; 311, 2, c; 339, 1; vgl. Niklis, Niels.
Niklas m. 156, 1, a.
Niklis m. 339, 1; 407; vgl. Nighels.
Nikolas m. 156, 1, a.
Nilis m. 156, 1, b.
Nils m. 156, 1, b.
nima, nimma, nymma stv. 73, 2; 108, 1; 248, anm. 2; 535 u. 3 u. anm. 3; (561, anm. 4).
nio, (niio, nighio u. a. formen) zahlw. 57, III, B, 4; 371, 1; 484.
niotighi, -tio (u. a. formen) zahlw. 485 u. anm. 6.
niotighinde, -tiende zahlw. 494.
nitan, nittan zahlw. 57, II, B, 2, a; 297, 2; 484.
niudha v. 528, anm. 7.
niunde zahlw. 492.
niure, nyre m. 416, 6.
niusa v. 528, 1 u. anm. 5.
niuta stv. 122, 1; 170; 528; 529, 2 u. 3; (561, anm. 4); vgl. *nyta*.
niæmn (dal.) f. 257, anm. 7.
Niærþatunum = *Niærþatunum* 313, anm. 2.
Niærþavi = *Nærþavi* 313, anm. 2.
njugg (nschw.) adj. 127, 1.
nogh adj. 454, 1, c.
nogh, nok adv. 261, anm.; 310, anm.; 454, 1, c.
nogha adv. 273, 3; 471, anm. 1.
noghar pron. = *nokar* 522, I, 5.
noghor, -on pron. = *nokor* (s. *nokar*) 261, anm.; 267; 522, I, 1 (u. a.).

nok adv., s. *nogh* 261, anm.
nokar, -or, -ur, -on, nokwar, nokwor pron. 70, 2; 73, 2; 242, 3; 261, anm.; 267; 289, 2; 290, 1; 296, 4; 320, 2; 522, I (passim); vgl. *nakar* u. a. formen (s. 522, I).
nokor skons 334, anm. 3.
nokwar pron., s. *nokar* 70, 2; 73, 2; 290, 1; 522, I (passim).
nokwor pron., s. *nokar* 290, 1; 522, I, 8.
-nom (pron.) 154, anm.; 504.
nor (u. a. formen) adv. 244, 3; 305, anm. 1 (m. nachtr.); 471, 5; 474; 478, 2; vgl.
nordh adv. (469, anm. 1); 471, 5 u. anm. 4.
norþan präp., adv. 447; (469, anm. 1); 471, 2; 474.
norþast adv. sup. 478, 2.
norþaster, nordharster, norþerster adj. sup. 469 u. 2 (u. anm. 1).
nordhe adj. komp. 469, anm. 1.
nordher adv. 471, 5 u. anm. 4; 474; 478, 2.
nordman m. 308, 1; vgl. *norman*.
Noregher, Noreghe, Norghe 57, II, A, 2; 156, 2, b; 252, anm. 1; 384; vgl. *Norighe*.
noren, (norœn, norin) adj. 146, 3; 156, 2, a; 244, 3; 451 u. anm.
Norghe, s. *Noregher* 57, II, A, 2; 156, 2, b; 384.
Norighe 384; vgl. *Noregher*.
Norir 407.
norman m. 308, 1; vgl. *nordman*.
norre adj. komp. = *nørþre* 244, 3; 462, 2; 463, 1; 469 u. 1.
Norvegr (agutn.) 156, 2, b; 252, anm. 1; 384 (m. nachtr.).
nos, nøs f. 174; 409, 3, b.
not f. 'zugnetz' 174; 399.
not f. 'nuss', s. *nut* 116, anm. 2; 433.
nu adv. 473.
num konj. 256, anm. 4.
nussi (agutn.) adv. 297, 2; 472, B, 5.
nut, not, nyt f. 116, anm. 2; 163, anm. 2; 296, 4; 433; 435.

ny n. 153,4; 454,1, c.
ny adj. 148; 154,I,C,3; 270; 308,2,a; (452); 453, anm. 4; 457; 459 u. 1.
Nybyli, -bili, -bole, -bele (n. a. formen) 57, II, A, 2; 91, 9; 101, anm. 2; 112; 146, 3; 167; 297, 2.
nydhas swv. 550, 2.
Nyflingar m. pl. 383, anm. 10.
nykil m. 268; 296, 2; 384 u. 3, b (mehrmals); vgl. *nøkil* u. *lykil*.
nykkia (agutn.) swv. 312, 1; 550, 3.
nylast (agutn.) adv. 476, anm. 3.
nylekan, -ligan adv. 471, anm. 2.
nymma stv., s. *nima* (108, 1); 535, anm. 3.
nypa (nschw.) stv. 561, anm. 4.
nyre m., s. *niure* 416, 6.
nyrre adj. komp. = *norþre* 244, 3; 469.
nyss (nschw.) adv. 385, anm. 2; 453, anm. 4.
nysta n. 420 u. anm. 3.
nyt f. 'nutzen' 101, 1; 402 u. anm.
nyt f. 'nuss', s. *nut* 435.
nyta stv. = *niuta* 529, 1.
nyta swv. 550, 3.
nytia swv. 546, 4.
nyttog(h)er adj. 258, 2, c; 261, 3.
nåbo (früh-nschw.) m. 57, I, A, 2.
næ swv. = *na* 553, anm. 15.
næ adv., s. *ne* 114, anm. 2.
næb n. 256, anm. 6.
næþan adv., präp. 163, 1; 447; 471, 2; vgl. *niþan*.
næþar f. pl. 163, 2; 386, anm. 3.
nædhirster adj. sup. 469.
næþre adj. komp. = *niþre* 163, 1; 469 u. 1.
næf n. 256, anm. 6; 259, 2, b.
næfna swv., s. *næm(p)na* 226; 256.
nafsa, næpsa swv. 259, 2, b; 550, 3.
næghla swv. 161, 2, b (part.); 337, 2; 550, 2.
næghleka, -ikka, nægilka f. 339, anm. 1.
nækt, nakt f. 409, anm. 3.
nækta swv. 547, 1.
nækter adj. 451, 2.

næktergala f. 423, anm. 3.
næla, nala präp., adv. 445; 471, 1.
næm n., s. *nam* 389, 2.
næma, næmna swv. 294, anm. 1; (389, 2); 550, 2.
næmare adj. komp. 468, 2 u. anm. 3.
næmare, næmar adv. komp. = *nærme(r)* 478, 1.
næma(r)st adv. sup. 478, 1.
næmaster adj. sup. = *næster* 468, 2 u. anm. 3.
næmber, -bre adv. komp., präp. 445; 478, 1; vgl. *nærme(r)*.
næmbre adj. komp. 468, 2 u. anm. 3.
næmd, næm(p)nd (n. a. formen) f. 317, 1; 332, anm. 2; 409, anm. 4.
næmdarmaþer, næmpdæman m. 321, 2, a (2 mal).
næmen adv. komp. = *nærme(r)* 478, 1.
næmer, -mir adv. komp. = *nærme(r)* (320, 2); 321, 4; 478, 1.
næmna swv. 'nennen', s. *næm(p)na*.
næmna swv. 'pfänden', s. *næma* 294, anm. 1; 550, 2.
næmne, namni n. 396, 3.
næm(p)na, næfna (n. a. formen) swv. 226; 256 n. anm. 2 u. 5; 260, anm 3; 317, 1 (mehrmals); 332, anm. 2 (part.); 550, 2; 552, 2.
næmpnd, næmpd f., s. *næmd*.
næmpdæman m., s. *næmdarmaþer* 321, 2, a (2 mal).
næmst adv. sup. 478, 1.
næmster adj. sup. = *næster* 468, 2 u. anm. 3.
nænnas swv. 223, anm. 2; 550, III.
næpna swv. = *næm(p)na* 256, anm. 5.
næpper adj. 265; 455, 1; vgl. *napper*.
næpsa swv., s *næfsa* 259, 2, b.
-nær (m.) 57, I, B, 1.
nær adj. 321, 4.
nær, nara adv., präp. 321, 4; 445; 471, anm. 5; 478, 1.
Nærþatunum 313, anm. 2.
Nærþavi 313, anm. 2.
Nærike, Nærke, Nærik(k)in (144); 289, 2; 297, 3; (391, 3).

Nær(i)kiar m. pl. 144; 156, 2, a; 231; 391 u. 3; (457, anm. 1).
nærisker adj. 451, 2.
nærmare adj. komp. 468, 2 u. anm. 3.
nærmaster adj. sup. = næster 468, 2 u. anm. 3.
nærme(r), -mær, -mi(r), -mar adv. komp., präp. 321, 2, b u. 4; 445; 478, 1.
nærskylder adj. 251, anm.
næ(r)vara f. 321, 4.
næs n. 174; 393 (3 mal).
næsa, næssa f. 298, anm. 3; 399, anm. 1.
næsabor m. 298; 383, anm. 2.
næsar, -ir, nasar f. pl. 399, anm. 1; 409.
næskylder adj. 251, anm.; vgl. nærskylder.
næsla f., s. nætla 290, anm. 1.
næsobora f. 383, anm. 2.
Næssyssla 296, 2.
næst adv. (sup.), präp. 93, 1; 445; 478, 1.
næsta adv., präp. 445; 470, 6.
næstan adv. 470, anm. 12.
næster, nester adj. sup. 459, 2 u. anm. 2; 468, 2 u. anm. 3.
næstu adv., präp. 445; 470, 2.
næt n. 174; 247 u. anm. 2; 296, 1; 393 (2 mal).
nætla, næ(t)sla f. 290, anm. 1 u. 2; 334.
nævara f., s. næ(r)vara 321, 4.
nævi m. 256 u. anm. 2; 416, 5.
nøþ, not f. 260, anm. 7.
nøþa swv. 550, 2.
nøþga, nogga swv. 258, 2, a; 285, 2.
nøþogher, nødhigher adj. 180, 1; 258, 2, a; 261, 3; 451.
negga swv., s. nøþga 285, 2.
neghe n. 424, anm. 2.
neghia f. 424, anm. 2.
neghia swv. 279, anm.; 550, 1 u. anm 3.
neghian f. 424, anm. 2.
nøkil m. = nykil 116, anm. 1; 296, 2.
ner adv., s. nor 471, 5.
nørdherster adj. sup. 469.

nørþre, nørre adj. komp. 244, 3; 469 (u. anm. 3); vgl. nyrre, norre.
nørraster adj. sup. 469 u. anm. 3.
nøs f., s. nos 409, 3, b.
nøt f., s. nøþ 260, anm. 7.
nöt (nschw.) f. 435.
neta swv. 453, anm. 3 (part.); 550, 3.
nethus, netos n. 57, II, A, 2; 91, 8; 143, anm. 10; 246.

o- präfix 57, I, A, 1, a; 84, 2, b; 86.
o(b)brygdha swv. 530, anm. 3.
obliþe f. 427 (u.) anm. 1.
Obliþer, Oblit m. 260, anm. 7.
oblygher adj., s. o(f)blygher 284, 1; 303, 1.
obrighþer adj. 530, anm. 3.
obrutliker, obru(t)sliker adv. 290, anm. 1; 334.
obrygdha swv., s. o(b)brygdha 530, anm. 3.
obuð (dal.) n. 256, anm. 6.
odda adj., s. udda 460, 1.
odder m. 163, anm. 2; 383.
-oþ- suffix 180, 7.
oþal, -il, -ol m. u. n. nachtr. zu 165 (2 mal); 180, 2; 384 u. anm. 1; 386 u. 3.
oðern (dal.) zahlw., pron. 490, anm. 2.
Oþin m. 384, anm. 1.
oþinsdagher, (oþans-, oþuns-) m. 156, 2, c; 180, 3; 263, 1.
oþolfæst f. 174.
Oþælver m. 57, I, A, 2 (schluss); 81, 2, a; vgl. Øþelver.
of- präfix 57, I, A, 1, a; 148, anm. 2; 259, 2, b; 284, 1 u. 4.
o(f)blygher adj. 284, 1.
ofdrikkia f. 101, 1.
Ofeyher m. 80, I, 4, b; 249, anm. 4; 259, anm. 1; vgl. Ovagher.
ofegher adj. 249, anm. 4.
offer n. 360.
ofmanger adj. 284, 4.
ofmykin adj. 284, 4; 296, 2; 303, 1.
ofn m., s. ogn 163, anm. 2; 341, 1.
oforwarandis adv. 465, 2, c.

ofre adj. komp. 469; vgl. *øfre, yfre.*
ofrels (agntn.) adj. 454, 3.
ofrø adj. 313, anm. 2; 452.
ofse, opse m. 259, 2, b u. anm. 5.
ofsokn, (*op-*) f. 259, 2, b; vgl. *upsokn.*
ofstopa, (*op-*) adj. 259, 2, b.
ofstorom adv. 470, 3, b.
ofta adv., s. *opt*(*a*) 471, 1.
oftarmer, (*-me*), *oftamer* (u. a. formen) adv. komp. 478, 1.
ogen adj. 238, 3, a.
og(*h*) konj., s. *ok* 258, 3; 267; 473.
-ogh- suffix 180, 1.
oghan adv., präp. = *ovan* 273, 2.
-ogher (adj.) 180, 1; 450; 451.
oghormaghi m. = *ovormaghe* 273, 2.
ogilder adj. 454, anm. 7.
ogin (nschw.) adj. 102, 2.
ogipter adj. 321, 2, b; 454, 2.
Ogmund m. = *Ag*(*h*)*munder* 67, anm. 1.
ogn, ofn, omn m. 163, anm. 2; 341, 1; vgl. *ugn.*
ogrævin adj. 266.
oguldin adj. 238, 3, b; 451, 1; 454, 3.
ohemolt, ohomelt adv. 107, anm. 1.
ohæghdom adv. 470, 3, a.
ok n. = *uk* 130, 1; (163, anm. 2).
ok, (*okk, og*(*h*)*, och*) konj. 81, 2, a; 111, anm. 2; 258, 3; 267; 299; 473; 481, anm. 3; 514, anm. 2.
okar pron. pers. 501 u. anm. 5.
oker n. 163, anm. 2.
oker pron. pers. 84, 1, a; 242, 3; 501 (u. anm. 5); (506).
*okkar pron. poss. 84, anm. 1; 165; 235, 1, c; 242, 3; 320, 2; 506.
okkul (dal.) m. 68, 3.
okluvin, -klyvin adj. 529, 3.
Oktar m. = *Ottar* 233, anm. 2.
okwald adj. 454, 1, c (schluss).
oquebinsorþ (agntn.) n. 330; vgl.
okwaþinsorþ, (*okwaþans-*) n. 180, 3; vgl. *ukwaþinsorþ.*
okwamdaordh, okwændisordh n. 272, 1.
ol f. 73, 2; 104, anm. 5; 399 u. 1; 400, anm. 5; vgl. *øl* f.
ol (agutn.) n. = *øl* 104, anm. 2.

-ol- suffix 180, 2.
-ol (adj.) 450; vgl. *-ul.*
Olaver m. 73, anm.; 80, I, 4, b; 91, 1; 156, 2, b; 249, 2; 259, anm. 2.
olfsmæssa f. 309.
oloyvis, oloyvins (agutn.) adv. 170; 330.
olsmæssa f. 309.
Oluf, -of f. 73, anm.; 74, anm.; 399, 1.
oluvis adv. 170.
Olver m. 156, 2, b; vgl. *Olaver.*
Olvir m. 61; 70, anm. 1; vgl. *Alvir* u. *Ølvir.*
om präp., adv., s. *um* 143, anm. 10; 447; 473.
omanger adj. = *ofmanger* 284, 4; 303, 1.
omata adv. 470, anm. 8.
omfæghna swv. 274, anm. 3.
omn m, s. *ogn* 163, anm. 2; 341, 1.
omynd, -mund f., s. *o*(*r*)*mynd* 321, 4; 409, 3, b.
omogh(*e*)*liker* adj. 156, 3.
on (nschw. dial.) f. 73, 2.
-on- suffix 180, 3.
-on (pron.) 504.
Onamber m. 80, I, 4, b.
onder adj. 65, 7; 112; 453, 1, c u. 3, b; 468, 3; vgl. *vander, under.*
ondska, onzka f. 263, 1.
on(*d*)*skaper* m. 307, anm. 1; 383.
-ong- suffix 180, 5.
onstagher m. = *opinsdagher* 156, 2, c; 263, 1.
op n. 389, 2; (550, 3); vgl. *øp.*
op adv., s. *up* 143, anm. 10; 473.
opa swv. = *øpa* 550, 3.
opin, oppin adj. 116, anm. 2; 163, anm. 2; 187, 1; 296, anm. 2; 455, 2; vgl. *upin, ypin, opin.*
opinbar adj. 467, anm. 2.
opinbara, (*oppin-, oppim-*) swv. 266 (part.); 277, 1.
opinbarilse n. pl. u. f. 396, 1.
oppin adj., s. *opin* 163, anm. 2; 296, anm. 2.
ops, ups f. 163, anm. 2; 259, 2, b.

opse m., s. ofse 259, 2, b.
opsokn f., s. ofsokn 259, 2, b.
opstopa adj., s. ofstopa 259, 2, b.
opt(a), ofta, opta adv. 163, anm. 2; 259, 2, a; 471, 1; 473; 478, 1.
optar, -are (u. a. formen) adv. komp. 476; 478, 1.
opta(r)st adv. sup. 478, 1.
optermer, (-me), -mere adv. komp. 478, 1.
or, er präp., adv. 64, 4; 84, 2, c; 321, 4; 445; 473; vgl. ur.
or- (agutn.) pron.-stamm 507, anm. 5.
or-, er- präfix 64, 3; 84, anm. 7.
oran, orun f. 180, 3 u. 6.
orbota, (orbotæ) adj. 460, 1; vgl. urbotar.
ordin, -on m. 180, anm. 2.
orþ n. 225, 2; 252, 1; 386, anm. 8.
-orþer (in namen) 117, anm. (schluss); vgl. -urþer.
orþstæf, -staf n. 389, 1.
ore m. = ere 81, 2, b.
oresta f., s. orœsta 180, 6.
orf n.? 163, anm. 2; 171.
orista (agutn.) f. 180, 6; (399); 423, anm. 1.
orka, erka swv. 111, 1 (agutn.); 171; 268, anm. 3; 547, 1.
orm (nschw.) m. 129, anm. 2.
ormber, ormer, agutn. ormbr m. 111, 1; 325 u. anm.; 383, 1, b.
Ormica (agutn.) m. 421.
o(r)mynd, omund f. = urmynd 321, 4; 409, 3, b.
orne m. 344.
oroa, orogha swv. 273, 3.
orost f. 180, 6; 399.
orsaka adj. 460, 1.
orsaka swv. 552, 2.
orsaker adj. 251, anm.; 289, anm. 3.
orsækta swv. 550, 3 u. anm. 8; 552, 2; vgl. ursækta.
ortarvitni (agutn.) n. 321, anm. 1.
ortasoyþr (agutn.) m. 321, anm. 1.
ortogh f. 65, 1; 104, anm. 3; vgl. ertogh.

orþiuva (u. a. formen) adj. 308, 3, b; 321, 4; 460, 1.
orun f., s. oran 180, 3.
Oruster, -æster m. 74; 324, anm. 3.
orœsta, -esta f. 180, 6.
orekin adj. 552, 3.
os n. 112.
os pron. pers. 84, 2, b; 90, 3; 111, anm. 2; 112, anm. 1; 501 u. anm. 8.
osaker adj. 'freigefunden' 251, anm.
osaker adj. 'unschuldig' = orsaker 251, anm.; 289, anm. 3.
osatter adj. 455, 3; vgl. osætter.
osini adv. 101, 1; 470, 3, a.
osinna adj. 460, 1.
osinom adv. 101, 1; 470, 3, a.
osk f. 84, 2, b; 249, anm. 3; (314); 409, anm. 4; vgl. usk, esk.
oskylder adj. 101, 1; 454, 2 u. 3.
osmunder m. 73, 2.
ospar adj. 453, 1, d; 553, anm. 21.
ospardher adj. 553, anm. 21.
oss pron. pers., s. os.
-ost- suffix 180, 6.
ostbytta f. 81, anm. 2.
oster m. 111, 1; 129, anm. 2.
ostre adj. komp., s. estre 469.
ostyrogher adj. 454, 5.
osyniom adv. = osinom 470, 3, a.
osæl adj. 57, II, A, 2.
osætter adj. 455, 3; vgl. osatter.
ota f., s. otta 304, anm. 3.
otamber adj. 298.
oter m. 163, anm. 2.
otta, ota f. 84, 3; 252, 2, d; 304, anm. 3.
Ottar, (Oktar) m. 233, anm. 2.
-ot(t)er (adj.) 112; 303, 3; 450; vgl. ut(t)er.
otto zahlw. = atta 484, anm. 3.
ottosanger, (oto-) m. 304, anm. 3.
ottotie zahlw. = attatighi 485, anm. 5.
oteker adj. 298.
oþiuva adj. = orþiuva 321, 4; 460, 1.
othokke, -thykke m. 416, anm. 9.
othokkia f., s. othykkia 416, anm. 9.
oþrivin, -þrævin adj. 163, 1.

Opwæghin m. 539, anm. 2; 540, 3.
othykke m., s. *othokke* 416, anm. 9.
othykkia, -thokkia f. 416, anm. 9.
othækker adj. 102, 2.
our- (ngutn.) pron.-stamm 507, anm. 5.
Ovagher m. 80, I, 4, b; 259, anm. 1; vgl. *Ofegher.*
ovan, owan adj. 269, anm. 3.
ovan, owan adv., präp. 148, anm. 3; 163, anm. 2; 273, 2; 342, 2; 444; 471, 2; 474; vgl. *uvan, ovan, for ovan.*
ovanvarþa adv. 117, anm.; 471, 1.
ovanvart adv. 470, 5.
ovarande adj. (part.) 465, 2, a.
ovarla adv. 471, 1.
over ena adv. 57, III, B, 5; 148.
overlop, (-lopp) n. 298.
overlops adv., s. *til overlops.*
overmer adv. komp. 478, 1.
overstanda stv. 540, anm. 3.
overster adj. sup. 469.
ovin, -væn, uvin m. 298; 321, 2, c; 407, 2.
ovir, owir präp. = *yvi(r)* 256, anm. 7; 446.
ovis, owis adj. 269, anm. 3.
ovita adj. 460, 1.
oviti m. 460, 1.
ovormaghe, -a m. 259, anm. 1; 416, anm. 4 u. 5; vgl. *oghormaghi* u. *ughurmaghi.*
oværst adv. sup. 478, 1.
ox f., s. *ox* 65, 1; 404.
oxe, uxe m. 84, anm. 3; 163, anm. 2; 416, 3, 5, anm. 9.
oxl n.? 174, anm. 2.
oxlatan(d) f. 174; vgl. *axlatan(d).*
oy (agutn.) f. = *o* 126, 1; 402.
oykr (agutn.) m. = *oker* 392.
oyra (agutn.) n. = *ora* 64, 6; 126, 1; 420.
oyri (agutn.) m. = *ore* 126, 1; 395.
pa präp. 155; 446; 472 A; vgl. *a* 'an, auf'.
paninger, paniger m. 60; 242, 1, b; 318; vgl. *pæn(n)inger.*
panter m. 235, anm. 2.

part n. 407.
part[er] m. 407.
parum adv. 470, 3, a.
paskar f. pl. 383, anm. 2.
patron m. 383, 4.
paulun n. u. f. 386, anm. 3.
peregrimber m. = *pilagrimber* 268, anm. 2.
person f. 399, anm. 1.
Petar m. 114, anm. 1.
Philippus m. 156, 2, a; 407; vgl. *Philpus* m. 156, 2, a.
pighi(n)zdagher, pigiz- m., s. *pingizdagher* 249, 1; 267; 330; (337, 10).
pigiz- 'pfingst-' 337, 10.
pika, pigha f. 267, anm. 3.
pikiz- 'pfingst-' 337, 10.
pikizdagher, (pikis-) m., s. *pingizdagher* 249, 1; 267; (337, 10).
pil, pyl m. 108, anm. 2.
pil f. 399.
pilagrimber, -grim, -grin m. 57, I, B, 3; 268, anm. 2; 272, anm. 1; 383, 1, b u. e, ε u. 2 (u. anm. 11).
pina, pyna f. 108, anm. 2.
pina swv. 550, 3 u. anm. 8.
pingilsdagher, (pingilz-) m. = *pingizdagher* 329, anm.
pingiz- 'pfingst-' 337, 10.
pingizdagher, pingi(n)s-, pighi(n)z-, pikiz-, pinkiz- (u. a. formen) m. 249, 1; 267; 281, 2; 329, anm. 1; 330; 331; (337, 10).
pingshelg f. 329, anm.
pingzdagher m. = *pingizdagher* 281, 2.
pinkiz- 'pfingst-' 337, 10.
pinkizdagher, (pinkinx-) m., s. *pingizdagher* 249, 1; 331; (337, 10).
pinzdagher m. = *pingizdagher* 281, 2.
pipra, pypra f. 108, 1.
plagha swv., s. *plægha* 173, anm. 2; 547, 2.
plaster, ploster n. 265, anm. 2.
pliktogher adj. 261, 3.
plokka swv. 163, anm. 2.
plægha, plagha swv. 173, anm. 2; 547, 2.

pleghia swv. 550, 1.
poika m. 416, 1, a.
polrer n., s. *pulver* 120, anm. 2.
posi, posse, pusi m. 163, anm. 2; 298, anm. 3.
potter m.? 120, anm. 2.
prelater m. 383, 4 u. anm. 3.
prestaf m., s. *pristaf* 142, anm. 10.
prester m., s. *præster* 114, anm. 1.
primsigna swv. 108, 1; 265, anm. 2; vgl. *brimsigna*.
pristaf, pre- m. 142, anm. 10.
proghaster m. = *prowast(er)* 273, 2.
prophete m. 416, anm. 6.
prova swv. 547, 1.
prowast(er), proaster, proster m. 154, I, A; 273, 2; 322, 1; 324, 3; 383, 1, e, ð, 2, d, anm. 3.
prowæstubol n. 399, anm. 5.
prydhe f. 427, anm. 1.
præssa swv. 339, anm. 3.
præster, prester m. 114, anm. 1; 322, 1; 407, 2, 3, anm. 1.
preva swv. 547, 1.
psalmber m. = *salmber* 319.
psaltare m. = *saltare* 319.
pulver, (polver) n. 120, anm. 2.
punder (nschw. dial.) präp., adv. 155.
punkter m. 383, 4.
pusi m., s. *posi* 163, anm. 2.
pust(er) m. 383, 1, e, ε (2 mal) u. 4.
pyl m., s. *pil* 108, anm. 2.
pyna f., s. *pina* 108, anm. 2.
pypra f., s. *pipra* 108, 1.
pyrte n. 108, 1.
pysa swv. 550, 3.
pædersilia f. 266.
Pædher m. 266.
pæl n. 265, anm. 2.
Pälle (nschw.) m. 289, 1.
pæn(n)inger m. 57, I, B, 2; 60; 156, 2, a; 180, 5; 242, 1, b; 383; vgl. *paninger*.
pænningsøl, (pæningsøll) n. 298.
pænnunger m. = *pæn(n)inger* 180, 5; 242, 1, b.
Pär (nschw.) m. 289, 1.
pæra f. 423, anm. 4.

pærghman, pærman n. 311, 1.
pærsa swv. 339, anm. 3.
Pætar m. 114, anm. 1.
pøsa swv. 550, 3.

q-, s *k-*.

-r, -er (adv.) 471, 5.
ra m., f., n. 'pfal, grenzzeichen' 167, anm.; 385; 400.
ra f. 'reh' 80, I, 1; 110; 400.
ra adj. 153, anm. 2; 452.
raþ f. 399, anm. 1.
raþ n. 297, anm. 2.
raþa, ræþa v. 114, anm. 2; 177; 544 n. anm. 1, 2, 3, 6; 561, anm. 4 (schluss).
radhgive, -a m. 416, 1, b.
radstuva f. 324, 2.
ragg (nschw.) f. u. n. 109.
raggotter adj. 342, 17.
Raghborgh f., s. *Raghnborgh* f. 317, 1.
ragher adj. 344, anm. 2.
Raghlever m. 317, 1.
Raghnborg, Ragh-, Ram- f. 281, 1; 317, 1.
Raghnvalder m., s. *Ragnvalder* 317, 1.
Raghnvaster, Ra(gh)-, Rang- m. 311, 2, b; 317, 1.
Raghnvidher, Ra(gh)-, Rang- m. 311, 2, b; 317, 1.
Raghvalder m., s. *Ragnvalder* 311, 2, b; 317, 1.
Raghvar m., s. *Rangvar* 311, 2, b.
Raghvaster m., s. *Raghnvaster* 311, 2, b; 317, 1.
Raghvidher m., s. *Raghnvidher* 311, 2, b; 317, 1.
Ragmunder m. 317, 1; 387, anm.
Ragn- (in namen) 281, 1; 387, anm.
Ragnar m. 246; 383.
Ragn(h)ilder f. 246, anm.
Ragnir m. 395 u. anm. 2.
Ragnvalder, (Raghn-), Ra(gh)-, Ram-, Rang-, Ran- m. 74; 281, 1; 311, 2, b; 317, 1; vgl.
Ragvælder m. 74; 413, 2.
Ragnælf f. 404.

raiþa (agutn.) swv. = *reþa* 124, 1.
raiþi (agutn.) f. = *vreþe* 124, 1; 324, 1; 427.
raita (dal.) swv. 83, 2, a; vgl. *rætta*.
rak n. = *vrak* 324, anm. 1.
raker adj. 239, 2.
rakke m. 416.
Ramborgh, s. *Raghnborgh* f. 281, 1.
Ramfriþ f. 281, 1.
Ramfre 281, 1.
ramn, rampn, ramfn, ram m. 256, anm. 2; 294, 1.
ramsa (nschw.) f. 90, 1.
Ramunder m. 244, 1.
Ramvalder, s. *Ragnvalder* m. 281, 1.
ran n. 386, 2 (2 mal); 389, 2; (550, 3); vgl. *ræn*.
rana swv. = *ræna* 550, 3; (552, 2).
rand f. 433.
rang (agutn.) f. 314, 1; 433; 435.
Rang- (in namen) 281, 1.
Rangvalder m., s. *Ragnvalder* (281, 1); 317, 1.
Rangvar, Ra(gh)var m. 311, 2, b; 317, 1.
Rangvaster m., s. *Raghnvaster* 317, 1.
Rangvidher m., s. *Raghnvidher* 317, 1.
Rankil m. 317, 1.
Ranvalder m., s. *Ragnvalder* 311, anm. 2.
ranzak (u. a. formen) n. 254, 1; 290, 2.
rasker adj. 71, 2; (476).
ras(k)lika adv. 314.
rast f. 68, 3; 408, 1.
rauferi (agutn.) m. 417.
raukr (agutn.) m. = *roker* 'garbenhaufen' 170.
Ravalder m., s. *Ragnvalder* 311, 2, b.
Ravar m., s. *Rangvar* 311, 2, b.
Ravaster m., s. *Raghnvaster* 311, 2, b.
Ravidher m., s. *Raghnvidher* 311, 2, b.
reben n. = *refben* 284, 1.
reþa, rædha f. 124, anm. 8.
redha n. 420.
reþa adj., s. *reþo* 460, 4.
reþa, raþa swv. 80, anm. 6; 550, 2.
redha adv. 471, anm. 1.

reþe m. 320, anm. 1; (386); vgl. *reþre*.
reþe n. (386); 420.
redhe adj. = *reþo* 460, 4.
reþer m. u. n. 383, 1, d; 386 u. anm. 2.
reþer adj. 460, 4.
reþo, -a adj. 460, 4; vgl. *rædho, -a*.
redhobo(gh)in adj. 273, 1; 467.
reþre m. 320, anm. 1; (386); vgl. *reþe*.
reþskap n. 386, anm. 2.
refben n. 284, 1.
reisa f. = *resa* 124, anm. 5.
rek (agutn.) n. 389, anm. 3; vgl. *vrak* u. *vræk*.
reka (agutn.) stv. 324, 1; 537, 1; vgl. *vræka*.
rekendr (agutn.) m. pl. 441 u. 2.
rem f. 103, 1; 399.
ren f. 399.
ren adj. 80, II, 2 (schluss); 235, 2; 238, 3, a; 450; 453, 1, d.
renleker, -liker m. 146, 1.
rensa swv. 107, anm. 1.
rep, repp n. 298, anm. 3; 337, 6.
resa f. 124, anm. 5; 590, anm. 1 u. 2.
resa swv. 550, 3; 552, anm. 3.
reta swv. 550, 3.
ri (agutn.) f. 167, anm.
Ribber m. 285, 1.
Ribbing m. 285, 1.
riddar(a)skap n. 386, anm. 2.
rid(d)are, riddar, ridder m. 305, anm. 2; 417, anm. 1 (2 mal) u. 2 (2 mal).
riþ f. n. m. 408.
-riþ (in namen) 404 u. 1.
riþa stv. 115, 1; 234, 2; 526; 563, 2 (2 mal).
Ridhbern m. 285, 1.
rif n. 'reibung' 163, anm. 1.
rif u. 'rippe' 393 (2 mal).
Rikalder m. 252, anm. 4.
rike n. 156, 2, a; 231; 242, anm. 2; 278, anm. 3; 303, 3; 351, 1; 394, anm. (mehrmals); 396; (470, 1, a).
riker adj. 450; 453, 1, c u. 3, a; 457, anm. 1.
Rikonabærgha, nschw. *Rickomberga* 277, 1.

rimnin (agutn.) adj. (part.) 552, 3.
rimsa (nschw.) f. 103, 1.
rinda stv. 312, 1; 530, 3 u. anm. 4.
ringer, rynger m. 108, 1.
ringia swv. 264; 550, 2.
rinna stv. 166; 229; 235, anm. 2; 238, anm. 6; 342, 13; 530, 3.
ripa (nschw. dial.) v. 337, 6.
risa v. 526 u. anm. 1 u. 3.
risi m. 324, anm. 1.
rispa f. 'zwist' 337, 6.
rispa (nschw.) f. 'ritze' 337, 6.
rista swv. 'rütteln' 176; 550, 3 u. anm. 8.
rista v. 'ritzen' 526 u. anm. 1.
riupa stv. 528, 1 (2 mal) u. anm. 4; 563, 2; 569, 3 (part.).
riuka stv. 122, 2, a; 528, 1 (2 mal) u. anm. 4; 529, 2; vgl. *ryka*.
riuta stv. 122, 2, a; 528, 1 (2 mal) u. anm. 4; vgl. *ryta*.
riuva stv. 122, 2, a; 176 (2 mal); 528, 1 (2 mal) u. anm. 4; 529, 3 (schluss); vgl. *ryva*.
riva stv. 176 (2 mal); 324, anm. 1; 337, 6; 526.
ro f. 400.
ro(a) swv. 252, 2, b; 553, 12; 567, anm. (part.).
rodher n., s. *rudher* 170.
Robfos m. 407.
Robils m. 245; 337, 8.
rodhna, rudhna swv. 163, anm. 2; 170; 528, anm. 4; 529, 3.
rogn (früh-nschw.) m.? 341, anm. 1.
roka swv. 170.
rom n., s. *rum* 167.
rompn n.? = *rugn* 163, anm. 2; 294, 1; 341, anm. 1.
romsker adj. 454, 2.
Romunder m. 244, 1.
ropa, (roppa) swv. 298; 547, 1.
roppa f. 84, 1, a; 235, anm. 1; vgl. *rumpa*.
ros f. 399, anm. 1.
ros n. 111, 1.
Rosbyggiar m. pl. 262.

Rospiggar (nschw.) m. pl. 262.
rost f. = *rast* 68, 3; 408, 1.
roste m. 340, 4.
rot f. 377, 1; 433.
rota swv. 252, 1.
rotin, rutin adj. (part.) 163, anm. 2; 266, anm. 3; 528, anm. 7; 529, 3.
rova f. 256; 426, 4, a.
royr (ngutn.) m. 64, 6.
rupa f. 'neuland' 163, anm. 2; 423, anm. 5; vgl. *rypa*.
rudha f. 'karausche' 170.
rudher, rodher n. 163, anm. 2; 170.
rudhna swv., s. *rodhna* 170; 528, anm. 4.
ruf n. 81, anm. 1; 386, 2.
rufva (nschw.) swv. 279, 1.
rugg (früh-nschw.) f. 109.
ruggotter adj. 109, anm.; 227; 342, 17.
rugha f. = *ruva* 273, 2.
rugher m. 163, anm. 2; 409, 3, a.
rugn n.? 163, anm. 2; 341, anm. 1; vgl. *rompn*.
ruka (nschw.) f. 170.
rum, rom n. 167; 454, 1, c.
rum adv. 454, 1, c; 474.
rumber, rymber adj. 300; 453, 1, b; 455, 3.
rumme adv. 471, 3; 474.
rumn (ngutn.) m.? 341, anm. 1.
rumpa f. 84, 1, a; 235, anm. 1.
run f. 399, anm. 1.
-run (in namen) 404.
Runelver, -elf f. 404, 1.
runi m. 'fluss' 342, 13.
runi m. 'eber' 344.
rus (agutn.) n. = *ros* 111, 1; 344.
rusin adj. (part.) 528, anm. 7.
rutin adj., s. *rotin* 266, anm. 3; 528, anm. 7.
ruva f. 273, 2.
rya f. 342, 17.
rypa f. = *rupa* 423, anm. 5; 424, anm. 1.
*rypa stv. = *riupa* 528, 2.
rypia f. 423, anm. 5; 424, anm. 1.
rypia, (rodhia) swv. 548, 2; 549, 2, (a u.) c.
rygger m. 392.

ryggia sik swv. 550, 2 (schluss).
ryggilse f. 69, 4; 227.
ryghelikin adj. 273, 3.
rygr (agutn.) m. = *rugher* 409, 3, a.
ryia swv. 328, 1, c.
ryka stv. = *riuka* 122, 2, a; 528, (1 u.) 2.
rykkia swv. 550, 3; 552, 2 (schluss).
rykt f. = *rokt* 106, 2, a.
rykta swv. = *rokta* 106, 2, a.
rykte, rokte n. 116, anm. 1.
ryma swv. 550, 2.
rymber adj., s. *rumber* 455, 3.
rymia swv. 548, 2.
rynger m., s. *ringer* 108, 1.
rynia v. 548, 2.
rynkia swv. 69, 4; 235, anm. 3; 550, 3.
rysta swv. = *rista* 'rütteln' 176; 550, 3.
ryta stv. 528, (1 u.) 2; vgl. *riuta.*
ryva stv. = *riuva* 122, 2, a; 528, (1 u.) 2.
Ryz m. 383, 4.
rædda swv. 547, 1.
rædde f. 427.
ræddoghe, -hoghe m. 416, anm. 3.
rædha f., s. *repa* 124, anm. 8.
rædha adj., s. *rædho.*
ræþa stv., s. *rapa* 544, anm. 1; (561, anm. 4).
ræþa swv. 'schrecken' 550, 2.
ræþa swv. 'bereiten' = *repa* 80, anm. 6; 550, 2.
ræþas swv. 263, 2; 304, anm. 1; 570, anm. 1.
rædho, -a adj. = *repo* 460, 4.
ræformber m. 163, anm. 1.
ræfsing, ræpsing f. 259, 2, b.
ræfst, ræpst f. 259, 2, b.
Ræghin- (in namen) 387, anm.
Ræghinmunder m. 387, anm.
rægn, (ræng) n. 294, 2.
rægna swv. 317, 1; 550, 2 u. anm. 6.
rægnbughi, (ræng-) m. 317, 1.
rægnskur, (ræng-) f. 317, 1.
ræka stv. = *vræka* 324, 1; 537, 1.
række m. 418.
ræk(k)ia swv. 239, 2; 548, 3; 549, 2, c (2 mal).
ræls f., s. *ræzl* 337, anm. 1.

ræn n. = *ran* 389, 2.
ræna (u. a. formen) swv. 105, anm.; 260, 3; (389, 2); 550, 3 u. anm. 8; 552, 2.
ræng (nschw. dial.) f. 340, 3.
rænna stv. 166; 530, (1 u.) 3.
rænna swv. 530, anm. 6.
rænsa swv. 80, II, 2.
ræpsing f., s. *ræfsing* 259, 2, b.
ræpst f., s. *ræfst* 259, 2, b.
ræt adv. 470, 5.
ræta swv. 530, 3; vgl. *rætta.*
rætlika, rætslika, rætzlika adv. 290, anm. 1; 334.
rætlosa f. 170.
rætsølis, -sylis adv. 167; 470, 1, a.
rætta swv. 83, 2, a; 550, 3 u. anm. 8; vgl. *ræta.*
rætter m. 83, 2, a; 88; 290, anm. 1; 406; 407, 2, 3 (mehrmals) u. anm. 1.
rætter adj. 83, 2, a; 148; 268, anm. 3; 453, 3, b; 454, 1, c u. 3 (2 mal); 467, anm. 2.
rætto(g)het, -i(g)het f. u. m. 311, anm. 2.
rætvisa, (-vissa) f. 298.
rætvise f. 427, anm. 1.
rætzlika adv., s. *rætlika* 290, anm. 1.
ræver m. 383, 3.
ræzl, ræsl, ræls f. 337, anm. 1.
ro f. 321, 2, b; 400.
ro n. 321, 2, b.
roþer adj. 170; 244, 2; 454, 1, a; 569, 3.
rodhia swv., s. *ryþia* 548, 2.
roghia swv. 252, 1; 550, 1.
roker m. 'garbenhaufen' 170.
roker m. 'rauch' 407 u. 3.
rokia swv. 550, 3 (schluss).
rokilsa f. 396.
rokilse n. (u. f.?) 337, anm. 2; 396.
rokt f. 106, 2, a.
rokta swv. 106, 2, a.
rokte n., s. *rykte* 116, anm. 1.
rona swv. 550, 3.
rone m. 244, 2; 395, anm. 1; 416.
rensa swv. = *rensa* 107, anm. 1.
ror, rorr f. 64, 6; 321, 2, b; 378, 3.

rør n. 321, 2, b.
røra swv. 340, 4; 550, I; 558.
Røriker m. 91, 6; 244, 3.
rørvas m. 383, 1, d.
røs v. (prät.) 528, anm. 7.
røse n. 424, anm. 2.
røsia f. 424, anm. 2.
røst f. 408, anm. 2.
røster m. 407.
røta swv. 550, 3.
røvare m. 417, anm. 3.

-s (mannsnamen) 407.
-s (adv.) 471, 6.
sa, sæ adv. = swa 175; 252, anm. 4 (m. nachtr.); 473; 510, 4.
sa pron., s. sa(r).
sa swv. 544, anm. 5.
sap f. 399, anm. 1.
sad(h)an pron. = swad(h)an 510, 4.
sad(h)ana pron. = swad(h)ana 510, 4 u. anm. 4.
sapul, sadhol, -il m. 180, 2; 384.
safir, (psafyr) m. 319.
sagn f. = sægn 409, 3, b.
sak f. 130, 1; 399, 3 u. anm. 1; 409, anm. 4.
saker, sæker adj. 174, 296, 4; 455, 1; 457, anm. 1.
sakerstige, -stiæ f., s. sakristia.
sakløs, (sæk-) adj. 135, anm. 4; 409, anm. 4.
sakløsa f. 423.
sakristia, sakerstige, -stiæ f. 328, anm. 1; 339, 2.
sakseke m. 418.
saksekiande m. 441.
saksek(i)are m. 313.
sal m. 383, 4; 407, anm. 5.
sala (dal.) f. 72 (schluss).
salagher adj., s. salogher 180, 1.
sald f. = sæld 409, anm. 4.
sald, sall n. 60, I, 1; 292, 1.
sali, sæli m. 416, anm. 9.
salmber m. 319.
salogher, -igher, -agher adj. 180, 1; 451; 455, anm. 2; vgl. sælugher.

salpeter, (salt-) n. 335, anm. 2.
salt n. 319; 335, anm. 2.
saltare m. 319.
Salve m. 70, anm. 1; vgl. Solve u. Sølve.
saman, samman adv. 172; 300, anm. 2; 454, 1, c; 471, anm. 2; vgl. soman, suman.
-samber (adj.) 453, 1, b.
Sambro = Sandbro 277, 1.
sambrødhra adj. pl. 460, 1.
samfaster, -fæster adj. 455, 1.
sami pron. 143, anm. 10; 459, anm. 1 u. 2; 510, 6.
samka swv. = sanka 272, 2.
samkolla, -e, -kulla, -e adj. 416, 4; 460, 2.
samkwæmd, -kwænd f. u. n.? 272, 1.
sam(p)na swv. 332, 1.
sampning f. 277, anm. 4.
sam(p)t adv. 332, 2.
sampykkia f. 313, anm. 1.
sampykkia swv. 551, anm. 4; 552, 3 (part.).
samvit, (san-) n. 272, anm. 1.
samværa, -vara f. 117, anm.; 424, anm. 1.
samværia, -varia f. 424, anm. 1.
Sandbro 277, 1.
sander m. 383, 1, c.
sander adj. 235, anm. 4; 305, anm. 2; 453, 1, c u. 3, b; 455, anm. 2; 459, 2; 467 u. anm. 2; 476; vgl. sænder.
sang(er) m. 71, 2; 129, 1; 252, 2, a; 383 u. 1, e, ε.
sanka swv. 272, 2; 301.
san(k)te adj. 281, anm.
sankænna, (sæn-) swv. 135, anm. 4.
sanne(r)lika, sanlika adv. 333, anm.; 471, 1.
sanne(r)liker adj. 333, anm.
sannin(d), -id, -und f. 180, 4; 277, anm. 4; 317, anm. 4; vgl.
sanning f. 277, anm. 4.
sante adj., s. san(k)te 281, anm.
sapa f. 80, anm. 5.
sar m. 80, I, 1.

sar n. 80,I,2; (90,1); 389,2; 454,1,c; vgl. sær.
sar adj. 80, I, 2; 459, 1; 569, 3.
sa(r) pron. 64, anm. 2 (n. 3); 87; 508 (passim, bes. 1); vgl. þæn.
sara adv. 471, 1.
saramal n. 298.
sarapol, (-dhol) n. 223, anm. 1.
sarþ v. (prät.) 530, anm. 7.
sargha, særgha swv. 90, 1; 260, anm. 7; 268, anm. 3; 546, anm.
sarke m. = saroke 156, 2, b.
sarþole m. 163, anm. 2.
saroke m. 156, 2, b.
sata f. 423, anm. 4.
satan, -on n. 165, anm.; 180, anm. 2; 423, anm. 4.
satia swv. = sætia 549, anm. 1; (561, anm. 5).
satter adj. 304.
sax f. 399.
sax zahlw. = sæx 484, anm. 1.
saxtan zahlw. = siæxtan 313, anm. 2; 484, anm. 8.
se pron. pers., s. se(r) 501, anm. 3.
sea, se, sia (u. a. formen) stv. 83, 2, a; 103, 2; 114, 1 n. 2; (125); 153, anm. 2; 164; 270; 328, 1, a; 340, 3; 343; 538 m. anm. (passim); 559 (2 mal); 561, 2 u. 4; 567, anm. (part.).
sedhan adv., präp., konj. = siþan 115, 1.
segh pron. pers. = sik 115, anm. 1; 142, anm. 9; 501, anm. 4.
seghla swv., s. sighla 550, 2.
scia stv., s. sea 114, 2; (125); 270; 328, 1, a; 538 u. anm. 1.
sekret n. 396, 1.
sele m., s. sili 115, 1.
seliker pron. = sliker 57, I, A, 2; 510, anm. 2.
selke n, s. silke 115, anm. 1.
selver n. = silver 115, anm. 1.
semia sik (agutn.) stv. 323, 1.
sen adj. 467, anm. 3; 468, 1.
sen adv., konj., präp. = sin 156, 1, b; 472, anm. 3.

senar, -are, -ane, senarmer (u. a. formen) adv. komp. 476, anm. 1; 478, 1.
senast, -est, -arst adv. sup. 478, 1.
senda (agutn.) swv. = sænda 263, anm. 2.
sen(e)stom adv. 470, 3, b.
sengaclepi (agutn.) n. pl. 321, 1.
senka swv. 103, 1.
senna, sennare, sennarmer (u. a. formen) adv. komp. 238, 3, a; 470, 6; 478, 1 u. anm. 3.
senst adv. sup. 478, 1.
sensto adv. 470, 2.
senstom adv., s. sen(e)stom 470, 3, b.
sent adv. 238, 3, a; 470, 5; 476, anm. 1 (2 mal); 478, 1.
se(r) pron. pers. = sæ(r) 501, anm. 3.
serla adv. = sirla 115, 2; 129, 2.
settiung m. = siæt(t)unger 497.
settungr (agutn.) m. = siæt(t)unger 497.
severdha swv. = sivirdha 115, 2.
sex zahlw., s. sæx 24, anm.; 484.
Si- (in namen), s. Si(gh)- 311, 2, b u. anm. 2.
si- präfix 83, 2, b; vgl. sæ-.
sia (agutn.) m. (dat. sg.) 385.
sia stv., s. sea 83, 2, a; 103, 2; 164; 538 u. anm. 1.
siaghl n. = sæg(h)l 78, anm. 1.
sial, siæl f. nachtr. zu 82, anm. 3; nachtr. zu 118, anm. 2; 399 u. 2, b.
sialdan adj. 165, anm.; (454, 1, c); vgl. siældan.
sialdan adv. 78, anm. 3; (165, anm.); 454, 1, c; 471, anm. 2; vgl. siælddan, sældan.
sialver pron., s. siælver 75, 1; 309; 454, 3 u. 5.
siang f., s. siæng 93, 1; 399, 3 (2 mal).
siar (agutn.) m. 71, 3.
siatte zahlw. = s(i)ætte (78, 1); 78, 3.
siau (agutn.) zahlw. = siu 122, 1; 484.
siaunde, (siauande) (agutn.) zahlw. = siunde 492 u. anm. 1.

siax zahlw., s. *siœx* 78, 3.
siaxtan zahlw., s. *siœxtan* 313, anm. 2.
siaxtantighi zahlw. 485, anm. 7.
Sibbiorn m., s. *Sighbiorn* 286.
sidha f. 426, 3.
siþan, (*syþan*) (u. a. formen) adv., konj., präp. 108, anm. 5; 149, 1; 156, 1, b; 242, 3; 285, 5; 317, 3; 472, B, 6 u. anm. 3; 476, anm. 1; 478, 1; (512, 3).
sidhane adv., konj. 472, B, 3.
sidhane adv. komp. 476, anm. 1.
siþar (agutn.) adv. komp. 478, 1.
siþarmer, (*-me*) adv. komp. 478, 1.
siþarst adv. sup. 478, 1.
siþarster adj. sup. 469.
sidhen adv. = *siþan* 149, 1.
siþer m. 407 u. 3.
siþer adv. 471, anm. 5.
siþer, sup. *sizt*, (*sist*) adv. komp. 'weniger' 477, anm. 3.
sidher adv. komp. 478, 1.
siþermer, (*-me*), *-mera* (u. a formen) adv. komp. 478, 1.
siþla (agutn.) adv. = *sirla* 257, anm. 5; 471, 1.
siþvani, *-væni* m. 416, anm. 3 u. 9.
siþvanna f. 416, anm. 3.
siþvænia, *-vania* f. 416, anm. 9.
sifskapar, (*sip-*) m. 259, 2, b.
Si(*gh*)- (in namen) 311, 2, b u. anm. 2.
sigh pron. pers., s. *sik* 267; 501.
sigha stv. 526 u. anm. 1.
Sighbiorn, *Sibbiorn* m. 286.
Sighderver m. 76, 2.
sigher m. 164, anm.; 383, 1, d.
sigher adj., s. *siker* 267.
sighia (u. a. formen) swv. 102, 1; 239, 1; 261, 1; 270, anm. 2; 317, anm. 4 (part.); 454, 1, c (part.); 553, 13 u. anm. 16—19; vgl. *sæghia*.
sighl n. 78, anm. 1; vgl. *sæg*(*h*)*l*.
sighla, *seghla*, *sæghla* swv. (78, anm. 1); 161, 2, b; 164; 337, 2; 550, 2 u. anm. 6.
Si(*gh*)*munder* m. 311, anm. 2.

Sighni f., s. *Signi* 168.
Sighriþer m. 176, anm. 2.
Sighurþer m. 74; 78, anm. 1; vgl. *Siughurþer*.
Sighus m. 78, anm. 1; 324, anm. 3; vgl. *Siughus*.
Si(*gh*)*valder* m. 311, 2, b.
Si(*gh*)*vardher* m. 311, 2, b.
Si(*gh*)*vidher* m. 311, 2, b.
signa swv. 547, 2.
Signi, *Sighni* f. 70, 1; 168.
Sigrud f. 308, 1.
Sigrudher m. 170.
sik, *sigh*, *sich* (u. a. formen) pron. pers. 94, 5; 115, anm. 1 u. 3; 142, anm. 9; 258, 3; 267; 501 u. anm. 3 u. 4.
siker, *sigher* adj. 267.
Siktunir 261, 1.
silf n., s. *silver* 320, 1; 386.
Silfaster m. 259, anm. 1; vgl. *Silvaster*.
silfbiærgh n. 320, 1.
silfdisker m. 320, 1.
silffat n. 320, 1.
silfkar n. 320, 1.
silfkœdh(*i*)*a* f. 424, anm. 1.
silfskal, *-skall* f. 298.
silfstop, *-stopp* n. 298.
sili, *sele* m. 115, 1.
siliker pron. = *sliker* 510, anm. 2.
silke, *selke* n. 115, anm. 1.
Silvaster m. 259, anm. 1; vgl. *Silfaster*.
silver, (*selver*), *sylver*, *silf* n. 108, anm. 3; 115, anm. 1; 320, 1; 386; vgl. *selver*.
sima, *simma*, *symma* stv. 65, 7; 252, anm. 4; 535, 3 u. anm. 3.
Simon m. 311, anm. 2.
Simunder m., s. *Si*(*gh*)*munder* 311, anm. 2.
sin n. u. m. 'reise, mal' 340, 2, b; 386, anm. 1 u. 2; (470, 4); 500, anm. 1 u. 2.
sin n. 'sinn' 386, anm. 1.

sin, (sina) pron. pers. 297, 2; 501 u. anm. 2 u. 7.
sin, (syn) pron. poss. 90, 2; 108, 2; 115, anm. 2; 235, 2; 238, 3, a; 321, 2, c (3 mal); 505 m. anm.; 507; (523, 1, 4).
sin, sen adv., konj., präp. 156, 1, b; 285, 5; 472, anm. 3; (vgl. *siþan*).
sina f. 166, anm.; 426, 4, a.
sinap(p)er m. 296, anm. 3.
sindal n. 298.
sin huer, (huar) (agutn.) pron. 524, anm. 1.
sinka (nschw.) swv. 103, 1.
sinne n. 'reise, mal' 386, anm. 1; (470, 4); 500, anm. 1 u. 2; vgl. *sin* 'reise, mal'.
sinne, synne n. 'sinn' 108, 2; 386, anm. 1; vgl. *sin* 'sinn'.
sinnist adv. sup. 478, 1.
sinnom adv. 470, 3, a.
sinslæstom adv. 470, 3, a.
*sinunger pron. poss. 505, anm. 6.
sio m., s. *sio(r)*.
Sioaster m. 324, 3.
Siobo-hæradh, Sioboradh 154, anm.
sionga, (sionga) stv. = *siunga* 98; 99, anm.; 100, anm.; 127, anm. 1; 531, 2 u. anm. 1.
sionka stv. = *siunka* 98; 127, anm. 1; 531, 2.
sio(r) m. 71, 3; 99; 154, I, C, 1, b; 273, 1; 308, 3, b; 324, 3; 385 u. anm. 1.
sipskaper m., s. *sifskaper* 259, 2, b.
sir (agutn.) pron. pers. = *sæ(r)* 83, 2, c; 501 u. anm. 3.
siressa (frllh-nschw.) f. 108, 2.
sirla adv. 257, anm. 5; 471, 1; vgl. *serla*.
sisla f. = *sysla* 101, anm. 3.
sist, sistans, sister u. s. w., s. *sizt* u. s. w.
sitia, sittia stv. 115, 1; 164; 296, 1 u. 4; 345; 537 u. 4 u. anm. 4 u. 5.
siu, syu, siug(h) zahlw. 92, b, 2;

122, 1; 243; 270, anm. 3; 484 u. anm. 2.
siuþa stv. 528, 1; 529, 3 (part.).
siuþer m. 170.
siufalder adj. 499.
siug(h) zahlw., s. *siu* 484, anm. 2.
Siughurþer m. 78, anm. 1; vgl. *Sighurþer*.
Siughus m. 78, anm. 1; 324, anm. 3; vgl. *Sighus*.
siughæl n. = *sughl* u. *sufl* 328, 2, c.
siuke m. u. f. 416, anm. 3; 427.
siuker adj. 82; 100, anm.; 122, 2, b; 346; 453, 1, e.
siukn adj. 455, anm. 2; vgl. *sykn*.
siun f., s. *syn* 399, anm. 1.
siunde (u. a. formen) zahlw. 492 u. anm. 1.
siunga, -ia (u. a. formen) stv. 100 (schluss); 127, 1 u. anm. 1; 252, 3; 530, 5; 531, 3 u. anm. 1; 533, anm. 1 u. 2; vgl. *sionga, sunga*.
siunka stv. 100 (schluss); 127, 1; 235, anm. 3; 252, 2, c (part.); 373, 1; 530 (u. 5); vgl. *sionka*.
siunæl(t)inger, -nattinger, synætting m. 127, anm. 4; 383, 3; 389, anm 2.
siutan, siuttan zahlw. 57, II, B, 2, a; 297, 2; 484.
siutande, syutande (u. a. formen) 493, u. anm. 3.
siutighi, siutio zahlw. 485.
sival adj. 83, 2, b.
Sivalder m., s. *Si(gh)valder* 311, 2, b.
Sivardher m., s. *Si(gh)vardher* 311, 2, b.
Sividher m., s. *Si(gh)vidher* 311, 2, b.
sivirdha swv. 115, anm. 3; 169, anm. (part.); 252, anm. 4 (m. nachtr.); vgl. *sæværdha*.
six zahlw. = *sæx* 484, anm. 1.
sixtighi zahlw. 485, anm. 4.
sizkin u., s. *sys(t)kin* 68, 3; 101, 2 u. anm. 3.
sizt, sist adv. sup. 289, 3; 478, 1.
sizt, sist adv. sup., s. *siþer* 'weniger'.
siztans, sistans, -ens, -is adv. 317, 2; 471, 6; vgl. *i siztans*.

sizter, sister adj. sup. 289, 3; 290, 2; 469.
siæghia swv. = *sæghia* 328, 2, c.
siæl f., s. *sial*.
siælagipt f. 321, 2, a.
siældan, -on adj. 165, anm.; 180, anm. 2; 453, 2; vgl. *sialdan*.
siældan, -on, siællan adv. = *sialdan* (165, anm.); (180, anm. 2); 292, 1; 313, anm. 2; 476, anm. 3.
siælia swv., s. *sælia* 328, 2, c; 548, 2.
siælskap n. = *sælskap* 328, 2, c.
siælsyn adj. 238, 3, a.
siælver, sialver pron. 75, 1; 309; 315, 2, b; 454, 2, 3, 5 (2 mal); 510, 5.
siæng, siang, sæng f. 93, 1; 153, 4; 399 u. 3 (2 mal) u. anm. 1.
s(i)ætte, s(i)æte (u. u. formen) zahlw. 76, 1; 78, 3; 304, anm. 3; 459, 1; 492 (2 mal).
siætteluter m. 497.
siæt(t)unger, siættinger (u. a. formen) m. 180, anm. 3; 497.
siæver, sæver adj. 450.
siæver pron. = *siælver* 315, 2, b.
siæx, (siax) zahlw. 78, 3; 304, anm. 3; 484; vgl. *sæx*.
siæxfalder adj. 499.
siæxt f. 496.
siæxtan, siaxtan (u. a. formen) zahlw. 313, anm. 2; 484 u. anm. 8; vgl. *sæxtan*.
siæxtande zahlw. 493.
siæxtighi, -tio (u. a. formen) zahlw. 485.
siæxtionde zahlw. 494.
sie m. = *sio(r)* 99.
Sio- (in ortsnamen) 313, anm. 2.
sienga stv., s. *sionga* 99, anm.; 100, anm.; 531, anm. 1.
sjöttan (nschw. dial.) zahlw. 493, anm. 3.
-ska (f.) 423.
skabber m. 342, 1.
skadha m., s. *skaþi* 416, 1, b.
skaþa swv. 547, 2.
skadha, (skaadha) swv. = *skoþa* 148, anm. 3.

skaþales, skadhaloss adj. 298.
skaþi, skadha m. 152 (mehrmals); 416, 1, b, 6, anm. 5.
Skaþvi 61 (schluss); 117, anm.; vgl. *Skoþve*.
skafföttes (nschw.) adv. 80, I, 4, a; 90, 1; 284, 2.
skafkar n. 323, 1.
skaktafl, skaflavel n. 282.
skal f. 'napf' 399, 3 (2 mal) u. anm. 1.
skal n. u. f. '(eier)schale' 386, anm. 3.
skal n. 'treibjagen' 386, 2.
skalker m. 383, 1, e, γ.
skalk(e)ri n. 156, 1, a.
skalle m. 298, anm. 2.
skalloter adj. 450.
skalmeia f. 124, anm. 5.
skalpa, (skwalpa) 'mit scheide versehen' swv. 341, anm. 3.
skalpa swv. 'plätschern', s. *skwalpa* 341, anm. 3.
skamber adj. 342, 12; 453, 1, b; 459; 468, 1.
skam(m)a swv. 342, 12.
skampt adv. 477, anm. 3.
Skane, s. Skane 146, 3; 244, 2.
skansker adj. 337, 7.
Skanungar, -ingiar m. pl. 180, anm. 3; 318.
Skano, Skane 91, 1; 126, 2; 146, 3; 244, 2.
Skaner 91, 1.
-skap (n.) 386 u. anm. 2.
skapa v. 257, 2 (part.); 260, 7 (part.); 265; 297, anm. 4; 539 u. anm. 1 u. 3.
skapare, -ære m. 60.
-skaper (m.) (386); 407 u. 2; 409, 3, a.
skaplare m. 296, 2.
skaptavel n. = *skaktafl* 282.
skarþa swv. = *skærþa* 550, 1.
skari m. 416.
scarlaþ (agutn.) n. 266.
skarn (nschw.) n. 172, anm. 2.
skastel n. 334, anm. 3.
Skatalef, -lof 107.
skatta swv. 547, 1.

skatter m. 350,1; 383,4.
skava stv. 174; 342,1; 539 u. anm. 3.
ske swv. 114, anm. 1; 550, 1 (schluss) u. anm. 2.
skep f. 278 (schluss); 399, anm. 1.
Skeldepth, s. *Skældept* 288.
skelia swv., s. *skilia* 115, anm. 1.
-skepr (agutn.) (m.) 407; 409, 3, a.
skial n., s. *skiæl* 78, anm. 1.
Skialdavik 413,4.
skib n., s. *skip* 265, anm. 2.
skiella (agutn.) stv. = *skælla* 530, (1 u.) 2.
skiera (agutn.) stv. = *skæra* 535,1 (part.).
skifta swv., s. *skipta* 259, anm. 4.
skil n. 78, anm. 1; vgl. *skiæl.*
skilia, (skelia) swv. 78, anm. 1; 103, 2 (part.); 115, anm. 1; 292, anm. 3; 295; 548, 2.
skilnaper, skylnadher m. 108, 2.
skimbel, skymbel n. u. m. 108, anm. 1.
skina stv. 465,1 (part.); 526 u. anm. 1.
skinke, skynke m. 108, 1.
skiolder, skioll m. 131, 2 (m. nachtr.); 292, 1; 383, 1, c; 412 u. 2; 413, 4; vgl. *skiolder.*
skior f. 399.
skiordh f. = *skyrþ* 127, 2.
skiorta f., s. *skiurta* 120; (129, 2).
skioter adj. = *skiuter* 82, anm. 1.
skip, skib n. 265, anm. 2; 298, anm. 3; 382; 386.
skipa swv. 257, 2 (part.); 259, anm. 4.
skipare, skiper m. 321, 2, b; 417 u. anm. 1.
skipbro f. 336.
skipilse n. (gew. pl.) u. f. 396.
skipstamn, -stam m. 294, 1.
skipt n. u. f. 386, anm. 1 u. 3.
skipta, skifta swv. 259, anm. 4; 550, 3.
skipte n. 386, anm. 1.
skir adj. (part.) 169; 552, anm. 5; vgl. *skær.*
skira swv. 176; 550,1; 552, anm. 5 (part.); vgl. *skæra.*

skirilse n. pl.? 337, anm. 2.
skirma, skyrma swv. 108,1.
skirskuta swv. 163, anm. 2; 176; 528, anm. 3; vgl. *skærskuta.*
skirsl f. 408, anm. 1; vgl. *skærsl.*
skita stv. 526 u. anm. 1.
skiugg (nschw. dial.) adj. 127,1.
skiul m. 170; 409, 3, a; vgl. *skul* u. *skyl.*
skiul n. 170.
skiula swv. = *skyla* 550, 3; (552, 2).
skiuld f. = *skyld* 127, anm. 3.
skiulder adj. = *skylder* 127, anm. 3.
skiup n.? 170.
skiurta, skiorta f. 120; 127, 2; 129, 2.
skiuta stv. 296, 3 (part.); 454, 4 (part.); 528, 1 (u. anm. 3); 529 (passim); 558; (561, anm. 4); 563, 2 (2 mal); vgl. *skyta.*
skiuter adj. 82, anm. 1; 90, 4; 100.
skiuva stv. 528, 1 (u. anm. 1); 529, 2 u. 3 (part.).
skiæl, (skæl, skial) n. 78, anm. 1; 296, 1; vgl. *skil.*
skiæl(l)iker, skæliker adj. 242,1, a; 278 (schluss); 298.
skiælva stv. 530, 2 u. anm. 4; 533.
skiæra stv. = *skæra* 535, 1.
skiolder, skiol(d) m. 98; 131, 2 (m. nachtr.); 278; 292, 1; vgl. *skiolder.*
skiota swv., s. *skota* 'anstücken' 278.
sko m., s. *sko[r].*
sko(a) swv. 553, 14 u. anm. 20.
skoþa, skuþa swv. 148, anm. 3; 163, anm. 2; 547, 2.
skogher m. 261, 1; 383, 2, d, 3, anm. 8.
skola v., s. *skulu.*
skole m. 416.
Skolhamar 325.
skom (frühnschw.) n. 167.
skomakare, -maghare m. 267 (schluss).
skompa swv. 235, anm. 1.
skons, s. *alzkyns, al skons.*
skop n. 170.
skopa swv. 235, anm. 1 (m. nachtr.).
skoppa swv. 235, anm. 1 (m. nachtr.); vgl. *skompa.*

sko[*r*] m. 121; 153,1; 382 u. anm.; 385.
skora f. 163, anm. 2.
skot n. 163, anm. 2.
skotkonunger, (skut-) m. = *sketkonunger* 81, 2, a u. anm. 1.
skra f. 400.
skrabok f. 298.
skrava f. 279, 1.
skreft f., s. *skript* 115, anm. 1.
skria, (skrya) v. 108, anm. 5; 526 u. anm. 1 u. 2; 527, 1.
skriþa stv. 526 u. anm. 1.
skriftygh, (skriptygh) n. 259, 2, a.
skrillius n. 285, 3.
skript, (skreft) f. 115, anm. 1.
skriva v. 115, 1 (part.); 256, anm. 5 (part.); 259, 2, b; 260, 7 (part.); 526 u. anm. 2.
skrok, skruk n. 109; 240; 386.
skrubba f. 342, 1; 354, 1.
skruþer m. 407 u. 2.
skrullo v. (prät. pl.) 530, anm. 7.
skrunkin part., adj. 235, anm. 3; 530, anm. 7.
skrurer m. 342, 1.
skrya v., s. *skria* 108, anm. 5; 527, 1.
skrympa (nschw.) v. 108, 1.
skrympta swv. 108, anm. 1.
skrynkiotter adj. 69, 4.
skrædha swv. 550, 2.
*skrælla v., s. *skrullo.*
skuþa swv., s. *skoþa* 547, 2.
skugge m. 252, 2, c; 416.
skul m. = *skiul* 170; 409, 3, a.
skul n. = *skiul* 170.
skula v., s. *skulu.*
skuld, skul(l) f. 340, 2, a; 409, 3, b; vgl. *skyld, skiuld.*
skulder adj. = *skylder* 455, 3; (556, 3).
skuli m. 163, anm. 2.
skulu, skula, skola v. 129, 1; 130, 1; 143, anm. 10; 292, 1; 295; 299 (2 mal) u. anm.; 314, anm.; 315, 2, a; 322, 3 u. anm. 1; 556, 3 u. anm. 3, 4; 559, anm. 2; 560; 563, anm. 1, 3; 564, anm. 6; 568 (part.) u. anm.

skum (nschw.) adj. 108, anm. 1.
skumpa (nschw.) swv. 235, anm. 1.
skup n. = *skop* 170.
skuppa swv. = *skoppa* 235, anm. 1.
skur f. 399.
skutkonunger m., s. *skotkonunger* 81, 2, a u. anm. 1.
skutra m. u. f. = *sketra* 81, 2, a u. anm. 1.
skuva stv. = *skiuva* 528, (3 u.) anm. 1.
skwalpa, (skalpa) 'plätschern' swv. 341, anm. 3.
skwalpa swv. 'mit scheide versehen', s. *skalpa* 341, anm. 3.
sky n. u. f. 153, anm. 2; 393 (2 mal); 402 u. anm.
Skyþvæ = *Skøþve* 106, anm. 2.
skygg (nschw.) adj. 127, 1.
skyggia swv. 550, 2 (schluss).
skykia f. = *skøkia* 106, anm. 4.
skyl m. 383, 3; 409, 3, a; vgl. *skiul.*
skyla swv. 550, 3 u. anm. 7; 552, 2.
skyla sik swv. 465, 2, d (part.).
skyld f. 127, anm. 3; 409, 3, b; vgl. *skiuld, skuld.*
skylda swv. 547, 1.
skylder, skyller adj. 101, 1, 2; 127, anm. 3; 321, 2, c (sup.); 340, 2, a; 454, 5; 455, 3; (556, 3); vgl. *skulder, skiulder.*
skyldogher, -igher adj. 180, 1; 304; 340, 2, a.
skyldra (nschw.) swv. 108, 1 (schluss).
skyldskaper m. 298.
skyldskapsspiæl n. 309, anm.
skyller adj., s. *skylder* 340, 2, a,
skyllpadda (früh-nschw.) f. 108, 1 (schluss).
skylnadher m., s. *skilnaþer* 108, 2.
skylt (nschw.) m. 108 (schluss) m. nachtr.
skymbel n. u. m., s. *skimbel* 108, anm. 1.
skymf (nschw.) m. 108, 1 (schluss).
skymmel (nschw.) m. 108, 1 (schluss).
skymt (nschw.) m. 108, anm. 1.

skyn f. 402.
skynda, (skynna) swv. 292, 2; 550, 2 u. anm. 6.
skynia swv. 546, 4.
skynke m., s. *skinke* 108, 1.
skyr adj. (mschw. u. nschw. dial.) = *skør* 170.
skyra swv. = *skira* 176; 550, 1.
skyrþ f. 127, 2; 409, 2; vgl. *skiordh, skørdh.*
skyrma swv., s. *skirma* 108, 1.
skyrskuta swv. = *skirskuta* 176.
skyrta (agutn.) f. = *skiurta* 127, 2.
skyt adv. = *skøt* 106, 2, b.
skyta stv. = *skiuta* 529, 1.
skytta, skøtta m. u. f. 116, anm. 1; 298, anm. 3; 416, 1, a; 423, anm. 3.
skyttare m. 416, 1, a.
skytte m. 298, anm. 3; 416, 1, a.
skädda (nschw.) f. 80, II, 2.
skæþi m. = *skaþi* 416, 6.
Skæþve = *Skoþve* 117, anm.
skæf f. 399.
skæg n. 393.
skæl n., s. *skiæl* 78, anm. 1.
Skældept, (Skeldepth), Skællopt, Skælletta 176; 288.
skæliker adj., s. *skiæl(l)iker* 278.
skælkia swv. 550, 3 (schluss).
skælla stv. 530, 1 u. anm. 4.
skælla swv. 530, anm. 6; 550, 3.
Skælletta, s. *Skældept* 288.
Skællopt, s. *Skældept* 176.
skæl(l)øs adj. 304.
skæmma swv. 550, 2.
skæm(þ)ta swv. 332, 2; 550, 3 u. anm. 8.
skænda swv. 550, 2 u. anm. 6.
skænk(i)a swv. 313, anm. 1; 550, 3 (schluss).
-skaper (m.) 409, 3, a; vgl. *-skaper.*
skæppa f. 426, 4, a.
skæpta swv. 550, 3.
skær n. 390; 393.
skær adj. (part.) 80, I, 2; 169; 455, 1; 552, anm. 5; vgl. *skir.*

skæra stv. (172, anm. 2); 454, 1, c (part.); 535, 1.
skæra swv. 550, 1 u. anm. 3; 552, anm. 5 (part.); vgl. *skira, skyra.*
skærþa swv. 550, 1; vgl. *skarþa.*
skærf n. 383, anm. 1.
Skæringer m. 180, 5.
Skær(i)unger m. 180, 5.
skærlz f., s. *skærsl* u.
skær(l)zelder m. 315, 1; 337, 8; 384, anm. 2.
skærpa swv. 550, 3.
skærskuta, -skota swv. 163, anm. 2; 528, anm. 3; 529, 3 (part.); vgl. *skirskuta.*
skærsl, (skærlz) f. 337, 8; 408, anm. 1; vgl. *skirsl.*
skærsla f. (337, anm. 2); 426, 3.
Skærunger m., s. *Skær(i)unger* 180, 5.
skærver m. 383, anm. 1.
skærzelder m., s. *skær(l)zelder* 315, 1; 384, anm. 2.
skævur f. pl. 399; 423, anm. 1; vgl. *skæf.*
Skoþve (u. a. formen) 59, 7; 61 (schluss); 106, anm. 2; 117, anm.
skøfla swv. 116.
skoghia swv. 550, 1.
skøkia f. 106, anm. 4.
skol(d) n. = *skiol(d)*, (s. *skiolder*) 278 (schluss).
skøn adj. 468, 1.
skør adj. 170.
skørdh f. = *skyrþ* 127, 2.
skøre (nschw.) n. 172, anm. 2.
skørlifnadher m. 289, anm. 1.
skot n. 81, 2, a.
skot adv. 99, anm.; 106, 2, b; 470, 5; 476, anm. 2.
skøta, (skiøta) swv. 'anstücken' 278.
skøta swv. 'beachten, pflegen' 550, 3 u. anm. 8.
skøting f. 126, 2.
skøtkonunger (u. a. formen) m. 81, 2, a u. anm. 1.
skøtra m. u. f. 81, 2, a.
skøtta m., s. *skytta* 116, anm. 1.

sla f. 'blindschleiche' 400.
sla f. 'querholz' 400.
sla stv. 148; 258, 1 (part.); 340, 3; 346, anm.; 368, 1 (part.); (465, 2, d); 540 u. 2 u. 3; 561, anm. 4; 566, anm.; 567 (part.); 570, 1.
slagh n. 346, anm.; 386, anm. 2; (407).
slan f. 80, I, 1.
slank v. (prät.) 530, anm. 7.
slass stv. 94, 5; 570, 1.
slat(t) f. 346, anm.; 409, 3, b; vgl. *slæt(t)*.
slef f. 399.
slegr (agutn.) m. 386, anm. 2; 407.
slekia swv. 550, 3 (schluss).
slet (agutn.) f. = *slæt(t)* 409, 3, b.
sliþ f. 423, anm. 1.
sliþa f. 423, anm. 1.
sliþi m. = *slœþi* 115, anm. 3; 163, 1.
sliþrir f. pl. 423, anm. 1.
sliker pron. 57, I, A, 2; 94, 1; 454, 2; 459, anm. 1; 510, 3 u. anm. 2 u. 3.
slikt adv. 470, 5.
*slinka stv., s. *slank*.
slinta stv. 235, anm. 2; 530, 3 u. anm. 4; (534, 1).
slio, slie adj. 99; 313, anm. 2; 324, 3; 452; vgl. *sle*.
sliohet, (sliog-) f. 273, 1.
slipa swv. 163, 1; 342, 15.
slippa stv. 342, 15; 530, 3; 533; 534, 1 (part.); (561, anm. 4).
slita stv. 453, anm. 3 (part.); 454, 4 (part.); 526; 527, 2; 552, anm. 1.
sli(t)sker adj. 290, 2.
sliunga f. 127, 1; 171; vgl. *slonga*.
sliunga v. 127, 1; 530, 5 u. anm. 4 u. 6; 533, anm. 1.
slio adj., s. *slio* 99; 313, anm. 2; vgl. *sle*.
slo (nschw. dial.) f. 73, 2.
slokna swv., s. *slukna* 536, anm. 4.
slonga f. 109; 171; vgl. *sliunga*.
slotsloran, -loghen f. 273, 2.
sloygur (ngutn.) adj. 69, 7.
slukin part., adj. 240; 536, anm. 4.

slukna, slokna swv. 163, anm. 2; 536, anm. 4.
slunga (nschw.) f. 109.
sluta stv. 528, 3 u. anm. 4; 529, 3 (3 mal).
slykkia swv. = *slœkkia* 106, 2, a; 550, 3 (schluss).
slœþi m. 115, anm. 3; 163, 1.
slœggia, slœga f. 313, anm. 1.
slœkkia swv. 69, 6; 240; 536, anm. 4; 550, 3 (schluss); vgl. *slokkia, slykkia*.
slœkt f. 408.
slœngia swv. 550, 2.
slœpa swv. 163, 1.
slœppa stv. = *slippa* 530, (1 u.) 3.
slœppa swv. 342, 15; 530, anm. 6; 550, III.
slœt adv. 470, 5.
slœta swv. 550, 3; vgl. *slœtta*.
slœt(t) f. 346, anm.; 409, 3, b; vgl. *slat(t)*.
slœtta swv. 83, 2, a; 550, 3 u. anm. 8; vgl. *slœta*.
slœtter m. 409, 3, b.
slœtter adj. 83, 2, a; 550, 3.
sle adj. 69, 7; 311, anm. 2; vgl. *slio, slie*.
sleiere m. 126, anm. 2.
slek(k)ia swv. 69, 6; 70, 2; 106, 2, a; 240; 550, 3 (schluss); vgl. *slœkkia, slykkia*.
sma adj. 297, 1; 452; 468, 1 u. c.
smaker, (smag) m. 267, anm. 3.
smal v. (prät.) 530, anm. 7.
Smalœndinge(r) m. 292, 2; 418.
smam adv. 470, 3, b.
smekia swv. 231; 550, 3 (schluss).
smek(i)are m. 313.
smiþa v. 526 u. anm. 1, 2, 3; 550, 2.
smiþer m. 65, 4; 407 u. 3.
smier (agutn.) n. 98, anm. 2; 386.
smikra swv. 296, 4.
smior, smier n. 69, 3; 386; (548, anm. 1); vgl. *smer*.
smiugha, smygha stv. 122, 2, b; 528, anm. 7; 529, 1; (561, anm. 4).
smoltna swv. 530, anm. 4.

39*

smula f. 163, anm. 2.
smydher m. = *smiþer* 65, 4.
smygha stv., s. *smiugha* 528, anm. 7; 529, 1.
smyria, *smøria* swv. 69, 4; 120; 548, 1 u. anm. 1; 549, 2, c u. anm. 2.
smæliker, *smællikin* adj. 297, 2; 454, anm. 7.
*smælla stv., s. *smal*.
smælta stv. 530, 1 u. anm. 4; 533; 534, 1.
smælta swv. 530, anm. 6; 550, 3 u. anm. 8.
smør n. 69, 3; 386; vgl. *smior*.
smøria swv., s. *smyria* 548, 1 (u. anm. 1); 549, 2, c.
snagghårig (nschw.) adj. 71, 3.
snar adj. 453, 1, d.
snara f. 174.
snart adv. 470, 5.
snedha swv. 345.
snepa swv. = *snøpa* 176; 550, 3.
snes f. 345; 399.
snialder adj., s. *snielder* 78, anm. 1.
snickare (nschw.) m. 290, 1.
snidh f. u. n. 163, anm. 1; 345.
sniekkia (agutn.) f. = *snækkia* 231, anm.
snikta swv. 271, anm. 3.
snilder adj. 78, anm. 1; 455, 3; vgl. *snælder*.
snille f. u. n. 78, anm. 1; 164; 427, anm. 1 u. 3.
snima(n); *snimarmer*; *snimst*, *snima(r)st* adv. 471, 1 u. 2; 478, 1.
snim(þ)ster, *snima(r)ster* adj. sup. 332, anm. 2; 468, 2 (u. c).
snimstu adv. 470, 2.
snioa swv. 273, 1; 313, anm. 2; 324, 3; 553, 15.
snio(r), *snio* m. 99; 313, anm. 2; 385 u. anm. 1; vgl. *snø*.
snitkare m. 290, 1.
sniuva f. 313, anm. 2; 342, 1 u. 2; vgl. *snuva*.
snielder, *snialder* adj. 78, anm. 1;

164; 453, 1, c; 454, 5; 455, 3; vgl. *snælder*.
snielle f. u. n. = *snille* 164.
snio m., s. *snio(r)* 99; 313, anm. 2.
sniōgha (früh-nschw.) swv. 273, 1; vgl. *snioa*.
sno(a) swv. 121; 553, 16.
snoþ f. 408; 409, 1.
snogg (dal.) adj. 71, 3.
snor m. 84, 2, c.
snorkin part., adj. 530, anm. 7; 534, 1.
snoy (ngutn.) m. 69, 7.
snubba swv. 342, 1.
snugga (nschw.) f. 109.
snugga (nschw.) swv. 109, anm.
snuppa swv. 342, 2.
snuva f. 313, anm. 2; vgl. *sniuva*.
snybba swv. 257, 1, a; 550, 2.
snygg (nschw.) adj. 69, 6.
snypta swv. 271, anm. 3.
snyta swv. 550, 3.
snæd f. u. n. = *snidh* 163, anm. 1.
snækkia f. 231, anm.
snælder adj. 78, anm. 1; 453, 1, c; 455, 3; vgl. *snielder*, *snilder*.
snæra f. = *snara* 174.
snæria swv. 174; 548, 1.
snø m. = *snio(r)* 69, 7; 313, anm. 2.
snøpa swv. 176; 550, 3.
snøre n. 174.
so f. 121; 342, 17; 434.
so adv. = *swo* 175; 473.
sokn, *sonk* (u. a. formen), agutn. *socn*, *sonc* f. 112, anm. 1; 282, anm. 1; 296, 3; 314 (agutn.); 321, anm. 2 (agutn.); 337, 3; 399, anm. 1; 409, anm. 4.
sokn adj., nachtr. zu 112, anm. 1; 455, anm. 2; vgl. *sukn*, *sykn*, *sokn*.
soknamaþer, (*soknæ-*, *sokno-*; agutn. pl. *socnamen*) m. 321, 1 (agutn.) u. 2, a; 399, anm. 5.
soknare m. 417, anm. 2.
sokning f., s. *sokning* 399.
sol f. 167; 390, 3 (3 mal) u. anm. 1.
Solastam (dat. pl.) 158, 2.

sol(a)sæter n. 339, anm. 4; 386 u. anm. 6.
solsæt n. 386.
solva (nschw. dial) f. 72.
Solve m. 70, anm. 1; 104; vgl. *Salve* u. *Sølve*.
som (komp. u. rel.) partikel = *sum* 143, anm. 10; 513; 515 (2 mal).
soman adv. = *saman* 163, anm. 2; 172.
somar, sumar (u. a. formen) m. 110, anm.; 163, anm. 2; 300; 325; 333, anm.; 339, anm. 4 (schluss); 384.
somber pron., s. *sumber* 300; 459, anm. 1; 522, IV.
somi pron. = *sami* 510, 6.
somliker pron., s. *sumliker* 522, V.
sompn m, s. *symn* 65, 8.
son, sun, (søn) m. 59, 3, 5; 61; 91, 3, 5; 163, 2 u. anm. 2; 295 u. anm. 2; 362, 1; 411; 412 u. 2 (mehrmals), 3 (2 mal), 4, 5 u. anm. 4 u. 5; 413, 2 (mehrmals).
sonadottir, (sunæ-) f. 304, anm. 3; 321, 2, a.
sonakwæ(r)n, -kwarn f. 409, 3, b.
sonk, agutn. *sonc* f., s. *sokn* 314; 337, 3.
sonnodagher m. = *sunnodagher* 120, anm. 2.
sopa swv. 177.
sopi m. 163, anm. 2.
sopn f. = *sokn* 282, anm. 1.
sopp (nschw.) m. 72.
sorgh, sørgh f. 252, 2, a; 408, 2; 409, anm. 4.
sorla (nschw.) swv. 120.
sot, (søt) f. 84, 2, a; 346; 409, 3, b.
Sote m. 63, 1.
sova stv. 65, 7; 111, 1; 130, 1; 163, 2; 256, anm. 7 (part.); 454, 4 (part.); 536 u. 3 u. anm. 3.
soyþr (agutn.) m. = *søþer* 407, anm. 1; 409, 2.
spa adj. 154, I, C, 3; 452.
spa swv. 546 u. 3; 559.
spaker, spæker adj. 239, 2; 454, 5 (2 mal); 455, 3.

span m. 'span' 412 u. 5; 413, 1 u. 2.
span m. u. n. 'halbe tonne' 431; vgl.
spander m. 431 u. anm. 1 u. 5; vgl.
span m. u. n.
spang f. 399, 3 u. anm. 2; 433 u. anm. 3 u. 6.
Spaniol m. 268, anm. 2.
spannamale m. 416, anm. 1.
spara swv. 553, 17 u. anm. 21.
sparf (nschw.) m. 71, 2; 171.
spe n. 114, anm. 1.
speghil, (spæghil u. a. formen) m. 107, anm. 1; 114, anm. 1; 384.
spe(i)a swv. 114, 2; 270; 328, 1, a.
spez m. 383, 4.
-*spia* swv. 71, 3; 550, 1 (schluss); vgl. *spya*.
spiall n. 78, anm. 1.
spik n.? 163, anm. 1; vgl. *spæk*.
spill n. 78, anm. 1; vgl. *spiall*.
spilla, spylla swv. 78, anm. 1; 108, 1; 547, 2 (schluss); 550, 3 u. anm. 7, 8.
spini, (spyni) m. 65, 4; 166; 298, anm. 3; 416, anm. 7; vgl. *spæni*.
spinna stv. 342, 13; 372, 1; 530 (u. 3).
spiria swv., s. *spyria* 548, 1.
spirver m. 171; 252, anm. 3; 383.
spisseri n. 396.
spit n. u. f. 386, anm. 3.
spital m. u. n. 383, anm. 1 u. 3.
spitælsker, (spy-) adj. 145.
spiælla swv. 547, 2 (schluss).
spiærna stv. 530, 2 u. anm. 4.
splita v. 526 u. anm. 3.
spon (nschw. dial.) m. 73, 2; 413, 1 (schluss).
spor n. 163, 2.
spori, (spuri) m. 163, anm. 2; 416, anm. 3.
spot n. 163, anm. 2; 383, anm. 1.
spotter m. 383, anm. 1.
spredha, spridha swv. 550, 2.
springa f. 171.
springa, sprynga stv. 222, anm.; 235, 1, c; 347, 1; 530, 3; 531, 1; 532 u. anm. 2.
sproti m. 163, anm. 2.

sprynga stv., s. *springa* 531, 1.
spryngia f. 171.
sprængia swv. 281, 2 (part.).
spuni m. 163, anm. 2; 342, 13.
spuri m., s. *spori* 163, anm. 2.
spya, spy swv. 71, 3; 550, 1 (schluss); vgl. *spia*.
spylla stv., s. *spilla* 108, 1.
spyni m., s. *spini* 65, 4.
spyria, sporia, spiria swv. 120; 548, 1; 549, 2, a (part.) u. anm. 2.
spyrias swv. 127, 2.
spæghil m., s. *speghil* 114, anm. 1.
späja (nschw.) swv. 114, 2.
spæk n.? 163, anm. 1; vgl. *spik*.
spæker adj., s. *spaker* 455, 3.
spæk(k)ia swv. 239, 2; 550, 3 (schluss).
spæni m. = *spini* 166; 298, anm. 3; 416, anm. 7.
spænna swv. 550, 3.
spærna swv. 317, 1; 530, anm. 6; 550, 2 u. anm. 6.
spøghil m. = *speghil* 107, anm. 1.
sporia swv., s. *spyria* 548, 1.
sta stv., s. *standa*.
stadder adj. 450.
-*sta(dh)* (in namen) 308, anm. 6.
staþer m. 174; 175; 407, 2, 3 (mehrmals), anm. 1 u. 5 (2 mal); 409 u. 3, a.
staþfæsta, (stat-) swv. 260, 4.
staþg(h)a, (stagga) swv. 258, 2, a; 273, anm.; 274, anm. 2; 285, 2.
staþg(h)e, (stagge) m. 258, 2, a; 273, anm.; 274, anm. 2; 285, 2; 416, anm. 3.
staþin part., adj. 540, 3; vgl. *standa*.
staþliker adj. 454, anm. 8.
staþna swv. 540, 3.
staþugher, stadhogher, -igher adj. 258, 2, a; 261, 3; 273, anm.; 274, anm. 2; 467, anm. 2 u. 3.
-*staþum* (in namen) 158, 2.
staþra swv. 70, 2; 273, anm.
staþre m. 252, 2, d; 273, anm.
Staffan m. 383.

stafg(h)a swv. = *staþg(h)a* 274, anm. 2.
stafg(h)e m. = *staþg(h)e* 274, anm. 2.
stafkarl m. 284, 3; vgl. *stakkar(l)*.
stagga swv. = *staþg(h)a* 285, 2.
stagge m. = *staþg(h)e* 285, 2.
staghla swv. = *stæghla* 550, 2.
stake m. 342, 10.
stakkar(l) m. 284, 3; 315, 1; vgl. *stafkarl*.
stakker m. 342, 10.
stakkot(t)er adj. 303, 3; 468, 4.
stal n. 383, anm. 1.
stalder m. 383, 1, c u. 2, b u. anm. 1.
-*stam* (in namen) 158, 2.
stamboe, stampn- m. 317, 1.
stamn, stampn m. 178; 256; 294, 1; 317, 1.
stampa f. nachtr. zu 235, anm. 1; vgl. *stappa*.
stampa swv. 235, anm. 1 (m. nachtr.).
-*stan* (in namen) 80, 1, 4, b; vgl. -*sten*.
standa, sta stv. (129, 1); 175; 222; 235, 1, b; 540 n. 1, 3, anm. 3; 561, anm. 4; vgl. *stonda*.
stang f. 399, 3 u. anm. 2; 433 u. anm. 3 u. 6.
stappa f. nachtr. zu 235, anm. 1; vgl. *stampa*.
stappa swv. 235, anm. 1 (m. nachtr.).
stapul m. 67, 2; 384.
starblinda f. 427.
starker, stærker adj. 171; 314; 453, 1, e; 455, 1; 468, 1 u. a.
staver m. 274, anm. 2; 383, 1, d.
steþr (agutn.) m. = *staþer* 407, anm. 1; 409, 3, a.
stekamæz, steghæmæs m. 267; 337, 10.
stekarahus, steg(h)erhus n. 267.
stekare m. 267.
stekia swv. 80, II, 2; 550, 3 (schluss).
stel (nschw) adj. 115, 2.
sten m. 94, 2; 383, 1, d u. 3 (2 mal).
-*sten* (in namen) 80, I, 4, b.
stena swv. 550, 3 u. anm. 7, 8.
stenþro f. 84, 3.
sterna swv. 115, 2; 308, 1.

stia f. 328, anm. 1.
stiala stv., s. *stiœla* 78, 3; 96; 535.
stiarna f. 77, 1.
stiborþ n. 311, anm. 2.
stiela (agutn.) stv. = *stiœla* 105; 535.
stif- 'stief-' = *stiup-* 176, anm. 2; 271, anm. 4.
stiffborþ n. = *stiborþ* 311, anm. 2.
stigha stv. 80, II, 1; 346; 526; 527, 2.
stighborþ n. = *stiborþ* 311, anm. 2.
stighi m. 418, anm. 1.
stighia f. 328, anm. 1.
stika swv. 163, 1.
stikki n. = *stykke* 101, 1.
stilla swv. 550, 3 u. anm. 7.
stilla adv. 471, anm. 1.
stilta f., s. *stylta* 108, anm. 3.
stinga, -ia stv. 83, anm. 1; 222, anm.; 235, 1, c; 530, 3; 531, 3; 532 u. anm. 2.
stinger m., s. *stiunger* 71, 3.
stinka stv. = *stiunka* 530, 5.
stinqua, (agutn.) stv. 70, anm. 2; 252, 2, c; 380, 1; 530, (3 u.) 5; vgl. *stiunka*.
stionka stv., s. *stiunka* 531, 2.
stip- 'stief-' = *stiup-* 176, anm. 2.
stirdher, styrdher adj. 108, 2.
stirna, styrna swv. 108, 2.
stiuf- 'stief-' = *stiup-* 176, anm. 2; 271, anm. 4; 284, 1 u. 2; 342, 2; 455, anm. 2.
stiu(f)barn n. 284, 1.
stiu(f)fadhir m. 284, 2.
stiug- 'stief-' 271, anm. 4; 455, anm. 2.
stiugger adj. = *stygger* 127, 1; 271, anm. 4.
stiung n. 383, anm. 1; vgl. *styng*.
stiunger, stynger, stinger, stunger m. 71; 3; 109; 127, 1; 171; 383, anm. 1.
stiunka, stionka stv. 127, 1; 235, anm. 3; 301; 530, 5 u. anm. 2 u. 4; 531, 2.
stiup- (u. a. formen) 'stief-' 176, anm. 2; 271, anm. 4; 284, 1 u. 2; 342, 2; 455, anm. 2.

stiœla, stiala stv. 78, 3; 96; 105; 295; 454, 1, c (part); 535 u. 2; vgl. *stœla*.
stiœlas v. 465, 2, a.
stiœlpa v. 265; 530, 2 u. anm. 4 u. 6; 550, 3.
stjørka (nschw. dial.) f. 127, 2.
stoþ f. (u. n.), s. *stuþ* 174; 433.
stokker, stukker m. 163, anm. 2; 383, 2, a u. 3.
stolpe m. 163, anm. 2.
stompn m. 294, 1.
stonda stv. = *standa* 129, 1.
stop n. 123, anm. 1.
stoppa, stuppa swv. 163, anm. 2.
stor, stur adj. 178; 304, anm. 3; 450; 453, 1, d; 454, anm. 6; 463, 2; 468, 1 u. a.
storker, størker m. 389, anm. 1.
storkin part., adj. 530, anm. 7; 534, 1.
storma swv. 547, 2.
stormber m. 383, 1, b.
storskia v. 334, anm. 1.
stra n. 70, 1; 168; 388.
straffa swv. 547, 2.
strand f. 408 u. 3; 409, 1.
stranger adj. = *strænger* 455, 1.
strax adv. 470, anm. 3.
striþ, strydh f. u. n. 108, anm. 5; 386, anm. 3.
striþa v. 526 u. anm. 1 u. 3; 550, 2.
strika v. 526, anm. 5.
strugher m.? 170.
-struka stv. 528, 3 u. anm. 3; vgl. *stryka*.
strupe m. 170.
stry n. 393.
stryka (u. a. formen) stv. 122, 2, a; 528, 3 u. anm. 3; 529, 3.
strænger m. 392 u. 2.
strænger adj. 455, 1.
strængia swv. 550, 2.
strø(ia) swv. 168; 550, 1 (schluss) u. anm. 2 u. 3.
stromber m. 383, 1, b.
strøning(i)om adv. 470, 3, a.
stubbe m. 342, 1; 354, 1.

Stubbiorn m. 285, 1.
stup, stop f. (u. n.) 163, anm. 2; 174; 409; 433 u anm. 3 u. 4.
stugha f. = *stuva* 273, 2.
stukker m., s. *stokker* 383, 3.
stuld f., s. *styld* 409, 3, b.
stulta (nschw.) swv. 108, anm. 3.
-stum (in namen) 158, 2.
stumn m. 178; 342, 1.
stun(d) f. 292, 2.
stunda swv. 129, 1.
stundom adv. 470, 3, a.
stunger m., s. *stiunger* 109; 171.
stunta swv. 235, 1, b.
stunter adj. 84, 1, a; 235, anm. 2; 468, 1 u. a.
stupo adv. 148.
stuppa swv., s. *stoppa* 163, anm. 2.
stur adj., s. *stor* 178; 468, 1 u. a.
Sture m. 178.
stuva f. 163, anm. 2; 256, anm. 7; 273, 2; vgl. *stugha*.
stuver m. 342, 1; 383, 3.
styþia swv. 178; 305, anm. 2; 548, II; 549, anm. 2; 561, anm. 5; vgl. *stodhia*.
styf (nschw.) adj. 108, anm. 2.
styf- 'stief-' = *stiup-* 271, anm. 4; 342, 2; 455, anm. 2.
styg- 'stief-' = *stiup-* 271, anm. 4; 455, anm. 2.
stygdh, styg f. 308, 3, a.
stygger adj. 127, 1; 271, anm. 4.
styggia swv. 550, 2 (schluss).
styggias swv. 258, anm. 2.
stygn (nschw.) n., s. *sty(n)gn* 274, anm. 3.
Stying m. 167.
stykke (u. a. formen) n. 101, 1; 116, anm. 1; 144; 396, 1 (2 mal).
stykl, stuld f. 409, 3, b.
stylta, stilta f. 108, anm. 3.
styltinger m. 108, anm. 3.
styng n. 274, anm. 3; vgl. *stiung* u.
stynger m., s. *stiunger* 71, 3; 127, 1; 171.

sty(n)gn (nschw.) n. 274, anm. 3; vgl. *styng*.
stynia, stonia swv. 548, 2.
stynta swv. 235, 1, b.
styp- 'stief-' = *stiup-* 271, anm. 4; 342, 2; 455, anm. 2.
styra swv. 550, 1.
styras swv. 178.
Styrbiorn, Storbiorn m. 116.
styrdher adj., s. *stirdher* 108, 2.
Styrghir, -gher, -ger m. 225, anm.; 395 (2 mal).
styrisl f., s. *styrsl* 337, 8.
Styrkar, -kær, -ker, -kir m. 60; 147.
styrker m. 127, 2.
styrkia, (storkia) swv. 171; 550, 3 (schluss).
styrna swv., s. *stirna* 108, 2.
styrsl, styrls, styrils f. 337, 8.
styrsla, styrzla f. 335.
styrta, storta swv. 550, 3; 552, 2 (schluss).
styva swv. 550, 1.
stånka (nschw.) swv. 129, anm. 1.
stæþ n. 'amboss' 389, 2; 393; (418).
stæþ n. 'platz' 407, anm. 1.
stæþe n. 407, anm. 1.
stæþi m. (393); 418.
stæþia f. 418.
stæþia swv. 178; 454, 3 (part.); 548, 2; 549, 2, a.
stæghla swv. 550, 2.
Stækaborgh 163, 1.
stækkia swv. 550, III.
stækkotter adj. = *stakkot(t)er* 468, 4.
stæla stv. — *stiæla* 78, 3; 535, 2.
stæmma, stæmpna f. 'damm' 294, anm. 1.
stæmma f. 'zusammenkunft', s. *stæmpna*.
stæmma, stæm(p)na 'stauen' swv. 294, anm. 1; 550, 2 (2 mal).
stämma (nschw.) swv. 'vorladen' 294, anm. 1.
stæmpna, stæmma, (stempna) f. 'zusammenkunft' 294, anm. 1.

stæmpna f. 'damm', s. stæmma.
stæmpna swv. 'vorladen' 294, anm. 1; 317, 1; 550, 2 u. anm. 6.
stæm(p)na swv. 'stauen', s. stæmma.
stæmpning, -ung f. 180, 5.
stængil m. 384.
stæniza f. 242, 1, a.
stænka swv. 80, II, 2.
stænkia swv. 235, anm. 3; 550, 3 (schluss).
Stænkil m. 80, II, 2.
stænniza f. = stæniza 242, 1, a.
stærker adj., s. starker 455, 1.
stærkia swv. 171; 550, 3 (schluss).
stætta f. 83, 2, a; 346.
stedhia swv. = stypia 548, II; 549, anm. 2.
stekke n. = stykki 116, anm. 1; 144.
stenia swv., s. stynia 548, 2.
stöp (nschw.) n. 123, anm. 1.
stepa swv. 260, 2; 265; 550, 3.
Sterbiorn m., s. Styrbiorn 116.
sterker m., s. storker 389, anm. 1.
sterkia swv., s. styrkia 550, 3 (schluss).
storta swv., s. styrta 550, 3; 552, 2 (schluss).
steta swv. 550, 3.
stevel m. 107, anm. 1.
su pron., s. sa(r).
suþ n. 163, anm. 2.
suþer m. 170; vgl. siuþer.
suþer adv. 63, 3; 229; 471, 5; 474; 478, 2; vgl. syþer, sunner.
sudherster adj. sup. 469.
suþre adj. komp. 462, 2; 469 u. 1.
sueverþr (agutn.) adj. 115, anm. 3; 169, anm.; 252, anm. 4 (m. nachtr.).
Suæmar 308, 3, b.
sufa (agutn.) stv. = sova 111, 1; 172, anm. 2; 536.
sufl n. 163, anm. 2; 273, 2; vgl. sughl.
sugga f. 342, 17.
sugha stv. 261, 1; 528, 3.
sughl, sughæl n. = sufl 163, anm. 2; 273, 2; 328, 2, c.
Suiar (agutn.) m. pl. = Sveear 103, 2; 169, anm.; 383.

sukka swv. 163, anm. 2.
sukn adj. 106, anm. 1; 112, anm. 1; 178, anm. 1; 455, anm. 2; vgl. sokn, sykn, sekn.
sula f. 163, anm. 2.
sulter m. 171 (schluss); 409, 3, a; vgl. swalter.
sum, som (komp. u. rel.) partikel 143, anm. 10; 513; 515.
suman adv. = saman 163, anm. 2, 172.
sumar m., s. somar (163, anm. 2); 325.
sumber, somber pron. 163, anm. 2; 300; 459, anm. 1; 522, IV.
sumliker, somliker pron. 522, V.
sun m., s. son 59, 5; 61; 91, 5; 163, 2; 295 u. anm. 2; 411; 412 (passim); 413, 2 (mehrmals).
sunadotir (agutn.) f. 321, 1; vgl. sonadottir.
Sundaþ, -æþe 80, I, 4, b; vgl. Sundheþ(e).
sunder adv. 63, 3; 471, 5; vgl. synder u. sonder.
sunder adv. = super 229, anm.
sunderknosa, -knossa swv. 298 (schluss).
sunderkulla, -e adj. 460, 2.
Sundheþ(e) 80, I, 4, b; vgl. Sundaþ.
sundre adj. komp. 469.
sundrisker adj. 451, 2.
sundrugher adj. 261, 1.
sunga? stv. = siunga 109; (531, anm. 1).
sunnan präp., adv. 229; 447; 471, 2; 474.
sunnarst adv. sup. 478, 2.
sunnarster, -aster adj. sup. 469 (u. 2).
sunner adv. 471, 5; vgl. suþer.
sunnodagher (u. a. formen) m. 63, 3; 120, anm. 2; 156, 2, b; vgl. synnodagher.
supa stv. 528 u. 3.
sur adj. 59, 6.
swa, swæ (u. a. formen) adv. 110

(2 mal); 175; 252, anm. 4 (m. nachtr.); 473; 510, 4.
swad(h)an pron. 510, 4.
swad(h)ana pron. 510, 4; (520, anm. 3).
swaghel n.? = swavel 271, anm. 1.
swagher adj. 267, anm. 3.
swaka swv. 267, anm. 3.
swala f. 72 (m. nachtr.); 252, anm. 4.
swalar f. pl. 399.
swalepis adv. 470, 1, a.
Swalesie = Swardsio 275.
swali m. 399.
swalter m. 171 (schluss); 409, 3, a; vgl. sulter.
Swanalder m. 80, I, 4, a.
swar n. 117, anm.
swara swv. 117, anm.; 546, anm.; 547, 2; vgl. swæra.
swarande m. 441 u. anm. 1.
swarþer m. (agutn. u. nschw.) = swærþer 117, anm.; 413, anm. 2.
Swardsio 275.
svarfva (nschw.) swv. 117, anm.
swaria stv. = swæria 117, anm.; 540, anm. 1.
Swarkir m. = Swærkir 117, anm.
swarter adj. 454, 1, c.
Swartunger m. 180, 5.
swat konj. 94, 5; 472, B, 1.
swavel n.? 271, anm. 1.
Swear, Sweiar (u. a. formen) m. pl. 103, 2; 114, 2; 169, anm. (2 mal); 328, 1, a; 383; 416, 5.
Swearike 154, I, C, 1, a; 169, anm. (2 mal); vgl. Swerike.
Sweciar m. pl., s. Swear 114, 2; 328, 1, a.
swen m. 103, 1; 169, anm.; 294, 1; 300, anm. 3; 383, 3.
Swenaþorp, Swinaþorp 169, anm.; (416, 5).
Sweninger, -unger m. 180, 5.
Svensksund (nschw.) 169, anm.
swepa, swæpa swv. 80, anm. 6; 177; 550, 3.
swepil m. 296, 2; 384.
Swerike, -r(i)ghe, Swærike, -r(i)ghe 103, 1; 154, I, C, 1, a; 156, 2, b; 169,
anm. (mehrmals); 267; vgl. Swearike.
swetas, swettas swv. 103, 1; 550, 3 u. anm. 8.
Swiar m. pl. = Swear 169, anm. (2 mal); 383; 416, 5.
swiþ f. 402.
swiþa f. 402; 424, anm. 1.
swiþa stv. 526 u. anm. 1.
swiþi m. 416.
swiþia f. 402; 424, anm. 1.
swigha stv. 526 u. anm. 1.
swik n. 65, 9.
swika stv. 526; 527, 2 u. anm. 1 u. 2.
swin n. 297, 2.
Swinasund 169, anm.
Swinaþorp, s. Swenaþorp 169, anm.; (416, 5).
svinn (früh-nschw.) m. 103, 1.
swipa f. 177.
Swirghe = Swerike 103, 1.
swo adv. = swa 110 (2 mal); 175; 473.
swylt f. = sylt 409, 3, a.
swæ adv., s. swa 473.
swæfia swv. 172, anm. 2.
Swæiar m. pl. = Swear 114, 2.
swælghia stv. 530, 1 (2 mal); 531, 3; 532, anm. 2; 533; 534, 1 (part.).
swælla stv. 530, 1 (2 mal) u. anm. 4; 534, 1 (part.).
swælta stv. 530, 1 (3 mal) u. anm. 4; 534, 1 (part.).
Swæn m. 80, II, 2; 238, 3, a.
swænsker adj. 131, 1; 169, anm.; 314; 451, 2.
swæpa swv., s. swepa 80, anm. 6; 550, 3.
swær n. = swar 117, anm.
swæra swv. = swara 117, anm.; 546, anm.
swærþ n. 308, 3, b.
Swærdhasie 275.
swærdher m. 117, anm.; 413, anm. 2; vgl. swardher.
swær(þ)slipare m. 308, anm. 1.

sicæria stv. 117, anm.; 163, anm. 2 (part.); 179; 269, anm. 4; 296,1; 380,1; 540 m. anm. (passim); (546, anm.).
Sicærike, -r(i)ghe, s. *Sicerike* 156, 2, b; 169, anm. (mehrmals).
Sicærkir m. 117, anm.; 395 (2 mal).
sicærmber m. 383,1, b.
Sicærtinger m. 180, 5.
sicærver, -a v. (präs. ind.) 117, anm.; 530, anm. 7.
syþan adv., konj., präp., s. *siþan* 108, anm. 5.
syþer adv. 63, 3; 471, 5; 474; vgl. *super.*
syþre, sødhre adj. komp. 469.
syfia swv. 172, anm. 2; 546, 4.
syfskaper m., s. *sifskaper* 108, 2 u. anm. 3.
sy(f)skapsspiæl n. 309, anm.
syke f. 427; vgl. *siuke.*
sykia (agutn.) swv. = *søkia* 551,1.
sykn adj. 106, anm. 1; 178, anm. 1; 282, anm. 1; 337, 3; 455, anm. 2; vgl. *søkn, sokn, sukn, siukn.*
syl f. 65, 9; 68, 1; 101, 2; 399, anm. 1.
syl(f)bælte n. 254,1; (306, anm. 1).
sylskapsspiæl n. 309, anm.
sylle n. 399, anm. 1.
sylt f. 409, 3, a.
Sylve m. 106, anm. 2; vgl. *Sølve.*
sylver n., s. *silver* 108, anm. 3.
symdaraiþr (agutn.) m. 321,1.
symma stv., s. *sima* 535, anm. 3.
symn, sympn, søm(p)n (u. a. formen) m. 65, 8; 116, anm. 2; 256, anm. 5; 294,1; 317,1.
syn, siun f. 343; 399, anm. 1.
syn adj. 455, 1 (schluss).
syn pron. poss. = *sin* 108, 2.
syna swv. 550, 3.
synd f. 321, 4; 399, anm. 1; 408 u. anm. 6.
synda swv. 547, 2.
synder adv. 63, 3; 471, 5; vgl. *sunder.*
syndi (?) zahlw. = *siunde* 492, anm.1.
syndirkrosa, -krossa swv. 298, anm. 2.

syndirska f. 423.
syndre adj. komp. 469.
syngia stv. = *siunga* 531, anm. 1.
synia, sønia swv. 296,1; 548, 2 u. anm. 3; 549, 2, c u. anm. 2; 561, anm. 5.
synnan präp., adv. = *sunnan* 471, 2; 474.
synne n. u. m., s. *sinne* 108, 2.
synnodagher m. 63, 3; 156, 2, b; vgl. *sunnodagher.*
synnærst adv. sup. 478, 2.
synætting m., s. *siunæt(t)inger* 127, anm. 4.
sypn (ngutn.) adj. 282, anm. 1.
syra f. 59, 6.
syra swv. 550,1.
syrgha swv. = *sørgha* 106, anm. 3.
syrghia, (syria) swv. 270, anm.; 550, 1.
syrsa (nschw.) f. 108, 2.
syskan, syskane (u. a. formen) n., s. *sys(t)kin, sys(t)kine.*
syskanaspiæl n. 309, anm.
syskapsspiæl n., s. *sy(f)skapsspiæl* 309, anm.
syskin, syskine n., s. *sys(t)kin, sys(t)kine.*
sysla, syzla f. 101, anm. 3; 335.
sysla swv. 260, 3; 315, 1; 550, 3 u. anm. 8.
syslunge, -inge m., s. *sys(t)lunge.*
systir f. 65, 9; 68, 1; 320, anm. 3; 437; 438 m. anm. (mehrmals).
sys(t)kin, syzkin, sizkin, sys(t)kan, sys(t)kon n. 68, 3; 101, 2 u. anm. 3; 261, 2; 320, 1; 323, 1; 337, 10; 386, 4 u. anm. 1.
sys(t)kine, -ane, -ene, -one, syzkine n. 180, 3; 337, 10; 386, anm. 1.
sys(t)lunge, syzlunge, sys(t)linge (u. a. formen) m. 180, 5; 268, anm. 2; 323,1; 334; 337, 10; 416, anm. 1; vgl. *systrunge* u.
systlunger m. 320, 1.
systrunge m. 268, anm. 2; 416, anm. 1; vgl. *sys(t)lunge* u.

systrunger m. 320, 1.
syta v. 84, 2, a.
sytning f. 296, 3.
syu zahlw., s. sin 270, anm. 3; 484.
syutande zahlw., s. siutande 493.
syottonde zahlw. = siutande 493, anm. 3.
såla (nschw. dial.) f. 72.
sæ pron. pers., s. sæ(r) 321, 2, c; 501.
sæ adv., s. sa 473.
sæ- präfix 83, 2, b; vgl. si-.
Sæ- (in ortsnamen) 80, I, 3.
sæþ f. 409, 2.
sædhafro, sædhefær n.? 339, anm. 4.
sægher m. = sigher 164, anm.
sæghia (u. a. formen) swv. 102, 1; 239, 1 u. anm. 1; 258, 1 u. 2, b; 260, anm. 7 (part.); 261, 1; 270, anm. 2; 311, 2, a; 328, 2, c; 553, 13 u. anm. 16—19; vgl. sighia.
sæg(h)l n. 78, anm. 1; 164; 258, anm. 3.
sæghla swv., s. sighla 164; 550, 2.
sægn, sæghn f. 258, 1; 409, 3, b; vgl. sagn.
sæia stv. = sea 114, 2; 538, anm. 1.
sæk pron. pers. = sik 115, anm. 1 u. 3; 501, anm. 4.
sæker adj. = saker 174; 455, 1.
sækker m. 352, 1; 392 u. 2.
sæklos adj., s. saklos 135, anm. 4; 409, anm. 4.
sæl adj. 90, 6; 238, 1, a; 455, 1 (schluss).
sæld f. 409, anm. 4; vgl. sald.
sældan adv. 78, anm. 3; 313, anm. 2; vgl. sialdan, siældan.
sæli m., s. sali 416, anm. 9.
sælia, (siælia) swv. 295; 296, 1; 328, 2, c; 454, 1, c (part.); 548, 2; 549, 2, a u. b.
sællaskap n, s. sælskap 386 (schluss).
sæl(l)ika adv. 304.
sælskap, -skapp, -skab, sællaskap n. 265, anm. 2; 298; 328, 2, c; 380 (schluss).
sælugher, (sæliker) adj. = salogher 455, anm. 2.

sæma swv. = sema 174.
sæmber adv. komp. 477.
sæmbre, sup. sæmaster adj. komp. 468, 2.
-sæmi (f.) 427, anm. 2.
sænia f. 296, 1; 424; (427, anm. 2).
sænia swv. 174; 548, 2; 549, 2, a u. c.
sæn adv. 471, 5 u. 6.
sænare adv. komp. = senar 478, 1.
sænast adv. sup. = senast 478, 1.
sænda swv. 129, 1 (part.); 263, anm. 1; 340, 2, b; 550, 2.
sændebuþi m. u. n. 416.
sænder adj. = sander 455, anm. 2.
sænder adv. 471, 5; 500, anm. 1.
sæng f., s. siæng 93, 1; 153, 4; 399 u. anm. 1 (schluss).
sænka swv. 80, II, 2.
sænkia swv. 235, anm. 3; 550, 3 (schluss).
sænna adv. komp. 80, II, 2; 478, 1.
sænz adv. 471, 6.
sær n. = sar 389, 2.
sæ(r) pron. pers. 83, 2, c; 321, 2, c; 501 u. anm. 3.
sær pron. demonstr. = sa(r) 64, anm. 2; 508, anm. 1.
særa swv. 546, anm.
særdelis adv. 338; 470, 1, a.
*særþa stv., s. sarþ.
-sære (n.) 389, 2.
særgha swv., s. sargha 546, anm.
særker m. 392.
särla (nschw.) adv. 115, anm. 3 (schluss).
særlæstom adv. 80, anm. 6; 470, 3, a.
Sæstriþ f. 254, 2; 345.
sæt f. 409, 2.
sæta f. 164.
sæta, sætta swv. 550, 3.
sæter n. 339, anm. 4.
sætia, sætta swv. 'setzen' 296, 1 u. 4; 548, 3; 549, 1, 2, a u. b, (anm. 1); 561, anm. 5; (570, 2).
sætta swv. 'gehorchen, bedeuten' = sæta 550, 3.

sætte, sæte zahlw., s. *s(i)ætte* 78, 3; 304, anm. 3; 459, 1; 492 (2 mal).
sæt(t)unger, sættinger m. = *sicæt(t)unger* 497.
sæver adj., s. *siæver* 450.
sævinter m. 83, 2, b.
sæværdha swv. 115, anm. 3; vgl. *sivirdha*.
sæx, sex zahlw. 24, anm.; 78, 3; 304, anm. 3; 484 u. anm. 1; vgl. *siæx*.
sæxt f. 496.
sæxtan zahlw. 151; 484.
sæxtande zahlw. 493.
sæxtighi (u. a. formen) zahlw. 485.
Sø- (in ortsnamen) 69, 7; 313, anm. 2.
søþer m. 497, anm. 1 u. 5.
søðhre adj. komp., s. *syþre* 469.
søfn m. = *symn* 65, 8.
Søfrin m. 107, anm. 1.
søker adj. = *saker* 174.
søkia swv. 59, 4; 131, anm. 2; 346; 551, 1 u. anm. 1 u. 2.
søkn f. = *sokn* 409, anm. 4.
søkn adj. 106, anm. 1; 112, anm. 1; 178, anm. 1; 455, anm. 2; vgl. *sokn, sukn, sykn*.
søkning, sokning f. 399.
solia f. 270, anm. 2; 302.
Sølve m. 104; 106, anm. 2; vgl. *Salve, Solve, Sylve*.
sølver n. 108, anm. 3; 315, 2, b; vgl. *silver*.
soma swv. 174; 550, 2; 552, anm. 1.
som(p)n m., s. *symn* 65, 8; 116, anm. 2; 256, anm. 5; 294, 1.
son n., s. *son* 413, 2.
sonder adv. 116.
sonia swv. = *synia* 548, 2; 549, 2, c.
sorgh f., s. *sorgh* 409, anm. 4.
sorgha swv. 106, anm. 3; 302.
sorghia swv. = *syrghia* 550, 1.
sot f., s. *sot* 409, 3, b.
soter adj 63, 1.
sotme m. 416.
sottasiæng f. 409, 3, b.
sova swv. 172, anm. 2.

Søverin m. 107, anm. 1.
søvir n. = *sølver* 315, 2, b.

-t (pron.) 154, I, B, 1; 508, 3.
ta f. 80, I, 1; 153, 2; 434; 435 (2 mal).
ta n. 388; 389, 1; vgl. *tæ*.
ta adv., s. *þa* 'dann' 260, 6.
tagger m. 71, 2 (2 mal).
taka, tagha stv. 102, 2; 239, 2; 251; 260, 6; 261, anm.; 267 (3 mal); 296, 4; 539 (u. anm. 2); 561, anm. 4.
tal n. 59, 1; 386, 2 u. anm. 3.
talan f. 386, anm. 3.
talerk m. 339, anm. 4.
tallrik (nschw.) m. 339, anm. 4.
tamber adj. 300, anm. 2; 332, 2; (454, 1, b).
tan, nschw. *tand* f. 171 (m. nachtr.); 326 u. anm. 1; 340, 2, b; 433.
-tan (zahlw.) 57, II, B, 2, a.
tang f. 433.
tapa, tappa swv. 298, anm. 3; 342, anm. 1; 547, 1.
tapper m. 342, anm. 1.
tar m. u. n. 383, anm. 1.
taraskur f. 399, anm. 1 (schluss).
te präp., adv., s. *til* 315, 2, a; 473.
tea, te swv., s. *te(i)a*.
tegga (dal.) stv. 71, 2 (schluss).
teyher m. 383, 3 (2 mal).
te(i)a, te swv. 83, 3, a; 114, 1; 328, 1, a; 538, 3; 550, 1 (schluss) u. anm. 2; 559.
tek pron. pers. = *þik* 142, anm. 9.
tel präp. = *til* 115, anm. 1; 444; 473.
teldra f. = *tiældra* 75, 1.
telnunger, -inger m. 180, anm. 3; 337, 4; vgl. *tenlunger*.
telonger m. 249, 2; vgl. *tenlunger*.
ten m. 249, 2.
tenda swv., s. *tænda* 105, anm.
tendr (agutn.) m. pl. 433, anm. 1.
tenlunger m. 249, 2; 337, 4; vgl. *telnunger* u. *telonger*.
tenonger m. 249, 2; vgl. *tenlunger*.
-ter suffix (part.) 569, 2.

teta (dal.) swv. 83, 3, a.
ti zahlw. = *tio* 484 (m. nachtr.).
-ti zahlw. = *-tighi* 485.
tiald n. 75, 1; 78, 1.
tialdra f., s. *tiældra* 75, 1.
tiand m. n. f. 383, 1, c, *β*.
tiande n., s. *tiþande* 308, anm. 4.
Tibbele 286, anm. 1; vgl. *Þigbili*.
tiþ f. u. m. 339, anm. 4; 390, anm. 1.
tidh adv., s. *þit* 266.
tiþande, tiande, ti(dh)ænde, ti(dhi)nde
 n. 180, 4; 308, anm. 4.
tielgia (agutn.) f. 231, anm.
tienista (agutn.) f. = *thiænista* 105.
tiggia stv., s. *þiggia* 260, 6.
-tigher 413, 3; 496.
-tighi (zahlw.) 412, 5; 413, 1; 485.
tighlhus, tiggilhus n. 296, 2.
Tihærræþ 298.
tiklærmer adv. komp., s. *þikla* 478, 1.
til, till, tel, te präp., adv. 57, I, A, 1, b;
 115, anm. 1; 299; 315, 2, a; (386,
 anm. 5); (399, 2, a); 444; (454,
 anm. 2); 473.
tilforen, -føren (u. a. formen) adv.
 472, anm. 6.
til fulla adv. 148.
til hand(a) präp. 445.
til ... hand(a) präp. 442.
til(l)agha f. 242, 1, a.
til overlops adv. 81, anm. 2.
tilpt f. = *tylpt* 496.
til ryggia, (riggiæ) adv. 101, 2.
tiltala swv. 465, anm. 1 (part.).
tima, tyma swv. 108, anm. 4; 257, 1, a;
 465, 1 (part.); 550, 2 u. anm. 6.
timber, tymber n. 108, 2; 386.
time, -a, tyme m. 108, anm. 4; 416, 1, b;
 (470, anm. 8).
Tindaland = *Tiundaland* 492, anm. 3.
tinde m. 'zacke' 171; 340, 2, b.
tinde m. 'zehnt' = *tiunde* 492,
 anm. 3; 497.
tinde n., s. *tiþande* 308, anm. 4.
tinne m. = *tinde* 'zacke' 340, 2, b.
tio, (tiio, tighio u. a. formen) zahlw.

57, III, B, 4; 328, 1, b; 340, 3; 484
 (m. nachtr.).
-tio (zahlw.) 485.
tioþer n. = *tiuþer* 82, anm. 1.
tioþra swv. 82, anm. 1.
tiofalder adj. 499.
-tiogher 413, 3.
tiokkur (ngutn.) adj. 98, anm. 2.
tiond f., s. *tiund* 383, 1, e, *β*.
tionde m., s. *tiunde* 383, 1, e, *β*.
tionde zahlw., s. *tiunde* 459, 1.
tiont (agutn.) f., s. *tiunt* 263, anm. 1;
 497.
tisdagher m. 71, 2.
tiswær, tiswår zahlw. = *tyswa(r)*
 70, anm. 1; 500, 1.
tit (dal.) adj. 83, 3, a.
tita (nschw.) f. 83, 3, a.
tiuþer n. 82, anm. 1; 386.
tiugga v. 127, 1; 170; 530, anm. 7
 (part.); 531, anm. 1; vgl. *tugga*.
tiugh n. 412; 496.
tiugha, tiuva f. 279, 1.
tiugher m. 59, 10; 75, 2; 77, 2; 78,
 anm. 1; 79, 1 u. 2; 340, 3; 412
 (u. 5); 413, 3 u 4; 485; 496; vgl.
tiughu, tyugho (u. a. formen) zahlw.
 (59, 10); 75, 2; 100; 130, 2; 260, 6;
 270, anm. 3; 484 u. anm. 10.
tiughunde, -onde zahlw. 494.
tiund, tiond f. 263, anm. 1; 383, 1,
 e, *β*; 497.
tiunda swv. 263, anm. 1.
Tiundaland (u. a. formen) 246; 492,
 anm. 3.
tiunde, tionde m. 383, 1, e, *β*; 492,
 anm. 3; 497.
tiunde, tionde zahlw. 459, 1; 492 u.
 anm. 6.
tiunde luter m. 497.
tiunt, tiont (agutn.) f. 263, anm. 1;
 497.
tiunta (agutn.) swv. 263, anm. 1.
tiuva f., s. *tiugha* 279, 1.
tiurande zahlw. = *tiughunde* 494.
Tiviþer 321, 2, c.
tiæg (dal.) m. 413, 4.

tiældra, tialdra f. 75,1; 426, anm. 4.
tiæna swv., s. þiæna 260, 6.
tiænde n., s. tiþande 308, anm. 4.
tiænerska f. 426, anm. 1.
tiär (nschw. dial.) = tjärn 317, anm. 2.
tjog (nschw.) n. 75, 3; 79,1; 98.
tjärn (nschw.) m. 317, anm. 2.
toft, top(t) f. 84, 2, b; 90, 3; 248, 1; 260, 2; 323, anm. 1; 399, 3 u. anm. 1; vgl. tom(p)t.
togga swv., s. tugga 70, 2; 71, 1, 2 (schluss); 109; 170; 530, anm. 7; (531, anm. 1); 546, 1.
togh, tok adv., konj. = dogh 473, anm.
tokt f., s. tukt 120, anm. 2.
tolder m. 111, 2 u. anm. 3.
tolf zahlw. 111, anm. 2; (259, 2, a); 484.
tolft f. 259, 2, a (2 mal); 409, anm. 4; 496.
tolfte zahlw. 492.
tolfte luter m. 497.
tolftunger m. 497.
tolker pron. = þoliker 510, 2.
tolkænder adj. (part.), s. torkænder 268, anm. 2.
tom n. 454, 1, c.
tom adj. 454, anm. 6.
Tomas m. 407.
tompgarþer m. 323, anm. 1.
tom(p)t, tomp f. 84, 2, b; 248, 1; 260, 2; 323, anm. 1; 399, anm. 1; vgl. toft.
tomptagudh m. (u. n.) 383, 1, c, α.
tona f. 423, anm. 3.
tone m. 416, anm. 1.
topper m. 163, anm. 2.
top(t) f., s. toft 84, 2, b; 90, 3; 323, anm. 1; 399, 3.
tor-, tor- präfix 64, 3; 84, anm. 7; 268, anm. 2.
torddøvil m. nachtr. zu 65, 9; 384.
torf, torf n. 309; 389, 2.
torgh, torgh n. 111, 1; 261, 1; 308, 3, b; 389, anm. 1.

torkænder, (tol-) adj. (part.) 268, anm. 2.
torn, tørn n. u. m. 129, 2; 386, anm. 2; 389, anm. 1.
torra swv., s. þora 299.
torsker m. 389, 2.
torsmånad (nschw.) m. 120; 409, 3, b.
trana f. 282, anm. 2.
trap(p)a f. 305, anm. 2.
trast (nschw.) m. 68, 3.
tre (ngutn.) n. 103, 2.
tre zahlw., s. þri(r) 260, 6.
treagarþer, -gar m. 154, I, C, 1, a; 308, 3, b.
trefva (nschw.) swv. 80, anm. 5.
tren v. (prät.) 526, anm. 5.
tret(t)iughu zahlw. = þrætighi 485, anm. 1.
tri (agutn.) n. 103, 2; 388.
tridninger (u. a. formen) m. = þriþiunger 497.
trittande zahlw. = þrættande 493, anm. 1.
tro f. 425.
tro adj. 121; 452.
tro(a) swv. 121; 153, 1; 170; 553, 18; 561, 2.
troþa, trudha v. 163, anm. 2; 536 (passim).
troghen adj. = troin 273, 1; 545, anm. 2; 553, anm. 22.
troin adj. 273, 1; 342, 17; 451; 545, anm. 2; 553, anm. 22.
trol n. 65, 1; 111, (2 u.) anm. 4.
troldom(ber), troldom m. 389, 2.
troliker adj. 450.
trost (dal.) m. 68, 3.
trowin adj. = troin 545, anm. 2; 553, anm. 22.
trudha v., s. troþa 536 (passim).
trygger adj. 69, 4; 170; 313, anm. 1; 342, 17; 454, 5; 457; 467.
trylla swv. 389, 2; 550, 3.
trysar zahlw. = þryswa(r) 500, 2.
træ n. 70, 1; 114, 1 (schluss); 349, 1; 388 u. anm.
trædha swv. 536, 3 u. anm. 2.

trægarþer m. = treagarþer 154, I, C, 1, a.
trægha swv. 546, 1.
trøgher adj. 228.
troia f. 126, anm. 2.
troldom m., s. troldom(ber) 389, 2.
trosa zahlw. = þryswa(r) 500, 2.
treska v. = þryskia 530, 4.
trosta swv. 550, 3 u. anm. 8; 552, 2 (schluss).
trøster adj. 170.
-(t)u (pron.) = þu 502.
tueir, (tuer) (agutn.) zahlw. = twe(r) 124, anm. 1 (m. nachtr.); 480 u. anm. 1.
tugga, togga swv. 70, 2; 71, 1, 2 (schluss); 109; 170; 530, anm. 7; (531, anm. 1); 546, 1; vgl. tiugga.
tugh n. 81, anm. 1; 163, anm. 2; 343.
tui- (agutn.) präfix 70, anm. 1; 83, 3, a; 480, anm. 3.
tukt, tokt f. 120, anm. 2.
tulder m. = tolder 111, 2.
tun f. 399, anm. 1.
tunna f. 423, anm. 5.
tusande zahlw. = þusand 488, anm. 1.
tutta swv. 112.
twænnga? zahlw. 480, anm. 2.
twa zahlw. = twe(r) 480.
twa- präfix 480, anm. 3.
twalut m. 497, anm.
twanni zahlw. = twænne 480, anm. 2.
twe- präfix 70, anm. 1; 83, 3, a; 480, anm. 3.
twelut m. 497, anm.
tweni zahlw. = twænne 480, anm. 2.
twe(r), twæ(r) zahlw. 102, 2; 108, anm. 5; 144; 238, anm. 3; 260, 6; 321, anm. 4; 342, 8; 480 (m. nachtr.) u. anm. 1.
tweswar zahlw. 70, anm. 1; 500, 1.
twika swv. = træka 163, 1.
twil(l)ingiar, twinlingiar m. pl. 57, I, B, 2; 235, 3; 242, 1, b; 418.
twinni zahlw. = twænne 163, 1; 235, 3; 480, anm. 2.

twiswær zahlw. 64, 2; 70, anm. 1; 500, 1; vgl. tysva(r).
twæ- präfix 83, 3, a; 480, anm. 3.
twædel m. 497, anm.
twæfalder adj. 499.
twæfaldogher adj. 499.
twæhugha adj. 460, 1.
twæka swv. 163, 1.
twælytir m. pl. 497, anm.
twæninga zahlw. 480, anm. 2.
twænne, twæni (u. a. formen) zahlw. 83, 3, a; 163, 1; (235, 3); (479, anm. 1); 480, anm. 2.
twæ(r) zahlw., s. twe(r) 480, anm. 1.
twætyl(f)ter, -tolfter, -tyltæþer adj. 498.
tygh n. 393 u. anm. 1.
tygha swv. 547, 2.
tyghu zahlw. = tiughu 59, 10; 484, anm. 10.
tylpt, tylft, tylt (u. a. formen) f. 259, 2, a; 260, 2; 309; 337, 1; 409, anm. 4; 496; vgl. tolft.
tyma swv., s. tima 108, anm. 4.
tymber n., s. timber 108, 2.
tyme m., s. time 108, anm. 4.
tyre (nschw.) n. 69, 4.
tyrva swv. 389, 2; 550, 1.
tyswa(r), -wer, -wor, tysa (u. a. formen) zahlw. 69, 9; 70, anm. 1; 116; 500, 1.
tyugho zahlw., s. tiugho 130, 2; 270, anm. 3; 484.
tyuvende, tyunde zahlw. = tiughunde 494.
Tyælsta 278.
tåkken (nschw. dial.) pron. 57, I, A, 2.
tæ n. = ta 388; 389, 1.
tæbyndin adj. (part.) 534, 2.
tæk(k)ia f. 239, 2.
tælghia swv. 550, I.
Tælghiar m. pl. 144.
talia swv. 59, 1; 62, 2; 257, 1, a; 548, 2; 549, 2, a; (561, anm. 5).
tæmia swv. 548, 11; 549, 2, c.
tænda, tenda swv. 105, anm.; 550, 2; 552, anm. 2.
tæppa swv. 342, anm. 1; 550, 3.

tæra swv. 550, 1.
tøgh n. = *tugh* 343.
tøghia swv. 550, 1.
tølft f. = *tylpt* 496.
tomber m. 343; 383, 1, b.
tør- präfix, s. *tor-* 64, 3.
tore (nschw.) n. 69, 4.
tørf n., s. *torf* 389, 2.
torgh n . s. *torgh* 389, anm. 1.
tøker adj. 106, 2, a.
Tøriels m., s. *Thørgils* 278, anm. 1.
tørn n., s. *torn* 389, anm. 1.
tørva swv. = *tyrva* 550, 1.
tøswar zahlw. = *tyswa(r)* 116; 500, 1.

þa adv., konj. 'jedoch' 91, 7, b ; 473;
 vgl. *þo*.
þa, þæ adv., konj. 'dann, als' 151;
 249, 6; 260, 6 u. anm. 5 (mehrmals);
 473; (512, 3).
þaghar, thager, -an (u. a. formen)
 adv., konj. 173; 268, anm. 3; 471,
 anm. 5.
þaigin (agutn.) adv. 92, a; 472, B, 4
 u. 7; vgl. *þoygi, þoygin*.
þak n. 239, 2.
þak(k) f. 235, 1, c; 408, anm. 1; 409.
thakka f. 408, anm. 1.
þakka swv. 235, 1, c; 305, anm. 2.
þan pron. = *þæn* 508 u. 1.
þangbrækka, (þæng-) f. 135, anm. 4.
thanke m. 235, anm. 3 (schluss);
 260, anm. 1.
þanni pron. = *þænne* 509, anm. 2.
þar adv., rel.-partikel, s. *þær* 471, 5;
 474; 514.
þarf, thorf f. 259, 1; 399, anm. 1;
 409; (555, anm. 4).
þarft f. = *þorft* 409, 3, b.
þarmber m. 383, 1, b.
tharva swv. 555, anm. 4.
þatter m. 73, 2; 412; 413, 1; vgl.
 þotter.
þau (agutn.) adv., konj. = *þo* 473.
þaun (agutn.) adv. 94, 5; 472, B, 7.
þaut (agutn.) konj. 94, 5; 472, B, 1.

þear (agutn.) adv. = *þegar* 311,
 anm. 3.
þeþan (agutn.) adv. = *þæþan* 471, 2.
þegar (agutn.) adv., konj. 311, anm. 3;
 471, anm. 5; vgl. *þaghar*.
thek, thegh pron. pers. = *þik* 142,
 anm. 9; 501, anm. 4.
þen pron., s. *þæn* 147; 508; (509, 1).
thena swv. = *þiæna* 547, 1.
þengat (agutn.) adv. = *þingat* 156, 2, b;
 472, B, 2.
thenna pron. = *þænne* 509, anm. 2.
þer pron. pers., s. *þær* 501, anm. 3.
-þer suffix (part.) 569, 2.
theslikes(t) adv. 335, anm. 2; 471,
 anm. 7.
þi- 'sklavin' 168.
Thialwaby 278.
þiana swv. = *þiæna* 82, anm. 3;
 97; 118, anm. 2.
þianist f. 118, anm. 2; vgl. *þiænist*.
þianista, -asta, -osta f. 105; 118,
 anm. 2; 180, 6; vgl. *thiænista*.
þiaur (agutn.) m. = *þiur* 122, 1.
þiþborin? adj. 168.
thigat adv. 472, B, 2; vgl. *þingat*.
Þigbili, Thigbele 101, anm. 2; 286,
 anm. 1.
þiggia stv. 239, 1; 260, 6; 342, 6;
 537, 5 u. anm. 6 u. 7.
þiggia swv. = *þighia* nachtr. zu
 239, 1; 553, anm. 23.
þighia, (þiia u. a. formen) swv. 102, 1;
 239, 1 (m. nachtr.); 465, anm. 2
 (part.): 553, 20 u. anm. 23; 566, 1.
þik, thigh (u. a. formen) pron. pers.
 142, anm. 9; 267; 501 u. anm. 3
 u. 4.
þikkia swv. = *þykkia* 101, anm. 2;
 242, 3; 551, 4.
þikla, þykla komp., *þiklar, þiklare(n)*
 (u. a. formen) adv. 71, 3; 78, anm. 1
 (schluss); 164; 240; 346; 471, 1;
 476; 478, 1.
þik(w)u- adj.-stamm 71, 3; vgl.
 þykkwa-.
thili n. 274, anm. 1.

þilia f. 424.
þiliker, -in pron. = þyliker 508, 7; 510, 2.
þin pron. pers. 501.
þin pron. poss. 90, 2; 115, anm. 2; 235, 2; 238, 3, a; 505 m. anm.; (523, I, 4).
þing n. 264; 293; 301; 339, anm. 4; 386, 2 (2 mal).
þingariþ f. 399, anm. 1.
þingat adv. 472, B, 2; 474.
þiokker, þiukker adj. 75,2; 78,anm.1 (schluss); 98; 164; 240; 252, 2, c; 346.
þir (agutn.) pron. pers. = þær 83, 2, c; 501 u. anm. 3.
þissi (agutn.) pron. = þænne.
þistil, þiztil m. 335 (m. nachtr.); 337, 10; 384.
þistil f. 83, 3, a; 335.
þit, tidh adv. 94, 5; 266; 472, B, 2; 474.
þit konj. 94, 5; 472, B, 1.
þiufnaþ(er) m. 256; 260, anm. 7; 383, 1, c, ε u. 2, d u. 3 (2 mal).
þiuft, þiupt f. 63, 4; 260, anm. 7; 409, anm. 4; vgl. þyft.
þiufte n. 396, 3; vgl. þyfte.
þiukker adj., s. þiokker 75, 2; 240; 346.
þiumnaþer m. = þiufnaþer 256.
þiupt f., s. þiuft 260, anm. 7.
þiur m. 122, 1; 383, 1, d.
þiuta stv. 528, 1.
þiuver, þiuf m. 63, 4; 256; 260, anm. 7; 278; 361, 1; 383, 1, c, ε; 389, 2; vgl. þyver.
þiztil m., s. þistil 335.
þiæþur m. 118.
þiægn m. = þægn 258, 1; 383, 3.
þiæli m. 96, anm.
þiæna swv. 97; 260, 6; 547, 1; vgl. þiana.
þiænist f. 408, anm. 1; vgl. þianist.
thiænista f. = þianista 105.
thiokker = þiokker 98, anm. 1.

þo adv., konj. 81, 1; 91, 7, b; 473 u. anm.; vgl. þa 'jedoch'.
þo at konj. 335, anm. 2; vgl. þot.
thoch adv., konj. = dogh 473, anm.
thoki m. 416, anm. 3.
þokke, þukke m. 'gutdünken, geringschätzung' 84, 1, a; 235, anm. 3.
thokke m. 'nebel' 298, anm. 3.
thokkin pron. = tholkin 287; 510, 2.
þola, þula swv. 163, anm. 2; 553, 21 u. anm. 24.
þoliker, -in, -leker, tholighin pron. 57, I, A, 2 u. II, A, 2; 61 (2 mal); 91, 6; 156, 2, b; 508, anm. 8; 510, 2; vgl.
tholkin, (tolker), tholghin pron. 57, II, A, 2; 91, 6; 267; 287; 510, 2.
þolomoþ n. u. f. 386, anm. 3.
Þolver m. 250.
þomalfinger m. = þumulfinger 163, 2; 180, 2.
Þor m. (90, 3); 244, 4; 257, 1, a.
þora, þura, (t[h]orra, thorra) swv. 163, anm. 2; 299; 553, 22 u. anm. 25; 564, anm. 6.
Þoralder m. 252, 2, d.
Þorbern m. 76, 2; 78, 3; vgl.
Þorbiorn m. 78, 3.
þordyn, -dun, -don m. 407, anm. 1; 409, 3, a.
Þorþer m. 244, 4; 250.
thorf f., s. þarf 399, anm. 1.
Þorfaster, -vaster m. 57, II, A, 2; 259, anm. 1.
þorft f. 409, 3, b; vgl. þarft, þyrft.
Þorgils m. 84, 2, b; 337, 8; 339, anm. 4; vgl. Þyrgils u. Thorgil.
Þorir m. 84, 2, b; vgl. Þurir.
Þorkil m. 90, 3; 102, anm.
Þorlaker m. 57, I, A, 2; 80, I, 4, b.
Þorlker m. 57, I, A, 2.
Þorlof f. 399, 1.
Thorme m. 223, anm. 2.
þorn m. u. n. 383, anm. 1; 386, anm. 1.
þorp, therp n. 386, anm. 3; 389, anm. 1.

-þorpar (in namen) 386, anm. 3.
þor(r) adj. = þerr 453, 1, d; 455, 1.
thorra swv., s. þora 553, anm. 25.
þorsdagher m. 84, 2, b; 249, 3.
Þorsharger, -erghe 389, anm. 1.
thorsta swv. = þersta 550, 3.
Þorstenn m. 124, anm. 4.
thorster m. 389, 2; (550, 3); vgl. thyrster.
Þorun(d) f. 404.
þorva v. 555, 2 u. anm. 2, 3; 563, anm. 3; 564, anm. 6.
thorvigge (früh-nschw.) m. 102, 2.
þot konj. = þo at 94, 5; 335, anm. 2; 472, B, 1.
þotter m. 73, 2; 413, 1; vgl. þatter.
þoygi, þoygin (agutn.) adv. 61; 154, I, B, 1; 472, B, 4 u. 7.
þra f. 400.
þra swv. 168; 546, 3.
þraþer m. 407; 409, 1; 413, 1 u. anm. 2.
þral m. = þræl 389, anm. 2.
þrang n. u. f. 71, 2; 264; 340, 3; 386, anm. 3; 389, 2; 454, 1, c; vgl. þræng.
þranger, thrænger adj. 71, 2; 455, 3; 468, 1.
þranni, þrani zahlw. = þrænne 482, anm. 2.
þrask n. = þræsk 389, anm. 3.
þrattan zahlw. = þrættan 484, anm. 6.
þrattande zahlw. = þrættande 493, anm. 1.
þrava, þræva swv. 80, anm. 5.
þre, (tre) zahlw., s. þri(r) 260, 6 u. anm. 4; 482.
þre- präfix 482, anm. 3.
þrel, þrell m. = þræl 93, 1; 238, 1, a.
þretan (agutn.) zahlw. = þrættan 484.
þretighi zahlw. = þrætighi 485, anm. 1.
þrezker adj. 176.
þri zahlw., s. þri(r) 321, 2, b; 482.
þri- (agutn.) präfix 482, anm. 3.

þriþi, þryþi, þriþie zahlw. 257, anm. 2; 260, anm. 4; 296, anm. 1; 308, 2, a; 491 m. anm.
þriþi del m. 497.
þriþi luter m. 497.
þriþiunger, þriþunger, þriþinger (n. a. formen) m. 180, 5; 308, 2, a; 383, 3; 497.
þrifnaþer, thrimnaþer m. 256.
þrinni zahlw. = þrænne 163, 1; 482, anm. 2.
þri(r), þre, þry zahlw. 70, anm. 1; 83, 2, b; 92, b, 2; 108, anm. 5; 114, 1; 115, anm. 4; 122, 1 (m. nachtr.); 177, anm.; 238, anm. 3; 260, 6 u. anm. 4; (272, 1); 321, 2, b (3 mal); 328, 1, a; 342, 8; 361, 1; 482 m. anm.
þriska v. 71, 3; 164; 344; 530, 3 u. 4; vgl. þryskia.
þriskulde m. 71, 3; 164.
þriswa(r), -wær (u. a. formen) zahlw. 64, 2; 70, anm. 1; 500, 2.
þrittan zahlw. = þrættan 484, anm. 6.
þrivas stv. 526.
þrivin adj. 256.
Throgillus m. 339, anm. 4.
þrolynder adj. 110.
-þruþ (in namen) 404 u. 1.
thruska v. = þryskia 530, 4.
þry zahlw., s. þri(r) 70, anm. 1; 108, anm. 5; 482, anm. 1.
þryþi zahlw., s. þriþi 491 u. anm. 2.
þrykkia swv. 101, 1; 550, 3 (schluss); 552, 2 (schluss).
þryskia, þryska (u. a. formen) v. 71, 3; 164; 344; 530, 3 u. 4 u. anm. 4 u. 5; 531, 3; 534, 1, (2), 3 (part.); (561, anm. 4).
thrys(k)ning f. 314.
thryskule m. 71, 3; vgl. þriskulde.
thrysta swv. 550, 3 u. anm. 8.
þryswa(r) (u. a. formen) zahlw. 70, anm. 1; 500, 2; vgl. þriswa(r).
þryta stv. 528, 2 u. anm. 4.
þryzker adj. 176; 451, 2.
þræ- präfix 482, anm. 3.
þræfalder adj. 499.

40*

þræfaldogher adj. 499.
þrægge m. 227.
þræl, þræll (u. a. formen) m. 93, 1;
238, 1, a; 383, 1, d, 3, 4; 389, anm. 2.
þræng n. u. f. = þrang 389, 2.
thrænger adj., s. þranger 455, 3.
þrængia swv. 389, 2; 550, II.
þræni zahlw. = þrænne 482, anm. 2.
thrænkta swv. 264.
þrænne zahlw. 163, 1; (479, anm. 1);
482, anm. 2.
þrænnetylfter adj. 498.
þræntande zahlw. = þrættande 272, 1;
493, anm. 1.
þræsk n. 389, anm. 3.
þræskulle m. 74; 164; vgl. thryskule
u. þriskulde.
þræta swv., s. þræt(t)a.
þrætan zahlw., s. þrættan 297, anm. 2;
484.
þrætande zahlw., s. þrættande 493.
þrætighi, -tiughi (u. a. formen) zahlw.
485 u. anm. 1.
þrætighifalder adj. 499.
thrætighinde zahlw. 494; vgl. thræ-
tiughunde.
þrætiugh n. 496.
*þrætiugher adj. 496; 498.
thrætiught n. 496.
þrætiughund n. 496.
þrætiughunde, þrætiunde zahlw.
324, 2; 494.
thrætiunger m. 496.
þræt(t)a swv. 297, anm. 3; 304,
anm. 2; 340, 3; 550, 3.
þrættan, þrætan (u. a. formen) zahlw.
297, anm. 2; 484 u. anm. 6.
þrættande, þrætande, þrættundi
zahlw. 493 u. anm. 1.
þrætyl(f)ter, -telfter (u. a. formen)
adj. 498.
þræva swv., s. þrava 80, anm. 5.
thræswar zahlw. = þryswa(r) 500, 2.
þrota, þrotta swv. 550, 3 u. anm. 8.
þu pron. pers. 87; 260, anm. 5 (mehr-
mals); 267; 501; 502.
þufa (agutn.) f. 426, 2.

þukke m., s. þokke 'gutdünken,
geringschätzung' 84, 1, a; 235,
anm. 3.
þula swv., s. þola 553, 21 u. anm. 24.
þuliker, -in, thulkin pron. 508, anm. 8;
510, 2; vgl. þoliker u. þyliker.
þumulfinger m. 163, 2; 180, 2.
þunder adj. 453, 1, c; 455, 1; 459;
468, 1; vgl. thynder.
þunge m. 416, anm. 3.
þunger adj. 468, 1.
þunki (agutn.) m. 84, 1, a; 235, anm. 3;
vgl. þokke 'gutdünken, gering-
schätzung'.
þura swv., s. þora 553, 22.
Þurir m. 84, 2, b; vgl. Þorir.
thurka f. = thorka 423, anm. 5.
þusand, -anda, -æn(d), -und (u. a.
formen) zahlw. (n. u. adj.) 180, 4;
292, 2; 488 u. anm. 1.
thusandafalder adj. 499.
þwa v. 340, 3; 346, anm.; 540 m. anm.
(passim).
thwal m.? u. n. 346, anm.
þwar adj. = þwær 117, anm.
þwater m. 346, anm.; 409, 3, a; 413,
anm. 2; vgl. thwætter.
thwina swv. 163, 1.
þwinga v. 530, 3 (2 mal) u. anm. 4,
5, 6.
thwæna swv. 163, 1.
þwænger m. 392.
þwær adj. 117, anm.
þwæri m. 117, anm.
þwærs adv. 470, 1, b.
þwært adv. 470, 5.
thwætter m. 346, anm.; 409, 3, a;
413, anm. 2; vgl. þwater.
þy- 'sklavin' 168.
þypa swv. 297, anm. 3; 550, 2.
þypisker adj. 263, 2; 451, 2; vgl. þyzker.
þyft, þypt f. 63, 4; 259, 2, a; 260,
anm. 7; (389, 2); 409, anm. 4; vgl.
þiuft.
þyftas swv. 570, 1.
þyfte u. 396, 3; vgl. þiufte.

þy hælder 'um so mehr' 154, anm.;
292, 1; vgl. þylder, þyllar.
þykkia f. 424, anm. 2.
þykkia (u. a. formen) swv. 84, 1, a
 u. 3; 101, anm. 2; 235, 1, c u.
 anm. 3; 242, 3; 260, anm. 1; 346;
 551, 4 u. anm. 4.
þykkwa- adj.-stamm 71, 3; vgl.
 þik(w)u-.
þykla, komp. þyklare adv., s. þikla
 71, 3; 78, anm. 1; 346; 471, 1;
 478, 1.
þylder adv. 154, anm.; 472, B, 8; vgl.
 þy hælder.
þyliker, -in, þyleker (u. a. formen)
 pron. 57, I, A, 2; 454, 2; 510, 2; vgl.
 þoliker, þuliker.
þyllar adv. 154, anm. m. nachtr.;
 292, 1; vgl. þy hælder.
þyn m. 296, 1; 391 u. 1 u. 2; (423,
 anm. 5).
thynder adj. = þunder 455, 1; 468, 1.
þyngia swv. 550, 2.
thynna f. 423, anm. 5.
þypt f., s. þyft 260, anm. 7; 409,
 anm. 4.
Þyrbiorn m. 61.
þyrft, þørft f. 409, 3, b; vgl. þorft,
 þarft.
Þyrgils m. 61; 84, 2, b; vgl. Þorgils
 u. Thørgils.
þyril m. 65, 9.
thyr(r) adj. = þor(r) 455, 1.
þyrsker m. 389, 2.
thyrster m. 389, 2; vgl. thorster.
thyrster adj. 389, 2.
thys(t)na swv. 323, 1.
þyt konj. 94, 5; 472, B, 1.
þyver m. = þiuver 389, 2.
þyzker adj. 451, 2; vgl. þyþisker.
þæ adv., konj. = þa 'dann' 473.
þæpan adv. 173 u. anm. 2, 471, 2;
 474.
þæghar adv., konj. = þaghar 173;
 471, anm. 5.
þægn (u. a. formen) m. 113; 258, 1;
 383, anm. 3; vgl. þiægn.

thækan, -on n. 180, anm. 2.
þækker adj. 342, 6; 457, anm. 1.
þækkia f. 424.
þæk(k)ia swv. 239, 2; 260, 2; 548, III;
 549, 2, c (2 mal).
þækkias swv. 550, 3 (schluss).
þæn, þen pron., art. 64, anm. 2 u. 3;
 65, 1; 87; 113, anm.; 146, 1; 147;
 149, anm. 2; 166; 173 u. anm. 2;
 238, anm. 3; 260, anm. 5; 266
 (2 mal); 297, 3; 321, 2, c (2 mal)
 u. anm. 4 u. 5; 454, anm. 2; 503;
 508 (passim); (509, 1); 510, 2; 511
 (2 mal); 516; 524, I; 525, 1.
þængbrækka f., s. þangbrækka 135,
 anm. 4.
þænia swv. 296, 1; 548, 2.
þænkia swv. 235, anm. 3; 328, 2, d;
 550, 3 (schluss).
þænne pron. 91, 7, b; 113; 166; 260,
 anm. 5; 277, anm. 3; 297, anm. 2;
 305, anm. 2; 321, anm. 4; 509
 (passim).
þær, þer pron. pers. 83, 2, c; 501 u.
 anm. 3.
þær, þar, thære, -æ adv., rel.-partikel
 260, anm. 5; 471, 5; 472, anm. 2;
 474; 514; 515 (2 mal).
þærfliker adj. 409.
þæs adv. 470, 1, c.
þæssa hems adv. 470, 1, a.
thæssin pron. = þænne 509, anm. 2.
þæt(t)er adj. 83, 3, a; 346.
þæver m. 174; 391; vgl. thøver.
þø adv., konj. 473.
thøghia swv. 550, 1.
þøgin(e) adv., konj. 154, I, B, 1;
 472, B, 3 u. 7.
þøkkia swv. = þykkia 551, 4.
thøl(i)kin, -ligin pron. = þoliker
 nachtr. zu 61; 510, 2.
then pron. = þæn 508, anm. 1.
thørdsmanadh m. 409, 3, b.
þorft f., s. þyrft 409, 3, b.
thørfetis adv. 470, 1, b.
Thørgils, (Tøriels) m. = Þorgils
 278, anm. 1.

thorka f. 423, anm. 5; vgl. thurka.
thorne n. 386, anm. 1.
therp n. = þorp 389, anm. 1.
þor(r) adj. 238, 4; (423, anm. 5); 455, 1; vgl. þor(r), thyr(r).
therra swv., s. þorva 553, anm. 25.
thorska v. = þryskia 530, 4.
þersta swv. 550, 3.
thover m. = þœver 174.

u präp., adv., s. *ur* 321, 2, c (2 mal), 4, anm. 5; 336, anm.; 445; 473.
u- präfix, s. *o*- 57, I, A, 1, a; 84, 2, b; 86.
-*u* (pron.), s. -(*t*)*u* 502.
udda, odda adj. 460, 1.
udi präp., s. uti 266.
-uþ- suffix 180, 7.
uf präp. 336, anm.
ufan (agutn.) adv. = ovan 444; 471, 2.
uftarme adv. komp. 478, 1.
-ugh- suffix 180, 1.
-ugher (adj.) 180, 1; 450; 451; vgl. -ogher.
ughurmaghi m. = overmaghe 273, 2.
ugn m. 163, anm. 2; 341, 1; vgl. ogn.
uk n. 163, anm. 2; vgl. ok.
uk konj. = ok 81, 2, a.
uka f. = vika 176, anm. 2; 423.
ukwœpi(n)sorþ, ukwapins-, ukwœþings- n. 173, anm. 2; 277, anm. 4; 330; 331; 396, 3; 537, anm. 1.
ul f., s. ul(l).
-ul- suffix 180, 2.
-ul (m.) 384.
-ul (adj.) 450; vgl. -ol.
-ulder (in namen) 74; 413, 1; vgl. -valder.
Ulfkil, Ulkil 309.
ul(l) f. 163, 2; 252, 1; 376, 1.
ullafœtter m. 407.
Ullar- (in namen) 236.
ullin adj. 63, 4; 455, 3; vgl. yllin.
ulovandis adv., (part.) 238, 5; 570, 1.
ulu (agutn.) = skulu 322, 3; 556, 3.
ulver m. 163, anm. 2; 259, 1.

um, (ym, om) präp., adv. 57, I, A, 1, b; 60; 143, anm. 10; 291, 1; 447 (2 mal); 473.
um konj. 256, anm. 4.
um- präfix 277, anm. 1.
um ar adv. 470.
umbœra stv. 277, anm. 1; vgl. untbœra.
umdragha stv., s. untdragha 277, anm. 1.
umfram präp. 447.
umfœngna swv. 274, anm. 3.
uminnishœfþ f. = urminnishœfþ 321, 4.
um kring präp., adv. 447; 454, 1, c; 472, C; vgl. kring.
um kul, um kol adv. 472, C.
um siþi(r) adv. 471, 4.
umvœla, -vela swv. 114, anm. 2; 260, 3.
umœghn f. 399, anm. 1.
un- präfix, s. un(t)-.
-un- suffix 180, 3.
-un (in namen) 404 u. 1.
-un (m.) 384.
-un (n.) 386.
una swv. 553, anm. 26.
unbindha stv., s. un(t)bindha 323, 1.
und- präfix 277, anm. 1.
-und- suffix 57, I, B, 2 u. II, B, 2, a; 180, 4.
-und (in namen) 404.
undan präp., adv. 445; 471, 2.
under n. 356.
under adj. = onder 112; 453, 1, c.
underliker adj. 454, anm. 6.
undi(r) präp., adv. 57, III, B, 3; 142, anm. 8; 320, anm. 3; 321, 2, c (2 mal); 446; 471, 4.
undirsate m. 416.
undirstanda swv. 251, anm.
unfanga stv., s. un(t)fanga 323, 1.
-ung- suffix 57, I, B, 2 u. II, B, 2, a; 180, 5 u. anm. 3; (268, anm. 2); (399); 497.
-ung (f.) 399.
unga stv. 323, 1.

ungar m., s. unkar (u. iunkhærra) 311, anm. 5.
unger adj. 247; 314; 357,1; 468, 1 u. b.
-unger (m.) 383.
unkar, unkara, ungar m. = iunkhærra 267; 311, anm. 5.
unlykke f. 249, anm. 4.
unna 555, 3 u. anm. 5.
unninge m. 245.
unsighia swv., s. un(t)sighia 323, 1.
unsk f. = ensk 249, anm. 3.
unska swv. 249, anm. 3; 551, 3 u. anm. 3; vgl. ynsk(i)a, enskia.
un(t)- präfix 57, I, A, 1, a; 277, anm. 1.
un(t)biudha stv. 323, 1.
untbæra stv. 277, anm. 1; vgl. umbæra.
untdragha, (um-) stv. 277, anm. 1.
un(t)fanga stv. 323, 1.
un(t)sighia swv. 323, 1.
unækta adj. = oækta 249, anm. 4.
up, upp adv. 57, I, A, 1, b; 143, anm. 10; 155; 297, anm. 4; 342, 2; 472, A; 473; 474; 478, 1.
uphaf (agutn.) n. 175.
uphof n. 175.
Uphogha, -hugha 81, 2, b.
uphæfia stv. 540, anm. 3 (part).
upi präp. 154, II, B; 472, A.
upin, uppin adj. 61; 63, 3 u. 4; 116, anm. 2; 296, anm. 2; 455, 2; vgl. opin, ypin, epin.
Uplændingiar m. pl. 292, 2; 418.
upmer adv. komp. 478, 1.
upp adv., s. up.
uppa präp. 155.
uppe adv. 154, II, B; 342, 2; 471, 3; 472, A; 474.
uppin adj., s. upin 296, anm. 2.
upresa swv. 80, II, 2.
ups f., s. ops 259, 2, b.
Upsalar, -ir 389, 1; 407, anm. 5.
upsokn f. = ofsokn 259, 2, b.
upsupa stv. 298.
ur, u präp., adv. 64, 5; 84, 2, c;

321, 2, c (2 mal), 4, anm. 5; 336, anm.; 445; 473; vgl. or.
-ur (m.) 384.
urbotar adj. = orbota 460, 1.
-urþer (in namen) 74; 117, anm.; 413, 1; vgl. -varþer.
urfialder, -fælder m. 78, 3.
urka swv. = orka 171.
urlænda adj. 460, 1.
urminnishæfþ f. 321, 4.
urmynd f. 321, 4; vgl. o(r)mynd.
ursækia swv. 552, 2; vgl.
ursækta swv. 550, 3; (552, 2); vgl. orsækta.
uræfle n. 243.
urekin adj. 552, 3.
us, uss pron. pers. = os 84, 2, b; 112, anm. 1; 501, anm. 8.
usal, nschw. usel adj. 57, II, A, 2 u. III, B, 4; 60; 74, anm.; 84, anm. 4; 91, 1; 451; 453, 2; 467.
usald, -sæld f. 409, 3, b (schluss).
usk f. = osk 84, 2, b; 249, anm. 3.
uskirsle f. 337, anm. 2.
uss pron. pers., s. us 112, anm. 1.
uss (ngutn.) pron. pers. 112, anm. 2.
-ust- suffix 180, 6.
-uster (in namen) 74; 413, 1; vgl. -vaster.
ustr (agutn.) m. = oster 111, 1.
usyni adv. 101, 1; 470, 3, a.
ut, (utt) adv. 57, I, A, 1, b; 192, 1; 297, anm. 4; 473; 474; 475, 3; 478, 1.
ut af präp. 336, anm.
utan adv., präp. (297, anm. 4); 317, 3; 444; 471, 2; 474.
utarmer adv. komp. 475, 3; 478, 1.
ute adv. 154, II, B; (297, anm. 4); 321, anm. 2; 471, 3; 472, A; 474.
-uter (adj.), s. ut(t)er.
utgiuta, -gyta stv. 529, 1.
utgærþis adv. 470, 1, a.
uti, udi präp. 154, II, B; 266; 472, A.
utlægha adj. 460, 1.
utlæn(d)sker adj. 307, anm. 1; 322, anm. 2.
utmer adv. komp. 475, 3; 478, 1.

utskækil m. 384 u. 3, b.
utsoknis, -sokna adv. 470, 1, a u. anm. 4.
utspia swv. 550, 1 (schluss).
utt adv., s. ut 297, anm. 4; 473.
-ut(t)er (adj.) 112; 303, 3; 450; vgl.
-ot(t)er.
Upain m. 225, anm.
uvan adv., präp. = ovan 444.
uvin m., s. ovin 298; 321, 2, c.
uvir präp. = yvi(r) 446.
uxe m., s. oxe 84, anm. 3; 416, 3 u. 5.
uxla f. 174, anm. 2.

vap f. (90, 1); 408; 409, 1.
vap n., s. væp 117, anm.; 393 (2 mal).
vapa stv. 539 u. anm. 2; (561, anm. 4).
vape, væpe m. 416 u. 6.
vapmal (u. a. formen) n. 90, 1; 151;
 257, anm. 5, 6 u. 7; 260, anm. 6;
 268; 285, 4; 338.
vapve m. 70, 2.
vagga f. 342, 5; 358, 1.
vagh f. 'woge' 399.
vagh f. 'wage' 399, anm. 1.
vagher m., s. vægher 173, anm. 1;
 412.
vagn, vang m. 65, 6; 294, 2; 342, 5;
 412; 413, 1; vgl. vogn.
vagnikil (agutn.) m. 102, 2.
vaita (agutn.) swv. = veta 'leisten'
 552, anm. 1.
vaizla (agutn.) f. = væzla 60, II, 2;
 426, 2.
vaka v. 539, anm. 4.
vaker adj. 453, 1, d.
vakin adj. 239, 2.
vakn n. 267, anm. 3; 271, anm. 4;
 vgl. vapn.
vaktare m. 417, anm. 1; vgl. vaktar(e).
val m. 'wall' (im häringshandel) 412
 u. 5; 413, 1.
val m. 'stock' 305, anm. 3; (412).
val, væl n. 389, 2.
val adv. = væl 172; 473; 477.
Valborgh f. 171.
vald, val(l) n. 263, 1; 340, 2, a; 386, 2

(4 mal) u. anm. 1 u. 4; 389, 1; 411,
 anm.; vgl. væl(l).
valda, valla v. 111, anm. 3; 304;
 340, 2, a; 543, 2 u. anm. 6—9; vgl.
 volda.
valder m. 65, 6; 305, anm. 3; 412 n. 3;
 413, 1 u. 2.
-valder (in namen) 74; 411, anm.;
 412; 413, 1; vgl. -ulder, -vælder.
valdfora, valfora swv. 307.
valdogher adj. 129, 1; 455, 3; 467;
 vgl. væaldigher.
valdtaka, valtaka stv. 232; 241.
valia swv. = vælia 549, anm. 1.
valin adj. 307, anm. 2.
Valir 405.
valmal n. = vapmal 257, anm. 6;
 268.
valman n. = vapmal 257, anm. 7;
 268; 338.
valmar n. = vapmal 257, anm. 5;
 338.
Valora 338.
valruf n. 81, 2, b u. anm. 1.
vammal (nschw.) n. 285, 4.
vamul adj. 450.
van adj. 269, anm. 3; 453, 1, c.
vande m. 416.
vander m. 412 u. anm. 5; 413, 1 u.
 anm. 1.
vander adj. 'schlecht' 65, 7; 453, 1, c;
 vgl. onder.
vander adj. 'schwierig' 453, 1, c;
 468, 3.
vanhopa adj. 460, 1.
vanlika adv. 471, 1.
vanmal n. = vapmal 257, anm. 7;
 268; 338.
vant n., s. vatn 337, 11.
vanter m. 65, 6; 235, 1, b; 383.
vantræs f., s. vatnras 337, 11.
vanvita adj. 460, 1.
vapn n. 90, 1; 271, anm. 4; 337, 5;
 386, 2; vgl. vakn.
vapna swv. = væpna 550, 3 u. anm. 8.
var f. 'lippe' 117, anm.; 409, 3, b;
 vgl. vær.

var f. 'frühling' 408.
var n. 117, anm.
-var (in namen) 404.
var adj. 453, 1, d; 460, 3.
var, var(r)a pron. pers. 501 u. anm. 7.
var pron. poss. 151; 238, 4; 289, 2; 304; 320, 2; 321, 2, b; 507.
vara f. 'aufenthalt' 423, anm. 5; vgl. væra.
vara f. 'lippe' 409, 3, b.
vara pron. pers., s. var 501 u. anm. 7.
vara, væra stv. 64, 1; 83, 1, b; 103, anm. 2; 115, anm. 4; 117, anm.; 130, 1; 143, anm. 10; 153, 1; 173, anm. 2 (schluss); 269; 321, 2, c, 4 (m. nachtr., mehrmals), anm. 6; 340, 4; 538 m. anm. (passim); 562, 1 u. anm. 1, 2; 563, 2; 564, anm. 6 (2 mal); 565 m. anm. 1, 2; 569, anm. 2.
vara, væra swv. 117, anm.; 547, 2.
varþa, værþa stv. 113; 117, anm.; 120; 171; 223; 244, 4; 252, anm. 3; 260, anm. 6 u. 7 (schluss); 269; 320, 2; 321, anm. 8; 530, (1 u.) 6; 531, anm. 2; 532 u. anm. 2; 533; 534, 1; 559, anm. 2; 570, anm. 5.
varþa swv. 117, anm. (schluss); 129, 1; 269, anm. 4; 546, anm.; vgl. værþa.
varþalaus (agutn.) adj. 321, 1.
-varþer (in namen) 74; 117, anm. (schluss); 412 (u. 2); vgl. -værþer, -urþer, -orþer.
-varþer (m.) 'mahlzeit', s. -værþer 74; 412.
varþer m. 65, 6; 117, anm.; 413, 1 u. anm. 1 u. 2; vgl. værþer.
varþer adj. = værþer 117, anm.
varþia swv., s. varia.
var(þ)naþer m. 260, anm. 7; 308, 1.
vargher m. 383, 3.
vari m. 117, anm.
varia, (varþia) swv. = væria 117, anm.; 549, anm. 1.
Varin m. 317, 2.
Variskælf 317, 2.
-vark (n.) 117, anm.; 173, anm. 1; vgl. værk.

varknaþer m., s. værknaþer 117, anm.
varkund f. 340, 2, b.
varkunna swv. 151; 340, 2, b.
varla adv. 333, anm.; 471, 1.
varmber adj. 117, anm.; 455, 3; vgl. værmber.
varme m. = værme 117, anm.
varn f. = værn 117, anm.; 399, anm. 1; 409, 3, b; (546, anm.).
varna swv. 546, anm.; vgl. værna.
varnaþer m., s. var(þ)naþer 308, 1.
Varnem, Varnim 146, 1; 246.
Varola 338.
varp v. (prät.) 530, anm. 7.
varra pron. pers., s. var 501 u. anm. 7.
varse adj. 460, 3.
vas(s) m. 327, anm.
Vaste m. 259, anm. 1.
-vaster (in namen) 74; 259, anm. 1; 324, 3; 412 (u. 2); 413, 1; vgl. -faster.
vater adj. 173; 450; 453, 1, d.
vatn, vant n. 162, anm.; 173; (257, 2, 2 mal); 317, 1 (schluss); 337, 11; 386, 2 (2 mal); 389, 2.
vatnras, -ræs, vantræs f. 337, 11; 409, 3, b.
vatntæpa, -tæppa, f. 342, anm. 1.
va(t)sle m. 290, anm. 1.
vatter m. = vanter 235, 1, b; 413, 1.
vatutæpa f. 342, anm.; vgl. vatntæpa.
vaxa v. 174, anm. 2; 540, anm. 4; vgl. væxa.
vaxter, væxter m. 407; 409, 3, a; 413, anm. 2.
Vazstenar pl. 317, 1.
ve n. 'heilige stätte' = vi 388.
ve n. 'weh' 80, anm. 3; 114, anm. 1; 388.
veþer- präfix 115, 1.
vedher präp. = viþer 446.
veþur (agutn.) m. = væþur 412, 5.
vefta swv. 103, 1.
vega (agutn.) stv. = vægha 'töten' 538.
vega (agutn.) stv. = vægha 'wiegen' 538.

vekia swv. 550, 3 (schluss).
vel adv. = *væl* 147.
velia swv., s. *vilia* 115, anm. 1.
ven m. = *vin* 115, 1.
vensl, vesl (agutn.) f. = *vænsl* 317, anm. 1.
venstre adj. komp., s. *vinstre* 115, anm. 1; 469.
ver (agutn.) f. = *vær* 117, anm.; 409, 3, b.
vera (agutn.) stv. 83, 1, b u. 2, c; 103, anm. 2; 538; vgl. *vara*.
verþa (agutn.) stv. = *værþa* 120; 171; 530, 6.
vereldi (agutn.) n. 245.
vesl f., s. *vensl* 317, anm. 1.
veta swv. 550, 3.
vetne n., s. *vitne* 115, anm. 1.
vi n. 63, 3, a; 153, 1; 340, 3; 388; vgl. *væ* u. *ve*.
vi pron. pers., s. *vi(r)* 321, 2, c; 501 u. anm. 6.
-vi (in namen) 399, anm. 3.
via swv., s. *vighia* 550, 1.
Vibionn m. 289, 2.
viþ, vil präp., adv. 257, anm. 2; 260, 7; 446; 473.
viþa adv. 154, I, B, 1; 470, 5 u. anm. 11; 471, 1; 472, B, 7; 475, 1; 476 u. anm. 1.
viþa swv. 550, 2.
vidharla adv. 471, 1.
viþer m. 65, 9; 298, anm. 1; 407 u. 2 u. 3.
vidher adj. 453, 1, c.
viþer präp., adv. 446; 471, 5.
viþia, (wigia) f. 308, 2, a; 424.
Vidhiærf m. 225, anm.
viþopin adj. 454, 4.
Vifaster m. 259, anm. 1; vgl. *Vivaster*.
vifta (uschw.) swv. 103, 1.
vigben, vikben n. 267, anm. 3.
vigge m. 418; vgl. *væggye*.
vigh n. 169; 339, anm. 4; 346, anm.; 386, 2 u. anm. 1 u. 4.
vigha stv., s. *vægha* 'töten' 163, 1; (169); 538 u. anm. 1.

Vig(h)er m. 154, I, C, 3; 395.
vighi n. 386, anm. 1.
vighia stv. = *vægha* 'töten' 538, anm. 1.
vighia, (via) swv. 257, anm. 4 (part.); 258, 2, b (part.); 261, 1; 340, 3; 550, 1.
vighilse n. 337, anm. 2; 396.
vighskardh, -skal, vikskardh n. 261, 1; 275.
vigh(s)l f., s. *vixl* 322, anm. 4.
vighænz rakn n. 163, 1; 441, 1.
vighærærf n. 386, anm. 4.
vika f. 176, anm. 2; 267, anm. 3; 422; 423; 426, 4, a, b u. anm. 2 u. 5; vgl. *uka*.
vika stv. 69, 10; 526.
vikben n., s. *vigben* 267, anm. 3.
vikskardh n., s. *vighskardh* 261, 1.
vilder adj. 'wild' 340, 2, a; 460, 3.
vilder adj. 'irre' 453, 1, c.
vildihors n. 340, 2, a.
vili, vilie m. 418.
vilia (u. a. formen) swv. 115, anm. 1; 144; 164; 270; 292, anm. 3; 295; 296, 1; 299, anm.; (549, 1); 553, 19; 562, 2.
villa f. 426, 3.
villa swv. 223, anm. 2; 340, 2, a; 550, 3.
villaradha adj. 460, 1.
ville, vilde adj. 460, 3.
villene adj. 460, 3.
villidiur n. 340, 2, a.
vilx f. = *vixl* 337, anm. 1.
vin m. 115, anm. 3; 164; 172; 407 u. 2, 3, anm. 4; vgl. *væn*.
vin, vyn n. 108, anm. 2.
Vinaster m. 324, 3.
vinda stv. 235, anm. 2; 530, 3; 532; 533; 534, 1.
vinder m. 383, 1, c.
vindogha, -ogha n. 57, II, A, 2; 81, 2, b.
vinge m. 102, 2; 416.
vingæf f. 321, 2, c.
vinklase, -klasse m. 298.

vinna, vynna stv. 254, 1; 530, 3 (2 mal); 531, 1; 534, 1, (2), 3; (570, 2).
vinstre, venstre adj. komp. 115, anm. 1; 462, 2; 469.
vinter m. 83, 1, a; 235, 1, b; 333, anm.; 383, anm. 3; 432; vgl. *vitter, vætter.*
vi(r) pron. pers. 83, anm. 3; 321, 2, c; 501 u. anm. 6.
virþa swv. 108, 1; 115, anm. 3; 117, anm.; 164; 550, 1; vgl. *vyrþa, verþa.*
Virþar m. pl. nachtr. zu 163, 1; 353.
virþe n. 115, anm. 3; 117, anm.; 164; 356, anm. 1.
vir(þ)ning f. 308, 1.
virka swv. 164; 171.
virke n. 117, anm.; 164; 171.
vis f. 423.
vis adj. 'weise' 238, 5; 269 u. anm. 3; 345; 450; 453, 1, d; 459, 1.
vis adj. 'sicher' 453, 1, d.
visa f. 423, anm. 1.
visa swv. 345; 547, 1.
vise m. 395, anm. 1; 416.
Visnim, Visnum 146, 1; 150, anm.
vissa f. 345.
visselika adv. 471, 1.
vist adv. 470, 5.
vit pron. pers. 501; (506).
vit präp., adv., s. *viþ* 260, 7; 473.
vita v. 'wissen' 80, anm. 6; 124, 2; 266, anm. 3; 297, anm. 4; 327, anm.; 345; 363, 1; (526, anm. 4); 554, 1 u. anm. 1; 563, 2.
vita v. 'zeihen, beweisen' 526 u. anm. 2, 3, 4; 527, 2.
viter adj. 453, 1, d.
viterliker adj. 453, anm. 3.
vitia swv. 296, 1.
vitne, (vetne) n. 115, anm. 1; 296, 3; 394, anm.
vitnesmal, (-mall) n. 298.
vitorþ (agutn.) n. 92, a.
vitr (agutn.) f. 83, 2, a; 524, III, 3; vgl. *vætter.*
vitter m. = *vinter* 83, 1, a; 235, 1, b; 432.

vitu orþ n. 92, a.
Vivaster m. 259, anm. 1; vgl. *Vifaster.*
vixl, (vigh(s)l, vilx u. a. formen) f. 269; 322, anm. 4; 337, anm. 1; 396; 408.
vizorþ, -erþ n. 389, 2.
vogn m. = *vagn* 65, 6; 413, 1.
volda, volla stv. = *valda* 111, anm. 3; 543, 2 u. anm. 6.
voll (nschw. dial.) m. 65, 6.
vordha stv. = *varþa* 110; 530, 6.
vordha swv. = *virþa* 550, 1.
vott (uschw. dial.) m. 65, 6; 413, 1.
vra f. 337, 12; 340, 3; 400.
vrak n. 324, anm. 1; 389, anm. 3; vgl. *vræk.*
vraka stv. 173, anm. 3; 269, anm. 2; (537, 1); 539; vgl. *vræka.*
vrakt f., s. *vrækt* 409, anm. 3.
vranger adj. 269; 337, 12.
vrangvis adj. 324, 1.
vrassvili m. = *vrez-, vræsvili* 80, anm. 4; 290, 2.
vreþas swv. 550, 2.
vreþe f. 269, anm. 2; 324, 1; 427; 428, 1.
vreþer, vræþer adj. 80, II, 2; 252, 1; 260, 4; 290, 2; 453, 3, b.
vreþgas, (vreggas) swv. 288, 2.
vrez-, vræsvili m. 80, anm. 4; vgl. *vrassvili.*
vriþa stv. 252, 1; 526.
vrång (nschw.) f. 340, 3 (schluss).
vræk n. 389, anm. 3.
vræka stv. 173, anm. 3; 324, 1; 337, 12; 537, 1; (539); vgl. *vraka.*
vrækia swv. 548, 3.
vrækt, vrakt f. 409, anm. 3.
vurdha swv. 550, 1.
vydher m. = *viþer* 65, 9.
vyn n., s. *vin* 108, anm. 2.
vynna stv., s. *vinna* 531, 1.
vyrþa swv. = *virþa* 108, 1; 115, anm. 3; 269, anm. 4; 550, 1.
våll (früh-nschw.) m. 65, 6; 413, 1.
våmb (nschw.) f. 129, 1.
vånda (nschw.) f. 129, 1.

vårta (nschw.) f. 129, anm. 1.
væ n. 83, 3, a; 114, 1; 340, 3; 388; vgl. vi u. ve.
væp, vap n. (gew. pl.) 117, anm.; 393 (2 mal).
vædha stv. = vapa 539, anm. 2.
væpe m., s. vape 416, 6.
væper n. 266, anm. 1; 386.
væpervinge m. 102, 2.
væpia, (wæghia) swv. 257, anm. 2; 296, anm. 1; 308, 2, a; 547, 3.
væpur m. 57, I, B, 3; 384; 412 (u. 5).
væfia swv. 548, 1; 549, 2, c.
væg f. 402.
vægge m. 102, 2; 418; vgl. vigge.
vægha stv. 'wiegen' 65, 7; 538 u. 2.
vægha, vigha stv. 'töten' 163, 1; 169; 346, anm.; 538 u. anm. 1.
væghande m. 163, 1; 441 u. 2 (2 mal).
vægher, vagher m. 173, anm. 1; 407, 2, 3 (3 mal), 4, anm. 1; 412 u. 4.
væghfarande adj., (part.) 465, 1 u. anm. 1.
væghia swv. 550, 1.
væk(k)ia swv. 239, 2; 548, 3 u. anm. 4; 549, 2, c (2 mal) u. anm. 2.
vækna swv. 337, 3; 550, 3; vgl. væpna.
væktar(e) m. = vaktare 417, anm. 1.
væl n., s. val 389, 2.
væl, væll adv. 57, I, A, 1, b; 147; 164; 172; 299; 473; 477; vgl. val.
vælde, vælle n. 292, 1; 386, anm. 1; 389, 1; 411, anm.
-vælder (in namen) 74; 411, anm.; vgl. -valder.
valdigher, vældogher adj. 180, 1; 455, 3; vgl. valdogher.
vælia swv. 62, 3; 91, 4; (94, 4); 292, anm. 3; 296, 1; 375, 1; 379, 1; 389, 2; 451, 2; (546, 4); 548, II; 549, 2, c; 566, 1; 567 (part.).
væl(l) n. = vald 389, 1; 411, anm.
vælla stv. 530, 1 (2 mal) u. anm. 4; 533.
vælle n., s. vælde 292, 1.
vælla swv. 550, 3.
vælter v. (präs. sg. ind.) 530, anm. 7.

væn m. = vin 115, anm. 3; 164; 298; 407 u. anm. 4.
væn adj. 172.
væna swv. 550, 3.
vænda swv. 237; 241; 263, anm. 1; 550, II.
väng (nschw. dial.) m. 102, 2.
vænia swv. 257, 1, a; 548, II.
Væni(r) 395 (2 mal).
vænsl f. 317, anm. 1.
vænta swv. 550, 3; 552, anm. 1.
Væpby, Væppy 291, 2 m. nachtr.
væpna swv. 260, 3; 337, 5; 550, 3 u. anm. 8; vgl. vækna, vapna.
vær m. 113.
vær f. = var 'lippe' 117, anm.; 409, 3, b.
vær, (værr), værra adv. komp. 238, 4; 470, 6; 477.
væra f. 423, anm. 5; vgl. vara.
væra stv., s. vara.
væra swv., s. vara 117, anm.; 547, 2.
værald, -æld f. 60; 74; 408, 1 u. anm. 5; 409, 3, b; vgl. væruld.
Værand nachtr. zu 163, 1.
værd, værdl f., s. væruld 315, 1; 408, 1.
værp n. 164; 308, 3, b; 386, anm. 1; 454, 1, c.
værpa stv., s. varpa.
værpa swv. = varpa 117, anm.; 546, anm.
værpa swv. = virpa 115, anm. 3; 117, anm.; 164; 550, 1.
værdhas swv. 115, anm. 3.
værpe n. 115, anm. 3; 117, anm.; 164; 386, anm. 1.
værper m. 65, 6; 117, anm.; 413, anm. 2; vgl. varper.
-værper (in namen) 74; 117, anm.; vgl. -varper.
-værper, -varper (m.) 'mahlzeit' 74; 412.
værper adj. 117, anm.; 164.
værpia swv. = væria 308, 2, a.
væria f. 424.
væria swv. 117, anm.; 296, 1; 308, 2, a;

548, 1; 549, 2, a u. c, anm. (1 u.) 3; vgl. *varia*.
væriande m. 441 u. 2.
værk n. 117, anm.; 164; 171; 173, anm. 1; 339, anm. 4; 386, 2.
værka swv. 164; 171; 550, 3 (schluss).
værke n. 117, anm.; 164; 171.
værker m. 392.
værkia swv. 171; 550, 3 (schluss).
værknaþer, varknaþer m. 117, anm.
værl f., s. *væruld* 315, 1; 408, 1.
værld f., s. *væruld* 57, II, A, 2; 60; 156, 2, b; 315, 1; 408, 1.
Værmar m. pl. 383.
værmber adj. = *varmber* 117, anm.; 455, 3.
værme m. 117, anm.
værn f. 117, anm.; 399, anm. 1; 409, 3, b; (546, anm.); vgl. *varn*.
værna swv. 546, anm.; vgl. *varna*.
værold n. 245.
værpil m. 384.
værr, værra adv. komp., s. *vær*.
værre adj. komp. 468, 3.
værst adv. sup. 477.
værster, væster adj. sup. 468, 3, c, anm. 5.
væruld, -yld, værld, værdl, værd, værl f. 57, II, A, 2; 60; 74; 156, 2, b; 315, 1; 408, 1 u. anm. 5; 409, 3, b; vgl. *værald*.
værælsliker, -likin, værulz-, værulsliker adj. 307, anm. 1; 408, anm. 5; 454, 5.
væsal adj. 451.
væstan präp., adv. 447; 471, 2; 474.
væster adj. sup., s. *værster* 468, 3, c, anm. 5.
væster adv. 113; 471, 5; 474; 478, 2.
-væster (in namen) 74; vgl. *-vaster*.
Væstergotland, -gylland, s. *Væstragotland* 290, anm. 2; 339, 2.
Væs(t)gøtar m. pl. 323, 1.
væstgø(t)sker adj. 290, 2.
Væsthorgha 104, anm. 3.
Væstra Aros, Væstrarus, Væstrars 154, II, B; 156, 2, b.

Væstragøtland, Væster- (u. a. formen) 290, anm. 2; 339, 2.
væstre adj. komp. 462, 2; 469.
væsæld f. 65, 9.
væt f., s. *væt(t)*.
veta f. 389, 2.
veta swv. 'nässen' 389, 2; 550, 3.
veta swv. 'leisten' = *veta* 80, anm. 6; 550, 3.
vætn n. = *vatn* 389, 2.
væt(t) f. 83, 2, a; 346, anm.
vætta, -i (pron.) 523, 1, 2.
vætte n. 470, 1, a.
vætter m. = *vinter* 83, 1, a; 235, 1, b; 432.
vætter f. 83, 2, a; 408, anm. 3; 524, III, 3.
Vætur 173.
væva stv. 537, 1.
væver m. 259, 2, b; 390; 391.
væxa, vaxa v. 174, anm. 2; 224; 540, anm. 4.
Væxio(r) 154, I, C, 1, b; 385.
væxter m., s. *vaxter* 407; 409, 3, a; 413, anm. 2.
væzla f. 80, II, 2.
vorþa swv. = *virþa* 115, anm. 3; 550, 1.

-war zahlw. 64, 2.
warmål (dal.) n. 257, anm. 5.
wisæll (dal.) adj. 65, 9.
Withem 124, 2.
wæghia swv. = *væþia* 308, 2, a.

y präp. = *i* 108, anm. 5.
ydhla f. = *oþla* 285, 3.
ydka swv., s. *idhka* 108, anm. 5.
ydkeligha adv., s. *iþkelika* 108, anm. 5.
yfre adj. komp. 106; 461; 462, 2; 469; vgl. *ofre*.
yfrin, yfnin, ym(p)nin adj. 101, 2; 320, 1; 451, 3.
yfrstr (agutn.) adj. sup. 469 u. 2.
yggla (nschw.) f. 106, 2, a.
ykia stv. 69, 10; 70, 2; 527, 1 u. anm. 1; vgl. *vika*.

ykil m. = *ikil* 59,10; 108, anm. 3.
ykn f. = *o(þ)kn* 106, 2, a.
ykorn(e) m. = *ikorn(e)* 70, 2; 71, anm.; 120.
yl f., s. *il* 108, 2; 402.
Yliana f. = *Iuliana* 100.
ylla adv., s. *illa* 108, 2.
yllin adj. 63, 4; 455, 3; vgl. *ullin*.
ylva f. 423, anm. 5.
ym präp., s. *um* 60; 447.
ymis adj. 451 u. 2 u. anm.; 453,1,d; 460, 3.
ymis- 'wechselnd' 90, 5.
ymna f. = *hymna* 312, 2.
ympa swv. 108, 2.
ympno adv. 470, 2.
ym(p)nin adj., s. *yfrin* 320,1; 451,3.
ym(p)se adj. 90, 5; 460, 3.
ymumaþer m. 65, 9.
Ynabækker 100.
yn(g)ska f. 281, 2.
ynkeliga (nschw.) adv. 106, 2, a.
ynne adv., s. *inne* 108, 2.
ynnest (nschw.) f. 180, 6.
ynska f., s. *yn(g)ska* 281, 2.
ynsk(i)a swv. = *onskia* 249, anm. 3; 551, 3.
ypin, yppin, (ip(p)in) adj. 61; 63, 3 u. 4; 101, 2; 116, anm. 2; 296, anm. 2; 342, 2; 455, 2; vgl. *upin, opin, øpin*.
yppa swv. 550, 3.
yp(p)arster, yperster, yppaster adj. sup. 469.
yr (agutn.) präp., adv. 64, 5; 84, 2, c; 445; 473; vgl. *ur*.
yr (nschw.) adj. 106, anm. 3.
yra swv. 550, 1.
Yrian m. 100.
Yrius m. 100; 311, anm. 5.
yrkia swv. 171; 252, 1; 346; 551, 2.
yrknaþer m. 127, 2.
yrsel (nschw.) f. 106, anm. 3.
yrt f. 127, 2; 409, 2; vgl. *ort*.
yrtugh f. = *ortogh* 81, 2, b; 106, anm. 2.
Yrva 100.

yskia swv. 84, 2, b; 249, anm. 3; 551, 3; vgl. *oskia*.
ystad n., s. *istaþ* 108, anm. 5.
ystoria f., s. *historia* 312, 2.
ysæld f. 65, 9.
yta swv. 550, 3.
ytarmere adj. komp. 469, anm. 2.
ytermer, -mera (u. a. formen) adv. komp. 475, 3; 478, 1.
ytre, sup. *ytarster, utarster, yterster* adj. komp. 462, anm.; 466, 3; 469 u. anm. 2.
yttur (ngutn.) präp. 107, anm. 2; 288.
ytærst adv. sup. 478, 1.
yvarmer, yvermer, -mir (u. a. formen) adv. komp. 146, 1; 478, 1.
yvarster, yverster, yvæster adj. snp. 469 u. 2.
yvelopse adj. 460, 3; vgl. *ovelopse*.
yvi(r) präp., adv. 57, II, B, 1, b; 101, anm. 2; 320, anm. 3; 446; 471, 4; vgl. *ivi(r), øvi(r), ovir, uvir*.
yvirlops adj. 460, 3; vgl. *ivirlops*.
Yvor (dial.) m. 100.
yx f. 106, 1 u. 2, a; 404; vgl. *øx*.
yxarhamar (agntn.) m. 321, 1.

åkurta (nschw. dial.) zahlw. 266, anm. 2.
Ålingsås (früh-nschw.) 153; vgl. *Alinxas*.
åska (nschw.) f. 57, II, A, 2.
återstod (nschw.) f. 174.

æ adv. 'immer' 80, I, 3; 473 (schluss); 515; 524, III, 2 u. anm. 3; 556, anm. 2; vgl. *e, a*.
æ präp., adv. = *a* 'an, auf' 141, anm. 3; 473.
æ rel.-partikel = *ær* (321, anm. 6); 512, 2.
æþer m., s. *eþer* 80, II, 2 (schluss).
æþla, æđela adj. 460, 1.
æf präp., adv. = *af* 141, anm. 3; 473.
æfla swv. 260, 3; 337, 1; 550, 3.
æfni n. = *æmni* 256, anm. 1.

æfster adj. sup. = æptarster 323, 1; 469 u. 2.
æftir præp., s. æpti(r) 113.
æg f. 401; 402.
æg n. 227; 393.
æggia swv. 546.
ægha f. 426, 1.
ægha v., s. egha 80, II, 1; 258, 2, c; 554, 2 u. anm. 2.
æghande m., s. eghande 441, 2 (mehrmals) u. anm. 1 u. 2.
æghare m. 417, anm. 2.
æghi adv., s. e(i)gh 124, anm. 6; 311, 2, c; 472, B, 4.
æghin adj., s. eghin 80, anm. 6; (554, 2).
ægn (u. a. formen) f., s. egn 80, II, 2; 294, 2; 408.
ægna swv. 80, II, 2.
æ hwa(r) pron. 515; 524, III, 2.
æ hwat hælder konj. 524, anm. 3.
æ hwilikin, (hulikin) pron. 515; 524, III, 2.
æi adv., s. e(i)gh 124, anm. 6; 311, 2, c; 472, B, 4.
æk f., s. ek 80, anm. 6.
æk(k)e, ek(k)e, ik(k)e pron., adv. 57, IV; 80, II, 2; 103, 1; 242, 3; 261, 2; 290, 1; 337, anm. 5; 472, B, 4; 523, 1, 2.
ækta adj. 460, 1.
æl n. 83, 2, a; 114, 1; vgl. il.
ælde f., s. ælle 340, 2, a.
ælder m., s. elder 80, II, 2.
ælder adj. = alder 455, anm. 2.
ældre f. 427; 428, 1.
ældre adj. komp. 94, 3; 468, 3.
ælf f., s. alf 409, anm. 4; 497.
-ælf (in namen) 404 u. 1.
ælgher m. 392.
ælies(t) adv., s. ællighæs 335, anm. 2; 471, anm. 7.
ælla, (ællæ) adv. 321, anm. 4; 471, 1.
ælla(r), allar (u. a. formen) adv., konj. 147; 311, anm. 3; 471, anm. 5.
ællas, ællars, (ællens) adv. 471, 6.
ællaster adj. sup. = ælzter 468, 3.

ælle, ælde f. 340, 2, a; 427; 428, 1.
æller, aller, eller adv., konj. 147; 471, anm. 5.
ællifte, -pte zahlw. 235, 3; 243.
ællighær adv. 311, anm. 3; 471, anm. 5.
ællighæs, ællighis, ælies(t) (u. a. formen) adv. 311, 2, c; 330; 331; 335, anm. 2; 471, 6 u. anm. 7.
ællipte, ælliufti, ællofte zahlw. 235, 3; 243; 492 u. anm. 4.
ællis adv. 311, 2, c; 471, 6; vgl. ællighæs.
ælliwcu zahlw. = ællivu 243; 484, anm. 4.
ællivu, ællevo, ællovo (u. a. formen) zahlw. 57, I, A, 2; 148, anm. 1; 176: 235, 3; 243; 484 u. anm. 4.
ælmænninger m., s. almænninger 135, anm. 4.
ælska swv. 454, 1, c; 566, 1.
ælskoghe m. 416, anm. 1.
ælta swv. 550, 3.
ælzter, ælster adj. sup. 468, 3.
æm- präfix 57, I, A, 1, a; 76, 2.
æmbar n. 386.
æmbete, -bite, -bitte n. 115, 1; 298.
æmni n. 256, anm. 1.
æmvæl adv. 76, 2; 313, anm. 2; 317, 1; vgl. iæmvæl.
æmykyt adj. n., s. iæmmykin.
æn zahlw., pron., s. en 80, II, 2; 95; 235, 2; 290, 1; 479 m. anm.; (523, II).
æn adv. 113, anm.; 154, I, B, 1; 472, B, 7; 473; vgl. en.
æn konj., rel.-partikel 113, anm.; 141, anm. 3; 147; 173; 299; 513, 3 u. anm. 5; vgl. an, en.
-æn (pron.), s. -an 504.
ænda swv. 547, 2.
ænde m. 340, 2, b; 395, anm. 1; 416.
Ændis f. 404, anm. 2.
æng f. 'wiese' 129, 1; 247, anm. 1; 402.
æng f. 'eigentum' = egn 294, 2; 408.
ænga leþ adv. 470, 4.
ænga lund adv. 470, 4.

œnge n. 231; 402.
œnge adj., s. enge 80, II, 2.
œngil m. 382; 384.
œngin, engin, ingin pron. 80, II, 2;
 103, 1; 261, 2; 281, 2; 290, 1; 314;
 337, 3, 7, anm. 5; 523, I (passim), (II);
 (524, anm. 2).
œngin staþ adv. 470, 4.
œngis(t)lika adv. 323, 1.
Ǣngland 113.
œnglisker adj. 94, anm. 2; 281, 2;
 451, 2.
œngo adv. 470, 2.
œngom lundom adv. 470, 3, a.
œngsle, angsle m. 416, anm. 9.
œn(g)slika adv. 281, 2.
œnka adj., s. enka 460, 1.
œnkia f. 80, II, 2; 235, anm. 3; 424;
 425, anm. 5.
œnkil m. 80, II, 2; 235, anm. 3.
œnkom adv., s. enkom 80, II, 2;
 470, 3, b.
œnlite n., s. anlite 61; 141, anm. 3;
 142, anm. 8; 298.
œnne n. 340, 2, b.
œnner zahlw. = annar 490, anm. 3.
œnsker adj. 94, anm. 2; 281, 2; 315,
 anm. 1; 322, anm. 2; 451, 2.
œnslika adv., s. œn(g)slika 281, 2.
œntiggia (u. a. formen) pron., konj.,
 s. œntwæggia.
œntime m. 61; 141, anm. 3; vgl. an-
 time.
œntwæggia, -tiggia (u. a. formen)
 pron., konj. = antwæggia 525, 3.
œn þa adv., konj. 91, 7, b.
œn þo adv., konj. 91, 7, b.
œnxla swv. 264.
œple n. 396.
œptan adv., s. aptan 471, 2.
œptarst adv. sup., s. œpti(r) 478, 1.
œptarster adj. sup. 469.
œpti(r), œftir, œttir, (eptir) präp.,
 adv. 57, III, B, 3; 107, anm. 2; 113;
 142, anm. 8; 147; 259, 2, a (2 mal);
 268; 320, anm. 3; 321, 2, c (2 mal);

446; 471, 4; 478, 1; vgl. apti(r),
 optir.
œptirdome n. 396.
œptirmer adv. komp., s. œpti(r)
 478, 1.
œptirmælande m. 441.
œptre adj. komp. 462, 2; 469 u. 1.
œr n. = ar 'narbe' 305; 389, 1.
œr rel.-partikel 173, anm. 2; 321, 2, c
 u. anm. 6; 512, 2; vgl. ar, er.
œra f. 80, anm. 1; 426, 3 u. anm. 1.
œra (dal.) n. 126, anm. 1.
œrande n., s. œrinde 180, 4.
-œre (m.), s. -are 417.
œrende n., s. œrinde 396, anm. 1.
œrf n. = arf 63, 3; 389, 1.
œrfþ, œrfd f. 257, 1, b.
œr(f)þarbalker m. 306, 1.
ärg (nschw.) m. u. f. 80, II, 2.
œria swv. 238, 4; 548, 1.
œrin, arin m. 384 u. 2 u. 3, b.
œrinde, -ende, -ande n. 180, 4; 396,
 anm. 1.
Æringisl m. 337, 8.
œrkebiskoper, -bisper m. 156, 3.
Ǣrlinger m. 59, 9.
œrm f. 63, 3; 389, 2; 399 u. 4; 404, 2.
œrmber m. = armber 63, 3; 389, 2.
œrna swv. 80, I, 2 u. anm. 1; vgl.
 erna, arna.
-œrne suffix 57, II, B, 2, a.
Ǣrnils m. 245; 337, 8; vgl. Arnils.
œrt f. 408.
œrva swv. (416, anm. 9); 550, 1.
œrvaþe, -væþe, œrvadha n. 74, anm.;
 80, I, 4, b; 180, anm. 5; vgl. arvoþe,
 œrvoþ(e).
œrve m., s. arve 'der erbe' 416,
 anm. 9.
œrve m., s. arve 'das erbe' 386,
 anm. 1.
œrviþi n. 180, anm. 5; vgl. œrvoþ(e).
œrvinge m. 418; vgl. arvinge.
œrvi·ol n. 298.
œrvoþ(e), -vuþe (u. a. formen) n.
 63, 3; 74, anm.; 180, anm. 5; 260, 7;
 386, anm. 1; vgl. arvoþe, -vuþe.

Ærvæsta- 413, 2.
Æs- (in namen) 413, 2; vgl. As-.
Æsatunir 413, 2.
œsia, œssia f. 424.
œsta swv. 550, 3.
-œster (in namen) 324, 3.
œt, (et) f. 105, anm.; 409.
œt präp. (vor dem inf.) = at 473.
œt konj. = at 141, anm. 3; 173; (473); 508, 3.
-œt (pron.) 508, 3.
œta stv. 148; 266; (296, 4); 349, 1; 537, 2; 563, 2.
œtborin adj. 454, 2.
œtlinge m. 418.
œtlinger m. 418.
œve f. 70, 2; 80, I, 3.
œve n. 396.
œvinne(r)lika adv. 333, anm.
œvinne(r)liker adj. 333, anm.
œværlizker adj. 408, anm. 5.

ø f. 126, 2 u. anm. 3; 153, anm. 2; 343; 402.
øþ n. 383, anm. 1.
øþa swv. 223; 550, 2.
Øþbern m. 76, 2.
øþe adj. 308, anm. 3; 460, 3.
øþer m. 383, anm. 1.
Øþin m. 252, 2, d.
øþin part., adj. 542, anm. 11.
øþinsdagher m. = oþinsdagher 180, 3.
ø(þ)kn f. (u. n.) 106, 2, a; 308, anm. 3; 386, anm. 3.
øþla f. 69, anm. 2; 106, 2, b; 285, 3.
ødhmiuka swv. 547, 1.
øþmiukt f. 260, anm. 7.
Ø(þ)morþ 244, 1.
Øþælver m. 57, I, A, 2; 81, 2, a; vgl. Oþælver.
Ødis f. 404.
øfre adj. komp. 116, anm. 2; 463, 2 469; vgl. yfre, ofre.
øfteri(n) adv. komp. 476; 478, 1.
øftermer, (-me) adv. komp. 478. 1.
øgha n. 94, 3; 123, 2; 148, anm. 1; 277, anm. 3; 415; 420 u. anm. 2.

øghia swv. 550, 1.
øgl (nschw. dial.) f. 69, anm. 2.
egla (nschw.) f. 106, 2, a.
Ø(i)nder m. 153, 4.
øka swv. 542, anm. 11.
øker m. 392.
økia (früh-nschw.) f. 69, 7; (70, 2); 71, 3.
økia swv. 542, anm. 11; 550, 3 (schluss).
økin part., adj. 542, anm. 11.
økn f. (u. n.) s. ø(þ)kn.
Økri(r) 395.
øl f. 104, anm. 5; 399; 409, anm. 5; vgl. ol f.
øl, øll n. 104 u. anm. 2; 130, 1; 298; 340, anm. 1; 386, 2.
øldrykker (-dyrker) m. 339, anm. 3.
Ølvir m. 59, 7; 61; 70, anm. 1; 117, anm.; vgl. Alvir u. Olvir.
ømber adj. 243, anm.; 250; 453, 1, b.
embozman m. nachtr. zu 60 (schluss).
ømka f. 423.
ømkelika adv. 272, 2; vgl. ønkelika.
Ønabækker 100; 321, 2, c.
øndaster adj. sup. 468, anm. 5.
Ønder m., s. Ø(i)nder 153, 4.
Ønekøpunger (u. a. formen) 100.
Øningiar m. pl. 418.
ønkelika adv. 106, 2, a; 272, 2.
ønsk f. 249, anm. 3.
ønskia swv. 249, anm. 3; 314; 551, 3 u. anm. 3; vgl. ynskia, øskia.
øp n. = op 389, 2.
øpa swv. 389, 2; 550, 3.
øpin, øppin adj. 116, anm. 2; 296, anm. 2; 455, 2; vgl. ypin, opin, upin.
øpta adv., s. opta 478, 1.
øptir präp. = æpti(r) 107, anm. 2, (m. nachtr.); 288; 446.
ør adj. 106, anm. 3.
ør präp., adv., s. or 64, 4; 445; 473.
ør- präfix, s. or- 64, 4.
øra n. 64, 6; 277, anm. 3; 300, anm. 3; 420 u. anm. 2.

øre, ore m. 81,2, b; 91,5; 321,2, b (4 mal); 394 u. anm.; 395 u. anm. 1.
Ørian m. 100.
ørka swv., s. orka 547, 1.
ørlighi, -e n. 101, 1; 170.
ørlogh, -løgh n. 170; 366; 369, anm. 3.
ormynd f. = urmynd 321, 4.
ørn m. = arn 104; 412.
ørnagat, -gad n. 266, anm. 3.
ornavinge m. 102, 2.
ors n. 344, anm. 1; 386, 2.
ørsl f. 106, anm. 3.
ørt f. 116.
ørtogh, -tugh, -tungh, -tøgh f. 59, 7; 61, 2, b u. anm. 1; 106, anm. 2; 160, anm. 4 u. 5; 331; 343; 399, anm. 2; 433 u. anm. 3; vgl. artogh, ortogh.
øsa v. 542, anm. 11.
Øsbo, s. Øs(t)bo 123, 2.
Øsio 126, 2.
øsk f. = osk 84, 2, b; 249, anm. 3; 409, anm. 4.

øskia swv. 84, 2, b; 249, anm. 3; 337, 7; 551, 3; vgl. yskia, onskia.
østan präp., adv. 447; 471, 2; 474.
Øs(t)bo 123, 2.
øster, sup. østerst adv. 471, 5; 474; 478, 2.
Østergyytland, -gylland = Østragotland 106, 2, b; 290, anm. 2.
Øs(t)gotar m. pl. 323, 1.
Østragotland, Østergotland (u. a. formen) 106, 2, b; 290, anm. 2; 339, 2.
østre, ostre adj. komp. 462, anm., 469.
ova swv. 550, 1.
ovan adv., präp. = ovan 444.
ovelopse adj. 460, 3; vgl. yrelopse.
overmer, -mere adv. komp. 478, 1.
overst adv. sup. 478, 1.
overster adj. sup. 469.
ovi(r) präp. = yvi(r) 446.
ox, ox f. 69, 6; 106, 2, a; 404; vgl. yx.
oxna- 416, 3, anm. 9; vgl. oxe, uxe.
oxnøker m. 154, II, C.

B. Runische wörter:

Anhang II ('Wichtigere runeninschriften') wird nur durch 'anh.' bezeichnet, und die zahlen nach 'anh.' beziehen sich auf die nummern dieses anhangs.

a 128, anm. 3; anh. 7 (2 mal), 11, 22, 27, 36; 40 (2 mal); a 128, 4 u. f. (4 mal); 249, anm. 5; anh. 5 (2 mal), 6 (2 mal), 13 (2 mal), 21 (3 mal), 39.
abtiʀ 259, 2, a; abitir? 159, anm. 2.
afaraiþu anh. 18.
afataʀ 159, anm. 2; anh. 9.
Afatʀ (urn.) 159, anm. 2; anh. 9.
afitir 159, anm. 2.
Afriþi anh. 25.
aft 446; 471, 4; anh. 3, 17, 18, 21 (2 mal), 35; aft 39.
aftiʀ 94, anm. 1; 268; anh. (19).
agua, ahkua, s. haukua 542, anm. 1.
Ahbaþr 320, 2.
Ahuiþr 311, 2, b.
ai anh. 32 m. note (hi).
Aibiern anh. 11.

aifliʀ anh. 10.
aiku (gen.) 124; anh. 5.
aiku (v.) 554, anm. 2; anh. 18; aki, aku 554, anm. 2; anh. 5; prät. ati anh. 15, 18, 28; aikþi (agutn.) 554, anm. 3.
Ailifʀ 383, anm. 9.
Ailikni anh. 2.
aina anh. 28.
[a]inhuaʀ 522, anm. 6; anh. 21.
ainiki, -a 460, anm. 1.
Ainriþi anh. 7.
ai[n]tuþis 128, c; 570, 1; anh. 13.
Airnaʀ 80, anm. 1; anh. 21.
ait?, s. haita 541, anm. 1.
Aiuatr anh. 1.
ak 91, 3; 473; anh. 1 (3 mal).
Aki anh. 20.

Register. 629

aki, aku, s. *aiku* 554, anm. 2; anh. 5.
Akmunr 307, anm. 1.
akua, s. haukua 312, anm. 1; 542, anm. 1.
Ạlauf 74, anm.
Ạlfntan, s. *Halftan* 330, anm. 2.
alt anh. 5; *alra* 326; *altra* 326; anh. 11.
altr anh. 32; *altum* anh. 21.
alu anh. 21.
an (urn.) 249, anm. 5.
an, ạn 292, anm. 4.
an (adv.) anh. 10.
an, s. *han* 128, e; 312, anm. 1; anh. 5; 29.
ạn (präp.) 249, anm. 5; 473; anh. 21.
ạn, s. *han* 312, anm. 1; anh. 21.
ana (urn.) 249, anm. 5.
ạnart 128, e; 320, 2; 490, anm. 2; anh. 21; *anan* anh. 34; *antriʀ* 326; *aþru* anh. 5.
A[n]klanti 113; anh. 7; vgl. *Ha[n]kla[n]ti.*
ans, s. *han* anh. 4, 10.
ạns, s. *han* 128, 4; 312, 2 u. anm. 1; anh. 32.
ant 128, 4 u. e; anh. 32, 34; *ạnt* 383, 1, e, β; 399, 1; *antu, a[n]tu* 399, 3; *hạnt* 327; *an(n)t* 65, 1; 399, 1; anh. 4; *u[n]t* 65, 1; 399, 1.
antriʀ, s. *ạnart* 326.
Antuit anh. 29.
ạnum, s. *han* 128, 4 u. f.; 311, 2; anh. 32.
Anunr 128, e; 283, 1; 307, anm. 1; Ạnunr 307, anm. 1; Anuntr anh. 36; *Anun* 292, anm. 4.
aʀ (rel.-partikel) 173, anm. 2; 512, 2 u. anm. 3; anh. 2 (2mal), 11, 26; *ar* nachtr. zu 173, anm. 2; 512, 2 u. anm. 3; vgl. *iʀ.*
aʀ (v.), s. *is* 562, anm. 2; anh. 11.
Arbiurn 317, 1.
arþslagin 312, 2; anh. 32 (*hrþslagin*).
Arinmun? 292, anm. 4.
Arinuạrþr 413, 1.
Arkil 317, 1.

arni 105, anm.; anh. 8.
arua 269.
as 512, 1 u. anm. 1; anh. 12, 15; vgl. *is.*
Ạsa 128, f; anh. 12.
Ạsfriþr 128, e; 254, 2; 283, 1; anh. 39; *Ạsfriþ* 254, 2.
Ạskihl 128, e; anh. 6.
Ạskiʀ 251.
Ạsmunr 307, anm. 1.
Ạsmun[n]tr 128, 4 u. e; 283, 1; anh. 13; *Ạsmuntr* 128, e; 337, anm. 4; Ạsmunrt 337, anm. 4.
Ạsriþi 254, 2.
Ạstraþr 254, 2.
Astulfr 383, anm. 9.
Asur 67, anm. 1; anh. 4, 13 (3 mal); Ạsur 67, anm. 1.
at (präp.) 446; anh. 5 (mehrmals), 7, 8, 11 (mehrmals), (21), 29 (mehrmals), 30, 32, 33, 34, 36 (3mal), 37.
at (konj.) anh. 40.
at (neg.) anh. 13.
[a]ta, s. *atta* anh. 5.
ati, s. *aiku* anh. 15, 18, 28.
atiʀ 288.
atitihi (agutn.) 485.
atrt[an] (agutn.) 266, anm. 2.
atta anh. 23; [*a]ta* anh. 5.
Aþisl 245; 337, 8; anh. 15.
aþru, s. *ạnart* anh. 5.
Ạuaiʀ 249, 5.
Auþin 252, 2, d.
Auþulfr 283, 2.
Auþuʀ 426, 2.
Auint anh. 17.
Auin anh. 21 (schluss).
auk 81, 2, a; 91, 3; 123; 473; anh. 2, 4, 5, 6, 11, 12, 13, 16, 20, 24, 25, 26, 27, 28, 30, 31, 32, 33, 36, 37.
auk, s. *haukua* 512, anm. 2.
Aulfr 153, 2; 244, 5; 283, 2.
aun anh. 4.
au(n)t, s. *ant* 65, 1; 399, 1; anh. 4.
aura 123; 395; anh. 5 (3 mal).
Ausmun 292, anm. 4.
austarla anh. 8, 37.

41*

austr anh. 13 (2mal), 17.
austruiki anh. 33.
[a]ystarla anh. 37; vgl. austarla.
Aytisu 404, anm. 2.

BaʒR 279, 1.
Balastin anh. 19.
Bali, BaliR 395, anm. 1.
-ban 289, 2.
Barþakn anh. 18.
barþusk 570, anm. 2.
Barlafu anh. 19.
bariutiþ (urn.) 561, anm. 3.
baru (barʏ) anh. 40 (2 mal).
barutR (urn.) 225, 1.
Basi anh. 18.
baþaR anh. 21.
Baþum anh. 22.
Baulf 244, 5.
-baun 289, 2.
-benn 289, 2.
be[rþ]u, berþr 549, 2, a; anh. 40.
-bern 289, 2.
betr anh. 31.
betra 113; anh. 15, 32.
-bian, -biąn 289, 2.
Biari anh. 21 (schluss).
-biarn 289, 2.
BiarnaR, s. Biorn- 383, 2, d; 412, 2.
bierg 96; biergi anh. 11.
biern (agutn.) 98, anm. 2.
bie[r]tr (agutn.) 283, 1; 320, 2; anh. 11.
bikui (agutn.) 545; anh. 11; buki, -u 59, 10; 545; byki, -u 545.
Biorn anh. 36; Biurn anh. 32; Biur 317, anm. 2; BiarnaR 383, 2, d; 412, 2.
-biorn 289, 2.
bistra 290, 2; anh. 36.
biþia anh. 31; biþ 561, anm. 2.
biþim 564, 2.
bium anh. 19.
-biun 289, 2.
Biur, s. Biorn 316, anm. 2.
Biurn, s. Biorn anh. 32.
blakumen anh. 26.

bonta anh. 29; boanta (440); anh. 36; bounta 440; bunta anh. 3, 4.
Bosi, s. BosiR 395, anm. 1.
Botbiern (agutn.) anh. 28.
Botraif anh. 11.
bounta, s. bonta 440.
Brantr 283, 1; anh. 10.
brautu 408, 3; anh. 33.
briþ anh. 32.
Brisi, Brisa anh. 19 (2 mal).
briuta 528.
bro anh. 11 (2 mal); bru anh. 4, 32; buru 160, 2, a.
Brunki(ti)l 102, anm.
BrunulfR 247, anm. 2; 283, 2; anh. 12; Brunulfr 247, anm. 2.
brutaR 123, 2; anh. 32.
bruþir 320, anm. 3; bruþiR anh. 10; brur 244, 3; bruþur 339, anm. 3; anh. 8, 18, 22, 35, 36, 37; burþur 339, anm. 3; bruþr 438, 4 (sg. acc.); anh. 11 (pl. acc.), 36 (pl. nom.); bryþr 106, 1 (agutn.); ·anh. 27 (agutn.), 25, 33; byryþr 160, 2, a; anh. 32; bruþrum anh. 21.
btir 94, anm. 1.
Bui 419; anh. 13.
buki, -u, s. bikui 59, 10; 545.
-bun 289, 2.
bundin anh. 40.
bunta, s. bonta anh. 3, 4.
BurkiR anh. 7.
burin, burniR anh. 21 (2 mal).
burt (agutn.) 120; anh. 40 (2 mal).
burþur, s. bruþir 339, anm. 3.
BusiR, Bosi 395, anm. 1.
Butmuntr 283, 1; anh. 30, 31.
ButraifR 283, 1; anh. 30, 31.
Butuiu (agutn.) 399, anm. 3.
by anh. 11.
byki, -u, s. bikui 545.
byrþ anh. 23.
byryþr, s. bruþir 160, 2, a; anh. 32.
-børn 289, 2.

ðaʒaR (urn.) 225, 1.
Đ[akR] anh. 14.

dinna (agutn.) 260, anm. 5.
ðohtriʀ (urn.) 233.
drotin anh. 40 (2 mal); drotni anh. 40 (2 mal).

ebtir (präp.) anh. 1, 2.
efitiʀ 159, anm. 2.
eft (präp.) 446; anh. 32.
eftiʀ 113; 288; 320, anm. 3; anh. 4, 11 (2 mal), 13, 22, 24, 25; eftir 320, anm. 3; anh. 26 (2 mal), 27; efter anh. 15; eftʀ anh. 25; etiʀ 288; anh. 6.
Eilifʀ 283, 2; anh. 20.
ck, s. ik.
Ekla, s. E[n]kla.
eku, s. haukua 542, anm. 3.
el, s. heli 404, 2.
Elizabeþ anh. 40.
e[n] anh. 15.
E[n]kla anh. 29.
entaþis anh. 30; entaþus 570, 1; anh. 33.
eʀ, er, s. iʀ.
Ernbiurn 317, anm. 2.
es (rel.-partikel), s. is.
es (v.), s. is anh. 15.
etiʀ, s. eftiʀ 288; anh. 6.

fa 546, 3; faþi 80, I, 1; anh. 5, 9, 19, 21.
faihiða (urn.) 80, I, 1.
faikiɑn 128, c; 457, anm. 1; anh. 21.
fal, s. fial 543, anm. 7 (schluss).
fᴀʟᴀhᴀk (urn.) 502.
fal-k 94, 5; 502; 535, 2.
far anh. 35.
faʀ, s. uas 269.
Fɑraukiʀ 160, 2, a.
Faslaug 323, 1.
Fastlauku (f. acc.) 404, anm. 2.
-fastr (in namen) 322, anm. 3.
Fastuiu 399, anm. 3.
fatlaþʀ 283, 1; anh. 21.
-fatr 322, anm. 3.
faþi, s. fa 80, I, 1; anh. 5, 9, 19, 21.
faþiʀ 320, anm. 3; 438, anm. 9;
anh. 21; faþur 67, anm. 1; anh. 1, 7, 11, 12, 16, 20, 22, 24, 25, 31, 32 (2 mal), 36, 37; faþurs 438, 2; faþuʀ, faþu 438, anm. 9; faþr 438, 4; fauþr 67, anm. 1; 438, 4; fuþur 67, anm. 1; anh. 6, 38; fauþur, faþur 67, anm. 1.
faþrkaʀ 320, 1.
faþum 269.
faþurbryþr anh. 27.
fauru anh. 8.
fauþr, s. faþiʀ 67, anm. 1; 438, 4.
fauþur, s. faþiʀ 67, anm. 1.
feal, s. fial anh. 13.
feþrka 320, 1.
fem, s. fim anh. 13.
fiakura, fiakurum, s. fiura.
fial 543, anm. 7; anh. 17; feal anh. 13; fil 543, anm. 7; anh. 35: fal 543, anm. 7 (schluss).
fiara anh. 8.
fiaru anh. 21.
Fiþrasiu anh. 19.
Fikiulfi, Fikiulfa (395, anm. 1); anh. 19 (3 mal).
fil, s. fial 543, anm. 7; anh. 35.
fim 83, 2, b; anh. 21 (mehrmals); fem anh. 13.
Finfiþiʀ 269.
Finhiþi anh. 6.
Finiþr 252, anm. 1.
fiura anh. 5 (2 mal); fiakura 118, anm. 1; anh. 21; fiakurum 483, anm. 1; anh. 21 (2 mal).
flu 81, 1.
fluɑ 128, 1.
flutna 416, 5; anh. 21.
-fostr 413, 1.
fra (präp.) anh. 23.
fra (v.) anh. 21.
fram anh. 40 (2 mal).
Fraustin 126.
freantr 313, anm. 2.
Friþgaiʀ 285, 2.
-friþr 404, 1.
Frilifs 285, 3.
frukn anh. 13.

Frumunt[r] 126,2; 283,1; anh. 19 (2 mal).
ftiʀ 94, anm. 1; anh. 19, 21.
fuþur, s. *faþiʀ* 67, anm.1; anh.6, 38.
Fulku anh. 16.
Funtin, *Fu*[*n*]*tin* 340, 2, b; 534, anm.
fur (adv.) anh. 5.
fur (präp.) anh. 21.
furgifi anh. 32.
Furi anh. 13.
furiʀ 320, anm. 3; anh. 5, 11.
furþu anh. 6.
furs 570, 1.
fursta anh. 5.
fustra (acc., m.) anh. 15.
fustra (f.) anh. 15.
Fut anh. 12.
fyþa (agutn.) 106,1; anh. 40; *fydi* anh. 40.

Gabrel anh. 40.
ʒaoaʀ anh. 21.
gara, s. *kirua* 553, anm.3 (schluss).
-*ʒastiʀ* (urn.) 94; 225, 1.
Gaus anh 4.
-*geʀʀ*, -[*g*]*eʀʀ* 395 u. anm. 2.
ʒestumʀ (urn.) 238, 2.
getu anh. 40.
giarþi, *giarþu*, s. *kirua* 96; 118; 553, anm. 5; anh. 40.
gierþi, s. *kirua* anh. 28.
ʒoqnaʀ anh. 21.
Grikir, *Girkir* 339, anm. 3 (m. nachtr.); *Krikum* anh. 13 (2 mal); *Kirikium* 160, 2, a.
Gus, s. *Kuþ* 290, 2; anh. 23.
Guþi, s. *Kuþ* anh. 40.
-*guþr* 404, 1.
-*gærþr* 404, 1.
gør, s. *kirua* anh. 23.

Haqsui 70, anm. 1.
hafa (anh. 40); *hafiʀ* 283, 2; *hifiʀ* 113; 553, anm. 8; 561, anm. 1; anh. 12; *hafþi* anh. 37.
hafan, s. *hal*(*f*)*an*.
hafnir 256.
hafsk 570, anm. 2; anh. 5.
Haʒustalðaʀ (nrn.) 178, anm. 1.
Hailfos anh. 28.
Haili anh. 28.
hailsas 124, 1; anh. 40.
haima (agutn.) anh. 28.
Hairulfʀ (adän.) 250, anm.
Hqisl 128 f.; 245; anh. 21.
haita 511, 1 u. anm. 1; präs. *haitiʀ* anh. 28; prät. *hit* 541, 1 u. anm. 1; *ait?* 541, 1 anm. 1.
hak, s. *haukua* 542, anm. 2 (schluss).
hakua, s. *haukua* 109; 312, anm. 1; 542, anm. 1.
Hakuþa anh. 9.
hakua, s. *haukua* 109; 312, anm. 1; 542 u. anm. 1.
Hakun anh. 20; *Hakunaʀ* anh. 4.
halbi, s. *hialba* 531, anm. 2.
Halfi[*n*]*tr* anh. 10.
Halftan 128 c; 306, 1; anh. 13; (*H*)*alfntan* 330, anm. 2.
Halgi 113; anh. 22.
halkat anh. 5.
han 128, 4 u. c; (503 u. anm. 7); anh. 11, 18, 25, 27, 28, 30, 37, 40; *hqn* 128, c; *an* 128, c; 312, anm.1; anh. 5, 29; *qn* 312, anm. 1; anh. 21; *hans* anh. 11, 31; *hqns* 128, c; *ans* anh. 4, 10; *qns* 128, 4; 312, 2 u. anm. 1; anh. 32; *qnum* 128, 4 u. f.; 311, 2; anh. 32; *han* (acc.) 22, 26, 40 (2 mal).
han (pron. f., agutn.) anh. 28, 40; *haŋ* anh. 40.
Ha[*n*]*kla*[*n*]*ti* 113; 327; anh. 22; vgl. *A*[*n*]*klanti*.
hqnt, s. *ant* 327.
harþa anh. 12.
Harþruþr 283, 1; anh. 10.
Haruþs anh. 21.
Harulfʀ 247, anm. 2; 250, anm.
Hasui 70, anm. 1.
haþr 320, 2.
Haualt anh. 8.
haukua 69, 1; 70, 2; 109; 542 u. anm. 1—4; *hakua* 109; 312, anm. 1;

542 u. anm. 1; *akua* 312, anm. 1;
542, anm. 1; *ahkua*, *agua*, *hauka*
542, anm. 1; [*h*]*ukua* 109; 542,
anm. 1; prät. sg. *hiu* 512, anm. 2;
anh. 14, 34; *iak* 542, anm. 2; anh. 10;
iu, *hiuk*, *hiok*, *iuk*, *iuh*, *iyk*, *iok*,
hauk, *auk*, *hok*, *huk*, *uk*, *hiak*, *hak*,
hik, *ik*, *ig* 542, anm. 2; prät. pl.
hiaku 542, anm. 3; anh. 12; *hiuku*,
iuku, *iuhu*, *iogu*, *hieku*, *eku*, *uku*
512, anm. 3.
Healgi 80, II, 2.
HefuiR 395.
Helgun anh. 24.
heli, *hili* 404; *el* 404, 2.
heni anh. 2.
Henminkr 317, anm. 3; 330, anm. 2.
hi, s. *ai* anh. 32 (u. note).
hia (präp.) anh. 18.
hiak, s. *haukua* 542, anm. 2 (schluss)
u. 3; anh. 12.
hialb 530, anm. 1; *hialbi* nachtr. zu
312, anm. 1; *hia*(*l*)*bi* 315, 2, b; *ialbi*
nachtr. zu 312, 2 u. anm. 1; anh. 4,
32 (*ihlbi*); *ialibi* 161, 1; *halbi* 531,
anm. 2; *hilbi*, *hilbin* 530, anm. 1;
hiulbi 530, anm. 1.
Hiali anh. 12.
HialmR 283, 2; anh. 12; *Hialmr* 325.
hiar 96; anh. 16, 40 (mehrmals).
hieku, s. *haukua* 542, anm. 3.
hielba 96; *hiel*(*bi*) anh. 11; *hielbin*
564, 4; anh. 26; vgl. *hialba*.
hier anh. 11.
hifiR, s. *hafa* 113; 553, anm. 8; 561,
anm. 1; anh. 12.
hifiR, s. *ifiR* 327.
hik, s. *haukua* 542, anm. 2 (schluss).
-*hildr* 404, 1.
hilgi anh. 30.
hili, s. *heli* 404.
himi[*n*]*z* anh. 40.
hin 510, 1; anh. 18, 21, 30.
hiok, s. *haukua* 542, anm. 2.
hir anh. 36.
histR 93, 1; 283, 1; anh. 21.
hit, s. *haita* 541, 1 u. anm. 1.

Hiþinn 238, 3, b.
hiu, s. *haukua* 542, anm. 2; anh. 14,
34.
hiuk, *hiuku*, s. *haukua* 542, anm. 2
u. 3.
Hiurtstaþum anh. 5.
hoaR, s. *huaR* anh. 21.
hok, s. *haukua* 542, anm. 2.
hosli 67, 1; anh. 21.
Hraiþkutum 312, 1; anh. 21.
HraiþmaraR 312, 1; anh. 21.
HraiþulfaR 312, 1; anh. 21.
hrauR 312, 1; 321, 2, b; anh. 18.
hrþslagen, s. *arþslagin* anh. 32.
Hrualtr 244, 5; 252, 2, b.
Hruar 230; 244, 5; 245; 252, 2, b.
Hrulfr 244, 5; *Hurulfr* 160, 2, a.
Hrumuntr 244, 1.
Hrurikr 230.
Hruþa 312, 1; anh. 22.
HruþkaiR 230; 312, 1; anh. 37.
huaþum 327.
huaR (interr. pron.) 518 (passim);
anh. 21; *hoar* anh. 21; *uaim* 312
anm. 2; 518, anm. 3: anh. 21.
huar (adv.) anh. 21.
huariR 519; anh. 21; *huariaR* anh. 18
(acc.), 21 (nom.).
huaru, s. *uas* 327.
HuikaiR 327.
huilis anh. 40.
huk, s. *haukua* 542, anm. 2.
[*h*]*ukua*, s. *haukua* 109; 542, anm. 1.
Hulbiurn 316.
Hu(*l*)*mbR* anh. 33.
Hul(*m*)*fastr* 316.
HulmfriR 244, 4.
Hul(*m*)*friþ* 316.
Hulmi (dat.) anh. 13.
Hulm(*k*)*aiR* 245.
Hulmkarþi (dat.) anh. 29.
HulmkiR 251.
Hulmkis (gen.) anh. 4.
Hulmnfastr 330, anm. 2.
Hulmnlauk 330, anm. 2.
Hulmntis 330, anm. 2.
Hulmstain anh. 37.

hundrap anh. 23.
Hurulfr, s. *Hrulfr* 160, 2, a.
husbroia (agutn.) 259, 2, c.
huskarlaʀ, anh. 36 (2 mal).
hustroya (agutn.) 154, I, C, 1, b; 254, 2.
-(h)ʀatr (in namen) 322, anm. 3.

i anh. 2, 5, 6?, 8, 10, 11, 13 (2 mal),
  19 (2 mal), 21 (mehrmals), 22, 26,
  29 (2 mal), 33, 35, 36.
iafna anh. 36.
Iafurfast 399, 1.
iak (pron.) anh. 18; *iaik* anh. 23.
iak, s. *haukua* 542, anm. 2; anh. 10.
ialbi, s. *hialba* nachtr. zu 312, 2 u.
  anm. 1; anh. 4, 32.
ialibi, s. *hialba* 161, 1.
ian, s. *in* 512, 3 u. anm. 5.
ia[n]tapis 570, 1; anh. 13.
iaʀ (rel.-partikel), s. *iʀ* 512, 2; anh. 13.
iaʀ (v.), s. *is* 562, anm. 2.
iar (rel.-part.), s. *iʀ* 512, 2.
iara, iarpi, s. *kirua* 278, anm. 1.
iarls anh. 4.
ias, s. *is* (rel.-partikel) 512, 1.
iatapis, s. *ia[n]tapis*.
[*i*]*atun* anh. 21 u. anm.
iau 122, anm. 1.
Iesus anh. 40.
if 256, anm. 4; 259, 1; anh. 5.
ifiʀ 320, anm. 3; anh. 36; *hifiʀ* 327.
ifitʀ 159, anm. 2.
ift (präp.) 446; anh. 12.
iftiʀ 94, anm. 1; 113 (2 mal); 288;
  anh. 12, 16, 20 (2 mal), 38; *iftir*
  anh. 28; *itiʀ* 288.
ig, s. *haukua* 542, anm. 2 (schluss).
igi 124, 2; anh. 12, 32.
[*i*]*golđ* 65, 10; 74; 408, 1; anh. 21
  (2 mal).
ihlbi, s. *hialba* anh. 32.
ik, (*ek*), *-k* (pron.) 94, 1; 501, anm. 1;
  502; 561, anm. 2; vgl. *iak*.
ik, s. *haukua* 542, anm. 2 (schluss).
ilan anh. 15.
in (rel.-partikel, konj.) 512, 3 u.
  anm. 5; anh. 5 (3 mal), 11, 18 (2 mal),

19 (mehrmals), 21; *ian* 512, 3 u.
  anm. 5.
in (art.) 511; anh. 35.
ind 60; 446; vgl. *unt*.
I[n]gigeʀ anh. 34.
Ingulfr 283, 2.
inhuaʀ, s. [*a*]*inhuar*.
Inkihualt 327.
I[n]kimunr 307, anm. 1.
I[n]kiporuʀ (sg. gen.) 426, 2.
I[n]kker 244, 4.
Inkuars (gen.) anh. 8.
Inkuari (dat.) anh. 37.
I[n]kuʀ, -*ur* (sg. gen.) 426, 2.
int (part.) anh. 5.
inti anh. 11.
int (präp.) anh. 19, (21).
i[n]tapisk 94, 5; 570, anm. 2.
iopaʀ anh. 40 (2 mal).
iogu, s. *haukua* 542, anm. 3.
iok, s. *haukua* 542, anm. 2.
iopaʀ anh. 40.
-ir, *-iʀ* (adv.) 471, 4.
iʀ, *ir*, *eʀ*, *er* (rel.-partikel) 321, 2, c
  u. anm. 6; 510, anm. 6; 512, 2 (u.
  anm.); *iaʀ* 512, 2; anh. 13; *iar*
  512, 2.
ir (v.), s. *is* 562, anm. 2.
iʀ, *iʀu*, s. *is* 321, 2, c u. anm. 6;
  anh. 27, 40 (mehrmals).
Iʀnbiur 317, anm. 2.
is (v.) 562, 1 u. anm. 2; anh. 21
  (schluss); *es* anh. 15; *iʀ*, *iʀu*
  321, 2, c u. anm. 6; anh. 27, 40
  (mehrmals); *ir*, *iaʀ* 562, anm. 2;
  aʀ 562, anm. 2; anh. 11; vgl. *uas*.
is, *es* (rel.-partikel) 471, anm. 6;
  510, anm. 6; 512, 1 u. anm. 2; anh. 6;
  ias 512, 1.
is (Rük) 501, anm. 6; anh. 21 (2 mal).
itiʀ, s. *iftiʀ* 288.
itu 113; anh. 21.
iu, *iuh*, *iuk*, *iuhu*, *iuku*, s. *haukua*
  542, anm. 2 u. 3.
Iufurfast 243.
Iursalir 407, anm. 5.
Iurulf 243; anh. 35.

Iurun 243.
Iuruntr anh. 32.
Iustin anh. 32.
Iuta anh. 3.
iyk, s. *haukua* 542, anm. 2.

-*k*, s. *ik* 502.
Kaeti anh. 4.
kafu anh. 8.
Kaiʀ- 321, anm. 3; 340, 4.
-*kaiʀ* 340, 4.
Kaiʀaiautʀ, s. *Kaiʀniautʀ* anh. 1.
Kaiʀlaifʀ (Haugrän) 253, 1; anh. 11.
Kaiʀniaut(ʀ), [*Kaiʀaiaut(ʀ)*] anh. 1.
Kaiʀuatr anh. 1; *Kaiʀuataʀ* anh. 2.
Kaiʀuiþr (Haugrän) 283, 1; anh. 11.
Kaiʀulf anh. 18.
Kal, s. *Karl* 289, 1.
Kala anh. 20.
kam, kamu, s. *kumą* 341, 3; 536 u. 2.
kan anh. 10, 11.
Karąl, s. *Karl* 160, 1; 161, anm.
Kari anh. 13.
kariþi, kariþu, s. *kirua* 160, 1.
Karl 289, 1; *Karąl* 160, 1; 161, anm.; *Kal* 289, 1.
karl anh. 13.
karla (adv.) anh. 11.
Karli anh. 7.
karmanum (dat. pl.) anh. 11.
kart, s. *kirua* 553, anm. 6.
karþi, karþa, s. *kirua* 553, anm. 5; anh. 14, 17, 32, 39.
Karþstą[n]kum 128, e; anh. 6.
Karþum anh. 2, 10.
karua, s. *kirua* 553, anm. 3.
karuʀ, s. *kirua* 455, 1; 553, anm. 6; anh. 21.
kat, s. *kita* anh. 13.
kauþu, s. *kirua* 553, anm. 7.
kaurt, s. *kirua* 553, anm. 6.
kaurua, s. *kirua* 69, 6; 128, 3 u. a; 553, anm. 3; anh. 12.
kca, s. *kirua* 553, anm. 7.
keara, s. *kirua* anh. 4.
kenilikt 113; anh. 20.
kerþi, s. *kirua* 553, anm. 5.

kerua, s. *kirua* 553, anm. 3.
Ketil anh. 36.
Ketilau 126; anh. 36.
keþu, s. *kirua* 553, anm. 7.
kiaþi, s. *kirua* 553, anm. 7.
Kiali anh. 12.
kialti (dat.) anh. 7.
kiara, s. *kirua* 118, anm. 1; 553, anm. 3; anh. 29.
kiarþi, kiarþu, s. *kirua* 118 u. anm. 1; anh. 1, 7, 16, 34.
kiarua, s. *kirua* 553, anm. 3; anh. 2.
kierua, s. *kirua* 98, anm. 2; 118, anm. 1; 553, anm. 3; anh. 11.
kieruantum, s. *kirua* anh. 2.
Kifulfʀ anh. 12.
Kilauku 404, anm. 2.
Kinlauhaʀ 283, 2.
Kinluk anh. 4.
Kirikium, s. *Grikir* 160, 2, a.
Kirist, s. *Krist* 160, 2, a.
Kirmunr 307, anm. 1; *Kiʀmun* 292, anm. 4.
kirua, kerua, karua 553, anm. 3; *kaurua* 69, 6; 128, 3 u. a; 553, anm. 3; anh. 12; *kiarua* 553, anm. 3; anh. 2; *kierua* 98, anm. 2; 118, anm. 1; 553, anm. 3; anh. 11; *kiara* 118, anm. 1; 553, anm. 3; anh. 29; *gara* 553, anm. 3 (schluss); *iara* 278, anm. 1; *keara* anh. 4; *kca* 553, anm. 6; (prät.) *kiarþi, kiarþu* 118 u. anm. 1; 553, anm. 5; anh. 1, 7, 16, 34; *giarþi, giarþu* 96; 118; 553, anm. 5; anh. 40; *iarþi* 278, anm. 1; *gierþi* anh. 28; *karþi, karþu* 553, anm. 5; anh. 14, 17, 32, 39; *kariþi, kariþu* 160, 1; *kirþi, kerþi, kœrþi* 553, anm. 5; *keþu, kiaþi, kauþu* 553, anm. 7; (part. präs.) *kieruantum* anh. 2; (part. prät.) *karuʀ* 455, 1; 553, anm. 6; anh. 21; *gor* anh. 23; *kaurt, kart* 553, anm. 6.
kita, kat anh. 13; *kitit* anh. 20.
Kiulfiʀ 283, 3; 395 u. anm. 1; anh. 19.
Kiulfa 395, anm. 1; anh. 19.
knati 128, d; 557, anm. 4.

knuą 128, 1; anh. 21.
Knubu anh. 39.
Koisl 245.
kona anh. 15; kunu anh. 2; kunur 426, 2.
koþan u. a. formen, s. kuþr.
Krikum, s. Grikir anh. 13 (2 mal).
Krimbr 325; Kri[m] anh. 3.
-krimʀ 325.
Krimulyf 161, 1.
Krist, Kirist 160, 2, a; Kristi anh. 40.
kristina 238, 3, b.
Kriutkarþr anh. 7.
Krua anh. 19.
krus 111, anm. 1; anh. 15, 40.
kuam, s. kumą 341, 3; 536 u. 2.
Kulauk 285, 3.
Ku(l)finkʀ 315, 2, b.
Kuli anh. 13.
kuli anh. 8.
kumą 57, II, B, 1; 128, d; kuam 341, 3; 536 u. 2; kam 341, 3; 536, 2; kamu 341, 3; 536.
kuml anh. 11, 32; ku[m]bl anh. 17, 20, 25; kumbl (37), 39.
kun (adj.) anh. 11.
Kunaʀ (gen.) 128, b; anh. 21.
Kunąr 128, 5 u. b; Kunas 259, anm. 3; Kunar (acc.) anh. 22.
Kunburka 404, anm. 2.
kuni anh. 35.
Kunmuntaʀ anh. 21.
kun[n]in 564, anm. 3; anh. 31.
Kuntkel anh. 22.
kunu, s. kona anh. 2.
Kunuar 252, anm. 1; 404; anh. 30, 31.
Kunuir 252, anm. 1.
Kunulfʀ 283, 2.
kunu[n]kaʀ anh. 21 (2 mal); kuŋuvaʀ anh. 40 (2 mal); kunuva anh. 40.
kunur, s. kona 426, 2.
kustaʀ anh. 28.
kuta anh. 21.
Kuþ anh. 2, 4, 26 (2 mal), 31, 32, 34; Kuþs (anh. 2); Kus 290, 2; anh. 31; Gus 290, 2; anh. 33; Guþi anh. 40.

Kuþastr 324, 3.
Kuþfastr anh. 24; Kuþfastaʀ 68, 2.
Kuþlaifr 283, 2; Kulaifr 285, 3.
Kuþlugu 404, anm. 2.
kuþr 283, 1; anh. 13; koþa anh. 2; kuþ anh. 1; kut anh. 2; ko(þs) anh. 20; kuþąn 128, 2 u. 3 u. c; anh. 12, 32; kuþan 128, 1 u. c; anh. 10, 15; koþan anh. 25; kuþiʀ anh. 33.
Kuþrikr 383, anm. 9.
Kuþrun anh. 19.
Kuþuiʀ 395, anm. 2; anh. 7.
Kuþumu[n]t (adän.) 185.
kuikuan (acc. sg. m.) 252, 2, c; 450, anm.
kuin 114, 1; anh. 12.
kuiną 166.
Kulaifr, s. Kuþlaifr 285, 3.
kærþi, s. kirua 553, anm. 5.

ladu (agutn.) 124, 1; anh. 40.
lagþi anh. 22; lekþi (agutn.) 549, 2, a; anh. 11.
laifa anh. 15.
laki anh. 5 (3 mal).
Lana[n]kr anh. 19.
lą[n]kmuþrku 128, c; 320, 1; 426, anm. 2; anh. 18.
lanti (dat.) anh. 19, 36.
-lausʀ (urn.) 238, 5.
lekþi (agutn.), s. lagþi 549, 2, a; anh. 11.
let, s. lit anh. 11.
-leubaʀ (urn.) 82.
leysti (agutn.) 126, anm. 1; anh. 40.
lifiʀ 553, anm. 11; 561, anm. 1; anh. 20, 32.
Lifstin anh. 6.
Likfos anh. 27.
likia 128, 1 u. a; anh. 21; ligia anh. 32; likʀ anh. 18.
Liknat (acc.) anh. 1; Liknatar (gen.) anh. 2.
Liknuiaʀ (gen.) anh. 2.
Likraibr anh. 1.
Lini, Lina anh. 19.

linki 105, anm.; anh. 37.
lirþiʀ 105, anm.; 283, 3; anh. 5.
lis, s. *liþ* 290, 2.
lit 544, anm. 2; anh. 4, 8, 29, 34; *let* anh. 11; *liþ* 266; *litu* 544, anm. 3; anh. 24, 26, 37.
liþ, lis 290, 2; *liþi* anh. 36.
liuþriti anh. 5.
liubu (urn.) 82.
Lufi anh. 3.

mą 128, d; anh. 32.
maiʀi (komp.) 340, 4.
maka anh. 21.
Mallumkun anh. 15.
Malmuru anh. 15.
Mani anh. 37.
Maria anh. 23, 40 (3 mal).
Mari[n]ka 114, 1; 128, d; anh. 21.
markapi, -þu 128, 5 u. d.
maþr 229; *mąþʀ* 128, anm. 1; 229; *mąþr* 229; *man* anh. 1; *minr* 229, anm.; 326; 431, anm. 3; *menr* 326; 431, anm. 3; *min* 105, anm.; 229, anm.; *men* anh. 2; *mænn* 238, 3, c; *mana* anh. 36; *miþa* 229, anm.; (431, anm. 2); 435; *mąnum* anh. 21.
meʀ (urn.) 83, 2, c.
meʀ, s. *miʀ* anh. 2.
merki anh. 1, 2, 11, 29.
mesteri anh. 40.
meþ (präp.) 105, anm.; anh. 37; *miþ* anh. 4, 30.
meþ (konj.) anh. 20, 32.
mik anh. 18.
Mikal anh. 11.
min (pl.), s. *maþr* 105, anm.; 229, anm.
min (pron.) anh. 18.
mini anh. 36.
minino (urn.) 505, anm. 3.
minr, s. *maþr* 229, anm.; 326; 431, anm. 3.
miʀ (präp.) 244, 4; 445; anh. 21 (2 mal); *meʀ* anh. 2.
miþ, s. *meþ* anh. 4, 30.
miþa, s. *maþr* 229, anm.; (431, anm. 2); 435.

miþli 285, 3; 444.
miuk anh. 38.
[*m*]*oʒmeni*, s. [*m*]*ukmini* 105, anm.; anh. 21.
moþur, s. *muþiʀ* anh. 2.
mukiþ 266.
[*m*]*ukmini* 105, anm.; anh. 21 (2 mal); [*m*]*oʒmeni* 105, anm.; anh. 21.
mun, munu 556, anm. 1; anh. 11, 12, 20, 32.
Muskia anh. 37.
-*muþrku* 320, 1; 426, anm. 2; anh. 18.
muþiʀ 320, anm. 3; anh. 19; *muþur* anh. 16; *moþur* anh. 2.
muþurbruþur anh. 13.
muþkini anh. 24.
mænn, s. *maþr* 238, 3, c.

nabnum 128, 2; 226; 256; anh. 21.
nehldu anh. 40.
Nemʀ anh. 11.
Neniʀ anh. 24.
nesta anh. 33.
[*n*]*iþʀ* 283, 1; 418; anh. 21.
-*niotr* 82, anm. 1.
niu anh. 21.
nu anh. 4, (18), 21 (2 mal), 36.
nuk anh. 21.
[*n*]*umnaʀ* anh. 21.
nur (adv.) anh. 19 (2 mal).
[*n*]*us* anh. 18.

Ofaigr, s. *Ufaikr* 283, 2.
ofr 111, anm. 1; anh. 40; *ofri* anh. 40.
ofrat anh. 40.
ok, s. *uk* anh. 23, 40 (mehrmals).
Olafskriki anh. 29.
Orekia (m.) 421.
ormaluʀ anh. 11.
orum, s. *uar* anh. 40.
os anh. 40.
Opintisu 404, anm. 2.
Oþuakan 539, anm. 2; 510, anm. 3.

pirimstefr 160, 2, a.

raisa anh. 4, 8, 11, 26; *reisa* anh. 24; *rœisa* anh. 34; *rasa* anh. 37; *raisþi* 225, 2; 260, 1; (anh. 18); *raisti* 260, 1 (2 mal); anh. 10, 15, 35; *risþi* 124 (2 mal); anh. 13, 38; *raistu* anh. 30, (31), 33, 36; *reisþu* anh. 20; *reistu* anh. 25; *risþu* 124, 2; anh. 3, 32.
raiþ 526; anh. 21; *riþu* 526; anh. 40.
Raknaʀ anh. 29.
Ra(k)nfastr 311, anm. 2.
Raknfriʀ 244, 4.
Raknualtr 311, anm. 2.
rasa, s. *raisa* anh. 37.
raþa anh. 10; *riþ* 544, anm. 2; *riþu* anh. 6.
Raþialbr anh. 1.
Raþulfs anh. 21.
reisa, reisþu, reistu, s. *raisa*.
Rhulf, s. *Rulyfʀ* 383, 1, e, ε; anh. 6.
Rifni[n]kʀ 283, 2; 312, 1; anh. 12.
rista 526; *rist* 124, 2 (2 mal); anh. 3, 13; *risti* anh. 1, 11, 29; *ristu* anh. 28.
risþi, s. *raisa* 124, 2 (2 mal); anh. 13, 38.
rit 114, 1; anh. 5, 10.
riti anh. 19.
riþ, s. *raþa* 544, anm. 2.
-riþr 404, 1.
riþu, s. *raiþ* 526; anh. 40.
riþu, s. *raþa* anh. 6.
Rostein 312, 1; anh. 20.
Roþalf anh. 26.
Roþanþr anh. 27.
Roþar anh. 27.
Roþbiern 312, 1; anh. 11.
Roþfos, Roþfo[s]aʀ anh. 26.
Roþkutr anh. 27.
Roþuisl, Ruþuisl 92, b, 3; 245; 312, 1; 337, 8; anh. 26.
Rukulfs anh. 21.
Rulaifʀ, -lefʀ, -lefr, -lifr, -lifʀ 283, 2; 285, 3.
Rulyfʀ 161, 1; *Rhulf* 383, 1, e, ε; anh. 6.
Runa anh. 29; *Runur* 426, 2.

runaʀ 128, 5 u. b; 283, 2; *runaʀ* 128, 2 u. b (2 mal); anh. 1, 3, 11, 12, 13, 19, 21, (29); *runą, runa* 321, 2, b; 399, anm. 6; (anh. 20).
runimąþr anh. 21 (schluss).
Runur, s. *Runa* 426, 2.
Ruþuisl, s. *Roþuisl* 92, b, 3; 245.
rœisa, s. *raisa* anh. 34.

sa, saʀ, sar u. andere formen dieses paradigmas 65, 1; 114, 1; 124, 1 u. anm. 4; 128, b; 508 u. anm. (passim) u. nachtr.; 516, anm.; anh. 1, 4, 5, 11, 16, 17, 20, 21 (mehrmals), 25 bis 27, 30—34, 36, 39, 40 (mehrmals).
saaran, s. *snaran* anh. 1.
sazwm, s. *sakum* anh. 21 (schluss).
Sahkslanti anh. 7.
s(ah)u anh. 40.
sain, s. *stain* 328, anm. 2.
[s]akar anh. 21; *sakaʀ* anh. 32.
sakum 553, anm. 16; anh. 21 (mehrmals); *sazwm* anh. 21 (schluss); *sehþi* anh. 40; *sakþa* anh. 21.
sal 80, anm. 3; *sąl* 65, 2; nachtr. zu 80, anm. 3; *saul* 65, 2; 80, anm. 3; 399, 1; *salu* 399, 3; anh. 4.
Salsi anh. 14.
sąmąn 128, c; anh. 21.
santi anh. 40; *santa* anh. 11, 40.
saʀ, sar, s. *sa*.
saʀ (rel.) 512, anm. 4; anh. 4.
Sarklanti anh. 8.
sa(ʀ)si u. andere formen dieses paradigmas 113; 128, 1 u. 5 u. e; 254, 1; 260, anm. 5; 283, 3; 297, anm. 2; 321, anm. 4; 509 u. anm. (passim); anh. 3—6, 8, 10—15 u. s. w.
sas 94, 5; 512, anm. 2.
saul, s. *sal* 65, 2; 80, anm. 3; 399, 1.
Saului 70, anm. 1.
sat, s. *sitiʀ* anh. 30.
sati anh. 22; *satu* anh. 12; *situ* 549, 2, b; anh. 16; *setu* 549, 2, b; anh. 1.
satin, s. *sitiʀ* anh. 21.
Sbialbuþa anh. 29 (2 mal).

sehþi, s. sakum anh. 40.
seik, s. suiki 527, anm. 2.
sen, s. sin anh. 1.
selu, s. sil anh. 31.
setu, s. sati 549, 2, b; anh. 1.
si (v.) anh. 21; sin anh. 2.
sial nachtr. zu 82, anm. 3; anh. 26; siul 82, anm. 3 (u. nachtr.).
sialbʀ 259, 1; 283, 2; anh. 18.
Sighþruþr 176, anm. 2.
Sigmu[n]tr 283, 1; anh. 11 (2 mal); Sikmunr 307, anm. 1.
Sihatr, acc. Sihat, Sikat 341, anm. 2.
Sihrafʀ (agntn.) 80, I, 4, b; 283, 2; anh. 40.
Sihraifʀ 80, I, 4, b; Sigraif anh. 11.
Sihvatr, Sikvatr 341, anm. 2.
Si(h)tiarfr 311, anm. 2.
sik 501, anm. 3; anh. 5.
Sikbiern anh. 11.
Sikiʀ 251.
Sikmunr, s. Sighmu[n]tr 307, anm. 1.
Sikriþ, s. Siriþ 311, anm. 2.
Sikruþr 176, anm. 2; 308, 1; Sugruþar (gen.) anh. 4.
Siktrikʀ, Siktirikr 160, 2, a; Syktrykʀ 383, anm. 9; Siktriku 227; 252, anm. 2; anh. 39.
siku, s. suiki 527, anm. 2; anh. 26, 35.
sil 80, anm. 3; silu anh. 32; selu anh. 31.
sim 513, anm.
Simiþr, s. Smiþr 159, anm. 1.
sin, sen u. andere formen dieses paradigmas 128, b; 335, anm. 3; 505 u. anm. 3; anh. 1, 3, 4, 6, 8, 10 u. s. w.
sinin, s. sin 505, anm. 3.
sint, s. sin 335, anm. 3.
sinum anh. 21.
siʀ 64, anm. 2; 508, anm. 1; (509, anm. 2); vgl. saʀ.
Siriþ 311, anm. 2; anh. 29.
siʀ si 509, anm. 2.
sitiʀ 561, anm. 1; anh. 21; sitr 283, 1; anh. 10; sat anh. 30; satin anh. 21.

situ, s. sati 549, 2, b; anh. 16.
siþqn 128, c; anh. 12.
siþan, (siþaŋ) anh. 40 (2 mal).
siul, s. sial 82, anm. 3 (u. nachtr.).
Siulunt anh. 21.
Skaki anh. 9.
Skqnu 126, 2; 128, f; anh. 6.
skapera anh. 40.
skati anh. 21.
skialti 413, 3 u. 4; anh. 21.
skifti anh. 7.
skinum anh. 30.
Skulq[m]bri 325.
skuldi anh. 40.
Skutu anh. 14.
slikʀ 283, 2.
sliku (dat.) anh. 11.
slyastr 270, anm. 2.
Smiþr, Simiþr 159, anm. 1; Smiþs anh. 9; Smiþ anh. 10.
snaran, (saaran) anh. 1.
snialan (acc. sg. m.) anh. 7.
son, s. sunʀ anh. 15.
staf 259, 1; anh. 5 (2 mal); stafiʀ anh. 20.
stain 124, anm. 4; 323, anm. 2; anh. 1, 4, 8, 10, 11 (2 mal), 30, 31, 34, 35, 36; sain 323, anm. 2; pl. staina anh. 19, 26, 28, 33.
stqnta 128, 1 u. a; anh. 21; stanta anh. 11.
stein anh. (20), 24.
sten, s. stin anh. 22.
stenþr[u] anh. 22.
Stikuʀ 227; 252, anm. 2; anh. 17.
stiliʀ (Rök) 395; anh. 21.
stin 124, 2 (4 mal); 322, anm. 5; 337, anm. 3; anh. 3, 6, 12, 13, 16, 19, 32, 38; sten anh. 22; tin 322, anm. 5; tsin 337, anm.; stinq 128, 5.
Stoþbiarn 285, 1.
strqntu 67, 1; 128, 2; 408, anm. 4; anh. 21.
Stulnufþi anh. 38.
Sturbiarn anh. 33.
Styrlaugʀ 283, 2; anh. 33.
su, s. sa 508 u. 2.

sua anh. 5, 12.
Suain anh. 29; *Suein* anh. 24, 25.
Suarthaufþi, -hufþi, -hafþi 65, 1.
suaþ 266; anh. 5, 21 (2 mal).
Suein, s. *Suain* anh. 24, 25.
sueinaʀ (m. pl.) anh. 20.
Sugruþar, s. *Sikruþr* anh. 4.
suiki anh. 26; *seik* 527, anm. 2; *siku* 527, anm. 2; anh. 26, 35; *suku* 527, anm. 2; anh. 26; *suiku* 527, anm. 2; *suikin, suikuin* 527, anm. 2.
suina (adj.) anh. 34.
suinaʀ anh. 32.
suku, s. *suiki* 527, anm. 2; anh. 26.
sukum 65, 9.
sul anh. 14.
Sulfi 70, anm. 1.
sum (partikel) 513; anh. 12, 40 (3 mal).
sumaʀ (pron.) anh. 11.
sunʀ 283, 1; 295; *sun* (nom. u. acc.) 295; anh. 4, 8, 9 (2 mal), 10, 19 (mehrmals), 22, 39; *son* anh. 15; *sunu* 412, anm. 2; anh. 3, 17, 21, 34; *suniʀ* anh. 7, 16, 21 (mehrmals); *suni* 412, 5; anh. 13, 29; *sy(ni)* anh. 26.
sunarla anh. 8, 30.
sunarst anh. 11.
su[n]tiʀ anh. 32.
sustiʀ 320, anm. 3; anh. 4; *sustur* anh. 25; *sustr* 438, 4; *systriʀ* anh. 27.
suti (prät.) anh. 7.
sutum anh. 19.
Syktrykʀ, s. *Siktrikʀ* 383, anm. 9.

taka, tok, toku anh. 40; *takat* 539, anm. 2.
Tan anh. 28.
Tarstaþum anh. 5.
tauþr 283, 1 (3 mal); anh. 13, 27, 29.
tauþan (acc. sg. m.) anh. 20.
tik 260, anm. 5.
tikiʀ (nom. pl.) 412, 4; anh. 21 (2 mal).
tin, s. *stin* 322, anm. 5.
tinq, s. *sa(ʀ)si* 260, anm. 5; 509, anm. 16.
tinsa, s. *sa(ʀ)si* 260, anm. 5.

-tisa 404, anm. 2.
tiuhu anh. 23.
to (prät.), s. *tu* anh. 28.
tok, toku, s. *taka* anh. 40.
totir, totur, s. *tutiʀ*.
tri 103, 2; anh. 40.
tribin (part.) 113; anh. 13.
tra[n]kʀ, tre[n]kʀ, (tre[n]ks) anh. 13; *trą[n]ki* 105, anm.; 113; 128, e; anh. 21; *tri[n]k* 105, anm; *tri[n]kiar* 113; *tri[n]kiaʀ* anh. 3.
tri[n]kila 105, anm.; anh. 8, 16.
truknaþi, turknaþi 339, anm. 3; *turuknaþi* 160, 2, a.
Trums anh. 32.
tsin, s. *stin* 337, anm. 3.
tþis, s. *sa(ʀ)si* 260, anm. 5; 509, anm. 3.
tu (prät.) anh. 21, 35; *tþu* 260, anm. 5 *to* anh. 28; *tuu* anh. 8, 37.
tuaiʀ (zahlw.) 480; anh. 21 (2 mal); *tuaʀ* (n. pl. f.) anh. 21 (2 mal); *tuą* 128, f; anh. 5 (2 mal); *tu* anh. 23.
tualf 259, 1; 484, anm. 5; anh. 21.
tualfte, -a 492, anm. 5; anh. 21.
Tufkals anh. 15.
tuiskilan 128, c; 340, 2, a; anh. 5.
Tula anh. 8.
Tuliʀ 395.
turknaþi, s. *truknaþi* 339, anm. 3.
turuknaþi, s. *truknaþi* 160, 2, a.
tutiʀ 320, anm. 3; anh. 4; *totir* anh. 15; *totur* anh. 28; *tutr* 438, 4.
tuþr 123, 2; 283, 1; anh. 6.
tuu, s. *tu* anh. 8, 37.

þa 128, anm. 3; anh. 19 (mehrmals), 23 (2 mal), 30, 40; *þą* 128, 4 u. f.
þakit (part. prät.) 537, anm. 7.
þaʀ (adv.) 514, anm. 1.
þen (konj.) anh. 33.
-þeʀ 395, anm. 2.
þiaþan (agutn.) 173; 471, 2; anh. 40.
þiaknaʀ anh. 33.
þialfr 383, anm. 9.
[þ]iaurikʀ 122, anm. 1; 244, 3 (u. nachtr.); anh. 21.

Register. 641

þikn 113; anh. 38; þign 113; anh. 12.
ÞoriR 395 u. anm. 2.
Þorstain anh. 27; Þourstain anh. 36.
þrettan (agntn.) 484.
þriR anh. 40 (2 mal); þriaR anh. 18;
  þria anh. 26, 27; þrim anh. 19.
þriatihi (agntn.) 485.
þritaunti, -a 493, anm. 1; anh. 21.
Þruniutr, s. Þurniutr 339, anm. 4.
ÞruRikr 339, anm. 4.
-þruþr 404, 1.
þtina, s. sa(R)si 260, anm. 5 (m. nachtr.).
þu anh. 10; þy anh. 20; vgl. sa.
Þukir 320, 2; anh. 13.
Þu(l)fr 315, 2, b.
ÞulR 295.
Þurhils, s. Þurkisl 225, anm.
Þurhutr, s. Þurkutr 225, anm.
ÞuriR, Þuris 245; 395 (2 mal); anh. 19, 34.
Þurkil anh. 13, 33; Þurkitils anh. 16.
ÞurkiR 245.
Þurkir 244, 4.
Þurkisl 225, anm.; 337, 8; Þurhils 225, anm.
Þurkunr 326.
Þurkutr 225, anm.; Þurhutr 225, anm.
Þurkuþr 229.
þurmuþi (510, 1); anh. 21.
Þurniutr, Þruniutr 339, anm. 4.
Þurstin 124, anm. 4; 337, anm. 3;
  Þu(r)stain, -stin 259, 3; Þurtsin 337, anm. 3.
Þurþr 383, anm. 9.
Þuruþr 229.
þushundraþ anh. 23.
þusind 180, 4.
þy, s. þu anh. 20.

ua 538, 2; uaah (agutn.) 538, 2.
ua, uah 538.
uab[n] anh. 28.
uaim, s. huaR 312, anm. 2; 518, anm. 3; anh. 21.
UalkaR (pl.) anh. 21.
ualraubaR (pl.) 81, 2, b; 259, 1; 399; anh. 21 (2 mal).

Ualti[n]ka anh. 28.
Uamuþ 80, I, 3; 128, anm. 2; anh. 21.
uar, s. uas 283, 3; 538, anm. 2; anh. 23 (2 mal).
uaR, uaRu, s. uas 64, 1; 269; 283, 1 u. 3; 321, anm. 6; 538 u. anm. 2; anh. 2, 4, 7, 29, 36.
uarb (prät.) 530, anm. 7; anh. 18.
uarþr, s. uaurþr 65, 6.
Uarin anh. 21.
uaRin, s. uas 564, 4; anh. 21 (2 mal).
uaRit, s. uas 538; anh. 37.
uarR anh. 5.
uar, uarum, orum, uarn anh. 40.
uas 340, 4; 538 u. anm. 2; anh. 5, 19 (mehrmals); uaR, uaRu 64, 1; 269; 283, 1 u. 3; 321, anm. 6; 538 u. anm. 2; anh. 2, 4, 7, 29, 36; uar 283, 3; 538, anm. 2; anh. 23 (2 mal); faR 269; huaru 327; uaRin 564, 4; anh. 21 (2 mal); uaRit 538; anh. 37; vgl. is.
uastr 113; anh. 7.
-uastr (in namen) 269.
uaurþr 65, 6; 74; 117, anm. (schluss); 412; 413, 1; anh. 4; uarþr 65, 6.
ub 259, 1; 446; 471, 4; anh. 21.
UbiR 283, 3; 395; anh. 29.
ubs anh. 21.
uerþa 113 (2 mal); anh. 20, 32; uarþ anh. 6, 13 (2 mal), 19, 27; urþi anh. 21.
Ufaikr 249, anm. 4; Ofaigr 283, 2; Unfaikr 249, anm. 4.
UfakR 283, 1 u. 2; anh. 5, 19 (Ufaka); Ufaks anh. 19.
uftiR (präp.) 107, anm. 2; 288; 446; utiR 288; 446.
ui anh. 39.
Uibiurn 238, 3, c; anh. 5.
Uifostr 68, 2.
Uifriþar anh. 9.
Uika anh. 19.
uiki[n]ka anh. 4.
uiki[n]ku 399, 3.
uilin 564, anm. 7; anh. 21 (2 mal).
uintr anh. 23; uintura anh. 21.

Ui[n]tau anh. 27.
uir 113; anh. 12; [*u*]*ir* anh. 35.
uiʀ 283, 3; 501, anm. 6; anh. 19, 31.
Uis(i)ti 156, 2, b.
uistarla, (*uisitarla*) 159, anm. 2.
[*u*]*ituq*[*n*]*ki* 114, 1; 346, anm.; anh. 21.
uiþr anh. 40 (2 mal).
Uine (dat.) anh. 2.
uk, *uku*, s. *haukua* 542, anm. 2 u. 3.
uk anh. 4, 29 (mehrmals); *ok* anh. 23, 40 (mehrmals).
uksa anh. 5 (3 mal).
-*ulf* 259, 1.
-*ulfaʀ* 259, 1.
Ulfshala anh. 30.
Uluepin 269.
um anh. 19, (20).
umisum anh. 21.
Un, gen. *Unaʀ* 283, 3; anh. 19 (2 mal).
Unfaikr, s. *Ufaikr* 249, anm. 4.
uni (zu *unna*) 555, anm. 5.
unu (zu *vinna*) anh. 36; *unit* anh. 11.
u[*nˌ*]*t*, s. *ant* 65, 1; 399, 1.

unt (präp.) 60; 446; 471, 4.
uʀ anh. 9, 11.
Urmiʀ 245.
urþi, s. *uerþa* anh. 21.
Usur(ʀ) 67, anm. 1.
Utar anh. 1.
utfaru anh. 26.
uti anh. 13, 36, 37.
utiʀ, s. *uftiʀ* 288; 446.
Utr anh. 28; *Ut* anh. 9.
-*uþr* (in namen) 404, 1.

-*watr* (in namen) 322, anm. 3.
-*weʀ* 395, anm. 2.

Ybiʀ 283, 2.
ybtir (präp.) anh. 1.
yfitiʀ 159, anm. 2.
yftiʀ (präp.) 107, anm. 2; 288; 446;
ytiʀ 288; 446.

-*œlfʀ* 404, 1.
œʀ (rel.-partikel) 512, 2 u. anm. 3.

CPSIA information can be obtained
at www.ICGtesting.com
Printed in the USA
LVHW110254260522
719801LV00005B/27